HIPPOCRENE STANDARD DICTIONARY

D0744091

ENGLISH-PERSIAN DICTIONARY

HIPPOCRENE STANDARD DICTIONARY

ENGLISH-PERSIAN DICTIONARY

S. Haim

HIPPOCRENE BOOKS
New York

Originally published in 1987 by Farhang Moaser, Tehran.

Hippocrene paperback edition 1993.

For information, please address:
HIPPOCRENE BOOKS, INC.
171 Madison Avenue
New York, NY 10016

ISBN 0-7818-0056-0

Printed in the United States of America.

English Abbreviations

اختصارات انگلیسی

a.	adjective
adv.	adverb
a(dv).	adjective and/or adverb
apa.	active participial adjective
Ar.	Arabic
Arch.	Archaic
Col.	Colloquial
comp.	comparative (degree)
conj.	conjunction
def.art.	definite article
etc.	et cætera ; and so forth
fem.	feminine
Fr.	French
Ger.	German
Heb.	Hebrew
indef. art.	indefinite article
int.	interjection
inter.	interrogative
It.	Italian
L.	Latin
n.	noun
npl.	noun plural *or* plural noun
P.	past
part.	participle
pl.	plural
Poet.	Poetical
PP.	past participle
PP*a.*	passive participial adjective
pr.	pronoun

pref.	prefix
prep.	preposition
pres.	present
rel.	relative
Rus.	Russian
s.	singular
Sl.	Slang
Sp.	Spanish
sup.	superlative (degree)
U. S.	United States
v.	verb transitive and/or intransitive
v. aux.	verb auxiliary
vi.	verb intransitive
vt.	verb transitve
&	and
:	For example

اختصارات فارسی

Persian Abbreviations

ج.	جمع	ف.	فیزیك
ج.ش.	جانور شناسی	گ.ش.	گیاه شناسی
حق .	حقوق	مج .	مجازاً
د .	دستور زبان	مو .	موسیقی
د.گ.	درگفتگو	ن.د.	نیروی دریائی
ر .	ریاضیات	نظ .	نظام
ز.ش.	زمین شناسی	هـ .	هیئت
ز.ع.	زبان عامیانه	هن .	هندسه

: (۱) یعنی (۲) مثال ، مثلاً

Aa

a *indef. art.* یك، ی ‖ *a r.a.t* موشی
aback' *adv.* وا پس ، بعقب ، درعقب
taken a. متحیر
ab'acus *n.* {-ci *sai*} چرتکه
aban'don (*-dən*) *vt.* ترك کردن
aban'donment *n.* وا گذاری ، ترك
abase' *vt.* پست کردن ، تحقیر کردن
a. oneself فروتنی کردن
abase'ment *n.* پستی ، خواری - تحقیر
abash' *vt.* شرمنده یا دست پاچه کردن
abash'ment *n.* شرمندگی-دست پاچگی
abate' *vt.* & *vi.* (۱) تخفیف‌دادن - موقوف کردن (۲) فرو نشستن ، موقوف‌شدن
abate'ment *n.* کاهش، تخفیف. تنزل- گذشت - رفع ، منع ، بازداشت، جلو گیری
ab'bess *n.* {*fem. of* **abbot**}
abbey (*ab'i*) *n.* دیر ، خانقاه، رهبانگاه
abbot (*ab'ət*) *n.* راهبِ کل
abbre'viate *vt.* مختصر یامخفف کردن
abbrevia'tion *n.* اختصار - مخفف
ab'dicate *vt.* & *vi.* (۱) وا گذار کردن ، تفویض کردن - محروم کردن (از ارث) (۲) کناره گیری کردن ، استعفا دادن
abdica'tion *n.* کناره گیری ، استعفا
abdomen(*abdou'-*; *ab'də-*) *n.* شکم ، بطن - گودال شکمی
abduct' *vt.* ربودن - گریزاندن از کسان
abed' *adv.* در بستر - روی رختخواب
aberra'tion *n.* گمراهی ، انحراف - اشتباه - خبط دماغ
abet' *vt.* {-ted} تقویت کردن ، تشویق نمودن - شرکت کردن در (جرم)
abet'ment *n.* حمایت از عمل بد - شرکت درجرم - پشتی ، مساعدت
abettor (*əbet'ə*) *n.* شریك جرم
abeyance (*əbey'əns*) *n.* بی تکلیفی ، وقفه ، تعلیق
fall into a. مسکوت عنه ماندن
abey'ant *a.* متوقف ، بی تکلیف
abhor' *vt.* {-red} تنفر یا بیم داشتن از
abhor'rence *n.* تنفر - بیم - اجتناب
abhor'rent *a.* متنفر، منزجر- شنیع ، زشت - مغایر ، ناسازگار
abide' {**abode** *or* **abided**} *vi.* & *vt.* (۱) ساکن شدن ، ماندن - ثابت بودن (۲) منتظر بودن - تحمل کردن
a. by one's word سرقول خود ایستادن ، برقول خود استوار بودن
abi'ding *a.* بی زوال ، همیشگی، دائمی
abil'ity *n.* توانائی ، قدرت - استعداد ، لیاقت - استطاعت - صلاحیت
to the best of one's a. با منتهای توانایی
ab'ject *a.* پست ، خوار - فرومایه
a. poverty فقر خیلی زیاد
abjec'tion *n.* پستی ، خواری - تحقیر
abjure' *vt.* & *vi.* (۱) با سوگند ترك کردن ، صرف نظر کردن از (۲) نقض عهد کردن
ablaze' *a(dv).* سوزان ، مشتعل - خون گرم - درحال هیجان
a'ble *a.* قادر - قابل - صلاحیت‌دار
be able توانستن ، قادر بودن
abloom' *a(dv).* در حال شکوفه
ablush' *a(dv).* سرخ ، خجل
ablu'tion *n.* شستشو- وضو، آبدست

ab'negate *vt.* انکار کردن ، ترک کردن - بخود حرام کردن

abnega'tion *n.* از خود گذشتگی

abnor'mal (*-məl*) *a.* غیرعادی

abnormal'ity *n.* امر خلاف قاعده ، چیز غیر عادی - بیقاعدگی

abnor'mity *n.* بیقاعدگی

aboard (*əbɔ:d'*) *prep. & adv.* (۱) روی ، توی (۲) درکشتی - درقطار

close a. نزدیک ، چسبیده به

abode' {*p. & pp. of* **abide**}

abode' *n.* جا ، مسکن ، سکنی ، اقامت

take up one's a. منزل کردن

abol'ish *vt.* منسوخ یا موقوف کردن

abolition (*abəlish'ən*) *n.* نسخ ، الغاء - بر اندا ختگی ، منسوخیت

abom'inable (*-nəb'l*) *a.* مکروه

abom'inate *vt.* تنفر داشتن (از)

abomina'tion *n.* کراهت ، نفرت - زشتی - عمل شنیع - پلیدی ، نجاست

aboriginal(*abərij'inəl*) *a.* بومی

aborigines (*abərij'ineez*) *npl.* سکنهٔ اولیه - جانوران و گیاهان بومی

abort' *vi.* بچه سقط کردن - عقیم ماندن

abor'tion *n.* سقط ، اسقاط (جنین) - عدم تکامل

abor'tive (*-tiv*) *a.* عقیم ، بی نتیجه - سقط شده - بیهوده [*a. attempt*]

abound' *vi.* فراوان بودن ، وفور داشتن

a. in (*or* **with**) فراوان داشتن

about' *prep. & adv.* (۱) در اطراف - نزدیک ، درحدود ، قریب - درخصوص ، راجع به ، دربارهٔ - درشرف (۲) باطراف - دور تا دور - تقریباً

He is up (*or* **out**) **and a.** از بستر برخاسته ومشغول کار شده است

be going a. شایع بودن

bring a. فراهم کردن

come a. فراهم شدن - رخ دادن

set a. دست (بکاری) زدن

above (*-bʌv'*) *prep., adv., a. & n.* (۱) بالای ، روی - متجاوز از - مافوق - منزه از - خارج از (۲) در بالا ، در فوق (۳) بالایی - نامبرده ، مذکور در فوق - بالاتر (۴) بالا - آسمان - مراتب فوق

keep one's head a. water از قرض یاخطر رهایی یافتن ، قصر در رفتن

be a. oneself {Col.} خود را گم کردن {ازغرور}

a. all مخصوصاً ، بالاتر از همه

above'board *a(dv).* بی حیله ، آشکارا ، علنی ، علناً ، پوست کنده

above'-mentioned *a.* مذکور در فوق

above'-named *a.* نام بردهٔ بالا

abrade' *vt.* خراشیدن ، پاك کردن

abra'sion (*-zhən*) *n.* حك - سایش

abra'sive (*-siv*) *a. & n.* (۱) ساینده (۲) آلت خراش - مادهٔ ساینده

abreast (*əbrest'*) *adv.* برابر ، پهلو به پهلو - در جریان ، آگاه

keep a. of the times با اوضاع و جریانات روز آشنا بودن ، از اوضاع دنیا آگاه بودن

abridge (*əbrij'*) *vt.* مختصر کردن

abridg'ment *n.* اختصار - خلاصه

abroach (*abrouch'*) *a(dv).* سوراخ - در جریان - منتشر

abroad (*-rɔ:d'*) *adv.* در خارجه - بخارجه - در نزد عموم - {بطور اسم نیز بکار میرود مثال : **from a.** ازخارجه}

publish a. در همه جا شهرت دادن

be all a. از مرحله پرت بودن

ab'rogate (*-rə-*) *vt.* نسخ کردن

abroga'tion *n.* نسخ ، الغاء ، بطلان

abrupt (*əbrʌpt'*) *a.* زیادسراشیب - ناگهانی ، بی تشریفات - درشت ، شدیداللحن

abrup'tion *n.* قطع ناگهانی - انتزاع

abrupt'ly *adv.* ناگهان - باشدت لحن ، به تندی

ab'scess (*-səs*) *n.* دمل ، ماده
abscission (*-sish'ən*) *n.* قطع
abscond' *vi.* گریختن ، رو نشان ندادن
ab'sence *n.* غیبت، غیاب - فقدان، عدم
a. of mind عدم حضور ذهن
ab'sent *a.* غایب- مفقود - پریشان‌خیال
absent' (*vt.*) **oneself**
غایب شدن ، پنهان شدن
absentee' *n.* مالك غایب ازملك -
شخص غایب
ab'sent-minded *a.* گیج
ab'sinth(e) *n.* (عرق) افسنطین
ab'solute (*-səlu:t*) *a.* مطلق -
استبدادی - مستبد - قطعی - خالص
ab'solutely *adv.* مطلقا ، قطعا ،
کاملا ، بکلی ، بهیچوجه - مستبدانه
absolve (*-zɔlv'*) *vt.* آمرزیدن ،
عفو کردن - تبرئه کردن ، آزاد کردن -
معاف کردن
absorb (*-sɔ:b'*) *vt.* جذب کردن -
absorbed' *ppa.* مجذوب ، مستغرق
absor'bent (*-bənt*) *a.* جاذب
a. cotton پنبهٔ هیدروفیل
absorp'tion *n.* جذب، آشام- مجذوبیت
absorp'tive (*-tiv*) *a.* جاذب، کشنده
abstain' *vi.* امتناع یاخودداری کردن
abstain'er *n.* پرهیز کننده - ممتنع
abste'mious (*-miəs*) *a.* پرهیز کار،
مرتاض - پرهیز کارانه
absten'tion *n.* خودداری ، پرهیز
four abstentions چهار نفر ممتنع
ab'stinence (*-nəns*) *n.* پرهیز ،
خودداری - امساك ، ریاضت
ab'stinent *a.* پرهیز کار ، پارسامنش
abstract' *vt.* ربودن ، بردن - خلاصه
کردن - مجزا کردن - تجرید کردن
ab'stract *n.* & *a.* (۱) خلاصه
(۲) مطلق [در عدد] - خشك - انتزاعی ،
مجرّد
a. noun اسم معنی
in the a. بطور مجرد - فی‌الجمله
abstrac'ted *ppa.* مجزا - حواس‌پرت
abstrac'tion *n.* تجرید - تجرّد -
پریشانی‌حواس- دزدی ، اختلاس - ربودگی
abstruse (*-tru:s'*) *a.* پیچیده
absurd (*-sə:d'*) *a.* بی‌معنی،
مزخرف - محال
absur'dity *n.* امر محال -
بیهودگی - حرف نامربوط
abun'dance (*-dəns*) *n.* فراوانی
in a. فراوان ، بفراوانی ، بوفور
an a. of فراوان - مقدار زیاد
abun'dant *a.* فراوان ، بسیار ، وافر
abuse (*abyu:z'*) *vt.* بد استعمال
کردن- سوء استفاده کردن‌از - ضایع کردن -
بد رفتاری کردن به - فحش دادن به
abuse (*-yu:s'*) *n.* دشنام ، فحش -
سوء استفاده - بد رفتاری - تجاوز
بعصمت - کار یا رسم بد
abu'sive (*-siv*) *a.* فحش‌آمیز- بدزبان
abu'siveness *n.* بد زبانی ، فحاشی
abut' *v.* [-ted] مجاور بودن (با)
abut'ment (*əbʌt'mənt*) *n.* پایهٔ
جناحی - پشتیبان دیوار
abysmal (*əbiz'məl*) *a.* ناپیمودنی
abyss' *n.* ورطه - هاویه - مغاك
Abyssin'ian (*-ən*) *a.* & *n.* حبشی
acacia (*əkei'shə*) *n.* اقاقیا - گل
ابریشمی - گل فتنه - صمغ (عربی)
false a. اقاقیا ، اقاقی
silk-tasseled a. گل ابریشمی
academ'ic (*-kə-*) *a.*&*n.* (۱) مربوط
به فرهنگستان - ادبی - توأم با فرضیه یا
قوانین خشك (۲) عضو فرهنگستان -
دانشجوی دانشگاه
academ'ical = **academic** *a.*
academician (*-mish'ən*) *n.*
عضو فرهنگستان یا آکادمی
acad'emy *n.* فرهنگستان ، آکادمی
accede (*aksi:d'*) *vi.* جلوس

کردن - نائل شدن - رضایت دادن
a. to وارث شدن - پیوستن با
accelerate (*aksel'ə-*) *vt. & vi.* (۱) تسریع کردن در (۲) تند(تر) شدن
accelera'tion *n.* شتاب - تسریع
accent (*ak'sənt*) *n.* (نشان)تکیهٔصدا
accent' *vt.* باتکیه تلفظ کردن - دارای نشان تکیه کردن- تاکید کردن ، اهمیت دادن
accen'tuate *vt.* با تکیه تلفظ کردن ، تکیه دادن - تاکید کردن ، اهمیت دادن
accept (*əksept'*) *vt.* پذیرفتن ، قبول کردن - قبولی (براتی‌را) نوشتن
a. as true باور کردن
acceptabil'ity *n.* قابلیت قبول
accep'table (*-təb'l*) *a.* پذیرفتنی ، قابل قبول ، پسندیده ، مقبول ، مستجاب
accep'tance(*-təns*) *a. & n.* قبول، پذیرش، اجابت - تصویب - قبولی برات
accepta'tion *n.* معنی مصطلح
accep'tor *n.* قبولی نویس ، پذیرا
access (*ak'ses*) *n.* دسترسی ، راه ، تقرب - (اجازه) دخول
easy of a. در دسترس ، قابل‌حصول
accessibil'ity *n.* (امکان) نزدیکی ، دسترسی ، آمادگی برای پذیرائی
access'ible *a.* قابل دسترسی - آمادهٔ پذیرائی ، خوش محضر - قابل حصول
accession (*aksesh'ən*) *n.* جلوس - دست یابی - اصابت (مرض)
accessory (*-əri*) *a.&n.* [-ries] (۱)فرعی (۲)معاون‌جرم - [درجمع]لوازم
a. to a riot همدست در فتنه
ac'cident *n.* حادثه ، سانحه
acciden'tal (*-təl*) *a.* اتفاقی
acciden'tally *adv.* بطور اتفاقی
acclaim' *vt. & vi.* (۱) تحسین کردن (۲) هلهله کردن - کف زدن
acclama'tion *n.* تحسین ، کف زدن
accli'mate *vt.* خو دادن ، عادت دادن (شخصی به آب وهوای تازه)
acclim'atize *v.* به آب وهوای تازه خو دادن یا گرفتن
accliv'ity *n.* سربالایی ، فراز
accli'vous (*-vəs*) *a.* سر بالا
accommodate (*əkɔm'ədeit*) *vt. &vi.* (۱)منزل‌دادن - وفق‌دادن - تصفیه کردن - همراهی کردن (۲) تطبیق کردن
accom'modating *apa.* همراه ، مهربان - خوش محضر - مناسب ، موافق
accommoda'tion *n.* جا - تطبیق ، منزل - اصلاح ، تصفیه - سازش با محیط
accom'modator *n.* پذیرائی کننده ، جا دهنده - وفق دهنده - اصلاح کننده
accom'paniment *n.* همراهی- ضمیمه
accompany(*əkʌm'pəni*)*v.*[-nied همراهی کردن (با) - جفت کردن (با)
accompanied by همراه با، باتفاقِ
accomplice (*əkɔm'plis*) *n.* همدست - شریك یا معاون جرم
accom'plish *vt.* انجام دادن - باتمام رساندن - وفا کردن به
accom'plished *ppa.* انجام شده - کامل (شده) - تربیت شده ، فاضل
accom'plishment *n.* انجام ، اتمام - هنر ، کمال ، فضیلت
accord' *n., vt., & vi.* (۱) موافقت ، سازگاری (۲) وفق دادن - آشتی دادن - تصفیه کردن - دادن (۳) هم رای شدن
of one's own a. بدلخواه خود
accor'dance (*-dəns*) *n.* مطابقت
in a. with برطبقِ ، برحسبِ
accor'dant *a.* موافق ، مطابق ، جور
accor'ding to برطبقِ ، موافق ، بنابر ، برحسبِ - بقولِ ، بعقیدهٔ
a. as برحسب اینکه
accor'dingly *adv.* بنا بر این ، از اینرو - از همان قرار ، برطبق آن
accor'dion (*-ən*) *n.* اکردئون
accost' *vt.* مخاطب ساختن ، مواجه شدن با - درکنار (چیزی) واقع شدن

account (*əkaunt'*) *n.* حساب - گزارش ، شرح - (بیان) علت - اهمیت
call to a. بازخواست کردن از ، موآخذه کردن از ، حساب خواستن از
on a. علی‌الحساب
on a. of بعلتِ ، بواسطهٔ - ازبابتِ
on no a. بهیچوجه ، اصلا - بهیچ دلیل
make an a. of اهمیت دادن به
take into a. درحساب آوردن - در نظر گرفتن - اهمیت دادن به
turn to a. مورد استفاده قرار دادن
on his a. بخاطر او - بابت او
make little a. of ناچیز دانستن
account' *vi.* حساب (پس) دادن - جواب دادن - ذکر علت کردن
accoun'table (*-təb'l*) *a.* مسئول
accoun'tancy *n.* حسابداری
accoun'tant (*-tənt*) *n.* حسابدار
account'-book *n.* دفتر حساب
accoun'ting *n.* حساب (داری)
accou'terments / **accou'trements** *npl.* تجهیزات - لباس
accred'it *vt.* با استوارنامه فرستادن
accrete (*akri:t'*) *v.* با هم نمو کردن ، افزوده شدن - بهم افزودن
accre'tion *n.* افزایش ، نماء طبیعی
accrue (*əkru':*) *vi.* فراهم‌شدن - منتج گردیدن - تعلق گرفتن - افزوده شدن
benefits accruing from . . . مزایای حاصله از . . .
accumulate (*əkiu':miuleit*) *vt.* (۱) اندوختن ، جمع کردن (۲) جمع شدن
accumula'tion *n.* گرد آوری ، جمع‌آوری - انبوهی - توده ، ذخیره
accu'mulator *n.* انباره ، مخزن برق
ac'curacy (*-rə-*) *n.* درستی ، دقت
ac'curate (*-rit*) *a.* درست ، صحیح
ac'curately *adv.* بدرستی ، بادقت
accu'sable (*-zəb'l*) *a.* قابل اتهام
accusa'tion *n.* تهمت ، اتهام - ادعا
bring an a. against متهم ساختن
accu'sative (*-zətiv*) *n.* & *a.* (۱) حالت مفعولیت - مفعول (۲) مفعولی
accu'satory *a.* تهمت آمیز ، اتهامی
accuse (*akiu:z'*) *vt.* تهمت زدن (به) ، متهم ساختن - شکایت کردن از
the accused (شخص) متهم
accustom (*əkʌs'təm*) *vt.* عادت‌دادن
a. oneself عادت کردن
accus'tomed *ppa.* معتاد - عادی
ace *n.* تك خال ، آس - ذره ، خرده
within an a. of ذره‌ای مانده به
acerb' *a.* ترش ، دبش ، گس - تند
acet'ic acid جوهر سرکه
ache (*eik*) *n.* & *vi.* درد (کردن)
I a. all over. همه جای بدنم درد میکند
achieve (*achi:v'*) *vt.* انجام دادن - رسیدن یا نائل شدن (به)
achieve'ment *n.* انجام - کار بزرگ
achromat'ic (*akrə-*) *a.* بیرنگ
acid (*as'-*) *a.* & *n.* (۱) ترش ، حامض - ترشرو (۲) حموضت - جوهر
a. test آزمایش یا محك واقعی
acid'ulated *ppa.* میخوش - کج‌خلق
acknowledge (*aknɔl'ij*) *vt.* اعتراف کردن - تصدیق کردن - شناختن
a. receipt of a letter رسید نامه‌ای را اعلام داشتن
acknow'ledgment *n.* شناسایی - اعتراف - تصدیق - خبر وصول (نامه)
in a. of پاداشِ ، در ازایِ
ac'me (*-mi*) *n.* اوج، قلّه، منتها (درجه)
ac'ne (*-ni*) *n.* جوش صورت
acock (*əkɔk'*) *adv.* کج ، یکبر
ac'onite *n.* گل تاج‌الملوك
a'corn *n.* بلوط
acoustic (*əkaus'tik*) *a.* مربوط بشنوائی ، صوتی ، صدائی
acous'tical trumpet سمعك
acous'tics *n.* صداشناسی، علم اصوات

acquaint (*akweint'*) *vt.* آشنا
ساختن ، آگاهی دادن ، خبر دادن (به)
a. oneself آشنا شدن
acquain'tance (*-təns*) *n.* آشنایی -
سابقه ، آگاهی - آشنا(یان)
make an a. of آشنا شدن با
acquain'ted *ppa.* آشنا - آگاه
acquiesce (*akwies'*) *vi.* تن
دردادن ، تسلیم شدن - [با in] پذیرفتن
acquies'cence ; -cency *n.*
رضایت ، سکوتِ موجب‌رضا ، عدم مخالفت
acquies'cent (*əs'ənt*) *a.* راضی -
ساکت - مبنی بررضایت
acqui'rable (*-rəb'l*) *a.* قابل‌حصول
acquire (*akwair'*) *vt.* بدست آوردن
کردن - فرا گرفتن
acquire'ment *n.* تحصیل ، اکتساب -
هنر ، فضیلت [ج. فضائل] ، کمال
acquisition (*akwizish'ən*) *n.*
تحصیل
acquisitive (*akwiz'itiv*) *a.*
اکتساب کننده ، جوینده - اکتسابی
acquit (*akwit'*) *vt.* {-ted}
تبرئه کردن- ادا کردن - [با oneself]
حرکت کردن، رفتار کردن، ازعهده برآمدن
acquittal (*akwit'əl*) *n.* تبرئه ،
برائت - پرداخت
acquit'tance *n.* مفاصا(نامه)- برائت
a'cre *n.* جریب فرنگی [برابر با
٤٣٥٦٠ پای مربع]
God's a. گورستان ، قبرستان ، مزار
ac'rid *a.* دبش ، گس - تند - زننده
acrimo'nious (*-əs*) *a.* تلخ ، تند
ac'rimony *n.* تلخی ، تندی ، درشتی
ac'robat *n.* بند باز - سیاست باز
acrobat'ics *n.* ورزش خوبی
[بدون اضافه خوانده شود] ، آکرباتیك
acropolis (*əkrɔp'elis*) *n.* دژ
[درشهر های قدیم یونان]
across' *prep. & adv.* (۱) از
وسطِ - سرتاسرِ - در وسطِ - از رویِ
(۲) از این سر به ان سر - سرتاسر ،
از این سو به آن سو - در وسط
come a. تصادف کردن با
act *n., vi. & vt.* (۱) عمل، کار ،
حرکت - پرده [در نمایش] - قانون - سند
(۲) عمل کردن ، حرکت کردن - اثر
کردن - نمایش دادن (۳) شبیه (کسیرا)
در آوردن
in the very a. درحین ارتکاب‌عمل
a. for کفالت کردن بجایِ
ac'ting *apa.* کفالت کننده - عاملَ
a. director کفیل (اداره)
ac'tion *n.* کار ، عمل - اقدام - تاثیر -
جنگ - (اقامه) دعوا ، جریان حقوقی
take a. اقدام کردن
in a. دایر - مشغول کار - مشغول نبرد
bring an a. against some one
برعلیه کسی اقامهٔ دعوی کردن
ac'tive (*-tiv*) *a.* فعال ، کاری ،
جدی - مؤثر - دایر - [درفعل] معلوم
a. service خدمت در جبهه
a. voice بناء معلوم ، فعل معلوم
activ'ity *n.* {-ties} فعالیت ، جدیت
ac'tor (*-tə*) *n.* هنرپیشه
ac'tress *n.* {*fem. of* actor}
ac'tual (*-chuəl*) *a.* واقعی ، فعلی
actual'ity *n.* واقعیت -.امر واقعی
ac'tually *adv.* بالفعل - واقعاً
actuate (*ak'tiueit*) *vt.* بکار
انداختن ، تحریك کردن
acu'men *n.* تیز هوشی - ذکاوت
acute (*akiut'*) *a.* تیز ، نوك تیز -
زیرك - [طب - هن] حاد ، تند
A. D. { anno domini }
(از سال) میلادی
ad'age (*-ij*) *n.* ضرب‌المثل
ada'gio *a(dv).* {It.} [مو] آهسته
Ad'am (*-em*) *n.* آدم ، حضرت آدم
not to know one from Adam
کسیرا ابداً نشناختن

Adam's apple برآمدگی گلو ، جوزك ، سیب حضرت آدم

ad'amant (*ad'əmənt*) *n.* & *a.* (۱)سنگ خارا - فلز سخت (۲)تسلیم نشو

adamantine (*adəman'tain*) *a.* سخت - قوی‌الاراده

adapt' *vt.* وفق دادن - جرح و تعدیل کردن

adaptabil'ity *n.* قابلیت توافق - قوهٔ سازگاری (با مقتضیات) - مناسبت

adap'table (*-təb'l*) *a.* قابل وفق دادن - مناسب

adapta'tion *n.* توافق - جرح و تعدیل

add *vt.* افزودن ، اضافه کردن ، علاوه کردن - جمع کردن [گاهی با **up**]

adden'dum *n.* [**-da**] ضمیمه

adder (*ad'ə*) *n.* افعی بی زهرامریکائی

addict' *vt.* خو دادن ، عادت دادن

a. oneself عادت کردن

addic'ted *ppa.* آموخته ، معتاد

addic'tion *n.* آموختگی، اعتیاد- تمایل

addition (*-dish'ən*) *n.* جمع ، افزایش ، اضافه - الحاق - ضمیمه

in a. to علاوه بر

additional (*adish'ənəl*) *a.* اضافی

ad'dle *a.* & *v.* (۱) گندیده ، ضایع، لق (۲) ضایع کردن یا شدن

ad'dle-brained *a.* ابله ، تهی مغز - کیج

address' *vt.* مخاطب ساختن

a. a letter (۱) نامه‌ای را فرستادن (۲) نشانی‌روی نامه‌ای نوشتن

a. oneself اشتغال ورزیدن

address' *or* **ad'-** [**U.S.**] *n.* نشانی، عنوان- خطابه- طرزخطاب-حسن‌معاشرت

pay one's addresses to some one طلب همسری با کسی کردن

addressee' *n.* مخاطب - گیرندهٔ نامه

adduce' *vt.* اقامه کردن - ایراد کردن

a. witnesses شاهد آوردن

ad'enoids *n.* (ورم) لوزهٔ سوم

adept' *a.* زبردست ، ماهر ، استاد

ad'equacy *n.* کفایت - مناسبت

ad'equate (*-kwit*) *a.* کافی- مناسب

ad'equately *adv.* بقدر کافی

adhere' *vi.* چسبیدن - هواخواه بودن

adhe'rence *n.* هواخواهی ، پیوستگی

adhe'rent *a.* & *n.* هوا خواه

adhe'sion (*-zhən*) *n.* التصاق - چسبندگی - پیوستگی

adhe'sive (*-siv*) *a.* چسبنده

adieu [**Fr.**] *n.* [**-dieus** *or* **-dieux**] بدرود ، خداحافظی

make (*or* **take**) **adieux** خدا حافظی کردن

adieu [**Fr.**] *int.* خدا حافظ

ad infin'itum [**L**] بی نهایت - تا نهایت

ad'it *n.* مدخل ، راه ، راهرو

adjacence (*əjei'səns*) *n.* نزدیکی ، مجاورت ، جوار

adja'cent *a.* نزدیك ، مجاور، همسایه

a. to my house نزدیك خانهٔ من

adjecti'val (*-vəl*) *a.* [د] صفتی

adjective (*aj'əktiv*) *n.* صفت

adjoin' *vt.* متصل کردن - متصل بودن به

adjoin'ing *apa.* مجاور ، متصل

adjourn (*ajə:n'*) *v.* (صحبت را) بوقت دیگر موکول کردن

a. to another place [**Col.**]. بجای دیگر رفتن و صحبت را در آنجا ادامه دادن

adjourn'ment *n.* تعطیل‌موقتی-خاتمه

adjudge (*əjʌj'*) *vt.* فتوی دادن در - مقرر داشتن بر - محکوم کردن

adjudged to pay محکوم بدادنِ

adjudg'ment *n.* فتوی

adjudicate (*əju':-*) *v.* فتوی دادن (در) ، داوری یا احقاق حق کردن

adjudica'tion *n.* حقاق حق

adjunct (*aj'-*) *n.* معین ، چیز فرعی ، چیز الحاقی
adjure (*eju'ə*) *vt.* سوگند دادن ، قسم دادن - لابه کردن به
adjust' *vt.* تعدیل کردن ، میزان کردن
adjustable (*əjʌs'təb'l*) *a.* قابل تعدیل - درجه دار
adjust'ment *n.* تعدیل - تطبیق
in a. درست ، میزان ، مرتب
out of a. نادرست ، ناموزون ، غلط
adjutancy (*aj'u-*) *n.* آجودانی
adjutant (*aj'utənt*) *n.* آجودان،معین
admin'ister *vt.* & *vi.* (۱) اداره کردن - دادن (سوگند) - (۲) کمك کردن
a. justice عدالت کردن
administra'tion *n.* اداره - اجرا
admin'istrative (*-trətiv*) *a.* اداری
admin'istrator (*-treitə*) *n.* مدیر - رئیس
admin'istratorship *n.* مدیریت
administra'trix *n.* [*fem.* of administrator ; *Pl.* -trices (*-si:z*)] مدیره - رئیسه
ad'mirable (*-rəb'l*) *a.* پسندیده ، قابل تحسین - شگفت انگیز
ad'mirably *adv.* بطور پسندیده - بخوبی
ad'miral (*-mərəl*) *n.* دریاسالار
rear a. دریادار
vice a. دریابان
ad'miralty *n.* ادارهٔ نیروی دریایی - (ادارهٔ) دریا سالاری
ad'miralty-metal *n.* مفرغ
admira'tion *n.* پسند ، تحسین- شگفت
be filled with a. حظ کردن ، تحسین کردن ، در شگفت شدن
admire' *vt.* پسندیدن ، تحسین کردن ، حظ کردن (از)
a. (*vi.*) **at** در شگفت شدن از
admi'ringly *adv.* باتحسین وشگفت

admissibil'ity *n.* پذیرفتگی ، قابل قبول بودن - روا بودن ، مجاز بودن
admis'sible *a.* قابل‌قبول- روا ، مجاز
admission (*-mish'ən*) *n.* دخول - اجازهٔ ورود - قبول ، تصدیق - اعتراف
admit' *vt.* [-ted] پذیرفتن - اجازهٔ دخول دادن - تصدیق کردن
a. of اجازه دادن - روا دانستن
This does not a. of negligence. در این کار غفلت روا نیست
admit'tance *n.* (اجازهٔ) ورود
admit'tedly *adv.* مسلماً
admon'ish *vt.* نصیحت کردن
admonition (*-mənish'ən*) *n.* نصیحت - اخطار - تنبیه
admon'itory (*-təri*) *a.* نصیحت آمیز - توبیخی
ado (*ədu':*) *n.* دردسر - هایهو
adoles'cence (*adəles'əns*) *n.* دورهٔ جوانی ، بلوغ
adoles'cent *a.* & *n.* بالغ ، جوان
adopt' *vt.* قبول کردن ، پذیرفتن ، اختیار یا اتخاذ کردن ، اقتباس کردن
adopted son پسر خوانده
He adopted her as his own child. او را بفرزندی قبول کرد
adop'tion *n.* اختیار ، اتخاذ ، قبول - اقتباس - فرزند خواندگی ، تبنی
ado'rable (*-rəb'l*) *a.* شایان ستایش ، قابل پرستش - دلپذیر
adora'tion *n.* ستایش - عشق ورزی
adore' *vt.* پرستیدن - دوست داشتن
adorn' *vt.* آرایش دادن ، زینت دادن
adorn'ment *n.* آرایش - زینت
adrift' *a*(*dv*). ول در روی آب - دستخوش مقتضیات یا پیشامد
turn a. بی پول روانه کردن ، باامان خدا (یا پیشامد) واگذار کردن
adroit' *a.* زرنگ ، زیرك ، ماهر
ad'ulate *vt.* چاپلوسانه ستودن

adula'tion *n.* ستایش چاپلوسانه
ad'ulator { *fem.* **ad'ulatress** } *n.* مداح (متملق)، چاپلوس
adult (*ədʌlt'*) *a.* سالمند، بالغ
a. age سن بلوغ
adul'terate (*-təreit*) *vt.* جازدن- تحریف کردن
adul'terate (*-tərit*) *a.* جا زده، قلب - حرامزاده
adultera'tion *n.* دغل سازی، جا زدن - تحریف - چیز جا زده
adul'terer *n.* زانی، مرد زناکار
adul'teress *n.* { *fem. of* **adul-terer** } زن زناکار، زانیه
adul'terine (*-rin*; *-rain*) *a.* حرامزاده - ناشی از زنا - تقلبی
adul'terous (*-tərəs*) *a.* زناکار - مربوط بزنا
adul'tery *n.* زنای محصن یا محصنه - بیوفایی - بی‌عفتی
commit a. زنا کردن - زنا دادن
advalo'rem {L} از روی بها
advance' *vt.*, *vi.* & *n.* (۱) جلو بردن - ترقی دادن - اقامه کردن - اظهار کردن - مساعده دادن (۲) پیش رفتن - ترقی کردن (۳) پیش برداخت، مساعده - ترقی
make an a. مساعده دادن
a. money پیش پرداخت، مساعده
in a. پیشاپیش، بطور مساعده
advanced' *ppa.* پیشرفته- ترقی کرده
a. in years سالخورده
advance'-guard *n.* جلودار
advance'ment *n.* پیشرفت - ترویج
advan'tage (*-tij*) *n.* سود، صرفه - استفاده - مزیت، تفوّق
take a. of استفاده کردن از - اغفال کردن
to a. سودمندانه - بخوبی
You have the a. of me. سرکار بنده را می‌شناسید ولی بنده سرکار را بجا نمی‌آورم
turn to a. بصرفه نزدیك کردن
advanta'geous (*-jəs*) *a.* سودمند، نافع، مفید - باصرفه، مقرون بصرفه
ad'vent *n.* ظهور، آمدن، ورود
adventure (*ədven'chə*) *n.*, *vt.* & *vi.* (۱) سرگذشت - مخاطره - ماجرا جویی (۲) در معرض مخاطره گذاشتن (۳) خود را بمخاطره انداختن
adven'turer *n.* ماجراجو - اهل‌تشبث
adven'turous (*-rəs*) *a.* پرحادثه، مخاطره‌آمیز - دلیر، ماجراجو
ad'verb *n.* قید، ظرف، معین فعل
a. of place ظرف مکان
a. of time ظرف زمان
adver'bial (*-əl*) *a.* قیدی، ظرفی
ad'versary (*-səri*) *n.* دشمن- رقیب
ad'verse *a.* مخالف، مغایر- زیان‌آور
a. to مخالف، مخالف با
ad'versely *adv.* بطور مخالف، بد
adver'sity *n.* بدبختی، روز بد
advert' *vi.* عطف کردن، توجه کردن
ad'vertise (*-taiz*) *v.* آگهی دادن، با آگهی معرفی کردن
advertisement (*ədvə':tiz-*; *-taiz'-*) *n.* آگهی، اعلان، خبر
advice' *n.* صوابدید - پند - آگاهی
legal a. مشورت یا نظر قضائی
advisable (*ədvai'zəb'l*) *a.* مقتضی، مصلحت (آمیز)
advise (*-vaiz'*) *vt.* آگاهی دادن - مشورت دادن، توصیه یاتجویز کردن
Be advised by me. سخن مرا بپذیرید
advi'ser; **-sor** (*-zə*) *n.* مشاور، رایزن
advi'sory (*-zəri*) *a.* مشورت‌آمیز - مشاور (پیشه)
ad'vocacy (*-kəsi*) *n.* مدافعه

ad'vocate (*-kit*) *n.* وکیل ، مدافع
a. for peace طرفدار صلح
ad'vocate (*-keit*) *vt.* حمایت کردن (از)
ads(e) *n.* & *vt* (۱) تیشه (۲) تیشه زدن ، با تیشه صاف کردن
ægis (*i':jis*) *n.* سپر - حمایت
a'erate *vt.* هوا دادن - گازدار کردن
aerial (*ê'əriəl*) *a.* & *n.* (۱) هوایی - بادی - پوچ - رقیق (۲) آنتن
a. railway (*or* **ropeway**) سیم نقاله
a'erify *vt.* تبدیل بهوا یا گاز کردن
a'erodrome *n.* فرودگاه (هواپیما)
a'erogram *n.* مخابرهٔ بی‌سیم
a'eronaut (*-nɔ:t*) *n.* هوانورد
aeronau'tic(al) *a.* مربوط بهوا نوردی
aeronau'tics *n.* علم هوانوردی
aeronaviga'tion *n.* ناوبری هوایی
a'eroplane *n.* هواپیما
æsthet'ic(al) (*is-*) *a.* وابسته بزیبائی شناسی - دارای ذوق زیبائی
æsthet'ics *n.* زیبایی شناسی
æstival (*istai'vəl*; *es'ti-*) *a.* & *n.* (ناخوشی) تابستانی
ætiology(*i:tiɔl'əji*)*n.* علت(شناسی)
afar' *adv.* (از) دور ، دورا دور
affabil'ity *n.* دلجوئی ، مهربانی
af'fable (*-fəb'l*) *a.* مهربان، دلجو
affair' *n.* امر، کار، مطلب ، موضوع
a. of honour جنگ تن بتن
affect' *vt.* تاثیر کردن بر - بخود بستن ، بهانه کردن - مبتلا کردن
a. ignorance خود را بنادانی زدن
affected with دچار ، مبتلا به
affecta'tion *n.* تظاهر - ناز
affec'tion *n.* محبت - تاثیر - ابتلا
affec'tionate (*-nit*) *a.* بامحبت
affi'ance *n.* اطمینان - نامزدی
affi'anced *ppa.* نامزد (شده)
affida'vit *n.* اقرارنامه - سوگند نامه
affil'iate *vt.* مربوط ساختن ، آشنا کردن - به عضویت پذیرفتن - بفرزندی منسوب کردن
a. oneself to (*or* **with**) **a society** خود را به انجمنی پیوستن
affilia'tion *n.* تعیین نسب - پیوستگی - قبول
affin'ity *n.* قرابت سببی - میل ترکیبی - وابستگی ، نزدیکی
affirm (*əfə:m'*) *vt.* بطور قطع اظهار کردن - تصدیق یا اثبات کردن
affirma'tion *n.* اظهار مثبت - اثبات
affir'mative (*-mətiv*) *a.* & *n.* (۱) مثبت - موجب (۲) طرف مثبت - کلمهٔ اثبات
answer in the a. پاسخ مثبت دادن ، «بله» گفتن
affix' *vt.* ضمیمه کردن - چسباندن
a. one's seal to مهر کردن
a. one's signature to امضا کردن
afflict' *vt.* غمگین کردن- رنجور کردن
afflic'ted *ppa.* محنت زده - مبتلا
afflic'tion *n.* محنت ، غمزدگی
afflic'tive (*-tiv*) *a.* مصیبت‌آمیز ؛ سخت - [درمجازات] ترهیبی
aff'luence *n.* وفور (نعمت) - ریزش
aff'luent *a.* & *n.* (۱) ریزنده ، جاری- فراوان (۲)شاخهٔ رود ، رودفرعی
aff'lux *n.* ریزش ، جریان - انبوهی
afford' *vt.* — **I cannot a. to buy that.** استطاعت خرید آنرا ندارم
affor'est *vt.* (تبدیل به) جنگل کردن
affran'chize (*-chiz*; *-chaiz*) آزاد کردن- معاف کردن
affray' *n.* نزاع (در شارع عام)
affright (*əfrait'*) *vt.* & *n.* (۱) ترساندن (۲) ترس ، وحشت
affront(*əfrʌnt'*)*n.* توهین(کردن به)

put an a. upon (*or* **offer an a. to**) توهین کردن به
affron'tive (*-tiv*) *a.* توهین‌آمیز
afield' *adv.* بصحرا - دور (ازمیهن)
afire' *a(dv).* درآتش ، درحریق
aflame' *a(dv).* مشتعل ، سوزان
afloat (*əflout'*) *a(dv).* شناور - آب گرفته - درکشتی - شایع
life a. زندگی‌ملوانی ، زندگی دردریا
à fond {Fr.} کاملاً ، طور عمیق
afoot' *a(dv).* سر پا ، قادر بحرکت - دایر ، در جریان
set a. بجریان انداختن ، دایر کردن
afore'going *a.* پیش (رفته) ، سابق
afore'mentioned = **aforesaid**
afore'named *a.* نامبرده در پیش
afore'said *a.* مذکور (در پیش)
afore'thought *a.* عمدی
a fortiori (*ei'fortiɔ':rai*) [L] بطریق اولی
afoul' *a(dv).* بهم خورده
run a. of تصادم کردن با
afraid' *a.* ترسان
He is a. of me. ازمن میترسد
I am a. to go. میترسم بروم
I am a. I cannot go. متاسفانه باید بگویم که نمی‌توانم بروم
afresh' *adv.* از نو - مجدداً
Af'rican (*-kən*) *a.* & *n.* افریقایی
aft *adv.* درعقب‌کشتی
after (*a:f'tə*) *prep.* بعد از - در عقبِ - دربیِ - اززویِ ، مطابقِ
He was named a... نام . را روی او گذاشتند
the day a. to-morrow پس فردا
day a. day روز بروز ، هر روز
a. all عاقبت - روی همرفته
af'ter *adv.* پس از آن - بعد ها
long a. مدتها پس از آن
soon a. طولی نکشید که
af'ter *conj.* پس از آنکه ، بعد از آنکه
af'ter *a.* آینده ، بعد - عقبی ، پسین
the day a. روز بعد ، روز دیگر
af'termath *n.* چین دوم - نتیجه
af'ternoon *n.* بعد ازظهر ، عصر
this a. امروز عصر ، امروز بعدازظهر
Good a. عصر (شما) بخیر
af'terthought *n.* اندیشهٔ بعدی ، فکر کاهل - چاره اندیشی پس ازانجام‌کار
af'terward(s) *adv.* بعد از آن ، سپس
again' *adv.* دوباره ، باز
now and a. گاه‌گاهی
as much a. دوچندان
against' *prep.* برضدِ ، برعلیهِ ، در برابرِ - به - رو برویِ ، مقابلِ
strike a. خوردن به
I was standing with my back a. the wall. پشت بدیوار ایستاده بودم
run (up) a. تصادف کردن با
agape' *a(dv).* مبهوت - با دهنِ باز
agate (*ag'it*) *n.* عقیق
age (*eij*) *n.* سن - روزگار ، عصر
at the a. of 9 در سن ۹ سالگی
old a. پیری ، سالخوردگی
(come) of a. بالغ (شدن)
under a. خردسال ، نا بالغ ، صغیر
aged (*ei'jid*) *a.* پیر ، مسن
aged 4 (*eijd-*) ٤ ساله
age'long *a.* دائمی - عصری
a'gency (*-jənsi*) *n.* کارگزاری - نمایندگی - خبرگزاری - وسیله .
through the a. of بتوسطِ ، بوسیله
Financial A. ادارهٔ دارائی
agenda (*əjen'də*) *n.* { *pl. of* **agendum** } دستور جلسه ، مواد مورد بحث
a'gent (*-jənt*) *n.* عامل - نماینده ، کارگزار - وکیل - واسطه - فاعل

free a. فاعل مختار
agglomerate (*əglɔm'əreit*) *v.* متراكم ساختن یاشدن
ag'grandize *vt. & vi.* (۱) بزرگ (تر) کردن (۲) بزرگ (تر) شدن
aggravate (*ag'rəveit*) *vt.* بدتر کردن - شدید (تر) کردن
aggrava'tion *n.* تشدید- تبدیل به بدتر
aggregate (*ag'rigeit*) *v.* جمع کردن (یا شدن) - بالغ شدن (به)
ag'gregate (*-git*) *a. & n.* (۱) جمع شده (۲) انبوه ، تراکم - مجموع - خرده سنگ [در بتن سازی]
in the a. روی همرفته ، بطورکلی
aggrega'tion *n.* اجماع - اجتماع
aggression (*əgresh'ən*) *n.* تجاوز ، تخطی ، دراز دستی - حمله
aggressive (*əgres'iv*) *a.* تجاوزی - مهاجم ، تجاوز کار
aggressor (*əgres'ə n.* تجاوزکار
aggrieved (*əgri:vd'*) *ppa.* آزرده - غمگین - محنت رسیده - ستمدیده
aghast (*əga:st'*) *a.* مبهوت
agile (*aj'ail*) *a.* چابك، زرنگ، جلد
agility (*əjil'-*) *n.* چابکی ، جلدی
agio (*ei'jiou*; *aj'iou*) *n.* صرف پول ، توفیر کسر پول
agiotage (*aj'iətij*) *n.* صرافی - دلالی برات - معاملات احتکاری بروات
agitate (*aj'-*) *vt.* مضطرب کردن
agita'tion *n.* آشفتگی - هیجان
agitator (*aj'-*) *n.* آشوب گر
aglow (*əglou'*) *a(dv).* درتاب وتب ، در هیجان
ag'nail *n.* عقربك - درد ناخن
agnos'tic *n.* کسیکه معتقد است که انسان نمی تواند معرفتی نسبت بخدا و آخرت پیدا کند
ago (*əgou'*) *a.* پیش ، قبل
3 days a. سه روزپیش ، سه روزقبل

agog' *a(dv).* نگران ، مشتاق
ago'ing *a(dv).* رونده - درحرکت
ag'onize (*-ənaiz*) *vi.* بخود پیچیدن، تقلا کردن ، درد کشیدن
agony (*ag'əni*)*n.* عذاب - تقلا - غصه
a. of death حالت نزع ، احتضار
agra'rian (*-riən*) *a.* زمینی
agree' *vi.* موافقت کردن ، موافق بودن - وفق داشتن - قرار گذاشتن ، حاضر شدن - مطابقه کردن - ساختن
I a. with you. با شماموافق هستم
a. to a proposal با پیشنهادی موافق بودن
Wine does not a. with me. شراب به (مزاج) من نمیسازد
agree'able (*-əb'l*) *a.* مطبوع - خوشخو - موافق - سازگار
agree'ably *adv.* بطور دلپذیر
a. to مطابقِ ، موافقِ ، برحسبِ
agree'ment *n.* موافقت ، توافق ، سازش - پیمان ، قرار(داد)
come to an a. موافقت پیدا کردن ، توافق حاصل کردن
enter into an a. پیمان بستن ، قرارداد منعقد کردن
agricul'tural (*-chərəl*) *a.* فلاحتی
agriculture (*-kʌl'chə*) *n.* کشاورزی ، فلاحت
aground' *a(dv).* بزمین ، بگل نشسته
run a. بگل نشستن
a'gue (*-giu:*) *n.* تب ولرز ، تب نوبه
ah! *int.* آه ، وه - آخ - آه
aha! *int.* آها - وه
ahead (*əhed'*) *a(dv).* پیش ، جلو
a. of پیش از ، جلوتر از
Go a. ادامه بدهید ، بفرمائید
look a. در فکر آتیه بودن
aid *n. & vt.* (۱) کمك ، مساعدت - دستیار (۲) کمك کردن
first a. station تیمارگاه
aide-de-camp' *n.* [Fr.] آجودان

aide-memoire' *n.* {Fr.} یادداشت - خلاصهٔ مطالب عمده
aiguillette (*eɪgwɪlet'*)*n.* {Fr.} واکسیل بند
ail *vt.* بدرد آوردن
What ails him? او را چه میشود
ail'ment *n.* ناخوشی ، رنج . درد
aim *n.* نشان ، هدف - آرزو ، مرام
take a. قراول رفتن
aim *vt.* & *vi.* (۱) هدف قرار دادن - متوجه ساختن (۲) قراول رفتن
He aimed it at me. اشاره‌اش بمن بود ، سخنش متوجه من بود
aim'less *a.* بی‌مقصد ، بی‌اراده
air *n.* & *vt.* (۱) هوا - آهنگ - قیافه (۲) هوا دادن - نمایش دادن
A. Force نیروی هوائی
put on (or give oneself) airs خودرا گرفتن ، قیافه گرفتن
in the a. شایع
air'-cock *n.* باد نما
air'-conditioning *n.* تصفیه هوا
air'craft *n.* هواپیما
air'craft(s)man *n.* درجه‌دار {در نیروی هوائی}
air'-cushion *n.* تشك زیر بیمار
air'-drain *n.* گربه‌رو ، ناه‌کش
air'-gun *n.* تفنگ بادی
air'-hole *n.* منفذ. بادگیر- چاه‌هوایی
ai'riness *n.* خودنمایی - نشاط
ai'ring *n.* هوا خوری - باد دادن
air'-line *n.* خط مستقیم ، خط هوایی
air'-mail *n.* پست هوایی
air'man *n.* {-men} خلبان
air'-plane = **aeroplane**
air'-pocket *n.* چاه هوائی
air'-port *n.* ایستگاه هوایی ، فرودگاه
air'-pump *n.* تلمبهٔ باد خالی کن
air'-ship *n.* کشتی هوایی
air'-tight *a.* مانع دخول هوا ، کیپ
air'-trap *n.* سرپوش چاهك - بادگیر
air'way *n.* مسیر هوا پیما - شرکتِ هوا پیمائی
air'worthy *a.* قابل پرواز
ai'ry *a.* هوایی - خوش‌هوا - سبك - با روح - ظریف - پوچ - خودنما
aisle (*ail*) *n.* راهرو - کنار ؛ جناح
ajar (*əja':*) *a*(*dv*). نیم باز
akim'bo *adv.* } دو دست برکمر
with arms a. } وآرنج ها بیرون
akin' (*ə-*) *a.* منسوب - همجنس
alabaster (*al'ə-*) *n.* مرمر سفید
à la carte {Fr.} با حق انتخاب و سفارش غذا از روی‌صورت
alac'rity *n.* بشاشت و آمادگی
à la dérobée {Fr.} زیر جلی
à la mode {Fr.} طبق مد یا رسم متداول
alarm (*əla:m'*) *n.* & *vt.* (۱) آژیر - شیپور حاضرباش - هراس - شماطهٔ ساعت (۲) از خطر آگاهانیدن
alarm'-bell *n.* زنگ(اخبار) خطر
alarm'-clock *n.* ساعت شماطه‌ای
alas (*əla:s'*) *int.* افسوس ، آه
al'batross *n.* قسمی مرغ دریایی
albe'it (*ɔ:l-*) = **although**
Al'bert chain زنجیر ساعت جیبی
albi'no *n.* زال ، آدم مو سفید
al'bum (*-bəm*) *n.* آلبوم
albu'men *n.* سفیدهٔ تخم مرغ
albu'min *n.* آلبومین
albu'minous (*-nəs*) *a.* آلبومینی
al'chemy (*-kəmi*) *n.* علم کیمیا
al'cohol (*-kə-*) *n.* الکل
alcohol'ic *a.* الکلی
al'cove *n.* شاه نشین - آلاچیق
alder (*ɔ:l'də* *n.* توسه
alderman (*ɔ:l'dəmən*) *n.* {-men} عضو انجمن شهرداری
ale *n.* آبجو انگلیسی.
alem'bic *n.* انبیق
alert (*əlɜ:t'* *a.* & *n.* (۱) هوشیار،

گوش بزنگ (۲) نشان خطر
on the a. مواظب ، گوش بزنگ
alfal'fa (*-fə*) *n.* یونجه
alfres'co *a(dv).* در هوای آزاد
al'ga (*-gə*) *n.* {-gæ (*-ji:*)} جلبك
al'gebra (*-jibrə*) *n.* جبر و مقابله
algebra'ic(al) *a.* جبری
a'lias *adv.* & *n.* (۱) در موارد دیگر-طوردیگر (۲) نام‌دیگر، نام‌عاریتی
al'ibi (*-bai*) *n.* & *adv.* (۱) غیبت ازمحل وقوع جرم (۲) جای دیگر
a'lien *a.* & *n.* بیگانه ، اجنبی
a. to the purpose مخالف منظور
a'lienable (*-əb'l*) *a.* قابل انتقال
a'lienate *vt.* واگذار کردن ، انتقال دادن - بیزار کردن - بیگانه کردن
a'lienate (*-nit*) *a.* واگذار شده - برگردانده - برده (شده) ، خراب (شده)
aliena'tion *n.* انتقال - بیگانگی
mental a. دیوانگی
alight (*əlait'*) *vi.* & *a.* (۱) پایین‌آمدن - فرودآمدن (۲)روشن - شعله‌ور - سوزان - بشاش
align (*əlain'*) *vt.* & *vi.* (۱) درصف آوردن (۲) درصف آمدن
align'ment *n.* صف (بندی) - مسیر
alike' *a.* & *adv.* (۱) مانند هم ، شبیه ، یکسان (۲) یکجور ، بتساوی- یکجا
al'iment *n.* قوت ، غذا - رزق
alimen'tary *a.* مربوط به تغذیه
alimenta'tion *n.* تغذیه - خواربار
al'imony (*-məni*) *n.* خرجی ، نفقه
al'iquant *a.* {ح} باقی‌آورنده
a. part عددیکه عدددیگررا عادنمیکند
al'iquot part (*-kwɔt-*) {ح} عاد
alive' *a.* زنده - روشن - حساس
be a. to نسبت به (چیزی) حساس بودن ، درك کردن
aliz'arin(e) *n.* روناس- رنگ‌روناس
alkales'cent *a.* دارای‌خاصیت قلیائی
al'kali (*-kəlai*) *n.* قلیا

al'kaline (*-lain*) *a.* قلیائی
all *a.*, *n.* & *adv.* (۱) همه ، همهٔ ، تمام - هر ، هر گونه (۲) همگی- همه چیز (۳) تماماً ، بکلی
A. Fools' Day روز شوخی {روز اول آوریل}
for a. that با همه این حرفها
a. in a. روی همرفته
a. who همهٔ آنهایی که ، همهٔ کسانیکه
a. I know آنچه (یاهرچه) من‌میدانم
That is a. همین است ، همین بود
in a. روی هم ، جمعاً
one and a. همه باهم
at a. ابداً ، بهیچوجه
a. over سرتاسر ، سراسر ، بکلی
a. right بسیارخوب - سالم ، تندرست
a. at once ناگهان ، غفلة
a. the better چه بهتر
allay' *vt.* تخفیف دادن ، آرام‌کردن
allega'tion *n.* اظهار محض ، ادعا
allege (*alej'*) *vt.* (بیدلیل) اظهار کردن
allegiance(*əli':jəns*)*n.* بیعت،وفاداری
allegor'ic(al) *a.* رمزی ، تمثیلی
allegory (*al'igəri*) *n.* حکایت بطریق تمثیل ، مَثل
allegro (*aleig'rou*) *a(dv.)* {It.} {مو} تند
alle'viate *vt.* سبك کردن
allevia'tion *n.* تسکین ، تخفیف
alle'viative (*-ətiv*) *a.* & *n.* (۱) مسکن (۲) داروی مسکن
alley (*ai'i*) *n.* کوچه ، راهرو
alliance (*əlai'əns*) *n* اتفاق
in a. متفق
allied' *ppa.* {*pp.* of **ally**} پیوسته ، متفق - وابسته ، منسوب
al'ligator(*-geitə*)*n.* نهنگ(امریکا)
all'-in' *a.* شامل همه چیز ، جامع
all'-in-all' *a.* گرامی ، محبوب
allitera'tion *n.* آغازچندکلمهٔ پیاپی

بایك حرف ، تجانس حروف [تقریباً]
allocate (*al'ə-*) *vt.* اختصاص‌دادن
alloca'tion *n.* اختصاص - بخش
allocu'tion *n.* خطابه - اندرز
allot' *vt.* [-ted] تخصیص دادن
allot'ment *n.* تقسیم - تخصیص
all-out' *adv.* [Col.] با تمام نیرو ، با شتاب هرچه بیشتر
allow (*əlau'*) *vt.* & *vi.* (۱) اجازه دادن - جایز شمردن - منظور کردن - مرخصی دادن (۲) چیزی منظور کردن یا کم کردن
allow'able (*-əb'l*) *a.* روا ، جایز
allowance (*əlau'əns*)*n.* فوق‌العاده
make a. منظور کردن
alloy' *n.* & *vt.* (۱) بار ، عیار - فلز مرکب (۲) عیار زدن ، آمیختن
all'-round *a.* همه فن حریف ، همه کاره
all'spice *n.* فلفل فرنگی شیرین
allude (*əliu:d'*) *vi.* اشاره کردن
allure (*əliu'ə*) *vt.* & *n.* (۱) بطمع انداختن (۲) کشش
allure'ment *n.* تطمیع ، اغوا
allu'sion (*-zhən*) *n.* اشاره - تلمیح
allu'sive (*-siv*) *a.* اشاره کننده
alluvial (*əlu'viəl*) *a.* رسوبی
allu'vium (*-əm*) *n.* آب رفت
ally (*alai'*) *vt.* & *vi.* (۱) متحد یامتفق کردن (۲) متفق یا متحد شدن
ally' *n.* هم پیمان ، متفق
Al'ma mater (*-mə-mei'tə*) *n.* آموزشگاهی که شخص درآن پرورش یافته
almanach (*ɔ:l'mənak*) *n.* تقویم نجومی
almighty (*ɔ:lmai'ti*) *a.* قادر مطلق
almond (*ah'mənd*) *n.* بادام
almost (*ɔ:l'mounst*) *adv.* تقریباً
alms (*ahmz*) *n.* صدقه ، خیرات
alms'giving *n.* صدقه (دادن)، خیرات
alms'-house *n.* نوان خانه ، دارالمساکین
al'mug *n.* (چوب) صندل
aloes (*al'ouz*) *n.* صبرزرد،چوب‌عود
aloft' (*ə-*) *a(dv.)* بالا
alone' (*ə-*) *a(dv.)* تنها - یکتا
along' (*ə-*) *adv.* & *prep.* (۱) همراه - جلو (۲) درطول ، در امتداد
get a. پیش رفتن - بسر بردن
a. with همراه
along'side *adv.* درکنار (کشتی)
a. of در پهلوی - در قبال
aloof' *a(dv).* دور - درکنار
keep (*or* **hold oneself**) **a.** دوری‌کردن ، دوری جستن - فارغ بودن
alope'cia (*-shiə*) *n.* ریزش مو
aloud' (*ə-*) *adv.* (باصدای) بلند
alpac'a *n.* آلپاکا - مو یا پارچهٔ آلپاکا
al'penstock *n.* چوب ویژهٔ کوه‌گردی
al'phabet (*-fəbet*) *n.* الفباء
alphabet'ic(al) *a.* الفبائی
alphabet'ically *adv.* بترتیب حروف تهجی
Al'pine *a.* وابسته بکوه آلپ
alread'y (*ɔ:lred'i*) *adv.* هم‌اکنون ، بنقد - قبلا - باین زودی
also (*ɔ:l'-*) *adv.*&*conj.* (۱) نیز ، همچنین ، هم (۲) بعلاوه ، از این گذشته
altar (*ɔ:l'tə*) *n.* مذبح- محراب
lead a. woman to the a. با زنی ازدواج کردن
al'ter ('') *vt.* & *vi.* (۱) تغییر دادن ، اصلاح کردن (۲) تغییر یافتن
al'terable (*-əb'l*) *a.* تغییر پذیر - اصلاح پذیر
altera'tion *n.* تغییر ، اصلاح
altercate (*ɔ:l'təkeit*) *vi.* مشاجره کردن ، نزاع کردن
alterca'tion *n.* مشاجره - ستیزه

al'ter eg'o [L] دوست جانی ، دوست صمیمی
alter'nate (ɔ:ltə:'nit) a. & n. (۱) یك درمیان ، متناوب - [هند] متبادل (۲) بدل ، عوض
on a. days یك روز درمیان
al'ternate (-neit) vt. یك‌درمیان قرار دادن ، متناوب کردن - بنوبت عوض کردن
alter'nately adv. متناوباً
alterna'tion n. تناوب ، نوبت
alter'native (-nətiv) n. & a. (۱) شق (دیگر) - چاره (۲) منحصر بدو ِشق
although (ɔ:lthou' آلظو') conj. اگرچه ، هرچند ، با اینکه
al'titude n. بلندی ، ارتفاع
al'to (-tou) n. صدای اوج مردانه
altogeth'er (ɔ:ltəgeth'ə) adv. بکلی ، ازهمه جهت - روی همرفته
al'truism (-iz'm) n. رعایت حال ِ دیگران
al'truist n. نوع پرست
al'um (-əm) n. زاج سفید
alumin'ium ('') n. آلومینیوم
alum'na (əlʌm'nə)n. [-næ (ni:)] دختر یا زن فارغ‌التحصیل
alum'ni [pl. of alumnus]
alum'nus n. [-ni (nai)] پسر یا مردیکه درآموزشگاهی تحصیل کرده است
always (ɔ:l'wəz;-weiz) adv. همیشه
am v. [be هستم [رجوع شود به
a. m. = ante meridiem [L] پیش از ظهر
amalgam (əmal'gəm) n. فلز آمیخته با جیوه - ترکیب
amal'gamate (-gəmeit) vt. با جیوه آمیختن- [مج] آمیختن ، ترکیب کردن
am'aranth n. گل تاج خروس
amass' (ə-) vt. اندوختن ، جمع کردن
amateur (am'ətə;amatiə':) n. کسیکه پیشه‌ای را برای خوش‌آیند ذوق خود دنبال میکند ، آماتور
amaze' vt. متحیرساختن - مبهوت کردن
amaze'ment n. حیرت ، بهت ، شگفت
ama'zing apa. شگفت آور
ambas'sador (-sədə) n. سفیر کبیر
ambas'sadress n. [fem. of ambassador] زن سفیر کبیر - سفیره
am'ber (-bə)n. کهربا - زردکهربایی
a. petroleum jelly وازلین زرد
ambidex't(e)rous (-rəs) a. ذوالیمینین - تردست
ambigu'ity n. اِبهام
ambig'uous (-yuəs) a. مبهم
ambition (-bish'ən) n. بلند همتی ، جاه طلبی - آرزو ، هدف
ambitious (-bish'əs) a. جاه طلب ، بلند همت - ناشی از همت
am'ble vi. & n. یورغه (رفتن)
ambro'sia (-zhiə ; -ziə) n. خوراك بهشتی - شهد- مرهم یاروغن‌خوشبو
ambry (-bri) n. گنجه ، دولابچه
am'bulance (-ləns) n. نقلیهٔ بیماران وزخمی ها ، آمبولانس
am'bush n. کمین - کمینگاه - دام
lie in a. درکمین نشستن
ame'liorate vt. & vi. بهتر کردن یاشدن ، اصلاح کردن یاشدن
amenable (əmi':nəb'l) a. مسئول - تابع
He is not a. to reason. دلیل و حرف حساب بگوشش نمیرود
amend' (ə-) vt. اصلاح کردن
amend'ment n. اصلاح
amends' npl. جبران ، تلافی
make a. for جبران کردن
ame'nities n. [pl. of amenity] وسائل‌تفریح و آسایش
ame'nity n. مطبوعیت ، خوشی

[بجمع آن هم در بالا رجوع شود]
Amer'ican (*-kən*) *a.* & *n.* امریکائی
Amer'icanism (*-iz'm*) *n.*
اصطلاح امریکائی - املای امریکائی
a'miable (*-əb'l*) *a.* خوشخو، مهربان
am'icable (*-kəb'l*) *a.*
مسالمت آمیز ، صلح طلبانه
amid(st)' *prep.* درمیانِ ، وسطِ
amiss' *a.* نادرست . غلط . بیمورد
take (it) a. رنجیدن (از)
am'ity *n.* مناسبات دوستانه
ammeter (*am'etə*) *n.* آمپر سنج
ammo'nia *n.* آمونیاك (محلول یا بخار)
ammo'nium chlo'ride نشادر
ammunition (*-nish'ən*) *n.* مهمات
am'nesty *n.* بخشش عمومی ، گذشت
amœba (*ami':bə*) *n.* {-bæ (*bi:*)}
جانور یك سلولی
among(st') *prep.* درمیانِ - درزمرهٔ
amorous (*am'ərəs*) *a.* عاشقانه -
عاشق پیشه
amor'phous (*-fəs*) *a.* بی شکل
amor'tize (*-taiz; -tiz*) *vt.*
مستهلك کردن
amount' *n.* & *vi.* (۱) مبلغ -
مقدار ، میزان (۲) بالغ شدن
a. to بالغ شدن بر ، سرزدن به
amphib'ian *n.* جانور دو زیست
amphib'ious (*-iəs*) *a.* دوزیست
amphitheatre (*-fithi':ətə*) *n.*
نمایشگاهِ گرد یا بیضی
am'ple *a.* فراوان - کافی
amplifica'tion *n.* بسط ، تفصیل
am'plifier *n.* آلت افزایشِ
نیروی امواج الکتریکی
am'plify (*-fai*) *vt.* وسعت دادن ،
بزرگ کردن - بتفصیل شرح دادن
am'plitude *n.* فراوانی - وسعت -
استعداد - [ف]میدان نوسان
am'ply *adv.* بقدر کافی - فراوان

am'putate *vt.* بریدن ، قطع کردن
amuck' *adv.* — **run a.** دیوانه‌وار
در پی کشتار مردم دویدن
am'ulet (*-yu-*) *n.* تعویذ ، طلسم
amuse (*əmyu:z'*) *vt.* سرگرم
کردن ، مشغول کردن - تفریح دادن
amuse'ment *n.* سرگرمی ، تفریح
amu'sing *apa.* مشغول کننده
an *indef. art.* یك ، ی [درجلو
حرف صدایی - مثال : *an apple*}
anachronism (*ənak'rəniz'm*)
n. اشتباه تاریخی
anæmia (*əni':miə*) *n.* کم خونی
anæ'mic *a.* دچار کم خونی
anæsthesia (*anisthi':ziə* ;
-zhiə) *n.* بیهوشی
anæsthet'ic *n.* داروی بیهوشی
anæs'thetize *vt.* بیهوش کردن
an'agram (*-əg-*) *n.* قلب - مقلوب
anal'ogize *vt.* قیاس کردن
anal'ogous (*-gəs*) *a.* قابل مقایسه
a. to شبیه به - قابل مقایسه با
analogy (*ənal'əji*)*n.* قیاس- شباهت
on the a. of بر قیاسِ
an'alyse (*-əlaiz*) *vt.* تجزیه کردن
anal'ysis *n.* {-ses (*si:z*) } تجزیه
an'alyst (*-əlist*) *n.* متخصص تجزیه
analyt'ic(al) *a.* تجزیه‌ای - تحلیلی
an'alyze = **analyse**
anar'chic(al) (*-kik-*) *a.* هرج و
مرج [بطور صفت] ، بی قانون
an'archist *n.* هرج و مرج طلب
an'archy (*-əki*) *n.* هرج و مرج
anatom'ic(al) *a.* تشریحی
anat'omist *n.* کالبد شناس
anatomy (*ənat'əmi*) *n.*
کالبد شناسی ، تشریح
an'cestor (*-sistə*) *n.* نیا ، جدّ
ances'tral (*-trəl*) *a.* اجدادی
an'cestress *n.* { *fem. of* **an - cestor**}
جدّه

an'cestry *n.* دودمان ، اصل و نسب
an'chor (*-kə*) *n.* & *vi.* (۱) لنگر (۲) لنگر انداختن
an'chorage (*-kərij*) *n.* لنگرگاه
ancho'vy *n.* ماهی کولی
ancient (*ein'shənt*) *a.* باستانی، قدیمی- کهنه - کهن - سالخورده
the ancients *n. pl.* پیشینیان
an'ciently *adv.* در عهد باستان
and *conj.* وَ {حرف عطف}
and'iron (*-aiən*) *n.* سه پایهٔ جلو بخاری
anecdote (*an'ik-*) *n.* حکایت
anem'one (*-əni*) *n.* شقایق نعمان
anew (*əniu':*) *adv.* از نو
angel (*ein'jəl*) *n.* فرشته ، ملك
angel'ic(al) (*an-*) *a.* فرشته ای - فرشته خو - آسمانی
an'ger (*-gə*) *n.* & *vt.* (۱) خشم ، غضب (۲) خشمگین کردن
angina (*-jai'nə*) *n.* آنژین
an'gle *n.* & *vi.* (۱) گوشه ، زاویه (۲) با قلاب ماهی گرفتن - دام گستردن
an'gle-iron *n.* آهن نبشی، آهن‌زاویه
An'glicize *vt.* انگلیسی نما کردن
An'glo- انگلیس و . . .
an'grily *adv.* با اوقات تلخی
an'gry *a.* خشمگین ، اوقات تلخ
an'guish *n.* دلتنگی ، غصه - درد
an'gular (*-giulə*) *a.* گوشه‌ای - گوشه‌دار ، قناس‌دار - لاغر
an'ile (*-il; -ail*) *a.* پیر زنانه ، خرِف
an'imal (*-məl*) *n.* جانور ، حیوان
an'imate *vt.* روح دادن - بشاش کردن - تحریك کردن
animos'ity *n.* دشمنی ، عداوت
an'iseed (comfits) (نقل) بادیان
an'kle *n.* مچ پا
an'nalist *n.* تاریخچه نویس
annals (*an'əlz*) *npl.* وقایع‌سالیانه

annex (*əneks'*) *vt.* ضمیمه کردن
annexa'tion *n.* الحاق ، انضمام
annex(e) (*an'ex; -nex*) *n.* قسمت الحاقی- ضمیمه
anni'hilate *vt.* نابود کردن
annihila'tion *n.* نابود سازی- فنا
anniversary (*-və':səri*) *n.* جشن یاسو گواری‌سالیانه ، سال گردش
an'notate *vt.* (درحاشیه) تفسیر کردن
annota'tion *n.* حاشیه(نویسی) ، تفسیر
announce (*ənauns'*) *vt.* خبر دادن ، اعلان کردن ، اعلام کردن
announce'ment *n.* آگهی ، اعلام
announ'cer *n.* گوینده {در رادیو}
annoy' *vt.* آزردن ، اذیت کردن
annoyance (*ənɔy'əns*) *n.* ناراحتی
annoy'ing *apa.* ناراحت کننده
annual (*an'yuəl*) *a.* سالیانه-یکساله
an'nually *adv.* سال بسال ، سالیانه
annuity (*əniu':iti*) *n.* سالواره
annul (*ənʌl'*) *vt.* {-led} الغا کردن ، گسیختن {فسخ کردن}
annul'ment *n.* الغا ، فسخ
an'ode *n.* فراز ، قطب مثبت
anoint' *vt.* روغن مالی یامسح کردن
anoint'ment *n.* تدهین ، مسح
anomalous (*ənɔm'ələs*) *a.* غیرعادی
anom'aly *n.* (امر) خلاف قاعده
an'onym (*-ənim*) *n.* نویسندهٔ گمنام
anonym'ity *n.* بی نامی - گمنامی
anonymous (*ənɔn'iməs*) *a.* بی نام - بی امضا
another (*ənɔ'thə* -ظر) *a.* & *pr.* (۱) دیگر ، دیگری (*digar'i*) - جدا (۲) دیگری ، یکی دیگر ، شخص دیگر
one a. یکدیگر ، همدیگر
an'swer (*-sə*) *n.*, *vt.* & *vi.* (۱) پاسخ ، جواب (۲) پاسخ دادن ، جواب دادن (۳) مطابق درآمدن
It does not a. my purpose. بکار من (یا بدرد من) نمیخورد

ant *n.* مورچه ، مور

antag'onism (*-əniz'm*)*n.* مخالفت

antag'onist *n.* مخالف ، رقیب

antagonis'tic *a.* مخالفت آمیز

antag'onize *vi.* & *vt.* (۱) مخالفت کردن (۲) مخالف یا دشمن کردن

Antarc'tic Ocean اقیانوس منجمد جنوبی

ante- [پیشوند بمعنی] پیش از

antece'dence; -dency *n.* پیشی ، تقدم ، سبقت

antecedent (*-tisi':dənt*) *a.* & *n.* (۱) پیشین ، سابقی (۲) مقدمه ، سابقه - [د] مرجع

a. to پیش از ، سابق بر

an'tedate *vt.* از حیث تاریخ جلوتر بودن‌از

Moses antedates Zoroaster. موسی پیش از زردشت بوده است

an'telope (*-ti-*) *n.* بز کوهی

antenna (*-ten'ə*) *n.* [-næ (*ni:*)] شاخك ، سرو - آنتن ، موج گیر

ante'rior (*-riə*) *a.* جلو(ی) ، مقدم

a. to پیش از

an'them (*-thəm*) *n.* سرود

ant'-hill *n.* (تپه روی) چال مورچه

anthol'ogy (*-əji*) *n.* گلچین ادبی

an'thracite *n.* زغال سنگ خشك

an'thrax *n.* کفگیرك - سیاه زخم

an'thropoid *n.* میمون آدم‌وار

anthropology (*-thrəpɔl'əji*)*n.* انسان شناسی

anti-air'craft *n.* هواپیما زن

anticipate (*-tis'-*) *vt.* پیش بینی کردن - سبقت جستن بر - پیشخور کردن - انتظار داشتن

anticipa'tion *n.* پیش بینی، انتظار- پیشدستی ، سبقت - جلو گیری

in a. پیشاپیش ، قبلا

an'ticlimax *n.* بیان قهقرائی

an'tics *npl.* حرکات مسخره‌آمیز

an'tidote *n.* تریاق ، پادزهر

antilogy (*til'ləji*) *n.* تناقض

an'timony (*-məni*) *n.* سنگ سرمه

red a. راسخت

antip'athy (*-pə-*) *n.* تنفر (طبیعی)

antip'odes (*-ədi:z*) *npl.* ساکنین نقاط متقاطر در روی زمین

antiquarian (*-kwê':ərian*) *a.* & *n.* (۱) باستانی (۲) عتیقه جو

an'tiquary (*-tikwəri*) *n.* عتیقه جو - عتیقه فروش

an'tiquated *ppa.* کهنه ، منسوخ

antique (*-ti:k'*) *a.* & *n.* (۱) کهنه ، باستانی (۲) اثر باستانی عتیقه

antiq'uity (*-witi*) *n.* روزگار باستان - کهنگی ، قدمت - [در جمع] آثار و رسوم باستانی - عتیقات

antisep'tic *a.* & *n.* پلشت بر

antisep'ticize *vt.* ضد عفونی کردن

antith'esis *n.* [-ses (*si:z*)] ضد و نقیض - نقطه مقابل

antitox'ic *a.* ضد سم ، ضد زهر

antitoxin (*-tɔk'sin*) *n.* مایهٔ‌ضدزهر

ant'ler *n.* شاخ گوزن - بچه شاخ

an'tonym (*-tənim*) *n.* متضاد

an'vil *n.* سندان

anxiety (*angzai'əti*) *n.* دل‌واپسی ، اضطراب ، اندیشه - اشتیاق

anxious (*ank'shəs*) *a.* دل واپس ، نگران - مشتاق ، مایل

any (*en'i*) *a.* (۱) هیچ[درپرسش] (۲) هر[درجمله‌مثبت] (۳) هیچ [بامنفی]
: (1) **Have you a. money ? (2) A. botanist can tell you that. (3) I do not see a. difference**

a. one هرکس ، هرکسی ، همه کس- [در پرسش و جملهٔ منفی] هیچکس

any *pr.* هیچکدام [درپرسش و نفی]

anybody (*en'ibɔdi*) *pr.* or *n.* (۱) هیچکس ،کسی [در پرسش و نفی]-

(۲) کسی ، هرکس [درجملهٔ مثبت]
anyhow (*en'ibau*) *adv.* بهرحال، بهرجهت - بهر نوع که باشد
anyone (*en'iwʌn*) *pr. or n.* کسی - هیچکس
anything (*en'i-*) *n.* چیزی [درجمله مثبت] - هرکار - کاری ، هیچ کار [در پرسش و نفی]
That was a. but funny. ابداً خنده‌دار نبود ، چیزی که نبود مضحك
anyway (*ən'i-*) = anyhow
anywhere (*ən'i-*) *adv.* هر جا ، جائی [در جمله مثبت] - هیچ کجا [در نفی و پرسش]
apace (*əpeis'*) *adv.* تند ، زود
apart' (*ə-*) *adv.* جدا - کنار
know a. ازهم تشخیص دادن
A. from قطع نظر از،صرف نظر از
apart'ment *n.* منزل چند اطاقه - [در امریکا] آپارتمان ، طبقه
apathet'ic *a.* بی‌عاطفه - خون سرد
ap'athy (*-əthi*) *n.* بی‌عاطفگی، عدم احساسات - خونسردی ، بی‌علاقگی
ape *n.* & *vt.* - (۱) میمون (بی‌دُم) (۲) تقلید کردن ، ادا(ی کسیرا) درآوردن
ap'erture (*-chə*) *n.* روزنه ، شکاف
a'pex *n.* نوك - رأس زاویه - اوج
aphorism (*af'əriz'm*) *n.* سخن موجز ، کلمات قصار
aphrodisiac (*-diz'-*) *a.* & *n.* (داروی) مبهی یا مقوی باه
apiece (*əpi:s'*) *adv.* هریك ، دانه ای [5 *rials a.*]
apologet'ic *a.* پوزش آمیز
apol'ogize (*əpɔl'əjaiz*) *vi.* پوزش خواستن ، عذر خواهی کردن
a. to پوزش خواستن از
apol'ogy (*əpɔl'əji*) *n.* پوزش ، عذر خواهی - مدافعه
make an a. to عذر خواستن از
apoplec'tic *a.* سکته‌ای
apoplexy (*ap'əpleksi*) *n.* سکته ناقص
apos'tasy (*-təsi*) *n.* ارتداد
apos'tate (*-tit*) *a.* & *n.* مرتد
a posteriori (*ei'pɔsteriɔ':-rai*) [L] (بطریق برهان) اِنّی
apostle (*əpɔ'sl*) *n.* حواری
apostol'ic (*apəs-*) *a.* وابسته بحواریون
apostrophe (*əpɔs'trəfi*) *n.* اپوسطروف ، نشان حذف بدین شکل (')
apoth'ecary (*-kəri*) *n.* داروفروش
appal (*əpɔ:l*) *vt.* [-led] ترساندن
appal'ling *apa.* ترسناك ، مخوف
apparatus (*apərei'təs*) *n.* دستگاه، اسباب - جهاز
apparel (*əpar'əl*) *n.* & *vt.* (۱) لباس (۲) پوشاندن
appar'ent *a.* آشکار ، ظاهر - صوری
heir a. وارث مسلم
appar'ently *adv.* ظاهراً
apparition (*aperish'ən*) *n.* منظر - خیال
appeal (*əpi:l'*) *vi.* & *n.* (۱) پناهنده یا متوسل شدن - استیناف دادن - تقاضاکردن (۲) تقاضا - توسل ، مراجعه - جاذبه - استیناف ، پژوهش خواهی
It does not a. to me. جلب توجه مرا نمیکند ، چنگی بدل نمیزند
a. for تقاضا کردن
appear (*əpi'ə*) *vi.* نمایان شدن - بنظرآمدن ، حاضرشدن - منتشر شدن
It appears that چنین مینماید که
appear'ance (*-rəns*) *n.* ظهور - حضور - ورود - ظاهر ، نمایش
make (*or* **put in**) **an a.** حضور بهمرساندن
at first a. درنظر اول، درو هله اول
to all a. آنچه بظاهر پیدا است
put in an a. خودنمایی کردن
for a. sake برای حفظ ظاهر
judge by appearances

بظاهر حکم کردن
appease (*əpi:z'*) *vt.* آرام کردن ،
تسکین دادن ، فرو نشاندن ، خوابا ندن
appease'ment *n.* فرو نشانی ، تسکین
appel'lant *n.* پژوهشخواه ، مستانف
appel'late (*-lit*) *a.* استینافی
A. Court دادگاه استان یا استیناف
appella'tion *n.* نام، لقب ـ تسمیه
appellee' *n.* پژوهش خوانده
append' *vt.* ضمیمه کردن ، پیوستن
appen'dage (*-dij*) *n.* ضمیمه
appendici'tis *n.* ورم ضمیمهٔ اعور
appen'dix *n.* {-dices (*si:z*)}
ضمیمه ، ذیل ، دنباله ـ آویزه
appertain' *vi.* مربوط بودن
appetite (*ap'ətait*) *n.* اشتها
ap'petizing *apa.* اشتها آور
applaud (*əplɔ:d'*) *v.*
تحسین کردن ـ کف زدن
applause (*əplɔ:z'*) *n.*
کف زدن ، هلهله
apple (*ap'l*) *n.* سیب
a. of discord مایهٔ نفاق
appliance (*əplai'əns*) *n.* اسباب
applicable (*ap'likəb'l*) *a.*
قابل اجرا ، عملی
a. to شامل حالِ
ap'plicant (*-kənt*) *n.* متقاضی
applica'tion *n.* درخواست (نامه) ،
تقاضا (نامه) ـ کار برد ، استعمال ـ
اجرا ـ پشتِ کار
a. to work ملازمت در کار ، پشت کار
applied (*əplaid'*) *ppa.* عملی
apply (*əplai'*) *vt. & vi.* (۱)
بکار بردن (۲) درخواست کردن ـ شامل
(حال) بودن ، قابل اجرا بودن
a. for a job or position
درخواست کار یا تقاضای شغل کردن
a. oneself to مشغول شدن به
appoint' *vt.* تعیین کردن ، معین
کردن ـ گماشتن ، منصوب کردن ـ مقرر
داشتن ـ {بصیغه اسم مفعول} معین ، مقرر
He was appointed chief.
بریاست منصوب شد
appoint'ment *n.* تعیین ، نصب ـ
قرار (ملاقات) ـ کار ـ {درجمع} اثاثیه
appor'tion *vt.* (قسمت) دادن ـ
واگذار کردن ـ اختصاص دادن
apposite (*ap'əzait ; -zit*) *a.*
در خور ، مناسب ، بجا ، مربوط
apposition (*-zish'ən*) *n.* زدن
(مهر) ـ {د} حالت عطف بیان یا بدل
in a. to بدَلِ
appositive (*əpɔz'itiv*) *n.* بدل
appraise (*əpreiz'*) *vt.*
ارزیابی کردن ، تقویم کردن
appre'ciable (*-shiəb'l*) *a.*
محسوس ـ شایان تقدیر
appreciate (*əpri':shi-eit*)
vt. & vi. (۱) قدردانی کردن (از) ـ
تصدیق کردن (۲) ترقی قیمت پیدا کردن
apprecia'tion *n.* قدردانی ، تقدیر ـ
حق شناسی ـ درك ـ احساس
appre'ciative (*-shiətiv*) *a.*
قدردان ـ مبنی بر قدردانی
apprehend' (*apri-*) *vt.* دستگیر
کردن ـ درك کردن ـ بیم داشتن از
apprehen'sible *a.* قابل درك
apprehen'sion (*-shən*) *n.* بیم
(از آینده) ، تشویش ـ درك ـ دستگیری
dull of a. دیر فهم ، بطئ‌الانتقال
apprehen'sive (*-siv*) *a.*
بیمناك ـ نگران
appren'tice (*-tis*) *n. & vt.*
(۱) شاگرد ، نوآموز (۲) شاگرد کردن
He was bound a. to me.
نزد من شاگرد شد
appren'ticeship *n.* (دورهٔ) شاگردی
approach (*əprouch'*) *v.*
نزدیك شدن (به) ـ داخل گفتگو شدن (با)
approach' *n.* نزدیکی ـ تماس ـ
دسترسی ـ راه ، رو گاه ، معبر ـ وسیله

easy of a. زودیاب ، (در) دسترس
make approaches وسایل
نزدیك شدن یا دسترسی جستن
approba'tion *n.* تصویب - تحسین
on a. بشرط {در خریدن جنس}
appropriate (əprou'prieit) *vt.*
اختصاص دادن - بجیب زدن ، خوردن
appro'priate (-riət) *a.* مقتضی
appropria'tion *n.* -(بخود) اختصاص
چیز اختلاس شده
approval (əpru':vəl) *n.* تصویب
meet the a. of بتصویب . . . رسیدن
on a. بشرط { در خریدن جنس}
approve (-ru:v) *vt.* تصویب کردن
a. of پسندیدن ، نیکو یا جایز شمردن
approximate (əprɔk'simeit) *vi.* نزدیك شدن
approx'imate (-mit) *a.* تقریبی
approx'imately *adv.* تقریباً
approxima'tion *n.* نزدیکی-شباهت
زیاد ، قرب بصحت - نتیجهٔ تقریباً درست
appur'tenances *npl.* متعلقات
a'pricot (-kɔt) *n.* زردالو
A'pril *n.* نام ماه چهارم دارای ۳۰ روز
a priori (ei'praiɔ':rai) {L}
(بطریق برهان) لمّی
a'pron (-rən) *n.* پیشدامن ، پیش‌گیر
apropos (aprəpou')[Fr.]*a(dv).*
بجا ، بموقع
a. of نسبت به ، راجع به
apt *a.* مستعد - آماده - محتمل - مناسب
ap'titude *n.* استعداد - مناسبت
aqua'rium *n.* { L. pl. -ria }
نمایشگاه جانوران و گیاهان آبی
aquatic (əkwat'-) *a.* آبی ، آبزی
aqueduct (ak'widʌkt) *n.* آبرو
aquiferous (akwif'ərəs) *a.* آبخیز
aquiline (ak'wilain) *a.*
قوشی ، عقابی - مانند نوك عقاب ، کج
Arabia (ərei'biə) *n.* عربستان
Ara'bian *a.* & *n.* عربی - عرب

Ar'abic *a.* & *n.* (زبان) عربی
A. figures 1,2,3 ارقام هندسی چون
ar'able (-əb'l) *a.* قابل زرع
ar'biter (-tə) *n.* داور مطلق
arbit'rament (-rə-) *n.* حکمیت- د.ی
ar'bitrarily *adv.* بطور دلخواه
ar'bitrary (-rəri) *a.* اختیاری ،
دل بخواه - مطلق ، استبدادی
ar'bitrate *v.* داوری کردن
(در) - بداوری ارجاع کردن
arbitra'tion *n.* حکمیت ، داوری
ar'bitrator (-reitə) *n.* داور، حَکم
{ در اصطلاح قضائی }
ar'bo(u)r (-bə) *n.* آلاچیق، سایبان
arc *n.* قوس ، کمان - طاق
arcade' *n.* پاساژ ، تیمچه
arch *n.*, *vi.* & *vt.* (۱) طاق - قوس
(۲) طاق‌زدن (۳) قوز کردن ، کمان کردن
arch *a.* ناقلا- شوخ- {درترکیب} عمده
archaeologist (-kiɔl'əjist) *n.*
باستان شناس
archaeol'ogy *n.* باستان شناسی
archaic (-kei'ik) *a.* کهنه ،باستانی
ar'chaism (-keiiz'm) *n.*
(استعمال) لغت یا عبارت کهنه
archbish'op (-əp) *n.* سر اسقف
arched *ppa.* طاقدار - مقوس، قوسی
ar'cher *n.* تیر انداز - {با A} قوس
ar'chery *n.* تیر اندازی - تیر و کمان
archipelago (-kipel'igou) *n.*
دریای پُر جزیره - مجمع‌الجزایر
ar'chitect (-kitekt) *n.* معمار
architec'tural (-chərəl) *a.*
مربوط به فن معماری
architec'ture (-chər) *n.* معماری
ar'chives (-kaivz) *n.* بایگانی، ضبط
arch'ly *adv.* موذیانه - ازروی‌شوخی
arch'ness *n.* موذی‌گری ، شیطنت
arch'way *n.* گذرگاه طاق‌دار
Arc'tic Ocean اقیانوس منجمد شمالی
ar'dent *a.* گرم، سوزان- باحرارت- تند

ar'dour (*-də*) *n.* گرمی ، شوق
ar'duous (*-əs*) *a.* سخت-صعب‌الصعود
are *v.* هستیم - هستید - هستند
area (*ê'əriə*) *n.* مساحت ، سطح - عرصه - فضا - میدان - حوزه ، ناحیه
are'na *n.* {*L. pl.* -næ (*nee*)} صحنه ، میدان ، عرصه - گود
ar'gil (*-jil*) *n.* خاك‌رس، خاك رست
ar'gue (*-giu:*) *vi.* & *vt.* (۱) بحث کردن - استدلال کردن (۲) با دلیل ثابت کردن - بادلیل اغوا کردن
ar'gument *n.* بحث ، مباحثه - دلیل
argumenta'tion *n.* استدلال - بحث
ar'id *a.* خشك ، بائر، لم‌یزرع - بی‌مغز
arid'ity *n.* خشکی ، لم یزرعی
aright (*ərait'*) *adv.* درست
set a. درست کردن ، اصلاح کردن
arise (*əraiz'*) *vi.* { **arose'** ; **arisen** (*ariz''n*) } رخ دادن ، روی دادن ، ناشی شدن - برخاستن
arisen { *pp. of* **arise** }.
aristoc'racy (*-rəsi*) *n.* حکومت اشرافی - (طبقه) اشراف
ar'istocrat (*-tək-*) *n.* عضو طبقه اشراف - طرفدار (حکومت) اشراف
aristocrat'ic *a.* اشرافی
arith'metic (*ə-*) *n.* (علم) حساب
arithmet'ical (*-k'l*) *a.* حسابی
ark *n.* کشتی (نوح)
arm *n.*, *vt.*, & *vi.* (۱) دست {از بیخ شانه تا نوك انگشت} - بازو - بغل - شعبه - اسلحه - بخشی از نیروی نظامی (۲) مسلح کردن (۳) مسلح شدن
fore a. ساعد ، ارش
upper a. بازو
child in arms بچه بغلی
arma'da (*-də*) *n.* ناوگان سنگین
ar'mament (*-məmənt*) *n.* مهمات کشتی جنگی - تسلیحات
arm'-chair *n.* صندلی‌دسته‌دار ، فوتوی
armed *ppa.* مسلح - مجهز
Arme'nian (*-niən*) *a.* & *n.* (۱) ارمنی (۲) زبان ارمنی
arm'ful *n.* (یك) بغل
arm'hole *n.* جای آستین - زیر بغل
ar'mistice (*-tis*) *n.* متارکه جنگ
armo'rial bearings آرم یا نشانهای خانوادگی
ar'mour (*-mə*) *n.* & *vt.* (۱) زره ، سلاح (۲) زره پوش کردن
ar'mour-clad *a.* زره‌پوش ، زره دار
ar'mourer *n.* اسلحه ساز- اسلحه دار
ar'mour-plated *a.* زره‌دار، زره‌پوش
ar'moury (*-məri*) *n.* اسلحه (خانه)
arm'pit *n.* بغل ، زیر بغل
arms *npl.* اسلحه- آرم - نشانهای نجابت خانوادگی - {نظ} فنك
small a. اسلحهٔ سبك
under a. تحت‌السلاح - مسلح
bear a. سربازی کردن
take up a. مسلح شدن ، جنگیدن
ar'my *n.* ارتش - لشکر ، سپاه
aroma (*əroum'mə*) *n.* بوی خوش
aromat'ic *a.* & *n.* (۱) خوشبو ، معطر (۲) گیاه خوشبو - داروی خوشبو
arose { *p. of* **arise** }
around' *prep.* & *adv.* (۱) دورِ ، گرداگردِ - دراطرافِ (۲) دور تادور
arouse (*ərauz'*) *vt.* بیدار کردن - تحریك کردن
arraign (*ərein'*) *vt.* تعقیب یامتهم کردن
arrange (*əreinj'*) *v.* ترتیب‌دادن - چیدن - قرار گذاشتن
arrange'ment *n.* ترتیب ، قرار
make arrangements for something ترتیب کاریرا دادن ، مقدمات کاری را فراهم کردن
array (*ərei'*) *vt.* آراستن - درصف‌آوردن - پوشاندن
a. (*n.*) **of troops** صف آرایی
arrears (*əri'əz*) *npl* پس‌افت ، عقب افتادگی

arrears of taxes بقایای مالیاتی
in arrears پس افتاده ، معوق
arrearage (*əri':rij*) *n.* پس افت
arrest (*ərest'*) *vt.* & *n.* (۱) دستگیر کردن ، جلب کردن ـ جلوگیری کردن از (۲) توقیف ، دستگیری
arrival (*ərai'vəl*) *n.* ورود
on our a. هنگام ورود ما
new arrivals واردین تازه
arrive' *vi.* رسیدن ، واردشدن ، آمدن
arrogance (*ar'əgəns*) *n.* تکبر، نخوت ، خودبینی
ar'rogant *a.* متکبر ، خودبین، بانخوت
arrow (*ar'ou*) *n.* تیر ، خدنگ
ar'row-head *n.* پیکان ـ خط میخی
ar'rowroot *n.* قسمی گیاه نشاسته‌ای
ar'senal(*-sənəl*)*n.* قورخانه،زرادخانه
ar'senic *n.* مرگ موش ـ زرنیخ
ar'son (*-sən*) *n.* تولید حریق عمدی
art *n.* هنر ، فن ، صنعت ـ حیله
black a. جادو(یی) ، سحر
art *v.* (تو) هستی
arte'rial (*-əl*) *a.* شریانی
a. road شاهراه
ar'tery (*-təri*) *n.* سرخرگ ، شریان
Arte'sian (*-zi-*) well چاه ارتزین
art'ful *a.* حیله گر ـ حیله آمیز ـ استاد(انه)
arthri'tis *n.* ورم مفاصل ، باد مفاصل
ar'tichoke *n.* انگنار ، کنگر فرنگی
Jerusalem a. یرالماسی
prickly a. کنگر
ar'ticle *n.* & *vt.* کالا ـ ماده ـ مقاله ـ حرف تعریف یا حرف تنکیر
articles of association
اساس نامه [در شرکت ها]
artic'ulate (*-yuleit*) *vt.*
شمرده تلفظ کردن
artic'ulate (*-yulit*) *a.*
شمرده ـ بند بند
articula'tion *n.* مفصل (بندی) ـ تلفظ (شمرده) ـ طرز تکلم
ar'tifice (*-fis*) *n.* استادی ، مهارت ـ اختراع ـ نیرنگ ، دسیسه ، تزویر
artificial (*-fish'əl*) *a.*
مصنوعی ، ساختگی
artifi'cially *adv.* بطور مصنوعی
artill'ery *n.* توپخانه ، آتشبار ـ توپ
artisan (*-zan'*) *n.* صنعتگر ، افزارمند
ar'tist *n.* اهل هنر ، هنرپیشه
artis'tic *a.* هنری ، صنعتی ـ هنردوست
ar'tistry *n.* (زیبائی) صنعت
art'less *a.* بی‌هنر ـ غیرصنعتی ـ بی تزویر
as (*az*) *conj.* چنانکه ، بطوریکه
Yours is as good as his.
مال شما بهمان خوبیِ مال اوست
as *adv.* آنقدر ـ همان اندازه ، همانقدر
as it is در حقیقت ، آنچه هست
as *prep.* مانندِ ، چون ـ برسمِ
as a chief با سمت ریاست ـ چون یك نفر رئیس
as *pr. rel.* که [پس از such]
such cities as شهر هایی که
asbestos (*azbes'təs*) *n.* پنبهٔ نسوز
ascend (*əsend'*) *v.* صعود کردن
a. the throne برتخت نشستن
ascen'dancy; -dency (*-dən-*) *n.*
تسلط، استیلا ، غلبه ـ برتری ، تفوق
ascen'dant ; -dent *a.* & *n.*
(۱) صعود کننده ـ مسلط ، حکم فرما
(۲) اوج ـ طالع ـ جدّ
ascension (*əsen'shən*) *n.*
صعود ، بالا رفتن
ascent' *n.* سر بالایی ـ صعود
ascertain' (*asə-*) *vt.* محقق کردن ، تحقیق کردن ـ معلوم کردن ـ معین کردن
ascertain'ment *n.* تحقیق ـ معین
ascetic (*əset'-*) *a.* & *n.*
ریاضت کش ، مرتاض ـ زاهد(انه)
ascet'icism (*-siz'm*) *n.* ریاضت
ascribe' *vt.* نسبت دادن ، اِسناد

کردن ، از .... دانستن، حمل کردن (بر)
ascrip'tion *n.* اِسناد ، اتصاف
asep'tic *a.* ضدّ عفونی (شده) ، پاك
asep'ticize *vt.* ضدّ عفونی کردن
ash *n.* زبان گنجشك
ash *n.* خاکستر [بیشتر درکلمات مرکب]
ashamed' *a.* شرمنده ، شرمسار، خجل
ash'en *a.* خاکسترمانند - رنگ پریده
ash'es *npl.* خاکستر - خاك ، تربت
lay in a. سوزاندن، خاکستر کردن
ashore' *adv.* در ساحل - بکنار
ash'-tray *n.* زیر سیگاری
Asiat'ic (*eishi-*) *a.* آسیایی
aside' *adv.* (به) کنار ، بیك طرف
set a. - کنارگذاشتن - تخصیص دادن - الغاء کردن ، باطل کردن
all joking a. شوخی بکنار
ask *v.* پرسیدن ، سؤال کردن - خواهش کردن - دعوت کردن
: **A. him a question.** از او چیزی (یا سؤالی) بپرسید
a. a person for a thing چیزی (را) ازکسی خواهش کردن یا خواستن
It asks for attention. دقت میخواهد ، توجه لازم دارد
A. him in. خواهش کنید بیاید تو
askance' (*əs-*) *adv.* از گوشهٔ چشم
askew' *a(dv).* با گوشه چشم ، کج
aslant' *a(dv).* کج ، اُریب(وار)
asleep' (*əs-*) *a.* خواب ، خوابیده
I fell a. خوابم برد ، بخواب رفتم
aslope' *a(dv).* سرازیر، (بطور)مایل
asp *n.* افعی - سپیدار ، سفیدار
asparagus (*əspar'əgəs*)*n.* مارچوبه
as'pect *n.* سیما ، منظر - جنبه ، لحاظ
asper'ity *n.* درشتی ، خشونت - سختی
asperse' *vt.* هتك‌شرف کردن نسبت به
asper'sion (*-shən*) *n.* هتك شرف
cast aspersions on لکه‌دار کردن
asper'sive (*-siv*) *a.* توهین آمیز

as'phalt *n.* & *vt.* (۱) اسفالت - قیرمعدنی (۲) قیرریزی کردن، اسفالت کردن
asphyxia (*-fik'siə*) *n.* خفگی
asphyx'iant *a.* & *n.* (۱) خفه کننده (۲) دوا یا عامل خناق آور
asphyx'iate *vt.* خفه کردن
aspi'rant (*-rənt*) *a.* & *n.* طالب
a. to (*or* **for**) طالبِ ، آرزومندِ
as'pirate (*-reit*) *vt.* از حلق یا با نفس تلفظ کردن - خالی کردن
as'pirate (*-rit*) *a.* & *n.* (۱) با نفس تلفظ شده - صدا دار (۲) صدای حرف h - مصمتی که با نفس تلفظ شود
aspira'tion *n.* - آرزو - آه - تنفس - تلفظ حلقی- صدای h یاحرف حلقی‌دیگر
aspire' *vi.* آرزو داشتن - هوس داشتن [با **at** یا **for** یا **after**]
ass *n.* خر ، الاغ
wild a. گورخر ، خرِ دشتی
assail (*əseil'*) *vt.* حمله کردن بر
assail'ant *n.* & *a.* حمله کننده
assas'sin *n.* آدم کش ، قاتل
assas'sinate *vt.* کشتن، بقتل رساندن
assassina'tion *n.* آدم‌کشی ، قتل
assault (*əsɔ:lt'*) *n.* & *vt.* (۱) حمله- تهدید (بضرب)-(۲)حمله کردن بر
assay' *n.* & *v.* (۱) سنجش - عیارگیری (۲) عیارگرفتن ، محك زدن
assem'blage (*-blij*) *n.* جمع‌آوری- انجمن - مجموعه - عمل جفت کردن
assem'ble *v.* - (یا شدن) - جمع کردن - سوارکردن ، جفت کردن - انجمن کردن
assem'bly *n.* مجلس - شیپور جمع
assent' *n.* & *vi.* (۱) موافقت ، رضایت - تصدیق (۲) موافقت کردن
a. to مورد موافقت قرار دادن
assert (*əsə:t'*) *vt.* اظهاریاادعاکردن
a. oneself - ادعا و خودنمائی کردن - از حق خود دفاع کردن
asser'tion *n.* اظهار مثبت - اثبات

asser'tive (*-tiv*) *a.* مثبت - قطعی
assess (*əses'*) *vt.* تشخیص دادن -
ارزیابی کردن - مالیات بستن به
assess'ment *n.* ارزیابی - تشخیص
assessor (*əses'ə*) *n.* ارزیاب
as'sets *npl.* دارایی- موجودی ، ترکه
assev'erate *vt.* جداً اظهار کردن
assidu'ity *n.* ملازمت ، پشت کار
assid'uous (*-yuəs*) *a.*
پشت کاردار ، ساعی - ساعیانه
assign (*əsain'*) *vt.* حواله کردن -
تعیین کردن - تخصیص دادن ، نسبت دادن
assign'ment *n.* تعیین - واگذاری ،
انتقال- حواله- تخصیص- اسناد - اظهار
assim'ilate *vt.* شبیه ساختن -
برابر کردن - در بدن جذب کردن
assimila'tion *n.* جذب وتحلیل- تشبیه
assist (*əsist'*) *v.* کمك کردن ،
مساعدت کردن - حضور بهمرساندن
assis'tance (*-təns*) *n.* مساعدت
assistant (*əsis'tənt*) *a.* & *n.*
معاون ، دستیار ، همدست
assizes (*əsai'ziz*) *npl.*
دادگاه جنائی و کشوری استان
asso'ciate (*-shi-eit*) *vi.* & *vt*
(۱) معاشرت کردن (۲) پیوستن ، ارتباط
دادن ، متحد کردن - شریك کردن
asso'ciate (*-shiət*) *a.* & *n.*
شریك - متحد - (عضو) پیوسته
associa'tion (*əsou-*) *n.* انجمن ،
مجمع - شرکت - معاشرت - اتحاد
assort (*əsɔ:t'*) *vt.* جور کردن -
{درصیغه اسم مفعول} جور کرده ، جور
assort'ment *n.* عمل جور کردن ،
طبقه بندی - مجموعهٔ جور - جورکردگی
assuage (*əsweij'*) *vt.* تخفیف دادن
assu'mably *adv.* فرضاً
assume (*əsiu:m'*) *vt.* بخود بستن -
فرض کردن - تقبل کردن - پذیرفتن
assumed' *ppa.* بخود بسته ، عاریتی
assu'ming *apa.* ازخود راضی

assumption (*əsʌmp'shən*) *n*
فرض - خودبینی ، تعهد ، التزام - اتخاذ
assurance (*əshu'ərəns*) *n.*
اطمینان - اعتماد بخود - بیمه (جان)
assure (*əshu'ə*) *vt.*
اطمینان دادن - بیمه کردن (جان)
assur'edly *adv.* بطور حتم ، حتماً
Assyr'ian (*-ən*) *a.* & *n.* آسوری
as'ter (*-tə*) *n.* مینا ، گل مینا
as'terisk (*-tə-*) *n.* نشان ستاره (✡)
astern' *adv.* درپاشنه (کشتی) - عقب
asthma (*as'mə*) *n.* تنگه نفس
astir ((*əstə':*) *a(dv).*
در جنبش ، درحرکت - درهیجان
aston'ish (*əs-*) *vt.* متحیر ساختن
aston'ished *ppa.* متحیر ، درشگفت
aston'ishing *apa.* حیرت انگیز
aston'ishment *n.* شگفت ، حیرت
astound' (*əs-*) *vt.* مبهوت کردن
astray' *a(dv).* گمراه ، سرگردان -
منحرف - بیراه ، دور از جاده
  go a. گمراه یاسرگردان یا بدراه‌شدن
  lead a. گمراه‌کردن - بد راه‌کردن
astride' *adv.* & *prep.* —
  ride a. a horse با پای گشاده
در دو طرف اسب سواز شدن
astrin'gent (*-iənt*) *a.* قابض
astrol'oger *n.* نجوم بین - طالع بین
astrol'ogy (*əstrɔl'əji*) *n.*
نجوم بینی - طالع بینی
astron'omer *n.* هیئت دان ، منجم
astronom'ic(al) *a.* هیئتی -
خیره‌کننده { *a. figures*}
astron'omy (*əstrɔn'əmi*) *n.*
هیئت ، علم نجوم
astute (*əstiu:t'*) *a.* زیرك، تیزفهم
asun'der (*əsʌn'də*) *adv.*
(ازهم) جدا ، دونیم
  break a. شکستن ، دونیم کردن
asylum (*əsai'ləm*) *n.* {*L. pl.*
-la} پناهگاه ،نوان خانه ، دارالمساکین ،

lunatic a. تیمارستان ، دارالمجانین
at *prep.* به - بسوی ، بطرف ِ - در - دم ِ ، نزدیك ِ - از قرار ِ - در موقع ِ سر ِ کار ، مشغول کار
at work
at that همانطور ، ازهمین‌قرار - آنهم
catch at چنگ زدن به - گرفتن
ate [*p. of* eat]
atheism (*ei'thiiz'm*) *n.* انکار هستی خدا ، الحاد
a'theist *n.* منکر خدا ، ملحد
atheis'tic(al) *a.* مبنی بر الحاد
ath'lete (*-li:t*) *n.* ورزشکار
athlet'ic *a.* ورزشی ، قهرمانی
athlet'ics *npl.* ورزش‌های قهرمانی
athwart (*əthwɔ:t'*) *adv.* & *prep.* (۱) از اینسو بآن‌سو - چنانکه خنثی کند (۲) ازوسط ِ - برخلاف ِ
Atlan'tic Ocean اقیانوس اطلس
at'las (*-ləs*) *n.* نقشه نامه
at'mosphere(*-məsfiə*)*n.* جوّ-محیط
atmospher'ic(al) *a.* هوایی ، جوّی
at'om (*-əm*)*n.* اتم ، جوهرفرد ، ذره
atom'ic(al) *a.* اتمی - ذره‌ای
at'omizer (*-əmaizə*) *n.* عطرپاش
atone' (*ə-*) *vi.* کفاره یاجبران کردن
atone'ment *n.* کفاره - جبران
atrocious (*ətrou'shəs*) *a.* شریر - بیرحم - بیرحمانه - خیلی بد
atrocity (*ətrɔs'-*) *n.* بیرحمی
at'rophy (*-rəfi*) *n.* نقصان قوهٔ نمو
at'rophy *vt.* & *vi.* (۱) لاغر کردن (۲) لاغر شدن ، خشك شدن
attach (*ətach'*) *vt.* پیوستن ، وصل کردن - ضمیمه کردن - توقیف کردن
a. importance اهمیت دادن
attaché (*ətash'ei*) *n.* وابستهٔ سفارت
a. case کیف چرمی دستی
attach'ment *n.* وابستگی ، پیوستگی ، تعلق - علاقه - ضمیمه - توقیف ، ضبط

attack (*ətak'*) *vt.*, *vi.* & *n.* (۱) حمله کردن بر - مبادرت کردن به (۲) تاخت آوردن (۳) حمله ، یورش - اصابت ناخوشی - مبادرت (بکار)
He was attacked by fever. تب کرد ، دچار تب شد
attain' *vt.* رسیدن به ، نائل شدن به
attainable (*ətei'nəb'l*) *a.* قابل حصول
attain'ment *n.* کمال ، فضیلت - نیل
attempt (*ətemt'*) *vt.* & *n.* (۱) کوشش کردن- قصدکردن (۲) کوشش- (سوء) قصد - مبادرت (بکار)
make an a. on the life of a person سوء قصد نسبت بکسی کردن
In an a. to escape, he . . . چون خواست (یاقصدکرد) بگریزد . . .
attend (*ətend'*)*v.* توجه یا رسیدگی کردن (به) - حضور بهم رساندن (در) - ملازم (کسی) بودن
atten'dance (*əten'dəns*) *n.* توجه ، مواظبت - ملازمت - حضور
atten'dant *a.* & *n.* همراه ، ملازم - مواظب - وابسته - خدمتکار ، نوکر
atten'tion *n.* توجه، دقت ، رسیدگی
pay a. گوش‌دادن - اعتنا یاتوجه کردن
Attention ! خبردار ، حاضر باش
come to a. } بحال خبر دار
stand at a. } ایستادن
atten'tive (*-tiv*) *a.* مواظب ، متوجه - ملتفت - خدمتگزار و مؤدب
atten'uate *vt.* & *vi.* (۱) رقیق کردن - لاغر کردن(۲) رقیق شدن
attest' *vi.* & *vt.* [to با] (۱) گواهی‌دادن، تصدیق کردن(۲)سوگنددادن
attic (*at'ik*) *n.* اطاق زیر سقف
attire' *vt.* & *n.* لباس (پوشاندن)
at'titude *n.* وضع - طرز تلقی- نظر
attorney (*ətə':ni*) *n.* وکیل
power of a. وکالت نامه

attor'ney-gen'eral *n.* دادستان
attract' *vt.* جلب کردن ، جذب کردن
attraction. (*ətrak'shən*)*n.* کشش، جاذبه ، ربایش - [درجمع] دیدنی‌ها
attrac'tive (*-tiv*) *a.* جاذب ، جالب توجه
attrib'ute (*-yu:t*) *vt.* نسبت‌دادن ، اسناد کردن ، حمل کردن (بر)
at'tribute *n.* صفت ، نسبت - نشان
attribu'tion *n.* اسناد
attrib'utive (*-tiv*) **adjective** صفت مستقیم ، فرع اسم [چون big در a big dog]
attrition (*ətrish'ən*) *n.* فرسایش - اصل خسته کردن (دشمن)
auburn (ɔ'*:bən*) *a.* بور
au courant [Fr.] آشنا ، در جریان
auc'tion *n.* حراج ، هراج ، مزایده
put up to a. } بمزایده گذاشتن ،
sell by a. } حراج کردن
auctioneer (ɔ:*k'shəniə*) *n.&v.* (۱) حراج‌گذار (۲) حراج کردن
auda'cious (ɔ:*dei'shəs*) *a.* بی پروا - بی باکانه - بیشرم - گستاخانه
audacity (ɔ:*das'iti*) *n.* بی پروایی - گستاخی - جسارت
au'dible *a.* رسا ، شنیده شدنی
au'dience (ɔ'*:diəns*) *n.* بار ، اجازهٔ حضور- حضار- شنوندگان (رادیو)
have an a. of a person بحضور کسی بار یافتن
the a. of a book خوانندگان کتابی
au'dit *n.* & *vt.* (۱) رسیدگی ، ممیزی (۲) رسیدگی یا ممیزی کردن
au'ditor (ɔ'*:ditə*) *n.* ممیز ، بازرس حسابداری
audito'rium *n.* [*L. pl.* -ria] تالار شنوندگان ، جای جمعیت
au'ditory nerve عصب سامعه
auger (ɔ'*:gə*) *n.* مته
aught (ɔ:*t*) *n.* or *pr.* & *adv.* (۱) = چیزی (۲) هیچ
for a. I know تاآنجاکه من میدانم
augment' (ɔ:*g-*) *vt.* & *vi.* (۱) افزودن ، زیادکردن (۲) زیادشدن
augmenta'tion *n.* افزایش ، اضافه
augur (ɔ'*:gə*) *v.* & *n.* (۱) پیشگویی کردن - نشانه بودن (۲) فالگیر ، کاهن
a. well نشانهٔ خوبی بودن
au'gury (*-giuri*) *n.* تفأل ، پیشگویی ، کهانت - فال ، اوغور - نشانه
august (ɔ:*gʌst'*) *a.* با عظمت - عالی نسب
Au'gust (ɔ'*:gəst*) *n.* نام ماه هشتم دارای ۳۱ روز
aunt (*ahnt*) *n.* عمه - خاله - زن دایی - زن عمو
au revoir [Fr.] خدا حافظ !
au'ricle *n.* دهلیز قلب - گوشك
aurif'erous (*-ərəs*) *a.* زرخیز
aurora (ɔ:*rou':rə*) *n.* فجر ، سپیده‌دم
a. australis (*-trei'-*) فجر جنوبی
a. borealis (*-riei'-*) فجرشمالی
auspice (ɔ:*s'pis*) *n.* تفأل از روی پرواز مرغ- فال- [درجمع] توجهات
auspicious (ɔ:*spish'əs*) *a.* فرخنده ، خجسته ، سعید - مبارك - مساعد
austere (ɔ:*sti'ə*) *a.* سخت- درشت- سخت‌گیر- کس ، دبش - ساده -ریاضت‌کش
auster ity *n.* درشتی - سخت گیری - سادگی - زهد - ریاضت کشی
Austra'lian (*-ən*) *a.&n.* استرالیایی
Aus'tria (ɔ:*s'triə*) *n.* اطریش
Aus'trian (*-ən*) *a.* & *n.* اطریشی
au'tarchy (ɔ'*:ta:ki*) *n.* استقلال اقتصادی
authen'tic *a.* صحیح ، معتبر ، درست ، موثق ، قابل اعتماد
authen'ticate *vt.* موثق دانستن ، تصدیق کردن ، رسمیت دادن
authenticity (*-tis'iti*) *n.* صحت،

درستی، اعتبار، سندیت، اصلیت

author (ɔ':*thə*) *n.* {*fem.* -ess} مصنف، مؤلف - {مج} مؤسس

author'itative (-*tətiv*) *a.* آمرانه، مقتدرانه - مقتدر- معتبر

authority (ɔ:*thɔr'iti*) *n.* توانایی، اقتدار - اختیار، اجازه - مرجع، منبع موثق - {درجمع} اولیای امور

autnoriza'tion (ɔ:*thərai*-) *n.* اجازه، اختیار - اعطای اختیار

authorize (ɔ':*thəraiz*) *vt.* اجازه دادن (به)، اختیار دادن (به)

au'thorized *ppa.* مُجاز

au'thorship *n.* نویسندگی - اصلیت کتابی ازحیث مصنف آن

autobiography (ɔ:*toubaiɔg'rəfi*) *n.* ترجمه حال کسی بقلم خودش

autocracy (ɔ:*tɔk'rəsi*) *n.* حکومت مُطلق، حکومت مستقل

au'tocrat (-*tək*-) *n.* سلطان یا حاکم مطلق

autocrat'ic (-*tou*-) *a.* مطلق، استبدادی

au'tograph (-*təgraf*) *n.* دستخط خود مصنف

au'tomat *n.* قسمت خودکارماشین - {در اتازونی} رستورانی که درآنجا با انداختن پول در جعبه ای خوراك برای شخص موجود میشود

automat'ic (ɔ:*tə*-) *a.* خودکار - قهری - غیر ارادی

automat'ically (-*kəli*) *adv.* خود بخود، بطور خودکار

automobile (ɔ:*toumoubi:l'*) *n.* اتومبیل

autonomous (ɔ:*tɔn'əməs*) *a.* دارای حکومت داخلی مستقل

autonomy (-*nə*-) *n.* استقلال داخلی

autopsy (ɔ':*təpsi*) *n.* کالبدگشایی

au'tumn (ɔ':*təm*) *n.* پاییز

autumnal (-*tʌm'nəl*) *a.* پائیزه

auxiliary (ɔ:*gzil'iəri*) *a.* معین {*an a. verb*}

avail' (*ə*-) *v.* & *n.* (۱) سودمند بودن (برایِ) - (۲) سود، فایده

a. oneself of استفاده کردن از

be of a. سودمندبودن، بدردخوردن

of no a.; without a. بی فایده

availabil'ity (*əvei.ə*-) *n.* موجود بودن، فراهم بودن

available (*əvei'ləb'l*) *a.* موجود، (در) دسترس، فراهم، قابل استفاده

avalanche (*av'əla:nch*) *n.* بهمن

avant propos {Fr.} مقدمه، دیباچه

avarice (*av'əris*) *n.* آز، طمع

avaricious (*avərish'əs*) *a.* حریص - طماع

avenge (*əvenj'*) *v.* کینه جویی کردن (از)، تلافی درآوردن (برسرِ)

a. oneself انتقام خودرا کشیدن

avenue (*av'əniu:*) *n.* خیابان - راه

aver (*əvə'*) *vt.* {-red} بطورقطع اظهار داشتن - محقق کردن

av'erage (-*ərij*) *n.*, *a.*, & *v.* (۱) معدل، حدوسط (۲) متوسط (۳) معدل گرفتن از - رویهمرفته بالغ شدن

on the a. رویهمرفته، بطورمتوسط

I a. six hours a day. رویهمرفته روزی شش ساعت کار میکنم

averse (*əvə:s'*) *a.* مخالف - متنفر

a. to مخالفِ - متنفر از

aver'sion (-*shən*) *n.* بیزاری، تنفر

avert (*əvə:t'*) *vt.* دفع کردن

aviary (*ei'viəri*) *n.* جای نگاهداری پرندگان

a'viate *vi.* هواپیمایی کردن

avia'tion (*eivi*-) *n.* هواپیمایی

a'viator (-*eitə*) *n.* هوانورد

a'viatress; **a'viatrice** {*fem.* of aviator}

av'id *a.* حریص ،آزمند
avid'ity *n.* آز، حرص
avoca'tion *n.* کار یامشغولیت فرعی
avoid' *vt.* اجتناب کردن از- الغاء کردن
avoidable (-*dəb'l*) *a.* اجتناب پذیر
avoidance (*əvoi'dəns*) *n.* اجتناب
avouch' *vt.* تصدیق یا اقرار کردن
avow (*əvau'*) *vt.* - اعتراف کردن - آشکارا گفتن
avow'al (-*əl*) *n.* اعتراف ، اظهار صریح
avow'edly *adv.* آشکارا -مسلماً
await (*əweit'*) *vt.* منتظر بودن
I a. you. منتظر شما هستم
awake' (*ə*-) *vi.* & *vt.* { awoke; awoke *or* awa'ken} & *a.* (۱) بیدار شدن (۲) بیدار کردن (۳) بیدار
a. to آگاه از ، ملتفت
awa'ken (-*kən*) *v.* بیدار کردن یا شدن
awa'kening *n.* بیداری ، جنبش
award (*əwɔ:d'*) *vt.*&*n.* (۱)فتوی دادن ، مقرر داشتن - اعطاء کردن (۲) فتوی - رأی - جایزه - اعطاء
aware (*əwe':*) *a.* آگاه ، باخبر
awash' (*ə*-) *a.* موج کوفته ، آب گرفته
away (*əwei'*) *adv.* کنار ، بیك طرف - دور - بیرون ، درسفر - پیوسته
far and a. بمراتب ، خیلی
give a. بخشیدن - ازدست دادن
A. with you! بروگم شو، دورشو
awe *n.* & *vt.* - (۱) حرمت ، هیبت - ترس (آمیخته بااحترام) - (۲) ترساندن
stand in a. of ترس وحرمت داشتن از
awe'some (-*sʌm*) *a.* مایهٔ هیبت یا حرمت

awe'struck *a.* وحشت زده
aw'ful *a.* ترسناك - {د.گ} بسیار بد
aw'fully *adv.* {د.گ.} بسیار(بد)
awhile (*əhwail'*) *adv.* چندی ، مدت کمی
awk'ward (-*wə:d*) *a.* - زشت - بی لطافت - ناراحت - سخت - ناشی - غیر استادانه
a. customer {د.گ.} آدم ناتو
awl *n.* درفش - سوراخ کن
aw'ning *n.* سایبان (کرباسی)، چادر
awoke {*P.* & *PP.* of awake}
awry (*ərai'*) *a.* & *adv.* (۱) کج - منحرف (۲) چپ‌چپ - بد ، بغلط
go a. غلط‌افتادن - خطا رفتن
ax(e) (*aks*) *n.* تبر- تیشه
a. to grind غرض، مقصود باطنی
ax(e)'man *n.* تبردار - هیزم شکن
axial (*ak'siəl*)*a.* محوری،محورمانند
axiom (*ak'siəm*) *n.* - قضیه بدیهیه - قاعدهٔ کلی - پند
axiomat'ic(al) *a.* بدیهی - حاوی پند
ax'is *n.* { axes (*ak'si:z*) }. آسه ، محور، قطب - مهرهٔ محوری
axle (*ak's'l*) *n.* محور چرخ - میله
ax'le-tree *n.* میلهٔ میان دوچرخ
ay; aye (*ai*) *int.*& *n.* {ayes} (۱) بله (۲) پاسخ مثبت - رأی مثبت
aza'lea (-*liə*) *n.* {گ.ش} آزاله { لفظ فرانسه }
az'ote; azote' *n.* ازت ، نیتروژن
azure (*azh'ər;ei'zhə*) *n.*, *a.*, & *vt.* (۱)لاجورد (۲) آبی آسمانی (۳) لاجوردی کردن

Bb

B. A. = Bachelor of Arts باشلیه در فنون
baa (*bah*) *n.*& *vi.* بع‌بع (کردن)
bab'ble *vi.*& *vt.* (۱)ور ور کردن- یاوه گفتن - وراجی کردن (۲)فاش کردن
babe = **baby**
ba'bel (*-bəl*) *n.* شلوق پلوق
babooch (*-bu:sh'*) *n.* کفش‌سرپایی
baboon' (*bəbu:n'*) *n.* قسمی میمون دُم کوتاه
ba'by *n.* بچه ،کودك
ba'byhood *n.* بچگی
ba'byish *a.* بچگانه - بچه صفت
Babylo'nian (*-ən*) *a.* بابُلی
baccalau'reate (*-riət*) *n.* درجهٔ باشلیه {bachelor}
bacchanal (*bak'ənəl*) *a.* & *n.* میگسار، عیاش
bacchanal'lia (*bakə-*) *npl.* عیاشی، مستی
bacchana'lian (*-ən*) *a.* وابسته به عیاشی ومیگساری
bach'elor (*-ələ*) *n.* مردبی‌زن-باشلیه
bach'elor's-button *n.* (۱) گل‌اشرفی (۲) گل دکمه
bacillus (*bəsil'əs*) *n.* {-cilli (*sil'ai*)} باسیل ، میکروب
back *n.* & *a.* (۱) پشت ، عقب- پشتیبان (۲) عقبی - پس افتاده - گذشته
at the b. of درعقب ِ - به پشتی ِ
on one's b. بستری
b. rent {U.S.} اجارهٔ پس افتاده
back *adv.* (به) عقب ، پس - باز
give b. پس‌دادن
come (*or* go) b. برگشتن
go b. on one's word ازقول خود عدول کردن
b. and forth پس‌وپیش ، جلووعقب
back *vt.* & *vi.* (۱) پشتی کردن - پشت نویسی کردن (۲) پس رفتن - عقب زدن - جیُرو کردن
b. down صرف نظر از ادعائی کردن
b. out جر زدن - نکول کردن
b. up یاری یاکمك کردن {دربازی}
back'ache (*-eik*) *n.* پشت درد
back'bite *v.* غیبت کردن (از)، بدگویی کردن (از)
back'bone *n.* تیرهٔ پشت ، ستون ِ فقرات - {مج} پشت ، استواری ، استحکام
back'door *n.* & *a.* (۱)درِ عقب - وسیله نهانی یازیرجلی (۲) پنهان
back'fall *n.* زمین خوردگی
backgammon (*bak'gamən*) *n.* بازی تخته نرد
back'ground *n.* دورنما - زمینه- مایه
back'-handed *a.* باپشت دست زده شده - {مج}کنایه دار، مبهم
back'ing *n.* پشتیبانی - پشت، پوشش
back'side *n.* سُرین،کفل - پشت
back'slide *vi.* (ازدین) برگشتن
back'stairs *npl.* پلکان عقب
back'ward *adv.* & *a.* (۱)عقب ، به پشت - وارونه - از آخر (۲) عقبی - قهقرائی -کند - دیرآینده
back'warded *a.* عقب مانده

back'-pay *n.* حقوق عقب افتاده
back'water *n.* آب پس‌زده ، مرداب
back'woods *npl.* اراضی جنگلی دور ازشهر
bacte'ria (*-riə*) *n.* {*pl. of* bacterium} میکرب‌های گیاهی
ba'con (*-k'n*) *n.* دنده ومازه خوك که خشك یا دودی کرده باشند
bacteriol'ogy (*-əji*) *n.* میکرب شناسی
Bac'trian *a.* باختری - دوکوهانه
bad *a.* {worse; worst} & *n.* (۱) بد - لاوصول{b. debt} -(۲) بدی
b. faith سوء نیت ، عدم خلوص
b. language دشنام ، فحش
bade (*bad*) {*p. of* bid}
badge (*baj*) *n.* & *vt.* (۱) نشان- نشانه (۲) نشان دادن - نشان گذاردن
badger (*baj'ə*) *n.* & *vt.* (۱) گورکن {نام‌جانور} -(۲) اذیت کردن .
bad'ly *adv.* (بطور) بد- بسیار
bad'minton (*-tən*) *n* قسمی بازی شبیه به تنیس
bad'-tempered *a.* بدخو ، تندخو
baf'fle *vt.* باطل کردن ، برهم زدن - محروم کردن - ازپیشرفت بازداشتن
bag *n.*, *vi.*, & *vt.* { -ged } (۱)کیسه - کیف (۲) برآمدگی پیدا کردن (۳) درکیسه یا چنته شکاری ریختن
He let the cat out of the b. (از دهنش دررفت) وآن سررا فاش کرد
bagatelle (*bagətel'*) *n.* چیز ناقابل - قسمی بیلیارد
baggage (*bag'ij*) *n.* بنهٔ سفر
baggy (*bag'i*) *a.* کیسه‌ای - {در شلوار} زانو انداخته
bag'man *n.* کاسب یابازرگان سیار
bag'pipe *n.* نی‌انبان
bail *n.* & *vt.* (۱) کفیل -ضمانت (۲) ضامن (کسی) شدن- {با out} بقید کفیل آزاد کردن
go b. for some one کفالت کسی را کردن، کفیل کسی شدن
on b. بقید کفیل
bail *n.* & *vt.* (۱) دستهٔ سطل - چمچه- (۲) با چمچه خالی کردن
b. out باچتر پائین آمدن
bai'liff *n.* مأمور اجرای دادگاه بخش
bait *n.*, *vt.*, & *vi.* (۱) طعمه (۲)اذیت کردن - طعمه دادن (۳) خوراك خوردن ، نفس تازه کردن
baize *n.* یکجور سرژیاماهوت‌رومیزی
bake *vt.* & *n.* (۱) بختن(۲) بخت
bake'house = **bakery**
b.'s dozen سیزده (تا)
ba'ker (*-kə*) *n.* نانوا ، خباز
ba'kery *n.* دکان نانوایی
balance (*bal'əns*) *n.* & *vt.* (۱) ترازو، میزان - موازنه - موجودی (۲) سنجیدن - بحال موازنه درآوردن
be off one's b. موازنه خود را از دست دادن (و افتادن)
bal'ance-sheet *n.* تراز نامه
bal'ance-wheel *n.* رقاص‌ساعت
bal'cony (*-kəni*) *n.* بالکن - لژبالا
bald (*bɔ:ld*) *a.* طاس ، بیمو - برهنه - {مج} بی لطف ، بی‌ملاحت
balderdash (*bɔ:l'-*) *n.* چرند،یاوه
bald'-headed *a.* طاس
bald'ness *n.* طاسی - بی لطافتی
baldric (*bɔ:l'-*) *n.* بند ، حمایل
bale *n.* عدل ، لنگه - بلا -رنج ، محنت
balk (*bɔ:k*) *n.* مرز ، زمین شخم نشده - {مج} مایهٔ لغزش
ball *n.* توپ -گلوله - (مجلس) رقص
ballad (*bal'əd*) *n.* یکجور قصیده یا ترجیع بند
ballast (*bal'əst*) *n.* & *vt.* (۱) پاره سنگ - شن - شن ریزی - چیز سنگینی که در ته کشتی یا بالون میریزند (۲) شن ریزی کردن - ثابت واداشتن

ballet (*bal'ei*) *n.* بالت[قسمی رقص]
balloon' (*bə-*) *n.* بالون - بادکنك
ballot (*bal'ət*) *n.* & *vi.*
(۱) ورقهٔ رأی (۲) رأی مخفی دادن
b. box صندوق آراء
balm (*bahm*) *n.* بلسان - مرهم
balsam (*bɔ:l'səm*) *n.* بلسان- گل‌حنا
bal'uster (*-əstə*) *n.* صراحی[درپله]
balustrade' *n.* طارمی ، نرده
bamboo' *n.* (عصای)خیزران یا نی‌هندی
bamboo'zle *vt* گول زدن
ban *n.* & *vt.* {-ned} (۱)حکم
تحریم یاتکفیر یاتوقیف - (آگهی) احضار
(۲) توقیف‌کردن - لعن کردن
put under the b.
موقوف کردن - توقیف‌کردن
lift the b. on رفع توقیف کردن‌از
banal (*bei'nəl*; *banal'*) *a.*
پیش پاافتاده ، مبتذل
banal'ity *n.* چیزمبتذل - ابتذال
banana (*bənaˈ'nə*) *n.* موز
band *n.*, *vt.*, & *vi.* (۱) دسته -
باند (۲) متحدکردن (۳) متحد شدن
ban'dage (*-dij*) *n.* & *vt.* (۱)
نوار زخم‌بندی (۲) نوار پیچ کردن
band'box *n.* جعبه مقوائی
band'deau (*-dou*) *n.* {-deaux
(*douz*) } روبان سر،گیسوبند
ban'derole *n.* نوارچسب -پرچم دراز
band'dit *n.* راهزن ، قاطع طریق
band'master *n.* رئیس دسته موزیك
bandoleer; **-lier** (*-li'ə*) *n.*
جای فشنگ - حمایل
ban'doline (*-lin*) *n.* روغن مو
band'-saw *n.* ارهٔ نواری
band'stand *n.* جایگاه دسته موزیك
ban'dy *v.* انداختن (توپ) - مبادله
(کلام) کردن ، بحث کردن
ban'dy *a.* & *n.* (چوگان) کج
bane *n.* (مایه) هلاکت - زهر
bane'ful *a.* زهردار- مضرّ

bang *v* باصدا بستن یا بسته شدن
go b. دررفتن ، منفجر شدن
He banged his head.
سرش قایم صدا کرد (از خوردن بفلان
چیز) ، سرش خرد شد
ban'gle *n.* النگو
ban'ish *vt.* تبعیدکردن - دور کردن
ban'ishment *n.* تبعید - تبعید شدگی
ban'jo (*-jou*) *n.* [مو] بنجو
bank *n.* & *vt.* (۱) ساحل ،کنار-
پشته ، توده - بانك (۲) سد کردن - کپه
کردن - در بانك گذاشتن
bank'bill *n.* برات بانك - اسکناس
banker (*ban'kə*) *n.* بانكدار
bank'ing *n.* بانك داری،کار بانکی
bank'-note *n.* اسکناس
bank'rupt *a.* ورشکسته ، ورشکست
go b. ورشکست شدن
b. of عاری از ، فاقد
bank'ruptcy *n.* ورشکستگی ، افلاس
banner (*ban'ə*) *n.* برچم ، علم
ban'quet (*-kwit*) *n.* & *v.*
(۱) مهمانی (۲) مهمانی کردن (برای)
ban'tam weight (*-təmweit*)
خروس وزن
ban'ter *n.* & *vi.* شوخی (کردن)
bap'tism (*-tiz'm*) *n.* تعمید
bap'tist *n.* تعمید دهنده
bap'tize *vt.* تعمید دادن
bar *n.* & *vt.* {-red} (۱)میل، شمش-
سد - مانع - کلون در- [یا the] وکالت،
هیئت وکلا - بار ، بساط پیاله فروشان
(۲) بستن، سدکردن - مانع شدن
glazing-b. آلت پنجره
be tried at (the) b. بطورعلنی
محاکمه شدن
barb (*ba:b* باب) *n.* - ریش - ریشه -
خار - پیکان - نیش
barba'rian *n.* & *a.* بیگانه - وحشی
barbar'ic *a.* وحشی، بربری-وحشیانه

bar'barism (-bəriz'm) n. عبارت غیرمصطلح - وحشی گری ، بربریت
barbar'ity n. وحشی گری ، بیرحمی
bar'barize (-bə-) vt. & vi. (۱) با تعبیرات غیرمصطلح آمیختن (۲) وحشی گری کردن
bar'barous (-bərəs) a. وحشی ، بی تربیت - وحشیانه- غیرمصطلح
bar'becue (-kiu:) n. & vt. (۱)بریانی (۲) بریان کردن
barbed a. خاردار [درسیم] - ریشدار
bar'-bell n. آلتر [لفظ فرانسه]
bar'ber n. سلمانی (مردانه)
bar'berry n. زرشك
bard n. شاعر(باستانی) - رامشگر
bare (bêə) a. & vt. (۱) برهنه - عاری - بی آرایش (۲) برهنه کردن
I believe your b. word بصرف گفته شما باور میکنم
bare'back adv. بی زین
ride b. اسب لخت سوار شدن
bare'faced a. روگشاده - بی حیا
bare'foot(ed) adv. باپای برهنه
bare'headed a. سربرهنه
bare'ly adv. بزحمت ، زورکی
bare'ness n. برهنگی -سادگی
bar'gain (-gən) n. & vi. (۱) معامله ، داد وستد (۲) چانه زدن
have a thing a (great) b. چیزی را ارزان خریدن ، بزگیرآوردن
b. for منتظر یاآماده (چیزی) بودن
barge (ba:j باج) n. دوبه -کرجی
bargee' n. قایق ران - آدم خشن
bark n., vt., & vi. (۱) پوست درخت - عوعو، پارس (۲) پوست کندن (۳) عوعو کردن ، پارس کردن
bar'ley (-li) n. جو[دانه معروف]
bar'ley-corn n. دانهٔ جو، جودانه
bar'ley-sugar n. آب نبات
bar'ley-water n. ماشعیر
barm n. مایهٔ آبجو ، بوزك
Barmecide feast خورش دل ضعفه
barn n. انبارکاه صحرایی - طویله
bar'nacle (-nək'l) n. جانوریکه بته کشتی یا بخارههای دریابی می چسبد
barom'eter(bərɔm'ətə)n. هواسنج
bar'on (-ən) n.[fem.-ess] بارون
bar'onet (-ənit) n. بارونت
bar'ony (-əni) n. رتبهٔ بارونی
baroque (bərouk') a. بی تناسب
barque (ba:k باك) n. بارکاس،کرجی
barrack (bar'ək) n. سرباز خانه
barrage (bar'ij) n. سد (بندی)
barred ppa. مسدود - شن گرفته
barrel (bar'əl) n. بشکه - لوله (تفنگ)
bar'rel-organ n. ارگ دندهای
barren (bar'ən) a. نازا - لم‌یزرع - بی ثمر
barricade' n. سنگر بندی موقتی
barrier (bar'iə) n. & vt. (۱) سد - حصار (۲) راه (کسیرا) بستن
bar'ring prep. بجز ، باستثنای
bar'rister (-at-law') n. وکیل‌مرافعه
bar'room n. جای نوشابه فروشی، بار
bar'row n. زنبه - خاك کش - چرخ دستی- پشته -.توده - خوك‌اخته
bar'ter (-tə) v. & n. (۱) معاوضه کردن [با for] - (۲) دادوستد
b. away با کالای دیگر معاوضه کردن
basalt (bas'ɔ:lt) n. سیاه سنگ
base (beis) n. ته ، پایه - پایگاه - [هن]قاعده - [ش] اصل نمك ، قلیا
base vt. (براساسی) قرار دادن
b. oneself متکی شدن ، تکیه کردن
base a. فرومایه -بدل ، قلب -[مو] بم
base'ball n. یکجور چوگان (بازی)
base'-born a. حرامزاده - فرومایه
base'less a. بی‌اساس ، بی‌مأخذ

base'ment *n.* زیرزمین ـ طبقه زیر
bash *vt.* {Sl.} محکم زدن
bash'ful *a.* کم رو، خجول، ترسو
ba'sic *a.* اساسی ، اصلی ـتهی ـقلیائی
basil (*baz'-*) *n.* ریحان ـ میشن ـ پخ
ba'sin *n.* لگن ـ حوض ـ حوضهٔ رود
 lavatoty b. دست‌شوئی مستراح
ba'sis *n.* {-ses (*si:z*)} ماخذ ـ پایه
bask *vi.* آفتاب خوردن ،گرم شدن
bas'ket *n.* زنبیل، سبد ـجیره
bas'ket-ball *n.* یکجور توپ بازی
basque (*bask*) *n.* دامن کوتاه زنانه
bas-relief (*ba-rəli:f'* ; *bas-*) *n.* برجستهٔ کوتاه ، نقش کم برجسته
bass(*beis*) *a.* & *n.* (صدای) بم
bass'inet *n.* گهوارهٔ سبدی ِ روپوش دار ـ درشکهٔ دستی بچگانه
bassoon (*bəsu:n'*) *n.* قرنی ِ بم
bas'tard (*-tə:d*) *a.* & *n.* (۱) حرامزاده ـ دورگه ـ آمیخته ـ بدل (۲) بچهٔ حرامزاده
baste (*beist*) *vt.* روغن زدن به (گوشت سرخ کردنی) برای جلوگیری از سوختن آن ـ کوك زدن
bastina'do *n.* {-does} & *vt.* (۱) فلکه ـ چوب فلك (۲) فلك کردن
bat *n.* خفاش ـ چوگان ـ پاره آجر
batch (*bach*) *n.* (یك)بخت ـ دسته
batch *vt.* با آب وروغن نرم کردن
bate *vt.* حبس کردن (نفس)
bath *n.* شستشو ـ حمام فرنگی ، وان
 take a b. شستشو یا آبتنی کردن
Bath chair صندلی چرخ دار برای بردن پیران و بیماران
bathe (بیظ) *v.* & *n.* (۱) شستشو کردن یا دادن (۲) شستشو
bath'house *n.* گرمابه ، حمام
ba'thing-gown *n.* قطیفه
ba'thing-suit *n.* جامهٔ ویژهٔ آبتنی
ba'thing-tub = **bath'-tub**
ba'thos *n.* سقوط از مطالب عالی بچیزهای پیش پاافتاده ـ دری وری
baths (بظز) *npl.* شناگاه (های) سر پوشیده
bath'-tub *n.* وان ، حمام فرنگی
ba'ting *prep.* باستثنای ِ، پس‌ازوضع ِ
bat'on (*-ən*) *n.* عصای افسران ـ {مو} چوب میزانه
bats'man *n.* گوی زن
battal'ion (*-ən*) *n.* {نظ} گردان
batten (*bat''n*) *n.*, *vt.*, & *vi.* (۱) تخته باریك ـ توفال (۲) بست زدن ـ پروراندن (۳) فربه‌شدن ، نشوونما کردن
bat'ter *vt.* خرد کردن ـ ازشکل انداختن
bat'tery *n.* پیل الکتریك ـ {حق} ضرب
bat'tle *n.* & *vi.* نبرد (کردن)
 b. cruiser نبرد ناو
bat'tle-axe *n.* تبرزین
bat'tle-crv *n.* شعار (جنگی)
bat'tledore *n.* چوگان پهن
bat'tle-field *n.* میدان جنگ
bat'tlement *n.* کنگره ، بارو
bat'tleship *n.* ناو ، کشتی جنگی
bau'ble *n.* چیز کم بها ، بازیچه
baulk (*bɔ:k*) = **balk**
bawdiness (*bɔ':-*) *n.* زشتی، وقاحت
bawd'ry *n.* جاکشی ـ زشتی ، وقاحت
baw'dy *a.* زشت ، شنیع ـ هرزه
bawl (*bɔ:l*) *v.* & *n.* فریاد (زدن)
bay *n.* خلیج ـ درخت غار ـ جلوخان
 b. window شاه نشین پنجره دار
bay *a.* & *n.* (۱) کهر (۲) اسب کهر
bay *vi.* & *n.* عوعو (کردن)
 bring to b. عاجز کردن
bay'onet (*-ənit*) *n.* سرنیزه
B. C. = **before Christ** قبل ازمیلاد
be (*bi:*) *vi.* {was; been} بودن ، {در صیغهٔ امر} باش ، باشید
 There *is* هست ،میباشد، یافت میشود
 He *was* killed. او کشته شد
 It *is* made. ساخته میشود ـ ساخته شده است

He *is* **to go.** قراراست برود
I *am* **working.** (دارم) کار میکنم
If he *were* **to...** اگراو (بنا) بود
beach (*bi:ch*) *n.* ساحل شن‌زار - ریگ کنار دریا
bea'chy *a.* شن زار ، شن دار
beacon (*bi:k'n*) *n.* علامت - چراغ دریایی - برج دیدبان
bead (*bi':d*) *n.* مهره - دانه تسبیح
tell one's beads } ورد خواندن -
bid beads } تسبیح گرداندن
beading (*bi':*) *n.* روکوب
beadle (*bi':-*) *n.* فراش - مستخدم جزء کلیسا یا دانشگاه
bea'dy *a.* [*b. eyes*] مهره‌ای
beagle (*bi':-*) *n.* تولهٔ شکاری پاکوتاه
beak (*bi:k*) *n.* منقار (مرغ شکاری)
bea'ker (*-kə*) *n.* لیوان آزمایشگاه
beam (*bi:m*) *n.* & *vi.* (۱) تیر - شاهین ترازو- نورد-پرتو(۲)پرتوافکندن
on one's b. ends در مضیقه [از حیث پول] - در خطر
beam'-compass *n.* پرگار بازودار
beaming (*bi':-*) *a.* بشاش
bea'my *a.* پرتو افکن - شاخدار
bean (*bi:n*) *n.* باقلا - لوبیا - دانه
bean'-pod *n.* خرنوب - غلاف باقلا
bear (*bêə*) *n.* خرس
bear (") *vt.* & *vi.* [**bore ; born(e)**] (۱) بردن - در برداشتن - زاییدن - تحمل‌کردن (۲) تاب آوردن
[با **out**] - دخل داشتن ، مربوط بودن
[با **on** یا **upon**] - تاثیر داشتن
bear in mind در نظرداشتن
b. a hand همدستی یاکمک کردن
b. oneself تنیجه بخشیدن
born in the year متولد سال
The cost is to be borne by you. هزینهٔ آن بعهدهٔ شما است
beard (*biəd*) *n.* ریش
bear'ded *a.* ریش دار - خاردار
bearer (*bêərə*) *n.* حامل
b. shares سهام بی نام
bear'ing *n.* بردباری - نشان نجابت خانوادگی - آرم [لفظ فرانسه] - نسبت- معنی - یاتاقان
There is no b. with him. رفتار او را نمیتوان تحمل کرد
bearish (*bêə-*) *a.* خشن ، خرس‌وار
beast (*bi:st*) *n.* چهار پا ، جانور
b. of burden مال ، حیوان باری
wild b. دد ، وحش
beast'liness *n.* جانور خویی
beast'ly *a.* حیوان صفت - بد ،کثیف
beat (*bi:t*) *v.* [**beat; beaten**] زدن - خوردن (به) - شکست دادن
b. a retreat کوس‌عقب‌نشینی زدن
b. time ضرب یا فاصلهٔ ضربی گرفتن
b. the air مگس در هوا رگ زدن
b. down پایین آوردن - خردکردن
b. up زدن (تخم مرغ)
b. about the bush بطور غیر مستقیم حرفی زدن یاکاری کردن
bea'ten *ppa.* [*pp. of* **beat**] زده -کوبیده - چکش خورده - فرسوده
beatif'ic (*bia-*) *a.* سعادت آمیز
beatitude (*biat'itu:d*) *n.* سعادت جاودانی ، برکت
beau (*bou*) *n.* [*Fr. pl.* **beaux** (*bouz*)] جوان خودساز -کسیکه مواظب زنان است
beautiful (*biu':-*) *a.* زیبا
beau'tifully *adv.* بخوبی ، قشنگ
beau'tify *vt.* زیبا یا قشنگ‌کردن
beau'ty *n.* زیبایی ، جمال - زن زیبا
beau'ty-spot *n.* خال
beaver (*bi':və*) *n.* سگ آبی
became [*p. of* **become**]
because (*bikɔ:z'*) *conj.* زیرا ، زیراکه ، چونکه ، برای اینکه
b. of بواسطهٔ ، در نتیجهٔ ، بدلیل

beck *n.* اشاره ، تکان سر یا دست
be at one's b. and call گوش بفرمان یاآمادهٔ خدمت بودن
beckon (*bek'ən*) *vi & vt.* (۱) اشاره‌کردن (۲) بااشاره صدا زدن
become (*bikʌm'*) *vi. & vt.* {became'; become'} (۱) شدن (۲) درخور بودن برای ، آمدن به
That hat does not b. you. این کلاه بشما نمی‌آید (نمی‌زیبد)
What became of him? چه بسرش آمد ؟ ، عاقبت او چه شد؟
becom'ing *apa.* زیبنده ، درخور
bed *n.* تختخواب ، رختخواب - طبقه ، لایه - ته ؛ کف - پی
go to b. خوابیدن
She was brought to bed of a son. پسر زایید
bed {-ded} *vi. & vt.* (۱)خوابیدن (۲)خوابانیدن - قرار دادن
bedaub' (*bi-*)*vt.* آلودن-رنگ‌کردن
bed'bug *n.* ساس
bed'chamber *n.* خوابگاه - شبستان
bed'clothes *npl.* رختخواب
bedeck (*bidek'*) *vt.* آرایش دادن
bedew (*-diu':*) *vt.* ترکردن، نم‌زدن
bed'fellow *n.* همخواب ، هم بستر
bedim' {-med} *vt.* تیره‌کردن
bed'lam (*-ləm*) *n.* جنجال خانه
bedouin (*bed'uin*; *-i:n*) *n. & a.* (عرب) بدَوی
bed'pan *n.* لگن بیمار بستری
bed'post *n.* پایه یاستون تخت خواب
bedrag'gle(*bi-*)*vt.* روی‌زمین کشیدن
bed'rid(den) *a.* بستری ، علیل
bed'-rock *n.* خارهٔ زیر - [مج] اساس ، بطون
bed'room *n.* خوابگاه ، اطاق خواب
bed'sheet *n.* ملافه ، ملحفه
bed'side *n.* کنار بستر ، بالین
b. table میز باتختی
bed'spread (*-spred*) *n.* روپوش پنبه دوزی شدهٔ تخت خواب
bed'stand = **bedstead**
bed'stead (*-sted*) *n.* تخت خواب
bed'time *n.* موقع خوابیدن ، وقت خواب
bee *n.* زنبور عسل ، مگس انگبین
have a b. in one's bonnet گرفتار یادیوانهٔ فکری بودن
beech *n.* زان - ممرز - آلش
blue b. ممرز
beef *n.* گوشت‌گاو
beef'-brained *a.* کودن ، کند ذهن
beef'-steak(*-stek*)*n.* گوشت‌ران‌گاو
bee'hive *n.* کندوی عسل
bee'-line *n.* خط مستقیم ، اقصر طرق
been {*pp. of* **be**}
beer (*biə*) *n.* آبجو
beer'-brewing *n.* آبجو سازی
bees'wax *n. & vt* موم(اندودکردن)
beet *n.* چغندر ،
bee'tle *n., vt., & a.* (۱) تخماق- گوشت کوب - سوسک (۲) تخماق زدن (۳) آویخته - پرمو - اخم کننده
beet'root *n.* چغندر - ریشهٔ چغندر
befall' (*bi-*) *v.* {-fell';-fall'en} اتفاق افتادن ، رخ دادن (برای)
befit' ('') *vt.* {-ted} درخور بودن
befit'ting *apa.* درخور ، شایسته
before' (*bi-*) *prep., adv., & conj.* (۱) پیش از ، قبل از - پیش (۲) جلو - قبل (۳) پیش از آنکه
long b. مدتی پیش ، مدت‌زیادی پیش
the night b. شب قبل
b. I went پیش ازآنکه من بروم
before'hand *adv. & a.* (۱)پیش، جلو - قبلا (۲) آماده - راحت - مقدم
be b. with از پیش تهیه یاتأمین کردن ، جلو انداختن
befoul' (*bi-*) *vt.* چرکین کردن
befriend (*bifrend'*) *vt.*

همراهی کردن با

beg *vt*. & *vi*. [-ged] (۱) خواهش کردن از (۲) گدایی کردن

I b. your pardon. ببخشید

I b. to inform you اجازه‌خواسته (یامحترماً) شما را آگاهی میدهم

b. off عذر خواستن (از انجام‌کاری)

go begging طالب نداشتن

began [*p*. *of* begin]

beget' (*bi*-) *vt*. [-got'; -got'(ten)] تولیدکردن ، (بوجود) آوردن

beggar (*beg'ə*) *n*. گدا

beg'garly *a*. گدامنش ، پست-تهیدست

beg'gary *n*. گدایی - گروه‌گداها

begin' (*bi*-) *v*. [-gan'; -gun'] (۱) شروع‌کردن (۲) شروع شدن

to b. with اصلا ، اولا ، اصلش

begin'ner (-*nə*) *n*. مبتدی

begin'ning *n*. آغاز ، ابتدا ، شروع

begone (*bigɔ:n'*) *int*. دور شو

Tell him to b. بگوئید برود بی کارش

begot'(ten) [به beget رجوع شود]

begrime' (*bi*-) *vt*. چرك‌یاسیاه‌کردن

begrudge (*bigrʌj'*) *vt*. غبطه خوردن به - مضایقه کردن از

beguile (*bigail'*) *vt*. فریب‌دادن، اغفال‌کردن - سر گرم کردن - گذراندن

begun [*pp*. *of* begin]

behalf (*bihaf'*) *n*. حق ، خاطر

on b. of (نیابةً) از طرفِ - در حقِ

behave'(*bi*-)*vi*. رفتاریا سلوك‌کردن

b. (*vt*.) oneself درست رفتار کردن ، ادب نگاه داشتن

beha'viour (-*viə*) *n*. رفتار ، حرکت

behead (*bihed'*) *vt*. سربریدن

beheld [*p*. & *pp*. *of* behold]

behest' *n*. [Poet.] امر ، دستور

behind (*bihaind'*) *prep*. & *adv*. (۱) (در) عقبِ - دیرتراز- عقب‌تر از (۲) عقب - پشت سر - باقی دار

b. the times کهنه-بی‌خبرازرسم‌روز

b. his back پشت سراو-بی‌آگاهی‌او

b. the scenes در نهان

behind' *n*. [Col.] نشیمن‌گاه

behind'hand *a*(*dv*.) پس‌اُفت‌دار- بیخبراز رسوم - کهنه

behold' (*bi*-)*vt*. [-held'] - دیدن، مشاهده‌کردن - [در وجه امری] ببین ، اینك

behol'den (*a*.) to زیر منتِ

behoof' (*bi*-) *n*. سود-صرفه- مزیت

behoove' *or* **behove'** *vt*. واجب بودن - اقتضا کردن - شایسته بودن

be'ing *n*. هستی،وجود -آفریده،مخلوق

be'ing [*pres*. *part*. *of* be]——

for the time b. عجالةً

Such b. the case دراینصورت

Rials 2, b.... ۲ ریال بابتِ. . .

belabour (*bilei'bə*) *vt*. سخت‌زدن

bela'ted (*bi*-) *a*. دیر رسیده

belch *vi*. & *n*. آروغ (زدن)

beleaguer (*bili':gə*) *vt*. محاصره کردن

bel'fry (-*fri*) *n*. بُرجِ ناقوس

Bel'gian (-*jən*) *a*. & *n*. بلژیکی

belie (*bilai'*) *vt*. - افترا زدن به - دروغ درآوردن - خیانت‌کردن به - عوضی نشان دادن

belief (*bili:f'*) *n*. ایمان - گمان

believable (*bili':vəb'l*) *a*. باور کردنی

believe (*bili:v'*) *v*. - باورکردن - گمان‌کردن ، معتقد بودن

b. in ایمان آوردن به

make b. وانمودکردن

belit'tle (*bi*-) *vt*. تحقیر کردن

bell *n*., *vt*., & *vi*. - (۱) زنگ - کاسهٔ‌گل (۲) زنگ بستن به (۳) نعره‌زدن

belle *n*. [*fem*. *of* beau] زن زیبا

belles-lettres (*bel-letr'*) *npl*. [Fr.] ادبیات

bell'-hop { U. S.; Sl. } = **buttons** بادو ، شاگرد
bell'flower *n.* گل استکان
bell'icose (*-kous*) *a.* جنگجو
bellicos'ity *n.* جنگجویی
belligerent (*-lij'ə-*) *a.* متحارب
bell'-metal *n.* مفرغ
bellow (*bel'ou*) *vi.* & *n.* (۱) ماق کشیدن - نعره زدن (۲) ماق - نعره
bel'lows *npl.* دم {در آهنگری} - فانوس {در عکاسی}
bell'-pull *n.* سیم یا طناب برای کشیدن زنگ
bell'-tent *n.* چادر قلندری
bell'-wether *n.* پیش آهنگ (گله)
belly (*bel'i*) *n.* شکم - کاسه ساز
belly ('') *vt.* باد کردن (بادبان)
belong' (*bi-*) *vi.* متعلق بودن
belong'ings *npl.* دارایی - کسان
beloved (*bilʌv''d*) *a.* محبوب
b. by (*or* **of**) **all** محبوب همه
below (*bilou*) *prep.* , *adv.*, *a.* & *n.* (۱) در زیر - پایین‌تر از ، کوچکتر از (۲-٤) پایین (۳) پائینی
b. one's breath به نجوا
b. the mark نامرغوب - بد حال
belt *n.* & *vt.* (۱) کمربند - بند - تسمه (۲) با بند بستن - شلاق زدن
bel'vedere (*-vədi:ə*) *n.* کلاه فرنگی ، کوشك
bemire' (*bi-*) *vt.* گل آلود کردن
bemoan (*bimoun'*) *v.* سوگواری کردن (برای) ، گریه کردن (برای)
bench *n.* نیمکت - کارگاه - دستگاه
be raised to the B. دادرس شدن
bend *vt.* & *vi.* {**bent**} & *n.* (۱) خم کردن، دولا کردن (۲) خم شدن - تعظیم کردن (۳) خمیدگی - زانو
b. effort کوشش یا بذل مساعی کردن.
I am bent on going. برآنم که بروم ، نیت دارم که بروم
beneath (*bini:th'*) = **below**
benedictine (*-nidik'tain*) *n.* بند یکتین
benedic'tion *n.* دعای خیر - دعای اختتام
benedic'tory (*-təri*) *a.* دعائی
benefac'tion *n.* نیکی، احسان - بخشش
benefactor (*benifak'tə*) *n.* بانی خیر - واقف
ben'efice (*-fis*) *n.* درآمد کلیسایی
benef'icence (*-səns*) *n.* نیکوکاری
benef'icent *a.* نیکوکار، صاحب کرم
beneficial (*-fish'əl*) *a.* سودمند
beneficiary (*-fish'əri*) *n.* ذینفع - موقوف علیه - دارندهٔ درآمد کلیسایی - وظیفه خور
ben'efit (*-ifit*) *n.*, *vt.*, & *vi.* (۱) سود ، منفعت ، استفاده ، {در جمع} مزایا - اعانه (۲) احسان کردن (به) - (۳) سود بردن
give a person the b. of the doubt احتمال مشکوك بودن عمل را در مورد شخصی که متهم بکاری است باقی گذاردن
b. performance نمایشی که درآمد آن به هنر پیشهٔ مخصوصی داده میشود یا بمصارف خیریه میرسد
I (was) benefited by his advice. از اندرز او استفاده کردم
benev'olence *n.* نیکخواهی
benev'olent(*-ələnt*) *a.* نیکخواه
benight (*binait'*) *vt.* درتاریکی (جهل) انداختن - کور کردن
benign (*binain'*) *a.* مهربان - {طب} بی‌خطر ، جید (*jayyed*)
benignant (*binig'nənt*) *a.* مهربان ، لطیف
ben'ison (*-iz'n*) *n.* برکت
benig'nity *n.* مهربانی، شفقت - احسان
bent {*p.* & *pp.* *of* **bend**}
bent *n.* تمایل - کجی
benumb (*binʌm'*) *vt.* بی‌حس کردن

ben'zine (*-zi:n*) *n.* بنزین
bequeath (*bikwi:th'* (بیکویظ) *vt.* به ارث گذاشتن
bequest' (*bi-*) *n.* میراث ، ترکه
berate' ('') *vt.* سرزنش کردن
bereave (*biri:v'*) *vt.* {-reft *or* -reaved} محروم کردن
bereft of hope ناامید ، مأیوس
bereaved' *ppa.* داغدیده - محروم
bereave'ment *n.* فقدان-داغدیدگی
ber'et (*-it*; *-ei*) *n.* (کلاه) برِه
ber'ry *n.* دانه ، حبه - میوهٔ انگوری
berth (*bə:th*) *n.* & *vi.* (۱) خوابگاه‌کشتی- محل- شغل (۲) پهلو گرفتن
give wide b. to دوری جستن از
ber'yl (*-il*) *n.* یاقوت‌کبود - بزادی
beseech' (*bi-*) *vt.* {-sought (*sɔ:t'*) } التماس کردن به
beseem' *vt.* شایستهٔ . . . بودن
beset (*bi-*) *vt.* {-set} احاطه‌کردن
beside' (*bi-*) *prep.* درکنارِ - غیر از - گذشته از - ماورایِ
b. the mark خارج از موضوع
b. oneself از خود بیخود ، دیوانه
besides' *adv.* & *prep.* (۱)گذشته از این ، بعلاوه (۲) گذشته از ، علاوه‌بر
besiege (*bisi:j'*) *vt.* محاصره کردن
besiege'ment *n.* محاصره ،گردگیری
be'som (*-zəm*) *n.* جاروب باغبانی
besought {*p.* &*pp.* *of* **beseech**}
bespat'ter (*bi-*)*vt.* سر تا پا کثیف کردن - خیس کردن - توهین کردن (به)
bespeak (*bispi:k'*) *vt.* {-spoke, -spoke(n) } از پیش سفارش دادن - حاکی بودن از
bespoke' (*bi-*) *a.* سفارشی (دوز)
best *a.* {*sup.* *of* **good**} بهترین
b. man ساقدوش (داماد)
best *adv.* { *sup.* *of* **well** } به بهترین طرزی - بهتر از همه
best *n.* - بهترین کار - بهترین قسمت - حد اکثر استفاده
one's b. منتهای کوشش
with the b. مانند همه کس
to the b. of my knowledge تا آنجا که من میدانم (یا میدانستم)
at b. منتها ، منتهای مراتب
bestead (*bisted'*) *vt.* & *vi.* (۱) یاری، یا کمک کردن (۲) بدرد خوردن
bes'tial (*-chəl*) *a.* جانور خوی
bestial'ity *n.* جانورخویی، حیوانیت
bestir (*bistə':*) *vt.* {-red} - **b. oneself** جنبیدن
bestow' *vt.* بخشیدن - امانت‌گذاردن
bestow'al (*-əl*) / **bestow'ment** } *n.* بخشش،اعطاء
bestride' (*bi-*) *vt.* با پاهای‌گشاده در دو طرف (چیزی) قرار گرفتن
bet *n.* گرو ، شرط (بندی)
lay a b. شرط بستن ، گرو بستن
bet *vi.* & *vt.* {-ted} (۱) شرط بستن ،گرو بستن (۲) بستن (شرط)
b. on سر (چیزی) شرط بستن
betake' (*bi-*) *vt.* { -took' ; -ta'ken} متوسل شدن {oneself با }
bethink' ('') *vt.* { -thought (*thɔ:t'*) } اندیشه { oneself با } کردن - بخاطر آوردن بخود آمدن
betide' ('') *v.* رخ دادن (برایِ)
Woe b. him who وای بحال آنکه
betimes' (*bi-*) *adv.* بهنگام ، زود
beto'ken ('') *vt.* حاکی بودن از
betook {*p.* *of* **betake**}
betray (*bitrei'*) *vt.* گیرانداختن، لو دادن ، تسلیم کردن
betroth (*bitrouth'* (-دُظ) *vt.* نامزد کردن
betro'thal (*-thəl*) *n.* نامزدی
better (*bet'ə*) *a.* { *comp.* *of* good } بهتر - بیشتر
b. than بهتر از

I had b. go بهتر است بروم، کاش بروم
the more the b. هر چه بیشتر بهتر
better ('') *adv.* { *comp. of* well } بهتر ، بطرز بهتری - بیشتر
b. off داراتر ، آسوده‌تر
better ('') *n.* (چیز یا شخص) بهتر - بزرگتر - برتری ، مزیت
get the b. of سبقت گرفتن بر
change for the b. بهتر شدن
so much the b. چه بهتر
better ('') *v.* بهتر کردن یا شدن
bet'terment *n.* بهتری-اصلاح-ترقی ملك (بواسطهٔ ساختمان اساسی یا اعیان)
bet'ting *n.* شرط بندی
between' (*bi-*) *prep. & adv.* (۱) درمیان ، مابین (۲) درمیان
stand or go b. میانجی شدن
betwixt' { Arch. } = between
bev'el (*-əl*) *n., a., & v.* {-led} (۱) سطح اُریب - بخ (۲) اریب ، مایل (۳) اریب کردن یا شدن
bev'erage (*-ərij*) *n.* آشامیدنی
bev'y *n.* دسته ، گروه
bewail' (*bi-*) *v.* سوگواری کردن (برای)- {با for یا over گفته میشود}
beware' (*biwê'ə*) *vt. & vi.* حذر کردن (از)
bewilder (*biwil'də*) *vt.* گیج یا گمراه کردن
bewitch (*bi-*) *vt.* افسون کردن
beyond' ('') *prep. & adv.* (۱) آنسوی ، ماورای - مافوق - بیش از (۲) دورتر - بیشتر
bez'el (*-əl*) *n.* بخ - نگین‌دان
be'zoar (*-zour*) *n.* سنگ پادزهر
biannual (*baian'yuəl*) *a.* ششماهه
bi'as (*-əs*) *n. & a.* (۱) کجی - تمایل ، تعصب (۲) اریب
bi'as (*-əs*) *vt.* {-(s)ed} اریب کردن - مورد تمایل یا تعصب قرار دادن
bib *n. & vi.* {-bed} (۱) سینه بند بچه ، پیش گیر (۲) میگساری کردن
Bi'ble *n.* کتاب مقدس
bibliog'rapher *n.* کتاب شناس
bibliog'raphy (*-rəfi*) *n.* کتابهای وابسته بیك مبحث - کتاب شناسی
bicar'bonate (*bai-*) of soda جوش شیرین ، بی کربنات دوسود
bicentenary (*baisen'tinəri*) *n.* جشن دویستمین سال
bi'ceps (*-səps*) *n.* ماهیچهٔ دوسر
bick'er *vi.* پرخاش کردن - لرزیدن
bi'colour(ed) *a.* دورنگ ، دورنگه
bicon'cave (*bai-*) *a.* مقعرالطرفین
bicon'vex (*bai-*) *a.* محدب‌الطرفین
bicuspid (*baikʌs'-*) *a. & n.* (۱) دو پایه (۲) دندان دو پایه
bi'cycle (*-sik'l*) *n.* دوچرخه
bid *vt.* {bade (*bad*); bid'den} فرمودن ، امر کردن - دعوت کردن
b. farewell خداحافظی کردن
b. against some one روی دست کسی رفتن
He bade me go. مرا فرمود بروم
bid *vt.* { bid } پیشنهاد دادن
bid *n.* پیشنهاد مزایده - کوشش
bid'den { *pp. of* bid }
bidder (*bid'ə*) *n.* پیشنهاد دهنده
highest b. برندهٔ مزایده، حائز حداکثر
bide { Arch. } = abide
b. one's time منتظر فرصت بودن
biennial (*baien'iəl*) *a.* دوسال یکبار رخ دهنده - دو...
bier (*bi:ə*) *n.* تابوت
big *a.* بزرگ ، گنده
b. toe شست پا
b. heart کرامت و بزرگ منشی
bigamist (*big'ə-*) *n.* مرد دو زنه - زن دو شوهره
bigamous (*big'əməs*) *a.* دارای دو زن یا دو شوهر
big'amy *n.* داشتن دو زن یا دو شوهر

bight (*bait*) *n.* پیچ ، حلقه - خلیج کوچك
big'ness *n.* بزرگی ، کندگی
big'ot(ed) *n.* & *a.* (شخص)متعصب
big'otry (*-ətri*) *n.* تعصب
big'wig *n.* شخص متنفذ یا کله گنده
bike [Col.] = bicycle
bilateral (*bailat'ərəl*)*a.* دوطرفه
bilat'erally *adv.* از دو طرف
bile *n.* زرداب ، صفرا - خوی سودایی
bilge (*bilj*) *n.* شکم بشکه - ته کشتی
bilge *n.* [Sl.] (حرف) چرند
bil'iary (*-iəri*) *a.* صفراوی
bilin'gual (*bai-*) *a.* دو زبانه
bil'ious (*-iəs*) *a.* صفرائی-سودائی
bilit'eral (*bai-*) *a.* دو حرفی
bilk *vt.* گول زدن - طفره‌زدن از
bill *n.* نوك ، منقار
bill *n.* - لایحهٔ قانونی - صورت حساب - برات - آگهی - سند
  b. of exchange برات ، سفته
  b. of fare صورتِ غذا
  b. of lading بارنامه (کشتی)
  b. of indictment کیفرخواست
billet (*bil'it*) *n.* & *vt.* (۱)چوب هیزم - شمش‌فلز - جا ، منزل (خارج از سرباز خانه) - محل ، کار ، شغل ،(۲)جا دادن
bil'liards *n.* بیلیارد
billion (*bil'iən*) *n.* بیلیون
bil'low *n.* & *vi.* موج (زدن)
bill'poster *n.* آگهی چسبان
bimetallism (*baimet'əliz'm*)*n.* اصل استعمال دوفلز برای واحدپول کشور
bimonth'ly (*bai-*) *a.* ماهی دوبار یا دو ماه یك بار واقع شونده
bin *n.* جاذغالی- صندوق -لاوك - تغار
binaural (*bainɔ':rəl*)*a.* دوشاخه‌ای [درگوشی پزشکان] ، مضاعف
bind (*baind*) *vt.* [bound] بستن - صحافی کردن - موظف کردن
  b. over ملتزم کردن
  bound to go موظف برفتن
binder (*bain'də*) *n.* صحاف
bind'ing *apa.* & *n.* (۱)الزام‌آور، اجباری - نافذ (۲) صحافی - جلد
binoc'ular (*bainɔk'yulə*) *n.* دوربین دوچشمه
biog'rapher (*bai-*) *n.* نویسندهٔ شرح زندگی مردم ، تذکره نویس
biography (*baiɔg'rəfi*) *n.* شرح زندگی ، ترجمه احوال ، تذکره
biologic(al) (*baiəlɔj'-*) *a.* وابسته به علم حیات یا زیست شناسی
biol'ogy (*baiɔl'əji*) *n.* علم حیات ، زیست شناسی
bi'opsy (*-əpsi*) *n.* بافت برداری
bi'plane *n.* هواپیمای دو باله
birch (*bə:ch*) *n.* درخت غوشه یاغان
bird (*bə:d*) *n.* برنده ، مرغ
  give a b. (to) هو کردن
bird'-lime *n.* چسب ،کشمشك
birth (*bə:th*) *n.* تولد - پیدایش
  give b. to زاییدن - بوجود آوردن
  b. certificate زایچه
birth'day *n.* روز میلاد یامولود
birth'place *n.* مولد ، زادبوم
birth'right *n.* حق نخست زادگی
bis *adv.* دوباره ، مکرر
bis'cuit (*-kit*) *n.* بیسکویت
bisect' (*bai-*) *vt.* دو نیم کردن
bisec'tor (*-tə*) *n.* نیمساز ، منصف
bish'op (*-əp*) *n.* اسقف-فیل‌شطرنج
bi'son (*-s'n*) *n.* گاو کوهان‌دار
bit *n.* خرده - لقمه - تیغه - دهنه
  Wait a b. یك‌کمی صبر کنید
  b. by b. کم کم ، خرد خرد
  give a person a b. of one's mind بی برده و بطور سرزنش‌آمیز باکسی صحبت کردن
  take the b between one's teeth ورداشتن [در گفتگوی از

اسب} - [مج] از جا در رفتن

bit {*p.* & *pp.* of bite}

bitch *n.* سگ ماده - زن هرزه ، جنده

bite *vt.* {bit or bit'ten} (۱) گاز گرفتن ،گزیدن - نیش زدن - زدن (۱) گاز ، گزیدگی ، نیش - لقمه

bi'ting *apa.* گزنده - زننده

bitten {*pp.* of bite}

bitter (*bit'ə*) *a.* تلخ - طعنه آمیز

bit'terly *adv.* بتلخی- زار زار

bittern (*bit'ə:n*) *n.* بوتیمار

bitu'men *n.* قیر طبیعی

bitu'minous (*-nəs*) *a.* قیری

biv'ouac (*-uak*) *n.* اردوی موقتی

biweek'ly (*bai-*) *a*(*dv.*) دوهفتگی ، پانزده روزه - هفته‌ای دوبار

bizarre' *a.* غریب - ناشی از هوس

blab *vi.* {-bed} فضولی کردن

blab'ber *n.* آدم بی‌چاك دهن

black *a.*, *n.*, & *vt.* (۱) سیاه (۲) سیاهی- دوده (۳) سیاه کردن

b. mulberry شاه توت

be in a person's b. books مغضوب کسی بودن

look b. چپ چپ (یا بغضب) نگریستن

b. coffee قهوهٔ بی‌شیر

b. frost سرمای سخت که گیاهان را سیاه میکند ، سرما خشکه

b. out سیاه کردن، قلم زدن

black'amoor *n.* سیاه زنگی

black'ball *n.* مهرهٔ سیاه ، رأی منفی

black'berry *n.* توت جنگلی یاکوهی

black'bird *n.* ُترقه - توکا

black'board (*-bɔ:d*) *n.* تخته سیاه

black'cherry *n.* آلوبالو

black'en *v.* سیاه کردن - سیاه شدن

black'guard (*-ga:d*) *n.* & *vt.* (۱) آدم هرزه (۲) فحاشی کردن به

black'guardy *a.* بی شرف ، فحاش

black'head (*-hed*) *n.* جوش

کوچك در صورت

black'leg *n.* {Col.} خائن‌اعتصاب- قمار باز {اصطلاح امریکائی}

black'list *vt.* در صورت اشخاص مغضوب یا مظنون نوشتن

black'mail *n.* باج سبیل راهزنان

black'out *n.* تاریکی کامل

black'smith *n.* آهنگر - نعلبند

bladder (*blad'ə*) *n.* آبدان ، مثانه - بادکنك

blade *n.* تیغه {در آلات برنده}

blame *vt.* & *n.* (۱) مقصر دانستن- سرزنش کردن (۲) تقصیر - سرزنش

I am not to b. تقصیر ازمن نیست

b. one's failure on another دیگری را برای ناکامی خودمقصر دانستن

blame'worthy *a.* سزاوار سرزنش

blanch *vt.* & *vi.* (۱) سفید کردن - پوست کندن (۲) رنگ باختن

bland *a.* نرم ، ملایم - با ادب

blan'dish *vt.* ریشخند یا نوازش کردن

blank *a.* & *n.* (۱) سفید ، ننوشته - ساده- بی در وپنجره - بی گلوله - خراب، زنگ زده (۲) جای ننوشته ، سفیدی - ورقهٔ پوچ

b. cheque چك سفید - سند یا بمهر

b. look نگاه بیحالت ومات که حاکی از نفهمیدن مطلبی باشد

b. verse شعر منثور ، شعر بی‌قافیه

b. out (*vt.*) مسدود کردن

blank'-book *n.* دفتر سفید ،کتابچه

blan'ket (*-kit*) *n.* پتو

wet b. کسیکه جمعی را با خواندن آیهٔ یأس خاموش میکند

blare *vi.* صدا کردن(شیپور)- جار زدن

blar'ney (*-ni*) *n.* & *vt.* (۱) چاپلوسی، مداهنه (۲) ریشخند کردن

blasé *a.* {Fr.} زده ، بیزار

blaspheme (*-fi:m'*) *vi.* کفر گفتن ، بی‌حرمتی بمقدسات کردن

blas'phemous (*-məs*) *a.* کفرآمیز
blas'phemy (*-fəmi*) *n.* کفر، ناسزا
blast *n.* & *vt.* (۱) تندباد - وزش - سوز - جریان هوا یابخار - صدای شیپور - (۲) منفجر کردن - باد خورده کردن
in b. دایر، روشن [درگفتگوی از کوره]
bla'tant *a.* پرصدا - جار زننده
blaze *n.* & *vi.* (۱) زبانه، شعله - تابش (۲) افروختن - جلوه کردن
blaze *n.* & *vt.* (۱) غره (روی پیشانی اسب) - (۲) نشاندار کردن - منتشر کردن [بیشتر با abroad]
b. a trail جاده‌ای را صاف کردن، پیشقدم شدن
bla'zer (*-zə*) *n.* ژاکت ورزش
bla'zer ('') *n.* [Col.] دروغ شاخدار
bla'zing *apa.* مشتعل
b. hot خیلی گرم، سوزان
bla'zon (*-zən*) *n.* آرم [در سپر]
bla'zon ('') = **blaze** *vt.*
bleach (*bli:ch*) *vt.* & *vi.* (۱) سفید کردن، شستن (۲) سفید شدن
bleachers (*bli':chə:z*) *npl.* [U. S.] نیمکت هائی که در هوای آزاد برای تماشاچی‌ها میگذارند
bleak (*bli:k*) *a.* بی پناه - سرد
blear (*bliə*) *a.* قی گرفته، تار
bleat (*bli:t*) *vi.* بع بع کردن
bleed *vi.* & *vt.* [**bled**] (۱) خون آمدن - کشته شدن (۲) رگ زدن
b. to death از خون ر‌وی مردن
b. white از هستی ساقط کردن
blem'ish *n.* & *vt.* لکه (دار کردن)
blend *v.* [**blended** or **blent**] & *n.* (۱) آمیختن (۲) ترکیب، مغلوط
bless *vt.* [**blessed** or **blest**] دعای خیر کردن برای - مبارك خواندن
He has not a penny to b. himself with. آه ندارد که با ناله سودا کند
(God) b. you! عافیت باشد

blessed (*bles'id*) *a.* مبارك - خجسته، خوشبخت
B. is he who خوشا به (حال) کسیکه
bless'ing *n.* دعای سفره - برکت
ask b. پیش از غذا دعا خواندن
blest [*p.* & *pp.* of **bless**]
blew (*blu:*) [*p.* of **blow**]
blight (*blait*) *n.* & *vi.* (۱) زنگ گیاهی - شته (۲) باد خوردن
blight ('') *vt.* خراب یاخنثی کردن
blind (*blaind*) *a.*, *n.*, & *vt.* (۱) کور - تاریك - بن بست (۲) برده (۳) کور کردن - خیره کردن - اغفال کردن
blind *vi.* [Sl.] بی پروا راندن
blind'fold *vt.* & *a.* (۱) چشم بستن (۲) چشم بسته
blinding (*blain'-*) *n.* (ریختن) ماسه یا خاك برای گرفتن درزهای جاده
blind'ly *adv.* کورکورانه - بی باکانه
blind'man's-buff *n.* از من داری
blind'ness *n.* کوری - بی بصیرتی
blink *vi.* & *vt.* (۱) چشمك زدن (۲) دیدن و نادیده گرفتن - خاموش و روشن کردن
bliss *n.* خوشی، سعادت، برکت
blis'ter (*-tə*) *n.* & *vi.* تاول (زدن)
blith'ering (بلی‌ظرینگ) *a.* [Col.] حسابی، یك پارچه - تمام - وراج - پست
blitz *n.* حملهٔ سریع هوائی
bliz'zard *n.* سوز برف - سوز وبرف
bloat (*blout*) *vt.* & *vi.* (۱) دودی کردن (۲) بادکردن
blob *n.* لکه - قطره (چسبناك)
bloc (*blɔk*) *n.* بلوك - اتحادیه
block *n.* & *vt.* - (۱) کنده - قالب - قرقرهٔ طناب خور - (یك) رشته عمارت - باصمهٔ چوبی - سد، مانع - [مج] آدم بی‌عاطفه (۲) مسدود کردن، بندآوردن - طرح یا قالب کردن
b. note paper دستهٔ کاغذ یادداشت

b. letter حروف مقطع و درشت
blockade (*blɔkeid'*) *n.* & *vt* (۱) سدّ - محاصره (۲) محاصره کردن
run the b. محاصره را شکستن ، خارج و داخل شدن
block'head (*-hed*) *n.* آدم بی کله
blond(e) *a.* بور - سفید پوست
blood (*blʌd*) *n.* خون- شیره- نسب
His b. is up. احساساتش تحریک شده است ، خونش بجوش آمده
make one's b. run cold موی کسیرا راست کردن
make bad b. between two persons میانهٔ دوکس را بهم زدن
brother of full b. برادر تنی
brother of half b. برادر ناتنی
blood'less *a.* بدون خونریزی - بی عاطفه
blood'letter *n.* رگزن ، فصاد
blood'-money *n.* خونبها
blood'shed *n.* خونریزی
blood'shot *a.* قرمز ، خون گرفته
blood'stained *a.* خون آلود
blood'stock *n.* اسب های اصیل که برای اسب دوانی تربیت می کنند
blood'thirsty *a.* تشنه بخون
blood'-vessel *n.* رگ
bloody (*blʌd'i*) *a.* خونی - سخت - ناشی از خونریزی - خونخوار
bloom *n.* & *vi.* (۱) شکوفه - بحبوحه (جوانی) - (۲) شکوفه کردن
in b. شکوفه دار
bloomers (*blu':mə:z*) *npl.* شلوارگشادِ ورزشی زنانه
bloom'ing *apa.* شکوفه‌دهنده- خرم
blos'som (*-səm*) *n.* & *vi.* (۱) شکوفه - اول جوانی (۲) شکوفه کردن
in b. شکوفه دار
blot *n.*, *vt.*, & *vi.* [-ted] (۱) لك (۲) لکه‌دار کردن - خشك کردن- محو کردن [با out] - (۳) مرکب پراندن
blotter (*blɔt'ə*) *n.* خشك کن - دفتر خشك کن‌دار
blot'ting-paper *n.* کاغذِ خشك کن
blouse (*blauz*; *blu:z*) *n.* پیراهن یا جامهٔ گشادیکه کمر بند میخورد
blow (*blou*) *vi.* & *vt.* [blew (*blu:*); blown] (۱) وزیدن - دمیدن - فوت کردن - نفس نفس زدن - سوختن (۲) نواختن - باد کردن - پاك کردن(بینی) - خاموش کردن [با out]- پراندن [با out] - خراب کردن [با down] - کندن [با off]
b. out سوختن [در فیوز]
b. up باد کردن - ترکیدن
His hat blew off. کلاهش را باد برد
blow ('') *n.* وزش - نواختن - تخمِ مگس - مر - لاف - ضربت - مصیبت - شکوه - هوا خوری
come to blows } exchange blows } دست بگریبان شدن ،جنگ کردن
blow'gun *n.* تفنگ بادی، تفك ، بفك
blown [*pp.* of blow]
blow'-out *n.* انفجار- خروج ناگهانی
blow'tube *n.* تفنگ بادی - نیچه
blowzy (*blau'zi*) *a.* سرخ گونه- شلخته
blubber (*blʌb'ə*) *n.* چربیِ بال
blubber ('') *vi.* باصدا گریه کردن
bludgeon (*blʌj'n*) *n.* & *vt.* (۱) چماق (۲) کتك زدن
blue (*blu:*) *a.*, *n.*, & *vi.* (۱) آبی (۲) نیل (۳) نیل زدن
dark b. آبیِ سیر ، سُرمه‌ای
blue'-jacket *n.* سرباز نیروی دریائی
bluff *vi.*, *vt.*, *n.*, & *a.* (۱) لاف زدن (۲) از میدان در کردن (۳) توپ ، لاف - پرتگاه کنار آب (۴) بی پرده - رك گو - پرتگاه (دار)
blu'ish *a.* مایل به آبی

blun'der (*-də*) *n.* & *vi.*
(۱) اشتباه‌بزرگ (۲) اشتباه کردن - تصادف کردن ، خوردن
b. out (*vt.*) پراندن : بی‌فکر گفتن
blunt *a.* & *vt.* (۱) کند - کودن - گستاخ ، بی تعارف (۲) کند کردن - کلفت کردن - بیحس کردن
blunt'ly *adv.* بی پرده - بدون‌تعارف
blur (*blə:*) *n.*, *vt.*,& *vi.* {-red}
(۱) لکه (۲) لك کردن ، مرکبی کردن - تار کردن (۳) لك شدن
blurt (*blə:t'*) *vt.* بی اندیشه از دهن در آوردن ، پراندن
blush *vi.* & *n.* (۱) سرخ شدن (از خجالت) - (۲) سرخی (چهره)
put to the b. خجالت دادن
at (*or* in) **the first b.** دروهله‌اول
Spare my blushes. خجالتم ندهید
blus'ter *vi.* غوغا کردن - لاف زدن
bo (*bou*) *int.* {حرف ندای ترساندنی}
He can't say bo (*or* **boo**) **to a goose.** گربه را هم نمیتواند پیش کند پس او کجا و این کار ها !
boa (*bou'ə*) *n.* بوآ ، اژدرمار - شال گردن خز
boar (*bour*) *n.* گراز یا خوك وحشی
board (*bɔ:d*) *n.*, *vt.*, & *vi.*
(۱) تخته - مقوا - تابلو - شام و ناهار - هیئت (۲) شام و ناهار دادن - سوار (کشتی) شدن (۳) شام و ناهار خوردن
above b. بطور آشکار ، بی حیله
go on b. سوار کشتی شدن
go by the b. بی نتیجه ماندن
b. up تخته کوبی کردن
boar'der *n.* شاگرد شبانه روزی
boar'ding-house *n.* شبانه روزی
boar'ding-school (*-sku:l*) *n.* آموزشگاه شبانه روزی‌دار
boast (*boust*) *vi.* لاف‌زدن، بالیدن
boast'ful *a.* مغرور ، لاف زن
boat (*bout*) *n.* کرجی، کشتی کوچك
in the same b. در یك وضعیت ، مواجه با همان اشکالات
boater (*bou'tə*) *n.* قسمی کلاه حصیری
boatman (*bout'mən*) *n.* کرجی بان
boatswain (*bou's'n*) *n.* رئیس کارگران کشتی
bob *n.*, *vt.*, & *n.* { -bed }
(۱) وزنهٔ لنگر ساعت - (گلولهٔ) شاقول - جسم شناور - منگله - خوشه - دُمِ بریده (اسب) - تکان - ضربت (۲) انداختن - آهسته زدن - کوتاه زدن (گیس) - (۳) زیرو روشدن (در آب)
bob *n.* {bob} {Sl.} شیلینگ
bob'bin *n.* قرقره - ماسوره
bob'by *n.* {Sl.} = **policeman**
bob'tail *a.* & *n.* (اسب) دُم کل
bode {*p.* & *pp.* *of* **bide**}
bode *v.* ازپیش آگهی دادن
bod'ice (*-is*) *n.* بالا تنه
bod'ily *a.* & *adv.* (۱) جسمانی - بدنی (۲) جسماً - شخصاً - یکجا
bod'kin *n.* بندکش - میل - انبرك
bod'y *n.* بدن - تنه - بالاتنهٔ لباس - هیئت - اطاقِ اتوبوس - {در ترکیب} کس
bod'y-guard *n.* نگهبان - هنگ‌ویژه
bod'y-snatcher *n.* مرده دُزد
bog *n.* & *vt.* {-ged} (۱) گلاب، سیاه آب ، باطلاق (۲) در گل فرو بردن
bog'gle *vi.* درنگ کردن ، رم کردن
bo'gle *n.* لولو - مترس ، مترسك
bo'gus (*-gəs*) *a.* غیر واقعی، دروغی
bo'gy *n.* غول - لولو
boil *vt.*, *vi.*, & *n.* (۱) جوشاندن (۲) جوشیدن (۳) جوش - کورك ، دمل
b. down مختصر کردن - کم کردن
boi'ler (*-lə*) *n.* دیگ (بخار)
boi'ling *apa.* & *n.* (۱) جوشنده - جوش زننده (۲) جوش ، غلیان
b. water آب جوش

bois'terous (-*tərəs*) *a*. برصدا ، بلند - داد و بیدادکن - متلاطم - سخت
bold (*bould*) *a*. دلیر - جسور ، گستاخ - گستاخانه
bold'ly *adv*. بی باکانه - جسورانه
boll (*boul*) *n*. قوزه - تخم دان
bolster (*boulsˈtə*) *n*. & *vt*. (۱) بالش ، متکا (۲) نگهداشتن
bolt (*boult*) *n*., *vt*., & *vi*. (۱) پیچ - کشو در - تیر - آخرین تیر ترکش (۲) بستن - پرت کردن - تندتند غورت دادن (۳) دررفتن - پرت شدن
a b. from the blue پیشامد ناگهانی
bolt, boult *vt*. بیختن ، الك کردن
bomb (*bɔm*) *n*. بمب
bombard' *vt*. بمباران کردن - گلوله باران کردن
bombard'ment *n*. بمباران - گلوله باران
bom'bast *n*. گزاف گویی ، مبالغه
bombas'tic *a*. بلند ، گزاف ، غلنبه
bona fide (*bou'nəfai'di*) {L} جدی
bo'na fi'des (-*di:z*) { L. } با حسن نیت ، بطور جدی
bond *n*. & *vt*. (۱) قید - سند - وجه الضمانه (۲) در انبار گذاشتن
bonded warehouse انبارگمرکی
bon'dage (-*dij*) *n*. بندگی ، قید
bond'holder *n*. سهم دار
bond'maid *n*. کنیز (زر خرید)
bond'servant *n*. غلام ، زر خرید
bondsman (*bɔ:ndz'mən*) *n*. {-men} *n*. ضامن - برده
bond'woman (-*wumən*) *n*. کنیز ، زن زرخرید ، کلفت زرخرید
bone *n*. & *vt*. (۱) استخوان (۲) از استخوان پاك کردن
bone'man *n*. کهنه فروش
bone'-setter *n*. شکسته بند

bon'fire *n*. آتش بزرگ - آتش بازی
bonnet (*bɔn'it*) *n*. کلاه بی لبهٔ زنانه وبچگانه - کابوت اتوموبیل
bonny (*bɔn'i*) *a*. خوشدل - زیبا
bo'nus (-*nəs*) *n*. انعام
bon voyage { Fr.} خدا بهمراه
bo'ny *a*. استخوانی - استخوان دار
boo'by *n*. آدم ساده لوح وکودن
boo(h) *vt*. جیغ کردن ، راندن - هو کردن - {به bo نیز رجوع شود}
boo'by-prize *n*. جایزهٔ تسلی بخش
book *n*. & *vt*. (۱) کتاب - دفتر (۲) ثبت کردن ، ازپیش ذخیره کردن
bring to b. مورد مواخذه (و تنبیه) قرار دادن
book'binder (-*də*) *n*. صحاف
book'binding *n*. صحافی
book'-end *n*. چیزیکه رویف کتابهای ایستاده را نگاه میدارد ، حائل کتاب
book'ish *a*. کتابی ، غیر متداول
book'keeper *n*. دفتر دار
book'keeping *n*. دفتر داری
book'let *n*. کتابچه ، جزوه
book'-maker *n*. کسیکه زندگی خود را از راه شرط بندی دراسب دوانی تامین میکند
book'seller *n*. کتاب فروش
book'seller's (دکان) کتابفروشی
book'shelf *n*. تفسه یا طاقچهٔ کتاب
book'-store *or* **book'shop** *n*. (دکان) کتاب فروشی
book'stall *n*. بساط کتابفروشی
boom *n*. & *vi*. (۱) غرش ، غژ (۲) غرّیدن - ترقی ناگهانی کردن
boo'merang *n*. چوب خمیده‌ای که پس از پرت شدن بجای اول بر میگردد - {مج} دلیلی که بضرراستدلال کننده تمام‌شود
boon *n*. احسان ، بخشش - چیز خوب
b. companion (رفیق) اهل کیف
boor *n*. روستایی ، آدم بی تربیت
boor'ish *a*. بی تربیت ، روستایی

boot *n.* پوتین - چکمه
b. (*vt.*) a person out of a place باتیپا کسیرا ازجائی بیرون کردن
boot *n.* & *vi.* [Arch] (۱) سود، فایده (۲) سود داشتن - بدرد خوردن
to b. بعلاوه - (بطور) سرانه
boot'black *n.* واکسی ، واکس زن
booth *n.* غرفه - سایبان
boot'jack *n.* چکمه کش
boot'legger *n.* فروشنده مشروب قاچاق
boot'less *a.* بی فایده
boot'maker *n.* چکمه دوز
boot'-tree *n.* قالب چکمه یا پوتین
boo'ty *n.* غنیمت ، تاراج
borage (*bʌr'ij*) *n.* گل گاوزبان
bo'rax *n.* بوره ، تنکار ،کفشیر
border (*bɔ':də*) *n.*, *vt.*, & *vi.* (۱) کنار- لبه ، حاشیه - زه ، دوره - مرز (۲) سجاف کردن ، حاشیه دار کردن (۳) درسرحد واقع شدن
It borders (up)on France. حدّی بفرانسه دارد
bor'derland *n.* زمین مرزی
bore *vt.* & *n.* (۱) سوراخ کردن - موی دماغ (کسی) شدن (۲) سوراخ - قطر داخلی لوله - [مج] سرِ خر
I am bored. حوصله ام سررفت
bore [*p.* of bear]
born; borne [*pp.* of bear]
borough (*bʌr'ou*) *n.* قصبه
borrow (*bɔr'ou*) *vt.* قرض کردن
bosh *n.* [Sl.] چرند
bosom (*bu'z'm*) *n.* & *vt.* (۱) آغوش- قلب (۲) درآغوش گرفتن
b. friend دوست محرم یا صمیمی
boss *n.* قوز - قبهٔ سپر - گلمیخ
boss *n.* رئیس (حزب) ، کارفرما
botanical (*bətan'ikəl*) *a.* وابسته بگیاه شناسی
bot'anist *n.* گیاه شناس
bot'any (*-əni*) *n.* گیاه شناسی
botch (*bɔch*) *n.* & *vt.* (۱) وصله (بدنما) - (۲) سر هم بندی کردن
both (*bouth*) *a.* & *pr.* هر دو ، هر دوی
b. he and I هم او وهم من
both'er [باظر] *vt.*, *vi.*, & *n.* (۱) درد سر دادن (۲) دل واپس بودن - اعتراض کردن (۳) درد سر ، زحمت
b. one's head درد سر بخود دادن
both'ersome (*-sʌm*) *a.* دردسردار
bottle (*bɔt''l*) *n.* & *vt.* (۱) بطری ، شیشه (۲) در بطری ریختن
b. up فرونشاندن
bottom (*bɔt'əm*) *n.*, *a.*, & *vt* (۱) ته ، پائین - پایه (۲) تهی - اساسی (۳) به (چیزی) ته انداختن - بنیاد نهادن
knock the b. out of ، رد کردن بزمین زدن
bough (*bou*) *n.* شاخه ، ترکه
bought [*p.* & *pp.* of buy]
boulder (*boul'də*) *n.* سنگ (ساییده شده)
boulevard (*bul'vah:*) *n.* [Fr.] خیابان مشجر و پهن
bounce *vi.* & *n.* (۱) بالا جستن- لاف زدن (۲) پرش - گزاف گویی
bound *vt.* & *n.* (۱)محدود کردن - در حدود (چیزی) واقع شدن (۲) حد
It is placed out of bounds. ورود بدانجا ممنوع است
bound *vi.* & *n.* جست (زدن)
bound *a.* عازم - مقید - موظف
bound [*p.* & *pp.* of bind]
boun'dary (*-dəri*) *n.* مرز، سرحد
bound'less *a.* بی پایان ، بیکران
boun'teous (*-tiəs*) } *a.* بخشنده ، با سخاوت
boun'tiful
boun'ty *n.* بخشش ، انعام ، جایزه
bouquet (*bu'kei*) *n.* دستهٔ گل - عطر شراب
bourgeois (*bur'zhwah:*) *n.*

{Fr.} عضو طبقهٔ متوسط

bout *n.* حالت - نوبت - زورآزمایی

bow (*bau*) *vi.*, *vt.*, & *n.*
(۱) خم شدن - تعظیم کردن - تن در دادن
(۲) دولا کردن (۳) تعظیم ، سلام با سر

bowed down شکسته شده ، تکیده

bow (*bau*) *n.* کمان ، قوس - کراوات پروانه‌ای ، پاپیون

have two strings to one b. بیش از یك وسیله داشتن

draw the long b. اغراق گفتن

bow (*bau*) *n.* سینه (کشتی)

bowel (*bau'əl*) *n.* روده - شکم

bower (*bau'ə*) *n.* آلاچیق

bowl (*boul*) *n.* کاسه - جام - طاس

bowl ('') *n.* قسمی گوی چرمی که در بازی **bowls** بکار میرود

bow'-legged *a.* با چنبری

bowler (*bou'lə*) *n* قسمی کلاه (سیاه) گرد

bow'man *n.* = **archer**

bowshot (*bou'-*) *n.* تیر پرتاب

bow'string *n.* & *vt.* (۱) زه ، چله - ریسمانِ دار (۲) طناب انداختن

bowwow (*bau'wau*) *n.* & *vi.* عوعو (کردن) ، وق وق (کردن)

box (*bɔks*) *n.* & *vt.* (۱) جعبه - قوطی - صندوق - شمشاد - {درتماشاخانه} لُژ (۲) در جعبه یا صندوق گذاشتن

box *n.* & *vi.* (۱) مشت - بوکس (۲) بوکس بازی کردن

a b. on the ear سیلی ، طپانچه

box'-calf *n.* خُرُم {لفظ روسی}

boxer (*bɔk'sə*) *n.* بوکس باز

box'-file *n.* کلاسور {لفظ فرانسه}

box'ing *n.* بوکس ، مشت بازی

box'-office *n.* باجه ، گیشه

box'wood *n.* چوب شمشاد

boy *n.* پسر ، پسربچه - پادو

boy'cott *n.* & *vt.* (۱) تحریمِ معاملات (۲) تحریم کردن

boy'hood *n.* بچگی - پسربچه ها

boy'ish *a.* بچگانه - پسرانه

brace *n.* & *vt.* (۱) بند - بست - دسته (مته)- جفت - نشان ابرو(⏟)- {درجمع} بندشلوار(۲) بستن - جفت کردن

b. oneself up خود را نیرو دادن

brace'let *n.* دستبند - بازوبند

bra'cing *a.* نیروبخش ، فرح بخش

brack'et (*-it*) *n.* دیوارکوب ، پایه - طاقچه - سکدست - پرانتز

brack'ish *a.* شور مزه

brag *vi.* {-ged} & *n.* (۱)لاف‌زدن (۲) لاف ، فخر - لاف زن

braggart (*brag'ə:t*) *n.* لاف زن

braid *n.* & *vt.* (۱) قیطان- گلابتون- نوار ، حاشیه -گیسِ بافته (۲) بافتن - گیس باف زدن - قیطان دوزی کردن

brain *n.* مخ ، مغز (کله) ، دماغ

brake *n.* & *vt.* ترمز (کردن)

bram'ble *n.* بتهٔ خار - تمشك جنگلی

bran *n.* سبوس ، نخاله

branch *n*, *vi.*, & *vt.* (۱)شاخه - شعبه - رشته (۲) منشعب شدن { بیشتر با **out** یا **forth**} - (۳) منشعب کردن

branch'let *n.* شاخه کوچك ، ترکه

branch'-line *n.* خط فرعی ، شاخه

brand *n.* & *vt.* (۱) داغ - نشان - نیمسوز- رقم ، نوع- لکهٔ بدنامی (۲) داغ زدن - انگ زدن - خاطر نشان کردن

brand'(ing)-iron *n.* داغ آهن

bran'dish *vt.* & *n.* (۱) تاب دادن- آختن ، افشاندن (۲) تاب ، حرکت

bran(d)'-new *a.* بکلی نو ، نوِ نو

bran'dy *n.* کنیاك

brass *n.* برنج

brassière' *n.* {Fr.} پستان بند

brat *n.* بچه -کفِ شیر

bravado (*-vah'*; *-vei'-*) *n.* {-do(e)s} لاف دلیری

brave *a.* & *vt.* (۱) دلیر، شجاع -

دلیرانه (۲) شیرکردن ، تشجیع کردن
brave'ly *adv.* دلیرانه ، شجاعانه
brave'ry *n.* دلیری ، شجاعت - جلوه
bravo (*brah'vou*) *n.* & *int.*
(۱) آدم‌کش مزدور (۲) آفرین، احسنت
brawl *vi.* & *n.* (کردن) داد و بیداد
brawn *n.* ماهیچه - [مج] نیرو ، قوت
braw'ny *a.* ماهیچه دار - نیرومند
bray (*brei*) *vi.* عرعر کردن
bray ('') *vt.* سائیدن ، نرم کردن
bra'zen (*-zən*) *a.* برنجین - بیشرم
b. (*vt.*) it out پررویی در کاری کردن
bra'zen-faced *a.* بی شرم ، پررو
bra'zier (*-zhə*) *n.* منقل - برنج ساز
breach (*bri:ch*) *n.* & *vt.*
(۱) شکست ، نقض - تجاوز - قهر - رخنه
(۲) نقض کردن
b. of trust خیانت در امانت
bread (*bred*) *n.* نان
breadth (*bredth*) *n.* پهنا
breadth'wise *adv.* از پهنا
bread'-winner *n.* نان آور -
وسیلهٔ معاش
break (*breik*) *vt.* [broke; bro'ken] شکستن - پاره کردن - قطع
کردن - خوابانیدن (فتنه)- ورشکست کردن
b. up منحل کردن - خرد کردن
b. off قطع کردن - موقوف کردن
b. in pieces خرد کردن
b. in رام کردن (اسب)
b. down از پا انداختن - تجزیه کردن
b. bread with a person
با کسی نان و نمک خوردن
b. wind تیز دادن ، باد ول کردن
break *vi.* شکستن ، پاره شدن -
از هم پاشیدن - طلوع کردن - برگشتن
(صدا) - بهم زدن ، قهر کردن
b. up منحل شدن - خرد شدن
b. out افشاء شدن - منفجر شدن
b. in خود را داخل کردن-مصدع شدن
b. into a shop دکانی را زدن
b. through برطرف کردن (مانع)
b. loose ول شدن - در رفتن
break *n.* شکست - شکستگی - شکاف -
وقفه - انحراف - قطع - طلوع - خبط
breakage (*brei'kij*) *n.* شکستگی
breakdown (*breik'daun*) *n.*
فرو ریختگی ،آوار - شکستگی (بنیه) -
تجزیه ، تفکیک
breakfast (*brek'fəst*) *n.* & *vi.*
(۱)صبحانه (۲) صبحانه خوردن
breakneck (*breik'-*) *a.* خطرناک
break'water ('') *n.* موج شکن
bream (*bri:m*) *n.* ماهی سیم
breast (*brest*) *n.* پستان - سینه
at the b. شیرخوار
make a clean b. of اقرار کردن
breast'-bone *n.* استخوان سینه
breast'-pin *n.* سنجاق کراوات
breast'pump *n.* شیر دوش
breast'work *n.* سنگر سرباز ایستاده
breath (*breth*) *n.* نفس - دم ، نسیم
get out of b. از نفس افتادن
below one's b. آهسته ، زیر لب
breathe (*bri:th* بریظ) *vi.* & *vt.*
(۱) دم زدن ، نفس کشیدن ، تنفس کردن
(۲) استنشاق کردن - دمیدن
b. after آرزو کردن
brea'thing-gap *n.* فرصت سرخاراندن
breath'less *a.* بی نفس - مشتاق
bred [*p.* & *pp.* of breed]
breech *n.* ته تفنگ یا توپ
breech'-block *n.* کلنگدن
breeches (*brich'iz*) *npl.*
نیم شلواری - [د. گ.] شلوار
wear the b. برشوهرخودمسلط‌بودن
breech'-loader *n.* تفنگ ته پر
breed *vt.* & *vi.* [bred] (۱)
پروراندن - تولید کردن - تربیت کردن
(۲) بچه آوردن ، زاد و ولد کردن
ill-bred بی تربیت ، بد بالا آمده
well-bred با تربیت ، تربیت شده

breed *n.* نژاد، نسل ، تخم ، اصل
breed'ing *n.* تربیت-تخم(کشی)- نژاد
breeze *n.* نسیم - پس ماندهٔ زغال
bree'zy *a.* نسیم‌دار ، خوش هوا
breth'ren {*pl. of* brother}
brev'et *n.* درجه افتخاری
brev'ity *n.* اختصار ، ایجاز
brew (*bru:*) *vt. & vi.* (۱)ساختن (آبجو)-پختن(خیال) (۲)دردست‌تهیه بودن
brewer (*bru'ə*) *n.* آبجو ساز
brew'ery (*-əri*) *n.* آبجو سازی
briar (*brai'ə*) *n.* (۱) قسمی چوب جنگلی (۲) = brier
bribe *n. & vt.* رشوه (دادن)
bribee (*braibi':*) *n.* مرتشی
bri'bery *n.* رشوه (دادن) - ارتشاء
brick *n.* آجر
brick'bat *n.* سقط ، پاره آجر
brick'-burner *n.* آجر پز
brick'layer *n.* (*banna*) بنا
bri'dal (*-dl*) *a.* متعلق بعروس
bride *n.* عروس
bride'-chamber *n.* حجله
bride'groom *n.* داماد
bridge (*brij*) *n. & vt.* (۱) پل - {درکشتی} صحنه فرماندهی - قسمی بازی ورق - خرك ساز (۲) پل زدن
bri'dle *n., vt., & vi.* (۱)افسار- کلگی (۲) دهنه کردن- جلوگیری کردن از (۳) یکه خوردن ، خود را جمع کردن
give the horse the b. جلو اسب را ول کردن
brief (*bri:f*) *a., n., & vt.* (۱) مختصر(۲) خلاصه (۳) خلاصه کردن - ازجریان امر آگاه کردن (وکیل)
in b مختصراً ، بطور خلاصه
brief'-bag *n.* کیف دستی چرمی
brief'ly *adv.* مختصراً
brier (*brai'ə*) *n.* قسمی نسترن‌برخار
brig *n.* يك جور کشتی دو دکلی
brigade' *n.* تیپ - دسته
brigadier' (-gen'eral) *n.* سرتیپ
brig'and (*-ənd*) *n.* راهزن
bright (*brait*) *a.* روشن، درخشان، آفتابی - زرنگ ، زیرك - بشاش
brighten (*brai'tn*) *v.* روشن کردن یاشدن - زرنگ‌کردن یاشدن
bright'ness *n.* روشنی - زرنگی
bril'liance (*-əns*) ; **-ancy** *n.* درخشندگی - زیرکی یا استعداد برجسته
bril'liant (*-ənt*) *a. & n.* (۱) مشعشع ، برجسته - زیرك (۲) برلیان
bril'liantine (*-ti:n*) *n.* روغن مو
brim *n.* لب ، لبه ،کنار
filled to the b. لبالب ، پر
b. (*vi.*) **over** لبریز شدن
brim'ful *a.* لبالب ، پر ، مملو
brim'stone = sulphur
brine *n.* آب نمك
bring *vt.* {brought (*brɔt*)} آوردن - اقامه کردن
b. about فراهم کردن- بوقوع رساندن
b. back برگرداندن ، پس آوردن
b. forth زاییدن - مطرح کردن
b. home حالی کردن ، ثابت کردن
b. round بهوش آوردن
b. to book بازخواست‌کردن از
b. to pass بوقوع رساندن
b. up تربیت‌کردن - مطرح کردن
brought forward منقول ازصفحهٔ پیش
be brought to bed زاییدن
bri'nish; bri'ny *a.* شورمزه
brin'jal (*-jəl*) *n.* بادنجان
brink *n.* لب ، کنار
briquet(te) (*-ket'*) *n.* خوش‌سوز، خاکه زغال مخلوط با خاك رست
brisk *a., vt., & vi.* (۱) چابك - باروح- رایج- تند (۲) تیز کردن (آتش)- (۳) تند شدن - زرنگ شدن{بیشتربا up}
bris'ket *n.* سینه {درگوشت}
brisk'ness *n.* جلدی- رواج

bristle (*bris''l*) *n.* & *v.* (۱) موی زِبر (۲) سیخ کردن یا شدن
bris'tly *a.* زبر - وز کرده
Britain (*brit''n*) *n.* برطانی
Britan'nic *a.* وابسته به برطانی
His B. Majesty اعلیحضرتِ پادشاه انگلستان
Brit'ish *a.* & *n.* انگلیسی
the B. Isles جزایر برطانی
brit'tle *a.* ترد ، شکننده
broach (*brouch*) *n.* & *vt.* (۱) سیخ (۲) سوراخ کردن (چلیك)
broad (*brɔd*) *a.* پهن ، گشاد - کلی ، سر بسته - سهل گیر - بی لطافت
It is 3 metres b. دومتر پهنادارد
b bean باقلا
b. jump پرش طولی
broad'cast *a.*, *adv.*, & *n.* (۱) منتشر (شده) - (۲) در همه جا (۳) انتشار - سخن پراکنی
broad'cast *vt.* [-casted; -cast] (با رادیو) منتشر کردن ، پراکندن
broad'cloth *n.* ماهوت
broad'en *v.* پهن کردن یا شدن
broad'ly *adv.* بطور کلی ، عموماً
broad'-minded *a.* دارای فکرِ وسیع و سهل گیر نسبت بعقاید دیگران
broad'ness *n.* بسط معنی ، جامعیت - بی لطافتی (در سخن) - پهنا
broad'ways / **broad'wise** } *adv.* ازپهنا ، ازعرض، عرضاً
brocade' (*brə-*) *n.* زری- دیبت گلدار
brogue (*broug*) *n.* کفش گلف بازی
broil *vt.*, *vi.*, & *n.* (۱) سرخ کردن ، کباب کردن (۲) کباب شدن (۳) داد و بیداد ، نزاع - کباب
broke [*p.* of **break**]
bro'ken [*pp.* of **break** & *ppa.*] شکسته شده - متناوب [**b. service**]
bro'ker (*-kə*) *n.* دلال
bro'kerage (*-rij*) *n.* دلالی

bro'mide *n.* برو مود ، بور مود
bron'chi [*pl.* of **bronchus**]
bronchitis (*-kai'-*) *n.* برونشیت
bron'chus (*-kəs*) *n.* [-chi (*kai*)] نایچه
bronze (*brɔnz*) *n.* برونز
brooch (*brouch*) *n.* سنجاق یا گل سینه
brood *n.* & *vi.* (۱) همهٔ جوجه هائی که یکبار از تخم بیرون می آیند (۲) روی تخم خوابیدن - [مج] توی فکر رفتن
There is something brooding. توطئه ای در کار است ، چیزی در پس پرده است
broo'der (*-də*) *n.* اسباب جوجه کشی
brood'ing-hen *n.* مرغ کرچ یا کرك
brook *n.* & *vt.* (۱) جوی ، جو (۲) تحمل کردن ، تن در دادن به
brook'let *n.* جوی کوچك
broom *n.* جاروب - گل برطاووسی
broom'-stick *n.* دسته جاروب
broth *n.* آبگوشت
brother (*brʌth'ə*) (براظِر) *n.* برادر
broth'erhood *n.* برادری
broth'er-in-law *n.* برادر زن - برادر شوهر - شوهر خواهر - باجناغ
broth'erlike *a(dv.)* برادروار
broth'erly *a(dv.)* برادرانه
brought (*brɔt*) [*p.* & *pp.* of **bring**] آورده (شده)
brow (*brau*) *n.* ابرو ؛ جبین
brow'beat (''*bi:t*) *vt.* عتاب کردن
brown (*braun*) *a.*, *vt.*, & *vi.* (۱) قهوه‌ای ، خرمایی (۲) سرخ کردن (۳) برشته شدن
browse (*brauz*) *n.*, *vi*, & *vt.* (۱) سرشاخه ، چرا (۲) چریدن (۳) چرانیدن
bruise (*bru:z*) *vt.* & *n.* (۱) کوبیدن - ساییدن (۲) کوفتگی ، ضربت
brunet' *a.* [*fem.* -te'] سبزه
brunt *n.* لطمه ، سختی - بار ، فشار
brush *n.* & *vt.* (۱) بروس

ماهوت پاك كن و كفش پاك كن و امثال آنها - قلم مو (۲) پاك كردن - نقاشى كردن

brush'wood *n.* بته - خاشاك - بيشه

brusque (*brusk* ; *brʌsk*) *a.* تند ، خشن ، بى‌ادب - بى‌ادبانه

Brus'sels sprouts كلم دكمه‌اى

bru'tal (*-təl*) *a.* جانور خوى

brutal'ity *n.* جانور خويى ، بيرحمى

brute (*bru:t*) *n.* & *a.* (۱) جانور (۲) حيوان صفت - بيرحم - بيروح

bru'tish *a.* حيوانى - بى‌شعور - خشن

bub'ble *n.*, *vi.*, & *vt.* (۱) حباب (۲) غلغل زدن - خروشيدن (۳) گول زدن

bu'bo (*-bou*) *n.* [-es] خيارك

bubon'ic (*biu:-*) *a.* خياركى [طب]

buccaneer' = pirate

buck (*bʌk*) *n.* & *vi.* (۱) گوزن يا خرگوش نر - آدم خودساز - آب‌قليايى - خرك چوب برى - گفتگو ، حرف - گزاف گوئى (۲) حرف زدن - گزاف گفتن - قوز كردن و خيز گرفتن [درگفتگوى از اسب]

Buck up! بجنبيد ، فرز باشيد

bucket (*bʌk'it*) *n.* دلو

buck'le *n.* سگك ، شير قلاب

buck'ler (*-lə*) *n.* سپر كوچك گرد

buck'skin *n.* پوست آهو يا گوزن

buck'wheat *n.* گندم سياه ، ديلار

bucol'ic (*biu-*) *a.* چوپانى ، دشتى

bud *n.* & *vi.* [-ded] (۱) غنچه - جوانه (۲) غنچه كردن - جوانه زدن

budding poet جوجه شاعر

Buddhism (*bu'diz'm*) *n.* دين بودا

Bud'dhist *n.* & *a.* بودايى

buddle (*bʌdl*) *n.* لاوك

budge (*bʌj*) *v.* تكان دادن ياخوردن

budget (*bʌj'it*) *n.* بودجه

budg'etary (*-təri*) *a.* بودجه‌اى

buff *n.*, *a.*, & *vt.* (۱) چرم گاميش (۲) زرد نخودى (۳) با چرم برداخت كردن - خنثى كردن (ضربتى)

in b. برهنه

buffalo (*bʌf'əlou*) *n.* [-(e)s] گاوميش

buffer (*bʌf'ə*) *n.* سپر ، ضرب خور

buffet (*bʌf'it*) *n.* & *vt.* (۱) قفسه (ظروف) - بوفه ، بار - مشت (۲) مشت زدن

buffoon' *n.* لوده ، مسخره

buffoo'nery (*-nəri*) *n.* مسخرگى

buff'-wheel *n.* چرخ سنباده

bug *n.* بچه حشره - ساس

bug'bear (*-hêr*) *n.* لولو

bu'gle *n.* & *vi.* (۱) شيپور- منجوق (بزرگ) - (۲) شيپور زدن

bu'gler (*-lə*) *n.* شيپور زن

bu'glet *n.* بوق دوچرخه

build (*bild*) *vt.* [built] & *n.* (۱) ساختن (۲) ساخت ، ريخت

b. up باسنگ يا آجر مسدود كردن

buil'der *n.* خانه ساز ، بنا - مؤسس

buil'ding *n.* ساختمان ، بنا

bulb *n.* پياز گل، سوخ-لامپ الكتريك

bul'bous (*-bəs*) *a.* پيازى - پيازدار

Bulga'rian (*-ən*) *a.* & *n.* بلغارى

bulge (*bʌlj*) *n.*, *vi.*, & *vt.* (۱) برآمدگى ، شكم - ته كشتى (۲) شكم دادن (۳) گنده كردن

bulk *n.* & *vt.* (۱) جثه - حجم - قسمت عمده (۲) وزن (چيزيرا) بى‌ظرف معين كردن

b. oil نفت بى‌ظرف

bulk'head *n.* تيغه [دركشتى]

bul'ky *a.* بزرگ ، جثه‌دار

bull (*bul*) *n.* گاو نر

bull'dog *n.* بولداگ [قسمى سگ]

bullet (*bul'it*) *n.* گلوله

bul'letin *n.* آگاهى نامهٔ رسمى- مجله

bull'finch *n.* سهره

bullion (*bul'iən*) *n.* شمش

bullock (*bul'ək*) *n.* گاو نر(اخته)

bull's-neck *n.* قلب هدف - روزنهٔ گرد

bully (*bul'i*) *n.* & *vt.* (۱) لاف زن (۲) تهدید کردن - آزار کردن

bulrush (*bul'rʌsh*) *n.* نی- بیزر

bul'wark ('' -*wək*) *n.* خاکریز - دیواره - سدّ - موج شکن - پناه

bum'ble-bee *n.* زنبور درشت

bump *n.* & *vi.* (۱) ضربت - توسری - برآمدگی (۲) تصادم کردن

bum'per *n.* پیالهٔ لبالب-سپر-ضرب‌خور

bump'kin *n.* روستایی-آدم بیدست‌وپا

bump'tious (-*shəs*) *a.* ازخودراضی

bun *n.* یکجور کلوچه یا کماج

bunch *n.*, *vi.*, & *vt.* - (۱) خوشه - دسته (۲) دسته شدن - جمع شدن (۳) دسته کردن

bund *n.* بند ، سدّ ، خاکریز

bun'dle *n.* & *vt.* (۱) دسته - بقچه (۲) دسته کردن - در بقچه گذاشتن

bung *n.* پیچِ درِ بشکه

bung'alow (-*əlou*) *n.* خانهٔ یك طبقه‌ای

bun'gle *vt.* سر هم بندی کردن

bun'ker *n.* & *vt.* (۱) انبار زغال (در کشتی) - (۲) سوخت گیری کردن

bunt *vt.* شاخ زدن (به)

buoy (*bɔi*) *n.* گویه ، رهنمای شناور

buoy'ancy *n.* شناوری ، سبکی

buoyant (*bɔi'ənt*) *a.* شناور - بالا نگهدار - [مج] سبك روح

bur'berry; -**Bur'**- = **raincoat**

burden (*bə':dn*) *n.* & *vt.* (۱) بار - تکیه کلام (۲) تحمیل کردن

bur'densome (-*sʌm*) *a.* سنگین

bureau (*biu':rou*) *n.* {Fr. **bureaux** (-*rouz*) } دفتر - دایره - میز کشودار - [در امریکا] کمد ، جالباسی

bureaucracy (*biuərɔk'rəsi*) *n.* رعایت تشریفات اداری بحدّ افراط

burgess (*bə':jes*) *n.* شهر نشین

burglar (*bə:g'lə*) *n.* کسیکه شب بقصد ارتکاب جرمی وارد خانه‌ای شود

burg'lary (-*ləri*) *n.* ورود بخانه‌ای در شب بقصد ارتکاب جرم

burial (*ber'iəl*) *n.* دفن ، تدفین

bur'lap *n.* کرباس (کنفی یا چتایی)

burlesque (*bə:lesk'*) *a.* & *n.* (۱) مسخره آمیز (۲) نمایش خنده آور

burly (*bə':li*) *a.* تنومند ، ستبر

Burmese (*bə:mi:z'*) *a.* & *n.* {*pl.* -**mese**} اهل برمه

burn (*bə:n*) *v.* {**burnt**; **burned**} سوزاندن - سوختن

b. the candle at both ends شب وروز کار کردن ، نیروی بدن‌را زیاد صرف کردن

burn *n.* سوختگی ، سوزش - داغ

burner (*bə':nə*) *n.* سرپیچ

oil b. (بخاری یااجاق) نفت سوز

bur'ning-glass *n.* عینك آتشی ، ذره بین ، عدسی محدّب یا آینهٔ مقعر

burnish (*bə':* -) *vt.* پرداخت کردن

burnt { *p.* & *pp.* of **burn** }

burr (*bə:*) *n.* - برّه- مته دندان‌سازی - حقهٔ شاه بلوط و مانند آن - سرِ خر - برآمدگی - سنگ چاقو تیز کنی

burrow (*bʌr'ou*) *n.* & *vt.* (۱) سوراخ زیرزمینی ، نقب (۲) سوراخ کردن

bursar (*bə':sər*) *n.* صندوقدارِ دانشکده

burst (*bə:st*) *vi.* & *vt.* {**burst**} & *n.* (۱) ترکیدن - منفجر شدن (۲) ترکاندن (۳) انفجار - شیوع

b out فریاد کردن - درگرفتن

b. out laughing زیر خنده زدن

bury (*ber'i*) *vt* دفن کردن

bur'ying-ground = **cemetery**

bus (*bʌs*) *n.* {Col.} اتوبوس

bush (*bush*) *n.* بوته ، بته - ریشِ انبوه - دُم انبوه - بیشه

bush'el (-*əl*) *n.* پیمانه میوه وغله برابر با ۳٦ لیتر

bush'y *a.* انبوه ـ پردرخت ، بوته‌دار
business (*biz'nis*) *n.* کار ، کسب
on b. برای (انجام) کاری
b. man (شخص) کاسب .
bus'kin *n.* قسمی چکمه یا پوتین
buss *n.* بوسه ، ماچ
bust *n.* مجسمهٔ نیم تنه ـ بالا تنه
bus'tard (*-tə:d*) *n.* هوبره
bustle (*bʌs'l*) *vi.* شلوق کردن ، این سو و آن سو رفتن
busy (*biz'i*) *a.* مشغول ـ شلوق
b. writing مشغولِ نوشتن
b. in; b. with; b. at مشغولِ
busy ('') *vt.* مشغول کردن
bus'y-body *n.* آدم فضول
but (*bʌt*) *conj.*, *prep.*,& *adv.* (۱) ولی ، اما ـ بلکه (۲) جز ، مگر ، غیر از (۳) فقط
b. for your sake محض خاطرشما
all b. تقریباً
butcher (*buch'ə*) *n.* & *vt.* (۱) گوشت فروش ، قصاب (۲) کشتن
butch'ery *n.* (دکان) گوشت فروشی ، قصابی ـ کشتارگاه
but'ler (*-lər*) *n.* آبدار ـ پیشخدمت
b.'s pantry آبدارخانه
butt (*bʌt*) *n.* & *v.* (۱) ته ، بیخ ـ ته قنداقِ تفنگ ـ نوك ، لبه ـ لولای فرنگی ـ آماج ، هدف ـ شاخ ـ فشار ، محل ـ هدف انتقاد (۲) شاخ زدن ، سر زدن (به) ـ خوردن (به) ـ از سر یا لب جفت شدن (با)
butter (*bʌt'ə*) *n.* & *vt.* (۱) کره (۲) کره زدن ـ مداهنه کردن
buttercup (*bʌt'əkʌp*) *n.* آلاله
but'terfly *n.* پروانه
but'tery *a.* کره‌ای ، روغنی
buttocks (*bʌt'əks*) *npl.* کفل
button (*bʌtn*) *n.* & *v.* (۱) دکمه (۲) دکمه کردن یا خوردن
She is a b. short. یك دنده‌اش کم است
but'tonhole *n.* & *vt.* (۱) (جا) مادگی (۲) بحرف گرفتن ومعطل کردن
but'tons *n.* شاگرد ، نوکر ، پادو
butt'ress (*-ris*) *n.* شمع ، پشتیبان
buxom (*bʌk'səm*) *a.* چاق وچله
buy (*bai*) *vt.* & *vi.* {bought (*bɔt*)} (۱) خریدن (۲) خرید کردن
buyer (*bai'ə*) *n.* خریدار
buzz (*bʌz*) *n.* & *vi.* (۱) وِزوِز ـ همهمه (۲) وزوز کردن ـ وروز کردن
B. off بزن بچاك ـ جیم شو
by *prep.* & *adv.* (۱) بتوسطِ ـ بوسیلهٔ ـ با ـ بواسطهٔ ـ بهلویِ ـ تا {by noon} ـ بموجبِ ، برطبقِ (۲) نزدیك ـ درکنار ـ از بهلو ـ از جلو
Divide 10 by 2. ده‌را بدو بخش کنید
by oneself تنها ، به‌تنهایی
gone by گذشته
What goes by? چه خبر است
by and by یك وقتی در آینده ، کم‌کم (انشاءالله)
bye-bye (*bai'bai*) *n.* لالا (یعنی خواب) ـ {د.ک.} خدا حافظ
bye'-end *n.* غرض‌شخصی ، قصد پنهان
bygone (*bai'gɔn*) *a.* گذشته ـ کهنه
by'-lane *n.* پس کوچه ، کوچهٔ فرعی
by'-law *n.* آئین نامه ، قانون ویژه
by'-pass *n.* گذرگاه‌فرعی ـ لولهٔ‌فرعی ـ مجرای فرعی ـ خط دو راهی
by'past *a.* گذشته
by'path *n.* جاده فرعی ـ جادهٔ ویژه
by'-product *n.* محصول فرعی
by'road *n.* جادهٔ فرعی ـ پس کوچه
by'stander *n.* اطرافی ، تماشاچی
by'-way *n.* جادهٔ پرت ـ میان بُر
by'word *n.* عبرت، ضرب المثل

Cc

cab *n.* درشکه کرایه ای ـ تاکسی
cabal (*kə-*) *n.* دسته بندی
cabaret (*kab'əret or -rei*) *n.*
{Fr.} کاباره ـ [در فرانسه] میخانه
cabbage (*kab'ij*) *n.* کلم (پیچ)
cab'in *n.* خوابگاه (کشتی)
cab'inet *n.* اطاق کوچك ـ (اطاق)
هیئت وزرا ـ قفسه ـ جعبهٔ کشودار
cab'inet-maker *n.* کمد ساز ،
قفسه ساز ، مبل ساز
ca'ble *n.* & *vt.* (۱) کابل ـ طناب
سیمی (۲) باسیم زیر دریایی مخابره کردن
cab'man *n.* درشکه ران
cab'otage (*-ətij*) *n.* کابوتاژ
cab'stand *n.* ایستگاه درشکه وتاکسی
cacao (*kekah':ou*) *n.* درخت کاکائو
cachet *n.* {Fr.} مهر ـ نشان مشخص ـ
کپسول پهن ، کاشه
cache(*kash*)*n.* جای پنهان کردن خوراکی
cack'le *n.* قات قات ـ غدغد
cactus (*kak'təs*) *n.* {-ti (*-tai*)}
انجیر هندی
cad *n.* لوطی ، آدم بی تربیت
cad'dish *a.* اوباش وار
cad'dy; -die *n.* چای دان
cade *a.* دست آموز ، دست پرورده
cadet' (*kə-*) *n.* برادر یاپسر کهتر ـ
دانش آموز دانشکده افسری
cadge *vi.* دوره گردی یاگدایی کردن
cadre (*kahdr*) *n.* { Fr. } کادر
café *n.* {Fr.} کافه ـ رستوران
cafeteria (*kafiti':riə*) *n.*
رستورانی که در آنجا هرکس برای
خود غذا میکشد
cage (*keij*) *n.* & *vt.* (۱) قفس
(۲) درقفس نهادن ـ در زندان افکندن
Cain *n.* قائن ، قابیل
raise C. بلوا راه انداختن
cairn *n.* تودهٔ سنك ، تلّ سنك
caisson (*kei'sən*) *n.* صندوق یا
واگن مهمات ـ پایهٔ زیر آبی
cajole' (*kə-*) *vt.* تملق گفتن (از)
cajole'ment *or* **cajo'lery** (*-ləri*)
n. ریشخند ، چاپلوسی ، مداهنه ـ فریب
cake *n.* کیك ـ قالب ـ چونه
calam'itous (*-təs*) *a.* مصیبت آمیز
calam'ity (*kə-*) *n.* بلا، آفت
calca'reous (*-riəs*) *a.* آهکی
cal'cify *vt.* & *vi.* (۱) آهکی
کردن ـ سنگی کردن (۲) آهکی شدن
cal'culate (*-kiu-*) *vt.* حساب کردن
calcula'tion *n.* حساب ـ
محاسبه ـ برآورد
cal'culus (*-ləs*) *n.* {-li (*lai*) }
حساب جامعه وفاضله ـ [طب] سنگ، ریگ
cal'endar (*-dər*) *n.* سالنما ، تقویم
cal'ender ('') *n.* & *vt.* (۱) ماشین
مهره کشی (۲) مهره کشیدن
calen'dula (*-diulə*) *n.* گل اشرفی
calf (*kahf*) *n.* {calves (*kahvz*)}
گوساله ـ نرمهٔ ساق پا
cal'ibre; or -iber *n.* قطر داخلی دهنه ،
فشنگ خور ـ استعداد ـ درجه اهمیت
cal'ico *n.* چلوار ـ [در تازی] قلمکار
printed c. چیت

cal'iph *or* -if *n.* خلیفه
cal'iphate (*-feit*) *n.* خلافت
calk (*kɔ:k*) *n.* & *vt.* (۱) سیخک نعل- میخ یخ شکن (۲) نعل زدن
call (*kɔ:l*) *vt.*, *vi.*, & *n.* (۱) صدا زدن - خواندن - نامیدن - دعوت یا احضار کردن (۲) فریاد زدن - دیدنی کردن (۳) ندا - خبر - دیدنی مختصر - احضار
c. the roll حاضر وغایب کردن
c. back to life زنده کردن
c bad names فحش دادن
c. in question تردید کردن در
c. off لغو کردن- مالیده گرفتن- جلو (سگی را) گرفتن -منحرف کردن
c. to mind بخاطر آوردن
c. up خواستن (با تلفن) - احضار کردن - مطرح کردن - یاد آوردن
c. a card تقاضای رو کردن ورق را کردن
c. forth بکار انداختن
c. over the coals سرزنش کردن
c. to order بحفظ انتظام دعوت کردن، نظم مجلسی را برقرار کردن
c. for ایجاب کردن ، مستلزم بودن
c. for some one پی کسی فرستادن
make (*or* pay) a c. دیدنی کردن
at c. آمادهٔ فرمان- عندالمطالبه
called Ali موسوم به علی ، بنام علی
calligraphy (*kəligrəfi*) *n.* خوش نویسی - دستخط
call'ing *n.* پیشه ، حرفه-دعوت-احضار
cal'(l)ipers *npl.* پرگار قطرپیما
callos'ity *n.* پینه
cal'lous (*-ləs*) *a.* پینه‌خورده-بی‌عاطفه
cal'low *a.* پردرنیاورده - [مج] خام
calm (*kahm*) *a.*, *n.*, *vt.*, & *vi.* (۱) آرام ، ساکت (۲) آرامش (۳) آرام کردن (٤) ساکت شدن [با down]
calmative (*kal'mətiv*; *kahb'-*) *a.* & *n.* (داروی) درد نشان یامسکن
calmly (*kahm'li*) *adv.* به‌آرامی
calm'ness *n.* آرامش- متانت ، ملایمت
cal'orie (*-əri*) *n.* واحد سنجش گرما
calorif'ic *a.* گرم کننده
calum'niate (*kə-*) *vt.* افترا زدن به
calum'niator (*-tə*) *n.* مفتری
calumny (*kal'əm-*) *n.* افترا- بدنامی
calve (*kahv*) *vi.* گوساله زاییدن
calves [*pl.* *of* calf]
calvities (*-tish'i:z*) *n.* طاسی ، داءالثعلب ، ریزش مو
ca'lyx (*-liks*) *n.* [calyces (*kal'isi:z*)] غلاف یاکاسهٔ گل،حقهٔ گل
cambric (*keim'brik*) *n.* یکجور پارچهٔ لطیف‌کتانی
came [*p.* *of* come]
cam'el (*-əl*) *n.* شتر
cam'el-driver *n.* ساربان
cameleer' *n.* سرباز شتر سوار
camelopard (*kam'*; *-mel'-*) *n.* شترگاو پلنگ ، زرافه
cam'el's-thorn *n.* گوَن ، خارشتر
cam'era (*-ərə*) *n.* دوربین عکاسی
in c. [L] در اطاق خصوصی، درخلوت
cam'let *n.* صوف ، شالی
camouflage (*kam'uflahzh*) *n.* [Fr.] استتار ، پوشش
camp *n.*, *vi.* & *vt.* (۱) اردو(گاه) (۲) اردو زدن (۳) در اردو جا دادن
campaign (*-pein'*) *n.* عملیات جنگی - [مج] مبارزه
campan'ula (*-yulə*) *n.* گل استکان
cam'phor (*-fə*) *n.* کافور
cam'pus (*-pəs*) *n.* [-pi (*pai*)] [U. S.] زمین دانشکده ، فضای کالج
can *v.* *aux.* [*p.* could (*kud*)]
I can go میتوانم بروم
I could go. میتوانستم بروم
can *n.* & *vt.* [-ned] (۱) قوطی حلبی ، حلب (۲) در حلب ریختن
canal' (*kə-*) *n.* ترعه - مجرا - لوله

subterranean c. قنات ،کاریز
can'alize (*-əlaiz*) *vt.* تبدیل به ترعه یا قنات کردن - دارای قنوات کردن
cana'ry (*kə-*) *n.* بلبل زرد ، قناری
can'cel *vt.* [-celed *or* -celled] قلم زدن ، حذف کردن - لغو کردن - موقوف کردن - باطل کردن (تمبر) - [حق] اقاله کردن
cancella'tion *n.* الغاء - فسخ - حذف - قلم خوردگی - حك - خط بطلان
can'cer (*-sə*) *n.* [طب] سرطان
can'cerous (*-rəs*) *a.* سرطانی
candelabrum (*-dilei'brʌm*) *n.* [-bra] شمع دان چند شاخه - چار
can'did *a.* بی تزویر - منصفانه - صاف و ساده
can'didate (*-deit*) *n.* نامزد - داوطلب
can'didature (*-deichə*)*n.* نامزدی
can'dle *n.* شمع
can'dle-ends *npl.* ته شمع- باقیمانده
can'dlestick *n.* شمعدان
can'dour (*-də*) *n.* رك گویی
can'dy (*-di*) *n.* نبات - شیرینی
cane *n.* نی - نیشکر - عصا
c.-seated [c. chair] حصیری
canine (*kei'nain*) *n.* دندان ناب ، [درجمع] انیاب ، نیش
can'ister (*-tə*) *n.* قوطی (چای)
can'ker (*-kə*) *n.* & *vt.* (۱) قانقرایای دهان (۲) فاسد کردن
can'nibal (*-bəl*) *a.*&*n.* آدم خوار
cannon (*kın'ən*) *n.* توپ
cannonade' *n.* شلیك توپ پی در پی
cannot = can not
canny (*kan'i*) *a.* بااحتیاط درزندگی
canoe (*kənu':*) *n.* کرجی ِ پاروپی
can'on (*-ən*) *n.* قانون (شرع)
canonical (*kənɔn'ik'l*) *a.* شرعی
can'opy (*-əpi*) *n.* آسمانه ، سایبان
cant *n.* & *v.* (۱) سطح مایل ، بخ (۲) کج کردن یاشدن
cant *n.* زبان ویژه - لفاظی ، ریا
can't [cannot مختصر]
can'taloup (*-təlup*) *n.* قسمی کرمك
canteen' *n.* فروشگاه نوشابه و آذوقه در سربازخانه- قمقمه - جعبه سفری
can'ter (*-tə*) *n.* ریاکار ، زهد فروش
can'ter ('') *n.* تاخت ملایم
can'tharis (*-thə-*) *n.* [thar'ides (*-di:z*)] الاکلنگ ، ذراریح
can'ticle *n.* سرود ، تسبیح
can'tilever (*-li:və*)*n.* سگدست، پایه
can'to (*-tou*) *n.* بند [در شعر]
can'ton (*-tən*) *n.* بخش ، بلوك
can'vas (*-vəs*) *n.* پارچه کرباسی یا کتانی یاعلفی - پارچه کانوا دوزی
under c. در چادر - با بادبانهای گشاده
can'vass ('') *i.* & *n.* (۱) جستجو یاجمع آوری آراء کردن (۲) جمع آوری آراء - جستجوی مشتری
can'yon (*-yən*) *n.* درهٔ گود و باریك
caoutchouc (*kau'chuk*) *n.* کائوچو
cap *n.*, *vt.*, & *vi.* [-ped] (۱) کلاه (آفتاب گرداندار و بی لبه) - کلاه پارچه ای زنانه و بچگانه - شبکلاه - سرپوش ، کلاهك - چاشنی (۲) چاشنی گذاشتن (در) - پوشش دار کردن
c. verses مشاعره کردن
capped watch ساعت شکاری
capabil'ity (*keipə-*) *n.* توانایی، قابلیت ، استعداد - صلاحیت
ca'pable (*-pəbl*) *a.* قابل ، لایق، توانا ، با استعداد- صلاحیت دار
capa'cious (*-shəs*) *a.* گنجایش دار
capacitate (*kəpas'-*) *vt.* صلاحیت دار کردن - قابل یالایق کردن
capacity (*kəpas'iti*) *n.* گنجایش ،ظرفیت - استعداد - صلاحیت
in the c. of به سمت ِ

cape *n.* دماغه ، رأس ـ شنل
caper (*kei'pə*) *n.* & *vi.* (۱) جست و خیز (۲) جست وخیز کردن
cut capers (ازخوشی) ورجه‌فروجه کردن ـ کارهای حماقت آمیز کردن
capillary (*kap'iləri*; *-pil'-*) *a.* مویی، شعری {c. hair}
cap'ital (*-təl*) *n.* & *a.* (۱) سرمایه ـ پایتخت ـ سرستون ، تاج ـ حرف درشت { چون C } ـ (۲) عمده ـ عالی
make c. of بیراهن عثمان کردن
capitalism (*-təliz'm*) *n.* اصالت یا اصول سرمایه داری
cap'italist *n.* سرمایه دار
cap'italize *vt.* تبدیل بسرمایه کردن ـ باحروف درشت نوشتن
capitula'tion (*kəpityu-*) *n.* تسلیم ـ دورهٔ رئوس مطالب ـ {درجمع} پیمان اعطای حقوق و اختیارات ویژه بیك دولت بیگانه درکشور دیگر
caprice (*kəpri:s'*) *n.* تلون مزاج
capricious (*-rish'əs*) *a.* دمدمی ، بوالهوس ، متلون ـ مبنی برتلون مزاج
cap'riole *n.* جست وخیز
capsize' *vt.* & *vi.* (۱) واژگون کردن (۲) چپه شدن ، واژگون شدن
cap'stan (*-stən*) *n.* دوّار ، چرخ لنگر
cap'sule (*-siu:l*) *n.* تخمدان ـ کپسول ، پوشینه ـ چاشنی
cap'tain (*-tin*) *n.* ـ ناخدا ـ سروان ـ رئیس‌کشتی تجارتی ـ {در فوتبال}سردسته
cap'taincy (*-tinsi*) / **cap'tainship**(*-tin-*) *n.* ـ سروانی ـ ناخدایی
cap'tion *n.* عنوان ـ زیر نویس ـ حکم توقیف ـ گواهی مندرج در روی سند
cap'tious (*-shəs*) *a.* ایرادگیر
cap'tivate *vt.* شیفتن، مجذوب کردن
cap'tive (*-tiv*) *n.* & *a.* اسیر ، دستگیر
take c. دستگیر کردن ، اسیرکردن

captiv'ity *n.* اسارت
cap'tor (*-tə*) *n.* { *fem.* -tress } اسیرکننده ـ برنده (جایزه)
cap'ture (*-chə*) *n.* & *vt.* (۱) تسخیر ـ دستگیری ـ شکار (۲) اسیر کردن ـ تسخیر کردن ، گرفتن
car (*ka:*) *n.* ـ واگن راه‌آهن ـ عرابه ـ اتوموبیل{مخـتصر motor c.}
carafe (*kərahf'*) *n.* تنگ
car'amel *n.* قند سوخته ـ قسمی‌شیرینی
carapace (*kar'əpeis*) *n.* کاسهٔ سنگ‌پشت
car'at *n.* قیراط ـ واحد درجهٔ پاکی‌زر
18 - carat gold طلای ۱۸ عیار
caravan (*-rə-*) *n.* ـ کاروان ، قافله ـ واگن بزرگ یدك که میتوان در آن زندگی کرد
car'away seeds (*-rə-*) زیرهٔ سیاه
carbol'ic ac'id اسید فنیك
car'bon (*-bən*) *n.* کاربن ، زغال
c. paper کاغذ واگیره یا برگردان
car'bonate of soda (*-bənet-*) جوهر قلیا
carbon'ic ac'id gas گاز اسید کربونیك
car'boy *n.* قرابه ـ تنگ دهن‌گشاد
car'buncle (*-bʌnk'l*) *n.* یاقوت آتشی ـ گنده تاول ، سیاه زخم ـ کورك
carburet(t)or (*karbiuret'ə*) *n.* کاربوراتور ، سوخت آما
car'case; **-cass** (*-kəs*) *n.* لاشه
card *n.* ورق ، برگ ـ ورقه ، کارت
card *n.* شانهٔ پنبه زنی
car'damom (*-dəməm*) *n.* هل
card'board *n.* مقوای نازك
car'digan (*-gən*) *n.* ژاکت کشباف پشمی
car'dinal (*-nəl*) *a.* & *n.* (۱)اصلی {c. number}ـ (۲) مطران ،کاردینال
c. points چهار جهت اصلی
card'-sharper *n.* ورق زن

care (*kêə*) *n.* & *vi.* (۱) توجه ، مواظبت ، نگهداری - اندیشه، دل وابسی (۲) در فکر بودن ، توجه داشتن
  in his c. سپرده بدست او
  take c. ملتفت بودن - توجه کردن
  c. of (c/o) توسط
  c. for توجه کردن - در فکر (کسی یا چیزی) بودن - علاقه داشتن به
  c. to do something مایل بکردن کاری بودن
  I don't c. بمن چه ؛ مرا چه پروا ؟
career (*kəri'ə*) *n.* & *vi.* (۱)دوره (زندگی) - خط مشی (۲) جولان دادن
care'ful *a.* مواظب ، متوجه ، ملتفت
care'fully *adv.* با دقت ، بدقت
care'less *a.* بی‌مبالات ، بی‌احتیاط - بی‌پروا - بی‌غم - ناشی از غفلت
care'lessly *adv.* از روی بی‌مبالاتی
care'lessness *n.* بی‌مبالاتی ، غفلت
caress (*kəres'*) *n.* & *vt.* (۱) نوازش (۲) نوازش کردن
care'-taker *n.* سرایدار ، مستحفظ
car'go *n.* {-go(e)s} بار (کشتی) ، محمولهٔ دریایی
caribou (*-bu':*) *n.* گوزن شمالی
caricature (*-kətiu'ə*) *n.* تصویر مسخره آمیز یا اغراق آمیز ، کاریکاتور
caricatu'rist *n.* کاریکاتور ساز
car'man *n.* {-men} عرابه‌ران
car'mine (*-main*) *n.* مادهٔ رنگی قرمز دانه - قرمز جگرکی
car'nage (*-nij*) *n.* خونریزی بسیار
car'nal (*-n'l*) *a.* جسمانی - شهوانی
carna'tion *n.* گل میخك
car'nival (*-vəl*) *n.* کلوخ اندازان ، عیدگوشت خوری - عیاشی زیاد
car'nivore *n.* جانورگوشتخوار
carniv'orous (*-ərəs*) *a.* گوشتخوار
carol (*kar'əl*) *n.* نغمه سرایی
carou'sal (*-zəl*) *n.* میگساری
carouse (*kərauz'*) *vi.* میگساری کردن ، عیاشی کردن
carp (*ka:p*) *vi.* عیب جویی کردن
carp *n.* ماهی گول ، ماهی قنات
car'penter (*-pintə; -pən-*) *n.* نجار شیروانی ساز ، چوب بر
car'pentry *n.* درودگری ، چوب‌بری
car'pet (*-pit*) *n.* & *vt.* (۱) قالی ، فرش (۲) فرش کردن
carriage (*kar'ij*) *n.* درشکه- حمل- کرایه - وضع - {در ماشین} نورد ، نرده
car'riage-for'ward *adv.* کرایه بعهدهٔ گیرندهٔ کالا
carrier (*kar'iə*) *n.* مکاری ، متصدی حمل و نقل - ترك بند
carrion (*kar'iən*) *n.* لاشه ، جیفه
carrot (*kar'ət*) *n.* هویج ، زردك
carry (*kar'i*) *vt.* بردن،حمل کردن- انتقال دادن - همراه داشتن
  c. away ربودن - از جا در بردن
  c. forward منقول ساختن - {بطور اسم} مبلغ منقول
  c. into effect اجرا کردن
  c. on ادامه دادن ، از پیش بردن
  c. over انتقال دادن - منقول ساختن
  c. out انجام دادن
  c. too far بدرجهٔ جدّی رساندن
  c. one ده بریك {در حساب}
  C. arms! دوش فنگ
cart (*ka:t*) *n.* & *vt.* (۱) گاری، دوچرخه ، ارابه (۲) با گاری بردن
carte blanche' *n.* {Fr.} اختیار نامحدود
car'tel *n.* اتحادیهٔ کارخانه‌های صنعتی
car'ter (*-tə*) *n.* راننده گاری
cart'ful *n.* آنچه دریك گاری جابگیرد
car'tilage (*-lij*) *n.* غضروف
car'ton (*-tən*) *n.* جعبه مقوایی
cartoon' *n.* تصویرمضحك- نقشه نمونه
car'tridge (*-trij*) *n.* فشنگ
car'tridge-case ; -shell *n.* پوکهٔ فشنگ

carve *vt.* تراشیدن ،کندن ـ قلم زدن
car'ving-knife *n.* کاردِ گوشت خردکنی ،کارد آشپزخانه
cascade' *n.* آبشار کوچك
case *n.* & *vt.* (۱) صندوق ـ جلد ، قاب ـ پوشش ، غلاف (۲) در صندوق گذاشتن ـ جلد کردن ـ قاب کردن
case *n.* حالت ـ مورد ـ امر ـ دعوا
in any c. در هرحال ، در هرصورت
as the c. may be تامورد چه باشد
in c. ـ هرگاه ، درصورتیکه ـ چنانچه مبادا ـ برای احتیاط ، برای مبادا
in cases where درمواردی که
case'ment *n.* or c. window پنجرهٔ در مانند ، درِ پنجره‌ای
cash *n.* & *vt.* (۱) پول نقد ، نقد (۲) نقد کردن
cash'-book *n.* دفتر نقدی
cashier (*kashi'ə*) *n.* صندوقدار ، تحویلدار
cashmere (*kash'miə*) *n.* شال کشمیر(ی) ، ترمه
cash'-office *n.* (دایره) صندوق
cash'-register *n.* صندوقِ پول شمار
ca'sing *n.* پوشش ـ لولهٔ جدار
casino (*kəsi':nou*) *n.* کازینو ـ تفریح‌گاه ـ یکجور خانهٔ ییلاقی
cask *n.* خمره چوبی ، چلیك ، بشکه
cas'ket (*-kit*) *n.* جعبه جواهر ، دُرج
Cas'pian Sea (*-ən-si:*) بحر خزر
cassa'tion *n.* تمیز ، رسیدگی فرجامی
casserole (*kas'eroul*) *n.* قسمی قابلمه یا دیزی
cassock (*kas'ək*) *n.* جبه کشیشی
cast *vt.* {cast} انداختن ـ قالب کردن ـ ریختن (طاس)
c. about تکادو کردن
cast *n.* عمل انداختن یاریختن ـ دام ـ قالب، طرح ـ ریخت ـ (نقشهای) بازیگران
cast'away (*-əwei*) *a.* (شخص)مردود یاکشتی شکسته

caste (*ka:st*) *n.* فرقه مذهبی درهند
lose c. وجههٔ خود را از دست دادن
cas'tigate *vt.* تنبیه کردن
cas'ting-vote *n.* رأی قاطع
cast'-iron *n.* چدن
castle (*kah's'l*) *n.* دژ ، قلعه ـ {درشطرنج} رُخ
build castles in the air (or in Spain) خیالات خام پختن
cas'tor (*-tə*) *n.* بیدانجیر ،کرچك
cas'tor; -ter ('') *n.* تُنگ‌کوچكِ سرکه‌ای ـ غلطك صندلی
cas'trate *vt.* اخته کردن
casual (*kaz'yuəl*) *a.* اتفاقی
c. labourer عمله‌ای که هر وقت کار برسدکار میکند ، کارگر موقت
cas'ually *adv.* تصادفاً ، اتفاقاً
casualty (*kaz'yuəlti*) *n.* قضا وبلا ـ {در جمع} تلفات و زخمی‌ها
casuistry (*kaz'yuistri*) *n.* حلّ مسائل اخلاقی و وجدانی با قوانین مذهبی و اجتماعی وغیره ـ سفسطه
cat *n.* گربه
rain cats and dogs سخت باریدن
catacombs (*kat'əkoumz*) *npl.* دخمه ، سردابه
cat'afalque (*-falk*) *n.* عماری، نخل
cat'alogue (*-əlog*) *n.* کاتالوگ
cat'apult (*-əpʌlt*) *n.* منجنیق ـ چوب دو شاخه برای سنگ پرت کردن
cataract (*kat'ərakt*) *n.* آبشار بزرگ ـ {طب} آب مروارید
catarrh (*kətah'*) *n.* نزله ، زکام
catastrophe (*kətas'trəfi*) *n.* عاقبت داستان ـ بلا ، فاجعه ـ حادثه
catch (*kach*) *vt.* & *vi.* {caught (*ko:t*)} & *n.* (۱) گرفتن ، بچنگ آوردن ـ سرایت کردن بر ـ درك کردن ـ جلب کردن (۲) درگرفتن ـگیرکردن (۳) دستگیره ـ معما
c. cold سرما خوردن ، زکام شدن

c. hold of محکم گرفتن
c. up (فرا) رسیدن به - ربودن
c. at برای گرفتن (چیزی) کوشیدن
c. on گرفتن [مردم پسند شدن]
catch'ing *apa.* واگیر دار - جاذب
catch'word *n.* کلمهٔ پاورقی یا سر صفحه - ورد ، تکیه کلام
catechism (*kat'ikiz'm*) *n.* (تعلیم امور دینی با) سوال و جواب
categor'ical (-*k'.*) *a.* قاطع، صریح
cat'egory (-*igəri*) *n.* طبقه - مقوله
ca'ter (-*tə*) *vi.* سورسات تهیه کردن
c. to . . . موافق سلیقهٔ . . . بودن
ca'terer (-*rə*) *n.* سورسات چی
caterpillar (*kat'əpilə*) *n.* کرم درخت ، کرم صد پا
caterwaul (*kat'əuɔ:l*) *vi.* جیغ کشیدن (مانند گربه ها)
cat'gut (-*gʌt*) *n.* زه ، رودهٔ تابیده
cathedral (*kəthi:d'rəl*) *n.* کلیسیای جامع
cath'ode *n.* فرود ، قطب منفی
cath'olic (- *lik*) *a.* & *n.* (۱) جامع - مربوط بقاطبهٔ مسیحیون (۲ - با C) کاتولیك
cat-o'-nine'-tails *n.* قسمی تازیانه
cat's'-paw *n.* آلت دست
cat'tle *n.* گلهٔ گاو - گله ، رمه
Caucasian (*kɔkei'zhən*) *a.* & *n.* قفقازی
caught [*p.* & *pp.* of catch]
cauldron (*kɔ: 'drən*) *n.* پاتیل
cau'liflower *n.* کلم گل
caulk (*kɔ:k*) *vt.* درز گرفتن ، گلافی کردن ، کلاف کوبی کردن
causative (*kɔ':zətiv*) *a.* سببی
cause (*kɔ:z*) *n.* & *vt.* (۱) سبب ، علت - قضیه - امر (۲) سبب شدن
in the c. of در راه
c. to be killed بکشتن دادن

cause'way *n.* سنگ فرش- گذرگاه خشك
caustic (*kɔ:s'-*) *a.* سوزآور ، محرق - اکال - [مج] طعنه آمیز
cau'terize (-*tə*-) *vt.* داغ کردن
caution (*kɔ':shən*) *n.* & *vt.* (۱) احتیاط ، توجه (۲) آگاهانیدن
c. money وجه الضمانه
cau'tious (-*shəs*) *a.* محتاط - احتیاط کارانه
cau'tiously *adv.* از روی احتیاط
cavalcade' (-*vəl*-) *n.* دستهٔ سوار
cavalier (-*vəli'ə*) *n.* & *a.* (۱) سوار- شوالیه (۲) مغرور - رشید
cav'alry (-*əlri*) *n.* سواره نظام
cave *n.* غار ، مغاره
c. (*vi.*) in فرو کشیدن - نشست کردن - گود شدن - [مج] تن در دادن
cav'ern (-*ən*) *n.* غار (بزرگ)
caviar(e)' *n.* خاویار ، تخم سگ ماهی
cav'il *vi.* [-led] خرده گیری کردن
cav'ity *n.* گودال ، حفره
caw *n.* & *vi.* غارغار (کردن)
cayenne (pepper) (*keien'* ; *kai-*) *n.* (گرد) فلفل قرمز
c. c. = cubic centimetre
cease (*si:s*) *vi.*, *vt.*, & *n.* (۱) باز ایستادن ، بند آمدن - موقوف شدن (۲) دست کشیدن از (۳) وقفه ، ایست
C. fire ! آتش بس !
without c. لاینقطع
ce'dar (-*də*) *n.* سرو (آزاد)
cede (*si:d*) *vt.* واگذار کردن
ceiling (*si':-*) *n.* سقف
cel'ebrate (-*ibreit*) *v.* جشن گرفتن
cel'ebrated *ppa.* نامدار ، مشهور
celebra'tion *n.* جشن (نگاهداری)
celebrity (*sileb'-*) *n.* شهرت
celer'ity (*si-*) *n.* تندی - چابکی
celery (*səl'əri*) *n.* کرفس
celestial (*siles'ch'l*) *a.* آسمانی - بهشتی - عالی

cel'ibacy (-*bə*-) *n.* عزبیت ، تجرد
cel'ibate (-*bit*) *a.* & *n.* (۱) بی جفت ، عزب ، مجرد (۲) شخص مجرد
cell (*sel*) *n.* حجره - زندان تکی - سلول ، یاخته - کانون ، مبدأ - باطری
cellar (*səl'ə*) *n.* زیر زمین
cellular (*sel'yulə*) *a.* سلولی - خانه خانه
cel'luloid *n.* سلو لوید
cement' (*si*-) *n.* & *vt.* (۱) سمنت - چسب (۲) سمنت کردن - چسباندن
cem'etery (-*itri*) *n.* قبرستان
cen'otaph *n.* قبر سرباز گمنام
cen'ser (-*sə*) *n.* بخور سوز ، مجمر
cen'sor ('') *n.* & *vt.* (۱) بازرس مطبوعات و نمایش ها (۲) سانسور کردن
cen'sorship *n.* سانسور(ی)
cen'sure (-*shə*) *n.* & *vt.* عیب جویی (کردن) ، انتقاد (کردن) - سرزنش (کردن)
cen'sus (-*səs*) *n.* سرشماری
 take c. سرشماری کردن
cent *n.* سنت : یك صدم دلار
centenarian (-*tinê'əriən*) *n.* آدم صد ساله (ببالا)
centenary (-*ti':nəri*) *a.* & *n.* (جشش یا قرن) صد ساله
centennial (-*ten'iəl*) *a.* صد سال بصد سال (رخ دهنده)
center = **centre**
cen'tigrade *a.* صد درجه‌ای
cen'tigramme *n.* سانتیگرم
cen'timetre (-*mi:*-) *n.* سانتیمتر
cen'tipede (-*pi:d*) *n.* هزار پا
cen'tral (-*trəl*) *a.* مرکزی - اصلی - واقع در مرکز شهر یا نزدیك آن
central'ity *n.* مرکزیت - تمایل به مرکز
centraliza'tion *n.* تمرکز
cen'tralize (-*rə*-) *vt.* تمرکز دادن
cen'tre (-*tə*) *n.*, *vi.*, & *vt.* (۱) مرکز - وسط - محل (۲) تمرکز یافتن (۳) تمرکز دادن
centrif'ugal force (-*yugəl*-) قوهٔ گریز از مرکز
centrip'etal (-*t'l*) *a.* مایل بمرکز
centu'rion (-*riən*) *n.* یوزباشی
cen'tury (-*chəri*) *n.* قرن صدساله
ceram'ic art = **ceramics**
ceram'ics *n.* سفال سازی
cereal (*si'əriəl*) *n.* غله ، حبوبات
cer'ebral (-*rəl*) *a.* دماغی
ceremonial (*serimou'niəl*) *a.* رسمی - تشریفاتی
ceremo'nially *adv.* موافق آیین
ceremo'nious (-*niəs*) *a.* مقید به آداب ، تعارفی
cer'emony (-*iməni*) *n.* آیین ، تشریفات - آداب ظاهری - تعارف
 stand upon c. تعارف کردن
certain (*sə':tn*; -*tin*) *a.* معین - یقین ، مسلم ، محقق - حتمی - بعضی
 c. to happen حتمی الوقوع
 in c. years در بعضی سالها(ی معین)
 a c. Mary مریم نامی
 make c. محقق کردن - یقین شدن
 for c. = **certainly**
cer'tainly *adv.* یقیناً ، مسلماً ، محققاً - البته - صحیح است
cer'tainty *n.* اطمینان - ایقان
 for a c. بی شك ، یقیناً
certif'icate (-*kit*) *n.* گواهی نامه
certify (*sə':tifai*) *vt.* تصدیق کردن ، گواهی دادن
cer'titude *n.* اطمینان ، ایقان
cervical (*sə':vik'l*; -*vai'*-) *a.* گردنی ، مربوط بگردن
cessa'tion *n.* ایست ، توقف ، تعطیل
cession (*sesh'ən*) *n.* واگذاری
cess'pit } *n.* چاه مستراح ، چاه
cess'pool } مبال - توده کثافت

cf. — confer [L.] — compare
مقایسه کنید با
chafe *vt.* & *vi.* (۱) مالش دادن ، خراشیدن ، خشمگین کردن (۲) سائیده شدن - عصبانی شدن
chaff *n.* کاه - پوشال - پوست
chaffer (*chaf'ə*) *vi.* چانه زدن
chaffy (*chaf'i*) *a.* کاهی - پوشالی
cha'fing-dish *n.* آتشدان ، منقل
chagrin (*shag'rin*; *-ri:n'*) *n.* & *vt.* (۱) دلتنگی (۲) رنجاندن
chain *n.* & *vt.* (۱) زنجیر - رشته ، سلسله (۲) زنجیر کردن - بهم پیوستن
c. armour *or* c. mail زره
in chains زندانی ، در بند
chain'let *n.* زنجیر کوچك
chain'-smoker *n.* کسیکه هر سیگار را با سیگار قبلی آتش میزند (یا آتش به آتش سیگارمیکشد)
chair (*chêə*) *n.* صندلی ،کرسی
chair'man (*-mən*) *n.* [-men] رئیس (هیئت مدیره)
chalet (*shal'ei*) *n.* کلبه (سویسی)
chal'ice (*-is*) *n.* پیاله -کاسهٔ گل
chalk (*chɔ:k*) *n.* & *vt.* (۱) گل سفید ، تباشیر -گچ (۲) خط کشیدن
challenge (*chal'inj*) *vt.* & *n.* (۱) بجنگ (تن بتن) خواندن، بمبارزه طلبیدن- مورد اعتراض یا تردید قراردادن- دعوت کردن (۲) مبارز طلبی
chamber (*cheim'bə*) *n.* & *vt.* اطاق - مجلس - [در قدیم] خوابگاه
chamberlain (*cheim'bəlin*) *n.* پیشکار - فراش خلوت، حاجب- خزانه‌دار
cham'ber-maid *n.* کلفت
cham'ber-pot *n.* پیشاب دان
chameleon (*kəmi':liən*) *n.* بوقلمون ، آفتاب گردك
chamois (*sham'wa*) *n.* بز کوهی
cham'ois-leather (شمی لِظر) *n.* جیر
champ *vt.* با صدا جویدن (دهنه)
champagne (*shampein'*) *n.* شامپانی
cham'pion (*-piən*) *n.* & *vt.* (۱) قهرمان- مدافع (۲) دفاع کردن از - [بطور صفت] اعلی
cham'pionship *n.* قهرمانی
chance *n.*, *a.*, *vi.*, & *vt.* (۱) تصادف ، اتفاق - بخت - فرصت (۲) تصادفی(۳) اتفاق افتادن- تصادفاً دیدن (٤)درمعرض آزمایش یامخاطره گذاشتن
The chances are against it. هیچ احتمال ندارد
by c. اتفاقاً ، تصادفاً - ناگاه
if I c. to go there اگرگذارم بآنجـا بیفتد ، اگر اتفـاقاً آنجا بروم
chan'cellery (*-siləri*) *n.* رتبه یا ادارهٔ chancellor - دیوان
chan'cellor (*-silə*) *n.* سردبیرِ سفارت - صدر اعظم - رئیس دانشگاه
C. of the Exchequer وزیردارایی
Lord (High) C. رئیس کل داوران
chan'cery (*-səri*) *n.* دادگاهِ Lord Chancellor - دفتر خانه
chandelier (*shandəli'ə*) *n.* لوستر ، شمع دان چند شاخه
chand'ler (*-lə*) *n.* بقال(شمع‌فروش)
change (*cheinj*) *vt.*, *vi.*, & *n.* (۱) عوض کردن ، تغییردادن - خرد کردن (پول)- (۲) تغییر کردن- بریدن[درشیر] - (۳) تبدیل - معاوضه - پول خرد
c. hands دست بدست رفتن
c. one's condition عروسی کردن
c. for the better تبدیل باحسن
c. of clothes جامهٔ واگردان
changeable (*chein'jəb'l*) *a.* تغییر پذیر ، قابل تبدیل - ناپایدار
change'ful *a.* متغیر - بی ثبات
change'ling *n.* بچهٔ عوضی یاعوض‌شده
change'-over *n.* تغییر رویه - انتقال
channel (*chan'əl*) *n.* مجرا - روگاه - دریای گود - شیار - [مج] وسیله

chant *n.* & *vt.* - (۱) آهنگ ساده - سرود (۲) (بطور یك نواخت) سرودن
chaos (*kei'ɔs*) *n.* - هیولای روز ازل - هرج و مرج ، بی نظمی
chaotic (*keiɔt'-*) *a.* هرج و مرج
chap *ti.* & *tt.* {-ped} & *n.* (۱) ترکیدن ، خشکی شدن (۲) ترکاندن (۳) ترکیدگی - شکاف ، ترك
chap {Col.} *n.* مردکه - جوانك
chap'el (*-əl*) *n.* نماز خانهٔ کوچك - نماز
chaperon (*shap'əroun*) *n.* زن شوهردار یاکاملی که از دختر جوانی مواظبت میکند
chap'lain (*-lin*) *n.* پیش نماز، ملا
chap'let *n.* حلقه گل یا زر یا گوهر برای سر - گردن بند تسبیحی
chap'ter (*-tə*) *n.* باب ، فصل، سوره
char *v.* {-red} زغال کردن یاشدن
character (*kar'iktə*) *n.* ، سیرت ، اخلاق باطن - شخصیت -صفت اختصاصی- حرف- خط- سمت - { درنمایش } شخص
characteris'tic (*karəktə-*) *n.* صفت اختصاصی یاممیز ، نشان ویژه
char'acterize *vt.* ، توصیف کردن ، مشخص کردن - نشان اختصاصی بودن از
char'coal (*-koul*) *n.* زغال چوب
charge *n.* & *vt.*- (۱) عهده ، وظیفه - توجه - سفارش - اتهام - حمله - هزینه ، حساب (۲) گماشتن ، عهده دار کردن - سفارش کردن ، توصیه کردن (به) - متهم کردن - مطالبه کردن (بها) - بحساب (چیزی یا کسی) گذاشتن - پر کردن - تحمیل کردن - مورد حمله قرار دادن
in c. متصدی
give a person in c. کسیرا تحویل پاسبان دادن
on c. of باتهام
c. oneself with عهده دار ...شدن
c. a. sum to (*or* **against**)... مبلغی را بحساب . . . گذاشتن
be charged with متهم شدن به
He charged me Rials 5 for it. پنج ریال پای من حساب کرد
chargé d'affaires (*shar:hei' dafê'ə*) *n.* {Fr.} کاردار سفارت
char'ger (*-jə*) *n.* اسب جنگی یاافسری
char'iot (*-ət*) *n.* ارابه جنگی
charioteer' *n.* ارابه ران
char'itable (*-təb'l*) *a.* صدقه دهنده - خیر خواهانه {c. deeds}
char'ity *n.* دستگیری ، صدقه - موسسه خیریه
char'latan (*shar'lətən*) *n.* پزشك زبان باز - شارلاتان ، چاچول باز
char'latanry *n.* چاچول بازی
charm (*chahm*) *n.* & *vt.* (۱) افسون ، طلسم - فریبندگی (۲) افسون کردن - مفتون ساختن - محظوظ کردن - با طلسم مصون کردن
char'ming *apa.* فریبنده ، ملیح
charm'less *a.* ساده ، بی نمك
chart (*chaht*) *n.* & *vt.* (۱) نقشه (دریایی) - (۲) با نقشه نشان دادن
charter (*chah'tə*) *n.* & *vt.* (۱) فرمان - منشور - امتیاز - قرار داد اجاره کشتی (۲) باقرارداد اجاره دادن یا اجاره کردن- دربست کرایه کردن
chartered accountant حسابدار مجاز
char'ter-party *n.* قرارداد کشتی بازرگانی یا دربست
char'woman (*-wumən*) *n.* کلفت روز(انه)
chary (*chê'əri*) *a.* با احتیاط ، میانه‌رو - مضایقه کننده - احتیاط کارانه
be c. of مضایقه کردن از
chase *vt* & *n.* - (۱) دنبال کردن - شکار کردن - بیرون کردن { با away یا out یا off} - (۲) تعاقب - شکار
chase *vt.* قلم زدن ، منقوش کردن
cha'ser (*-sə*) *n.* هواپیمای شکاری

chasm (*kazam*) *n.* شکاف

chassis (*shas'i*) *n.* [Fr.] شاسی

chaste (*cheist*) *a.* پاك دامن ، عفیف - ساده - محجوبانه

chasten (*chei'sn*) *vt.* تأدیب کردن

chastise (*-taiz'*) *vt.* زدن ، گوشمالی دادن ، تنبیه کردن

chastise'ment *n.* تنبیه ،گوشمالی

chas'tity *n.* پاکدامنی ، عفت

chat *n.* & *vi.* [-ted] (۱) صحبت ، بچ بچ (۲) صحبت کردن

chateau (*shat'ou*) *n.* [Fr.] [-teaux (*touz*)] کوشك - قلعه

chattels (*chat'əlz*) *npl.* اسباب ، اشیاء ، مال ، کالا

chatter (*chat'ə*) *vi.* & *n.* (۱) بچ‌بچ کردن - کوتاه‌کوتاه چهچه زدن (۲) بچ بچ ، وراجی - چهچه کوتاه - (صدای) بهم خوردن دندان

chat'ter-box *n.* آدم ورّاج یا پرگو

chatty (*chat'i*) *a.* پرگو ، ورّاج

chauffeur (*shoufə':*) *n.* [Fr.] شوفر (برای ماشین شخصی)

chauvinism (*shou'vinız'm*) *n.* میهن پرستی بحد افراط و جنون

cheap (*chi:p*) *a.* ارزان (فروش)

cheapen (*chi:'p'n*) *vt.* & *vi.* (۱) ارزان کردن (۲) ارزان شدن

cheap'ness *n.* ارزانی

cheat (*chi:t*) *vt.* & *n.* (۱) گول‌زدن، مغبون کردن (۲) آدم‌کلاه بردار ،گول

check *n.*, *vt.*, & *vi.* (۱) جلوگیری، منع - تطبیق ، مقابله - بلیط یا چیز دیگری که در برابر سپردن اسباب ولباس به سپارنده میدهند - [در شطرنج] کیش (۲) جلوگیری کردن از ، منع کردن - رسیدگی کردن - مقابله کردن - کیش کردن (۳) مکث کردن

checkers *npl.* چکر [قسمی بازی شطرنجی که در انگلیس آنرا draughts می‌گویند]

check'mate *n.* کیش و مات

cheek *n.* گونه - لغاز ، در - پررویی

c. by jowl بهلوی‌یکدیگر ، محرمانه

chee'kiness *n.* پررویی

chee'ky *a.* پررو ، گستاخ

cheep *n.* & *vi.* جیر جیر (کردن)

cheer *n.*, *vt.*, & *vi.* (۱) خوشی ، مایهٔ خوشی - فریاد آفرین ، هورا (۲) تسلی دادن - با هورا تشویق کردن (۳) تسلی یافتن - خوشحال‌شدن - هلهله کردن

cheer'ful *a.* بشاش، امیدوار - باروح

cheer'fully *adv.* با خوشرویی

cheer'fulness *n.* خوشی ، بشاشت

chee'rio *int.* یا حق : خداحافظ

cheer'less *a.* دلتنگ، افسرده،غمگین

chee'ry *a.* بشاش

cheese (*chi:z*) *n.* پنیر

cheese'-cloth *n.* (خاصه) ململ

cheese'monger (*-mʌngə*) *n* پنیر فروش

chee'tah (*-tə*) *n.* یوزپلنگ

chef (*shef*) *n.* سر آشپز [درکشتی ومهمانخانه وامثال آنها]

chemical (*kem'ik'l*) *a.* & *n.* (۱) شیمیایی (۲) مادهٔ شیمیایی ؛ دارو

chem'ically *adv.* از لحاظ شیمیایی

chemist (*kem'-*) *n.* شیمی دان - دارو ساز

chemistry (*kem'istri*) *n.* شیمی

cheque (*chek*) *n.* چك،حواله، برات

cheque'-book *n.* دفترچه چك

chequered (*chek'əd*) *ppa.* شطرنجی ، پیچازی- [مج] دارای تحولات

cher'ish *vt.* پروردن ، نوازش کردن

cherry (*cher'i*) *n.* گیلاس

cher'ub (*-əb*) *n.* [-im] کرّوب [ج. کرّوبیان] - صورت بچهٔ بالدار

chess *n.* شطرنج

chess'-board *n.* صفحهٔ شطرنج

chess'-man *n.* مهرهٔ شطرنج

chest *n.* صندوق، یخدان ـ سینه
c. of drawers جا لباسی کشودار
get a thing off one's c. مطلبی را از دل درآوردن، دل خود را خالی کردن
ches'terfield *n.* قسمی نیمکت گود
chest'nut *n.* شاه بلوط
c. horse اسب کرند یا کرنگ
chew (*chu:*) *vt.* & *n.* (۱) جویدن (۲) تنباکوی جویدنی
c. the cud نشخوار کردن
chew'ing-gum *n.* سقز ، آدامس
chicanery (*shikei'nəri*) *n.* مغالطه
chick *n.* جوجه کوچک ـ بچه ، کوچولو
chicken (*chik'in*) *n.* جوجه
chick'en-pox *n.* آبله مرغان
chick'-pea (*-pi:*) *n.* نخودچی
chicory (*chik'əri*) *n.* کاسنی
chid [*p.* & *pp.* *of* chide]
chidden [*pp.* *of* chide]
chide *vt.* & *vi.* [chid *or* chided; chid, chid'den, *or* chided] (۱) سرزنش کردن (۲) غرغر کردن ـ گله کردن
chief (*chi:f*) *n.* & *a.* (۱) رئیس (۲) عمده ، مهم ، اصلی
c. city پایتخت ، مرکز شهرستان
engineer-in-c. سرمهندس ،
chief'ly *adv.* بویژه ، مخصوصاً
chief'tain (*-tin*) *n.* سردسته، رئیس
chiffonier (*shifəni'ə*) *n.* قفسه کوچک کشودار
chil'blain *n.* ورم سرما زدگی
child (*chaild*) *n.* [children (*chil'drən*)] بچه ـ فرزند
with c. آبستن ، حامله
six months gone with c. آبستنِ شش ماهه
child'bed / **child'birth** } *n.* زاییمان، وضع حمل
child'hood *n.* بچگی ، طفولیت
childish (*chail'-*) *a.* بچگانه
childishly ('') *adv.* از روی بچگی
child'like *a.* بچگانه: ساده و بی آلایش
children [*pl.* *of* child]
chill *n.*, *a.*, *vi.*, & *vt.* ـ (۱) سرما ـ خنکی ـ چاییمان ـ [مج] آیهٔ یأس (۲) چاییده ، سرما خورده (۳) سرد شدن ، چاییدن (٤) خنک کردن ـ سرما زده کردن ـ [مج] دلسرد کردن
chilled *a.* سرد کرده ، قرمه (شده)
chil'ly *a.* سرد ـ چاییده ـ بی عاطفه
chime *n.*, *vi.*, & *vt.* (۱) ساز یا موزیک زنگی ـ زنگ ـ هم آهنگی (۲) هم آهنگ شدن (۳) زدن (زنگ)
chimerical (*k mer'ikəl*; *kai-*) *a.* واهی ، پوچ
chim'ney (*-ni*) *n.* دودکش ـ لوله
chim'ney-sweeper *n.* بخاری پاک کن
chimpanzee (*pənzi':*) *n.* قسمی میمون آدم وار در افریقا
chin *n.* چانه ، زنخدان
Chi'na (*-nə*) *n.* چین ـ [با c] چینی
Chi'na-man (*-nəmən*) *n.* چینی، اهل چین ـ [با c] چینی فروش
chi'naware (*-wêə*) *n.* چینی آلات
chine *n.* مازه ـ تیرهٔ پشت
Chinese (*chaini:z'*) *a.* & *n.* چینی
chink *n.* رخنه ، شکاف ، چاک
chink *n.* & *vi.* جلنگ جلنگ (کردن)
chip *n.*, *vt.*, & *vi.* [-ped] (۱) خردهٔ چوب ـ قاش نازک ـ ژتن ـ [درجمع] خرده سیب زمینی سرخ کرده (۲) ترکانیدن ـ رنده کردن ـ لب پریده کردن (۳) ورآمدن ، ورقه شدن ـ خرد شدن ـ لب پریده شدن
c. of the old block پسری که نشانهٔ پدر در اوست ، تریشه همان کنده
chipped *a.* لب پریده ـ پریده
chirp (*chə:p*) *n.* & *vi.* جیک جیک (کردن) ، جیر جیر (کردن)

chir'rup (-*rəp*) *n.* چهچه- جیك جیك

chisel (*chiz'l*) *n.* اسکنه - قلم درز

chit *n.* بچه - دخترك - یاد داشت

chivalrous (*shiv'əlrəs*) *a.* دلیر- دلیرانه -بلندهمت - متعارف درپیش بانوان

chivalry (*shiv'-*) *n.* سلحشوری ، جوانمردی - تعارف در حضور بانوان

chloroform (*klo':rəfo:m*) *n.* کلوروفرم

chock *n.* & *vt.* (۱) تکهٔ چوبی که چرخی را از غلتیدن باز میدارد (۲) ازحرکت بازداشتن - شلوق کردن (اطاق با اثاثیه)

choc'olate (*chok'əlit*) *n.* شکلات - رنگ شکلاتی -آشامیدنی گرم که باشکلات درست کنند

choice *n.* & *a.* (۱) انتخاب ، اختیار، پسند (۲) برگزیده ، ممتاز ، عالی

make a c. of انتخاب کردن

at c. برحسب دلخواه ، باختیار خود

I have no c. but . . . چاره‌ای جز این ندارم که . . .

choir (*kwai'ə*) دستهٔ سرود خوانان (کلیسیا) - دستهٔ رقصندگان

choke *vt.* & *vi.* (۱) خفه کردن - مسدودکردن (۲) خفه شدن - بسته شدن

choler (*kol'ə*) *n.* خشم ، تندمزاجی

cholera (*kol'ərə*) *n.* کلرا وبا

Asiatic or epidemic c.

choleric (*kol'ə-*) = irascible

choose (*chu:z*) *vt.* {chose (*chouz*); cho'sen (-*z'n*)} برگزیدن، انتخاب کردن - صلاح دانستن- خوش‌داشتن

There is nothing to c. between them. چندان فرقی باهم ندارند ، باجی بهم نمیدهند

chop *vt.* & *vi.* {-ped} & *n.* (۱) خرد کردن - [با off] بریدن ، جدا کردن [با down] انداختن - (۲) دخالت در گفتگو کردن[با in] - تغییر عقیده دادن [بیشتر c. and change]- (۳) ضربت - تکه (گوشت)

chop'-house *n.* رستوران (ارزان)

chopper (*chop'ə*) *n.* ساطور - تبر

choppy (*chop'i*) *a.* ترك دار- متلاطم

chops *npl.* آرواره ، لب ولوچه

chop'sticks *npl.* دوچوب یامیله که چینی ها و ژاپنی ها در یك دست گرفته بجای چنگال هنگام غذاخوردن بکارمیبرند

chord (*ko:d*) *n.* رباط - زه- وترقوس

chores *npl.* کارهای عادی روزانه

chorus (*ko':rəs*) *n.* & *vi.* (۱) دستهٔ خوانندگان هم آهنگ - سرود جمعی - تهلیل - گروه رقصندگان (۲) با جمع خواندن - هم آواز شدن

in c. باتفاق، باهم، دسته جمعی ، یکجا

chose {*p.* of choose}

cho'sen (-*zn*) {*pp.* of choose} & *ppa.* برگزیده ، منتخب

Christ (*kraist*) *n.* مسیح

christen (*kris''n*) *vt.* نام‌گذاری کردن ، باتشریفات نام‌گذاردن

Christendom (*kris'əndəm*) *n.* قاطبهٔ مسیحیون ، جهان مسیحیت

Christian (*kris'chən*) *a.* & *n.* مسیحی ، عیسوی

C. name اسم کوچك ، اسم اول

Christianity (*kristian'iti*) *n.* مسیحیت

Christmas (*kris'məs*) *n.* عید میلاد مسیح

chrome (*kroum*) [*n.* رنگ‌زردفرنگی

chronic (*kron'-*) *a.* مزمن ،کهنه

chronicle (*kron'ik'l*) *n.* شرح وقایع بترتیب تاریخ ، وقایع - [در جمع وبا C] کتاب تواریخ ایام

chronological (*kronəloj'ik'l*) *a.* بترتیب تاریخ درست شده ، زمانی

in c. order به ترتیب تاریخ

chronolog'ically (-*ikəli*) *adv.* به ترتیب زمان یا تاریخ

chronology (*krənol'əji*) *n.*

شرح تاریخی وقایع
chronometer (*kranɔm'ita*) *n.* ساعت دقیقی که گرما و سرما در آن اثر نمیکند
chrysalis (*kris'a-*) *n.* {-salides (*sal'idi:z*)} نوچه ، بادامه
chrysanthemum (*krisan'thi-mam*) *n.* گل داودی
chubby (*chʌb'i*) *a.* گوشتالو
chuck *n.* & *vi.* غدغد (کردن)
chuck *vt* آهسته زیر چانهٔ (کسی) زدن - ول کردن- انداختن - دست کشیدن از
c. away از دست دادن ، گم کردن
chuck'le *vi.* بادهان بسته خندیدن
chum *n.* & *vi.* هم اطاق (شدن)
c. up دوست یا آشنا شدن
chummy (*chʌm'i*) *a.* دوست وار
chump *n.* کنده - تکهٔ بزرگ - کله
chunk *n.* تکهٔ کلفت
church (*cha:ch*) *n.* کلیسا
church'yard *n.* مقبرهٔ مجاور کلیسا
chur'lish *a.* بی‌ادب ، روستائی
churn (*cha:n*) *n.*&*vt.* (۱) ظرف کره‌سازی (۲) کره گرفتن از
skin c. خیك
chute (*shu:t*) *n.* ریزش - شیب تند
cica'da (*-da*) *n.* جیر جیرك دشتی ، زنجره
cica'trix *n.* {-trices (*traisi:z*)} اثر زخم - نشان ، داغ
ci'der (*-da*) *n.* شراب یا شربت سیب
cigar' *n.* سیگار (برگی)
cigarette (*-garet'*) *n.* سیگار(ت)
cin'der (*-da*) *n.* زغال نیمسوز - اخگر - جوش آهن - {در جمع} خاکستر
cine-camera (*sin'ikamara*) *n.* دوربین فیلم برداری
cin'ema (*-ama*) *n.* سینما
cinemat'ograph *n.* سینما تگراف
cinera'rium (*-am*) *n.* جای گذاشتن ظرف خاکستر مرده
cin'namon (*-naman*) *n.* دارچین
ci'pher (*-fa*) *n.* صفر - رمز
c. (*vt.*) **out** استخراج کردن (رمز)
circa (*sa':ka*) *prep.* در حدود
circle (*sa':kl*) *n.*, *vi.*, & *vt.* (۱) دایره - محفل (۲) حلقه زدن (۳) احاطه کردن
circlet (*sa':klit*) *n.* حلقهٔ تزئینی از زر یا گل
circuit (*sa':kit*) *n.* دور تمام - سیر ، گردش - جریان - مدار ، مسیر
short c. اتصالی
circular (*sa':kiula*) *a.* & *n.* (۱) مدوّر (۲) بخش نامه
cir'cularize *vt.* بخش نامه فرستادن به
cir'culate *vi.* & *vt.* (۱) گردش کردن - منتشر شدن (۲) انتشار دادن - رواج دادن - دایر کردن
circula'tion *n.* گردش ، دوَران - انتشار- جریان - توزیع - رواج
cir'cumcise (*-saiz*) *vt.* ختنه کردن
circumcision (*sa:kamsizh'an*) *n.* ختنه
circumference (*sa:kʌm'farans*) *n.* محیط دایره
circumlocu'tion *n.* استعمال الفاظ زائد برای فهماندن مطلبی
circumnav'igate *vt.* دور (گیتی یا اقلیمی) کشتی رانی کردن
cir'cumscribe *vt.* محیط کردن (بر)
cir'cumspect *a.* با احتیاط
circumspec'tion *n.* ملاحظهٔ اطراف کار ، احتیاط در پیرامون کاری
circumstance (*sa':kamstans*) *n.* چگونگی ، کیفیت ، وضع ، موقعیت - تشریفات- واقعهٔ ضمنی ، پیشامد - شرط- {در جمع} مقتضیات
a matter of c. چیز بااهمیت،امرمهم
without c. بدون تعارف
under (*or in*) **the circumstan-**

ces در این صورت ، با این ترتیب
easy circumstances زندگی راحت
circumstantial (-shəl) a.
تفصیلی ، مفصل - ضمنی - مبنی برقرائن
c. evidence اماره
circumvent' vt. پیشدستی کردن بر
circus (sə':kəs) n. سیرك -
جولانگاه - میدان
cis'tern (-tə:n) n. آب انبار - منبع
citadel (-tə-) n. ارگ - سنگر
cita'tion (sai-)n. ذکر، ایراد-احضار
cite vt. ذکر کردن ، ایراد کردن -
استشهاد کردن از - احضار کردن
cit'izen (-z'n) n. شهری- تابع، اهل
a good Iranian c. یك ایرانی خوب
cit'izenship n. تابعیت
cit'ric acid (-as'-) جوهر لیمو ترش
cit'ron (-rən) n. اترج - بالنك
cit'rous (-rəs) fruits مرکبات
cittern (sit'ə:n) n. سِتار
city (sit'i) n. شهر
civ'ic a. شهری- کشوری - اجتماعی
civ'ics n. علم یاشیوهٔ کشورداری
civ'il a. کشوری،مدنی-داخلی-حقوقی
civil'ian(-iən)n.& a. شخصی ،کشوری
civil'ity n. ادب - [درجمع] مهربانی
civiliza'tion (-li-; lai-) n. تمدن
civ'ilize (-laiz) vt. متمدن کردن
civ'ilized ppa. متمدن ، پیشرفته
clack n. & vi. - تق تق (کردن)
قیل وقال (کردن) - غدغد (کردن)
clad [clothe بازگشت شود به]
claim n. & vt. - (۱) ادعا ، دعوی
طلب ، مطالبه - خواسته ، مدعا به - حق
(۲) ادعا کردن - مطالبه کردن
a c. on (or against) some
one ادعا برعلیه کسی
set up a c. to دعوی کردن
put in a c. for something
مدعی مالکیت چیزی شدن
He claims to. مدعی است که

clai'mant (-mənt) n. مدعی
clam n نوعی صدف خوراکی- بند، گیره
clam'ber vi. بادست و پا بالا رفتن
clam'my a. تر و چسبناك ، خبیری
clam'orous (-ərəs) a. پرصدا-مصر
clam'our (-ər) n. & vi. (۱)فریاد،
غریو (۲) فریاد زدن ، غریو بر آوردن
They clamoured (vt.) him
down. باهو وجنجال او را ساکت کردند
clamp n. & vt. - (۱) بند ، عقربك
گیره ، قید (۲) بند زدن
clan n. خاندان - طایفه ، قبیله - دسته
clandes'tine(-tin)a نهانی، دربرجلی
clang n. & vi. (۱) صدای فلز یا
اسلحه (۲) صدا کردن ، درنگ کردن
clan'gour (-gər) n.
جرنگ جرنگ ، جلنگ جلنگ
clank n. & vi. (۱) چکاچاك .
صدای زنجیر (۲) صدا کردن
clan'nish a. بهم پیوسته ، قبیله دوست
clap vi. & vt. [-ped] (۱) کف زدن
(۲) برهم زدن - با صدا بستن (در)
He was well clapped.
کف مفصلی برایش زدند
clapper. (klap'ə) n. زبانهٔ زنگ
clar'et (-ət) n. شراب قرمز
clarifica'tion n. وضوح - توضیح
clar'ify (-fai) v. صاف کردن یا
شدن - روشن کردن یا شدن
clarified butter روغن (کره)
clar'inet, -ionet' n. قره نی
clar'ion (-ən) n. صدای بلند شیپور
clar'ity = clearness
clash n. & vi - (۱) صدای شکستگی
تصادم (۲) درق صدا کردن
clasp n. & vt. (۱) قزن قفلی ،
جفت - سگك ، شبرقلاب - گیره - سرچسب
(۲) بستن - درآغوش گرفتن
c. hands دو دست درهم کردن
class n. & vt. (۱) دسته ، طبقه ،
کلاس - زمره - رده (۲) طبقه بندی کردن

clas'sic(al) *a.* کلاسیک
classifica'tion *n.* طبقه بندی
classify (*klas'ifai*) *vt.*
دسته بندی کردن ، طبقه بندی کردن
class'mate *n.* هم کلاس
class'room *n.* اطاق درس ، کلاس
clatter (*klat'ə*) *n.* & *vi.* (۱) صدای
تغ تغ-جغ جغ - شلوق (۲) صدا دادن
clause (*klɔ:z*) *n.* شرط، مادّه - قضیه
clav'icle *n.* ترقوه ، چنبر
claw *n.* & *vt.* (۱) پنجه ، چنگال
(۲) پنجول زدن - چاپلوسانه ستودن
clay (*klei*) *n.* & *vt.* (۱) خاك رست
یارمس ، خاك کوزه گری (۲) گل‌مال کردن
clayey (*klei'i*) *a.* گلی - رُستی
clean (*kli:n*) *a.* & *vt* (۱) پاك ،
تمیز - بی لکه (۲) پاك کردن ، مرتب کردن
c. hands پاکی ، بیگناهی
c. record حسن پیشینه ، حسن سابقه
c. up [Col.] بدست آوردن (سود)
clean'-cut = **clear-cut**
cleanliness (*klen'-*) *n.* پاکیزگی
cleanly (*klen'li*) *a.* پاك ، تمیز
cleanness (*kli:n'nis*) *n.* پاکی
cleanse (*klenz*) *vt.* پاك کردن
clear (*kliə*) *a.* روشن ، واضح -
زلال ، صاف - آفتابی - شفاف - یقین -
مبرّا - خالص - آزاد ، باز ، بی مانع -
تسویه شده
I am not c. about that.
این موضوع در نزد من روشن نیست
The ship is c. of its cargo.
کشتی خالی است ، کشتی بار ندارد
keep c. دور شدن - کنار رفتن
in c. آشکار ، غیر رمزی
clear *vt.* & *vi.* (۱) روشن کردن -
صاف کردن - پاك کردن - برچیدن (میز) -
باز کردن - خلوت کردن - تبرئه کردن -
از گمرك درآوردن - رها کردن - از پهلوی
(چیزی) رد شدن - واریختن [با up] -
با بیا کردن (۲) روشن شدن - لاافتادن
c. the air شك را برطرف کردن
c. itself صاف شدن ، لاافتادن
c. up مرتب کردن - باز شدن
c. out خالی کردن - بیرون آوردن
clearance (*kli'ərəns*) *n.* تصفیه ،
واریزی - مفاصا - تهاتر - رفع موانع
clear'-cut *a.* روشن ، صریح ، مشخص
clear'ing *n.* تهاتر - تسویه - تبرئه
clear'ly *adv.* آشکارا ، واضحاً
clear'ness *n.* روشنی ، وضوح
clear'-sighted *a.* روشن بین ، بصیر
cleat (*kli:t*) *n.* راهنمای طناب
cleavage (*kli':vij*) *n.* شکاف
cleave (*kli:v*) *vt.* & *vi.* [clove or cleft; clo'ven or cleft]
(۱) شکافتن - شکستن (۲) جدا شدن
clea'ver (*-və*) *n.* ساطور - شکافنده
cleft [*p.* & *pp.* of **cleave**]
cleft *n.* شکاف ، رخنه - ترك
clem'ency *n.* بخشایندگی - ملایمت
clem'ent (*-ənt*) *a.* بخشاینده- ملایم
clench *vt.* از زیر پرچ کردن ، محکم
بستن - گره کردن (مشت) - قطع کردن
clergy (*klə':ji*) *n.* [با the] روحانیون
cler'gyman *n.* روحانی ، کشیش
cler'ical (*-kəl*) *a.* مربوط
بنویسندگی ، انشائی - دفتری
clerk (کلارك) *n.* کارمند دفتری ، دبیر
clever (*klev'ə*) *a.* زرنگ - ماهر -
باهوش - حاکی از هوش و استعداد
clev'erness *n.* زرنگی ، زیرکی
clew (*klu:*) *n.* & *vt.* (۱) گلولهٔ نخ ،
گروهه - سررشته- سراغ (۲) گلوله کردن
click *n.*, *vi.*, & *vt.* (۱) تیك
(۲) تیك کردن ، صدا کردن (۳) با صدا
(پاشنه‌ها را) بهم زدن یا جفت کردن
cli'ent (*-ənt*) *n.* موکل - ارباب
رجوع - صاحب کار - مشتری
cliff *n.* پرتگاه (درکنار دریا)
climate (*klai'mit*) *n.* آب وهوا
climat'ic (*klai-*) *a.* آب وهوایی ،

{c. conditions} اقلیمی
cli'max *n.* اوج ، برگشت‌گاه
climb (*klaim*) *v.* & *n.*
(۱) بالا رفتن (از) - (۲) صعود
clime {Poet.} = climate
clinch = clench
cling *vi.* {clung} چسبیدن
clin'ic *n.* آموزش طب بالینی - درمانگاه - محکمه مجانی بیمارستان
clin'ical (*-kəl*) *a.* بالینی
clink *n.* & *vi.* جلنگ جلنگ (کردن)
clin'ker (*-kə*) *n.* جوش زغال سنگ
clip *vt.* {-ped} & *n.* - (۱) چیدن - کوتاه کردن (۲) موزنی - پشم چینی - ضربت - گیره (کاغذ) - {در جمع} قیچی
clippers (*klip'ə:z*) *npl.*
ماشین موزنی - قیچی باغبانی
clique (*kli:k*) *n.* دسته
cloak (*klouk*) *n.* & *vt.*
(۱) ردا ، خرقه (۲) پوشاندن
cloak'-room *n.* اطاقی که کلاه و پالتو وغیره در آنجا می‌سپارند ، رخت‌کن
clock *n.* ساعت (دیواری یامجلسی)
at six o'clock در ساعت شش
What o'clock is it? چه ساعتی‌است؟
It is 5 o'clock. ساعت ِ پنج است
clockwise (*klɔk'waiz*) *a(dv).*
مطابق گردش عقربك های ساعت
clock'work *n.* (گردش) چرخهای ساعت - {بطور صفت} ماشینی - فنری
clod (*klɔd*) *n.* کلوخ
clog (*klɔd*) *n.* & *vt.* {-ged}
(۱) پابند ، مانع - کفش ِ تخت چوبی (۲) مانع شدن ، کندکردن - مسدود کردن
clois'ter (*-tə*) *n.* - داهرو سرپوشیده - دیر ، صومعه ، رهبانگاه
close (*klous*) *a.* - نزدیك ، متصل - بسته - تنگ - شبیه - گرفته ، دلتنگ کننده - دقیق - پنهان - خسیس - محدود - تنگ هم - انبوه
He is a c. man about his own affairs. کسی سر از کارهای او در نمی برد
of a c. texture سفت باف ، سفت بافت
close (*klouz*) *vt.* & *vi.* - (۱) بستن - خاتمه دادن - اتصال دادن - {با down} تعطیل کردن (۲) بهم آمدن - گلاویز شدن - ختم شدن
c. up مسدود کردن ، پر کردن - جمع تر نشستن
c. in نزدیك (تر) یا کوتاه (تر) شدن
close ('') *n.* پایان ، خاتمه - گلاویزی
close'-fitting *a.* چسبان ، قالب ِ تن
close'ly *adv.* بدقت
close'ness *n.* نزدیکی - دقت - خست ، خشك‌دستی - تنگی - گرفتگی‌هوا - احتیاط
closet (*kloz'it*) *n.* & *vt.*
(۱) صندوق‌خانه {اصطلاح امریکائی} - گنجه (۲) خلوت کردن با
clo'sing (*-zing*) *a.* نهائی ، آخری
clo'sure (*-zhə*) *n.* خاتمه - بستگی - رای کفایت مذاکرات
clot *n.*, *vi.*, & *vt.* {-ted}
(۱) لختهٔ خون (۲) دلمه شدن (۳) بستن
cloth (*klɔth*) *n.* پارچه
clothe (*klouth* {با صدای ظ}) *vt* {clothed *or* clad} پوشاندن
clothes (*klouthz* {باصدای ظ}) *npl.* رخت ، لباس
clothes'-line *n.* طناب رخت شویی
clothes'-peg گیرهٔ چوبی ،
clothes'-pin *n.* گیرهٔ رختشوئی
clo'thing (باصدای ظ) *n.* لباس
cloud (*klaud*) *n.*, *vt.*, & *vi.*
(۱) ابر - لکه - تیرگی (۲) ابری یاموج‌دار کردن - تیره‌کردن (۳) تیره یا ابری شدن
under c. of night درتاریکی شب
clouded brow جبین چین‌دار
clou'dy *a.* ابری - تیره - افسرده - لکه‌دار
It is c. هوا گرفته است ، هواابر است
clout *n.* & *vt.* - (۱) قاب دستمال - نقطهٔ نشانه - نعل روسی - میخ سرپهن برای نعل زدن (۲) نعل‌زدن - توسری زدن

clove (*klouv*) *n.* میخك - دانه (سیر یا پیاز)
clove [*p. of* cleave]
clove'-gilliflower *n.* قرنفل
clo'ven [*pp. of* cleave] شکافته
show the c hoof بد جنسی خود را بروز دادن
clover (*klou'və*) *n.* شبدر
clown (*klaun*) *n.* لوده - روستایی
clow'nish *a.* بی تربیت - روستا صفت
cloy (*klɔi*) *vt.* سیر یا بیزار کردن
club *n.*, *vi.*, & *vi.* [bed] (۱) چماق - خال گشنیزی ، خاج - چوگان - کلوب، باشگاه (۲) چماق زدن - دانگی دادن (۳) توحید مساعی کردن
club'-footed *a.* پاچنبری
club'-house *n.* باشگاه
cluck *n.* & *vi.* غدغد (کردن)
clue (*klu:*) *n.* کلید ، سررشته - اثر
clump *n.* & *vt.* (۱) انبوه - کلوخ - نیم تخت (۲) انبوه کردن - نیم تخت انداختن
clum'sy (*-zi*) *a.* زشت - بی مهارت
clung [*p. & pp. of* cling]
cluster (*klʌs'tə*) *n.* & *v.* (۱) خوشه (۲) دسته کردن یاشدن
clutch (*klʌch*) *n.*&*vt.* (۱) کلاچ، چنگ (۲) چنگ زدن ، بچنگال گرفتن
clutter (*klʌt'ə*) *n.* شلوق ، دست پاچگی
cm. = centimetre(s)
Co. = company شرکت - شرکاء
c/o = care of بتوسط ، توسط
coach (*kouch*) *n.*, *vt.*, & *vi.* (۱) کالسکه - دلیجان - واگن راه آهن - آموزگار خصوصی (۲) برای امتحان حاضر کردن [با up] - (۳) سوار کالسکه شدن
coach'-box *n.* جای کالسکه ران
coach'-built *a.* چوبی ، باچوب ساخته شده [چون اطاق اتوبوس]
coach'man *n.* درشکه ران ، کالسکه ران
coagulate (*kou ag'yuleit*) *v.* بستن ، دلمه کردن یاشدن
coagula'tion *n.* انعقاد ، بستگی
coal (*koul*) *n.* زغال سنگ
carry coals to Newcastle زیره بکرمان بردن
coalesce (*kouəles'*) *vi.* ائتلاف کردن ، بهم پیوستن
coalescence (*-les'əns*) *n.* ائتلاف
coal'-field *n.* کان یا ناحیهٔ زغال خیز
coalition (*kouəlish'ən*)*n.* ائتلاف
coarse (*kɔ:s*) *a.* زبر ، خشن - بی ادب
coarse'ness *n.* زبری - درشتی
coast (*koust*) *n.* & *vi.* (۱) ساحل - دوچرخه سواری درسرازیری بدون پا زدن (۲) سریدن - با دنده خلاص رفتن
coas'ter (*-tə*) *n.* کشتی ای که درطول ساحل حرکت کرده کالا به بنادر میبرد
coas'ting = cabotage
coat (*kout*) *n.* & *vt.* (۱) کت ، نیم تنه - پوشش - طبقه - روکش (۲) پوشاندن - روکش کردن - آستر کردن
c. of arms (لباس حاوی) نشانهای نجابت خانوادگی - آرم
c. of mail زره نصف تن
coat'-hanger *n.* جا رختی ، جالباسی
coax (*kouks*) *vt.* & *vi.* (۱) ریشخند کردن (۲) چاپلوسی کردن
cob (*kɔb*) *n.* & *vt.* [-bed] (۱) تکه بزرگ (زغال) - چوب ذرت - کاه گل (۲) بکفل (کسی) زدن
co'balt (*-bɔ:lt*) *n.* کبالت : فلز لاجورد
cobble (*kɔb'l*) *n.*, *vt.*, & *vi.* (۱) قلوه سنگ صاف - زغال درشت (۲) باسنگ صاف فرش کردن - وصله کردن (۳) پینه دوزی کردن
cobbler (*kɔb'l*) *n.* پینه دوز - کارگر ناشی
co'bra (*-rə*) *n.* کبرا ، مار عینکی
cob'web *n.* تارعنکبوت - آشغال ، چیز گندیده - نکتهٔ گیر اندازنده ، دام

coch'ineal (-ni:l) *n.* قرمزدانه
cock (kɔk) *n.* & *vt.* (۱) خروس- شیر (آب) - چخماق تفنگ (۲) سیخ کردن - کج نهادن
c. of the walk پهلوان میدان
c. lobster خرچنگ نر
c.-and-bull story آسمان و ریسمان
cockade' *n.* گل نوار ، نشان کلاه
cock'-a-doo'dle-do *n.* قوقو لیقو
cock'erel (-ərə) *n.* جوجه خروس
cock'le *n.* گلگاس - تلخه - قسمی صدف (خوراکی) - [درجمع] احساسات
cock'ney (-ni) *n.* بومی لندن
c. accent لهجهٔ عوامانه بومیان لندن
cock'pit *n.* - گود برای جنگ خروسان - میدان ، گود - جای ویژهٔ خلبان
cock'roach (-rouch) *n.* سوسک حمام
cocks'comb (-koum) *n.* تاج خروس
cock'sure (-shuə) *a.* مطمئن ، بقین - ازخود خاطرجمع ، غره - حتمی
cock'tail *n.* کاکتیل : یکجور نوشابه
co'coa (kouko) *n.* کاکائو
co'co-nut (-ənʌt) *n.* نارگیل
co'co(a)-palm *n.* درخت نارگیل
cocoon' (kɔ-; kə-) *n.* پیله
cod *n.* [cod] ماهی روغن
c. liver oil روغن ماهی
cod'dle *vt.* نوازش کردن- نیم پز کردن
code *n.* (کتاب)قانون ، مجمع القوانین
cod'fish *n.* ماهی روغن
codifica'tion *n.* تدوین قوانین
co'dify *vt.* تدوین کردن - رمز کردن
coefficient (-efish'ənt) *n.* ضریب
coerce (koə:s') *vt.* مجبور کردن
coer'cion (-shən) *n.* اجبار، اضطرار
coercive (-siv) *a.* مجبور کننده، جابر
coeval (koi':təl) *a.* همسن- همزمان
coexist (koegzist') *vi.* باهم زیستن
coexis'tence (-təns) *n.* هم زیستی
coffee (kɔf'i) *n.* قهوه
cof'fee-pot *n.* قهوه جوش ، قهوه ریز

coffer (kɔ'ə) *n.* صندوق (پول)
coffin (kɔf'in) *n.* & *vt.* (۱) تابوت، صندوق (۲) درتابوت گذاردن
cog *n.* دندانه - زبانه - یکجور کرجی
co'gency (-jənsi) *n.* زور - ضرورت
co'gent *a.* پر زور - متقاعد کننده
cogged (kɔgd) *a.* دندانه دار
cogitate (koj'iteit) *vi.* اندیشه کردن
cognac (koun'yak) *n.* کنیاک
cog'nate *a.* هم ریشه - همجنس
cogna'tion *n.* خویشاوندی - بستگی
cog'nizance (-zəns) *n.* آگاهی - درك
take c. رسماً آگاهی یافتن
cog'nizant (-zənt) *a.* آگاه، ملتفت
cog'-wheel *n.* چرخ دندانه دار
cohab'it *vi.* باهم زندگی کردن [بدون ازدواج رسمی]
cohere (kohi'ə) *vi.* بهم چسبیدن
coherence; -rency (-hi'ərənsi) *n.* چسبیدگی - ربط ، ارتباط (مطالب)
cohe'rent (-rənt) *a.* چسبیده- مرتبط
cohe'sion (-zhən) *n.* چسبندگی - التصاق یا قوهٔ جاذبه ذرات
cohe'sive (-siv) *a.* چسبنده
coil *n.*, *vt.*, & *vi.* (۱) حلقه - چنبره - [در دوچرخه] فنر - سیم پیچاپیچ برق (۲) حلقه کردن (۳) حلقه شدن
coin *n.* & *vt.* (۱) سکه ، مسکوك (۲) سکه زدن - [مج] تازه درست کردن
pay a man back in his own c. معاملهٔ بمثل باکسی کردن
coi'nage (-nij) *n.* (ضرب) سکه - سلسله بندی بهای مسکوکات - اختراع
coincide (koinsaid') *vi.* منطبق شدن - تصادف کردن
coin'cidence *n.* تصادف - انطباق
coin'cident *a.* مصادف- منطبق شونده
coke *n.* بوکهٔ زغال سنگ ، کوك
Col. = Colonel

colander (*kʌl'əndə*) *n.* صافی
cold (*kould*) *a.* & *n.* - (۱) سرد - فاقد خون گرمی - سرما خورده - مایهٔ دلسردی - بیمزه (۲) سرما (خوردگی)
c. in the head زُکام
catch c. سرما خوردن ، زکام شدن
It is c. (هوا) سرد است
I feel c. سردم هست
cold'-blooded *a.* خونسرد- بی‌عاطفه
cold'-hearted *a.* بی‌عاطفه
col'ic *n.* & *a.* (۱) قولنج (۲) قولنجی
collaborate (*kəlab'əreit*) *vi.* توحید مساعی کردن
collabora'tion *n.* همکاری ، توحید مساعی
collapse' *n.* & *vi.* (۱) فروریختگی ، آوار - اضمحلال (۲) فرو ریختن
collap'sible; -sable (*-səbl*) *a.* فرو ریختنی- له شدنی [چون لولهٔ خمیر]- تاه شو ، جمع شو
collar (*kɔl'ə*) *n.* & *vt.* (۱) یقه ، یخه -گردن بند (۲) گریبان گرفتن
col'lar-bone = clavicle
collate (*kɔleit'*) *vt.* مقابله کردن
collat'eral (*kolat'ərəl*) *a.* پهلویی ، جنبی
colleage (*kɔl'i:g*) *n.* همقطار
col'leagueship *n.* همقطاری
collect (*kəlekt'*) *vt.* & *vi.* (۱) جمع کردن - وصول کردن ، دریافت کردن ، تحویل گرفتن (۲) جمع شدن
collec'tion *n.* دریافت ، وصول ، تحصیلداری - مجموعه ، کلکسیون - انبوه
collective (*kəlek'tiv*) *a.* جامع- دسته جمعی
c. noun اسم جمع
collec'tively *adv.* جمعاً ، (بطور) دسته جمعی
collec'tor (*-tə*) *n.* تحصیلدار
college (*kɔl'ij*) *n.* کالج ، دانشکده
colle'giate (*-jiət*) *a.* دانشکده‌ای
collide (*kəlaid'*) *vi.* تصادُف کردن
col'lie (*-li*) *n.* سگ گلهٔ اسکاتلندی
collier(*kɔl'iə*)*n.* کارگر کان زغال‌سنگ
colliery (*kɔl'iəri*) *n.* کان زغال سنگ (و ساختمانهای آن)
collision (*kəlizh'ən*) *n.* تصادف
come into c. تصادف کردن
colloca'tion *n.* تلفیق یا ترکیب لغات
colloquial (*kəlou'kwiəl*) *a.* محاوره‌ای ، مختص گفتگو
colloquy (*kɔl'əkwi*) *n.* گفتگو
collusion (*kəlu':zhən*) *n.* تبانی
co'lon (*-lən*) *n.* (نشان) دو نقطه (:)
colonel (*kə':nəl*) *n.* سرهنگ
colonial (*kəlou'niəl*)*a.* مستعمراتی
colonist (*kɔl'ə-*) *n.* مستعمره نشین
col'onize (*-lə-*) *vt.* تحت استعمار در ، وردن ، تشکیل مستعمره دادن در
colonnade' *n.* ردیف ستون
col'ony (*-əni*) *n.* مستعمره ، کوچ نشین - [مج] دسته یا گروه هم پیشه
color {U. S.} = colour
colos'sal (*-səl*) *a.* عظیم‌الجثه
colossus (*kəlɔs'əs*) *n.* {-si(*sai*)} مجسمهٔ بسیار بزرگ
colour (*kʌl'ə*) *n.*, *vt.*, & *vi.* (۱) رنگ - [درجمع] پرچم - شعار (۲) رنگ زدن - بدنشان دادن (۳) سرخ شدن
a man of c. = negro
under c. of به بهانهٔ
give c. to واقع‌نما کردن
off c. {Col.} کسل
colt (*koult*) *n.* کرهٔ اسب
col'umn (*-əm*) *n.* ستون - ردیف
coma (*kou'mə*) *n.* اغماء
comb (*koum*) *n.*, *vt.*, & *vi.* (۱) شانه - قشو - تاج خروس - [در بافندگی] دفتین (۲) شانه کردن - قشو کردن - [با out] خوب جستجو کردن
combat (*kʌm'bət*; *kɔm'bət*)

n. & *vi.* (۱) رزم ، جنگ - مبارزه
(۲) جنگ کردن - گلاویز شدن
combatant (*kʌm'bətənt*) *n.* مبارز
com'bative (*-bətiv*) *a.* جنگجو
combina'tion *n.* ترکیب -
دسته (بندی) - اتحاد - جورکردگی -
موتورسیکلت باسبد - کمبینزن : زیرپوش
یك پارچه برای تمام بدن
combine' (*kəm-*) *vt.* & *vi.*
(۱) ترکیب کردن - جور کردن (۲) ملحق
شدن - جور شدن - ترکیب شدن
combustible (*kəmbʌs'-*) *a.* &
n. (۱) سوزا (۲) جسم قابل احتراق
combus'tion *n.* سوزش ، احتراق
come (*kʌm*) *vi.* [came; come]
آمدن - رسیدن - رخ دادن - ناشی شدن
years to c. سالهای آینده
C. what may! هرچه بادا باد
c. to know فهمیدن
c. about واقع شدن - فراهم شدن
c. across برخوردن به
C. along! زود باشید - بیایید
c. away (*or* off) ورآمدن
c. back برگشتن
c by بدست آوردن - نزدیك شدن
c. into تصرف کردن
c. of age بالغ شدن
c. off well نیك انجام شدن
c. over مسلط شدن بر
c. round (*or* to) بهوش آمدن
c. to an agreement موافقت
پیدا کردن ، توافق حاصل کردن
come up پیش آمدن - مطرح شدن
It came to pass واقع شد
It came true. راست (در) آمد
comedian (*kəmi':diən*) *n.*
آکتر کمدی
comedy (*kɔm'idi*) *n.* کمدی
come'liness *n.* خوبرویی ، قشنگی
comely (*kʌm'li*) *a.* خوبرو
comer (*kʌm'ə*) *n.* آینده ، وارد

com'et (*-it*) *n.* ستارهٔ دنباله‌دار
comfort (*kʌm'fət*) *n.* & *vt.*
(۱) دلداری ، تسلی - راحت - دلخوشی
(۲) دلداری دادن (به) - آسایش دادن
com'fortable (*-təbl*) *a.* راحت ،
راحت بخش - آسوده خاطر - تسلی بخش
com'forter (*-tə*) *n.* - تسلی دهنده
شال گردن پشمی - گول‌زن
com'ic *a.* خنده‌دار - کمدی نویس
com'ical (*-kl*) *a.* مضحك ، غریب
coming (*kʌm'-*) *apa* - آینده
آمدنی - دارای شانس موفقیت درآینده
com'ity *n.* تعارف - خوشخویی
comma (*kɔm'ə*) *n.* (,) نام این نشان
command (*kəma:nd'*) *n.* & *vt.*
(۱) فرمان ، حکم ، امر - سرکردگی (۲)
فرمان دادن - تسلط داشتن بر - مشرف
بودن بر - مستلزم بودن
commandant (*kɔmənd ant'*) *n.*
فرمانده (دژ نظامی)
commandeer (*kɔməndi':ə*) *vt.*
به بیگار گرفتن
commander (*kəman'də*) *n.*
فرمانده
c.-in-chief فرمانده کل
comman'ding *apa.* - فرمان دهنده
آمرانه - دارای چشم انداز وسیع
command'ment (*-mənt*) *n.* حکم
commemorate (*kəmem'əreit*)
vt. - برسم یادگار نگه داشتن
یادآوری کردن
commemora'tion *n.* یادآوری ،
تذکر - یادگار - جشن یادگاری
in c. of بیادگار
commence (*-əmens'*) *vt.* & *vi.*
(۱) آغاز کردن (۲) شروع شدن
commence'ment *n.* آغاز ،
شروع - ابتدا - جشن فارغ‌التحصیلی
commend (*kəmend'*) *vt.*
ستایش یا تعریف کردن - سپردن
It doesn't c. itself to me.

commendable 77 communicative

بمذاق من خوش نمی آید
commen'dable (-dəbl) a. تعریفی
commenda'tion n. ستایش، تقدیر، تعریف - [درجمع] سلام ، درود
commensurate. (kəmen'shərit) a. متناسب - دارای مقیاس مشترك
comment (kɔm'ənt) n. & vi. (۱) نظریه - تفسیر (۲) نظریه دادن
com'mentary (-təri) n. تفسیر
com'mentator (-teitə) n. مفسر
commerce (kɔm'ə:s) n. بازرگانی
commercial (kəmə':shəl) a. تجاری ، تجارتی ، مربوط به بازرگانی
commin'gle t. بهم آمیختن
commiserate (kəmiz'əreit) v. دلسوزی یا رحم کردن (بر)
commisera'tion n. رحم ، شفقت
commissa'riat (-riət) n. ادارهٔ خواربار و کارپردازی ارتش، سررشته داری
com'missary (-səri) n. مأمور خواربار وکارپردازی ارتش ، مباشر
commission (kəmish'ən) n. & vt. (۱) مأموریت - کارمزد - حق العمل (کاری) - کمیسیون . ارتکاب (۲) نمایندگی دادن ، مأموریت دادن ، مأمور کردن - دایر کردن
in c. دایر ، آمادهٔ کار
out of c. غیردایر ، غیرقابل استفاده
c. agent حق العمل کار
c. fee(s) کارمزد ، حق العمل
comissionaire (kəmisiənê'ə) n. گماشته یا دربان (در سینما و تأتر و هتل و غیره)
commissioner (kəmish'ənə) n. مأمور - نماینده
commit (kəmit') vt. [-ted] مرتکب شدن - تسلیم کردن - گرفتار کردن
c. to memory از بر کردن
c. to prison در زندان افکندن
c. to writing روی کاغذ آوردن
commit'ment (-mənt) n. تعهد

committee (kəmit'i) n. کمیسیون
commo'dious (-əs) a. جادار
commod'ity (kə-) n. کالا ، جنس
commodore (kɔm'ədɔ:) n. درجه ای بین ناو سروان و دریادار - ناخدای افتخاری چند کشتی که با هم در دریا گردش می کنند
common (kɔm'ən) a. & n. (۱) عمومی - عادی - معمول - [درکسر] متعارفی - مشترك - عامیانه- [د] عام (۲) زمین بی‌حصار و علفزار که برای بازی یا چرا مردم از آن استفاده می کنند
c. law عُرف
in c. مشاع
com'moner (-nə) n. شخص عادی یا عام - شاگرد غیرمجانی دانشکده
com'monly adv. معمولا ، عرفاً
com'monplace a. & n. (۱) پیش پا افتاده ، مبتذل (۲) حرف مبتذل - چیز عادی
com'mons (-mənz) npl. عوام
com'monwealth (-uelth) n. کشورهای مشترك‌المنافع
commotion (kəmou'shən) n. آشوب ، اضطراب - شلوق - هیجان
communal (kɔm'iunəl) a. ناحیه‌ای ، بلوکی ، محلی- متعلق بزندگی سادهٔ اجتماعی
com'mune (-miun) n. بخش
com'mune / commune' } vi. صمیمانه گفتگو کردن - راز دل گفتن
commu'nicable (-kəbl) a. ابلاغ کردنی ، رساندنی - پُرگو
communicate (kəmiu':-) vt. & vi. (۱) ابلاغ کردن - فاش کردن (۲) گفتگو کردن - مکاتبه کردن
communicating rooms اطاقهای تو در تو
communica'tion n. ابلاغ- ارتباط- مکاتبه - خبر ، ابلاغیه - مخابره - انتقال
commu'nicative (-kətiv) a.

خبر رسان - پرحرف

commu'nion (*-niən*) *n.* شرکت ، اشتراك - آمیزش ، ارتباط

hold c. with oneself با خود تفکر کردن

communiqué *n.* [Fr.] ابلاغیه

communism (*kɔm'iuniz'm*) *n.* کمونیسم ، اصول اشتراکی

com'munist *n.* کمونیست

communis'tic *a.* کمونیستی

commu'nity *n.* جماعت ، جامعه

commuta'tion *n.* تبدیل-تخفیف‌جرم

commutator (*kɔm'yuteitə*) *n.* کموتاتور : آلت تغییر (جهت) برق

commute (*kəmiu:t'*) *vt.* تبدیل دادن ، تخفیف دادن

com'pact *n.* پیمان - پودر دان زنانه

compact' (*kəm-*) *a.* & *vt.* (۱) (بهم) فشرده - خلاصه (۲) تنگ ِهم قرار دادن

companion (*kəmpan'iən*) *n.* & *vi.* (۱) رفیق همراه ، لنگه (۲) همراهی کردن (با) - همسری کردن

compan'ionship *n.* رفاقت،همراهی

company (*kʌm'pəni*) *n.* شرکت - مهمان - [نظ] گروهان

in c. with همراه ِ ، باتفاق ِ

part c. with سوا شدن از

keep bad c. با بدان آمیختن

request the pleasure of the c. of [در دعوتنامه ها]خواهش کردن که کسی درمجلسی حضور یابد

for c. برای همراهی با شما ، برای اینکه تنها نباشید

comparable (*kɔm'pərəbl*) *a.* قابل مقایسه

comparative (*kəmpar'əti*) *a.* تطبیقی - نسبی - [در صفت] تفضیلی

compar'atively *adv.* نسبةً

compare (*kəmpê'ə*) *vt.* & *vi.* (۱) برابر کردن ، مقایسه کردن - مانند کردن (۲) برابری کردن ، مانند بودن

c. to تشبیه یا مانند کردن به

c. with تطبیق یا برابر کردن با

as compared with نسبت‌به ، پیش ِ

compar'ison (*-sən*) *n.* مقایسه ، تطبیق ، سنجش - تشبیه - مانند

in c. with نسبت به ، پیش ِ

compartment (*kəmpa:t'mənt*) *n.* قسمت ، کوپه [لفظ فرانسه]

compass (*kʌm'pəs*) *n.* & *vt.* (۱) حدود ، وسعت ، دایره - دوره - قطب‌نما - [مو]دانگ- [درجمع] پرگار (۲) احاطه کردن ، فرا گرفتن

compassion (*kəmpash'ən*) *n.* دلسوزی ، رحم ، شفقت

have c. on رحم کردن بر

compassionate (*-pash'ənit*) *a.* دلسوز ، رحیم ، شفیق - ارفاقی

compatibil'ity *n.* سازگاری،سازش

compat'ible (*kəm-*) *a.* سازگار

compat'riot (*''-ət*) *n.* هم‌میهن

compeer (*-pi'ə*) *n.* هم‌رتبه ، قرین

compel' (*kəm-*) *vt.* [-led] مجبور کردن

compendious (*kəmpen'diəs*) *a.* موجز ، مختصر و مفید ، زبده شده

compen'dium (*-əm*) *n.* خلاصه

com'pensate (*-pin-*) *v.* پاداش دادن - جبران کردن - تلافی درآوردن

compensa'tion *n.* جبران ، تلافی - پاداش ، عوض - غرامت - موازنه

c. account حساب پایاپای یا تهاتری

compete (*kəmpi:t'*) *vi.* رقابت کردن

com'petence; -tency (*-tənsi*) *n.* صلاحیت ، شایستگی

competent (*kɔm'pitənt*) *a.* صلاحیت‌دار ، صالح ، شایسته

competition (*-tish'ən*) *n.* همکاری ، رقابت ، هم‌چشمی - مسابقه

competitive (*kəmpet'itiv*) *a.*

مسابقه‌ای - قابل رقابت
compet'itor (*-tə*) *n.* رقیب ، همکار
compila'tion *n.* تألیف
compile (*kəmpail'*) *vt.* تألیف کردن ، گرد آوردن
compi'ler (*-lə*) *n.* مؤلف
complacence (*kəmplei'səns*) *n.* خوشنودی از (وضع) خود
compla'cent *a.* راضی - حاضرخدمت
complain' (*kəm-*) *vt.* شکایت کردن
complai'nant (*-nənt*) *n.* شاکی
complaint' *n.* شکایت - ناله - کسالت
complaisance (*kəmplei'zəns*) *n.* خوش خویی ، ادب - حاضر خدمتی
complaisant' (*kɔm-*) *n.* مهربان ، فروتن ، حاضر خدمت
com'plement (*-plimənt*) *n.* متمم ، مکمل - عدهٔ کامل
complemen'tary (*-təri*) *a.* مکمل
complete (*kəmpli:t'*) *vt.* & *a.* (۱) تکمیل کردن ، انجام دادن (۲) کامل ، تمام
complete'ly *adv.* کاملا ، تماماً
comple'tion *n.* انجام (دادن)، تکمیل
com'plex *a.* پیچیده - مرکب - مخلوط
complexion (*kəmplek'shən*) *n.* بشره - [مج] سیما
complexity (*kəmplek'siti*) *n.* پیچیدگی، درهمی - آمیختگی - ترکیب
compliance (*kəmplai'əns*) *n.* قبول
in c. with از لحاظ رعایت
compli'ant *a.* آمادهٔ انجام - فروتن
com'plicate *vt.* پیچیده کردن
complica'tion *n.* پیچیدگی-گرفتاری
complicity (*kəmplis'iti*) *n.* همدستی در جرم
com'pliment (*-mənt*) *vt.* تعریف وستایش کردن - تعارف کردن به
complimen'tary (*-təri*) *a.* تعارف آمیز - تعریف آمیز - تعارفی
com'pliments *npl.* تعارف - سلام
comply (*kəmplai'*) *vi.* پذیرفتن، انجام دادن [با **with** باید گفته شود]
component (*kəmpou'nənt*) *a.* & *n.* (جزء) ترکیب کننده
comport (*kəmpɔ:t'*) *vi.* مطابقت کردن
c. (*vt.*) **oneself** رفتارکردن ، حرکت کردن
compose (*kəmpouz'*) *vt.* تصنیف کردن ، ساختن - ترکیب کردن - چیدن (حروف) - تصفیه کردن - آرام کردن
composed' *ppa.* آسوده (خاطر)
compo'ser (*-zə*) *n.* آهنگ ساز
composite (*kɔm'pəzit*) *a.*&*n.* (چیز) مرکب
a c. number عدد غیر اوّل
composition (*-pəzish'ən*) *n.* ترکیب - انشاء - تصنیف - آهنگ‌سازی- حروف چینی - سازش ، قرار و مدار
compositor (*kəmpoz'itə*) *n.* حروفچین
composure (*-pou'zhə*) *n.* آرامش ،آسودگی - خودداری ، متانت
com'post (*-pɔst*) *n.* کود گیاهی
com'pote *n.* خوشاب ، کمپوت
com'pound *a.* & *n.* (۱) مرکب (۲) چیز مرکب - محوطه ، حیاط
compound (*kəmpaund'*) *vt.* & *vi.* (۱) ترکیب کردن - تصفیه کردن (۲) سازش کردن
comprehend' (*kɔmpri-*) *vt.* دریافتن - شامل بودن
comprehen'sible *a.* قابل درك
comprehen'sion (*-shən*) *n.* (قوهٔ) دریافتن یا ادراك - فهم - اشتمال
comprehen'sive (*-siv*) *a.* جامع
compress' (*kəm-*) *vt.* بهم فشردن
com'press *n.* کمپرس ، حولهٔ تر
compres'sible *a.* قابل تراکم
compression (*-presh'ən*) *n.*

بهم فشردن - بهم فشردگی ، تراکم
compressor (*-pres'ə*) *n.* ماشین‌فشار
comprise (*kəmpraiz'*) *vt.* شامل بودن
com'promise (*-prəmaiz*) *n.*, *vi.*, & *vt.* (۱) مصالحه ، سازش - تسلیم (۲) مصالحه کردن ، سازش کردن (۳) بمخاطره انداختن،مظنون یارسوا کردن
compulsion (*kəmpʌl'shən*) *n.* اجبار
compul'sory (*-səri*) *a.* اجباری
compunc'tion (*kəm-*) *n.* ناراحتی وجدانی - تاسف ، افسوس ، پشیمانی
computa'tion *n.* محاسبه - تخمین
compute (*kəmpiu:t'*) *vt.* حساب کردن
com'rade (*-rid*) *n.* رفیق ، همدم
con *vt.* مطالعه کردن - حفظ کردن ، از بر کردن [اغلب با over]
con *prep.* *or* *adv.* & *n.* (۱) برعلیه (۲) رأی مخالف
con'cave (*-keiv*) *a.* مقعر ، کاو
concav'ity (*kən-*) *n.* سطح مقعر
conceal (*kənsi:l'*) *vt.* پنهان کردن
conceal'ment *n.* اخفاء - پوشیدگی
concede (*kənsi:d'*) *vt.* واگذار کردن ،اعطاء کردن - مسلم فرض کردن
conceit (*kənsi:t'*) *n.* خودبینی
out of c. with ناراضی از
concei'ted *a.* خودبین، از خود راضی
conceivable (*-si':vəb.*) *a.* تصور کردنی ، متصوّر ، قابل درك
conceive (*kənsi:v'*) *vt.* & *vi.* (۱) تصور کردن (۲) آبستن شدن
con'centrate (*-sentreit*) *vt.* & *vi.* (۱) تمرکز دادن - غلیظ کردن (۲)حواس خود را جمع کردن
concentra'tion *n.* تمرکز - غلظت
concen'tric *a.* متحدالمرکز
con'cept *n.* مفهوم - تصور عمومی
concep'tion *n.* تصور - آبستنی
have a c. of درك کردن
concern (*kənsə':n*) *n.* ربط ، دخل - امر- بابت- علاقه- نگرانی- شرکت، بنگاه
concern' *vt.* مربوط بودن به
c. oneself علاقه‌مندشدن،دخالت کردن
To whom it may c. بعنوان هرکس که کار باو مربوط باشد
concerned' *ppa* علاقه‌مند- دل‌واپس
concer'ning *prep.* دربارهٔ ، راجع به
con'cert (*-sət*) *n.* کنسرت،هم آهنگی
concerted (*kənsə':tid*) *a.* دسته جمعی
concession (*kənsesh'ən*) *n.* امتیاز - واگذاری ، اعطاء - گذشت
conces'sionary (*-nəri*) *a.* امتیازی
concessioner (*-sesh'ənə*) *n.* صاحب امتیاز
concil'iate *vt.* جلب کردن (سوی خود) - خشم (کسیرا) فرو نشاندن
concilia'tion (*kən-*) *n.* دلجویی ، استمالت تصفیه - توافق
concil'iatory (*-ətə-*)*a.* مسالمت آمیز
concise (*kənsais'*) *a.* مختصر
conclude (*kənklu:d'*) *vt.* & *vi.* (۱) خاتمه دادن - نتیجه گرفتن - منعقد کردن (۲) بپایان رسیدن
conclu'ding *apa.* آخر(ین)
conclu'sion (*-zhən*) *n.* پایان ، انجام ، خاتمه - عاقبت ، نتیجه - انعقاد
draw a c. نتیجه گرفتن
try conclusions در افتادن
conclu'sive (*-siv*) *a.* قطعی، قاطع
concoct (*kənkɔkt'*) *vt.* درست کردن - جعل کردن
concoc'tion *n.* ترکیب ، ساخت - ترتیب - اختراع - جوشانده ، پخته
concomitant (*kənkɔm'itənt*) *a.* & *n.* ملازم
con'cord (*-kɔ:d*)*n.* توافق-هم آهنگی
concor'dance (*-dəns*) *n* توافق ، مطابقت -کشف‌الایات ، فهرست

concor'dant (-*dənt*) *a*. هم‌آهنگ
concor'dat *n*. توافق دوستانه
con'course (-*kɔ:s*) *n*. اجتماع - گروه
con'crete (-*kri:t*) *a*. & *n*. (۱) واقعی ، غیرخیالی - ذات - {c. *noun*} سفت - {در عدد} مقید (۲) بتن ، شفته
man in the c. آدم واقعی
concrete' *vt* & *vi*. (۱) با بتن اندودن یا ساختن (۲) سفت شدن
con'cubine (-*kiubain*) *n*. صیغه
concur (*kənkə':*) *vt*. {-red} موافقت کردن، هم‌رای‌بودن- تصادف کردن
concurrence (*kənkʌr'əns*) *n*. موافقت - تصادف - برخورد- (نقطهٔ) تلاقی
concur'rent *a*. موافق - همرس - مصادف - با هم کار کننده - برابر
concussion (*kənkʌsh'ən*) *n*. تصادم - ضربت سخت (بر مغز)
condemn (*kəndem'*) *vt*. محکوم کردن - علاج ناپذیر دانستن ، جواب کردن - مورد اعتراض قرار دادن
condemna'tion (*kɔn-*) *n*. محکومیت - محکوم سازی - اعتراض
condensa'tion *n*. انقباض - خلاصه
condense' (*kən-*) *vt*. & *vi*. (۱) منقبض کردن - غلیظ کردن - خلاصه کردن (۲) منقبض شدن
conden'ser (-*sə*) *n*. حجرهٔ انقباض
condescend (*kɔndisend'*) *vi*. تمکین کردن ، فروتنی کردن
condescension (-*disen'shən*) *n*. فروتنی بازیر دست ، تمکین ، مدارا
condign (*kəndain'*) *a*. در خور
condiment (*kɔn'dimənt*) *n*. ادویه ، چاشنی
condition (*kəndish'ən*) *n*.&*vt*. (۱) حالت ، وضع {ج. اوضاع} - شرط (۲) مشروط کردن - قید کردن - لازمه (چیزی) بودن - درست کردن
out of c. خراب ، معیوب
in working c. دایر ، کارکننده
on c. بشرط
on (*or* upon) c. that بشرط اینکه
make it a c. شرط کردن
conditional (-*dish'ənəl*) *a*. شرطی - نامعلوم - مقید
condole (*kəndoul'*) *vi*. (اظهار) همدردی کردن
condo'lence (-*ləns*) *n*. عرض تسلیت {بیشتر بصیغه جمع}
condone' (*kən-*) *vi*. اغماض کردن
con'dor (-*də*) *n*. کرکس امریکائی
conduce (*kəndiu:s'*) *vi*. منجر شدن
condu'cive (-*siv*) *a*. موجب
con'duct (-*dəkt*) *n*. رفتار - جریان
conduct (*kəndʌkt'*) *vt*. & *vi*. (۱) انتقال دادن - رهبری کردن - اداره کردن (۲) کشیده شدن
c. oneself. رفتار یا سلوك کردن
conduction (*kəndʌk'shən*) *n*. انتقال -هدایت گرما
conductor (*kəndʌk'tə*) *n*. رهبر ، هادی - مباشر - مدیر
conduit (*kʌn'dit*) *n*. آبگذر ، مجرا - لولهٔ سیم پوش ، لولهٔ برگمن
cone *n*. مخروط- جوز کلاغ - قیف {برای بستنی قیفی}
co'ney (-*ni*) = cony
confabulate (*kənfab'yuleit*) *vi*. گفتگو کردن
confec'tion(*kən-*) *n*. شیرینی-معجون
confectioner (-*shənə*) *n*. قناد
confec'tionery (-*nəri*)*n*. قنادی
confederacy (*kənfed'ərəsi*) *n*. اتحادیه - ایالات هم پیمان
confed'erate (-*rit*) *a*. & *n*. (کشور) هم پیمان یا متفق
confed'erate (-*reit*) *v*. متفق کردن (یاشدن) - هم پیمان کردن (یاشدن)
confedera'tion *n*. اتحاد ، هم‌پیمانی
confed'erative (-*rətiv*)*a*. اتحادی

confer(*kənfə':*) *vt.* & *vi* [-red] (۱) اعطاء کردن (۲) مشورت کردن ، مذاکره کردن

conference (*kɔn'fərəns*) *n.* مذاکره ، تبادل نظر ، مشورت - کنفرانس

conferment (*kənfə':-*) *n.* اعطا

confess' (*kən-*) *vt.* اقرار کردن - اقرار گرفتن از ، گوش باعتراف (کسی) دادن

confession (*-fesh'ən*) *n.* اعتراف

confet'ti (*kən-*) *npl.* پولك های کاغذی که درجشن ها بهم پرت می کنند

confidant' *n.* [*fem.* - dante] محرم راز

confide' (*kən-*) *vt.* & *vi.* (۱) محرمانه گفتن (به) - (۲) اعتماد داشتن

c. in اعتماد کردن (یا داشتن) به

con'fidence (*-dəns*) *n.* اطمینان، اعتماد - قوت قلب ، جرأت - راز گویی

have c. in (*or* on) a person بکسی اطمینان داشتن

con'fident *a.* & *n.* - (۱) مطمئن - گستاخ (۲) رازدار ، محرم اسرار

confiden'tial (*-shəl*) *a.* محرمانه - راز دار

confiden'tially *adv.* محرمانه

configura'tion *n.* ترکیب ، شکل

confine (*kənfain'*) *vt.* منحصر کردن - قانع کردن - محبوس کردن

confined' *ppa.* - تنگ - محدود - در بستر (زاییمان) خوابیده

confines (*kɔn'fainz*) *npl.* حدود

confinement (*kənfain'mənt*) *n.* تحدید ، تعیین حدود - توقیف - زاییمان

confirm (*kənfə':m*) *vt.* تأیید کردن ، تصدیق کردن ، ابرام کردن

confirma'tion *n.* تایید، تصدیق، ابرام

confirmed' *ppa.* - پابرجا ، محرز - ریشه کرده ، مزمن - مسلم - معتاد

con'fiscate *vt.* ضبط یا توقیف کردن

confisca'tion *n.* ضبط ، توقیف

conflagra'tion *n.* حریق بزرگ

con'flict *n.* - زد وخورد، کشمکش - تصادف ، برخورد - مغایرت

conflict' (*kən-*) *vi.* زد وخورد کردن - مخالف بودن

conflic'ting *apa.* مغایر ، مخالف

con'fluence *n.* تلاقی- انبوهی- گروه

con'fluent (*-ənt*) *a.* & *n.* (۱)متلاقی (۲) شاخه یا ملتقای رود

con'flux *n.* = confluent

conform' (*kən-*) *vt.* & *vi.* (۱) مطابق کردن ، وفق دادن ، تطبیق کردن (۲) برابر بودن

confor'mable (*-məbl*) *a.* برابر، مطابق - سخن شنو - [با to] مطابق

confor'mably to برطبق ، بنابر

conforma'tion *n.* شکل - تطبیق

confor'mity (*kən-*) *n.* مطابقت

in c. with برطبق

confound' (*kən-*) *vt.* مغشوش کردن - با یکدیگر اشتباه کردن - شرمسار کردن - دست پاچه کردن

confrère [Fr.] *n.* همقطار ، همکار

confront (*kənfrʌnt'*) *vt.* مواجه شدن با - روبرو یا مقابله کردن، مواجهه دادن

confuse (*kənfiu:z'*) *vt.* با هم اشتباه کردن - گیج کردن

get confused گیج شدن ، در اشتباه افتادن

confu'sion (*-zhən*) *n.* درهم برهمی، اغتشاش - تشنج - اشتباه (کاری)

confute (*kənfiu:t'*) *vt.* رد کردن - مجاب کردن

congeal (*kənji:l'*) *v.* منجمد شدن یا کردن ، سفت شدن یا کردن

congenial (*kənji': niəl*) *a.* هم مشرب ، دمخور

congenital (*kənjen'itəl*) *a.* مادرزاد ، ذاتی

con'ger (*-gə*) *n.* *or* c. eel قسمی

مار ماهی بزرگ

congest (*kənjest'*) *vi.* & *vt.* (۱) انبوه شدن (۲) انبوه کردن

conges'tion (*kən-*) *n.* انبوهی ، تراکم - احتقان، غلبهٔ خون

conglomerate (*kəngləm'ə-reit*) *v.* گرد کردن یا شدن

conglomera'tion *n.* گردآوری - توده ، کومه

congratulate (*kəngrat'yuleit*) *vt.* تبریك گفتن (به)

I c. you on . . . . بمناسبت . . . . . بشما تبریك میگویم ، . . . . را بشما تبریك میگویم

congratula'tion *n* شادباش، تبریك

congrat'ulatory (*-yulətəri*) *a.* تهنیت آمیز ، حاوی تبریك

con'gregate (*-gri-*) *vi.* & *vt.* (۱) جمع شدن (۲) گرد آوردن

congrega'tion *n.* جماعت

congressional (*-greshənəl*) *a.* کنگره‌ای ، مربوط بکنگره

con'gress *n.* کنگره ، مجمع ، مجلس

con'gress-man *n.* عضو کنگره

con'gruous (*-gruəs*) *a.* موافق

con'ic(al) (*-kəl*) *a.* مخروطی ، کله قندی

coniferous (*kounif'ərəs*) *a.* کاجی

conjecture (*kənjek'chə*) *n.*&*v.* (۱) حدس، ظن - تخمین (۲) حدس‌زدن ، گمان بردن

conjoin (*kənjɔin'*) *v.* پیوستن

conjoint' *a.* توأم ، مشترك

con'jugal (*-gəl*) *a.* ازدواجی

con'jugate *vt.* صرف کردن

conjuga'tion *n.* صرف(فعل)-ترکیب

conjunc'tion (*kən-*) *n.* پیوستگی- قران - حرف ربط ، حرف عطف

in c. with بضمیمهٔ ، با

conjunc'tive (*-tiv*) *a.* & *n.* (۱) ربط دهنده (۲) کلمهٔ ربط ، رابطه

conjunc'ture (*-chə*) *n.* تصادف چند پیشامد

conjure (*kʌn'jə*) *vt.* با افسون حاضر کردن یا دور کردن[گاهی با up] - مجسم کردن

conjure (*-ju':ə*) *vt.* درخواست کردن از

con'jurer; -ror (*-rə*) *n.* جادوگر

conk (*vi.*) out [Col.] ازکارافتادن

connect (*kənekt'*) *vt.* & *vi* (۱) متصل یامربوط کردن (۲) متصل شدن

connec'tion = connexion

connec'tive (*-tiv*) *a.* & *n.* (۱) ربط دهنده (۲) کلمهٔ ربط

connexion (*kənek'shən*) *n.* ارتباط - نسبت ، ربط - زمینه - اتصال

in c. with نسبت به - پیوسته به

connivance (*kənai'vəns*) *n.* غمض عین - اجازهٔ ضمنی

connive' (*vi.*) at نادیده گرفتن

connoisseur (*kənisə':*) *n.* خبره

connotation (*kənətei'shən*) *n.* اشاره ضمنی

connote (*kənout'*) *vt.* اشارهٔضمنی داشتن بر

connubial (*kənu':biəl*) *a.* ازدواجی

con'quer (*-kə*) *vt.* فیروزی یافتن بر،شکست دادن - فتح کردن ، تسخیر کردن

con'queror (*-kərə*) *n.* فاتح

con'quest (*-kwest*) *n.* فتح ، غلبه

make the c. of some one محبت کسیرا بخود جلب کردن

consanguineous (*-gwin'iəs*) *a.* (*nasabee*) همخون - نسبی

consanguin'ity *n.* قرابت نسبی

con'science (*-shəns*) *n.* وجدان

guilty c. وقوف بیدکاری خود

in all c. وجداناً ، براستی

conscientious (*-shien'shəs*) *a.* با وجدان - جدّی ، وظیفه شناس
con'scious (*-shəs*)*a.* هوشیار-ملتفت
con'sciousnesss *n.* هوشیاری
lose c. بیهوش شدن
con'script *n.* سرباز وظیفه
conscript' (*kən-*)*vt.* بخدمت وظیفه مجبور یا احضار کردن
conscrip'tion (*kən-*)*n.* سربازگیری
con'secrate (*-sikreit*) *vt.* تخصیص دادن - تقدیس کردن
consecra'tion *n.* تخصیص ، وقف - تقدیس - تبرّك
consecutive (*kənsək'yutiv*) *a.* پی‌دربی ، متوالی
consec'utively *adv.* متوالیاً
consensus (*kənsen'səs*)*n.* اجماع
consent' (*kən-*) *n.* & *vi.* (۱) رضایت ، موافقت (۲) رضایت دادن
con'sequence (*-sikwəns*) *n.* نتیجه ، لازمه - اهمیت - نفوذ، اعتبار
of c. مهم ، با نفوذ
con'sequent *a.* & *n.* (۱) منتج - دارای ترتیب منطقی (۲) نتیجه - تالی
consequen'tial (*-shəl*) *a.* منتج - مهم - ضمنی - بخود اهمیت دهنده
con'sequently *adv.* در نتیجه
conservation (*kɔnsəvei'shən*) *n.* بقا - نگهداری
conservatism (*kɔnsə':vətizm*) *n.* محافظه کاری
conser'vative (*-vətiv*)*a.* محافظه کار
conser'vatory (*-vətri*) *n.* گرمخانه - هنرستان
conserve (*kənsə:v'*) *vt.* نگهداشتن - مربا کردن
con'serve(s) *n.* مربا - پرورده
consider (*kənsid'ə*) *vt.* & *vi.* (۱) مورد رسیدگی قرار دادن ، ملاحظه کردن - فرض کردن (۲) تأمل کردن
considerable (*kənsid'ərəbl*) *a.* قابل توجه ، نسبةً زیاد ، معتنابه
consid'erably *adv.* نسبةً زیاد ، بسیار ، بس - بطور قابل ملاحظه
consid'erate (*-rit*) *a.* با ملاحظه
considera'tion *n.* ملاحظه ، توجه ، تامل- رعایت - [حق] پاداش ، عوض
under c. مورد رسیدگی یا بررسی
in c. of بملاحظهٔ - بپاداش
taking into c. با درنظرگرفتن
consid'ering *prep.* نظر به، بملاحظهٔ
consign (*kənsain'*) *vt.* واگذار کردن ، سپردن - بطور امانت فرستادن
consignee (*-saini':*) *n.* گیرندهٔ کالای فرستاده شده ، محمول‌الیه
consign'ment (*-mənt*) *n.* حمل ، امانت فرستی - محموله - واگذاری
consist' (*kən-*) *vi.* مرکب بودن
It consists in عبارت است از
consis'tence; -tency *n.* غلظت ، قوام - استحکام ، ثبات - سازگاری، توافق
consis'tent (*-tənt*) *a.* سازگار ، موافق - استوار ، ثابت - منطقی - پیوسته
consis'tently *adv.* پیوسته
consola'tion (*kɔnsə-*) *n.* تسلیت
consolatory (*kənsɔl'ətəri*) *a.* تسلیت آمیز
console (*kənsoul'*) *vt.* تسلی دادن ، تسلیت دادن ، دلداری دادن
con'sole(-table) *n.* طاقچه عاریه
consol'idate (*kən-*) *vt.* & *ti.* (۱) محکم کردن - یك کاسه کردن (۲) سخت شدن - بهم پیوستن
consolida'tion *n.* تحکیم - ترکیب
consols (*kənsɔlz'*) *npl.* *or* consolidated annuities دیون عمومی در انگلیس
con'sonance *n.* هم‌صدائی - موافقت
con'sonant (*-sənənt*) *n.* حرف مصمت یا گنگ [چون f و b]
con'sort *n.* همسر (شاه یا ملکه)
consort (*kənsɔ:t'*) *vi.*

بهم پیوستن - موافق بودن
conspectus (*kanspek'tas*) *n.* بازدید یا دورهٔ عمومی - خلاصه
conspicuous (*kanspik'yuas*) *a.* واضح - برجسته
conspir'acy (*-rasi*) *n.* توطئه
conspir'ator (*-ata*) *n.* همدست در توطئه یا فتنه
conspire' (*kan-*) *vi.* توطئه چیدن
constable (*kʌns'tabl*) *n.* پاسبان ، پلیس
con'stancy (*-stansi*) *n.* ثبات
con'stant (*-stant*) *a.* پایدار ، ثابت ، پایا - همیشگی ، دائمی - وفادار
cons'tantly *adv.* پیوسته ، دائماً
constella'tion *n.* صورت فلکی، برج
consterna'tion *n.* بهت، حیرت
con'stipate *vt.* قبض کردن، جمع کردن
cons'tipated *a.* دچار یبوست
constipa'tion *n.* قبض ، یبوست
constit'uency (*-yuansi*) *n.* هیئت موکلان یا مؤسسان یك حوزه
constit'uent *a.* & *n.* (۱) تشکیل دهنده (۲) عضو مجلس مؤسسان
con'stitute (*-tiu:t*) *vt.* تشکیل دادن
constitu'tion *n.* تشکیل ، تأسیس - مشروطیت ، قانون اساسی ، اساسنامه - نهاد ، سرشت - ساختمان - مزاج
constitu'tional (*-shanal*) *a.* اساسی - قانونی
constrain' (*kan-*) *vt.* در فشار گذاشتن ، مجبور کردن - حبس کردن
constraint' *n.* اضطرار ، فشار- توقیف
constrict' (*kan-*) *vt.* بهم فشردن
constric'tion *n.* انقباض - فشار
construct' (*kan-*) *vt.* ساختن ، بنا کردن - ترکیب کردن - رسم کردن
construction (*kanstrʌk'shan*) *n.* ساختمان ، بنا - ترکیب - تعبیر - ترسیم
construc'tive (*-tiv*) *a.* بناکننده - مثبت ، سودمند - ساختمانی - تعبیری
construe (*kanstru':*) *vt.* & *vi.* (۱) ترکیب یا تجزیه کردن - تفسیر یا تعبیر کردن (۲) قابل تعبیر بودن
con'sul (*-sal*) *n.* کنسول
con'sular (*-siula*) *a.* کنسولی
con'sulate (*-lit*) *n.* کنسولگری
con'sul-gen'eral *n.* سرکنسول
con'sulship *n.* سمت کنسول، کنسولی
consult (*kansʌlt'*) *vt.* مشورت کردن با ، مورد مشورت قرار دادن
consulta'tion *n.* مشورت - مشاوره
consul'tative (*-lativ*) *a.* مشاوره(ای) ، شوروی
the National C. Assembly مجلس شورای ملی
consul'ting *a.* مشاور
consume (*kansiu:m'*) *vt.* & *vi.* (۱) مصرف کردن-سوزاندن (۲) تحلیل رفتن
consu'mer (*-ma*) *n.* مصرف کننده
con'summate (*-sameit*) *vt.* انجام دادن ، تمام کردن
consum'mate (*-sʌm'it*) *a.* کامل
consumma'tion *n.* تکمیل - مقصد - کمال - داماد شدگی ، زفاف
consump'tion *n.* مصرف - سل
consumptive (*kansump'tiv*) *a.* & *n.* (شخص) مسلول
contact (*kɔn'takt*) *n.* & *vt.* (۱) تماس ، اتصال - مجاورت - ارتباط - کسیکه وسیله واگیره ناخوشی شود ، واسطهٔ سرایت (۲) تماس گرفتن با
contagion (*kantei'jan*) *n.* واگیره ، سرایت
conta'gious (*-jas*) *a.* واگیردار
contain' (*kan-*) *vt.* شامل بودن
contai'ner (*-na*) *n.* ظرف
contaminate (*kantam'ineit*) *vt.* آلودن ، آلوده یا کثیف کردن
contamina'tion *n.* آلودگی
contemn (*-tam'*) *vt.* حقیر شمردن

con'template *vt.* & *vi.* (۱) در نظر داشتن- انتظار داشتن (۲) اندیشه کردن
contempla'tion *n.* اندیشه ، تفکر
in c. مورد نظر ، مطرح
con'templative (*-pleitiv*) *a.* اهل تفکر - معنوی - معقول [در علوم]
contemporaneous (*kəntempə-rei'niəs*) *a.* هم زمان ، معاصر
contem'porary (*-pərəri*) *a.* & *n.* هم زمان ، معاصر
contempt' (*kən-*) *n.* اهانت-خواری
hold in c. خوار شمردن
contemp'tible *a.* قابل تحقیر- خوار
contemptuous (*kəntemp'-tiuəs*) *a.* اهانت آمیز - مغرورانه
contend' (*kən-*) *vi.* معادله یا همچشمی کردن - معتقد یامدعی بودن
con'tent *n.* گنجایش، ظرفیت- حجم - مصروف ، محتوی - مضمون ، مندرجات [بیشتر بصیغه جمع]
content' (*kən-*) *a.*, *n.*, & *vt.* (۱) خوشنود ، راضی - قانع (۲) رضایت (۳) راضی یا قانع کردن
c. oneself with اکتفا کردن به
conten'ted *ppa.* قانع ، خرسند
conten'tion (*kən-*) *n.* مجادله
conten'tious (*-shəs*) *a.* متنازع فیه
contentment (*kəntent'mənt*) *n.* قناعت ، خرسندی
con'test *n.* مسابقه - نزاع - جدال
contest' (*kən-*) *vt* & *vi.* (۱) مورد تردید یا اعتراض قرار دادن (۲) مجادله کردن - همچشمی کردن
contes'tant (*-tənt*) *n.* طرف متنازعه
con'text *n.* قرینه - زمینه
contigu'ity *n.* مجاورت - تماس
contig'uous (*-yuəs*) *a.* مجاور
con'tinence (*-nəns*) *n.* احصان
con'tinent *n.* & *a.* (۱) قطعه ، قارّه (۲) پرهیزکار ، پاکدامن

continen'tal (*-t'l*) *a.* قاره‌ای - مربوط بقطعهٔ اروپا بدون جزایر برطانی
contingency (*kəntin'jənsi*) *n.* احتمال - پیشامد احتمالی ، واقعهٔ ضمنی
contin'gent *a.* & *n.* (۱) موکول [با on یا upon به] -محتمل الوقوع - عارضی (۲) سهم در دادن سرباز یا بیگار
contin'ual (*-yuəl*) *a.* دائمی
contin'ually *adv.* دائماً ، همیشه
contin'uance (*-əns*) *n.* دوام- ادامه
continua'tion *n.* ادامه - دنباله
continue (*kəntin'yu*) *vt.* ادامه دادن ، دنبال کردن
continu'ity *n.* پیوستگی ، اتصال
contin'uous (*-yuəs*) *a.* پیوسته ، مسلسل ، متصل - متوالی
contin'uously *adv.* اتصالاً، پیوسته
contort (*kəntɔ:t'*) *vt.* ازشکل انداختن ، کج کردن
contor'tion *n.* پیچ ، تاب
contour (*kɔn'tuə*) *n.* طرح ، محیط مرئی - دوره
con'traband (*-trə-*) *n.* قاچاق
con'trabandist *n.* قاچاقچی
con'tract *n.* قرارداد ، پیمان - مقاطعه - عقد
contract' (*kən-*) *vt.* & *vi.* (۱) منقبض کردن - مخفف کردن - مقاطعه کردن -گرفتن (ناخوشی) - بهم رساندن (قرض) - (۲) منقبض شدن - پیمان بستن
contrac'tile (*-tail*) *a.* قابل انقباض ، جمع شونده - منقبض کننده
contrac'tion *n.* انقباض - اختصار ، شکستگی [درکلمات] -کلمهٔ شکسته یا مختصر شده - دچار شدگی
contractor (*kəntrak'tə*) *n.* مقاطعه کار ، پیمانکار
contradict' (*kɔntrə-*) *vt.* تناقض داشتن با - تکذیب کردن
c. oneself دروغ درآمدن

contradic'tion *n.* نقض - تکذیب ، ردّ ، انکار - ضدگویی - تناقض

contradic'tory (*-təri*) *a.* متناقض

contradistinc'tion *n.* تشخیص

contrap'tion *n.* { Sl. } اختراع غریب

contrariety (*-trərai'əti*) *n.* مغایرت- سخن متناقض

contra'rily *adv.* از روی لجبازی و خود رأیی

contrariwise (*kəntrê'ə riwaiz*; *kɔn'trəri-*) *adv.* برعکس- بطور معکوس - از جهت مخالف -- از روی لجبازی و خود رأیی

con'trary (*-trəri*) *a.*, *n.*, & *adv.* (۱) مخالف - معکوس (۲) عکس (۳) در جهت مخالف

on the c. برعکس

c. to مخالفِ ، برخلافِ - برعکسِ

contrary (*kəntrê'əri*) *a.* خودرأی ، لجباز

con'trast *n.* مقابله- فرق‌نمایان، تباین

in c. with درمقابلِ ، دربرابرِ

contrast' (*kən-*) *vt.* & *vi.* (۱) مقابله کردن (۲) فرق نمایان داشتن

contravene (*kɔntrəvi:n'*) *vt.* نقض کردن - ردکردن

contraven'tion *n.* تخلف - نقض

contretemps *n.* {Fr.} حادثه ناگوار

contribute (*kəntrib'yu:t*) *v.* شرکت کردن (در) - کمك کردن

contribu'tion *n.* سهم (دادن) ، اعانه - شرکت ، کمك از راه دادن (مقاله) - خراج

contrib'utor(*-yutə*) *n.* کمك کننده- مقاله دهنده ، مقاله نویس

contrib'utory (*-təri*) *a.* کمك کننده - موجب

con'trite *a.* پشیمان ، توبه‌کار

contrition (*kəntrish'ən*) *n.* انکسار ، توبه

contri'vance (*-vəns*) *n.* تدبیر-شیوه

contrive' (*kən-*) *v.* چاره‌کردن ، تدبیر کردن - موفق شدن

control (*kəntroul'*) *n.* & *vt.* {-led} (۱) نظارت - جلوگیری - بازدید ، ممیزی - اختیار -[در ماشین] فرمان (۲) جلوگیری یا نظارت کردن

controller (*kəntrou'lə*) *n.* ممیز ، ناظر، بازبین

controversial (*-trəvə:'shəl*) *a.* جدالی - ستیزه‌جو

con'troversy (*-trəvə:si*) *n.* مباحثه ، جدال

con'trovert (*-trəvə:t*) *vt.* مورد مباحثه قرار دادن - ردکردن ،منکرشدن

contuma'cious (*-shəs*) *a.* خودسر

contumacy (*-məsi*) *n.* خودسری

con'tumely (*-tiumili*) *n.* اهانت

contuse (*-tiu:z'*) *vt.* کوفته‌کردن

contusion (*kəntiu'zhən*) *vt.* کوفتگی ، ضغطه ، ضربت

conundrum (*kənʌn'drəm*) *n.* معما

convalesce (*-vəles'*) *vi.* بهبود یافتن

convalescence (*kɔnvəles'əns*) *n.* نقاهت

convales'cent *a.* دارای نقاهت

convene (*kənvi:n'*) *vt.* & *vi.* (۱) جمع کردن - دعوت یا احضار کردن (۲) جمع شدن ، انجمن کردن

convenience (*kənvi':niəns*) *n.* راحت ، راحتی ، آسایش - مناسبت

at your earliest c. در نخستین وهلهٔ فرصت (که پیدا کنید)

marriage of c. ازدواج مصلحتی

conve'nient *a.* بی‌زحمت - مناسب

conve'niently *adv.* مصلحةً

con'vent (*-vənt*) *n.* صومعه راهبات

convention (*kənven'shən*) *n* قرارداد ، پیمان ، عهد - انجمن - رسم

conventional (kənven'shənəl) *a.* قراردادی ، مطابق رسوم یا قواعد
converge (kənvə:j') *vi.* & *vi.* (۱) بهم نزدیك شدن (۲) در یك نقطه جمع کردن
conver'gence (-jəns) *n.* تقارب خطوط ، هم گرایی
conver'gent *a.* متقارب
conversant (kənvə':sənt) *a.* آگاه - آشنا ، بصیر
conversa'tion *n.* گفتگو ، مذاکره
conversational (-vəsei'shənəl) *a.* محاوره‌ای - صحبت دوست
converse (kənvə:s') *vi.* گفتگو کردن
con'verse *a.* & *n.* (قضیه) معکوس
converse'ly *adv.* برعکس
conversion (kənvə':shən) *n.* قلب - تبدیل - تسعیر - تغییر مذهب
convert (kənvə:t') *vt.* معکوس کردن- تسعیر کردن -بکیش دیگر درآوردن
con'vert *n.* تازه کیش ، نو آئین
converter (kənvə':tə) *n.* مبدّل
conver'tible *a.* تغییرپذیر- قابل تبدیل - قابل تسعیر
con'vex *a.* محدب ، کوژ
convex'ity *n.* تحدّب ، کوژی
convey' (kən-) *vt.* بردن-رساندن- انتقال دادن
convey'ance (-əns) *n* نقل ، انتقال (نامه)- صلح - ابلاغ - وسیلهٔ نقلیه
convict' (kən-) *vt.* مقصر دانستن
con'vict (kɔn'-) *n.* مقصر ، محکوم
convic'tion *n.* محکومیت، مجرمیت- عمل‌متقاعدساختن -مجاب‌شدگی-عقیدهٔ‌محکم
It carries c. متقاعد کننده است
convince' (kən-) *vt.* متقاعدکردن
convinced' *ppa.* متقاعد
convivial (kənviv'iəl) *a.* خوش ، خوش مشرب - وابسته به مهمانی
convivial'ity *n.* خوش مشربی

convocation (kɔnvoukei'shən) *n.* احضار - مجلس ، انجمن
convoke' (kən-) *vt.* دعوت کردن
convolution (kɔnvəlu':shən) *n.* پیچیدگی ، حلقه
convolvulus (kənvɔl'viuləs) *n.* نیلوفر پیچ و نوع آن
con'voy *n.* قافله - بدرقه ، محافظ
convoy' (kən-) *vt.* بدرقهٔ ... رفتن
convulse (kənvʌls') *vt.* تکان دادن - متشنج کردن ، پیچاندن
convul'sion (-shən) *n.* تشنج
convul'sive (-siv) *a.* تشنجی
coo *n.* & *vi.* بغبغو (کردن)
cook *n.* & *vt.* (۱) آشپز (۲)بختن
coo'ker (-kə) *n.* چراغ خوراك پزی
coo'kery (-kəri) *n.* خوراك پزی
c. book کتاب آشپزی یا طباخی
coo'kie ; **-ky** (-ki) *n.* [U. S.] کلوچه
cool *a.*, *vt.*, & *vi.* (۱) خنك- [مج] خون سرد ، متین (۲) خنك کردن - آرام کردن (۳) خنك شدن - ملایم شدن
cooler (ku':lə) *n.* کولر : ماشین هوا خنك کن
cool'-headed *a.* خون سرد
coo'lie (-li) *n.* باربر ، عمله
cool'ness *n.* خنکی - خون سردی
coon *n.* [U. S.] (۱) سیاه امریکائی (۲) = racoon - (۳) شخص موذی
coop *n.* قفس ، مرغدان - سبد - چلیك
cooper (ku':pə) *n.* چلیك ساز - سطل ساز - آهن ساز
cooperate (kouop'əreit) *vi.* همکاری کردن ، توحید مساعی کردن
coopera'tion *n.* همکاری ، توحید- مساعی .
coop'erative (-rətiv) *n.* تعاونی
c. society شرکت تعاونی
co-opt' *vt.* با رأی داخلی انتخاب و بعده خود اضافه کردن

coordinate (kouɔ':dinit) n. هم پایه
coor'dinate (-neit) n. همرتبه کردن- هم آهنگ کردن - موزون ساختن- متناسب کردن
coordina'tion n. هم آهنگی ، وحدت نسق
coot n. قسمی مرغ آبی
copartner (koupart':nə)n. شریك
cope n. & vi. (۱) ردا ، جبه - کتیبه (۲) با ردا پوشانیدن - کتیبه گذاشتن (۳) ازعهدهٔ . . . برآمدن ، حریف شدن
cop'ier (-iə) n. رونویس کننده
co'ping n. کتیبه- رگهٔ بالای جرز
co'pious (-əs) a. فراوان - وسیع - کثیرالتألیف
copper (kɔp'ə) n. مس
cop'per-plate n (قلم‌زده) صفحهٔ مس
c. writing خط زیبا و خوانا
cop'persmith n. مسگر
coppice (kɔp'is) n. بیشه
copse = coppice
cop'ulate vi. جماع کردن
cop'y n. & vt. (۱) رونوشت - نسخه ، جلد- سرمشق- تقلید (۲) رونویس کردن ، استنساخ کردن - تقلید کردن
rough c. مسوّده ، چرك نویس
fair c. پاکنویس
cop'y-book n. دفتر (سر) مشق
cop'ying-ink n. مرکب کپیه یاواگیره
cop'yist n. مستنسخ - مقلد
cop'yright n. حق چاپ و تقلید
It is c. (a.) حق طبع و تقلید آن محفوظ است
cop'yslip n. سرمشق ، قطعه
co'quetry (-kitri) n. عشوه
coquette (kouket') n. & vi. (۱) زن عشوه‌گر (۲) عشوه کردن
coquet'tish a. عشوه‌گر ، طناز
coral (kɔr'əl) n. مرجان
cord (kɔ:d) n. & vt. (۱)ریسمان- زه ، سیم - وتر - قیطان - راه[در پارچه]- رباط (۲) با ریسمان بستن
spinal c. مغز تیره ، نخاع
cordage (kɔ':dij) n. طنابهای کشتی
cor'dial (-əl) a. قلبی - مقوی - صمیمانه ، دوستانه
cordial'ity n. صمیمیت ، مودت
cor'dially adv. با مودت ، قلباً
cor'don (-dən) n. نشان ، روبان
cor'duroy n. مخمل کبریتی - [درجمع] شلواریکه از این پارچه درست شود
core n. قفل، تخمدان - مغز - وسط سیم
hard c. زیرسازی جاده ، بی جاده
cork (kɔ:k) n. & vt. (۱) چوب پنبه (۲)چوب پنبه گذاشتن (در) ، بستن ، نگه داشتن [بیشتر با up]
cork'screw (-skru:) n. پیچ سر بطری
corn (kɔ:n) n. غله - [در امریکا] ذرت
corn ('') n. میخچه
tread on a person's corns احساسات کسیرا جریحه‌دار کردن
corn'-cob n. چوب ذرت
corn'-drill n. بذر افشان
corned ppa. نمك زده - قرمه شده
corner (kɔ':nə) n. & vt. (۱) گوشه، کنج -مضیقه (۲) درمضیقه گذاشتن
turn the c. پیچیدن [در خیابان]
make a c. in احتکار کردن
cor'ner-stone n. سنگ زاویه - [مج] بنیاد ، پایه ، کلید
cor'net (-nit) n. قسمی سازبادی - نان قیفی - کلاه سفید دختران تارك دنیا
corn'factor (-tə) n. غله فروش
corn'-field n. گندم‌زار ، مزرعه
corn'-flour n. آرد ذرت یا برنج
corn'-flower n. گل گندم
cor'nice (-nis) n. گلوئی ، ابزار وگچ بری در زیر سقف -کتیبه

corn'meal *n.* آرد گندم - آرد ذرت
cornuco'pia (*-piə*) *n.* شاخ فراوانی
corolla (*kərol'ə*) *n.* جام [گ‌ش]
corollary (*kərol'əri*) *n.* قضیهٔ فرعی ، نتیجه
corona (*kərou'nə*) *n.* [-næ (*ni:*)] تاج - لوستر گرد - اکلیل ، هاله
corona'tion (*-rə-*) *n.* تاجگذاری
cor'oner (*-ənə*) *n.* مأمور جستجوی علت مرگهای ناگهانی ، کشاف
cor'onet (*-ənit*) *n.* تاج کوچك - تاج گل - پیشانی بند مرصع
cor'poral (*-pərəl*) *a.* & *n.* (۱) جسمی (۲) سرجوخه
cor'porate (*-pərət*) *a.* متحد - دارای شخصیت حقوقی - صنفی
c. body *or* **body c.** شخص حقوقی
corpora'tion *n.* شرکت یا بنگاهی که دارای شخصیت حقوقی باشد - هیئت مأمورین منتخب شهر- [درامریکا] شرکت با مسئولیت محدود - [د.گ] شکم گنده
corpo'real (*-riəl*) *a.* جسمی
corps (*kɔ:*) *n.* [corps (*kɔ:z*)] هیئت - گروه ، عده - لشکر
C. Diplomatique [Fr.] هیئت نمایندگان سیاسی (خارجه)
corpse (*kɔ:ps*) *n.* نعش ، لاشه
cor'pulence ; **-cy** *n.* فربهی
cor'pulent (*-piulənt*) *a.* فربه
cor'puscle (*-pəs'l*) *n.* ذره
corral' *n.* [U. S.] جای اسب وگاو
correct (*kərekt'*) *a.* & *vt.* (۱) درست ، صحیح (۲) تصحیح کردن
correc'tion *n.* تصحیح - تأدیب
house of c. دارالتادیب [زندان]
speak under c. بقید احتیاط سخنی گفتن واحتمال نادرستی آنرا دادن
correc'tional (*-shənəl*) *a.* تأدیبی
correct'ly *adv.* بطور صحیح
correct'ness *n.* درستی ، صحت
correc'tor (*-tə*) *n.* مصحح - تادیب کننده
correlate (*kɔr'i-*) *vi.* & *n.* (۱) مربوط بهم بودن (۲) لازمه ، قرین ارتباط ، بستگی
correla'tion *n.*
correlative (*kourel'ətiv*) *a.* & *n.* (۱) بهم پیوسته - جفت - لازم و ملزوم (۲) نظیر
correspond' (*-ris-*) *vi.* مطابق بودن [با to یا with] - مکاتبه کردن
correspondence (*kɔrispɔn'dəns*) *n.* مطابقت -مکاتبه - مکاتبات
correspon'dent *n.* & *a.* (۱) خبرنگار - طرف مکاتبه (۲) مطابق
correspon'ding *ppa.* مطابق ، متشابه - مترادف - [هند] متقابل
cor'ridor(*-dɔ:*) *n.* راهرو، غلام گردش
corroborate (*kərɔb'əreit*) *vt.* تأیید کردن ، تقویت کردن
corrobora'tion *n.* تأیید ، تقویت
corrode (*kəroud'*) *vt.* & *vi.* کم کم فاسد کردن یاشدن
corro'sion (*-zhən*) *n.* فساد تدریجی
corro'sive (*-siv*) *a.* & *n.* (۱) خورنده ، تباه کننده ، اکال (۲) مادهٔ اکاله
corrugate (*kɔr'ugeit*) *vt.* & *vi.* (۱) چین دادن - موجدار کردن - راه راه کردن (۲) چین خوردن ، موجی شدن
cor'rugated *ppa.* چیندار ، موجی
corrupt (*kərʌpt'*) *a.*, *vt.*, & *vi.* (۱) تباه ، فاسد شده - تحریف شده - رشوه خوار (۲) فاسد یا معیوب کردن - تطمیع کردن ، رشوه دادن (۳) تباه شدن ، فاسد شدن
corrup'tible *a.* رشوه گیر
corrup'tion *n.* تباهی ، فساد - تحریف - تباه سازی - رشوه یا ارتشاء
corsage (*kɔ':sij*; *korsa:zh'*) *n.* بالا تنهٔ لباس زنانه
corset (*kɔ':sit*; *-sət*) *n.* کرست

a pair of corsets کرست سرهم [سینه بند و شکم بند]
cortège *n.* [Fr.] دسته تشریفاتی (مشایعین)
cor'tex *n.* [-tices (-*si:z*)] پوست
co'sily (-*zi*-) *adv.* بطور راحت
co'siness *n.* راحت (بودن)
cosmet'ics (*kɔz*-) *npl.* روغن یا چیز دیگری که بشره وموی سر را زیبائی دهد
cosmic (*kɔz'*-) *a.* مربوط بعالم هستی - منظم
cosmogony (*kɔzmɔg'əni*) *n.* (فرضیه) پیدایش جهان
cosmopol'itan(*kɔzmɔpɔl'itən*) *a.* وابسته بهمه جای جهان
cosmos (*kɔz'mɔs*) *n.* گیتی و انتظام آن - گل ستاره‌ای
cost (*kɔst*; *kɔ:st*) *n.* & *v.* [cost] (۱) بها ، قیمت - هزینه - [در جمع] هزینهٔ مرافعه (۲) ارزیدن - تمام‌شدن - بهاگذاری کردن
at c. مایه بمایه ، بقیمت تمام شده
How much does it c.? چقدر می‌ارزد ، بهای آن چقدر است
It c. him dear(ly). برایش گران تمام شد
cos'ter(monger) *n.* میوه فروش یا سبزی فروش دوره گرد ، طوّاف
cos'tive (-*tiv*) *a.* یبوست‌دار
cost'ly *a.* گران ، پرخرج - فاخر
costume (*kɔs'tiu:m*) *n.* (طرز) لباس - کت و دامن (زنانه)
co'sy (-*zi*) *a.* & *n.* (۱) راحت ، گرم و نرم (۲) **tea- c. =** رو قوری
cot *n.* کلبه - آغل - انگشت‌پوش - تختخواب سفری یا بچگانه
cote *n.* آغل - مرغدان ، کبوترخان
co'terie (-*təri*) *n.* گروه هم‌مسلکان
cottage (*kɔt'ij*) *n.* کلبه ، خانهٔ روستایی - [در امریکا] عمارت ییلاقی که آب نمایی داشته باشد

cotton (*kɔtn*) *n.*, *a.*, & *vi.* (۱) پنبه - نخ - پارچهٔ نخی (۲) پنبه‌ای ، نخی (۳) رفاقت کردن ، گرم گرفتن
sewing-c. نخ دوزندگی ، نخ خیاطی
c. print چیت
c. wool پنبه لایی ، لایی پنبه
cot'ton-mill *n.* کارخانهٔ نخ ریسی
cot'ton-spinning *n.* نخ ریسی
couch (*kauch*) *n.*, *vt.* & *vi.* (۱) تخت - نیمکت (۲) خوابانیدن - پایین آوردن - با سخن ادا کردن - پنهان کردن (۳) دراز کشیدن - درکمین نشستن
cough (*kɔf* ; *kɔ:f*) *n.* & *vi.* (۱) سرفه (۲) سرفه کردن
could (*kud*) [*p.* of **can**]
couldn't = could not
council (*kaun'sil*) *n.* شوری ، هیئت [**C. of Ministers**]
coun'cillor (-*silə*) *n.* عضو شورا
coun'sel (-*səl*) *n.*, *vt.*, & *vi.* (۱)مشورت، پند، تدبیر- وکیل(۲)مشورت یا پند دادن (به) - (۳) مشورت کردن
take c. with مشورت کردن با
c. for the crown وکیل عمومی ، دادیار
coun'sellor (-*sələ*) *n.* رای زن
count *vt.*, *vi.*, & *n.* (۱) شمردن ، حساب کردن - فرض کردن (۲) بحساب آمدن - اهمیت داشتن (۳) شماره - جمع
I c. on you. بامید شما هستم
c. out the House مذاکرات را بعلت فقدان حد نصاب ختم کردن
c. up جمع زدن
be counted out } پس از شماره
take the count } بلند نشدن [در مسابقه بوکس]
c. the cost زیان یاخطر کاریرا قبلاً سنجیدن
I lost c. of it. حسابش از دستم در رفت
count *n.* کنت [لقب فرانسوی که برابر

است با **earl** لقب انگلیسی]

coun'tenance(*-tinəns*) *n.*& *vt.* (۱) سیما ، قیافه - منظر - پشتی (۲) پشتی کردن ، رو دادن

put (*or* **stare**) **out of c.** از رو بردن

keep in c. پشتی کردن - رو دادن

coun'ter (*-tə*) *n.*, *a.*, *adv.*, & *v.* (۱) پیشخوان ' بساط - ژتن [دربازی] -سینهٔ اسب - ضربت متقابله (۲) ضد متقابل - روبرو (۳) در جهت مخالف (٤) مخالفت کردن (با) ، ضدیت کردن (با) - معاملهٔ بمثل کردن (با) - ردّ و بدل کردن (ضربت)

c. to مخالفِ ، برضدِّ ، برعکسِ

counteract' *vt.* بی‌اثر یاخنثی کردن

counterbal'ance (*-əns*) *n.* & *vt.* (۱) وزنهٔ تعادُل - نیروی برابر (۲) برابری کردن با - خنثی کردن

coun'terchange *v.* باهم عوض کردن یاشدن - تغییر جا دادن

coun'tercharge *n.* تهمت متقابله

coun'ter-claim *n.* دعوی متقابل

coun'terfeit (*-təfi:t*) *a.*, *n.*, & *vt.* (۱) ساختگی ، جعلی (۲) سکهٔ قلب - آدم متقلب (۳) تقلید کردن

coun'terfeiter (*-tə*) *n.* قلب ساز

coun'terfoil *n.* ته چك - سوش

countermand' *n.* & *vt.* (۱) حکمِ ناسخ (۲) لغو کردن - فسخ کردن - احضار کردن - پس گرفتن

countermarch (*kaun'tə-*) *n.* تغییرجهت حرکت ارتش - تغییرِ روّیه

coun'termine *n.*, *vi.*, & *vt.* (۱) نقب زیر نقب - توطئه متقابل (۲) نقب زیر نقب دیگری ساختن (۳) با دسیسهٔ متقابل خنثی کردن

coun'terpane (*-təpein*) *n.* روتختخوابی (پنبه دوزی)

coun'terpart *n.* سواد عین ، المثنی

coun'terpoise = **counterbalance**

coun'tersign (*-sain*) *n.* & *vt.* (۱) نشانی (۲) امضا(ی متقابل) کردن

coun'terweight (*-weit*) *n.* وزنه برابر ، پارسنگ

coun'tess *n.* [*fem. of* **count**]

count'less *a.* بیشمار ، بیحساب

coun'trified *ppa.* روستا صفت

country (*kʌn'tri*) *n.* کشور

in the c. در ییلاق، در حومه شهر

coun'tryman *n.* دهاتی - هم‌میهن

coun'try-seat *n.* عمارت ییلاقی

coun'tryside *n.* حومهٔ شهر

county (*kaoun'ti*) *n.* استان

coun'ty-town *n.* حاکم نشین استان

coup d'état [Fr.] کودتا

coupé (*ku':pei*) *n.* [Fr.] کوپه

couple (*kʌp'l*) *n.*, *vt.*, & *vi.* (۱) جفت ، زن و شوهر یا دو نامزد (۲) جفت کردن - ارتباط دادن (۳) عروسی کردن

a c. of days (یکی) دو روز

coupled with توأم با ، علاوه بر

couplet (*kʌp'lit*) *n.* بیت

coup'ling *n.* اتصالی ، وسیله اتصال

coupon (*ku':pɔn*; *kupon'* *n.* [Fr.] برش ، کوپن

courage (*kʌr'ij*) *n.* جرأت ، دلیری

man of c. مرد دلیر

courageous (*kərei'jəs*) *a.* دلیر ، باجرأت - دلیرانه ،مبنی برجرأت

coura'geously *adv.* با جرأت

courier (*ku'riə*) *n.* پیك - چاپار - حمله‌دار - راهنمای مسافرین

course (*kɔ:s*) *n.* & *vt.* (۱) راه ، خط سیر - مجرا - جریان - دوره ، رشته - میدان - بخش (غذا) - رگه ، رگك (۲) دنبال کردن - بتاخت بردن

in the c. of درظرفِ ، درطیِ

in c. of در دستِ ، تحتِ

of c. البته - بدیهی است

courser (*kɔ':sə*) *n.* [Poet.]

اسب تند رو
cour'sing *n.* شکار خرگوش با تازی
court (*kɔ:t*) *n.* & *v.* - (۱) حیاط
میدان - دربار - دادگاه - اظهار عشق (۲)
عرض بندگی کردن (به) - طلب کردن
c. of justice دادگاه
pay one's c. عرض عشق کردن
c. favour توجه و التفات کسیرا
طلب کردن ، خود شیرینی کردن
courteous (*kə':tiəs* ; *kɔ':-*) *a*
مؤدب - مؤدبانه ، مبنی بر ادب
cour'teously *adv.* مؤدبانه
courtesan (*kɔ':tizan*) *n.* فاحشه
courtesy (*kə':tisi*) *n.* - ادب
تواضع - تعظیم - التفات - رضایت
courtier (*kɔ':tiə*) *n.* درباری
court'ly *a.* مؤدب ، باوقار
court'-mar'tial (*-shəl*) *vt.*
در دادگاه نظامی محاکمه کردن
court'ship *n.* طلبِ همسری ،
عرض عشق
court'yard *n.* حیاط
cousin (*kʌzn*) *n.* عموزاده - دایی
زاده - عمه‌زاده - خاله‌زاده - اقوام دور
cove (*kouv*) *n.* - خلیج کوچك
پناه‌گاه ساحلی - گلوئی مقعر - [ز.ع] آدم
covenant (*kʌv'inənt*) *n.* & *v.*
(۱) پیمان ، شرط (۲) عهد بستن
cover (*kʌv'ə*) *n.* & *vt.* (۱)
پوشش - در - جلد - پاکت - پشتوانه -
بهانه (۲) پوشانیدن - جبران یا تأمین
کردن - شامل بودن - جفت گیری کردن با-
پیمودن - هدف قرار دادن - پناه دادن
under c. سربسته ، درپاکت ، محفوظ
under c. of در پناهِ - بضمیمهٔ
covered with پوشیده از
cov'ering *n.* & *apa.* (۱) پوشش،
سرپوش - جلد (۲) دربرگیرنده ، شامل
c. letter نامه توضیحی ، نامهٔ وابسته
coverlet (*kʌv'əlit*) *n.* - روپوش
روتختخوابی (پنبه دوزی) ، لحاف

covert (*kʌv'ət*) *a.* - پوشیده
[c. glance] دزدانه یا دزدیده
covet (*kʌv'it*) *vt.* طمع کردن
cov'etous (*-itəs*) *a.* طمع کار(انه)
cow (*kau*) *n.* & *vt.* (۱) ماده‌گاو،
گاوِ ماده (۲) ترسانیدن ، تهدید کردن
coward (*kau'əd*) *n.* آدمِ ترسو ،
نامرد
cowardice (*kau'ədis*) *n.* ترسویی
cow'ardly *a.* ترسو ، نامرد
cow'-boy *n.* گاوچران - گاوبان
cow'-calf *n.* گوسالهٔ ماده
cower (*kau'ə*) *vi.* ازترس دولاشدن
cow'herd *n.* گاوچران
cow'-hide *n.* چرم - شلاق چرمی
cowl (*kaul*) *n.* جامهٔ باشلق‌دارِ
راهب - باشلق - کلاهكِ دودکش
cow'-pox *n.* آبلهٔ گاوی
cow'rie / **cow'ry** (*kau'ri*) *n.* - خرمهره - صدف
نوعیِ کسِ گربه
cow'slip *n.* (یکجور) گاو زبان
coxcomb (*kɔks'koum*) *n.* شخص
خودنما و نادان وجلف - گل تاج‌خروس
coxswain (*kɔk's'n*) *n.* پیشکارِ
جاشویان کشتی - سکان‌گیر
coy *a.* محجوب (وعشوه‌گر)
cozen (*kʌzn*) *vt.* فریب دادن
crab *n.* , *vi.* , & *vt.* [-bed]
(۱) خرچنگ- آدم ترشرو (۲) چنگك زدن
(۳) سخت انتقاد کردن
crabbed *a.* - ترشرو - پیچیده
خرچنگ قورباغه‌ای [صفت خط]
crack *n.* , *a.* , *vi.* , & *vt.*
(۱) ترك، شکاف - ضربت - صدای شلاق -
لحظه - عیب- شوخی- آدم خشك مغز- [در
جمع] شایعات (۲) ماهر ، زبردست (۳)
ترك خوردن - شکستن - صدا کردن (٤)
ترکانیدن- بصدادرآوردن (شلاق)- باز کردن
(شیشه) - لکه‌دار کردن
c. a. joke مزه انداختن، شوخی کردن

c. up ستودن ، تعریف کردن
crack'-brained *a.* خشك مغز
crack'er (*krak'ə*) *n.* لاف زن - شکننده - ترقه - کلوچهٔ خشك
crack'le *vi.* ترق و تروق کردن
cra'dle *n.* گهواره - کلاف - لاوك
craft *n.* پیشه ، صنعت - استادی ، مهارت - حیله - کرجی - اهل حرفه
crafts'man *n.* صنعت گر
craf'ty *a.* حیله گر - حیله آمیز
crag *n.* پرتگاه - کمر
cram *vt.* & *vi.* [-med] (۱) چپانیدن - پرخوراندن (۲) پرخوردن- با شتاب خود را برای امتحان آماده کردن
cramp *n.*, *vt.*, & *a.* (۱) عقربك، بند-قید- انقباض عضله (۲) درقید گذاشتن- عقربك زدن (۳) درهم برهم
crane *n.* & *vt.* (۱) درنا، کلنگ- جر اثقال (۲) دراز کردن (گردن)
c. (*vi.*) at شانه خالی کردن از
crane's-bill *n.* شمعدانی
cra'nial (*-niəl*) *a.* جمجمه ای
cra'nium (*-əm*) *n.* [-nia] جمجمه
crank *n.* & *vt.* (۱) هندل : بازوی اتوموبیل - پیچ و خم - وسواس (۲) خم کردن - هندل زدن [با up]
crank'shaft *n.* میل لنگ
cran'ky *a.* سست - بی دوام - دمدمی
cranny (*kran'i*) *n.* شکاف ، چاك
crape *n.* کرپ ابریشمی سیاه - نوار سیاه در دور کلاه
crash *n.* & *vi.* (۱) صدای شکستگی- ورشکستگی ناگهانی - پارچه حوله ای (۲) با صدا شکسته شدن - سقوط کردن
crass *a.* زمخت - زیاد - کامل
crate *n.* صندوق جگنی (برای ظروف)
cra'ter (*-tə*) *n.* دهانهٔ آتش فشان
crave *v.* آرزو کردن - ایجاب کردن
cra'ven (*-vn*) *a.* ترسو ، نامرد
cry c. تسلیم شدن ، سپر انداختن
cra'ving *n.* آرزو ، اشتیاق
crawl (*krɔ:l*) *vi.* خزیدن ، برشکم رفتن -چهار دست و پا رفتن
cray'fish *n.* خرچنگ آب شیرین
crayon (*krei'ən*) *n.* & *vt.* (۱) قلم گچ -مداد رنگی (۲) با گچ یامداد طرح کردن
craze *vt.* & *vi.* (۱) دیوانه کردن - ترك دار کردن (۲) دیوانه شدن - ترك برداشتن
cra'zy *a.* دیوانه - مودار - سست
c. bone استخوان آرنج
creak (*kri:k*) *n.* & *vi.* (۱) صدای لولا (۲) جیرجیر یا غژغژ کردن
cream (*kri:m*) *n.* خامه ، سرشیر
creamery (*kri': məri*) *n.* لبنیات فروشی - لبنیات سازی
creamy (*kri':mi*) *a.* خامه دار، چرب
crease (*kri:s*) *n.* & *vi.* (۱) تاه ، چین (۲) تاه برداشتن
create (*krieit'*) *vt.* آفریدن
creation (*kriei'shən*) *n.* آفرینش ، خلقت - انشاء - ایجاد، تولید
crea'tive (*-tiv*) *a.* آفریننده - دارای قوهٔ آفرینش - [با of] موجب
crea'tor (*-tə*) *n.* آفریننده ، خالق
creature (*kri':chə*) *n.* آفریده ، مخلوق - جانور - زبان بسته [حیوان]
crèche (*kreish*) *n.* [Fr.] شیرخوارگاه [درکارخانه ها]
cre'dence (*-dəns*) *n.* باور، اعتقاد
give c. to باور کردن
credentials (*kriden'shəlz*) *npl.* استوارنامه
cred'ible *a.* باور کردنی - معتبر
cred'it *n.* & *vt.* (۱) اعتبار - افتخار - (ستون) بستانکار- وعده ، مهلت (۲) به بستانکار حساب (کسی) گذاشتن - نسیه دادن به - نسبت دادن
enter to some one's c. به بستانکار حساب کسی گذاشتن
on c. (بطور) نسیه ، بسادست

man of c. شخص معتبر
give c. to باور کردن
c. sale فروش نسیه
letter of c. اعتبارنامه (بانکی)
c. note برگ بستانکار
on six months' c. باششماه وعده
c. an amount to a person *or* c. a person with an amount
مبلغی را به بستانکار حساب کسی گذاشتن
cred'itable (*-təbl*) *a.* معتبر
cred'itor (*-tə*) *n.* بستانکار
credulity (*-diu':-*) *n.* زود باوری
cred'ulous (*-yuləs*) *a.* زود باور
creed *n.* عقیده - اعتقاد نامه
creek *n.*- خور ، خلیج کوچك - مرداب - [در امریکا] نهر - جلگهٔ باریك
creel *n.* سبد (ماهی گیری)
creep *vi.* {crept} خزیدن ، سینه‌مال رفتن- شاخه دوانیدن - لغزیدن - راه‌یافتن -احساس‌ویرویر یامورمور کردن
cree'py *a.* وحشت زده ، ترسیده
cremate' (*kri-*)*vt.* سوزاندن(مرده)
cremato'rium (*-əm*) *or*
crem'atory (*-ətəri*) *n.* کورهٔ لاشه سوزی - کورهٔ آشغال سوزی
cre'osote (*-əsout*) *n.* جوهر قطران
crept { *p.* & *pp. of* creep }
crescent (*kres'ənt*) *n.* & *a.* (۱) ماه نو، هلال (۲) هلالی - بزرگ شونده
cress *n.* شاهی ، تره تیزك
crest *n.* کاکل - تاج ، جقه - نوك ، سر
cretonne (*kretɔn'* ; *kret'ɔn*) *n.* قسمی پارچه پرده‌ای
crevasse (*krivas'*) *n.* شکاف
crev'ice (*-is*) *n.* ترك ، شکاف
crew (*kru:*) *n.* کارکنان کشتی ، جاشویان - [در هواپیما] سرنشینان
crib *n.* & *vt.* {-bed}(۱)علف‌دان- تختخواب یا قفس بچگانه - سبد - سدّ زیر آبی (۲) درقفس گذاشتن - ازدیگران تقلید کردن یا دزدیدن
crick *n.* سیخ شدگی ، خشکی
crick'et *n.* - جیرجیرك ، زنجره - چارپایهٔ کوتاه ، عسلی - بازی کریکت
It is not c. ناجوانمردانه است
crier (*krai'ə*) *n.* جارچی - مأمور اخطارهای عمومی در دادگاه
crime *n.* جنایت ، تبه‌کاری - جرم
crim'inal (*-nəl*) *a.* & *n.* (۱) جنائی (۲) جانی ، تبه کار - مجرم
crimp *vt.* چین دادن
crim'son (*-zn*) *a.* & *n.* قرمز لاکی
cringe (*krinj*) *vi.* چاپلوسانه فروتنی کردن - دولا شدن ، قوز کردن
crin'kle *n.* & *v.* (۱) پیچ - چین (۲) پیچیدن - چین خوردن یا دادن
crip'ple *n.* & *vt.* (۱) لنگ ، چلاق ، فالج (۲) لنگ یا فالج کردن
cri'sis *n.* {-ses (*si:z*)} بحران
crisp *a.*, *vt.*, & *vi.* (۱) پیچیده، چین‌دار - خشك وترد - تازه ، فرح بخش- لب ، قطعی (۲) چین دادن - خشك کردن (۳) فر خوردن
potato-crisps *npl.*
خرده سیب زمینی سرخ کرده که خشك وترد باشد، « چیپس »
criss'cross *n.*, *a.*, & *adv.* (۱) خصوصاً متقاطع (۲) دارای خطوط متقاطع - [مج] دودرنج ، کج خلق (۳) برخلاف ، درجهت مخالف
criterion (*kraiti':əriən*) *n.* { -ria (*riə*) } ملاك ، میزان ، معیار ، محك
crit'ic *n.* نقاد - خرده‌گیر - انتقاد
crit'ical (*-kəl*) *a* بحرانی - وخیم
crit'icism (*-sizm*) *n.* انتقاد
crit'icize *vt.* انتقاد کردن
critique (*-ti:k'*) *n* (فنّ) انتقاد
croak (*krouk*) *n* &*vi.* (۱) صدای وزغ یا کلاغ (۲) غارغار کردن

crochet (*krou'shei*) *n.* قلابدوزی
crock *n.* & *vi.* - (۱) دوده - کوزه
اسب پیر (۲) [با up] از کار افتادن
crock'ery (*-əri*) *n.* بدل چینی
crocodile (*krɔk'ədail*) *n.*
نهنگ ، تمساح ، سوسمار
cro'cus (*-kəs*) *n.* (بتهٔ) زعفران
croft *n.* مزرعه یا باغچهٔ متصل بخانه
crone *n.* پیرزن فرتوت ، عجوزه
cro'ny (*-ni*) *n.* دوست صمیمی
crook *n.* & *v.* - (۱) عصای سرکج -
قلاب - کلاه بردار (۲) خم کردن یاشدن
crook'back *n.* آدم قوز پشت
crooked (*kru'kid*) *a.* کج -
بد شکل - کج کار
croon (*kru:n*) *v.* زمزمه کردن
crop *n.*, *vt.*, & *vi.* ، (۱) حاصل
محصول - چینه‌دان - موی کوتاه زده
(۲) کوتاه کردن - درو کردن ، چیدن
(۳) بار دادن - ناشی شدن
c. up ظاهر شدن - درآمدن
cropper (*krɔp'ə*) *n.* - ماشین موزنی
موی زن - [ز.ع.] سقوط ، شکست
come a c. پرت شدن - مردود
شدن - ناکام شدن
a good c. گیاه پُر حاصل
crop'sickness *n.* امتلاء معده ، تخمه
cross *n.* & *a.* - (۱) صلیب - خط نه -
آمیزش نژاد ها درجانوران (۲) متقاطع -
عرضی - کج خلق - پیوندی ، دو رگه
c reference مراجعه یا ارجاع به
قسمت دیگر [در یك کتاب]
We were at c purposes.
مقصودهمدیگر را نمیفهمیدیم بلکه هرکدام
از مقصود خود فکر میکردیم
cross *vt.* & *vi.* -(۱) عبور کردن از
عبوردادن - خط زدن - قطع کردن - پیوند
زدن - مخالفت کردن‌با - ممانعت کردن از
(۲) عبور کردن - متقاطع شدن
c. swords دست و پنجه نرم کردن
Your letter crossed mine.
قبل‌ازوصول نامه شمابرای‌شما نامه نوشته بودم
cross'-bar or -piece *n.*
تیر عرضی ، تیر افقی
cross'-bones *npl.* شکل جمجمه با
دو استخوان متقاطع
cross'-bred *ppa.* دو رگه ، پیوندی
cross'-breed *n.* حیوان یا گیاه دورگ
cross'cut *a.* & *vt.* میان بُر (کردن)
cross-examina'tion *n.* بازپرسی
(ازشاهد) ، پرسش ومقابله ، روبروسازی
cross'-eyed (*-aid*) *a.* لوچ ، احول
cross'-grained *a.* دارای رگه های
نامنظم - [مج] سرکش ، خودسر
cross'ing *n.* عبور - محل تقاطع
cross'-legged *n.* پا روی پا انداخته
cross'ness *n.* کج خلقی
cross'-question *vt.* بطرق مختلف
و بدقت بازپرسی کردن
cross'-roads *n.* چهار راه ، چارسو
cross'wise (*-waiz*) *adv.* - ازوسط
از پهنا - چلیپاوار - درجهت مخالف
cross'-word puzzle جدول معمائی
crotch (*krɔch*) *n.* محل انشعاب
crotchet (*krɔch'it*) *n.* [مو] سیاه
crotch'ety (*-iti*) *a.* بوالهوس
crouch *vi.* دولا شدن ، قوز شدن
croup (*kru:p*) *n.* کفل اسب - خُناق
crow (*krou*) *n.* & *vi.* - (۱) کلاغ
بانگ خروس (۲) بانگ‌زدن ، خواندن
crow'-bar *n.* اهرم ، دیلم
crowd (*kraud*) *n.* & *vi.*
(۱) جمعیت (۲) ازدحام کردن
crow'ded *a.* شلوق ، پرجمعیت
crown (*kraun*) *n.*&*vt.* -(۱) تاج
جایزه - فرق سر - سکهٔ پنج شیلینگی
(۲) تاج گذاری کردن-جایزه دادن- بالا(ی
چیزی) قرار گرفتن - پوشاندن (دندان)
c. land (زمین) خالصه
c. prince ولیعهد
crucial (*kru':shəl*) *a.* قاطع
cru'cible *n.* بوته

crucifixion (-fik'shən) *n.* تصلیب ، چارمیخ کشی - صلیب شدن
cru'cify (-fai) *vt.* مصلوب کردن
crude (kru:d) *a.* خام - ناتمام - خشن
cru'dity *n.* خامی
cru'el (-əl) *a.* بیرحم - ظالمانه
cru'elly *adv.* بیرحمانه
cru'elty *n.* بیرحمی
cru'et (-it) *n.* شیشهٔ سرکه‌ای - تنگ
cruise (kru:z) *vi.* گشت زدن
cruiser (kru':zə) *n.* رزم ناو
battle c. نبرد ناو
crumb (krʌm) *n.* & *vt.* (۱) خرده نان - مغز نان (۲) خرد کردن
crum'ble *v.* خرد کردن یاشدن
crum'bly *a.* خرد شونده ، ترد
crum'pet (-pit) *n.* قسمی کماج
crum'ple *vt.* & *vi.* (۱) مچاله کردن - از اطو انداختن (۲) خرد شدن
crunch *vt.* با صدا جویدن
crupper (krʌp'ə) *n.* قشقون - کفل اسب
crusade' (kru:-) *n.* جنگ صلیبی
crusa'der *n.* سرباز جنگ صلیبی
cruse (kru:z) *n.* [Arch.] کوزه
crush *vt.* & *vi.* (۱) له کردن - خرد کردن (۲) له شدن - ازدحام کردن
crust *n.* & *vi.* (۱) پوست ، قشر - جرم (۲) پوست بستن - جرم گرفتن
crus'ty *a.* پوستی - پوست‌دار - تند
crutch (krʌch) *n.* چوب زیر بغل
crux (krʌks) *n.* [cruxes (krʌk'si:z)] مسئله دشوار ، معما
cry (krai) *n.* & *vi.* (۱) فریاد - گریه (۲) فریادزدن - گریه کردن - جارزدن [متعدی هم هست . اینك چند مورد] :
c. down تحقیر یاهو کردن
c. one's heart out زار زار گریستن
c. oneself to sleep زیر گریه خواب رفتن
cry'-baby *n.* نی نی کوچولو

cry'ing *apa.* جارزننده، آشکار - مبرم
crypt (kript) *n.* دخمه، غار - سرداب
cryp'tic(al) (-kəl) *a.* مرموز
cryp'togram (-tou-) *n.* رمز
crystal (kris'təl) *n.* بلور
crys'talline (-lain) *a.* بلوری
crystalliza'tion *n.* تبلور
crys'tallize (-təlaiz) *vt.* & *vi.* (۱) بلوری یا متبلور یا قلمی کردن (۲) متبلور شدن - شکل قطعی پیدا کردن
ct. = cent
cub *n.* توله -[مج] بچهٔ بی تربیت
cube *n.* توان سوم ، عدد مکعب
c. root ریشهٔ سوم ،کعب ، جذرمکعب
cu'bic(al) (-kəl) *a.* مکعب
cu'bicle *n.* خوابگاه (جدا)
cu'bit *n.* ذراع ، ارَج
cuckoo (ku'ku:) *n.* کوکو ، فاخته
cucumber (kiu':kʌmbə) *n.* خیار
cud *n.* نشخوار ، نوشخوار
chew the c. نشخوار کردن
cuddle (kʌd'l) *vt.* درآغوش گرفتن
cudgel (kʌj'əl) *n.* & *vt.* (۱) چماق (۲) چوب زدن ،کتك زدن
cue (kiu:) *n.* ته کلام - رویه - حال - اشاره - چوب بیلیارد
cuff *n.* & *vt.* (۱) سردست - سرآستین - مشت (۲) مشت زدن
cuirass' (kwi-) *n.* زره بالا تنه
cul-de-sac (kul'də-) *n.* [Fr.] کوچه بن بست
cu'linary (-nəri) *a.* درخور آشپزخانه
cull *vt.* گلچین کردن
cul'minate *vi.* منجر شدن
c. in منجر شد به
culmina'tion *n.* اوج ، تکبد
culpabil'ity *n.* مجرمیت
cul'pable (-pəbl) *a.* مقصر ، مجرم
cul'prit *n.* متهم - مقصر
cult *n.* پرستش - آیین - هوس و جنون برای تقلید مد یا رسمی

cul'tivate *vt.* زراعت کردن (در) - توسعه دادن - تربیت کردن - شخم کردن
cultiva'tion *n.* کشت - پرورش
cul'tural (*-chərəl*) *a.* فرهنگی
cul'ture (*-chə*) *n.* فرهنگ - پرورش - کشت (میکرب) - تهذیب
cul'vert (*-vət*) *n.* نهر سرپوشیده
cum'ber (*-bə*) *vt.* مزاحم شدن
cum'bersome (*-bəsəm*) } *a.* برزحمت
cum'brous (*-brəs*)
cum dividend با نضمام سود قابل پرداخت
cu'mulative (*-miulətiv*) *a.* جمع شونده - اضافی - یکجا - جمعی
cuneiform (*kiu':nii-*) *a.* میخی
cun'ning *a.* & *n.* (۱) زیرك - حیله گر (۲) زرنگی - حیله بازی
cup *n.* & *vt.* [-ped] (۱) فنجان - جام (فیروزی) - پیاله - شاخِ خون گیری (۲) حجامت کردن
cupboard (*kʌb'əd*) *n.* قفسه ،گنجه
cup'ful *n.* (مظروف یك) فنجان
cupid'ity *n.* حرص مال اندوزی
cupper (*kʌp'ə*) *n.* فصاد ، رگزن
cur (*kə:*) *n.* سگ بازاری - [مج] ناکس
cu'rable (*-rəbl*) *a.* علاج پذیر
cu'rate (*-rit*) *n.* معاون کشیش بخش
cu'rative (*-rətiv*) *a.* علاج بخش
cura'tor (*-tə*) *n.* کتابدار - موزه‌دار
curb (*kə:b*) *n.* & *vt.* (۱) (زنجیر) هویزه (۲) فرو نشاندن ، جلوگیری کردن
curb'(stone) *n.* سنگ جدول
curd (*kə:d*) *n.* شیر دلمه ، شیر بسته
cur'dle *v.* دلمه کردن یاشدن
cure (*kiuə*) *vt.*, *vi.*, & *n.* (۱) شفا دادن - نمك زدن (۲) بهبود یافتن (۳) شفا
curfew (*kə':fiu:*) *n.* قدغن عبور و مرور در شب
lift the c. عبور و مرور شب را آزاد کردن
cu'rio (*-riou*) *n.* خرده ریز صنعتی
curios'ity *n.* حس کنجکاوی - تحفه
cu'rious (*-əs*) *a.* کنجکاو - غریب
curl (*kə:l*) *n.*, *vt.*, & *vi.* (۱) طرّه ، حلقه (۲) فر دادن- پیچیدن (۳) حلقه شدن
cur'ly *a.* فردار ، پیچیده ، مجعد
curmudgeon(*kə:mʌj'ən*)*n.* خسیس
currant (*kʌr'ənt*) *n.* کشمشِ بیدانه - مویز
cur'rency *n.* پول - انتشار - شهرت
current (*kʌr'ənt*) *a.* & *n.* (۱) جاری- رایج - شایع (۲) جریانِ دریایی - روش
curriculum (*kərik'yuləm*) *n.* [-la (*lə*)] دورهٔ تحصیلات
currier (*kʌr'iə*) *n.* چرم ساز
currish (*kə':rish*) *a.* پست ، فرومایه - ستیزه جو
curry (*kʌr'i*) *vt.* قشو کردن
c. favour with a person نزد کسی چاپلوسی و خود شیرینی کردن
cur'ry *n.* کاری : زردچوبه هندی
cur'ry-comb (*-koum*) *n.* قشو
curse (*kə:s*) *n.*&*v.* -(کردن) نفرین (کردن) لعنت (کردن) - کفر (گفتن)
cur'sed (*-sid*); **curst** *pp a.* ملعون
cur'sive (*-siv*) *a.* پیوسته - روان
cursory (*kə':səri*) *a.* سردستی - شتاب زده .
curt (*kə:t*) *a.* کوتاه وگستاخانه
curtail' (*kə:-*) *vt.* کوتاه کردن (از آخر) - موقوف کردن - کم کردن
curtail'ment *n.* اختصار - ترخیم
curtain (*kə':tn*) *n.* پرده
c. (*vt.*) **off** با پرده جدا کردن
curt'ness *n.* شدت لحن - اختصار
curts(e)y (*kə:t'si*) *n.* & *vi* (۱) تواضع زنانه (۲) تواضع کردن

curvature (*kə':vəchə*) *n.* انحنا
curve (*kə:v*) *n.* & *v.* (۱) خطِ منحنی - انحنا (۲) خم کردن یاشدن
cushion (*kush'ən*) *n.* نازبالش ، مخده - بالشتك - صفحهٔ مانع اصطکاك
cus'pidor {U. S.} = **spittoon**
cuss {Sl.} = **curse; person**
cus'tard (*-təd*) *n.* فرنی تخم مرغی
custo'dian (*-ən*) *n.* سرایدار، نگهبان
custody (*kʌs'tədi*) *n.* نگهداری ، حفاظت - حبس - توقیف - امانت
have c. of امانةً نگهداشتن
custom (*kʌs'təm*) *n.* رسم - {در جمع} حقوقِ گمرکی {که آنرا **c. duties** نیز گویند}- {در امریکا}(۱) بسفارشی { **c. clothes** } - (۲) سفارشی دوز { **c. tailors**}
give one's c. to مشتری ... شدن
cus'tomarily *adv.* معمولاً ، رسماً
customary (*kʌs'təməri*) *a.* مرسوم - عادی
cus'tomer (*-təmə*) *n.* مشتری
cut *vt.* {**cut**} & *n.* (۱) بریدن - چیدن - بُر زدن - زیر (چیزی) زدن - درآوردن (دندان) - (۲) برش ، قطع - کاهش - قاش - قواره - حملهٔ زبانی
c. a figure خود را جلوه دادن
c. a joke شوخی کردن - مزه انداختن
c. back {درسینما} دوباره نشان دادن (بخشی از صحنه)
c. down کم کردن ، کاستن (از)
c. off a corner (*or* **c. arcoss**) میان بُر کردن
c. oneself loose خرج خود را سوا کردن
c. out آماده کردن - حذف کردن - بس کردن ، موقوف کردن
c. up خرد کردن - خراب کردن
c. up rough متغیر شدن ، داد و بیداد راه انداختن
c. glass بلور ، شیشه تراشدار
c. stone سنگ تراش(دار)
short c. (راه) میانُ بر
I need a hair c. سرم اصلاح لازم دارد.
cute (*kiu:t*) *a.* باهوش ، زیرك - بانمك ، فریبنده {اصطلاح امریکائی}
cut'las (*-ləs*) *n.* قسمی قمه یاشمشیر
cut'ler (*-lə*) *n.* کارد فروش
cut'lery *n.* کارد وچنگال (فروشی)
cut'let *n.* کتلت
cut'purse (*-pə:s*) *n.* جیب بُر
cut'throat *n.* آدم کش ، قاتل
cut'ting *ppa.* & *n.* (۱) بُرنده - تند ، زننده (۲) قلمه - برش (روزنامه)
cut'tle-fish *n.* ماهی مرکب
cwt. { **hundredweight** مختصرِ}
cycle (*sai'k'l*) *n.* & *vi.* (۱) گردش، دور- چرخ (۲) چرخ‌سواری کردن
cy'cling *n.* دوچرخه سواری
cy'clist *n.* دوچرخه سوار
cy'clone *n.* گرد باد - تند باد
cylinder (*sil'ində*) *n.* اسطوانه
cylin'drical (*-kəl*) *a.* استوانه‌ای
cymbal (*sim'bl*) *n.* سِنج
cyn'ical (*-kəl*) *a.* بدگمان نسبت به درستی و نیکوکاری بشر - غرغرو و عیبجو
cypher (*si'fə*) = **cipher**
cypress (*sai'pres*) *n.* درخت‌سرو
cyst (*sist*) *n.* کیسه - مثانه - تخم‌دان
czar (*zah:; tsah:*) *n.* قیصر

Dd

dab *vt.* {-bed} آهسته زدن ـ
آهسته ترکردن یا رنگ زدن

dab'ble *vt.* & *vi.* (۱) ترکردن ـ
آغشتن (۲) آب بازی کردن ـ زدن (به
آب یاجاده) ـ بطور تفریحی کاریرا کردن

dad('dy) *n.* باباجان ، آقاجان

daffodil (*daf'ə-*) *n.* نرگس زرد

dagger (*dag'ə*) *n.* خنجر

dahlia (*dei'liə*) *n.* گل‌کوکب

dai'ly *a.*, *adv.*, & *n.* (۱) روزانه
(۲) روز بروز (۳) روزنامهٔ یومیه

d. (help) کلفت روز(انه)

dain'tiness *n.* سلیقه یاذوق لطیف

dain'ty *a.* & *n.* (۱) لذیذ ـ
قشنگ ـ (دارای‌ذوق) لطیف ، مشکل‌پسند
(۲) خوراك لذیذ ، نعمت

dairy (*dê'əri*) *n.* کره سازی ـ
شیر فروشی ، لبنیات فروشی

d. products لبنیات

dai'ry-farm *n.* کارخانه لبنیات‌سازی

dai'ryman *n.* لبنیات فروش

dais (*dei'is*) *n.* شاه نشین

daisy (*dei'zi*) *n.* گل مروارید

oxeye d. گل داودی

dale (*deil*) *n.* درهٔ کوچك

dal'liance (*-əns*) *n.* وقت‌گذرانی

dally (*dal'i*) *vi.* وقت‌گذرانیدن ـ
طفره‌زدن ـ (عشق) بازی کردن ـ ور رفتن

dam *n.* & *vt.* {-med} (۱) بند ،
سد ـ جدار ، حائل (۲) بستن ، سد کردن

dam *n.* مادر {درگفتگوی ازحیوان}

dam'age (*-ij*) *n.* & *vt.* (۱) زیان ـ
آفت ـ {درجمع} تاوان، خسارت (۲) زیان
زدن، خسارت‌واردآوردن بر، معیوب کردن

dam'ask (*-əsk*) *n.* & *vt.* (۱)
حریر یا کتانی گلدار ـ پارچهٔ رو میزی
موجی (۲) گلدار یاموجدار کردن

dame *n.* {Poet.} بانو ، کدبانو ـ
مدیره ـ زن شوالیه یا knight

damn (*dam*) *vt.* & *n.* (۱) بد
دانستن ـ لعنت کردن (۲) لعنت ، فحش

D. . . . ! مرده شور ببرد . . .

I'll be damned if I'll go.
{Col.} سی سال نخواهم رفت

dam'nable (*-nəbl*) *a.* سزاوار
لعنت ـ {د. گ} خیلی بد

damp *n.*, *a.*, & *vt.* (۱) نم ،
رطوبت ـ {مج} افسردگی (۲) مرطوب
(۳) مرطوب ساختن ـ خفه کردن (آتش)

dam'pen (*-pən*) *vt.* (دل) سرد کردن

dam'per (*-pə*) *n.* خفه‌کن ، کرکن ـ
عایق ـ {مج} مایهٔ دلسردی ، آیهٔ یأس

damp'ness *n.* نمساری ، رطوبت

dam'sel (*-z'l*) *n.* دوشیزه ، دختر

dam'son (*-z'n*) *n.* آلوچه

dance *n.* & *v.* (۱) رقص ـ زرنگ
رقص (۲) رقصیدن یا رقصاندن

dan'cer (*-sə*) *n.* رقص‌کننده ، رقاص

dan'delion (*-dılaiən*) *n.* گل
زرد کوچکی که تخم آنرا قاصد گویند

dan'dle *vt.* نوازش کردن

dan'druff (*-drəf*) *n.* شورهٔ سر

dan'dy (*-di*) *n.* آدم خود ساز

dan'dy *a.* {U.S.; Col.} ماه
{یعنی خیلی خوب}

Dane *n.* دانمارکی ، اهل دانمارك
danger (*dein'jə*) *n.* خطر
dan'gerous (-*rəs*) *a.* خطرناك
dan'gle *vi.* & *vt.* (۱) بدنبال افتادن ، پرسه زدن (۲) آویزان کردن
Dan'ish *a.* & *n.* دانمارکی
dank *a.* مرطوب وسرد
dapper (*dap'ə*) *a.* پاکیزه - زرنگ
dap'ple *vt.* & *n.* (۱) لکه‌لکه کردن، ابری کردن (۲) لکه ، خال
dare (*dêə*) *vi.* & *vt.* [dared; durst (*də:st*)] (۱) جرأت کردن (۲) بمبارزه طلبیدن - تشجیع کردن - مواجه شدن یا مبارزه کردن با
He d. not go. جرأت ندارد برود
da'ring *n.* & *a.* (با) جرأت
dark (*da:k* داك) *a.* & *n.* (۱) تاریك - سبزه - سیر [در رنگ] - (۲) تاریکی
grow d. تاریك شدن
at d. در شب ، هنگام شب
dar'ken (-*kən*) *v.* تاریك کردن یا شدن ، تیره کردن یا شدن
dark'ling *adv.* & *a.* (۱) درتاریکی (۲) درتاریکی واقع شونده - تیره، تاریك
dark'ness *n.* تاریکی- جهل- نامعلومی
dar'ling *n.* & محبوب ، عزیز
darn (*da:n* دان) *vt* رفو کردن
dart (*da:t* دات) *n* & *v* (۱) نیزه - تیر - حرکت تند ، پرش (۲) نیزه یا تیر زدن - پرتاب کردن - پریدن
dash, *vt.*, *vi.*, & *n.* (۱) خرد کردن- پرت کردن - زیر (چیزیرا) خط کشیدن - [با off] تند نوشتن (۲) تصادم کردن - حمله کردن - خودنمائی کردن (۳) تصادم - ترشح - فعالیت - نام این خط (-)
d. one's hopes امید کسی را نا امید کردن
cut a d. خودنمایی یا جلوه کردن
dash'-board *n.* [در درشکه] گلگیر- [در اتوموبیل] دش بُرد ، داش برد

dash'ing *a.* بی باك - بی باکانه
das'tard (-*təd*) *n.* نامرد
das'tardly *a.* نامرد - ناجوانمردانه
da'ta (-*tə*) *npl.* [*pl. of* datum] (-*təm*) - مفروضات، دانسته ها - اطلاعات ، سوابق
date *n.*, *vt.* & *vi.* (۱) تاریخ - وعدهٔ ملاقات ، قرار (۲) تاریخ گذاشتن (۳) شروع شدن
out of d. کهنه ، منسوخ
up to d. تمام شده تا تاریخ فعلی، آژور [فرانسه]-تازه، مطابق آخرین طرز
to d. در این تاریخ ، تا این تاریخ
date *n.* خرما
da'ted *pp.* & *a.* مورَّخ- تاریخ‌دار
date'-palm (-*pahm*) *n.* درخت خرما، نخل
da'tive (-*tiv*) *a.* اعطائی-انتصابی
daub (*dɔ:b*) *vt.* & *n.* (۱) اندودن- بد رنگ کردن (۲) اندود - نقاشی بد
daughter (*dɔ':tə*) *n.* دختر
daugh'ter-in-law *n.* عروس:زن پسر
daunt (*dɔ:nt*) *vt.* ترسانیدن
daunt'less *a.* بی باك ، بی پروا
dauphin (*dɔ':fin*) *n.* (لقب) پسر ارشد پادشاه فرانسه
davenport (*dav'ən*-) *n.* میز تحریر کوچك - [درامریکا] نیمکت
dawdle (*dɔ':dl*) *vi.* & *vt.* بیهوده (وقت) گذرانیدن
dawn (*dɔ:n*) *n.* & *vi.* (۱) طلوع (۲) دمیدن ، طلوع کردن - نمایان شدن
day (*dei*) *n.* روز - [درجمع] ایام
by d. در روز ، روزانه
the other d. چند روز پیش
every other d. یك روز درمیان
d. by d. روز بروز ، هر روز
this d. week یك هفته از امروز
to a d. دقیقاً [درتعیین تاریخ]
d. after d. هر روز ، همه روزه
d. in (and) d. out هرروز، پیوسته

day'book *n.* روز نامه [دردفترداری]
day'break = **dawn** *n.*
day'light *n.* (روشنی) روز
day'long *a.* & *adv.* (۱) یك‌روزه (۲) در تمامی روز ، همه روز
day'time *n.* روز ، مدت روز
daze *vt.* گیج کردن - خیره کردن
dazzle (*daz'l*) *vt.* & *vi.* (۱) خیره کردن (۲) خیره‌شدن
D. D. = Doctor of Divinity دکتر در الهیات
deacon (*di':kən*) *n.* شماس
dead (*ded*) *a.* & *adv.* (۱)مرده- راکد (۲) بکلی - درست ، مستقیماً
 half d. نیم جان
 d. freight کرایه قسمتی از کشتی که قطع نظر از استفاده یا عدم استفاده از آن باید پرداخته شود
 d. lift; d. pull کوشش بیهوده
 d. hours ساعات خموشی در شب
 d. weight وزن خشکه (کشتی)- وزن بی‌آوار
 the d. (*n.*) **of night** نصف شب
deaden (*ded'n*) *vt.* & *vi.* (۱) کشتن - بیحس کردن - بیرونق کردن (۲) بیحس شدن ، بیجان شدن
deadlock (*ded-*) *n.* بن‌بست - ایست
deadly (*ded'li*) *a.* & *adv.* (۱) کشنده، مهلك-متعلق بمرده- سرسخت (۲) مرده‌وار - سخت ، زیاد
 d. sin گناه بزرگ ، کبیره
deaf (*def*) *a* کر- سنگین‌گوش-پوك
 be d. to; turn a d. ear to بی‌اعتنا بودن به
deafen (*def'n*) *vt.* کر کردن
dea'fness *n.* کری - سنگین‌گوشی
deal (*di:l*) *n.* مقدار ، اندازه، قدر
 a great (*or* **good**) **d. of trouble** زحمت زیاد ، دردسر زیاد
deal ('') *vi.* & *vt.* [**dealt** (*delt*)] (۱) معامله کردن-اقدام کردن- بحث کردن - (۲) بخش کردن ، دادن [با **out**]-توزیع کردن-مورد بحث قراردادن
 d. with اقدام یارسیدگی کردن
deal ('') *n.* چوب کاج ، چوب سفید
dealer (*di':lə*) *n.* فروشنده، دلال
deal'ing *n.* معامله - رفتار
dealt [*p.* & *pp.* *of* **deal**]
dean (*di:n*) *n.* ناظم دانشکده - شیخ
dear (*diə*) *a.* عزیز-گران (فروش)
 I paid d. for it. برایم گران تمام شد
dearth (*də:th*) *n.* کمیابی ،گرانی
death (*deth*) *n.* مرگ ، درگذشت
 put to d. کشتن ،بقتل رسانیدن
death'-duties *npl.* مالیات بر ارث
death'ful *or* **-like** *a.* مرگ بار
death'ly *a.* & *adv.* (۱) کشنده - مرگ بار (۲) مرده‌وار
debar (*diba':*-دیبا) *vt.* [**-red**] محروم کردن - بازداشتن
debase (*dibeis'*) *vt.* پست یا کم‌بها کردن
deba'table (*-təbl*) *a.* قابل بحث
debate (*dibeit'*) *n.* & *v.* (۱)مناظره (۲) مباحثه کردن (در)
debauch (*dibɔ:ch'*) *vt.* & *n.* (۱) بد راه کردن (۲) هرزگی ، فسق
debau'chery (*-chəri*) *n.* عیاشی ، فسق ، هرزگی
deben'ture (*-chə*) *n.* سهم قرضه
debil'itate *vt.* ضعیف کردن
debil'ity (*di-*) *n.* ناتوانی ، ضعف
deb'it *n.* & *vt.* (۱) (ستون) بدهی (۲) بحساب بدهی (کسی) گذاشتن ، بدهکار کردن
 d. a person with a sum (*or* **d. a sum to a person**) مبلغی را بحساب بدهی کسی گذاشتن (یا پای او نوشتن)
 d. note برگ بدهکار(ی)
debonair (*debənê'ə*) *a.* مهربان، خوشخو
deb'ris (*-ri:*) *n.* [**Fr.**] آثار- نخاله

debt (*det*) *n.* بدهی ، قرض ، دین
bad d. طلب لاوصول
in d. مقروض ، بدهکار
get into d. بدهی پیدا کردن
d. of nature اجل ، مرگ
debtor (*det'ə*) *n.* بدهکار ، مدیون
decade (*dek'əd*) *n.* دهه ، دورهٔ ده ساله
decadence (*dek'ədens; di-kei'-*) *n.* زوال ، فساد - تنزل
decamp' (*di-*) *i.* کوچیدن- گریختن
decant' (*di-*) *vt.* ظرف بظرف کردن - آهسته خالی کردن
decan'ter (*-tə*) *n.* (*tong*) تنگ
decap'itate (*di-*) *vt.* سر بریدن
decay (*dikei'*) *n., vi., & vt* (۱) پوسیدگی ، زوال (۲) پوسیدن - رو بضعف گذاشتن (۳) فاسد کردن
decease (*disi:s'*) *n.* مرگ ، فوت
deceased (*disi:st'*) *ppa.* (شخص) متوفی [با the]
deceit (*disi:t'*) *n.* فریب - تقلب
deceit'ful *a.* متقلب - فریب آمیز
deceive (*disi: v'*) *vt.* فریب دادن ، گول زدن
December (*disem'bə*) *n.* دسامبر
de'cency (*-sənsi*) *n.* شایستگی ، خوبی - محجوبیت- ظرافت
de'cent (*-sənt*) *a.* پاکیزه - محجوبانه - شایسته - بقدر کفایت خوب
deception (*disep'shən*) *n.* فریب
decep'tive (*-tiv*) *a.* فریب آمیز
decide' (*di-*) *v.* تکلیف (چیزیرا) معین کردن - تصمیم گرفتن (در) - فتوا دادن
deci'ded *ppa.* معین ، قطعی
deci'dedly *adv.* بطور قطع
deciduous (*disid'yuəs*) *a.* خزان دار ، برگ ریز
decimal (*des'iməl*) *a. & n.* (۱) اعشاری (۲) اعشار
d. point ممیز ، نقطهٔ اعشار
decipher (*disai'fə*) *vt.* از حالت رمز در آوردن، استخراج کردن
decision (*disizh'ən*) *n.* تصمیم- رأی
decisive (*disai'siv*) *a.* قطعی
deck (*dek*) *n. & vt.* (۱) پل کشتی، عرشهٔ کشتی (۲) آراستن - زینت کردن
declaim' (*dik-*) *vi.* سخنوری کردن، باحرارت نطق کردن - رجزخوانی کردن
declama'tion (*deklə-*) *n.* سخنرانی ، خطابه - رجزخوانی
declara'tion ('') *n.* اظهار- اظهارنامه - اعلان
declare (*diklê'ə*) *vt.* اظهار کردن - اعلان کردن [*d. war*]- قلمداد کردن - بیان کردن
d. off قطع معامله کردن (با)
declension (*diklen'shən*) *n.* زوال - تنزل - صرف اسم یا ضمیر
decline' (*dik-*) *n., vi., & vt.,* (۱) کاهش ، تنزل ، نقصان - زوال ، انحطاط - افول (۲) خم شدن - رو بزوال گذاردن- تنزل کردن (۳) رد کردن- امتناع ورزیدن از - صرف کردن (اسم یا ضمیر)
decliv'ity *n.* سرازیری ، نشیب
decode (*di':-*) *vt.* از حالت رمز خارج کردن
décolleté *a.* [Fr.] یقه باز
decommission (*di:kəmish'ən*) *vt.* از کار انداختن ، خواباندن
decompose (*di:kəmpouz'*) *v.* متلاشی کردن یا شدن
decomposition (*-kəmpəzish'ən*) *n.* انحلال ، تجزیه - فساد ، تلاشی
decorate (*dek'ə-*) *vt.* آرایش دادن - آذین بستن - اعطای نشان کردن (به)
decora'tion *n.* آرایش - نشان
wear a d. نشان زدن
dec'orative (*-ərətiv*) *a.* تزیینی
decorator (*dek'əreitə*) *n.* متخصص آرایش داخلی ساختمانها
decorous (*dikɔ':rəs; dek'ərəs*)

a. شایسته ، مناسب
deco'rum (*-rəm*) *n.* آداب (دانی)
decoy' (*di-*) *n.* & *vt.* (۱) مرغ دام ،کفتر پر قیچی (۲) بدام انداختن
decrease (*dikri:s'*) *vi.* & *vt.* (۱) کم شدن (۲) کم کردن ، کسر کردن
decrease (*di':kri:s*) *n.* کاهش ، نقصان ،کسر
decree (*dikri':*) *n.* & *v.* (۱) تصویب نامه - حکم (۲) مقرر داشتن
decrep'it (*dik-*) *a.* خیلی پیر
decrep'itude *n.* فرتوتی ، شکستگی
decry (*dikrai'*) *vt.* تقبیح کردن - بی بها کردن
ded'icate *vt.* اهدا کردن
dedica'tion *n.* اهداء - اختصاص
deduce (*didiu:s'*) *vt.* استنتاج کردن
deduct (*didʌkt'*) *vt.* کسر کردن
deduction (*didʌk'shən*) *n.* کسر- کاهش ،وضع - استنتاج ، قیاس
deduc'tive (*-tiv*) *a.* قیاسی
deed *n.* عمل ،کردار - قباله ، سند
deem *vt.* دانستن ، فرض کردن
deep *a.* & *n.* (۱) گود ، عمیق - سیر - سنگین [d. sleep] - زیاد - غیر سطحی - تو دار - ناقلا (۲) جای گود - ورطه - [با the] لجه ، دریا
How d. is that well ? گودی (یا عمق) آن چاه چقدر است ؟
It is 2 metres d. گودی آن ۲ متر است ، دو متر گودی دارد
a d. thinker شخص فکور
go d. (*adv.*) **into** تعمق کردن در
dee'pen (*-pən*) *v.* گود کردن یاشدن
deep'ly *adv.* گود - تا ته - از ته - بسیار ، زیاد - سخت ، بشدت
deep'-rooted *a.* ریشه کرده، عمیق
deep'-seated *a.* عمیق - محرز
deer (*diə*) *n.* [deer] گوزن
deface' (*di-*) *vt.* بدشکل کردن

de facto (*difæk'tou*) *a.*(*dv.*) [*L.*] بالفعل ، قطع نظر از استحقاق ، بادر نظر گرفتن یك عمل انجام شده
defama'tion (*defə-*) *n.* افترا
defamatory (*difæm'ətəri*) *a.* افترا آمیز
defame' *vt.* رسوا یا مفتضح کردن
default (*difɔ: lt'*) *n.*, *vi.*, & *vt.* (۱) کوتاهی ، قصور - غفلت - عدم حضور ، غیبت (۲) کوتاهی کردن ، قصور ورزیدن - حاضر نشدن (۳) ازعهدهٔ پرداخت . . . بر نیامدن - نکول کردن
judgment by d. حکم غیابی
defeat (*difi:t'*) *n.* & *vt.* (۱) شکست (۲) شکست دادن - الغاء کردن
defect' (*di-*) *n.* عیب ، نقص
defec'tive (*-tiv*) *a.* ناقص
defence(*difens'*) *n.* دفاع-حمایت- بهانه - [درجمع] استحکامات
defence'less *a.* بی پناه ، بیچاره
defend' (*di-*) *vt.* دفاع کردن (از)، حمایت کردن - دفع کردن
defen'dant (*-dənt*) *n.* خوانده ، مدعی علیه
defen'der (*-də*)*n.* دفاع کننده،مدافع
defense [U. S.] = **defence**
defen'sive (*-siv*) *a.* تدافعی
defer (*difə':*) *vt.* & *vi.* [-red] (۱) بتعویق انداختن (۲) درنگ کردن ، تن در دادن - احترام گذاردن
deferred' *ppa.* عقب افتاده - دیر فرست [d. telegram]
def'erence (*-ərəns*) *n.* حرمت ، احترام ، شنوایی - تمکین
pay d. to حرمت گزاردن به ، شنوایی داشتن از
in d. to بپاس احترامِ ، بملاحظهٔ
defiance (*difai'əns*) *n.* مبارز طلبی - بی‌اعتنایی - مخالفت
bid d. to بمبارزه خواندن-شیر کردن، تشجیع کردن

in d. of علی رغمِ
defi'ant (-ənt) a. بی‌اعتنا - جسور
deficiency (difish'ənsi) n. نقص، کمبود ،کسر - عدم
deficient (difish'ənt) a. ناقص
deficit (def'isit; di':-) n. کسر عمل،کسر بودجه ،کمبود
defile' (di-) vt. ملوث کردن - بی‌عفت یا بیصورت کردن
defile' vi. & n. (۱) بستون رفتن (۲) گردنه - راه ستون رو
define' (di-) vt. تعریف کردن
def'inite (-nit) a. معین ، قطعی
d. article حرف تعریف { theچون }
def'initely adv. بطورقطعی
definition (-nish'ən) n. تعریف
defin'itive (-tiv) a. قطعی
deflate' (di:-) vt. - از بادخالی کردن - ازحال تورم درآوردن ، پائین‌آوردن
deflect' v کج کردن یاشدن
deflower (diflou'ə) vt. ازاله بکارت کردن از ، تصرف کردن
deforest (difɔ':rist) vt. ازحالت جنگلی درآوردن ، تسطیح کردن
deform' (di-) vt. ازشکل طبیعی خارج کردن
defor'mity n. بدشکلی ، خلقتِ ناقص - تغییر شکل (مادرزادی)
defraud (difrɔ:d') vt. گول زدن
defray (difrei') vt. پرداختن
defray'al (-əl)
defray'ment (-mənt) } n. پرداخت
deft a. زبر دست ، ماهر - ماهرانه
defunct' (di-) a. مرده ، متوفی
defy (difai') vt. ببمبارزه طلبیدن - بی اعتنائی کردن به - مخالفت کردن با - دشوار کردن، محال ساختن
degenerate (dijen'əreit) vi. فاسد شدن ، رو به انحطاط گذاردن
degen'erate (-rit) a. فاسد (شده)
degenera'tion n. افساد-فسادِ تدریجی ، فساد نژادی
degrada'tion (-rə-) n. پستی- تنزل
degrade' (di-) vt. پست کردن ، تنزل (رتبه) دادن - فاسد کردن
degree' (dig-) n. درجه، زینه - رتبه
by degrees خرد خرد ، بتدریج
dehydrate (di: haidreit') vt. آب (چیزی را) گرفتن
deify (di':ifai) vt. خدا ساختن
deign (dein) vt. & vi. (۱) لطفاً قبول کردن، کسر خود ندانستن (۲) فروتنی کردن
deity (di':iti) n. خدایی، الوهیت
dejec'ted ppa. افسرده ، دل شکسته
dejec'tion (di-) n. افسردگی
de jure (di: ju'əri) a. (dv.) بالاستحقاق ، با تصدیق استحقاق {L}
delay' (di-) n., vi., & vt. (۱) درنگ، دیر کرد، تأخیر-معطلی (۲) درنگ کردن ، معطل کردن (۳) بتاخیر انداختن
delecta'tion (,,) n. خوشی ، لذت
delegate (del'igeit) vt. بنمایندگی اعزام کردن - مأمور کردن
del'egate (-git) n. نماینده ، وکیل ، مأمور
delega'tion n. نمایندگی - اعزامِ نماینده - هیئت نمایندگان
delete (dili:t') vt. پاك کردن
deleterious (-iliti':əriəs) a. زیان‌آور
dele'tion. (di-) n. محو - حذف
deliberate (dilib'əreit) v. مشورت کردن - اندیشه کردن
delib'erate (-bərit) a. - سنجیده - دانسته - عمدی - با احتیاط ، باملاحظه
delibera'tion n. سنجش - مشورت
delib'erative (-ərəti.) a. مبنی برمشورت وتأمل ، تدبیرآمیز
del'icacy (-kəsi) n. ظرافت ، لطافت - سلیقه‌زیاد - نزاکت - چیزلذیذ

del'icate (-kit) a. ظریف، لطیف - لذیذ - حساس، باریك -[d. situation] زودرنج - دشوار
delicious (dilish'əs) a. لذیذ
delight (dilait') n., vt. & vi. (۱) خوشی، لذت، رغبت (۲) لذت‌دادن، مشعوف‌کردن (۳) لذت بردن
deligh'ted (-tid) ppa. مشعوف
delight'ful a. لذت بخش، مطبوع
delim'it(ate) (di:-) vt. حدود (چیزیرا) تعیین‌کردن
delimita'tion n. تحدید حدود
delineate (dilin'ieit) vt. طرح‌کردن، رسم‌کردن
delinea'tion n. طرح - توصیف
delin'quency (di-) n. غفلت‌ـقصور
delinquent (dilin'kwənt) a. & n. غفلت‌کار، مقصر، مجرم
delirious (dilir'iəs) a. هذیانی
delir'ium (-əm) n. هذیان
deliver (diliv'ə) vt. رهایی دادن - تحویل دادن - ایرادکردن (نطق)
be delivered of زاییدن
deliv'erance (-ərəns) n. رهایی
deliv'ery n. تحویل - تسلیم -قبض و اقباض - ادا، ایراد - وضع حمل
take d. of تحویل‌گرفتن
dell n. درۀ کوچك
delphinium (-fin'iəm) n. گل زبان در قفا
del'ta (-tə) n. زمین میان دومصب
delude (diliu:d') vt. اغفال‌کردن
del'uge (-yu:j) n. سیل، طوفان
delusion (diliu:'zhən) n. فریب، اغفال - خیال باطل، دلخوشی بی‌اساس
delu'sive (-siv) a. موهوم، بی‌اساس
de luxe' a. [Fr.] تجملی
delve' v. کاوش یا غوررسی کردن
dem'agogue (-əgɔg) n. شخص عوام فریب یا هوچی
dem'agogy (-ji) n. عوام فریبی

demand' (di-) n. & vt. (۱) تقاضا - مطالبه (۲) تقاضا کردن، مطالبه کردن - احتیاج داشتن - ایجاب‌کردن
be in d. خریدار یا طالب داشتن
demarcate (di':ma:keit) vt. تعیین حدود کردن - نشان‌گذاردن
demarca'tion n. تعیین حدود
demean (dimi:n') vt. خوارکردن
demeanour (dimi':nə) n. رفتار، سلوك، وضع، حرکت
demen'ted ppa. دیوانه
demer'it (di:-) n. عیب - ناشایستگی
demi - نیم، نیمه [در ترکیب]
demise (dimaiz') n. & vt. (۱) واگذاری - مرگ (۲) انتقال دادن، (با وصیت) واگذاردن
demobilize (dimou'bilaiz) vt. از حالت بسیج بحالت صلح درآوردن
democracy (dimɔk'rəsi) n. حکومت ملی، دموکراسی
democrat (dem'ək-) n. دمکرات
democrat'ic a. مبنی بر دمکراسی - بی‌اعتنا نسبت باختلافات طبقاتی
demol'ish (di-) vt. خراب‌کردن
demolition (demolish'ən) n. ویرانی - ویران سازی، تخریب
de'mon (-mən) n. دیو - شیطان
demonstrate (dem'ən-) vt. ثابت‌کردن، مدلل‌کردن - شرح دادن
demonstra'tion n. اثبات - دلیل، برهان، شرح - نمایش، تظاهر
demonstrative (dimɔns'trətiv) a. & n. (۱) مثبت - اشاره‌کننده (۲) اسم اشاره [صفت یاضمیر اشاره]
demoralize (dimɔr'əlaiz) vt. فاقدحس شهامت وانتظامات‌کردن، روحیه (کسیرا) خراب‌کردن
de'mos (-mɔs) n. تودۀمردم، جمهور
demo'tion n. تنزل [کلمۀ امریکایی]
demur(dimə':) n. & vt. [-red] اشکال (کردن)، شبهه (کردن)،

اعتراض (کردن)
demure (*dimiu'ə*) *a.* سنگین ، باوقار - دارای وقار ساختگی
demurrage (*dimʌr'ij*) *n.* (خسارت) بیکار ماندگی ، کرایهٔ معطلی
den *n.* غار- منزل جانوریادزد - کمینگاه
denature (*di:nei'chə*) *vt.* تقلیب کردن
denatured spirit الکل تقلیبی
deni'able (*-əbl*) *a.* قابل تکذیب
deni'al (*-əl*) *n.* انکار - تکذیب - رد
den'izen *n.* ساکن ، مقیم - بیگانهٔ بومی شده - جانور و گیاه اهلی شده
denom'inate (*di-*) *vt.* نام گذاردن
denomina'tion *n.* نام (گذاری) - (اسم) جنس - واحد جنس - دسته ، تیره
money of small d. پول خرد.
denom'inator (*-neitə*) *n.* مخرج، برخه نام
denote' (*di-*) *vt.* دلالت کردن بر
denounce (*dinauns'*) *vt.* عیب گرفتن از ،تقبیح کردن - متهم کردن - چغلی کردن- خاتمه (چیزیرا) اعلان کردن
dense *a.* غلیظ - متراکم - چگال
dense'ly *adv.* بطور غلیظ - بطور انبوه یا متراکم - بسیار
d. crowded شلوق ، پرجمعیت
den'sity *n.* (درجه) غلظت یا چگالی
dent *n.* گودی ، تورفتگی - دندانه
den'tal (*-tl*) *a.* مربوط بدندان
d. cream خمیر دندان
d. surgeon جراح دندانساز
den'tifrice (*-fris*) *n.* گرد دندان - خمیر دندان
den'tine (*-tin*) *n.* عاج دندان
den'tist *n.* دندان ساز
den'tistry (*-tri*) *n.* دندان سازی
dentit'on (*-tish'ən*)*n.* خروج دندان
den'ture (*-chə*) *n.* دست دندان، یکدست دندان مصنوعی
denude (*diniu:d'*) *vt.* لخت کردن

denunciation (*dinʌnsiei'shən*) *n.* اعلان الغاء یاخاتمه - تقبیح- اخطار تهدیدآمیز - اتهام - چغلی
deny (*dinai'*) *vt.* انکار یا حاشا کردن -تکذیب کردن - روا نداشتن به
depart' (*di-*) *vi.* روانه شدن - کوچیدن - زایل شدن - منحرف شدن
the departed درگذشتگان ، مردگان
department (*dipa:t'mənt*) *n.* اداره - حوزه - رشته
departure (*dipa':chə*) *n.* حرکت ، عزیمت - رحلت - انحراف
depend' (*di-*) *vi.* مربوط یاموکول بودن - چشم داشتن ، توکل کردن
D. upon it. خاطر جمع باشید
depen'dable (*-dəbl*) *a.* قابل اعتماد
depen'dant = dependent
depen'dence *n.* بستگی ، تعلق - عدم استقلال - تابعیت - چشم داشت ، توکل
dependency (*dipen'dənsi*) *n.* تابع -کشور غیرمستقل - بستگی
depen'dent (*-dent*) *a.* & *n.* (۱) بسته ، موکول - متعلق ، مربوط - تابع - نیازمند (۲)وابسته، نان خور
depen'ding *apa.* موکول - نامعلوم
depict' *vt.* رسم کردن - شرح دادن
deplete (*dipli:t'*) *vt.* تهی کردن
deple'tion *n.* تهی سازی ، تخلیه
deplorable (*diplou'rəbl*) *a.* رقت انگیز ، زار ، پریشان
deplore' *vt.* دلسوزی کردن بر ، رقت آوردن بر ، اظهار تأسف کردن برای
deploy (*diplɔy'*) *vt.* بحالت صف درآوردن (ستون)
depopulate (*di:pɔp'yuləit*) *vt.* کم جمعیت یا ویران کردن
deport' *vt* تبعید کردن
d. oneself رفتار یا سلوك کردن
deport'ment (*-mənt*) *n.* رفتار

depose (*dipouz'*) *vt.* معزول کردن ـ خلع کردن ـ گواهی دادن
deposit (*dipoz'-*) *n.* & *vt.* (۱) سپرده ، امانت ـ ته نشست ـ ذخیره (۲) سپردن ، ودیعه گذاشتن ـ ته نشین کردن ـ ذخیره کردن
 money on d. پول سپرده
 in d. امانةً ، بطور امانت
 d. money with (or in) the bank پول در بانك سپردن
deposition (*depəzish'ən*) *n.* گواهی نوشته ـ ورقهٔ استشهاد ـ خلع
depositor (*dipɔz'itə*) *n.* امانت گذار
depository (*dipɔz'itəri*) *n.* انبار ، مخزن
depot (*aəp'ou*) *n.* انبار ـ آمادگاه
depot (*di':pou*) *n.* [U. S.] ایستگاه راه‌آهن
depraved' (*dip-*) *a.* فاسد، بداخلاق
deprav'ity *n.* تباهی ، هرزگی
dep'recate (*-ri-*) *vt.* بد دانستن
depre'ciate (*-shi-*) *vt.* کم بها کردن ـ حقیر شمردن ـ مستهلك کردن
deprecia'tion(*dipri:-*) *n.* کاهش بها ، تنزل ـ استهلاك ـ استحقار
depreda'tion *n.* غارت ـ خسارت
depress' (*di-*) *vt.* دلتنگ کردن ـ سست کردن ـ کساد کردن ـ گود کردن
depression (*dipresh'ən*) *n.* گود شدگی ـ کساد ـ انحطاط ـ سستی ـ افسردگی ، تأثر
depriva'tion *n.* محروم سازی ـ محرومیت ـ فقدان
deprive' (*di-*) *vt.* محروم کردن
depth *n.* گودی ، عمق ـ ورطه
 d. of winter چلهٔ زمستان
deputa'tion *n.* هیئت نمایندگان
depute (*dipiu:t'*) *vt.* نمایندگی دادن ، وکیل کردن ـ مأمور کردن
dep'utize *vi.* نمایندگی کردن
dep'uty (*-yuti*) *n.* نماینده ، وکیل ـ جانشین ، قائم مقام ـ معاون
derail (*direil'*) *vt.* از خط بیرون انداختن
derange (*direinj'*) *vt.* برهم‌زدن، مختل کردن ـ دیوانه کردن
derange'ment (*-mənt*) *n.* آشفتگی ـ اختلال ـ برهم زنی ـ دیوانگی
derelict (*der'ilikt*) *a.* متروك
deride (*di-*) *vt.* استهزا کردن
derision (*dirizh'ən*) *n.* استهزاء
deri'sive (*-siv*) *a.* مسخره‌آمیز
deriva'tion *n.* اشتقاق ـ ریشه
deriv'ative (*-ətiv*) *n.* کلمهٔ مشتق
derive' (*di-*) *vt.* & *vi.* (۱) گرفتن ـ مشتق کردن (۲) سرچشمه گرفتن
derogate (*der'əgeit*) *vi.* کاستن
derogatory (*dirog'ətəri*) *a.* خفت‌آور ، موهن
 It is d. to your dignity. از شأن شما میکاهد
derrick (*der'ik*) *n.* برج چاه‌کنی ـ قسمی جرّ اثقال ، دگل‌کش
descant' (*dis-*) *vi.* بسط مقال دادن
descend (*disend'*) *v.* پایین آمدن (از) ، نزول کردن ـ (بارث) رسیدن
 descended from a noble family پاکزاد ، بزرگ زاده
descen'dant (*-dənt*) *n.* نسل
descent (*disent'*) *n.* نزول ـ سرازیری ـ حمله ـ نژاد ـ نسل ـ توارث
describe (*diskraib'*) *vt.* شرح دادن ، توصیف کردن ـ رسم کردن
descrip'tion *n.* شرح ، توصیف ـ نوع
descrip'tive (*-tiv*) *a.* توصیفی
 d. geometry هندسهٔ ترسیمی
descry' (*dis-*) *vt.* مشاهده کردن
des'ecrate *vt.* بی‌حرمت ساختن
desert (*de 'ət*) *n.* بیابان، صحرا
desert (*dizə:t'*) *n.* شایستگی، لیاقت
 get one's deserts بسزای خود

رسیدن ، پاداش خود را گرفتن

desert' ('') *vt.* & *vi.* (۱) ترك کردن (۲) از خدمت فرار کردن

deser'tion *n.* ترك (خدمت)

deserve (*dizə:v'*) *vt.* سزاوار بودن، شایسته یالایق بودن، استحقاق داشتن

deser'vedly *adv.* بالاستحقاق ، حقاً

desiccate (*des'ikeit*) *vt.* خشك کردن

design (*dizain'*) *n.* & *vt.* (۱) طرح - قصد ، نیت ، عمد (۲) طرح کردن- قصد کردن - در نظر گرفتن ، تخصیص دادن

designate (*dez'igneit*) *vt.* تعیین کردن ، نامزد کردن ، معرفی کردن - تخصیص دادن

designa'tion *n.* معرفی- سمت

designedly (*dizai'nədli*) *adv.* قصداً ، با داشتن طرحی در نظر

designer (*dizai'nə*) *n.* طراح

designing (*dizai'-*) *apa.* زیرك

desirabil'ity *n.* مرغوبیت

desirable (*dizai'rəbl*) *a.* مطلوب ، مرغوب

desire (*-zai'ə*) *n.* & *vt.* (۱) میل، خواهش (۲) میل داشتن - آرزو کردن

desi'rous (*-rəs*) *a.* مایل ، آرزومند

desist (*dizist'* ; *-sist'*) *vi.* دست برداشتن ، دست کشیدن

desk *n.* میز تحریر

des'olate (*-əleit*) *vt.* ویران کردن

des'olate (*-əlit*) *a.* ویران، بی جمعیت- واگذارده، متروك- پریشان- دلتنگ کننده

desola'tion *n.* ویرانی- ویران‌سازی- دلتنگی ، پریشانی - ویرانه ، جای ویران

despair (*dispê'ə*) *n.* & *vi.* (۱) یأس ، نا امیدی (۲) نا امید شدن

despatch = **dispatch**

des'perate (*-pərit*) *a.* نومید ، مأیوس- بسیارسخت-وصول نشدنی ، سوختنی

despera'tion *n.* نومیدی

des'picable (*-kəbl*) *a.* پست ، خوار ، نکوهش پذیر ، خوار شمردنی

despise (*dispaiz'*) *vt.* حقیرشمردن

despite' (*dis-*) *n.* کینه - اهانت

in d. of } باوجود - علی‌رغم

despite' *prep.*

despoil' (*dis-*) *vt.* غارت کردن

despond' (*dis-*) *vi.* دلسرد شدن

despondency (*dispɔn'dənsi*) *n.* دلسردی، افسردگی ، نومیدی

despon'dent *a.* افسرده ، دلسرد

des'pot *n.* حاکم مطلق - ستمگر

despot'ic(*dis-*) *a.* - مطلق،خودرأی - مستبد(انه) - ستمگر(انه)

des'potism (*-pətizm*) *n.* استبداد

dessert (*dizə:t'*) *n.* شیرینی ومیوه وبستنی وغیره که پس‌از غذا میخورند ، دسر

destina'tion *n.* مقصد

des'tine (*-tin*) *vt.* در نظر گرفتن ، معین یامقدرکردن - تخصیص دادن

des'tiny (*-ni*) *n.* سرنوشت ، تقدیر

des'titute (*-tiu:t*) *a.* عاری- بیچیز

destitu'tion *n.* تهیدستی

destroy' (*dis-*) *vt.* خراب کردن - معدوم یاهلاك کردن - باطل کردن

destroyer (*-trɔ'yə*) *n.* ناوشکن

destruc'tion *n.* خرابی ، ویرانی - هلاکت - ویران -سازی - اتلاف

destruc'tive (*-tiv*) *a* مخرب

d. to moth کشندهٔ بید ، بیدکش

desuetude (*di':switiu:d*) *n.* ترك، عدم‌استعمال- موقوف‌شدگی موقوف، متروك

in d.

desultory (*des'əltəri*) *a.* بی ترتیب ، پرت ، بیربط - پرت گو

detach' *vt.* جدا کردن - اعزام کردن

detach'able (*-əbl*) *a.* جدا شدنی

d. parts قطعات منفصله

detached' (*di-*) *ppa.* جدا - مستقل

detach'ment (*-mənt*) *n.* جداسازی- انفصال - کناره گیری - دسته ، عده

detail (*di':-*) *n.* جزء ، [درجمع]

جزئیات ، تفصیل - ریز - عدهٔ اعزامی
in d. بتفصیل ، جزء بجزء
detail' (*di-*) *vt*. شرح دادن ، بتفصیل گفتن-معرفی کردن - مأموریت‌دادن
detailed' *ppa*. مفصل - ریز
detain (*ditein'*) *vt*. معطل کردن - نگه داشتن
detect' (*di-*) *vt*. آشکار کردن
detec'tion *n*. کشف - تفتیش
detec'tive (*-tiv*) *n*. کارآگاه
deten'tion *n*. بازداشت - نگهداری
house of d. بازداشت‌گاه
deter (*ditə':*) *vt*. [-red] دچار ترس و تردیدکردن ، بازداشتن
deteriorate (*diti'əriəreit*) *vt*. & *vi*. (۱) بدتر کردن - فاسد کردن(۲) فاسد شدن - رو بزوال گذاشتن
deteriora'tion *n*. زوال ، فساد
determinate (*ditə':minit*) *a*. معین - ثابت
determina'tion *n*. تعیین - تصمیم
determine (*ditə':min*) *vt*.&*vi*. (۱) تعیین یاقطع کردن (۲) مصمم شدن
I determined on going. برآن شدم‌که بروم ، تصمیم گرفتم که بروم
deter'mined *ppa*. مصمم - معین
deterrent (*diter'ənt*) *a*. مانع ، ترساننده، بازدارنده
detest' (*di-*) *vt*. تنفر داشتن از
detes'table (*-təbl*) *a*. نفرت‌انگیز
detesta'tion *n*. (مایهٔ) نفرت
dethrone' (*di-*) *vt*. خلع کردن
dethronement (*-throun'mənt*) *n*. خلع ، عزل
detonate (*dee'-*; *det'-*) *v*. با صدا منفجر شدن یا کردن
detona'tion *n*. انفجار
det'onator (*-neitə*) *n*. چاشنی
de'tour *n*. [Fr.] پیچ [درجاده]
make a d. دور زدن
detract' (*di-*) *v*. کاستن
detrac'tion *n*. بدگویی - کسر (شأن)
det'riment *n*. زیان
detrimen'tal (*-təl*) *a*. زیان‌آور
deuce (*diu:s*) *n*. - دوکور، دوخال - دولو - بلا ، آفت - شیطان
the d. of خیلی زیاد یا بزرگ
play the d. with برهم زدن
devastate (*dev'əsteit*) *vt*. ویران کردن ، غارت کردن
develop (*divel'əp*) *vt*. & *vi*. (۱) توسعه دادن - قابل استفاده کردن آمادهٔ بهره برداری کردن - ظاهر کردن (عکس)- (۲) رو بتکامل گذاردن - آشکار شدن ، پیش آمدن
devel'opment (*-mənt*) *n*. توسعه ، بسط - پیشرفت - پیشامد - ظهور
de'viate *v*. منحرف شدن یا ساختن
devia'tion *n*. انحراف ، برگشت
device (*divais'*) *n*. - تدبیر، طرح - اختراع ، اسباب - نقشه - شعار
dev'il *n*. شیطان - آدم شریر - جادو
dev'ilish *a*. دیوخو ، شیطان صفت
dev'il-may-care' *a*. لاقید
devious (*di':viəs* *a*. بیراهه، غیرمستقیم ،کج - پرت - منحرف ،گمراه
devise (*divaiz'*) *vt*. ، تدبیر کردن اندیشیدن ، اختراع کردن
devoid' (*di-*) *a*. تهی ، عاری
devolve (*divɔ:lv'*) *v*. محول کردن یا شدن - رسیدن
devote' (*di-*) *vt*. وقف کردن - اختصاص دادن - فدا کردن - سپردن
devo'ted *ppa*. فداکار-ارادتمند(انه)
devotee' (*de-*) *n*. فدایی- هواخواه
devotion (*divou'shən*) *n*. اختصاص ، وقف -فداکاری ، سرسپردگی - هواخواهی -[درجمع] نماز
devour (*divau'ə*) *vt*. دریدن - بلعیدن - باحرص خوردن
devout (*divaut'*) *a*. - دیندار - پارسامنش - مبنی بردینداری - قلبی

dew (*diu:*) *n.* شبنم ، ژاله
dew'-point *n.* درجهٔ انقباض
dexter'ity *n.* زبردستی ، مهارت
dexterous (*deks'tras*) *a.* زبردست، ماهر
diabetes(*daiabi':ti:z*) mel'-litus ناخوشی قند
diabol'ic(al) (*daia-*) *a.* دیوصفت
diadem (*dai'adem*) *n.* نیمتاج - حلقه گل که برسر گذارند - [مج] شهریاری
diagnose (*dai'agnouz*) *vt.* تشخیص دادن
diagno'sis *n.* [-ses (*si:z*)] تشخیص (ناخوشی)
diagonal (*daiag'anal*) *a.* & *n.* (۱) مورّب ، اریب (۲) قطر [در چهار ضلعی] - راه اریب
di'agram (*-ag-*) *n.* نمودار ، طرح
di'al (*-al*) *n.* ساعت آفتابی - صفحهٔ ساعت - [در تلفن] صفحهٔ شماره (گیر)
di'al ('') *vt.* [-led] گرفتن (فلان شماره) ، تلفن کردن به
dialect (*dai'alekt*) *n.* لهجه
di'alogue (*-alog*)*n.* گفتگو ، صحبت
diameter(*daiam'ita*) *n.* قطر دایره
diamet'rically *adv.* درجهت قطر - کاملاً ، عیناً ، درست
diamond (*dai'amand*) *n.* الماس - خال خشتی
diaper (*dai'apa*) *n.* [U. S.] کهنهٔ بچه
diaphragm (*dai'afram*) *n.* حجاب حاجز
diarrhœa (*daiari'a*) *n.* اسهال
diary (*dai'ari*) *n.* یادداشت روزانه - سفرنامه
diatribe (*-at-*) *n.* انتقاد تلخ
dibble (*dib'l*) *n.* بیلچهٔ نشاکاری
dice (*dais*) *npl.* [*pl.* of die] طاس تخته نرد
dice *vi.* & *vt.* (۱) نردبازی کردن (۲) شطرنجی کردن - خرد کردن
di'cer (*-sa*) *n.* نرد باز ، نرّاد
dictate' *vt.* دیکته کردن - در دهان کسی گذاشتن - تلقین کردن
dic'tate (*-teit*) *n.* گفته ، صدا ، ندا
dicta'tion *n.* املاء - دیکته - تلقین
dicta'tor (*-ta*) *n.* دیکتاتور
dictatorial (*-tato'rial*) *a.* دیکتاتوروار ، آمرانه
dicta'torship *n.* دیکتاتوری
dic'tion *n.* حسن انتخاب لغت
dictionary (*dik'shanari*) *n.* فرهنگ ، لغت نامه کتاب لغت
did [*p.* of do]
didactic (*didak'-*) *a.* تعلیمی ، یاد دهنده - آموزگارمنش
die (*dai*) *vi.* مردن
d. out. away, off پژمرده یا خاموش شدن - کم کم محو یا سست شدن
die ('') *n.* [dice] طاس تخته نرد
The d. is cast. کار از کار گذشت
die ('') *n.* [dies] سرسکه - حدیده
di'et (*-at*) *n.*, *vt.*, & *vi.* (۱) غذای ویژه (پرهیز داران) (۲) پرهیز دادن (۳) غذای ویژه خوردن
differ (*dif'a*) *vi.* فرق داشتن ، اختلاف داشتن
difference (*dif'arans*) *n.* فرق ، تفاوت ، اختلاف
What d. does it make? چه فرق میکند ؟
make a d between با دو چشم دیدن ، ازهم فرق گذاشتن
dif'ferent *a.* مختلف - جوربجور
differen'tiate (*-shieit*) *vt.* فرق گذاشتن - تشخیص دادن
difficult (*dif'ikalt*) *a.* سخت ، مشکل-سخت گیر
dif'ficulty *n.* سختی ، اشکال- زحمت
dif'fidence *n.* بی اعتمادی بخود
dif'fident *a.* کمرو ، مردد ، ترسو

diffuse (*difiu:z'*) *vt*. افشاندن ، ریختن، پاشیدن- منتشر کردن، اشاعه کردن
diffuse (*-fiu:s'*) *a*. پراکنده- پر تفصیل
diffu'sion (*-zhən*) *n*. ریزش ، افاضه - انتشار - پر گویی ، دراز نویسی
dig *vt*. {dug} کندن -کاوش کردن
d. into, through, or under بوسیله کندن باز کردن ، نقب زدن
dig *n*. {Col.} -سک - سخن کنایه دار {درجمع} منزل کرایه ای
digest (*-jest'*) *vt*. هضم کردن - {مج} خوب فهمیدن- تحمل کردن
digest (*dai'jest*) *n*. مجموعه یاخلاصه (قوانین)
diges'tible *a*. قابل هضم
digestion (*dijes'shən*) *n*. هضم - هاضمه
easy of d. گوارا ، زود هضم
diges'tive (*-tiv*) *a*. هاضم ، هاضمه
digger (*dig'ə*) *n*. حفر کننده
dig'gings *npl*. حفریات - کان زر - {د.گ.} منزل کرایه ای
digit (*dij'-*) *n*. رقم- پنجه
dig'nified *ppa*. باوقار - بزرگ
dig'nify (*-fai*) *vt*. بزرگ کردن
dig'nitary (*-təri*) *n*. شخص بزرگ، {درجمع} بزرگان ، رجال ، اعیان
dig'nity *n*. بزرگی ، شأن ، مقام ، وقار
digraph (*dai'graf*) *n*. دو حرف یك صدا - حرف مرکب
digress' (*dai-*) *vi*. پرت شدن (از موضوع) - منحرف شدن
digression (*daigresh'ən*) *n*. انحراف -گریز
digressive (*daigres'iv*) *a*. منحرف شونده
dike; dyke *n*. & *vt*. - (۱) سد - دیواری که برای جلوگیری از آب دریا میسازند (۲) با خاکریز محصور کردن
dilap'idated *a*. خراب - فکسنی

dilate' (*dai-*) *vt*. & *vi*. (۱) اتساع دادن (۲) اتساع یافتن - {با on یا upon} شرح و بسط دادن
di'latory (*-lətəri*) *a*. کند ، بطی
dilemma (*dilem'ə*) *n*. برهان قاطع ذوحدین - وضع دشوار ، بی تکلیفی
dilettante (*dilitan'ti*) *n*. {-ti(*ti:*)} کسیکه فنون زیبا را از روی عشق ولی بطور ناقص یاد می گیرد
dil'igence (*-jens*) *n*. سعی و کوشش
dil'igent *a*. کوشا ، ساعی - ساعیانه
dilly-dally (*dil'idal'i*) *vi*. به تردید و دو دلی وقت گذراندن
dilute (*dailu:t'*) *vt*. رقیق کردن
dilu'tion (*dai-*) *n*. ترقیق
dim *a*., *vt*., & *vi*. {-med}(۱) تار ، تاریك (۲) تار کردن (۳) تیره شدن
dime *n*. سکهٔ ده سنتی
dimen'sion (*-shən*) *n*. اندازه، بعد
the 3 dimensions ابعادسه گانه
dimin'ish *v*. کم کردن یا شدن
diminution (*-yu: shən*) *n*. کاهش،کسر، تقلیل - تصغیر - تحقیر
dimin'utive (*-yutiv*) *a*. & *n*. (۱) مصغر - حقیر (۲) اسم تصغیر
dim'ness *n*. تیرگی ، تاری - بیرونقی
dim'ple *n*. & *vt*. (۱) فرورفتگی- چاه زنخدان (۲) گرد کردن
din *n*. & *vi*. {-ned} (۱) صدای بلند - غوغا (۲) صدا کردن
dine *vi*. & *vt*. - (۱) ناهار خوردن - شام خوردن (۲) شام دادن - ناهار دادن
di'ner (*-nə*) *n*. اطاق ناهار خوری در قطار
ding'-dong *n*. دنگ دنگ - شماطه
din'gy (*-ji*) *a*. تیره رنگ - چرك
di'ning-room *n*. اطاق ناهار خوری
dinner (*din'ə*) *n*. غذای عمده روز ناهار یا شام
din'ner-jacket *n*. اسموکینگ

dint *n.* گودی
by d. of بوسیلهٔ ، بضرب
diocese (*dai'əsis*) *n.* اسقف نشین
dip *vt., ti.* [-ped] , & *n.*
(۱)فرو بردن- اندازه گرفتن(۲)فرورفتن
(۳) غسل-آبتنی- سرازیری - فرورفتگی-
اندازه گیری با میل
d. into نگاه مختصر کردن (در)
d. deep into تعمق کردن در
diphthe'ria (*-riə*) *n.* دیفتری
diph'thong *n.* صدای ترکیبی
diploma (*-lou'mə*) *n.* دیپلم
diplo'macy (*-məsi*) *n.* دیپلماسی
dip'lomat = **diplomatist**
diplomat'ic (*-lə- ; -lou-*) *a.*
وابسته به آداب سفارت - سیاسی-
سیاست مدارانه
d. body هیئت نمایندگان سیاسی بیگانه
diplo'matist *n.* دیپلمات
dipper (*dip'ə*) *n.* آب گردان -
ملاقه - [با D] دب اکبر
dire *a.* ترسناک - شوم
direct' *a., adv.,&vt.* (۱)مستقیم-
[د] بی واسطه ، صریح (۲)مستقیماً (۳)
دستور دادن - اداره کردن - راه نمایی
کردن - متوجه ساختن ، نشان کردن -
عنوان نوشتن (روی پاکت)
direc'tion (*di-*) *n.* دستور -
اداره - طرف ، جهت - مسیر - تمایل
direct'ly *adv* فوراً - مستقیماً
direc'tor (*-tə*) *n.* مدیر ، رئیس
direc'torate (*-tərit*) *n.*
هیئت مدیره - مدیریت
direc'torship *n.* مدیریت ، ریاست
direc'tory *n.* کتابچه راهنما- دفتر تلفن
dirge (*də:j*) *n.* نوحه ، سرود عزا
dir'igible *a.* راندنی
d. balloon = airship
dirk (*də:k*) *n.* قسمی خنجر
dirt (*də:t*) *n.* چرک ،کثافت - لکه
d. road جادهٔ خاکی

dirt'-cheap *a.* بسیار ارزان ، مفت
dirty (*də':ti*) *a.* & *vt.*
(۱) کثیف، چرک (۲) کثیف کردن
disabil'ity (*-sə-*) *n.* عدم صلاحیت،
عدم قابلیت یاتوانائی
disa'ble *vt.* ازکار انداختن
disa'blement *n.* ازکار افتادگی
disabuse (*disəbyu:z'*) *vt.* از
اشتباه درآوردن ؛ از حقیقت آگاه کردن
disadvantage (*-ədvan'tij*) *n.*
زیان - وضع نامساعد ، مانع کامیابی
disadvanta'geous (*-jəs*) *a.*
زیان آور - بی صرفه - نامساعد
disaffec'ted *a.* ناراضی ، دارای
نظر بد
disaffec'tion *n.* نارضایتی ، سردی
disagree' (*-əg-*) *ti.* موافق نبودن
disagree'able (*-əbl*) *a.*
نامطبوع ، ناسازگار ، ناگوارا - ناپسند
disagree'ment *n.* مخالفت - اختلاف
disallow (*-əlau'*) *vt.* ردّ کردن
disappear (*-əpi'ə*) *vi.*
نابدید شدن ، غائب شدن - نابود شدن
disappear'ance (*-əns*) *n.* نابدیدی
disappoint' (*-sə-*) *vt.* مأیوس کردن
disappoin'ting *apa.* یأس آور
disappoint'ment *n.* ناامیدی
disapproba'tion *or*
disapproval (*-əpru':vəl*) *n.*
تقبیح ، مذمت - عدم تصویب -نارضایتی
disapprove(*-əpru:v'*)*v.* تقبیح کردن
[با of] - تصویب نکردن
disarm' *vt.* خلع سلاح کردن
disarmament (*disa':məmənt*
- دیسا) *n.* خلع سلاح
disarrange(*-əreinj'*) *vt.* برهم زدن
disarrange'ment *n.* بی ترتیبی
disaster (*-zas'tə*) *n.* بدبختی، بلا
disas'trous (*-trəs*) *a.* مصیبت آمیز،
فجیع - مقرون به بدبختی - منحوس
disavow (*-əvau'*) *vt.* ردّ کردن

disavow'al (*-əl*) *n.* رد، انکار
disband' *vt.* منحل کردن
disbelief (*-li:f'*) *n.* بی اعتقادی
disbelieve (*-bili:v'*) *vt.* & *vi.*
(۱) باور نکردن (۲) ایمان نیاوردن
disburden (*-bə':dn*) *vt.*
سبکبار کردن
disburse (*-bə:s'*) *v.* برداخت کردن
disburse'ment *n.* پرداخت - خرج
disc = disk
discard (*-ka:d'* ـکاد) *vt.*
دور انداختن - رد کردن - ول کردن ، ترك کردن
discern (*disə:n'*) *vt.* تشخیص دادن -درك کردن - مشاهده کردن
discer'ning *apa.* با بصیرت ، بصیر
discern'ment (*-mənt*) *n.* تشخیص، بصیرت
discharge (*-cha:'* ـچاج) *vt.* & *n.*
(۱) خالی کردن،در کردن-پیاده کردن(بار)- آزاد کردن - منفصل یا اخراج کردن - انجام‌دادن، ایفا کردن - ادا کردن (بدهی)- (۲) انفصال- تبرئه . مفاصا- تخلیه- شلیك- خروج- پرداخت ، تصفیه - ایفا
d. certificate برگ خاتمه خدمت
disciple (*disai'-*) *n.* مرید- حواری
disciplinarian (*disiplinê'ə-riən*) *n.* اهل انضباط
dis'ciplinary (*-nəri*) *a.*
انضباطی ، انتظامی
discipline (*dis'iplin*) *n.* & *vt.*
(۱) انضباط - تأدیب (۲) انضباط دادن
disclaim' *v.* ترك دعوا کردن- از خود ندانستن ، از خود سلب کردن
disclose (*-klouz'*) *vt.* افشاء کردن
disclo'sure (*-zhə*) *n.* افشاء
discolour (*-kʌl'ə*) *vt.* & *vt.*
(۱) بی رنگ کردن ، از جلا انداختن - لك کردن (۲) بد رنگ شدن
discomfit (*-kʌm'-*) *vt.* خنثی کردن - دچار مانع کردن - شکست دادن
discomfort (*-kʌm'fət*) *n.* & *vt.*
(۱) ناراحتی (۲) ناراحت کردن
discommode (*-kəmoud'*) *vt.*
ناراحت کردن
discompose (*-kəmpouz'*) *vt.*
برهم زدن ، مضطرب یا پریشان کردن
discompo'sure (*-zhə*) *vt.*
آشوب، اضطراب ، برهم‌زدگی ، ناراحتی
disconcert (*-kənsə:t'*) *vt.*
مشوش کردن - برهم زدن ، باطل کردن
disconnect (*-kənekt'*) *vt.*
جدا کردن
discon'solate (*-səlit*) *a.* پریشان
discontent' (*kən-*) *n.* عدم رضایت
disconten'ted *ppa.* ناراضی
discontinue (*-kəntin'yu:*) *vt.*
ادامه ندادن - قطع کردن
discontin'uous (*-əs*) *a.* بریده ، جدا ، منفصل ، منقطع
dis'cord *n.* ناسازگاری ، اختلاف
discor'dance (*-dəns*) *n.* ناجوری، اختلاف - ناسازگاری - بی آهنگی
discor'dant *a.* ناجور ، مخالف
dis'count *n.* تنزیل -کسر، اسکنت {لفظ فرانسه}
discount' *vt.* کسر کردن - بادادن تنزیل پیش از سر رسید نقد کردن
discoun'tenance (*-tinəns*) *vt.*
تصویب نکردن - منع کردن
discourage (*-kʌr'ij*) *vt.*
دلسرد کردن
discour'agement *n.* دلسردی ، چشم ترسیدگی ، فتور - دلسرد سازی
dis'course (*-kɔrs*) *n.* سخن رانی
discourse' *vi.* سخن‌رانی کردن
discourteous (*-kə:'tiəs*) *a.*
بی ادب - بی‌ادبانه ، تند
discourtesy (*-kə':tisi*) *n.*
بی تربیتی ، بی‌ادبی ، تندی
discover (*-kʌv'ə*) *vt.* کشف کردن
discov'erer (*-rə*) *n.* کاشف

discov'ery *n.* کشف - اکتشاف
discred'it *n.* & *vt.* (۱) بی‌اعتباری - بدنامی - تردید (۲) بی‌اعتبار ساختن
discred'itable (*-təbl*) *a.* بدنام کننده ، ننگ آور
discreet (*-kri:t'*) *a.* با احتیاط
discrep'ancy (*-əns*) *n.* اختلاف
discretion (*-kresh'ən*) *n.* نظر، صلاحدید - بصیرت - احتیاط - دلخواه
at the d. of بدلخواهِ ، باختیارِ ، به انصافِ ، برحسبِ نظرِ
discrim'inate *v.* فرق گذاشتن
d. against مورد تبعیض قرار دادن
discrim'inating *apa.* ممیز - تبعیض آمیز
discrimina'tion *n.* تشخیص - تبعیض
discursive (*-kə':siv*) *a.* بی ترتیب
dis'cus (*-kəs*) *n.* حلقه یا صفحهٔ آهن
discuss (*-kʌs'*) *vt.* مورد بحث قرار دادن ، مذاکره کردن راجع به
discussion (*-kʌsh'ən*) *n.* مذاکره
disdain' *n.* & *vt.* (۱) اهانت - استغناء - تکبر - ناز (۲) ناقابل دانستن
disdain'ful *a.* اهانت آمیز - متکبر
disease (*-zi:z'*) *n.* ناخوشی ، مرض
diseased' *ppa.* ناخوش - معیوب
disembark' *vt.* & *vi.* (۱) پیاده کردن، از کشتی درآوردن (۲) پیاده شدن
disembody (*disimbɔd'i*) *vt.* ازجسم جدا کردن
disembowel (*disimbau'il*) *vt.* شکم (کسیرا) دریدن
disenchant' *vt.* ازشیفتگی درآوردن
disencumber (*-kʌm'bə*) *vt.* رها کردن (از بار یا مانع) ، از قید آزاد کردن
disengage (*diningeij'*) *v.* ازقید آزاد کردن یا شدن
disengaged' *ppa.* فارغ- اشغال نشده
disengage'ment *n.* رهایی از قید
disentan'gle *vt.* ازگیر در آوردن
disfa'vour (*-və*) *n.* & *vt.* (۱) مغضوبیت (۲) مغضوب داشتن
disfigure (*-fig'ə*) *vt.* بد شکل کردن ، ازشکل یا زیبایی انداختن
disfig'urement *n.* ازشکل افتادگی
disfran'chise (*-chaiz*) *vt.* ازحق رأی (یا انتخابات) محروم کردن
disgorge (*-gɔ:j'*) *vt.* ازگلودرآوردن
disgrace' *n.* & *vt.* (۱) رسوایی ، ننگ - مغضوبیت (۲) ازنظر انداختن
disgrace'ful *a.* ننگین ، شرم آور
disgrun'tled *a.* ناراضی - غرغرو
disguise (*-gaiz'*) *n.* & *vt.* (۱) لباس مبدل ، هیئت مبدل - تغییر قیافه - ظاهر فریبنده-رودربایستی (۲) تغییر قیافه (یاهیئت) دادن - پنهان کردن
in d. بالباس‌مبدل، باتغییرقیافه یاهیئت
throw off all d. رودربایستی‌را کنار گذاشتن
blessing in d. توفیق اجباری
under the d. of به بهانهٔ ، درلفافهٔ
make a d of پنهان کردن
disgust' *n.* & *vt.* (۱) تنفر ، بیزاری (۲) متنفر کردن ، بیزار کردن
disgusted with متنفر از
disgus'ting *apa.* نفرت انگیز
dish *n.* & *vt.* (۱) ظرف - بشقاب - خوراک (۲) در بشقاب ریختن
d. up طعام گذاردن
dish'-cloth *n.* قاب دستمال
dishearten (*-ha':tn* هاتن-) *vt.* دلسرد کردن
dishev'el(l)ed *a.* ژولیده
dishonest (*disɔn'-*) *a.* نادرست
dishon'esty *n.* نادرستی ، تقلب
dishonour (*disɔn'ə*) *n.* & *vt* (۱) بی‌احترامی - نکول برات (۲) بی‌احترامی کردن به - نکول کردن
dishonourable (*-ɔn'ərəbl*) *a.* بی‌آبرو - پست ، بی‌شرفانه

disillusion (*-lu':zhən*) *n.* & *vt.* (۱) وارستگی از اغفال ، سر خوردگی (۲) از شیفتگی یا اشتباه درآوردن
be disillusioned سرخوردن سرد شدن ، از شیفتگی درآمدن
disinclina'tion *n.* عدم تمایل
disinclined' *a.* بیمیل
disinfect' *vt.* ضدّ عفونی کردن
disinfec'tant (*-tənt*) *a.* گندزدا
disinfec'tion *n.* گندزدایی
disingenuous (*-jən'yuəs*) *a.* بی‌خلوص ، باتزویر - حاکی از عدم‌خلوص
disinher'it *vt.* از ارث محروم کردن
disin'tegrate (*-tig-*) *v.* خرد کردن یاشدن - تجزیه کردن یا شدن
disintegra'tion *n.* تجزیه-خردشدگی
disinter' *vt.* [-red] ازخاك‌درآوردن
disin'terested *a.* بی‌علاقه - بیغرض - بیغرضانه [d. advice]
disjoin' *v.* جدا کردن یا شدن
disjoint' *vt.* از مفصل درآوردن
disjoin'ted *ppa.* نامربوط ، پرت
disjunc'tive (*-tiv*) *a.* [درباب حرف عطفی گفته میشود] که دوچیزمخالف یا مختلف‌را بهم متصل کند چون **but**
disk; disc *n.* صفحه ، دایره - قرص
dislike' *n.* & *vt.* (۱) نفرت ، بی‌میلی (۲) تنفر داشتن از
dis'locate (*-ləkeit*) *vt.* جابجا کردن -برهم زدن ، مختل کردن
disloca'tion *n.* خلع مفصل - جابجا شدگی - خرابی
dislodge (*-lɔj'*) *vt.* از جای خود بیرون کردن
disloy'al (*-əl*) *a.* بی‌وفا-غیرصادقانه
disloy'alty *n.* بی‌وفایی ، خیانت
dismal (*diz'məl*) *a.* ملالت‌انگیز
disman'tle *vt.* پیاده کردن (اجزای ماشین) - عاری از سلاح یا اثاثه کردن
dismay' *vt* ترسانیدن
dismem'ber (*-bə*) *vt.* جزء جزء کردن ، تجزیه کردن - بنداز بند سوا کردن
dismiss' *vt.* مرخص.یامنفصل کردن
dismis'sal (*-səl*) *n.* انفصال-اخراج
dismount' *vi.* & *vt.* (۱) پیاده‌شدن (۲) پیاده کردن - از اسب پرت کردن
disobe'dience (*-əns*) *n.* نافرمانی
disobe'dient *a.* نافرمان ، متمرد
disobey (*-oubei'*) *vt.* سرپیچی کردن از ، اطاعت نکردن
disoblige (*-oublaij'*) *vt.* خواهش (کسیرا) رد کردن ، مکدر کردن
disor'der *n.* & *vt.* - (۱) بی‌نظمی - بهم خوردگی‌مزاج (۲) مختل کردن
disor'derly *a.* بی‌نظم - نا امن
disorganiza'tion (*-gənai-*) *n.* بی‌نظمی - سازمان غیرمنظم - اخلال
disor'ganize *vt.* مختل کردن
disown' *vt.* از خود ندانستن
dispar'age (*-ij*) *vt.* بی‌فضیلت‌دانستن
dispar'agement *n.* انکار فضیلت
dispar'ity *n.* تفاوت کلی
dispassionate (*-pash'ənit*) *a.* بیغرض، بیطرف ، بی‌تعصب - بیغرضانه
dispatch (*-pach'*) *vt.* & *n.* (۱)فرستادن، اعزام کردن- مخابره کردن- خلاص کردن ،کشتن (۲) اعزام - حمل - مخابره - قتل - وسیلهٔ سریع حمل - پیغام
d. book دفتر نامه رسانی
dispel' *vt.* [-led] متفرق‌یادورکردن
dispen'sable (*-səbl*) *a.* چشم پوشیدنی ، صرف نظر کردنی
dispen'sary (*-səri*) *n.* پزشك‌خانه- داروخانه (عمومی)
dispensa'tion *n.* بخش ، توزیع - تقدیر - خواست خدا
dispense (*-pens'*) *vt.* توزیع کردن- معاف کردن - پیچیدن و دادن (دارو)
d. justice دادگستردن
d. the need of لازم ندانستن
d. with صرف‌نظر کردن از
dispen'ser (*-sə*) *n.* کمك داروساز

disperse (*-pə:s'*) *vt.* & *vi.* (۱) متفرق یا پراکنده کردن (۲) متفرق شدن
disper'sion (*-shən*) *n.* پراکندگی
dispir'ited *ppa.* دلسرد ، افسرده
displace (*-pleis'*) *vt.* ازجای خود بیرون کردن - پس زدن
displace'ment *n.* جابجا سازی - جانشین‌سازی - مقدار آبی که جسم شناوری پس زده جای آنرا میگیرد
display' *vt.* & *n.* (۱) نمایش‌دادن- آشکارکردن (۲) ابراز - تظاهر ، جلوه
displease (*-pli:z'*) *vt.* مکدر کردن
displeased' *ppa.* رنجیده ، مکدر
 d. with } ناراضی از ، رنجیده از ،
 d. at } رنجیده بواسطهٔ
displeasure (*-pləzh'ə*) *n.* & *vt.* (۱) رنجش - خشم (۲) رنجانیدن
disport' (*vt.*) **oneself** وجد کردن
disposal (*-pou'zəl*) *n.* اختیار - مصرف { فروش یا واگذاری }
 at your d. دراختیار شما
dispose (*-pouz'*) *vt.* مستعد کردن - مرتب کردن
 d. (*vi.*) **of** مصرف کردن{فروختن یا واگذار کردن} - کلا (چیزیرا) تمام کردن
disposition (*-pəzish'ən*) *n.* حالت ، تمایل - مشیت - اختیار - تهیه - وضع ، ترتیب ، {درجمع} مقررات
dispossess (*-pəzes'*) *vt.* ازتصرف محروم کردن، خلع‌ید کردن- بی‌بهره کردن
dispossession (*-pəzesh'ən*) *n.* خلع ید
disproof' *n.* ردّ ، تکذیب
dispropor'tion *n.* عدم تناسب
disproportionate (*-prepɔ':shənit*) *a.* بی‌تناسب
disprove (*-pru:v'*) *vt.* ردکردن
disputable (*-piu':təbl; dis'piu-*) *a.* قابل بحث ، مشکوک
dispute' *n.*, *vi.*, & *vt.* (۱) نزاع (۲) نزاع یا مشاجره یاجدال کردن (۳) مورد بحث قرار دادن - منکر شدن
 in d مورد بحث ، مشکوک
disqualifica'tion *n.* سلب قابلیت
disqualify (*-kwɔl'ifai*) *vt.* فاقد شرایط لازم دانستن
disquiet (*-kwai'ət*) *vt.* & *n.* (۱) ناراحت کردن ، مضطرب ساختن (۲) ناراحتی ، اضطراب ، تشویش ، بیقراری
disqui'etude (*-tiu:d*) *n.* دل‌واپسی ، ناراحتی
disquisition(*-kuizish'ən*)*n.* مقاله
disregard (*-riga:d'* -گاد) *vt.* بی‌اعتنایی کردن (به) ، اهمیت ندادن
disrepair (*-ripê'ə*) *n.* وضع محتاج به تعمیر
 in d. نیازمند (به) تعمیر ، خراب
disrep'utable (*-yutəbl*) *a.* بی‌آبرو (سازنده) ، بی‌اعتبار (کننده)
disrepute (*-ripiu:t'*)*n.* بی‌آبرویی
disrespect' *n.* بی‌احترامی
disrespect'ful *a.* بی‌اعتنا-توهین‌آمیز
disrobe' *vi.* لباس رسمی را کندن
disrupt' *vt.* شکستن -گسیختن
disruption (*-rʌp'shən*) *n.* جدایی - تجزیه - ترکیدگی
dissatisfac'tion *n.* نارضایتی
dissat'isfied (*-faid*) *ppa.* ناراضی
 d with ناراضی از
dissat'isfy (*-fai*) *vt.* ناراضی کردن
dissect' *vt.* پاره پاره یاتشریح کردن
dissec'tion *n.* کالبد شکافی - قطع - تقطیع ، تجزیه - موشکافی ، تدقق
dissem'ble *vt.* & *vi.* (۱) پنهان کردن - وانمود کردن. (۲) تلبیس کردن
dissem'bler (*-blə*) *n.* آدم ریاکار
dissem'inate *vt.* پاشیدن-منتشر کردن
dissemina'tion *n.* پخش - انتشار
dissen'sion (*-shən*) *n.* اختلاف ، شقاق ، نفاق
dissent' *n.* اختلاف عقیده
 d. (*vi.*) **from** مخالف بودن‌با

disserta'tion *n.* مقاله، رساله ـ بحث
disservice (*disə':vis*) *n.* بدی
dissever (*disev'ə*) *vt.* & *vi.* (۱) جدا کردن (۲) جدا شدن
dissim'ilar (*-lə*) *a.* بی‌شباهت
dissimilar'ity *n.* اختلاف ، ناجوری
dissim'ulate (*-yuleit*) *vt.*&*vi.* (۱) پنهان کردن ـ فریب دادن (۲) ریاکردن ، تزویر کردن
dissimula'tion *n.* ریا ـ تقیه
dissipate (*dis'ipeit*) *vt.* پراکنده کردن ، برباد دادن، بیهوده صرف کردن ـ دور کردن
dissipa'tion *n.* اسراف ـ تفریحات جاهلانه ـ پراکنده سازی
disso'ciate (*-shieit*) *vt.* (ازهم) جدا کردن
dissoluble (*dis'əlubl*; *-sɔl'-yubl*) *a.* تجزیه پذیر ، جداشدنی
dissolute(*dis'əlu:t*;*dis'əliu:t*) *a.* هرزه ، فاجر
dissolution (*-lu':shən*) *n.* تجزیه ـ تلاشی ـ فسخ ـ انحلال ـ زوال
dissolvable (*dizɔl'vəbl*) *a.* حل شدنی ـ فسخ پذیر ـ قابل تجزیه
dissolve (*dizɔlv'*) *v.* آب کردن (یا شدن) ، حل کردن (یاشدن) ـ منحل کردن (یاشدن) ـ فسخ کردن
dissonance(*dis'ənəns*)*n.* عدم توافق
dis'sonant (*-nənt*) *a.* ناجور
dissuade (*disweid'*) *vt.* منصرف کردن
dis'taff *n.* آلتی که پشم ریستنی را روی آن نگاه میدارند
d. side طرف زنانه ، طرف مادری
dis'tance (*-təns*) *n.* & *vt.* (۱) مسافت ـ فاصله (۲) عقب گذاشتن
at a d. of two kilometres from در دو کیلومتری
dis'tant (*-tənt*) *a.* دور ـ متفاوت
distaste' *n.* بی میلی ، تنفر
distaste'ful *a.* تنفرآور ـ بیمزه
distem'per(*-pə*)*n.* & *vt.* (۱)اختلال دماغی ـ ناخوشی ـ بد خویی ـ اغتشاش ـ رنگ لعابی (۲) رنگ لعابی زدن
distend' *vt.* & *vi.* (۱) بادکردن ـ بسط دادن (۲) بزرگ شدن ـ بسط یافتن
disten'sion (*-shən*) *n.* انبساط ـ بسط
distil' *vt.* {-led} تقطیر کردن
distillation (*-tilei'shən*) *n.* تقطیر ، چکیده گیری ـ شیره
distill'ery (*-əri*) *n.* کارخانهٔ تقطیر
distinct' *a.* جدا ، مجزا ـ واضح
distinc'tion *n.* فرق ـ امتیاز
make a d. فرق قائل شدن
of d. برجسته ، مشهور
distinc'tive (*-tiv*) *a.* مشخص ـ اختصاصی ، مختص ـ مجزا ـ تشخیص دهنده
distinct'ly *adv.* شمرده ، واضحاً
distin'guish *vt.* تشخیص دادن ، تمیز دادن ، درك کردن ـ برجسته کردن
distin'guished *ppa.* برجسته
distort' *vt.* بدشکل کردن ، ازشکل انداختن ـ بد جلوه دادن ـ کش‌دادن
distortion (*-tɔ':shən*) *n.* کجی ـ تغییر شکل
distract' *vt.* برگردانیدن ، منصرف یامنحرف کردن ـ گیج کردن ، آشفتن
distrac'tion *n.* آشفتگی ، گیجی
distrain (*-trein'*) *vi.* —
d. upon گروکشیدن
distraint' *n.* گروکشی ، توقیف
distress' *n.* & *vt.* (۱) پریشانی ـ اضطرار، مضیقه ـ خطر (۲) پریشان کردن
distrib'ute (*-yu:t*) *vt.* توزیع کردن
distribu'tion *n.* پخش ، توزیع
dis'trict *n.* بخش ، ناحیه ـ بلوك
distrust' *n.* & *vt.* (۱) عدم اعتماد ، سوء ظن (۲) بدگمان بودن نسبت به
distrust'ful *a.* بی‌اعتماد ، بدگمان
disturb (*-tə:b'*) *vt.* مزاحم شدن ـ مضطرب کردن ، آشفتن

disturbance (-*tə':bəns*) *n.* اضطراب ـ آشوب ـ مزاحمت
disunion (-*yu':niən*) *n.* انفصال
disunite (-*yunait'*) *vt.* & *vi.* (۱) جدا کردن (۲) جدا شدن
disuse (-*yu:s'*) *n.* عدم استعمال
fall into d. موقوف یامنسوخ شدن
disuse (-*yu:z'*) *vt.* موقوف کردن
ditch (*dich*) *n.* & *vt.* (۱) نهر ـ گودال (۲) در گودال انداختن
ditto (*dit'ou*) *a.*, *adv.*, & *n.* ایضاً ، همان (چیز بالا) ، همانطور
ditty (*dit'i*) *n.* تصنیف ـ سرود
divan' *n.* نیمکت راحتی ـ محل استعمال دخانیات
dive *vi.* & *n.* (۱) غوطه خوردن ـ شیرجه رفتن (۲) غوطه ـ شیرجه ـ [مج] تفحص ـ فروشگاه زیر زمینی ـ نهانگاه
di'ver (-*və*) *n.* آب باز ، غواص
diverge (*daivə:j'*) *vi.* از هم دور شدن ، واگرائیدن ـ منحرف شدن
diver'gence; -gency (-*jənsi*) *n.* تباعد ، واگرایی ـ انشعاب ـ اختلاف
diver'gent *a.* متباعد ـ منشعب
di'vers (-*vəz*) *a.* بعضی ، متعدد
diverse (*daivə:s'* ; *divə:s'* ; *dai'və:s*) *a.* گوناگون
diver'sify (-*fai*) *vt.* گوناگون کردن ، دارای تنوع کردن
diversion (*divə':shən*) *n.* انحراف ـ تفریح ، سرگرمی ، مشغولیت
diversity (-*daivə':-* ; *di-*) *n.* اختلاف ، این نه آنی
divert (*daivə:t'* ; *di-*) *vt.* برگردانیدن ، منحرف یاسرگرم کردن
divest' (*dai-* ; *di-*) *vt.* بی بهره کردن ـ لخت کردن
divide' *vt.*, *vi.*, & *n.* (۱) تقسیم کردن ، بخش کردن ـ جدا کردن (۲) جدا شدن ـ تقسیم سدن (۳) مقسم آب
div'idend (-*dənd*) *n.* مقسوم ، بخشی ـ سود ـ سهم ، سود سهام
divi'ders (-*də:z*) *npl.* برگار تقسیم
divina'tion *n.* غیب‌گویی ، فالگیری
divine' *a.*, *n.*, & *v.* (۱) خدایی ، الهی (۲) عالم دین (۳) پیشگویی یا فالگیری کردن ، فال گرفتن
divi'ner (-*nə*) *n.* غیب‌گو ، کاهن
di'ving *n.* آب بازی ، غواصی
divin'ity *n.* الوهیت ـ علم دین ـ معبرد ـ [با the D و] خدای برحق
divisibil'ity (-*zi-*) *n.* قابلیت تقسیم
divisible (-*viz'-*) *a.* قابل تقسیم
division (-*vizh'ən*) *n.* تقسیم ، بخش ـ قسمت ـ شقاق ، اختلاف ـ لشکر
divi'sor (-*zə*) *n.* مقسوم علیه ، بخش یاب
divorce (-*vɔ:s'*) *n.* & *vt.* (۱) طلاق (۲) طلاق دادن
divulge (*daivʌlj'* ; *di-*) *vt.* افشاء کردن ، ابراز کردن
divulge'ment (-*mənt*) *n.* افشاء
dizzy (*diz'i*) *a.* & *vt.* (۱) گیج ـ بی فکر ـ گیج کننده (۲) گیج کردن
do (*du:* ; *du*) *vt.* & *vi.* [did; done (*dʌn*)] (۱) کردن ـ درست کردن [do one's hair] ـ بدرد (کسی) خوردن (۲) رفتار کردن ـ بس بودن ـ بدرد خوردن ـ گذران کردن
do by رفتار کردن با
do out تمیز کردن ـ بحیله درکشیدن [با of از]
do up از نو درست کردن ـ بالا زدن (گیس) ـ خانه خراب کردن ـ پیچیدن ، بستن ـ [بصیغه اسم مفعول] خسته ، مانده
have to do with مربوط بودن به
have done with تمام کردن
I write as fast as you do. من به (همان) تندی شما مینویسم
I wished to see him, and I did so. میخواستم او را به‌بینم وویدم
Did he go? Yes he did.

آیا او رفت ؟ بله (رفت)
He's done for. {Col.}
کارش زار است
That will do بس‌است ، کافی‌است
How do you do? (۱) احوال شما
چطوراست ؟ (۲) از شناسایی سرکار
خوشوقتم [جوابش هم همین است]
do away with موقوف کردن ـ کشتن
Nothing do ng (یا نیست) خبری نبود
do ('') v. aux. {فعل معین} ـ
I do not go. نمیروم
What did you eat? چه خوردید
I do know. (بطور مسلم) میدانم
I did go. محققاً رفتم ـ چرا ، رفتم
Do say. {با لحن اصرار و خواهش} بگوئید
do'cile (-sail) a. سربراه ، مطیع
docil'ity (dou-) n. سربراهی ، رامی
dock (dɔk) n. & vt. (۱) تعمیرگاه کشتی در دریا ـ بار انداز ـ سرسره ـ قسمت گوشتی دم اسب (۲) درتعمیرگاه آوردن ـ دم بریدن ـ مو(ی کسیرا) کوتاه کردن ـ بی‌بهره کردن
doc'tor (-tə) n. بزشك ، طبیب ـ دکتر
doc'torate (-tərit) n. درجهٔ دکتری
doctrinaire (-nê'ə) n. کسیکه نظریات و اصول خود را بدون توجه به مقتضیات میخواهد اجرا کند ، اصولی
doc'trine (-trin) n. اصول ، تعلیم
document (dɔk'yumənt) n. & vt. (۱) مدرك ، سند (۲) متکی بمدرکی کردن
documen'tary (-təri) a. اسنادی
dodder (dɔd'ə) vi. تلو تلو خوردن
dodge (dɔj) v. طفره زدن ـ پیچیده سخن گفتن ـ از زیر (چیزی) در رفتن
doe (dou) n. گوزن یاخرگوش ماده
doer (du':ə) n. کننده ، فاعل
does (dʌz; dəz) {از فعل do} میکند
doesn't = does not
dog n. & vt. {-ged} (۱) سگ (۲) دنبال کردن ، رد پا(ی کسیرا) گرفتن
go to the dogs خانه خراب شدن
dog'days npl. چله تابستان
dogged (dɔg'id) = stubborn
dog'gerel (-ərəl) n. شعر بیمایه
dog'ma (-mə) n. عقیده (دینی)
dogmat'ic a. قاطع ، جزمی ـ نظری
dog's'-ear n. گوشهٔ برگشته درکاغذ
doi'ly n. زیرگلدانی
doings (du':-) npl. کارها ، اعمال
doldrums (dɔl'drəmz) npl. سکوت ـ افسردگی ـ منطقهٔ رکود
dole (doul) n. & vt. (۱) بخش ـ حصه ـ حقوق مدت بیکاری (۲) به پیمانه دادن {با out}
dole'ful a. اندوهگین ـ غم انگیز
doll (dɔl) n. عروسك
dollar (dol'ə) n. دُلار
dolorous (dɔl'ərəs) = sad
dolour (dɔl'ə) n. {Poet.} = sorrow
dol'phin (-fin) n. (۱) ماهی یونس (۲) = dorado
dolt (doult) n. آدم کودن
doltish (doul'-) a. کودن ، نادان
domain (domein'; dou-) n. ملك ـ قلمرو ، حوزه
public d. (زمین) خالصه
dome (doum) n. & vt. (۱) گنبد (۲) گنبد زدن (روی)
domes'tic a. & n. (۱) خانگی ـ اهلی ـ وطنی (۲) نوکر
domes'ticate vt. اهلی کردن ـ {بصیغه اسم مفعول} علاقه مند بکارهای خانه ، خانه‌دار
domesticity (-tis'iti) n. زندگی در خانه
domicile (dɔm'isail; -sil) n. اقامتگاه ، مقر
dom'iciled ppa. مُقیم ، ساکن
dom'inance (-nəns) n. تسلط
dom'inant a. مسلط ، نافذ ، مهم

dom'inate *vi.* & *vt.* (۱)حکم‌فرما بودن ـ مشرف بودن (۲) تحکم کردن بر
domina'tion *n.* تسلط ـ تحکم
domineer (*-ni'ə*) *vi.* تحکم کردن
dominion (*dəmin'iən*) *n.* سلطنت ـ ملك ، قلمرو ـ حق مالکیت
dom'ino (*-nou*) *n.* {-es} لباس باشلق‌دار یا نقاب‌دار برای رقص ـ مهرهٔ دومینو ـ {در جمع} بازی دومینو
donate (*douneit'*) *vt.* هبه‌کردن
dona'tion (*dou-*) *n.* بخشش ـ هبه
done (*dʌn*) {*p. p. of* do}
don'key (*-ki*) *n.* الاغ
do'nor (*-nə*) *n.* بخشنده ، واهب
don't = do not
doom *n.* & *vt.* (۱) حکم ـ تقدیر ـ هلاکت (۲) محکوم (بفنا) کردن
doomsday (*du:mz'dei*) *n.* روز رستاخیز
door (*dɔ:* ; *dɔə*) *n.* در ـ راهرو
 next d. to تقریباً ، نزدیک ـ جنب
 out of doors درهوای آزاد
 within doors در خانه
door'-keeper *n.* دربان
door'-mat *n.* پادری ،کفش پاك‌کن
door'-plate *n.* پلاك در
door'-post ; **door'-tree** *n.* باهو
door'-way *n.* جای در ، درگاه
dope *n.* روغن غلیظ ـ شربت مخدر ـ نواله (دوازده) که باسب مسابقه میدهند
dorado (*-rei'-* ; *-rah'-*) *n* ماهی طلایی دریایی
dor'mant (*-mənt*) *a.* خوابیده
dor'mer (window) *n.* پنجرهٔ عمودی در شیروانی
dormitory (*dɔ':mitəri*) *n* خوابگاه چند نفری
dormouse (*dɔ':maus*) *n.* {-mice} موش‌زمستان خواب
dory (*dɔr'i*) *n.* قسمی کرجی پاروئی
dose (*dous*) *n.* (یك) خوراك دوا ، بسته ، انگاره
dot *n.* & *vt.* {-ted} (۱) نقطه (۲) نقطه گذاری یا نقطه‌چین کردن
 d. a man one {Col.} کسیرا زدن
 d. and go one لنگان لنگان رفتن
do'tage (*-tij*) *n.* خرَف، عته(پیری)
do'tard (*-təd*) *n.* پیر یاوه‌گو
dote (*vi.*) **on** ابلهانه دوست داشتن ، شیفته (کسی) شدن
doth (*dʌth*) {Arch.} = does
dot'ted *ppa.* منقوط ـ نقطه چین
double (*dʌbl*) *a.*, *adv.*, *n.*, & *v.* (۱) دوبرابر ـ دولا ـ دوسر ـ دو پهلو ، دورو (۲) دوترکه{ride d.}- (۳) مضاعف ـ لنگه ـ المثنی(٤) دوبرابر کردن یاشدن ـ دولا کردن یا شدن
doub'le-barrelled *a.* دولول
dou'ble-breasted *a.* دو طرفه تکه خور
doub'le-dealer *n.* آدم دو رو
double entendre *n.* {Fr.} سخن دو پهلو یا آب بردار
doub'le-minded *a.* دو دل ، متلون
doublet (*dʌb'lit*) *n.* جواهر بدل ـ قسمی یل ـ {درجمع} جفت {درنرد}
doubly (*dʌb'li*) *adv.* دو برابر
doubt (*daut*) *n.* & *vt.* (۱) شك ، تردید (۲) مورد تردید (یا اعتراض) قرار دادن
 make no d. یقین یامطمئن بودن
 I d. whether he will go. در رفتن او شك دارم
doubt'ful *a.* مشکوك ـ مردد
doubt'less *adv.* بی‌شك ، محققاً
douche (*du:sh*) *n.* & *vt.* (۱) دوش (۲) زیر دوش وا داشتن
dough (*dou*) *n.* خمیر
dough'nut ('' -) *n.* قسمی نان‌شیرینی
doughty (*dau'ti*) *a.* دلیر
douse *or* **dowse** (*daus*) *vt.* درآب گذاشتن ـ خاموش کردن

dove (*dʌv*) *n.* کبوتر
dove'cote *n.* کبوترخان ، کفترخان
dove'tail *n.* & *vi.* (۱) کام‌و زبانهٔ دُم فاخته‌ای (۲) جفت شدن
dowager (*dau'əjə*) *n.* بیوه زنی که ازشوهرش دارایی باو رسیده باشد
dowdy (*dau'di*) *a.* بد جامه پوش
dower (*dau'ə*) *n.* بخشی از دارایی مردکه پس‌از درگذشت او برای‌همه عمر بزنش میرسد - جهاز ، جهیزیه
down (*daun*) *n.* پر نرم - کرك
down ('') *adv.*, *a.*, & *prep.* (۱) پائین ، درزیر (۲) افسرده ، خوابیده (۳) پائین دست
write, put, note, or take d. روی کاغذ آوردن ، یادداشت کردن
be handed d. بتواتر رسیدن
get d. پایین رفتن - پیاده شدن
run d. خوابیدن [درساعت]
d. in the mouth بکر ، افسرده
be d. up(on) سخت‌گرفتن بر
He is d. for . . . نامش را (برای فلان کار) درصورت نوشته‌اند
talk d. خاموش‌کردن ، ساکت کردن
D. with him! مرده باد ، پست باد
D. on your knees! زانو بزنید
down'cast *a.* افسرده - پایین افتاده
down'fall *n.* سقوط - زوال - بارش
down'hearted *a.* دل شکسته
down'hill *adv.* & *n.* سرازیر(ی)
down'-pipe *n.* ناودان (عمودی)
down'pour (*-pɔ:*) *n.* بارندگی‌زیاد
down'right (*-rait*) *a.* & *adv.* (۱) صرف ، محض - مطلق- رك - رك گو (۲) کاملا ، یکسر - بوست کنده
downstairs' *adv.* در طبقه پائین
down'trod(den) *a.* پایمال شده
down'ward (*-wəd*) *a.* پایین - رو به پایین
down'ward(s) *adv.* (بطرف) پایین
downy (*dau'ni*) *a.* کرکی - نرم

dowry (*dau'ri*) *n.* (۱) جهیزیه (۲) = dower [معنی اول]
dowse (*dauz*) *vi.* میل‌یا گمانه‌زدن
doxology (*dɔksɔl'əji*) *n.* حمد ، تسبیح ، سرود
doyen' *n.* [Fr.] مقدم‌السفراء
doz. [مختصر dozen]
doze *n.* & *vi.* چرت (زدن)
dozen (*dʌzn*) *n.* دوجین
Dr. [مختصر Doctor]
drab *a.* خرمایی‌کم‌رنگ - یك نواخت
drachma (*drak'mə*) *n.* درهم [در یونان باستان] - فرانك یونانی
draft *n.* & *vi.* (۱) حواله، برات - طرح - پیش نویس - آبخور (کشتی) - (۲) پیش نویس کردن ، طرح کردن [بمعانی draught نیز رجوع شود]
drafts'man (*-mən*) *n.* نقشه‌کش ، طراح
drag *vt.* & *vi.* [-ged] & *n.* (۱) کشیدن - لاروبی کردن (۲) کشیده شدن (۳) کشش- قلاب ، اسباب لاروبی، ماله‌کش - فرش کن- قسمی گردونه چهاراسبه - مانع، اسباب زحمت
drag'-boat *n.* کرجی لاروب
drag'gled *a.* درگل‌کشیده شده
drag'on (*-ən*) *n.* اژدها
drag'on-fly *n.* سنجاقك
dragoon' (*drə-*) *n.* سرباز سواره
drain *vt.*, *vi.* & *n.* (۱) خشك انداختن - زیراب (چیزی) را زدن - زهکشی کردن -کشیدن (۲) خشك افتادن - آهسته چکیدن (۳) زهکش - آبگذر - لولهٔ جراحت‌کش ، فتیله - مصرف
drainage (*drei'nij*) *n.* زهکشی- خشك اندازی- فاضل آب
drake *n.* اردك نر
dram *n.* درم - جرعه - خرده
drama (*drah'mə*) *n.* درام ، شبیه - نمایش نامه
dramat'ic (*drə-*) *a.* درامی -

داستان مانند - برجسته

dram'atist *n.* درام نویس

dramatize (*dram'ətaiz*) *vt.* بشکل درام درآوردن

drank {*p. of* drink}

drape *vt.* با پرده یا پارچه پوشاندن

dra'per (*-pə*) *n.* پارچه فروش

dra'pery *n.* پارچهٔ پرده ای

dras'tic *a.* مؤثر - قوی ، کارگر

draught (*draft*) *n.* - (۱) کشش - جریانِ هوا ، کوران {لفظ فرانسه} - یك خوراك دوای آبکی - دام گستری - آبخور کشتی - {بمعانی draft نیز رجوع شود}

draught'-horse *n.* یابو ، بارکش

draughts (*drafts*) *npl.* قسمی بازی که امریکایی ها checkers میگویند

draughts'man (*-mən*) *n.* {-men} نقشه کش - مهرهٔ بازیِ draughts

draughty (*draf'ti*) *a.* درمعرضِ جریان هوا ، کوراندار {a d. room}

draw (*drɔ:*) *v.* {drew (*dru:*); drawn} کشیدن - چك کشیدن

d the cloth سفره را برچیدن

This ship draws 2 feet. آبخور این کشتی دو فوت است

d. in درحلقه درآوردن - چوروك کردن - تو کشیدن - کوتاه شدن (روز)

d out تنظیم یا طرح کردن - امتداد دادن - درصف آوردن - بزبان آوردن بحرف آوردن - دراز شدن

d. on فراهم آوردن - کشیدن - برداشت کردن از ، خوردن - کشیده شدن - نزدیك شدن

d. to an end ته کشیدن ، تمام شدن

d. up تنظیم کردن ، تهیه کردن

draw *n.* کشش - قرعه کشی

draw'back *n.* مانع - زیان - کسر

draw'bridge (*-brij*) *n.* پل متحرك

drawee' *n.* برات گیر

drawer (*drɔ':ə*) *n.* کشو - برات کش - آبدار - {درجمع} زیرشلواری

draw'ing *n.* نقشه (کشی) ، رسم - قرعه کشی

draw'ing-pin *n.* {لفظ فرانسه} پونز

draw'ing-room *n.* سالن پذیرائی

drawl (*drɔ:l*) *vi.* کشیده حرف زدن

drawn (*drɔ:n*) *ppa.* {*pp. of* draw} کشیده - ممتد - پوك - چوروك

dray (*drei*) *n.* گاری کوتاه بی لبه

dread (*dred*) *n.* & *vt.* ترس (داشتن از) ، بیم (داشتن از)

dread'ful *a.* ترسناك - بسیار بد

dreadnaught (*dred'nɔ:t*) *n.* رزم ناو بزرگ و سنگین اسلحه

dream (*dri:m*) *n.*, *vi.*, & *vt.* {dreamt (*dremt*) *or* dreamed} (۱) خواب (۲) خواب دیدن (۳) در خواب دیدن

dreamt {بازگشت شود به dream}

drea'my *a.* خواب‌مانند - غیر واقعی

dreary (*dri'əri*) *a.* دلتنگ کننده

dredge (*drej*) *n.* & *vt.* (۱) لاروب (۲) لاروبی کردن ، تنقیه کردن - با آرد پوشاندن - بیختن

dredger (*drej'ə*) *n.* (کشتی) لاروب

dregs *npl.* دُرد - {درمفرد} باقیمانده

drench *vt.* خیس کردن

dress *n.*, *vt.*, & *vi.* {dressed *or* drest} (۱) لباس (مخصوص) - لباس‌زنانه (۲) پوشانیدن - بستن (زخم)، پانسمان کردن - درست کردن (موی سر) - (۳) لباس پوشیدن

d. up لباس (ویژه) پوشیدن

dresser (*dres'ə*) *n.* زخم بند - قفسه

dress'ing *n.* زخم بندی ، پانسمان {لفظ فرانسه} - آرایش - لباس - کود - پرداخت - لعاب - تأدیب

dress'ing-gown *n.* لباسِ خانه

dress'ing-room *n.* اطاقِ ویژهٔ آرایش - رخت کن

dress'maker *n.* (زن) زنانه دوز

dress'y *a.* شیك (پوش) ، خوش لباس

drew (*dru:*) {*p. of* **draw**}
drib'ble *v.* چکانیدن یا چکیدن
drib'let (*-lit*) *n.* خرده ـ مقدار کم
dried (*draid*) *ppa.* خشکانیده
drier; dryer (*drai'ə*) *n.*
خشکاننده (رنگ) ، سیکاتیف {فرانسه}
drift *n.*, *vi.*, & *vt.* (۱) تودهٔ
بادآورده ـ یخِ آب آورده ، جسم شناور ـ
تمایل ـ روش ـ مفاد ـ پیشامد ـ جریان
(۲) رانده شدن (از باد یا آب) ـ توده
شدن ـ دستخوشِ پیشامدبودن (۳)راندن ـ
توده کردن ، انبوه کردن
drill *n.*, *vt.*, & *vi.* (۱) مته ـ
مشق، تمرین ـ تخم افشان (۲) کندن
(چاه) ـ مشق دادن (۳) تمرین کردن
drill('ing) *n.* پارچهٔزمخت کتانی یا نخی
drill'ing *n.* مشق (نظامی) ـ حفر
drink *vt.* {**drank; drunk**} &
n. (۱) آشامیدن ، نوشیدن ، خوردن
(۲)آشامیدنی ، مشروب ـ جرعه
d. up *or* **off** تا ته سرکشیدن
d. any one's health
بسلامتی کسی نوشیدن
drin'kable (*-kəbl*) *a.* & *n.*
(۱) آشامیدنی (۲) مشروب ، نوشابه
drin'king-cup *n.* آبخوری ـ کاسه
drin'king-fountain *n.* محل عمومی
در خیابان برای آب نوشیدن
drip *vi.* & *vt.* {**-ped**}
(۱) چکیدن ، چکه کردن (۲) چکانیدن
drip'ping *n.* چکیدهٔ گوشت
d. wet خیسِ خیس ، مثلِ
موش آب کشیده
drive *vt.* & *vi.* {**drove; driv'en**}, & *n.* (۱) راندن ـ
جلو بردن ـ کوبیدن (میخ) ـ (۲) سواری
کردن ـ سواره گردش کردن ـ سخت
کوشیدن ، دوندگی کردن (۳) سواری ـ
راه درشکه رو ـ عقب نشانی ـ دوندگی ـ
تمایل ـ ظرفیت ، قوه
d. away دفع کردن ، دور کردن
d. mad دیوانه کردن
What is he driving at?
چه میخواهد بگوید ؟ مقصودش چیست ؟
driv'el (*-əl*) *vi.* آب دهان روان
ساختن ـ از دهن یا بینی جاری شدن ـ
کودکانه حرف زدن ـ یاوه سرائی کردن
driv'en {*pp. of* **drive**}
dri'ver (*-və*) *n.* راننده
dri'ving *apa.* & *n.* (۱) راننده ،
محرّك ـ مؤثر (۲) رانندگی ـ سواری
drizzle (*driz'l*) *n.* بارانِ ریز
It drizzles. (*vi.*) باران ریز میبارد،
ریزه ریزه باران میاید
droll (*droul*) *a.* مضحك ـ
مسخره آمیز
drom'edary (*-ədəri*) *n.* شتر جمازه
drone (*droun*) *n.* & *vi.* (۱) زنبور
عسل نر ـ سخن یك نواخت (۲) وزوز کردن ـ
تنبلی کردن ـ یك نواخت سخن گفتن
droop (*dru:p*) *vi.* پایین افتادن ـ
سر بزیر افکندن ـ سست یا بی جرأت شدن
drop *n.*, *vi.*, & *vt.* {**-ped**}
(۱) قطره ، چکه ـ نقل یا آب نبات ـ
آویز ـ سقوط ـ نشست ـ {در جمع} داروی
چکاندنی (۲) افتادن ـ چکیدن ـ موقوف
شدن ـ پایین افتادن (۳) انداختن ، ول
کردن ـ چکاندن ـ پیاده کردن
let d. ول کردن ، انداختن
d. in سر زدن ـ اتفاقاً دیدنی کردن
dropper (*drɔp'ə*) *n.* قطره چکان
drop'ping-tube *n.* قطره چکان
drop'sical (*-kəl*) *a.* استسقائی
drop'sy (*-si*) *n.* استسقاء
dross *n.* تفاله ، پس مانده ، کف فلز
drought (*draut*) *n.* خشکسالی
drough'ty *a.* خشك ـ بی باران
drove (*drouv*) {*p. of* **drive**}
drove ('') *n.* گله ، رمه ـ جمعیت
dró'ver (*-və*) *n.* چوبدار ، گله فروش
drown (*draun*) *v.* غرق کردن یا
شدن ـ خفه کردن یا شدن

drowse (*drauz*) *vi.* چرت زدن
d. (*vt.*) **away** بچرت گذراندن
drow'sily *adv.* درحالت نیم خواب
drowsy (*drau'zi*) *a.* - خواب‌آلود
نیمخواب - خواب‌آور - تنبل
drub *vt.* [-bed] کتك زدن
drudge (*drʌj*) *vi.* & *n.* (۱) جان
کندن ، حمالی کردن (۲) مزدور.جان کن
drudgery (*drʌj'əri*) *n.* جان کنی
drug *n.* & *vt.* [-ged] (۱) دارو،
دوا (۲) دارو خوراندن - دارویی کردن
drug'gist *n.* داروساز - دارو فروش
drum *n.* & *vi.* [-med] (۱)
کوس، طبل - استوانه - چلیك(۲)طبل‌زدن
drummer (*drʌm'ə*)*n.* ، کوس زن
طبال، طبل زن
drunk [*pp. of* drink]
drunk *ppa.* مست
drun'kard (*-kəd*) *n.* آدم مست
drun'ken (*-kən*) *a.* مست
drun'kenness *n.* مستی
dry (*drai*) *a.*, *vt.* & *vi.*
(۱) خشك - تشنگی آور - بی‌مزه -
[مج] بی عاطفه - خنك (۲) خشك کردن
(۳) خشك شدن
d. cell باطری خشك
d. measure پیمانهٔ خشك بار
d. farming دیم کاری
d. up خشك افتادن - خاموش شدن-
خوب خشك کردن
dry'ness *n.* خشکی
du'al (*-əl*) *a.* & *n.* دوتایی- تثنیه
dub *vt.* [-bed] ملقب به‌شوالیه کردن
dub *vt.* [-bed] دوبله کردن (فیلم)
du'bious (*-əs*) *a.* مشکوك - سست
du'bitable (*-təbl*) *a.* مشکوك
ducat (*dʌk'ət*) *n.* قسمی سکهٔ زر
duch'ess [*fem. of* duke]
duch'y *n.* قلمرو 'duke دوك نشین
duck (*dʌk*) *n.* اردك (ماده)- غوطه
like water off a d.'s back
چون گردکان بر گنبد
d.(s) and drake(s) بازی لب پر
make ducks and drakes of
تلف کردن ، بر باد دادن
duck *v.* غوطه دادن (یا خوردن)
duck'ing *n.* غوطه - خیس شدگی
duck'ling *n.* جوجه اردك
duct (*dʌkt*) *n.* مجرا ، لوله - کانال
duc'tile (*-tail*) *a.* لوله‌شو - نرم
ductil'ity *n.* خاصیت لوله شدن
dud *n.* چیز بی مصرف
d. cheque [Sl.] چك بی محل
dudgeon (*dʌj'ən*) *n.* رنجش
due (*diu:*) *n.*، *a.*، & *adv.*
(۱) بدهی -حق - طلب - [درجمع] حقوق
(۲) قابل پرداخت - مقتضی، لازم - مقرر
(۳) درست ، کاملاً
10 Rials is d. me by him.
او ده ریال بمن بدهی دارد
d. date وعده ، سررسید
When does the bill fall d.?
سررسید یاموعد پرداخت برات کی است
in d. course در موقع خود
He is d. to arrive to-day.
قرار است امروز برسد (یاوارد شود)
d. to در نتیجهٔ ، بواسطهٔ
d. to Edison منسوب به ادیسون
It is d. to علت آن . . . است
du'el (*-əl*) *n.* & *vi.* (۱) جنگ
تن بتن (۲) دو بدو جنگ کردن
du'el(l)ist *n.* استاد جنگ تن بتن
duffer (*dʌf'ə*) *n.* آدم کودن - آدم
متقلب
dug [*p.* & *pp. of* dig]
dug'-out *n.* - کرجی پوست درخت
پناهگاه موقتی
duke (*diu:k*) *n.* دوك [لقبی است]
dull (*dʌl*) *a.*, *vt.*, & *vi.*
(۱) گرفته ، تیره -کند - سنگین -کودن -
کمرنگ - کاسد ، کساد (۲) کند کردن -
تیره کردن - کسل کردن (۳) کند شدن -

تیره شدن
dullard (*dʌl'əd*) *n.* آدم‌کودن
dull'ness *n.* کندی - تیرگی - کودنی - سنگینی - کمرنگی - کساد
du'ly *adv.* چنانکه باید - حقاً - بموقع
dumb (*dʌm*) *a.* لال ، گنگ - بیصدا
d. show لال بازی ، نمایش بیصدا
He was struck d. مبهوت شد
dumb'-bell *n.* آلتر {لفظ فرانسه}
dum(b)found' *vt.* مبهوت کردن
dumb'ness *n.* گنگی ، لالی
dummy (*dʌm'i*) *n.* آدم ساختگی یا گنگ - {مج} آلت - {درنمایش} نعش
dump *vt.*, *vi.*, & *n.* (۱) آب کردن (کالای گران) درکشور دیگر (۲) با صدا افتادن (۳) توسری - آشغالدان - انبارموقتی - آدم‌خپل - ژتن سربی - پشیز
dum'ping *n.* دامپینگ : صدور کالا بکشور دیگر و فروش آن به بهای کمتر از بهای عادی
dum'pish *a.* افسرده ، پکر
dumps *npl.* افسردگی ، پکری
dump'-truck *n.* کامیون خاک کش
dum'py *a.* خپل ، کوتاه و کلفت
dun *a.* خرمایی مایل به خاکستری
dun *v.* {-ned} (از) طلبکاری کردن
dunce (*dʌns*) *n.* بچهٔ کودن
dunce's cap کلاه قیفی
dune (*diu:n*) *n.* تودهٔ شن ساحلی
dung *n.* & *vt.* کود (دادن)
dun'geon (*-jən*) *n.* سیاه چال
dung'hill *n.* تودهٔ کود
dupe (*diu:p*) *n.* & *vt.* (۱) آدمِ گول خور یاساده لوح (۲) گول زدن
du'plex *a.* دوجزئی - دو فتیله‌ای
du'plicate (*-plikit*) *a.* & *n.* (۱) دو جزئی ، دو تائی - دو برابر - دو نسخه‌ای (۲) المثنی ، نسخه دوم
in d. در دو نسخه
du'plicate (*-keit*) *vt.* دو نسخه کردن - پلی کپی کردن
duplicator (*du:p'likeitə*) *n.* ماشین "پلی کپی" {لفظ فرانسه}
duplicity (*diuplis'iti*) *n.* دو رویی
durabil'ity (*diurə-*) *n.* دوام
du'rable (*-rəbl*) *a.* بادوام-پایدار
dura'tion *n.* مدت - استمرار
of short d. کم مدت ، کوتاه
duress(e)' (*diu':res*; *-res'*) *n.* اکراه
during (*diu'ə-*) *prep.* درمدتِ
durst {*p.* *of* dare}
dusk *n.* & *v.* (۱) تاریکی- هوای گرگ ومیش (۲) تاریک شدن یاکردن
dusky (*dʌs'ki*) *a.* تاریک ، تیره
dust *n.* & *vt.* (۱) خاک - گرد (۲) گردگیری کردن - خاک آلود کردن
make (*or* raise) a d. گرد و خاک بلند کردن - {مج} هایهو کردن
d. the eyes of فریب دادن
dust'-bin *n.* خاکروبه دان
dus'ter (*-tə*) *n.* گردگیر - گرد پاش، شکر پاش
dust'man (*-mən*) *n.* خاکروبه بر
dust'pan *n.* خاک انداز
dus'ty *a.* خاک آلود - خشک ، بیمزه
Dutch (*dʌch*) *a.* & *n.* هلندی
D. treat سورِ دانگی
D. courage جرأتِ ناشی ازمستی
Dutch'man (*-mən*) *n.* {-men} مرد یاکشتی هلندی
Dutch'woman (*-wumən*) *n.* {-men} زن هلندی
du'teous (*-tiəs*) = dutiful
du'tiable (*-əbl*) *a.* گمرک‌دار
du'tiful *a.* وظیفه شناس - مطیع
du'ty (*-ti*) *n.* وظیفه - مأموریت
Customs duties حقوق (گمرکی)
be off one's d. سرِخدمت نبودن
D. V. {*L.*} = Deo volente (*di':ou volen'ti*) انشاءالله ،

اگر خدا بخواهد

dwarf (*dwɔːf*) *n.* & *vt.* (۱) کوتوله ، قدکوتاه (۲) از رشد بازداشتن

dwar'fish *a.* کوتاه(قد) ـ کوتوله‌مانند

dwell *vi.* [dwelt] ساکن بودن ، ساکن شدن ، زندگی کردن

d. upon زیاد بحث کردن (در)

dweller (*dwel'ə*) *n.* ساکن

dwell'ing *n.* خانهٔ مسکونی ، سکنی

dwelt [*p.* & *pp.* of **dwell**]

dwin'dle *v.* کوچك شدن (یا کردن)- ضعیف شدن (یا کردن)

dye (*dai*) *n.*, *vt.*, & *vi.* (۱) رنگ (۲) رنگ کردن (۳) رنگ خوردن

dye'works *n.* کارخانهٔ رنگ رزی

dye'ing *n.* رنگرزی ، صباغی

dyer (*dai'ə*) *n.* رنگرز ، صباغ

dye'-stuff *n.* رنگ،مادهٔ رنگی،جوهر

dy'ing *apa.* مردنی ـ درحال مردن

dyke (*daik*) = **dike**

dynam'ic (*dai-*) *a.* قوه‌ای ـ متحرك

dynam'ics *npl.* مبحث حرکت اجسام

dynamite (*dai'nəmait*) *n.* دینامیت

dy'namo (*-nəmou*) *n.* دینام

dynasty (*dai'nəsti*; *din'-*) *n.* سلسله

dysentery (*disn'tri*) *n.* اسهال خونی ، دیسانتری

dyspep'sia (*-siə*) *n.* سوء هاضمه

Ee

each (*i:ch*) *a.* & *pr.* (۱) هر (۲) هريك ، هركدام ، هريكى
e. other يكديگر ، همديگر
eager (*i':gə*) *a.* مشتاق
ea'gerly *adv.* مشتاقانه
ea'gerness *n.* اشتياق
eagle (*i':g'l*) *n.* عقاب ، دال
ear (*iə*) *n.* گوش - خوشه ، دسته
up to the ears / **over head and ears** } غرق، سراپا فرو رفته
ear'-ache (*-eik*) *n.* گوش درد
ear'-drop *n.* (گوشواره با) آويز
earl (*ə:l*) *n.* {*fem.* **countess**} لقبى كه برابر است با ''كنت،، درفرانسه
earldom (*ə:l'dəm*) *n.* رتبه و قلمرو **earl** يا كنت
early (*ə':li*) *a.* & *adv.* (۱) زود - بموقع - پيشين ، قديمى - اولين - پيشرس (۲) زود - بموقع - در اوايل
You are e. شما زود آمده ايد
e. rising زود خيزى ، سحر خيزى
e. riser ; e. bird آدم سحر خيز
e. in the morning صبح زود
ear'-mark *vt.* تخصيص دادن
earn (*ə:n*) *vt.* تحصيل كردن ، بدست آوردن - دخل كردن - سزاوار بودن
earnest (*ə':nist*) *a.* & *n.* (۱) جدّى ، دلگرم ، باشوق - واقعى (۲) بيعانه ، پيش بها - [مج] وثيقه يا دليل - جدّ [جدى بودن]
in e. (بطور) جدّى ، بدون شوخى
ear'nestly *adv.* جداً - بالتماس
ear'nest-money *n.* بيعانه ، پيش بها
earnings (*ə':-*) *npl.* درآمد ، دخل
ear'-ring *n.* گوشواره - آويز
ear'shot *n.* صدا رس ، گوش رس
earth (*ə:th*) *n.* & *vt.* (۱) زمين- خاك (۲) با خاك پوشاندن [با **up**] - با زمين اتصال دادن
run to e. با كاوش كشف كردن - در لانه يا زير زمين رفتن
Why on e.....? هيچ ميشود فهميد چرا .....؟
earthen (*ə':th'n*) *a.* خاكى- سفالى
ear'thenware *n.* ظروف سفالى
earth'ly *a.* زمينى - دنيوى ، جهانى
earthquake (*ə:th'kweik*) *n.* زمين لرزه ، زلزله
earth'work (*-wə:k*) *n.* خاكريز(ى)
earth'worm (*-wə:m*) *n.* كرم خاكى
earthy (*ə':thi*) *a.* خاكى - مادى
ear'-trumpet *n.* سمعك
ear'-wax *n.* چركِ گوش
ear'-wig *n.* گوشِ خزك ،گوش خيزك
ease (*i:z*) *n.* & *vt.* (۱) آسانى، سهولت - آسايش - روانى (۲) آسوده كردن - آزادكردن - تخفيف دادن
at (one's) e. بهآسودگى ، بفراغت
Stand at e. [نظ] آزاد !
be ill at e. بدگذراندن
e. nature سرِ قدم رفتن
e. off *or* **away** كم كم شل كردن
e. (*vi.*) **off** سبك يا آسان شدن
easel (*i:zl*) *n.* سه پايۀ نقاشى
easily (*i':zili*) *adv.* بآسانى
ea'siness *n.* آسانى - راحتى

east (*i:st*) *n.* & *adv.* (۱)خاور، مشرق (۲) سوی خاور
on the e. از سمت مشرق
Easter (*i:s'tə*) *n.* پاك
[لفظ فرانسه] : عید قیامت مسیح
eas'terly *a.* شرقی ، خاوری
eas'tern (*-tə:n*) *a.* شرقی ، خاوری
eastward (*i:st'wəd*) *a.* & *adv.* رو بخاور ، شرقی
east'wards *adv.* سوی خاور
easy (*i':zi*) *a.* آسان - آزاد - راحت [e. chair] - ملایم - روان ، سلیس [e. style]
e. of belief زود باور
e. to forgive با گذشت
Stand e. [نظ] درجا راحت باش !
Take it e. سخت نگیر ، جوش نزن
ea'sy-going *a.* آسان گیر ، لاقید
eat (*i:t*) *vt.* [ate ; eaten (*i':tn*)] خوردن - ساییدن
e. one's heart out خون دل خوردن
It eats its head off. بول کاه و جوش را در نمی آورد
eatable (*i':təbl*) *a.* خوردنی
eaten [*pp.* of eat]
ea'ting-house *n.* رستوران
eaves (*i:vz*) *npl.* پیشامدگی لبهٔ بام
eaves'drop *v.* استراق سمع کردن
ebb *n.* & *vi.* (۱) جزر [که آنرا ebb-tide نیز گویند] - (۲) فرو کشیدن
ebony (*eb'əni*) *n.* آبنوس
eccentric (*iksen'trik*) *a.* مختلف المرکز - خارج ازمرکز - غریب
eccentricity (*-tris'-*) *n.* کارغریب
ecclesias'tic (*ikli:zi-*) *n.* عضو طبقه روحانیون
ecclesias'tic(al) *a.* کلیسایی- کشیشی
echo (*ek'ou*) *n.*, *vi.*, & *vt.* [-ed] (۱) انعکاس صدا - تقلید ، تکرار - جواب تأثر آمیز (۲) منعکس شدن ، پیچیدن (۳) منعکس کردن - تقلید کردن
eclipse'(*ik-*) *n.* & *vt.* (۱)کسوف یاخسوف (۲) تاریك کردن - تحت الشعاع قرار دادن
e. of the sun کسوف
e. of the moon خسوف
econom'ic (*i:kə-*) *a.* اقتصادی
economical (*i:kenɔm'ikəl*) *a.* صرفه جو - مقرون بصرفه
econom'ically *adv.* ازلحاظ اقتصاد
econom'ics *n.* اقتصادیات
econ'omist *n.* متخصص اقتصاد
economize (*i:kɔn'əmaiz*) *v* صرفه جویی کردن (در)
economy (*ikon'əmi*) *n.* صرفه جویی - اقتصاد
ecs'tasy (*-təsi*) *n.* وجد ،نشوه ، جذبه
ecstat'ic *a.* بوجد درآمده
eczema (*ek'simə*) *n.* اکزما : آماس خارش دار پوست
eddy (*ed'i*) *n.* & *vi.* (۱)گرداب کوچك ـدود یا مه پیچیده (۲) چرخ زدن
edge (*ej*) *n.* & *vt.* (۱) لبه،کنار- نبش - دوره - تیزی (۲) لبه دار کردن ، تیز کردن - سُراندن
on e. مشتاق ، بی صبر
put an e. on تیز کردن
set on e. کند کردن (دندان)
on the e. of در شرفِ
edged tool افزارِ تیز - آلت برنده
edge'ways ; edge'wise (*-waiz*) *adv.* از طرف لبه - لب بلب
edging (*ej'ing*) *n.* حاشیه - توری
ed'ible *a.* & *n.* خوردنی ، مأکول
edict (*i':dikt*) *n.* فرمان ، حکم
edifica'tion *n.* تهذیب - ساختمان
ed'ifice (*-fis*) *n.* عمارت
ed'ify (*-fai*) *vt.* تهذیب کردن
ed'it *vt.* تنظیم و تصحیح و

آمادهٔ چاپ کردن
edition (*idish'ən*) *n.* چاپ، طبع
ed'itor (*-tə*) *n.* سردبیر - مدیر روزنامه - کسیکه موادکتابی را تنظیم و وآمادهٔ چاپ میکند و حواشی لازم بدان می‌افزاید
edito'rial (*-əl*) *n.* سرمقاله
e. (*a.*) board هیئت تحریریه
educate (*ej'u-*) *vt.* تربیت کردن
ed'ucated *ppa.* تحصیل‌کرده
educa'tion *n.* آموزش و پرورش، تعلیم و تربیت - فرهنگ
educa'tional (*-shənəl*) *a.* فرهنگی
ed'ucator (*-keitə*) *n.* مربی
eel (*i:l*) *n.* مار ماهی
e'er [Poet.] [مختصر ever]
eerie; **eery** (*i'əri*) *a.* وهم‌آور
efface (*ifeis'*) *vt.* پاك‌کردن، محو کردن - تحت‌الشعاع قرار دادن
effect' *n.* & *vt.* (۱) اثر، نتیجه - [درجمع] اسباب، اشیاء (۲) اجرا کردن، انجام دادن، فراهم کردن
cause and e. علت ومعلول
to the e. that دایر براینکه
carry into e. اجرا کردن
give e. to ترتیب اثر دادن به
take e. } مجری شدن،
come into e. } قابل اجرا شدن
with e. from. . . از تاریخ
effec'tive (*-tiv*) *a.* مؤثر- قابل اجرا
effec'tual (*-tiuəl*) *a.* نتیجه بخش
effem'inacy (*-nə-*) *n.* زن صفتی
effeminate (*ifem'init*) *a.* زن صفت، نرم، سست - شهوانی - زنانه
effervesce (*efəves'*) *vi.* جوش زدن - کف کردن - [مج] جوش و خروش کردن
effervescence (*-ves'əns*) *n.* تولید جوش یاکف - جوش، هیجان
efferves'cent *a.* جوش زننده

effete (*efi:t'*) *a.* از کار افتاده
effica'cious (*-shəs*) *a.* نافع
ef'ficacy (*-kəsi*) *n.* خاصیت، اثر
efficiency (*ifish'ənsi*) *n.* کارآیی - کفایت - لیاقت - سودمندی - کارکرد (ماشین)، راندمان [لفظ فرانسه]
efficient (*ifish'-*) *a.* کارآمد، باکفایت، لایق، باعرضه - مؤثر، کافی
effigy (*ef'iji*) *n.* تمثال، پیکر
effort (*ef'ət*) *n.* کوشش، جدّوجهد
make an e. کوشش کردن، جد وجهدکردن، دوندگی کردن
effrontery (*efrʌn'təri*) *n.* گستاخی، بیشرمی
effusion (*ifiu':zhən*) *n.* ریزش - افاضه - جریان - تظاهر
effu'sive (*-siv*) *a.* بیرون ریزنده
e. g. = exempli gratia [L] = for example مثلاً
egg *n.* & *vt.* (۱) تخم مرغ (۲) (زرده) تخم زدن - اصرار کردن (به)، تحریك‌کردن [با on]، تیرکردن
in the e. در مرحله نخستین
egg'-plant *n.* بادنجان
egg'-shell *n.* پوست تخم
egg'-shaped *a.* تخم مرغی، بیضی
egoism (*eg'ouizm*) *n.* سودجویی برای خویش، خود پرستی
egois'tic *a.* مبنی براصول خود پرستی
eg'otism (*-tizm*) *n.* خود پرستی
eg'otist *n.* آدم خود پرست
egress (*i':gres*) *n.* خروج - دررو
e'gret *n.* قسمی ماهیخوار سفید
Egypt (*i':jipt*) *n.* مصر
Egyp'tian (*-shən*) *a.* & *n.* مصری
eh (*ei*) *int.* ا - د - ها - وه
eider (*ai'də*) *n.* مرغابی شمالی
ei'der-down *n.* لحاف پر قو
eight (*eit*) *a.* & *n.* هشت
eighteen' *a.* & *n.* هجده، هیجده

eighteenth' *a.* & *n.* (يك) هجدهم
eighth (*eith*) *a.* & *n.* هشتم
eighth'ly *adv.* هشتم (آنكه)
eigh'tieh *a.* & *n.* هشتادم
eighty (*ei'ti*) *a.* & *n.* هشتاد
either (*ai'thə*; *i':*- ايظه : آيظه) *conj*., *adv*., *pr*., & *a*. (١) يا (٢) هم (٣) هريكى، هركدام (٤) هريك از دو ـ هيچيك از دو [با منفى]
 e. he or I يا او يا من
 If he does not go, I shall not e. اوكه نميرود منهم نخواهم‌رفت
eject' (*i*-) *vt.* بيرون كردن، دفع كردن
eke (*i:k*) *vt.* [با out] افزودن
elaborate (*ilab'ərit*) *a.* استادانه درست شده ، پركار
elab'orate (-*reit*) *vt.* استادانه ساختن
elapse (*ilaps'*) *vi.* منقضى شدن
elas'tic (*i*-) *a.* & *n.* (١) كش‌دار، قابل ارتجاع (٢) كش ، لاستيك
elasticity (*ilastis'iti*) *n.* جهندگى ،خاصيت فنرى ، قوه ارتجاع
elated (*ilei'tid*) *a.* مغرور
ela'tion *n.* باد ، غرور ، شادى
el'bow (-*bou*) *n.* & *vi.* (١) آرنج- زانوبى (٢) آرنج زدن ، هل دادن
 out at elbows بد لباس ، فقير
el'bow-room *n.* آزادى عمل
el'der (-*də*) *a.* بزرگتر ، ارشد
 the elders *n.* بزرگان ، مشايخ
el'derly (-*dəli*) *a.* كامل ، با بسن گذاشته
el'dest *a.* [*sup of* old] ارشد
El Dorado (-*rah':dou*) *n.* [Sp.] سرزمين زر
elect (*ilekt'*) *vt.* & *a.* (١) انتخاب كردن (٢) بركزيده ، منتخب
elec'tion *n.* انتخاب
electionee'ring *n.* مبارزه انتخاباتى
elective (*ilek'tiv*) *a.* انتخابى ـ داراى حق انتخاب
elec'tor (-*tə*) *n.* انتخاب كننده
elec'torate(-*tərit*) *n.* حوزهٔ انتخابيه
elec'tric *a.* الكتريكى ، برقى
 e. light (چراغ) برق
 e. meter كنتور ، برق سنج
elec'trical (-*kəl*) *a.* برقى ـ سريع
elec'trically *adv.* با برق ـ ناگهان
electrician (*ilektrish'ən*) *n.* مكانيك برق
electricity (-*tris'iti*) *n.* برق ، الكتريسيته
elec'trify (-*fai*) *vt.* الكتريكى كردن ـ[مج] بهيجان آوردن
electrocute (*ilek'trəkiu:t*)*vt.* با برق كشتن
elec'tro-plate *vt.* آب نقره دادن
elegance (*el'igəns*) *n.* ظرافت ، لطافت ، زيبايى ـ ذوق
el'egant *a.* ظريف ـ زيبا ـ باذوق
elegy (*el'iji*) *n.* مرثيه ـ قصيده
element (*el'imənt*) *n.* جسم بسيط ، عنصر ـ ركن ، عامل‌اصلى ـ اصل ـ محيط طبيعى ـ[درجمع] قوا و آثار طبيعى
elemental (*elimen't'l*) *a.* عنصرى ـ اصلى ـ مقدماتى
elemen'tary (-*təri*) *a.* ابتدائى ، مقدماتى ـ اصلى
el'ephant (-*fənt*) *n.* پيل ، فيل
el'evate *vt.* بلندكردن ـ ترفيع دادن
el'evated *ppa.* مرتفع ـ عالى
eleva'tion *n.* ارتفاع ـ ترفيع
el'evator (-*veitə*) *n.* اسانسور [لفظ فرانسه] ، بالابر . [در انگليس بيشتر lift براى اين معنى بكار ميبرند]
eleven (*ilevn'*) *a.* & *n.* يازده
elev'enth *a.* & *n.* (يك) يازدهم
elf *n.* جنى ـ بچه شيطان
el'fish *a.* بد ذات ، شيطان
elicit (*ilis'it*) *vt.* بيرون آوردن
elide (*ilaid'*) *vt.* حذف يا له كردن

eligibil'ity *n.* شایستگی برای انتخاب
el'igible (-*jibl*) *a.* قابل قبول ، واجد شرایط انتخاب شدن ، شایسته انتخاب
elim'inate (*i*-) *vt.* حذف کردن ، محو کردن - رفع کردن ، برطرف کردن
elimina'tion *n.* رفع - حذف ، محو
elision (*ilizh'ən*) *n.* حذف، تسهیل
élite *n.* [Fr.] نخبه ، برگزیده
elixir (*ilik'sə*) *n.* اکسیر - شربت
elk *n.* قسمی گوزن شمالی
ell *n.* واحدطول تقریباً = ۱۱۵ سانتیمتر
ellipse (*ilips'*) *n.* بیضی ، قطع ناقص
ellipsis (*ilip'*-) *n.* [-ses (*si:z*)] حذف - نشان انداختگی [***]
ellip'tic *a.* بیضی ، تخم مرغی
ellip'tical (-*kəl*) *a.* بیضی - مقدّر - مختصر
elm *n.* نارون
elocution (*eləkiu':shən*) *n.* حسن تقریر
elongate (*i':lɔngeit*) *vt.* & *vi.* (۱) درازکردن (۲) دراز شدن
elonga'tion *n.* امتداد ، تطویل
elope' (*i*-) *vi.* (باعاشق‌خود) گریختن
el'oquence (-*kwəns*) *n* فصاحت
el'oquent *a.* فصیح ، بلیغ
else (*els*) *a.* & *adv.* دیگر - والا
Who e. came? دیگرکه آمد ؟
No one e. هیچکس دیگر
else'where *adv.* (در) جای دیگر
elucidate (*iliu':sideit*) *vt.* روشن کردن ، توضیح دادن
elude (*iliu:d'*) *vt.* گریز زدن از ، طفره زدن از - رعایت نکردن
elu'sion (-*zhən*) *n.* طفره - اغفال
elu'sive (-*siv*) *a.* طفره‌آمیز - گول زن ، اغفال کننده - درهم برهم
emaciate (*imei'shieit*) *vt.* لاغر کردن - بی قوت کردن (زمین)
em'anate *vi.* صادر یا ناشی شدن
emana'tion (*əmə*-) *n.* صدور،تجلی
emancipate (*iman'sipeit*) *vt.* آزاد کردن
emancipa'tion *n.* آزادی - آزاد سازی ، اعتاق
emasculate (*imas'kiuleit*) *vt.* اخته کردن - [مج] بی قوّت کردن
embalm (*imbahm'*) *vt.* حنوط کردن
embankment (*imbank'mənt*) *n.* خاکریز - خاکریزی
embar'go (-*gou*) *n.* [-es] توقیف کشتی در بندر - ایست ، بازداشت
lay an e. on دربندر توقیف کردن
embark (*imba:k'* باك-) *vt.* & *vi.* (۱) درکشتی سوار کردن - باکشتی بردن - گذاشتن (پول در کاری) - (۲) سوار کشتی شدن
e. in (*or* upon) مبادرت کردن به
embarka'tion *n.* عمل سوار شدن در کشتی ، عزیمت باکشتی - حمل باکشتی
embarrass (-*bar'əs*) *vt.* دست پاچه کردن - درهم برهم کردن - مانع‌شدن - گرفتار کردن - پیچیده کردن
embarrassment ('' -) *n.* گرفتاری- دست پاچگی - مزاحمت - پریشانی
em'bassy (-*bəsi*) *n.* سفارت‌کبری
embed' (*im*-) *vt.*[-ded]فرو کردن- جا دادن - محاط کردن - توکارگذاشتن
embellish (*imbel'ish*) *vt.* آرایش دادن ، لعاب دادن
embel'lishment *n.* آرایش ، تزیین - پیرایه ، لعاب ، شاخ و برگ
em'bers *npl.* اخگر ، خاکستر گرم
embezzle (*imbezl'*) *vt.* اختلاس کردن
embez'zlement *n.* اختلاس
embitter (*imbit'ə*) *vt.* اوقات تلخ کردن
em'blem (-*bləm*) *n.* علامت - رمز
emblemat'ic *a.* رمزی - حاکی

embody (*imbɔd'i*) *vt.* مجسم کردن - صورت خارجی دادن - ابراز کردن - متضمن بودن - یکی کردن
embolden (*imboul'dən*) *vt.* تشجیع کردن ، جسور کردن ، جرأت دادن
embosom (*imbu'zəm*) *vt.* احاطه کردن
emboss (*imbɔs'*) *vt.* برجسته کردن
embrace' *vt.* درآغوش گرفتن - حسن تلقی کردن- دربرداشتن - اختیار کردن
embra'sure (*-zhə*)*n.* بغ درگاه ، پشت در فارسی - مزغل
em'brocate *vt.* روغن مالی کردن
embroca'tion *n.* روغن (مالی)
embroi'der (*-də*) *vt.* برودری دوزی کردن ، نقش انداختن
embroi'dery (*-dəri*) *n.* برودری
embroil' *vt.* گرفتار یا آلوده کردن- درهم برهم کردن ، پیچیده کردن
em'bryo (*-briou*) *n.* جنین - رویان، گیاهك - مرحلهٔ بدوی ، جرم ، اصل
embryon'ic *a.* جنینی- {مج} بدوی
emend' (*i-*) *vt.* تصحیح کردن
emerald (*em'ərəld*) *n.* زمرد
emerge (*imə:j'*) *vi.* بیرون آمدن - پدیدار شدن ، ناشی شدن
emer'gence *n.* خروج - ظهور
emer'gency (*-jənsi*) *n.* پیشامدی که اقدام فوری را ایجاب نماید . اضطرار - موقع تنگ
em'ery (*-əri*) *n.* (سنگ) سنباده
emet'ic (*i-*) *a.* قی آور ، مقی
em'igrant (*-rənt*) *n.* مهاجر
em'igrate *vi.* مهاجرت کردن
emigra'tion *n.* مهاجرت
em'inence (*-nəns*) *n.* بلندی
em'inent *a.* بلند- بزرگ - برجسته
emissary (*em'isəri*) *n.* گماشتهٔ نهانی
emission (*imish'ən*) *n.* نشر - صدور ، خروج - افاضه ، فیضان - تجلی
emit' (*i-*) *vt.* {-ted} بیرون ریختن، افاضه کردن - نشر یامنتشر کردن
emolument (*imɔl'yumənt*) *n.* درآمد ، مواجب
emo'tion *n.* احساس هیجان آمیز
emotional (*imou'shənəl*) *a.* احساساتی - مهیج ، تکان دهنده احساسات
em'peror (*-pərə*) *n.* امپراطور
em'phasis (*-fəsis*) *n.* تأکید
lay e. on تأکید کردن ، اهمیت دادن
em'phasize (*-fesaiz*)*vt.* تأکید کردن (در)
emphat'ic (*im-*) *a.* مؤکد
em'pire (*-paiə*) *n.* امپراطوری
empir'ic *a.* تجربی ، غیرعلمی
emplacement (*impleis'mənt*) *n.* سکوی توپ
employ' *vt.* استخدام کردن- بکاربردن
e. oneself مشغول شدن
employ' *n.* خدمت ، کار ، استخدام
in the e. of درخدمت ، کارمند
employee' *n.* کارمند ، مستخدم
employer (*implɔ'iə*) *n.* کارفرما
employ'ment (*-mənt*) *n.* شغل - استخدام
out of e. بیکار
emporium (*-pɔ':riəm*) *n.* {-ria} بازار بزرگ ، مرکز بازرگانی
empower (*impau'ə*) *vt.* اختیار دادن ، وکالت دادن
em'press {*fem. of* emperor}
empty (*em'ti*; *emp'-*) *a.* & *v.* (۱) تهی ، خالی - اشغال نشده - بی بار - بی مغز - بی اساس (۲) خالی کردن یاشدن
emu (*i':miu:*) *n.* شترمرغ استرالیایی
em'ulate (*-yuleit*) *vt.* هم چشمی یا رقابت (باکسی) کردن
emula'tion *n.* هم چشمی ، رقابت
emulsion (*imʌl'shən*) *n.* شیره ، محلول چربی {almond e.}
em'ulous (*-yu:ləs*) *a.* رشك برنده
enable (*inei'bl*) *vt.* قادر کردن

in order to e. him برای اینکه بتوانه
enact (*inakt'*) *vt*. مقرر داشتن - وضع کردن - (نقشی را) ایفا کردن
enact'ment (*-mənt*) *n*. وضع - برقراری ،تأسیس - حکم - قانون
enam'el (*i-*) *n*. & *vt*. {-led} (۱) مینا - لعاب (۲) مینا کاری کردن - لعاب دادن
enamour (*inam'ə*) *vt*. شیفته کردن
enamoured of شیفتهٔ ، گرفتار
encamp' (*in-*) *vi*. & *vt*. (۱) اردوزدن (۲) جادادن(دراردو)، منزل‌دادن
encamp'ment *n*. اردوگاه-منزل‌موقت
encase' (*in-*) *vt*. پوشاندن
enchant' ('') *vt*. افسون کردن،شیفتن
enchant'ment (*-mənt*) *n*. فریفتگی، مجذوبیت - دلربایی، فریبندگی- طلسم ، افسون
encircle (*insə':kl*) *vt*. احاطه کردن
en clair *adv*. {Fr.} بزبان غیر رمز
enclose (*inklouz'*) *vt*. در جوف قرار دادن ، لفاً فرستادن - احاطه کردن
enclo'sure (*-zhə*) *n*. ضمیمه - محوطه - حصار
encompass (*inkʌm'pəs*) *vt*. احاطه کردن ، حلقه زدن - شامل بودن
encore' *int*. {Fr.} دوباره ، مکرر
encounter (*inkaun'tə*) *vt*.&*n*. (۱) مواجه شدن با (۲) زدوخورد
encourage (*inʌr'ij*) *vt*. تشویق کردن ، دلگرم کردن - پروردن
encour'agement *n*. تشویق، دلگرمی
encroach (*inkrouch'*) *vi*. تجاوز کردن ، تخطی کردن
e. (up)on سوء استفاده کردن از
encroach'ment *n*. تجاوز (تدریجی)
encumber (*inkʌm'bə*) *vt*. اسباب زحمت شدن ، دست و پا(ی...را) گرفتن
encumbered with debts زیر بار قرض
encum'brance (*-brəns*) *n*. بار ، قید ، مانع ، اسباب زحمت - نان خور - قرض ملك
encyclopædia (*-saiklopi':diə*) *n*. دایرة‌المعارف
end *n*., *vt*., & *vi*. (۱) پایان ، انتها ، آخر - منتها‌الیه - مقصود - اجل (۲) خاتمه دادن (۳) بپایان رسیدن
in the e. سرانجام - مآلا
come to an e. بپایان رسیدن
draw to an e. ته کشیدن
put an e. to موقوف کردن
on e. راست - پی‌درپی
make both ends meet خرج و دخل را با هم مطابق کردن
have at one's fingers' (or tongue's) end خوب از برداشتن
e. in منجر یا منتهی شدن به
endanger (*indein'jə*) *vt*. درخطر انداختن ، درمعرض خطر گذاشتن
endear (*indi'ə*) *vt*. عزیز کردن
endear'ment *n*. نوازش - محبوبیت
endeavour (*indev'ə*) *n*. & *vi*. (۱) کوشش (۲) کوشش کردن
endem'ic *n*. ناخوشی بومی یامحلی
en'ding *n*. پایان ، خاتمه - جزء آخر
end'less *a*. بی پایان ، بی انتها
endorse (*indɔ:s'*) *vt*. پشت نویسی کردن-امضاء کردن - تصدیق کردن
endorse'ment *n*. پشت نویسی - جیرو - امضاء - حواله - شرح پشت سند
endow (*indau'*) *vt*. بخشیدن ، اعطاء کردن - وقف کردن
endowed with دارای
endow'ment *n*. اعطاء - وقف
endue (*indiu':*) *vt*. دارا کردن
endued with دارای
endu'rable (*-rəbl*) *a*. قابل تحمل ، تحمل پذیر
endu'rance (*-rəns*) *n*. تحمل - دوام
endure (*indiu'ə*) *vt*. & *vi*. (۱) تحمل کردن(۲) دوام داشتن

end'ways (-*weiz*) } *adv.*
end'wise (-*waiz*) }
ته سوی جلو ـ راست ، سرِ پا
enema (*en'əmə*; *ini':mə*)*n.* اماله
enemy (*en'imi*) *n.* دشمن
energetic (*enəjet'ik*) *a.* جدّی ، فعال ـ شدید
energy (*en'əji*) *n.* نیرو ـ فعالیت
en'ervate (-*əveit*) *vt.* سست کردن
enfee'ble (*in*-) *vt.* ضعیف کردن
enfold' ('') *vt.* پیچیدن ـ دربر گرفتن
enforce (*infɔ:s'*) *vt.* اجرا کردن ـ وادار کردن ـ تحمیل کردن
enfor'ceable (-*səbl*) *a.* قابل اجرا
enforce'ment (-*mənt*) *n.* اجرا
enfran'chize (-*chaiz*) *vt.* آزاد کردن ـ حقّ رأی در انتخابات دادن
engage (*ingeij'*) *vt.* & *vi* (۱) استخدام کردن ـ نامزد کردن ـ متعهد کردن ـ مشغول یا جلب کردن (۲) متعهد شدن ـ داخل (جنگ) شدن ـ دست زدن (بکاری) ـ گیر کردن
engaged in داخلِ ، گرفتارِ
engage'ment *n.* شغل ـ تعهد ـ قید ، گرفتاری ـ نامزدی ـ زدوخورد
enga'ging *apa.* جالب
engender (*injen'də*) *vt.* & *vi.* (۱) تولید کردن (۲) بوجود آمدن
en'gine (-*jin*) *n.* موتور ، ماشین
engineer (-*ni'ə*) *n.* مهندس
e.-in-chief سرمهندس
engineer'ing *n.* مهندسی
England (*ing'*-) *n.* انگلستان
English ('') *a.* & *n.* انگلیسی
Eng'lishman ('') *n.* مرد انگلیسی
engrain' (*in*-); in- *vt.* در جسمِ چیزی فرو کردن ـ در ذهن جانشین کردن
engrave' ('') *vt.* قلم زدن ، گراور کردن ـ [مج] نشاندن ، چاپگیر ساختن
engra'ver (-*və*) *n.* گراور ساز
engra'ving *n.* گراور (سازی)

engross (*ingrous'*) *vt.* اشغال کردن ـ { بصیغه اسم مفعول } مشغول ـ مجذوب
engulf' (*in*-) *vt.* فرا گرفتن
enhance' *vt.* زیادتر یا گرانتر کردن
enigma (*inig'mə*) *n.* معما ـ رمز
enigmat'ic *a.* معمایی ـ مبهم
enjoin' (*in*-) *vt.* سفارش کردن به ـ قدغن کردن ـ مقرر داشتن ـ منع کردن
enjoy (-*jɔi'*) *vt.* بهره‌مند شدن از
e. oneself خوش گذراندن
enjoy'ment *n.* خوشی ، لذت
enlarge (*inla:j'*) *v.* بزرگ کردن ـ توسعه دادن ـ زیاد بحث کردن (در)
enlarge'ment *n.* افزایش ، توسعه ـ بزرگ کردن ـ عکسِ بزرگ شده
enlighten (*inlai't'n*) *vt.* راهنمایی کردن ـ روشن کردن
enligh'tened *ppa.* روشن فکر
enligh'tenment *n.* تنویر افکار
enlist' (*in*-) *vt.* نام نویسی کردن
enlist'ment *n.* نام نویسی ـ سربازگیری
enliven (*inlai'vn*) *vt.* روح دادن
en'mity *n.* دشمنی ـ کینه
ennoble (*inou'*-)*vt.* در زمرهٔ اشراف آوردن ـ نجیب یاشریف گرداندن
ennui' *n.* {Fr.} بیزاری
enor'mity *n.* شرارت زیاد
enormous (*inɔ':məs*) *a.* بسیار بزرگ ، عظیم‌الجثه ـ هنگفت
enough (*inʌf'*) *a.*, *adv.*, & *n.* (۱-۳) (مقدار) کافی (۲) بقدر کفایت
I am not strong e. to lift it. آن اندازه زور ندارم که آنرا بلند کنم
boiled e. بقدر کفایت جوشیده
It is good e. for me. برای من که خوب است
I have had e. سیر شدم
I had e. of him. از او بیزار شدم
enquire' (*in*-) = **inquire**
enquiry = **inquiry**

enrage (*inreij'*) *vt*. خشمگین کردن
enrap'ture (*-chə*) *vt*. بوجد آوردن
enrich' (*in-*) *vt*. توسعه دادن - پر قوت کردن(خاك) ، حاصلخیز کردن
enrol, enroll (*inrou:l'*) *vt*. نام نویسی کردن - ثبت کردن
enrol'ment *n*. نام نویسی - ثبت
en route' *adv*. [Fr.] در راه
enshrine' (*in-*) *vt*. محفوظ داشتن
en'sign (*-sain*) *n*. نشان - پرچم
enslave' (*in-*) *vt*. برده کردن
enslave'ment *n*. برده سازی - ابتلا
ensnare' (*in-*) *vt*. بدام انداختن
ensue (*insiu':*) *vi*. از پی آمدن ، از دنبال آمدن ، در نتیجه رخ دادن
ensure (*inshu'ə*) *vt*. مراقبت کردن در - تأمین کردن - بدست آوردن
entail' *vt*. (۱) حبس یا وقف کردن (ملك) - (۲) مستلزم بودن - موجب شدن
entan'gle (*in-*) *vt*. گرفتار کردن ، گیر انداختن - پیچیده کردن
entan'glement *n*. گرفتاری- پیچ ، آشفتگی - شبکهٔ سیم خاردار
entente' *n*. [Fr.] حسن تفاهم
en'ter (*-tə*) *vi*. & *vt*. (۱) داخل شدن ، وارد شدن (۲) داخل شدن در - وارد یاثبت کردن- نام(کسی) راثبت کردن
e. into an agreement قرار دادی منعقد کردن
e. upon متصرف شدن ، بهره‌مند شدن از - وارد شدن در
en'terprise (*-təpraiz*) *n*. کاری که تهورمیخواهد- تعهد - دست اندازی بکار ، مبادرت
en'terprising *apa*. متهورودراقدام بکار های بزرگ
entertain (*-tətəin'*) *vt*. پذیرایی کردن (از) -پذیرفتن - سر گرم کردن
entertain'ment (*-mənt*) *n*. پذیرایی - مهمانی - نمایش - تفریح - سر گرم سازی
enthral(l) (*inthrɔ:l'*) *vt*. اسیر یا گرفتار کردن ، بنده کردن
enthrone' (*in-*) *vt*. بر تخت نشاندن
enthusiasm (*inthiu':ziazm*) *n*. حرارت ، اشتعال - ابراز احساسات
enthu'siast *n*. هواخواه جدّی و احساساتی - شخص مجذوب و شیفته
enthusias'tic *a*. باحرارت ، مجذوب
entice (*intais'*) *vt*. اغوا کردن
entice'ment (*-mənt*) *n*. کشش ، اغوا ، فریب
entire (*intai'ə*) *a*. تمام ، کامل - درست ، دست نخورده - محض - یکدست
entire'ly *adv*. تماماً ، بکلی
entire'ty *n*. تمامیت - مبلغ کل
in its e. کلاً ، کاملاً
enti'tle (*in-*) *vt*. حق دادن - ملقب ساختن - نامیدن ، اسم گذاشتن
entitled to سزاوار ، مستحق
entitled Sultan ملقب بسلطان
en'tity *n*. هستی ، وجود - جوهر
entomb (*intu:m'*) *vt*. دفن کردن
entomology (*-təmɔl'eji*) *n*. حشره شناسی
entourage' *n*. [Fr.] محیط ، دوروبر
en'trails *npl*. امعاء ، اندرونه
en'trance (*-trəns*) *n*. دخول ، ورود - حق یااجازه ورود - مدخل
No e.! ورود ممنوع است
e. fee ورودیه ، حق‌الورود
entrance (*intrans'*) *vt*. مدهوش کردن- زیادشیفته یامشعوف کردن - ربودن
en'trant (*-trənt*) *n*. تازه وارد ، داخل شونده ، داوطلب
entrap' (*in-*) *vt*. [-ped] در تله انداختن - اغفال کردن
e. into با اغفال وادار کردن به
entreat (*intri:t'*) *v*. درخواست کردن (از) ، التماس کردن (به)
entreaty (*intri':ti*) *n*. التماس

entrench' *vt.* درسنگر قرار دادن
entrench'ment *n.* سنگر (بندی)
entrust' (*in-*) *vt.* سپردن (به) ، واگذار کردن (به)
en'try (*-tri*) *n.* دُخول ، ورود - راهرو - مدخل - ثبت - قلم ، فقره
make an e. وارد کردن ، ثبت کردن
entwine' (*in-*) *vt.* (بهم) پیچیدن، (درهم) بافتن - در آغوش گرفتن
enumerate (*iniu':məreit*) *vt.* (یکایك) شمردن ، معین کردن
enunciate (*inʌn'sieit*) *vt.* اعلام کردن - ادا یا تلفظ کردن
enuncia'tion *n.* اعلام - ادا ، تلفظ
envel'op (*-əp*) *vt.* پیچیدن
envelope (*en'vəloup; ɔn'-*) *n.* پاکت
en'viable (*-viəbl*) *a.* غبطه آور
en'vious (*-viəs*) *a.* حسود-رشك آمیز
environment(*invai'ərənmənt*) *n.* محیط
environs (*invai'ərənz; en'-virɔnz*) *npl.* حومه ، توابع
envisage (*-viz'ij*) *vt.* مواجه شدن با
en'voy *n.* فرستاده (سیاسی) ، مامور
e. extraordinary نماینده فوق العاده
en'vy (*-vi*) *n.* & *vt.* (۱) رشك ، حسادت ، غبطه (۲) رشك ورزیدن به
e. at another's wealth حسادت یا غبطه نسبت بمال دیگری
ep'aulet(te) (*-ələt*) *n.* سردوشی
ephemeral (*ifem'ərəl*) *a.* بیدوام
ep'ic *a.* & *n.* (شعر) رزمی
epicurean (*epikjuəri':ən*) *a.* & *n.* ابیقوری -(آدم) خوش گذران
epidem'ic *a.* & *n.* (۱) همه جاگیر، وبائی (۲) ناخوشی همه جا گیر
epider'mis *n.* پوست برونی ، بشره
ep'igram *n.* مضمون ، نکته - هجو
epigrammatic (*-rəmat'ik*) *a.* نکته دار ، هجو آمیز - کوتاه و نیشدار

ep'ilepsy (*-si*) *n.* حمله ، صرع
epilep'tic *a.* & *n.* حمله ای، مصروع
ep'ilogue (*-lɔg*) *n.* شعر کوتاه یا نطق هنرپیشگان در پایان نمایش - آخرین بخش شعر یا داستان
episcopal (*ipis'kəpəl*) *a.* اسقفی
ep'isode (*-soud*) *n.* حادثه مهم ضمنی - داستان فرعی - فقره
epistle (*ipis''l*) *n.* نامه ، رساله
ep'itaph (*-ta:f*) *n.* کتیبهٔ روی گور
ep'ithet *n.* صفت ، لقب ، نعت
epitome (*ipit'əmi*) *n.* خلاصه (رئوس مطالب)
epoch (*i':pɔk*) *n.* عصر ، دوره - مبدأ تاریخ - {ز.ش} دور
equable (*ek'u əbl ; i:k'-*) *a.* یکسان ، یکنواخت - ثابت - ملایم
equal (*i':kwəl*) *a.* & *n.* (۱) برابر، مساوی - یکسان - آرام - آماده - درخور (۲) همرتبه، قرین
e. to مساوی با - درخور - حریف
be e. to doing a thing از عهدهٔ کاری بر آمدن
e'qual *vt.* {-led} مساوی بودن (یا شدن) با
equality (*i:kwɔl'iti*) *n.* برابری ، تساوی
equalize (*i':kwəlaiz*) *vt.* مساوی یامانند کردن - یك نواخت کردن
equally (*i':kwəli*) *adv.* بطور مساوی ، بیك درجه
equanim'ity (*i:kwə-*) *n.* متانت
equate (*ikweit'*) *vt.* مساوی دانستن ، یکسان فرض کردن
equation (*ikwei'shən*) *n.* معادله ، همچندی
equa'tor (*-tə*) *n.* خط استوا
equatorial (*ikwətɔ':riəl*) *a.* استوائی
equerry (*ək'wəri*) *n.* مأمور ویژهٔ خانواده سلطنتی - میراخور

equestrian (*ikwes'trian*) *a.* & *n.* -[e. statue] (۱) سواره
مربوط باسب سواری (۲) چابك سوار
equidistant (*i:kwidis'tənt*) *a.* بيك اندازه دور
equilateral(*i:kwilat'ərəl*) *a.* متساوی‌الاضلاع
equilibrium(*i:kwilıb'riəm*) *n.* موازنه ، تعادل - ارامش ، سکون
equine (*i':kwain*) *a.* اسبی
equinox (*i':kwinɔks*) *n.* اعتدال شب و روز
equip' (*i-*) *vt.* [-ped] مجهز کردن
equipage (*ək'wipij*) *n.* کالسکه
مجلل وملتزمین رکاب و لوازم آنان
equipment (*ikwip'mənt*) *n.* اثاثه [اثاثیه] ، لوازم - تجهیز
eq'uitable (*-witəbl*) *a.* منصفانه
eq'uitably *adv.* منصفانه ، عادلانه
eq'uity (*-witi*) *n.* انصاف ، عدالت
equivalent (*i wiv'ələnt*) *a.* & *n.* هم ارز - معادل
e. to معادل
equivocal (*ikwiv'əkəl*) *a.* دارای ایهام ، دو پهلو
era (*i'ərə*) *n.* (مبدأ) تاریخ - عصر
erad'icate (*i-*) *vt.* از ریشه کندن
erase (*ireiz'*) *vt.* پاك کردن ، تراشیدن - [تلفظ امریکایی = *ireis'*]
era'ser (*-zə* ; *-sə*) *n.* پاك‌کن
era'sure (*-zhə*) *n.* پاك‌شدگی-حك
ere (*ēə*)*prep.&conj.* (۱) قبل از (۲) قبل از آنکه
erect'(*i-*) *vt.* & *a.* (۱) راست کردن-برپا کردن -بنا کردن- سوار یا نصب کردن -رسم کردن (۲) راست کرده ، سیخ
erection (*irek'shən*) *n.* ، تأسیس بنا -نصب - اقامه - نعوظ
erec'tor (*-tə*) *n.* ماشین سوارکن
ermine (*ə':min*) *n.* (پوست) قاقم
erode' *vt.* فرسودن ، فاسدکردن
erosion (*irou'zhən*) *n.* فرسایش- ساییدگی
erot'ic (*i-*) *a.* عاشقانه
err (*ə:*) *vi.* خطا کردن -گمراه شدن
errand (*ər'ənd*) *n.* پیغام ، فرمان
go on an e. پی کاری رفتن ، عقب فرمانی رفتن ، پیغام بردن
er'rand-boy *n.* پادو ، شاگرد
errata (*irei'tə*) *n.* [*pl.* of **erratum** (*-təm*)] اغلاط - غلط‌نامه
errat'ic *a.* جابجا شونده، سیار- غریب
erro'neous (*-niəs*) *a.* مغلوط
erro'neously *adv.* اشتباهاً
error (*er'ə*) *n.* اشتباه ، غلط
make (*or* **commit**) **an e.** اشتباه کردن ، خطا کردن ، سهو کردن
Errors and omissions excepted [E. & O. E.] سهو و نسیان مرجوع است
er'udite (*-dait*) *a.* دانشمند ، متبحر
erudition (*erudish'ən*) *n.* تبحر
erupt' *vi.* منفجر شدن
eruption(*irʌp'shən*) *n.* - انفجار فوران - خروج ، درآمدن (دندان)
skin e. جوش ، دانه ، بثورات
erup'tive (*-tiv*) *a.* دانه‌ای،دانه‌دار
es'calator (*-kəleitə*) *n.* پلکان متحرك
escapade (*-kəpeid'*) *n.* گریز از کار یا قواعد اخلاقی ، پشت پا زنی
escape (*iskeip'*) *n.*, *vi.*, & *vt.* (۱)گریز ، فرار - رهایی
(۲) گریختن، فرارکردن - جان بدر بردن
(۳) گریختن‌از (پیش) - دوری جستن از
It escaped my memory. از خاطرم رفت
escape'ment (*-mənt*)*n.* چرخ دنگك
eschew (*ischu':*) *vt.* اجتناب کردن از
es'cort (*-kɔ:t*) *n.* & *vt.* (۱) مستحفظ ، بدرقه - ملتزمین (۲) مشایعت

کردن ، همراهی یامحافظت کردن

escutcheon (*iskʌch'n*) *n.* سپر آرم دار [''آرم'' لفظ فرانسه است]

a blot on one's e. لکه بدنامی

especial (*ispesh'əl*) *a.* ویژه ، مخصوص ، خاص

especially *adv.* بویژه ، مخصوصاً

espionage (*es'pionij; -na:zh'*) *n.* جاسوسی

esplanade (*-planeid'*) *n.* تفرجگاه ساحلی

espouse (*ispauz'*) *vt.* عقدکردن - شوهر دادن - حمایت کردن از

esprit de corps [Fr.] روح‌صمیمیت در میان اعضای یك جمعیت

espy (*ispai'*) *vt.* دیدن

Esq. [رجوع شود به **esquire**]

esquire (*- wai'ə*) *n.* لقبی که بعداز نام شخص مساوی است با .Mr در جلو آن [مثلاً ، آقای **J. Fox, Esq.**]

essay (*es'ei*) *n.* مقاله ، لایحه - مبادرت - کوشش

essay' *v.* کوشش یا مبادرت کردن

essence (*es'əns*) *n.* جوهر ، اصل - وجود - عصاره - عطر

essential (*isen'shəl*) *a.* ضروری - اصلی - ذاتی

essen'tially *adv.* اصلاً ، ذاتاً

estab'lish (*is-*) *vt.* تأسیس کردن - ثابت یا پابرجا کردن - برقرار کردن

e. one's health تقویت مزاج کردن

established fact امر محقق یامحرز

estab'lishment *n.* تأسیس - بنگاه

estate (*isteit'*) *n.* ملك - دارایی - ماترك - شان ، وضع - وضعیت اجتماعی

esteem (*-ti:m'*) *n.* & *vt.* (۱) احترام - قدر (۲) فرض کردن ، دانستن - محترم شمردن

Assuring you of our highest esteem, با تقدیم احترامات فائقه

hold in e. محترم داشتن

es'timate (*-mit*) *n.* برآورد ، تخمین

es'timate (*-meit*) *vt.* برآورد کردن ، تخمین زدن

estima'tion *n.* قدردانی - نظر - تخمین

estrange (*istreinj'*) *vt.* بیزار کردن - سرد کردن - رنجاندن - بیگانه کردن - دور کردن

estrange'ment (*-mənt*) *n.* بیزاری - دوری - رنجش - قهر کردگی

es'tuary (*-chuəri*) *n.* مصبی که تشکیل خلیج کوچك میدهد ، خور

etc. [رجوع شود بمادهٔ بعد]

et cetera(*-set'rə*) [L.] وغیره ، الی آخر [مختصر آن .etc است]

etch (*ech*) *v.* سیاه قلم کردن

eternal (*itə':nəl*) *a.* ابدی

eter'nally *adv.* تا ابد

eter'nity *n.* ابد ، ازل-ابدیت، ازلیت

ether (*i':thə*) *n.* اثیر - اتر

ethereal (*ithi':əriəl*) *a.* اتری - اثیری - رقیق ، لطیف - آسمانی

eth'ical (*-kəl*) *a.* وابسته بعلم اخلاق

eth'ics *npl.* علم اخلاق

Ethiopian (*i:thiou'piən*) *a.* & *n.* حبشی

ethnol'ogist *n.* نژاد شناس

ethnology (*-nɔl'əji*) *n.* نژاد شناسی

etiquette (*-ket';et'-*) *n.* آداب معاشرت ، علم آداب

etymological (*etiməlɔj'ikəl*) *a.* اشتقاقی - صرفی

etymology (*-mɔl'əji*) *n.* علم اشتقاق - صرف - شناسایی اقسام کلمه

eucalyptus (*yukəlip'təs*) *n.* اوکالیپتوس

Eucharist (*yu':kə-*) *n.* عشاء ربانی

eugenics (*yu:jen'iks*) *npl.* علم اصلاح نژاد بشر

eulogize (*yu':ləjaiz*) *vt.* ستودن ، مدح کردن

eu'logy (-*ləji*) *n.* ستایش ، مدح
eunuch (*yu':nək*) *n.* خواجه
euphemism (*yu':fimizm*) *n.* حسن تعبیر
euphony (*yu':fəni*) *n.* خوش صدایی- عدم تنافر
Euphrates (*yu:frei'ti:z*) *n.* فرات
Europe (*yu'ərəp*) *n.* اروپا
European (-*pi':ən*) *a.* & *n.* اروپایی
evacuate (*ivak'yueit*) *vt.* تخلیه کردن - ترك کردن
evacua'tion *n.* تخلیه - ترك
evade (*iveid'*) *vt.* طفره زدن از
evaluate (*ival'yueit*) *vt.* ارزیابی کردن ، تقویم کردن
evalua'tion *n.* ارزیابی ، تقویم
evanescent (*evənəs''nt* ; *i*-) *a.* بتدریج محو شونده
evangelic(al) (-*jel'ikəl*)*a.* انجیلی
evaporate (*ivap'əreit*)*vt.*&*vi.* (۱) تبخیر کردن - ناپدید کردن - خشك یا کم آب کردن (۲) تبخیر شدن - ناپدید شدن
evapora'tion *n.* تبخیر
evasion (*ivei'zhən*) *n.* طفره ، گریز ، تجاهل - بهانه - حیله
eva'sive (-*siv*) *a.* طفره آمیز
eve (*i:v*) *n.* شب (عید)
on the e. of در شرف ، نزدیك
even (*i':vən*) *a.* & *vt.* (۱) جفت - هموار ، مسطح - هم تراز - مساوی - یك نواخت - بی خرده - منصفانه (۲) هموار یا تسویه کردن - برابر کردن
be e. with some one انتقام خود را از کسی گرفتن
of e. date دارای همان تاریخ
e'ven ('') *adv.* حتی ، هم
e. if; e. though ولو اینکه
e'ven [Poet.] = evening
evening (*i:v'*-) *n.* غروب - شب
e. party شب نشینی
Good e. شب بخیر [سلام شب]
e'venly *adv.* بطور هموار یا یك نواخت - (بطور) یکسان - منصفانه
event' (*i*-) *n.* واقعه ، رویداد ، اتفاق ، حادثه ، سرگذشت - نتیجه
in the e. that هرگاه ، در صورتیکه
at all events در هر حال
event'ful *a.* پر حادثه ، مهم
e'ventide *n.* [Poet.] شامگاه
eventual (*iven'tiuəl*) *a.* احتمالی-اتفاقی- موکول (بشرطی) - بعدی
eventual'ity *n.* احتمال
even'tually *adv.* مآلا ، عاقبت
ever (*ev'ə*) *adv.* همیشه- هرگز
the best story I e. heard بهترین داستانی که تاکنون شنیده‌ام (یا بودم)
e. since ازوقتیکه - ازآن‌وقت تاکنون
e. after (دیگر) ازآن پس، ازآن ببعد
as e. هرقدر (که) - مانند همیشه
more than e. بیش از پیش
for e. (and e.) همیشه ، تاابدالاباد
hardly e. خیلی بندرت ، خیلی کم
e. so بسیار
e. such a [Col.] خیلی ، های
yours e. ارادتمند شما [در نامه ها]
ev'ergreen *a.* بی‌خزان ، همیشه سبز
everlas'ting *a.* جاودانی- بادوام
evermore' *adv.* & *n.* همیشه
every (*ev'ri*) *a.* هر [بمعنی ''همه'']
e. one همه کس
e. other day یك روز درمیان
e. three days } سه روز یکبار ، دو روز در میان
e. third day }
e. now and then هرچندوقت یکبار
e. way از هر لحاظ
ev'erybody *n.* هرکس ، همه کس
ev'eryday *n.* & *a.* (۱) همه روز، هر روز (۲) معمولی ، مبتذل

ev'erything *n.* همه چیز ، هرچیز
ev'erywhere *adv.* همه جا ، هرجا
evict (*i*-) *vt.* خلع ید کردن از
evic'tion *n.* خلع ید ، اخراج
ev'idence (-*dəns*) *n.* & *vt.*
(۱) مدرك - گواه - وضوح (۲) باگواهی ثابت کردن - معلوم کردن
call in e. گواهی خواستن از
give (or bear) e. of گواهی دادن یادلالت کردن بر
in e. جلب نظر کننده ، معلوم
King's e. لو دهندهٔ شریك خود
ev'ident (-*dənt*) *a.* معلوم ، بدیهی
ev'idently *adv.* از قرار معلوم ، ظاهراً ، بدیهی است که ...
evil (*i:v'l*) *a.* & *n.* (۱) بد ، مضرّ - شرارت آمیز (۲) بدی - بلا
speak e. of بد گویی کردن از
evil-doer (-*du'ə*) *n.* بدکار ، شریر
evince (*ivins'*) *vt.* ابراز کردن
evoke' (*i*-) *vt.* احضار کردن - موجب شدن - (بدادگاه بالاتر) بردن
evolu'tion *n.* تکامل تدریجی - بسط - ریشه گیری
evolutionary (*evəlu':shənəri*) *a.* تکاملی
evolve (*iʋɔlv'*) *vt.* & *vi.*
(۱)باز کردن ، بیرون دادن - تکمیل کردن (۲) باز شدن ، ظاهر شدن
ewe (*yu:*) *n.* میش
ewer (*yu':ə*) *n.* آفتابه
ex *prep.* از - در - بی ، بدونِ
ex dividend بدون سود آیندهٔ سهام
ex- *pref.* سابق ، پیشتر - معزول
exact (*egzakt'*) *a.* & *vt.* (۱) درست، صحیح- دقیق- عین -[e. copy] (۲) بزور مطالبه کردن - اقتضا کردن
exac'ting *apa.* سخت - سخت گیر
exac'tion *n.* تحمیل ، زیاده ستانی
exac'titude *n.* درستی ، دقت
exact'ly *adv.* درست ، بعینه ،کاملا - بدقت - همینطور است ، درست است
exaggerate (*igzaj'ə*-) *vt.* & *vi.* (۱) اغراق آمیز کردن (۲) اغراق گفتن
exaggera'tion *n.* اغراق ، مبالغه
exalt (*egzɔlt'*) *vt.* بلند کردن - تمجید کردن - دلخوشی دادن - عالی کردن
exal'ted *ppa.* بلند - متعال
exalta'tion *n.* تجلیل- بلندی- ستایش
exam [Col.] = examination
examina'tion (*egza*-) *n.* امتحان- معاینه - بازپرسی ، استنطاق
take an e. / sit for an e. } امتحان دادن
give an e.(به) (صورت)امتحان‌دادن
examine (*egzam'in*) *vt.* & *vi.*
(۱) امتحان کردن- معاینه کردن- بازپرسی کردن از (۲) رسیدگی کردن [با into]
exam'iner (-*nə*) *n.* ممتحن- بازپرس- معاینه کننده
example (*egzam'p'l*) *n.* نمونه ، مثال - سرمشق - عبرت - نظیر ، سابقه
set an e. سرمشق شدن (یاگذاشتن)
take e. عبرت گرفتن - سرمشق گرفتن
follow the e. of تأسی کردن به
for e. مثلا ، برای نمونه
exasperate (*egzas'pəreit*) *vt.* اوقات تلخ کردن - شدیدتر کردن
ex'cavate (-*kə*-) *vt.* حفر کردن
excavation (*ekskəve:'shən*) *n.* حفر - حفاری - گود برداری - حفره
exceed (*eksi:d'*) *vt.* متجاوز بودن از - تخطی کردن از
excee'dingly *adv.* بی نهایت
excel (*eksel'*) *v.* [-led] برتری داشتن (بر - به) ، بهتر بودن (از) ، پیشی جستن (از) ، توفق جستن (بر)
excellence (*ek'sələns*) *n.* برتری ، خوبی ، فضیلت ، تفوق ، مزیت
Ex'cellency *n.* جناب آقایِ [با His یا Your]
excellent (*ek'sələnt*) *a.*

بسیار خوب ، عالی
except (*eksept'*) *vt.* & *vi.*
(۱) استثنا کردن (۲) اعتراض کردن
except' (,,) *prep.* & *conj.*
جز ، بجز ، مگر ، باستثنای ، غیر از
exception (*eksep'-*) *n.* استثنا
There is no e. to that rule.
آن قانون استثنا ندارد
with the e. of باستثنای ، بجز
make an e. استثنا قائل شدن
take e. to اعتراض کردن به
excep'ting *prep.* بجز ، باستثنای
exceptional (*eksep'shənel*) *a.* استثنائی
excep'tionally *adv.* استثناءً
excerpt (*ek'sə:pt*) *n.* مواد اقتباس شده ، مواد برگزیده
excess (*ekses'*) *n.* افزونی ، زیادتی ، اضافه - [درجمع] زیاده روی ، افراط ، بی‌اعتدالی ، شرارت
in e. of اضافه بر ، متجاوز از
e. luggage اضافه بار
eat to e. پر خوردن
excessive (*ekses'iv*) *a.* افراط آمیز ، زیاد
excess'ively *adv.* بحدّ افراط
exchange (*ekscheinj'*) *n.* & *vt.* (۱) معاوضه ، مبادله - ارز - بورس [لفظ فرانسه] - (۲) معاوضه یا تسعیر کردن
e. of views تبادل نظر
in e. for در عوض ، بجای
telephone e. مرکز تلفن
exchequer (*-chek'ə*) *n.* خزانه‌داری
Chancellor of the E. وزیر دارائی
excise (*eksaiz'*) *n.* & *vt.* (۱) مالیات برمشروبات الکلی ساخت کشور ، رسومات (که معمولا آنرا e. duty) میگویند - [با E و the] ادارهٔ رسومات (۲) مالیات بستن بر
excitable (*eksai'təbl*) *a.* قابل تحریك ، زود رنج
excite (*eksait'*) *vt.* برانگیختن ، تحریك کردن ، تهییج کردن
excite'ment (*-mənt*) *n.* هیجان - انگیزش ، تحریك ، تهییج - آشوب ، فتنه
exciting (*eksai'-*) *apa.* مهیج
exclaim' *vi.* فریاد کردن - ندا کردن
exclama'tion (*-klə-*) *n.* فریاد ، بانگ - اظهار شگفت - حرف ندا
exclam'atory (*-ətəri*) *a.* ندائی - شگفت آور - توأم با فریاد
exclude (*-klu:d'*) *vt.* خارج یا محروم کردن ، راه ندادن - مستثنی کردن
exclu'ding *prep.* باستثنای ، بجز
exclusion (*-klu':zhən*) *n.* جلوگیری از دخول - محرومیت - استثنا
to the e. of باستثنای ، بجز
exclu'sive (*-siv*) *a.* انحصاری - محدود و منحصر بیك عده - [درباب کسی گفته میشود] که باهمهٔ طبقات نمی‌آمیزد
e. of باستثنای ، بجز
exclu'sively *adv.* منحصراً
excogita'tion *n.* اندیشه - اختراع
excommunicate (*-kəmiu':-*) *vt.* تکفیر کردن
excommunica'tion *n.* تکفیر ، طرد
ex'crement (*-kri-*) *n.* مدفوع
excrescence (*-kres'əns*) *n.* گوشت زیادی ، رشد زائد
excrete (*-kri:t'*) *vt.* دفع کردن
excre'tion *n.* دفع - مدفوع
excru'ciating (*-kru':shi-*) *a.* سخت - دردناك
ex'culpate (*-kʌlpeit*) *vt.* تبرئه کردن
excursion (*-kə':shən*) *n.* گردش (در بیرون شهر) ، گشت
excu'sable (*-zəbl*) *a.* قابل عفو ، بخشیدنی ، معذور داشتنی
excuse (*-kiu:z'*) *vt.* بخشیدن ، معذور داشتن - مرخص کردن
e. oneself عذر خواستن

excuse (*-kiu:s'*) *n.* بوزش، معذرت، عذر ـ بهانه ـ عذرخواهی
offer an e. عذر آوردن
execrable (*ek'sikrəbl*) *a.* مکروه ، زشت ، نفرت انگیز ، شنیع
execute (*ek'sikiu:t*) *vt.* اجرا کردن ـ قانونی کردن ـ اعدام کردن
execu'tion *n.* اجرا ـ امضاء ـ اعدام
carry into e. اجرا کردن
execu'tioner (*-nə*) *n.* مأمور اعدام
executive (*igzek'yutiv*) *a.* & *n.* (۱) اجرائی (۲) قوهٔ مجریه [با the]
e. committee هیئت رئیسه یا مجریه
executor (*igzek'yutə*) *n.* وصی
exec'utrix {*fem.* of executor}
exemplary (*igzem'pləri*) *a.* قابل نمونه قرار دادن ـ عبرت آمیز
exem'pli' gra'tia (*-shi'ə*) {L.} مثلا [مختصر آن = e. g.]
exempt (*egzempt'*) *a.* & *vt.* (۱) بخشوده ، معاف (۲) معاف کردن
exemp'tion *n.* معافیت ، بخشودگی
exercise (*ek'səsaiz*) *n.*, *vt.*, & *vi.* (۱) ورزش ـ مشق ـ تمرین ـ تکلیف ـ اعمال (۲) بکار بردن ، تمرین دادن ، مشق دادن (به) ـ اعمال کردن (۳) ورزش کردن
take e. ورزش کردن
ex'ercised *ppa.* دلواپس، نگران
exert (*egzə:t'*) *vt.* بکار بردن ، اعمال کردن
e. oneself کوشش یا جد وجهد کردن
exer'tion *n.* کوشش ، جدوجهد ـ اعمال قوه ، زور ورزی ، فشار
ex gra'tia (*-shi'ə*) {L.} بلاعوض
exhale (*egzeil';eks-*) *vt.* & *vi.* (۱) بیرون دادن (۲) بخار شدن ـ بیرون آمدن ، نفوذ کردن ـ دم بر آوردن
exhaust (*igzɔ:st'*) *vt.* (۱) تهی کردن ـ خشك انداختن ـ نیرو گرفتن یا شیره کشیدن از ـ تمام کردن ـ تحلیل بردن (۲) خروج (بخار) ـ مفر ـ تخلیه
exhaus'ted *ppa.* بکلی خسته ، وامانده ـ مصرف شده ، تمام شده
exhaus'tion *n.* تخلیه ـ صرف ، اتمام ـ تحلیل رفتگی ، خستگی زیاد
exhaustive (*igzɔ:s'tiv*) *a.* شامل همهٔ مطالب یا جزئیات ، کامل
exhibit (*egzib'-*) *vt.* & *n.* (۱) نمایش دادن ـ ارائه دادن ـ جلوه دادن (۲) کالای نمایش دادنی ـ نمایش
exhibition(*eksibish'ən*)*n.* نمایش
make an e. of oneself خود را انگشت نما کردن
exhilarate (*egzil'əreit*) *vt.* نشاط دادن ، بشاش کردن
exhilara'tion *n.* نشاط ـ روح بخشی
exhort (*egzɔ:t'*) *vt.* نصیحت کردن (به) ـ ترغیب کردن
exhorta'tion *n* نصیحت ـ ترغیب
exhume(*eksh-iu:m'*; *egziu:m'*) *vt.* از خاك در آوردن ، نبش کردن
exigency (*ek'sijənsi*) *n.* اقتضا ، ضرورت ـ اضطرار ـ [درجمع] مقتضیات
exile (*ek'sail* ; *eg'zail*) *n.* & *vt.* (۱) تبعید ـ جلای وطن ، غربت ـ شخص تبعید شده (۲) تبعید کردن
exist (*egzist'*) *vi.* وجود داشتن ، (موجود) بودن ـ یافت شدن ـ زیستن ،
exis'tence (*-təns*) *n.* وجود ، هستی
exis'ting *apa.* موجود ، فعلی
exit (*ek'sit*) *n.* خروج ـ مخرج ـ عزیمت ـ مرگ
exodus (*ek'sədəs*) *n.* خروج
ex officio (*-ɔfish'io*) *a(dv).* از لحاظ سمت
exonerate (*egzɔn'əreit*) *vt.* تبرئه کردن ـ مرخص یا معاف کردن
exorbitant (*egzɔ':bitənt*) *a.* فوق العاده ، خیلی زیاد ، گزاف
exorcize (*ek'sɔ:saiz*) *vt.* بادعا

بیرون کردن ، با سحر بیرون کردن
exotic (*eksɔt'-*) *a.* خارجی - دخیل
expand' *vt.&vi.* (۱)منبسط کردن - توسعه‌دادن (۲) منبسط شدن - توسعه یافتن
expanse' *n.* پهنا ، وسعت
expan'sion (*-shən*) *n.* انبساط - بسط - توسعه ، افزایش - وسعت ؛ فضا
expan'sive (*-siv*) *a.* وسیع - قابل انبساط - آزاده - صریح
expatiate (*ekspei'shieit*) *vi.* زیادگویی کردن - اطناب کردن
expa'triate *vt.* بکشور دیگر تبعید کردن
e. oneselllf جلای وطن یاترکِ تابعیت کردن
expect' *vt.* انتظار داشتن - توقع داشتن از - [د. ک.] گمان کردن
e. a baby حامله بودن
expec'tancy (*-tənsi*) *n.* انتظار
expec'tant (*-tənt*) *a.* منتظر ، متوقع - امیدوار - آبستن ، باردار
expecta'tion *n.* انتظار ، توقع
expe'dience ; -ency (*-ənsi*) *n.* اقتضا ، مصلحت
expe'dient *a. & n.* (۱) مقتضی ، مصلحت‌آمیز (۲) تدبیر - وسیله
ex'pedite (*-pidait*) *vt.* تسریع کردن (در) - زود انجام دادن
expedition (*-dish'ən*) *n.* تسریع - سرعت - سفر - ارتش کشی - هیئت اعزامی
expedi'tionary (*-nəri*) *a.* اعزامی
expel' *vt.* {-led} بیرون کردن
expend' *vt.* خرج کردن - صرف کردن
expen'diture (*-chə*) *n.* هزینه
expense' *n.* هزینه ، خرج
at the e. of بهزینهٔ ، بخرجِ
expen'sive (*-siv*) *a.* گران، پرخرج
experience (*-pi'əriəns*) *n. & vt.* (۱) تجربه - حادثه (۲) تجربه کردن
expe'rienced *ppa.* آزموده، مجرّب
exper'iment (*-mənt*) *n. & vi.* آزمایش(کردن) ، تجربه (کردن)
experimen'tal (*-t'l*) *a.* تجربه‌ای
ex'pert (*-pə:t*) *n.* کارشناس ، متخصص
ex'piate *vt.* کفاره یا جبران کردن
expira'tion (*-pai-*) *n.* انقضاء
expire' *vi.* سپری شدن ، منقضی شدن ، سرآمدن - تمام کردن [مردن]
expiry (*expai'ri*) *n.* انقضاء
explain' *vt.* توضیح دادن - تعبیر کردن
e. away تاویل کردن(و تخفیف دادن)
explana'tion (*-plə-*) *n.* توضیح
explan'atory (*-ətəri*) *a.* توضیحی
expletive (*-pli':tiv*) *n.* کلمه‌زائد
explicit (*-plis'-*) *a.* صریح - رك‌گو
explicitly (,,) *adv.* صریحاً
explode' *vi. & vt.* (۱) محترق شدن ، منفجر شدن (۲) محترق کردن ، منفجر کردن ، ترکانیدن
exploit' *vt.* بهره‌برداری کردن از
ex'ploit (*-plɔit*) *n.* کارِ برجسته
exploita'tion *n.* بهره‌برداری ، انتفاع - استخراج - استثمار
explora'tion *n.* پی گردی ، اکتشاف - کاوش ، جستجو - معاینه
explore (*-plɔ':*) *v.* پی گردی کردن (در) - جستجو کردن (در) - معاینه کردن
explo'sion (*-zhən*) *n.* انفجار - احتراق
explo'sive (*-siv*) *a. & n.* (۱) قابل انفجار یا احتراق (۲) ماده محترقه
expo'nent (*-nənt*) *n.* نماینده ، نما
export (*-pɔ:t'*) *vt.* صادر کردن
ex'port *n.* صدور - [درجمع] صادرات
exporta'tion *n.* صدور
expor'ter (*-tə*) *n.* صادرکننده
expose (*-pouz'*) *vt.* روباز گذاردن - سرِ راه گذاشتن (بچه)
exposed to . . . در معرضِ
exposition (*-zish'ən*) *n.* شرح ، بیان - عرض ، نمایش - آشکار شدگی

expos'tulate *vi*. دوستانه تعرض کردن
expo'sure (-*zhə*) *n*. --
e of a crime کشف جرم
e. to the rain باران خوردن
with a southern e. رو بجنوب
expound (-*paund'*) *vt*. شرح دادن ، توضیح دادن
express' *vt*. اظهار کردن - فهماندن - دلالت کردن بر - فشردن
express' *a*., *adv*., & *n*. (۱) صریح - ویژه - تندرو (۲) باوسیلهٔ سریع (۳) وسیلهٔ سریع - قطار ویژهٔ تندرو
expression (-*presh'ən*) *n*. اظهار - بیان - عبارت ، تعبیر ، إصطلاح - حالت
give e. to اظهار کردن
expressionless (,,,-) *a*. بیحالت
expressive (-*pres'iv*) *a*. پرمعنی ، رسا ننده (مقصود) - دالّ - با حالت
express'ly *adv*. صریحاً - مخصوصاً
expul'sion (-*shən*) *n*. اخراج
expunge (-*pʌnj'*) *vt*. پاك کردن ، تراشیدن
ex'purgate (-*pə*-) *vt*. تنقیح کردن ، عاری ازمواد بد یاهزلیات کردن
ex'quisite (-*kwizit*) *a*. عالی ، اعلی دلپسند - لطیف - سخت - استادانه
extant (*eks'tənt* ; -*tant'*) *a*. موجود ، باقی
extemporaneous (-*pərei'niəs*) *a*. ارتجالی ، بالبداهه - بدیهه گو
extem'pore (-*pəri*) *adv*. & *a*. (۱) بالبداهه (۲) ارتجالی - بدیهه گو
extend' *vt*. & *vi*. (۱) تمدید دادن - توسعه دادن (۲) تمدید یا توسعه یافتن
exten'sion (-*shən*) *n*. تمدید - امتداد - بسط - توسعه - قسمت الحاقی
by e. با تعمیم معنی ، توسعه
exten'sive (-*siv*) *a*. پهناور ، وسیع - بسیط - زیاد - جامع ، شامل
exten'sively *adv*. زیاد - درهمه جا
extent' *n*. وسعت - اندازه ، حدّ
to some e تا اندازه‌ای ، تا حدّی
exten'uate (-*yueit*) *vt*. تخفیف دادن - کم تقصیر قلمداد کردن
extenua'tion *n*. کاهشِ اهمیت جرم
exterior (-*ti'əriə*) *a*. & *n*. (۱) خارجی (۲) بیرون ، (صورت) ظاهر
exterminate (-*tə':mineit*) *vt*. بکلی نابود کردن
extermina'tion *n*. قلع و قمع
external (-*tə':nəl*) *a*. بیرونی ، خارجی - ظاهری - پدیدار - صوری
exter'nally *adv*. ازبیرون - ظاهراً
extinct' *a*. خاموش - از بین رفته
extinc'tion *n*. اطفاء - خاموشی
extin'guish *vt*. خاموش کردن - مستهلك کردن - ملغی کردن - ساکت کردن
extin'guisher *n*. خاموش کننده - خفه کن - دستگاه آتش نشانی
extirpate (*eks'təpeit*) *vt*. از ریشه درآوردن ، برانداختن
extol' *vt*. [-led] زیاد ستودن
extort (*ekstɔ:t'*) *vt*. بزور یاتهدید یاحیله گرفتن
extor'tion *n*. غصب ، اخاذی
extor'tionate (-*shənit*) *a*. زیاده ستان - گزاف
ex'tra (-*trə*) *a*., *adv*., & *n*. (۱) زیادی - اضافی ، فوق‌العاده - اعلی (۲) بطور اضافی (۳) هزینهٔ فوق‌العاده - فوق‌العاده [اصطلاح جراید]
ex'tract *n*. شیره ، عصاره ، جوهر - زبده ، خلاصه - قطعهٔ مستخرجه
extract' *vt*. استخراج کردن - اقتباس کردن - خلاصه کردن - کشیدن (دندان)
extrac'tion *n*. استخراج - کشش - اقتباس - تقطیر - اصل ، ریشه
ex'tradite (-*trədait*) *vt*. (مقصری را) بدولت متبوع خودش تسلیم کردن
extra'neous (-*niəs*) *a*. بیگانه - غیر مربوط (بموضوع)

extraordinary (*-trɔ':dinəri*) *a.* & *n.* (۱) فوق‌العاده (۲) سفیر فوق‌العاده - [درجمع] فوق‌العاده نظامیان

extrav'agance (*-əgəns*) *n.* زیاده روی، ولخرجی - کار یاسخن نامعقول

extrav'agant *a.* نامعقول - گزاف ، مفرط - گزاف‌گو - ولخرج - افراط کار

extreme (*-tri:m'*) *a.* & *n.* (۱) واقع درمنتهاالیه - افراطی (۲) منتها درجه - دورترین نقطه - [ر] کرانه

take an e. course / **go to extremes** } افراط یا تفریط کردن

extreme'ly (,,*li*) *adv.* بی‌نهایت

extremist (*-tri':-*) افراطی [در سیاست] ، [درجمع] افراطیون

extrem'ity *n.* - انتها ، سر - نهایت - مضیقه - [درجمع] افراط و تفریط

ex'tricate *vt.* رها کردن - سوا کردن

extrin'sic *a.* خارجی ، عارضی

extrude (*-tru:d'*) *vt.* بیرون انداختن

exuberance (*egziu':bərəns*) *n.* وفور ، فراوانی ، فرط

exu'berant *a.* فراوان- پربشت

exude (*eksiu·d'* ; *egziu:d'*) *v.* تراوش کردن یا بیرون دادن

exult (*egzʌlt'*) *vi.* خوشی کردن

exul'tant (*-tənt'*) *a.* خوشی کننده

exulta'tion *n.* خوشی ، شادی

eye (*ai*) *n.* & *vt.* (۱) چشم- سوراخ سوزن - حلقه (۲) نگاه کردن

keep an e. on مواظبت کردن

with an e. to نظر به ، از لحاظِ

in the e. of از لحاظِ ، نظر به

see e. to e. کاملاً موافقت کردن با

make eyes at بچشم خاطر خواهی یا خریداری نگاه کردن (به)

eye'ball *n.* تخم چشم

eyebrow (*ai'brau*) *n.* ابرو

eye'-glasses *npl.* عینک‌فنری‌یادستی

eye'lash *n.* مژگان ، مژه

eye'let *n.* حلقه - سوراخ - روزنه

eye'lid *n.* پلك چشم ، جفن

eye'piece *n.* عدسی [درسر دوربین]

eye'shot *n.* چشم رس

eyesight (*ai'sait*) *n.* بینائی

eye'sore *n.* چیز بدنما - مایهٔ نفرت

eye'-wash *n.* داروی چشم - تظاهر

eye'witness *n.* شاهدِ - أعْ‌الْعین

Ff

fa'ble *n.*, *vi.*, & *vt.* (۱) افسانه (۲) افسانه گفتن (۳) بطریق مثل گفتن
fab'ric *n.* ساختمان ـ کالبد ـ بافته
fab'ricate *vt.* ساختن ـ جعل کردن
fabrica'tion *n.* جعل ـ ساخت
fab'ulous (*-yuləs*) *a.* افسانه‌ای
façade (*fəsahd'*) *n.* نما ـ سردر
face (*feis*) *n.*, *vt.*, & *vi.* (۱) صورت ـ رو ـ ظاهر ـ سطح (۲) روبرو شدن با ـ تراشیدن (سنگ) ـ روکش کردن (۳) روکردن

set one's f. against مخالفت کردن با

in the f. of علی رغم ـ رو بروی

save one's f. آبروی خود را حفظ کردن ، خودرا از تنگ و تا نینداختن

f. value بهای اعتباری ، بهای اسمی

on the f. of it برحسب ظاهر ، علی الظاهر

make faces at some one ادا و اصول درجلو کسی درآوردن

wear two faces دو رو بودن

face it out جسورانه مقاومت کردن

facet (*fas'it*) *n.* بغ ، تراش
facetious (*fəsi':shəs*) *a.* شوخ ـ فکاهی
fa'cial (*-shəl*) *a.* & *n.* (۱) وجهی ، صورتی (۲) ماساژ صورت
facile (*fas'il*) *a.* آسان ـ روان
facil'itate *vt.* آسان کردن
facil'ity (*fə-*) *n.* سهولت ـ وسیله [ج. وسائل] ـ روانی ـ حاضر خدمتی
fa'cing *n.* نما
facsimile (*faksim'ili*) *n.* رونوشت عین ، تقلید

in f. عیناً

fact *n.* امر مسلم ، حقیقت یا چگونگی امر ـ [درجمع] مراتب ، کیفیت

in view of the f. that نظر باینکه

in f. درحقیقت ، در واقع

fac'tion *n.* دسته بندی ـ نزاع ـ فساد
fac'tious (*-shəs*) *a.* فتنه جو
factitious (*-tish'əs*) *a.* ساختگی
fac'tor (*-tə*) *n.* عامل ، سازه ـ حق‌العمل کار
fac'tory (*-təri*) *n.* کارخانه
facto'tum (*-təm*) *n.* کسیکه برای همه جور کار استخدام میشود
faculty (*fa'kəl-*) *n.* قوه (ذهنی) ـ توانایی ـ اختیار ، اجازه ـ دانشکده
fad *n.* هوس یا سرگرمی موقتی
fade (*feid*) *vi.* & *vt.* (۱) پژمرده یا کم رنگ شدن ـ محو شدن (۲) پژمرده کردن
fag *vi.* [-ged] سخت کارکردن ، جان مفت کندن
fag *n.* (۱ـ فقط بصورت مفرد) زحمت زیاد ، حمالی مفت (۲) آدم جان کن
faggot (*fag'ət*) *n.* & *vt.* (۱) دسته (هیزم) ـ (۲) دسته کردن
fag'-end *n.* پس مانده
Fahrenehit (*far'ənhait*) *n.* (گرما سنج) فار نهایت
fail *vi.* & *vt.* (۱) رد شدن ـ موفق نشدن ـ عاجز شدن ـ قصور کردن ـ کم یا تمام شدن ـ فرو کشیدن ـ غلط درآمدن ـ

ورشکستن ، فاقد بودن [با of یا in]-
(۲) نومید کردن - گول زدن
Do not f. to come. از آمدن
کوتاهی نکنید ، حتماً بیایید
His life failed him.
عمرش وفا نکرد
without fail (*n.*) حتماً ، البته
fai'ling *prep.* در نبودنِ -
در صورت کوتاهی از
f. this ; f. which وگرنه ، والا
fai'lure (*-liə*) *n.* قصور - عجز ،
درماندگی یا ورشکستگی - عیب ، نقص
heart f. سکتهٔ قلبی
fain *adv.* با میل و مسرت
[همیشه با would گفته میشود]
faint *a.* ضعیف ، سست - ناپیدا -
تیره - کمرنگ - خفیف - آهسته
faint *n.* & *vi.* ضعف یا غش (کردن)
faint'-hearted *a.* بز دل ، ترسو
fair (*fêə*) *a.* & *adv.* (۱) زیبا -
نسبةً خوب - روشن - بور - منصف - منصفانه
(۲) مؤدبانه - بطور روشن - بیطرفانه
the f. sex جنس لطیف [یعنی زن]
f. copy پاکنویس ، نسخهٔ روشن
by f. means بامدارا - بدونِ تزویر
be in a f. way احتمال داشتن ،
محتمل بودن - شانس داشتن
bid f. امیدواری یا احتمال دادن
copy out f. پاکنویس کردن
fair *n.* نمایشگاه کالا - بازار (مکاره)
fair'ly *adv.* منصفانه - نسبةً درست
و حسابی ، کاملاً - باجهت ، بمناسبت
fair'ness *n.* زیبایی - روشنی - انصاف
fair'-weather *a.* بی وفا ، نیم راه
fairy (*fê'əri*) *n.* پری
faith *n.* ایمان ، عقیده - دین - وفاداری
break one's f. پیمان شکنی کردن
in good f. با نیت پاك ، به درستی
faith'ful *a.* باوفا - مؤمن - صادقانه
faith'fully *adv.* از رویِ

وفاداری - صادقانه - کاملاً - درست
Yours f. با تقدیم احترامات [بیشتر
در نامه های تجارتی بکار میرود]
faith'fulness *n.* وفاداری - صداقت
faith'less *a.* بی دین - بی وفا ، خائن
fake *vt.* & *n.* [Sl.] (۱) جازدن -
جعل کردن (۲) دغا بازی - پیچ ، حلقه
fakir' (*fə-*) *n.* درویش یا مرتاض هندی
falchion (*fɔ:l'chən*) *n.*
قسمی شمشیر کوتاه و پهن
falcon (*fɔ':kən* ; *fɔl'-*) *n.*
باز ، قوش - یکجور توپ قدیمی
falconer (*fɔ':kənə*) *n.* قوش باز ،
باز دار
faldstool (*fɔ:ld'-*) *n.* صندلیِ
بی دسته - کرسی متحرك - چارپایهٔ تاشو
fall (*fɔ:l*) *vi.* [fell ; fallen]
افتادن - ارزان شدن - بی عفت شدن - مرتد
شدن - از اهمیت افتادن - موفق نشدن -
سقوط کردن - واقع شدن ، رخ دادن
f. sick ناخوش شدن
When will that bill f. due?
سر رسید پرداخت آن برات کی است ؟
f. back upon متوسل شدن به
f. in فرو ریختن - شکم دادن - درصف
آمدن - مطابقت کردن - موافق شدن
f. in love with عاشق شدن به
f. into a rage از جا در رفتن
f. out well خوب درآمدن
f. short کم آمدن - قاصر آمدن
f. through به نتیجه نرسیدن
f. to blows دست بگریبان شدن
f. under مشمول (چیزی) شدن
let f. انداختن ، ول کردن
He fell asleep. خوابش برد
fall *n.* برگ ریزان ، پاییز - سقوط -
تنزل - شکست - [درجمع] آبشار
fallacious (*fəlei'shəs*) *a.*
سفسطه آمیز ، فریبنده
fallacy (*fal'əsi*) *n.* سفسطه -
اغفال - خلل - اشتباه

fallen (fɔ':lən) *ppa.* { *pp.* of fall} افتاده ـ کشته ـ دستگیر شده
fallibil'ity *n.* استعداد خطا کردن
fallible (fal'ibl) *a.* جایزالخطا
fallow (fal'ou) *a.* آیش
false (fɔ:ls) *a.* کاذب ـ دروغگو ـ عاریتی ـ غیرقانونی ـ قلب، بدل
f. arch طاق نما
f. step پای عوضی ، سکندری، لغزش
play a person f. (*adv.*) بکسی نارو زدن
false'hood *n.* کذب ، (سخن) دروغ
false'ly *adv.* دروغی ـ خائنانه
falsifica'tion (fɔl-) *n.* تحریف ـ تکذیب ـ دغل ، تقلب ، تزویر
falsify (fɔ:l'sifai) *vt.* تحریف کردن ، دروغ (چیزیرا) ثابت کردن
fal'sity *n.* دروغ ـ نادرستی ، خیانت
falter (fɔ:l'tə) *vi.* گیر کردن ، لکنت پیدا کردن ـ باشبهه سخن گفتن
fame *n.* شهرت ، نام ـ شایعه ، خبر
house of ill f. فاحشه خانه
famed for . . . در . . . مشهور
familiar (fəmil'iə) *a.* آشنا ، آگاه ـ خودمانی ـ اهلی
familiar'ity *n.* آشنایی ، مقامِ خودمانی ـ بصیرت، اطلاع ـ آزادی، گستاخی
famil'iarize *vt.* آشنا کردن ـ عادت دادن ـ معلوم کردن ـ خودمانی کردن
f. oneself آشنا شدن
fam'ily *n.* خانواده ، عائله ـ طایفه
f. man مرد زن (و بچه) دار
in the f. way = pregnant
famine (fam'in) *n.* قحطی ، قحط
fam'ish *v.* گرسنگی دادن یا کشیدن ـ تنگی دادن یا کشیدن
fa'mous (-məs) *a.* نامدار، معروف
fan *n.* & *vt.* {-ned} (۱) بادبزن ـ پروانه (۲) باد زدن ـ باد دادن
fanat'ic (fə-) *n.* شخص متعصب
fanat'ical (-kəl) *a.* متعصب ـ تعصب آمیز
fanat'icism (-sizm) *n.* تعصب
fan'cier (-siə) *n.* خیال باف
flower-f. ; bird-f. گلباز، مرغ باز
fan'ciful *a.* خیالی ـ هوس باز ـ تفننی
fan'cy *n.* & *a.* (۱) خیال ـ قوهٔ واهمه ـ هوس ـ تفنن (۲) فانتزی{فرانسه}
take a f. هوس کردن ـ میل کردن
take the f. of خوش آمدن
the f. مرغبازان و گلبازان ومثل آنها
f. dog سگِ دست پرورده
f. man روزی خورِ فاحشه
fan'cy *vt.* تصور کردن ـ هوس کردن (به) ـ از روی عشق پروردن
f. oneself خود را کسی دانستن
fandan'gle *n.* آرایش پوچ ـ ابلهی
fang *n.* دندان ناب (سگ) ـ نیش مار ـ چنگال ـ ریشه یانوك یاشاخه دندان
fan'-light *n.* پنجرهٔ نیمگرد کوچك
fantas'tic *a.* خیالی ـ بوالهوس ـ غریب وعجیب ـ هوس باز
fan'tasy; phan'- (-təsi ; -zi) *n.* وهم ، هوس ـ وسواس
far (فا) *a(dv.)* { **farther** *or* **further; farthest** *or* **furthest**} دور ـ بمراتب ـ زیاد ـ دوردست
How f. چقدر (راه) ـ تا کجا
as f. as page 50 تا صفحه ۵۰
as f. as the eye can reach تا چشم کار میکند
so f. تا اینجا ـ تااین‌درجه ـ تاکنون
so f. as تاآنجاکه ، تا آن اندازه که
in so f. as تا آنجا که ، آنقدر که
by f. بمراتب
f.-between دورا دور ـ کم وقوع
f. from it ! حاشا (که چنین باشد)
far'-away *a.* دور ـ دور رس ـ پرت ـ پریشان
farce (فاس) *n.* نمایش مضحك ـ حرف مفت ـ کار بیمورد
far'cical (-kəl) *a.* مضحك ـ عجیب

fare (*fêə*) *n.* & *vi* (۱) کرایه - غذا (۲) گذران کردن - غذا خوردن
Does it f. well or ill with him ? باو خوش می گذرد یا بد ؟
f. forth رفتن
fare'well *int.* & *n.* (۱) خداحافظ، خدا نگهدار (۲) بدرود ، وداع
bid f. *or* **make one's fare-wells** خدا حافظی کردن
far'-fetched (*-fecht*) *a.* دور (ازحیث ارتباط یاتشبیه) ، غیر ممثل
farm (فام) *n.*, *vt.*, & *vi.* (۱) کشت زار ، مزرعه (۲) اجاره یا مقاطعه کردن - اجاره دادن [با out] - (۳) رعیتی کردن
farmer (*fa':mə* فامه) *n.* ، برزگر ، رعیت - اجاره کار
farm'-house *n.* خانهٔ رعیتی
far'ming *n.* اجاره کاری - برزگری
farm'stead (*-sted*)*n.* علاقجات رعیتی
far'-reaching *a.* دور رس - وسیع
farrier (*far'iə*) *n.* نعلبند
far'-sighted *a.* دوربین- مآل اندیش
far'ther (*-thə* فاظِ) *a(dv.)* { *comp. of* **far** } دورتر - بیشتر [معنی کمیاب]
far'thest (*-thəst* فاظِست)*a(dv.)* {*sup. of* **far**} دورترین - بیشترین- دورتر از همه
far'thing (*-thing* فاظینگ) *n.* یك چهارم penny
fascinate (*fas'i-*) *vt.* مجذوب یامفتون کردن ، شیفتن - افسون کردن
fas'cinating *apa.* دلربا - سحرآمیز
Fascism (*fash'izm*) *n.* فاشیسم
fashion (*fash'ən*) & *vt.* (۱) رسم - سبك ، اسلوب ، طرز ، طریقه - مد [لفظ فرانسه]-(۲) درست کردن
in f. باب ، متداول ، مد
out of f. غیرمتداول ، از مد افتاده
after the f. of بسبكِ ، بطریقِ
fash'ionable (*-nəbl*) *a.* ، متداول مد - شیك
fast (*fa:st*) *a.*, *adv.*, *n.* & *vi.* (۱) تند - تندرو - ثابت [در رنگ] - ثابت قدم - سفت - ولخرج - بداخلاق (۲) تند - محکم (۳) روزه (٤) روزه گرفتن
ake f. hold of محکم گرفتن
play f. and loose بی ثبات بودن
f. asleep درخواب سنگین
fasten (*fa:s'n*)*vt.*&*vi.*-(۱) بستن- محکم یاسفت کردن - دوختن(چشم) - (۲) محکم شدن - چسبیدن متمسك شدن
fastener (*fa:s'nə*) *n.* چفت ، بست
fastening (*fa:s'ning*) *n.* چفت و بست- کشو-[درجمع]آهن جامه ، یراقِ در
fastid'ious (*-iəs*) *a.* مشکل پسند ، ایرادگیر
fast'ness *n.* محکمی - ثبات - قلعه
fat *a.* , *n.* & *vt.* -(۱)فربه، چاق- چرب- بابرکت (۲)روغن، دنبه -فربهی - فراوانی (۳) پروار کردن
a f. lot {Sl.} خیلی ، های {بطعنه = هیچ ، ابداً}
fa'tal (*-tl*) *a.* کشنده - مخرب
fa'talism (*-təlizm*) *n.* کیش جبری
fa'talist *n.* جبری، معتقدبجبر وتفویض
fatal'ity (*fə-*) *n.* سرنوشت - حادثهٔ چاره ناپذیر ، بلا - مرگ غیرِ طبیعی
fate (*feit*) *n.* سرنوشت ، تقدیر - قسمت - اجل - عاقبت
fa'ted *ppa.* مقدر
fate'ful *a.* دستخوشِ تقدیر - مهم، قطعی - پر بلا ، پرِسرگذشت
fa'ther (*-thə* فاظِ) *n.* & *vt.* (۱) پدر- مؤسس - پیشوا (۲) خودرا پدر (کسی) یامسئول (کتابی) دانستن
f.-in-law پدر شوهر - پدر زن
fa'therland *n.* میهن ، وطن
fa'therly *a.* پدرانه
fath'om (*-əm* فظم) *n.* & *vt.*

(۱) واحد عمق پیمائی برابر با ٦ پا ، قلاج ، کلبه (۲) عمق پیمایی کردن - به کنه (چیزی) رسیدن

fatigue (*fəti:g'*) *n.* & *vt.* (۱) خستگی - کار سخت (۲) خسته کردن

fat'ness *n.* فربهی - چربی - برکت

fatten (*fat'n*) *vt.* & *vi.* (۱) فربه یا برواری کردن (۲) فربه شدن

fatty (*fat'i*) *a.* چربی دار - روغنی

fat'uous (*-juəs*) *a.* بیشعور ، احمق - احمقانه - خود پسند(انه)

faucet (*fɔ':sit*) *n.* شیر (آب انبار) [اصطلاح امریکائی]

fault (*fɔ:lt*) *n.* & *vi.* (۱) تقصیر - عیب - خطا - جابجا شدگی (۲) جابجا شدن

find f. with عیب جستن از

at f. گیج - خراب

to a f. زیاده از حد

The f. lies with him. تقصیر با او است

fault'-finder *n.* عیبجو

fault'-finding *n.* عیبجویی

faul'ty *a.* معیوب - ناقص - مقصر

fa'vour (*-və*) *n.* & *vt.* (۱) التفات - همراهی - نامه (۲) احسان کردن (به) - همراهی یاطرفداری کردن با

by f. of توسط ِ - بامساعدت ِ

in f. of بنام ِ ، بحساب ِ - برله ِ ، بنفع ِ

fa'vourable (*-vərəbl*) *a.* مساعد

a f. wind باد موافق ، باد شرطه

f. to مساعد برای ِ - سودمند برای ِ - همراه با

fa'vourite (*-vərit*) *a.* - مطلوب - طرف ِ توجه - [راجع بزن] سوگلی

fa'vouritism (*-vəritizm*) *n.* همراهی باشخص مورد توجه

fawn (*fɔ:n*) *n.*, *a.*, & *vi.* (۱) آهو بره - بچه گوزن (۲) دارای رنگ پوست حیوانات درنده ، زرد کمرنگ (۳) دم تکان دادن - مداهنه یاچاپلوسی کردن

fay = **fairy**; **elf.**

fealty (*fi':əl-*) *n.* وفاداری ، بیعت

fear (*fiə*) *n.*, *vi.*, & *vt.* (۱) ترس (۲) ترسیدن (۳) ترسیدن از

for f. of از ترس ِ

for f. that (از ترس اینکه) مبادا

fear'ful *a.* ترسناك - حاکی از ترس

fear'fully *adv.* [Col.] بی نهایت

fear'less *a.* بی ترس ، بی روا

feasible (*fi':zibl*) *a.* شدنی ، عملی

feast (*fi:st*) *n.* & *vi.* (۱) مهمانی - جشن ، عید (۲) خوش گذراندن

feat (*fi:t*) *n.* کار برجسته ، فتح نمایان

feather (*feth'ə* فظ ِ) *n.* & *vt.* (۱) پَر (۲) پر زدن (به) ، با پر آراستن - پر کندن

of that f. از آن رقم ، آنجور

show the white f. از میدان در رفتن ، جبن نشان دادن ، زه زدن

f. one's nest ، پشت خود را بستن ، تأمین آتیه کردن

feature (*fi':chə*) *n.* سیما - طرح ِ صورت ، ترکیب - شکل - قسمت برجسته - کیفیت - علامت ِ مخصوص [بیشتر درجمع]

Feb'ruary (*-əri*) *n.* فوریه

fed [*p.* & *pp.* of **feed**]

fed'eral (*-ərəl*) *a.* پیمانی - اتحادی - متحد - هم عهد.

fed'eralism (*-lizm*) *n.* اصول ِ تشکیل چند کشور متحد با یك حکومت مرکزی

fed'erate (*-əreit*) *vt.* & *vi.* (۱) هم پیمان کردن (۲) هم پیمان شدن

federa'tion *n.* اتحاد(یه چند کشور)

fed'erative (*-rətiv*) *a.* اتحادی

fee *n.* حق (الزحمه) ، پای مزد - ورودیه

fee'ble *a.* ضعیف - ناتوان - عاجز (انه)

fee'ble-minded *a.* کم عقل

feed *vt.* & *vi.* [**fed**] & *n.* (۱) غذا دادن - شیر دادن - چراندن - کار برای (ماشین وغیره) رساندن (۲) غذا

خوردن (۳) تغذیه ـ خوراك ـ چرا
at one f. در يك خوراك يا وهله
be fed up سیرشدن ـ بیحوصله شدن
fee'der (-*də*) *n.* غذا دهنده ـ
خورنده ـ مایه رسان [در ماشین آلات] ـ
رود فرعی ـ شعبه ، شاخه ـ بطری سر
پستانك‌دار برای شیر دادن بچه [که آنرا
fee'ding-bottle نیز می گویند]
feel *vt.* & *vi.* [felt] & *n.*
(۱) احساس کردن ، حس کردن ـ درك
کردن ـ لمس کردن (۲) متاثر شدن ـ بنظر
رسیدن ـ بودن ـ شدن [f. angry] ـ
(۳) حس لامسه ـ احساس
f. one's pulse ـ نبض کسیرا گرفتن
مزهٔ دهان کسیرا چشیدن
f. one's way کورمالی کردن
f. after (*or* for) something
چیزیرا (بادست) جستجو کردن
I f. cold سردم است ، سردم هست
I f. like doing it. دلم میخواهد
(یامیل دارم) که آن کار را بکنم
How do you f. ? حال شما
چطور است ؟
f. of دست مالی یا لمس کردن
It feels soft. زیر دست نرم است
fee'ler (-*lə*) *n.* شاخك ـ پیش‌آهنگ ،
دیدبان ـ سخن استمزاجی
fee'ling *n.* & *a.* (۱) احساس ،
حس ـ عاطفه (۲) حساس ـ با عاطفه
good f. خوش قلبی ، مهربانی
feet [*pl.* *of* foot]
feign (*fein*) *vt.* وانمود کردن ،
بهانه کردن ـ انگیختن ، آوردن (بهانه)
f. illness خودرا بناخوشی زدن
f. ignorance تجاهل کردن
feint *n.* & *vi.* ـ تظاهر (کردن)
حملهٔ دروغی (کردن)
felicitate (*filis'iteit*) *vt.*
تبریك گفتن ، شادباش گفتن
felicitous (*filis'itəs*) *a.*
مقتضی ـ لطیف ، شیرین ـ خوش عبارت

felicity (-*lis'iti*) *n.* سعادت ـ
اقتضا ، مناسبت ـ لطافت
feline (*fi':lain*) *a.* گربه‌ای
fell [*p.* *of* fall]
fell *vt.* انداختن ، قطع کردن(درخت)
fell *n.* زمین بائر کوهستانی
fellow (*fəl'ou*) *n.* مردکه، پسره ،
یارو [د. گ] ـ همقطار ، شریك [بیشتر
درجمع] ـ عضو ـ لنگه (کفش و غیره) ـ
[در ترکیب] هم
f. citizen همشهری
f.-creature همنوع
fel'low-feeling *n.* حس همنوعی
fel'lowship *n.* رفاقت ، دوستی ـ
عضویت (درانجمن‌اخوت یاانجمن دوستان)
fel'low-student *n.* همشاگردی
fel'on (-*ən*) *n.* تبه‌کار ، جانی
felonious (*filou'niəs*) *a.*
خیانت‌آمیز ـ جنائی ـ تبه‌کار
fel'ony (-*ləni*) *n.* جنایت
felt [*p.* & *pp.* *of* feel]
felt *n.* نمد
fe'male *a.* & *n.* ماده ـ مؤنث
fem'inine (-*nin*) *a.* مؤنث ـ زنانه
fem'inism (-*nizm*) *n.* عقیده به
برابری زن با مرد و مبارزه در اینراه
fen *n.* مرداب ، زمین سیلگیر
fence *n.*, *vt.*, & *vi.* (۱) حصار،
پرچین ـ محجر ـ شمشیربازی ـ گیره ، عایق ـ
ضامن (۲) پناه دادن ـ محصور کردن ـ
قرق کردن (۳) شمشیربازی کردن
sit on the f. بی‌طرف ماندن
come down on the right
side of the f. طرفدار برنده شدن
f. against جلوگیری یادفع کردن
f. with a question از دادن
پاسخ مستقیم طفره زدن
fen'cer (-*sə*) *n.* شمشیر باز
fen'cing *n.* شمشیربازی ـ محجر ـ حصار
fend *vt.* (off [با] دفع کردن
f. for توجه کردن ، بخودرا حفظ کردن

fen'der (-*də*) *n.* (آهن_) پیش بخاری - حائل - فنر - گلگیر [اصطلاح امریکائی]

ferment (*fə':mənt*) *n.* خمیر مایه، ترش - [مج] جوش و خروش

ferment' *vt.* & *vi.* (۱) تخمیر کردن ، ترش کردن - [مج] به هیجان آوردن (۲) به هیجان آمدن

fermenta'tion *n.* تخمیر - خروش

fern (*fə:n*) *n.* سرخس

ferocious(*fərou'shəs*)*a.* درنده‌خو

ferocity (-*rɔs'iti*) *n.* درنده خویی

ferret (*fer'it*) *n.* & *v.* (۱) موش خرما ، راسو (۲) کنجکاوی کردن - با موش خرما شکار کردن - جستجوی زیاد کردن ، [با out] پیدا کردن

fer'ro-con'crete *n.* بتن مسلح ، بتن آرمه [فرانسه]

fer'rule *n.* ته غلاف - حلقه فلزی

ferry (*fer'i*) *n.*, *vt.*, & *vi.* (۱) گذرگاه ،معبر - جسر ،کشتی گذاره (۲) عبور دادن(۳) رفت وآمد کردن

fer'ry-boat *n.* جسر ،کشتی گذاره

fer'tile (-*til*; -*tail*) *a.* حاصلخیز ، بارخیز - برکت‌دار - فراوان

f. in (*or* **of**) **poets** شاعر پرور

fertil'ity *n.* حاصلخیزی -فراوانی

fertiliza'tion *n.* عمل کود دادن - بارورسازی - القاح - حاصلخیزی

fertilize (*fə':tilaiz*) *vt.* حاصلخیز کردن -کود دادن

fer'tilizer (-*laizə*) *n.* کود

ferule (*fer'u:l*) *n.* & *vt.* (۱) خطکش پهن (۲) کف دستی زدن

fervent (*fə':vənt*) *a.* با حرارت- مشتاق - ملتهب- سخت ، زیاد

fervid (*fə':-*) *a.* گرم - مشتاق

fervour (*fə':və*) *n.* گرمی ، حمیت ، غیرت - اشتیاق ، شوق ، التهاب

fes'tal (-*təl*) *a.* جشنی

fes'ter (-*tə*) *vi.* & *vt.* (۱) چرك كردن -وخیم شدن (۲) فاسد کردن

fes'tival (-*vəl*) *n.* جشن - عید

fes'tive (-*tiv*) *a* در خور جشن - وابسته بعید - سورآمیز - سرور انگیز

festiv'ity *n.* شادمانی - جشن

festoon' *n.* هلال گل - دالبر

fetch (*fech*) *vt.*, *vi.* & *n.* (۱) (رفتن و) آوردن - به (فلان مبلغ) فروش رفتن(۲) آمدن (۳)حیله - بهانه - کوشش

f. a sigh آه‌کشیدن

fetch'ing *apa.* گیرنده ، جالب

fête (*feit*) *n.* & *vt.* (۱) مهمانی بزرگ (۲) مهمان کردن، پذیرائی کردن‌از

fetid (*fet'-*; *fi':-*) *a.* بد بو

fetish (*fi':-*) *n.* بت - طلسم

fet'lock *n.* تبق - مُچ پای اسب

fetter (*fet'ə*) *n.* & *vt.* (۱) بخو، زنجیر (۲) زنجیر کردن - مقید کردن

fettle (*fetl*) *n.* حال ، حالت

in fine f. سر خلق ، سر حال

feud (*fiu:d*) *n.* کینهٔ خانوادگی

feudal (*fiu':d'l*) *a.* تیولی - ملوك‌الطوایفی

feudalism (*fiu':dəlizm*) *n.* اصول ملوك‌الطوایفی

feudal'ity (*fiu:-*) *n.* تیول - ترتیب ملوك‌الطوایفی

fever (*fi':və*) *n.* تب

fe'verish *a.* تبدار - تب خیز

few (*fiu:*) *a.* & *n.* (۱) کم - [با a] چند ، بعضی (۲) چند تن

f. people عده‌کمی ازمردم -کمتر کسی

a f. books کتابی چند ، چندکتابی

not a f. بسیاری - خیلی‌ها

F. can go. کمتر کسی میتواند برود

fez *n.* فینه ، فس

fiancé [Fr.] *n.* نامزد [مؤنث آن fiancée است]

fias'co *n.* شکست ، ناکامی

fi'at *n.* حکم ، امر

fib *n.* دروغ برای چیز جزئی

fi'bre ; -ber (*-bə*) *n.* لیف ، رشته ـ بافت
f. (board) (مقوای) فیبر
fi'brous (*-brəs*) *a.* ریشه دار ، لیف‌دار ، ریشه‌ای ـ لیفی ، لیف مانند
fickle (*fik'l*) *a.* بی‌ثبات ـ متلون
fic'tion *n.* افسانه، قصه ـ جعل ـ وهم
fictitious (*-tish'əs*) *a.* ساختگی ـ موهوم
fid'dle *n.* & *v.* (۱) ویولون (۲) زر زر کردن ـ (وقت) گذراندن
fid'dlestick *n.* کمان ، آرَشه
fid'dlesticks *int.* چه مزخرفاتی
fidel'ity (*fi-* ; *fai-*) *n.* وفاداری ـ درستی ، صحت
fidget (*fij'it*) *n.*, *vi.*, & *vt.* (۱) بی‌قراری (۲) بیقرار بودن ، لولیدن (۳) ناراحت کردن
fidgety (*fij'iti*) *a.* بیقرار،عصبانی
fie (*fai*) *int.* تف ـ وای ، اه
fief (*fi:f*) *n.* تیول
field (*fi:ld*) *n.* & *vt.* (۱) میدان، زمین ـصحرا ـکشت زار ـ حوزه ـ فضا ، دایره (۲) نگه‌داشتن و برگرداندن (توپ)
oil f. منطقه نفت خیز ، کانِ نفت
f. allowance فوق‌العادهٔ خارج از مرکز
f. events مسابقه های میدانی (سوای دو)
field'-artillery *n.* توپخانهٔ صحرایی
field'-day *n.* روزِ سان ومشق
field'-glass *n.* دوربین صحرایی
field'-marshal *n.* فیلد مارشال
fiend (*fi:nd*) *n.* دیو ـ روح پلید
opium f. آدم تریاکی
fien'dish *a.* دیو خو
fierce (*fi:rs*) *a.* درنده (خو) ، حریص ، سبع ـ،شدید ـبیرحم ، ستمکار
fierce'ness *n.* درنده خویی
fi'ery (*-əri*) *a.* آتشین‌ـآتش مزاج
fife *n.* & *vi.* فلوت (زدن)
fifteen' *a.* & *n.* پانزده
fifteenth' *a.* & *n.* (یک) پانزدهم
fifth *a.* & *n.* (یک) پنجم
fifth'ly *adv.* پنجم (آنکه) ، خامساً
fif'tieth *a.* & *n.* (یک) پنجاهم
fif'ty (*-ti*) *a.* & *n.* پنجاه
fig *n.* انجیر
I don't care a f. بی‌خیالش باش
fight (*fait*) *n.*, *vi.*, & *vt.* {**fought** (*fɔ:t*)} (۱) جنگ (۲) جنگ کردن (۳) جنگیدن برایِ ـ مبارزه کردن با ـ بجنگ انداختن
f. shy of کناره گیری کردن از
fig'ment (*-mənt*) *n.* خیال‌ـسخن جعلی
fig'urative (*-yurətiv*) *a.* مجازی
fig'uratively *adv.* مجازاً
figure (*fig'ə*) *n.*, *vt*, & *vi.* (۱) شکل،ترکیب‌ـ شخص‌ـ شبیه ـ نگاره ـ رقم ـ عدد (۲) ترسیم کردن ـ مُجسم کردن ـ حساب کردن ـکنایه بودن از (۳) نمایان‌شدن‌ـ برجسته یاشاخص‌شدن
of f. برجسته ـ با نفوذ
figures of speech صنایع بدیعی
figure up (*or* **out**) باحساب درآوردن
f. out at بالغ شدن بر
fig'ured *ppa.* گلدار
fig'ure-head *n.* رئیس پوشالی
fil'ament (*-əmənt*) *n.* رشته ـ لیف
filature (*fil'əchə*) *n.* (ماشین) نخ کشی یا ابریشم پیچی
filch *vt.* کش رفتن ، دزدیدن
file *n.* & *vt.* سوهان (زدن)
file *n.* & *vt.* (۱) کاغذگیر‌ـ پوشه ـ پرونده ـ ردیف ، صف ، ستون‌ـ راسته ، خط (۲) در بایگانی ضبط کردن
Indian *or* **single f.** ستون یک
f. past رژه رفتن
file'-keeper *n.* بایگان ، ضباط
fil'ial (*-iəl*) *a.* درخور فرزند

fil'ibuster(-*bʌstə*)*n*. نظامی غارتگر
fil'igree *n*. ملیله (دوزی)
fi'lings *npl*. براده
fill *vt*., *vi*. & *n*. (۱) پر کردن- اجرا کردن -پیچیدن (نسخه) - (۲) پرشدن- بزرگ‌شدن ، [با out] باد کردن (۳) مقدار کافی - سیری
f. oneself out خود را سیر کردن
f. in پر کردن - درج کردن ، نوشتن
f. out تکمیل کردن - ریختن -بزرگ کردن یا شدن
f. up لبریز کردن - تکمیل کردن- پر کردن یاشدن - اشغال کردن
eat one's f. of سیر خوردن
filled up with admiration محظوظ ، در حظ وشگفت
fillet (*fil'it*) *n*. گیس بند - نوار - پیشانی بند - برش ، قاش ، پشت مازه
fil'lip *n*. & *v*. تلنگر (زدن)
fil'ly *n*. کره مادیان [مادیان جوان]
film *n*., *vt*., & *vi*. (۱) پوسته - پردهٔ نازك - فیلم - غبار چشم (۲) فیلم برداشتن از (۳) تار شدن
film'-taking *n*. فیلم برداری
fil'ter (-*tə*) *n*. & *v*. (۱) صافی (۲) صاف کردن یا شدن
filth *n*. کثافت - نجاست - سخن زشت
fil'thy *a*. ناپاك ، ملوث - زشت
filtra'tion *n*. تصفیه
fin *n*. برك یابره یابال ماهی
fi'nal (-*n'l*) *a*. نهایی ، غائی- قطعی
finale (-*nal'i*) *n*. [It.] بخش آخر
final'ity (*fai*-) *n*. قطعیت - پایان
fi'nalize (-*nəlaiz*) *vt*. قطعیت دادن ، صورت قطعی دادن (به)
fi'nally (-*nəli*) *adv*. در خاتمه
finance' (*fi*-; *fai*-) *n*. & *vt*. (۱) دارایی ، مالیه - [درجمع] بنیه مالی (۲) بودجه (چیزیرا) تهیه کردن
finan'cial (-*shəl*) *a*. مالی
finan'cially *adv*. از لحاظ مالی
finan'cier (-*siə*) *n*. متخصص مالیه
finch *n*. سهره و مانند آن
find (*faind*) *vt*. [found] پیدا کردن - دریافتن - تشخیص دادن
I cannot f. it in my heart to دلم طاقت نمی‌آورد که
f. out ملتفت شدن - پیدا کردن
I f. him in clothes. (هزینه) لباسش را من میدهم
be found یافت شدن
with all found بعلاوه خوراك و لباس و منزل
well found دارای وسائل کافی
finder (*fain'də*) *n* پیدا کننده - عدسی کوچك تلسکپ یا دوربین عکاسی
finding (*fain'ding*) *n*. تشخیص
fine *a*. خوب- قشنگ - لطیف - نرم - ریز - نازك - روشن ، آفتابی - خالص - نوك تیز [f. nib]
f. arts فنون زیبا ، صنایع مستظرفه
18 carats f. هیجده عیار
chop f. ریز خرد کردن
cut f. با عدالت و دقت انجام دادن
fine *n*. & *vt*. جریمه (کردن)
fine —
in f. بالاخره - خلاصه
fine'ly *adv*. (بطور) نرم - ریز - بلطافت- بطور عالی - با دقت
f. situated دارای موقعیت خوب
fine'ness *n*. ظرافت ، لطافت - باریکی - نرمی - نازکی -پاکی ، عیار
fi'nery (-*nəri*) *n*. زیور ، لباس زرق و برق‌دار
finesse' *n*. زرنگی - باریك بینی
fin'ger (-*gə*) *n*. & *vt*. (۱) انگشت (۲) انگشت‌زدن ، دست زدن
have at one's fingers' -ends خوب دانستن ، فوت بودن
His fingers are all thumbs. بیدست و پا است ، خام دست است

fin'ger-bowl *n.* ظرف انگشت‌شویی
fin'ger-mark *n.* اثر انگشت
fin'ger-nail *n.* ناخن
fin'ger-post *n.* تیر راهنما
fin'ger-print *n.* اثر یا مهر انگشت
fin'ger-tip *n.* سر انگشت ، بنان
fin'ical (*-kəl*) ; **fin'icking** *a.* مشکل پسند ، وسواسی ، بهانه گیر
fi'nis *n.* {L} = end پایان
fin'ish *vt.*, *vi.*, & *n.* (۱) تمام کردن ، بپایان رساندن ـ پرداخت کردن (۲) خاتمه یافتن (۳) دست کاری تکمیلی
finishing touch دست کاری تکمیلی
fi'nite (*-nait*) *a.* محدود ـ متناهی
 f. verb فعل مسندی ، فعل تمام ، فعل صحیح
Finn *n.* اهل فنلاند ، فینلندی
finned *a.* پرک‌دار ، پردار ، بال‌دار
Fin'nish *a.* & *n.* (زبان) فنلاندی
fiord; fjord (*fiɔ:d*) *n.* خلیج تنگ
fir (*fə:*) *n.* صنوبر ـ کاج
fir'-apple; fir'-ball ; fir'-cone *n.* چلغوزه ، جوز صنوبر
fire (*fai'ə*) *n.* آتش ـ حریق ـ شلیك
 on f. درحریق ـ درتاب وتب ، مشتاق
 set on f. } آتش زدن
 set f. to }
 strike f. آتش درآوردن (بامالش)
 cease f. آتش بس کردن
fire *vt.* & *vi.* (۱) آتش زدن ـ درکردن ـ منفجر کردن ـ آتش کردن (کوره) ـ انگیختن (۲) آتش گرفتن ـ شلیك کردن ـ در رفتن ـ بهیجان آمدن
 f. off درکردن ، شلیك کردن
 f. up روشن کردن ـ آتشی شدن
 f. out بیرون کردن ، بیرون انداختن
 f. salute توپ سلام انداختن
fire'arms *npl.* اسلحهٔ گرم
fire'-balloon *n.* فانوس هوایی
fire'brand *n.* نیمسوز ـ آدم فتنه انگیز
fire'-brick *n.* آجر نسوز
fire'-brigade *n.* مأمورین آتش‌نشانی
fire'cracker *n.* ترقه ، طرقه
fire'-drake *n.* شهاب
fire'-engine *n.* ماشین آتش نشانی
fire'-escape *n.* پلکان یا نردبان نجات
fire'-fighting *n.* آتش نشانی
fire'-guard *n.* پیش‌بخاری ، حائل آتش
fire'-irons *npl.* لوازم پای بخاری
fire'man (*-mən*) *n.* {-mèn} آتش‌نشان ـ سوخت‌انداز
fire'-place *n.* بخاری توديواری
fire'-proof *a.* نسوز ، ناسوز
fire'side *n.* پای‌بخاری ـ زندگی‌خانگی
fire'wood *n.* هیزم
fire'works *npl.* آتش بازی
fire'worshipper *n.* آتش پرست
firm (*fə:m*) *n.* شرکت ـ تجارتخانه
firm ('') *a.* محکم ، استوار ـ قطعی ـ {f. order} راسخ ـ پابرجا ـ ثابت قدم
firmament (*fə':məmənt*) *n.* فلك ، چرخ ، آسمان
firm'ly *adv.* (بطور) محکم ـ باثبات
firm'ness *n.* محکمی ـ ثبات
first (*fə:st*) *a.* & *adv.* (۱) اول ، نخستین (۲) درآغاز کار ـ اولا
 at f. در ابتدا ، در وهلهٔ اول
 twenty-f. بیست ویکم
 the f. two دوتای اول ، نخستین‌دوتا
 f. aid کمك (های) مقدماتی
 f. thing in the morning صبح پیش از هر کار دیگر
 in the f. place اولاً ، نخست آنکه
 at f. hand مستقیماً ، درمحل
 f. of all پیش از هر چیز دیگر
first'-born *a.* نخست زاده ، ارشد
first'-class *a.* درجه یك ، بهترین
first'-fruits *npl.* نوبر
first'-hand *a.* مستقیم ، اصلی
first'ly *adv.* اولاً ، نخست (آنکه)
first'-rate *a.* عالی ، درجه یك
firth (*fə:th*) *n.* شاخهٔ باریك دریا

fis'cal (*-kəl*) *a.* مالی
fish *n.* & *vt.* (۱) ماهی - ماهیان (۲) صید کردن - جستجو کردن
fisherman (*fish'əmən*)*n.* {-men} ماهی گیر ،صیاد - کرجی ماهی گیری
fish'ery (*-əri*) *n.* صید ماهی - جای ماهی گیری ، شیلات
fish'(ing)-line *n.* ریسمان‌ماهی گیری
fish'monger (*-gə*) *n.* ماهی فروش
fish'-slice *n.* کفگیر ماهی گردانی
fish'wife *n.* زن ماهی فروش
fish'y *a.* مربوط بماهی- {مج} مشکوك
fissure (*fish'ə*) *n.* شکاف ، شقاق
fist *n.* & *vt.* مشت (زدن)
fis'ticuffs *npl.* جنگ با مشت
fit *n.* - غش - حالت (مرضی ناگهانی) - عمل تکان دهنده یا رنجاننده
a f. of epilepsy (حالت) حمله
a f. of laughter قاه قاه خنده
by fits (and starts) بطور غیر منظم
fit *a.* درخور ، مناسب ، شایسته ، قابل - آمادهٔ خدمت - چسبان ، باندازه
fit *v.* {-ted} - اندازه بودن (برای ِ) - شایسته بودن (برای ِ) - خوردن (به) - جور کردن یابودن - سوار یاجفت کردن
The hat does not f. me. کلاه اندازهٔ سر من نیست (یا بمن نمیاید)
f. in جور درآمدن
f. out (*or* up) مجهز کردن
f. on / **have fitted on** } پرو کردن(لباس)
fit'ful *a.* نامنظم ، بگیرو ولکن
fit'ness *n.* مناسبت ، شایستگی ، لیاقت ، صلاحیت - آمادگی برای خدمت
fitter (*fit'ə*) *n.* کمك مکانیك ، فیتر - پرو کننده (لباس)
fit'ting *a.* مناسب
fit'ting-shop *n.* کارخانه‌ای که در آنجا اجزای ماشین را سوار می کنند
fit'tings *npl.* اثاثه - لوازم ثابت خانه از قبیل گاز و برق

five (*faiv*) *a.* & *n.* پنج
fix (*fiks*) *vt.* & *vi.* (۱) کار گذاشتن ، نصب کردن - ثابت کردن (رنگ) - تعیین کردن - دوختن (چشم) - (۲) ثابت شدن یا ماندن - مستقر شدن - قرار گذاشتن
f. up درست کردن ، مرتب کردن
f. (up)on اختیار یا تعیین کردن
fix *n.* گیر ، تنگنا ، حیص و بیص
be in a bad f. بد وضعی داشتن، وضعیت ناجوری داشتن
fixation (*fiksei'shən*) *n.* - تعیین تثبیت - استقرار - نصب - سفت شدگی
fixed *ppa.* ثابت - معین - مقطوع
fix'ings *npl.* اثاثه ، لوازم
fix'tures (*-chə:z*) *n.* - اثاثهٔ ثابت لوازم برق و لوله کشی
fizz *n.* & *vi.* فِش یا فس (کردن)
fiz'zle *n.* & *vi.* - (۱) فیش‌آهسته فِس - باد در رفتگی (۲) آهسته فس کردن - به نتیجه نرسیدن [با out].
fjord = **fiord**
flabbergast (*flab'əga:st*) *vt.* مبهوت کردن ، گیج کردن
flabby (*flab'i*) *a.* سست ، وِل
flac'cid (*-sid*) *a.* سست - چوروك
flag *n.*, *vt.*, & *vi.* {-ged} (۱) پرچم ، بیرق (۲) سست یا پژمرده کردن (۳) پژمرده شدن - خوابیدن
flag *n.* (قسمی) زنبق
flag'on (*-ən*) *n.* تُنگ دسته‌دار و لوله‌دار - قسمی قرابه برای فروش‌شراب
flagrant (*flei'grənt*) *a.* - آشکار رسوا - وقیح
flag'staff *n.* چوب پرچم
flag'ship *n.* کشتی دریادار
flag'(stone) *n.* سنگ سنگ فرش
flail *n.* گندم کوب ، خرمن کوب
flair (*flêə*) *n.* - شامه (سگ) {مج} قوهٔ تشخیص
flake *n.*, *vi.*, & *vt.* - (۱) تکه

پوسته ـ دانه (برف) ـ گلولهٔ پشم (۲) پوسته پوسته شدن ، ورآمدن {با off} (۳) ورآوردن ـ تنکه کردن

flamboyant (*-bɔi'ənt*) *a.* زرق و برق‌دار ، نمایش‌دار

flame (*fleim*) *n.* & *vi.* (۱) شعله ، علو ، زبانهٔ آتش ـ {مج} هیجان ، شور (۲) زبانه کشیدن ـ بهیجان آمدن

burst into flame(s) آتش گرفتن

flame up سرخ شدن (ازشرم)

fla'ming *apa.* شعله‌ور ، ملتهب

flange (*flanj*) *n.* لبهٔ بیرون آمدهٔ چرخ ـ پیچ سر تنبوشه

flank *n.* & *vt.* (۱) پهلو ـ طرف ـ تهیگاه ـ دامنه ـ جناح (۲) از جناح حفظ کردن ـ درجناح (چیزی) واقع شدن

flannel (*flan''l*) *n.* فلانل ـ کهنه زمین شویی و کیسهٔ حمام و امثال آنها ـ {درجمع} زیرپوش فلانل ، شلوار فلانل بازی کنان

flannelette (*flanəlet'*) *n.* (پارچه) فلانل‌نما ، کرکی

flap *n.* قسمت آویختهٔ هرچیز مانند نقاب جیب ولبه کلاه و در پاکت وغیره

flap *vt.* & *vi.* {-ped} (۱) بهم زدن ـ (با بادبزن یا بال) راندن ـ تکان دادن (۲) بال‌زدن ، پر زدن ـ جنبیدن

flap'per - bracket *n.* جای اضافی در روی دوچرخه برای دوترکه سوارشدن

flare (*flɛə*) *n.* & *vi.* (۱) روشنایی خیره کننده و نا منظم ـ شعلهٔ بی‌حفاظ و آزاد ـ پهن‌شدگی (۲) باشعلهٔ نا منظم سوختن ـ از سر گشاد بودن {چون قیف} ـ {با up} از جا در رفتن

fla'ring *apa.* زننده ـ خودنما ـ {در شعله} نامنظم ، کورکوری

flash *n.*, *vi.*, & *vt.* (۱) برق (زدن) ـ نور (مختصر) ـ لحظه ـ ریزش آب ـ حوض چه ـ بروز ناگهانی ـ جلوه (۲) زدن { درگفتگوی ازبرق} ـ ناگهان شعله‌ور شدن ـ ریزش یا خطور کردن ـ خودنمایی کردن (۳) چون برق فرستادن ـ پاشیدن ـ تاباندن ـ انداختن (برق یا‌ فحش) {مثلاً در صورت کسی}

in a f. بیك چشم برهم زدن

flash'-light *n.* نوربرق ـ چراغ‌قوه‌ای

flash'y *a.* زرق و برق‌دار

flask *n.* دبه(باروت) ـ قمقمه ـ تُنگ آزمایشگاه .

flat *a.*, *n.*, & *adv.* (۱) پهن ـ مسطح ـ دمر ـ یکنواخت ـ بوست کنده ـ بیمزه ـ کاسد ـ ثابت ـ بیروح ـ {مو} بمل {لفظ فرانسه} ـ (۲) پهنا ـ زمین‌سیل‌گیر ـ منزل چند اطاقه ، آپارتمان{لفظ فرانسه} (۳) تخت ـ درست ، بی کم‌وزیاد

His joke fell f. شوخی او نگرفت

flat'-iron (*-aiən*) *n.* اوتو ، اطو

flatten (*flat''n*) *v.* پهن کردن یا شدن ـ بی‌مزه کردن یاشدن

flatter (*flat'ə*) *vi.* & *vt.* چاپلوسی کردن ، تملق گفتن (از)

f. into با تملق وادار به . . . کردن

f. oneself بخود دلخوشی دادن

flatterer (*flat'ərə*) *n.* متملق

flat'tery *n.* تملق ، چاپلوسی

flaunt (*flɔ:nt*) *vi.* & *vt.* (۱) خرامیدن ـ جولان دادن (۲) جلوه دادن

fla'vour (*-və*) *n.* & *vt.* (۱) طعم ، مزه و بو (۲) خوش‌مزه کردن

fla'vouring *n.* چیزی که برای دادن طعم مخصوص بغذا بکار میرود

flaw *n.* مو ، ترک ـ عیب ، نقص

flax (*flaks*) *n.* کتان ، بذرك ـ (لیف)

flaxen (*flak'sən*) *a.* بور

flay *vt.* بوست کندن ـ {مج} غارت کردن ـ سخت انتقاد کردن

flea (*fli:*) *n.* کیك ، کك

fleck *n.* & *vt.* (۱) خال ، لکه ، گندمه (۲) خط‌دار یا لکه‌دار کردن

fled {*p.* & *pp.* of flee}

fledged (*flejd*) *a.* بردرآورده

fledg(e)'ling *n.* جوجهٔ تازه

پر درآورده - [مج] آدم بی تجربه
flee *v.* [fled] فرار کردن (از)
fleece (*fli:s*) *n.* & *vt.* (۱) پشم (۲) لخت کردن - چاپیدن
flee'cy *a.* مانند پشم یا پنبه ، انبوه
fleer (*fli':ə*) *vt.* استهزاء کردن
fleet *n.*, *vi.* & *a.* (۱) ناوگان (۲) زودگذشتن - شتاب کردن - تغییر مکان دادن (۳) زودگذر - تندرو
fleet'-footed *a.* تندرو ، باد پا
Flem'ing *n.* اهل فلاندر
flesh *n.* گوشت - مغز میوه - بشره - تن ، جسم - شهوت - بشر
lose f. لاغر شدن
put on f. چاق شدن ، حال آمدن
go the way of all f. مردن
flesh'ly *a.* جسمانی ، شهوانی
flesh'-pots *npl.* عیش و نوش
flesh'y *a.* گوشتالو مغزدار
fletch (*flech*) *vt.* با پر آراستن
flew [*p.* of fly]
flex (*fleks*) *n.* سیم روپوش دار
flexibil'ity *n.* نرمی ، قابلیت انحنا
flexible (*flek'sibl*) *a.* خم شو ، نرم - کش‌دار ، قابل تطبیق یا تغییر
flick *n.* & *vt.* (۱) ضربت آهسته - تلنگر (۲) زدن - تکاندن - تکان دادن
flicker (*fik'ə*) *vi.* سوسو زدن [در چراغ] - [مج] رُخ نمودن و نابود شدن
fli'er = flyer
flight (*flait*) *n.*, *vi.*, & *vt.* (۱) پرواز - مهاجرت - گریز ، فرار - رشته (پلگان) - (۲) پرواز کردن (۳) تیر زدن (به) - پرتاب کردن
a f. of arrows تیر باران
take (to) f. گریختن
put to f. فرار دادن ، گریزاندن
flighty (*flai'ti*) *a.* بوالهوس، دمدمی - گیج - ترسو - بیهوده
flim'sy (*-zi*) *a.* & *n.* (۱) سست ، بیزری - نا قابل - پوچ ، سطحی - نازک (۲) کاغذ و اگیره نازک
flinch *vi.* & *vt.* (۱) شانه خالی کردن - خودرا جمع کردن (۲) خودداری کردن از
fling *vt.* & *vi.* [flung(*flʌng*)] & *n.* (۱) پرت کردن (۲) تند (بیرون) رفتن - جفتك زدن ، لگد انداختن (۳) لگد ، جفتك
f. open ناگهان (دری را) باز کردن
He's had his f. آرد خود را بیخته
flint *n.* سنگ چخماق
He skins a f. آب‌ازدستش نمی‌چکد
flint'-glass *n.* بلور
flin'ty *a.* چخماقی - سخت - سنگدل
flip *v.* [-ped] & *n.* (۱) تلنگر زدن (به) - آهسته (سیلی) زدن (به) - (۲) تلنگر - ضربت سبك
flippancy (*flip'ənsi*) *n.* سبکی
flip'pant *a.* سبك - بی‌ملاحظه
flirt (*flə:t*) *n.* & *vi.* لاس (زدن)
flirta'tious (*-shəs*) *a.* لاسی
flit *vi.* [-ted] & *n.* (۱) کوچ کردن - تند رفتن ، سبك پریدن (۲) کوچ نقل مکان
flitch (*flich*) *n.* دنده خوك که نمك زده وخشکانده یا دودی کرده باشند
flivver (*fliv'ə*) *n.* [U.S.; Sl.] اتوموبیل ارزان
float (*flout*) *vi.*, *vt.* & *n.* (۱) شناور شدن ، (روی آب) ایستادن - در هوا معلق بودن - رواج یافتن (۲) شناور ساختن ، (روی آب) نگاه داشتن - بجریان انداختن - منتشر کردن (۳) جسم شناور - بارکش یا ارابهٔ کوتاه - لباس چوب پنبه ای - ردیف چراغ های جلو صحنه نمایش
floa'ting *apa.* شناور ، موّاج - متحرّك - متغیر ، غیر ثابت
flock (*flɔk*) *n.*, *vi.*, & *vt.* (۱) گله - گروه - دسته - گلولهٔ پشم یا پنبه (۲) جمع شدن ، ازدحام کردن (۳) از

پشم یا پنبه پر کردن (تشك)

floe (*flou*) *n.* تخته یخِ شناور

flog *vt.* {-ged} شلاق زدن

f. a dead horse کوشش بیهوده کردن

flog'ging *n.* شلاق کاری

flood (*flʌd*) *n.*, *vt.* & *vi.* (۱) سیل - طوفان - مدّ - {مج} وفور (۲) باسیل پوشاندن - موجب طغیان شدن (۳) طغیان کردن - مانند سیل آمدن

flood'-light *vt.* با نور افکن روشن کردن

flood'lights *npl.* نور افکن

flood'-tide *n.* مدّ

floor (*flɔ:ə*) *n.* & *vt.* (۱) کفِ اطاق - زمین - آشکوب ، طبقه (۲) فرش کردن - بزمین زدن - مجاب کردن

take the f. صحبت کردن

floor'-cloth *n.* قسمی مشمع فرشی

floorer (*flɔ':rə*) *n.* {Col.} سؤال دشوار

flooring(*flɔ':-*) *n.* مصالح فرش اطاق

flop *vi.* & *vt.* {-ped} (۱) سنگین راه رفتن - مذبوحانه جنبیدن یا دست و پازدن- باصدای تپ افتادن (۲) پرت کردن

flop'py *a.* سست - فاقد خود داری

flo'ral (*-rəl*) *a.* متعلق بگل

with a f. design گلدار

flor'id *a.* دارای رنگ روشن - زیده از حد آراسته - غلنبه {در انشاء}

flor'in *n.* سکه نقره ۲ شیلینگی

florist (*flɔ'-*) *n.* گل فروش

floss *n.* کج ، ابریشمِ خام - تفالهٔ آهن

f. silk لاس ابریشم

flotilla (*-til'ə*) *n.* ناوگان کوچك

flot'sam(*-səm*) *n.* کالای آب آورده

flounce (*flauns*) *n.* & *vi.* (۱) چولان {درلباس} - {"ولان" لفظ فرانسه است} - تکان - تقلا (۲) تقلا کردن

flounder (*flaun'də*) *n.* & *vi.* (۱) قسمی ماهی پهن کوچك (۲) در گل تقلا کردن - {مج} گیر کردن ، اشتباه کردن

flour (*flau'ə*) *n.* & *vt.* (۱) آرد - گرد (۲) آرد پاشیدن (روی)

flourish (*flʌr'-*) *n.*, *vi.*, & *vt.* (۱) زینت {در امضا یاخط} - نمایش - موزیك شیپوری برای جلب توجه (۲) عمل آمدن ، رشد کردن - درمنتها درجهٔ شهرت بودن - صنایع بدیعی (زیاد) بکار بردن (۳) آرایش یا تاب دادن

floury (*flau'ri*) *a.* آردی

flout (*flaut*) *vt.* مسخره کردن - مورد استهزا قرار دادن - اهانت کردن

flow (*flou*) *vi.* & *n.* (۱) جاری شدن - لبریز شدن - سلیس بودن - طغیان کردن - ناشی شدن (۲) جریان - طغیان - مدّ {ضدّ جزر} - روانی ، سلاست

flower (*flau'ə*) *n.* & *vi.* (۱) گل - {مج} عنفوان {f. of youth} ، بحبوحه (۲) گل کردن

flow'er-bed *n.* تپه گل ، باغچه

flow'er-pot *n.* گلدان کوزه‌ای

flow'ery *a.* گلدار - دارای صنایع

flowing (*flou'-*) *apa.* روان ، سلیس - لبریز - آویخته

flown {*pp.* of fly}

fluctuate (*flʌk'chueit*) *vi.* بالا و پایین رفتن - دو دل بودن

fluctua'tion *n.* ترقی و تنزل

flue ,,(*flu:*) *n.* دودکش - لولهٔ آب گرم یا بخار

flu(e) ('') {Col.} = influenza

flu'ency *n.* روانی، طلاقتِ زبان

flu'ent (*-ənt*) *a.* سلیس - فصیح

flu'ently *adv.* با سلاست

fluff (*flʌf*) *n.* & *vt.* (۱) کرك، پر یاموی نرم (که ذره ذره از چیزی جدا شود)- خواب پارچه - خز نرم (۲) کرکی یا خوابدار کردن

fluff'y *a.* کرکی ، نرم -پر مانند

fluid (*flu':id*) *a.* & *n.* (۱) سیال ، روان - متغیر (۲) جسم سیال

fluid'ity *n.* سیالیت - میعان

fluke (*flu:k*) *n.* نوك پهن لنگر - ضربه موفقیت آمیز غیرعمدی {دربیلیارد}
fluke('worm) (*-wə:m*) *n.* کرم جگر
flummox (*flʌm'əks*) *vt.* گیج کردن ، درجواب عاجز کردن {Sl}
flung {*p.* & *pp.* of fling}
flun'k(e)y (*flʌn'ki*) *n.* پادو ، نوکر - چاپلوس جیفه خور
fluorescent (*-res'ənt*) *a.* مهتابی {در لامپ}
flurry (*flʌr'i*) *n.* & *vt.* (۱) طوفان ناگهانی،بارندگی ناگهانی - {مج} دست پاچگی (۲) دست پاچه کردن
flush *vi.*, *vt.*, *n.*, & *a.* (۱) جاری شدن - سرخ شدن {ازشرم} - (۲) با جریان‌آب شستن یا پاك‌کردن - مغرور کردن - رویانیدن (۳) جریان - فراوانی- قرمزی صورت - شستشو با ریزش آب - غرور{ f. of youth} - (٤) لبریز - تر و تازه - فراوان - هم سطح
be f. of money پول زیاد داشتن
be f. with one's money پول خود را بی‌مضایقه خرج کردن
fluster (*flʌs'tə*) *vt.* & *n.* (۱) عصبانی کردن - مضطرب کردن (۲) اضطراب ، سراسیمگی
flute (*flu:t*) *n.* & *vi.* فلوت(زدن)
flu'ted *ppa.* راه راه ، خیاره دار
flu'ting *n.* خیاره - آرایش شیاری
flu'tist *n.* فلوت زن
flutter (*flʌt'ə*) *vi.*, *vt.*, & *n.* (۱) درجنبش یا اهتزاز بودن - پربرزدن- سراسیمه بودن (۲) به جنبش درآوردن - مضطرب ساختن (۳) لرزش ، اهتزاز ، حرکت نامنظم - هیجان
flux (*flʌks*) *n.* جریان - اسهال - تغییرات پی در پی
fly (*flai*) *n.* مگس - طعمه - پرواز- بادخور پرچم - برگه {در لباس}
fly *vi.* & *vt.* { flew (*flu:*) ; **flown** (*floun*)} (۱) پریدن، پرواز کردن - گریختن - دراهتزاز بودن - حمله کردن (۲) پرواز دادن -افراشتن - هوا کردن (باد بادك)
f. to arms مسلح شدن
f. in the face of a person آشکارا با کسی مخالفت کردن
f. into a rage از جا در رفتن
f. open ناگهان باز شدن
f. asunder ترکیدن ، شکستن
fly'-blown *a.* دارای ُمر {یعنی تخم مگس} - {مج} بوگرفته- بی اعتبار
fly'er; flier (*flai'ə*) *n.* پرواز کننده -ماشین تندگرد - اسب تیزرو
fly'ing *apa.* پرنده - پردار - سبك ، تندرو- مختصر ، سرپائی
f. colours (نشان) فیروزی
f. man هوانورد ، خلبان
fly'-leaf *n.* برگ سفید درکتاب
fly'-paper *n.* کاغذ مگس‌کش
fly'-trap *n.* مگس‌گیر -گیاه حشره‌گیر
fly'-wheel *n.* چرخ طیار
foal (*foul*) *n.* & *v.* (۱) کرهٔ اسب یا ُالاغ (۲) (کره) زاییدن
foam (*foum*) *n.* & *vi.* (۱) کف- جوش (۲) کف‌کردن - جوش زدن
foa'my *a.* کف‌دار -کف مانند
fob *n.* & *vt.* [-bed] (۱) جیب ساعتی - بندساعت (۲) گول زدن
f. off something on someone or f. someone with something چیزی را بکسی قالب‌کردن
f. o. b. = free on board فوب : تحویل در بندر صدور
focal (*fou'k'l*) *a.* کانونی، مرکزی
fo'cus (*-kəs*) *n.* {-ci (*sai*) or -cuses } کانون - مرکز
fo'cus *vt.* {-cused or -cussed} در کانون متمرکز کردن - جمع کردن (حواس)
fodder (*fɔd'ə*) *n.* علوفه ، علیق

foe (*fou*) *n.* دشمن۔ مخالف
f. to health مضرّ برای بهداشت
fœtus (*fi':təs*) ; fe'- *n.* جنین
fog *n.* & *vt.* [-ged] (۱) مه - {مج} گیجی (۲) تیره یا سر بگم کردن
fog'giness *n.* مه گرفتگی - تیرگی
foggy (*fɔg'i*) *a.* مه گرفته - تاریك
fogy (*fou'gi*) *n.* شخص قدیمی مسلك {بیشتر با old}
fo'gyish *a.* قدیمی مسلك
foi'ble *n.* نقطهٔ ضعف (اخلاقی)
foil *n.* & *vt.* (۱) شمشیر دُکمه‌دار یا کند - عجز - رد پای جانور - ورق - تنکه - جیوهٔ آیینه - چیزیکه چیز دیگر را جلوه دهد (۲) بی اثر یا خنثی کردن - دفع کردن - شکست دادن
foist *vt.* جا دادن ، سُرانیدن
f. off up(on) به (کسی) قالب کردن
fold (*fould*) *n.* & *vt.* (۱) آغل - گوسفند - گله (۲) درآغل کردن
fold *n.*, *vt.*, & *vi.* (۱) تا ، تاه - لا - چین - پیچ (۲) تاه کردن ، تا زدن (۳) تا شدن ، تاه خوردن
twofold دوبرابر ، دوچندان - دولا
with folded arms دست بسینه
folder (*foul'də*) *n.* پوشه - آگهی یا بخش نامهٔ تاه شده
folding screen تجیر - پردهٔ تاشو
fo'liage (*-liəj*) *n.* شاخ و برگ
folio (*fou'liou*) *n.* & *a.* (۱) برگ ، ورق - دوصفحهٔ روبرو - صفحهٔ دوطرفی - کتاب ورق بزرگ - شمارهٔ صفحهٔ (۲) ورق بزرگ {بطورصفت}
folk (*fouk*) *n.* {درصیغه مفرد} مردم - {در جمع} خویشاوندان
folk'-lore *n.* عقاید و رسوم و افسانه‌های باستانی - توده‌شناسی
follow (*fɔl'ou*) *v.* (۱) پیروی کردن (از) - دنبال (کردن) - فهمیدن - نتیجهٔ (چیزی) بودن (۲) از دنبال (کسی یا چیزی) آمدن - جانشین (کسی) شدن
f. a person's example بکسی تأسی کردن
f. on (پس از وقفه) ادامه دادن
f. out بپایان رسانیدن ، انجام دادن
f. one's nose تسلیم بیشامد شدن
f. in one's steps ردکسیرا گرفتن
f. up تعقیب کردن
That does not f. این دلیل نمیشود
as follows بشرح زیر ، بشرح ذیل
follower (*fɔl'ouə*) *n.* پیرو - مُرید
fol'lowing *a.* & *n.* (۱) آینده ، بعدی - زیر ، ذیل (۲) شرح زیر
the f. winter زمستان بعد
folly (*fɔl'i*) *n.* ابلهی ، حماقت
foment' (*fou-*) *vt.* گرم نگاه‌داشتن (باکمپرس یا آب گرم) - {مج} برانگیختن
fond (*fɔnd*) *a.* مایل - شیفته - زودباور
f. of books مایل بکتاب ، عاشق کتاب
f. mother مادری که از روی محبت زیاد اخلاق بچه خود را خراب میکند
fon'dle *vt.* نوازش کردن
fon'dling *n.* بچهٔ نازپرورده - نوازش
fond'ness *n.* اشتیاق - شیفتگی
food *n.* غذا ، خوراك
food'stuff *n.* مادهٔ غذائی ، خواربار
fool *n.* نادان ، احمق - لوده
play the f. with دست انداختن - (با انگلک) خراب کردن
make a f. of دست انداختن
f.'s paradise خوشی بی‌اساس یاخیالی
fool *vi.* & *vt.* (۱) نادانی یا لودگی کردن - ول گشتن (۲) گول زدن - استهزاء کردن
f. away تلف کردن ، بیهوده گذرانیدن
f. with دست انداختن - انگلک کردن
foolery (*fu':ləri*) *n.* ابلهی - مسخرگی - نادان جماعت {بدون اضافه}
fool'hardiness *n.* تهوّر بیجا
fool'hardy *a* متهورِ بیجا
foo'lish *a.* نادان ، احمق - ابلهانه
foo'lishly *adv.* احمقانه ، جاهلانه

foo'lishness *n.* نادانی ، ابلهی
fools'cap *n.* کلاه زنگله‌دار یاقیفی
fool's-cap *n.* کاغذِ ورق بزرگ
foot (*fut*) *n.* {feet} پا ، قدم - دامنه- ته- پایه فوت{۳۰/٤۸ سانتیمتر}-
regiment of f. هنگ پیاده
on f. پیاده - درجنبش
horse and foot سواره وپیاده‌نظام
set on f. راه انداختن ، دایر کردن
carry one off his feet کسیرا از زمین بلند کردن - کسیرا سر غیرت آوردن
on one's feet ایستاده (برای نطق) - سر پا ، از بستر برخاسته - بی نیاز از دیگران
put one's foot down پافشاری و اعتراض کردن
foot *vi.* & *vt.* (۱) پای کوبیدن ، رقصیدن (پیاده) رفتن (۲) پا زدن - کف انداختن - {با up} جمع زدن
f. it {Col.} پیاده رفتن
foot'ball *n.* فوتبال
foot'boy *n.* پادو ، شاگرد ، نوکر
foot'-bridge *n.* پل پیاده رو ها
foot'fall *n.* صدای پا ، (صدای) گام
foot'hold *n.* زیرپایی - جای ثابت
foot'ing *n.* جا پا - {مج} مناسبات - وضع ، موقعیت ، زمینه
foot'lights *npl.* ردیف‌چراغهای‌جلو
foot'man (*-mən*) *n.* {-men} نوکر ، پادو ، فراش ، شاطر
foot'mark = **footprint**
foot'-note *n.* یادداشت ته صفحه ، ذیل
foot'pad *n.* راهزن پیاده
foot'path *n.* پیادەرو یا گذرگاهی که درکشتزار بگذارند
foot'print *n.* جای پا ، ردّ پا
foot'-soldier *n.* سرباز پیاده
foot'step *n.* جاپا ، ردپا - پی - قدم
foot'stool *n.* عسلی ،کرسی زیر پا
foot'wear (*-wêə*) *n.* پا افزار

fop *n.* آدم خود ساز و جلف
fop'pish *a.* خود ساز - فیسو
for *prep.* & *conj.* (۱) برایِ ، بجهتِ ، بواسطهٔ - بجایِ ، ازطرفِ - درمقابلِ - برلهِ - مالِ (۲) برای اینکه ، زیرا (که)
what f.? برای چه ؟ چرا ؟
I bought it f. Rials 50. آنرا (به بهای) ٥٠ ریال خریدم
word f. word کلمه بکلمه
f. all you say بااینهمه که‌میفرمائید
We left f. . . . عازم . . . شدیم
f. nothing مفت ، رایگان
Alas f. him! وای بحال او
as f. me و اما من
I f. one من یکنفر (که)
f. all the world عیناً ، بعینه
forage (*fɔr'ij*) *n.* & *v.* (۱) علیق ، علف (۲) جستجو وتلاش (برای خوراك یا علیق) کردن
forasmuch' as *conj.* چونکه
foray (*fɔ'rei*) *n.* & *vi.* تاخت و تاز (کردن)
forbade {*p.* of forbid}
forbear (*-bê'ə*) *v.* -bore'; -borne'} خودداری کردن (از) ، صرف نظر کردن(از)- تحمل یاحوصله کردن
forbearance (*-bê'ərəns*) *n.* خود داری ، بردباری ، تحمل - گذشت
forbid' *vt.* {-bade (*bad'*); -bid'den} قدغن کردن ، منع کردن
God f. خدا نکند
Smoking is forbidden. استعمال دخانیات ممنوع است
forbid'ding *apa.* زننده ، نفرت‌انگیز - تهدیدآمیز
forbore' {*P.* of forbear}
forborne' {*pp.* of forbear}
force (*fɔ:s*) *n.* & *vt.* (۱) زور ، نیرو - جبر (۲) مجبور کردن - تحمیل کردن- با وسایل مصنوعی رساندن (میوه)

in f. مجری ـ دارای قوت یا اعتبار
come into f. مجری شدن
put in f. بموقع اجرا گذاشتن
remain in f. بقوت خود باقی بودن
f. a smile خندهٔ زورکی کردن
force'ful *a.* قوی ـ با شخصیت
for'ceps *n.* انبر قابلگی ـ انبرک جراحی ، پنس [لفظ فرانسه] ـ کلبتین
for'cible *a.* زورمند ، مؤثر ـ عدوانی
for'cibly *adv.* بزور ـ با تأکید
ford (fɔ:d) *n.*, *vt*, & *vi.* (۱) گدار ، گذار (۲) گذر کردن از (۳) بگدار زدن ، به آب زدن
fordable (fɔ':dəbl) *a.* قابل عبور
fore (fɔ:ə) *a.*, *adv.*, & *prep.* (۱) پیشین (۲) در جلو (۳) در جلو
fore'arm *n.* ارش ، ساعد
forearmed' *a.* از پیش مسلح شده ، آماده
forebode' *vt.* قبلاخبر دادن (از)
foreboding (-bou'-) *n.* حس پیش از وقوع که حاکی از پیشامد بدی باشد
forecastle (fou'ksl) *n.* قسمت جلو کشتی که جای زندگی ملوانان است
forecast' *vt.* [-cast] پیش بینی کردن
fore'cast *n.* پیش بینی ، حدس قبلی
forecited (fɔ':saitid) *a.* سابق الذکر ، پیش گفته شده
foreclose (fɔ:klouz') *vt.* —
f. a mortgage حق ازگرو در آوردن ملکی را از مالك آن سلب کردن
foredoomed' *a.* مقدر ـ محکوم
fore'father *n.* نیا ، جد
fore'finger *n.* انگشت نشان ، سبابه
fore'foot *n.* [-feet] پای جلو
forego' = forgo
forego'ing *apa.* بالا گفته (شده) ، سابق الذکر
foregone' conclusion نتیجه غیر قابل جلوگیری وغیر قابل تردید ـ تصدیق بلا تصور
fore'ground *n.* منظرهٔ جلو عکس ـ جای آشکار

forehead (fɔr'ed) *n.* پیشانی
for'eign (-in) *a.* بیگانه ، خارجی
F. Office وزارت (امور) خارجه
for'eigner (-rinə) *n.* بیگانه
foreknowledge (-nɔl'ij) *n.* آگاهی ازپیش ، اطلاع قبلی ، علم غیب
fore'leg *n.* پاچهٔ جلو [در حیوان]
fore'lock *n.* کاکل ، موی پیشانی
fore'man (-mən) *n.* [-men] مباشر کارگران ـ سرکارگر
fore'most *a.* & *adv.* (۱) جلوترین ـ بزرگترین (۲) جلوتر ازهمه
first and f. قبل از هرچیز ، اولاً
fore'noon *n.* پیش ازظهر
fore'part *n.* قسمت جلو
forerunner (fɔ:rʌn'ə) *n.* پیشرو ـ نشانه
foresaw' [*p.* of foresee]
foresee' *vt.* [-saw' ; -seen'] پیش بینی کردن
foreseen' [*pp.* of foresee]
foreshad'ow *v.* ازپیش خبر دادن
fore'shore *n.* پیش ساحل
fore'sight (-sait) *n.* پیش بینی ، دور اندیشی ، احتیاط ـ مگسك تفنگ
forest (fɔr'ist) *n.* & *vt.* (۱) جنگل (۲) جنگل کردن
forestall (-stɔ:l') *vt.* سلف خریدن ـ احتکار کردن ، بخود انحصار دادن ـ پیشدستی کردن بر
forester (fɔr'istə) *n.* جنگلبان ـ جنگل نشین
for'estry *n.* علم احداث جنگل
foretell' *vt.* [-told'] پیشگویی کردن ، از پیش خبر دادن
fore'thought (-thɔ:t) *n.* دور اندیشی
foretold' [*p.&pp.* of foretell]
forev'er = for ever
forewarn' *vt.* ازپیش اخطار کردن
foreword (fɔ':wəd) *n.*

پیش گفتار ، مقدمه‌ای که شخص بر کتاب دیگری بنویسد
for'feit (-fit) *n.*, *a.*, & *vt.* (۱) جریمه ، تاوان (۲) ازدست رفته (۳) از دست دادن - (بطور) جریمه دادن
He forfeited his right. حق او ساقط شد
f. to the State ضبط دولت
for'feiture (-ficha) *n.* از دست دادگی ، زیان - جریمه ، تاوان - ضبط
forgather (fɔ:ga'tha -گذه) *vi* جمع شدن ، انجمن کردن
forgave {*p.* of forgive}
forge (fɔ:j) *n.* & *vt.* (۱) کوره یاکارخانه آهنگری (۲) برسندان کوفتن ، ساختن - {مج} جعل کردن
for'ger (-ja) *n.* سند ساز، امضا ساز
forget (faget') *vt.* {-got'; -got'(en) } فراموش کردن
forget'ful *a.* فراموش کار
forgive (fagiv') *vt.* {-gave'; -giv'en (-an) } بخشیدن
forgiv'en {*pp.* of forgive} بخشیده (شده)
forgive'ness *n.* بخشش ، عفو
forgo (fɔ:gou') *vt.* {-went'; -gone'} صرف نظر یا خود داری کردن (از)
forgot' {*p.* & *pp.* of forget}
fork (fɔ:k) *n.* & *vi.* (۱) چنگال - دوشاخه - (محل) انشعاب (۲) منشعب شدن
forlorn (falɔ:n') *a.* بیچاره - بیکس
f. hope کاریکه امید کامیابی در آن کم باشد
form (fɔ:m) *n.* & *vt.* (۱) شکل - صورت - قسم ، نوع - رسم - طرز رفتار - نظم - خُلق - ورقه ، برگ - عَرَض - نیمکت بی پشت - کلاس، طبقه - قالب ، نمونه (۲) تشکیل دادن - درست کردن ، ساختن
in due f. بطرز شایسته
in f. سر حال ، آماده
out of f. بد حالت ، غیرآماده بکار
formal (fɔ':mal) *a.* رسمی - اداری - صوری
formal'ity (fɔ:-) *n.* آیین، تشریفات
for'mally *adv.* رسماً
formation (fɔ:mai'shan) *n.* تشکیل - تشکل - شکل - {نظ} دسته
for'mative (-mativ) *a.* & *n.* (۱) تشکیل دهنده (۲) حرف زائد
former (fɔ':ma) *a.* & *n.* (۱) پیشین ، سابق (۲) {با the } آن ، آن یک ، اولّی
for'merly *adv.* پیشتر ، سابقاً
for'midable (-dabl) *a.* قوی - مهیب - سخت - ژیان { a f. lion }
for'mula (-miula) *n.* {-las or -lae (li:) } فرمول ، قاعده - ورِد
for'mulate *vt.* بشکل فرمول درآوردن ، کوتاه کردن - تنظیم کردن
fornica'tion *n.* زنا ، جنده بازی
forsake' (fa-) *vt.* { -sook'; -sa'ken (-kan) } ترك کردن
forsaken { *pp.* of forsake }
forsook {*p.* of forsake}
forsooth (fasu:th' -سوظ) *adv.* حقا که {درطعنه}
forswear (-swê'a) *vt.* & *vi.* {-swore'; -sworn'} (۱) انکار کردن (با سوگند) - (۲) سوگند دروغ خوردن {گاهی با oneself}
forswore { *p.* of forswear}
forsworn {*pp.* of forswear}
fort (fɔ:t) *n.* دژ ، قلعه (نظامی)
forte („) *n.* هنر ، شاهکار
forth *adv.* جلو ، پیش - بیعد - بیرون
and so f. وغیره ، ومانند آن
bring f. زاییدن - احداث کردن
set f. بیان کردن ، شرح دادن
forthcoming (fɔth:kʌm'-) *a.* زود آینده ، نزدیك
forth'right (-rait) *a.* رك گو

forth'with *adv.* بیدرنگ ، فوراً
for'tieth *a.* & *n.* چهلم
fortifica'tion *n.* استحکام - تقویت - [در جمع] استحکامات
for'tify (-*fai*) *vt.* دارای استحکامات کردن - تقویت کردن
for'titude *n.* بردباری ، طاقت ، صبر
fort'night (-*nait*) *n.* دو هفته
fort'nightly *a*(*dv*). دوهفته یکبار
for'tress *n.* قلعهٔ نظامی ، دژ
fortuitous (*fɔ:tiu'itəs*) *a.* اتفاقی، تصادفی
for'tunate (-*chunit*) *a.* خوش بخت - مساعد ، خوب
It was f. that (چه) خوب شد که
for'tunately *adv.* خوشبختانه
for'tune (-*tiun*;-*chən*) *n.* بخت، اقبال - نصیب - فال - دارایی ، ثروت
try one's f. بخت آزمایی کردن ، بخت خودرا آزمودن
of f. چیزدار ، دولتمند
tell fortunes فال گرفتن
for'tune-teller *n.* فالگیر، طالع‌بین
forty (*fɔ':ti*) *a.* & *n.* چهل
f. winks خواب مختصر پس از ناهار
forum (*fɔ':rəm*) *n.* [در روم باستان] میدان ، بازار - دادگاه
for'ward ;-**wards** (-*wədz*) *adv.* جلو ، پیش - ببعد - [نظ] پیش !
carry f. [زیر carry نگاه کنید]
look f. پیشاپیش نگریستن
for'ward *a.*, *n.*, & *vt.* (۱) جلوی، پیشی - آماده ، مایل - گستاخ (۲) پیشرو (۳) حمل کردن ، فرستادن
purchasing خرید سَلف
fossil (*fɔs'il*) *n.* سنگواره مستحاثه
fossilize (*fɔs'ilaiz*) *v* تبدیل بسنگواره کردن یا شدن
fos'ter (-*tə*) *vt.* پرورش دادن ، ترویج یا تشویق کردن - شیر دادن
fos'ter-brother *n.* برادر رضاعی
fos'ter-mother *n.* مادر رضاعی
fought [*p.* & *pp.* of fight]
foul (*faul*) *a.*, *n.* & *adv.* (۱) ناپاك ، کثیف - زشت - گیر کرده - غیر منصفانه - نا مساعد - پرغلط (۲) تصادم - [در بازی] خطا (۳) ناجوانمردانه
f. play نامردی - [در بازی] جر
f. copy چرك نویس
fall f of تصادم کردن با - حمله کردن به
run f. of تصادم کردن با
foul *vt.* & *vi.* (۱) چرك یالکه‌دار کردن - در هم گیر انداختن - مسدود کردن (۲) کثیف شدن - گیر کردن - نارو زدن
found [*p.* & *pp.* of find]
found *vt.* تأسیس کردن ، بنا نهادن
ill-founded بی‌بروبا ، بی‌اساس
founda'tion *n.* شالوده ، پایه - اساس - پی ریزی - سازمان (خیریه)
founder (*faun'də*) *n.* مؤسس ، بانی (خیر) - ریخته گر
founder ('') *vi.* & *vt.* (۱) از پا درآمدن - فروریختن - نشست کردن - غرق شدن - عاجز شدن (۲) لنگ کردن (اسب) - غرق کردن
found'ling *n.* بچه سرِ راهی
foundry (*faun'dri*) *n.* کارخانهٔ ذوب فلز - چدن ریزی - ریخته گری
fount *n.* منبع - انبار ، مخزن
foun'tain (-*tin*) *n.* چشمه - فواره - انبار - محل آب برداری ، منبع
foun'tain-head *n.* سرچشمه
foun'tain-pen *n.* قلم خود نویس
four (*fɔ:ə*) *a.* & *n.* چهار
on all fours چهاردست و پا - مطابق
four'fold (*a*)*dv.* چارلا - چهار برابر
four'-handed *a.* چهار دستی ، چهار تایی
four'-in-hand *n.* & *adv.* (۱) گردونهٔ چهار اسبه (۲) چهار اسبه
fourteen' *a.* & *n.* چهارده

fourteenth' *a.* & *n.* (يك)چهاردهم
fourth (*fɔ:th*) *a.* & *n.* (يك)چهارم
fourth'ly *adv.* چهارم آنكه ، رابعاً
fowl (*faul*) *n.* (گوشت) مرغ
fowler (*fou'lə*) *n.* صياد طيور
fow'ling-piece *n.* تفنگ مرغ زنی
fox (*fɔks*) *n.* روباه
fox'hound *n.* تازی روباه‌گیر
fox'-terrier *n.* قسمی توله شکاری
fox'trot *n.* رقص "فکس ترو
foxy (*fɔk'si*) *a.* روبه باز ، دورو
fr. = franc(s)
Fr. = French
fracas (*frah'kah*) *n.* {fracas} غوغا {تلفظ امريكائی (*frei'kəs*) }
frac'tion *n.* کسر ، برخه - خرده
frac'tional (*-shənəl*) *a.* کسری
frac'tious (*-shəs*) *a.* بد خو : زود رنج
frac'ture (*-chə*) *n.* & *v.* (۱) شکستگی ، انکسار (۲) شکستن
fragile (*fraj'ail*) *a.* ترد - لطیف
fragil'ity *n.* نازکی ، تردی
frag'ment (*-mənt*) *n.* پاره ، قطعه
frag'mentary (*-təri*) *a.* جزء جزء - جسته گریخته ، ناقص
fragrance (*frei'grəns*) *n.* بوی خوش ، عطر
fra'grant *a.* خوشبو ، معطر
frail (*freil*) *a.* & *n.* (۱) سست - ترد ،شکننده - فانی (۲) سبد ، تفت
frail'ty *n.* ضعف (اخلاقی)
frame (*freim*) *n.*, *vt.*, & *vi.* (۱)قاب،چارچوب - کالبد - استخوان‌بندی- هیکل،تنه - حالت موقتی (۲) قاب گرفتن- درست کردن - تنظیم یا تدوین یا ترکیب کردن - وفق دادن (۳) امید بخش بودن
framer (*frei'mə*) *n.* قابساز
frame'-up *n.* پرونده سازی ، توطئه
frame'work (*-wə:k*)*n.* چوب‌بست ، استخوان بندی ، قالب - چهاردیواری

franc *n.* فرانك
fran'chise (*-chaiz*) *n.* حق‌انتخاب- امتیاز - معافیت ، آزادی
fran'gible *a.* شکننده ، ترد
frank *a.* رك‌گو - رك ، پوست‌کنده
frank'incense *n.* کندر
frank'ly *adv.* بی‌پرده ، صراحةً
frank'ness *n.* رك‌گویی ، صراحت
fran'tic *a.* دیوانه(وار) - عصبانی
fraternal (*-tə':nəl*) *a.* برادروار
frater'nity *n.* برادری- انجمن‌اخوت
frat'ernize *vi.* برادری کردن
fratricide (*frat'risaid;frei'-*) *n.* برادرکشی - برادرکش
fraud (*frɔ:d*) *n.* فریب - کلاه برداری - کلاه بردار
fraud'ulent (*-yulənt*) *a.* کلاه بردار - فریب‌آمیز - نامشروع
fraught (*frɔ:t*) *a.* مملو - دارا
fray (*frei*) *n.*, *vt.*, & *vi* (۱) نزاع (۲) ساییدن (۳) ساییده شدن
freak (*fri:k*) *n.* چیز غریب ، {در جمع} غرائب - بوالهوسی
frea'kish *a.* دمدمی - غریب
freckle (*frek'l*) *n.* & *v.* (۱) ککمك (۲) دارای ککمك کردن یاشدن
free (*fri:*) *a.*, *adv.*, &*vt.* (۱) آزاد - رها - بی مانع - مختار- مجانی ، رایگان - معاف -عاری - جائز - بی‌تکلف، رُك - گستاخ (۲) رایگان ، مجاناً (۳) آزادکردن - بخشودن
f living خوش‌گذرانی
f. agent فاعل مختار
f. of charge رایگان ، مفت
f. thought فکر آزاد ، وارستگی از مذهب
f will اختیار - طیب خاطر
set f. آزادکردن
free'booter (*-bu:tə*) *n.* غارتگر ، راهزن
freed'man (*-mən*) *n.* بندهٔ آزاد (شده)

freedom (*fri':dəm*) *n.* آزادی
take freedoms with a person
باکسی زیاد خودمانی رفتار کردن

free'-hand *a.* بی‌اسباب ، بی‌افزار

free'handed *a.* دست باز ، سخی

free'-hold *n.* & *a.* (ملك) مطلق

free'ly *adv.* آزادانه، بی‌منت - مفت

free'man (*-mən*) *n.* {-men} کسیکه
دارای حقوق مدنی است ، شهر نشین آزاد

free'mason (*-meisn*) *n.* فراماسون

free'-spoken *a.* رك گو

free'-thinker *n.* کسیکه دارای فکر
آزاد و وارسته از مذهب است

free-wheel' *vi.* با دنده خلاص رفتن

free'-will *a.* ناشی از طیب خاطر

freeze (*fri:z*) *vi.* & *vt.*
{froze; frozen} (۱) یخ بستن ،
منجمد شدن (۲) منجمد کردن - بلوکه
کردن (پول) {رجوع به **frozen** شود}
freeze to death از سرما مُردن
It freezes. یخ بندان است

freight (*freit*) *n.* & *vt.*
(۱) کرایه - بار (کشتی) - (۲) کرایه
کردن - حمل کردن

freight'-car *n.* واگنِ باری

freighter (*frei'tə*) *n.*
(کرایه کننده) کشتی باری

French *a.* & *n.* (۱) فرانسوی
(۲) فرانسه ، زبان فرانسه
F. bean لوبیا - لوبیای سبز
take F. leave بی‌خداحافظی رفتن
F. window درِ پنجره‌ای ، پنجره

French'man (*-mən*) *n.* {-men}
(مرد) فرانسوی - کشتی فرانسوی

fren'zied (*-zid*) *ppa.* دیوانه(وار)

fren'zy (*-zi*) *n.* & *vt* (۱)
دیوانگی (آنی) ، شوریدگی - آشفتگی
(۲) دیوانه کردن ، شوریده کردن

fre'quency (*-kwənsi*) *n.* تکرّر ،
کثرت وقوع - {ف} بسامد

fre'quent *a.* کثیرالوقوع -همیشگی

frequent (*frikwent'*) *vt.* زیاد
به (جایی) رفتن یا رفت و آمد کردن

fre'quently *adv.* غالباً ، بارها

fres'co (*-kou*) *n.* {-(e)s} نقاشیِ
آبرنگی روی گچ خشك نشده

fresh *a.* & *n.* (۱) تازه - خنك -
بی نمك ، شیرین {**f. water**} - تازه‌کار
(۲) اوایل
break f. ground کار نکرده‌ای را
کردن ، راه نرفته‌ای را رفتن

fresh'en (*-ən*) *vt.* & *vi.*
(۱) تازه کردن - خنك کردن (۲) تازه
شدن - خنك شدن

fresh'man (*-mən*) *n.* {-men}
دانشجوی نخستین سال دانشکده یادانشگاه

fresh'ness *n.* تازگی - خنکی - خامی

fresh'water *a.* متعلق به آب شیرین -
{مج} تازه‌کار ، کار ندیده ، ناآزموده

fret *vt.* & *vi.* {-ted} (۱) ساییدن،
فرسودن - دل (کسیرا) آزردن (۲)ساییده
شده - جوش زدن ، سوختن

fret'ful *a.* کج خلق ، بد اخلاق

fret'-saw *n.* ارّهٔ منبت کاری

fret'work (*-wə:k*) *n.* منبت کاری

friar (*frai'ə*) *n.* راهب

friction (*frik'shən*) *n.*
مالش - اصطکاك

Friday (*frai'di*) *n.* آدینه ، جمعه

fried {زیر **fry** نگاه کنید}

friend (*frend*) *n.* دوست ، رفیق
make friends again آشتی کردن

friend'liness *n.* رفاقت ، مساعدت

friend'ly (*-li*) *a.* (دارای احساسات)
دوستانه ، رفیق وار - تعاونی - مساعد
He is f. with me. بامن رفیق است

friend'ship *n.* دوستی ، رفاقت

friese (*fri:z*) *n.* کتیبه (آرایشی)

fright *frait*) *n.* ترس ناگهانی ،هراس

frighten (*fai'tn*) *vt.* ترساندن
f. into doing something
باتهدید وادار بکردن کاری کردن

fright'fully *adv.* بطور مخوف - {د.گ.} خیلی {f. urgent}
frigid (*frij'id*) *a.* سرد - منجمد - {مج} خنك - خشك {F. Zone}
frigidity (*-jid'-*) *n.* سردی - خنکی
frill *n.* توری - حاشیه - ریشه - پیرایهٔ غیر ضروری
frilled *a.* حاشیه‌دار - ریشه‌دار
fring (*frinj*) *n.* & *vt.* (۱) ریشه - چتر زلف (۲) ریشه‌دار کردن
fringed with . . . دارای حاشیهٔ
frippery (*frip'əri*) *n.* خرده ریز - زینت کم بها
frisk *n.* & *vi.* (۱) جست وخیز (۲) جست وخیز کردن
fris'ky (*-ki*) *a.* جست وخیز کننده
fritter (*frit'ə*) *vt.* خرد کردن - تلف کردن
frivol'ity *n.* سبکی - هرزه درایی
friv'olous (*-ələs*) *a.* سبك - بی‌معنی - جزئی - احمق - احمقانه
friz or **frizzle** (*frizl*) *vi.*&*vt.* (۱)جزجز کردن (۲) سرخ کردن
friz'zly *a.* فردار ، وزکرده
fro (*frou*) *adv.* پس ، عقب {فقط در **to and f.** بس وپیش ، عقب وجلو}
frock (*frɔk*) *n.* ردای راهبان - رولباسی‌زنان وبچگان وکارگران - قسمی نیم‌تنهٔ نظامی
frock'-coat *n.* فراك ، ردنگت {لفظ فرانسه}
frog *n* وزغ ، قورباغه ، غوك
frol'ic *n.* & *vi.* {-ked} (۱) خوشی ، وجد (۲) خوشی کردن -جست وخیز کردن
frol'icsome (*-səm*) *a.* خوش
from (*frɔm* ; *frəm*) *prep.* از - از روی - ازپیش
with effect f. ; **as f.** از تاریخ
frond (*frɔnd*) *n.* سعف یاسعفه { در نخل }
front (*frʌnt*) *n.*, *vi.* & *vt.* (۱) جلو ، پیش - جبهه -کف (دست) - {مج} رو - قیافه - طرز تلقی (۲) مواجه شدن (۳) مواجه شدن با - روبرو کردن
frontage (*frʌn'tij*) *n.* جلوخان ، حریم- میدان - رو -منظره - وضع عمارت
fron'tal (*-təl*) *a.* جلوی ، ازجلو
frontier (*frʌn'tiə*) *n.* مرز
fron'tiersman (*-mən*) *n.* {-men} مرزنشین
fron'tispiece (*-pi:s*) *n.* تصویر وآرایش اول کتاب (روبروی سرصفحه)
frost (*frɔst*) *n.* & *vt.* (۱) یخ بندان - شبنم یخ زده - { مج} سردی - {د.گ.} شکست،بور شدگی(۲) سرمازده کردن - ازشبنم پوشاندن
frost'-bite *n.* سرما زدگی
fros'ted *ppa.* یخ‌زده - سرمازده - پوشیده از خاك قند وسفیدهٔ تخم مرغ
fros'ty *a.* بسیار سرد - یخ‌زده- لوس
froth (*frɔth*) *n.* & *vi.* (۱) کف - {مج} یاوه ، سخن بی‌معنی (۲) کف کردن
froth'y *a.* کف‌دار - {مج} بی‌مغز
frown (*fraun*) *n.* & *vi.* اخم (کردن) ، ترشرویی (کردن)
frowsy (*frau'zi*) *a.* بد بو -کثیف
froze {*p.* of **freeze**}
frozen (*frou'zn*) { *pp.* of **freeze** & *ppa.* } یخ بسته - {در پول} بلوکه {لفظ فرانسه}
fructify (*fʌk'tifai*) *vi.* میوه دادن
frugal (*fru':gəl*) *a.* صرفه‌جو - کم خرج ، ساده
f. food غذای‌ساده وکم‌خرج ،حاضری
frugal'ity *n.* میانه‌روی -کم خرجی
fruit (*fru:t*) *n.* & *vi.* (۱) میوه - {مج} سود ، ثمر (۲) میوه دادن
fruiterer (*fru':tərə*)*n.* میوه‌فروش
fruit'ful *a.* باردار - سودمند
fruition (*fruish'ən*) *n.*

برخورداری ، تمتع ،کامرانی ، وصال

fruit'less *a.* بی ثمر ، بی نتیجه

frump *n.* زن بد لباس پوش - زن امل

frum'pish } *a.* شلخته - بدلباس‌پوش-
frum'py } امل

frustrate (*frʌs'treit;-treit'*) *vt.* خنثی کردن ، بی نتیجه کردن

frustra'tion *n.* عقیم‌گذاری - خنثی سازی - عجز

fry (*frai*) *vt.* [fried] سرخ کردن- نیمرو کردن

fried eggs نیمرو

fry ('') *n.* [fry] بچه ماهی

small f. شخص یا اشخاص غیر مهم

fry'ing-pan *n.* یغلاوی ، ماهی تابه

ft. [feet یا foot مختصر]

fuchsia (*fiu':shə*) *n.* گل آویز

fuddle (*fʌdl*) *vt.* گیج کردن - سست کردن

fudge (*fʌj*) *v.* & *n.* (۱) (کار) سرهم بندی کردن (۲) چرند

fuel (*fiu'əl*) *n.* & *v.* [-led] (۱) سوخت (۲) سوخت گیری کردن

fu'gitive (*-jitiv*) *a.* گریزنده ، فراری - ناپایدار - غیر ثابت - آواره

fulcrum (*fʌl'krəm*) *n.* [-cra] نقطهٔ اتکاء

fulfil' (*ful-*) *vt.* [-led] انجام دادن ، برآوردن (حاجت) - اجرا کردن

fulfil'ment (*-mənt*) *n.* انجام ، تکمیل - اجرا

full (*ful*) *a.*, *adv.*, *n.*, *vt.*, & *vi.* (۱) پر، مملو - کامل ، تام، تمام - مفصل- تمام رسمی [f. dress]- سیر (۲) کاملاً، بی کم وزیاد (۳) تمامی- پری (٤) چین دادن (٥) پر شدن [در گفتگوی از ماه]

f. to the brim لبالب ، پر تا لب

brother of f. blood برادر تنی

f. stop نقطهٔ پایان جمله

at f. length مفصلاً ، بتفصیل

in f. تمام وکمال ، بتفصیل

f.-time training کار آموزی تمام روز

to serve f. time تمام روز خدمت کردن

full'-blooded *a.* پاك نژاد - قوی

fuller (*ful'ə*) *n.* قصار ، لکه گیر

f.'s earth قسمی گل که برای پاك کردن پارچه های تازه بافته بکار میرود

full'-length *a.* تمام قد ، قدی

full'ness *n.* پری - سیری

fully (*ful'i*) *adv.* کاملاً ، تماماً - سیر

fulminate (*fʌl'mineit*) *vi.* غریدن - داد و بیداد راه انداختن - اعتراض کردن

fulmina'tion *n.* غرش - داد و بیداد

fulsome (*ful'səm*) *a.* اغراق‌آمیز و زننده ، غلیظ

fumble (*fʌm'bl*) *vi.* & *vt.* (۱) کورمالی کردن ، جستجو کردن (۲) سرهم بندی کردن - مچاله کردن

fume (*fiu:m*) *n.*, *vi.*, & *vt.* (۱) دود یا بخار [بیشتردر صیغه جمع] - [مج] هیجان (۲) خشمگین‌شدن (۳) دودی یا سیاه کردن

fu'migate (*-geit*) *vt.* دود دادن، بخور دادن - ضد عفونی کردن

fun (*fʌn*) *n.* شوخی ، بازی ، خوش مزگی - تفریح ، سرگرمی - مسخرگی

make f. of } مسخره کردن ،
poke f. at } دست انداختن

funam'bulist (*fiu-*) *n.* بند باز

function (*fʌnk'shən*) *n.* & *vi.* (۱)وظیفه -منصب - [در جمع - ر] توابع (۲) کارکردن - دایر بودن

func'tionary (*-shənəri*) *n.* & *a.* (۱) مامور،گماشته ، عامل (۲) وظیفه‌دار

fund (*fʌnd*) *n.* & *vt.* (۱) وجه- سرمایه ، تنخواه ، صندوق - [در جمع]

(سهام) قرضه دولتی (۲) وجه یا پشتوانه برای (چیزی) تهیه کردن

fundamental (*fʌndəmen'təl*) *a.* & *n.* (۱) اساسی ، اصلی (۲)[در جمع] اصول ، مبادی

fundamen'tally *adv.* اساساً

funeral (*fiu':nərəl*)*n.* آیین دفن، تشییع جنازه

f. pile *or* **pyre** تودهٔ هیزم که مرده را روی آن میسوزانند

funereal (*fiuni':əriəl*) *a.* تیره - غم‌انگیز

fun'gi {*pl.* *of* **fungus**}

fun'goid *a.* قارچی ، قارچ مانند

fun'gus (*-gəs*) *n.* {**-gi** (*jai*) } گیاه قارچی،قارچ - دانه ،گوشت زیادی

funicular (*fiu:nik'yulə*) .—

f. railway قطار که در دامنه کوه با کابل کشیده میشود

funk *n.* & *v.* {Sl.} (۱) هراس (۲) از زیر (کاری) در رفتن ، ترسیدن

funnel (*fʌn'l*) *n.* قیف

funny (*fʌn'i*) *a.* مضحك - غریب

fun'ny-bone *n.* استخوان آرنج

fur (*fə:*) *n.*, *vt.* & *vi.* {-red} (۱) خز - پوست - جانور خزدار - جرم ، چرك - بار زبان (۲) خزدار کردن-باردار کردن (زبان) - ازجرم پاك کردن(۳) جرم گرفتن -بار برداشتن

make the f. fly دعوا راه انداختن

fur'below (*-bi-*) *n.* سجاف چین‌دار

furbish (*fə':-*) *vt.* جلا دادن

fu'rious (*-riəs*) *a.* آتشی ، از جا در رفته - سخت - متلاطم

furl (*fə:l*) *vt.* پیچیدن و بالا زدن (بادبان)

furlong (*fə':-*) *n.* واحد طول تقریباً برابر با یك پنجم کیلو متر ، میدان

furlough (*fə':lou*) *n.* & *vt.* (۱) مرخصی (سرباز) - (۲) مرخصی دادن به ، مرخص کردن

on f. درمرخصی

furnace (*fə':nis*) *n* & *vt.* (۱) کوره - تنور (۲) در کوره نهادن

furnish (*fə':-*) *vt.* بامبل آراستن مبله کردن [" بله " لفظ فرانسه است] - دارا کردن ، ماده کردن - دادن

f. with... دارای . . . کردن

fur'nished *ppa.* دارای اثاثه ، مبله

fur'nishings *npl.* اثاثه ، لوازم

fur'niture (*-chə*) *n.* اثاثه ، مبل - اسباب - مظروف ، دارایی لوازم

furore (*fiurɔ':ri*) خشم یا عشق مفرط

furrier (*fʌr'iə*) *n.* خزفروش ، پوست فروش

fur'riery *n.* خز فروشی - جامهٔ خز

furrow (*fʌr'ou*) *n* & *vt.* (۱) شیار- چوره ك - کردو (۲) شیاردار کردن ،شخم‌زدن - چین دادن-جوی کندن‌در

furry (*fə':ri*)*a.* خز پوش - خز مانند

further (*fə':thə*) *a.* & *adv.* {*comp.* *of* far} (۱) بیشتر، دیگر - دوم بار ، ثانوی - دور تر (۲) بازهم - جلوتر بعلاوه

until f. notice تا اخطار ثانوی

f. down پایین‌تر

f. to دربی ، درتعقیب

fur'ther (,,) *vt.* پیش بردن ، تقویت کردن- و سیله (چیزیرا)فراهم کردن

fur'therance (*-rən*) *n.* پیشرفت

fur'thermore *adv* بعلاوه

fur'thermost *a.* دور ترین

fur'thest *a.* & *adv.* {*sup.* *of* far} (۱) دورترین (۱) دورتر ازهمه

furtive (*fə':tiv*) *a.* نهانی

fury (*fiu'əri* ; *fiɔ':ri*) *n.* خشم (زیاد) - دیوانگی - شدت

furze (*fə':z*) *n.* قسمی بتهٔ خاردار و بی‌خزان

fuse (*fiu:z*) *n.* & *v.* (۱) فتیله - فیوز (۲) گداختن -ترکیب کردن یاشدن

fuselage (*fiu':silij*) *n.* بدنهٔ هواپیما

fusilier (*fiu:zili'ə*) *n.* تفنگدار

fusillade (*fiu:zileid'*) *n.* تیرباران - شلیک پی در پی

fu'sion (*-zhən*) *n.* گداز ، ذوب - سیالیت - آمیزش ، سازش - ترکیب

fuss (*fʌs*) *n.* & *vi.* (۱) هایهو ، قیل و قال (۲) هایهو راه انداختن - در چیزهای جزئی ناشکیبایی کردن ، لاش گذاشتن

fus'tian (*-tiən*) *n.* فاستونی یا مخمل نخی - لفاظی (بی‌مغز)

fusty (*fʌs'ti*) *a.* بوگرفته - کفك زده - [مج] قدیمی مسلك

fu'tile (*-tail*) *a.* بیهوده ، پوچ

futil'ity *n.* بیفایدگی - کوشش بیهوده

future (*fiu':chə*) *a.* & *n.* (۱) آینده (۲) آتیه - عاقبت ، آخرت

f. life عقبی ، آخرت

deal in futures معاملهٔ سلف کردن

futurity (*fiuchu'əriti*) *n.* آخرت - اتفاقات آینده

fuzzy (*fʌz'i*) *a.* کرکی - وزوزی - نامعلوم

Gg

gab *n.* & *vi.* [-bed] (۱) بج‌بج - برگویی ، ورّاجی - دهان (۲) برگفتن
  gift of the g. طلاقت لسان - برگویی
gab'ble *vi.* ناشمرده حرف زدن
gab'erdine (*-ədi:n*) *n.* گاواردین
ga'ble roof شیروانی
gad *vi.* [-ded] هرزه‌گردی کردن
gadabout (*gad'əbaut*) *n.* زن ودختر گردش برو یا دددری
gad'-fly *n.* خرمگس
gadget (*gaj'it*) *n.* ابزار ، اسباب
gaff *n.* نیزهٔ خاردار - چنگك
gag *n.* & *vt.* [-ged] (۱) چیزی که در دهان کسی به تپانند - خوشمزگی یا شیرین کاری هنر پیشگان (۲) خفه کردن - ازکار انداختن
gage (*geij*) *n* & *vt.* (۱) گرو ، وثیقه - [بمعانی **gauge** نیزرجوع شود]- (۲) وثیقه گذاردن
gaiety (*gei'əti*) *n.* خوشدلی - شادمانی ، تفریحات [بیشتر در جمع] - جلوه ، زرق و برق
gain (*gein*) *n.*, *vt.*, & *vi.* (۱) سود ، منفعت - حصول ؛ تحصیل (۲) منفعت کردن - بدست آوردن (۳) سود بردن - جلو رفتن [در ساعت]
  g. a victory پیروز شدن
  g. ground پیشروی کردن
  g. time دفع‌الوقت کردن
  g. on نزدیك شدن به
  g. over سوی خودکشیدن ، ربودن
gain'ful *a.* سودمند ، باصرفه
gain'ings *npl.* درآمد ، استفاده
gainsay' *vt.* انکارکردن ، ردکردن
gait (*geit*) *n.* گام ، مشی
gai'ter (*-tə*) *n.* زنگار ، گتر [لفظ فرانسه]
ga'la (*-lə*) *n.* جشن - [بطورصفت] مجلل ، باشکوه
gal'axy (*-əksi*) *n.* کهکشان
gale (*geil*) *n.* باد (نسبةً تند)
gall (*gɔ:l*) *n.* زهره (گاو) ، مراره - [مج] کینه - گوشت تلخی - بدخویی - گستاخی [اصطلاح امریکائی]
gall ('') *n.*, *vt.*, & *vi.* (۱) زخم - پوست رفتگی ،طاول- رنجش (۲)ساییدن - آزردن (۳) آزرده شدن - پوست رفتن
gall ('') *n.* مازو
gallant (*gal'ənt*) *a.* دلاور - باشکوه- خود نما
gallant (*gəlant'*) *a.* متعارف در پیش زنان ، زن نواز - عشقباز
gal'lantry *n.* دلیری ، تعارف درپیش زنان- زن‌نوازی - خوش‌لفظی - خودنمایی
gall'-bladder *n.* کیسهٔ صفرا
gallery (*gal'əri*) *n.* راهرو - سرسرا-تالار - ایوان بالا خانه - لژ بالا ["لژ» لفظ فرانسه است]- اطاق نقاشی یاموزه - توده مردم [با **the**]
galley (*gal'i*) *n.* یکجور کشتی پاروئی یا شراعی که یك عرشه داشت و بیشتر بدست اسیران رانده میشد - یکجور کشتی جنگی باستانی - آشپزخانه کشتی
  the galleys اعمال شاقه
gallion (*gal'iən*) *n.* قسمی کشتی شراعی

gallivant' *vi.* (ول) گشتن
gallon (*gal'ən*) *n.* گالن [نام پیمانه]
gallop (*gal'əp*) *n.*, *vi.*, & *vt.* (۱) تاخت ، چار نعل (۲) تاخت کردن ، چار نعل رفتن (۳) چار نعل بردن
gal'loping *a.* سواره [درسل"]
gallows (*gal'ouz*) *npl.* (چوبه)دار
gal'lows-bird *n.* جانی واجب‌الاعدام
gall'stone *n.* سنگ صفرائی ، حجر صفراوی
galore (*gəlɔ':*) *a*(*dv*). فراوان
galosh (*gəlɔsh'*) = **golosh**
galvan'ic *a.* مربوط بجریان مستقیم برق ، مربوط به برق متصل - با عمل شیمیائی یا بوسیله باطری تولید شده - [مج] برقی یا ناگهانی
gal'vanism (*-vənizm*) *n.* برق یا الکتریسته که با عمل شیمیایی تولید شده باشد - معالجهٔ برقی
gal'vanize (*-vənaiz*) *vt.* لعاب روی دادن ، سفید کردن (آهن) - زیر برق گذاشتن -[مج] تحریك کردن
galvanized iron آهن سفید
gam'ble *vi.* & *vt.* (۱) قمار کردن (۲) باختن [با **away**]
gam'bler (*-blə*) *n.* قمارباز ، مقامر
gam'bling *n.* قمار بازی ، قمار
gam'bol (*-b'ɔ:*) *n.* & *vi.* [**-led**] جست وخیز (کردن)
game (*geim*) *n.* & *a.* - (۱) بازی - شکار (۲) دلیر(انه)-: سر حال، آمادهٔ جنگ
g. of chance بازی قماری
play the g. باشرافت رفتار کردن
make g. of مسخره کردن
The g. is up. بازی باخت - [مج] نقشه نگرفت
g. for آمادهٔ ، دارای حال
game *v.* بازی کردن ، ساختن
game *a.* چلاق ، معیوب
game'-cock *n.* خروس جنگی
game'keeper *n.* شکاربان ، قرق‌چی
game'ster (*-stə*) *n.* قمارباز - آدم شوخ
gamp *n.* [**Col.**] چتر (فکسنی)
gam'ut (*-ət*) *n.* [مو] گام [لفظ فرانسه]
gan'der (*-də*) *n.* قاز نر
gang *n.* دسته ، جمعیت ،گروه
gan'glion (*-ən*) *n.* [**gan'glia**] غدهٔ عصب - [مج] مرکز نیرو و فعالیت
gang'-plank ; **gang'-board** *n.* تخته یا پل موقت بین کشتی و ساحل
gan'grene (*-gri:n*) *n.*, *vi.*, & *vt.* (۱) غانقرایا (۲) فاسد شدن ، غانقرایا شدن (۳) فاسد کردن
gan'grenous (*-grinəs*) *a.* غانقرایایی
gang'ster (*-stə*) *n.* گانگستر : عضو گروه تبه کاران
gang'way *n.* (۱) داهرو (۲) = **gang-plank**
gaol (*jeil*) or **jail** *n.* & *vt.* (۱) زندان - حبس (۲) زندانی کردن
gaoler (*jei'lə*) *n.* زندانبان
gap *n.* شکاف ، رخنه ، فاصله - آسیب، لطمه - [مج] فرق بسیار
gape *n.* & *vi.* (۱) خمیازه ، دهن‌دره- نگاه خیره بادهان باز(۲) خمیازه کشیدن - خیره نگاه کردن [با **at**]
garage (*gar'a:zh*) *n.* گاراژ
garb (*ga:b* گاب) *n.*- لباس مخصوص - هیئت ، زی"
garbed in ملبس به
gar'bage (*-bij*) *n.* پس‌مانده ، روده
gar'ble *vt.* تحریف یا ناقص کردن
garden (*ga:dn* گادن) *n.* باغ
g. seat صندلی یا نیمکت باغبانی
gardener (*ga:d'nə*) *n.* باغبان
gar'dening *n.* باغبانی
gar'den-party *n.* گاردن پارتی
gargan'tuan (*-tiuən*) *a.* کلان

gar'gle *n.* & *vt.* غرغره (کردن)
gargoyle (*ga':gɔil* -گا) *n.* ناودان باران‌گیر که بیشتر با تمثال درست می‌کنند
gar'ish *a.* زرق و برق‌دار
garland (*ga':lənd* گالند) *n.* تاج گل ، حلقهٔ گل
garlic (*ga':* - گا) {گ‌ش} سیر
garment (*ga':mənt* - گا) *n.* (قسمتی از) لباس ، جامه ـ {مج} ظاهر
garner (*ga':nə* - گا) *n.* {**Poet.**} انبارِ غله
garnet (*ga':nit* - گا) *n.* لعل
garnish (*ga':* - گا) *n.* & *vt.* (۱) آرایش ، تجمل ـ نثار (۲) آرایش دادن ـ نثار زدن (به)
garret (*gar'ət* ; *-it*) *n.* اطاق زیر شیروانی یاسقف
garrison (*gar'isən*) *n.* پادگان
garru'lity = **garrulousness**
garrulous (*gar'uləs*) *a.* وراج ـ دراز ، مطول
gar'ter (*-tə* گاتر) *n.* کش‌جوراب ، بند جوراب
gas *n.* {**-es**} گاز ، بخار ـ بنزین {اصطلاح امریکائی}ـ {د. گ.} سخن بیهوده
gas *vt.* & *vi.* {**-sed**} (۱) باگاز خفه کردن (۲) یاوه گفتن
gas'-bag *n.* کیسهٔ گاز ـ یاوه‌سرا
gas'burner (*-nə*) *n.* اجاق گاز سوز
gaseous (*gas'iəs* ; *gei'-*) *a.* گازی ـ گازدار ـ دوآتشه ـ {مج} سست ، بی دوام
gash *n.* & *vt.* (۱) زخم ـ جای زخم درصورت (۲) شکاف‌دار کردن
gas'-mask *n.* ماسك ضد گاز
gas'-meter *n.* کنتورِ گاز
gas'olene; -line (*-əli:n*) *n.* گازولین ـ {در امریکا} بنزین
gasp *vi.* & *vt.* (۱) نفس نفس زدن ـ آرزو کردن (۲) با نفس گفتن یاادا کردن ، با نفس بیرون دادن
g. out life جان دادن ، مردن
gassing (*gas'ing*) *n.* استعمال گاز
gas'sy (*gas'i*) *a.* گاز دار ـ {مج} بی‌مغز
gas'tric *a.* معدی ، معده‌ای
g. juice عصیر معده ، شیرهٔ معده
gastronomy (*-trɔn'əmi*) *n.* سر رشته درخوراك خوردن
gas'-works *npl.* کارخانهٔ گاز
gate (*geit*) *n.* درِ حیاط ـ دروازه ـ سد ـ {مج} وسیله ، باب
gate'-crasher *n.* مهمان ناخوانده
gate'-keeper *n.* در(وازه) بان
gate'-way *n.* دروازه ـ راهرو ـ مدخل
gather (*gath'ə* گظه-) *vt.* & *vi.* (۱) جمع کردن ـ چیدن ـ چین دادن ـ استنباط کردن (۲) جمع شدن ـ رسیدن (دمل)
g. up جمع کردن ـ آماده کردن ـ برداشتن ، برچیدن
be gathered to one's fathers برفتگان پیوستن {یعنی مردن}
gath'ering *n.* انجمن ـ اجتماع
gaud (*gɔ:d*) *n.* خرده ریز قشنگ
gau'dy *a.* زرق و برق‌دار ـ لوس
gauge (*geij*) *n.* & *vt.* (۱) اندازه ، پیمانه ، مقیاس ـ درجه ـ معیار (۲) اندازه گرفتن ـ کیل کردن
gaunt (*gɔ:nt*) *a.* لاغر ، بد قیافه
gauntlet (*gɔ:nt'lit*) *n.* دستکش بلند ـ دستکش آهن پوش ـ {مج} دعوت بجنگ
run the g. درمیان دو ردیف از مردم رفتن و از دوسو آزار دیدن
gauze (*gɔ:z*) *n.* گاز ، تنزیب ـ تور
gau'zy *a.* گاز مانند ـ لطیف
gave {*p. of* **give**}
gavel (*gavl*) *n.* چکش چوبیِ هراج‌چیان یا رؤسای انجمن‌ها
gavotte (*gəvɔt'*) *n.* قسمی رقص تند

gawky (*gɔ':ki*) *a.* لندوك ؛ زشت اندام - بی دست وپا - خام دست
gay (*gei*) *a.* خوشدل ،بشاش - شوخ- هرزه -زرق و برق‌دار - پررو
feel g. خوش بودن ، سرِ کیف بودن
gay'ety = **gaiety**
gaze (*geiz*) *vi.* & *n.* (۱) خیره نگریستن ، چشم دوختن (۲) نگاه خیره
gazelle (*gəzel'*) *n.* آهو ، غزال
gazette (*gəzet'*) *n.* مجله رسمی - روزنامه
gazetteer (*-zili'ə*) *n.* فرهنگِ جغرافیایی - روزنامه نویس ، مجله نویس
ga'zing-stock *n.* مایهٔ عبرت
gear (*giə*) *n.* & *vt.* (۱) دنده - اسباب ، لوازم (۲) دنده دادن
in g. دایر - آماده - درهم گیر کرده
out of g. ازدنده بیرون افتاده-خراب
g. up (*or* **down**) با عوض کردن دنده تند (یا کند) کردن
geese (*gi:s*) {*pl. of* **goose**}
gelatin(e) (*jel'ətin*) *n.* ژلاتین
gelat'inous (*-nəs*) *a.* ژلاتینی
gem (*jem*) *n.* & *vt.* {**-med**} (۱) گوهر ، جواهر (۲) جواهر نشان کردن ، مرصع کردن
gemmed (*jemd*) *ppa.* گوهر نشان ، مرصع
gendarme' *n.* {**Fr.**} ژاندارم
gendarmerie' *n.* {**Fr.**} ژاندارمری
gender (*jen'də*) *n.* {د} جنس
masculine g. (جنس) مذکر
common g. جنسِ مذکر یامؤنث، مشترك {چون **teacher** و **child**}
genealogical tree (*ji:niələj'ikəltri:*) شجره نامه
geneal'ogist *n.* شجره نویس
genealogy (*ji:nial'əji*) *n.* شجره - نسب نامه
gen'era (*-rə*) {*pl. of* **genus**}
general (*jen'ərrəl*) *a.* & *n.* (۱) عمومی - کلی - سربسته (۲)سرتیپ- سرپاس - سرکرده
director g. رئیس کل ، مدیر کل
in g. بطور کلی
general'ity *n.* عمومیت - نکتهٔ کلی، اصل کلی ، {درجمع} کلیات - سربستگی ، ابهام - اکثریت ، قسمت عمده
generalization(*-laizei'sbən*) *n.* تعمیم ، اطلاق - نتیجه کلی یاعمومی
gen'eralize (*-rəlaiz*) *vt.* & *vi.* (۱) تحت قانون کلی درآوردن ، تعمیم کردن - عمومی کردن (۲) سربسته حرف زدن - نتیجهٔ کلی گرفتن
gen'erally *adv.* عموماً ، بطور کلی - معمولاً - (بطور) سربسته
g. speaking بطورکلی
generate (*jen'əreit*) *vt.* تولید کردن
genera'tion *n.* تولید ، زاد و ولد - نسل ، دوره ، پشت
generative (*jən'ərətiv*) *a.* زایا ، مولد - تولیدی
gen'erator (*-reitə*) *n.* زاینده ، تولیدکننده - برق‌زا ، دینام - دیگ بخار
gener'ic *a.* نوعی ، جنسی ، کلی ، کل
generos'ity *n.* بخشندگی، سخاوت
generous (*jen'ərəs*) *a.* سخی ، بخشنده - سخاوتمندانه - حاصل خیز
genesis (*jen'i-*) *n.* پیدایش ، تکوین
genial (*ji':niəl*) *a.* خوش مشرب ، مطبوع - ملایم - مساعد برای نمو
genial'ity *n.* خوش‌مشربی- مطبوعیت
genie (*ji':ni*) *n.* {**genii** (*-niai*)} جنی
genital (*jen'itəl*) *a.* تناسلی
gen'itive (*-tiv*) *n.* حالت اضافه
genius (*ji':niəs*) *n.* {**-es**} جنی - نبوغ ، نابغه
genteel (*jenti:l'*) *a.* تقلید کنندهٔ آداب و لباس و طرز زندگی اعیان و اشراف با وجود نداری

gentile (*jen'tail*) *a.* غیر کلیمی
gentil'ity *n.* آقا منشی - نجابت {بیشتر در مقام طعنه گفته میشود}
gentle (*jen'tl*) *a.* نجیب، باتربیت- آبرومند(انه) - ملایم - رام - لطیف - نرم - آهسته - {the g. sex}
gen'tlefolk (*-fouk*) *or* **-folks** *npl.* خانواده های محترم
gen'tleman (*-mən*) *n.* {-men} آقا ، مرد معقول و باتربیت ، راد مرد
gen'tlemanly *a.* آقامنش - آقاوار
gen'tleness *n.* ملایمت - نجابت
gen'tlewoman (*-wumən*) *n.* {-women (*wi-*)} بانو ، زن باتربیت و معقول
gen'tly *adv.* بملایمت ، آهسته
gentry (*jen'tri*) *n.* محترمین ، اعیان - {درمقام طعنه} مردم
genuine (*jen'uin*) *a.* خالص، اصل، حقیقی - درست ، موثق ، صحیح - بی ریا
gen'uineness *n.* درستی ، صحت - اصل بودن - خلوص ، صداقت
genus (*ji':nəs*) *n.* {gen'era (*-rə*)} جنس ، نوع - دسته ، طبقه
geographer (*jiɔg'rəfə*) *n.* جغرافی دان
geographical (*jiograf'ik'l*) *a.* جغرافیایی
geography (*jiɔg'rəfi*) *n.* جغرافیا
geological (*jiolɔj'ik'l*) *a.* مربوط بزمین شناسی ، طبقات‌الارضی ، معرفت‌الارضی
geol'ogist *n.* زمین شناس
geology (*jiol'əji*) *n.* زمین شناسی
geomet'ric(al) (*jio-*) *a.* هندسی
geometry (*jiɔm'ətri*) *n* هندسه
geranium (*jirei'niəm*) *n.* شمعدانی عطر
germ (*jə:m*) *n.* نطفه - گیاهك - جوانه - میکرب - مایه ، اصل ، منشاء
German (*jə':mən*) *a.* آلمانی
the Germans (*n.*) آلمانها
Germany (*jə':məni*) *n.* آلمان
germicide (*jə':misaid*) *n.* میکرب کش
germinate (*jə':-*) *vi.* جوانه زدن
gerund (*jer'ənd*) *n.* قسمی اسم مصدر که درپایان آن ing درمیاید {چون going بمعنی 'رفتن'}
gesticulate (*jestik'yuleit*) *vi.* درضمن صحبت اشارات دست‌وسر بکاربردن
gesture (*jes'chə*) *n.* اشارات و حرکات درسخن گفتن
get *vt.* & *vi.* {got ; got *or* gotten (*gotn*)} (۱) بدست آوردن، حاصل کردن - گرفتن - وادار کردن - گیر آوردن ، مجاب کردن - کردن ، ساختن - (۲) رسیدن - رفتن - آمدن - شدن {g. ready} - سوار شدن {g. rid}
g. about اینسو و آنسو رفتن - از بستر بیماری برخاستن - منتشر شدن
g. abroad منتشر شدن ، پهن شدن
g. across {مج} حالی کردن ، فهماندن
g. ahead جلو افتادن ، پیش رفتن
g. along گذران کردن - بسر بردن
G. along with you! بروید پی کارتان - چه حرفها میزنید!
g. at رسیدن به - گرفتن - دیدن {بمعنی رشوه دادن}
g. away در رفتن - برداشتن - {در صیغه امر} برو پی کارت ! بیهوده مگو
g. back دوباره بدست آوردن یا آمدن
g. one's own back on some one تلافی سر کسی درآوردن
g. by رد شدن
g. done with بپایان رساندن
g. down پیاده شدن
g. down to work بکار پرداختن
g. home {مج} حالی ... شدن
g. in جمع‌آوری کردن (محصول) - وصول کردن - سوار شدن - انتخاب شدن - وارد شدن

g. into سوار شدن در ـ پوشیدن
g. into one's head حالی شدن
g. married عروسی کردن
g. off تبرئه کردن ـ رهایی یافتن ـ پیاده شدن (از)ـ حرکت یا عزیمت کردن ـ روانه کردن ـ عقب رفتن از
g. off to sleep خواب رفتن ـ خواب کردن ، خوابا ندن
g. off with a girl با دختری روی هم ریختن
g. on پیش رفتن ـ گذران کردن ـ ساختن ، تاه کردن ـ سوار شدن
g. on one's feet (*or* **legs**) برای صحبت برپا ایستادن
He is getting on for 7. پایش توی ۷ سال است ، میرود توی ۷
get out بیرون رفتن ـ برخاستن ـ فاش شدن ـ رهایی یافتن ـ گفتن ، از دهن در آوردن ـ دررفتن ـ {درصیغه امر} دورشو ، برو پی کارت
g. over فائق آمدن بر ـ (از سرخود) رفع کردن ـ طی کردن ـ از روی (چیزی) گذشتن ـ بپایان رسانیدن
g. ready حاضر کردن ـ حاضر شدن
g. round ازسر خود وا کردن ـ پیشدستی کردن بر ـ قلق (کسیرا) بدست آوردن
g. round the law با کلاه شرعی از اجرای قانون طفره زدن
g. through گذشتن از ـ بپایان رسانیدن ، تمام کردن ـ گذرانیدن
g. through with فارغ شدن از
G. to work. مشغول کار شوید
g. together فراهم آوردن
g. up برخاستن ، پاشدن ـ سوارشدن ـ بلند کردن ـ درست کردن (مو) ـ اطو کردن ـ راه انداختن ، دایر کردن
well got-up خوب درست شده ، پاکیزه ، حسابی
He got his back up. سر قوز افتاد ، لج کرد

He got used to it. بآن عادت کرد
I got it done. وا داشتم (یا دادم) آنکار را کردند
He has got a good book. کتاب خوبی دارد
I have got to go. مجبورم بروم
get-at-able (-*at'əbl*) *a.* رسیدنی ، یافتنی ، قابل حصول
get'-up *n.* طرز ـ ترکیب ، شکل
gew-gaw (*giu':gɔ:*) *n.* چیز قشنگ و بی مصرف ، بازیچه
geyser (*gei'zə* ; *gai'-* ; *gi':-*) *n.* آب فشان ، چشمهٔ آب گرم ـ آب گرم کن
ghastly (*ga:st'li*) *a.* رنگ پریده ـ مخوف ، ترسناك
g. (*adv.*) **pale** دارای رنگ مرده
ghee (*gi:*) *n.* روغن ، کرهٔ آب کرده
gherkin (*gə':-*) *n.* خیار ریز ، خیار ترشی
ghetto (*get'ou*) *n.* محلهٔ کلیمیان
ghost (*goust*) *n.* روح ، روان ، جان ـ خیال ، طیف ـ آدم لاغر ـ ذره
give up the g. جان سپردن
ghost'ly *a.* روح مانند ـ خیالی
ghoul (*gu:l*) *n.* غول
giant (*jai'ənt*) *n.* & *a.* (۱) آدم خیلی قد بلند (۲) غول مانند ، خیلی بلند ـ عظیم الجثه
gibber (*jib'ə*) *vi.* تند و ناشمرده سخن گفتن ، دست و پا شکسته حرف زدن
gibbet (*jib'it*) *n.* & *vt.* (۱) صلابه ، چوبهٔ دار (۲) دار زدن ـ {مج} انگشت نما کردن
gibbon (*gib'ən*) *n.* قسمی میمون کوچك در Malay
gibe (*jaib*) *n.*, *vi.*, & *vt.* (۱) استهزا ـ طعنه (۲) با استهزا طعنه زدن (۳) با طعنه استهزا کردن
giblets (*jib'-*) *npl.* دل وجگر غاز ومرغ خانگی که از آن غذا تهیه کنند

gid'diness *n.* گیجی ، سر گیجه
giddy (*gid'i*) *a.* - گیج - بی فکر - سبك - ناپایدار - گیج کننده
gift *n.* & *vt.* - (۱) بخشش - پیشکشی - هبه - عیدی - نعمت ، موهبت (۲) پیشکش کردن (به) ، بخشیدن (به)
look a g. horse in the mouth بدندان اسب پیشکشی نگاه کردن
at a g. مفت ، بطور پیشکش
by g. رایگان - بطور پیشکش
gif'ted *a.* باقریحه ، بااستعداد ، مؤید
g. with wit دارای هوش خدا داده
gig *n.* - درشکهٔ تك اسبه ودوچرخه - نیزهٔ ماهی گیری - چیز غریب
gigan'tic (*jai-*) *a.* - بسیار بزرگ - دیو پیکر - عظیم الجثه - غول مانند
giggle (*gigl*) *vi.* نخودی خندیدن
gigolo (*jig'oulou*) *n.* ژیگولو
gild *vt.* [gilded *or* gilt] مطلا کردن - اکلیل زدن - [مج] خوش نما کردن
gilded youth جوانان پولدار و خوش گذران
gil'der (*-də*) *n.* مطلا کار - اکلیل کار
gil'ding *n.* مطلا کاری
gill *n.* ، نفس کش یا آلت تنفس ماهی ، گوشك [بیشتر درجمع]
gill (*jil*) *n.* جیل: یك سی و دوم گالن
gilt [*pp.* *of* gild] & *n.* (۱) زر اندود ، مطلا (۲) اندود زر ، پوشش طلا - زرق و برق
gilt'-edge(d) *a.* لب طلایی - ممتاز
gimcrack (*jim'krak*) *a.* - کم بها - زیبا نما
gim'let *n.* مته کوچك
gin (*jin*) *n.* جین [نوشابه الکلی]
gin ('') *n.* & *vt.* [-ned] (۱) ماشین پنبه پاك کنی (۲) پاك کردن ، از پنبه دانه سوا کردن - گیر انداختن
ginger (*jin'jə*) *n.*, *vt.*, & *a.* (۱) زنجبیل (۲) زنجبیل زدن (به) - تند و تیز کردن [بیشتر با **up**] - (۳) بور یا حنائی [**g. hair**]
gin'gerbread *n.* نان زنجبیلی
gin'gerly *a*(*dv*). با احتیاط
gin'gham (*-gəm*) *n.* چیت راه راه یاشطرنجی ، محرمات - کتان راه راه
gingival (*jinjai'v'l*) *a.* لثوی
gipsy, gypsy (*jip'si*) *n.* کولی غربال بند ، غربتی - قبطی
giraffe (*jirahf'*) *n.* زرافه
gird (*gə:d*) *vt.* [girded *or* girt] کمربند بستن ، کمر بستن - احاطه کردن - مجهز کردن
g. on بکمر بستن (شمشیر)
g. up one's loins آماده شدن
girder (*gə':də*) *n.* تیر حمال
girdle (*gə':dl*) *n.* & *vt.* (۱) کمربند - کمر (۲) کمر بندبستن - احاطه کردن
girl (*gə:l*) *n.* دختر (بچه) - کلفت
g. guides پیشاهنگی دختران
girt [*p.* & *pp.* *of* gird]
girth (*gə:th*) *n.* - محیط ، اندازه کمر - تنگ اسب
gist (*jist*) *n.* جان (کلام) - لب
give (*giv*) *vt.* & *vi.* [gave (*geiv*) ; given (*givn*)] (۱) دادن (به) - بخشیدن (۲) تاب نیاوردن ، فرو ریختن
G. me a book. کتابی بمن بدهید
g. a person best پیش کسی لنگ انداختن
g. away ازدست دادن - بخشیدن
g. back پس دادن
g. birth to زائیدن - بوجود آوردن
g. chase دنبال کردن
g. an example سرمشق شدن
g. forth بیرون دادن - منتشر کردن
g. in تسلیم شدن - از پا درآمدن
g. in charge سپردن
g. off (بیرون) دادن
g. out بخش کردن . واماندن -

کم آمدن ، تمام شدن ـ انتشار دادن
g. oneself out to be . . .
خود را . . . معرفی کردن
g. over ترك کردن ، واگذار کردن ـ موقوف شدن ـ جواب کردن (مریض)
g. rise to باعث شدن
g. to eat خوراك دادن (به) ، خورانیدن
g. to understand فهماندن
g. up ول کردن ، دست کشیدن از ـ تسلیم کردن ـ لو دادن ـ از دست دادن ـ مأیوس‌شدن از
g. way راه دادن ـ جا خالی کردن ـ عقب نشستن ـ ضعف نشاندادن ـ پائین آمدن ـ خراب شدن ـ تاب نیاوردن
The window gave on the garden. پنجره رو بباغ باز میشد
given (over) to معتاد به
Given health I will finish it. بشرط تندرستی آنرا تمام‌خواهم کرد
given conditions شرایط معینه
given {زیر give آمده است}
gizzard (*giz'əd*) *n.* سنگدان
Gk. {مختصرِ Greek}
glacial (*glei'shəl* ; *glas'iəl*) *a.* منجمد ـ سرد
g. epoch *or* period عصر یخ
glacier (*glas'iə*) *n.* تودهٔ یخِ غلتان ، رودخانهٔ یخ
glad *a.* خوشحال ، شاد ـ سپاسگزار
I shall be g. if you will write it. خواهشمندم آنرا بنویسید
gladden (*gladn*) *vt.* & *vi.* (۱) خوشحال کردن (۲) خوشحال شدن
glade *n.* خیابان یاسبزه‌زار میان جنگل
glad'iator (*-eitə*) *n.* شمشیرزن
gladio'lus (*-ləs*) *n.* {-es ; -li (*lai*)} گلایول {فرانسه} ، سیف‌الغراب
glad'ly *adv.* بامسرت ـ از روی میل
glad'ness *n.* خوشحالی ـ طیب خاطر

glad'some (*-səm*) *a.* خوشی‌آور ، سرورآمیز ـ خوش ، دلخوش، مسرور
glam'orus (*-ərəs*) *a.* طلسم‌آمیز
glamour (*glam'ə*) *n.* & *vt.* (۱) طلسم ـ فریبندگی (۲) مسحور کردن
glance *n.*, *vi.* & *vt.* (۱) نظرِ اجمالی ـ اشاره ـ ضربت یك‌بری باشمشیر ـ برق (۲) نظر اجمالی کردن ـ برق زدن ـ اشاره شدن (۳) بیك نظر دیدن ـ متوجه ساختن (چشم) ـ بیرون دادن (روشنائی)
g. one's eye over نگاه سطحی وفوری کردن (به)
gland *n.* غده ، دشبل
glan'ders (*-də:z*) *npl.* مشمشه
glan'dular (*-yulə*) *a.* غده‌ای
glare (*glêə*) *n.* & *vi.* (۱) خرهٔ روشنایی‌زننده ـ نگاه غضب‌آلود (۲)خیره نگاه کردن ، خیره نگریستن
gla'ring *apa.* خیره‌کننده ـ زننده ـ آشکار ـ دریده {صفت چشم}
glass *n.* & *vt.* (۱) شیشه ـ لیوان ـ گیلاس ـ آینه ـ دوربین یاذره‌بین ـ عدسی ـ (۲) شیشه انداختن ـ بیحالت کردن چشم
glass'-blower *n.* شیشه‌گر
glass'es (*-iz*) *npl.* عینك
wear g. عینك‌گذاشتن ، عینك زدن
glass'ful *n.* (مظروف) یك لیوان
glass'-house *n.* گرمخانه ،گلخانه
glass'ware (*-wêə*) *n.* ظروف شیشه
glass'y *a.* شیشه‌ای ـ بی نور ـ بی حالت
glaze (*gleiz*) *n.*, *vt.*, & *vi.* (۱)لعابِ شیشه ـ مهره ـ برق (۲) شیشه انداختن ، جام انداختن (به) ـ لعابی کردن ـ برّاق کردن ـ مهره کشیدن (۳) بینور شدن
gla'zier (*-ziə*) *n.* شیشه بُر
gla'ziery (*-ərə*) *n.* شیشه بری
gleam (*gli:m*) *n.* & *vi.* (۱)روشناییِ ضعیف ـ تظاهر موقتی ـ ذره، روزنه{g. of hope}-(۲) پرتو افکندن
glea'my *a.* ابری وآفتابی باهم
glean (*gli:n*) *v.* (خوشه) برچیدن ـ

[مج]خردخرد جمع کردن، ریزه‌چینی کردن
glea'ner (*gli':nə*) *n.* خوشه (بر) چین ، ریزه خور
glea'nings *npl.* ریزه ، باقی مانده
glee *n.* خوشی - سرود سه چهار نفری
gleeful (*gli':*) *a.* شادمان ، خوشحال - سرور آمیز
glen *n.* درهٔ تنگ
glib *a.* چرب و نرم - چرب زبان
glide *vi.* & *n.* (۱) سُر خوردن - آسان رفتن - سبك پریدن (۲) سُر
glider (*glai'də*) *n.* هواپیمای بی‌موتور - [معنی لغوی] سُر خورنده
glimmer (*glim'ə*) *n.* & *vi.* (۱) روشنایی ضعیف (۲) بطور نامنظم نور دادن
glimpse *n.* نگاه آنی ، نظر اجمالی
catch a g. of اجمالاً دیدن
glint = **gleam**
glissade (*-sahd'* ; *-seid'*) *vi.* روی دامنه های برف و یخ سُرخوردن
glisten (*glisn*) *vi.* برق زدن
glitter (*glit'ə*) *vi.* & *n.* (۱) برق زدن ، درخشیدن (۲) برق ، تلألؤ ، تابش
glit'tering *apa.* درخشنده - جذاب
gloaming (*glou'-*) *n.* هوای گرگ و میش [با the]
gloat (*giout*) *vi.* چشم چرانی کردن- خیره نگریستن [با over]
globe (*gloub*)*n.* کره ، گوی - حباب
globe'-trotter (*-trɔtə*) *n.* جهانگرد ، سیاح
glob'ular (*-yulə*) *a.* کُروی - گوی مانند - دارای گلوله های ریز
glob'ule *n.* گوی‌چه ، گلبول
gloom *n.* تیرگی - افسردگی ، دلتنگی
gloomy (*glu':mi*) *a.* تاریك - دلتنگ کننده
glorifica'tion *n.* تجلیل ، حمد
glorify (*glou':rifai*) *vt.* جلال دادن ، بزرگ خواندن ، حمد گفتن ، تسبیح خواندن
glo'rious (*-riəs*) *a.* مجلل، معزز- باشکوه - خیلی عالی [گاهی بشوخی]
glory (*glou'ri*) *n.* جلال ، عزت - افتخار - شکوه - حمد ، ثنا - هاله ، (حلقهٔ) نور
go to g. [Col.] برحمت ایزدی پیوستن
g. (*vi.*) **in** بالیدن یافخر کردن به
gloss (*glɔs*) *n.* & *vt.* (۱) جلا ، رونق - ظاهرِ فریبنده - تفسیر ، تاویل ، حاشیه (۲) برق انداختن، جلا دادن - مهره کشیدن-جلوهٔ ظاهر دادن [بیشتر با over]- (با تفسیر و تاویل) خوش نما کردن - عیب پوشی کردن از
glossary (*glɔs'əri*) *n.* فرهنگ لغات دشوار یافنی ، فهرستِ معانی
glossy (*glɔs'i*) *a.* جلادار ، براق، صیقلی ، پرداخته - [مج] موجه نما ، خوش ظاهر
glottis (*glɔt'is*) *n.* دهانهٔ حنجره ، چاك صوت
glove (*glʌv*) *n.* دستکش
throw down the g. بجنگِ تن بتن دعوت کردن
take up the g. قبول مبارزه کردن
take off the gloves to a person (*or* **handle him without gloves**) باکسی بدون ملاحظه و رودربایستی رفتار یا صحبت کردن
glow (*glou*) *vi.* & *n.* (۱) تابیدن، قرمز شدن - مشتعل بودن (۲) تابش ، برافروختگی ، التهاب - گرمی ، شوق
g. with passion درآتش شهوت سوختن ، در تاب و تب بودن
glower (*glau'ə*) *vi.* & *n.* نگاه خیره یا غضب آلود (کردن)
glow'ing *apa.* تابان - باحرارت
g. fever تب تند یا سوزان
glowworm (*glou'wə:m*) *n.* کرمِ شب افروز ، کرم شب تاب ، چراغك

gloze (*glouz*) *vi.* ازنظر عیب پوشی. تأویل کردن {با **over**}
glucose (*glu':kous*) *n.* قند انگور ، گلوکز
glue (*glu:*) *n.* & *vt.* (۱) سریش - سریشم (۲) چسباندن - دوختن (چشم)
glum (*glʌm*) *a.* افسرده ، کدر ، رنجیده
glut (*glʌt*) *vt.* {**-ted**} & *n.* (۱) سیر کردن - (زیاد) پر کردن - فرونشاندن (۲) پُر خوری - عرضهٔ بیش از تقاضا
g. oneself پر خوردن ، تپاندن
glu'ten (*-tən*) *n.* مادهٔ چسبندهٔ گندم
glu'tinous (*-nəs*) *a.* چسبناك ، لزج
glutton (*glʌt'ən*) *n.* آدم پرخور
a g. for work کسیکه همیشه برای کار کردن حریص وآماده است
gluttonous (*glʌt'ənəs*) *a.* شکم کنده ، پر خور ، حریص
gluttony (*glʌt'əni*) *n.* پر خوری
glycerin(e) (*glis'ərin*) *n.* گلیسرین
gnarled (*na:ld* نالد) *a.* پرگره
gnash (*nash*) *vt.* بهم فشردن
g. the teeth دندان قروچه کردن
gnat (*nat*) *n.* پشه
strain at a g. مته بخشخاش گذاشتن
gnaw (*nɔ:*) *v.* {**gnawed ; gnawn** *or* **gnawed**} مانند موش جویدن ، ساییدن ، خرد خرد جویدن {گاهی با **at**} - {مج} آزردن
gnaw'ing *apa.* & *n.* (۱) جونده ، قرّاضه (۲) رنج (درونی) - مالش شکم
gnome (*noum*) *n.* جنیِ زیر زمینی - کوتوله ، گورزاد
go (*gou*) *vi.* {**went ; gone** (*gɔn* ; *gɔ:n*) } *n.* رفتن - رواج داشتن ، خرج شدن - بسر بردن
He goes (*gouz*). او میرود
He has (*or* **is**) **gone.** رفته است
go about گشتن - دور زدن - تغییر جهت دادن - {مج} شایع بودن - تقلا کردن - مشغول شدن به
Go ahead. بفرمائید {یعنی ادامه دهید}
Go along with you {**Col.**}! برو پی کارت - بشنو و باور نکن
go at جداً مشغول شدن به
go away with بردن ، ربودن
go back برگشتن
go bad ضایع شدن ، خراب شدن
go by پیروی کردن از - گذشتن
go down غروب کردن - غرق شدن - روی کاغذ آمدن - خوابیدن {در گفتگوی ازباد} - پائین آمدن ، تنزل کردن
go down on one's knees زانو زدن
go for (رفتن و) آوردن - مورد حمله قرار دادن
go for nothing هیچ بحساب نیامدن
go hungry گرسنه ماندن
go in for داوطلب (امتحانی) شدن
go in with . . . با . . . پیوستن
go into رسیدگی یاشرکت کردن در - پوشیدن
go off در رفتن ، خالی شدن - برگذار شدن - ازصحنه خارج شدن - فرار کردن آب شدن {بفروش رفتن} - فاسد شدن
go off one's head دیوانه شدن
He went off. خوابش برد
Go on. بفرمائید ، سخن خود را ادامه دهید - بروید پی کارتان
He is going on for 20. پایش توی ۲۰ سال است
What's going on? چه خبر است ؟
go out خاموش شدن - عقب کشیدن - بپایان رسیدن - داخل جامعه شدن - منتشر شدن
go out (of fashion) دیگر متداول نبودن ، ازمد افتادن
My heart goes out to him. دلم پیش اوست ، با او همدردی میکنم

It is gone out of commission. از کار افتاده است
go out of print تمام شدن {در گفتگوی از کتاب چاپ شده}
go over بآن سو رفتن ـ گذر کردن ـ منتقل شدن ـ مرور کردن ـ واژگون شدن
go round دور زدن ـ بهمه رسیدن
go through مرور کردن ـ بحث کردن ـ انجام دادن ـ {با with} بپایان رساندن
It went through 5 editions. پنج (دفعه) چاپ خورد
go to law (بدادگاه) عارض شدن
go to pieces خرد شدن
go without supper. بی‌شام ماندن، سر بی‌شام خوابیدن
The clock went 4. ساعت ۴ تازد
go the way of all flesh رفتن براهی که همه میروند {مردن}
let go ول کردن ، آزاد کردن
It goes a long way towards... خیلی تأثیر یا مدخلیت در . . . دارد
The story goes (چنین) گویند
That verse does not go to this tune. آن‌شعر باین‌مقام نمیخورد
I am going to ... خیال دارم . . .
go *n*.{Col.} {goes} نیروی رفتن ـ تندی ـ جنبش ـ نوبت ، مجال ـ پیشامد (بد) ـ سبك متداول ، مد {لفظ فرانسه}
It's no go. هیچ کاری نمیتوان کرد
goad (*goud*) *n*. & *vt*. (۱)سیخك، سك (۲) سیخ زدن ـ تحریك کردن
goal (*goul*) *n*. ـ {درفوتبال} دروازه ـ {درمسابقه} نشان ، حد ـ مقصد ، هدف
goal'-keeper *n*. دروازه‌بان
goat (*gout*) *n*. بز ـ آدم شهوانی
he-g. ; she-g. بز نر ـ بز ماده
This gets my g. {U.S. ; Sl.} خیلی مرا عصبانی میکند ، خیلی جرم می گیرد
goatee (*gouti':*) *n*. ریش بزی
goat'herd *n*. بزچران
goat'skin *n*. تیماج
gobble (*gɔb'l*) *v*. & *n*. (۱) حریصانه ولپ لپ خوردن (۲) صدای بوقلمون
gobbler (*gɔb'lə*) *n*. بوقلمون نر
go'-between *n*. واسطه ـ دلال
gob'let (*-lit*) *n*. گیلاس پایه دار
gob'lin *n*. جنی
go'-by (*-bai*) *n*. —
give the go-by (to) اعتنا نکردن به
go'-cart *n*. چارچوب غلتك‌دار که کودکان راه رفتن را باآن می آموزند
God *n*. خدا ـ {با g} رب‌النوع
Grant G. خدا کند
G. willing اگر خدا بخواهد
Would to G. خدا میکرد ، کاش
god'dess *n*. الهه ،ربةالنوع
god'head (*-hed*) *n*. خدایی ، الوهیت
god'less *a*. خدا نشناس، شریر، بیدین
god'like *a*. خداوار ـ خدا پسندانه
god'ly *a*. خدا شناس، دیندار
go'-down (*-daun*) *n*. انبار
god'send *n*. نعمت غیرمترقبه
God'-speed *n*. —
wish a person G.-s. بشخصی که عازم سفر است ''خدا بهمراه'' گفتن
goggle (*gɔg'l*) *vi*. ـ خیره نگریستن ـ چپ نگاه کردن ـ چشم خود را غلتاندن
goggle-eyed (*gɔg''l-aid*) *a*. دارای چشمان درشت وخیره
gog'gles *npl*. عینك دودی یا رنگی برای جلوگیری از ورودگرد بچشم
go'ings-on *npl*. ترتیبات
go'itre; -ter (*-tə*) *n*. بزرگ‌شدگی غدهٔ درقی یا تیروئید ،گواتر {''تیروئید'' و ''گواتر'' فرانسه هستند}
gold (*gould*) *n*. ـ زر ، طلا ـ پول ـ رنگ طلایی
gold'-beater *n*. زر ورق ساز
gol'den (*-dən*) *a*. زرین ـ طلایی
g. mean میانه روی ، برکناری از

افراط و تفریط
g. welding جشن پنجاهمین سال عروسی
gold'fish *n.* ماهی طلایی یا قرمز
gold'-leaf *or* **g.-foil** *n.* زر ورق
gold'smith *n.* زرگر
golf (*gɔlf*) *n.* بازی گلف
golliwog (*gɔl'iwɔg*) *n.* قسمی عروسك زشت
golosh (*gəlɔsh'*) *n.* گالش
gon'dola (*-dələ*) *n.* کرجی و نیزی
gondolier (*gɔndəli'ə*) *n.* کرجی بان {در کرجی های و نیزی}
gone {*pp.* of **go**}
gong *n.* قسمی زنگ یا ناقوس پهن
good (*gud*) *a.* {better ; best} & *n.* (۱) خوب ، نیك ـ مهربان ـ سودمند ـ معتبر ـ موجه {a g. excuse} ـ نسبةً زیاد (۲) خوبی ، احسان ـ خیر ـ فایده ـ {با **the**} نیکان ـ {درجمع} کالا ، جنس ، اجناس
G. luck to you. خدا بهمراه
g. news مژده ، خبرِ خوش
g. for nothing بی مصرف ـ بی عرضه ـ بی ارزش ـ {بطور صفت مرکب نیز بکار میرود بدین شکل : {good-for-nothing
We had a g. time. بما خوش گذشت
Be g. enough to go with me. خواهش دارم لطفاً بامن بیایید
That is very g. of you. نهایتِ محبت است (ازطرف شما)
hold g. معتبر بودن
a g. deal مقدار (نسبةً) زیادی
a g. many نسبةً خیلی
a g. beating یك کتك حسابی
a g. turn نیکی ، احسان
in g. spirits سرِ خلق
g. looks زیبایی ، قشنگی
be in g. train خوب جریان داشتن
g. debt طلب وصول شدنی
of g. birth (از خانواده) اصیل
take in g. part خوب تلقی کردن ، بمعنی خوب گرفتن ، نرنجیدن از
g. mind حسن نیت
g. will *or* **good'will** حسن نیت ـ رضامندی ، میل
make g. جبران کردن
He as g. as told me that . . . تلویحاً بمن گفت . . .
It is too g. for . . . برای (فلان کار) حیف است
G. morning. صبح شما بخیر
G. afternoon. عصر شما بخیر
G. evening. سلام {هنگام شب ودر} خدا حافظی شب گفته میشود}
G. night. شب (به) شما خوش
G. God ! G. heavens ! G. gracious ! ای داد ! عجب ! ای خدا !
do g. نیکی کردن ، احسان کردن
come to g. نتیجهٔ خوب دادن
for g. بطور قطعی ، برای همیشه
good-bye (*-bai'*) *int.* خداحافظ ، خدا نگهدار
good'-bye *n.* خدا حافظی ، وداع
good-hu'moured (*-mə:d*) *a.* خوش طبع
good'-looking *a.* قشنگ ، زیبا
good'ly *a.* قشنگ ـ عالی {درطعنه}
good'-natured (*-neichə:d*) *a.* خوش طبع ، خوش حالت {چون بطور صفت غیر مستقیم بکار رود سیلاب دوم آن تکیه میگیرد . اینطور *-nei'-*}
good'ness *n.* خوبی ـ احسان ـ مهربانی
for g. 's sake بخاطر خدا
goods *npl.* کالا ، جنس ، اجناس
good'-tempered *a.* خوش خو
goodwill' *n.* سرقفلی با اسم و شهرت ـ {به **good** نیز رجوع شود}
good'y *n.* قاقا {یعنی شیرینی}
goose (*gu:s*) *n.* {geese} غاز ،

قاز ـ ماده غاز ـ [مج] آدم ساده لوح
wild g. chase کار غیرعملی ومحال
set the fox to watch the geese گوشت را بدست گربه سپردن
gooseberry (*guz'bəri*) *n.* یکجور انگور فرنگی
play g. زاغ سیاه دو نفر را چوب زدن ، موی دماغ کسی شدن
goose'-step *n.* رژه رَوی آلمانی [بدون خم کردن زانو] ، قدم آهسته
gore (*gɔ:*) *n.* خونِ بسته ـ مرغك
gore ('') *vt.* شاخ زدن (به)
gorge (*gɔ:j*) *n.* & *v.* (۱) درهٔ تنگ (۲) حریصانه (غذا) خوردن
My g. rises at it. دلم بالا میاید (از دیدن آن)
gor'geous (*-jəs*) *a.* زرق وبرق‌دار ـ با جلوه ـ مجلل ـ باطنطنه ـ مزین
gorilla (*gəril'ə*) *n.* نسناس ،گریل [لفظ فرانسه]
gorse = **furze**
gory (*gɔ':ri*) *a.* پوشیده از خونِ بسته
gosling (*gɔz'-*) *n.* جوجه غاز
gos'pel (*-pəl*) *n.* انجیل
gossamer (*gɔs'əmə*)*n.* بندشیطان ، لعاب عنکبوت ، مخاط شیطان ـ [بطور صفت] لطیف ، نازك ـ سبك
gossip (*gɔs'ip*) *n.* & *vi.* (۱) شایعات بی‌اساس ـ دری وری ـ بدگوئی ـ صحبت دوستانه ـ کسیکه دوست دارد از دیگران بدگویی کند (۲) شایعات بی‌اساس درباره دیگران منتشر کردن
got(ten) [*p.* & *pp.* of **get**]
gouge (*gauj*; *gu:j*) *n.* & *vt.* (۱) مقار (۲) باانگشت‌درآوردن[با **out**]
gourd (*guəd*) *n.* کدوی قلیانی
gourmand (*gu'əmənd*) *n.* آدم خوش خوراك یا صاحب سر رشته در خوراك
gout (*gaut*) *n.* نقرس
gou'ty (*-ti*) *a.* نقرس‌دار ـ متورم
govern (*gʌv'ən*) *v.* حکومت کردن (در) ـ نافذ بودن (در) ـ ناظر بودن بر
g. one's passions خودداری کردن
governing body هیئت حاکمه
gov'erness *n.* معلمهٔ سرِ خانه
government (*gʌv'ənmənt*) *n.* حکومت ـ دولت
governmen'tal (*-təl*) *a.* دولتی
governor (*gʌv'ənə*) *n.* فرماندار، حاکم ـ رئیس بانك ـ رئیس زندان ـ [در بعضی ماشین ها] پروانه
gov'ernor-gen'eral *n.* استاندار
gown (*gaun*) *n.* ـ لباس بلند زنانه ـ لباس‌شب ـ جامه ویژه داوران و علماء
Gr. = **Greek** ; **Greece.**
grab *vt.*, *vi.* [**-bed**], & *n.* (۱) ربودن (۲) چنگ زدن(۳) ربایش ـ غصب
grabber (*grab'ə*) *n.* پول جمع کن
grace (*greis*) *n.* & *vt.* (۱) توفیق، فیض ـ زیبائی، وقار ـ مهلت ـ خوش نیتی، خصلت پسندیده ـ شکرانه پیش ازغذا یاپس ازآن(۲) آرایش یازیبائی دادن ـ مفتخر کردن ـ تایید کردن
be in a person's good graces مورد التفات کسی بودن
period of g. مهلت ، ضرب‌الاجل
ask for 2 days' g. دو روز مهلت خواستن
grace'ful *a.* خوش اندام ـ باوقار
grace'less *a.* بی‌نزاکت ، بی‌ظرافت
gracious (*grei'shəs*) *a.* فیض بخش ، مهربان ـ مؤدب ـ خیر خواه
gradation (*grədei'shən*) *n.* درجه بندی ، سلسله ـ پایه ـ انتقال تدریجی
grade (*greid*) *n.*, *vt.*, & *vi.* (۱) پایه ، درجه ، رتبه ـ شیب ـ طبقه ، کلاس ـ نمره ـ نوع ، رقم (۲) درجه بندی کردن ، جور کردن ـ نمره‌گذاشتن ـ شیب منظم دادن (۳) (درفلان پایه) قرار گرفتن

first-g. درجه یك ، بهترین
on the up g. بالا رونده
gra'dient (-ənt) n. شیب
grad'ual (-yuəl) a. تدریجی
grad'ually adv. بتدریج ،کم کم
grad'uate (-yueit) vi. & vt. (۱) درجه گرفتن، فارغ‌التحصیل شدن (۲) درجه دادن - درجه بندی کردن - مدرّج کردن - تدریجاً تغییر دادن
grad'uate (-yuit) n. صاحب درجه ، فارغ‌التحصیل - پیمانهٔ درجه‌دار
gradua'tion n. درجه‌بندی - (اعطای) درجه - فراغت ازتحصیل
graft n. & vt. (۱) پیوند - قلمه - [اصطلاح امریکائی] تشبث و حقه بازی (۲) پیوند زدن- جابجا کردن - بهم پیوستن
grain (grein) n., vt., & vi. (۱) دانه ،حب-[درجمع] غله ، حبوبات - خرده ، جو ، ذره - زبری - بافت - خمیره - رگه ، طبقه - مشرب ، حالت ، تمایل (۲) دانه دانه کردن - رنگ ثابت زدن (۳) دانه دانه شدن
of fine g. ریز دانه - ریز بافت
in g. جنساً
dye in g. رنگ ثابت زدن
against the g. از بیراهه
with a g. of salt با تردید ، بقید احتیاط
gram = gramme
grammar (grəm'ə) n. دستور (زبان) ، صرف و نحو
g. school دبیرستان
grammarian (grəmê'əriən) n. دستور دان ، صرفی ، نحوی
grammatical (grəmat'ikəl) a. دستوری ، صرف و نحوی
gramme (gram) n. گرم [واحد سنجش]
gramophone (gram'əfoun) n. گرامافون
gram'pus (-pəs) n. قسمی ماهی- یونس
granary (gran'əri) n. انبار غله
grand a. باشکوه ، عالی ، مجلل - مهم ، برجسته - کل [g. total]
g. stand جایگاه تماشاچیان
grand'child n. نوه
granddaughter (-dɔ':lə) n. نوه : دخترپسر ، دختر دختر
grandee(-di':) n. اعیان‌زاده ، اصیل
gran'deur (-diə) n. بزرگی ، عظمت ، شکوه ، شأن - ابهت
grand'father n. پدر بزرگ ، جد
great g. پدر جد ، جد اعلی
grandil'oquence n. آب وتاب
grandil'oquent (-ləkwənt) a. پر آب وتاب - غلنبه - غلنبه نویس
gran'diose a. بزرگ (نما) ، عالی
grand'ma(mma) n. مادر بزرگ [بزبان کودکان] ، ننه جان
grand'mother n. مادر بزرگ ، جده
grand'pa(pa) n. پدر بزرگ [بزبان کودکان] ، بابا جان ، بابا بزرگ
grand'parent (-pêə-) n. پدربزرگ،جدّ - مادر بزرگ ، جدّه
grand'son (-sʌn) n. نوه: پسر پسر یا پسر دختر
grange (greinj) n. خانهٔ ییلاقی با ساختمانهای زراعتی آن
granite (-it) n. سنگ خارا
granny(gran'i)n. مادربزرگ-پیرزن
grant vt. & n. (۱) بخشیدن ، عطا کردن - پذیرفتن - مستجاب کردن - قائل شدن ، مقرر داشتن ، برقرار کردن - تصدیق کردن-(مسلم) فرض کردن- واگذار کردن (با امتیاز) - (۲) بخشش - اعطاء - قبول - امتیاز - اعانه
Granted that . . . فرض میکنیم که
God grant that ... خدا کندکه
take for granted مسلم دانستن ، (مسلم) فرض کردن ، بدیهی دانستن

gran'ulate (*-yuleit*) *vt.* & *vi.* (۱) دانه دانه کردن ، جودانه کردن (۲) دان‌دان شدن ـ گوشت نو بالا آوردن
gran'ulated (*-lei-*) *ppa.* دانه‌دانه
g. sugar شکر
g. glass شیشه ابری
granula'tion *n.* دانه [اصطلاح طبی]
gran'ule (*-yu:l*) *n.* دانهٔ ریز ـ حب
grape (*greip*) *n.* انگور
grape'fruit *n.* یکجور تو سرخ
graph (*gra:f*) *n.* نمودار ، نمایشِ هندسی ، گرافیك [لفظ فرانسه]
graphic (*graf'ik*) *a.* ترسیمی ـ شکلی ـ برجسته ـ مجسم‌کننده ، روشن
graph'ics *n* فن‌استعمال گرافیك یا نمودار
graphite (*graf'ait*) *n.* سربِ سیاه ، گرافیت [لفظ فرانسه]
grap'nel (*-nəl*) *n.* چنگك ، قلاب
grapple (*grap'l*) *n.*, *vi.*, & *vt.* (۱) چنگك ، قلاب (۲) گلاویز شدن (۳) با قلاب گرفتن ـ چنگ زدن به
grasp *vt.* & *n.* (۱) (محکم) گرفتن ، در چنگ آوردن ـ درك کردن (۲) اخذ ، چنگ (زنی) ، قبض ـ درك ، فهم
g. (*vi.*) **at** چنگ زدن به ـ [مج] مشتاقانه پذیرفتن
within g. در دسترس ـ قابل درك
grass *n.* علف ـ چمن
at g. درچرا ، مشغول چریدن
put to g. چراندن
g. widow زنیکه شوهرش از او غایب است
grass'hopper (*-hɔpə*) *n.* ملخ
grass'y *a.* علف‌زار ـ چمنی ، سبز
grate (*greit*) *n.* & *vt.* (۱) بخاری یا اجاق تودیواری (۲) دارای شبکهٔ آهنی کردن
grate ('') *vt.* رنده کردن (پنیروغیره) ـ (بهم) ساییدن
g. the teeth دندان قروچه کردن
g. (*vi.*) **on** آزردن
grate'ful *a.* سپاسگزار ، ممنون
I am g. to him از او سپاسگزارم
gratifica'tion *n.* خوشی ، حظ ، حظ نفس ـ ترضیه ـ پاداش
grat'ify (*-fai*) *vt.* محظوظ ساختن ـ راضی کردن ـ پاداش یا انعام دادن (به)
grat'ifying *apa.* مایهٔ خوشی
gra'ting *n.* & *apa.* (۱) شبکهٔ آهنی (۲) تیز و دلخراش
gra'tis *a(dv).* (به) رایگان
gratitude (*grat'itiu:d*) *n.* حق شناسی ، سپاسگزاری ، نمك شناسی
gratuitous (*grətiu':itəs*) *a.* رایگان ، مفت ، بلاعوض ـ بی‌جهت
gratu'itously *adv.* بلاعوض
gratu'ity *n.* انعام
grave (*greiv*) *n.* گور ، آرامگاه ، قبر
grave ('') *a.* سخت ، شدید ـ بزرگ ، مهم ـ موقر ـ وخیم ـ [مو] بم
grave ('') *vt.* [**graved; graved** *or* **gra'ven**] کندن ، نقش کردن ـ درآوردن ـ جایگیر یا منقوش ساختن
gravel (*gravl*) *n.* & *vt.* [**-led**] (۱) سنگ ریزه ـ ریگ (۲) باسنگ ریزه فرش کردن ـ شن ریختن در
grave'ly *adv.* شدیداً ـ موقرانه
grave'stone *n.* سنگِ گور
grave'yard (*-ya:d* یارد-) *n.* گورستان ، قبرستان
gra'ving-dock *n.* تعمیرگاه کشتی
grav'itate *vi.* بحکم جاذبه حرکت کردن ـ کشیده شدن
gravita'tion *n.* گرایش ، کشش ، جاذبه ، انجذاب ، تمایل ـ میل به پستی
grav'ity *n.* گرانی ، سنگینی ، ثقل ، وزن ـ جاذبهٔ زمین ـ وقار ـ اهمیت
centre of g. گرانی‌گاه ، مرکز ثقل
gravy (*grei'vi*) *n.* شیرهٔ گوشت ـ سوس یاخورشی که از شیرهٔ گوشت درست شود

gray, etc. = **grey**, etc.
graze (*greiz*) *vt*. & *vi*. (۱) چرانیدن - چریدن در (علف) - خراشیدن (۲) چریدن
grease (*gri:s*) *n*. روغن - گریس - چربی
grease (*gri:z*; *gri:s*) *vt*. روغن زدن ، گریس کاری کردن
g. the palm of a person سبیل کسیرا چرب کردن ، دم کسیرا دیدن
grea'sy (*-si*) *a*. روغنی ، چرب
great (*greit*) *a*. بزرگ ، کبیر
the G. Bear [ه] دب اکبر
G. Britain برطانی کبیر
g. grandchild نتیجه [بچهٔ نوه]
great'coat = **overcoat**
great'ly *adv*. زیاد ، بسیار ، خیلی
great'ness *n*. بزرگی، عظمت- زیادی
Grecian (*gri':shən*) *n*. محصل زبان یونانی
Greece (*gri:s*) *n*. یونان
greed (*gri:d*) *n*. آز ، حرص ، طمع
gree'dily *adv*. حریصانه
gree'diness *n*. حرص - پرخوری
gree'dy *a*. حریص - پرخور
Greek (*gri:k*) *a*. & *n*. یونانی
green (*gri:n*) *a*., *n*., *vi*., & *vt*. (۱) سبز - نارس ، کال - تازه نفس - بی تجربه ، تازه کار - حسود (۲) سبزه ، چمن (۳) سبز شدن (٤) سبز کردن
g. eye رشك (ورزی) ، حسد
green'back *n*. [U. S.] پشت سبز [کنایه از اسکناس]
gree'nery (*-nəri*) *n*. سبزه - گلخانه- سبزی
green'gage (*-geij*) *n*. گوجه
green'grocer (*-grousə*) *n*. سبزی فروش ، میوه فروش
green'grocery (*-səri*) *n*. (دکان) سبزی فروشی یامیوه فروشی
green'horn (*-hɔ:n*) *n*. آدم بی تجربه و گول خور ، هالو
green'house *n*. گلخانه ، گرمخانه
gree'nish *a*. مایل بسبزی ، کمی سبز
green'ness *n*. سبزی - کالی - خامی
green'room *n*. استراحت گاه هنرپیشگان [در تماشاخانه]
greens (*gri:nz*) *npl*. سبزی - سبزیجات
green'sward (*-swɔ:d*) *n*. چمن
green'wood *n*. جنگل سبز [که در قدیم جای متمردین و غارتگران بود]
greet (*gri:t*) *vt*. سلام کردن - [مج] خوب تلقی کردن
greeting (*gri':-*) *n*. سلام ، درود
gregarious (*grigê'əriəs*) *a*. اجتماعی ،جمعیت دوست - دسته‌ای ،گله‌ای
grenade (*grineid'*) *n*. نارنجك
grenadier (*-nədi'ə*) *n*. سرباز هنگ پیادهٔ نارنجك انداز - **G. Guards**
grew (*gru:*) [*p. of* **grow**]
grey *or* **gray** (*grei*) *a*. خاکستری - تیره -[در اسب] کبود
turn g. سفید شدن [درمو]
grey'beard (*-biəd*) *n*. ریش سفید
grey'-headed (*-hedəd*) *a*. پیر ، سابقه دار
grey'hound *n*. تازی ، سگ تازی
ocean g. کشتی تندرو
grey'ish *a*. مایل به خاکستری
grid *n*. میله ، سیم - سیخ - شبکه
griddle (*grid'l*) *n*. فر کیك بزی
grid'iron (*-aiən*) *n*. سیخ خوراك‌بزی ، گوشت کباب کن - خطوط مشبك و مانند آن - پایهٔ مشبك
grief (*gri:f*) *n*. غم ، اندوه ، غصه
come to g. به نتیجه نرسیدن
grievance (*gri':vəns*) *n*. شکایت ،گله ، ناله - تظلم
grieve (*gri:v*) *vt*. & *vi*. (۱) غمگین کردن ، محزون کردن - [در

صیغه اسم مفعول] محزون ، غصه دار (۲) غصه خوردن
grievous (*gri':vəs*) *a.* غم‌انگیز ، تالم‌آور - سخت - زیان‌آور ، مضر
grif'fin ; griffon (*grif'ən*) *n.* شیردال [جانور افسانه‌ای]
grill *n.*, *vt.*, & *vi.* (۱) سیخ - شبکه ای برای گوشت کباب کردن (۲) کباب‌کردن (۳) کباب شدن - سوختن
grille (*gril*) *n.* روزنه مشبك - شبکه
grim *a.* ترسناك - بیرحمانه - شوم - بد قیافه ، عبوس - سخت - سخت‌گیر
grimace (*-meis'*) *n.* & *vi.* (۱) ادا (و اصول) ، دهن‌کجی (۲) ادا (و اصول) درآوردن
grime (*graim*) *n.* & *vt.* (۱) دوده - چرك (۲) چرك کردن ، سیاه‌کردن
grim'ly *adv.* باقیافهٔ عبوس
grimy (*grai'mi*) *a.* دوده‌ای ، سیاه - کثیف
grin *vi.* [-ned] نیش وا کردن ، پوزخند زدن
g. and bear it سوختن و ساختن ، دندان روی جگر گذاشتن
grind (*graind*) *vt.* & *vi.* [ground] (۱) آسیاب‌کردن - تیز کردن [g. an axe] - سابیدن - تراش دادن [g. a lens] - (۲) خرد یا نرم شدن - کار سخت و یك نواخت کردن
g. small خوب نرم‌کردن
axe to g. [مج] منظور ، غرض
g. a person in a subject مطلبی را خوب حالی کسی کردن
grinder (*grain'də*) *n.* دندان آسیاب - سنگ رویی آسیاب - آسیاب قهوه و مانند آن - چاقو تیزکن
grind'stone *n.* سنگ چاقو تیزکن
grip *n.* & *vt.* [-ped] (۱) گیر ، چنگ - چنگ زنی - مشت - ادراك - فشار - قبضه - گیره (۲) محکم‌گرفتن - گیردادن ، چسباندن - تأثیرکردن بر ، گرفتن

gripes (*graips*) *npl.* زورِ پیچ ، قولنج
grippe *n.* [Fr.] گریپ ، آنفلوانزا
grisly (*griz'li*) *a.* مهیب
grist *n.* گندم آسیابی ، جو آسیابی
gristle (*gris'l*) *n.* غضروف
grit *n.* & *vt.* [-ted] (۱) سنگ ریزه - آشغال - رگه - طاقت ، متانت - جرأت (۲) سابیدن ، بهم فشردن
gritty (*grit'i*) *a.* ریگ‌دار - باجرأت
grizzl (*grizl*) *vi.* [Col.] ناله و گریه‌کردن [درگفتگوی از کودکان]
grizzled *a.* دارای مو های سفید (شده) - سفید (شونده)
grizzly (*griz'li*) *a.* (مایل به) خاکستری
groan (*groun*) *n.*, *vi.*, & *vt.* (۱) ناله (۲) نالیدن (۳) ناله‌کنان گفتن
grocer (*grou'sə*) *n.* عطار ، بقال
gro'cery (*-ri*) *n.* بقالی ، عطاری
grog (*grɔg*) *n.* عرقِ آمیخته با آب
groggy (*grɔg'i*) *a.* متزلزل - مست
groin *n.* کش یا کشالهٔ ران
groom (*gru:m*) *n.* & *vt.* (۱) مهتر (۲) تیمارکردن
groove (*gru:v*) *n.* & *vt.* (۱) شیار ، خط - جدول (۲) شیاردار کردن
grope (*group*) *vi.* کورمالی کردن
gross (*grous*) *a.* & *n.* (۱) درشت - فاحش [g. fraud] - ناویژه ، غیرخالص - درشت باف - گنده ، کلفت - سفت - بداخلاق - پرپشت (۲) قراص = ۱۴۴ عدد [جمع آن تغییر نمیکند]
in (the) g. بطورکلی ، روی‌همرفته
grotesque (*groutesk'*) *a.* & *n.* (شکل) غریب و عجیب و بی تناسب ، (صورت) مضحك
grotto (*grɔt'ou*) *n.* [-toes or -tos] سرداب - غار ، مغاره
grouch (*grauch*) *n.* & *vi.* (۱)

کج خلقی - آدم کج خلق وغرغر و
(۲) غرغر یا بد خلقی کردن

ground (*graund*) *n.* & *a.* (۱)
زمین-میدان - زمینه- [درجمع] (الف)حیاط
یا باغچه (ب) تفاله - [مج] جهت ، سبب -
عنوان (۲) زمینی - تهی - اساسی

gain g. پیشرفت کردن
give g. عقب نشینی کردن
on the g. of بعنوان - بدلیل
g. floor طبقهٔ محاذی کف زمین

ground ('') *vt.* & *vi.*
(۱) (بنا) نهادن ، کار گذاشتن - بگل
نشاندن - کنار گذاشتن (اسلحه) - (۲)
بگل نشستن

well grounded دارای مایه خوب

ground ('') [*p.* & *pp.* of **grind**] & *a.* —
g. glass شیشهٔ تکرگی یا دان دان

groun'ded *a.* با اساس - با جهت
groun'ding *n.* مایه یاپایه [درتعلیم]
ground'less *a.* بی اساس - بیمورد
grounds *npl.* تفاله - حیاط ، باغچه
ground'work (*-wə:k*) *n.*
زمینه - شالوده

group (*gru:p*) *n.*, *vt.*, & *vi.*
(۱) دسته ،گروه ، طبقه (۲) دسته(بندی)
کردن (۳) جمع شدن ، طبقه بندی شدن
g. with other things
در زمرهٔ چیز های دیگر قرار دادن

grouse (*graus*) *n.* [**grouse**]
با قرقره

grouse ('') *vi.* & *n.* [Col.]
(۱) نالیدن ، غر زدن (۲) ناله ، غر

grove (*grouv*) *n.* درختستان ، بیشه

grovel (*grɔv'əl*) *vi.* [-led]
دمر خوابیدن ، بخاك افتادن - سینه مال
رفتن - پست شدن

grow (*grou*) *vi.* & *vt.* [**grew** (*gru:*) ; **grown**]
(۱) روییدن -سبز
شدن - بزرگ شدن - زیاد شدن - ترقی
کردن- شدن ، گشتن (۲) رویانیدن
کاشتن - عمل آوردن

g. in years سالخورده شدن
g. up بزرگ شدن ، بالغ شدن
g. into a habit عادت شدن
g. a beard ریش گذاشتن
It grew dark. (کم کم) تاریك شد
He has grown out of his clothes. لباسش برای او کوچك شده است.

growl (*graul*) *n.* & *vi.* (۱)
غُرغُر (۲) خرخر کردن [چون سگ] -
غرغر کردن ، لندلند کردن

grown [*pp.* of **grow**]
grown-up' *a.* & *n.* بالغ ، سالمند
growth *a.* رشد - ترقی- کشت

grub *n.*, *vi.*, & *vt.* [-bed]
(۱)کرم حشره، نوزاد - آدم زحمت کش -
[ز.ع.] نواله ، خوراك (۲) زمین کندن -
جان کندن (۳) کاویدن - [با **up**]
درآوردن (ریشه) ، ازریشه پاك کردن -
از ریشه کندن

grubby (*grʌb'i*) *a.* کرم گرفته- چرك

grudge (*grʌj*) *n.* & *vt.* (۱) لج،
لجاجت ، غرض - غبطه (۲) از دادن
(چیزی) دریغ کردن
bear a g. لجاجت یاکینه داشتن با

grud'gingly *adv.* اکراهاً ،بامضایقه

gruel (*gru':əl* ; *-il*) *n.*
اُماج آرد جو باشیر

gruelling (*gru':iling*) *a.*
سخت ، طاقت فرسا ، کشنده

gruesome (*gru':səm*) *a.* ترسناك
gruff (*grʌf*) *a.* خشن - ناهنجار
grum *a.* بد خو ، ترشرو

grum'ble *vi.*, *vt.*, & *n.* (۱)
غرغر یالندلند کردن - ناله کردن (۲) با
غرغر گفتن [با **out**] - (۳) غرغر ، ناله

grum'bling *n.* & *apa.* غرغر(و)
grum'py (*-pi*) *a.* بد خو ، عبوس ،
درشت - ایرادگیر ، ناراضی

grunt *n.* & *vi.* -(۱) خُرخُر(خوك)

لند لند (۲) خرخر یاغرغر کردن

gryphon (*grif'ən*) = griffin

guano (*gwah':nou*) *n.* فضلهٔ مرغان دریایی یا کود آن

guarantee (*garənti':*) *n.* & *vt.* (۱) ضمانت - تعهد - ضامن ، پایندان - وثیقه ، تضمین - متعهد له (۲) ضمانت کردن - تعهد کردن

guarantor (*gar'əntɔ:*) ضامن ، پایندان

guar'anty = **guarantee** *n.*

guard (*ga:d* گاد) *n.* نگهبانی - کشیك - محافظت - نگهبان ، پاسدار - ضامن ، پناه

on one's g. مواظب - درپاسگاه

mount g. به نگهبانی رفتن

relieve g. نگهبانی‌را تحویل گرفتن

guard ('') *vt.* & *vi.* (۱) نگاه داشتن ، پاییدن (۲) نگهبانی کردن، کشیك دادن - احتیاط کردن

guar'ded *ppa.* محتاط - احتیاط‌آمیز

guar'dian (*-ən*) *n.* نگهبان ، مستحفظ - بزرگتر ، ولی - [حق] قیم ٠

guar'dianship *n.* نگهبانی - قیمومت

guards'man (*-mən*) *n.* {-men} گارد : عضو هنگ « نگهبان »

gubernatorial (*giubənətɔ':riəl*) *a.* مربوط به فرماندار

gudgeon (*gʌj'ən*) *n.* ماهی ریز قنات - [مج] آدم زود باور وگول‌خور

guerdon (*gə':dən*) *n.* {Poet.} پاداش

guerilla (*gəril'ə*) *n.* جنگ غیررسمی - [در جمع] کسانی که در این جنگ شرکت می کنند

guess (*gəs*) *n.* & *vt.* حدس (زدن)

g. a riddle معمائی را حل کردن

guess'-work *n.* حدس

guest (*gest*) *n.* & *v.* (۱) مهمان (۲) مهمان کردن یاشدن

guffaw (*gʌfɔ':*) *n.* قاه قاه پرصدا و زشت

guidance (*gai'dəns*) *n.* راهنمایی

guide (*gaid*) *n.* & *vt.* (۱) راهنما ، هادی - جلودار - پیش آهنگ (۲) راهنمایی کردن ، هدایت کردن

a g. to . . . راهنمای . . .

Girl Guides پیشاهنگی دختران

guild (*gild*) ; gild *n.* صنف

guilder (*gil'də*) *n.* نام یك سکهٔ هلندی

guile (*gail*) *n.* تزویر - خیانت

guile'ful *a.* مزور - خائنانه

guile'less *a.* بی‌تزویر ، ساده

guillotine (*gil'əti:n* ; *-ti:n'*) *n.* & *vt.* (۱) ماشین‌کردن زنی یا کاغذ بری (۲) کردن زدن

guilt (*gilt*) *n.* تقصیر - مجرمیت

guilt'less *a.* بی‌گناه- عاری ، فاقد

guilty (*gil'ti*) *a.* گناهکار، مقصر، مجرم - حاکی از تقصیر - گناه آلود

g. of . . . . محکوم به ، مرتکب

guinea (*gin'i*) *n.* گینی : سکه زر که برابر است با ۲۱ شیلینگ

guin'ea-fowl *n.* مرغ شاخدار

guin'ea-pig *n.* قسمی خوك که مانند است بموش ، خوك هندی

guise (*gaiz*) *n.* ظاهر ، هیئت ، شکل - عنوان ، بهانه ، لفافه

guitar' (گیتا) *n.* گیتار [قسمی ساز]

gulch *n.* [U. S.] درهٔ‌گود و باریك

gulf *n.* خلیج - [مج] ورطه - فاصله

gull *n.* & *vt.* (۱) شخص‌ساده لوح- مرغ نوروزی ، یاعو (۲) فریب دادن

gullet (*gʌl'it*) *n.* مری - مجرا

gullible (*gʌl'ibl*) *a.* گول‌خور ، ساده لوح

gully (*gʌl'i*) *n.* مجرا ، راه‌آب

gulp *n.* & *vt.* (۱) غورت ، جرعه (۲) غورت دادن ، غورت غورت خوردن

{بیشتر با **down**}
at one g. بیك نفس ، بیك جرعه
gum *n.* & *vt.* {-med} (۱) انگم، صمغ - چسب - لثه دندان {بیشتر بصیغه جمع} - (۲) چسب زدن
g. arabic صمغ عربی
g. elastic کائوچو ، لاستیك
chewing g. آدامس ، سقز
gum'boil *n.* پیله {در دندان}
gummy (*gʌm'i*) *a.* چسبنده - صمغی
gump'tion *n.* {Col.} هوش و استعداد
gun *n.* تفنگ - توپ
gun'boat *n.* ناو کوچك توپدار
gun'-carriage (*-kariij*) *n.* عراده توپ
gun'man (*-man*) *n.* {U.S.; Col.} دزد مسلح
gun'-metal *n.* مفرغ
gunned (*gʌnd*) *a.* توپ دار
gunner (*gʌn'ə*) *n.* توپچی
gunnery (*gʌn'əri*) *n.* توپخانه - علم توپخانه
gunny (*gʌn'i*) *n.* گونی
gun'powder (*-paudə*) *n.* باروت
gun'-running *n.* ورود اسلحه قاچاق
gun'shot *n.* توپ رس - گلوله
gun'smith *n.* تفنگ ساز
gunwale (*gʌn'l*) *n.* لبهٔ بالائیِ دیوار کشتی
gurgle (*gə:gl*) *vi.* غلغل کردن - شرشر کردن
gush *vi.* & *n.* (۱) روان شدن - جوشیدن (۲) ریزش - جوش - وزش
gusset (*gʌs'it*) *n.* مرغك
gust *n.* تند باد - {مج} بروز احساسات
gus'to (*-tou*) *n.* ذوق - لذت - طعم
gus'ty (*-ti*) *a.* طوفانی - بامزه
gut *n.* روده - زه - {مج} باطن - جرأت - {درجمع} ارزش واقعی ، مغز
gut *vt.* {-ted} روده درآوردن از ، پاك کردن (ماهی) - خالی یا بی اسباب کردن
gutta percha (*gʌt'əpə':chə*) *n.* (قسمی) کائوچو
gutter (*gʌt'ə*) *n.* & *vi.* (۱) آبرو ِ شیروانی - جوی کنار خیابان - شیار، جدول (۲) نداختن - جاری شدن
gut'ter-child *n.* بچه کوچه گرد
guttural (*gʌt'ərəl*) *a.* گلویی
guy (*gai*) *n.* & *vt.* (۱) طناب ، زنجیر ، مهار - شخص بد هیکل - مترسك (۲) با تمثال نمایش دادن - مسخره کردن
guzzle (*gʌz'l*) *v.* حریصانه خوردن
gymnasium (*jimnəi'ziəm*) *n.* ورزشگاه - زورخانه
gymnast (*jim'-*) *n* ورزشکار
gymnas'tic *a.* ورزشی
gymnas'tics *npl.* ورزش
gypsy (*jip'si*) = **gipsy**
gyrate (*jai'reit*) *vi.* چرخ زدن
gyves (*jaivz*) *npl.* بخو ، زنجیر

Hh

ha *int.* ها ـ وه ـ ها
haberdasher (*hab'ədashə*) *n.* خرازی فروش ـ فروشندهٔ یخه و کراوات و پیراهن وغیره
hab'erdashery (*-əri*) *n.* ـ خرازی ـ خرازی فروشی
habil'iments (*-mənts*) *npl.* لباس
hab'it *n.* & *vt.* (۱) خو ، عادت (۲) جامه پوشاندن
riding h. لباس سواری زنانه
hab'itable (*-təbl*) *a.* قابل سکونت ، قابل زندگی ، آباد
hab'itat *n.* جای طبیعی ، جای اصلی
habita'tion *n.* سکونت ـ منزل
habit'ual (*-yuəl*) *a.* عادی
It is h. with me. عادت من است
habit'ually *adv.* برحسب عادت
habit'uate (*-yueit*) *vt.* عادت‌دادن
h. oneself to خو گرفتن به
hack (*hak*) *vt.*, *vi.*, & *n.* (۱) خرد کردن (۲) (ضربت) زدن (۳) اسب کرایه‌ای ـ نویسنده مزدور
hacking cough سرفهٔ خشك وتك‌تك
hack'ney (*-ni*) *n.* مالِ سواری
h. -carriage درشکه کرایه‌ای
hack'neyed (*-nid*) *a.* کهنه شده
had {*p.* & *pp.* *of* have}
haddock (*had'ək*) *n.* قسمی ماهیِ روغن کوچك {در جمع تغییر نمیکند}
Ha'des (*-di:z*) *n.* جهان مردگان
hadn't = had not
hæmat'ic (*hi:-*) *a.* خونی ـ خوندار
h(a)emorrhage (*həm'ərij*) *n.* خون رَوی ، نزف‌الدم
h(a)emorrhoids (*hem'ərɔidz*) *n. pl.* بواسیر
haft *n.* دستهٔ چاقو یا کارد ، قبضه
hag *n.* عجوزه جادوگر ـ پیر زن زشت
haggard (*hag'əd*) *a.* فرسوده ـ (دارای چشمان) فرو رفته
haggis (*hag'is*) *n.* قسمی خوراك اسکاتلندی که با دل و جگر گوسفند و بلغور جو درست می کنند
haggle (*hagl*) *vi.* چانه زدن
Hague (*heig*) *n.* —
The H. لاهه {پایتخت هلند}
hail (*heil*) *n.* تگرگ
It hails (*vi.*) تگرگ میبارد
hail('') *n.*, *int.*, *vt.* & *vi.* (۱) سلام ، درود ـ خوشامد (۲) سلام بر شما باد ـ خوش آمدید (۳) سلام کردن ـ تلقی کردن ـخطاب کردن (با سلام) ـ (٤) خبر ورود دادن ـ رسیدن ، آمدن
hail'-fellow *n.* دوست صمیمی
hail'-stone *n.* (دانه) تگرگ
hair (*hêə*) *n.* مو ، زلف‌ـحصیر مویی
not turn a h. خم به‌ابرو نیاوردن
h. cut اصلاح (سر)
lose one's h. دست پاچه شدن
hair'breadth *n.* (یك) سرِ مو
hair'brush *n.* بروسِ (موی) سر
hair'dresser *n.* سلمانی برای مرد وزن
hai'riness *n.* ـ پوشیدگی ازمو ـ شباهت بمو ـ خاصیت مویی
hair'pin *n.* سنجاق‌گیس ، پنس
hair'-splitting *n.* مو شکافی
hair'-spring *n.* فنر (باندول)

hair'-stroke *n.* خط نازك (وسربالا) در نوشتن ، نازك كارى
hairy (*hê'əri*) *a.* مويى - پرمو - كرك دار
hake *n.* {hake} قسمى ماهى از جنس cod {ماهى روغن}
hal'berd (*-bəd*) *n.* تبرزين
halberdier (*-di'ə*) *n.* تبرزين‌دار
hal'bert = **halberd**
hal'cyon (*-siən*) *a.* آرام ، بى‌باد
hale (*heil*) *a.* خوش بنيه - زنده دل
half (*hahf*) *n.* { **halves** (*hahvz*)} & *a*(*dv*). نيم ، نصف
h. an hour نيم ساعت
one's better h. زن (شخص)
h. cooked نيم پخته
h. mad اندكى ديوانه ، خل
h. past two (ساعت) دو نيم
not h. bad {Col.}. خيلى خوب
in halves نيم و نيم ، بالمناصفه
go halves نصف كردن
half'-back *n.* {در فوتبال} نگهبان
half'-baked *a.* نيم پخته - {مج}خام ، بى‌تجربه - ناقص
half'-blood *n.* نسبت برادر باخواهر ناتنى ، نسبت صلبى يا بطنى
brother of h.-b. برادر ناتنى
half'-bred *a.* دو رگه
half'-breed *n.* آدم دو رگ
half'-brother *n.* برادر ناتنى
half'-cock *n.* چخماق‌درحال نيم با
half'-crown *n.* سكهٔ ۲ شيلينك‌ونيمى
half'-hearted (*-ha:tid*) *a.* سرد ، غيرقلبى - بى‌ميل - بى‌خلوص
half'-mast *n.* حالت نيمه افراشته
at h. نيمه افراشته
half'-pay *n.* حقوق ناتمام
half-penny (*heip'ni*) *n.* سكهٔ نيم بنى {اگر مقصود مبلغ نيم بنى باشد جمع آن halfpence ميشود}
half-pennyworth (*heip'ni-wə:th*) *n.* آنچه به نيم بنى بخرند
ha'p'orth {اين كلمه (*hei'pəth*) نيز گفته‌ميشود}
half'-seas-o'ver *a.* نيم مست
half'-sister *n.* خواهر ناتنى
half'-way *a.* (واقع‌در) نيمه راه
meet half-way (با كسى) مدارا يا مصالحه و سازش‌كردن
half'-witted *a.* مخبط - خل
half'-yearly *a*(*dv*). ششماهه
hal'ibut (*-bət*) *n.* يكجورماهى پهن
hall (*hɔ:l*) *n.* سالن ، تالار - سرسرا ، راهرو - عمارت - ناهار خورى
hall'-mark *n.* انگ ، نشان عيار
hallo (*hʌlou'*) *int.* هالو ، يا الله
halloo (*həlu':*) *int.*, *n.*, & *v.* (۱-۲)اى ، اهوى ، يا الله (۲) هى كردن
hallow (*hal'ou*) *vt.* مقدس كردن- {بصيغه اسم مفعول} مقدس
hallucination(*halusinei'shən*) *n.* خيال ، وهم - خطاى حس - اغفال
halo (*hei'lou*) *n.* {-es} هاله - حلقهٔ نور
ha'loed (*-loud*) *a.* داراى هاله
halt (*hɔ:lt*) *n.*, *vi.*, & *vt.* (۱)ايست، مكث - سكته (۲) ايست كردن، مكث كردن ، تأمل كردن - دو دل بودن - سكته داشتن (۳) ايست دادن
halter (*hɔ:l'tə*) *n.* آبخورى ، افسار - ريسمان دار
halve (*hahv*) *vt.* دو نيم كردن
hal'yard (*-yəd*) *n.* ريسمان بادبان
ham *n.* ران خوك (كه نمك زده و خشك‌كرده باشند) - پشت زانو
ham'let (*-lit*) *n.* دهكده
hammer (*ham'ə*) *n.* & *vt.* (۱)چكش -چخماق‌تفنگه (۲) چكش زدن- با چكش فرو كردن
come under the h. چوب هراج خوردن
h. and tongs بشدت ، با قوت

h. out (زورکی) ساختن
h. into a person's head
بزور درکلهٔ کسی فرو کردن
hammock (*ham'ək*) *n.* ننو
ham'per (-*pə*) *n.* & *vt.* (۱)سبد، زنبیل (۲) مانع جنبیدن (چیزی) شدن - جلوگیری کردن از، مزاحم شدن
ham'string *n.* & *vt.* {-ed or -strung} (۱) پی زیر زانو (۲) پی زانو(ی کسی) را بریدن ، لنگ کردن
hand *n.* & *vt.* (۱) دست - عقربه - دسته - دستخط - امضا - کمك ، کارگر - {مج} دخالت (۲) دادن- کمك کردن
at h. نزدیك - دم دست
at first h. مستقیماً ، دروهلهٔ نخست
at the h. of بدستِ ، بوسیلهٔ ، عملِ
in h. در دست اقدام - درجریان
off h. بی مطالعه ، بی تهیه
on h. موجود - مانده ، نکرده
on the other h. از طرف دیگر
out of h. غیرقابل جلوگیری - فوراً
under the h. of بامضایِ
He is a good h. at . . .
در . . . عامل یا کهنه کار است
He lives from h. to mouth.
هرچه در میاورد خرج میکند ، دست بدهن است
change hands دست بدست رفتن
take a h. at شرکت کردن در(بازی)
better h. پیشی ، تقدم
h. to h. دست بیخه
h. in glove / h. and glove } صمیمی ، محرم
bear (or lend) a h. کمك کردن
ask for a lady's h. تقاضای ازدواج با بانویی کردن
win a lady's h. موافقت زنی را برای از دواج جلب کردن
My hands are full. دستم خالی نیست
to keep his hand in برای اینکه دستش کند نشود
hand a lady into a carriage
بانوئی را در سوار شدن درشکه کمك کردن
h. over تحویل دادن - واگذاردن
h. down بارث گذاشتن
hand'-bag *n.* کیفِ دستی
hand'-barrow *n.* زنبه دستی
hand'bill *n.* آگهی دستی
hand'book *n.* کتاب دستی ، راهنما
hand'breadth *n.* پهنای دست
hand'-cart *n.* ارابه یاچرخ دستی
hand'cuff *n.* & *vt.* (۱) دستبند، بخو (۲) دستبند زدن
hand'ful *n.* مشت - تنی چند
han'dicap *n.* & *vt.* {-ped} (۱) مسابقهٔ تعادلی - مانع (۲) عقب انداختن
han'dicraft *n.* صنعت دستی
han'dily *adv.* چنانکه بکاربردن آن آسان باشد - به آسانی یااستادی یازرنگی
han'diness *n.* سهولتِ استعمال
han'diwork (-*wə:k*) *n.* کار دستی
handkerchief (*han'kəchi:f*) *n.* دستمال
han'dle *n.* & *vt.* (۱) دسته ، دستگیره- دستاویز (۲) دست زدن ، دست مالی کردن - جا بجا کردن ، بر داشتن و گذاشتن - بـا دست استعمال کردن - اقدام کردن در - اداره کردن - بحث کردن در - خرید و فروش کردن - رفتارکردن با -رام کردن ، تربیت کردن
handling charges هزینه بارېری ، هزینه گذاشت و برداشت ، هزینه نقل و انتقال
han'dle-bar *n.* دسته ، فرمان
hand'maid {Arch.} = maid-servant
hand'-made *a.* دستباف - دست دوز
hand'organ *n.* ارگك دستی
hand'-rail *n.* نرده ، دست انداز
hand'-saw *n.* ارهٔ دستی ، دست اره
handsome (*han'səm*) *a.* زیبا ،

قشنگ، خوش اندام - سخاوتمندانه - زیاد
hand'spike *n.* اهرم چوبی
hand'spring *n.* معلقِ روی دست
hand'-to-hand' *a(dv).* دست بیخه
hand'-to-mouth' *a.* دست بدهن ، گنجشك روزی ، کردی خوردی
hand'-tool *n.* دست افزار، ابزاردست
hand'writing (*-rai-*) *n.* دستخط
han'dy *a.* سهل‌الاستعمال - موجود - زرنگ درکار های دستی - سودمند
hang *vt.* & *vi.* {hung} (۱) آویزان کردن - دار زدن { در این معنی گذشته و اسم مفعول آن hanged میشود } - (۲) آویزان شدن - معلق بودن - معطل کردن - مردد بودن - انگل شدن
h. about در نزدیکی یا دور و بر (منتظر) بودن - گشتن ، پرسه زدن
h. up مسکوت یامعوق گذاشتن
h. back بیمیلی نشان دادن
h. behind لِك و لك کردن
h. on to something بچیزی چسبیدن - درچیزی خوب دقت کردن
h. over بیشامدگی داشتن
h. together باهم مربوط بودن - باهم پیوسته یامتحد بودن
Let it go h. اهمیت ندهید ، بشمش بدان ، بیخیالش باش
han'gar (*-ga:* -گا:) *n.* آشیانهٔ هواپیما
hang'dog *a.* شرمنده و ترسو
hanger {در ترکیب} -
coat-h. جا لباسی ،
dress-h. جا رختی
paper-h. کاغذ چسبان
han'ger-on *n.* { hangers-on } انگل ، مفت خور
han'ging *a.* & *n.* (۱) آویزان - افسرده - معلق - دار زدنی (۲) اعدام - (درجمع) پرده ، کاغذ دیواری
hang'man (*-mən*)*n.* {-men} دارزن
hang'nail *n.* ریشهٔ ناخن
hang'-over *n.* حالت خماری
hank *n.* کلاف - حلقه
han'ker (*-kə*) *vi.* هوس داشتن - آرزو کردن ، هوس کردن {با after}
hanse *n.* اتحادیه بازرگانی یاسیاسی
Han'sard (*-səd*) *n.* مذاکرات رسمی پارلمان انگلیس
han'some (cab) (*-səm-*) *n.* قسمی درشکهٔ دو چرخه
hap *n.* اتفاق ، قضا
hap'hazard (*-zəd*) *n.* & *a* (۱) اتفاق ، تصادف (۲) اتفاقی ، الله بختی
at h. ; by h. اتفاقاً ، الله بختی
hap'less *a.* بدبخت
hap'ly *adv.* {Arch.} شاید - تصادفاً
happen (*hap'ən*) *vi.* رخ دادن ، اتفاق افتادن ، واقع شدن - تصادف کردن
I happened to be at home. اتفاقاً من درخانه بودم
hap'pening *n.* رویداد ، اتفاق
hap'pily *adv.* خوشبختانه
hap'piness *n.* خوشی - سعادت
happy (*hap'i*) *a.* خوش، خوشحال - سعید ،خوشبخت - قانع - مبارك
a h. chance حسنِ تصادف
h. tidings مژده ، خبرِ خوش
H. New Year. سال نو را بشما تبریك میگویم
hap'py-go-luck'y *a.* بیغم
harangue (*hərang'*) *n.* & *vi.* (۱) سخن‌رانی باصدای بلند (۲) باصدای بلند نطق کردن
harass (*har'əs*) *vt.* بستوه‌آوردن ، عاجز کردن
harbinger (*ha':binjə* -ها) *n.* منادی ، پیشرو
harbour (*ha':bə* -ها) *n.*, *vt.*, & *vi.* (۱) بندرگاه ، لنگرگاه (۲) پناه دادن - پرورش دادن (۳) پناه بردن
har'bourage (*-rij*) *n.* پناه (گاه)
hard (*ha:d* هاد) *a.* & *adv.*

(۱) سخت ، دشوار ـ سفت ـ سخت گیر ـ
خسیس ـ دیرگشا ، کور [a h. knot] ـ
(۲) سخت [Work h.]
h. labour کار سخت ، اعمال شاقه
be h. (up)on a person بکسی سخت گیری کردن
h. cash سکه یا پول نقد
h. luck بخت ِ بد ، بدبختی
a h. fact حقیقت ثابت و مسلم
h. of hearing سنگین گوش
I am h. up for money. از بی پولی در مضیقه هستم
h. and fast rule قانون خشك یا سخت ، قانون غلاظ وشداد
It will go h. with him. برای او بد خواهد شد
h. by نزدیك ، در نزدیکی
hard-bit'ten *a.* سر سخت
hard'-boiled *a.* سفت ، سفت پز ـ [د. گ.] بی‌عار وتعصب وپررو
harden (*ha':dn*هادن) *vt. & vi.* (۱) سخت کردن ـ سفت کردن (۲) سخت شدن ـ سفت شدن
hard'-featured (*-fi:chəd*) *a.* بد قیافه ـ زشت
hard'-headed (*-hed'id*) *a.* سخت ، کاسب منش
hard'-hearted (*-ha:tid*) *a.* سخت دل
har'dihood *n.* بی باکی ،گستاخی
har'dily *adv.* جسورانه ـ گستاخانه
har'diness *n.* طاقت ـ بنیه ـ پرروئی
hard'ly *adv.* مشکل‌ـ بزحمت ـ سخت
hard'-mouthed *a.* بددهنه ـ خودسر
hard'ness *n.* سختی ـ سفتی
hard'ship *n.* سختی ، مشقت
hard'-tack *n.* (*or* hard tack) قسمی بیسکویت سخت وکلفت که سربازها و بی گردها می‌خورند
hard'ware (*-wêə*) *n.* فلز آلات
hardy (*ha':di* هادی) *a.* ، دلیر(نما) با تهور ـبرطاقت ـ خوش بنیه
hare (*hêə*) *n.* خرگوش(صحرایی)
run with the h. and hunt with the hounds شریك دزد و رفیق قافله شدن ، دودستماله رقصیدن
hare'-brained *a.* بی‌پروا
hare'-lipped *a.* لب شکری
har'icot bean (*-koubi:n*)*n.* لوبیا
hark (*ha:k* هاك) *vi. or int.* گوش! گوش بدهید
harlequin (*ha':likwin* ـ ها) *n.* دلقك ، مسخره
har'lot (*ha':lət* ـ ها) *n.* فاحشه
har'lotry (*-lətri*) *n.* فاحشگی
harm (*ha:m* هام) *n. & vt.* (۱) آسیب ، اذیت ، آزار (۲) صدمه زدن ، اذیت کردن
There is no h. in it. صدمه‌ای نمیزند ، عیبی ندارد
harm'ful *a.* زیان آور ، مضر
harm'less *a.* بیضرر ـ بیگناه
harmon'ic (*ha:-* ـها) *a.* هم آهنگ
harmonica (*-mɔn'ikə*) *n.* سازدهنی
harmonious (*-mou'niəs*) *a.* موزون ، خوش‌آهنگ ـ سازگار ، موافق
harmo'nium (*-əm*) *n.* کارمن [لفظ روسی]
harmonize (*ha':mənaiz*) *vt. & vi.* (۱) هم‌آهنگ کردن ـ جفت کردن (۲) هم‌آهنگ شدن ـ جفت شدن
har'mony (*-məni*) *n.* هم‌آهنگی
harness (*ha':nis* ـها) *n. & vt.* (۱) ستام ، یراق (۲) یراق کردن ـ آمادهٔ کار کردن
in h. حین انجام وظیفه ـ یراق شده
harp (*ha:p* هاپ) *n. & vi.* (۱) چنگ (۲) چنگ زدن
h. on the same string بپیوسته روی یك موضوع بحث کردن
har'per (*-pə*) ; -pist *n.* چنگ زن

harp'sichord (*-kɔ:d*) *n.* چنگك پیانویی
harpoon' (هاپون) *n.* نیزه بلند که بطناب بسته برای گرفتن بال پرت می کنند
harpy (*ha':pi* هاپی) *n.* آدم درنده خو
harridan (*har'idən*) *n.* پیر زن یا فاحشهٔ از کارافتاده و بد خو
harrier (*har'iə*) *n.* تولهٔ خرگوش گیری
harrow (*har'ou*) *n.* & *vt.* (۱) مازو ، شانهٔزمین صاف کن (۲) مازو کشیدن ، صاف کردن - [مج] آزردن - جریحه دار کردن
har'rowing *apa.* دلخراش
harry (*har'i*) *vt.* چاپیدن - بستوه آوردن
harsh (*ha:sh* هاش) *a.* تند ، خشن، سخت گیر - درشت ، زمخت ، زبر
harsh'ly *adv.* بدرشتی ، باخشونت
harsh'ness *n.* تندی ، خشونت
hart (*ha:t* هات) *n.* گوزن نر (که بیش از ٥ سال داشته باشد)
harum-scarum (*hê'ərəm-skê'ə-rəm*) *n.* & *a.* (آدم) لاابالی و بی فکر ، هردمبیل
harvest (*ha':vist*-ها) *n.* & *vt.* (۱) (وقت) خرمن ، حصاد ، برداشتِ محصول - [مج] نتیجه ، حاصل (۲) درو کردن ، جمع کردن
  h. home سرود و جشن در پایان خرمن برداری
har'vester (*-tə*) *n.* دروگر-ماشین‌درو
has (*haz*) *v.* (او) دارد [رجوع شود به **have** مصدر آن]
hash *vt.* & *n.* (۱) خرد کردن ، قیمه کردن (۲) قیمه - چیزِ درهم برهم
  make a h. of خرابِ کردن
  settle a person's h. کسیرا سرجای خود نشاندن ، زهر چشم از کسی گرفتن
hasn't = **has not**
hasp *n.* & *vt.* چفت (کردن)
hassock (*has'ək*) *n.* زیر زانویی
hast *v.* (تو) داری
haste (*heist*) *n.* & *vi.* شتاب (کردن) ، عجله (کردن)
  in h. باشتاب ، با عجله
hasten (*hei'sn*) *vt.* & *vi.* (۱) شتابانیدن - جلو انداختن - باعجله بردن (۲) شتاب کردن
hastily (*heis'tili*) *adv.* باعجله
hasty (*heis'ti*) *a.* شتاب زده ، عجول ، دست پاچه - معجلانه - بی تأمل
hat *n.* کلاه
  send round the hat کشکولِ گدائی برای کسی دست گرفتن
  talk through one's h. [Sl.] غورت انداختن ، چرند گفتن
hat'band *n.* روبان دور کلاه
hat'-box *n.* جا کلاهی، جعبهٔ کلاه
hatch (*hach*) *n.* دریچه - نصفه در
hatch ('') *vt.*, *vi.*, & *n.* (۱) از تخم در آوردن - [مج] درست کردن (دوزوکلك) - (۲) از تخم بیرون آمدن (۳)جوجه کشی - همهٔ جوجه هایی که یك بار از تخم بیر ون میایند
  The eggs are hatched. جوجه‌ها از تخم در آمده اند
hatch ('') *n.* هاشور [لفظ فرانسه]
hatchet (*hach'it*) *n.* تبرِ کوچك
  bury the h. تیغ درخاك نهادن ، دست از جنگ کشیدن ، آشتی کردن
hatch'way *n.* دریچه - نصف در
hate (*heit*) *vt.* تنفر داشتن از ، دشمن داشتن
  I h. it. ازآن بدم می آید یا متنفرم.
hate'ful *a.* تنفرآمیز ، زشت- متنفر
hatred (*hei'trid*) *n.* دشمنی - تنفر
hatter (*hat'ə*) *n.* کلاه دوز ، کلاه فروش
hauberk (*hɔ':bə:k*) *n.* زره
haugh'tily *adv.* با تکبر یا مناعت

haugh'tiness *n.* تکبر - مناعت
haughty (*hɔ':ti*) *a.* - مغرور، متکبر - تکبرآمیز - با مناعت
haul (*hɔ:l*) *vt* & *n.* - (۱) کشیدن تغییر جهت دادن (۲) کشش
h. at (*or* upon) کشیدن
h. over the coals سخت سرزنش کردن ، سخت مواخذه کردن از - عیب گرفتن از
haunch (*hɔ:nch*) = hip *n.*
haunt (*hɔ:nt*) *vt.*, *vi.*, & *n.* (۱) زیاد در (جایی) رفت و آمد کردن (۲) ماندگار شدن (۳) پاتوق
haun'ted *ppa.* مسکونی دیوها
have (*hav*) *vt.* {had} - داشتن - مجبور بودن - وادار کردن
thou hast; he has داری - دارد
he hasn't got {Col.} او ندارد
{امریکایی ها بجای آن جمله زیر را دارند}:
"he does not have"
I have to go. باید بروم ، مجبورم بروم
H. it translated. بدهید ترجمه کنند
He had his fortune told. رفت پیش فالگیر ، فالگیر فالش را گرفت
This action had his approval. این کار بتصویب او رسید
I won't have you say that. اجازه نمیدهم (یا نمی‌توانم تحمل کنم) که شما این حرف را بزنید
h. by heart از حفظ داشتن
I h. a warm coat on. نیم تنه گرمی پوشیده‌ام (یا دربر دارم)
I had my leg broken. پایم شکست
She had a baby. بچه‌ای زائید
have up بدادگاه بردن یا احضار کردن - بازخواست یا مؤاخذه کردن از
I h. nothing to do with it. بمن دخلی ندارد ، بمن مربوط نیست
h. at مورد حمله قراردادن
H. it out with him. کار را با او یکسره (یا تصفیه) کنید
You've been had. کلاه‌سرتان‌رفته
I had rather (*or* better) go. بهتر است بروم ، بهتر بود اگر میرفتم
Rumour has it that . . . شایعه ای هست که . . .
have *v. aux.* —
I h. eaten خورده‌ام
that I may h. eaten که خورده باشم
I had eaten خورده بودم
HadI gone اگر رفته بودم
Had I known اگر میدانستم
have ('') *n.* {Col.} گوش بری
the haves and have-nots دارا ها و ندار ها
ha'ven (*-vn*) *n.* بندرگاه - پناه‌گاه
haven't = have not
haversack (*hav'əsak*) *n.* کیسهٔ پارچه‌ای سرباز ،کوله پشتی ، دوش تبره
hav'oc (*-ək*) *n.* & *vt.* {-ked} (۱) غارت و ویرانی (۲) غارت کردن - ویران کردن
cry h. حکم غارت دادن
make h. with | ویران کردن،
play h. among | خراب کردن- از بین بردن
haw (*hɔ:*) *n.* & *vi.* (۱) گویج ، عوسج (۲) {زیر hum نگاه کنید}
hawk (*hɔ:k*) *n.*, *vi.*, & *vt.*, (۱) باز ، قوش (۲) با باز شکار کردن - سینه صاف کردن (۳) دوره بردن و فروختن
hawker (*hɔ':kə*) *n.* دست فروش دوره گرد
hawk'-eyed *a.* تیزبین ، تیز نظر
hawser (*hɔ':zə*) *n.* طناب (فولادی)
hawthorn (*hɔ':thɔ:n*) *n.* خفچه ، عوسج
hay (*hei*) *n.* علف خشك ، یونجه خشك
hay'loft *n.* انبار علف

hay'-rack *n.* علف‌دان ، جای یونجه
hay'stack *or* **hay'cock** *n.* کومهٔ علف خشك ، تودهٔ علف یا یونجه خشك
hazard (*haz'əd*) *n.* & *vt.* (۱)قمار- مخاطره - تصادف (۲) بمخاطره انداختن - حدس زدن
 run the h. خود را در معرض مخاطره قرار دادن ، دل بدریا زدن
hazardous (*haz'ədəs*) *a.* مخاطره‌آمیز - تصادفی ، اتفاقی
haze (*heiz*) *n.* & *vt.* (۱) مه کم، غبار - [مج] تیرگی (ذهن) - ابهام - گیجی (۲) مه‌دار کردن - تیره کردن
hazel (*hei'zl*) *n.* درخت فندق
 h. eyes چشم‌های میشی
ha'zel-nut *n.* فندق
ha'ziness *n.* تیرگی -گیجی - ابهام
hazy (*hei'zi*) *a.* مه‌دار -گیج
H. B. M. = His (Her) Britannic Majesty اعلیحضرت پادشاه (یا علیاحضرت ملکه) انگلستان
he (*hi:*) *pr.* او ، وی [آن مرد]
H. E. = His Excellency
head (*hed*) *n.* سر - رأس - رئیس - دانه - نوك ، منتهاالیه - جلو - دماغه - عنوان ، مبحث ، موضوع - اوج - نفر
 2 h. of sheep دو رأس گوسفند
 Rials 5 per h. نفری ۵ ریال
 h. or tail شیر یا خط
 I cannot make h. or tail of . . . سر از . . . درنمیآورم
 h. first سر بجلو - از سر ، باسر
 plunge h. first شیرجه رفتن
 off one's h. دیوانه - ازجا دررفته
 go to the h. (of) مست کردن
 He talks over my h. سخنان او بیرون از حدود فهم من است
 by the h. and ears بزور
 h. over heels واژگون - سر تاپا
 h. and shoulders یك سرو گردن
 lose one's h. دیوانه یاعصبانی شدن
 keep one's h. خون سرد بودن
 keep one's h. above water از زیر بدهی بیرون آمدن
 make h. پیش رفتن
 make h. against . . . از عهدهٔ . . . برآمدن
 on your h. بگردن خودتان
 He talked my h. off. از بس حرف زد سرم را بُرد
 We laid our heads together. باهم مشورت کردیم
head (,,) *vt.* & *vi.* (۱) سرگذاشتن به(چیزی) - در رأس (چیزی) واقع شدن -رهبری کردن -پیش افتادن از- دور زدن - مواجه شدن با - مقاومت کردن با - با سرزدن (توپ) - (۲) روی کردن - عازم‌شدن -سرچشمه گرفتن - رسیدن (دمل)
 h. off مانع شدن از
 headed by بریاست
headache (*hed'eik*) *n.* سر درد
head'-dress *n.* روسری آرایشی
header (*hed'ə*) *n.* شیرجه
 take a h. شیرجه رفتن
head'-gear *n.* روسری - کلگی
heading (*hed'-*) *n.* عنوان ، سرصفحه - فصل - تاریخ و نشانی نویسندهٔ نامه درگوشه‌دست راست آن -سرپوش،در
head'land (*-lənd*) *n.* دماغه - برتگاه
headlight (*hed'lait*) *n.* چراغ جلو
head'-line *n.* سطر درشت در بالای صفحه - سرصفحه ، عنوان
head'long *adv.* & *a.* (۱) باکله، سر بجلو - بدست پاچگی ، سراسیمه (۲) تند ، شتاب زده - بی‌پروا
headman (*hed'mən*) *n.* {-men} رئیس ، بزرگتر - [در ده] کدخدا
head'-master *n.* مدیر (آموزشگاه)
head'-mistress *n.* مدیره ، رئیسه
head'-office *n.* ادارهٔ مرکزی، مرکز

head'-on' *a(dv.)* ازسر ـ نوك بنوك
head-phones (*hed'founz*) *npl.* راديوى گوشى
head'-piece (*-pi:s*) *n.* خود ـ كلاه.ـ.رصفحه ـ آرايش گل و بته ـ آبخورى ـ [مج] كله ، ادراك ـ آدم با كله
headquarters (*hed'kwɔ':təz*) *npl.* ادارهٔ مركزى
Police H. ادارهٔ كل شهربانى
head'stone *n.* سنگ عمودى قبر
head'strong *a.* خود رأى ، لجوج
head'waters *npl.* سرچشمه
headway (*hed'wei*) *n.* پيشرفت
make h. پيشرفت كردن
heady (*hed'i*) *a.* بى پروا ـ خودسر ـ [در نوشابه] گيرنده ، سنگين
heal (*hi:l*) *vt. & vi.* (۱) شفا دادن ـ التيام دادن (۲) شفا يافتن ، خوب شدن ،گوشت نو بالا آوردن
hea'ling *n. & a.* شفا (دهنده)
health (*helth*) *n.* تندرستى ـ مزاج
good h. تندرستى ، صحت مزاج
in good h. تندرست ، سالم
drink a h. to بسلامتى كسى نوشيدن
inquire after a person's h. ازكسى احوال پرسى كردن
Public H. بهدارى
health'ful *a.* صحت بخش ـ سودمند
healthy (*hel'thi*) *a.* تندرست ، سالم ـ صحت بخش ـ گواه بر تندرستى
heap (*hi:p*) *n. & vt.* (۱) توده ، كپه ،كومه ـ گروه (۲) توده كردن ، انبوه كردن [بيشتر با up]
struck all of a h. [Col.] مبهوت
heaps of times [Col.] هزاربار
heaps better [Col.] يك عالم بهتر ، خيلى بهتر
heap up wealth مال اندوختن
hear (*hiə*) [heard (*hə:d*)] *vt. & vi.* (۱) شنيدن ـ گوش كردن ـ اجابت كردن (۲) خبر داشتن
His prayer was heard. دعايش مستجاب شد
hear out تا آخر گوش دادن
I have heard of that book. وصف آن كتاب را شنيده ام
H.! H.! احسنت [گاهى بطعنه]
heard [*p. & pp. of* hear]
hearer (*hi'ərə*) *n.* شنونده ، مستمع
hearing (*hi'ə-*) *n.* شنوايى ، سامعه ـ دادرسى
H. is not within h. صدا باو نميرسد
hearken (*ha':kən*-ها) *vi.* گوش دادن
hearsay (*hi'əsei*) *n.* شايعه ، مسموعات ، سخن افواهى ـ تواتر
by h. افواهاً ، تواتراً
hearse (*hə:s*) *n.* نعش كش
heart (*ha:t* هات) *n.* دل ، قلب
lose h. مأيوس شدن
lose one's h. دل باختن
win the h. of a person كسيرا شيفته يا عاشق خود كردن
after one's own h. موافق دلخواه
set one's h. on آرزو كردن
at h. باطناً
by h. از بر ، از حفظ
learn by h. از بر كردن
It did my h. good. دلم حال آمد
h. and soul بادل وجان ، باهمهٔ قوا
have one's h. in one's mouth زهره تراك شدن ، تكان زياد خوردن
h.-to-h. ساده و صادقانه
heart-ache (*ha:t'eik*) *n.* غصه
heart'-beat (*-bi:t*) *n.* ضربان قلب
heart'-break (*-breik*) *n.* غم زياد
heart'-breaking *a.* اندوه آور ـ [د. گ.] كمرشكن
heart'broken *a.* دل شكسته
heart'-burn (*-bə:n*) *n.* سوزشى كه بواسطهٔ تخمه يا ترشى در نزديكى قلب

احساس میشود

hearten (*ha':t'n*هاتن) *vt*. & *vi* (۱) دل دادن ، تشجیع یا تشویق کردن (۲) دل پیدا کردن

heart'-failure *n*. سکتهٔ قلبی

heart'felt *a*. قلبی ، خالصانه

hearth (*ha:th* هات) *n*. آتشدان ، اجاق ـ کف یادهانهٔ کوره ـ [مج] خانه

heartily (*ha':-*) *adv*. از دل ، قلباً، باحسن نیت ـ بجرأت ـ بطورحسابی

heartless (*ha:t'-*) *a*. بی عاطفه

heart'-rending *a*. دل آزار ـ مخوف

heart'-sick *a*. بیمار دل

heart'-whole(*-houl*)*a*. فارغ ازعشق

heart'-wood *n*. مغزچوب ، میان‌چوب

hearty (*ha':ti*) *a*. قلبی ـ خوش بنیه ـ زیاد ـ مقوی ـ محکم ـ باغیرت

heat (*hi:t*) *n*. & *v*. (۱) گرما ، گرمی ، حرارت ـ تندی ـ خشم ـ هیجان ـ بحران ـ شوق (۲) گرم کردن یاشدن

h. stroke گرما زدگی

at a single h. دریك‌وهله، بایك‌زور

be on h. فحل آمدن

heater (*hi':tə*) *n*. بخاری

heath (*hi:th*) *n*. خلنگ ـ بته

heath'-cock *n*. خروس کولی

heathen (*hi':thən*ـظن) *a*. & *n*. کافر ، بت پرست ، مشرك ـ وحشی

hea'thenish *a*. کفرآمیز ـ کافرکیش

hea'thenism (*-izm*) *n*. کافری

heather (*heth'ə*هظه) *n*. خلنگ ، خاربن ، بته

heating (*hi':ting*) *n*. & *apa*. (۱) عمل گرم کردن (۲) گرم کننده

central h. system دستگاه حرارت مرکزی

heat'-rash *n*. عرق سوز

heat'-stroke *n*. گرمازدگی

heave (*hi:v*) *vt*., *vi*., & *n*. [heaved or hove] (۱) (بزور) بلند کردن یا کشیدن ـ متورم کردم ـ جا بجا کردن (۲) بالا آمدن ، ورغلپیدن ـ نفس‌نفس زدن (۳) خیز ، برآمدگی ـ زور (برای بلند کردن چیزی) ـ زور استفراغ

heaven (*hevn*) *n*. آسمان ـ بهشت

move h. and earth زمین وآسمان (یازمین وزمان) را بهم دوختن

H.'s will خواست خدا

H. forbid خدا نکند

H. save us from ... وای بحال ...

Would to H. کاش ، خدا میکرد

Good heavens! آه ! ای‌داد !

heav'enly *a*. آسمانی ـ بهشتی

heaves (*hi:vz*) *npl*. ببلیك

heavily (*hev'ili*) *adv*. بسنگینی ـ زیاد ـ به‌افسردگی ـ بزحمت ـ بسختی

heav'iness *n*. سنگینی ـ زیادی ـ غلظت ـ افسردگی ـ کندی ، کودنی

heavy (*hev'i*) *a*. سنگین ـ زیاد ـ شدید ـ متلاطم ـ پر زور ـ بهم چسبیده ـ دیرهضم ـ ابری ، دلتنگ کننده ـ حزن‌آور ـ افسرده ـ سفت ، غلیظ ـ زشت

Time hangs h. وقت دیر می‌گذرد

heav'y-armed *a*. سنگین اسلحه

heav'y-handed *a*. خام دست ـ جابر

heav'y-hearted *a*. دلتنگ

heb'etate (*-əteit*) *vt*. & *vi*. (۱) کندکردن ، خرف کردن (۲) کند شدن

heb'etude (*-tiu:d*) *n*. کند ذهنی ، خرف

Hebraic (*hi:brei'ik*) *a*. عبری ، عبرانی

Hebrew (*hi':bru:*) *a*. & *n*. عبری (۱) عبرانی (۲) زبان عبری

the Hebrews عبرانی ها

hecatomb (*hek'ətoum*; - *tu:m*) *n*. کشتار زیاد ، کشتار دسته جمعی

heckle (*hek'l*) *vt*. & *n*. (۱) شانه کردن (کتان) ـ (۲) شانه

hectare (*hek'têə* ; *ekta:r'*) *n*. هکتار [ده هزار متر مربع]

hec'tic *a.* & *n.* - (۱) دقی ، سلی - [مج] هیجان‌آمیز (۲) تب دق ، تب لازم - بیمار تب لازمی
h. fever تب دق ، تب لازم
hec'tor (*-tə*) *n.* & *v.* (۱) لاف زن (۲) لاف زدن ، گردن کلفتی کردن - تهدید یا آزار کردن
he'd = **he had; he would**
hedge (*hej*) *n.*, *vt.*, & *vi.* (۱) پرچین ، حصار باغی - بازداشت (۲) با پرچین محصور کردن - دفاع کردن (۳) پنهان شدن - خود را حفظ کردن
h. of thorns خاربست
on every h. در هر رهگذر
h. off دور کردن ، دفع کردن
h. on a question از دادن جواب صریح طفره زدن
hedge'hog *n.* خارپشت
he'donism (*-izm*) *n.* اعتقاد باینکه اصل خوبی در خوشی و لذت است
heed (*hi:d*) *n.* & *v.* (۱) اعتنا (۲) اعتنا کردن ، محل گذاشتن
Take h. of متوجه . . . باشید
heed'less *a.* بی‌اعتنا ، بی‌توجه
hee'-haw (*-hɔ:*) *n.* عرعر - قاه‌قاه
heel (*hi:l*) *n.* & *vt.* - (۱) باشنه - پای عقب جانور (۲) پاشنه انداختن به [h. a shoe]
down at h. پاشنه ساییده - شلخته
She is out at heels. پاشنهٔ جورابش سوراخ است ، فقیر است
to heel پیرو ، مطیع ، تسلیم
at (*or* **on**) **the heels of** در پی
kick (*or* **cool**) **one's heels** چشم براه یا منتظر ایستادن
take to one's heels
show a clean pair of heels } پاشنه را ور کشیدن ، گریختن
kick up one's heels ازخوشی جفتك انداختن
heel ('') *vi.* & *vt.* (۱) یك‌بر شدن، کج شدن (۲) یك بر کردن ، کج کردن
heel'-tap *n.* ته پیاله - باشنه ، نعلکی
hef'ty *a.* [Col.] تنومند ، قوی
hegemony (*higim'əni*;*-gem'-*) *n.* تفوّق، استیلا
heifer (*hef'ə*) *n.* گوسالهٔ ماده
heigh (*hei*) *int.* هی ، جانمی
heigh'-ho' *int.* های های ، آه
height (*hait*) *n.* - بلندی ، ارتفاع - [مج] اوج ، بحبوحه - زمین بلند
heighten (*hai'tn*) *vt.* & *vi.* (۱) بلند(تر) کردن ، بالا بردن - زیاد کردن (۲) بالا رفتن - بلند (تر) شدن - زیاد شدن
heinous (*hei'nəs*) *a.* شنیع - شریر
heir (*êə*) *n.* وارث
h. to the crown ولیّ‌عهد، ولیعهد
heir'at-law' *n.* وارث قانونی
heir'ess *n.* [*fem.* *of* **heir**] وارثه
heir'less *a.* بی‌وارث
heir'loom *n.* اثاثه‌ای‌که از چندپشت در خانواده ای مانده باشد، اثاثه ارثی، مرده ریگ (نیاگان) - صفت‌موروثی
held [*p.* & *pp.* *of* **hold**]
hel'ical (*-kəl*) *a* مارپیچ ، دورگرد
hel'icoid(al) *a.* مارپیچ ، حلزونی
helicop'ter (*-tə*) *n.* هواپیمایی که از زمین‌بطور عمودی پرواز میکند
heliograph (*hi':liograf*) *n.* تلگراف آفتابی
he'lium (*-əm*) *n.* هلیوم :گاز سبك وغیرقابل احتراقی که در بالن بکار میرود
helix (*hi':liks* ; *hel'-*) *n.* [**hel'ices** (*-si:z*)] مارپیچ - منحنی حلزونی - چنبرهٔ گوش بیرونی
hell *n.* دوزخ ، جهنم
like h. های ! چه‌جور ! بسیار
he'll = **he will**
Hell'as *n.* [نام قدیمی] یونان
Hellenic (*heli':nik*) *a.* & *n.* (۱) یونانی (۲) زبان یونانی قدیم

Hellenism (*beli'nizm*) *n.* اصطلاح وفرهنگ وتمدن یونانی
hell'ish *a.* دوزخی - خبیث ، دیوخو
hello' = hallo
helm *n.* سکان - [مج] زمام
  those at the h. زمامداران
hel'met (*-mit*) *n.* کلاه خود - کلاه آتش نشانان و پاسبانان و غواصان
helmsman (*helmz'mən*) *n.* سکان گیر ، راننده - مدیر ، گرداننده {-men}
hel'ot (*-ət*) *n.* برده ، غلام ، رعیت
help *n.* & *vt.* - (۱) کمك ، مساعدت (کارگر) کمکی- چاره (۲) کمك یامساعدت کردن (با) - چاره کردن
  lady h. زنیکه بانوی خانه را درکار های خانه کمك میکند
  be a h. to کمك بودن برای
  be of h. کمك یامفید بودن
  There is no h. for it. (*or* It cannot be helped). چاره ندارد
  Help him on with his coat. او را کمك کنید تا نیم‌تنه‌اش را بپوشد
  I can't h. it. جلو آنرا نمیتوانم بگیرم ، چاره‌ای ندارم
  I cannot h. speaking نمی توانم حرف نزنم ، ناگزیرم ازسخن گفتن
  She could not h. but grieve. نمی توانست غصه نخورد
  Who can h...? . . . امان ازدستِ
  H. him to apples. سیب پیش ایشان بگذارید
  H yourself. بفرمایید [یعنی خودتان بردارید (یا بکشید) ومیل کنید]
hel'per (*-pə*) *n.* همدست ، کمك - مشوّق
help'ful *a.* سودمند ، مفید - ممدّ
hel'ping *n.* بُرس : یك خوراك [''برس،، لفظ روسی است]
help'less *a.* بیچاره - بیکس - علاج ناپذیر
help'lessness *n.* بیچارگی
help'mate *or* -meet *n.* شریكِ زندگی ، همسر [زن یا شوهر]
hel'ter-skel'ter (*-tə*) *adv.* بطور درهم و برهم - بدست پاچگی
helve (*helv*) *n.* دستهٔ تبر یا تیشه
hem *n.* & *vt.* [-med] (۱) حاشیه، سجاف - لبهٔ توگذاشته (۲) توگذاشتن
  h. in (*or* about) احاطه کردن
hem *int.* & *vi.* [,,] اِهِم(کردن)
hemi- [درترکیب بمعنی ''نیم،،]
hem'isphere (*-fiə*) *n.* نیم کره
hem'istich (*-stik*) *n.* مصرع
hem'lock (*-lɔk*) شوکران
hemp *n.* بتهٔ شاهدانه ، کنف
hem'pen (*-pən*) *a.* کنفی
hemp'seed *n.* شاهدانه
hem'stitch (*-stich*) *vt.* ژور زدن (کنار حوله و مانند آن) [''ژور،، لفظ فرانسه است]
hen *n.* مرغ (خانگی) ، ماکیان - [در ترکیب] مادهٔ
hen'bane *n.* سیکران ، بذرالبنگ
hence (*hens*) *adv.* از اینرو - از این پس - دیگر
  H. it is از این (جا) است که
  five years h. پنج سال دیگر
  (Get thee) h. ! بروگم شو
hence'forth' *or* -for'ward (*-wəd*) *adv* ازاین‌پس ، زین‌سپس
hench'man (*-mən*) *n.* [-men] پیرو
hen'-coop *n.* مرغدان
henna (*hen'ə*) *n.* حنا
hen'pecked *a.* مقهور نفوذ زن
hepat'ic *a.* جگری ،کبدی - سودمند برای جگر -جگری رنگ
hep'tagon (*-təgən*) *n.* هفت ضلعی
hep'tarchy (*-ta: ki* -تاکی) *n* حکومت هفت تنی
her (*hə*) *pr.* [*fem. of* his *or* him] (۱) اش ، ش [مال آن زن]

(۲) او را ، آنزن را ، باو

her'ald (*-əld*) *n.* & *vt.* (۱) پیشرو ، منادی ، چاووش ، مبشر - پیك ، قاصد (۲) آگاهی از وقوع (چیزی) دادن

heral'dic bearing نشان نجابت ، خانوادگی ، آرم [لفظ فرانسه]

her'aldry (*-ri*) *n.* (علم) نشانهای نجابت خانوادگی

herb (*hə:b*) *n.* گیاه ، علف

herbaceous (*hə:bei'shəs*) *a.* گیاهی - علف‌دار

herbage (*hə':bij*) *n.* گیاه ، رُستنی

herbalist (*hə':bə-*) *n.* گیاه فروش ، فروشندهٔ گیاهان طبی

her'bivore *n.* (جانور) گیاه خوار

herbivorous (*hə:biv'ərəs*) *a.* علفخوار ، علف‌چر ، گیاه چر

Herculean (*hə:kiu':liən*) *a.* بسیار دشوار - خطیر - رستم‌وار

herd (*hə:d*) *n.*, *vi.*, & *vt.* (۱) رمه - گروه - توده (۲) دسته شدن ، بگروهی پیوستن (۳) چرانیدن

herds'man (*-mən*) *n.* [-men] رمه دار

here (*hiə*) *adv.* اینجا

H. (am I). حاضر(م) ، بله ، لبیك

H. it is. اینست ، اینست ها ، اینها

h. and there تك و توك

h. below در این جهان

neither h. nor there بی‌اثر ، بی‌اهمیت

H.'s to you. بسلامتی شما

hereabout(s) (*hi'ərə-*) *adv.* درهمین نزدیکی ها ، در این حوالی

hereaf'ter (*-tə*) *adv.* از این پس

hereby (*hi'əb ai*; *hiəbai'*) *adv.* بدینوسیله

hered'itament (*-təmənt*) *n.* مال موروث ، میراث - دارایی غیرمنقول

hered'itary (*-təri*) *a.* - موروثی - اجدادی - دارای حق موروثی

hered'ity *n.* انتقال موروثی

herein (*hiərin'*) *adv.* دراین (نامه)

hereinaf'ter *adv.* درسطور بعد

hereinbefore' *adv.* پیش از این

hereof (*hiərɔv'*) *adv.* از این ، متعلق باین

the books h. کتابهای اینجا ، [مثلا کتابهای این کتابخانه]

hereon' *adv.* براین - در نتیجهٔ این

here's (*hiəz*) = here is

her'esy (*-isi*) *n.* رفض - بدعت

her'etic *n.* رافضی ، بدعت‌گذار

heret'ical (*-kəl*) *a.* - رافضی منش - مبنی بر رفض

hereto (*-tu':*) *adv.* [Arch]. باین (نامه)

h. attached پیوسته بدین (نامه)

heretofore (*hi'ətufɔ':*) *adv.* پیشتر ، سابقاً - تاکنون ، تا این تاریخ

hereun'der (*də*) *adv.* درزیر ، ذیلاً

as h. بشرح زیر

hereupon (*hi'ərəpɔn'*) *adv.* در نتیجهٔ این ، از اینرو - متعاقب این

herewith (*hiəwith'* ویظ-) *adv.* لفاً ، جوفاً ، با این‌نامه (با ورقه یا سند یا پیمان نامه)

her'itable (*-təbl*) *a.* قابل‌توارث

her'itage (*-tij*) *n.* میراث ، مال موروث ، مرده ریگ - سهم (موروثی)

hermet'ic (*hə:-*) *a.* محکم بسته

hermet'ically *adv.* بطور محکم

hermit (*hə':-*) *n.* (زاهد) گوشه‌نشین

her'mitage (*-tij*) *n.* گوشهٔ عزلت

hernia (*hə':niə*) *n.* (باد) فتق

her'nial (*-əl*) *a.* فتقی - فتق‌دار

hero (*hi'ərou*) *n.* [-es] گرد (*gord*) ، پهلوان ، قهرمان (داستان)

hero'ic (*hi-*) *a.* & *n.* (۱) پهلوانانه ، شجاعانه - دلیر - [درشعر] رزمی (۲) شعر رزمی

hero'ically (*-kəli*) *adv.* با دلیری اخلاقی ، جوانمردانه

her'oine (*-in*) *n.* [*fem. of* **hero**] زنی که قهرمان داستانی باشد
her'oism (*-izm*) *n.* قهرمانی ، کردی ، شجاعت اخلاقی ، فداکاری
her'on (*-ən*) *n.* ماهیخوار ، حواصل
her'ring *n.* شاه ماهی [در جمع **herring** یا **herrings** میشود]
her'ring-bone *a.* جناغی [**h.-bone pattern**]
hers (*hə:z*) *pr.* [*fem. of* **his**] مال او [مال آنزن]
herself' *pr.* [*fem. of* **himself**] خودش، خودِ آنزن- خودش‌را : بخودش
he's = he is; he has
hesitancy (*hez'itənsi*) *n.* دو دلی ، تردید ـ درنگ ، تأمل ـ گیر
hesitant (*hez'-*) *a.* دو دل ، مردد
hesitate (,,) *vi.* تأمل کردن،درنگ کردن ـ مردد بودن ـ درصحبت گیر کردن
hes'itatingly *adv.* تأمل کنان
hesita'tion *n.* درنگ ـ تردید ـ گیر
Hes'perus (*-pərəs*) *n.* ستارهٔ شام ، ناهید ، زهره
Hessian (*hes'iən*) *n.* پارچه کنفی یا چتایی
heterodox (*het'ərədɔks*) *a.* مخالف عقایدِ عمومی ـ بدعت گذار
het'erodoxy *n.* بدعت (گذاری)
heterogeneous (*-tərəji':niəs*) *a.* جور بجور ، نامتجانس، متباین
hew (*hiu:*) *vt. & vi.* [**hewed; hewed** *or* **hewn**] (۱) بریدن ، تراشیدن ـ خرد کردن (۲) ضربت زدن
h. up تراشیدن ، درآوردن
h. out بریدن و درآوردن ـ [مج] بزحمت درست کردن یا تأمین نمودن
h. asunder جدا کردن ، شکستن
hewer (*hiu':ə*) *n.* بُرنده- تراشنده- کارگر کان زغال سنگ
h. of stone = stonecutter

hewn (*hiu:n*) [*pp. of* **hew** & *ppa.*] بریده ـ تراشیده
hexagon (*hek'səgən*) *n.* شش‌کوش ، شکل شش‌گوشه
hexag'onal (*-ənəl*) *a.* شش‌گوشه
hexahedron (*heksəhi':drən*) *n.* جسم شش‌وجهی ، (جسم) مکعب [**-dra**]
hexameter (*heksam'itə*) *n.* شعر شش وتدی
hey (*hei*) *int.* هی ، ای ـ وه ـ هلا ـ ها
heyday (*hei'dei*) *int. & n.* (۱) عجب ! به‌به (۲) روزهای گیرو دار ـ اوج ترقی ـ ریمان جوانی
H.H. = His (Her) Highness
hiatus (*haiei'təs*) *n.* وقفه ـ فاصله
hibernate (*hai'bəneit*) *vi.* زمستان را در بیهوشی بسر بردن
hiccough (*hik'əp*) = **hiccup**
hiccup (*hik'əp*) *n. & vi.* (۱) سکسکه، فواق ـ هکهك (۲) سکسکه کردن ـ هکهك یا هغ هغ کردن
hickory (*kik'əri*) *n.* (چوب) گردوی امریکایی
hid [*p. & pp. of* **hide**]
hidden (*hidn*) [*pp. of* **hide** & *ppa.*] پنهان ، نهفته، نهان ،مخفی، پوشیده
hide(*hʌid*) *vt. & vi.* [**hid**; *pp.* **hidden** *or* **hid**] (۱) پنهان کردن (۲) پنهان شدن ، مخفی شدن
hide ('') *n. & vi.-* (۱) پوست (خام) ـ چرم (۲) شلاق زدن ـ پوست کندن
save one's h. جان سالم بدربردن
hide *n.* کمینگاه عکس برداری
hide'-and-seek' *n.* بازی غایب‌شدنك
hide'bound *a.* کوتاه فکر ، پیرو احادیث وعادات ـ محدود
hideous (*hid'iəs*) *a.* زشت ، زننده- شنیع ـ سهمگین ، مهیب
hi'ding *n.* پنهانی ، اختفا ـ شلاق کاری

be in h. پنهان بودن یا ماندن
hi'ding-place *n.* نهانگاه ،کمینگاه
hie (*hai*) *vi.* {Poet.} شتابیدن
hierarch (*hai'əra:k* -داك) *n.* رئیس روحانی
hierarchy (*hai'əra:ki* -داکی) *n.* سلسلهٔ مراتب - حکومت و درجه بندیِ سرانِ روحانی
hieroglyph (*hai'ərəglif*) *n.* حروف شکلی، خط تصویری - نشانِ مرموز
hig'gle *vi.* = haggle
hig'gledy-pip'gledy *a.* درهم برهم
high (*hai*) *a.*, *adv.*, & *n.* (۱) بلند - عالی (مرتبه) ، بلندپایه - بزرگ - زیاد - گران - سخت ،سنگین - نیرومند - هوایی {h. ball} - بو گرفته ، اندکی فاسد شده {h. meat} -(۲) بلند - تند - گران - سخت (۳) بلندی - جای بلند
How h. is that building? بلندی آن عمارت چقدر است ؟
It is . . . h. بلندی آن . . . است
the Most H. God خدای متعال
a h. opinion حسن ظن
with a h. hand آمرانه ، مقتدرانه
h. water طغیان کامل آب - مدّ کامل
h. tide مدّ کامل
h. day روز عید ، روز جشن
h. road جادهٔ عمده ، شاهراه
h. seas دریای وسیع و آزاد
It is h. time you were gone. تا حالا میبایستی رفته باشید ، درست وقت رفتن است
h. noon عین ظهر ، ظهرِ ظهر
h colour سرخی ، خجالت
h. school ،آموزشگاهی که دورهٔ آن از دورهٔ دبیرستان بالاتر است
on h. درآسمان ، دربالا - به آسمان
Assuring you of our highest esteen., با تقدیم احترامات فائقه
the Highest اعلی علیین
high'-ball *n.* { U. S. ; Col.} ویسکی سودا
high'-born *a.* اصیل ، پاك زاد
high'boy *n.* گنجهٔ بلند کشودار ، قفسهٔ بلند پایه‌دار
high'-bred *a.* با تربیت - اصیل
highbrow (*hai'brau*) *n.* کسیکه در سیاست و علم خودرا بالاتر از دیگران میداند
high'falu'tin (-*fə*-) *a.* غلنبه ، با طمطراق
high'-flown *a.* گزاف، اغراق آمیز - غلنبه، پر آب و تاب
high'-handed *a.* تحکم آمیز
high'land (-*lənd*) *n.* زمینِ کوهستانی و بلند
high'lander (-*ləndə*) *n.* ساکن کوهستان ، کوه نشین
high'ly *adv.* بسیار ، زیاد - قویا - با احترام {recommend h.}
think h. of a person نظر خوب نسبت بکسی داشتن
high'-minded *a.* بزرگ منش
high'ness *n.* بلندی - زیادی
His H. جنابِ آقایِ
His Royal H. والاحضرت همایونی
high-pitched (*hai'picht*) *a.* تیز - سراشیب {a h. -p. roof}
high'-pressure *a.* پُر فشار
high'-proof *a.* سنگین ، تند
high'-spir'ited *a.* دلیر - با همت
high'-strung *a.* عصبانی - حساس
highway (*hai'wei*) *n.* شاهراه - شارعِ عام
h. robbery راهزنی
high'wayman (-*mən*) *n.* {-men} راهزن (سواره)
hike *n.* {Col.} گردش بیرون شهر
hilarious (-*lê'əriəs*) *a.* خوش، سرخوش ، بانشاط - نشاط آور
hilar'ity *n.* خوشی ، نشاط
hill *n.* تپه ، تل - تودهٔ خاك

hillock (*hil'ək*) *n.* تپهٔ کوچك
hilly (*hil'i*) *a.* کوهستانی-سراشیب
hilt *n.* دسته ، قبضه
up to the h. تا دسته - تماماً
him *pr.* او را [آنمرد را] ، به او
H. I. M. = His (Her) Imperial Majesty اعلیحضرت (یا علیحضرت)
himself' *pr.* [*fem.* herself] خودش ، خود آنمرد - خود(ش) را
hind (*haind*) *a.* پسین ، عقبی
hind ('') *n.* گوزن ماده از۳سال ببالا
hinder (*hain'də*) *a.* پسین ، عقبی
hinder (*hin'də*) *vt.* بازداشتن ، ممانعت کردن ، جلو گیری کردن ، عقب انداختن
hindmost (*hind'moust*) *a.* [*sup. of* hind] عقب ترین ، پسین - دورترین
hin'drance (*-drəns*) *n.* مانع
hinge (*hinj*) *n.* & *vi.* (۱) لولا- [مج] محور ، مدار (۲) مربوط بودن
off the hinges دچار اختلال (جسمی یا دماغی) ، مختل
hinged *ppa.* لولادار
hint *n.* & *v.* اشاره (کردن)
give a h. of / h. (*vi.*) at } اشاره کردن به
hip *n.* قسمت میان ران ، وتهیگاه ، [معنی تقریبی] لنبر یاکفل - مفصل ران
hip *n.* & *vt.* [-ped] (۱) افسردگی ، حالت مالیخولیایی (۲) افسرده کردن ، افسردن
hip, hip, hurrah ! (هورا) *int.* زهی ، هورا
hippodrome (*hip'ədroum*) *n.* اسپریس - سیرك
hippopotamus (*hipəpɔt'əməs*) *n.* اسب آبی [گاهی بطور مختصر hippo گفته میشود]
hire (*hai'ə*) *vt.* & *n.* (۱) کرایه کردن [h. a carriage] - مزدور کردن ، اجیر کردن ، گرفتن [h. a servant] - (موقتاً یا برای مدت کوتاهی) اجاره کردن [h. a cinema] - کرایه دادن [با out] - [hall] (۲) کرایه - مزد
horses for h. اسب (های)کرایه‌ای
let out on h. کرایه دادن
hire'-pur'chase *n.* کرایه چیزی بدین ترتیب که کرایه کننده باپرداخت یك عده اقساط معین مالك آن چیز میشود
hireling (*hai'ə-*) *n.* & *a.* مزدور -پول بگیر - (آدم) پولکی
hirsute (*hə':siu:t*) *a.* پر مو ، پشمالو
his (*hiz*) *pr.* [their(s)] -اش، ش- مال او [مال آنمرد]
his house خانه‌اش ، خانهٔ آنمرد
a friend of h. یکی از دوستان او
hiss *n.*, *vi.*, & *vt.* (۱) فس ، هیس [صدای حرف سین] - فیش [صدای مار] - فش [صدای آبی که روی چیز داغ بریزد] - سوت (۲) هیش یا فیش کردن (۳) با سوت هوکردن یا از صحنه خارج نمودن [با off]
historian (*-tou'riən*) *n.* مورّخ
histor'ic *a.* تاریخی - مشهور
historical (*-tɔ'rik'l*) *a.* تاریخی - مربوط بتاریخ
his'tory (*-təri*) *n.* تاریخ
histrion'ic *a.* نمایشی
hit *vt.* & *vi.* [hit] & *n.* (۱) زدن - خوردن به ، تصادف کردن با - درست حدس‌زدن - جوردرآمدن با - متأثر ساختن (۲) خوردن - اصابت کردن ، برخورد کردن - تصادفاً رسیدن - ضربت زدن - موافق بودن (۳) ضربت - (حسن) تصادف ، برخورد - موفقیت
h. the right nail on the head درست حدس زدن - درستش را گفتن
He h. his aim. بمقصود خود رسید
h. the mark درست حدس زدن -

همان کار را که باید کرد کردن
h. off تقلید کردن - پیدا کردن - بی زحمت ساختن
h. it off سازگاری کردن
h. (up)on موفق به پیدا کردن (چیزی) شدن
h. or miss هینطوری، هرچه بادا باد
hitch (*hich*) *n.*, *vt.*, & *vi.* (۱) تکان - کشش - درنگ - خفت، کمند - گره، گیر، محظور (۲) تکان دادن، هل دادن - بطور موقت بستن یا گره زدن - کشیدن - گنجاندن (۳) گیر کردن - تکان خوردن - تپق زدن
h. up بالا انداختن یا کشیدن
hitch-hiker (*hich'haikə*) *n.* {U. S.; Sl.} کسیکه درکنار جاده ایستاده از صاحبان وسائط نقلیه خواهش میکند او را (مجاناً) سوار کنند
hith'er (هیظه) *adv.* & *a.* (۱) اینجا، اینطرف (۲) اینطرفی
hith'erto (*-tu:*) *adv.* تاکنون
hitter (*hit'ə*) *n.* زننده
hive (*haiv*) *n.*, *vt.*, & *vi.* (۱) کندو (۲) درکندو نگاهداشتن - ذخیره کردن (عسل) - (۳) باهم زیستن
hives (*haivz*) *npl.* دانه - کهیر
ho (*hou*) *int.* ها، ای - به - هو
hoar (*hɔ':ə*) *a.* سفید شده - موسفید
hoard (*hɔ:d*) *n.* & *vt.* (۱) اندوخته، ذخیره (۲) گردکردن، احتکار کردن [با up]
hoarder (*hɔ':də*) *n.* جمع کننده، محتکر
hoar-frost (*hɔ':frɔst*)*n.* شبنم یخ زده
hoarse (*hɔ:s*) *a.* خشن، گرفته، خرخری [h. voice] - سینه گرفته
hoarse'ness *n.* گرفتگی صدا یا سینه
hoary (*hɔ'əri*) *a.* سفید مایل به خاکستری - پیر، دارای سیمای پیرانه ومحترم
hoax (*houks*) *n.* & *vt.* (۱) شوخی فریب آمیز (۲) بشوخی گول زدن
hob (*hɔb*) *n.* طاقچه بغل اطاق یا بغاری - میخ سر پهن
hobble (*hɔb1*) *vi*, *vt.*, & *n.* (۱) لنگیدن سکته داشتن (۲) کلاف کردن (اسب) - لنگانیدن (۳) لنگی - دشواری، اشکال، گیر - پابند، بخو، کلاف
hobbledehoy (*hɔb'1dihɔi'*) *n.* جوان بیدست و پا، پسر یکه فقط قد کشیده است
hob'ble-skirt *n.* دامن تنگ
hobby (*hɔb'i*) *n.* کار ذوقی، مشغولیت
hob'by-horse *n.* اسب چوبی
hob'goblin *n.* جنی زشت و موذی
hob'nail *n.* میخ سر پهن
hob'-nob' *vi.* [-bed] - هم پیاله شدن - باهم صحبت دوستانه کردن
hobo (*hou'bou*)*n.* {U. S.; Sl.} کارگر دوره گرد
Hob'son's choice پیشنهادیکه چاره‌ای جز قبول آن نیست
hock (*hɔk*) *n.* & *vt.* (۱) مفصل خرگوشی (۲) پی بریدن، لنگ کردن
hock (,,) *n.* شراب سفید آلمانی
hockey (*hɔk'i*) *n.* هاکی: قسمی چوگان بازی با اصول فوتبال
hocus-pocus (*hou'kəs-pou'kəs*) *n.* حقه بازی و اغفال
hod (*hɔd*) *n.* ناوه - سطل زغالی
hodge-podge (*hɔj'pɔj*) = **hotch-potch**
hoe (*hou*) *n.* & *vt.* (۱) کج بیل (۲) بیل زدن - از گیاه هرزه پاك کردن - کندن [با up]
hog (*hɔg*) *n.* خوك (پرواری یا اخته)
go the whole h. کاررا تمام کردن، سنگ تمام در ترازو گذاشتن
hog'gish *a.* خوك صفت
hogshead (*hɔgz'hed*) *n.* پیمانه‌ای برابر با ۲۳۸٫۵ لیتر، چلیك بزرگ

hoist *vt.* & *n.* (۱) بلندکردن
(۲)اسباب برای بلند کردن چیزهای سنگین.
هل یا تکان (برای بالا بردن چیزی)
hold (*hould*) *vt.* & *vi.* {held}
& *n.* - (۱) نگاه داشتن (در دست) -
منعقد کردن (جلسه) - جا گرفتن - دارا
بودن ، داشتن (عقیده ای) - متصرف
بودن - برآن بودن، معتقد بودن - دانستن
{h. responsible} - جلوگیری کردن
از اشغال کردن (۲) دوام داشتن- (درجای
خود)ماندن-چسبیدن ،پیوستن - دست نگاه
داشتن (۳) گیر ، نگاهداری - دستگیرهٔ -
بناه (گاه) - نفوذ - انبار یا ته کشتی
h. aloof کناره گیری کردن
h. back (پنهان) نگاه داشتن -
جلوگیری کردن از - کنار کشیدن
h. by (*or* **to**) به (چیزی) چسبیدن-
پسندیدن
h. forth مطرح کردن-سخنرانی کردن
h. down مطیع نگاه داشتن - برای
اثبات مالکیت درتصرف داشتن
h. good معتبر یاشامل حال بودن
H. (hard) ! {Col.} صبر کنید ،
عجله نکنید
h. in جلوگیری یا خودداری کردن
h. on ادامه دادن - (محکم)
نگاه داشتن - صبر کردن
h. one's ground (*or* **one's own**) ایستادگی کردن ، موقعیت
خود را حفظ کردن
h. out ایستادگی کردن ، پایدار
ماندن - راضی نشدن، تسلیم نشدن -
دراز کردن (دست)
h. over بتعویق انداختن -
برای بعد نگاه داشتن
h. the stage (**for a long time**) مدت زیادی روی صحنه
ماندن {درگفتگوی از نمایش(نامه)}
h. up (بلند) نگاه داشتن - جلو
(اسب را) گرفتن - خودرا نگاه داشتن -
خوب ماندن {درگفتگوی ازهوا}
h. with پسندیدن ، خوش داشتن در
h. water باعقل جور درآمدن -
از امتحان در ست درآمدن
catch h. of محکم نگاه داشتن
get h. of گیر آوردن
hold'-all *n.* چمدان ،کیف
hold'-back *n.* مانع -گیره بند
holding (*houl'-*) *n.* - علاقه، دارایی -
سهام متصرفی - اجاره داری
hold'-up *n.* {Col.} حمله وراهزنی،
راهزنی باتهدید معطلی ، وقفه
hole (*houl*) *n.* & *vt.* (۱)
سوراخ - حفره(۲) سوراخ کردن - کندن -
در لانه کردن
a square peg in a round h.
کسیکه مناسب سمت خود نیست
make a h. in زیاد مصرف کردن
pick holes in عیبجویی کردن از
hole (out) a ball توپی را در
حفره انداختن
hole'-and-cor'ner *a.* نهانی
hol'iday *n.* (روز) تعطیل
make h. کار را تعطیل کردن
ho'liness *n.* تقدس ، پاکی
His H. مقام مقدس (پاپ)
hollow (*hɔl'ou*) *a.*, *n.*, *vt.*, & *vi.* (۱) پوك ، میان تهی -گود ،
گود افتاده - پوچ ، فریبنده (۲) گودی ،
حفره (۳) پوك كردن - خالی کردن
{گاهی با **out**} - (٤) پوك شدن
holly (*hɔl'i*) *n.* درخت راج
hollyhock (*hɔl'ihɔk*) *n.*
گل خطمی فرنگی
holm (*houm*) *n.* جزیرهٔ کوچك
holm-oak (*houm'ouk*) *n.* سندیان
holocaust (*hɔl'əkɔ:st*) *n.*
قتل عام با سوزاندن
hol'ograph (*-gra:f*) *n.* وصیت نامهٔ
خود نوشت
holster (*houl'stə*) *n.* قاب طپانچه

holy (*hou'li*) *a.* & *n.* (۱) مقدس ـ پاك،مبرّا (۲) قدس ـ چیزمقدس
H. Spirit روح القدس
hom'age (*-ij*) *n.* کرنش ، تعظیم
pay h. کرنش یا تعظیم کردن
home (*houm*) *n.*, *a.*, & *adv.* (۱) خانه ـمیهن (۲) خانگی ـ وطنی (۳) (به) خانه ـبمیهن خود ـ تا نقطه مقصود
I went h. رفتم (به) خانه
at h. در خانه یا وطن ـ راحت
Make yourself at h. راحت باشید ، اینجا را مانند خانه خود بدانید
be at h. to friends برای پذیرایی دوستان در منزل بودن
be at h with (on , in) a subject باموضوعی آشنا بودن
Secretary of State for H. Affairs وزیر کشور ، وزیر امور داخله
H. Office وزارت کشور
h. rule حکومت بدست خود اهالی
bring a charge h. to a person اتهامی را بگردن کسی گذاشتن
home *vi.* & *vt.* (۱) بخانه برگشتن یا رفتن (۲) خانه دادن (به)
homing pigeon کبوترِ جَلد
home'less *a.* بی‌خانه ، دربدر
home'like *a.* راحت (چون خانه‌خود)
home'ly *a.* ساده ـ خانگی ـ زشت
home'made *a.* وطنی ، ساخت میهن
home'sick *a.* دلتنگ برای وطن
home'spun *a.* بافت میهن ، وطنی
home'stead (*-sted*) *n.* خانه با متعلقات‌آن ـ خانهٔ رعیتی
home'thrust *n.* ضربت یاحمله کاری
home'ward (*-wəd*) *adv.* سوی خانه ، بطرف منزل
home'wards (*-wədz*) = homeward
homicide (*hɔm'isaid*) *n.* آدم‌کشی ـ آدم‌کش
hom'ily *n.* وعظ ـ نطق کسل کننده

hom'iny (*-ni*) *n.* ذرت جوشانده
homogeneous (*-ji':niəs ; jen'-*) *a.* همجنس ـ یکجور ، متشابه
homologous (*hɔmɔl'əgəs*) *a.* مانند ،نظیر ، متشابه
homonym (*hɔm'ənim*) *n.* کلمه‌ای که تلفظ آن‌باکلمه‌دیگر یکسان ولی معنی‌آن متفاوت است
homonymous (*-mɔn'iməs*) *a.* هم تلفظ ـ همنام ، هم اسم ـ مبهم
hom'ophone (*-əfoun*) *n.* (۱) حرف هم صدا (۲) homonym
Hon. {مختصرِ Honourable}
hone (*houn*) *n.* & *vt.* (۱) سنگ تیغ تیز کن (۲) با سنگ تیز کردن
honest (*ɔn'ist*) *a.* درست کار ، امین ـ درست (کارانه) ـ حلال ، مشروع
hon'estly *adv.* از روی درست کاری ـ واقعاً ، حقیقةً
honesty (*ɔn'isti*) *n.* درستی ، امانت
honey (*hʌn'i*) *n.* & *vt.* (۱) انگبین ، عسل (۲) شیرین کردن ـ چرب و نرم‌کردن
hon'ey-bee *n.* زنبور عسل
hon'eycomb (*-koum*) *n.* شانهٔ عسل ، شان عسل
hon'eycombed *ppa.* خانه خانه
honey-dew (*hʌn'idiu:*) *n.* شهدگیاهی ، عسلك، مادهٔ انگبینی که روی گیاهان می نشیند
hon'eyed *or* -nied (*-nid*) *ppa.* عسلی ، {مج} چرب و نرم ـ شیرین ـ ملایم
hon'eymoon *n.* & *vi.* (۱) ماهِ عسل (۲) ماه عسل را بسر بردن
hon'ey-suckle (*-sʌk'l*) *n.* پیچِ امین‌الدوله یاگل آن
honk *n.* صدای غاز یا بوق ماشین
hon'or {زیر honour آمده}
honorarium (*ɔnərɛ́'əriəm*) *n.* پای مزد ، حق‌القدم ـ حق‌الوکاله
honorary (*ɔn'ərəri*) *a.* افتخاری

honorif'ic *a.* تجلیلی
honour (*ɔn'ə*) *n.* & *vt.* (۱) احترام - افتخار - شرف - جلال - آبرو - پاکدامنی ، عفت - {در جمع}درجه ، نشان (۲) احترام کردن (به) - مفتخر ساختن - درجه یا نشان دادن . پذیرفتن (برات) - {املای امریکائی این کلمه honor است}
do the honours of the table وظایف میزبانی را بجا آوردن
in honour of بافتخارِ
I have the h. to inform you that محترماً آگاهی میدهد که
upon my h. بشرافتم سوگند
dress of h. خلعت
His H . . . جنابِ . . . {عنوانِ داوران و دادرسان}
honourable (*ɔn'ərəbl*) *a.* محترم ، ارجمند - آبرومندانه
hon'ourably *adv.* محترمانه
hood (*hud*) *n.* باشلق - رو-ری - روپوش- کلاهك دودکش - کروك درشکه - کروك یا کاپوت اتوموبیل
hooded (*hud'id*) *a.* باشلق‌دار - کاکل دار
hood'wink *vt.* اغفال کردن
hoof (*hu:f*) *n.* {hoofs ; hooves} & *vt.* (۱) سم (۲) باسم زدن - {با out} بیرون انداختن - پیاده رفتن {با it}
beef on the h. گاو های زنده
hoofed *a.* سم‌دار
hook (*huk*) *n.* & *vt.* (۱) قلاب - چنگك (۲) با قلاب گرفتن - با چنگك کشیدن - کج کردن - ربودن
h. and eye قزن قفلی ، نرولاس
by h. or by crook با کفش وکلاه ، بهر وسیله که باشد
hoo'ka(h) *n.* قلیان
hoo'ked (*hukt*) *a.* سرکج ، قلاب مانند

hoo'ligan (*-gən*) *n.* هوچی - لات
hooliganism (*hu':ligənizm*) *n.* هوچی گری
hoop (*hu:p*) *n.* & *vt.* (۱) حلقه (دورچلیك) - تسمه - چنبر - حلقهٔ غلتاندنی (۲) تسمه یا حلقه زدن - احاطه کردن
hoo'ping-cough (*-kɔf; -kɔ:f*) *n.* سیاه سرفه
hoopoe (*hu':pu:*) *n.* هدهد
hoot (*hu:t*) *vi.*, *vt.*, & *n.* (۱) داد زدن - هو کردن - بوق زدن (۲) باهو وجنجال ازمیدان در کردن (۳) هو - فریاد - صدای جغد - صدای بوق
hooter (*hu':tə*) *n.* سوت ماشین
hop (*hɔp*) *n.*, *vi.*, & *vt.* {-ped} (۱) رازَك (۲) لی‌لی کردن (۳) جستن یا پریدن از - جهانیدن
h. off حرکت کردن ، راه افتادن {درگفتگوی از هواپیما}
H. it ! { Sl. } بزن بچاك
hope (*houp*) *n.* & *v.* (۱) امید (۲) امیدوار بودن (به) - انتظار داشتن
I h. to see you there. امیدوارم شما را آنجا به‌بینم
I h. he will soon recover. امیدوارم بزودی بهبود یابد
I h. in God. بخدا امیدوارم ، امیدم بخدا است
hope'ful *a.* امیدوار - امید بخش
hope'fulness *n.* امیدواری
hope'less *a.* نومید - بیچاره - چاره ناپذیر
hope'lessness *n.* نا امیدی ، نومیدی ، یأس - بیچارگی
hopper (*hɔp'ə*) *n.* ناودانِ آسیاب - قیف
hop'scotch (*-skɔch*) *n.* بازیِ اکر دوکر
horde (*hɔ:d*) *n.* گروه
horizon (*hərai'zn*) *n.* (خط) افق
horizontal (*hɔrizɔn't'l*) *a.*

افقی ، ترازی
horizon'tally *adv.* بطور افقی
horn (*hɔ:n*) *n.* & *vt.* - (۱) شاخ
بوق-شیپور - دبهٔ باروت- دماغه (سندان)
(۲) شاخ زدن
French h. قسمی شیپور یاساز بادی
He drew in his horns.
غلاف کرد - باد بزخمش خورد
horned *ppa.* شاخدار
hornet (*hɔ':nit*) *n.* ، زنبور سرخ
زنبور درشت
hor'ny *a.* شاخی - پینه خورده
horoscope (*hɔr'əskoup*) *n.*
طالع - جدول ساعات
cast a h. طالع دیدن ، رمل انداختن
horrible (*hɔr'ibl*) *a.* - ترسناك
خیلی بد
hor'rid *a.* ترسناك - نفرت انگیز
horrify (*hɔr'ifai*) *vt.* ، ترساندن
هول دادن
horror (*hɔr'ə*) *n.* - ترس ، وحشت
لرز ، مور مور - تنفر آمیخته با بیم
He was filled with h.
لرزه براندامش افتاد
hor'ror-stricken } *a.* وحشت‌زده -
hor'ror-struck رمیده
horse (*hɔ:s*) *n.* اسب - خرك - پایه
come off one's high h.
از خر سیاه شیطان پایین آمدن
put the cart before the h.
سر نا را از ته گشادش زدن
horse'back *n.* —
on h. سواره ، با اسب
horse'-drawn *a.* اسبی
{a h.-drawn waggon}
horse'-flesh *n.* اسب (بطورکلی)
horse'-fly *n.* مگس اسب - خرمگس
horse'-laugh *n.* خنده خرکی
horseman (*hɔ:s'mən*) *n.*{-men}
اسب سوار
horse'manship *n.* اسب سواری

horse'-play *n.* شوخی خرکی
horse'-power *n.* نیروی‌اسب ، اسب
بخار {مختصر آن h. p. است}
horse'-race *n.* (مسابقه) اسب دوانی
horse'shoe (*-shu:*) *n.* نعل اسب
horse'-whip *n.* شلاق - قمچی
horticulture (*hɔ':tikʌlchə*)
n. بستان کاری
horticul'turist *n.* بستانکار
hosanna (*houzan'ə*) *n.* هلهله ، حمد
hose (*houz*) *n.* & *vt.* (۱)جوراب
(واجناس کشباف) - لولهٔ خرطومی
(۲) بالوله آب دادن
hosier (*hou'zhə*) *n.* فروشندهٔ
جامه های‌کش باف - جوراب فروش
ho'siery (*-ri*) *n.* جوراب وکشباف
hos'pice (*-pis*) *n.* ، مسافرخانه
منزل - بیمارستان - مسکین خانه
hos'pitable (*-təbl*) *a.* مهمان‌نواز
hos'pital (*-təl*) *n.* بیمارستان
hospital'ity *n.* مهمان نوازی
host (*houst*) *n.* - گروه - سپاه
میز بان - مسافرخانه‌دار ، مهمانخانه‌دار
hostage (*hɔs'tij*) *n.* شخص گروی
hos'tel (*-təl*) *n.* شبانه‌روزی‌دانشگاه
hos'telry (*-ri*) {Arch.} = inn
hostess (*hous'tis*) *n.* {*fem. of* host} زن میز بان - زن مهمانخانه‌دار
hos'tile (*-tail*) *a.* دشمن - متعلق
بدشمن - خصومت آمیز - متخاصم
hostil'ity *n.* - دشمنی ، خصومت
{در جمع} عملیات جنگی
hostler (*ɔs'lə*) = ostler
hot (*hɔt*) *a.* & *adv* ، (۱)گرم
داغ - تند - با حرارت - برانگیخته -
مهیج - تازه (۲) گرماگرم ، داغ داغ
h. temper تند خویی
give one h. خوب از جلو کسی
درآمدن یا او را گوشمالی دادن
h. on the trail سخت‌در تعقیب
hot'bed *n.* تختهٔ بهن

hot'blood'ed *a.* خون‌گرم ـ تند خو
hotchpotch (*hɔch'-pɔch*) *n.*
آش در هم برهم ، آش شله قلمکار ـ چیز در هم برهم
hotel' (*hou-* ; *ou-*) *n.* مهمانخانه ، مسافرخانه
hot'foot *adv.* سراسیمه ، با شتاب
hot'headed *a.* تند ، عجول ـ بی‌پروا
hot'house *n.* گرمخانه
hot'ly *adv.* گرما گرم ـ باشتاب
hot'ness *n.* گرمی ـ حرارت ـ تندی
hot'-press *vt.* مهره کشیدن ـ منگنه کردن
hot'-tem'pered *a.* تند خو
hough (*hɔk*) *or* **hock** *n.*
مفصل خرگوشی
hound (*haund*) *n.* & *vt.*
(۱) سگ شکاری ـ آدم پست و بدبخت
(۲) با سگ (تازی) شکار کردن ـ {با on} تحریك بدویدن کردن
follow the hounds
ride to hounds }
با دسته تازی شکار کردن
hour (*au'ə*) *n.* ساعت ـ وقت
half an h. نیم ساعت
keep good (*or* **early) hours**
زود خوابیدن و زود برخاستن
after hours بعد از ساعات رسمی
hour'-glass *n.* ساعت ریگی
hour'-hand *n* عقربهٔ ساعت شمار
hourly (*au'əli*) *a*(*dv.*)
ساعت بساعت (رخ دهنده)
house (*haus*) *n.* {**houses**(*-ziz*)}
خانه ـ مجلس ـ خاندان ، آل
keep the h. در خانه ماندن
open h. درِ خانهٔ باز {مهمان نوازی}
house (*hauz*) *vt.* منزل دادن
(به) ـ پناه دادن ـ انبار کردن ـ جا دادن
house'-agent *n.* دلال (اجاره یا فروش) خانه
house'bound *a.* خانه نشین ، بیمار

house'breaker *n.* دزد روز ـ کسیکه کارش خراب کردن خانه های کهنه است { و در امریکا **house-wrecker** نامیده میشود }
house'hold *n.* & *a.* (۱) اهلِ خانه ، خانواده (۲) خانگی ـ خودمانی
house'holder (*-də*) *n.* خانه‌دار
house'keeper (*-pə*) *n.* (زن)خانه‌دار
house'keeping *n.* خانه‌داری
house'maid *n.* کلفت ، خدمتکار
house'master *n.* رئیس شبانه روزی
house'-mistress *n.* رئیسهٔ شبانه روزی ـ بانوی خانه ، کدبانو
house'-physician (*-fizish'ən*) *n.*
{در بیمارستان} پزشك مقیم
house'-top *n.* بام خانه
house·warming *n.* ولیمهٔ خانه تازه
house'wife *n.* {**-wives**}
کدبانو ـ زن خانه‌دار
housewife (*hʌz'if*) *n.* جای سوزن و نخ ، سوزن‌دان
house'wifery (*-wifri*; *waifry*) *n.* خانه‌داری
house'work *n.* کارِ خانه ، خانه‌داری
hou'sing (*-zing*) *n.* تهیهٔ جا و منزل ـ زین‌پوش ـ {در جمع} ستام ، یراق
hovel (*hɔvl*) *n.* کلبه، خانهٔ رعیتی ـ خانه غیر قابل زندگی
hover (*hɔv'ə*) *vi.* درجا پر زدن ـ پلکیدن {درهمین نزدیکی‌ها بودن یا حرکت کردن} ـ {مج} مردد یا نامعلوم بودن
how (*hau*) *a*(*dv.*) چگونه ، چطور
h. far ? تاکجا ـ چقدر راه
h. long ? تاکی ، تاچه وقت ، چقدر
h. many ? چند ـ چند تا
h. much ? چقدر ، چه اندازه
H. old are you ? چند سال دارید
h. often ? چند وقت بچند وقت ؟
H. about this one ? این یکی چطور ؟
H. are you ? احوال شما چطوراست
H. do you do ? {در زیر **do**

آمده است }

how ('') *conj.* چنانکه ، آنطوریکه

howdah (*hau'də*) *n.* هودج

however (*hauev'ə*) *adv.* & *conj.* (۱)هرچند ، هرقدرهم (۲) ولی ، لکن

howbeit (*haubi':it*) {Arch.} = nevertheless

howl (*haul*) *n.* & *vi.* (۱)زوزه- جیغ (۲) زوزه کشیدن - جیغ کشیدن

howler (*hau'lə*) *n.* اشتباه خنده آور

howsoever (*hausouev'ə*) *adv.* & *conj* هرجور، بهر ترتیب - هرقدر، هر چند

hoyden or **hoi-** (*hɔi'dn*) *n.* دختری که دارای اطوار پسرانه است

h. p. {horse-power مختصر}

hr. {hour(s) مختصر}

hub *n.* توپی {درچرخ} - {مج} مرکز

hubbub (*hʌb'ʌb*) *n.* شلوق ، ولوله ، هریو ، جنجال ، هایهو

hubby (*hʌb'i*) *n.* {Col.} شوهر

huckster (*hʌk'stə*) *n.*, *vi.*, & *vt.* (۱)دوره گرد ، خرده فروش (۲) چانه زدن - دوره گردی کردن (۳) جا زدن

huddle (*hʌdl*) *vi.* & *n.* (۱) ازدحام کردن ، بهم فشار آوردن - غنودن (۲) تودهٔ درهم برهم

hue (*hiu:*) *n.* ته رنگ ، رنگ کم

hue and cry هیاهو ، صدای بگیربگیر

raise a h. and cry against هو کردن ، با هو و جنجال با (کسی) مخالفت کردن

huff (*hʌf*) *n.*, *vi.*, & *vt.* (۱)تغیر، اوقات تلخی (۲) رنجیدن - قهر کردن(۳) متغیر کردن - تشر زدن به

in a h. با قهر و تغیر

huffy (*hʌf'i*) *a.* زود رنج - کج خلق

hug (*hʌg*) *vt.* {-ged} & *n.* (۱) درآغوش گرفتن، بغل کردن (۲) بغل گیری

huge (*hiu:j*) *a.* بسیار بزرگ ، کلان ،گنده ، عظیم الجثه - زیاد

hulk (*hʌlk*) *n.* لاشه کشتی که استفاده انبار ازآن شود - {بیشتر} کشتی کهنه ای که استفاده زندان از آن میشد - {مج} آدم تنومند و بد هیکل

hull (*hʌl*) *n.* & *vt.* (۱) پوست (۲) پوست کندن

hull (,,) *n.* بدنهٔ کشتی

The ship is h. down بدنه کشتی دیگر پیدا نیست (و تنها دکل های آن نمودار است)

hullabaloo (*hʌləbəlu':*) *n.* هیاهو

hullo(a) (*hʌlou'*) *int.* هالو { در تلفن }

hum (*hʌm*) *vt.* & *vi.* {-med} & *n.* (۱)زمزمه کردن (۲)وزوز کردن- {مج} براه افتادن- فعال یامشغول بودن (۳) زمزمه - وزوز - صدای فرفره یا چرخ

h. and haw اِهم یا من‌من کردن

human (*hiu':mən*) *a.* انسانی - شایستهٔ طبیعت بشری

h. being انسان ، آدم ، بشر

humane (*hiu:mein'*) *a.* شایستهٔ انسان -بامروت - مربوط به (افکار) بشر

hu'manism (*-mənizm*) *n.* (دلبستگی به) مسائل مربوط بنوع بشر - خیر خواهی از لحاظ انسانیت - مذهب نوع‌پرستی- ادبیات وفرهنگ(رم و یونان باستان)

hu'manist *n.* مطالعه کننده طبیعت یا امور انسانی - دانش آموز فرهنگ رم و یونان در قرنهای ۱۴ تا ۱٦

humanitarian (*hiu:manitê'əriən*) *n.* بشردوست - طرفدار کاهش آلام بشر

humanita'rianism (*-nizm*) *n.*

بشر دوستی از روی مسلك
humanity (*hiu:man'iti*) *n.* انسانیت ، آدمیت ، بشریت
the Humanities ادبیات (باستانی)
humanize (*hiu':mənaiz*) *vt.* انسانی کردن ـ مانند شیر مادر کردن ، باب خوردن طفل کردن (شیر گاو)
hu'mankind (*-kaind*) = **mankind**
humanly (*hiu':mənli*) *adv.* در حدود توانائی بشر
humble (*hʌm'bl*) *a.* & *vt.* (۱) فروتن ، متواضع ـ پست ـ عاجزانه (۲) پست کردن
h. oneself فروتنی کردن
hum'bly *adv.* با تواضع ـ عاجزانه
hum'bug *n.*, *vt.*, & *vi.* [-ged] (۱) لاف، دروغ ـ لافزن (۲) فریب‌دادن (۳) لاف زدن
hum'drum *a.* کسل‌کننده ـ یك‌نواخت
humid (*hiu':*) *a.* مرطوب ، آبدار
humid'ify (*-fai*) *vt.* مرطوب ساختن
humid'ity *n.* رطوبت ، نمی ـ مقدار رطوبت هوا
humiliate (*hiu:milieit*) *vt.* پست کردن ـخوار کردن ـجریحه دار کردن
humil'iating *ap* توهین آمیز
humilia'tion. *n.* تحقیر ـ پستی
humil'ity *n.* فروتنی ، تواضع
humming-bird (*hʌm'ing-bə:d*) *n.* مرغ مگس خوار
hummock (*hʌm'ək*) *n.* پشته ، تپهٔ گرد
humor [زیر **humour** آمده]
humorist (*hiu':mə-*) *n.* آدم بذله‌گو ـ فکاهی نویس
hu'morous (*-rəs*) *a.* فکاهی ـ شوخ
hu'morously *adv.* از روی خوشمزگی ـ بطور فکاهی
humour (*hiu':mə*) *n.* & *vt.* (۱) خلط ، آب ـ رطوبت ـ مشرب ، خو ، خلق ـ شوخی ، لطف ـ حس درك شوخی یالطایف (۲) راضی کردن ، دل (کسیرا) بدست آوردن [املای امریکائی این کلمه **humor** است]
good h. خوش خلقی ، خوش طبعی
ill h. بد خلقی ، بد خویی
I am not in the h. for (*or* **to**) **work** حال کار کردن ندارم
He is out of h. سر خلق نیست ، سر دماغ نیست ، دماغ ندارد
hump (*hʌmp*) *n.*&*vt* (۱) قوز ـ کوهان (۲) قوز کردن ـ اوقات (کسیرا) تلخ کردن
two-humped دو کوهانه
hump'back *n.* آدم قوز پشت
humpbacked (*hʌmp'bakt*) *a.* قوز پشت ،کوژ پشت
humph (*hʌmf* ; *hmf*) *int.* & *vi.* (۱) پیف [هنگام تردید یا نارضایتی] ـ (۲) پیف کردن
hump'ty-dump'ty *n.* آدم کوتاه و کلفت ، آدم خپل یا گرد وگلوله
humus (*hiu':məs*) *n* خاك گیاه‌دار
hunch *vt.* & *n.* (۱) خم کردن ـ قوز کردن (۲) قوز ـ غلنبه ، تکهٔ کلفت ـ ظن [اصطلاح امریکائی]
hunch'back = **humpback**
hunch'backed *a.* قوز پشت
hun'dred (*-drəd*) *n.* & *a.* صد
a h. and one هزار و یك
hun'dredfold *adv.* صد برابر
hun'dredth *a.* & *n.* (یك) صدم
hun'dredweight (*-weit*) *n.* وزنه‌ای که‌درانگلیس برابر با ۱۱۲ پاوند و در امریکا برابر با ۱۰۰ پاوند است [مختصر آن **cwt.** است]
hung [*p.* & *pp.* of **hang**]
Hungarian (*hʌngê'əriən*) *a.* & *n.* مجاری ، اهل هانگری یا مجارستان
hunger (*hʌn'gə*) *n.*, *vt.*, & *vi.*

(۱) گرسنگی (۲) گرسنگی دادن (۳) گرسنگی خوردن

h. for (*or* **after**) آرزو کردن

hun'gry (*-gri*) *a.* گرسنه - حریص- مشتاق

I feel h. گرسنه هستم

go h. گرسنه ماندن ،گرسنگی کشیدن

hunk (*hʌnk*) *n.* تکهٔ بزرگ و بد قواره

hunt (*hʌnt*) *v.* & *n.* (۱) شکار کردن - جستجو کردن (در) ،گشتن - دنبال یا تلاش کردن (۲) شکار - جستجو

h. down دنبال کردن و گرفتن ، عاجز و گرفتار کردن

h. out باجستجو یافتن

h. up جستجو کردن

h. for (*or* **after**) جستجو کردن ، پی . . . گشتن

hun'ter (*-tə*) *n.* شکارچی - اسبی که در شکار روباه میبرند - ساعت شکاری

hun'ting *n.* شکار (روباه)

h. dog سگ شکاری ، توله

hun'tress (*-tris*) {*fem. of* hunter}

hunts'man (*-mən*) *n.* {-men} شکارچی ، صیاد - شکارگردان - تازی بان

hurdle (*hə':d1*) *n.* سبدِ ترکه‌ای - چپر ، پرچین -[در اسب دوانی] مانع

the hurdles } اسب دوانی با

hur'dle-race *n.* } پرش از موانع

hurdy-gurdy (*hə':digə:di*) *n.* ساز بزرگی که باچرخ برده وباگرداندن دسته نواخته میشود

hurl (*hə:l*) *vt.* برتاب کردن [بطور حقیقی و مجازی]

hurly-burly (*hə':libə:li*) *n.* آشوب ، غوغا

hurrah (*hurah'*) *int.* هورا ، آفرین

hurray (*hurei'*) = **hurrah**

hurricane (*hʌr'ikən;-kein*) *n.* تند باد،گرد باد

h. lamp چراغ بادی ، چراغ دریایی

hurried (*hʌr'id*) *ppa.* زود (انجام یافته) - شتاب زده ، دست پاچه

in a h. state با شتاب یا عجله

hur'riedly *adv.* باشتاب ، به‌عجله

hurry (*hʌr'i*) *n.*, *vi.* & *vt.* (۱) شتاب ،عجله (۲) عجله کردن (۳) شتابانیدن

Make a h. عجله کنید

I am in a h. for it. آنرا زود میخواهم ، عجله دارم

H. up. زود باشید ، شتاب کنید

hurt (*hə:t*) *v.* {hurt} & *n.* (۱) آزار رساندن (به) ، اذیت کردن ، صدمه زدن (به) - (۲) آسیب ، صدمه ، اذیت ، [مج] لطمه

My teeth h. دندانهایم درد میکند

I h. my hand. دستم آسیب دید

My words h. his feelings. سخنان من باو برخورد

get h. آزار دیدن ، اذیت شدن

hurt'ful *a.* آسیب رسان ، مضر [بعد از آن **to** میاید یعنی (برای)]

hurtle (*hə':t1*) *v.* پرت کردن یا شدن - خوردن (به)

husband (*hʌz'bənd*) *n.* & *vt.* (۱) شوهر (۲) با صرفه جویی اداره یا خرج کردن ، رساندن

hus'bandman (*,,mən*) = **farmer**

husbandry (*hʌz'bəndri*) *n.* کشاورزی -خانه‌داری ، صرفه‌جویی - حسن اداره

hush (*hʌsh*) *n.* & *v.* (۱) خاموشی، سکوت (۲) ساکت کردن یاشدن

h. up ساکت نگاه داشتن، سرو صدا(ی چیزی را) درنیاوردن

hush'-money *n.* حق‌السکوت

husk (*hʌsk*)*n*. & *vt*. - (۱) بوست
آشغال (۲) بوست کندن
hus'kily *adv*. باصدای گرفته
husky (*hʌs'ki*) *a*. - بوست دار
بوستی - خشك -خشن، خرخری - {د.گ.}
درشت وقوی
husky ('') *n*. سگ اسکیمو - مرد
خوش بنیه {اصطلاح امریکائی}
hussar (*huza':* هوزا) *n*. سرباز
سواره نظام سبك اسلحه
hussy (*hʌs'i*) *n*. زن یا دختر گستاخ
و بی تربیت
hustle (*hʌs'l*) *n*. & *v*. تنه
(زدن به) - هل (دادن) - شتاب (کردن)
hut (*hʌt*)*n*., *vt*. & *vi*. {-ted}
(۱) کلبه - خانه چوبی موقت (۲) درکلبه
جا دادن (۳) در کلبه زندگی کردن
hutch (*hʌch*) *n*. - (خرگوش) قفس
جعبه ، صندوق -کلبه - تغار
huzza (هوزا) =**hurrah**
hyacinth (*hai'ə-*) *n*. سنبل
hybrid (*hai'-*) *a*. & *n*. (۱)
دو رگ -پیوندی - نامتجانس (۲) جانور
دو رگ-گیاه پیوندی
hybridize (*hai'bridaiz*) *v*.
پیوند زدن - از دو جنس باهم جفت کردن
یا شدن
Hydra (*hai'drə*) *n*. {در افسانه}
مارنه سر-{مج} شر" صعب العلاج
hydrant (*haid'rənt*) *n*. لولهٔ
آب برداری - شیرآتش نشانی
hydraulic (*haidrɔl'ik*) *a*.
مربوط بعلم انتقال آب یا آب رسانی -
زیر آب سفت شونده
  h. brake ترمز روغنی
  h. press منگنهٔ آبی
  h. machine ماشین آب بلندکنی
hydrau'lics *npl*. or *s*. علمِ
خواص آب متحرك ، علم آب رسانی
hy'dro-car'bon *n*. ایدروکاربور
{لفظ فرانسه} ، ترکیب ایدروژن و کاربن

hydrochloric (*haidroukl**ɔ**'-ik*) **acid** جوهر نمك
hydrogen (*haid'rəjən*) *n*.
ایدروژن {لفظ فرانسه}
hydrography (*haidrɔg'rəfi*) *n*.
نقشه برداری یاتشریح آبهای روی زمین
hy'droid *a*. & *n*. (جانور) مرجانی
hydrology (*haidrɔl'əji*) *n*.
آب شناسی ، مبحث آب
hydrometer (*haidrɔm'ətə*) *n*.
آلت سنجش وزن مخصوص مایعات ، مایع سنج
hydropath'ic estab'lishment
بنگاهی که بعضی امراض را درآنجا بوسیله
آب (تنی) درمان می کنند
hydropathy (*haidrɔp'əthi*) *n*.
علاج با آب ، آب درمان
hydrophobia (*haidrofou'biə*)
n. گزیدگی سگِ هار - ترس از آب
hydroplane (*haid'roplein*) *n*.
هواپیمای دریایی
hydrostat'ic (*haidros-*) *a*.
مربوط بفشارِ آب ساکن
hydrous (*haid'rəs*) *a*. آبدار
hyena or **hyæna** (*haii':nə*) *n*.
کفتار {نام جانور}
hygiene (*hai'ji:n*) *n*.
(علم) بهداشت ، حفظ الصحه
hygienic (*haiji':nik*) *a*.
بهداشتی ، صحی
hy'gienist *n*. متخصص بهداشت
Hymen (*hai'-*) *n*. نام رب النوع
عروسی - {با h} پردهٔ بکارت
hymn (*him*) *n*. & *vi*.
(۱) سرود (۲) سرود خواندن
hym'nal (*-nəl*) *n*. کتاب سرود
hyperbola (*haipə':bəla*) *n*.
قطع زائد
hyperbole (*haipə':bəli*) *n*.
مبالغه ، اغراق
hypercritical (*-krit'ikəl*) *a*.
بیش از حد خرده گیر

hyphen (*hai'f'n*) *n.* & *vt.* (۱) خط پیوند [چون در north-east] - (۲) = **hyphenate**

hy'phenate (*-fəneit*) *vt.* باخط پیوند چسباندن یا نوشتن

hypnology (*hipnɔl'əji*) *n.* خواب شناسی

hypnot'ic *a.* & *n.* (۱) خواب‌آور - (۲) داروی خواب‌آور - شخص هیپنوتیسم شده

hypnotism (*hip'nətizm*) *n.* هیپنوتیسم [لفظ فرانسه]

hyp'notist *n.* متخصص هیپنوتیسم

hyp'notize (*-nətaiz*) *vt.* خواب کردن (بوسیلهٔ هیپنوتیسم)

hypochondria (*haipokɔn'driə*) *n.* مالیخولیا ، مراق

hypochon'driac *n.* مالیخولیایی

hypocrisy (*hipok'rəsi* ; *-risi*) *n.* دو رویی ، ریا

hyp'ocrite (*-krit*) *n.* (آدم) ریاکار

hypocritical (*hipəkrit'ikəl*) *a.* ریاکار - ریاکارانه

hypodermic (*haipodə':mik*) *a.* زیر پوستی [h. injection] - واقع در زیر پوست

h. syringe سرنگ برای تزریق زیر پوست

hypogas'tric (*hai-*) *a.* زیر شکمی

hypotenuse (*haipot'iniu:s*) *n.* [هن] زه ، وتر

hypothecary (*haipɔth'əkəri*) *a.* رهنی

hypoth'esis (*hai-*) *n.* [-ses (*si:z*)]. فرض

hypothetical (*haipəthet'ikəl*) *a.* فرضی

hyssop (*his'əp*) *n.* زوفا

hysteria (*histi'əriə*) *n.* غش و حمله که پیشتر گمان میکردند نتیجه اختناق زهدان است - [مج] هیجان و ابراز احساسات شدید و بی‌موضوع

hyster'ic(al) *a.* حمله‌ای - تشنجی - عصبانی - دستخوش هیجان و احساسات

hyster'ics *npl.* حمله و تشنج - هیجان و عصبانیت

Ii

I (*ai*) *pr.* من
iam'bic (*ai-*) *a.* دارای وتد مجموع یا یك وتد کوتاه و یك وتد بلند
ibex (*ai'beks*) *n.* بز کوهی ، تکه ، مرال
ib. ; **ibid.** {مختصرِ ibidem}
ibi'dem (*ibai'-*) *adv.* در همان جا
i'bis *n.* قسمی لکلك
ice (*ais*) *n.* & *vt.* (۱) یخ - بستنی ، شیرینی گلسه {''گلسه'' فرانسه است} (۲) سرد کردن - شکر پوش کردن
break the i. تشریفات ورود در بایستی را کنار گذاشتن - سدّ را شکستن
It has cut no i. کاری از پیش نبرده است - ارزش یا اهمیتی نداشته است
ice'berg (*-bə:g*) *n.* تودهٔ یخ شناور
ice'-boat *n.* کرجی رو یخی
ice'-breaker *n.* کرجی یخ شکن
ice'-cream (*-kri:m*) *n.* بستنی
Ice'lander (*-də*) *n.* اهل ایسلاند
ichthyology (*ikthiɔl'əji*) *n.* ماهی شناسی
icicle (*ai'sikl*) *n.* قلمِ یخ ، یخ پاره
icing (*ai'sing*) *n.* پوشش شکر و سفیدهٔ تخم مرغ در روی شیرینی
icon (*ai'kən*) *n.* شمایل
iconoclast (*aikɔn'ə-*) *n.* شمایل شکن - براندازندهٔ عقاید غلط
icy (*ai'si*) *a.* یخی - یخ‌زار - بسیار سرد - خنك
I'd (*aid*) = I would; I had
idea (*aidi'ə*) *n.* تصور - اندیشه ، فکر - عقیده ، نظر- مقصود ، معنی - خبر- طرز فکر - نمونه واقعی - {در جمع} مثل (*mosol*)
form an i. of تصور کردن
with the i. of به نیتِ
I gave up the i. از آن خیال منصرف شدم (یا صرف نظر کردم)
get ideas into one's head وعده (ها) بخود دادن ، ''خبر هایی'' را انتظار داشتن
What an i. ! چه حرفها !
ideal (*aidi'əl*) *n.* & *a.* (۱) کمالِ مطلوب ، هدف (زندگی) - نمونهٔ کامل فرضی (۲) خیالی- فرضی- معنوی - مطابق نمونهٔ واقعی- مبنی بر کمال مطلوب
idealism (*aidi'əlizm*) *n.* اصالت تصور - انکار وجود خارجی اشیاء، فلسفهٔ فکریه - معنویت
ide'alist *n.* معنوی - منکر وجودِ خارجی وحقیقی اشیاء ، معتقد بخیال و تصور
idealis'tic *a.* معنوی ، فکری
idealiza'tion *n.* تصور (کمال مطلوب)
idealize (*aidi'əlaiz*) *vt.* به کمال مطلوب رسانیدن - تصور کردن - حالت خیالی به (چیزی) دادن
ide'ally *adv.* مطابق آرزو یا کمالِ مطلوب - فکراً ، تصوراً
idem (*ai'-*) *adv.* در همان جا ، وله - همان کلمه ، ایضاً {در این معنی تلفظ میشود *id'em*}
identical (*aiden'tikəl*) *a.* یکسان ، یکی
identifica'tion *n.* تعیین هویت
iden'tify (*-fai*) *vt.* تعیین هویت

(چیز یرا) کردن ، تشخیص دادن ـ یکی دانستن ،یکی کردن ـ مربوط ساختن

iden'tity (-*ti*) *n.* عینیت ، این همانی ـ هویت ، شخصیت

ideology (*aidiɔl'əji*) *n.* بحث در تصورات ، مبحث فکریات ـ خیال ، نظر

ides (*aidz*) *npl.* روز پانزدهم [در مارس ومه وژوئیه واکتبر] ـ روزسیزدهم [در ماه های دیگر]

id est [L.] = that is یعنی [مختصر آن i. e. است]

id'iocy (-*əsi*) *n.* خبط دماغ ، ابلهی

id'iom (-*əm*) *n.* اصطلاح ، شیوه (زبان) ، تعبیر ویژه ، زبانزد ـ لهجه یااسلوب ویژه

idiomat'ic(al) *a.* اصطلاحی-مصطلح

idiosyncrasy (*idiousin'krəsi*) *n.* حالت (دماغی) یاطرز فکر ویژه هرکس

id'iot (-*ət*) *n.* آدم مخبط ، احمق

idiot'ic (-*ɔt'*-) *a.* احمق ـ ابلهانه

idle (*ai'dl*) *a.* & *vi.* (۱) بیکار ـ تنبل ـ بیهوده (۲) بیطالت وقت گذراندن

i. hours ساعت های بیکاری

i. rumours شایعات بی اساس

i. wheel چرخ دلاله ، چرخ میان

i. (*vt.*) away بیطالت گذراندن

i'dleness *n.* بیکاری ـ تنبلی ـ بطالت

idler (*aid'lə*) *n.* آدم بیکار یا تنبل

i'dly *adv.* بیطالت ـ از روی تنبلی

idol (*ai'dl*) *n.* بُت ، صنم

idolater (*aidɔl'ətə*) *n.* بت پرست

idol'atress [*fem.* of idolater]

idolatrous (*aidɔl'ətrəs*) *a.* بت پرست ـ مربوط به بت پرستی ـ ناشی از بت پرستی

idolatry (*aidɔl'ətri*) *n.* بت پرستی

idolize (*ai'dəlaiz*) *vt.* چون بت پرستیدن

idyl(l) (*ai'dil*) *n.* شرح مختصری از زندگی روستایی بنظم یا نثر

i. e. [id est بازگشت شود به]

if *conj.* اگر ـ هرگاه ـ آیا ـ کاش

if I were you اگرمن جای شما بودم

Ask him if he likes to go. از او بپرسید (آیا) میل دارد برود یا نه

if so اگر چنین است

if any اگر باشد ، اگرداشته باشد

if possible در صورت امکان

if and when هرگاه ، هرآینه اگر

as if چنان . . . که گویی ، مانند اینکه

ig'loo (-*lu:*) *n.* کلبه برفی اسکیمو

ig'neous (-*niəs*) *a.* آذرین ـ آتش فشانی

ignite (-*nait'*) *vt.* & *vi.* (۱) آتش زدن ،روشن کردن ـ سرخ کردن (۲) آتش گرفتن

ignition (-*nish'ən*) *n.* افروزش

ignoble (-*nou'bl*) *a.* فرومایه ـ بی شرفانه

ignominious (-*nəmin'iəs*) *a.* بد نام ـ بد ، زشت

ig'nominy (-*nəmini*) *n.* رسوایی ـ کار زشت

ignoramus (-*nərei'məs*) *n.* آدم نادان

ig'norance (-*nərəns*) *n.* نادانی ، جهل

feign i. تجاهل کردن

ig'norant *a.* نادان ، جاهل ـ جاهلانه

ig'norantly *adv.* جاهلانه

ignore (-*nɔ':*) *vt.* نادیده پنداشتن

Iliad (*il'iəd*) *n.* ایلیاد [نام رزم‌نامهٔ یونانی منسوب به Homer]

ill *a.*, *adv.*, & *n.* (۱) ناخوش ، بیمار ـ بد ـ زبان آور (۲) بیدی ـ بطور ناقص (۳) بدی ، بد ـ آسیب

He was taken i. / He fell i. } ناخوش شد، به بستر بیماری افتاد

He is i. with fever. تب دارد
i. will بد خواهی ، بد نیتی
i. breeding بی تربیتی
i. fame بد نامی ، رسوایی
i. health ناخوشی ، ناتندرستی
speak i. of بدگویی کردن از
behave i. بد رفتاری کردن
take i. رنجیدن از
do an i. turn to some one بکسی بدی کردن
i. at ease ناراحت ،گرفتار
I'll [I will مختصر]
ill-advised (*il'edvaizd'*) *a.* مبنی بر بی‌احتیاطی ـ غیر عاقلانه
ill'-affec'ted *a.* بدقلب ، نامهربان
ill'-bred' *a.* بی تربیت
ill'-disposed' *a.* بد نیت ـ نامساعد
illegal (*ili':gəl*) *a.* غیرقانونی ـ نامشروع
illegality (*ili:gal'iti*) *n.* کار خلاف قانون
ille'gally *adv.* از راه غیرقانونی ، بطور غیر مشروع
illegibil'ity *n.* ناخوانا بودن ، غیر خوانایی
illegible (*ilej'ibl*) *a.* غیرخوانا
illegibly (*ilej'ibli*) *adv.* بطور غیر خوانا
illegitimacy (*ilegit'iməsi*) *n.* حرامزادگی ـ نامشروعی ، نادرستی
illegitimate (*-lejit'imit*) *a.* حرامزاده ـ ناحق ، غیر مشروع ـ غلط
ill'-fated (*-fei'tid*) *a.* بدبخت ـ شوم ، موجب بدبختی
ill'-favoured (*-fei'vəd*) *a.* زشت ، نفرت‌انگیز
ill'-gotten (*-gɔt''n*) *a.* نامشروع ، حرام
ill'-humoured (*-hiu':məd*) *a.* بدخو ، بد خلق
illiberal (*ilib'ərəl*) *a.* نظر تنگ ـ کوته فکر ـ متعصب ـ پست
illiberal'ity *n.* نظر تنگی ، تنگ چشمی ـ کوته فکری ـ تعصب
illicit (*ilis'it*) *a.* ممنوع، قاچاقی، قاچاق ـ نامشروع ، ناروا ، غیر مجاز
illim'itable (*-təbl*) *a.* بی‌پایان
illit'eracy (*-ərəsi*) *n.* بی‌سوادی
illiterate (*ilit'ərit*) *a.* ـ بیسواد حاکی از بیسوادی
ill'-judged' *a.* غیر عاقلانه
ill'-look'ing *a.* زشت ، بد نما
ill'-mannered (*-man'əd*) *a.* بی تربیت
ill'-matched (*-machd'*) *a.* ناجور ، نابتا
ill'-ma'ted *a.* ناجور
ill'-natured (*-nei'chəd*) *a.* بدخو ،کج طبع
ill'ness *n.* ناخوشی ، بیماری
illogical (*ilɔj'ikəl*) *a.* غیرمنطقی
ill'-o'mened *a.* شوم ، مشئوم ، نحس
ill-starred (*il'sta:d'* ایلستاد) *a.* بداختر ، بدبخت
ill'-tem'pered (*-pəd*) *a.* بد خو
ill'-timed (*-taimd'*) *a.* نابهنگام ، بیگاه
ill'-treat (*-tri:t'*) *vt.* بدرفتاری به (کسی) کردن
illuminate (*ilu':mineit*) *vt.* روشن کردن ـ چراغانی کردن ، آذین بستن ـ تذهیب کردن
illumina'tion *n.* تنویر (فکر) ـ چراغانی ، آذین بندی ـ تذهیب
illu'mine (*-min*) *vt.* روشن کردن ـ دارای فکر روشن کردن
ill'-use (*-yu:z'*) *vt.* بد رفتاری به (کسی) کردن
illusion (*ilu':zhən*) *n.* خبط بصر ـ اغفال ـ چشم بندی ـ تور صورت
illu'sive (*-siv*) *a.* فریبنده ،موهوم
illu'sory (*-səri*) *a.* غیر واقعی

illustrate (*il'əstreit*) *vt.* روشن ساختن ، شرح دادن - بامثال یاشکل حالی کردن - [بصیغهٔ اسم مفعول] مصوّر

illustra'tion *n.* شرح ، توضیح ، مثال - نگاره ، شکل ، عکس

illustrative (*ilʌs'trətiv* ; *il'əstrei-*) *a.* توضیح - نشان دهنده - توضیح دهنده ، توضیحی - دارای عکس یاتصویر

illus'trator (*-trəitə*) *n.* توضیح دهنده ، نشان دهنده - تصویرکش

illustrious (*ilʌs'triəs*) *a.* برجسته ، نامی ، مشهور - غرّا

I'm (*aim*) = **I am** هستم

image (*im'ij*) *n.&vt.* (۱)مجسمه ، تمثال - شکل- نقش ، عکس - بت - تصور- تشبیه - کنایه (۲)منعکس کردن، نشاندادن- تصور کردن - تصویر کردن

imagery (*im'ijri* ; *-jəri*) *n.* شکل ومجسمه [بطورکلی] - شبیه سازی - صنایع بدیعی

imaginable (*imaj'inəbl*) *a.* تصورکردنی ، قابل تصور

imaginary (*imaj'inəri*) *a.* موهوم ، فرضی ، خیالی ، تصوری

imagina'tion *n.* تصور ، انگار ، پندار ، خیال - قوهٔ تخیل یاتصور

imaginative (*imaj'inətiv*) *a.* تصوری ، تخیلی - تصورکننده - خیالی

i. faculty قوهٔ تصور ، قوهٔ تخیل

imagine (*imaj'in*) *vt.* تصور کردن ، فرض کردن -گمان کردن

im'becile (*-bisi:l* ; *-bisail*) *a.* & *n.* (۱) بی کله ، ابله ، ضعیف‌العقل - ناتوان ، سست - ابلهانه (۲) آدم ابله - شخص کودن یاخرف

imbecil'ity *n.* کودنی - ابلهی

imbed' = **embed**

imbibe' *vt.* آشامیدن - جذب کردن - فرو بردن - [مج] فرا گرفتن

imbroglio (*-brou'liou*) *n.* پیچ ، گیر ، مسئلهٔ غامض - سوء تفاهم

imbue (*-biu':*) *vt.* آغشتن ، اشباع کردن - رنگ زدن - ملهم کردن

im'itate (*-teit*) *vt.* تقلیدکردن - پیروی کردن از تأسی کردن به

imita'tion *n.* تقلید ، پیروی - چیز تقلیدی ، بدل ، شبیه ، چیز تقلبی

in i. of بتقلید ، از روی

im'itative (*-tətiv* ; *-tei-*) *a.* تقلیدی - تقلیدکننده - بدل

im'itator (*-teitə*) *n.* مقلد

immaculate (*imak'yulit*) *a.* بی آلایش - بی عیب - یکدست - پاکدامن ، معصوم

immaterial (*imati'əriəl*) *a.* غیر مادی ، معنوی - جزئی ، بی اهمیت ، ناچیز

immature (*imətiu':ə*) *a.* نارس - رشد نکرده - نابالغ

immatu'rity *n.* نارسی ، عدم رشد

immeasurable (*iməzh'ərəbl*) *a.* بی اندازه - بی‌قیاس - بیکران

immediate (*imi':diət*) *a.* بی‌درنگ ، فوری - بی‌واسطه

i. heir وارث بلافصل

imme'diately *adv.* بیدرنگ ، فوراً - بلافاصله - بیواسطه - مستقیماً

I. he saw me همینکه مرا دید

immemorial (*imimɔ':riəl*) *a.* یادنیاوردنی - بسیار قدیم ، خیلی پیش

from i. times ازاززمان خیلی قدیم ، از عهد دقیانوس

immense (*imens'*) *a.* بی‌اندازه ، گزاف - پهناور ، وسیع

immense'ly *adv.* بی‌اندازه

immen'sity (*-ti*) *n.* زیادی - بزرگی

immerse (*imə:s'*) *vt.* فروبردن - غوطه دادن -گرفتار یامستغرق ساختن

immersion (*imə':shən*) *n.* عمل فروبردن ، فروبری - غوطه‌وری ، شناوری - فرو رفتگی ، مجذوبیت -

پوشیدگی ، احتجاب
immigrant (*im'igrənt*) *n.* مهاجر
im'migrate (*-reit*) *vi.* مهاجرت کردن (بکشور دیگر) ، توطن کردن
immigra'tion *n.* مهاجرت ، توطن
im'minence *n.* نزدیکی ، مشرف بودن ، قرابت وقوع ـ خطر تهدیدکننده
imminent (*im'inənt*) *a.* مشرف ، نزدیك ، قریب‌الوقوع ـ تهدیدکننده
immobile (*imou'bail*) *a.* بیحرکت ، ثابت ، جنبش ناپذیر
immobil'ity *n.* بی‌جنبشی ، بیحرکتی
immobilize (*imou'bilaiz*) *vt.* جمع کردن ، از رواج انداختن ـ ازحرکت انداختن ـ ثابت نگاه داشتن
immoderate (*imɔd'ərit*) *a.* بی‌اندازه، بیش‌ازحد ـ بی‌اعتدال ، افراطی
immodest (*imɔd'ist*) *a.* بی‌حیا ـ جسورانه ـ شرم آور ، زشت
immod'esty *n.* بیشرمی ، بی‌حیایی
immolate (*im'oleit*) *vt.* کشتن ـ قربانی کردن
immola'tion *n.* کشتار ـ قربانی
immoral (*imɔ'rəl*) *a.* بداخلاق ـ غیر اخلاقی
immorality (*-məral'iti*) *n.* بد اخلاقی
immortal(*imɔ':tl*)*a.* فناناپذیر،باقی
immortal'ity *n.* فناناپذیری ، بقا
immortalize (*imɔ':təlaiz*) *vt.* جاوید کردن
immovable (*imu':vəbl*) *a.* غیرمنقول ـ بیحرکت ، ثابت ـ پایدار
immov'ables *npl.* دارایی‌غیرمنقول
immune (*imiu':n*) *a* مصون
immu'nity *n.* مصونیت ـ آزادی
immunize (*im'iunaiz*) *vt.* مصون ساختن
immure (*imiu'ə*) *vt.* محصورکردن، در چار دیوار نگاه داشتن

immutabil'ity *n.* تغییر ناپذیری
immutable (*imu':təbl*) *a.* تغییر ناپذیر
imp *n.* بچهٔ شیطان ـ جنی کوچك
im'pact *n.* برخورد ، تماس ، اصابت
impair (*-pê'ə*) *vt.* آسیب زدن ، خراب کردن
impale (*-peil'*) *vt.* بسیخ کشیدن
impal'pable (*-pəbl*) *a.* بسیار نرم، غیرمحسوس‌بلامسه ـ [مج]درك نکردنی
impan'el ; **em-** (*-əl*) *vt.* درصورت نوشتن ، جزو صورت نوشتن
impart (*-pa:t'* (ـ پات) *vt.* (سهم) دادن ـ رساندن
impar'tial (*-shəl* (ـ پاشل) *a.* بیطرف ـ بیطرفانه ، منصفانه
impartiality (*-shial'-*) *n.* بیطرفی
impar'tially *adv.* بیطرفانه
impassable (*-pas'əbl*) *a.* غیرقابل عبور ،گذر نکردنی ، بی گذار
impasse (*impas'* ; *ampa:s'*) *n.* کوچهٔ بن‌بست ـ جایی که فرار از آن ممکن نیست
impas'sible *a.* تألم ناپذیر ، بیحس نسبت بدرد ـ بی‌تأثر ، بی‌عاطفه
impassioned (*-pash'ənd*) *a.* برانگیخته از احساسات
impassive (*-pas'iv*) *a.* تالم ناپذیر ، بیحس ـ بی‌عاطفه ـ خون سرد
impatience (*impei'shəns*) *n.* ناشکیبایی، ناصبوری ، بی‌صبری ،بیطاقتی
impa'tient (*-shənt*) *a.* ناشکیبا ، ناصبور ، بی‌صبر ، بی‌حوصله ، بیطاقت
impa'tiently *adv.* ازروی بی‌صبری
impeach (*-pi:ch'*) *vt.* متهم کردن ـ اعتراض‌کردن به ، عیب گرفتن از
impeach'ment (*-mənt*) *n.* اتهام ـ اعتراض
impeccable (*-pek'əbl*) *a.* معصوم

impecunious (*-pikiu':niəs*) *a.* بی پول ، کم پول

impede (*-pi:d'*) *vt.* مانع شدن - کندکردن ، عقب انداختن

imped'iment (*-mənt*) *n.* مانع ، محظور - گیر ، لکنت

impel' *vt.* {-led} وادار کردن - راندن ، سوق دادن

impend'ing *a.* مُشرف
i. over مشرف بر - تهدیدکننده

impen'etrable (*-itrəbl*) *a.* سوراخ نشدنی- غیرقابل نفوذ - بی‌عاطفه - سرایت ناپذیر - درك نکردنی

impen'itence (*-təns*) *n.* عدم توبه

impen'itent *a.* لجوج درگناه‌کاری ، غیرتائب - مبنی برعدم پشیمانی

imper'ative (*-ətiv*) *a.* & *n.* (۱) امری - آمرانه - ضروری - حاکم (۲) امر ، وجه امری

imper'atively *adv.* آمرانه

imperceptible (*-pəsep'tibl*)*a.* غیرقابلِ مشاهده - جزئی - غیر محسوس - آهسته

imperfect (*-pə':fikt*) *a.* ناقص ، ناتمام

imperfection (*-pəfek'shən*) *n.* نقص - عیب

imper'fectly *adv.* بطور ناقص

imperial (*-pi'əriəl*) *a.* شاهنشاهی

impe'rialism (*-riəlizm*) *n.* طرز حکومت‌امپراطوری - استعمار طلبی

impe'rialist *n.* طرفدار حکومت امپراطوری - استعمار طلب

imperialis'tic *a.* مبنی برطرفداری از حکومت امپراطوری - استعمار طلبانه

imper'il *vt.* {-led} در مخاطره انداختن ، درمعرض خطر گذاشتن

imperious (*-pi'əriəs*) *a.* آمرانه - متکبر

imper'ishable (*-ishəbl*) *a.* نیست نشدنی ، فنا ناپذیر- فاسد نشدنی

impersonal (*-pə':sənəl*) *a.* غیر شخصی - فاقد شخصیت یا وجود شخصی
i. verb فعلی که فاعل معینی ندارد { چنانکه در it rains (میبارد) }

impersonate (*-pə':səneit*) *vt.* شخصیت‌دادن ، صورت خارجی دادن(به) - نقش(کسی را) ایفا کردن

impersona'tion *n.* اعطا یا اتخاذ شخصیت - بازی کردن نقش کسی در نمایش

imper'tinence *n.* گستاخی

impertinent (*-pə':tinənt*) *a.* بی‌ربط - نابهنگام - گستاخانه - گستاخ

imperturbable (*-pətə':bəbl*) *a.* تشویش ناپذیر

impervious (*-pə':viəs*) *a.* مانع‌از دخول (آب) ، بی‌منفذ - تاثر ناپذیر
This cloth is i. to water. آب (یا نم) دراین پارچه نفوذ نمیکند
one who is i. to arguments کسیکه دلیل بخرجش نمیرود یا در او تأثیر نمیکند

impetuosity (*-yuɔs'iti*) *n.* بی‌پروایی ، تهور

impet'uous (*-yuəs*) *a.* تهورآمیز ، تند - بی‌پروا ، متهور - سخت

im'petus (*-pitəs*) *n.* نیروی جنبش ، قوهٔ حرکت(آنی) - محرّك

impiety (*-pai'əti*) *n.* بیدینی ، خدانشناسی ، شرارت

impinge (*-pinj'*) *vi.* خوردن ، برخورد کردن، تصادف کردن- تجاوز کردن

im'pious (*-piəs*) *a.* بی‌دین ، خدا نشناس - ناخدا پسندانه

im'pish *a.* جن مانند - شیطان‌صفت

implacabil'ity ; **implac'ableness** *n.* سختی ، سنگدلی

implacable (*-plei'kəbl* ; *-plak'-*) *a.* نرم‌نشدنی ،سنگدل- کینه‌دار

implant' *vt.* نشاندن - غرس کردن

im'plement (*-plimənt*) *n.* &

(۱) آلت ـ اسباب (۲) انجام *vt.*
دادن ، تکمیل کردن

im'plicate (-*keit*) *vt.* فهمانیدن ـ
گرفتار یاداخل کردن ـ بهم پیچیدن

implica'tion *n.* اشاره (ضمنی) ،
دلالت، مفهوم (ضمنی)، استنباط ـ گرفتاری،
آلودگی ـ همدستی

implicit (-*plis'it*) *a.* ضمنی ،
تلویحی ـ مطلق ، بی‌شرط ، بلااعتراض

implicitly *adv.* تلویحاً ، ضمناً

implied (-*plaid'*) *ppa.*
(ضمناً) مفهوم ، مقدر ـ تلویحی

implore (-*plɔ'*: ; *plɔ'ə*) *vt.*
التماس کردن به

imploringly (-*plɔ'*:-)
لابه‌کنان ، بالتماس

imply (-*plai'*) *vt.* تلویحاً
فهماندن یا دلالت کردن بر ، اشاره
داشتن بر ـ دربر داشتن

impolite (-*pəlait'*) *a.* بی‌ادب ـ
مخالف ادب ، بی‌ادبانه

impolite'ly *adv.* بی‌ادبانه

impolite'ness *n.* بی‌ادبی

impolitic (-*pɔl'itik*) *a.*
مخالف مصلحت ، غیرعاقلانه ، غیرمقتضی

import (-*pɔ:t'*) *vt.* وارد کردن
{i. goods} ـ معنی دادن

im'port (-*pɔ:t*) *n.* ، کالای وارد شده
{درجمع} واردات ـ معنی ، مفهوم ـ اهمیت ـ
عمل وارد کردن ـ ورود

importance (-*pɔ':təns*) *n.*
اهمیت ـ نفوذ

of great i. بسیار مهم

impor'tant (-*tənt*) *a.* مهم ، عمده

importation (-*pɔ:tei'shən*) *n.*
عمل وارد کردن

impor'ter (-*tə*) *n.* وارد کننده

impor'tunate (-*chunit* ; -*tiu*-)
a. مصر ، مبرم ـ مصرانه ـ فشارآور

importune (-*pɔ:tiu:n'* ; -*pɔ':*-)
v. مصرانه خواستن ـ عاجز کردن ـ
سماجت کردن (به)

importu'nity *n.* اصرار زیاد

impose (-*pouz'*) *vt.* & *vi.* (۱)
تحمیل کردن ـ وضع کردن (مالیات) ـ (۲)
اعمال نفوذ یا سوء استفاده کردن

i. upon فریب دادن ـ سوء استفاده
کردن از

impo'sing *apa.* باهیبت ـ بانفوذ

imposition (-*pəzish'ən*) *n.*
تحمیل ـ وضع ـ عوارض ـ فریب

impossibil'ity *n.* عدم امکان

impossible (-*pɔs'*-) *a.* غیرممکن

It is i. to live there. نمیتوان
درآنجا زندگی کرد ، زندگی کردن در
آنجا غیرممکن است

im'post (-*poust*) *n.* گمرك ورودی

impostor (-*pɔs'tə*) *n.* شیاد

impos'ture (-*chə*) *n.* شیادی

im'potence (-*potəns*) *n.*
ناتوانی ، ضعف ـ سستی کمر ، عنن

im'potent *a.* ناتوان ـ عنین

impound (-*paund'*) *vt.* درمحوطه
نگاه داشتن ـ ضبط کردن

impoverish (-*pɔv'ə*-) *vt.*
فقیر کردن ـ بی قوت کردن (خاك) ـ
بی خاصیت کردن

imprac'ticable (-*kəbl*) *a.*
غیرعملی ـ غیرقابل عبور

im'precate (-*prikeit*) *vt.*
لعنت کردن ، نفرین کردن

i. a calamity upon a person
بلایی را بدعا برای کسی خواستن

impreca'tion *n.* لعنت ، نفرین

impreg'nable (-*nəbl*) *a.*
غیرقابل تسخیر ، حصین ـ حمله ناپذیر

impreg'nate (-*neit*) *vt.* تلقیح
کردن ـ اسقا کردن ـ تزریق کردن

impreg'nate (-*nit*) *a.* تلقیح شده

impregna'tion. *n.* تلقیح ـ اسقاء

impresario (*impresah':riou*) مدیر کنسرت و اپرا و امثال آنها *n.*
im'press *n.* مهر ، نشان - طبع
impress' *vt.* نشان گذاردن ، جایگیر ساختن - تأثیر کردن بر ، متأثر کردن
i. on the mind خاطر نشان کردن
impression (*-presh'ən*) *n.* اثر ، تاثیر - گمان ، عقیده - نقش ، مهر
under the i. that براین عقیده که
impressionable (*-presh'ənəbl*) *a.* تحت تاثیر قرار گیرنده ، حساس
impressive (*-pres'iv*) *a.* مؤثر ، برانگیزندهٔ احساسات
im'prest *n.* مساعده (دولتی) - تنخواه گردان
im'print *n.* چاپ - اثر ، نقش ، مهر
imprint' *vt.* جایگیر ساختن ، نشاندن - زدن - چاپ کردن ، مهر زدن
imprison (*-priz''n*) *vt.* زندانی کردن ، حبس کردن
impris'onment (*-mənt*) *n.* حبس
improbabil'ity *n.* عدم احتمال ، استبعاد - چیز غیر محتمل
improbable (*-prɔ'bəbl*) *a.* غیرمحتمل ، دور ، بعید ، مستبعد ، نامعقول
impromp'tu (*-tiu:*) *a(dv).* بالبداهه - بداههً
improper (*-prɔ'pə*) *a.* نادرست - نا مناسب - غیرمتعارفی {i. fraction
improp'erly *adv.* بطور ناشایسته یا نامناسب - بطور ناصحیح یا غلط
impropriety (*-proupraɪ'əti*) *n.* ناشایستگی - نادرستی - سخن یا کار ناشایسته
improve (*-pru:v'*) *vt.* & *vi.* (۱) بهبود دادن ، اصلاح کردن - ترقی دادن - آباد کردن (۲) بهتر شدن - اصلاحات کردن {با on یا upon}
improve'ment (*-mənt*) *n.* اصلاح - آبادی
improvidence (*-prɔ'vidəns*) *n.* بی احتیاطی
improv'ident *a.* بی احتیاط - ولخرج
improvise (*im'prəvaiz* ; *-vaɪz'*) *vt.* بالبداهه ساختن ، بداههً گفتن - از پیش خود ساختن - باعجله درست کردن - سردستی درست کردن
imprudence (*-pru':dəns*) *n.* بی احتیاطی ، بی تدبیری - کار غیرعاقلانه
impru'dent *a.* بی احتیاط - غیرعاقلانه
im'pudence (*-dəns*) *n.* بی شرمی
im'pudent *a.* بی شرم - گستاخانه
impugn (*-piu:n'*) *vt.* مورد اعتراض یا تکذیب قرار دادن
im'pulse (*-pʌls*) *n.* قوهٔ محرک آنی - جنبش ، حرکت
impul'sion (*-shən*) *n.* محرّك ذهنی - قوهٔ آنی - تحریك ، سوق
impul'sive (*-siv*) *a.* ناشی از قوهٔ محرّك آنی - سوق دهنده
impunity (*-piu':niti*) *n.* بخشودگی - مصونیت
impure (*-piu'ə*) *a.* ناپاك ، کثیف - ناصاف - غیرخالص - بی عفت
impu'rity *n.* ناپاکی - کثافت
imputa'tion *n.* اِسناد - اتهام
impute (*-piu:t'*) *vt.* نسبت دادن
in *prep., adv., & a.* (۱) در ، توی - به {in my name} - در ظرف (۲) تو - درخانه - باب شده ، معمول ، مد {لفظ فرانسه} - (۳) درونی ، داخلی
in proof of برای اثبات
in bands دسته دسته
in so far as تا آنجا که ، تاحدیکه
in itself بخودی خود ، فی حد ذاته
blind in one eye ازیك چشم کور
in that در اینکه - بواسطه اینکه
I do not have it in me. ازمن بر نمی آید ، ازمن ساخته نیست
Summer is in. تابستان رسیده (یافرارسیده) رسیده است
In with it ! بیاوریدش تو

the ins (*n.*) and outs - پیچ وخم - گوشه و کنار - ته و تو، جزئیات

in. {inch مختصر}

inability (*inəbil'iti*) *n.* ناتوانی، عدم قدرت - بی لیاقتی

inaccessibil'ity *n.* دسترس نبودن

inaccessible (*inakses'əbl*) *a.* غیرقابل دسترسی، که دسترس بدان نیست

inaccuracy (*ink'yurəsi*) *n.* عدم صحت، نادرستی

inac'curate (*-rit*) *a.* نادرست

inaction (*inak'shən*) *n.* بیکاری - بیحرکتی

inac'tive (*-tiv*) *a.* بیکار، بیحرکت - سست

inactiv'ity *n.* بیکاری، عدم فعالیت - بی جنبشی، بیحرکتی - سستی

inadequacy (*inad'ikwəsi*) *n.* عدم کفایت. نقص - بی کفایتی

inad'equate (*-kwit*) *a.* غیرکافی - نامناسب - بی کفایت، نالایق

inadmissible (*-mis'ibl*) *a.* ناروا، غیرجایز، ناپسندیده، نپذیرفتنی.

inadver'tence *n.* سهو

by i. سهواً، از روی ندانستگی

inadvertent (*-ədvə':tənt*) *a.* بی ملاحظه - غیرعمدی، سهو شده

indadver'tently *adv.* سهواً

inadvisable (*-ədvai'zəbl*) *a.* مخالف مصلحت، غیرمقتضی

inalienable (*inəi'liənəbl*) *a.* انتقال ناپذیر

inane (*inein'*) *a.* تهی، پوچ - بی معنی

inan'imate (*-mit*) *a.* بیجان، جامد، بیروح - کاسد، کساد

inanition (*inənish'ən*) *n.* لاغری وضعف

inan'ity *n.* بطالت - کار بیهوده

inapplicable (*inap'likəbl*) *a.* غیرقابل اجرا، غیرعملی - نامناسب

inappreciable (*inəpri':shəbl*) *a.* جزئی، نامحسوس، ناچیز - بی بها

inapprehensible (*inəprihen'-sibl*) *a.* نفهمیدنی، نامفهوم - غیر قابل احساس

inapprehen'sive (*-siv*) *a.* بی نگرانی، بی‌دل واپسی - بی‌ادراك

inappropriate (*inəprou'priet*) *a.* غیر مقتضی، بیجا، نامناسب

inapt' *a.* نامناسب - ناقابل، بی استعداد

inap'titude (*-tiu:d*) *n.* بی استعدادی، عدم استعداد

inarticulate (*ina:tik'yulit*) *a.* بی‌مفصل - ناشمرده - غیر لفظی

inasmuch (*-əzmʌch'*) *adv.* —

i. as چونکه، ازآنجاییکه - بس که

inattention (*inəten'shən*) *n.* بی توجهی، بی‌اعتنائی

inatten'tive (*-tiv*) *a.* بی‌توجه، بی‌اعتنا، غفلت کار - بی‌ادب

inaudible (*inɔ':dibl*) *a.* نارسا

inaugural (*inɔg'yurəl*) *a.* گشایشی، افتتاحی {an i. speech}

inaug'urate (*-yureit*) *vt.* آیین‌گشایش(چیزیرا) بجاآوردن، افتتاح کردن - رسماً آغاز کردن - با تشریفات وارد مقامی کردن

inaugura'tion *n.* (آیین) گشایش، (مراسم) افتتاح - مراسم برقراری

inauspicious (*inɔ:spish'əs*) *a.* نحس - شوم، مشئوم، منحوس

in'born (*-bɔ:n*) *a.* ذاتی، جبلی، فطری

in'bred *a.* ذاتی، جبلی

in'breeding (*-bri:-*) *n.* جفت‌گیری جانوران منسوب بیکدیگر

incal'culable (*-kiuləbl*) *a.* شمرده نشدنی - نامعلوم - غیرقابل تخمین

in camera {زیر camera آمده}
incandescence (-*des'əns*) *n.* سفید شدگی (در اثر گرمای زیاد)
incandes'cent *a.* سفید شونده از گرما ، دارای نور سفید
i. lamp چراغ برق یاتوری
incanta'tion *n.* افسون- جادو - وِرد.
incapability (-*keipəbil'iti*) *n.* ناتوانی ، عجز ، بی لیاقتی
inca'pable (-*pəbl*) *a.* نالایق ، بی‌عرضه - عاجز ، ناتوان
I am i. of lying دروغ گفتن از من بر نمی آید
incapacitate (-*kəpas'iteit*) *vt.* فاقد صلاحیت کردن
incapacity (-*pas'iti*) *n.* عدم صلاحیت ، ناشایستگی - ناتوانی
incarcerate (-*ka':səreit* -کا-) *vt.* زندانی کردن
incarnate (*in'ka:neit* -کا-) *vt.* مجسم کردن
incar'nate (-*nit*) *a.* مجسم
incarnation (-*nei'shən*) *n.* تجسم ، نمونه مجسم
incautious (-*kɔ':shəs*) *a.* بی احتیاط ، عجول - عجولانه ، تند
incendiarism (-*sen'diərizm*) *n.* تولید حریق - [مج] فتنه انگیزی
incen'diary (-*əri*) *n.* مسببِ آتش سوزی -آدم فتنه‌انگیز ، مفسد
in'cense (-*sens*) *n.* بخور - [مج] چاپلوسی
incense' *vt.* خشمگین کردن
incentive (-*sen'tiv*) *a.* & *n.* محرك ، باعث
inception (-*sep'shən*) *n.* آغاز ، شروع
incessant (-*ses'ənt*) *a.* پیوسته ، لاینقطع ، بی‌دربی
inces'santly *adv.* دائماً ، بی‌دربی
in'cest *n.* زنا با محارم
inces'tuous (-*tiuəs*) *a.* مرتکب زنا با محارم
inch *n.* اینچ {واحد درازا برابر با ۲٫٥٤ سانتیمتر}
by inches خرد خرد - کره‌کره
every i. تماماً ، بتمام معنی
within an i. of خیلی نزدیك به
in'cidence (-*dəns*) *n.* برخورد ، تلاقی - وُرود - میدان ، رسایی
in'cident *n.* & *a.* (۱) رویداد ، واقعه (ضمنی) - (۲) لازم - فرعی ، ضمنی
inciden'tal (-*tl*) *a.* فرعی ، ضمنی - جزئی - اتفاقی - لازم
. It is i. to . . . لازمهٔ . . . است
inciden'tally *adv.* ضمناً - لزوماً
incinerate (-*sin'əreit*) *vt.* (سوزاندن و) خاکستر کردن
incin'erator (-*reitə*) *n.* کوره‌ای که آشغال یا لاشهٔ مرده را درآن سوزانده خاکستر می کنند
incip'ient (-*ənt*) *a.* نخستین - تازه
incision (-*sizh'ən*) *n.* بُریدگی ، چاك، شکاف - [مج] برندگی
incisive (-*sai'siv*) *a.* بُرنده - نافذ
incisor (-*sai'zə*) *n.* دندان پیش ، ثنیه [ج. ثنایا]
incite (-*sait'*) *vt.* انگیختن ، اغوا کردن
incite'ment (-*mənt*) *n.* تحریك - انگیزه
incivil'ity *n.* بی تربیتی
inclem'ency (-*si*) *n.* سختی
inclement (-*klem'ənt*) *a.* سخت - شدید - طوفانی یاسرد
inclination (-*klinei'shən*) *n.* سرازیری - تمایل
incline (-*klain'*) *vt.* & *vi.* (۱) خم کردن ،کج کردن - متمایل یامستعد کردن - شیب دادن (۲) متمایل بودن - سرازیر شدن

i. one's ear گوش فرا گرفتن
i. to green بسبزی زدن
incline (*in'-*; *klain'*) *n.* سرازیری ، شیب ـ سطح مایل
inclined' *ppa.* متمایل، مستعد ـ مایل
i. plane سطح مایل
inclose' = enclose
inclo'sure = enclosure
include (*-klu:d'*) *vt.* دربرداشتن ـ شامل بودن ـ گنجانیدن ـ شمردن
inclu'ding *apa.* بانضمام، با
inclu'sion (*-zhən*) *n.* گنجایش ـ تضمن ـ دخول
inclu'sive (*-siv*) *a.* دربردارنده ، شامل ـ جامع ، کلی ـ احاطه کننده
i. of با ، شامل
from July 2 to July 4 i. از دوم تاچهارم ژوئیه [با روزچهارم] ، از دوم لغایت چهارم ژوئیه
incognito (*-kɔg'nitou*) *a.* & *adv.* (۱) ناشناس (۲) با هیئت مبدل یا با نام مستعار
incog'nizant (*-zənt*) *a.* بی‌خبر
incoherence (*-kouhi'ərəns*) *n.* بی ارتباطی
incohe'rent *a.* بی ارتباط ، ول
incombus'tible *a.* غیرقابل احتراق
in'come (*-kʌm*; *-kəm*) *n.* درآمد
in'comer (*-kʌmə*) *n.* وارد شونده ، [درجمع] واردین ـ مهاجر
in'coming *n.* & *a.* (۱) وُرود ـ [در جمع] در آمد (۲) وارد (شونده) ـ تازه آمده ، مهاجر
incommensurate (*-kəmen'shərit*) *a.* بی تناسب ـ غیرکافی
incommode (*-kəmoud'*) *vt.* ناراحت کردن
incommunicable (*-kəmiu':nikəbl*) *a.* نگفتنی ، غیرقابل ابلاغ
incomparable (*-kɔm'pərəbl*) *a.* بی مانند ، بی نظیر ، غیرقابل مقایسه
incompatibil'ity *n.* ناسازگاری ، منافات
incompat'ible (*-kəm-*) *a.* ناسازگار ـ منافی ـ مانعة‌الجمع
incompetence ; -tency (*-kɔm'pitənsi*) *n.* عدم‌صلاحیت ـ بی لیاقتی
incom'petent *a.* فاقد صلاحیت
incomplete (*-kəmpli:t'*) *a.* ناتمام ، تکمیل نشده ، ناقص
incomprehen'sible *a.* نفهمیدنی
incompressible (*-kəmpres'ibl*) *a.* تراکم ناپذیر ،کوچك نشدنی ـ مُخلاصه نشدنی
inconceivable (*-kənsi':vəbl*) *a.* غیرقابل تصور
inconclusive (*-kənklu':siv*) *a.* غیرقطعی ، بی نتیجه
incongruity (*-kɔngru':iti*) *n.* ناجوری ،ناسازگاری ـ عدم تطابق
incon'gruous (*-gruəs*) *a.* ناجور ـ متباین ـ بی بروبا ـ ناشایسته
incon'sequent (*-sikwənt*) *a.* فاقد ارتباط منطقی ،گسیخته ـ نامعقول
inconsequen'tial (*-shl*) *a.* بیربط ـ بی نتیجه ـ غیرمهم ، بی‌اهمیت
inconsiderable (*-kənsid'ərəbl*) *a.* ناچیز ، جزئی ، بی‌اهمیت ، ناقابل
inconsid'erate (*-rit*) *a.* بی ملاحظه ،سهل‌انگار ـ ناشی‌ازبی ملاحظگی
inconsistency (*-kənsis'tənsi*) *n.* تناقض ، تباین
inconsis'tent *a.* متناقض ، ناجور ، ناموافق ـ بی بروپا ـ بی ثبات ، متلون
It is i. of you ازشما بعید است
inconsolable (*-kənsou'ləbl*) *a.* تسلی ناپذیر
inconspicuous (*-kənspik'yuəs*) *a.* ناپیدا ، غیر برجسته
inconstancy (*-kɔn'stənsi*) *n.* ناپایداری ، بی ثباتی ، بی‌وفایی
incon'stant *a.* بی ثبات ، بی‌وفا

incontestable (*-kəntes'təbl*) *a.* مسلم ، بی‌چون و چرا ، غیرقابل‌بحث ، محقق

incon'tinence (*-nəns*) *n.* ناپرهیزگاری ، هرزگی ، بی‌عفتی

incon'tinent *a.* ناپرهیزگار

incontrovertible(*-kɔntrouvə':tibl*) *a.* مسلم

inconvenience (*-kənvi':niəns*) *n.* & *vt.* (۱) زحمت ، ناراحتی - تصدیع (۲) ناراحت کردن ، تصدیع دادن

inconve'nient *a.* موجب زحمت ، ناراحت

inconvertible (*-kənvə':tibl*)*a.* تبدیل ناپذیر ، غیرقابل تسعیر

incorporate (*-kɔ':pəreit*) *vt.* & *vi.* (۱) یکی کردن ، ترکیب کردن- درج کردن ، جزو (چیز دیگر) قرار دادن- متشکل کردن، تأسیس کردن، شخصیت حقوقی دادن (۲) یکی شدن، جزو شدن ، ترکیب شدن

incor'porate (*-pərit*) *a.* ترکیب شده ، متشکل- دارای شخصیت حقوقی

incorporation (*-pərei'shən*) *n.* یکی سازی ، ترکیب - پیوستگی - تشکیل

incorporeal (*-kɔ:pɔ':riəl*) *a.* غیر مادی، بی‌جسم - غیرمحسوس

incorrect (*-kərekt'*) *a.* نادرست

incorrigible (*-kɔ'rijibl*) *a.* اصلاح ناپذیر

incorruptible (*-kərʌp'tibl*) *a.* غیرقابل تطمیع، رشوه نگیر

increase (*-kri:s'*) *vt.* & *vi.* (۱) افزودن، زیاد کردن (۲) زیاد شدن ، افزایش یافتن

in'crease *n.* افزایش، اضافه

incred'ible *a.* باور نکردنی

incred'ibly *adv.* بطور باور نکردنی- [د. گ.] خیلی زیاد

incredulity (*-kredyu'liti*) *n.* دیر باوری

incred'ulous (*-yuləs*) *a.* دیر باور

in'crement (*-krəmənt*) *n.* افزایش - ترقی

incrim'inate *vt.* بجرمی متهم کردن ،گناه‌کار قلم دادن - گرفتار کردن

incrustation (*-krʌstei'shən*) *n.* پوسته ، قشر - اندود - [مج] خوی دیرینه

in'cubate (*-kiubeit*) *v.* روی (تخم) خوابیدن - جوجه درآوردن (از)

incubation (*-kiubei'shən*) *n.* عمل یا حالت روی تخم خوابیدن- جوجه کشی- نهفتگی، کمون

in'cubator (*-kiubeitə*) *n.* اسباب جوجه گیری یا کشت میکروب

in'cubus (*-kiubəs*) *n.* کابوس

in'culcate (*-kʌlkeit*) *vt.* بزور تکرار جایگیر ساختن ، تلقین کردن

incumbency (*-kʌm'bənsi*) *n.* تصدی ، عهده‌داری - وجوب

incum'bent *a.* واجب ، فرض
 It is i. on you to . . . برشما فرض است که . . .

incumbrance = **encumbrance**

incur (*-kə':*) *vt.* {-red} دیدن ، متحمل شدن {i. a loss}

incurable (*-kiu':rəbl*) *a.* علاج ناپذیر

incursion (*-kə':shən*) *n.* تهاجم

incurved (*-kə:vd'*) *a.* خمیده سوی درون

indebted (*-dət'id*) *a.* مرهون ، ممنون - بدهکار

indebt'edness *n.* بدهکاری-مرهونیت

indecency (*-di':sənsi*) *n.* ناشایستگی -سخن زشت - بی‌شرمی

inde'cent *a.* ناشایسته - بی‌شرم

indecision (*-disizh'ən*) *n.* دو دلی

indecisive (*-sai'siv*) *a.*

غیرقطعی ، بی نتیجه - بی عزم - مردد

indecorous (*-dikɔ':rəs ; -dek'-ərəs*) *a.* ناشایسته

indecorum (*-kɔ':rəm*) *n.* عدمِ رعایتِ آیین معاشرت - کار ناشایسته

indeed' *adv.* براستی، حقیقةً

indefatigable (*-difat'igəbl*) *a.* خستگی ناپذیر - پایدار ، ثابت

indefeasible (*-difi':zəbl*) *a.* الغاء نشدنی ، پابرجا ، بطلان ناپذیر

indefen'sible *a.* دفاع ناپذیر

indefinable (*-difai'nəbl*) *a.* غیرقابل تعریف - غیرقابل تشریح

indef'inite (*-nit*) *a.* نامحدود - نامعین - مبهم

i. article حرف نکره یا تنکیر {که منحصر است به a یا an}

indel'ible *a.* پاك نشدنی

indel'icacy (*-kəsi*) *n.* بی ظرافتی، خشونت - بی سلیقگی در گفتار و آداب

indel'icate (*-kit*) *a.* بی‌ظرافت ، بی نزاکت ، خشن - بی‌ادبانه

indemnifica'tion *n.* پرداختِ غرامت - تضمین خسارت - تاوان

indem'nify (*-fai*) *vt.* تاوان (چیزی را) دادن ، غرامت دادن (به) - تأمین مالی دادن (به)

indem'nity (*-ti*) *n.* تاوان ، غرامت - بخشودگی - تضمین خسارت

indent' *vt.* (۱) دارای بریدگی یادندانه کردن - تو گذاشتن، عقب‌تر گذاشتن - سفارش دادن - در دو نسخه تنظیم کردن - گذاردن (نقش در چیزی)

i. upon a person for goods درخواست یا سفارش کالا بکسی دادن

indent (*in'-* ; *-dent'*) *n.* تقاضا یا سفارش جنس

indentation (*-tei'shən*) *n.* دندانه - کنگره

inden'ted *ppa.* دندانه‌دار - عقب برده ، توگذاشته

inden'ture (*-chə*) *n.* & *vt.* (۱) سند دو نسخه ای (۲) با قرارداد استخدام کردن ، بشاگردی گرفتن

independence (*-dipen'dəns*) *n.* استقلال

indepen'dent *a.* مستقل

i. of بی نیاز از - قطع نظر از

indepen'dently *adv.* مستقلانه

indescribable (*-diskrai'bəbl*) *a.* غیرقابل تشریح ، وصف ناپذیر

indestructible (*-distrʌk'tibl*) *a.* فنا ناپذیر

indeterminate (*-ditə':minit*) *a.* نامعین ، نامعلوم - مبهم

in'dex (*-deks*) *n.* & *vt.* (۱) انگشتِ نشان ، سبابه - شاخص - زبانه ترازو - فهرست - [ر] نما ، نماینده {تبصره - جمع این کلمه درموارد عادی **indexes** (*-deksi:z*) و در موارد علمی **indices** (*-si:z*) میشود}

card i. برگه‌دان

In'dia (*-diə*) *n.* هندوستان ، هند

In'dian (*-diən*) *a.* & *n.* هندی

I. club میلِ چوبی برای ورزش

I. corn ذرت ، بلال

I. file ستون یك

I. ink مرکب چین

in'dia-rubber (*-rʌb'ə*) *n.* لاستیك - مداد پاك‌کن

in'dicate (*-keit*) *vt.* نشان دادن - دلالت کردن بر - تعیین کردن - ایجاب کردن

indication (*-kei'shən*) *n.* نشانه ، اشاره - خبر - دلالت - تعیین ، ذکر - {طب} مورد ، لزوم

indicative (*-dik'ətiv*) *a.* & *n.* (وجه) اخباری

i. of نشانه ، حاکی از {در این معنی گاهی (*in'dikeitiv*) تلفظ میشود}

in'dicator (*-keitə*) *n.* نماینده ، شاخص - مقیاس - فشار سنج - تابلوی زنگ خبر {که آنرا **i.-board** نیز گویند}

indices {رجوع شود به index}
indict (-*dait'*) *vt.* با تنظیم ادعانامه (یا کیفر خواست) تعقیب کردن
indictable (-*dai'təbl*) *n.* قابل تعقیب
indictment (-*dait'mənt*) *n.* تنظیم کیفر خواست
bill of i. کیفر خواست ، ادعانامه
indifference (-*dif'ərəns*) *n.* بی‌علاقگی ، خون سردی - لاقیدی
indif'ferent *a.* خون سرد ، بی‌علاقه - بی‌طرف - بی‌اهمیت
in'digence (-*jəns*) *n.* تنگدستی
indigenous (-*dij'inəs*) *a.* بومی
i. to Iran بومیِ ایران
in'digent (-*jənt*) *a.* تهیدست
indigestible (-*jes'*-) *a.* سنگین ، ثقیل ، ناگوارا ، هضم نشدنی
indiges'tion (-*chən*) *n.* سوء هاضمه ، تخمه ، رودل
indig'nant (-*nənt*) *a.* اوقات تلخ - رنجیده
indigna'tion *n.* خشم ، غیظ ، اوقات تلخی ، تغیر ، رنجش
indig'nity *n.* توهین - خواری
in'digo (-*gou*) *n.* نیل
i. leaves وسمه
in'digo-plant *n.* بتهٔ نیل
indirect' *a.* غیرمستقیم ، ناراسته - کج - {د} غیرصریح ، باواسطه
indirect'ly *adv.* بطور غیرمستقیم
indiscreet (-*kri:t'*) *a.* بی‌احتیاط
indiscretion (-*kresh'ən*) *n.* بی‌احتیاطی - بی‌عقلی - افشای راز
indiscrim'inate (-*nit*) *a.* ناشی ازعدم تشخیص - بیك چشم نگاه‌کننده
indiscrim'inately *adv.* بدون فرق‌گذاری
indispen'sable (-*səbl*) *a.* واجب ، حتمی ، ضرور(ی) ، لازم‌الاجراء
indisposed (-*pouzd'*) *ppa.* بی‌میل ، نامستعد - بهم خورده ، اندکی ناخوش ، کسل ، دارای کسالت
indisposition (-*pəzish'ən*) *n.* بهم خوردگی (مزاج) ، کسالت - بیمیلی ، بیزاری - عدم استعداد
indis'putable (-*piutəbl*) *a.* مسلم ، بی‌چون وچرا - غیرقابل بحث
indis'putably *adv.* بی‌چون و چرا
indissoluble (-*dis'əlubl* ; -*disɔl'ubl*) *a.* حل نشدنی - منحل نشدنی ، پایدار
indistinct' *a.* نامعلوم - ناشمرده
indite (-*dait'*) *vt.* انشاء کردن - ساختن (شعر) - نوشتن ، تحریر کردن
individ'ual (-*yuəl*) *a.* & *n.* (۱) انفرادی - اختصاصی ، مختص ، خاص - شخصی - منحصر بفرد (۲) تك ، فرد - شخص ، نفر
individ'ualism (-*yuəlizm*) *n.* اصالت استقلالِ فردی ، اصالت فرد - خود پسندی
individual'ity *n.* شخصیت ، وجود مستقل - حالت ویژه یا ذوق شخصی
individ'ualise (-*yuəlaiz*) *vt.* تشخیص دادن - تصریح کردن
individ'ually *adv.* انفراداً ، بالانفراد - اصالةً (از طرف خود) ، شخصاً - اختصاصاً - بطور مجزا
indivisible (-*viz'ibl*) *a.* غیرقابل تقسیم ، بخش ناپذیر
indoctrinate (-*dɔk'trineit*) *vt.* تلقین کردن
in'dolence (-*dələns*) *n.* سستی ، تنبلی - فقدان درد
in'dolent *a.* سست ، کاهل - بیدرد
indom'itable (-*təbl*) *a.* رام نشدنی ، سخت ، سرکش
indoor (-*dɔ':*) *a.* تو خانه‌ای ، خانگی - درونی ، داخلی
indoors (-*dɔ:z'*) *adv.* درخانه ، در توی خانه - در زیر سقف

indorse' = **endorse**
indu'bitable (*-təbl*) *a.* بی‌شبهه
induce (*-diu:s'*) *vt.* وادار کردن، اغوا کردن - موجب شدن
induce'ment (*-mənt*) *n.* موجب - وسیله (تشویق)
induct(*-dʌkt'*) *vt.* برقرار کردن - مستقر داشتن - وارد کردن - برای (سمتی) معرفی کردن
induction (*-dʌk'shən*) *n.* استقراء - اقامه - ذکر - برقراری - القا
induc'tive (*-tiv*) *a.* استقرائی
indue (*-diu':*) = **endue**
indulge(*-dʌlj'*) *vt.* & *vi.* (۱) آزاد گذاردن ، رو دادن - پروردن [i. a hope] - راضی کردن (۲) تسلیم (نفس) شدن - زیاده روی کردن
i. oneself in drinking درخوردن مشروب زیاده روی کردن
indul'gence (*-jəns*) *n.* عدم جلوگیری ، مساهله، اغماض- آزادی- اجازه گذشت کننده ،
indul'gent *a.* اغماض کننده ، سهل گیر - مبنی براغماض
industrial (*-dʌs'triəl*) *a.* صنعتی
i. school هنرستان
indus'trialize (*-əlaiz*) *vt.* صنعتی کردن
indus'trious (*-triəs*) *a.* ساعی
in'dustry (*-dəstri*) *n.* سعی و کوشش، اشتغال بکارهای سودمند - صنعت، صناعت ، پیشه وهنر
inebriate (*ini:b'rieit*) *vt.* مست کردن
inebriate (*ini:b'riet*) *a.* مست
ined'ible *a.* غیرقابل خوردن
ineffable (*inef'əbl*) *a.* نگفتنی
inffec'tive (*ə-tiv*) *a.* بی اثر
ineffec'tual (*-tiuəl*) *a.* بیهوده ، بی نتیجه ، بی اثر ، غیرموثر
inefficiency (*-efish'ənsi*) *n.* بی کفایتی - عدم حسن نتیجه

inefficient (*-efish'ənt*) *a.* بی کفایت ، ناقابل - بیفایده
inelas'tic *a.* شق ، سفت - سخت
inel'egance (*-gəns*) *n.* بی‌ظرافتی
inel'egant *a.* ناز یبا ، بی‌ظرافت - بی‌ذوق - ناشی از بی‌ظرافتی
inel'igible (*-jibl*) *a.* غیرقابل قبول ، فاقد شرایط انتخاب
inept' *a.* بیجا ، چرند - نامناسب
inequable (*-ek'wəbl*) *a.* ناهموار ، ناجور
inequality (*inikwal'iti*) *n.* نابرابری ، عدم تساوی - ناهمواری
inequitable (*-ek'witəbl*) *a.* غیرعادلانه - غیرمنصف
ineq'uity (*-witi*) *n.* بیعدالتی
ineradicable (*-inirad'ikəbl*) *a.* ریشه کن نشدنی ، قلع وقمع ناپذیر
inert (*-ə:t'*) *a.* بیحرکت ، فاقد نیروی جنبش - بیحال- بی اثر
inertia (*inə:'shiə*) *n.* خاصیت جبر - بیحالی ، تنبلی
ines'timable (*-məbl*) *a.* فوق‌العاده گرانبها
inev'itable (*-təbl*) *a.* غیرقابل اجتناب - حتمی(الوقوع) ، مسلم
inev'itably *adv.* بناچار - حتماً
inexact (*inigzakt'*) *a.* نادرست
inexcusable (*inikskiu':zəbl*) *a.* نبخشیدنی - غیرموجه
inexhaustible (*inigzɔ:s'təbl*) *a.* خستگی ناپذیر - پایان ناپذیر
inexorable (*-ək'sərəbl*) *a.* سخت ، نرم نشدنی ، سنگدل
inexpedient (*-ekspi':diənt*) *a.* غیرمقتضی ، غیرمقرون بمصلحت
It is i. to . . . مصلحت نیست که
inexpen'sive (*-siv*) *a.* کم خرج
inexpe'rience *n.* بی تجربگی
inexperienced (*-ikspi':əriənst*) *a.* ناآزموده ، بی تجربه

inexpert (*-pə:t'*) *a.* بی تخصص
inex'piable (*-piəbl*) *a.* غیرقابل کفاره - جبران ناپذیر - سخت
inex'plicable (*-kəbl*) *a.* غیر قابل توضیح - دشوار ، لاینحل
inexpressible (*inikspres'i-*) *a.* اظهار نکردنی ، نگفتنی
inextin'guishable(*-gwishəbl*) *a.* خاموش نشدنی - تسکین ناپذیر
inex'tricable (*-kəbl*) *a.* نگشودنی - لاینحل - پیچاپیچ
infallibil'ity *n.* معصونیت از خطا
infallible (*-fal'ibl*) *a.* معصون از خطا ، منزه از گناه
in'famous (*-fəməs*) *a.* رسوا - افتضاح آور ، زشت - محروم از حقوق مدنی - ترذیلی : رسوا کننده
in'famy (*-fəmi*) *n.* رسوایی
in'fancy (*-fənsi*) *n.* کودکی - صغر
in'fant (*-fənt*) *n.* کودك - صغیر
infan'ticide (*-said*) *n.* بچه کشی - بچه کش
in'fantile (*-fəntail*) *a.* بچگانه
in'fantry *n.* پیاده نظام
in'fantry-man (*-fəntrimən*) *n.* سرباز پیاده نظام
infat'uate (*-yueit*) *vt.* احمق کردن - شیفتن
  infatuated with شیفتهٔ
infatua'tion *n.* حماقت - شیفتگی
infect' *vi.* آلوده کردن- عفونی کردن - مبتلا کردن
  i. a person with an opinion عقیده ای را بکسی تلقین کردن
infection (*-fek'shən*) *n.* عفونت- آب کشیدگی (زخم) - آلودگی ، سرایت
infec'tious (*-shəs*) *a.* عفونی - واگیردار ، مسری
infer (*-fə':*) *vt.* [-red] استنباط کردن - اشاره کردن (یا داشتن) بر ، دلالت کردن بر
in'ference (*-fərəns*) *n.* استنباط - نتیجه
inferior (*-fi'əriə*) *a.* & *n.* (۱) پست ، نامرغوب - پایین (رتبه) - (۲) زیر دست
  i. to پست‌تر از ، پایین‌تر از
inferiority (*-ər'iti*) *n.* پستی - کهتری
  i. complex عقدهٔ کهتری
infernal (*-fə':nl*) *a.* دوزخی - شریر - شریرانه ، شنیع
inferno (*-fə':nou*) *n.* دوزخ - [مج] جای وحشتناك یا دوزخ وار
infest' *vt.* هجوم کردن در ، تولید زحمت کردن در ، اذیت کردن
  infested with vermin شپش گرفته ، جانور گرفته
in'fidel (*-fidl*) *n.* & *a.* کافر ، غیرمؤمن ، بیدین
infidel'ity *n.* کافری - پیمان شکنی
infil'trate (*-treit*) *vi.* & *vt.* (۱) تراوش کردن ، نشد کردن - آهسته نفوذ کردن (۲) با تراوش گذراندن ، صاف کردن
infiltration (*-trei'shən* *n.* تراوش ، نفوذ ، عبور تدریجی - پالایش بوسیلهٔ تراوش
in'finite (*-nit*) *a.* لایتناهی
  i. quantity فضا یا ذات لایتناهی
  The I. (*n.*) [ر] بی نهایت
in'finitely *adv.* بی نهایت ،بمراتب
infinites'imal (*-məl*) *a.* بی اندازه خرد ، غیرقابل سنجش
infin'itive (*-tiv*) *n.* مصدر
infin'itude (*-tiu:d*) *n.* نامحدودی ، عظمت بی پایان
infin'ity *n.* نامحدودی - بینهایت
  an i. of reasons دلائل بیشمار
  to i. الی غیر نهایت - بی نهایت
infirm (*-fə:m'*) *a.* ناتوان ، علیل - بی ثبات ، سست - نامعتبر

i. of purpose سست اراده
infirmary (-fə':məri) n. بیمارستان آموزشگاه یا کارخانه ، برستارخانه
infirmity (-fə':miti) n. ناتوانی ، ضعف - سستی - علیلی - نقص
inflame (-fleim') vt. & vi. (۱) به‌هیجان آوردن- ملتهب یاقرمز کردن (۲) آتش گرفتن - خشمگین شدن
inflamed with anger خشمگین
inflammable (-flam'əbl) a. آتشگیر، قابل اشتعال یا التهاب- [مج] آتش مزاج
inflammation (-fləmei'shən) n. التهاب ، آماس- افروختگی ، اشتعال -تهییج ، انگیزش
inflammatory (-flam'ətəri)a. فتنه‌انگیز - التهابی ، التهاب آور
inflate (-fleit') vt. بادکردن- متورم ساختن- زیادستودن ، مغرور کردن
inflation (-flei'shən) n. تورّم - غرور
inflect' vt. - صرف کردن - کج کردن - منحرف کردن
inflec'tion = inflexion
inflexible (-flek'sibl) a. غیرقابل انحناء ، نرم نشدنی - ثابت
inflexion (-flek'shən) n. خم سازی - خمیدگی ، انحنا - صرف ، تصریف - تغییر شکل - تلحین - انعطاف
inflexional (-flek'shənəl) a. صرفی ، صرف‌دار ، قابل‌صرف ، منصرف
inflict' vt. وارد آوردن ، زدن - [i. a blow] تحمیل کردن
inflic'tion n. تحمیل - کیفر - رنج
in'flow (-flou) n. ریزش درونی
in'fluence (-əns) n. & vt. (۱) نفوذ - تأثیر -تفوق (۲) تحت تاثیر یا نفوذ خود قرار دادن
undue i. اعمال نفوذ ناروا
influen'tial (-shəl) a. بانفوذ ، متنفذ - با تاثیر
influen'za (-zə) n. گریپ ، آنفلوانزا ، نزلهٔ وبائی یاهمه جا گیر
in'flux n. ریزش ، جریان ، هجوم
infold = enfold
inform (-fɔ:m') vt. & vi. (۱) آگاهی‌دادن، اطلاع دادن (به) ، مستحضر داشتن (۲) خبر بردن
i. against some one از دست کسی شکایت کردن
infor'mal (-məl) a. غیر رسمی
informal'ity n. غیررسمی بودن - فقدان تشریفات - اقدام غیر رسمی
infor'mally adv. بطور غیررسمی
infor'mant (-mənt) n. مخبر
information (-fəmei'shən) n. آگاهی ، خبر ، اطلاع ، اطلاعات - کفایت - تهمت
a piece of i. یك خبر
i. on (or about) something اطلاع از (یادربارهٔ) چیزی
informed' ppa. آگاه ، باخبر
well-i. بصیر ، با اطلاع ، مطلع
informer (-fɔ':mə) n. خبررسان ، خبر دهنده ، مخبر
infra (-frə) adv. [L.]- پائین - پائین‌تر - بعد ها
infrac'tion = infringement
infra dig [Col.] = infra dignitatem [L.] مادون شئونات شخص ، ناشایسته
in'fra-red' a. زیر یاماورای قرمز
infrequency (-fri':kwənsi) n. ندرت وقوع
infre'quent a. کم وقوع ، کمیاب
infringe (-frinj') vt. & vi. (۱) نقض کردن ، تجاوز یا تخلف کردن از [i. a rule] - (۲) تجاوز یا تخطی کردن
i. upon تجاوز کردن به
infringe'ment (-mənt) n.

تخلف ـ تجاوز (بحق طبع دیگران)
infuriate (*-fiu':rieit*) *vt.*
زیاد خشمگین کردن ، آتشی کردن
infuse (*-fiu:z'*) *vt.* & *vi.* (۱)
ریختن ـ دم کردن ، خیسانیدن ـ القاء کردن ـ
[مج] تزریق کردن (۲) خیس خوردن
infusion (*-fiu':zhən*) *n.* ریزش ـ
القاء ـ عمل خیساندن ـ چیز خیسانده یا
دم کرده
ingenious (*-ji':niəs*) *a.* دارای
هوش اختراع ـ استادانه درست شده
i. mind هوش اختراع ـ زیرکی
ingenuity (*-jinyu'iti*) *n.*
هوش (اختراع) ، استادی ، هنرمندی
ingenuous (*-jen'yuəs*) *a.*
صاف وساده ، بی تزویر ، رك گو
in'gle-nook *n.* گوشه‌ای از اطاق که
نزدیك بخاری یا اجاق است
inglorious (*-glɔ':riəs*) *a.*
شرم آور ، افتضاح آمیز ، پست
in'got (*-gɔt*) *n.* شمش (زر یاسیم)
ingraft' *vt.* = **graft**
ingrain' = **engrain**
ingratiate (*-grei'shieit*) *vt.*
طرف توجه قرار دادن
i. oneself خود شیرینی کردن
ingrat'itude (*-tiu:d*) *n.*
ناسپاسی ، بیحقوقی ، نمك ناشناسی ،
نمك بحرامی
ingredient (*-gri':diənt*) *n.*
جزء ، جزء ترکیبی ، [در جمع] اجزاء ،
[مج] عوامل ، عناصر
in'gress *n.* دخول ، ورود ـ مدخل
in'growing *a.* درگوشت فرو رونده
inhab'it *vt.* ساکن شدن در
inhab'itable (*-təbl*) *a.*
قابل سکونت
inhab'itant (*-tənt*) *n.* ساکن ،
اهل ، [ج.] سکنه ، اهالی
inhale (*-heil'*) *vt.* استنشاق کردن
inherence (*-hi'ərəns*) *n.*
لزوم ذاتی
inhe'rent *a.* ذاتی ، لاینفك
inher'it *vt.* وارث شدن
inher'itance (*-təns*) *n.* ارث ،
میراث ـ وراثت ، توارث
inhib'it *vt.* جلوگیری کردن از ،
نهی کردن ـ فرو نشاندن
inhibition (*-bish'ən*) *n.*
جلوگیری ، منع ، نهی ، قدغن
inhib'itory (*-təri*) *a.* نهی آمیز ،
مبنی برمنع یا نهی
inhos'pitable (*-təbl*) *a.*
مهمان نانواز ، درِ خانه بسته ـ بی پناه
inhuman (*-hiu':mən*) *a.*
بی عاطفه ـ وحشیانه ، غیر انسانی
inhuman'ity *n.* وحشی گری
inim'ical (*-kəl*) *a.* خصومت آمیز ـ مضر
inim'itable (*-təbl*) *a.*
غیرقابل تقلید ، بی نظیر
iniq'uitous (*-witəs*) *a.*
شریر ، گناهکار ـ شرارت آمیز
iniquity (*-witi*) *n.* شرارت، گناه
initial (*inish'əl*) *a.* & *n.* (۱)
نخستین ـ اصلی ـ ابتدائی (۲) [در جمع]
امضای مختصر ، پاراف [لفظ فرانسه]
initial (,,) *vt.* [-led] پاراف کردن ،
بطور مختصر امضا کردن
initially (*inish'əli*) *adv.*
در آغاز ، در ابتدا
initiate (*inish'ieit*) *vt.* آشنا
کردن ـ شروع کردن ـ تازه وارد کردن
initiate (*inish'iet*) *a.*
تازه وارد ـ محرمِ راز
initiation (*-ei'shən*) *n.*
آشناسازی ـ وارد کردن یا وارد شدن کسی
درجایی با تشریفات
initiative (*inish'iətiv*) *n.*
(قوهٔ) ابتکار ـ پیشقدمی
take the i. پیشقدم شدن
on one's own i. مبتکراً

inject' *vt.* تزریق کردن - اماله کردن
injection (*-jek'shən*) *n.* تزریق - تنقیه ، اماله
injec'tor (*-tə*) *n.* آلت تزریق
injudicious (*-dish'əs*) *a.* بی خرد ، بی احتیاط - غیرعاقلانه
injunc'tion (*-jʌnk'shən*) *n.* قدغن - دستور
in'jure (*-jə*) *vt.* آسیب زدن (به) - اذیت کردن ، لطمه وارد آوردن بر
injurious (*-ju'əriəs*) *a.* زیان آور ، مضر ، موذی - صدمه زننده - برخورنده
in'jury (*-jəri*) *n.* آسیب ، اذیت - صدمه ، لطمه ، خسارت - تخطی ، تجاوز
injustice (*-jʌs'tis*) *n.* بی عدالتی
ink *n.* & *vt.* (۱) مرکب ، جوهر (۲) مرکب زدن ، جوهری کردن
ink'ling *n.* اشاره ، اطلاع مختصر
ink'-pad *n.* (جای) استامپ ، تامپون [لفظ فرانسه] ، مرکب زن ، جای مهر
ink'-pot *n.* دوات ، مرکبدان
ink'stand *n.* (جای قلم و) دوات
ink'-well *n.* دوات (کارگذاشته)
in'k *a.* مرکبی - مرکب دار
inlaid [*p.* & *pp.* of **inlay**]
in'land (*-lənd*) *a.* & *adv.* (۱) درونی ،داخلی (۲) دوراز دریا، دور از مرز
inlay (*-lei'*) *vt.* [**inlaid'**] نشاندن ، کارگذاشتن - منبت کاری کردن
  i. gems in / **i. with gems** گوهرنشان یا مرصع کردن
  inlaid with gold زرنشان
  inlaid with gems گوهرنشان ، مرصع
in'lay *n.* مرصع (کاری) - خاتم(کاری)
in'layer (*-leiyə*) *n.* خاتم کار - مرصع ساز
in'let *n.* خلیج کوچك - مدخل
in'mate (*-meit*) *n.* مقیم - هم‌منزل
in'most (*-moust*) *a.* درونی - صمیمانه
inn (*in*) *n.* مسافرخانه
innate (*in'-; -neit'*) *a.* ذاتی ، فطری ،جبلی ، مادرزاد ، غریزی
inner (*in'ə*) *a.* درونی - باطنی - روحی
  the i. man روح - [بشوخی] شکم
innermost (*in'əmoust*) *a.* میانی ، درونی
in'nings *npl.* دور ، نوبت - دورهٔ تصدی - اراضی مستحدثه
innkeeper (*in'ki:pə*) *n.* صاحب مسافرخانه
innocence (*in'əsəns*) *n.* بی گناهی
in'nocent *a.* بی گناه - بیضرر
  i. of [Col.] فاقد ، عاری از
innocuous (*inɔk'yuəs*) *a.* بی ضرر
innovate (*in'əveit*) *vi.* بدعت گذاردن
  i. in باب کردن ، معمول کردن
innovation (*inouvei'shən*) *n.* بدعت (گذاری)
innovator (*in'əveitə*) *n.* بدعت گذار
innuendo (*inyuen'dou*) *n.* [**-es**] اشاره ،کنایه
innumerable (*iniu':mərəbl*) *a.* بی شمار
inoculate (*inɔk'yuleit*) *vt.* تلقیح کردن
  i. some one against smallpox آبلهٔ کسیرا کوبیدن
  i. some one with an opinion عقیده‌ای را بکسی تزریق کردن
inocula'tion *n.* مایه کوبی ، تلقیح
inoffensive (*-əfen'siv*) *a.* بیضرر
inoperable (*-ɔp'ərəbl*) *a.* غیرقابل عمل
inoperative (*-ɔp'ərətiv*) *a.* بی اثر ، بی خاصیت

inopportune (*inɔp'ətiu:n*) *a.* نابهنگام ، بیجا ، بیموقع ، نامناسب

inordinate (*inɔ':dinet*) *a.* بی اندازه

inorganic (-*ɔ:gan'ik*) *a.* غیرآلی

in'patient (-*peishənt*) *n.* بیماری که در بیمارستان میماند

in'quest (-*kwest*) *n.* بازجویی (در مرگ های ناگهانی)

inquire ; en- (-*kwai'ə*) *v.* تحقیق کردن - جویا شدن ، استفسار کردن

i. into بازجویی کردن ، تحقیق کردن

i. after a person's health احوال پرسی از کسی کردن

inqui'ry ; en- *n.* پرسش، استفسار ، استعلام - بازجویی ، رسیدگی ، تحقیق

make inquiries into رسیدگی کردن

inquisition (*inkwizish'ən*) *n.* جستجو ، رسیدگی (قضائی)

inquisitive (-*kwiz'itiv*) *a.* کنجکاو ، فضول

inquis'itor (-*tə*) *n.* مامور تحقیق

in'road (-*roud*) *n.* تاخت و تاز

make inroads on غارت کردن- [مج] تمام کردن ، نابود کردن

insalubrious (-*səlu:b'riəs*) *a.* ناسازگار - بد آب وهوا

insane (-*sein'*) *a.* دیوانه - معیوب

i. asylum تیمارستان

insan'itary (-*təri*) *a.* غیرصحی

insan'ity (-*ti*) *n.* دیوانگی - نادانی

insatiable (-*sei'shiəbl*) *a.* سیری ناپذیر ، راضی نشو - تسکین ناپذیر

insa'tiate (-*shiət*) *a.* سیری ناپذیر

inscribe (-*skraib'*) *vt.* نوشتن ، نقش کردن - نشاندن ، فرو کردن - [هن] محاط کردن

inscrip'tion *n.* نوشته ،کتیبه

inscrutable (-*skru':təbl*) *a.* پوشیده ، مرموز - پیمایش ناپذیر

in'sect *n.* حشره

i. powder گرد حشره کش

insec'ticide (-*said*) *n.* حشره کش

insecure (-*sikiu':ə*) *a.* نا امن ، نامحفوظ - سست ، متزلزل

insecu'rity *n.* ناامنی

insen'sate (-*sət*) *a.* بیحس، بیجان - بیعاطفه -کودن - ناشی از کودنی

insensibil'ity (-*ti*) *n.* بیهوشی ، بیحسی-بی عاطفگی - نامحسوسی

insen'sible *a.* بیهوش - بیحس - نامحسوس - بیعاطفه - بیخبر - بیمعنی

insen'sitive (-*tiv*) *a.* غیرحساس

insep'arable (-*ərəbl*) *a.* جدا نشدنی، تجزیه ناپذیر- لاینفك ، لازم

insert (-*sə:t'*) *vt.* درج کردن ، جا دادن -گذاشتن

inser'tion (-*sə':shən*) *n.* درج - مواد افزوده

in'set *n.* برگ یا اوراق اضافی - نقشهٔ کوچکی که در نقشهٔ بزرگتر جای دهند - توری وغیرآن که بلباس بگذارند

inset' *vt.* [-set] افزودن ،گذاشتن

inshore (*in'shɔ':*) *a(dv).* نزدیك دریاکنار

in'side (-*said*) *or* **inside'** *n.* **& prep.** (۱) تو ، داخل ، باطن - بغل - [د.گ] شکم (۲) توی ، در

in'side out وارونه - کاملاً

in'side *a.* تویی ، درونی ، داخلی

inside' *adv.* در درون ، تو

i. of a week [Col.] (در) کمتر از یك هفته

insi'der (-*də*) *n.* کسیکه بواسطه مقامش زودتر از دیگران کسب اطلاعات میکند

insid'ious (-*iəs*) *a.* بی سر وصدا ، غافل گیر - موذیانه - خیانت آمیز

in'sight (-*sait*) *n.* بصیرت - اطلاع

insig'nia (-*niə*) *npl.* نشان، نشان‌ها

insignif'icance (-*kəns*) *n.*

ناچیزی ، ناقابلی ، بی اهمیتی - کمی - بی معنی بودن
insignif'icant *a.* بی‌معنی - ناچیز ، جزئی ، بی‌اهمیت ، ناقابل ، کم
insincere (-*si'ə*) *a.* غیرصمیمی
insincer'ity *n.* عدم خلوص ، ریا
insin'uate (-*yueit*) *vt.* جادادن ، آهسته داخل‌کردن - باشاره فهمانیدن
i. oneself into a person's favour خود را پیش کسی طرف توجه قرار دادن ، پیش کسی جاکردن
insinuation (-*ei'shən*) *n.* اشاره - دخول تدریجی
insip'id *a.* بیمزه - بی نمك - بیروح
insipid'ity *n.* بیمزگی
insist' *vi.* اصرار کردن ، پافشاری کردن - جداً عقیده داشتن
i. on going اصرار برفتن کردن
He insisted on me to go. (بمن) اصرار کرد که بروم
insis'tence (-*təns*) *n.* اصرار
insis'tent *a.* مصرّ - مصرّانه
in'solence (-*sələns*) *n.* گستاخی
in'solent *a.* گستاخ ، جسور ، مغرور - جسارت‌آمیز . اهانت‌آمیز
insoluble (-*sɔl'yubl*) *a.* حل نشدنی
insolvency (-*sɔl'vənsi*) *n.* اعسار ، درماندگی
insol'vent *a.* معسر ، درمانده
insom'nia (-*niə*) *n.* بیخوابی
insomuch (-*soumʌch'*) *adv.* اینقدر ، آنقدر ، باندازه‌ای
i. as باندازه‌ای که ، ازبسکه - چونکه
inspect' *vt.* بازرسی کردن
inspection (-*pek'shən*) *n.* بازرسی ، تفتیش - معاینه
inspec'tor (-*tə*) *n.* بازرس
inspiration (-*rei'shən*) *n.* شهیق ، استنشاق -دم ، نفس - الهام ،وحی
inspire (-*pai'ə*) *vt.* ملهم کردن
inspired' *ppa.* ملهم ، الهام شده - فرمایشی ، دستوری {i. article}
inspir'it *vt.* روح دادن (به)- تشویق کردن ، غیرت دادن
inst. {مخففِ instant}
instability (-*stəbil'iti*) *n.* نا استواری ، تزلزل
install (-*stɔ:l'*) *vt.* نصب کردن - گماشتن ، منصوب نمودن - جادادن
installation (-*təlei'shən*) *n.* نصب - برقراری - تأسیس - دستگاه - {در جمع} تأسیسات
install'ment = instalment
instalment (-*tɔ:l'mənt*) *n.* قسط - قسمت ، جزو
by instalments باقساط
in'stance (-*stəns*) *n.* & *vt.* (۱) مورد -نمونه ، مثل ، شاهد - وهله (۲) بطور نمونه گفتن ، شاهد آوردن
at the i. of به تقاضایِ
for i. مثلاً ، برای نمونه
Court of First I. دادگاهِ شهرستان ، محکمهٔ بدایت
in'stant (-*stənt*) *n.* دم ، لحظه - هنگام
the i. (that) همینکه
on the i. فوراً ، بیدرنگ
not for an i. هرگز ، هیچگاه
in'stant ('') *a.* آني- مبرم - مربوط بماه جاری {مختصر آن inst. است}
the 5th. inst. پنجم ماه جاری
instantaneous (-*təntei'niəs*) *a.* آنی
in'stantly *adv.* & *conj.* (۱) فوراً ، آناً (۲) همینکه ، بمحض اینکه
instead (*insted'*) *adv.* درعوض
i. of بجایِ ، بعوضِ ، در عوضِ
in'step *n.* پشت پا
in'stigate (-*geit*) *vt.* تحریك کردن
instiga'tion *n.* تحریك
instil(l)' *vt.* {instilled} کم کم تزریق یا القاء کردن

in'stinct *n.* غریزه ، فراست حیوانی
instinct' *a.* دارا ، پر
i. with دارای ِ ، پر از
instinc'tive (-*tiv*) *a.* غریزی
in'stitute (-*tiu:t*) *n.* & *vt.* (۱) بنگاه(فرهنگی یاعلمی) - انجمن ، شورا (۲) برقرارکردن - تأسیس کردن- گماشتن
institution (-*tiu':shən*) *n.* بنگاه ، مؤسسه - تأسیس ، برقراری - رسم
instruct (-*trʌkt'*) *vt.* دستور دادن - تعلیم دادن ، چیز یاد دادن (به) - آگاه کردن
instruc'tion (-*shən*) *n.* تعلیم ، آموزش - {در جمع} دستور
instruc'tive (-*tiv*) *a.* آموزنده ، چیز یاد دهنده - عبرت آمیز
instruc'tor (-*tə*) *n.* آموزگار - مشاق -کتاب اطلاعات یا راهنما
ins'trument (-*trumənt*) *n.* آلت ، ادات - وسیله - سند
musical i. آلت موسیقی ، ساز - {در جمع} آلات یا ادوات موسیقی
instrumental (-*men'tl*) *a.* سازی ،آلتی - مفید ، سودمند
instrumental'ity *n.* وسیله
by the i. of بوسیلهٔ
insubordinate (-*səbɔ':dinet*) *a.* نافرمان
insubordina'tion *n.* سرپیچی
insubstantial (-*səbstan'shəl*) *a.* غیرواقعی، خیالی ، بی‌اساس - سست
insufferable (-*sʌf'ərəbl*) *a.* تحمل ناپذیر
insufficiency (-*səfish'ənsi*) *n.* کمی ، عدم کفایت - بیکفایتی
insufficient (-*fish'ənt*) *a.* کم ، غیرکافی - بی کفایت
insufficiently (,,*li*) *adv.* کم
in'sular (-*siulə*) *a.* جزیره‌ای - جزیره نشین - محدود ،کوتاه - تنگ نظر
insular'ity *n.* تنگ نظری
in'sulate (-*siuleit*) *vt.* مجزا کردن - عایق‌دار یا روپوش‌دار کردن
insula'tion *n.* تجزیه - محدودیت - مقره‌گذاری - پوشش
in'sulator (-*leitə*) *n.* عایق ، مقره
in'sult (-*sʌlt*) *n.* توهین ، فحش
insult' *vt.* توهین کردن (به) ، فحش دادن (به)
insuperable (-*siu':pərəbl*) *a.* برطرف نکردنی - شکست ناپذیر
insupportable (-*səpɔ':təbl*) *a.* تحمل ناپذیر ، غیرقابل تحمل
insurance (-*shu'ərans*) *n.* بیمه
insure (-*shu'ə*) *vt.* بیمه کردن
the insured بیمه شده
insurer (-*shu'ərə*) *n.* بیمه گر
insurgent (-*sə':jənt*) *n.* & *a.* یاغی ، متمرد ، شورشی
insurmountable (-*sə:maun'-təbl*) *a.* برطرف نکردنی ، ازمیان برنداشتنی
insurrection (-*sərək'shən*) *n.* طغیان، قیام ، شورش
insusceptible (-*sʌsep'tibl*) *a.* تأثیر ناپذیر ، غیرمحسوس - نامستعد
intact' *a.* دست نخورده ، بی عیب
in'take *n.* مدخل آبگیری {در لوله} - مقدار آب یاگازیکه با لوله گرفته میشود
intangibil'ity *n.* لمس ناپذیری
intan'gible (-*jibl*) *a.* لمس ناپذیر ، نامحسوس - بغرنج
in'teger (-*tijə*) *n.* عدد صحیح
in'tegral (-*tigrəl*) *a.* درست ، بی کسر ، بی‌خرده
i. part جزء لازم ، جزء مکمل
in'tegrate (-*tigreit*) *vt.* کامل کردن - جمعاً قلمداد کردن ، جمله کردن
integ'rity (-*ti*) *n.* درستی ، راستی، تمامیت ، بی عیبی
integ'ument (-*yumənt*) *n.*

بوشش ، پوست

in'tellect (*-telekt*) *n.* عقل - هوش ، فهم

intellec'tual (*-tiuəl*) *a.* عقلانی - معنوی - خردمند ، هوشمند - دانشمند

intelligence (*-tel'ijəns*) *n.* هوش ، زیرکی ، فراست - بصیرت - آگاهی ، خبر

intel'ligent *a.* باهوش ، زیرک - با خبر ، با اطلاع - حاکی ازهوش

intelligentsia (*-jent'siə*) *n.* روشن فکران [با the]

intelligibil'ity *n.* مفهوم بودن ، وضوح

intelligible (*-tel'ijibl*) *a.* قابل فهمیدن ، مفهوم - معنوی ، معقول

intel'ligibly *adv.* بطورقابل درك

intem'perance (*-pərəns*) *n.* زیاده رَوی ، بی اعتدالی [بویژه در خور و نوش]

intem'perate (*-rit*) *a.* زیاده‌رو ، بی‌اعتدال ، افراطی - نا معتدل

intend' *vt.* قصد کردن ، قصد داشتن ، درنظر داشتن ، خیال داشتن

inten'ded *n.* [Col.] نامزد

intense (*-tens'*) *a.* زیاد ، سخت ، شدید ،قوی - جدّی - سیر [i. blue]

intense'ly *adv.* زیاد، شدیداً - جداً

intensification (*-kei'shən*) *n.* افزون سازی - تشدید - تقویت

inten'sify (*-fai*) *vt.* & *vi.* (۱) سخت کردن - افزودن - قوی کردن (۲) شدید شدن ، زیاد (تر) شدن

inten'sity (*-ti*) *n.* شدت - زیادی

inten'sive (*-siv*) *a.* تشدیدی - مشدّد - پرقوت - متمرکز (بیك نقطه)، شدید

intent' *n.* & *a.* (۱) نیت ، قصد (۲) ساعی - متوجه - جدی - مشتاقانه

to all intents and purposes عملاً - ازهرلحاظ

inten'tion (*-shən*) *n.* قصد ، منظور ، خیال، غرَض، نیت - تصور

with the i. of بقصدِ ، بمنظورِ

inten'tional (*-shənəl*) *a.* عمدی ، قصدی ، ارادی

inten'tionally *adv.* عمداً ، قصداً

inter (*-tə':*) *vt.* [-red] = bury

interact (*-tərakt'*) *vi.* بهم تأثیر داشتن - عملِ متقابل کردن

interac'tive (*-tiv*) *a.* عامل بر یکدیگر ، مؤثر بریکدیگر

in'ter a'lia [L] جزو چیزهای دیگر

interbreed (*intəbri:d'*) *v.* باهم جفت(گیری) کردن

intercalary (*-tə':kələri*) *a.* افزوده - کبیسه

intercalate(*intə':kəleit*) *vi.* درج کردن

intercede (*-təsi:d'*) *vt.* وساطت یاشفاعت کردن ، میانه گیری کردن

They interceded for him with the king. از او نزد بادشاه شفاعت کردند

intercept (*-təsept'*) *vt.* قطع یا جدا کردن - در بین راه‌گیر آوردن

intercession (*-təsesh'ən*) *n.* میانجی گری ، شفاعت ، وساطت

intercessor (*-ses'ə*) *n.* شفیع

interchange (*-təcheinj'*) *vt.* باهم‌مبادله کردن - بجای هم گذاشتن

i. views تبادلِ نظر کردن

in'terchange *n.* مبادله - تناوب

interchan'geable (*-jəbl*) *a.* قابل معاوضه ، قابل مبادله

intercollegiate (*-təkəli':jiet*) *a.* معمول در بین دانشکده ها

in'tercourse (*-təkɔ:s*) *n.* آمیزش ، مراوده - مذاکره - مبادله

interdepen'dence ; **-dency** *n.* وابستگی بیکدیگر

interdependent (*-tədipen'-*

dənt) *a.* موکول بهم
in'terdict *n.* قدغن، نهی
interdict (*-tədikt'*) *vt.* قدغن کردن ، نهی کردن ـ محروم کردن ـ محجور کردن
in'terest (*-tə-*) *n.* & *vt.* (۱) بهره ، سود ، نفع ، منفعت ـ صرفه ـ مصلحت [ج. مصالح] ـ دلبستگی ـ علاقه ـ خوش‌مزگی (۲) علاقه‌مند ساختن ـ ذینفع یا سهیم کردن ـ جلب توجه (کنسیرا) کردن
put out to i. به بهره گذاشتن
take an i. in علاقه داشتن به
It is of i. to me. من در آن علاقه مندم ، برای من سودمند است
return with i. بهتر تلافی کردن
in the interest(s) of بنفع
in'terested *ppa.* علاقه‌مند ، ذینفع ـ مایل ، مجذوب ـ غرض‌آلود
in'teresting *apa.* جالب توجه ، بامزه ، گیرنده
interfere (*intəfi'ə*) *vi.* دخالت کردن ـ مزاحم شدن ـ مانع شدن ، معارض شدن
interfe'rence (*-rəns*) *n.* دخالت، مداخله ـ تصادف ـ معارضه ـ مانع
interfe'ring *apa.* مزاحم.
interfuse (*-təfiu:z'*) *v.* بهم‌آمیختن.
in'terim (*-tə-*) *a.* & *n.* (۱) موقتی (۲) فاصله ، خلال مدت ـ ضمن
in the i. درضمن ، در این اثنا
interior (*-ti'əriə*) *a.* & *n.* (۱) درونی ، داخلی ـ باطنی (۲) درون، تو ، داخل ـ امور داخله
Ministry of the I. *or* **Department of the I.** وزارت کشور [در انگلیس وزارت کشور را **Home Office** میگویند]
interject' *vt.* درمیان‌آوردن
interjection (*-təjek'shən*) *n.* حرف ِ ندا ، صوت ، [در جمع] اصوات
interlace (*-təleis'*) *v.* بهم‌پیچیدن ـ درهم‌بافتن (یا بافته شدن) ـ تقاطع کردن
interlard (*-təla:d'* ـ تلاد) *vt.* باعبارات بیگانه آمیختن
interleave (*-təli:v'*) *vt.* برگ سفیدلای صفحات (کتابی) گذاشتن
interline (*-təlain'*) *vt.* چیزهائی درمیان سطرهای (سند یاکتابی) نوشتن
interlinear (*-təlin'iə*) *a.* بین سطوری ـ تحت‌اللفظی
interlock (*-tələk'*) *v.* بهم اتصال دادن یااتصال پیداکردن
interlocutor (*-tələk'yutə*) *n.* طرف صحبت ، طرف گفتگو ، کلیم
in'terloper (*-təloupə*) *n.* کسیکه برای‌سودخوددرکار دیگران مداخله‌میکند
in'terlude (*-təliu:d*) *n.* میان‌پرده ، [بی‌اضافه] ـ قطعهٔ موسیقی اتصالی ـ فاصله
intermarriage (*-təmar'ij*) *n.* ازدواج بین قبایل و نژاد های مختلف ـ ازدواج با خویشاوندان
intermarry (*-mar'i*) *vi.* باهم ازدواج کردن [به ترتیبی که در **intermarriage** گفته شد]
intermeddle (*-təmed''l*) *vi* مداخله کردن
intermediary (*-təmi':diəri*) *a.* & *n.* (۱) میانجیگری‌کننده ـ وساطت آمیز (۲) میانجی ، واسطه
intermediate (*-diət*) *a.* & *n.* (۱) متوسط (۲) واسطه ، میان منزل
interment (*-tə':mənt*) *n.* دفن
intermezzo (*intəmed'zo*) *n.* میان‌پردهٔ موسیقی ـ قطعهٔ موسیقی اتصالی
interminable (*-tə':minəbl*) *a.* پایان ناپذیر ـ بسیار دراز و خسته‌کننده
intemin'gle *v.* بهم‌آمیختن
intermission (*-təmish'ən*) *n.* بادخور ، فاصله ، فترت
without i. پیوسته ، لاینقطع
intermittent (*-mit'ənt*) *a.*

متناوب - نوبتی - نوبه‌ای

intermit'tently *adv.* متناوباً

intern (*-tə:n'*) *vt.* توقیف‌کردن

internal (*-tə':nəl*) *a.* درونی ، داخلی - باطنی ، ذاتی - ذهنی

internal-combustion engines ماشین‌های درون سوز

inter'nally *adv.* ازدرون - باطناً

international (*intənash'ə-nəl*) *a.* بین‌المللی

interna'tionalism (*-izm*) *n.* اصالت مصالح بین‌المللی

intern(e) (*-tə:n'*) *n.* {Fr.} کاروَرز ، پزشك یاجرّاح مقیم

internecine (*-təni':sain*) *a.* متضمن تلفاتْ از دو طرف

internment (*intə:n'mənt*) *n.* نگاهداری ، توقیف

interpellate (*-tə':pileit*) *vt.* استیضاح کردن

interpella'tion *n.* استیضاح

in'terplay (*-təplei*) *n.* اثر متقابل - فعل و انفعال

interpolate (*-tə':pəleit*) *vt.* با عبارات بیگانه یا تازه تحریف‌کردن

interpose (*-təpouz'*) *vi.* & *vt.* (۱) مداخله‌کردن ، پا میان‌گذاشتن - در میان واقع شدن ، مانع شدن (۲) بمیان آوردن - بطور معترضه گفتن

interposition (*-pəzish'ən*) *n.* مداخله ، پا میان گذاری

interpret (*-tə':prit*) *vt.* تفسیر - کردن ،تعبیر‌کردن - ترجمهٔ شفاهی‌کردن

interpretation (*-tei'shən*) *n.* تفسیر ، تعبیر ، گزار ،گزارش - تأویل - ترجمهٔ شفاهی ، دیلماجی

interpreter (*-tə':pritə*) *n.* مترجم حضوری ، دیلماج {لفظ ترکی}

interregnum (*-təreg'nəm*) *n.* {-na} روزگار فترت

interrogate (*-ter'əgeit*) *vt.* مورد پرسش یا بازرسی قرار دادن ، استنطاق‌کردن (از)

interrogation (*-gei'shən*) *n.* پرسش ،استفهام - بازپرسی ، استنطاق

interrogative (*-tərɔg'ətiv*) *a.* استفهامی {an i. pronoun}

interrogatory (*-tərɔg'ətəri*) *a.* استفهامی ، پرسش وار

in an i. tone بلحن پرسش

interrupt (*-tərʌpt'*) *vt.* گسیختن ، قطع کردن - جلوگیری کردن از ، مانع شدن

interrup'tion (*-shən*) *n.* قطع ، قطع تسلسل - انقطاع - وقفه ، تعطیل موقتی

intersect (*-təsekt'*) *vt.* & *vi.* (۱) از وسط بریدن - تقسیم کردن (۲) تقاطع کردن

intersec'ting *apa.* متقاطع

intersec'tion (*-shən*) *n.* تقاطع - محلِ تقاطع

intersperse (*-təspə:s'*) *vt.* گله گله پاشیدن ، نثار کردن

interstate (*-təsteit'*) *a.* {U.S.} واقع درمیانِ کشور ها یا ایالت ها

interstice (*intə':stis*) *n.* درز ، شکاف ، چاك ، ترك - فاصله

intertwine (*-tətwain'*) *v.* بهم پیچیدن

interurban (*-tərə':bən*) *a.* واقع در میان شهر ها

in'terval (*-tə:vəl*) *n.* فاصله - مدت - ایست ، وقفه - اختلاف

at an i. of بفاصله

at short intervals بفواصل‌کم

at long intervals دیر دیر

intervene (*-təvi:n'*) *vi.* مداخله کردن- درمیان‌واقع‌شدن- درضمن رودادن

intervention (*-tənvən'shən*) *n.* مداخله

in'terview (*-təviu:*) *n.* & *vt.*

مصاحبه (داشتن با)

interweave (-*təwi:v'*) *vt*. درهم بافتن
[-wove'; -wo'ven]

intes'tate (-*tet*) *a*. بی‌وصیت

intes'tinal (-*nəl*) *a*. روده ای

intes'tine (-*tin*) *n*. روده

in'timacy (-*məsi*) *n*. آشنایی ـ نزدیك، محرمیت ـ کار یکه شایسته اشخاص محرم است [چون بوسه]

in'timate (-*mət*) *a*. & *n*. (۱) صمیمی، نزدیك ، محرم ـ درونی ـ شخصی ، خصوصی (۲) دوست صمیمی

in'timate (-*meit*) *vt*. اشاره کردن ، فهماندن ـ خبر دادن

intimation (-*mei'shən*) *n*. اشاره ـ آگاهی، خبر

intim'idate (-*deit*) *vt*. ترساندن، تشرزدن به ـ با تهدید وادار کردن

intimidation (-*dei'shən*) *n*. تهدید ، اخافه

in'to (-*tu*) *prep*. توی ، در ـ به
translate i. English به‌انگلیسی ترجمه کردن
stay far i. the night ساعات زیادی در شب بیدار ماندن

intolerable (-*tɔl'ərəbl*) *a*. غیر قابل تحمل

intol'erance (-*ərəns*) *n*. عدم تحمل ـ زیر بار نرفتن ، تعصب

intol'erant *a*. زیر بار نرو ، نابردبار ، بی‌تحمل ، متعصب
be i. of . . . زیر بار . . . نرفتن

intonation (-*tounəi'shən*) *n*. زیر و بم (ساختن) صدا ـ قرائت با لحن

intone (-*toun'*) *vt*. با لحن خواندن

intoxicant (-*tɔk'sikənt*) *a*. & *n*. مسکر ، (نوشابه) مستی‌آور

intox'icate (-*keit*) *vt*. مست کردن ـ از خود بیخود کردن

intox'icating *apa*. مست‌کننده

intoxication (-*kəi'shən*) *n*. مست سازی ـ مستی ـ مسمومیت‌الکلی

intrac'table (-*təbl*) *a*. سرکش ، رام نشدنی ـ سخت ـ بهبود ناپذیر

intran'sigent (-*jənt*) *a*. سخت‌گیر

intran'sitive (-*tiv*) *a*. & *n*. (۱) لازم (۲) فعل لازم

intrench = **entrench**

intrep'id *a*. بی‌باك ـ دلیرانه

intrepid'ity (-*ti*) *n*. بی‌باکی، تهور

in'tricacy (-*kəsi*) *n*. پیچیدگی

in'tricate (-*ket*) *a*. پیچیده ، بغرنج ، پیچ در پیچ ، تودر تو

intrigue (-*tri:g'*) *n*., *vi*. & *vt*. (۱) دسیسه ـ پشت هم اندازی ـ عشقبازی نهانی (۲) در نهان عشقبازی کردن ـ دسیسه کردن (۳) فریفتن

intrin'sic *a*. ذاتی ، باطنی

introduce (-*trədiu:s'*) *vt*. معرفی کردن ـ معمول کردن ـ داخل کردن ـ آشنا کردن ـ شروع کردن

introduction (-*dʌk'shən*) *n*. مقدمه ـ معرفی ـ معمول سازی ـ ابداع ـ داخل سازی

introduc'tory (-*təri*) *a*. مقدماتی

introspect' *vi*. بباطن خود نگریستن

introspec'tion *n* خویشتن نگری

introvert (-*trəvə:t'*) *vt*. متوجه درون کردن

intrude (-*tru:d'*) *vi*. & *vt*. (۱) سر زده آمدن (۲) فرو کردن ـ تحمیل کردن
i. upon a person's privacy مخل آسایش (یا مزاحم) کسی شدن

intru'der (-*də*) *n*. مخل ، مزاحم

intru'sion (-*zhən*) *n*. دخول ، سرزده ـ فضولی ـ تجاوز ، تعدی

intru'sive (-*siv*) *a*. فضول ـ فضولانه

intrust' = **entrust**

intuition (-*tiuish'ən*) *n*. انتقال ، درك مستقیم ـ اشراق ، شهود

intu'itive (-*tiv*) *a*. دارای قوهٔ درك مستقیم ـ مستقیماً درك شده
inundate (*in'ʌndeit*) *vt*. زیر گرفتن، پوشانیدن [در گفتگوی از سیل یا رودخانه]
inundated with letters غرق نامه
inunda'tion *n*. سیل ، طغیان آب
inured (-*yu':əd';yɔ:d'*) *a*. معتاد ـ پینه خورده
invade (-*veid'*) *vt*. مورد تاخت و تاز یا تجاوز قراردادن
inva'der (-*də*) *n*. مهاجم ـ متجاوز
inval'id *a*. باطل ، کان لم یکن ـ نامعتبر ، غیر وارد ، سست
in'valid (-*vəli:d*) *a*. & *n*. (۱) علیل ـ ویژهٔ مردم ناتوان (۲) آدم علیل
invalid (*invəli:d'*) *vt*. علیل کردن ـ بواسطهٔ ناتوانی ازخدمت رها کردن
inval'idate (-*deit*) *vt*. باطل کردن
invalidation (-*dei'shən*) *n*. باطل سازی ، ابطال
invalidity (-*vəlid'iti*) *n*. عدم اعتبار ، بطلان ـ فساد
inval'uable (-*yuəbl*) *a*. گرانبها
invariable (-*vê'əriəbl*) *a*. تغییر ناپذیر ، ثابت ، نامتغیر
inva'riably *adv*. بطور ثابت ، بطور تغییرناپذیر ـ مطلقاً ، همواره
invasion (-*vei'zhən*) *n*. تاخت و تاز ، تهاجم ، استیلا ـ تاراج ـ تجاوز
invec'tive (-*tiv*) *n*. سخن سخت ، حرف سخت ، پرخاش ، فحش
inveigh (-*vei'*) *vi*. سخت مورد حمله قرار دادن [با against]
inveigle (-*vi':gl* ; -*vei'*-) *vt*. (بافریب) اغوا کردن ـ گمراه کردن
invent' *vt*. اختراع کردن ـ جعل کردن
inven'tion *n*. اختراع ـ جعل
inven'tive (-*tiv*) *a*. اختراعی
inven'tor (-*tə*) *n*. مخترع ـ جاعل
in'ventory (-*təri*; -*tri*) *n*.&*vt*. (۱) صورت موجودی ، فهرست ، سیاهه (۲) سیاهه کردن ، صورت برداشتن از
inverse (-*və:s'*) *a*. & *n*. (۱) وارونه ، معکوس (۲) عکس ، قلب
inverse'ly *adv*. معکوساً
inver'sion (-*shən*) *n*. قلب، برگردانی
invert (-*və:t'*) *vt*. برگرداندن ، قلب کردن ، وارونه یا معکوس کردن
inverted commas نام این دو نشان " " که دال بر نقل قول است
invertebrate (-*və':tibrit*) *a*. بی‌مهره ، غیرذیفقار ـ [مج] نا استوار
invest' *vt*. & *vi*. (۱) گذاردن ، بکار انداختن (سرمایه) ـ منصوب کردن ـ اعطا کردن (۲) پول گذاردن
i. a person with insignia of office نشان بکسی دادن
invested with دارای
inves'tigate *vt*. رسیدگی کردن
investigation (-*gei'shən*) *n*. رسیدگی ، بازجویی
inves'tigator (-*geitə*) *n*. رسیدگی کننده ، بازجو ، مامور تحقیق
inves'titure (-*chə*) *n*. اعطا(ی منصب) ـ نصب ـ خلعت
invest'ment (-*mənt*) *n*. سرمایه گذاری ـ سرمایهٔ بکار انداخته ـ اعطا(ی منصب)
inves'tor (-*tə*) *n*. سرمایه‌گذار
invet'erate (-*tərit*) *a*. دیرینه ، مزمن ، ریشه کرده ، کهنه ـ خوگرفته
invid'ious (-*iəs*) *a*. منزجرکننده ـ تبعیض‌آمیز ـ حسادت انگیز
invigorate (-*vig'əreit*) *vt*. نیرو دادن ، قوت دادن ـ روح بخشیدن
invincibility (-*sibil'iti*) *n*. شکست ناپذیری
invin'cible *a*. شکست ناپذیر
inviolable (-*vai'ələbl*) *a*. مصون ـ واجب‌الحرمة ـ منزه ـ نگفتنی
invi'olate (-*əlit*) *a*. ـ نقض نشده

درست ، دست نخورده
invisibility (*-zibil'iti*) *n.* ناپدیدی
invisible (*-viz'ibl*) *a.* نامرئی ، دیده‌نشدنی ، ناپدید ، غیرمرئی ، نامعلوم
invitation (*-tei'shən*) *n.* دعوت
invite (*-vait'*) *vt.* دعوت کردن - جلب کردن
invi'ting *ap.a.* جالب ،کشنده
invocation (*-vəkei'shən*)*n.* دعا- استدعا - استمداد - ورد - حکم احضار
in'voice (*-vɔis*) *n.* & *vt.* (۱) سیاهه ، فاکتور [لفظ فرانسه] ، صورت حساب (۲) سیاهه کردن
invoke (*-vouk'*) *vt.* دعا کردن به - خواستن - استمداد کردن از - احضار کردن
involuntary (*-vɔl'əntəri*) *a.* بی‌اختیار ، غیر ارادی - اضطراری
involution (*-voliu':shən*) *n.* پیچیدگی - لف
involve (*-vɔlv'*) *vt.* گرفتار یا وارد کردن - متضمن یامستلزم بودن
involved' *ppa.* گرفتار - پیچیده - وارد - مورد بحث
invulnerable (*-vʌl'nərəbl*)*a.* زخم ناپذیر - شکست ناپذیر - قاطع
in'ward (*-wəd*) *a.* درونی - باطنی - روحی ، روحانی
in'wardly (*''li*) *adv.* باطناً - دردل
in'wards (*-wədz*) ; **inward** *adv.* سوی درون ، بطرف داخل - بباطن (یا درون خود)
inwrought (*-rɔ:t'* ; *in'-*) *ppa.* توکار (گذاشته شده) - نقشه‌دار
iodine (*ai'odi:n*) *n.* یُد [لفظ فرانسه]
iota (*aiou'tə*) *n.* نام حرف نهم الفبای یونانی برابر با i درانگلیسی - ذره
IOU (*ai'ouyu':*) *n.* سند بدهکاری، سفته یا سند ذمه که درآن حروف IOU (I owe you ''من بشما بدهکارم'') با مبلغ بدهی نوشته میشود
ip'so fac'to *adv.* [L.] بواسطهٔ ماهیت خود عمل - بالفعل
irascibil'ity *n.* آتش مزاجی
irascible (*iras'ibl*) *a.* آتش مزاج ، سودائی - تند ، خشم آمیز
irate (*aireit'*) *a.* آتشی ،خشمگین
ire (*ai'ə*) *n.* [Poet.] خشم ، غضب
iridescence (*-des'əns*) *n.* نمایش قوس قزحی
irides'cent *a.* قوس قزحی
iris (*ai'əris*) *n.* جنس زنبق یا سوسن - عنبیه
Irish (*ai'ə-*) *a.* & *n.* ایرلندی
I'rishman (*-mən*) *n.* [-men] مرد ایرلندی
irk (*ə:k*) *vt.* خسته کردن- رنجه کردن
irk'some (*-səm*) *a.* خستگی‌آور
iron (*ai'ən*) *n.* & *vt.* (۱) آهن- اطو ، اتو - [درجمع] زنجیر (۲) اطو کردن - زنجیر کردن
an i. nail میخ‌آهنی ، میخ آهن
a man of i. آدم سخت یا با عزم
i. rations جیرهٔ بسیارکم که سرباز در وقت ضرورت میتواند ازان استفاده کند
i'ron-clad *a.* & *n.* زره پوش
i'ron-foundry *n.* آهن ریزی ، کارخانهٔ ذوب آهن
iron'ical (*aiə-*) *a.* طعنه‌آمیز-طعنه‌زن
i'ron-monger (*-gə*) *n.* فروشندهٔ آهن‌آلات
i'ron-mongery *n.* آهن آلات
i'ron-mould *n.* سیاهی آهن - لکه
i'ronsmith *n.* آهنگر
i'ronwork *n.* آهن کاری ساختمان
i'ronworks *n.* *s.* or *pl.* کارخانهٔ آهن سازی ، کارخانهٔ آهن ریزی
irony (*ai'ərəni*) *n.* طعنه - استهزاء
irradiate (*irei'dieit*) *vt.*&*vi.* (۱)درخشان کردن(۲) تابیدن، بیرون‌دادن
irrational (*irash'ənəl*) *a.*

نامعقول ، غیرمنطقی - بی عقل - غیرناطق - [ر] گنگ ، اصمّ

irreconcilable (*irek'ənsailəbl*) *a.* وفق ناپذیر- اصلاح ناپذیر- نرم نشدنی .

irrecoverable (*irikʌv'ərəbl*) *a.* وصول نشدنی- اصلاح ناپذیر- جبران ناپذیر

irredeemable (*iridi':məbl*) *a.* غیرقابل ابتیاع - ازگرو در نیامدنی - نقد نشدنی - جبران ناپذیر - چاره ناپذیر

irreducible (*iridiu':sibl*) *a.* کمتر نشدنی -غیرقابل تحویل

irrefutable (*iref'yutəbl*) *a.* انکار ناپذیر ، غیرقابل تکذیب

irregular (*irəg'yulə*) *a.* بیقاعده -نامرتب - نامنظم - غیررسمی

irregular'ity *n.* بیقاعدگی ، بی ترتیبی ، بی نظمی -کار خلاف قاعده

irreg'ularly *adv.* بطور نامنظم

irrel'evance ; -vancy *n.* بی ربطی ، نامربوطی ، بی مناسبتی

irrelevant (*irel'əvənt*) *a.* بی ربط ، نامربوط

irreligious (*irilij'əs*) *a.* بیدین ، لامذهب - ناشی از بیدینی

irremediable (*irimi'diəbl*) *a.* چاره ناپذیر ، بیدرمان ، علاج ناپذیر

irremovable (*irimu':vəbl*) *a.* غیرقابل عزل - انتقال ناپذیر

irreparable (*irep'ərəbl*) *a.* جبران ناپذیر ، مرمت ناپذیر

irreplaceable (*iriplei'səbl*) *a.* بیعوض

irrepressible (*iripres'ibl*) *a.* غیرقابل جلوگیری

irreproachable (*iriprou'chəbl*) *a.* غیرقابل سرزنش ، بی گناه

irresistible (*irizis'tibl*) *a.* غیر قابلِ مقاومت ، سخت [i. enemy]

irresolute (*irez'əlu:t*) *a.* بی عزم ؛ بی تصمیم - دو دل ، مردّد

irresolution (*irezəlu':shən*) *n.* بی عزمی - تردید رأی

irrespective (*irispek'tiv*) *a.* بی اعتنا ، بی توجه - قطع نظرشده

i. of صرف نظر از - بدون توجه به

irresponsible (*irispɔn'sibl*) *a.* غیر مسئول

irretrievable (*iritri':vəbl*) *a.* غیرقابل استرداد - جبران ناپذیر

irrev'erence (*-ərəns*) *n.* بیحرمتی

irrev'erent *a.* احترام نگذار ، بی ادب - مغایر حرمت ، بی ادبانه

irrevocable (*irev'əkəbl*) *a.* غیرقابل برگشت - پابرجا ، قطعی

ir'rigate *vt.* آبیاری کردن - مشروب کردن - شستشو دادن (زخم)

irrigation (*irigei'shən*) *n.* آبیاری - شستشو

irrigator (*ir'igeitə*) *n.* آبیار - اسباب آبیاری - اسباب شستشوی زخم

irritable (*ir'itəbl*) *a.* قابل تحریك - زود غضب ، تند (مزاج)

irritant (*ir'itənt*) *a. & n.* (۱) تحریك کننده - سوزش آور (۲) عامل محرّك

irritate (*ir'iteit*) *vt.* خشمگین کردن - بی حوصله کردن - بسوزش یا خارش درآوردن - تحریك کردن

irritation (*iritei'shən*) *n.* تحریك- اغضاب -هیجان- سوزش ، خارش- حساسیت زیاد

irruption (*irʌp'shən*) *n.* تاخت و تاز

is (*iz*) *v.* است - هست [سوم شخص مفردِ be در زمان حال]

There is هست ، یافت میشود

He is to stay. قرار است بماند

It is made. ساخته میشود - ساخته شده است

He is going. (دارد) میرود ،درحال رفتن است - قرار است برود

isinglass (*ai'zin-*) *n.* مادهٔ ژلاتینی که درساختن سریشم بکار میبرند
island (*ai'lənd*) *n.* جزیره - سکو یا پناهگاه وسط خیابان
islander (*ai'ləndə*)*n.* جزیره‌نشین
isle (*ail*) *n.* جزیره (کوچك)
British Isles جزایر برطانی
islet (*ai'lit*) *n.* جزیرهٔ کوچك
ism (*izm*) *n.* اصالت ، اصول - رویه
isn't [مختصرِ is not]
isolate (*ai'səleit*) *vt.* جدا کردن، مجزا کردن- درقرنطینه نگاهداشتن- منفرد کردن - عایق‌دار کردن
isolation (*-lei'shən*) *n.* جدایی ، انفراد - انزوا - جداسازی - تجزیه
i. hospital بیمارستان امراض مسری
isola'tionist (*-shə-*) *n.* طرفدار عدم مداخله در سیاست کشور های بیگانه
isosceles (*aisɔs'əli:z*) *a.* دو ساق یکی ، متساوی‌الساقین
Israel (*iz'reiəl*) *n.* اسرائیل : (۱) بنی‌اسرائیل (۲) کشور نوبنیاد یهود
Israelite (*iz'riəlait*) *n.* اسرائیلی
issue (*is'yu: ; ish'-*) *vt.*, *vi.*, & *n.* (۱) صادرکردن - انتشار دادن (۲) خارج‌شدن - جاری‌شدن - صادرشدن - منتج شدن (۳) صدور - انتشار - تحویل ، تقسیم - جریان- سرانجام ، نتیجه - دررو ، ممر - دهانه - مسئله ، موضوع دعوا - شماره (منتشر شده)
of no i. بی نتیجه ، بیهوده
at i. موضوع بحث
join i. with a person باکسی وارد مرافعه یا دعوا شدن
isthmus (*ist'məs ; is'-*) *n.* [-es] برزخ ، تنگهٔ خاکی
it *pr.* آن [آن چیز ، آن جانور ، آن کودك] - آنرا
It rains. میبارد
It is cold. سرد است
It is a good day. روز خوبیست
It happened اتفاق افتاد
It is I. منم ، این منم
It is true that راست است که
That is it. همین است ، درست است
Who is it? کیست ؟ این کیست ؟
What is it? چیست؟ آن چیست ؟
Ital'ian (*-ən*) *a.* & *n.* ایتالیایی
ital'ic *a.* [درگفتگوی ازحروف] یکبری ، خوابیده ، کج [چون *am*]
ital'ics *npl.* حروف خوابیده یا کوشه [''کوشه'' لفظ فرانسه است]
ital'icize (*-saiz*) *vt.* باحروف گوشه یاخوابیده نوشتن
It'aly (*-əli*) *n.* ایطالیا ، ایتالیا
itch (*ich*) *n.* & *vi.* (۱) خارش - جرب ، حکه - [مج] کرم ، میل مفرط (۲) خارش کردن ، خارش داشتن ، خاریدن - خارش آوردن
itching palm دستِ بگیر
itchy (*ich'i*) *a.* خارش‌دار
item (*ai'təm*) *n.* قلم [ج. اقلام] ، فقره - بابت
itemize (*ai'təmaiz*) *vt.* قلم بقلم نوشتن
iterate (*it'əreit*) *vt.* تکرارکردن
itinerant (*aitin'ərənt*; *itin'-*) *a.* کردنده ،سیار ، دربدر
itin'erary (*-ərəri*) *n.* خط سیر - سفرنامه ، سیاحت نامه
its [مضاف‌الیهِ it] اش
i. nest ; i. leg لانه‌اش - پایش
it's = it is ; it has
itself' *pr.* خودش [خود آن چیز یا جانور.] ، خود
in i. بخودیِ خود ، فی حد ذاته
by i. خود بخود - تنها
of i. خود بخود ، خودش
I've = I have
ivory (*ai'vəri*) *n.* عاج ، دندانِ فیل - رنگ عاج یا شیری
ivy (*ai'vi*) *n.* باپیتال ، پیچك

Jj

jaeger (*jei'gə*) *n.* قسمی پارچه پشمی که برای زیرپوش بکار میرود

jag *n.* & *vt.* {-ged} (۱) دندانه ـ بریدگی (۲) دندانه دار کردن ـ ناهموار بریدن

jagged (*jag'id*) *ppa.* دندانه‌دار ـ ناهموار ،اره مانند ـ دارای بریدگی

jaggy (*jag'i*) *a.* دندانه دار ـ اره‌ای

jag'uar (*-wa:* جگ وا) *n.* پلنگ امریکائی { قسمی یوز پلنگ }

jail, etc. = gaol, etc.

jam *n.*, *vt.*, & *vi.* {-med} (۱) مربا ـ فشردگی (۲) چپاندن ، فرو کردن ـ فشردن ـ بیحرکت کردن (۳) گیر کردن، بیحرکت شدن ـ سفت شدن

jamb (*jam*) *n.* تیر عمودی چارچوب

jam(b) *vi.* بارازیت انداختن در { « بارازیت » درفرانسه طفیلی‌راگویند }

jamboree (*-bəri':*) *n.* شادی ،کیف

Jan. {January مختصرِ}

jan'gle *n.* & *v.* (۱) جنجال ، صدای ناهنجار (۲) زدن (زنگ) ـ صدای ناهنجار (از خود) درآوردن

jan'itor (*-tə*) *n.* دربان ـ سرایدار

Jan'uary (*-yuəri*) *n.* ژانویه

Japan' { *jə-* } *n.* ژاپن ـ{ با j }قسمی لاك که درساختن روغن جلا بکار میرود

Japanese (*-pəni:z'*) *a.* ژاپنی

japonica (*jəpon'ikə*) *n.* به ژاپنی ـ گلابی ژاپنی

jar (*ja:* جا) *n.* کوزه یاشیشهٔ دهن‌گشاد ـ بارج

jab *vt.* [bed] فروکردن ـ سُك‌زدن

jabber (*jab'ə*) *n.* & *vi.* وِرور (کردن) ، سخن تند و نا شمرده (گفتن) ، بچ بچ (کردن)

jack (*jak*) *n.* & *vt.* (۱) جك ، خرك ـ کارگر ـ مرد(ك) ـ ملوان یا ملاح کهنه‌کار[که معمولاً J. Tar گفته میشود]ـ آدمك ـ برچم ملی در جلوکشتی . [با J] ژاك ، یعقوب (۲) با جك بلند کردن {بیشتر با up}

before one can say J. Robinson بیك چشم برهم زدن

J. of all trades آدم همه کاره

J. in office آدم تازه بمنصب‌رسیده که خود را کسی میداند و بد منصبی کرده هایهو راه‌می‌اندازد

every man j. هرکس ، همه کس

jackal (*jak'ɔ:l*) *n.* شغال

jackanapes (*jak'ənɛips*) *n.* بچهٔ گستاخ یا شیطان ـ آدم خودبین

jack'ass *n.* نره خر ـ {مج} نادان

jack'-boot *n.* چکمهٔ بلند

jack'daw (*-dɔ:*) *n.* زاغچه ، زاغی

jacket (*jak'it*) *n.* ژاکت ـ گرم‌گیر ـ پوست ، پوشش

dust a person's j. کسیرا کتك‌زدن

jack'-in-the-box' *n.* علی‌ورجه، آدمكِ توی‌جعبه

jack'-knife *n.* چاقوی بزرگ جیبی

jade (*jeid*) *n.* یشم سبز ـ اسب پیر ـ{بشوخی یا تحقیر} زن

the lying j. اکاذیب ، شایعات

ja'ded (*-did*) *a.* فرسوده ، خسته

jar (,,) *n.*, *vi.*, & *vt.* [-red] (۱) تکان ـ صدای ناهنجار ـ [مج] عدم توافق (۲) تکان خوردن ـ اثر نامطلوب گذاشتن (۳) تکان دادن
j. on some one('s nerves) اعصاب شخصی را تکان دادن
j. against something با چیزی مخالف یا نامناسب بودن یا توافق نداشتن
jar'ful *n.* (یك) کوزه یا شیشه
jargon (*ja':gən* ـ جا) *n.* سخن غیر مفهوم یا غیرمصطلح
jar'ring *apa.* تکان‌دهنده ـ ناهنجار ، خشن ، ناموزون
jas'min(e) (*-min*) *n.* گل یاس
jas'per (*-pə*) *n.* یشم
jaundice (*jɔ:n'dis*) *n.* زردیان ـ [مج] کج بینی وحسادت‌و تعصب
jaunt (*jɔ:nt*) *n.* & *vi.* (۱) گردش، مسافرت کوچك (۲) سفر کوچك کردن
jaunty (*jɔ:n'ti*) *a.* مغرور ، گستاخ ـ لاقید ـ زرنگ
Javanese (*-vəni:z'*) *a.* وابسته به جزیره جاوا [Java]
javelin (*jav'lin*) *n.* نیزهٔ پرت‌کردنی ، زوبین
jaw (*jɔ:*) *n.* & *v.* (۱) آرواره ، فك (۲) پرحرفی کردن (برای ِ)
upper j. آروارهٔ زبرین ، فك اعلی
lower j. آروارهٔ زیرین ، فك اسفل
Hold your j. در ِ دهان‌خودرا ببندید
the jaws of death چنگال مرگ
jaw'bone *n.* استخوان آرواره
jaw'-breaker [Col.] *n.* لغتی که تلفظ آن دشوار است
jay (*jei*) *n.* زاغ‌کبود ـ [مج] نادان ورّاج
jay'-walker *n.* [U. S.; Col.] کسیکه بدون توجه بوسائل نقلیه از وسط خیابان عبور میکند
jazz *n.*, *vt.*, & *vi.* (۱)موزیك ِ جاز ـ رقص جاز ـ [مج] شلوق بلوق ، بی‌پروائی (۲) جازوار زدن ـ [با up] جلوه‌گر یا باروح ساختن (۳) با موزیك جاز رقصیدن
jealous (*jel'əs*) *a.* حسود ـ غیور ـ رشك‌آمیز ـ مواظب
jealously (,, *li*) *adv.* از روی حسادت ، حسودانه
jealousy (*jel'əsi*) *n.* حسادت ، رشك ، حسد ـ غیوری
jean (*jein* ; *ji:n*) *n.* کتان نخی
jeep (*ji:p*) *n.* [U. S.] جیپ (قسمی اتوموبیل)
jeer (*jiə*) *n.* & *vi.* (۱) طعنه ـ استهزا (۲) طعنه زدن
Jehovah (*jihou'və*) *n.* [Heb.] یهوه [نام اصلی خدا بزبان عبری]
jejune (*jiju:n'*) *a.* تهی ـ خشك ـ بی‌مغز ـ بیمزه ، بی‌لطافت
jelly (*jəl'i*) *n.*, *vt.*, & *vi.* (۱) ژله [لفظ فرانسه] ،دلمه ، لرزانك (۲) منجمدکردن (۳) دلمه شدن ، بستن
jel'ly-fish *n.* ستارهٔ دریایی
jemmy (*jem'i*) *n.* دیلم دزدان
jenny (*jen'i*) *n.* قسمی ماشین نخ ریسی
jeopardize (*jep'ədaiz*) *vt.* بمخاطره انداختن
jeopardous (*jep'ədəs*) *a.* مخاطره آمیز
jeopardy (*jep'ədi*) *n.* مخاطره
be in j. در (معرض) خطر بودن
jeremiad (*-rimai'ad*) *n.* شرح غم‌انگیز ، درد دل
jerk *n.*, *vt.*, & *vi.* (۱) تکان (تند) ـکشش (۲) تکان تند دادن ـ زود کشیدن ـ[با out]زود ادا کردن ـ منقبض کردن (۳) تکان خوردن ، صدا کردن
jerkin (*jə'-*) *n.* قسمی نیمتنهٔ ضخیم مردانه که غالباً چرمی وزیپ‌دار است

jerky (jə':ki) a. نامنظم رونده
jerry-built (jer'ibilt) a. غیرمحکم ، معمار ساز(ی) ، پوشالی
jersey (jə':zi) n. زیر پیراهنی یا ژاکت کش باف
jes'samine (-əmin) = jasmine
jest n. & vi. (۱) شوخی - طعنه - (اسباب) مسخره (۲) شوخی کردن - کنایه گفتن - طعنه زدن
in j. بشوخی ، بطور غیرجدی
jes'ting apa. شوخی آمیز - شوخ
jes'tingly adv. بشوخی
Jesus (ji':zəs) n. عیسی
jet n. کهربای سیاه ، سنگ موسی - فواره - جریان بخار یا گاز - شیر ، دهانه
jet vi. [-ted] فواره زدن - جاری شدن ، بیرون ریختن
jet'sam (-səm) n. کالایی که برای سبك کردن کشتی بدریا میریزند
jettison (jet'isən) vt. بدریا ریختن
jetty (jet'i) n. اسکله ، بار انداز
Jew (ju:) n. یهودی ، کلیمی
jewel (ju'':il) n. گوهر ،جواهر ، سنگ گرانبها - زینت آلات
jewel (,,) vt. [jewe(l)led] جواهر نشان کردن ، مرصع کردن
jewel(l)er (ju'ilə) n. جواهری ، جواهر فروش - ساعت ساز
jew'el(le)ry n. جواهر آلات - جواهر سازی - ساعت سازی
Jewess (ju':is) n. [fem. of Jew]
Jewish (ju':-) a. یهودی
Jewry (ju'əri) n. (ملت) یهود ، قاطبهٔ یهود - محلهٔ کلیمیان
Jew's'-harp n. قسمی ساز که بادندان نگاه میدارند و با انگشت میزنند
Jezebel (jez'ibl) n. سلیطه - زن بی‌شرم - زنیکه سرخاب استعمال میکند
jib n. بادبان سه گوش کوچك
the cut of one's j. ظاهر شخص
jib vi. [-bed] پیش نرفتن ، [در اسب] کهگیر شدن - وا زدن - سر خوردن
jibe = gibe
jiff, jiffy (jif'i) n. [Col.] آن ، لحظه
jig n., vi., & vt. [-ged] (۱) قسمی رنگ تند (۲) با رنگ تند رقصیدن (۳) بالا و پائین انداختن
jiggle (jigl) n. تکان آهسته
jilt n. & vt. (۱) نامزد یا معشوقهٔ بی‌وفا (۲) ترك کردن ، ول کردن
Jim Crow (krou) [U. S.] = negro
jin'gle n. & vi. (۱) جرنگ ، جلنگ - شعر سبك با قافیه های ساده (۲) جلنگ جلنگ کردن
jin'go (-gou) n. [-es] کسیکه بعنوان میهن پرستی ازسیاست جنگجویانه دولت خود طرفداری میکند
by j. [عبارتی است که در مقام سوگند و تأکید یا در ابراز شگفت بکار میرود]
jinks npl. جست و خیز ، خوشی ، بازی [بیشتر گفته میشود. high j]
jinrik'(i)isha (-shɔ:) n. قسمی درشکهٔ دوچرخه (که آدم آنرا میکشد)
jit'ney (-ni) n. & a. [U. S.; Sl.] (۱) سکهٔ پنج سنتی - اتومبیلی که پنج سنت کرایهٔ آنست (۲) ارزان
jitters (jit'əz)npl. [Col.;U.S.] وحشت ، عصبانیت [با the]
job (jɔb) n. کار - سمت ، شغل
on the j مشغول کار ، سرگرم کار
by the j. بطور مقاطعه یا بارچه کاری
make a (good) j. of خوب انجام دادن ، موفق شدن در
That's a good j. خوب شد
j. lot کالای جور بجور که چکی خرید وفروش میشود
be out of a j. بیکار بودن

job *vi.* & *vt.* [-bed] (۱) کارمزدی کردن (۲) یکجا خریدن و بخرده فروش فروختن - استفاده نامشروع کردن از
Job (*joub*) *n.* ایوب
jobber (*jɔb'ə*) *n.* دلال (سهام) - پارچه کار ، مقاطعه کار - استفاده چی
jockey (*jɔk'i*) *n.*, *vt.*, & *vi.* (۱) سوار کار (۲) گول زدن - با زرنگی فراهم کردن (۳) حیله بکار زدن
J. Club باشگاه سوارکاران در انگلیس
jocose (*joukous'*) *a.* شوخی آمیز - شوخ
jocosity (*jəkɔs'iti*) *n.* شوخی ، خوش طبعی ، خوشدلی
jocular (*jɔk'yulə*) *a.* شوخ ، شوخی آمیز
jocular'ity *n.* شوخی
jocund (*jɔk'ənd*; *jou'kənd*) *a.* خوش ، فرحناك
jocundity (*joukʌn'diti*) *n.* خوشی ، خوشدلی - سخن نشاط آمیز
jog (*jɔg*) *n.*, *vt.*, & *vi.* [-ged] (۱) تکان آهسته - بالا وپایین اندازی (۲) آهسته تکان دادن - بکار انداختن (۳) سنگین رفتن
j. on (or along) پیش رفتن
John Bull (*jɔn'bul'*) *n.* (نمونه) مرد انگلیسی یاملت انگلیس
johnny (*jɔn'i*) *n.* [Col.] مردکه
join *v.* پیوستن ، متصل کردن یاشدن - وصلت دادن ، باهم پیوند دادن ، (بهم) ملحق کردن یاشدن - شرکت کردن (در)
j. a. club عضو باشگاهی شدن
j. hands توحید مساعی کردن
j. in marriage وصلت دادن
joiner (*jɔi'nə*) *n.* نجار ، درودگر
joi'nery (*-ri*) *n.* درودگری ، نجاری
joint *n.* & *a.* (۱) بند ، مفصل - [در گوشت] عضو - زانو(ئی) - لولا - قفل (۲) مشترك - توأم - مشاع - متصل
out of j. در رفته - مختل
j. owner شریك ملك
with the j. views of با (جلب) نظر
in j. partnership بشراکت
joint *vt.* بهم پیوستن - خردکردن ، از هم‌سوا کردن ، بند بند کردن
join'ted *ppa.* مفصل‌دار ، بند بند
joint'ly *adv.* مشترکاً - توأماً
j. and severally مشترکاً و منفرداً ، متضامناً
joint'-stock *a.* سهامی
joist *n.* تیر - الوار
joke (*jouk*) *n.* & *vi.* (۱) شوخی (۲) شوخی کردن
in j. بشوخی
joker (*jou'kə*) *n.* بذله‌گو - [در بازی] شوخ ، جوکر - [ز.ع.] مردکه
jollification (*-kei'shən*) *n.* خوشی ، عیش
jollify (*jɔl'ifai*) *vi.* & *vt.* (۱) عیش یامستی کردن (۲) خوش ساختن
jollity (*jɔl'iti*) *n.* خوشی ، عیش ، کیف
jolly (*jɔl'i*) *a.* & *adv.* (۱) دلخوش- سرخوش- خوشی‌دهنده - [د.ك] بسیار خوب [گاهی بطعنه] - (۲) بسیار
jolt (*joult*) *v.* & *n.* (۱) تکان دادن یاخوردن (۲) تکان ، تلق تلق
Jonah (*jou'nə*) *n.* یونس - [مج] آدم بد قدم
jonquil (*jɔn'kwil*) *n.* قسمی نرگس زرد
jostle (*jɔs'l*) *n.* & *v.* تنه (زدن)، هل (دادن) ، تکان (دادن)
jot (*jɔt*) *n.* & *vt.* [-ted] (۱) خرده ، ذره - نقطه (۲) با شتاب یادداشت کردن
jot'ting *n.* یادداشت سردستی
journal (*jə':n'l*) *n.* روزنامه - مجله - دفتر روزانه - [در جمع] مذاکرات روزانه

journalism (*jə':nəlizm*) *n.* روزنامه نگاری، جریده نگاری
jour'nalist *n.* روزنامه نگار
journey (*jə':ni*) *n.* & *vi.* (۱) سفر (۲) سفر کردن، مسافرت کردن
jour'ney-man (*-mən*) *n.* کارگر مزدور، شاگرد مزدور
joust (*ju:st* ; *jaust*) *n.* & *vi.* نیزه بازی سواره (کردن)
Jove (*jouv*) = **Jupiter**
jovial (*jou'viəl*) *a.* خوش(گذران)، اهل کیف - خوش بخت، سعید
  j. meeting مجلس خوشی و کیف
jovial'ity *n.* خوشی، عیش و نوش
jowl (*jaul*) *n.* آرواره (زیرین) - گونه - چانه - غبغب گاو
joy (*jɔi*) *n.* & *vi.* (۱) خوشی (۲) خوشی کردن، شادمانی کردن
  filled with j. بسیار شادمان
joy'ful *a.* سرورآمیز - شادمان
joy'fully *adv.* باخوشی، بانشاط
joy'less *a.* بی نشاط - غمگین
joy'ous (*-əs*) *a.* سرورآمیز
joy'-ride *n.* سواری با اتوموبیل دیگری بویژه اگر بی اطلاع وی باشد
jubilant (*ju':bilənt*) *a.* خوشی کننده - نشاط آمیز - فیروز - فرخنده
ju'bilate (*-leit*) *vi.* خوشی کردن، شادی کردن
jubilation (*-lei'shən*) *n.* شادمانی، هلهله
jubilee (*ju':bili:*) *n.* جشن، روز شادی
  silver j. جشن بیست و پنجمین سال
  the Diamond J. جشن شصتمین سال سلطنت ویکتوریا ملکهٔ انگلیس
Judaism (*ju':deiizm*) *n.* یهودیت
judge (*jʌj*) *n.* & *v.* (۱) دادرس، قاضی، داور - خبره (۲) داوری کردن (در) - فتوی یاحکم دادن - دادرسی کردن
judg(e)'ment (*-mənt*) *n.* داوری، دادرسی، قضا(وت) - حکم، فتوی، رأی (دادگاه) - تشخیص - عقیده
  pass a j. حکم دادن، رأی دادن
  j. debt محکوم به، دادخواسته
judicature (*ju':dikəchə*) *n.* قوهٔ قضائی - حوزهٔ قضائی
judicial (*ju:dish'əl*) *a.* قضائی - قاطع، قطعی - داوری کننده
judiciary (*-dish'əri*) *n.* قوهٔ قضائی
judicious (*-dish'əs*) *a.* خردمند، عاقل - عاقلانه، ناشی از تشخیص درست
judi'ciously *adv.* عاقلانه، با تشخیص صحیح
jug (*jʌg*) *n.* & *vt.* [-ged] (۱) کوزه - آفتابه (۲) درکوزه پختن (خرگوش) (مظروف) یك کوزه
jug'ful *n.* یك کوزه
juggle (*jʌg'l*) *n.*, *vi.*, & *vt.* (۱) تردستی، حقه بازی - فریب (۲) تردستی یا چشم بندی کردن (۳) فریب دادن - شعبده بازی کردن با - با زرنگی درست کردن
juggler (*jʌg'lə*) *n.* شعبده باز - شیاد
jug'glery (*-ri*) *n.* چشم بندی
jugular (*jʌg'yulə*) *a.* گلویی
  j. vein شاهرگ، وداج
juice (*ju:s*) *n.* آب (میوه) - شیره، عصیر - [د.ک.] بنزین یا برق
  lemon-j. آب لیمو، آبلیمو
juicy (*ju':si*) *a.* آبدار، پرآب
jujube (*ju':jub*) *n.* عناب - بول دوکم [لفظ فرانسه]
July (*julai'*) *n.* ژوئیه: نامماه هفتم
jumble (*jʌm'bl*) *n.* & *v.* (۱) درهم برهمی - مخلوط (۲) بهم آمیختن
jum'ble-sale *n.* فروش اشیاء ارزان برای مصرف خیریه
jump (*jʌmp*) *n.*, *vi.*, & *vt.* (۱) پرش، جست - ترقی ناگهان (۲) جستن، پریدن (۳) پریدن از - پراندن - طفره زدن از - ول کردن، حذف کردن
  j. at دو دستی گرفتن یا پذیرفتن

j. the rails از خط بیرون جستن
j. (up)on بباد ملامت گرفتن
Let us see which way the cat jumps. به بینیم در روی چه پاشنه می گردد
jum'per (-pə) *n.* رولباسی کارگران وملوانان ـ قسمی ژاکت (کشباف) زنانه
jum'py (-pi) *a.* جهنده ـ عصبانی ، غلغلکی ـ بیقرار ـ حساس ـ هیجان آور
junction (jʌnk'shən) *n.* اتصال ـ پیوندگاه ، ملتقی ـ دو راهی ـ چهار راه ـ انشعاب
juncture (jʌnk'chə) *n.* موقع یا موقعیت ویژه
at this j. در این موقع ، در این گیرودار
June (ju:n) *n.* ژوئن : نام ماه ششم
jungle (jʌn'gl) *n.* جنگل
junior (ju':niə) *a.* & *n.* (۱) کهتر ، غیرِ ارشد ،کوچك‌تر ـ پایین رتبه (۲) (شخص) کهتر یا پایین رتبه ـ دانش‌آموز سال سوم دانشکده
juniority (-ɔr'iti) *n.* کهتری، صِغر
ju'niper (-pə) *n.* اردج ، عَرعَر
junk (jʌnk) *n.* خرده ریز ـ آشغال
jun'ket (-kit) *n.* ماستی که به‌آن شیرینی میزنند ـ [در امریکا] گردش و سور دانگی
jun'keting *n.* خوش‌گذرانی ، سور ، مهمانی ـ گردش و سور دانگی
Juno (ju':nou) *n.* ژونو [نام زن ژوپیطر در اساطیر رم]
junta (jʌn'tə) = junto
jun'to (-tou) *n.* دسته بندی سیاسی
Ju'piter (-tə) *n.* برجیس ، مشتری ـ [در اساطیر] ژوپیطر : رئیس خدایان
jural (ju':rəl) *a.* حقوقی ، قانونی
jurid'ical (-kl) *a.* قضایی ـ حقوقی
jurisdiction (juərisdik'shən) *n.* اختیارِ قانونی ـ حق (قضاوت) ـ قلمرو ، حوزه ـ صلاحیت
jurisprudence (-pru':dəns) *n.* علم (تفسیر) قانون ـ رویهٔ قضائی
jurispru'dent *n.* قانون دان
jurist (ju':ə-) *n.* قانون‌دان ـ فقیه
ju'ror (-rə) *n.* عضو هیئت منصفه
jury (ju'əri) *n.* هیئت منصفه
ju'ry-man *n.* عضو هیئت منصفه
just (jʌst) *a.* & *adv.* (۱) عادل، منصف ـ درست ـ منصفانه ـ بجا (۲) بعینه ـ الان ، الساعه ـ تازه ـ جَخت
j. now همین حالا ، اندکی پیش
j. then (درست) همان وقت
Thank you j. the same. بازهم سپاسگزارم
jus'tice (-tis) *n.* عدالت ، انصاف
court of j. دادگاه
Ministry of J. وزارت دادگستری
J. of the Peace رئیس دادگاه بخش ، امین صلح
jus'tifiable (-faiəbl) *a.* قابل تصدیق ، توجیه بردار ، موجه ـ بمورد
justification (-kei'shən) *n.* مجوّز ـ توجیه ـ تصدیق ـ درستی ، حقانیت
in j. of his action برای توجیه (یا اثبات درستی) کار او
jus'tificatory (-keitəri) *a.* توجیه آمیز ، مثبت ، مؤید
justify (jʌs'tifai) *vt.* بمورد دانستن ـ تصدیق کردن ، حق دادن (به) ، بمورد دانستن ، توجیه کردن ـ تبرئه کردن
just'ly *adv.* حقاً ، انصافاً ـ با استحقاق ، بحق ـ درست ، بدرستی
just'ness *n.* درستی ، حقانیت
jut (jʌt) *n.* & *vi.* [-ted] (۱) پیش رفتگی ، پیش آمدگی (۲) پیش رفتن ، پیشرفتگی داشتن ، جلو رفتن
jute (ju:t) *n.* چتائی
juvenescence (ju:vənes'əns) *n.* جوانی ، تازگی

juvenes'cent *a.* جوان شونده
juvenile (*ju':vənail*) *a.*
جوان - درخور جوانی - جوان نما
juvenil'ity *n.* جوانی - جوانان

juxtapose (*jʌkstəpouz'*) *vt.*
پهلوی هم گذاشتن
juxtaposition (*-zish'ən*) *n.*
بهم نزدیك سازی- الحاق

Kk

kaiser (*kaizə*) *n.* قیصر
kale (*keil*) *n.* جنس کلم - یکجور
کلم پیچ- آبگوشت کلم ، آبگوشت سبزی
kangaroo (*-gəru':*) *n.* کانگورو
{لفظ فرانسه}
kaolin (*kei'əlin*) *n.* خاك چینی
kartell' = **cartel**
kedge (*kej*) *n.* & *vt.* (۱) لنگر
سبك (۲) جهت (کشتی) را تغییر دادن
keel (*ki:l*) *n.* & *v.* (۱) تیر ته
کشتی، حمال کشتی (۲) وارونه کردن یا شدن
keen (*ki:n*) *a.* تیز - پرزور ، سخت،
شدید - حساس - تلخ - زیرك - مشتاق
k. on going مشتاق رفتن
k. on football مایل به فوتبال
k. interest علاقه شدید
keen (") *n.* & *v.* (۱) نوحه -
سوگواری (۲) (برای کسی) نوحه خواندن
keen'ly *adv.* زیرکانه - بااشتیاق -
بطور حساس یا تند
keen'ness *n.* تیزی- تندی- زیرکی-
حساسیت - شدت - آرزومندی ، اشتیاق
keen'-set *a.* مشتاق ، گرسنه
keen'-sighted *a.* تیزبین
keep (*ki:p*) *vt.* & *vi.* {**kept**}
& *n.* (۱) نگاه داشتن ، محافظت
کردن- ادامه دادن - (برای فروش) موجود
داشتن - توقیف کردن - مانع شدن - پنهان
داشتن- پیش گرفتن {**k. one's way**} -
مضایقه کردن - نشاندن : بطور صیغه نگاه
داشتن (۲) ماندن - خراب نشدن - احتراز
کردن- دایر بودن - مداومت یا با فشاری
کردن (۳) قوت ، خوراك - علیق - گیره

K. at it. ول نکنید ، مداومت کنید
k. away دور کردن - مانع
(از آمدن) شدن - دور شدن (یا ماندن) -
خودداری کردن
k. back دفع کردن - مانع شدن -[در
صیغه امر] جلو نیائید ، نزدیك نشوید
k. books دفترداری کردن
k. cold دست پاچه نشدن
K. down! بلند نشوید، بنشینید، بخوابید!
k. early (*or* **good**) **hours**
زود خوابیدن و زود برخاستن
k. late (*or* **bad**) **hours**
دیر خوابیدن و دیر برخاستن
k. in درخانه ماندن - توقیف کردن -
جلوگیری کردن از - روشن نگاه
داشتن - میانه خوب داشتن
k. house خانه داری کردن -
در خانه ماندن
k. off دور داشتن - دوری کردن
k. on ادامه دادن - بازهم نگاه داشتن
He kept on speaking.
هی حرف (می)زد
K. on until you get to . . .
همینطور بروید تا به . . . برسید
k. on at a person کسیرا باسرزنش
یا تقاضاهای پی‌درپی بستوه آوردن
k. one's hair on {**Sl.**} دست پاچه
نشدن ، خون سرد بودن
k. one's head خون سرد بودن
k. shop دکان‌داری کردن
k. to رعایت کردن - وفا کردن به
k. to one's word سر قول
خود ایستادن ، بقول خود وفا کردن

K. to the right. دست‌راست‌بروید
k. up خوب نگاه داشتن - خودداری کردن ، تحمل کردن
k. up appearances ظاهر خود را حفظ کردن ، صورت خود را بسیلی سرخ نگاه داشتن
k. up with some one باکسی برابر بودن (باشدن)
k. up with the times موافق اوضاع و آداب روز رفتار کردن
for keeps [Sl.] برای نگهداری همیشگی ، بعنوان یادگار
keeper (*ki':pə*) *n.* نگهدارنده ، [درترکیب] دار ، بان [چنانکه در bookkeeper دفتردار]
kee'ping *n.* نگهداری ، حفاظت عهده - قوت ، خوراك - سازش ، موافقت
in my k. درحفاظت من
in safe k. در جای امن
That woman was in k. آن‌زن را نشانده بودند
in k. with موافقِ
out of k. ناجور ، ناموافق
keep'sake *n.* یادگار(ی)
for a k. بطوریادگار ، بعنوان یادگار
keg *n.* چلیك ده گالنی یا کمتر
ken *n.* نظر - بینش ، بصیرت - دید
in k. درچشم رس - در حدود دانش
out of k. دور از چشم رس - بیرون از حدود دانش یا آگاهی
kennel (*ken'əl*) *n.*, *vi.*, & *vt.* (۱) لانهٔ سگ یا روباه (۲) در لانه زندگی کردن (۳) در لانه کردن
kept [*p.* & *pp.* of keep]
kept *ppa.* نگاه داشته - نشانده
kerb (*kə:b*) *n.* جدوَل ، حاشیهٔ پیاده‌رو
kerb'side (*-said*) *n.* کنار جاده
kerchief (*kə':chif*) *n.* روسری ، دستمالِ روی سر
kernel (*kə':nəl*) *n.* هسته ، مغز هسته - تخم
ker'osene (*-sin:*) *n.* نفت چراغ
kerseymere (*kə':zimiə*) *n.* پارچهٔ کشمیری - قسمی صوف
kes'trel (*-trəl*) *n.* نوعی بازِ کوچك ، چرخ
ketch (*kech*) *n.* کرجی دو دکلی
ketchup (*kech'əp*) *n.* سسِ گوجه فرنگی یا قارچ [''سس'' فرانسه است]
kettle (*ket'l*) *n.* کتری ، قوری - دیگچه
a pretty k. of fish وضع ناجور
ket'tle-drum *n.* دهل ، نقاره
key (*ki:*) *n.* کلید - آچار - [مو] مایه ، دانگ - مضرابِ پیانو و مانند آن - پیچ یا گوشك ساز
the k. to . . . راه حلِّ . . .
k. up (*vt.*) تحریك کَردن - کوك کردن
keyboard (*ki':bɔd*) *n.* ردیفِ مضرابِ پیانو - ردیف حروف
key'hole *n.* جا کلید
key'-map *n.* نقشهٔ راهنما
key'-note *n.* [مو] معرّف مایه - [مج] اصل مهم
key'stone *n.* سنگ سرِ طاق ، سنگ میان طاق - [مج] اساس ، مدار
kg. = kilogramme
khaki (*kah'-*) *a.* & *n.* (۱) خاکی یا ماشی رنگ (۲) پارچه ارتشی
kick *n.* & *v.* (۱) لگد - کیف ، [در نوشابه] گیرندگی (۲) لگد زدن - (توپ) زدن - اعتراض کردن (به) ، ناراضی بودن (از)
a good k. توپ زن خوب
He got the k. [Sl.] [با تیپا] بیرونش کردند
more kicks than halfpence مجازات بیش ازانعام ، نیش بیش از نوش
kick off توپ فوتبال‌را ازوسط میدان زدن و بازی را از نو آغاز کردن

k. one's heels بیهوده منتظر ایستادن
k. up a row آشوب راه انداختن
kick'er *n.* لگد زن - اسب لگد زن
kid *n.* بزغاله - پوست بزغاله ، شورو [لفظ فرانسه] - [د.ک.] بچه ، کوچولو
kiddy (*kid'i*) *n.* [Col.] بچه
kid'-glove (*-glʌv*) *a.* از لای زرورق بیرون آمده - ملایم
kid'nap *vt.* ربودن یادزدیدن (بچه‌ها)
kid'napper (*-napə*) *n.* بچه دزد
kid'ney (*-ni*) *n.* گرده ، کلیه - قلوه ، [مج] مزاج - خوی - جنس
k.-bean لوبیا (قرمز)
kill *vt.* & *vi.* (۱) کشتن ، بقتل رساندن - ردکردن - بی‌اثر یاخنثی کردن (۲) گوشت خوب داشتن (یا دادن)
k. off از بین بردن
k. two birds with one stone با یك تیر دو نشان زدن
k. time وقت را بنوعی گذراندن
killer (*kil'ə*) *n.* کشنده - [در ترکیب] کش
kiln *n.* کوره
kil'o [مختصر kilogramme]
kil'ogram(me) *n.* کیلوگرم
kil'ometre; -ter (*-mi:tə*) *n.* کیلومتر
kil'owatt (*-wɔt*) *n.* کیلوات
kilt *n.* دامن مردانه
kimono (*-mou'nou*) *n.* کیمونو
kin *n.* & *a.* (۱) خویش، خویشاوند- خویشی (۲) منسوب
k. to me خویش من ، وابسته بمن
next of k. نزدیکترین خویشاوند ، وارث
kind (*kaind*) *n.* نوع ، قسم
What k. of a bird is this? این چه قسم پرنده ایست ؟
of a different k. نوعی دیگر
nothing of the k. ابداً ، چنین چیزی نیست
human k. نوع بشر ، جنس آدمی
in k. جنساً - عیناً
taxes in k. مالیات جنسی
kind (,,) *a.* مهربان - شفقت آمیز
Will you be k. enough (or so k. as) to . . . خواهش دارم لطفاً . . .
This is very k. of you. عین مرحمت است ، خیلی التفات کردید
kin'dergarten (*-dəga:tn* -گاتن) *n.* کودکستان
kind'-hearted *a.* خوش قلب
kin'dle *vt.* & *vi.* (۱)روشن کردن- بر افروختن ، بهیجان آوردن (۲) روشن شدن - به هیجان آمدن
kin'dling *n.* چوب سفید ، بته ،گیرانك
kindly (*kaind'li*) *adv.* & *a.* (۱) لطفاً - از روی محبت (۲) مهربان ، لطیف - شفقت آمیز - رؤف
kind'ness *n.* مهربانی ، محبت
kin'dred (*-drid*) *n.* & *a.* (۱) خویشی ، وابستگی - خویشاوندان (۲) منسوب - متشابه ، مربوط
kine [جمع قدیمی cow]
kinet'ic (*kai-* ; *-ki-*) *a.* جنبشی
kinet'ics *n.* علم جنبش و نیرو
king *n.* پادشاه - [در بازی] شاه
K. of Terrors = death
king'dom (*-dəm*) *n.* پادشاهی ، سلطنت - [در تاریخ طبیعی] مولود
the United K. برطانیا و ایرلند (شمالی) [مختصر آن U. K. است]
gone to k. come [Col.] برحمت ایزدی پیوسته ، مرده
king'fisher (*-shə*) *n.* ماهی خورك
king'ly (*-li*) *a.* شاهانه ، ملوکانه
kink *n.*, *vi.*, & *vt.* (۱) پیچ ، تاب ،گره - [مج] وسواس (۲) گره افتادن (۳) پیچدار کردن
kin'ky *a.* تاب‌دار ،گره‌دار

kinsfolk (*kinz'fouk*) *n.* بستگان

kin'ship *n.* خویشاوندی ، نسبت

kins'man (*-mən*) *n.* {-men}
خویشاوند نزدیك

kinswoman (*kinz'wumən*) *n.*
{-women (*wimen*)}
{kinsman مؤنث}

kiosk' *n.* ساختمان کوچك برای فروش
روزنامه یا ایستادن دسته موزیك

kipper (*kip'ə*) *n.* ماهی دودی
یا خشکانده

kirk (*kə:k*) *n.* کلیسا ، کلیسا
{کلمهٔ اسکاتلندی}

kiss & *vt.* (۱) بوسه ، ماچ
(۲) بوسیدن ، بوسه زدن ، ماچ کردن

She gave me a k. مرا بوسید

k. the dust (بخواری) کشته شدن

k. the rod به تنبیه تن در دادن

kit *n.* {kitten کوتاه شدهٔ کلمه}

kit *n.* لاوك - تغار - ستل -
کوله پشتی - اسباب کار - دارو دسته

kitchen (*kich'in*) *n.* آشپزخانه

k.-garden (باغچه) سبزیکاری

kite (*kait*) *n.* بادبادك - گوشت‌ربا ،
زغن - آدم درنده خو یا طفیلی یا دغلباز

kith (*n.*) **and kin** کس وکار

kitten (*kitn*) *n.* بچه گربه

kitty (*kit'i*) *n.* بچه گربه ، پیشی

klaxon (*klak's'n*) *n.*
بوق الکتریکی پر صدا

kleptomania *n.* (*-toumei'niə*)
n. جنون دزدی

kleptoma'niac *n.* کسیکه جنون
دزدی دارد ، دزد بالفطره

km. {kilometre مختصر}

knack (*nak*) *n.* لم ، بند ، فن ،
مهارت ، فوت کاسه گری - سلیقه

knag (*nag*) *n.* ته شاخه ، گره چوب

knapsack (*nap'sak*) *n.*
کوله پشتی ، توشه‌دان ، کوله بار ،
دوش تبره ، چنته ، پشت واره

knave (*neiv*) *n.* آدم رذل
یا بی‌شرف ، متقلب - {در ورق} سرباز

knavery (*nei'vəri*) *n.* دغل بازی،
بی‌شرفی - رفتار یا کردار پست

kna'vish *a.* فرومایه ، پست فطرت -
فریب‌آمیز - بی‌شرفانه

kna'vishly *adv.* بی‌شرفانه

knead (*ni:d*) *vt.* خمیر کردن ،
ورزیدن ، سرشتن - مشت ومال دادن

knee (*ni:*) *n.* زانو - {در صنایع}
زانو یا زانویی - بیچ

give a k. to پشتی یا تأیید کردن

on one's knees زانو زنان :
(۱) نمازکنان (۲) لابه‌کنان

bring a person to his knees
کسیرا بزانو درآوردن

Down on your knees !
زانو بزنید

knee'-breeches (*-brichiz*) *npl.*
نیم شلواری

knee'-cap *n.* کاسهٔ زانو - زانو پوش

knee'-deep *a.* گود تا سر زانو

knee'-high *a.* بلند تا سر زانو

kneel (*ni:l*) *vi.* {-knelt}
زانو زدن {معمولاً با down}

knell (*nel*) *n.*, *vi.*, & *vt.*
(۱) صدای زنگ، ناقوس (مرگ) - {مج}
خبر بد (۲) صدای غم انگیز دادن (۳) با
صدای ناقوس آگاهی دادن - با صدای
غم‌انگیز اخطار کردن

knelt (*nelt*) {*p.* & *pp.* of
kneel}

knew (*niu:*) {*p.* of know}

knickerbockers (*nik'əbɔkəz*)
npl. نیم‌شلواری گشاد که درسر زانو
جمع میشود {مختصر آن knickers است}

knickers (*nik'əz*) *npl.*
(۱) knickerbockers (۲) تنکه

knick-knack (*nik'nak*) *n.* چیز
قشنگ وکم بها ، چیز نادان فریب

knife (*naif*) *n.* {knives} & *vt.*

(۱) چاقو ـ کارد ـ {در ماشین} تیغه
(۲) چاقو زدن ـ با چاقو بریدن
war to the k. جنگ سخت یاخونین
get one's k. into a person حمله و انتقاد سخت بکسی کردن
before you can say k. خیلی زود، فوراً ، برقی ـ ناگهان

knight (*nait*)*n.* شوالیه {فرانسه} ، سلحشور ـ لقبی که به پاداش خدمت گزاری بپادشاه یاکشور یا بواسطهٔ ابراز شایستگی بکسی داده میشد ـ {درشطرنج} اسب

knight-er'rant *n.* {**knights-**} شوالیهٔ دربدر یا مخاطره جو

knight'hood *n.* سِمت شوالیه ـ گروه سلحشوران و شوالیه ها

knight'ly *a*(*dv.*) شوالیه‌وار ـ سلحشور وار

knit (*nit*) *vt.* {**knitted** *or* **knit**} بافتن ـ درهم کشیدن (ابرو) ـ چسباندن ـ بهم پیوستن
k. up بوسیله بافتن تعمیر کردن ـ {مج} بپایان رساندن ،خاتمه دادن ، سرش را بهم آوردن
hand-k. دست بافت
well-k. خوش بافت ـ خوش ترکیب

knit'ted {*p.* & *pp. of* **knit**}
k. work کش باف

knitter (*nit'ə*)*n.* بافنده ، کش باف ، جولاه ـ ماشینِ کش بافی

knit'ting *n.* کش‌بافی، جوراب بافی، بافندگی ـکش باف : چیزِ بافته

knit'ting-needle *n.* میلِ جوراب بافی ـ میل کش بافی

knives {*pl. of* **knife**}

knob (*nɔb*) *n.* دستگیرهٔ گرد ـقبه ، قپه ـ دکمه ـ برآمدگی، قوز ـگره ـپشته، تپهٔ گرد ـ تیکه ـ {ز.ع} کله ، سر

knobbed (*nɔbd*) *a.* قپه‌دار ـ متورم ـ قوزدار ـ دستگیره‌دار

knock (*nɔk*) *vi.*, *vt.*, & *n.* (۱) زدن ،کوبیدن ،کوفتن- تصادم کردن ـ تغ تغ کردن ـ بدگویی یا عیبجویی کردن {اصطلاح امریکائی}ـ (۲) زدن ، کوبیدن- در آوردن ـ {د.ک} متعجب کردن (۳) صدای در ، دق‌الباب ـ ضربت ـ تغ تغ ـ {د.ک} عیبجوئی
k. about ول گشتن ، دربدر بودن ـ این طرف و آن طرف انداختن
k. against خوردن به ، زدن به
k. at a door در زدن ، درکوفتن
k. down بزمین زدن ـ از پا در آوردن ـ خراب کردن ـ { در هراج } چوب (چیز یرا) برای کسی زدن ـ پائین آوردن(بها)ـ بدادن تخفیف مجبور کردن- قطعه قطعه کردن (محموله)
k. in فرو کردن {با ضربه}
k. on the head خنثی کردن : باطل کردن ، نقش برآب ساختن
k. one on the head مشت بر کله کسی زدن
k. off کسر کردن ، زدن ـ تعطیل کردن ـ بعجله تمام کردن یانوشتن
k. the dust off one's coat گرد لباس کسیرا گرفتن
k. out {دربوکس} با مشت یابوکس از پا درآوردن ،ناکار کردن { ''ناکار،، شاید تحریف همین اصطلاح انگلیسی است}ـ {مج} شکست دادن ـ خالی کردن (پیپ و مانند آن)
k. together بهم خوردن ـ بهم زدن ـ بهم چسباندن
k. up بالا زدن ـ با کوبیدن در بیدار کردن ـ خسته کردن ، ازپادر آوردن- سرهم بندی کردن ، بعجله حاضر کردن

knock'-about *a.* پرصدا ، شلوق ـ با دوام ، شلاق خور ـ متضمن زدو خورد

knock'-down *a.* بزمین زننده ـگیج کننده ـ دندان‌شکن- حداقل {دربها}

knocker (*nɔk'ə*) *n.* چکشِ در

knock'-kneed *a.* دُچارِ پیچ خوردگی زانو

knock'-out *a.* & *n.* (ضربه)قطعی

{knock out رجوع شود به}
knoll (*noul* ; *nɔl*) *n.* تپهٔ کوچك
knot (*nɔt*) *n.*, *vt.*, & *vi.*
(۱) گره ـ غده ـ چیز سفت یا {-ted}
غلنبه ـ {مج} عقده ، مشکل ، نکتهٔ عمده ـ
منگله ـ دسته ، گروه ـ میل دریایی {۶۰۸۰
پا} ـ (۲) گره زدن ، بستن ـ چین دادن
(۳) گره خوردن
tie a k. گره زدن یا بستن
sword-k. شرّابهٔ شمشیر
knot'ted *ppa.* گره‌دار ـ پیچیده
knotty (*nɔt'i*) *a.* پر گره ،
گره دار ـ {مج} پیچیده ، بسته ، دشوار
knout (*naut*) *n.* شلاق ، قنوط
{ اقتباس شده از لفظ روسی }
know (*nou*) *v.* {knew (*niu:*) ;
known (*noun*) } آگاهی ، دانستن
داشتن (از) ـ ملتفت بودن ـ بلد بودن ـ
شناختن ـ {با of} سراغ داشتن
I k. his house. خانهٔ او را بلدم
k. by heart ازبر بودن ، از بر
داشتن ، از حفظ دانستن (یاداشتن)
k. for certain یقین داشتن
come to k. آگاهی یافتن
let k. آگاه کردن ، خبر دادن به
I k. him. او را می‌شناسم
k. about اطلاع داشتن از
as far as I k. تا آنجاکه من میدانم
He is in the k.(*n.*) {Col.}
سرش توی کار است ، اطلاع ویژه دارد
little knowing that
غافل از اینکه
He knew that او میدانست که
Had I known اگر میدانستم
make known شناسانیدن ،
معرفی کردن
known by all معروفِ همه
known to the police دارای
(سوء) سابقه در شهربانی

known as معروف به
Be it known مخفی نماند ، دانسته باد
know'ing *apa.* فهمیده ـ هوشیار ،
{a k. look} زیرك ـ زیرکانه
know'ingly *adv.* عمداً ـ زیرکانه
knowledge (*nɔl'ij*) *n.* دانش ،
معرفت ، علم ـ خبر ، اطلاع ـ شناسایی
the k. that دانستن اینکه
to (the best of) my k. آنچه
من میدانم ، در حدود اطلاع من
It came to my k. that
من آگاهی یافتم که
knowledgeble (*nɔl'ijəbl*) *a.*
با اطلاع ، بصیر
known {*pp.* of know & *ppa.*}
(۱) دانسته ـ شناخته (۲) معلوم { ضد
مجهول } معروف ، مشهور ـ { زیر
know نیز آمده است}
the k. (*n.*) and the unknown
معلوم و مجهول
knuckle (*nʌk'l*) *n.* بند انگشت ـ
برآمدگی در بند انگشت
k. (*vi.*) down to work بکار
چسبیدن ، بکار جدی پرداختن
k. under (*or* down) to some
one تسلیم کسی شدن
knuc'kle-duster (*-dʌstə*) *n.*
بوکس برنجی
kodak (*kou'-*) *n.* قسمی دوربین
عکاسی کوچك
kohlrabi (*koulra':bi* ‎(-رابی) *n.*
کلم قمری
Korean (*-ri'ən*) *a.* منسوب به
جزیرهٔ کره (Korea)
kotow (*koutau'*) *vi.*
بسبك چینی ها سجود کردن
Kt. {مختصرِ Knight}
kudos (*kiu':dɔs*) *n.* اعتبار، احترام

L l

label (*lei'bəl*) *n.* & *vt.* (۱) برچسب (۲) برچسب زدن (به) - نشان کردن -[مج] درزمرهٔ . . . قرار دادن ، طبقه بندی کردن - کنیه دادن ، نامیدن

la'bial (*-əl*) *a.* لبی ، شفهی

labor [املای امریکائی **labour**]

laborato'rial *a.* آزمایشگاهی

laboratory (*ləbɔr'ətəri* ; *lab'-ərətri*) *n.* آزمایشگاه ، لابراتوار

laborious (*ləbɔ'riəs*) *a.* زحمت کش ، ساعی - پرزحمت ، دشوار - حاکی از تکلف یا رنج

labour (*lei'bə*) *n.*, *vi.*, & *vt.* (۱) کار - زحمت - (درد) زاییمان - کارگر(ان) (۲) زحمت کشیدن ، سخت کار کردن - گرفتارشدن - درد بردن - کند حرکت کردن (۳) بزحمت ساختن - مفصلاً بحث کردن

in l. در حال زاییمان ، سَرِ زا

l. office اداره کارگزینی

l. party حزب کارگر

l. union اتحادیه کارگران

He was labouring under that mistake. آن اشتباه برایش اسباب زحمت شده بود

labouring man کارگر

la'bourer (*-rə*) *n.* عمله ، کارگر

laburnum (*ləbə':nəm*) *n.* قصاصِ

labyrinth (*lab'ə-* ; *lab'i*) *n.* جای برپیچ وخم ، ماز - بلکانِ مارپیچ - بطن پیچیدهٔ گوش - [مج] پیچیدگی - چیز بغرنج

labyrin'thine (*-thain*) *a.* پیچاپیچ - بغرنج ، پیچیده ، سربگم

lac ; **lakh** (*lak*) *n.* [*Hindu*] لك :صد هزار (روپیه)

lace (*leis*) *n.* & *vt.* (۱) بند کفش - تور ، توری - یراق (۲) بستن - توری یا حاشیه گذاشتن - با یراق آراستن

laced *ppa.* بندی ، بنددار- شبکه‌دار - توری‌دار - راه راه ، طوقی - یراق‌دار

lacerate (*las'əreit*) *vt.* پاره کردن، دریدن - [مج] جریحه‌دار کردن

lacera'tion *n.* عملِ پاره کردن یا دریدن - دریدگی- زخم ، ریش - آزردگی

lachrymal (*lak'riməl*) *a.* اشکی - ویژهٔ اشك - اشك‌آور

l. gland غدهٔ اشك

lach'rymose (*-mous*) *a.* گریه کن

lack (*lak*) *n.*, *vt.*, & *vi.* (۱) عدم ،فقدان - نیازمندی (۲) نداشتن، فاقد بودن - کم داشتن (۳) [تنها بصورت وجه وصفی با **ing**] کم بودن - نبودن - نیازمند بودن ، [با **in**] نداشتن

l. of money بی‌پولی

for l. of shoes از بی کفشی

in l. of محتاج به ، فاقدِ

It lacks one finger. یك انگشت ندارد ، یك انگشت کم دارد

Money was lacking. پول نبود

He is lacking in courage. جرأت ندارد ،کم جرأت است

lackadaisical (*lakədei'zikəl*) *a.* نازدار - بیحال - بیحال نما

lackey (*lak'i*) *n.* نوکر ، پادو ، فراش ، چاکر - رجاله - چاپلوس

lack'-lustre (*-lʌstə*) *a.* بی‌نور

laconic (*ləkɔn'ik*) *a.* کوتاه ، موجز ، لبّ ـ کوته نویس ،کم گو
lacon'ically *adv.* بطور موجز
lacon'icism or **lac'onism** (*lak'ənizm*) *n.* ایجاز ـ سخن پرمغز
lacquer (*lak'ə*) *n.* & *vt.* (۱) لاك الكل ـ جلا (۲) لاك الكل زدن
lacquey (*lak'i*) = **lackey**
lacrosse (*lah:krɔs'*) *n.* لکراس : قسمی توپ بازی [در کانادا]
lac'tic *a.* شیری ، مربوط به شیر
l. acid : اسید لکتیك [لفظ فرانسه] جوهر شیر
lacuna (*ləkiu':nə*) *n.* [-næ (*ni:*)] شکاف ، فضا ، جای تهی ـ گودی ـ [مج] نقیصه
lacy (*lei'si*) *a.* تور مانند ، شبکه‌ای
lad *n.* جوانك ، پسر بچه
ladder (*lad'ə*) *n.* نردبان ـ در رفتگی در جوراب
laddie (*lad'i*) = **lad**
lade (*leid*) *vt.* [**laded; laden** (*-dn*)] بارکردن ، درکشتی نهادن
l. a ship with cotton پنبه بارکشتی کردن
l. water out of a tub آب طشتی را خالی کردن (یاکشیدن)
laden with fruit پر بار
laden with sorrow اندوهگین
laden with honours غرق احترامات یا افتخارات
la'ding *n.* عمل بارکردن ـ بارکشتی
bill of l. بارنامهٔ کشتی
la'dle *n.* & *vt.* (۱) ملاقه ، ملعقه ، چمچه ، آب گردان (۲) با ملاقه کشیدن [با **out**]
lady (*lei'di*) *n.* بانو ، خانم ـ معشوقه ـ [با **L**] لقب برخی بانوان در انگلیس [برابر **Lord**]
ladies and gentlemen بانوان وآقایان
lady-in-waiting زنی که خدمتگار شاهزاده خانم یاملکه‌ای باشد ، خادمه
lady's man مردی که مایل به آمیزش با زنان است
lady help بانوی خدمتگار
l. doctor بانو پزشك [بهتر است بجای آن **woman doctor** گفته شود]
la'dybird (*-bə:d*) *n.* کفشدوزك ، پینه دوز [امریکائی ها این حشره را **ladybug** می گویند]
la'dylike *a.* بانووار ، با وقار
la'dylove (*-lʌv*) *n.* معشوقه
la'dyship *n.* بانویی ، خانمی
Your L. بانوی ارجمند ! [بزنی که لقب **Lady** دارد گفته میشود]
la'dy's-maid *n.* خادمه ، کلفت
lag *vi.* [**-ged**] & *n.* (۱) کند رفتن ، لك و لك کردن [با **behind**] ـ (۲) کندی ـ عقب افتادگی ـ درنگ
old l. [**Sl.**] آدم زندان دیده
lag *n.* & *vt.* [**-ged**] (۱) تختهٔ سرپوش ، تبکه‌ای از سر پوش دیگ بخار ـ تختهٔ چلیك (۲) تخته پوش کردن ، سرپوش گذاشتن
lager (*lah'gə*) *n.* یکجور آبجو کم مایه که اصل آن از آلمان است
laggard (*lag'əd*) *n.* آدم تنبل وکند دست
lagoon (*ləgu:n'*) *n.* جای کم عمق در دریا نزدیك بکرانه ، مرداب
la'ic(al) *a.* علمی ، عام ـ غیرروحانی
laid [*p.* & *pp.* of **lay**]
laid'-up *a.* ازکار افتاده ، خوابیده
lain [*pp.* of **lie**]
lair (*lêə*) *n.* لانهٔ جانور درنده
laird (*lêəd*) *n.* ملاك اسکاتلندی
laissez-aller' *n.* [**Fr.**] آزادی ـ بهل بشویی
laissez-faire' *n.* [**Fr.**] عدم مداخلهٔ دولت در کار (بازرگانی) مردم
laissez-passer' *n.* [**Fr.**]

پروانهٔ عبور

laity (*lei'iti*) *n.* —

the l. مردم عامی یا غیر روحانی - کسانیکه وارد علم یا پیشه‌ای نیستند

lake (*leik*) *n.* دریاچه

la'ker (*-kə*) *n.* ماهی دریاچه {بویژه قزل آلایی که از دریاچه ها می گیرند} - کشتی دریاچه رو - کسیکه بدیدن دریاچه های انگلستان میرود

lakh (*lak*) = **lac**

lama (*lah'mə*) *n.* لاما: کشیش بودایی

lamb (*lam*) *n.* & *vi.* (۱) برّه (۲) بره زائیدن

lam'bency *n.* ملایمت {در گفتگوی از نور} - تابندگی ملایم

lam'bent (*-bənt*) *a.* ملایم، بی‌سوزش- با نور ملایم تابنده

lambkin (*lam'kin*) *n.* برّه کوچك

lambskin (*lam'skin*) *n.* پوست بره

lame (*leim*) *a.* & *vt.* (۱) لنگ، شَل - {مج} غیر موجه - {**l. excuse**} - معیوب- سکته دار {**l. verse**} - (۲) لنگ کردن - فلج کردن

He is l. of (*or* in) a leg. یکپای او لنگ یا شل است

a l. duck آدم لنگ و عاجز - کشتی سُکان شکسته - چیز بیمصرف

go l. لنگیدن

lame'ly *adv.* لنگان لنگان - {مج} بطور ناقص - با سکته

lame'ness *n.* لنگی - سکته - نقص

lament' (*lə-*) *v.* سوگواری کردن (برایِ)، عزاداری کردن (برایِ) - اظهار تأسف کردن (برایِ)

They lamented for him (*or* over his death) در مرگ او سوگواری کردند

lam'entable (*-məntəbl*) *a.* رقت‌آور، اسفناك، تأسف‌آور

l. condition حال زار یا رقت‌آور

lamentation (*-tei'shən*) *n.* سوگواری - مرثیه

lam'inate (*-neit*) *vt.* & *vi.* (۱) بشکل تنکه درآوردن، ورقه (ورقه) کردن- روی‌هم قرار دادن (چند ورقه از چیزی) -(۲)ورقه ورقه شدن، تنکه‌شدن

lamp *n.* لامپا، چراغ - لامپ (برق)

lamp'black *n.* دودهٔ لامپا

lam'pion (*-ən*) *n.* چراغ موشی

lamp'light *n.* روشنایی چراغ

lamp'lighter (*-laitə*) *n.* چراغچی، کسیکه‌چراغ های خیابان را روشن میکرد

lampoon (*-pu:n'*) *n.* & *vt.* (۱) هجو (۲) هجو کردن

lamp'-post *n.* تیر چراغ

lam'prey (*-pri*) *n.* قسمی مار ماهی

lamp'-shade (*-sheid*) *n.* حباب، آباژور {لفظ فرانسه}

lance (*la:ns*) *n.* & *vt.* - (۱) نیزه - ضربتِ نیزه (۲) نیزه زدن - نیشتر زدن

lance'-corporal (*-kɔ':pərəl*) *n.* درجه داری که‌کار سرجوخه را میکند ولی حقوق سر بازرا میگیرد

lan'cer (*-sə*) *n.* نیزه‌دار - سر بازسوار

lan'cet (*-sit*) *n.* نشتر، نیشتر

land *n.*, *vt.*, & *vi.* - (۱) زمین - خشکی - سر زمین - ملك (۲) بخشکی آوردن یا انداختن - ساده کردن - بردن (جایزه) - گرفتار کردن - زدن (۳) بخشکی آمدن - پیاده شدن - فرودآمدن

by l. از راه خشکی

I landed him one in the eye. ضربتی بچشمش زدم

lan'dau (*-dɔ:*) *n.* قسمی درشکهٔ اسبی چهارچرخه که پوشش آن دو قسمت دارد

lan'ded *a.* زمینی، ملکی - ملك‌دار

l. property ملك، مستغل

the l. interest ملاکین

land'fall (*-fɔ:l*) *n.* ورود بخشکی (طبق حساب ناخدای کشتی)

land'holder (*-houldə*) *n.* اجاره دار ، مستأجر ـ ملاك

lan'ding *n.* ورود بخشکی ـ فرودگاه ـ باگرد

lan'ding-gear (*-giə*) *n.* ارادهٔ هواپیما

lan'ding-net *n.* دام کیسه ای

land'ing-place *n.* فرودگاه ـ اسکله ـ باگرد

lan'ding-stage *n.* فرودگاه ـ اسکله ، باراندار ـ صفه

land'lady *n.* زن مهمانخانه‌دار ، مدیرهٔ مهمانخانه یا شبانه روزی ، زن میزبان ـ زنِ صاحب ملك ، موجره

land'-locked *a.* محاط درخشکی

land'lord *n.* صاحب ملك ، موجر ـ مالك،ملاك ـ مهمانخانه‌دار، مدیرمهمانخانه یا شبانه روزی

land'lubber (*-lʌbə*) *n.* آدم دریا ندیده

land'mark *n.* نشان مرزی ـ راهنما ـ [مج] واقعه برجسته ـ فصل تاریخی

land'owner (*-ounə*) *n.* ملاك ، صاحب ملك

land'scape (*-skeip*) *n.* دورنما ، چشم انداز

land'slide (*-slaid*) *n.* ریزش (سنگ ازکوه) ـ [مج] تغییر ناگهانی در افکار عمومی

land'slip *n.* ریزش (سنگ‌ازکوه)

landsman (*landz'mən*) *n.* کسیکه زندگی و شغلش در خشکی است

land'ward (*-wəd*) *a(dv).* رو بخشکی

lane (*lein*) *n.* کوچه ـ روگاه‌کشتی

lan'guage (*-gwij*) *n.* زبان ـ کلام ـ تکلم ـ عبارت ، کلمه بندی

bad l. فحش ، حرف بد

lan'guid (*-gwid*) *a.* سست ، بیحال

lan'guish (*-gwish*) *vi.* سست یا بیحال شدن ـ افسرده شدن ـ ضعیف شدن (از غم یا عشق) ، تحلیل رفتن

languishing look نگاه حاکی از بیماری عشق ، چشمان بیمار

lan'guor (*-gə*) *n.* سستی ، ضعف ، فتور ـ خستگی ـ نرمی

lan'guorous (*-gərəs*) *a.* سست ـ خسته ـ سستی آور ـ خستگی آور

lank *a.* لندوك ، دراز و باریك [در مو] صاف و بی موج

lan'ky (*-ki*) *a.* دراز و زشت ، بلند ولاغر ، لندوك

lan'tern (*-tən*) *n.* فانوس ـ لنتر ، چراغ

lan'tern-jawed (*-jɔ:d*) *a.* دارای چانهٔ دراز و صورت‌کشیده و لاغر

lan'yard (*-yəd*) *n.* ریسمان دور گردن ملوانان ـ [درکشتی] بندکوتاه

lap *n.*, *vt.*, & *vi.* [-ped] (۱) دامن ـ نرمهٔ گوش ـ قسمتی از یك چیز که قسمتی ازچیز دیگررا می پوشاند ـ [در مسابقه دو] دور (۲) پیچیدن ـ احاطه کردن ، پوشاندن ـ (در دامن) نوازش کردن ـ روی هم قرار دادن ـ پرداخت کردن (۳) (روی چیزی) قرارگرفتن ، افتادن

The parts l. over each other قسمت ها روی هم می‌افتند

lapped in luxury غرق نعمت

lap *v.* [-ped] & *n.* (۱) با زبان (چیزیرا) آشامیدن ـ سرکشیدن ـ با صدا به (چیزی) خوردن ـ ملپ لپ (چیزیرا) خوردن ـ لمبر زدن ، شلپ شلپ کردن (۲) لپ لپ ، لیس ، لیسه ـ خوردن موج بکنار دریا

lap'-dog *n.* سگِ دامن‌پرورده

lapel' *n.* برگردان (یقه)

lap'ful *n.* آنچه دریك دامن جاگیرد

a. l. of straw یك دامن کاه

lap'is ; **la'pis** *n.* [L.] [lap'ides (*-di:z*)] سنگ

l. infer'nalis سنگِ جهنم

l. lazuli (*-laz'ulai*)

سنگ لاجورد
Lap'lander (*-də*) *or* **Lapp** *n.* اهل Lapland در شمال اسکاندیناوی
lapse (*laps*) *n.* & *vi.* (۱) لغزش، خطا-برگشت- انحراف - ارتداد - مرور {l. of time} - مدت - انقضاء - سلب (۲) افتادن، سقوط کردن ، برگشتن-سلب یا ساقط یا زایل شدن (حق) - باطل شدن -گذشتن ، سپری یا منقضی شدن - از دست رفتن ، منتقل‌شدن - روان شدن
l. from duty ترك وظیفه
His right of ownership lapsed. حق مالکیت از او سلب شد
lap'sus (*-səs*) *n.* {L} لغزش ، سهو
l. cal'ami (*-mai*) سهو قلم
l. lin'guæ (*-gwi:*) لغزش زبان
lap'wing *n.* مرغ زیبا - هدهد
lar'board (*-bəd* -لا) *n.* سمت چپ کشتی {که حالا بجای آن port گویند}
lar'cenous (*-nəs*) *a.* سرقت‌آمیز
larceny (*la':səni* -لا) *n.* دزدی ، سرقت
larch (لاچ) *n.* سیاه کاج ، شربین
lard (لاد) *n.* & *vt.* (۱) روغن‌خوك (۲)چربی خوك لای (گوشت) گذاشتن
larded with Arabic words آمیخته با لغات عربی ، پر از لغات عربی
larder (*la':də* لادِ) *n.* - دولابچه خوراك خانه {بی‌اضافه خوانده شود}
large (*la:j* لاج) *a.* & *adv.* (۱) بزرگ - درشت - { a l. apple } زیاد- وسیع-آزاد(ه)- بلند{l. views} (۲) با لاف و گزاف {talk l.}
to a l. extent تاحد زیادی
at l. آزادانه - بتفصیل - بطور کلی {large در این اصطلاح اسم شده است}
by and l. روی همرفته ، با در نظرگرفتن همه جهات
gentleman at l. بیکارالدوله
large'-hearted *a.* بخشنده - نظربلند
large'ly *adv.* تا درجهٔ زیادی ، بیشتر- آزادانه - سخاوتمندانه
lar'gen (*-jn*) *v.* {Poet.} بزرگ کردن یا شدن
large'ness *n.* بزرگی - درشتی
large'-sized *a.* بزرگ
largess(e) (*la':jes* -لا) *n.* {Arch} بخشش ، بخشندگی
lark (*la:k* لاك) *n.* & *vi.* (۱) چکاوك ، غزلاغ - شوخی ، تفریح (۲) خوشی یاشوخی کردن
larks'pur (*-pə*) *n.* گل‌زبان درقفا
lar'va (*la':və* -لا) *n.* {-væ *vi:*} کرم حشره
lar'val (*-vəl*) *a.* دارای حالت کرم
in a l. state در حالت کرمی
laryn'geal (*-jiəl*) *a.* مربوط به خشك نای یا حنجره
laryngi'tis *n.* التهاب حنجره
larynx (*lar'inks*) *n.* {laryn'ges {*-ji:z*}} خشك نای ، خرخره ، حنجر(ه) ، حلقوم
lasciv'ious (*ləsiv'iəs*) *a.* شهوانی ، هرزه - شهوت انگیز
lash *n.*, *vt.*, & *vi.* (۱) شلاق (بویژه قسمت نرم آن) - ضربه (شلاق) - مژگان - {مج} زخم زبان (۲) زدن (با شلاق) - خوردن به - سرزنش کردن ، زخم زبان زدن (به) - بستن (باتسمه یاریسمان)- تکان دادن (دُم) - (۳) خوردن - لگد براندن {با out}
sentenced to the l. محکوم به (خوردن) شلاق
l. into a fury خشمگین کردن
lash'ing *n.* شلاق زنی - سرزنش
lash'ings *npl.* {Col.} مقدار زیاد
lass('ie) *n.* دختر ، زن جوان
las'situde (*-tiu:d*) *n.* سستی-بیمیلی
lasso (*las'ou*) *n.* { (e)s } کمند ، خفت
lasso (*las'ou*) *vt.* { -ed } با کمند گرفتن

last (*la:st*) *a.*, *adv.*, & *n.* (۱) آخر ، آخرین - گذشته {l. week} - اخیر (۲) از آخرِ همه - آخرین بار (۳) آخرین شخص - دم آخر
l. night دیشب ، شب گذشته
l. month ماه گذشته ، آن ماه
l. year پارسال ، سال گذشته
the l. but one یکی به آخر مانده
breathe one's l. نفس آخر را کشیدن ، مردن
at l. بالاخره ، سرانجام ، آخرالامر
l.-mentioned اخیرالذکر

last ('') *vi.* طول کشیدن - دوام داشتن ، دوام کردن - (خوب) کار کردن - زیستن :: بس بودن ، کفایت کردن

last ('') *n.* & *vt.* - (۱) قالب (کفش) (۲) قالب کردن
Stick to your l. برشتهٔ خود بچسبید ، پا از حد خود بیرون نگذارید

las'ting *apa.* با دوام ، ماندنی

last'ly *adv.* بالاخره ، در پایان

Lat. {مختصرِ Latin}

latch (*lach*) *n.* & *vt.* (۱) تملیك ، چفتِ درِ حیاط - قفل یاکشو فنری ، چفت فنری (۲) چفت کردن ، تملیك (در) را انداختن
leave the door on the l. تملیك در را انداختن ، درِ خانه را چفت کردن

latch'-key *n.* کلید درِ خانه

late (*leit*) *adv.* & *a.* (۱) دیر {arrive l.} - تا دیرگاه ، زیاد (۲) دیر - دیرآینده - دیررس ، عقب - اخیر - مرحوم ، متوفی - بعدی
It is l. دیر شد(ه است)
be l. دیر آمدن - دیر کردن
I was l. دیر کردم ، دیرم شد
It is too l. دیر شده است ، کار از کار گذشته است
l. dinner شام
your l. father مرحوم پدرتان
the l. prime minister نخست وزیر سابق (یا مستعفی)
of l. در این روز ها ، اخیراً
later on (۱) بعد ها {بیشتر با on گفته میشود} - (۲) دیرتر
latest جدید ترین
sooner or later دیر یا زود
on Monday at the latest منتها تا دو شنبه

late'ly *adv.* بتازگی ، اخیراً

late'ness *n.* دیری ، دیر شدگی

la'tent (*-tənt*) *a.* پنهان ، نهان

later {زیر late نوشته شده است}

lateral (*lat'ərəl*) *a.* پهلویی ، ضلعی - افقی

lat'erally *adv.* از پهلو - یك بری

latest {زیر late نوشته شده است}

latex (*lei'teks*) *n.* شیرِ گیاهی - لاستیك خام

lath *n.* {laths (لظز)} توفال ، تخته

lathe (*leith* (لیظ)) *n.* & *vt.* (۱) چرخِ تراش ، دستگاه خراطی (۲) تراش دادن ، خراطی کردن

lath'er (*-ə* (لظِ)) *n.*, *vt.*, & *vi.* (۱) کفِ صابون - عرق اسب (۲) صابون زدن (۳) کف کردن

Lat'in *a.* & *n.* لاتینی - لاتین

latitude (*-tiu:d*) *n.* عرض یا پهنای جغرافیایی - {در جمع} نواحی - {مج} رهایی ازقیود ، آزادی در تفسیر و تعبیر - بی قیدی ، سهل انگاری

latitu'dinal (*-nəl*) *a.* واقع در پهنای جغرافیایی ، عرضی

latitudinarian (*-nê'ərian*) *n.* & *a.* (کسی) که درمسائل دینی و تعبیرات اصول مربوطه سخت نمی گیرد

latrine (*lətri:n'*) *n.* مستراح {درسربازخانه ها و بیمارستان‌ها}

latter (*lat'ə*) *a.* آخر ، آخری ، عقب تر - دومی ، این (یك) ، اخیرالذکر

l. half نیمه دوم
The former is a merchant, the l. a teacher. (ازآن‌دونفر) اولی بازرگان و دومی آموزگار است ، آن (یك) بازرگان و این (یك) آموزگار است
lat'terly *adv.* این روز ها ، اخیراً
lattice (*lat'is*) *n.* شبکه
lat'tice-window *n.* پنجرهٔ مشبك
lat'ticed *a.* شبکه‌دار ، مشبك
laud (*lɔ:d*) *n.* ستایش ، حمد خدا
laudable (*lɔ':dəbl*) *a.* ستوده ، پسندیده ، قابل تمجید
lau'dably *adv.* بطور قابل ستایش
laudanum (*lɔd'nəm*) *n.* لُدانُم
laugh (*lahf*) *vi.*, *vt.*, & *n.* (۱) خندیدن ، خنده کردن (۲) با خنده ادا کردن (۳) خنده
l. at something بچیزی خندیدن یا لبخند زدن - چیزیرا استهزا کردن
l. away با خنده گذراندن - با خنده و استهزا کنار گذاشتن
l. down با خنده از رو بردن
l. in one's sleeve زیرلب‌خندیدن
l. on the other *or* (wrong) side of the mouth از حالت خوشی بحالت گریه درآمدن
l. off با خنده دور کردن
l. one out of a habit با استهزا عادتی را از سر کسی بیرون کردن
break into a l. زیر خنده زدن
get the l. of a person خنده و مسخره را تحویل خود مسخره‌کننده دادن
join in the l. در خندهٔ دیگران شرکت کردن، خودرا ازتنگ‌وتا نینداختن
laughable (*lahf'əbl*) *a.* خنده‌دار
laugh'ing *n.* & *apa.* (۱) خنده ، خندیدن (۲) خنده‌کن - خنده آور
(This is) no l. matter. خنده ندارد - شوخی نیست ، جدّی است
laugh'ing-gas *n.* گاز خنده‌آور
laugh'ing-stock *n.* مایهٔ خنده ، موضوع خنده ، مضحکه ، مسخره
laughter (*lahf'tə*) *n.* خنده
burst into a l. زیر خنده زدن
launch (*lɔ:nch'*; *lahnch'*) *vt.*, *vi.*, & *n.*- (۱) بآب انداختن (کشتی) - انداختن ، پرت کردن - روانه یا مأمور کردن - (به)راه انداختن - صادر کردن - زدن(ضربت)- (۲) روانه شدن - غوطه‌ور شدن ، فرو رفتن - راه افتادن - بآب افتادن - جستن (۳) کرجی موتوری یا برقی یا بخاری - عمل بآب انداختن(کشتی)
l. a threat تهدید کردن
l. an attack حمله (آغاز) کردن
l. into politics داخل‌سیاست شدن
l. out خرّاجی کردن
launder (*lɔ:n'də*) *vt.* شستن و اطو کشیدن
These sheets l. (*vi.*) well. این شمد ها خوب شسته میشوند
laundress (*lɔ:n'dris*) *n.* زن رخت شوی و اطوکش
laun'dry (*-dri*) *n.* رخت شوی خانه
the l. رخت های شستنی
laun'dryman (*-mən*) *n.* [-men] مردیکه در رختشوی خانه کار میکند
laureate (*lɔ':riet*) *a.* دارای تاجی از برگهای غار
Poet L. شاعر درباری یاجایزه دار
laurel (*lɔr'əl*) *n* - درخت غار - برگ غارکه نشان افتخار بود
l. cherry غارگیلاس [بی اضافه]
win laurels جایزه گرفتن
lava (*lah'və*) *n.* گدازه : تودهٔ گداخته که از آتش فشان بیرون میریزد
lavatory (*lav'ətri*) *n.* دست شویی یا مستراح
lave (*leiv*) *vt.* [Poet.] شستن
lav'ender (*-ində*) *n.* قسمی سنبل - اسطو خودوس
lav'ish *a.* & *vt.* (۱) ولخرج ،

مسرف ـ فراوان (دهنده) ـ بی بند و بار
(۲) زیاد خرج کردن ، اسراف کردن ،
زیاد مصرف کردن
l. of money ولخرج ، پول تمام کن
l. of one's praise زیادستایش کننده
l. care on زیاد توجه کردن (از)
lav'ishly *adv.* با اسراف وولخرجی
law (*lɔ:*) *n.* قانون ـ شریعت ـ حقوق
common l. عُرف
go to l. دادخواهی کردن ، عارض شدن
law'-abiding *a.* پیرو یامطیع قانون
law'-court *n.* دادگاه ، محکمه
law'ful *a.* قانونی ـ مشروع ، حلال ، روا ، جایز ، مجاز ـ حلال زاده
law'fully *adv.* قانوناً ـ شرعاً ـ بطور مشروع یا حلال ، بطور مجاز
law'giver (*-və*) *n.* قانون گذار ـ شارع
law'less *a.* غیرقانونی ـ متمرد
law'lessness *n.* بی قانونی ـ تمرد
lawn (*lɔ:n*) *n.* چمن ـ یکجور کتان نازك
lawn'-mower *n.* چمن بُر
lawn'-tennis *n.* قسمی بازی تنیس درروی چمن یا زمین سفت و اسفالت شده
law'suit (*-siu:t*) *n.* دادخواهی ، مرافعه ، دعوی (*da'va*)
law'yer (*-yə*) *n.* وکیل ـ مشاور حقوقی ـ حقوق دان
lax (*laks*) *a.* سست ، شل ـ فاسد ، هرزه ـ آسان گیر ، اهمال کار ـ لینت دار
laxative (*lak'sətiv*) *a.* & *n.* (۱) ملین ، لینت دهنده (۲) داروی ملین
laxity (*lak'siti*) *n.* نرمی ، سستی ـ لینت ـ آسان گیری ، اهمال (کاری)
lay (*lei*) *vt.* & *vi.* [laid] & *n.* (۱) گذاشتن ـ قراردادن ـ کار گذاشتن ، نصب کردن ـ طرح کردن ـ مطرح کردن ـ وضع کردن [مالیات] ـ چیدن یا آراستن [میز] ـ گستردن [دام] ـ خوابانیدن ، فرو نشاندن [گرد] ـ کشیدن [سیم یا لوله] ـ پهن کردن [فرش] ـ (۲) تخم گذاشتن ـ شرط بستن ـ توطئه چیدن ـ آماده شدن (۳) وضع (طبیعی)
l. about one بهر سو زدن ـ سخت جنگیدن
l. aside کنارگذاشتن ـ پس انداز کردن ـ انداختن ـ ترك کردن
l. by کنارگذاشتن ـ پس اندازکردن
l. down خریدن و اندوختن ، خوابانیدن ـ زمین گذاشتن ، کنار گذاشتن [اسلحه هنگام تسلیم] ـ درکف نهادن ، فدا کردن ـ گذاشتن [پول درشرط بندی] ـ طرح کردن ـ مشخص کردن ـ تنظیم کردن ـ وضع کردن
l. in ذخیره کردن
l. off موقتاً ازخدمت برکنار کردن [اصطلاح امریکائی] ـ استراحت کردن
l. on blows ضربت زدن
l. on paint رنگ زدن
l. it on with a trowel آشکارا چاپلوسی کردن ، خوب بارکسی کردن
l. out درمعرض دیدن قرار دادن ـ آمادهٔ دفن کردن ـ خرج کردن ـ پهن کردن ـ خیابان بندی کردن ـ طرح بندی کردن ـ [د.ك] نقش زمین کردن ، باضرب به بیحس کردن
l. out oneself بخود زحمت دادن
l. up اندوختن ، ذخیره کردن ـ ازکار انداختن ، خوابانیدن [برای تعمیر]
laid up بستری ، خوابیده
lay a snare دام نهادن
l. hands on someone دست روی کسی بلند کردن
l. hands on something برچیزی دست یافتن ، چیزیرا یافتن یا تصرف کردن
l. hands upon something جای چیزیرا معلوم کردن ، چیزیرا پیدا کردن ـ چیزیرا تأیید کردن
l. a finger on some one

دست بکسی زدن
l. to heart بدل گرفتن
l. one's hopes on امید بستن به
l. to (or at) a person's door بگردن کسی گذاشتن
l. bare برهنه کردن - ابراز کردن
l. claim to ادعا کردن
l. low خوابانیدن - پست کردن
l. open آشکار کردن - پاره کردن
l. (fast) by the heels تعقیب کردن - در بند یا زندان نهادن
l. an information against some one اعلام جرم نسبت بکسی کردن
l. into a person [Col.] کسیرا کتک حسابی زدن
l. a wager شرط بستن
l. 50 "rials" شرط ۵۰ ریال بستن
I will l. you a bet that شرط می بندم که
lay [گذشتهٔ فعل lie « درازکشیدن »]
lay *a.* عام ، عامی - غیر روحانی - غیروارد [درپیشه یاحرفه‌ای] ، بی‌تخصص
lay *n.* تصنیفی که جنبهٔ گزارش دارد
layer (*lai'ə*) *n.* & *vt.* (۱)لایه ، بن لاد ، چینه - ورقه - رگه - شاخهٔ خوابانده ، نهال (۲) خوابانیدن
daily l. مرغ هر روز تخم کن
layman (*lai'mən*) *n.* [-men] عام ، شخص غیر روحانی - کسیکه وارد پیشه‌ای نباشد ، شخص غیروارد
lay'-off *n.* فصل کم کاری
lay'out *n.* طرح - بساط - خیابان بندی ، باغچه بندی
Laz'arus (*-ərəs*) *n.* گدا(ی بیمار)
laze (*leiz*) *vi.* تنبلی کردن
la'zily *adv.* به تنبلی ، تنبلانه
la'ziness *n.* تنبلی ، کاهلی
lazy (*lei'zi*) *a.* تنبل - مناسب برای تنبلی
l. moments اوقاتی که به بیکاری و بطالت بگذرد
la'zy-bones *n.* [Col.] آدم تنبل
lb(s). [زیر pound آمده است]
lea (*li:*) *n.* [Poet.] چمن
lead (*led*) *n.* سرب - گلوله سربی
red l. سرنج
black l. = graphite
l. pencil مداد معمولی سربی
swing the l. [Sl.] از زیر کار در رفتن
lead (*li:d*) *vt.* & *vi.* [led] & *n.* (۱) رهبری یاراهنمایی یاهدایت کردن - بردن - سوق دادن - وادار کردن - پیشوا بودن - ریاست داشتن بر - پیشقدم بودن - بسر بردن (۲) کشیده شدن ، منجر یا منتج شدن - پیش افتادن (۳) راهنمایی ، هدایت ، رهبری - سر مشق - پیشقدمی - پیشوایی - ریسمان (سگ)
His dog was led. سگ او بند در گردن داشت ، سگ را با بند می بردند
lead captive باسارت بردن
l. out of danger با راهنمایی از خطر رهانیدن
Where does this road l. to? این راه بکجا میرود ؟
l. the way پیشقدم شدن
l. astray گمراه کردن
l. one a dance کربه رقصانیدن
l. by the nose آلت (اجرای مقاصد خود) قرار دادن
l. off پیشقدم شدن ، آغاز کردن
follow the l. of ... دنبال ... رفتن ، به ... تأسی کردن
It leads up to the same subject. می کشد بهمان موضوع
The party is led by him. او پیشوای حزب است
take the lead پیشقدم شدن
Whose l. is it? نوبت کیست [در بازی] ، دست کیست ؟

leaded (*led'id*) *ppa.* سرب گرفته
leaden (*ledn*) *a.* سربی (رنگ) - [مج] سنگین - کند [l. sword]
leader (*li':də*) *n.* پیشوا ، رئیس - رهبر - سردسته - سرمقاله
lea'dership (*-də-*) *n.* پیشوایی
leading (*li':-*) *apa.* & *n.* (۱) عمده ، مهم ، مقدم - بزرگ - رهنما (۲) رهنمایی ، هدایت - نفوذ
l. article سرمقاله
lea'ding-strings *npl.* ریسمانی که کودکانرا بوسیلهٔ آن راه رفتن می‌آموختند
lead-poisoning (*led'-*) *n.* مسمومیت از سرب
leaf (*li:f*) *n.* [leaves (*li:vz*)] برگ - ورق - ورقه - لنگه (در)
gold l. زرورق
fall of the l. برگ‌ریزان ، پاییز
take a l. out of a person's book از روی‌گردهٔ کسی کار کردن
turn over a new l. فصل تازه‌ای در زندگی (یا رفتار) باز کردن
lea'fage (*-fij*) *n.* (شاخ و) برگ
leaf'less *a.* بی برگ ، برهنه
leaf'let *n.* نشریه ، ورقه - برگچه
leafy (*li':fi*) *a.* پر برگ - برگ مانند -
league (*li:g*) *n.* & *v.* (۱) پیمان، عهد - اتفاق- مجمع ، اتحاد- (واحد درازا برابر با) سه میل (۲) با اتحاد یا انجمنی پیوستن ، متحد کردن یا شدن
in l. هم پیمان ، هم عهد ، متحد
leak (*li:k*) *n.* & *vi.* (۱) رخنه ، سوراخ - تراوش ، نشد ، نشر ، چکه (۲) نشد کردن ، تراوش کردن ، دررفتن - چکه کردن ، آب پس دادن - [مج] فاش شدن [با out]
spring a l. چکه کردن
leakage (*li':kij*) *n.* تراوش، نشد، نشر ، چکه - کمبود ،کسری ، در رفتگی
leaky (*li':ki*) *a.* سوراخ‌دار ، نشدی - چکه کن - [مج] فضول ، سِرّ فاش کن
leal (*li:l*) *a.* صادق ، باوفا [اصطلاح اسکاتلندی یا ادبی]
lean (*li:n*) *a.* لاغر - بی‌چربی - بی برکت - کم حاصل - سبك - باریك
lean ('') *vi.* & *vt.* [leaned ; leant (*lent*)] (۱) تکیه کردن ، تکیه زدن ، پشت زدن - کج شدن ، مایل شدن - طرفداری کردن (۲) تکیه دادن
lean over بجلو خم شدن
leaning column ستون مایل
lean'ness *n.* لاغری - خشکی
lean'-to (*-tu:*) *n.* چارطاقی -ساباط
leap (*li:p*) *n.* , *vi.* , & *vt.* [leaped or leapt (*lept*)] (۱) جست ، پرش (۲) جستن ، پریدن ، خیز گرفتن - جفت زدن (۳) جستن از ، پریدن از - جهانیدن
take a l. in the dark دل بدریا زدن
by leaps and bounds شلنگ‌انداز ، زود زود
leap-day (*li:p'dei*) *n.* روز افزوده در سال کبیسه [روز ۲۹ ماه فوریه]
leap'-frog *n.* جفتك چارکش
leapt [*p.* & *pp.* of leap]
leap'-year *n.* سالِ کبیسه
learn (*lə:n*) *vt.* [learnt or learned] آموختن ، یادگرفتن - آگاهی یافتن از ، خبر گرفتن از - روان کردن ، حاضر کردن (درس)
l. by heart از بر کردن ،حفظ کردن
learned (*lə':nid*) *a.* دانا ، عالم - عالمانه - علمی
lear'nedly *adv.* دانشمندانه
learner (*lə':nə*) *n.* دانش‌آموز (مبتدی)
lear'ning *n.* دانش ، علم
of great l. دانشمند
learnt [*p.* & *pp.* of learn]

lease (*li:s*) *n.* & *vt.* (۱) اجاره (۲) اجاره دادن [گاهی با out] - اجاره کردن
take on l. اجاره کردن
put out on l. اجاره دادن
a new l. of life زندگی از نو
leash (*li:sh*) *n.* & *vt.* (۱) ریسمان ، بند (۲) با ریسمان بهم بستن
a l. of hounds سه (لنگه) تازی
leasehold (*li:s'-*) *n.* اجاره‌داری
lease'holder = lessee
least (*li:st*) *a.* [*sup. of* little], *n.*, & *adv.* (۱) کمترین ـ کوچکترین (۲) کمترین کار یا چیز ـ [با the] کمینه (۳) کمتر ازهمه ـ بکمترین درجه
the l. that you can do کوچکترین کاری که میتوانید بکنید
at l. دست‌کم ، اقلاً
not in the l. بهیچوجه ، ابداً
leather (*leth'ə* لظه) *n.* چرم
l. gloves دستکش چرمی
leath'ern (*-ə:n*) *a.* چرمی
leath'ery *a.* چرم‌نما ـ سفت ، پی‌مانند
leave (*li:v*) *n.* اجازه ـ مرخصی
I beg l. to اجازه میخواهم که
l. (of absence) مرخصی
sick l. مرخصی بعلت ناخوشی
be on l. در مرخصی بودن
proceed on l. بمرخصی رفتن
by your l. بااجازهٔ شما
take l. of بدرود گفتن با
take one's l. مرخصی گرفتن ورفتن
take l. of one's senses دیوانه شدن
leave (,,) *vt.* & *vi.* [left] (۱) وا گذاردن، ترک کردن ـ باقی گذاردن، زیاد آوردن ـ رها کردن ، ول کردن ـ دست کشیدن از ، بس کردن ـ بارث گذاشتن (۲) عازم شدن ، حرکت کردن
l. for Paris عازم پاریس شدن
l. hold (or go) رها کردن
5 from 7 leaves 2. ۵ از ۷ کم شود میماند ۲
l. unsaid ناگفته گذاردن
L. a card on him. کارتی درخانه برای او بگذارید
l. the door open دررا بازگذاشتن
l. off دست کشیدن از ـ کنار گذاشتن ، نپوشیدن ـ موقوف شدن
l. out جا گذاشتن ، انداختن ، ول کردن ـ صرف نظر کردن از
L. it over. عجالةً بگذارید بماند
L. word with the servant. بنوکر بسپارید (یا پیغام بدهید)
He ate what was left of the lion. آنچه ازشیرباقی‌مانده‌بودواوخورد
His behaviour leaves much to be desired. خیلی مانده است تا رفتارش آنچنانکه باید وشاید بشود
leaved برگ‌دار [درترکیب]
five-leaved پنج برگه ، پنج برگ
leaven (*levn*) *n.* & *vt.* (۱) خمیر مایه ، خمیر ترش ـ [مج] عامل مؤثر (۲) ورآوردن ، ترش زدن به ـ [مج] تحت‌تاثیر درآوردن ـ آلودن
leavings (*li':-*) *npl.* پس مانده ـ ریزه
lecherous (*lech'ərəs*) *a.* هرزه ، شهوت پرست ، ناسق ـ ناشی از هرزگی
lech'ery *n.* هرزگی ، شهوت پرستی
lec'tern (*-tə:n*) *n.* رحل [درکلیسا]
lec'ture (*-chə*) *n.*, *vi.*, & *vt.* (۱) سخن‌رانی، کنفرانس ـ درس باجزوه ـ اندرز (۲) سخن‌رانی کردن (۳) باجزوه درس دادن ـ سرزنش کردن
read one a l. کسیرا سرزنش کردن
lec'turer (*-rə*) *n.* سخن‌ران ـ دانشیار
led [*p.* & *pp. of* lead]
ledge (*lej*) *n.* طاقچه ـ لبه ـ برآمدگی ـ تخته سنگ ساحلی ـ رگه
ledger (*lej'ə*) *n.* دفتر کل
lee (*li:*) *n.* سمت پناه‌دار کشتی ـ جای

محفوظ از باد - [مج] پناه ، حمایت
under the l. of در پناهِ
leech (*li:ch*) *n.* زالو -[مج] انگل
apply a l. (to) زالو انداختن
leek (*li:k*) *n.* تره (فرنگی)
leer (*liə*) *vi.* & *n.* (۱) چپ چپ نگاه‌کردن (۲) نگاه چپ چپ
lee'ringly *adv.* ازگوشهٔ چشم، چپ
lees (*li:z*) *npl.* دُرد ، لِرد
leeward (*li':wəd* ; *liu':-*) *a(dv.)* & *n.* (سوی) سمتِ پناه‌دار کشتی
leeway (*li':wei*) *n.* یکبر شدگی کشتی بآن سوکه از باد در پناه است ، انحراف - [مج] مهلت - عقب افتادگی
left *a.*, *adv.*, & *n.* (۱) چپ (۲) در سمت چپ (۳) سمت چپ - (نمایندگان) دست چپ
on the l. در سمت چپ
Keep to the l. دست چپ بروید
left {*p.* & *pp.* of leave }
left'-hand *a.* واقع در دست چپ - دست چپی ، ایستاده در دست چپ
left'-handed *a.* چپ دست
l.-h. marriage عروسی باپست‌تر از خود ، عروسی باغیرهم‌کفو
l.-h. compliment تعارفِ خشك وَ خالی
left'ward (*-wəd*) (*a*)*dv.* (واقع) در سمت چپ
leg *n.* پا - ساق پا - پایه - ساقه - پاچه - [هن] ساق - [مج] قسمت
give a person a l. up کسیرا (در سوار شدن یا بالا رفتن) کمك‌کردن
take to one's legs گریختن
on one's legs برپا ایستاده - از بستر برخاسته ، بهبود یافته
all legs زیاد قدکشیده ، لندوك
a leg to stand on بهانه یا عذر (موجه) ، دستاویز
He is on his last legs. پایش لب‌گور است - کار و بارش خوب نیست
walk a person off his legs. کسیرا از پا انداختن [در راه رفتن]
feel one's legs نیروی ایستادن یا راه رفتن پیدا کردن
make leg تواُضع کردن [باخم کردن یك پا و پس بردن پای دیگر]
four-legged چهار پا - چهار پایه
leg'acy (*-əsi*) *n.* میراث ، ترَکه
legal (*li':gəl*) *a.* قانونی - حقوقی - شرعی - مشروع
legal'ity (*li-*) *n.* مطابقت‌باقانون
legaliza'tion (*-lai-*) *n.* تصدیق (امضاء) ، شناسایی رسمی
legalize (*li':gəlaiz*) *vt.* تصدیق کردن (امضاء) ، (بطور) رسمی شناختن ، قانونی کردن
le'gally *adv.* قانوناً - شرعاً
legate (*leg'it*) *n.* نمایندهٔ پاپ
legatee (*-gəti':*) *n.* موصی له (*musalah*) ، میراث بر
legation (*ligei'shən*) *n.* سفارت(خانه)
legend (*lej'ənd*) *n.* افسانه ، داستان - شرح روی سکه و مدال
leg'endary (*-dəri*) *a.* افسانه ای
legerdemain (*lej'ədəmein*) *n.* تردستی ، حقه بازی ، شعبده - حیله
leg'gin(g)s *npl.* زنگال
leggy (*leg'i*) *a.* پا بلند ، لندوك
leghorn (*ligɔ:n'* ; *leg'ɔ:n*) *n.* قسمی حصیر کلاهی یاکلاهی که از آن درست می کنند - قسمی مرغ خانگی
legibil'ity *n.* خوانایی ، روشنی
legible (*lej'-*) *a.* خوانا ، روشن
leg'ibly (*-li*) *adv.* بطور خوانا
legion (*li':jən*) *n.* سپاه ، هنگ - گروه بسیار
le'gionary (*-jənəri*) *n.* & *a.* (۱) سربازِ legion (۲) هنگی ، سپاهی
legislate (*lej'isleit*) *vi.*

قانون وضع کردن
legislation (*-lei'shan*) *n.* (وضع) قانون
legislative (*lej'islativ*) *a.* قانونگزار ، مقنن - قانونی - تقنینی
l. assembly هیئت مقننه
legislator (*lej'isleita*) *n.* قانونگذار ، مقنن - عضو هیئت مقننه
legislature (*lej'isleicha*) *n.* هیئت مقننه ، مجلس
legit'imacy (*-masi*) *n.* درستی - حقانیت - قانونی بودن - حلال زادگی
legitimate (*lijit'imit*) *a.* حلال زاده - درست ، برحق ، قانونی ، مشروع - معقول - دارای حق مشروع
l. claims دعاوی برحق (یا حقه)
legit'imately *adv.* بطور مشروع با قانونی ، بطور صحیح ، درست
leg'-of-mutton (*-mʌt''n*) *a.* سه گوش [در گفتگوی از شراع]
leg'ume (*-yum*) } *n.* ، سبزی
leg'umen (*-min*) } گیاه خوردنی - دانه ، حبوبات چون لوبیا و باقلا
leisure (*lezh'a*) *n.* فرصت ، مجال
at one's l. سر فرصت، هنگام فراغت
at l. فرصت‌دار ، فارغ ، بیکار
l. hours ساعات فراغت یا بیکاری
leisurely (,,*li*) *adv.* & *a.* سر فرصت (انجام شده)
lem'on (*-an*) *n.* لیمو ترش
l. squash آبلیمو با سودا و اتر
lemonade (*-maneid'*) *n.* ، لیموناد شربت آبلیمو
lem'on-juice (*-ju:s*) *n.* آبلیمو
lemur (*-li':ma* ; *lem'a*) *n.* میمون پوز دراز (در ماداگاسکار)
lend *vt.* [lent] وام دادن ، قرض دادن ، عاریه دادن [l. a book] - اجاره دادن
l. assistance کمك دادن
l. a hand کمك کردن

It lends itself to that purpose. بدرد آنکار میخورد
len'der (*-da*) *n.* قرض دهنده
length *n.* درازا ، طول - قد - اندازه - تکه ، قطعه - قواره
10 metres in l. بطول ده متر
l. of time مدت ، طول زمان
keep a person at arm's l. با کسی دوری کردن یا آشنایی نکردن
He fell his l. نقش زمین شد
He went to the l. of saying . . . (دامنه سخن را) بدانجا کشید که گفت . . . ، حتی گفت . . .
at l. بتفصیل - بالاخره
at full l. بتفصیل - درازکشیده
dress l. قواره
He went all lengths. هر کاریرا که میتوانست بکند کرد
leng'then (*-than*) *vt.* & *vi.* (۱) دراز کردن - طولانی کردن (۲) دراز شدن
leng'thily *adv.* مفصلاً
leng'thiness *n.* درازی ، تفصیل
length'wise (*-waiz*) *adv.* از درازا ، از طول
leng'thy (*-thi*) *a.* مطول ، مفصل - پرگو
lenience; leniency (*li':niansi*) *n.* نرمی ، مدارا ، ملایمت ، آسانگیری ، ارفاق
le'nient (*-ant*) *a.* آسانگیر ، با مدارا ، ملایم - نرم ، سبك ، خفیف
le'niently *adv.* بنرمی ، با مدارا
len'ity *n.* ملایمت ، مدارا - رحم
lens (*lanz*) *n.* عدسی ، شیشه عدسی
lent [*p.* & *pp.* of lend]
Lent *n.* چلهٔ روزه و پرهیز در نصارا
len'til *n.* عدس ، مرجمك
leonine (*li':anain*) *a.* شیری ، اسدی ، شیروار
leopard (*lep'ad*) *n.* پلنگ

leper (*lep'ə*) *n.* مبروص - جذامی
lep'rosy (*-rəsi*) *n.* جذام - برص
lep'rous (*-rəs*) *a.* مبروص - جذامی
lese-maj'esty (*li:z-*) *n.* خیانت (به پادشاه یا دولت)
lesion (*li':zhən*) *n.* تغییر جسمی (دربافت‌ها) - زیان ، خسارت
less *a.*, *n.*, *adv.*, & *prep.* [*comp. of* little *or* small] (۱) کمتر - کوچکتر ، خردتر (۲-۳) کمتر (٤) منها ، منهایِ ، (فلانقدر) دم
l. in size کوچکتر ، خردتر
in l. than no time خیلی زود
none the l. بااین‌حال، باوجوداین
much l. (*or* **still l.**) تاچه رسد
more or l. کم یا بیش
a year l. 5 days یك‌ساله ۵ روز کم
lessee (*lesi':*) *n.* اجاره‌دار ، مستأجر
lessen (*lesn*) *vi.* & *vt.* (۱) کم (تر) شدن - کوچك (تر) شدن (۲) کم(تر) یا کوچك (تر) کردن - کم گرفتن
lesser (*les'ə*) *a.* کمتر - کوچکتر
the L. Bear دُب اصغر
lesson (*lesn*) *n.* & *vt.* (۱) درس - [مج] عبرت - سرزنش (۲) درس (عبرت) دادن - سرزنش کردن
lessor (*les'ɔ:*) *n.* موجر
lest *conj.* مبادا - [با fear] که
I feared l. I might wake him. ترسیدم (که) او را بیدار کنم
let *vt.* & *vi.* [let] & *n.* (۱) گذاشتن ، اجازه دادن - رها کردن ، ول کردن - اجاره‌دادن، واگذار کردن [گاهی با out] - (۲) باجاره رفتن (۳) اجاره
house to l. خانهٔ اجاره‌ای
L. us play. (بیایید) بازی کنیم
L. it be. بگذارید باشد ، باشد
l. alone بحال خود واگذاردن
L. alone . . . (فلان چیز هم) بکنار ، (آنهم) هیچ
l. by اجازهٔ رد شدن دادن (به)
l. blood رگ زدن ، خون گرفتن
l. down پایین کردن - (پایین) انداختن - [مج] روی (کسیرا) زمین انداختن ، مأیوس کردن
l. some one down gently بتدریج و تدبیر خواهش کسیرا ردکردن
l. fall انداختن - رسم کردن
l. fly پرتاب کردن
l. go رها کردن - مرخص کردن ، آزادکردن [گاهی با of]
l. in اجازهٔ دخول دادن (به) - مغبون کردن
l. in for . . . گرفتار یا دچارِ . . . کردن
L. me know بمن اطلاع دهید
l. loose ول کردن ، آزاد کردن
l. off درکردن ، خالی کردن - ردکردن ، روان ساختن - بخشیدن
l. out اجازهٔ بیرون آمدن دادن (به) - خالی کردن - آشکار ساختن - گشاد کردن - اجاره دادن - مشت پراندن - تندی کردن
l. drop a hint (عمداً یا بغیر عمد) حرفی زدن یا اشاره‌ای کردن
L. go of my hand. دستم‌را ول کن
l. slip ول کردن ، آزاد کردن - از دست دادن (فرصت)
l. up [*Col.*; *U. S.*] واداشتن [مثلاً درگفتگوی از باران]
get a l. for one's house مستأجر برای خانه خود پیدا کردن
let *n.* [*Arch.*] مانع
lethal (*li:'thəl*) *a.* مرگ آور
l. chamber اطاق‌راحت‌کشتن جانوران
lethargic (*-tha':jik*) *a.* سُباتی - بیحال
leth'argy (*-əji*) *n.* سُبات، مرگِ کاذب - [مج] بی‌علاقگی - بیحالی ، سنگینی
lethe (*li':thi:*) *n.* فراموشی
letter (*let'ə*) *n.* نامه - حرف [ج. حروف] - سند ، نوشته - [درجمع] ادبیات - [مج] نص ، لفظ

l. of invitation دعوت نامه
to the l. حرف بحرف ـ دقیقاً
man of letters ادیب ـ دانشمند
let'ter-book *n.* کتاب رونوشت
let"ter-box *n.* صندوق پست
let'ter-card *n.* کاغذ پستی که بی پاکت می فرستند ، کاغذ کارت نما
let'ter-case *n.* کیف بغلی ، جا کاغذی
'let'tered *a.* باسواد ـ ادیب
let'ter-head *n.* سر کاغذ ـ کاغذ مارك دار
let'ter-perfect *a.* کاملاً از بر
let'ter-press *n.* مواد چاپشده بجز عکس ـ نوشته مربوط بعکس ها
let'ter-weight *n.* وزنه (کاغذگیر)
let'ter-writer (*-raita*) *n.* کتاب نامه نگاری ـ نامه نویس
let'ter-writing *n.* نامه نگاری، إنشاء
lettuce (*let'is*) *n.* کاهو
Levant' (*li-*) *n.* کرانهٔ خاورمدیترانه
levee (*lev'i*) *n.* سلام عام ، بارعام (برای مردان)
hold a l. بار عام دادن
levee (*livi':* ; *lev'i*) *n.* [U.S.] خاکریز ، بند ، سدّ
lev'el (*-əl*) *n.* & *a.* (۱) تراز ـ سطح (۲) هموار ـ مسطح ـ همتراز ، برابر ، هم پایه ، هم شأن ، همسر ـ یك نواخت ، یك دست
spirit l. تراز الکلی
on a l. در یك تراز ، برابر
on the l. [Col.] درست وحسابی
l. land زمین هموار ، جلگه
one's l. best منتهای کوشش
lev'el ('') *vt* [-led] ترازکردن ، میزان کردن ،برابر کردن ـ مسطح کردن ـ نشان کردن
l. with the ground باخاك یکسان کردن
lever (*li':və*) *n.* & *vt.* (۱) اهرم ـ دسته، میله ـ دیلم (۲) اهرم کردن

le'verage (*-ij*) *n.* طرز بکار بردن ـ اهرم ـ سود مکانیکی اهرم ـ دستگاه اهرمی ـ [مج] وسیله ، نفوذ ، نیرو
leviathan (*livai'əthən*) *n.* [Heb.] جانور بزرگ دریایی ـ آدم پر زور ـ کشتی بزرگ
levitation (*-tei'shən*) *n.* پرواز [درعالم خواب]
Levit'icus (*-kəs*) *n.* سِفر لاویان
lev'ity *n.* سَبکی ، رفتار سبك ـ خفت مزاج ، دمدمی مزاجی
levy (*lev'i*) *n.* & *vt.* (۱) مالیات (بندی) ـ تحمیل ـ سربازگیری ـ صورت مشمولین (۲) بستن، وضع کردن (مالیات)ـ جمع آوری کردن ، وصول کردن ـ بزور گرفتن ـ گرفتن (سرباز)
capital l. قسمتی از ثروت کشور که جبراً توسط دولت گرفته میشود
l. on a person's property بمنظور تأمین مدعا به دارائی کسیرا توقیف کردن ، تأمین مدعا به کدن
l. war تدارکات برای جنگ دیدن
lewd (*lu:d* : *liu:d*) *a.* هرزه ، شهوت پرست ـ ناپاك
lewd'ness *n.* هرزگی ، شهوت پرستی
lexicographer (*leksikəg'rəfə*) *n.* لغت نویس ، فرهنگ نویس
lexicog'raphy (*-rəfi*) *n.* لغت نویسی ، فرهنگ نویسی
lexicol'ogy (*-əji*) *n.* علم لغت
lexicon (*lek'sikən*) *n.* فرهنگ یا قاموس [بویژه برای عبری یا عربی یا یونانی]
liability (*laiəbil'iti*) *n.* بدهی ـ مسئولیت ، تعهد ـ آمادگی ـ استعداد
l. to disease استعداد ناخوشی
l. for military service مشمولیت برای خدمت نظام وظیفه
li'able (*-əbl*) *a.* مسئول ـ مشمول ـ محکوم ـ درمعرض ، محتمل ـ سزاوار
l. for damages مسئول خسارت

l. to fine مشمول جریمه
He is l. to become sick.
مستعد یا آمادهٔ ناخوش شدن است
liaison (-*ei'zən*) *n.* [Fr.] رابطهٔ نامشروع - بستگی - سفت شدگی
l. officer مأمور (یا افسر) رابط
liar (*lai'ə*) *n.* (آدم) دروغگو
libation (*laibei'shən*) *n.* هدیه بخدایان که عبارت بود از شراب ، شراب اهدائی، هدیهٔ شرابی
libel (*lai'bəl*) *vt.* [-led] توهین وارد آوردن به - هجو نامه یا توهین نامه (برای کسی) چاپ کردن
li'bel ('') *n.* هجو - افترا ، توهین
a l. upon مایهٔ بی‌آبرویی
li'bellous (*-bələs*) *a.* بد نام‌کننده
lib'eral (*-ərəl*) *a.* & *n.* (۱) نظر بلند ، آزاد فکر - بخشنده - بی‌تعصب - روشن فکر - آزاد(ی خواه)- کافی ، زیاد - سخاوتمندانه (۲) عضو حزب آزادی خواه
be l. with one's money
زیاد پول خرج کردن
l. education آموزش و پرورشی که برای روشن کردن فکر باشد نه برای مقاصد پیشه‌ای یا فنی
lib'eralism (*-ərəlizm*) *n.*
اصول آزادگی و آزاد فکری
liberal'ity (*-ti*) *n.* آزادگی ، فکر آزاد - بیغرضی ، بی تعصبی - بخشندگی
lib'eralize (*-rəlaiz*) *vt.* دارای فکر آزادوروشن کردن- آزادیخواه کردن
liberate (*lib'əret*) *vt.* آزادکردن
liberation (*-rei'shən*) *n.*
آزاد سازی - آزادی
lib'erator (*-tə*) *n.* آزادکننده
libertine (*lib'ətain*) *n.*
آدم افسارگسیخته - رند
liberty (*lib'əti*) *n.* آزادی - فاعل مختاری - ترک آداب در نتیجه خودمانی شدن
l. of conscience آزادی‌عقیده‌یافکر
l. of the press آزادی مطبوعات
I have the l. to say that
اجازه میخواهم بگویم
at l. آزاد - مجاز
set at l. آزادکردن
take liberties with a woman
زیاد با زنی خودمانی رفتار کردن و روی خود را باو باز کردن
librarian (*laibrê'ərian*) *n.*
کتابدار
li'brary (*-brəri*) *n.* کتابخانه
libretto (*-rət'ou*) *n.* [It. *pl.* -ti (*ti:*)] اشعار اپرا
Lib'yan (*-iən*) *a.* & *n.* اهل لیبی
lice [*p. of* louse]
li'cence *or* -cense (*-səns*) *n.*
اجازه - پروانه ، جواز- سوء استفاده از آزادی ، افسارگسیختگی
poetic l. ضرورت شعری
li'cense *vt.* اجازه یاپروانه دادن(به)
licensed victualler مهمانخانه‌داری که پروانهٔ نوشابه فروشی دارد
licensee (*laisensi':*) *n.* پروانه‌دار، صاحب جواز
licentious (*laisen'shəs*) *a.*
هرزه ، شهوت‌ران - ناشی از هرزگی
lichen (*lai'kən*) *n.* گلسنگ
lick *vt.* & *n.* (۱) لیسیدن - فرا گرفتن[با up] - [د. گ]عقب گذاشتن (۲) لیس ، لیسه - لیسه‌گاه نمکی
l. into shape صاف کردن ، از ناهنجاری در آوردن ، سرو صورت دادن
l. the dust زمین خوردن - مردن
give oneself a l. and a promise گربه شور کردن
at full l. بسرعت تمام
lic'orice = liquorice
lic'tor (*-tə*) *n.* [در تاریخ روم] تبردار ، مأمور اجرا ، یساول
lid *n.* سر ، در ، سرپوش - پلك

lie (*lai*) *n.* & *vi.* (۱) دروغ
(۲) دروغ گفتن { tell a l. = }
a white l. دروغ مصلحت آمیز
یا تعارف آمیز ـ دروغ کوچك و بی‌ضرر
give a person the l.
give the l. to a person }
کسیرا بدروغ گویی متهم کردن
lie ('') *vi.* {lay ; lain} & *n.*
(۱) دراز کشیدن ، خوابیدن ـ افتادن ـ ماندن ـ واقع شدن (یا بودن) ، قرار گرفتن ـ وارد بودن (ایراد و غیره) ـ مدفون بودن (۲) وضع طبیعی ، موقعیت
l. down خوابیدن ، راحت کردن
l. on the face دَمر خوابیدن
l. on the back بر پشت خوابیدن ، طاق باز خوابیدن
It lies on the east of . . . درخاورِ . . . واقع (شده) است
The difference lies in this that تفاوت در این جا است که
The rest lies with you. باقیِ آن با خودتان است
as far as in me lies تا آنجا که در (حدود) توانایی من است
in order to find how the land lies برای اینکه به بینیم در روی چه پاشنه می گردد
lie in of زاییدن
l. over معوق یاموکول ماندن
l. down under تحمل کردن
l. up خوابیدن {بعلت کسالت} ـ از کار افتادن
You must l. on the bed you have made. خودکرده را تدبیر نیست ، بچه‌ای راکه زاییده‌ای بزرگ کن
lief (*li:f*) *adv.* بامیل ، بطیب خاطر
liege (*li:j*) *n.* & *a.* (۱) تیول‌دار ، ارباب ـ رعیت (۲) شایستهٔ اربابی ـ موظف بخدمتگذاری
liege'man (*-mən*) *n.* {-men} رعیت جان نثار ، بیعت کننده

lien (*li':ən*;*li:n*) *n.* حق حبس ، حق گروکشی ملك در برابر بستانکاری
l. on goods حق حبس کالا
lieu (*liu:*) *n.* —
in l. of بجایِ ، در عوضِ
Lieut. = Lieutenant
lieutenant (*leften'ənt*) *n.* ستوان ـ نایب ، وکیل ـ {ن.د} ناوبان { امریکائی‌ها این کلمه را تلفظ می کنند {*liu:ten'ənt*
l. colonel سرهنگ دوم ـ ناخدا دو
l. governor بخشدار ، نایب‌الحکومه
lieuten'ant-gen'eral *n.* سپهبد
life (*laif*) *n.* {lives (*laivz*) } جان ـ زندگی ، حیات ـ روح ـ نیرو ـ عمر ـ مدت ، دوام ـ شرح زندگی ، تذکره
a matter of l. and death موضوع حیاتی و مماتی
restore to l. زنده کردن
for one's l. از بیم جان
'pon my l. بجان خودم (سوگند)
single l. انفراد ، تجرّد
married l. زندگی زناشویی ، تأهل
live a long l. عمر درازکردن
for l. مادام‌العمر
to the l. با کمال دقت
take one's own l. خودکشی کردن
I had the time of my l. بقدر یك عمر خوش‌گذراندم {Sl.}
l. imprisonment حبس ابد
l. interest معمراه
life'-belt *n.* کمربند نجات
life'-blood *n.* خونی که لازمهٔ زندگیست ـ {مج} نیرو
life'-boat *n.* کرجی نجات
life'-buoy (*-bɔi*) *n.* کویهٔ شناور ـ کمربند نجات
life'guard *n.* نگهبان ، گارد {لفظ فرانسه}ـ شناگری که دراستخر ها وامثال آن‌مردم را از غرق شدن نجات میدهد

life'-jacket *n.* لباس چوب پنبه‌ای
life'-less *a.* بیجان، بیروح- بی‌آبادی
life'like *a.* زنده نما ، واقع نما
life'-line *n.* طناب نجات
life'long *a.* برابر با یك عمر
life-preserver (-*prizə':və*) *n.* چماق ِ ته سربی - لباس چوب پنبه‌ای
life'-size(d) *a.* قدّی،تمام قد،باندازهٔ خود ِ آدم زنده ، تمام قد
a l.-sized picture عکس تمام قد
life'time *n.* عمر ، مدت زندگی
lift *vt.*, *vi.*, & *n.* (۱) بلندکردن- بالا بردن - دزدیدن - برچیدن (خیمه) - کندن (۲) بالا آمدن ، بلند شدن (۳) اسانسور[لفظفرانسه]- (عمل) بلندکردن- سواری - خیز ، درجهٔ بلندی
l. up one's eyes چشم خود را بلندکردن ، بالا نگریستن
give one a l. کسیرا سواری‌دادن یا سوارکردن -کسیرا دستگیری کردن
lig'ament (-*əmənt*) *n.* پیوند
lig'ature (-*əchə*) *n.* & *vt.* (۱) (شریان) بند (۲) بستن - بهم پیوستن
light (*lait*) *n.* & *a.* (۱) روشنایی ، نور - چراغ - آتش سیگار - روزنه ، دریچه - [مج] روشنی ، تنویر - لحاظ ، جنبه ، نظر - [در جمع] استعداد (۲) روشن [l. blue]
see the l. چشم بدنیاگشودن
stand in one's l. جلو روشنایی یا ترقی کسی را گرفتن
in a good l. روشن ، پیدا
bring to l. روشن یامعلوم‌کردن
throw l. upon روشن کردن ، کمك بتوضیح (چیزی) کردن
in the l. of از لحاظ ِ- نظر به - بکمك ِ
the l. of one's countenance حسن نظر - موافقت - خوش بینی [گاهی بطعنه]
strike a l. کبریت زدن

l. and shade سایه روشن
high lights روشن ترین قسمت های تصویر
light (,,) *vt.* & *vi.* [lit *or* lighted] (۱) روشن‌کردن - آتش زدن (سیگار)- (۲) روشن شدن ، منورشدن
l. up سیگارآتش‌کردن - چراغ (های خانه یا خیابان(را) روشن کردن
lighting-up time موقع قانونی روشن‌کردن چراغ های وسائط نقلیه
light (,,) (*a*)*dv.* سبك - آهسته
l. expense هزینه کم، خرج جزئی
l. woman زن سبك یا بی‌عفت
l. sleeper کسیکه خوابش سبك‌است
l. heart دل ِ امیدوار ، امیدواری
l. of foot سبك ِ پا ، تندرو
make l. of سبك‌گرفتن
light (,,) *vi.* [lit *or* lighted] فرود آمدن ، پایین‌آمدن - وارد آمدن ، رسیدن - [با on] تصادفاً دیدن
light'-armed *a.* سبك اسلحه
lighten (*lai'tn*) *v.* سبك‌کردن یا شدن - آسوده‌کردن یا شدن
lighten (,,) *v.* روشن‌کردن یاشدن
lighter (*lai'tə*) *n.* & *vt.* (۱) فندك - دوبهٔ بارکیری ، دوبهٔ بزرگ (۲) بادوبه بردن
light'-fingered *a.* چابك دست ، کش‌رو ، تردست
light'-foot(ed) *a.* چابك ، سبك پا
light'-handed *a.* ماهر ، تردست
light'-headed *a.* گیج ، بی‌فکر
light'-hearted *a* بی‌غم - امیدوار
light'house *n.* فانوس دریایی
lightly (*lait'li*) *adv.* بسبکی - آهسته - کم [eat l.] - بچابکی - با خونسردی - خوشدلانه - بدون دلیل‌خوبی
light'minded *a.* سبك مغز ، سبك
light'ness *n.* سبکی - کمی - آهستگی - چابکی - خوشدلی
light'ning *n.* برق ، آسمان درخش

light'ning-rod *or* **-conductor** *n.* برق گیر ، میل برق گیر

lights (*laits*) *npl.* شُش گوسفند یا خوك كه بسگ و گربه می خورانند

light'ship *n.* کشتیِ فانوس‌دار

light'some (*-səm*) *a.* خوشدل ، شوخ - چابك ، سبك - ظریف

light'-weight *a.* سبك وزن

lig'nite (*-nait*) *n.* زغال سنگِ چوب نما

likable (*lai'kəbl*) *a.* دوست داشتنی

like (*laik*) *vt.* دوست داشتن ، میل داشتن

I should l. to know میل داشتم بدانم ، میخواستم بدانم

How do you l. it? آیا میل‌دارید یا ندارید و اگر دارید تاچه اندازه ؟

as you l. هر جور میل شما باشد

likes (*n.*) **and dislikes** آنچه شخص بدانها مایل یااز آنها بیزار است ، حب و بغض

like ('') *prep. a.* & *n.* (۱) مانندِ ، مثلِ ، شبیه به ، چون - باندازهٔ ، بقدرِ - در خورِ (۲) همانند ، متشابه - شبیه، مانندخودآدم - همجنس (۳)مانند ، مثل ، نظیر

l. that اینطور ، اینجور

in l. manner همینطور ، بهمین‌نحو

more (*or* **most**) **l.** شبیه تر(ین)

What is it l.? چه‌جور چیزی‌است

something l. 100 *rials* صد ریال چیزی‌کم چیزی بالا

I do not feel l. working. حال (یا حوصلهٔ) کارکردن ندارم

Don't do the l. چنین کاری را نکنید

and the l. و مانندآن ، وامثال‌آن

like *conj.* = **as** چنانکه ، بطوریکه

like'lihood (*-hud*) *n.* احتمال

in all l. احتمال‌کلی دارد ، باحتمال قوی

like'ly (*-li*) *a.* محتمل - راست نما

It is not l. he will come. احتمال ندارد(که) بیاید

a l. boy یك بچه خوش آتیه

li'ken (*-kən*) *vt.* تشبیه کردن

like'ness *n.* شباهت - شکل ، شبیه

like'wise (*-waiz*) *adv.* & *conj.* (۱) همانطور (۲) نیز ، همینطور هم

li'king *n.* میل ، تمایل - ذوق

have a l. for میل داشتن (به)

lilac (*lai'lək*) *n.* یاس کبود ، یاس درختی (یاشیروانی) - بنفش‌کمرنگ

Liliputian (*-piu':shiən*) *a.* کوتوله ، قدکوتاه

lilt *v.* & *n.* (۱) سراییدن ، بطور موزون خواندن (۲) سرود موزون

lily (*lil'i*) *n.* سوسن - زنبق

l. of the valley سوسن

limb (*lim*) *n.* اندام، عضو [دست یا پا] - [د. ك] بچهٔ شیطان

escape with life and l. جان سالم بدر بردن

lim'ber (*-bə*) *n.* & *vt.* (۱) پیش قطار (۲) به‌پیش‌قطار بستن (توپ)

lim'ber ('') *a.* & *v.* (۱) نرم ، انحنا پذیر(۲) نرم‌کردن یاشدن

lim'bo (*-bou*) *n.* کنار دوزخ ، اعراف -(جای) فراموشی و غفلت

lime (*laim*) *n.* & *vt.* (۱)آهك - چسب ،کشمشك (۲) با آهك کود دادن - چسب‌زدن - بوسیله چسب‌گرفتن [پرنده]

lime ('') *n.* لیموترش یا لیموی‌عمانی

lime'-burner *n.* آهك پز

lime'juice (*-ju:s*) *n.* آبلیمو

lime'-kiln *n.* کورهٔ آهك پزی

lime'light (*-lait*) *n.* روشناییِ سفیدکه از داغ کردن‌آهك بدست می‌آید و برای روشن کردن (قسمتی از) صحنه نمایش بـکار میرود ، روشنائی صحنه -

{با the} [مج] شهرت
lime'stone *n.* سنگ آهك
lime'-twig *n.* شاخهٔ چسب‌دار - دام
lim'it *n.* & *vt.* (۱) حدّ
{ج. حدود } - پایان - اندازه ، وسعت
(۲) محدود کردن - منحصر کردن
There is no l. to it. حدندارد،
حدّی برای آن متصوّر نیست
within limits باعتدال
within the limits of در حدودِ
limitation (*-tei'shən*) *n.* تحدید.
محدودیت -شرط - حدّ - مرور زمان
lim'ited *ppa.* محدود
l. monarchy (سلطنت) مشروطه
l. liability company شرکت با
مسئولیت محدود
lim'itless *a.* بی‌حد ، بی‌پایان
limn (*lim*) *vt.* {Arch}
تصویر کردن
limousine (*lim'uzi:n*) *n.* یکجور
اتومبیل کالسکه‌ای
limp *vi.* لنگیدن - سکته داشتن
limp ('') *a.* نرم ، خم‌شو - [مج]سست
lim'pet (*-pit*) *n.* جانوَر نرم تنی
که بجداره ها می‌چسبد ، صدف کوهی
lim'pid *a.* زلال ، صاف - روشن
limpid'ity *n.* زلالی ، روشنی
lim'pingly *adv.* لنگان لنگان
limy (*lai'mi*) *a.* آهکی - چسبناك
linch'pin *n.* میخِ محور ، میخ آسه
line (*lain*) *n.*, *vt.* & *vi.* (۱)
خط -سطر - بند ، ریسمان - سیم - لوله -
فرد یا مصراع - صف - قطار ، ردیف -
رشته - [درجمع] زمینه ، حدود ، طرح -
سرنوشت - دودمان ، نسب - رویه ، طرز
فکر - یك سری جنس { '' سری ''
فرانسه است } - (۲) خط کشیدن ، خط
زدن - درصف آوردن { با up } - تراز
کردن (۳)درصف آمدن { با up }
in l. موافق ، مطابق
come (*or* fall) into l. درصف
آمدن - [مج] موافقت کردن
all along the l. در امتداد تمامی
خط - [مج] درهمه جا (کامیاب)
drop some one a. l. دو کلمه
(یادوسطر) کاغذ برای کسی نوشتن
by rule and l. با دقت
draw the l. (somewhere)
حدود کار را معلوم کردن
draw the l. at امتناع کردن از
read between the lines
معنی پوشیدهٔ نوشته یاسخنی را دریافتن
hard lines سختی ، بدبختی
line ('') *vt.* آستر کردن
l. one's purse (*or* pocket)
جیب خود را پر کردن
lin'eage (*-iij*) *n.* دودمان ، نسب
lin'eal (*-iəl*) *a.* (واقع در خط)
عمودی ، پشته‌ای ، شجره‌ای- موروثی
lineament (*lin'iəmənt*) *n.*
نشان ویژه، خط ، طرح (بندی)، سیما
[درجمع] خطوط چهره
lin'ear (*-iə*) *a.* خطی - طولی
l. metre متر طولی ، متر کرباسی
l. measure اندازه یامقیاس درازا
line'man (*-mən*) *n.* {-men}
سیم‌کش‌هوایی - بازرسِ خط آهن
lin'en *n.* کتان - رختِ شستنی
{پیراهن و زیرشلواری ومانند آن}
wash one's dirty l. in public
نزاع‌های خانگی را برملاکردن
liner (*lai'nə*) *n.* کشتیِ بخار
(که وابسته بیك رشته‌کشتی های مسافری
باشد)
linesman (*lainz'mən*) *n.*
{-men} سیمکش‌هوائی - بازرس خط
آهن - [در فوتبال] خطبان
line'-up *n.* ترتیب‌جای بازی‌کنان- صف
lin'ger (*-gə*) *vi.* درنگ کردن -
تأخیر کردن - لنگ کردن - دیر (راه)
رفتن - فس فس کردن - طول کشیدن

lin'go (-*gou*) *n*. {-es} زبان بیگانه
lingua franca (-*gwə-fran'kə*)*n*. زبان آمیخته
lin'guist *n*. زبان دان
linguis'tic *a*. زبانی : (۱) وابسته به تحصیل رشته زبان (۲) وابسته بزبانهای بیگانه
linguis'tics *n*. مبحث زبان - طریقهٔ یادگرفتن زبانهای خارجی
lin'iment (-*mənt*) *n*. مرهم رقیق
li'ning *n*. آستر-[درماشین]لنت [مأخوذ از فرانسه یاروسی]
link *n*., *vt*., & *vt*. (۱) حلقهٔ زنجیر - دکمهٔ سر دست - [مجـ] رابطه ، وسیلهٔ پیوند (۲) بهم پیوستن - مربوط ساختن - جفت کردن (۳) متصل شدن
l. one's arm in another's دست در دست دیگری انداختن
link *n*. مشعل
link'-boy ; **-man** (*mən*) *n*. مشعل‌دار
links *n*. زمین بازی گلف
linn *n*. (۱) آبشار یاحوض چه‌ای که زیر آن درست میشود (۲) = ravine
li'no [مختصر linoleum]
linoleum (-*nou'liəm*) *n*. مشمع فرشی ؛ مشمع کف اطاق
linotype (*lai'nətaip*) *n*. قسمی ماشین حروف چینی
lin'seed (-*si:d*) *n*. بزرك ،بذرکتان
lin'sey-wool'sey (-*ziwul'zi*) *n*. یکجور پارچه پشم ونخ یا پشم وکتان
lint *n*. پارچهٔ زخم بندی ،کهنه
lin'tel (-*tl*) *n*. نعل‌درگاه ،کف‌طاق، تیرسردر، سنگ سردر
lion (*lai'ən*) *n*. شیر - برج اسد
l. 's share بزرگترین یابهترین بخش
li'oness *n*. ماده شیر - [مجـ] شیر زن
li'on-hearted *a*. شیر دل
lionize (*lai'ənaiz*) *vt*. دور(کسی) راگرفتن، شهرت برای(کسی) قائل شدن
lip *n*. لب - لبه - [ز.ع.] بیشرمی
curl one's lip باجمع کردن لب کسیرا مسخره کردن ،دهن کجی کردن
hang on a person's lips چشم بدهان‌کسی دوختن و تمام حرفهایش را گوش دادن
lip'-service *n*. عبادت زبانی
lip'stick *n*. ماتیكِ لب
liquefac'tion (-*kwifak'shən*) *n*. گدازش
liq'uefy (-*wifai*) *vt*. & *vi*. (۱) مایع کردن (۲) مایع شدن
liqueur (-*kiu'ə*; *kiɔ':*) *n*. لیکور [لفظ فرانسه]
liquid (*lik'wid*) *n*. & *a*. (۱) مایع ، آبکونه (۲) آبکی - شل - روان ، سلیس - روشن، صاف- [مجـ] قابل تغییر - نقد شو ، پول شدنی
l. measure پیمانهٔ مایعات
liquidate (*lik'wideit*) *vt*. & *vi*. (۱) واریختن ، تصفیه کردن - پرداختن - فارغ‌شدن از ، شرّ (چیزی) را کندن- (نزدیك‌به) پول کردن (۲)حسابهای خود را واریختن ، برچیدن
liquida'tion (-*dei'shən*) *n*. واریزی، تصفیه
go into l. حساب بدهی های خود را واریختن ، برچیدن
liquor (*lik'ə*) *n*. مشروب ، نوشابه
liquorice (*lik'əris*) *n*. شیرین‌بیان، سوس
extract of l. ربّ سوس
lira (*li'ərə*) *n*. [lire (-*rə*)] لیر [پول ایتالیایی]
lisle thread (*lail thred*) فیل دُقس ، فیل دکس [لفظ فرانسه]
lisp *vi*. حرف سین یا (ز) رامانند(ث) تلفظ کردن، سرزبان یا نوك زبان حرف زدن

lis'som(e) (-*səm*) *a.* نرم - چابك
list *n.* & *vt.* (۱) صورت ، فهرست (۲) درصورت نوشتن ، فهرست کردن
the free l. صورت مجانی ها - صورت کالاهای بی گمرك
list *n.* & *vi.* (۱) يك‌بر شدگی (کشتی) - تمایل - میل (۲) يك‌بر شدن ، کج شدن
list {Arch.} *vt.* خواستن ، میل داشتن - خوش‌آمدن
list {Poet.} = listen
listen (*lisn*) *v.* گوش دادن - گوش کردن ، پذیرفتن
l. in گوش دادن { در رادیو }
listener (*lis'nə*) *n.* گوش دهنده
He is not a good l. گوش بحرف (دیگران) نمیدهد ، متکلم وحده است
list'less *a.* بیخال - بی‌علاقه
lists *npl.* میدان مبارزه
lit {*P.* & *PP.* of light} روشن
litany (*lit'əni*) *n.* دعا یا مناجات تهلیل‌دار
liter = litre
literacy (*lit'ərəsi*) *n.* سواد
lit'eral (-*ərəl*) *a.* حرفی - تحت اللفظی - لغوی - جدّی -فاقد قوهٔ تصور یا ابتکار ، تابع لفظ و صورت
lit'erally *adv.* لفظ بلفظ ، کلمه بکلمه-جداً ، بی‌تعارف، بی‌اغراق
lit'erary (-*ərəri*) *a.* اَدبی- ادیب
l. property حق نویسندگی ؛ حق استفاده ازمنافع محصولات ادبی
lit'erate (-*rit*) *a.* با سواد
literature (*lit'rəchə*; *lit'ə*-) *n.* ادبیات ـ نوشتجات
lithe (لایظ) *a.* نرم ، انحنا پذیر
lith'ograph (-*əgra:f*) *n.* & *v.* (۱) چاپ سنگی (۲) چاپ سنگی کردن
lithograph'ic print چاپ سنگی
lithography (-*thɔg'rəfi*) *n.* (فن) چاپ سنگی
Lithua'nian (-*ən*) *a.* اهل لیتوانی
lit'igant (-*gənt*) *n.* طرف دعوی
the litigants طرفین‌دعوی، متداعیین
lit'igate (-*geit*) *vi.* & *vt.* (۱) دادخواهی کردن ، عارض شدن (۲) مورد اعتراض یا دادخواهی قرار دادن
litigation (-*gei'shən*) *n.* مرافعه ، دادخواهی
litigious (-*tij'əs*) *a.* مرافعه جو - متنازع فیه
lit'mus (-*məs*) *n.* ماده آبی رنگی که چون اسید به آن بزنند قرمز میشود ، تور نسل {لفظ فرانسه}
li'totes (-*ti:z*) *n.* اثباتِ چیزی با نفی متضادّ آن چنانکه بجای It is a hard task گویند It is no easy task.
litre or liter (*li':tə*) *n.* لیتر
litter (*lit'ə*) *n.* تخت ـِروان - برانکار {لفظ فرانسه}
litter ('') *n.* & *vt.* (۱) آشغال ، چیز های غیر ضروری - تخته پهن - همه توله هایی که سگ یا خوک در يك وهله میزاید (۲) روی تخته پهن خواباندن { بیشتر با down } - ریخته و پاشیده کردن ـ زاییدن
in a l. ریخته و پاشیده
little (*lit'l*) *a.* کوچك {در برابر big } ، کوچولو - مختصر ـ قدکوتاه- بچگانه،پست {برای «کوچکتر» smaller و برای «کوچکترین» smallest باید گفت }
the l. ones بچه ها ، کوچولو ها
the l. people جنی ها
the L. Bear دب اصغر
lit'tle ('') *a.* & *adv.* { less ; least } & *n.* (۱-۲) کم (۲) هیچ ، ابداً - { با a } يك کمی ، قدری (۳) چیز یامقدارکم - مدت کم
l. knowing that غافل از اینکه

Wait a l. یك کمی صبر کنید
not a l. زیاد ، بسیار
l. by l. کم کم ، خرد خرد
what l. مقدار کمی که ، هرقدر کم
lit'tleness *n.* کوچکی
littoral (*lit'ərəl*) *a.* & *n.* (۱) ساحلی (۲) زمین ساحلی ، درباکنار
liturgy (*lit'əji*) *n.* آداب نماز - کتاب نماز - نماز عشاء ربانی
livable (*liv'əbl*) *a.* مناسب برای زندگی - قابل معاشرت
live (*liv*) *vi.* & *vt.* (۱) زندگی کردن- زیستن- زنده بودن - گذران کردن- منزل داشتن - محو یا فراموش نشدن (۲) بسر بردن ، گذراندن
l. to a great age (*or* **l. to be old**) زیاد عمر کردن
l. on بزندگی ادامه دادن ، باز هم زنده بودن
l. down بمرور زمان فراموش کردن
l. upon one's wife('s earnings) از درآمد زن خود گذران کردن
l. up to one's principles موافق مرام خود زیستن یارفتار کردن
l. up to one's income باندازهٔ درآمد خود خرج کردن
l. in (*or* **out**) پیش کارفرمای خود غذا خوردن (یا نخوردن)
l. a bad life بد زندگی کردن
l. out the night شب را بسر بردن ، شب را صبح کردن
Long l. ! زنده باد ، پاینده باد
live (*laiv*) *a.* زنده -[**a l. bee**] سرزنده - روشن- برقدار[**a l. wire**]- کهنه نشده ، قابل توجه - در نرفته -نکنده - [**a l. shell**] ، بکر - دارای جانور - آتش نزده [**a l. match**]
live'lihood ('"-) *n.* معاش
live'liness ('"-) *n.* سرزندگی- چابکی ، فعالیت - زنده دلی - روشنی
livelong (*liv'-*) *a.* { **Poet.** }— تمامیِ شب ، « همه شب »
the l. night
lively (*laiv'li*) *a.* با روح ، زنده ، جالب توجه - سر زنده ، چابك - فعال، زنده دل - روشن [**a l. colour**]- واقع نما - نشاط انگیز
liven (*lai'vn*) *v.* باروح کردن یا شدن - فعال کردن یا شدن [با **up**]
liver (*liv'ə*) *n.* جگر (سیاه) ،کبد
liv'eried *a.* لباس (نوکر بابی) پوشیده
liv'erish *a.* دچارِ ناخوشی کبد
liv'ery (*-əri*) *n.* لباس نوکر بابی
take up one's l. لباس نوکربابی یا مهتری پوشیدن
l. (stable) اصطبل برای کرایه دادن اسب یا نگهداری اسب های مردم
liv'eryman *n.* {**-men**} عضوِ شرکت یاصنفی که لباس مخصوص دارند
livestock (*laiv'stɔk*) *n.* دامهای روستایی ، چارپایان رعیتی
liv'id *a.* سربی رنگ -کبود
liv'ing *apa.* & *n.* (۱) زنده - معاصر - معمول - روشن- کامل- سرزنده ، با روح (۲) زندگی - معاش
the l. زندگان
within l. memory تا آنجا که مردمان زنده (یا معاصر) در یاد دارند
liv'ing-room *n.* اطاق نشیمن
liz'ard (*-əd*) *n.* بزمجه ، مارمولك
llama (*lah'mə*) *n.* لاما : قسمی شتر کوچك وبی کوهان در امریکای جنوبی
L. L. D. = **Doctor of Laws** دکتر در حقوق
lo (*lou*) *int.* {**Arch**} هان ، اینك
load (*loud*) *n.* & *vt.* (۱) بار (۲) بارکردن -پرکردن [تفنگ] - سنگین کردن - جا زدن
loaded with غرقِ ، مملو از
loaded dice طاسی که یکسوی آنرا سنگین کرده باشند ، طاس تقلبی
loa'ding *n.* بارگیری

breech-l. gun تفنگ ته پر
loadstone (*loud'stoun*) *n.* آهن‌ربای طبیعی یا معدنی
loaf (*louf*) *n.* { **loaves** } گرده نان ، قرص
a l. of sugar یك كله قند
loaf ('') *vi.* & *vt.* (۱) ولگردی کردن، بیهوده وقت گذراندن (۲) بیطالت گذراندن [با **away**]
loafer (*lou'fə*) *n.* ولگرد
loam (*loum*) *n.* خاك رس و شن آمیخته با گیاه پوسیده ، خاك گلدانی
loamy (*lou'mi*) *a.* آمیخته باخاك رس و شن و مواد گیاهی
loan (*loun*) *n.* & *vt.* (۱) وام ، قرضه ، قرض - [برای غیراز پول] عاریه - اقتباس (۲) وام‌دادن ، قرض‌دادن ، عاریه دادن [اصطلاح امریکائی]
on l. بعنوان وام یا قرض
have the l. of وام گرفتن
loath (*louth*) *a.* بیمیل ، بیزار
nothing l. راضی ، مایل
loathe (*louth* لوظ) *vt.* نفرت کردن یا بیزار بودن از ، بد دانستن
loath'ful (''-) = **loathsome**
loa'thing (ـظینگ) *n.* بیزاری، نفرت
loath'some (*-səm*) *a.* نفرت‌انگیز
loaves { *pl.* of **loaf** }
lob (*lɔb*) *vi.* & *v.* [**-bed**] (۱) سنگین راه رفتن (۲) [در تنیس یا کریکت] بدزدن (گوی) بطوریکه رو بهوا رود
lobby (*lɔb'i*) *n.* & *vt.* (۱) راهرو - سرسرایی که نمایندگان درآنجا مردم بیرون را دیدن می کنند (۲) بوسیله دیدن نمایندگان و خواهش (لایحه ای را) گذراندن
lobe (*loub*) *n.* قسمت پهن و گرد که ازچیزی آویخته باشد - لخته ، پره - تیکه ، قسمت ، فص - [درگوش] نرمه
lobs'ter (*-tə*) *n.* خرچنگ دریایی
lob'ster-pot *n.* دام خرچنگ
local (*lou'kl*) *a.* & *n.* (۱) محلی - موضعی - داخلی - منحصر بیك جا (۲) اخبار محلی - قطار محلی
l. colour شرح زمان ومکان که داستانی را واقع نما میسازد
lo'calism (*-kəlizm*) *n.* اصطلاح یا لهجه محلی - آیین یا عادات محلی - محدودیت فکر
local'ity (*-ti*) *n.* محل ، موضع - مکان جغرافیایی - جای وقوع
localization (*-laizei'shən*) *n.* تخصیص بیك جا - تمرکز - تعیین محل
localize (*lou'kəlaiz*) *vt.* (دارای خصوصیات) محلی کردن - در محل ویژه‌ای متمرکز کردن
locally (*lou'kəli*) *adv.* درمحل - بطور موضعی
locate (*loukeit'*) *vt.* تعیین محل (چیزیرا) کردن - قرار دادن
Where is that village located?
آن ده درکجا واقع شده است
loca'tion *n.* محل ، مکان ، موقعیت - (تعیین) مسیر یامحل - اقامت
loch (*lɔx*) *n.* [در اسکاتلند] دریاچه
lock (*lɔk*) *n.*, *vt.*, & *vi.* (۱) قفل ، قفل مغزی - [درتفنگ] وسیلهٔ آتش رسانی - سد دریچه دار برای بالا و پایین بردن کشتی (۲) قفل کردن - محکم نگاه داشتن (۳) قفل شدن یا کلید شدن [در گفتگوی از دندان ها]
combination l. قفل ابجد یاحروفی
under l. and key زیر قفل
l. away درجای قفل شده نگهداشتن
l. in ازبیرون در را روی (کسی) بستن
l. out پشت در (یابیرون) نگهداشتن
l. up زیر قفل نگهداشتن - درمحلی محصور کردن - حبس کردن (سرمایه)
lock ('') *n.* طره (مو) - دسته (پشم یا پنبه)

locker (*lɔk'ə*) *n.* دولابچه (خصوصی) ـ رخت کن ـ محفظه ـ [درکشتی] جای نگهداری لباس و اسباب ، صندوق
go to (or be in) Davy Jones's locker غرق شدن
locket (*lɔk'it*) *n.* قاب فلزی برای نگهداری عکس یا مو و آویختن آن از گردن
lockjaw (*lɔk'jɔ:*) *n.* قفل شدن (یاکلید شدن) آروارهٔ زیرین ، تریسموس [لفظ یونانی]
lockout (*lɔk'aut*) *n.* بستن کارخانه بروی کارگران ، تعطیل کار از طرف کارفرما
lock'smith *n.* قفل ساز ، چلنگر
lockup (*lɔk'ʌp*) *n.* بازداشتگاه ـ (موقع) بستن آموزشگاه ـ حبس سرمایه
locomotion (*loukəmou'shən*) *n.* حرکت ازجایی بجای دیگر ، نقل ـ نیروی حرکت
locomo'tive (*-tiv*) *n.* & *a.* (۱) لوکوموتیو (۲) مربوط بحرکت ـ متحرك ، سیار ـ محرك
locum tenens (*lou'kəmti':nənz*) *n.* جانشین ، قائم مقام
locust (*lou'kəst*) *n.* ملخ
lo'cust-tree *n.* درخت اقاقیا
locution (*lɔkiu':shən*) *n.* شیوهٔ سخن گویی ، عبارت سازی ـ عبارت ، اصطلاح
lode (*loud*) *n.* رگه (معدن)
lodestar or **load-** (*loud'-*) *n.* ستارهٔ قطبی ـ [مج] راهنما
lode'stone = **loadstone**
lodge (*lɔj*) *n.*, *vt.*, & *vi.* (۱) منزل ، جا ـ اطاق دربان یا باغبان یا نوکر ـ مجمع فراماسونها (۲) جادادن ، منزل دادن ـ پذیرایی کردن (از) ـ سپردن ، گذاشتن (پول) ـ قرار دادن (۳) منزل کردن ـ جا گرفتن
Where do you l.? در خانهٔ کی منزل گرفته اید ؟
l. a complaint عرضحال دادن ، شکایت کردن ، دادخواهی کردن
lodg(e)ment (*lɔj'mənt*) *n.* تسلیم عرضحال ـ جمع شدن کثافت
lodger (*lɔj'ə*) *n.* مستأجر (قسمتی از خانه)
lodging (*lɔj'ing*) *n.* اطاق کرایه ای ، منزل
lodg'ing-house *n.* خانه ای که اطاقهای آن باجاره واگذار میشود
loft (*lɔft*) *n.* اطاق زیر شیروانی یا نزدیك سقف ـ جای علف وکاه در نزدیکی سقف ـ طویله ـ ایوان یا تالار کلیسا ـ کبوترخان
lof'tily *adv.* با مناعت ـ مغرورانه
lof'tiness *n.* بلندی ـ مناعت ـ غرور
lofty (*lɔf'ti*) *a.* بلند ـ بزرگ ـ مغرورانه ـ عالی (نما) ، آب و تابدار
log (*lɔg*) *n.* کنده (درخت) ـ [درکشتی] سرعت سنج ـ شرح روزانه سفر کشتی
log (,,) *vt.* {-ged} بریدن و الوار کردن (درختان جنگلی) ـ در دفتر روزنامه دریا پیمایی ثبت کردن
loganberry (*lou'gənberi*) *n.* قسمی توت که ازپیوند تمشك و توت جنگلی بدست می آید
logarithm (*lou'gə-*) *n.* لوگاریتم ، ا؛ ، اب
the base of a l. پایهٔ لوگاریتم
common l. لوگاریتم بپایهٔ ۱۰
log('-book) *n.* روزنامهٔ دریاپیمایی ـ دفتر ثبت روزانه
loggerhead (*lɔg'əhed*) *n.* آدم کودن
at loggerheads مخالف ودعوائی
logic (*lɔj'ik*) *n.* (علم) منطق
logical (*lɔj'ikl*) *a.* منطقی
log'ically (*-kəli*) *adv.* منطقا
logician (*-jish'ən*) *n.* منطق دان ، [درجمع] منطقیون
loin'-cloth *n.* لنگ

loins (lɔinz) *npl.* کمر - صلب - [در صیغه مفرد] گوشت گرده گوسفند

loiter (lɔi'tə) *vi.* درنگ کردن ، تأخیر کردن - تنبلانه راه رفتن

l. away (*vt.*) **one's time** وقت خود را بیهوده گذرانیدن

loll (lɔl) *vi.* & *vt.* (۱) لم دادن ، لمیدن - بیرون افتادن [با out] - (۲) آویختن ، (زبان را) بیرون انداختن [با out]

London (lʌn'dən) *n.* لندن

Lon'doner (-dənə) *n.* لندنی

lone (*loun*) *a.* تنها ، تك - دلتنگ

play a l. hand دست تنها (یا بی کمك دیگران) کارکردن

lone'liness *n.* تنهایی- دلتنگی

lone'ly (-*li*) *a.* تنها ، بیکس ، دلتنگ - خلوت ، متروك ، وحشت ناك

lone'some (-*səm*) *a* دلتنگ(کننده)

long (*lɔng* لانگ) *a.* & *adv.* (۱) دراز ، طولانی - بلند [در لباس] - مفصل - قدیم (۲) مدت‌ها - مدت زیادی ، مدتی

l. measure مقیاس درازا

l. sight دوربینی ، نظرِ دور رس

a l. custom یك رسم دیرینه

How l. is it ? درازا (یاطول) آن چقدر است ؟

It is 2 metres l دو متر است ، درازا (یاطول آن) دو متر است

3 months l. ۳ ماهه

a l. arm نفوذ عمیق یا دور رس

l. head دوراندیشی و زیرکی

l. tongue عادت وراجی

l. face لب و لوچهٔ افتاده

take l. views دور اندیش بودن

l. odds تفاوت زیاد در مسابقه

l. dozen سیزده تا

l. wind درازنفسی- طاقت‌زیاد دویدن

in the l. run سرانجام ، عاقبت

before l. بزودی ، بهمین زودی

It will not take l. طولی نخواهد کشید ، مدت زیادی نمی‌خواهد

It is l. since I finished it. خیلی وقت است آنرا پایان رسانده‌ام

for l. مدت زیادی ، خیلی

the l. and the short of it آنچه گفتنی است - نتیجه کلی

L. live! زنده باد ، پاینده باد

How l. ? تاکی ، چند وقت ، چقدر

l. ago مدتی پیش ، مدت زیادی پیش

not l. ago چندی پیش ، اخیراً

all day l. در تمام روز

so l. as / **as l. as** مادامی که - بشرطی که

He no longer went there. (هیچ) دیگر آنجا نرفت

I don't need it any longer. دیگر احتیاجی به‌آن نداریم

at (the) longest منتها

long (,,) *vi.* آرزو یا اشتیاق داشتن

l. for something اشتیاق یا آرزوی چیزیرا داشتن

long'bow (-*bou*) *n.* کمانِ دستی (که اندازه‌قد تیرانداز است)

draw the l. اغراق گفتن- افسانه جعل کردن

long'cloth *n.* چلوار

longevity (-*jev'iti*) *n.* درازیِ عمر ، طول عمر

long'hand *n.* خط‌معمولی ، درازنویسی

long'-headed *a.* زیرك ، دوراندیش

lon'ging *n.* & *a.* (۱) آرزو، اشتیاق (۲) حاکی از اشتیاق

lon'gish *a.* کمی دراز

lon'gitude (-*jitiu:d*) *n.* (درجه) طول

longitu'dinal (-*nəl*) *a.* طولی

long'-lived *a.* معمر ، زیاد عمر کرده - دیر پاینده

long'-shoreman (-*mən*) *n.* کارگر بندری یا ساحلی [-men]

long'-sighted (*-saitid*) *a.* دور اندیش

long'-sightedness *n.* دور اندیشی

long'-suffering *a.* رنجبر ، بردبار

long'ways (*-weiz*) = longwise

lon'-winded *a.* مطوّل - پرگو

long'wise (*-waiz*) *adv.* از درازا ، طولاً

loofah (*lu':fə*) *n.* لیف (درختی)

look (*luk*) *vi.*, *vt.*, & *n.* (۱) نگاه کردن - مواظب یاملتفت بودن - رو کردن - اشاره داشتن - بنظر آمدن {l. brave}-(۲) دیدن - نشان دادن ، با نگاه فهماندن (۳) نگاه - سیما - نمود - [در جمع] (زیبائی) ظاهر

I l. at him. باو نگاه میکنم

I l. to him. امید من باو است

l. to نظر افکندن به - مواظب (چیزی) بودن

l. daggers at some one نگاه زهرآلود یا غضب آلود بکسی کردن

It looks like rain. گویا خیالِ باریدن دارد

look black متغیر بنظر آمدن

It looks as if چنین مینماید که

look a person in the face توی صورت کسی خیره نگاه کردن

He looks malice. بدخواهی (یا سوء قصد) از سیمای وی پیدا است

He does not look his age. باندازهٔ سنش بنظر نمی آید

l. oneself again بهبود یافتن

l. about بهرسو نگاه کردن

l. after مواظبت کردن

l. back سرد شدن - سرخوردن

l. down با نگاه از رو بردن - پایین آمدن ، ارزان شدن

l. down (up)on پست تر از خود دانستن ، حقیر شمردن

l. for . . . پیِ . . . گشتن

l. forward to something انتظار چیزی را داشتن

l. into رسیدگی کردن (به)

l. on a person with . . . بدیدهٔ . . . بکسی نگاه کردن

l. in سرزدن، دیدنیِ مختصر کردن

l. on تماشا کردن - رو به . . . بودن

l. out مواظب بودن - منتظر بودن - گوش بزنگ بودن

L. out! خبردار ! بپا !

l. over معاینه کردن ، بازرسی کردن - صرف نظر کردن از

l. round اطراف کار را دیدن

L. sharp. زود باشید ، بجنبید

l. through بدقت دیدن

l. through and through هی نگاه کردن ، برانداز کردن

l. up پیدا کردن ، نگاه کردن ، جستجو کردن - احترام گذاردن - بالا رفتن ، ترقی کردن - سرزدن به

l. one up and down کسیرا برانداز کردن

He was looked upon as a sage. او را حکیم می شمردند

have a look at نگاه کردن

by the l. of it از ظاهر آن

look'er-on *n.* ناظر ، تماشاچی

look'ing-glass *n.* آیینه ، آینه

look'-out *n.* مراقبت - دیدگاه - دیدبان - چشم انداز ، دورنما ، امید

keep a l. (*or* be on the l.) for . . . مراقبِ . . . بودن

It is his own l. خود او باید مراقب آن باشد ، مربوط بخود اوست

loom (*lu:m*) *n.* کارگاه بافندگی

loom ('') *vi.* از دور نمودار شدن - بزرگ و تیره نمودار شدن

loon (*lu:n*) *n.* قسمی اسفرودِ بیدمُم ، غوّاص

loop (*lu:p*) *n.*, *vt.*, & *vi.*

(۱) حلقه یاپیچ (در طناب و رسم‌الخط و غیره) - گره - چرخ - جا مادگی (۲) حلقه کردن (۳) پیچ یاچرخ خوردن - حلقه زدن

loop'-hole *n.* مزغل ، کلوخ انداز - سوراخ ، روزنه - [مج] راه‌گریز ، مفر

loop'-line *n.* (خط) دو راهی

loose (*lu:s*) *a.* شُل - [l. knot] جدا [l. collar] - قابل انتقال - لق - [l. clothes] - گشاد [l. tooth] آزاد ، کنده شدنی [l. leaf] - هرز [l. screw] - سست ، بیربط - لوس

of a l. texture شل بافت

l. bowels شکم روان ، لینت

l. tongue دهن‌لق - عادت‌افشای‌اسرار

be at a l. end بی تکلیف بودن ، کار معینی نداشتن

come l. ول شدن ، ورآمدن

a l. fish [مج] آدم هرزه

work l. هرز شدن

on the l. ول ، مشغول کیف

loose (,,) *vt.* ول کردن ، آزاد کردن - شل یا هرز کردن - لق کردن - باز کردن (گره) گشاد

loose'-fitting *a.*

loose'-leaf *a.* دارای اوراقی که قابل برداشتن است

loose'ly *adv.* بطور شل یا ول - آزادانه - گشاد گشاد - [در اصطلاح لغت نویسی] بامسامحه ، اگرزیاد دقیق نباشم

loo'sen (*-sən*) *vt.* & *vi.* (۱) باز کردن - شل کردن ، لینت دادن - سست کردن - ول کردن ، آزاد کردن (۲) شل شدن - باز شدن - نرم شدن

loose'ness *n.* شلی - لقی - آزادی - هرزگی - بیربطی - سستی - مسامحه

loot (*lu:t*) *n.* & *vt.* (۱) اخاذی از دشمن هنگام جنگ ، تاراج ، غارت (۲) غارت کردن

lop (*lɔp*) *vt.* & *vi.* [-ped] (۱) تراش کردن، شاخه‌زدن، قطع کردن [بیشتر با off] - (۲) آویزان شدن ، ول بودن

lope (*loup*) *vi.* شلنگ برداشتن [در گفتگوی از جانور]

lop'-eared *a.* آویخته گوش

lop'-sided (*-saidid*) *a.* کوتاه و بلند ، بی قرینه - سبك و سنگین

loquacious (*loukwei'shəs*) *a.* پرگو ، وراج

loquacity (*-kwas'iti*) *n.* وراجی

lord (*lɔ:d*) *n.* لرد [لقبی است در انگلستان] - آقا ، ارباب - [در جمع] اعیان ، اشراف - [با L] خداوند

the L.'s prayer دعای ربانی

the L.'s day روز خداوند که بعقیده نصارا یکشنبه است

l. (*vi.*) it خداوندی یا اختیار داری کردن

I will not be lorded over by him. زیر بار بزرگی او نمیروم

lord'ly (*-li*) *a.* لردوار - مغرور

lord'ship *n.* لردی ؛ آقایی ، بزرگی ، خداوندی - ملك

Your L. *or* His L. جناب آقای لرد . . .

lore (*lɔ* ; *lɔə*) *n.* دانستنی ها - علم

lorgnette (*lɔ:nyet'*) *n.* عینك دسته بلند

lorn [Poet.] = **forlorn**

lorry (*lɔr'i*) *n.* کامیون یا بارکش (که در امریکا بیشتر truck می گویند) [''کامیون،، لفظ فرانسه است]

lose (*lu:z*) *vt.* & *vi.* [lost] (۱) گم کردن - از دست دادن - تلف کردن - ضرر کردن - باختن - شکست خوردن در (۲) تلفات دادن

l. interest بی‌میل شدن

It lost me my office. مقام (اداری) خود را روی اینکار گذاشتم

We lost sight of him. (کم کم) از نظر ما ناپدید شد ، او را گم کردیم

losing game بازی‌ای که باخت آن حتمی بنظر میرسد

be lost to از دست دادن
Sleep was lost to me
خواب بمن حرام شد
loser (*lu':zə*) *n.* بازنده‌ـضرر کننده ـ شکست خورنده
a bad l. (آدم) بد قمار
loss (*lɔs*; *lɔ:s*) *n.* زیان ، ضرر ، خسارت ـ فقدان ـ { در جمع } تلفات یا ضایعات
be at a l. گیج یا متحیر بودن
sell at a l. بضرر فروختن
lost {*p.* & *pp.* of lose}
lost *ppa.* گم شده ـشکست خورده
l. labour کوشش بیهوده یا ضایع
lot (*lɔt*) *n.* قرعه ـ بخش ، بهره ، قسمت ، فال ـ سرنوشت ـ پارچه یا قطعه (زمین) ـ دسته ـ {د: ک} مقدار زیاد
I threw (or cast) my l. with him. با بخت او شریك شدم
by l. با قرعه (کشی)
draw (or cast) lots قرعه انداختن (یا کشیدن) ، پشك انداختن
The l. fell upon (or came to) me. قرعه بنام من اصابت کرد
a l. (or lots) of money
پول بسیار ، پول زیاد ، خیلی پول
Take the whole l. همه را برای خود بردارید
That's the l. همین‌است ، همین بود
a bad l. آدم بی‌شرف یا ناتو
a l. (*adv.*) زیاد
lots better خیلی بهتر
loth (*louth*) = loath
lotion (*lou'shən*) *n.* آبِ دارویی برای شستشو
lottery (*lɔt'əri*) *n.* بخت آزمایی
lotus (*lou'təs*) *n.* درخت کنار یا سدر ـ یکجور نیلوفر آبی درمصر
lo'tus-eater *n.* کسیکه زندگی را به چرت یا کیف می گذراند
loud (*laud*) *a.* & *adv.* (۱) بلند ـ زرق و برق دار ـ پر صدا ـ شلوق کن (۲) باصدای بلند ، بلند
l. speaker بلندگو
loud'ly *adv.* بلند ، باصدای بلند
loud'ness *n.* بلندی (صدا)
lounge (*launj*) *vi.* & *n.* (۱) لم دادن ـ ول گشتن (۲) اطاق برای لم دادن (در باشگاه یا مهمانخانه)
l. away (*vt.*) one's time
وقت را بیهوده (یا بلمیدن) گذراندن
l.-suit کت و شلوار معمولی
lour (*laur*) *vi.* اخم کردن ـ تیره شدن
louse (*laus*) *n.*{lice} شپش ـ شپشه
lou'sy (*-zi*) *a.* شپشو ـ اکبیری
lout (*laut*) *n.* آدم بی‌دست و پا ـ شخص بی تربیت
lou'tish *a.* بیدست وپا ـ بی‌تربیت
lovable (*lʌv'əbl*) *a.* دوست داشتنی
love (*lʌv*) *n.*, *vt.*, & *vi.*
(۱) محبت ، دوستی ـ عشق ـ معشوقه (۲) دوست داشتن (۳) عاشق بودن
l. for (or of) mankind
محبت بنوع بشر
be in l. with a girl
عاشقِ دختری بودن
fall in l. with عاشقِ . . . شدن
make l. اظهار عشق کردن
My l. جانم ، عزیزم
a l. of a child بچهٔ دوست داشتنی
for the l. of بعشقِ ، بخاطرِ
send one's l. to a person
سلام دوستانه بکسی فرستادن
play for l. سرِ هیچ بازی کردن ، سر سلامتی مزاج بازی کردن
There is no l. lost between them. باهم بدند
love'-affair *n.* عشق بازی
love'-child *n.* بچه حرامزاده
love'less *a.* فارغ از عشق

love'liness *n.* شیرینی ، دلربایی
lovelorn (*lʌv'lɔ:n*) *a.* غمزدهٔ عشق ، مهجور
lovely (*lʌv'li*) *a.* دوست داشتنی، شیرین ـ خوب ، باصفا {l. weather} ـ دلکش
love'-match *n.* عروسی مبنی برعشق
lover (*lʌv'ə*) *n.* دوستدار ـ عاشق ـ فاسق ـ {درجمع} عاشق ومعشوق
love'-sick *a.* بیمارِ عشق
lov'ing *apa.* دوستدار ـ محبت آمیز
lov'ing-cup *n.* پیالهٔ بزرگِ شرابخوری که دو دسته دارد
lov'ing-kindness *n.* مهربانی ، محبت
lov'ingly *adv.* از روی محبت
low (*lou*) *a.* & *adv.* (۱) پست ـ کوتاه ـ آهسته ، بم { l. voice } ـ پایین ـ کم ، نازل ـ زمینی {a l. ball} ـ یقه باز، دکلته {لفظ فرانسه} ـ افسرده ـ پیش پا افتاده ، مبتذل ـ بی مزه ، خنك ـ { درغذا } ساده (۲) آهسته ـ پائین ـ بطور پست ـ دیر ، عقب ـ به بهای نازل
l. comedy کمدی سراسر خنده
the L. Countries هلند (و بلژیك)
l. -water mark نشان جزر کامل ـ {مج} منتهای بدی یا پستی اوضاع
in l. spirits افسرده
in l. water {مج} بی پول
have a l. estimate of حقیر شمردن ـ خوش گمان نبودن نسبت به
run l. (به) ته کشیدن
lie l. تخت خوابیدن ـ پنهان ماندن
be laid l. زمین خوردن ـ کشته شدن ، مردن ـ در بستر بیماری ماندن
low ('') *n.* & *vi.* ماق (کشیدن)
low'-born *a.* فرومایه ، بد اصل
low'-bred *a.* بی تربیت ، پست
low-brow (*lou'brau*) *n.* کسیکه مدعی داشتن افکار عالی یا سلیقه زیاد در ادبیات و موزیك و صنعت نیست

low'-browed *a.* کوته جبین ـ {درخانه} دارای سردر کوتاه دلتنگ (کننده)
low'-down *a.* بی شرف ـ بی شرفانه
lower (*lou'wə*) *vt.* & *vi.* (۱) پایین آوردن ـ کاستن (از) ، کم کردن ـ پست یا رسوا کردن ـ بم کردن ـ ضعیف کردن (۲) پایین آمدن ـ تنزل یافتن ـ پست شدن
lo'wer ('') *a.* زیرین ، زیری ، تحتانی ـ پست تر
the l. world عالم اموات ـ دنیای دون
L. House ; L. Chamber مجلس عوام انگلیس ـ مجلس نمایندگان امریکا
L. Egypt مصر سفلی ، مصر پایینی
lower (*laur*) = lour
lowermost (*lou'wəmoust*) *a.* پایین ترین ، اسفل
Low'lander (*-də*) *n.* اهل جنوب خاور اسکاتلند که آنرا Lowlands مینامند
low'liness *n.* پستی ، فروتنی
low'ly *a.* & *adv.* (۱) پست ، حقیر ـ فروتن ـ بی ادعا (۲) ازروی افتادگی
low'-necked = décolleté
low'ness *n.* پستی ـ کوتاهی ـ بمی (صدا) ، آهستگی ـ کمی ، پایینی ـ فرومایگی
low-pressure (*lou'preshə*) *a.* کم فشار
loyal (*lɔi'əl*) *a.* باوفا ، وفادار ، صادق ـ وظیفه شناس ـ صادقانه
loy'alist *n.* دولت دوست ـ کسیکه هنگام شورش از دولت طرفداری میکند
loyally (*lɔi'əli*) *adv.* وفادارانه ، صادقانه
loyalty (*lɔi'əlti*) *n.* وفاداری ، صداقت
lozenge (*lʌz'inj*) *n.* قرص ـ {هن} لوزی ، معین
£. s. d. (*el'esdi':*) *n.* لیره و

ٔشیلینگ و پنس - پول ، دولت ، ثروت

Lt. [مخففِ Lieutenant]

Ltd. [مخففِ Limited]

lubber (*lʌb'ə*) *n.* آدم کودن - ملوان تازه کار

lub'berly *a.* بیدست و پا ، مهمل

lubricant (*lu':brikənt*) *a.* & *n.* (۱) نرم سازنده ، لغزان یاروان سازنده (۲) روغن

lu'bricate (*-keit*) *vt.* روغن زدن (به) ، روان کردن ، لیز کردن ، نرم کردن

lubricating-oil روغن ماشین یا موتور ، روغن (برای روان‌ساختن) ماشین

lubrication (*-kei'shən*) *n.* روغن زنی - نرم سازی ، روان سازی

lu'bricator (*-keitə*) *n.* روغن‌دان - روغن زن

lucent (*liu':sənt*) *a.* (نیم) شفاف

lucerne (*lu:sə:n'*) *n.* یونجه

lu'cid *a.* روشن ، واضح - سالم

lucidity (*liu:sid'iti*) *n.* روشنی ، وضوح

Lu'cifer (*-fə*) *n.* ستارهٔ بامداد - شیطان - [با l] کبریت

luck (*lʌk*) *n.* بخت ، اقبال - خوش بختی

good l. خوش بختی

bad l. ; hard l. بد بختی

Good l. to you. خدا بهمراه

bring good l. خوش یمن بودن

We are down on our l. [Col.] بخت بما پشت کرده است

luckily (*lʌk'ili*) *adv.* خوشبختانه

luck'less *a.* بدبخت - قرین بدبختی

lucky (*lʌk'i*) *a.* خوش بخت - قرینِ خوش بختی - خوش یمن

lucrative (*lu:k'rətiv*) *a.* پرسود

lu'cre (*-kə*) *n.* سود - جیفه

lu'dicrous (*-rəs*) *a.* مضحك - چرند

lug (*lʌg*) *vt.* [-ged] بزور کشیدن

luge (لوژ) *n.* [Fr.] لوژ

luggage (*lʌg'ij*) *n.* بنهٔ سفر ، جامه‌دان [امریکائی‌ها بیشتر بجای این کلمه baggage میگویند]

l. booth صندوق عقب ماشین

lugger (*lʌg'ə*) *n.* کشتی کوچك که یك یا چند شراع چارگوش دارد

lu'g-sail *n.* بادبان چارگوش

lugu'brious (*-əs*) *a.* غم‌انگیز

lukewarm (*lu:k'wɔ:m*) *a.* نیم گرم ، ولرم - [مج] سرد ، غیرصمیمانه

lull (*lʌl*) *vt.*, *vi.*, & *n.* (۱) آرام کردن (۲) ساکت شدن ، فرو نشستن (۳) آرامش

l. to sleep خواب کردن ، خواباندن

lullaby (*lʌl'əbai*) *n.* & *vt.* (۱) لالایی ، لایلای (۲) با لالایی خواب کردن

lumbago (*lʌmbei'gou*) *n.* کمردرد

lumber (*lʌm'bə*) *n.*, *vt.*, & *vi.* (۱) تیرِ بریده ، الوار - خِرت و پرت (۲) جای (اطاق) را گرفتن (۳) چوب بریدن

lum'ber ('') *vi.* سنگین و با صدا راه رفتن

lum'berman (*-bəmən*) *n.* [-men] چوب‌بُر - چوب فروش ، الوار فروش

lum'ber-room *n.* انبار خرت وپرت

luminary (*lu':minəri*) *n.* جسم روشن ، نیر [nayyer]

luminosity (*lu:minɔs'iti*) *n.* روشنایی - وضوح

lu'minous (*-nəs*) *a.* درخشان - روشن - شب نما [l. paint] - واضح

lump (*lʌmp*) *n.*, *vt.*, & *vi.* (۱) کلوخه - تیکه - برآمدگی - [مج] آدم تنه لش (۲) یکجا گرفتن یاسفارش دادن - چکی گرفتن - رویهم حساب کردن - جمله یا یکجا (پول) گذاشتن - بناچار تحمل کردن (۳) جمله شدن ، یك کاسه شدن

l. sugar قندکلوخه یا قالبی

a l. sum مبلغ یکجا
in a l. sum یك جا
in the l. روی هم رفته ، یکجا
l. in one's throat عقده درگلو
lum'pish *a.* تنه لش ـ کودن
lumpy (*lʌm'pi*) *a.* غلنبه غلنبه ـ ناهنجار ، کلفت ـ متلاطم ، موج‌دار
lunacy (*lu':nəsi*) *n.* دیوانگی
lunar (*lu':nə*) *a.* قمری
lunatic (*lu':nətik*) *n.* دیوانه
l. (*a.*) asylum تیمارستان
lunch (*lʌnch*) *n.* & *vi.* (۱) ناهار (۲) ناهار خوردن
lun'cheon (*-chən*) *n.* ناهار
lung (*lʌng*) *n.* شُش ، ریه ، جگر سفید ـ میدان ، تفرجگاه
lunge (*lʌnj*) *n.* & *vi.* (۱) ضربه شمشیر ـ حمله (۲) یورش یاحمله کردن
lurch (*lə:ch*) *n.* & *vi.* (۱) عقب‌ماندگی زیاد [دربازی] (۲) تکان ، یله (۳) یله رفتن ـ بیکسو تکان خوردن
leave in the l. گرفتارگذاشتن ، (کسیرا درجایی) کاشتن
lure (*liu'ə* ; *liɔ:*) *n.* & *vt.* (۱) کبوتر پر قیچی ، پر مُشت ـ [مج] دام ، دانه (۲) بدام‌انداختن ـ تطمیع کردن
lu'rid *a.* رنگ پریده ـ ترسناك
throw a l. light on بطورمخوف یا غم‌انگیز شرح دادن
lurk (*lə:k*) *vi.* درکمین نشستن ـ پنهان ماندن
lur'king-place *n.* نهانگاه
luscious (*lʌsh'əs*) *a.* خوش مزه ، لذیذ ـ خوش‌آیند ـ زننده
lush (*lʌsh*) *a.* پربشت ـ پرآب
lust (*lʌst*) *n.* & *vi.* (۱) شهوت (۲) شهوت داشتن
l. after (*or* for) something شهوت چیز براداشتن یاآرزوی آنرا کردن
lus'ter = lustre

lust'ful *a.* شهوانی
lus'tily *adv.* با بنیهٔ خوب
lustre (*lʌs'tə*) *n.* برق ، جلا ـ تابش ، درخشندگی ـ پرداخت ـ [در شمشیر] آب ، جوهر ـ [مج] شکوه ـ آب و تاب ، لعاب ـ جار ، چراغ آویز ، لوستر ـ (آویزهٔ) چلچراغ
lus'trous (*-trəs*) *a.* برّاق-آبدار
lusty (*lʌs'ti*) *a.* خوش بنیه ، تندرست- تند ، سنگین - [a l. drink] باروح ، سر زننده
lute (*liu:t*) *n.* & *vi.* (۱) عود (۲) عود زدن
luxuriance (*lʌksiu':riəns* ; *lʌgzu':-*) *n.* فراوانی ، وفور ـ پر پشتی ، انبوهی
luxu'riant *a.* فراوان ، سرشار ـ پر پشت ، انبوه ، تیپ ـ پرصنعت
luxu'riate (*-rieit*) *vi.* خوش‌گذراندن ـ لذت بردن
l. in description آزادانه شرح دادن ، درشرح چیزی بیدادکردن
luxu'rious (*-əs*) *a.* خوش‌گذران ، عیاش ـ با تجمل ، مفصل
a l. life زندگی تجملی، خوش‌گذرانی
luxury (*lʌk'shəri*) *n.* خوش گذرانی ، عیاشی ـ نعمت ، وفور ـ تجمل ـ چیز تجملی- لذت ـ [در جمع] وسایل خوش‌گذرانی ، نعمات
lycée (*li':sei*) *n.* [Fr.] دبیرستان دولتی
Lyceum (*laisi':əm*) *n.* نام باغی در آتن که ارسطو در آن درس میگفت ـ جای سخن‌رانی وآموزش ـ بنگاه ادب
lye (*lai*) *n.* آب قلیایی
ly'ing-in *n.* زاییمان ، وضع حمل
l.- in hospital زایشگاه
lymph (*limf*) *n.* لمف ، لنف [لفظ فرانسه] : خلط آبکی ـ شیرهٔ غذائی
lymphat'ic *a.* & *n.* (۱) لمفاوی :

ترشح کنندهٔ لمف یا بلغم (۲) مجرای لمف بر

lynch (*linch*) *vt.* بدون دادرسی قانونی اعدام کردن

l. law مجازات بدون دادرسی که مردم از پیش خود معین کنند

lynx (*links*) *n.* سیاه‌گوش

lynx'-eyed (*-aid*) *a.* تیز بین

lyre (*lai'ə*) *n.* بربط ، چنگ ، لیر [لفظ فرانسه]

lyric (*lir'ik*) *n.* شعر غنائی ، غزل

lyr'ic ; lyr'ical (*-kəl*) *a.* درخور غنا ـ غزلی ـ احساساتی

lyr'ics *npl.* غزلیات ، اشعار غنائی

M m

ma (*ma:*) (ما) {mamma مختصرِ}
M. A. = Master of Arts
(لقب) لیسانسیه ادبیات
ma'am (*mahm*) {Col.} بانو ، خانم { در طرز خطاب نوکر بخانمش یا دکاندار بزنهای مشتری}
macabre (*məka:b'r*) *a.* خوفناك
danse m. {Fr.} (رقص) مرگ
macadram (*məkad'əm*) *n.* قلوه سنگ {برای سنگ فرش}
macaroni (*-kərou'-*) *n.* ماکارونی
macaroon (*-kəru:n'*) *n.* نان فرابی
macaw (*məkɔ':*) *n.* قسمی طوطی بزرگ
mace (*meis*) *n.* پوست جوز - گرز ، طوبوز
mace'-bearer *n.* گرزدار ، چاووش
Macedonian (*-sedou'niən*) *a.* مقدونی
macerate (*mas'əreit*) *vt.* درآب نرم کردن ، خیساندن - لاغر کردن ، کشتن (نفس)
machination (*-kinei'shən*) *n.* دسیسه، دوزوکلك ، توطئه ، فتنه
machine (*məshi:n'*) *n.* ماشین
sewing-m. چرخ دوزندگی یاخیاطی
machine'-gun *n.* & *vt.* (۱) مسلسل (۲) بمسلسل بستن
machinery (*-shi':nəri*) *n.* ماشین آلات - دستگاه
machinist (*-shi':-*) *n.* ماشین کار - چرخ کار - ماشین ساز
mackerel (*mak'ərəl*) *n.* ماهی خالی مخالی ، {mackerel} اسقومری { از لفظ یونانی }
m. sky آسمانی که لکه های سفیدِ ابرآنرا پوشانده باشند
mackintosh (*mak'intɔsh*) *n.* بارانی لاستیکی و پارچه‌ای
mad *a.* {-der} دیوانه - عصبانی - شیفته - هار { a m. dog }- احمقانه - سخت ، شدید
drive m. دیوانه کردن
like m. دیوانه‌وار - باحالت خشم
be m. about, for, *or* after... شیفتهٔ . . . شدن
mad'am (*-əm*) *n.* بانو ، خانم
madame (*mad'əm* ; *-dahm'*) {Fr.} *n.* { mesdames (*mei-dahm'*) } بانو ، خانم {بیانوان شوهردار وغیر انگلیسی گفته میشود}
mad'cap *n.* آدم دیوانه و بی پروا
madden (*mad'n*) *vt.* دیوانه کردن
made { *p.* & *pp.* *of* make }
made (*meid*) *ppa.* ساخته - ساختگی
well-m. خوش ساخت
mademoiselle (*madmozel'*) {Fr.} *n.* { mesdemoiselles (*meidməzel'*) دوشیزه ، مادموازل
made'-up' *a.* جعلی ، ساختگی
mad'ly *adv.* دیوانه‌وار
mad'man (*-mən*) *n.* {-men ; *fem.* -woman (*wumən*) ; *pl.* -women (*wimən*)} دیوانه، آدم دیوانه
mad'ness *n.* دیوانگی - عصبانیت

madonna (*mədɔn'ə*) *n.* تصویر حضرت مریم
mad'rigal (*-gəl*) *n.* تصنیف عاشقانه
maelstrom (*meil'stroum*) *n.* گرداب بزرگ - [مج] عامل مخرّب
magazine (*-gəzi:n'*) *n.* مجله - مخزن مهمات - [در تفنگ] جعبه خزانه
mag'dalen(e) (*-dəli:n*) *n.* فاحشهٔ توبه کرده
maggot (*mag'ət*) *n.* کرم حشره - [مج] وسواس - هوس
magi [*pl. of* magus]
magic (*maj'ik*) *n.* & *a.* (۱) جادو(یی) ، سحر (۲) سحرآمیز
m. lantern فانوس شعبده
mag'ical (*-kəl*) *a.* سحر آمیز
magician (*məjish'ən*) *n.* جادو(گر) ، ساحر
magisterial (*-jisti'əriəl*) *a.* آمرانه ، حاکمانه ، مطلق - صادر شده از کلانتری یا دادگاه بخش
magistrate (*maj'istret*) *n.* رئیس کلانتری - رئیس دادگاه بخش
Mag'na Char'ta (*-nə-cha':tə* ; *-ka':*-کا-) *n.* [L.] فرمان آزادی شخصی وسیاسی که در سال ۱۲۱۵ میلادی پادشاه انگلستان‌راوادار بامضای آن کردند
magnanimity (*-nənim'iti*) *n.* علوّ طبع ، بلند همتی ، استغنای طبع
magnan'imous (*-məs*) *a.* بزرگوار ، نظر بلند ، آقامنش
mag'nate (*-neit*) *n.* شخص بانفوذ ومتمول - [در جمع] اعیان ، اشراف
magne'sia (*-shə*) *n.* (اکسید دو) منیزی ، طباشیر فرنگی
magnesium (*-ni':ziəm*) *n.* منیزیوم [لفظ فرانسه]
mag'net (*-nit*) *n.* آهن‌ربا، مقناطیس
magnet'ic *a.* مقناطیسی- [مج] جذاب
mag'netism (*-tizm*) *n.* خاصیت آهن ربایی - مانیتیسم [لفظ فرانسه] - [مج] کشندگی
mag'netize (*-taiz*) *vt.* آهن ربایی کردن - [مج] تحت نفوذ خود درآوردن
magneto (*-ni':tou*) *n.* [در ماشین های درون سوز] مگنت
magnif'icence *n.* شکوه ، عظمت
magnif'icent (*-sənt*) *a.* باشکوه ، عالی ، باعظمت - بزرگ
mag'nifier (*-faiə*) *n.* بزرگ‌کننده - ذره‌بین ، عدسی
mag'nify (*-fai*) *vt.* بزرگ‌کردن، درشت نشان دادن - اغراق آمیز کردن
mag'nifying-glass *n.* ذره‌بین
magnil'oquence (*-əkwəns*) *n.* آب وتاب (درسخن یا انشاء)
magnil'oquent *a.* پرآب وتاب، با طنطنه - غلنبه نویس ، بزرگ سخن
mag'nitude (*-tiu:d*) *n.* بزرگی ، عظمت - حجم - [هـ] قدر - [مج] اهمیت
mag'pie (*-pai*) *n.* کلاغ جاره
magus (*mei'gəs*) *n.* [magi (*-jai*)] مجوس، مغ -جادو(گر) ، ساحر
magyar (*mag'ya:*; *mad'ya:* -با) *n.* مجار
mahogany (*məhog'əni*) *n.* چوب ماهون (یا ماغون)
maid (*meid*) *n.* دختر ، دوشیزه - خدمتگار ، کلفت
old maid زن شوهر نکرده
m. of honour ندیمهٔ درباری
maiden (*mei'dn*) *n.* & *a.* (۱) دختر، دوشیزه، باکره (۲) دست نخورده، درست - بکر ، تازه - امتحان نشده
m. speech نخستین نطق هرکس
m. name نام خانوادگی زن پیش از شوهر کردن
mai'denhair *n.* پرِ سیاوش
mai'denhood *n.* دوشیزگی
mai'denly *a.* دوشیزه‌وار ، محجوب
maid'servant *n.* خدمتگار ، کلفت

mail (*meil*) *n.* & *vt.* (۱) زره (۲) زره بوش کردن ، زره دار کردن
the mailed fist نیروی مسلح
mail ('') *n.* & *vt.* (۱)بست - کیسهٔ نامه های بستی (۲) با بست فرستادن
mail'-carrier *n.* { U. S. } = postman
mail'-coach *n.* دلیجان بستی
maim (*meim*) *vt.* فلج کردن - چلاق کردن
main (*mein*) *a.* & *n.* (۱) عمده، اصلی ، مهم (۲) شاه لوله - خط اصلی - نکته اصلی - دریا - نیرو
in the m. بطور کلی - اساساً
main'land *n.* قارهٔ بدون جزیره {مثلاً قارهٔ اروپا دربرابر جزایر برطانی}
main'ly *adv.* اساساً ، بیشتر
main'mast *n.* شاه دکل
main'spring *n.* شاه فنر
maintain (*meintein'*) *vt.* نگهداری (و تعمیر) کردن - ابقا کردن - ادامه دادن- برقرارداشتن - عقیده داشتن- حمایت کردن از
main'tenance (*-tənəns*) *n.* نکهداری(و تعمیر) - قوت ، گذران ، خرجی
maize (*meiz*) *n.* ذرّت
majes'tic (*mə-*) *a.* باعظمت- شاهانه
majesty (*maj'isti*) *n.* بزرگی ، عظمت ، شأن - پادشاهی
His M. اعلیحضرت
Her M. علیاحضرت
Your M. اعلیحضرتا! - علیاحضرتا!
major (*mei'jə*) *a.*, *n.*, & *vi.* (۱) بزرگتر ، اعظم - ارشد {درگفتگوی ازدو برادر در یك آموزشگاه } - کبیر ، بالغ (۲) شخص کبیر - {نظ} سرگرد (۳) تخصص پیدا کردن
m. (term) کبری (*kobra*)
major-domo (*-jədou'mou*) *n.* ناظر یا پیشکار { در خانه های امرا و بزرگان }

ma'jor-gen'eral *n.* سرلشکر
majority (*məjɔr'iti*) *n.* اکثریت- پایهٔ سرگردی - کبر (*kebar*)
by a m. vote باکثریت آراء
make (*meik*) *v.* {made} & *n.* (۱) ساختن ، درست کردن آماده یا تهیه کردن - طرح کردن - در آوردن {m. money} - قرار دادن - باعث شدن - وادار یا مجبور کردن - پیمودن ، طی کردن - رسیدن به (بندر) - شدن - (پیش) رفتن - رفتار کردن ؛ حرکت کردن (۲) ساخت ، ترکیب - حالت
m. a noise صدا یاشلوق کردن
What do you m. that to be? آنرا چه میدانید ؟
m. a friend of some one باکسی دوست شدن
m. laugh خنداندن
m. little of- چندان سودی نبردن از- ناچیز شمردن ، بحساب نیاوردن
m. much of استفاده زیاد کردن از - مهم دانستن ، حساب بردن از
I don't know what to m. of it. هیچ (ازآن چیزی) نمی‌فهمم ، نمیدانم (این حرکت) یعنی چه
What difference does it m.? چه تفاوتی میکند ؟
m. something do (*or* **m. do with something**) با چیزی تاه کردن یا بسر بردن
m. a good teacher معلم خوبی ازآب درآمدن ، آموزگارخوبی شدن
2 and 2 m. 4 ۲ و ۲ میکند ٤ ، دو.و دو ٤ میشود
I made him go. او را وادار برفتن کردم ، او را وادارکردم برود
It will m. against us. بضرر ما تمام خواهد شد
m. believe وانمود کردن
m. away with برباد دادن - کار (کسیرا) ساختن

What do you m. the time? چه ساعتی است ؟ ساعت شما چند است ؟
m. for پیش رفتن بسوی ِ -کمك کردن (به) - پیش‌بردن - مورد حمله قرار دادن
m. off در رفتن ، گریختن
m. out درست کردن ، تنظیم کردن - ثابت کردن - مقصود (کسیرا) فهمیدن - تشخیص دادن
m. over واگذار کردن ، انتقال دادن - از نو درست کردن
m. up ساختن ، ترکیب کردن - تکمیل کردن - جعل کردن - گریم کردن [رجوع شود به make-up] - تنظیم کردن - صفحه بندی کردن ، آمادهٔ چاپ کردن - [با for] جبران کردن
m. up one's mind تصمیم گرفتن ، برآن شدن
m. up to a person پیش کسی خود شیرینی کردن
m. it up to a person خسارت کسیرا جبران کردن
American m. ساخت امریکا
make'-believe *n.* بهانه ، وانمود
maker (*mei'kə*) *n.* سازنده ، [درترکیب] ساز
the M. صانع (کل) ، آفریدگار
make'shift *n.* بدل ، چارهٔ موقتی
make'-up *n.* گریم [لفظ فرانسه] - صفحه بندی - ساختمان یا حالت دماغی
make'weight (*-weit*) *n.* مقدار کمبودی که باید بوزن چیزی افزوده شود. چیز یاعضو مکمل
ma'king *n.* وسیله پیشرفت - [در جمع] شرایط یا علائم
mal- [پیش وندی است بمعنی] ''بد'' یا ''نا'' ، چنانکه در maladminister ''بد اداره کردن''
Malacca-cane (*məlak'əkein*) *n.* عصای چوب خیزران
malady (*mal'ədi*) *n.* ناخوشی
malaria (*məlê'əriə*) *n.* مالاریا
mala'rial *a.* مالاریائی - نوبه خیز
Malay (*məlei'*) *a.* & *n.* (۱) وابسته به مالاکا (Malacca)- (۲) زبان مالاکا - اهل مالاکا
mal'content (*-kən-*) *a.* ناراضی ، آمادهٔ شورش
male (*meil*) *a.* & *n.* نر ، مذکر - مردانه
the males پسران ومردان ، ذکور
malediction (*malidik'shən*) *n.* لعنت
malefactor (*mal'ifaktə*) *n.* بدکار ، تبه‌کار ، جانی ، جنایت‌کار
malevolence (*məlev'ələns*) *n.* بدخواهی
malev'olent *a.* بدخواه - بدخواهانه
malfeasance (*-fi':zəns*) *n.* کار خلاف قانون ، خطای اداری
malformation (*-fɔ:mei'shən*) *n* خلقت ناقص
malformed' *a.* بدشکل - ناقص‌الخلقه
mal'ice (*-is*) *n.* بدخواهی - سوءقصد
malicious (*məlish'əs*) *a.* بدخواه ، بداندیش ، کینه‌جو - بدخواهانه
malign (*məlain'*) *a.* & *vt.* (۱) زبان‌آور - خطرناك - بدخواه (۲) بدگویی کردن از
malignancy (*məlig'nənsi*) *n.* بدخواهی ، کینه‌جویی ، خباثت - ردائت
malig'nant *a.* بدخواه - کینه‌جو - خبیث - [درطب] ردی ، خطرناك
malig'nity (*-ti*) *n.* کینهٔ دیرینه - [درطب] ردائت - رویداد بد
malinger (*məlin'gə*) *vi.* تمارض کردن ، از زیر کار در رفتن
mallard (*mal'əd*) *n.* قسمی اردك وحشی
malleable (*mal'iəbl*) *a.* چکش خور - [مج] نرم ، سازگار
malle'olus (*məli'ələs*) *n.*

غوزك ، قوزك
mallet (*mal'it*) *n.* چکش ِ چوبی-
کلوخ کوب ـ چوگان ـ مشته
mallow (*mal'ou*) *n.* پنیرك
malnutrition (*-rish'ən*) *n.*
سوء تغذیه
malodorous (*-ou'dərəs*) *a.* بدبو
malprac'tice (*-tis*) *n.* سهل‌انگاری
در معالجه ، معالجهٔ غلط ـ کار غیرقانونی
برای استفاده شخصی
malt (*mɔ:lt*) *n., vt., & vi.*
(۱) مالت، سمنوی جو (۲) مالت کردن ـ
مالت زدن (به) ـ (۳) مالتی شدن
Mal'ta fever تب ِ مالت
Maltese (*mɔ:lti:z'*) *a. & n.*
(۱) مالتی ، مالطی [Maltese]
(۲) اهل مالت ـ زبان مالت
maltreat (*-tri:t'*) *vt.* بدرفتاری
به (کسی) کردن ـ بد بکار بردن
maltreat'ment (*-mənt*) *n.*
بد رفتاری
mam(m)a (*məma':*) *n.*
ماما(ن) ، نه نه
mammal (*mam'əl*) *n.* پستاندار
mammon (*mam'ən*) *n.*
مال دنیا ، جیفه
mam'monish *a.* مال‌پرست ، دنیادار
mammoth (*mam'əth*) *n. & a.*
(۱) ماموت : یکجور پیل بزرگ که در
زمانهای پیشین در جهان میزیسته است
(۲) کلان ، عظیم‌الجثه
mammy (*mam'i*) *n.* نه ـ [در
امریکا] دده سیاه پرستار
man *n.* [men] مرد ـ آدم ، انسان ـ
شخص ، کس ـ تن ، نفر ، سر ـ مهره ـ
کارگر ـ نوکر ـ سرباز [بیشتر درجمع]
m. cook آشپز مرد ، مرد آشپز
play the m. مردانگی کردن
as one m. با یك زبان ، باتفاق
to a m. همه ، تا نفر آخر

m. and boy از زمان بچگی ،
چه درکودکی چه دربزرگی
a m. about town شخص پولداری
که وقت خود را به خوش گذرانی
و تماشا صرف میکند
the man in the street مردمان
عادی (که باین فن آشنانیستند)
man *vt.* [-ned] با کارگر یا جاشو
مجهز کردن [m. a ship]
manacle (*man'əkl*) *n. & vt.*
(۱) دستبند [بیشتر در جمع] ـ
(۲) دستبند زدن (به)
manage (*man'ij*) *vt. & vi.*
(۱) اداره کردن، گرداندن ـ ترتیب دادن ،
سروصورت‌دادن ـ ازعهده . . . برآمدن ـ
درست بکار بردن ـ تربیت کردن (اسب) ـ
درست کردن ـ نگهداری کردن (۲) کار
صورت دادن ، موفق شدن
m. to do it موفق بانجام آن شدن
m. a person حریف کسی شدن
managing director مدیر عامل
man'ageable (*-əbl*) *a.* اداره
کردنی ـ رام (شدنی) ـ تربیت پذیر
management (*man'ijmənt*) *n.*
اداره ـ (حوزه) مدیریت یا ریاست ـ
کاردانی ، حسن تدبیر ـ حیله
man'ager (*-jə*) *n.* مدیر ، رئیس
a good m. آدم خانه‌دار یا صرفه‌جو
man-at-arms' (*manət a:mz*) (تامز-)
n. سرباز سواره [بویژه سوار
سنگین اسلحه]
man'darin (*-də-*) *n.* مامورکشوری
یا لشکری درچین ـ [با M] زبان رسمی و
اصلی چینی‌ها
man'date (*-dit;-deit*) *n. & vt.*
(۱)حکم قیمومت ـ دستور مردم به (وکیل)
مجلس (۲) تحت قیمومت درآوردن
man'datory (*-dətəri*) *a. & n.*
(۱) متضمن حکم یا دستور ـ وابسته به
قیمومت (۲) قیم ، سرپرست [دراین معنی
mandatary نیز نوشته میشود]

man'dible *n.* آروارهٔ پرنده - آروارهٔ زیرین پستاندار ها و ماهی ها
man'dolin(e) (*-dəlin*) *n.* ماندولین [عودفرنگی]
man'drake (*-dreik*) *n.* مِهرگیاه ، مردم گیاه
man'drill *n.* قسمی بوزینه بزرگ و زشت در افریقای غربی
mane (*mein*) *n.* یال
man'-eater *n.* آدمخوار- ماهی کوسه
manes (*mei'ni:z*) *npl.* ارواح نیاگان (که مورد پرستش رومیان قدیم بودند)
man'ful *a.* دلیر ، شجاع - مردانه
man'ganese (*-gəni:z*) *n.* مغنیسیا ، سنگ سیاه شیشه گران
mange (*meinj*) *n.* گری ، جرب
mangel-wurzel(*man'g'lwə:z'l*) [Ger.] *or* **man'gold** *n.* چغندرِ خر خوری
manger (*mein'jə*) *n.* آخور
man'gle *n.* & *vt.* (۱) ماشینِ مهره کشی یا اتوکشی بوسیله بخار (۲) مهره کشیدن - با بخار اطو کردن
man'gle *vt:* ازشکل انداختن - ناقص کردن
man'go (*-gou*) *n.* [-goes *or* gos (*gouz*)] انبه - درخت انبه
man'grove (*-grouv*) *n.* درخت کرنا
mangy (*mein'ji*) *a.* گردار ، گر ، جرب دار - چرك ، اکبیری
man'-handle *vt.* با نیروی انسان حرکت دادن یا گرداندن - [د. گ] بد رفتاری به (کسی) کردن
man'-hole *n.* (سوراخ) آدم رو
man'hood *n.* مردی آدمیت
mania (*mei'niə*) *n.* جنون-عشق مفرط
ma'niac *a.* & *n.* (آدم) دیوانه
maniacal (*mənai'ək'l*) *a.* دیوانه ، بیخود
man'icure (*-kiuə*) *n.* & *vi.* (۱) مانیکور : آرایش و نگهداری دست و ناخن (۲) مانیکور کردن
manicurist (*-kiu'ə-*) *n.* مانوکور [لفظ فرانسه] ، (متخصص) مانیکور
man'ifest *n.*, *vt.*, & *vi.* (۱) آشکار، واضح (۲) آشکار ساختن ، معلوم کردن- ثابت کردن (۳) حاضرشدن (روح)
man'ifest *n.* صورت بارِ کشتی ، اظهارنامه (بارکشتی)
manifestation (*-tei'shən*) *n.* اظهار ، ابراز - ظهور ، تجلی - تظاهر - مظهر
manifes'to (*-tou*) *n.* اعلامیه ، بیانیه
man'ifold (*-fould*) *a.* & *vt.* (۱) چندبرابر ، متعدد - گوناگون - دارای چند شکل (۲) چندین نسخه از (چیزی) برداشتن
"He is a m. traitor". از چند جهت خائن است ، چند طرفه خائن است
man'ikin *n.* کوتوله - نمونه کالبد انسان برای استفاده در کالبد شناسی یا لباس فروشی
manilla (*mənil'ə*) *n.* قسمی سیگار برگی
M. hemp الیاف درختی در جزایر مانیل که از آن طناب میبافند
manipulate (*mənip'yuleit*) *vt.* با دست درست کردن - با تدبیر یا استادی انجام دادن - زیر نفوذ خود درآوردن
m. accounts حساب سازی کردن
manipulation (*-lei'shən*) *n.* ساختن چیزی با دست - تیاری (تریاك)- [مج] زرنگی ، استادی
mankind (*-kaind'*) *n.* نوع بشر
man'kind *n.* مردها ، ذکور
man'like *a.* آدم وار - مرد صفت
man'liness *n.* مردانگی - جوانمردی
man'ly *a.* مردانه - درخور انسان
manna (*man'ə*) *n.* منّ - ترنجبین و شیرخشت ومانند آنها

mannequin (*man'ikin*) *n.* زنی که از طرف لباس فروشان مزدور میشود تا لباس‌ها را پوشیده بمشتریان نشان دهد، مانیکن [لفظ فرانسه]

manner (*man'ə*) *n.* طریقه ،طور ، سبك - [در جمع] اطوار

in what m.? چگونه ، چطور

in this m. بدین طریق ، اینطور

after the m. of بسبك

all m. of همه جور ، همه رقم

adverb of m. قید وصفی

to the m. born نطرة آشنا به آداب و آماده برای موقعیت

good manners آداب ، حسن سلوك

man'nerism (*-izm*) *n.* سبك‌ویژه شخصی ، شیوهٔ عادی

mannerly (*man'əli*) *a.* باتربیت، مؤدب

man'nish *a.* (دارای اداهای) مردانه

manœuvre (*mənu':və*) *n.* & *v.* (۱) مانورجنگی [''مانور'' لفظ فرانسه است]- تدبیر - نقشه - زیرکی - تمهید (۲) مشق کردن یا دادن ، مانور دادن - باتدبیر (کاریرا) انجام دادن

man-of-war (*-əvwɔ':*) *n.* [men-] [لغت قدیمی برای] کشتی جنگی

manor (*man'ə*) *n.* ملك اربابی یا تیولی

manorial (*mənɔ':riəl*) *a.* مالکانه - ملکی

manse *n.* خانهٔ کشیش یا پیش نماز کلیسا در اسکاتلند

man'sion (*-shən*) *n.* خانه بزرگ‌و مجلل- عمارتی که‌دارای چندآپارتمان باشد

man'slaughter (*-slɔ:tə*) *n.* قتل غیر عمدی

mantel (piece) (*man't'lpi:s*) *n.* نمای بخاری ، طاقچه‌روی بخاری

mantilla (*-til'ə*) *n.* یکجور روسری زنانه

man'tis *n.* آخوندك

mantle (*man't'l*) *vt.*, *vi.*, & *n.* (۱) شنل‌زنانه - [مج] پوشش - توری (چراغ) -(۲) پوشاندن (۳) سرخ شدن [درگفتگوی از چهره]

man'-trap *n.* تلهٔ آدم گیر

man'ual (*-yuəl*) *a.* & *n.* (۱) دستی (۲) کتاب دست (یا دستی) - جا انگشتی [در ارگ]

manufac'tory (*-təri*) *n.* کارخانه

manufacture (*-niufak'chə*) *vt.* & *n.* (۱) ساختن - عمل‌آوردن (۲) ساخت - [در جمع] مصنوعات

m. rags into paper از کهنه کاغذ ساختن (یا عمل‌آوردن)

manufac'turer (*-chərə*) *n.* صاحب کارخانه

manufac'turing *apa.* صنعتی ، کارخانه دار [a m. city]

manure (*məniu'ə*) *n.* & *vt.* (۱) کود ، رشوه (۲) کود دادن.

man'uscript (*-yus-*) *n.* & *a.* (۱) دستخط - کتاب خطی [مختصر آن MS. است که درجمع MSS. میشود] - (۲) خطی ، با دست نوشته شده

in m. خطی ، دستی

many (*men'i*) *a.* [more; most] بسیار ، خیلی - متعدد

m. people خیلی از مردم

a great (*or* **good**) **m. persons** خیلی اشخاص ، بسیاری از مردم

It was one too m. یکی زیادبود.

be one too m. for پیشدستی کردن‌بر - زرنگ‌تر بودن از

How m. چند تا ، چند

I have as m. books as you (have). هرچند (یاهرقدر) شما کتاب دارید منهم دارم

3 times as m. سه برابر

I have twice as m. books as he has. من دو برابر او کتاب دارم

four mistakes in as m. lines چهار غلط در چهار سطر
so m. چندین ، اینقدر ، بقدری
m. a time چندین بار ، بارها
m. a man بسا اشخاص ، بسا کسا
m. of them بسیاری از آنها
the m. توده ، بیشتر مردم
m.-coloured رنگا رنگ
m.-leaved پر برگ ، سد برگ
m.-sided چند پهلو
map *n.* & *vt.* {-ped} (۱) نقشهٔ جغرافیا (۲) نقشه برداشتن از، رسم کردن- جزء بجزء معین کردن [معمولاً با out]
maple(*mei'pl*)*n.* افرا - چوب افرا
mar (*ma:* ما) *vt.* {-red} آسیب زدن ، از شکل انداختن - منغص کردن ، خراب کردن
maraud (*mərɔ:d'*) *vi.* حمله وتلاش کردن (برای غارت)
marauder (*-rɔ':də*) *n.* غارتگر
marble (*ma':bl* مابل) *n.* سنگ مرمر - مهره
mar'bled *a.* مرمرنما ، ابری
mar'ble-hearted *a.* سنگدل
Marcel' wave قسمی فر مصنوعی
march (*ma:ch* ماچ) *vi.*, *vt.*, & *n.* (۱) قدم رفتن (۲) نظامی وار بردن ، حرکت دادن ، کوچاندن (۳) مارش [لفظ فرانسه] - راه پیمائی - [مج] جریان ، پیشرفت - موزیك مارش
marching orders [نظ] فرمان حرکت - [د.گ] دستور ، حکم
march past رژه (رفتن)
march (,,) *n.* & *vi.* (۱) مرز ، سرحد ، زمین مرزی [بیشتر در جمع] - (۲) هم مرز بودن
March (,,) *n.* [نام ماه سوم اروپایی]، مارس [لفظ فرانسه]
mar'cher (*-chə*) *n.* مرز نشین
mar'chioness (*-shənis*) *n.* زن مارکیس [marquis]
mare (*mêə*) *n.* مادیان
a m. 's nest حرف مفت ، ادعای پوچ ، حقه بازی
mar'garine (*-gəri:n*; *-jəri:n*) *n.* مارجرین ،کرهٔ تقلیدی
margin (*ma':jin* ما-) *n.* حاشیه - [مج] جا - تفاوت احتیاطی - تفاوت بابت سود
mar'ginal. (*-nəl*) *a.* حاشیه‌ای
m. note حاشیه ، حشو ، یادداشت
marguerite (*ma':gəri:t* ما-) *n.* گل داوودی
mar'igold (*-gould*)*n.* گل‌همیشه‌بهار
French m. گل جعفری
marine (*məri:n*) *a.* & *n.* (۱) دریایی، آبزی [m. animals] - وابسته بکشتی رانی (۲) مجموع کشتی های بازرگانی یك کشور - سرباز نیروی دریایی
Tell that to the marines. بکسی بگوئید که باور کند
mar'iner (*-nə*) = sailor
marionette (*-riənet'*) *n.* عروسك خیمه شب بازی
marital (*mər'it'l*; *mərai't'l*) *a.* زوجی ، مربوط بشوهر - نکاحی
m. relations روابط زناشویی
mar'itime (*-taim*) *a.* دریایی - واقع در نزدیکی دریا
marjoram (*ma':jərəm* ما-) *n.* مرزنگوش ، مرزنجوش - اویشن ،گلپر
sweet m. مرزنگوش ، مرزنجوش
mark (*ma:k* ماك) *n.* & *vt.* (۱) نشان ، علامت - اثر ، داغ - هدف - مهر - خط - [در آموزشگاه] نمره (۲) نشان کردن - علامت گذاشتن (در) ، خط زدن - حساب (چیزیرا) را نگاه‌داشتن- ظاهر یا ابراز کردن - دلالت کردن بر - مشخص کردن
beside (*or* wide of) the m. خارج از موضوع - پرت - نادرست

up to the m. درست در جای خود - سر حال
mother's m. خال (مادرزاد)
make one's m. شهرت پیدا کردن
(God) save the m. استغفرالله
It is marked with spots. بوسیله خالهایی نشان دار است
He was marked out for leadership. برای ریاست‌ساخته شده بود
mark out a ground حدود زمینی را تعیین‌کردن یا نشان دادن
m. off جدا کردن (باخط)
m. the prices بهای اجناس را روی آنها گذاشتن
m. down or up بهای‌کمتر یابیشتر بر(چیزی) گذاشتن
m. time درجا زدن
mark *n.* مارك : واحد پول آلمان
marked *ppa.* نشاندار ، مارك‌دار - محسوس ، قابل ملاحظه - برجسته
marker (*ma':kə* ماکر) *n.* کسیکه حساب برد وباخت بازی (بیلیارد) را نگاه میدارد - نشان
market (*ma':kit*ماکت) *n. & vt.* [-ted] (۱) بازار (۲) فروختن
bring one's eggs (*or* hogs) to a bad m. درنقشه خود کامیاب نشدن - دست استمداد بهجایی درازکردن
in the m. درمعرض فروش
There is no m. for . . . بازار . .. کساد است
m.-garden باغ سبزیکاری
mar'ketable (*-əbl*) *a.* فروش رفتنی
mar'keting *n.* فروش (در بازار)
mar'ket-place *n.* بازار
marks'man (*-mən*) *n.* [-men] تیر انداز ماهر
marl (*ma:l* مال) *n.* خاك آهك‌دار
marline-spike (*ma':linspaik*) *n.* ریسمان واکن ، طناب‌گشا

marmalade (*ma':məleid*-ما) *n.* مارمالاد ، لرزانك
marmoset (*ma':məzet* -ما) *n.* قسمی بوزینه امریکایی
mar'mot (*-mət*) *n.* قسمی موش‌خرما
maroon (*məru:n'*) *vt.* درکرانه یا جای ویرانی ول‌کردن
maroon (,,) *n. & a.* (۱) نارنجك پرصدا (۱-۲) زرشکی - [درچشم] میشی
marquee (*ma:ki':* ماکی) *n.* چادر بزرگ
mar'quis *or* **-quess** (*-kwis*) *n.* کسی که پایین تر از duke و بالاتر از earl یا count است
marquise (*-ki:z'*) *n.* زن مارکیس { marchioness = }
marriage (*mar'ij*) *n.* عروسی ، ازدواج - زناشویی - [مج] یگانگی
give in m. شوهر دادن
take in m. بحبالهٔ نکاح درآوردن
m. lines گواهی نامه ازدواج
marriageable (*mar'ijəbl*) *a.* قابل ازدواج ، بالغ - درخور عروسی
m. age سن (قانونی برای) ازدواج
married (*mar'id*) *ppa.* زن‌دار ، متأهل - شوهردار
m. accommodation جابرای‌شخص زن‌دار یا شوهردار ، منزل دونفره ، منزل متأهلی
get m. عروسی کردن
m. life زندگی زناشویی
marrow (*mar'ou*) *n.* مغز (استخوان) -کدوی مسمائی [گاهی vegetable m. گفته میشود]
spinal m. مغز تیره ، نخاع
marry (*mar'i*) *vi. & vt.* (۱) عروسی کردن ، ازدواج کردن - زن گرفتن- شوهر کردن (۲) عروسی کردن‌با، بحباله نکاح در آوردن ، گرفتن ، اختیار کردن - [در گفتگوی از کشیش] زن دادن

یا شوهر دادن ، برای هم عقد کردن
m. off شوهر دادن ، بیرون کردن
Mars (*ma:z* ماز) *n.* - بهرام ، مریخ - [در اساطیر] نام رب‌النوع جنگ
Marseillaise *n.* [Fr.] مارسیز : سرود ملی فرانسه
marsh (*ma:sh* ماش) *n.* مرداب ، باطلاق
marshal (*ma':shəl* -ما) مارشال - رئیس تشریفات - [در مهمانی ها وغیره] ناظم - [در امریکا] (۱) مأمور قضائی که کارهای معینی بدو سپرده است (۲) رئیس شهربانی یا آتش نشانی
mar'shal (,,) *vt.* [-led] به ترتیب نشاندن ، رهنمایی کردن (با تشریفات) - مرتب کردن
marsh'-mallow *n.* گل خطمی
mar'shy *a.* مردابی ، باطلاقی
marsupial (*ma:siu'piəl* -ما) *a.* [ج. ش.] کیسه‌دار
mart (*ma:t* مات) *n.* مرکز بازرگانی - بازار
marten (*ma':ten* ماتن) *n.* دله یا سمور
martial (*ma':shəl* -ما) *a.* جنگی - نظامی
m. law (قانون) حکومت نظامی
Mar'tian (*-shən*) *a.* مریخی
mar'tin (*ma':-*) *n.* قسمی پرستو
martinet' *n.* انظباطی سخت‌گیر
martyr (*ma':tə*) *n.* & *vt.* (۱) شهید (۲) بشهادت رساندن
m. to gout اسیر یا کشتهٔ نقرس
mar'tyrdom (*-dəm*) *n.* شهادت
marvel (*ma':vəl* -ما) *n.* & *vi.* [-led] (۱) شگفتی - نمونه عجیب (۲) درشگفت بودن (یا شدن) ، درحیرت بودن
mar'vellous (*-vələs*) *a.* شگفت انگیز ، عجیب - [د.گ] عالی
mar'vellously *adv.* بطور عجیب

marvel-of-Peru (*ma':vələv-piru':*) *n.* گل لاله عباسی
Mary (*mê'əri*) *n.* مریم
marzipan (*ma': -* ما) *n.* قسمی کیك بادامی
mas'cot (*-kət*) *n.* برکت خانه
mas'culine (*-lin*) *a.* & *n.* (۱) مذکر [m. gender] - مردانه - مرد صفت (۲) جنس مذکر ، اسم مذکر
mash *n.* & *vt.* - (۱)خیساندهٔ مالت - نوالهٔ گرم که باسب میدهند (۲) نرم کردن - خمیر کردن - خیساندن
mashed potatoes پورهٔ سیب‌زمینی ["پوره" لفظ فرانسه است]
mask *n.* & *vt.* - (۱) نقاب ، ماسك - صورت ساختگی - [مج] پرده ، لفافه (۲) نقاب‌دار کردن - پوشیدن ، پنهان کردن
wear a m. ماسك زدن
under the m. of به بهانهٔ،درلفافهٔ
masked *ppa.* ، نقاب دار ، ماسك‌دار ماسکه [لفظ فرانسه] - دارای هیئت مبدل - پوشیده - مستتر
m. ball بال ماسکه
mason (*məi'sn*) *n.* - سنگتراش - بنای سنگ‌کار - عضو فراماسون ["فراماسون" لفظ فرانسه است]
masonic (*məsɔn'ik*) *a.* مربوط بفراماسون ها
masonry (*mei'senri*) *n.* سنگ‌کاری ، سنگتراشی -مصالح ساختمانی ازقبیل سنگ وسمنت وآجر
masque (*ma:sk*) *n.* یکجور نمایش کنگ که بازیگران آن نقاب میزدند
mas'querade (*-kəreid*) *n.* & *vi.* (۱) رقص با نقاب و هیئت های مبدل - [مج] بهانه ، نمایش ظاهر (۲) در جامه یا هیئت مبدل‌درآمدن - در رقص بانقاب شرکت کردن
mass *n.*, *vt.*, & *vi.* - (۱) توده - گروه - مقدار ، اندازه - بخش عمده ، اکثریت - [ف] حجم ، غند - [ر] مجموع

(۲) توده کردن، جمع کردن - تمرکز دادن (۳) توده شدن ، جمع شدن
in the m. یکجا ، مجموعاً
m.-meeting میتینگ مفصل
m. bombing بمباران دسته جمعی
the masses توده (مردم)
Mass *n.* آیین عشاء ربانی
massacre (*mas'əkə*) *n.* & *vt.* (۱) قتل عام (۲) دسته جمعی کشتن
massage (*maṣahzh'*) *n.* & *vt.* ماساژ (دادن) ، مشت ومال (دادن)
massive (*mas'iv*) *a.* بزرگ ، جسیم - سنگین - توپر - برجسته
massy (*mas'i*) *a.* توپر ، سنگین
mast (*ma:st*) *n.* دکل ، دیرك - تیر
three-masted سه دکله
master (*ma:stə*) *n.* & *vt.* (۱) آقا ،ارباب - استاد ، کارفرما - [درکشتی بازرگانی] ناخدا - رئیس - صاحب - خداوند - آموزگار - مرشد (۲) ماهر شدن در - تسلط یافتن بر - رام کردن
m. builder معمار - بنای مقاطعه کار
m. mariner ناخدای کشتی بازرگانی
m. physician سر پزشك
m. mind فکر بزرگ ، عقل کل
m. workman سرکارگر ، استادکار
mas'terful *a.* ریاست منش ، ریاست مآب - خودسر(انه) - تحکم آمیز
mas'terhood *n.* آقایی ، استادی
mas'ter-key *n.* کلید چندین قفل
mas'terly (*-təli*) *a.* استادانه ،ماهرانه
mas'terpiece (*-təpi:s*) *n.* شاهکار
mas'tership *n.* ریاست - استادی - آموزگاری - اختیارداری - آقایی
mas'tery (*-təri*) *n.* تسلط ،مهارت ، تبحر - تصاحب - پیروزی
mast'-head *n.* سردکل
mas'ticate *vt.* جویدن - خمیر کردن
mastication (*-kei'shən*) *n.* مضغ ، عمل جویدن
mas'tiff *n.* یکجور سگ بزرگ

که گوشها و لبهای آویخته دارد
mas'toid (*-tɔid*) *a.* پستانی ، حلمی
m. bone استخوان پشت گوش ، استخوان حلمی (شکل)
mas'turbate (*-təbeit*) *vi.* جلق زدن ، جرق زدن
mat *n.*, *vt.*, & *vi.* [-ted] (۱) بوریا ، حصیر - پادری - دستهٔ مو و مانند آن - زیربشقابی ، زیرگلدانی (۲) باحصیر پوشاندن - درهم گیر انداختن (۳) کرك شدن ، درهم گیر کردن
mat (") *a.* & *n.* (۱) مات ، بی جلا (۲) حاشیهٔ دور قاب عکس
mat'ador (*-ədɔ:*) *n.* کشندهٔ گاو ، گاوکش [درجنگ با گاو نر]
match (*mach*) *n.* کبریت - فتیله
match (") *n.* & *v.* (۱) حریف - مانند ، لنگه - همسر - مسابقه - پیوند ، وصلت (۲) وصلت دادن - همسر بودن (برای) - حریف (کسی) بودن - بمسابقه واداشتن - خوردن (به) ، جور بودن (با)
I am no m. for him. من حریف او نیستم (یا نمیشوم)
They are well matched. خوب بهم می آیند - حریف یکدیگرهستند
match'-box *n.* قوطی کبریت
match'less *a.* بی مانند ، بی نظیر
match'lock *n.* تفنگ فتیله ای
match-maker *n.* عروسی راه انداز ، مسبب امر خیر
match'wood *n.* خرده چوب - چوبیکه در ساختن کبریت بکار میرود.
make m. of خرد کردن
mate (*meit*) *n.*, *vt.*, & *vi.* (۱) لنگه -جفت، همسر -کمك - شاگرد - همکار ، همقطار ، رفیق - همدم - حریف (۲) جفت کردن ، وصلت دادن (۳) جفت گیری کردن - وصلت کردن- رفاقت کردن
cook's mate کمك آشپز
mate (") *n.* & *vt.* مات (کردن)

material (*məti'əriəl*) *n.* & *a.* (۱) چیز ، کالا ، جنس - ماده - پارچه - مواد (چاپ کردنی) - اسناد ، مطالب - [در جمع] مصالح (۲) مادّی ، جسمانی - مهم ، عمده - کلی
building materials مصالح ساختمانی
m. to happiness لازمهٔ خوشی
a m. noun اسم جنس
mate'rialism (*-lizm*) *n.* مادیت - اصالت ماده - فلسفه مادی
mate'rialist *n.* (آدم) مادّی
materialis'tic *a.* مبنی برمادّیت
material'ity *n.* مادیت ، جنبه مادی - اهمیت - ضرورت - [در جمع] مادیات
mate'rialize (*-laiz*) *vt.* & *vi.* (۱) مادّی کردن - مادی انگاشتن - مجسم کردن (۲) مجسم شدن - صورت خارجی بخود گرفتن ، جامهٔ عمل پوشیدن
mate'rially *adv.* اساساً ، اصلاً - بطور عمده - از لحاظ مادی - واقعاً
They differ m. تفاوت کلی با هم دارند
maternal (*mətə':nəl*) *a.* مادری ، مادرانه - امّی
m. uncle دایی
m. aunt خاله
mater'nally *adv.* مادرانه ، مادروار
mater'nity *n.* مادری - زایشگاه
m. hospital [دراین معنی مختصر m. home یا میباشد]
mathemat'ical (*-kl*) *a.* ریاضی
mathematician (*-tish'ən*) *n.* ریاضی‌دان ، [در جمع] ریاضیون
mathemat'ics *npl.* or *s.* ریاضیات
mat'in *a.* بامدادی ، سحری
mat'ins *npl.* نماز بامداد ، نماز سحر
ma'triarch (*-a:k*) *n.* رئیسهٔ خاندان ، مادر تیره یاخانواده
matrices [*pl.* of matrix]
matricidal (*mei'trisaidəl*) *a.* مادرکش - مبنی بر مادرکشی

matricide (*meit'risaid*) *n.* مادرکشی - مادرکش
matriculate (*mətrik'yuleit*) *v.* در دانشکده یادانشگاه پذیرفتن یا پذیرفته شدن
matricula'tion *n.* (اجازه) دخول در دانشگاه - امتحان ورودی بدانشگاه
matrimonial (*-mou'niəl*) *a.* ازدواجی
mat'rimony (*-məni*) *n.* ازدواج ، وضع ازدواجی
matrix (*mei'triks*) *n.* [matrices (*m. i'trisi:z*)] قالب - زهدان
matron (*meit'rən*) *n.* زن‌خانه‌دار ، کدبانو - زن شوهردار (یا شوهر کرده) - [در بیمارستان یاآموزشگاه] مدیره ، رئیسه
ma'tronly *a.* بانومنش ، موقر
matted (*mat'id*) *ppa.* - حصیری
[m. hair] درهم برهم - کرك شده
matter (*mat'ə*) *n.* & *vi.* (۱) ماده ، جسم - چرك ، جراحت - چیز ، کالا - موضوع ، مطلب - امر ، قضیه ، مسئله - باره ، خصوص ، بابت ، باب - موجب (۲) اهمیت داشتن
printed m. مواد چاپی ، مطبوعات
m. in hand موضوع مورد بحث
in this m. در این باب ، دراین امر
for that m. از آن بابت
m. of course چیز عادی یا بدیهی
m. of fact حقیقت امر
as a m. of fact حقیقت‌امر اینست که ، خوب بخواهید بدانید ، راستش را بخواهید
no m. چیزی نیست ، اهمیت ندارد
no m. what he says هرچه میخواهد بگوید
no m. how قطع نظر ازاینکه‌چه‌جور
What is the m. ? چه خبر است ؟ چه موضوعی است ؟ چه شده است ؟
What is the m. with him ? اورا چه میشود ، چش است؟

a m. of 10 years نزدیك ده سال ، یك ده سالی
It does not m. اهمیت ندارد
It does not m. when you go. هر وقت بروید رفته‌اید
Does it m. to you? آیا برای شما اهمیت دارد (یافرقی میکند) ؟
mat'ter-of-fact' *a.* ساده - عاری از لطافت
mat'ting *n.* حصیر بافی - حصیر ، بوریا - پوشش حصیری
mattock (*mat'ək*) *n.* کلنگ دو سر ، کلنگ روسی
mattress (*mat'ris*) *n.* تشك
mature (*-tiu'ə*) *a.*, *vt.*, & *vi.* (۱)رسیده - بالغ ، رشد کرده - {درقبض} موعد رسیده ، واجب‌الادا ، حال (شده) - (۲) بحد بلوغ یا رشد رساندن - تکمیل کردن - رسانیدن (ماده) - (۳) بحدکمال رسیدن ، بالغ شدن - حال شدن ، واجب‌الادا شدن
It will m. to-morrow. موعد (یاسر رسید) پرداخت آن فردا است
of m. age بالغ ، رشدکرده
of m. years سالخورده
mature'ly *adv.* بطورکامل یا بالغ
matu'rity *n.* رسیدگی ، بلوغ ،رشد ، کمال - سررسید ، وعده (پرداخت)
The bill has come to m. وعده پرداخت برات رسیده است
maudlin (*mɔ:d'-*) *a.* دارای احساسات حاکی ازضعف (درنتیجه مستی)
maul (*mɔ:l*) *vt.* کوبیدن ، خرد کردن - ناقص کردن ، خراب کردن
maunder (*mɔ:n'də*) *vi.* مِن مِن کَردن ، جویده حرف زدن ، حرف های بیمعنی زدن - بیحالانه راه رفتن
mausoleum (*mɔ:səli':əm*) *n.* مقبرهٔ عالی ، بقعه
mauve (*mouv*) *n.* & *a.* ارغوانیِ روشن ، تفایی
maw (*mɔ:*) *n.* چینه‌دان ، حوصله - {در چارپایان} شیر دان - {بشوخی} شکم
mawkish (*mɔ'*:) *a.* کسل‌کننده
maxillary (*mak'siləri*) *a.* آرواره‌ای ، فکی
maxim (*mak'sim*) *n.* پند ، گفتهٔ اخلاقی - مثل - قاعدهٔ کلی ، اصل
maximize (*mak'simaiz*) *vt.* بحد اکثر رساندن
maximum (*mak'siməm*) *n.* {-ma} حداکثر ، منتها
m. price حداکثر بها ، بیشینه بها
may (*mei*) *v. aux.* {might *mait*} ممکن است {به تبصرهٔ پائین‌تر رجوع شود}
He may come late. ممکن است دیر بیاید {برای «ممکن نیست دیر بیاید» باید cannot بکار ببریم}
He might have died. ممکن بود - مرده باشد ، ممکن بود بمیرد
May I go? (اجازه میدهید) بروم ؟
One may say میتوان گفت
You might have come. میتوانستید بیایید - باید آمده باشید
in order that I may go. برای اینکه بروم
May you live to .... انشاءالله زنده باشید تا ...
{تبصره - may فعل معین است وجز برای حال وگذشته‌صیغه دیگری ندارد حتی‌مصدر هم ندارد پس برای صیغه های کسری از " ممکن بودن " to be possible استفاده میشود . مثال} :
It will be possible for me to go. ممکن خواهد بود بروم
May (,,) *n.* می : ماه پنجم دارای ۳۱ روز - {مج} بهار (عمر)
M. of youth عنفوان جوانی
may'be *adv.* شاید ، ممکن است
mayor (*mêə*) *n.* شهردار
mayoralty (*mê'ərəlti*) *n.* ریاست شهرداری

may'oress (*-ris*) *n.* زن شهردار
Maypole (*mey'poul*) *n.* تیرآرایش کرده که در روز یکم ماه می دور آن می رقصند
maze (*meiz*) *n.* جای پُر پیچ وخم - {مج} گیجی
mazed *a.* گیج ، حیران
mazurka (*məzə':kə*) *n.* مازورکا : قسمی رقص لهستانی
ma'zy *a.* پُر پیچ وخم - گیج کننده
M. D. = **Doctor of Medicine** دکتر در پزشکی ، دکتر در طب
me (*mi:* ; *mi*) *pr.* مرا ، (به) من
He saw me. (او) مرا دید
Look at me. بمن (بامرا) نگاه کنید
Give it to me. آنرا بمن بدهید
It's me. {Col.} = It is I. منم
mead (*mi:d*) *n.* نوشابهٔ انگبینی
mead ('') {Poet.} = **meadow**
meadow (*med'ou*) *n.* چمن،مرغزار
meagre ; **-ger** (*mi':gə*) *a.* لاغر ، نزار - کم ، بی برکت - بی چربی
meal (*mi:l*) *n.* آرد زبر یا بلغور - خوراك ، غذا
make a m. of صرف کردن ، خوردن
mealy (*mi':li*) *a.* آردی ، آردنما - ترد ،خشك - کم رنگ ، رنگ پریده
mea'ly-mouthed *a.* سخن له کن - بی صراحت ، فاقد صراحت لهجه
mean (*mi:n*) *a.* پست - خسیس
of m. birth بدتبار ، بداصل
mean ('') *a.* & *n.* (۱)میانه متوسط (۲) حد وسط ، متوسط - میانه رَوی - {ر} میان - {در منطق} جملهٔ مشترك - {با s- رجوع شود به means}
in the m. time } ضمناً ، در ضمن
in the m. while }
the golden (*or* happy) m. احتراز از افراط وتفریط ، میانه روی
the means and the extremes دومیان و دوکرانه ، وسطین و طرفین
mean ('') *vt.* {meant (*ment*)} معنی دادن - قصد داشتن - در نظر گرفتن - مستلزم بودن - {در سوم شخص مفرد حال} یعنی
What do you m. by . . . ? مقصود شما از . . . چیست، . . . یعنی چه
Do you m. what you say ? آیا آنچه میگوئید جدی است ؟
I don't m. it. جداً نمیگویم
This word means a dog. این کلمه یعنی سگ
He means . . . مقصودش . . . است
He was meant for a soldier. برای سربازی در نظر گرفته شده بود - سرنوشتش این بود که سرباز شود
meander (*mian'də*) *vi.* پیچ و خم پیدا کردن - پیچ خوردن - ول گشتن
meaning (*mi':-*) *n.* & *a.* (۱) معنی - مقصود (۲) معنی‌دار
well-m. دارای حسن نیت
mea'ningless *a.* بی معنی
meanly (*mi:n'li*) *adv.* از روی پستی
mean'ness *n.* پستی - خست
means (*mi:nz*) *n.* وسیله ، وسایل - توانایی ، استطاعت ، دارایی
by m. of بوسیلهٔ
by no m. بهیچوجه ، ابداً
by all m. بهر وسیله که باشد ، هرطور باشد ، بهر قیمت که باشد
a man of m. شخص با استطاعت
meant {*p.* & *pp.* of mean}
mean'time } *adv.* (۱) ضمناً ، در این ضمن
mean'while } & *n.* (۲) ضمن
measles (*mi':z'lz*) *npl.* سرخجه
measly (*mi'zli*) *a.* {Col.} پست ، بی ارزش
measurable (*mezh'ərəbl*) *a.* قابل اندازه گیری ، پیمایش پذیر
measure (*mezh'ə*) *n.* اندازه - پیمانه ، مقیاس - واحد ، میزان - اقدام - وزن ، ضرب - {در شعر} بحر ، وزن

in some m. تا اندازه ای
made to m. مطابق اندازه درست شده
liquid m. پیمانهٔ مایعات
linear m. اندازه یا مقیاس درازا
short m. پیمانه کم ، کیل نادرست
beyond m. زیاده از حد
greatest common m. بزرگترین بخش یاب (یا مقسوم علیه) مشترك
set measures to محدود کردن ، اندازه برای (چیزی) معین کردن
take measures اقدامات بعمل آوردن
take a person's measures اندازهٔ کسیرا گرفتن ، [مج] اخلاق یا استعداداو را سنجیدن
mea'sure ('') *vt.* اندازه گرفتن - پیمانه کردن - سنجیدن ، آزمایش کردن - بخش کردن - تعدیل یا میزان کردن - طی کردن ، پیمودن - مقایسه کردن
m. one's length دمر افتادن
m. a person with one's eye بالاو پایین (کسیرا) برانداز کردن
m. swords (باکسی) زور آزمایی کردن یا پنجه درافکندن
It measures (*vi.*) **two metres.** (اندازه آن) دو متر است
a plot measuring (*vi.*) **100 hectares** یك قطعه (زمین) بمساحت ۱۰۰ هکتار
land-measurer زمین پیما
measuring-rod گز زمین پیمائی
mea'sured *ppa.* سنجیده - منظم - شمرده ، دقیق - موزون
measurement (*mezh'əment*) *n.* اندازه گیری ، پیمایش ، سنجش - اندازه ، مساحت
meat (*mi:t*) *n.* گوشت [سوای گوشت ماهی یا پرنده] - خوراك - مغز
meat'-safe *n.* قفسه نگهداری گوشت
meaty (*mi':ti*) *a.* گوشت دار - مغز دار
mechanic (*mikan'ik*) *n* مکانیك (دان)
mechan'ical (*-ik'l*) *a.* مکانیکی ، ماشینی - خودکار - فاقد قوهٔ ابتکار
m. engineer (مهندس) مکانیك
mechan'ically *adv.* بطور مکانیکی - بطور خودکار
mechan'ics *n.* مکانیك ، جرّ اثقال
mechanism (*mek'ənizm*) *n.* ترتیب عوامل مکانیکی - دستگاه ماشینی
mechanize (*mek'ənaiz*) *vt.* مکانیزه کردن [" مکانیزه" فرانسه است]
med'al (*med'l*) *n.* مدال ، نشان
the reverse of the m. [مج] جنبهٔ دیگر موضوع ، آنطرف موضوع
medallion (*midal'iən*) *n.* مدال بزرگ ، مدالیون ، سنگ یافلز گردی که تصویری روی آن باشد
medallist (*med'əlist*) *n.* صاحب مدال
med'dle (*medl*) *vi.* فضولی کردن ، دخالت بیجا کردن
m. with دست زدن به
meddler (*med'lə*) *n.* آدم فضول
med'dlesome (*-səm*) *a.* فضول {m. acts} فضولانه - {a m. boy}
Mede (*mi:d*) *n.* مادی ، اهل ماد
media {*pl. of* **medium**}
mediæval (*-i':vl*) *a.* مربوط بقرون وسطی - میانه {m. ages}
medial (*mi':diəl*) *a.* میانی ، وسطی - میانه ، متوسط
me'dially *adv.* بطور متوسط
me'dian (*-ən*) *a.* اوسط ، متوسط
mediate (*mi':dieit*) *vi.* میانجی گری کردن ، وساطت کردن
m. (*vt.*) **a result** وسیلهٔ گرفتن نتیجه‌ای را فراهم کردن
me'diate (*-et*) *a.* واسطه‌دار
mediation (*mi:diei'shən*) *n.* میانجی گری ، وساطت
me'diator (*-eitə*) *n.* میانجی
medical (*med'ikl*) *a.* طبی
m. college دانشکدهٔ پزشکی

m. man {Col.} = doctor
m. profession بزشکی ، طبابت
m. officer (سر) بزشك
m. treatment معالجه
m. jurisprudence طب قانونی
med'ically *adv.* از لحاظ طبی
medicament (*medik'əmənt* ; *med'-*) *n.* دارو ، دوا ، درمان
med'icated (*-keitid*) *a.* دارو زده
medicinal (*-dis'inəl*) *a.* {m. herbs} دارویی ، دوائی ، طبی
medicine (*med's'n*) *n.* دارو ، دوا - پزشکی ، علم طب
med'icine-man *n.* ساحر ، جادو
mediocre (*mi':diouka*; *-ou'-*) *a.* نه خوب نه بد ، میانه ، متوسط
mediocrity (*mi:diɔk'riti*) *n.* حالت چیزی که نه خوب و نه بد باشد ، حد وسط - آدم میانه حال
med'itate (*-teit*) *vi.* & *vt.* (۱) تفکر کردن (۲) طرح (چیزیرا) ریختن
meditation (*-tei'shən*) *n.* تفکر ، اندیشه
med'itative (*-teitiv*) *a.* تفکر کننده - فکور - {a m. man} - تفکر آمیز
mediterranean (*-tərei'niən*) *a.* بین الارضین
M. Sea دریای مدیترانه ، بحر متوسط
medium (*mi':diəm*) *n.* {-dia(*diə*)} & *a.* (۱) واسطه ، وسیله (۲) میانه (حال) ، متوسط
m. wave موج متوسط
through the m. of بوسیلهٔ
med'lar (*-lə*) *n.* ازگیل
med'ley (*-li*) *n.* آمیختگی (چیزها یا اشخاص مختلف) - قطعه موسیقی مختلط
medullary (*medʌl'əri*) *a.* مغزی - نخاعی {m. rays}
meed (*mi:d*) *n.* {Poet.} باداش
meek (*mi:k*) *a.* فروتن ، حلیم - دام
meek'ly *adv.* با افتادگی ، حلیمانه
meek'ness *n.* افتادگی ، فروتنی ، حلم
meerscham (*mi'əshəm*) *n.* کف دریا : یکجور گل نرم - یك قسم پیپ که از آن گل میسازند
meet (*mi:t*) *vt.* & *vi.* {met} & *n.* (۱) ملاقات کردن - مواجه شدن با - تلاقی کردن با - برآوردن ، انجام دادن - پرداختن (هنگام سر رسید) - (۲) همدیگر را ملاقات کردن - رو برو شدن ، تصادف کردن - تشکیل جلسه دادن - متصل شدن - سازش کردن (۳) محل اجتماع شکارچیان و تازی ها (برای شکار روباه) - {در امریکا = meeting}
m. some one's objections به ایرادات کسی جواب دادن
meet ('') *a.* {Arch} درخور ، مناسب
m. for a man درخور مرد
meeting (*mi'-*) *n.* - مجمع - جلسه - ملاقات - اجتماع ، میتینگ - برخورد ، اتصال
megalomania (*-gəloumei'niə*) *n.* قسمی جنون که عبارت است از بزرگ پنداشتن خود ، " خویشتن بزرگ پنداری "
meg'aphone (*-əfoun*) *n.* : مگافن صدا بزرگ کن
mel'ancholy (*-ənkəli*) *n.* & *a.* (۱) مالیخولیا ، سوداء - افسردگی - وسواس (۲) مالیخولیایی - افسرده
mêlée (*mel'ei*) *n.* {Fr.} کشمکش ، زد و خورد ، جنگ تن بتن - مناظره
mellifluous (*melif'luəs*) *a.* شیرین - سلیس
mellow (*mel'ou*) *a.*, *vt.*, & *vi.* (۱) رسیده ، پرآب - جا افتاده - ملایم ، مطبوع - پرمایه - یکدست - برقوت - {ز. ع.} سرخوش ، نیم مست (۲) بخته کردن - عمل آوردن (۳) جا افتادن ، رسیدن
melodious (*milou'diəs*) *a.* شیرین ، خوش آهنگ

melodrama (*-drah'mə; -mel'-*) *n.* نمایش شورانگیزی که بخوشی انجامد

melodramat'ic *a.* (مربوط به نمایش های) شورانگیز و نیك انجام

melody (*mel'ədi*) *n.* آهنگ شیرین - اصل آهنگ ، آهنگ اصلی

mel'on (*-ən*) *n.* (جنس) خربوزه

melt *vi.* & *vt.* [melted; melted *or* molten (*moul'-tən*)] (۱) آب شدن ، گداختن - حل شدن- نرم شدن (۲) آب کردن

m. away تدریجاً نابود شدن

m. down ذوب کردن (وبشکل مادهٔ خام درآوردن)

m. into tears بگریه درآمدن

mel'ting *a.* نرم - احساساتی

mel'ting-pot *n.* بوته

mem'ber (*-bə*) *n.* عضو [ج. اعضاء]، اندام - کارمند - پاره ، جزء ، شاخه ، شعبه ، بخش ، قسمت

M. of Parliament نماینده مجلس، وکیل [مختصر آن M. P. است]

m. of staff کارمند (اداری)

mem'bership *n.* عضویت

mem'brane (*-brein*) *n.* شامه ، غشاء - پوسته

membra'nous (*-nəs*) *a.* غشائی

memento (*mimen'tou*) *n.* [-(e)s] یادگاری ، نشانی

memo (*mem'ou*) [مختصر memorandum]

mem'oire (*-wa* : وا-) *n.* یادداشت- تاریخچه ، ترجمه احوال- [در جمع] (۱) وقایع ، سرگذشت (۲) مقالات علمی

memorable (*mem'ərəbl*) *a.* یادداشت کردنی ، قابل تذکار

memorandum (*-məran'dəm*) *n.* [-da (*də*) *or* dums] - یادداشت - نامهٔ (غیررسمی) - شرکت نامه

memorial (*mimou'riəl*) *n.* یادگار - یادداشت - [در جمع] تاریخچه ، وقایع

memo'rialist *n.* وقایع نویس

memo'rialize (*-riəlaiz*) *vt.* برسم یاد گار نگاه داشتن - یاد داشت برای (کسی) فرستادن

mem'orize (*-əraiz*) *vt.* از بر کردن ، حفظ کردن - یادداشت کردن

memory (*mem'əri*) *n.* حافظه ، هوش - یاد ، خاطره - یادگار

in m. of بیاد ، بیادگار

of blessed m. مرحوم ، خدابیامرز

It escaped my m. (از) یادم رفت

repeat (*or* recite) from m. ازحفظ گفتن (یا خواندن) ، از بر گفتن

within living m. تا آنجا که مردم این زمان در یاد دارند

men [*pl. of* man]

men'ace (*-əs*) *n.* & *vt.* (۱) تهدید (۲) تهدید کردن

menagerie (*minaj'əri*) *n.* نمایشگاه (سیار) جانوران

mend *vt.*, *vi.*, & *n.* (۱) تعمیر کردن ، درست کردن - اصلاح کردن - تند کردن (قدم) - جبران کردن - تیز کردن یا زغال ریختن در (آتش) - (۲) بهبود یافتن (۳) زدگی یاسوراخ تعمیرشده

on the m. رو به بهبود

mendacious (*-dei'shəs*) *a.* دروغ ، کاذب

mendacity (*-das'iti*) *n.* دروغ (گویی)

men'dicant (*-kənt*) *n.* & *a.* (۱) گدا ، درویش (۲) گدا(یی کننده)

men'folk (*-fouk*) *n.* مرد های خانواده

menial (*mi':niəl*) *a.* & *n.* (۱) پست (۲) نوکر یا شخصی که کار های پست را انجام میدهد

meningitis (*-jai'-*) *n.* آماس اغشیهٔ مغز

men'ses (*-si:z*) *npl.* طمث ، قاعده

men'struate *vi.* قاعده شدن

mensuration (*-siurei'shən*) *n.*

اندازه گیری
men'tal (*-tl*) *a.* ذهنی ، فکری - عقلانی - روحی - (دچار مرض) دماغی
mental'ity *n.* قوه ذهنی - طرزفکر
men'tally (*-təli*) *adv.* عقلاً - ذهناً - از لحاظ دماغی - روحاً
menthacious (*-thei'shəs*) *a.* نعناعی
men'thol (*-thɔl*) *n.* جوهر نعناع ِ خشك ، مانتول [لفظ فرانسه]
men'tion (*-shən*) *n.* & *vt.* (۱) ذکر (۲) ذکر کردن ، نام بردن
not to m. گذشته از - قطع نظر از
Don't m. it. چیزی نیست ، قابل نبود - اهمیت ندارد
men'tor (*-tə*) *n.* رایزن خردمند و امین ، دوست مجرب وقابل اعتماد
menu (*-niu':*) *n.* [Fr.] صورت غذا، فهرست خوراك
Mephistophelian *or* **-lean** (*-fistəfi':liən*) *a.* دیوی، اهریمنی
mercantile (*mə':kəntail*) *a.* تجارتی
m. marine کشتیهای بازرگانی
mercenary (*mə':sinəri*) *a.* & *n.* (۱) مزدور ، پولی - پولکی (۲) سرباز مزدور
mercer (*mə':sə*) *n.* حریر فروش
mercerize (*mə':səraiz*) *vt.* حریر نما کردن ، مرسریزه کردن ["مرسریزه" لفظ فرانسه است]
merchandise (*mə':chəndaiz*) *n.* مال‌التجاره ، کالا ، جنس
merchant (*mə':chənt*) *n.* & *a.* (۱) بازرگان ، تاجر (۲) تجارتی
mer'chantman (*-mən*) *n.* کشتی بازرگانی [-men]
merciful (*mə':si-*) *a.* بخشنده - کریمانه [the m. God]
mer'cifully *adv.* ازروی بخشندگی
mer'ciless *a.* بیرحم - بیرحمانه

mercurial (*mə:kiu':əriəl*) *a.* جیوه‌ای -[مج] چالاك - فرّار
mercury (*mə':kiuəri*) *n.* سیماب ، جیوه - [با M] (۱) تیر ، عطارد (۲) رب‌النوع سخنوری و بازرگانی و دزدی
mercy (*mə':si*) *n.* رحمت ، رحم ، بخشش
have m. on (*or* **upon**) **some one** بکسی رحم‌کردن
at the m. of دراختیار ِ ،دستخوش ِ
mere (*miə*) *a.* محض ، ِصرف
I will not go by your m. promise. بصرف وعدهٔ شما نخواهم رفت
mere („) *n.* دریاچه (کم عمق)
mere'ly *adv.* فقط ، صرفاً ، محضاً
He is m. a thief. دزدمحض است
meretricious (*-ritrish'əs*) *a.* زرق و برق‌دار
merge (*mə:j*) *vt.* & *vi.* (۱) فرو بردن ، مستهلك‌کردن - ترکیب کردن (۲) فرو رفتن - یکی شدن
merger (*mə':jə*) *n.* فرا گرفتن چیزی چیز دیگر را - استهلاك - ترکیب
meridian (*mərid'iən*) *n.* & *a.* (۱) مدار نصف‌النهار - معدل‌النهار - [مج] اوج (۲) نصف‌النهاری - منتها
meringue (*mərang'*) *n.* [Fr.] مرنگ [اصطلاح شیرینی پزی]
merino (*məri':nou*) *n.* قوچ‌زیل- یکجور پارچه پشمی مانند شال‌کشمیر که از پشم قوچ زیل درست می‌کنند
mer'it *n.* & *vt* (۱) شایستگی ، لیاقت ، استحقاق - مزیت (۲) سزاوار بودن ، استحقاق داشتن ، لایق بودن
of m. قابل ، شایسته
make a m. of شایسته قلمدادکردن
meritorious (*-tɔ':riəs*) *a.* شایسته ، لایق ، مستحق - ستوده - توأم باحسن نیت - دارای حسن نیت
mermaid (*mə':meid*) *n.* یکجورحوری دریایی که‌سر و تن ِ زن ودُم ماهی داشت

mer'rily *adv.* از روی نشاط
merriment (*mer'imənt*) *n.* خوشی ، شادمانی
merry (*mer'i*) *a.* شاد ، خوش ، دلخوش - سرخوش ، نیم مست
make m. خوشی یا شادمانی کردن
mer'ry-go-round *n.* - چرخ فلك - میدانی که چند خیابان در آن تلاقی می کنند
mer'rymaking *n.* خوشی ، عیش
mesalliance (*-zal'iəns*)*n.* [Fr.] وصلتِ ناجور
mesdames [*pl. of* madame].
mesdemoiselles [*pl. of* mademoiselle]
meseems (*misi':mz*) *vi.*[Arch] بنظرم میرسد
mesentery (*mes'əntəri*) *n.* روده بند ، حاویه
mesh *n.*, *vt.*, & *vi.* (۱) سوراخ ، چشمه ، شبکه - [درجمع] (ریسمانهای) دام (۲) بدام انداختن (۳) درهم گیر کردن
in m. درهم افتاده ، درهم گیر کرده
mesmerism (*mez'mərizm*) *n.* هیپنوتیسم [لفظ فرانسه]
mes'merist = **hypnotist**
mesmerize (*mez'məraiz*) *vt.* بامقناطیس حیوانی خواب کردن
Mesopotamia (*-səpətei'miə*) *n.* بین‌النهرین
mess *n.*, *vt.*, & *vi.* (۱) خوراك - دسته جمعی (در ارتش یا نیروی دریائی) - جمعی که باهم خوراك میخورند - وضع درهم برهم، کثافت کاری - خوراك (آبکی) - (۲) درهم برهم کردن ، بهم زدن [گاهی با up] - (۳) خوراك خوردن
at m. سرِ غذا ، هنگام خوراك
make a m. of بد انجام دادن
message (*mes'ij*) *n.* پیغام - مخابره
go on a m. پیغام بردن - پیِ کاری رفتن
messenger (*mes'injə*) *n.* قاصد ، پیغام‌آور ، پیك
Messiah (*mesai'ə*) *n.* مسیح
messieurs [Fr.] [*pl. of* monsieur]
Messrs. (*mes'əz*) [*pl. of* Mr.] آقایان [مختصرِ messieurs]
mess'mate (*-meit*) *n.* هم خوراك (درکشتی)
mess'-tin *n.* یغلا ، یغلاوی
messy (*mes'i*) *a.* درهم برهم - کثیف.
met [*p.* & *pp. of* meet]
metab'olism (*-əlizm*) *n.* تحوّل ، دگرگونی - [در فیزیولوژی] سوخت و ساخت
met'al (*met'l*) *n.* & *vt.* [-led] (۱) فلز - سنگ برای سنگ فرش یا راه سازی (۲) سنگ ریزی کردن ، شوسه کردن [''شوسه'' لفظ فرانسه است] - سفت کردن
metallic (*mital'ik*) *a.* فلزی
met'alloid *n.* شبه فلز
metallurgical (*-tələ':jik'l*) *a.* مربوط بفنِ استخراج وذوب فلزات
metallurgist (*-tal'əjist*) *n.* متخصص ذوب فلزات
metallurgy (*-tal'əji*) *n.* فن استخراج و ذوب (قال کردن) فلزات
metamorphose (*-təmɔ':fouz*) *vt.* مسخ کردن
metamor'phosis (*-fəsis*) *n.* مسخ
metaphor (*met'əfə*) *n.* استعاره
metaphorical (*-təfɔ':rik'l*) *a.* استعاری ، مجازی
metaphysical (*-təfiz'ik'l*) *a.* مربوط بعلم ماوراء طبیعت ، حکمتی
metaphysics (*-təfiz'iks*) *n.* علم ماورای‌طبیعت، حکمت، علم معقولات- سخن خیالی ، فرض محض
mete (*mi:t*) *vt.* [Poet.] (سهم) دادن
metempsychosis (*-təmsaikou'-*) *n.* تناسخ
meteor (*mi':tiə*) *n.* شهاب

meteoric (*mi:tiɔr'ik*) *a.* شهابی - مربوط بحوادث جوّی - [مج] برق زننده و زودگذر ، تیر آسا

meteorite (*mi':tiərait*) *n.* سنگ شهابی ، سنگ آسمانی

meteorological (*mi:tiərəlɔj'ik'l*) *a.* مربوط به (علم) کائنات جوّ

meteorol'ogist *n.* عالم بعلم کائنات جوّی یا آسمانی

meteorology (*mi:tiərɔl'əji*) *n.* علم آثار جوّ ، علم کائنات هوا

meter (*mi':tə*) *n.* (۱) کنتور [لفظ فرانسه] ، مصرف‌نما (۲) [املای امریکائی metre]

methinks' (*mi-*) [Arch.) *vi.* چنین بنظرم میرسد [methought (*-thɔ:t'*)]

meth'od (*-əd*) *n.* رَوش ، شیوه ، طریقه - اسلوب ، سبك - قاعده

methodical (***mithɔd'ik'l***) ***a.*** **اسلوب‌دار**

method'ically ***adv.*** **با روش ، از روی اسلوب [He teaches m.]**

methodology (***-ədɔl'əji***) ***n.*** **اسلوب شناسی**

methought [*p. of* **methinks**]

meth'yl alcohol **الکل چوب**

meth'ylated spirit(s) **الکل تقلیبی**

meticulous (***mitik'yuləs***) ***a.*** **زیاد دقیق**

metonymy (***-tɔn'imi***) ***n.*** **ذکر جزء و ارادهٔ کل - ذکر ظرف بجای مظروف - ذکر علت بجای معلول**

metre (***mi':tə***) ***n.*** **متر - وزن ، بحر**

met'ric ***a.*** **متری**

m. ton **تن متری [۱۰۰۰ کیلوگرم]**

met'rical (***-rik'l***) ***a.*** **دارای وزن یا بحر ، موزون - پیمایشی**

met'rically ***adv.*** **بطور موزون**

met'ronome (***-noum***) ***n.*** **میزانه شمار**

metropolis (***mitrɔp'ə-***) ***n.*** **شهر عمده - مرکز کار**

metropolitan (***-rəpɔl'itən***) ***a.*** **& *n.*** **(۱) مربوط به پایتخت (۲) اهل پایتخت - مطران**

met'tle (***metl***) ***n.*** **خمیره ، فطرت - جرأت**

put on (*or* to) one's m. **سر غیرت آوردن**

met'tlesome (***-səm***) ***a.*** **باحرارت - سرکش**

mew (*miu:*) *n.* & *vi.* (۱) میومیو ، معومعو (۲) میو میو کردن

mew (,,) *vt.* درقفس کردن - [مج] حبس کردن [بیشتر با up]

mews (*miu:z*) *n.* طویله هایی که دور میدانی بساز ند [بافعل مفرد بکار میرود]

Mexican (*mek'sikən*) *a.* مکزیکی

mezzanine (*mez'əni:n*) *n.* آشکوب کوتاه که معمولا بین طبقه محاذی زمین وطبقه بالائی آن است

mezzo (*med'zou*) *adv.* [It] نیمه

mia'ou = mew *n.* & *vi.*

miasma (*miaz'mə*) *n.* بخار بدبو

mi'ca (*-kə*) *n.* سنگ‌طلق ، شیشهٔ معدنی

mice [*pl. of* mouse]

Michaelmas (*mik'lməs*) *n* عید حضرت میکائیل [روز ۲۹ سپتامبر]

mick'le (*mik'l*) *n.* مقدار زیاد [اصطلاح کهنه یا اسکاتلندی]

microbe (*mai'kroub*) *n.* میکرب [لفظ فرانسه]

microcosm (*mai'krəkɔzm*) *n.* جهانِ کوچك ، عالم صغیر

micrometer (*maikrɔm'ətə*) *n.* آلت پیمایشِ چیز های ریز

microphone (*mai'krəfoun*) *n.* میکروفون [لفظ فرانسه]

microscope (*maik'rəskoup*) *n.* میکروسکوب [لفظ فرانسه]

microscop'ic (*mai-*) *a.* ریز ، خرد

mid *a.* نیمه ، میانی ، وسطی

m.-May نیمهٔ ماه می
mid *prep.* {Poet.} = amid
mid'day *n.* نیمروز ، ظهر
mid'den (*midn*) = dunghill
mid'dle (*midl*) *n.* & *a.*
(۱) میان ، وسط (۲) میانی ، وسطی (*vosta*) ـ متوسط
M. Ages قرنهای میانه ، قرون وسطی
The M. East خاور میانه
m. course (*or* way) میانه رَوی
m. term جملهٔ مشترک
m. school دبیرستان
mid'dle-aged *a.* میان سال
mid'dle-class *a.* میان حال ، متوسط
mid'dleman *n.* کسیکه کالارا ازتهیه کننده خریده بدکانداران میفروشد ، دلال
mid'dle-sized *a.* میان قد ، نه زیاد بزرگ نه زیادکوچك ، متوسطالقامه
mid'dling *a.* & *adv.* (۱) میانه ، وسط ، نه بد نه خوب (۲) نسبةً
of a m. quality میانه ، وسط
mid'dlings *npl.* زبره آرد
midge (*mij*) *n.* پشهٔ ریز
midget (*mij'it*) *n.* کوتوله
mid'land (*-lənd*) *n.* & *a.*
(۱) درون‌کشور (۲) درونی ، داخلی
mid'most (*-moust*) *a.*
واقع‌درعین وسط ، وسط ترین
mid'night (*-nait*) *n.* نیمشب ، نصفه شب
mid'shipman (*-mən*) *n.* {-men}
افسرپایین رتبه در نیروی دریایی
midst *n.* & *prep.* (۱) میان ، وسط (۲) درمیانِ {بیشتر درشعر}
mid'summer (*-sʌmə*) *n.*
نیمهٔ تابستان ، چله تابستان
mid'way *a(dv).* نیمه راه ـ نیم راه
mid'wife *n.* {-wives(*waivz*)}
ماما ، قابله
mid'winter (*-tə*) *n.* نیمه زمستان ، چلهٔ زمستان
mien (*mi:n*) *n.* سیما ، قیافه ـ هیئت
might (*mait*) *n.* توانایی ـ زور
with m. and main
with all one's m. } با تمام نیرو
might ('') {*p. of* may}
mightily (*mai'tili*) *adv.*
باتوانایی ، بزور ـ {د.گ} خیلی
mighty (*mai'ti*) *a.* & *adv.*
(۱) نیرومند ، توانا ، مقتدر ـ بزرگ ، عظیم ـ زیاد (۲ ـ د.گ) خیلی
be high and m. نخوت داشتن ، خود را گرفتن ، باد در آستین انداختن
mignonette (*miniənet'*) *n.*
اسپرك‌ـ قسمی گل میخك‌ـ قسمی توری‌ظریف
migrant (*mai'grənt*) *a.* & *n.*
(۱) کوچ‌کننده ـ سیار (۲) جانور مهاجر
migrate (*mai'greit*;*-greit'*) *vi.* کوچ کردن ، مهاجرت کردن
migration (*-grei'shən*) *n.*
کوچ ، مهاجرت ، نقل مکان
migratory (*mai'grətəri*) *a.*
مهاجر ـ مهاجرتی
mike {Col.} = microphone
milage (*mai'lij*) *n.* مسافتِ پیموده شده یا هزینهٔ سفر برحسب میل
Milanese (*-ni:z'*) *a.* & *n.*
اهل میلان {Milan} ، میلانی {-nese}
milch *a.* شیرده ، دوشا {فقط در m. cow گاو شیر ده}
mild (*maild*) *a.* ملایم ـ دام ، نرم
Draw it m. {Col.} سبك بیا
mil'dew (*-diu:*) *n.* & *vi.*
(۱) کپرك ، کپك ، باد زدگی ، زنگ گیاهی (۲) کپرك زدن ، زنگ زدن
mild'ly *adv.* بنرمی ، بطور ملایم
mild'ness *n.* نرمی ، ملایمت
mile (*mail*) *n.* میل {لفظ فرانسه}
miles better {Col.} یك‌دنیا بهتر
mileage (*mai'lij*) = milage
mile'stone *n.* میل‌شمار ، فرسخ‌شمار
mil'itant (*-tənt*) *a.* مبارز
mil'itarism (*-tərizm*) *n.* روحِ نظامی ـ اصالت (داشتن) نیروی نظامی
mil'itarist *n.* صاحب روح سربازی ـ

هواخواه سیاست نظامی

mil'itary (*-təri*) *a.* & *n.*
(۱) نظامی (۲) نظام [با the]
m. service خدمت سربازی یا وظیفه

mil'itate (*-teit*) *vi.* مبارزه کردن، جنگیدن - مخالف بودن ، منافی بودن

militia (*-lish'ə*) *n.* سربازان ملی، مبارزین غیر لشکری

milk *n.* & *vt.* (۱) شیر - شیره (۲) دوشیدن [m. a cow]

milk'-jug *n.* شیر خوری

milk'maid *n.* زن شیر فروش در کارخانه لبنیات

milk'man *n.* [-men] مرد شیر فروش در کارخانه لبنیات

milk'sop *n.* مرد ترسو و ضعیف

milk'-tooth *n.* دندان شیری

milk'weed *n.* [گ. ش] شیرگیاه

milk'-white *a.* شیری رنگ

mil'ky (*-ki*) *a.* شیری - تیره رنگ - شیردار - شیره‌دار - [مج] نرم ، مخنث
the M. Way کهکشان

mill *n.*, *vt.*, & *vi.* (۱) آسیاب - چرخ ، ماشین - کارخانه - کنگره ، دندانه آسیاب قهوه یا فلفل - [مج]محنت، آزمایش سخت (۲) آسیاب کردن - کنگره دار کردن زدن ، کف آوردن (شکلات) - (۳) دور هم گشتن
go through the m. کارکشته شدن
m. flour آرد درست کردن

mill *n.* میل : یك هزارم دلار

millboard (*mil'bɔ:d*) *n.* مقوای کلفت کتابی

millenium (*milen'iəm*) *n.* دورهٔ هزار ساله (سلطنت مسیح)

miller (*mil'ə*) *n.* آسیابان - آسیاب دار

millet (*mil'it*) *n.* ارزن

milligramme (*mil'igram*) *n.* میلیگرم

mil'limetre (*-mi:tə*) *n.* میلیمتر

milliner (*mil'inə*) *n.* فروشندهٔ کلاه زنانه و لوازم (آرایش) آن

millinery (*mil'inəri*) *n.* (فروش) کلاه زنانه و لوازم آن

million (*mil'iən*) *n.* & *a.* میلیون ، ملیون

millionaire (*-nê'ə*) *n.* میلیونر

mill'-pond *n.* تنورهٔ آسیاب

mill'-race *n.* جوی آسیاب

mill'stone *n.* سنگ آسیاب

mill'-wheel *n.* چرخ یا پرهٔ آسیاب

mill'-wright (*-rait*) *n.* آسیاب ساز

mime (*maim*) *n.* & *vi.* (۱) نمایش تقلیدی - مقلد - لوده (۲) تقلید در آوردن

mim'eograph (*-iougra:f*) *n.* اسباب رونوشت برداری

mim'ic *a.* & *n.* (۱) تقلیدی - تقلیدکننده (۲) مقلد ، مسخره

mim'ic *vt.* [-ked] تقلید کردن ، ادا(ی چیزیرا) درآوردن

mim'icry *n.* تقلید - ادا و اصول
protective m. شباهت خارجی تام

mimosa (*-mou'zə*) *n.* (جنس) گل ابریشم و گل ناز و گل فتنه

min'aret (*-nə-*) *n.* [Ar.] مناره

mince (*mins*) *n.* & *v.* (۱) قیمه (۲) ریز ریز کردن - له کردن (کلام) - با ناز سخن گفتن یا راه رفتن

mince'meat (*-mi:t*) *n.* قیمهٔ آمیخته با کشمش و بعضی چیزهای دیگر

min'cing *apa.* نازدار، آمیخته بناز

mind (*maind*) *n.* خاطر - فکر - نیت - نظر ، رأی - کله - ذوق - روح
to (or in) my m. بعقیده من
of the same m. یکدل ، هم‌فکر - بعقیده خود باقی
talk one's m. اندیشهٔ خود را آشکار کردن ، رك سخن گفتن
put in m. یادآوری کردن

a good (*or* great) m. نیت ، میل
I had half a m. to go. چندان مایل برفتن نبودم
make up one's m. تصمیم گرفتن
set one's m. on something مایل یامصمم بکردن کاری بودن
change one's m. منصرف شدن
time out of m. زمان خیلی‌قدیم ، عهد دقیانوس
be in two minds دو دل بودن
bear in m. درخاطر (یانظر)داشتن
mind (,,) *v.* در نظر داشتن ، بخاطر آوردن - ملتفت بودن - مواظب بودن ، پاییدن - اهمیت دادن (به) ، اعتنا کردن به - حذر کردن‌از - درفکر(چیزی) بودن - ملتفت (کسی‌یاچیزی) شدن - توجه کردن (از) ، نگاهداری کردن-رسیدگی کردن به- حرف‌گوش کردن
Never m. اهمیت ندهید
Would you m. ringing? ممکن اسهت بی‌زحمت زنگ را بزنید
M. the step. ملتفت پله باشید
I shouldn't m. a cup of . . . بی‌میل نیستم یك فنجان . . . بخورم
Do you m.? ایرادی دارید ؟
double-minded دو دل
minded (*main'did*) *a.* متمایل ، آماده - [زیر mind هم آمده است]
mind'ful *a.* ملتفت ، باخبر ، متوجه
mind'less *a.* بی‌فکر - بی اعتنا
m. of بی‌اعتنا نسبت به
mine (*main*) *n.*, *vt.*, & *vi.* (۱) کان ، معدن - مین [لفظ فرانسه] - [مج] منبع ، سرچشمه (۲) نقب زدن - از زیر کندن- خراب کردن - استخراج کردن- کندن - مین‌گذاری کردن (۳) کان کندن
mine ('') *pr.* مال من
The pen is m. قلم مال من است
a friend of m. یکی از دوستان من
mine'-field *n.* ناحیهٔ مین‌گذاری شده
mine'-layer *n.* کشتی مین گذار
miner (*mai'nə*) *n.* کان کن- مین‌گذار
min'eral (*-ərəl*) *a.* & *n.* (۱) کانی ، معدنی (۲) جسم معدنی
m. water آب معدنی - سودا و اتر
mineral'ogist *n.* کان شناس
mineral'ogy (*-əji*) *n.* کان شناسی
mine'-sweeper (*-swi:pə*) *n.* کشتی مین جمع کن
min'gle *v.* آمیختن ، مخلوط‌کردن (یاشدن) - بهم پیوستن
min'iature (*-iəchə*) *n.* & *a.* (۱) مینیاتور (۲) کوچك (شده)
in m. بمقیاس کوچکتر
min'imize (*-maiz*) *vt.* به حد اقل رساندن
min'imum (*-məm*) *n.* {-ma} & *a.* حداقل - کمترین {m. price}
mi'ning *n.* کان‌کنی - مین گذاری
min'ion (*-yən*) *n.* شخص یا جانوری که طرف توجه باشد - نوکر چاپلوس
min'ister (*-tə*) *n.* & *vi.* (۱) وزیر - کشیش (۲) کمك کردن - خدمت کردن
m. to the wants of . . . حاجات . . . را برآوردن
m. plenipotentiary وزیرمختار
ministerial (*-ti'əriəl*) *a.* وزارتی - کمك کننده ، سودمند ، مؤید - اجرائی
It is m. to... کمك به ... میکند، وسیلهٔ ترقی . . . است
min'istrant (*-trənt*) *n.* کمك کننده ، هوا خواه
ministration (*-trei'shən*) *n.* خدمت (در راه های مذهبی)
min'istry (*-tri*) *n.* وزارت (خانه)
the m. هیئت وزیران - روحانیون
mink *n.* قسمی سمور یا راسو
minnow (*min'ou*) *n.* قسمی ماهی ریز که درآبهای شیرین یافت میشود
minor (*mai'nə*) *a.* & *n.* (۱) کهتر ،کوچکتر [در این معنی هیچگاه با than گفته نمیشود] - مختصر ، جزئی -

پایین‌رتبه - [حق]خرد سال، صغیر (۲)صغیر
m. premiss (soghra) صغری
Asia M. آسیای صغیر
Brown m. براون‌کهتر[آن براون که‌زودتر به‌آموزشگاه آمده است]
in a m. key با لحن سوگواری
m. offence خلاف ، لغزش
minority (mainɔr'iti) n. اقلیت -[حق] خردسالی ، صغر (seghar)
min'ster (-tə) n. کلیسیای رئیس راهبان
min'strel (-trəl) n. خنیاگر درباری - خنیاگر سیار ، حاجی فیروز
min'strelsy (-si) n. خنیاگری - (شعرو غزل) خنیاگران قرون وسطی
mint n. & vt. (۱) ضرابخانه (۲) سکه زدن - [مج] اختراع کردن
mint n. نعناع (و پودنه ومانند آنها)
min'uend (-yuənd) n. مفروق منه ، کاهش یاب
minuet (minyuet') n. یکجور رقص سنگین دو نفری یا رنگ آن
minus (mai'nəs) prep. & a. (۱) منهای ، منها (۲) منفی ، منهادار
min'ute (-it) n. دقیقه - یادداشت - [درجمع] خلاصهٔ مذاکرات
the m. (that) همانکه ، بمحض اینکه
minute (mainiu:t') a. ریز ، بسیار خرد - جزئی ، ناچیز - دقیق
min'ute-book n. دفتر خلاصهٔ مذاکرات ، دفتر وقایع
min'ute-hand n. (عقربه) دقیقه‌شمار
minutiæ (mainu':shii) n. دقایق
minx (minks) n. دختر یاذن گستاخ و پررو
mir'acle (-ək'l) n. معجزه
m. play شبیه یاتعزیهٔ معجزنما
He is a m. of . . . اعجوبه‌ایست‌در
mirac'ulous (-yuləs) a. معجز نشان ، اعجازآمیز - معجزنما
mirage (-rahzh') n. سراب
mire (mai'ə) n. & v. (۱) گل ، گلاب - باطلاق - کثافت - [مج] گرفتاری (۲)درگل فرو بردن یا فرو رفتن
mirror (mir'ə) n. & vt. (۱) آینه، آینه (۲) آینه‌وار نشان دادن
mirth (mə:th) n. خوشی ، خوشحالی ، نشاط
mirth'ful a. خوشحال - سرورآمیز
mirth'fully adv. باخوشی
mirth'fulness n. خوشی ، شادی
mirth'less a. بی نشاط
miry (mai'əri) a. گل‌زار ، باطلاقی
misadventure (-ədven'chə) n. حادثهٔ ناگوار ، بلا
misalliance (-əlai'əns) = mésalliance
mis'anthrope (-ənthroup) n. کسیکه‌از انسان یا جامعهٔ بشر بیزار است
misanthropic (-thrɔp'ik) a. متنفر ازبشر - ناشی ازتنفر نسبت به بشر
misapplication (-kei'shən) n. استعمال بیجا - اسناد غلط
misapply (misəplai') vt. بغلط یا بیموقع بکار بردن
misapprehend' vt. درست نفهمیدن
misapprehension (-aprihen'-shən) n. سوء تفاهم
misappropriate (-əprou'prieit) vt. اختلاس کردن
misappropriation (-priei'shən) n. اختلاس
misbehave (-biheiv') vi. درست رفتار نکردن ، بی‌ادبی کردن
m. (t t.) oneself = misbehave
misbehaviour (-viə) n. بدرفتاری، بی‌ادبی ، بداخلاقی
miscal'culate vt. بد حساب کردن
miscalculation (-lei'shən) n. حساب نادرست ، محاسبه غلط
miscall (-kɔ:l') vt. با نام غلط

صدا کردن

miscarriage (*-kar'ij*) *n.* شکست ـ عدم موفقیت ـ سقطِ جنین

have a m. بچه سقط کردن

m. of justice اشتباه قضائی

miscarry (*-kar'i*) *vi.* ـ نتیجه ندادن کامیاب یا موفق نشدن ـ بمقصد نرسیدن ـ (بچه) سقط کردن ، بچه انداختن

miscellaneous (*misilei'niəs*) *a.* گوناگون ، متفرقه ، متنوع

miscella'neously *adv.* بطور گوناگون

miscella'neousness *n.* تنوع

miscellanist (*misel'ə-*) *n.* جُنگ نویس

miscellany (*mis'ələni*; *-sel'-*) *n.* مجموعهٔ مطالب گوناگون

mischance (*-cha:ns'*) *n.* حادثهٔ ناگوار ، قضا ـ بدبختی

mis'chief (*-chif*) *n.* دوبهم زنی ، فتنه ـ اذیت ـ شیطنت ، شرارت

make m. between two persons میانه دو نفر را بهم زدن

play the m. with خراب کردن ، مختل کردن

Where the m. have you been? کدام جهنم دره‌ای رفته بودید ؟

mis'chief-maker *n.* دوبهم‌زن

mis'chievous (*-chivəs*) *a.* بدجنس ، موذی ـ شیطان ـ آسیب رسان ، مضرّ ـ شیطنت آمیز

miscible (*mis'ibl*) *a.* قابل امتزاج

misconceive (*-kənsi:v'*) *v.* تصور غلط کردن ـ درست نفهمیدن

misconception (*-sep'shən*) *n.* تصوّر غلط

misconduct (*-kɔn'dəkt*) *n.* خلاف ـ بداخلاقی ـ سوء اداره

misconduct (*-kəndʌkt'*) *vi.* خلاف کردن ـ بداخلاقی کردن

m. (*vt.*) oneself = misconduct *vi.*

misconstruc'tion (*kənstrʌk'-shən*) *n.* تعبیر نادرست ، سوء تفاهم

misconstrue (*-kɔn'stru:*) *vt.* بد تعبیر کردن

miscount (*-kaunt'*) *n.* & *vt.* (۱) اشتباه شمارشی ، اشتباه در شمردن (۲) غلط شمردن ، بد حساب کردن

mis'creant (*-kriənt*) *a.* & *n.* (آدم) بی‌وجدان یا پست

misdeal (*-di:l'*) *n.* & *v.* [-dealt (*delt'*)] (۱) اشتباه در دادنِ ورق ، مالدن [لفظ فرانسه] ـ (۲) اشتباه در دادن (برگ) کردن

misdeed (*-di:d'*) *n.* جُرم ، خلاف ، بدکرداری

misdemeanour (*-dimi':nə*) *n.* جنحه ، بزه

misdirect' *vt.* غلط راهنمایی کردن ـ عنوان غلط روی (نامه) نوشتن ـ بدبکار بردن

misdoing (*-du':-*) = misdeed

miser (*mai'zə*) *n.* آدم خسیس یا جوکی

miserable (*miz'ərəbl*) *a.* بدبخت ، بیچاره ـ بد ـ پست ـ رقت‌انگیز

mis'erably *adv.* با بدبختی ، به نکبت ، بسیار بد [live m.]

mi'serliness *n.* خست ، لئامت

miserly (*mai'zəli*) *a.* خسیس ، جوکی ـ پست

misery (*miz'əri*) *n.* بدبختی ، بیچارگی ـ تهیدستی ـ نکبت

misfire (*-fai'ə*) *vi.* در نرفتن ـ روشن نشدن

misfit' *n.* لباس خارج از اندازه

misfortune (*-fɔ':chən*) *n.* بدبختی

misgave [*p.* of misgive]

misgive (*-giv'*) *vt.* [-gave ; giv'en] دچارِ توهم کردن [فاعل این فعل معمولاً mind یا heart است]

misgiv'ing *n.* توهم ، بیم ، شبهه
misgovern (-gʌv'ə:n) *vt.* بدحکومت کردن در ، بد اداره کردن
misguide (-gaid') *vt.* گمراه کردن، باشتباه انداختن
misgui'dedly *adv.* گمراهانه
mishap (mis-hap' ; mis'-) *n.* حادثهٔ نسبهٔ ناگوار
misinform (-fɔ:m') *vt.* خبر نادرست به (کسی) دادن
misinterpret (-tə':prit) *vt.* بد تفسیر کردن ، بد تعبیر کردن
misinterpretation (-pritei'-shən) *n.* سوء تعبیر
misjudge (-jʌj') *v.* داوری غلط کردن(درحق)-عقیدهٔ غلطداشتن (نسبت به)
mislay (-lei') *vt.* [-laid] در جای فراموش شدنی گذاشتن
mislead (li:d') *vt.* [-led] گمراه کردن ، بغلط انداختن
mislea'ding *apa.* گمراه کننده - غلط انداز [m. estimates]
misled' [*p.* & *pp.* of mislead]
misman'age (-ij) *vt.* بد اداره کردن - بد درست کردن ، بد ترتیب دادن
misman'agement (-nijmənt) *n.* سوء اداره - سوء تدبیر
misnomer (-nou'mə) *n.* نام غلط- اسم بی‌مسمی - استعمال اسمی بغلط
misplace (-pleis') *vt.* در جای عوضی گذاشتن - نابجا بکار بردن
My confidence was misplaced. بیدکسی اطمینان کردم
misprint' *vt.* غلط چاپ کردن
mis'print *n.* غلط چاپی
mispronounce (-prənauns')*vt.* غلط تلفظ کردن
mispronunciation (-nʌnsiei'-shən) *n.* تلفظِ غلط
misquote (-kout') *vt.* غلط نقل کردن
misread(-ri:d') *vt.* [*p.* & *pp.* -read (red')] بد تعبیر کردن
misread'ing *n.* تصحیف خوانی
misrepresent (-rizent') *vt.* بد نمایش‌دادن، بدجلوه دادن ، مشتبه کردن
misrepresentation (-tei'shən) *n.* اشتباه کاری ، نمایش غیر واقعی
misrule (-ru:l') *n.* & *vt.* (۱) طرز غلط درحکومت کردن (۲) بد حکومت کردن در
miss *vt.*, *vi.*, & *n.* (۱) ازدست دادن - احساس فقدان (چیزی) را کردن - نزدن (نشان) - نفهمیدن - از نظر رد کردن (۲)خطا کردن، نخوردن ، اصابت نکردن- بجایی نرسیدن (۳) عجز - عدم موفقیت - از دست دادگی
m. fire misfire = (۱) (۲- مج) کامیاب نشدن
m. out ول کردن ، جا گذاشتن
We missed you. جای شما خالی بود ، جای شما پیدا بود
He barely missed falling into it. چیزی نمانده‌بود درآن بیفتد
miss *n.* دختر - [با M] دوشیزه ، مادموازل [درجلو اسم . مثال] :
Miss Mary (or M. Mary)
missal (mis'əl) *n.* کتاب نماز و دعا [درمیان کاتولیك ها]
mis-shapen (-shei'pən) *a.* بدشکل - ناقص‌الخلقه
missile (mis'l ; mis'ail) *n.* اسلحهٔ پرت کردنی - گلوله
miss'ing *apa.* گم ، مفقود - کم - ناپیدا ، غائب
mission (mish'ən) *n.* مأموریت - هیئت اعزامی یا تبلیغی - تبلیغ ، دعوت - مرکز مبلغین
missionary (mish'ənəri) *n.* مبلغ ، فرستاده ، مأمور
m. work کار تبلیغی
missioner (mish'ənə) *n.* مبلغ بخش ،کشیش بخش ، مأمور ناحیه
mis'sis ; -sus (-siz) *n.* خانم ،

بانو [درگفتگوی نوکر بابی] ـ زن
missive (*mis'iv*) *n.* نامهٔ (رسمی)
mis-spell' *vt.* {-spelt or -spelled} (با املای) غلط نوشتن
mis-spend' *vt.* {-spent} تلف کردن ، بر باد دادن
mis-state' *vt.* درست بیان نکردن
mis-statement (*-steit'mant*) *n.* گفتهٔ نادرست
missy (*mis'i*) *n.* {Col.} خانم کوچولو
mist *n.* & *vi.* (۱) مه ـ غبار {در چشم} ـ (۲) مه گرفتن ـ تار شدن
mistake (*-teik'*) *n.* & *v.* {-took' ; -ta'ken} (۱) اشتباه ، غلط ، سهو (۲) اشتباه کردن ـ درست نفهمیدن ـ عوضی گرفتن
make a m. اشتباه کردن
by m. اشتباهاً ، سهواً ، ندانسته
and no m. {Col.} بدون شك
They mistook him for the king. او را با شاه اشتباه کردند
There is no mistaking. جای اشتباه نیست
You are mistaken. اشتباه کرده اید، در اشتباه هستید
mistaken { *pp.* of mistake }
mis'ter (*-tə*) *n.* [مختصر (۱) آقای ـ آن Mr. است که در جلو نام شخص بکار میرود] ـ (۲) آقا ، مسیو [فرانسه]
mis'tily *adv.* بطور مه‌دار یا تیره
mistimed (*-taimd'*) *a.* نابهنگام ، بیموقع
mis'tiness *n.* مه گرفتگی ـ تاری
mistletoe (*mis''ltou; miz''l-*) *n.* کولی ، کاولی ، کشمشك
mistook' {*p.* of mistake}
mis'tress *n.* بانو ، خانم ـ کدبانو ـ معشوقه ـ مترس [لفظ فرانسه] ـ معلمه [مختصر این واژه Mrs. است که درجلو نام بانوی شوهر دار بکار میرود و تلفظ میشود missiz چون Mrs. Smith]
mistrial (*-trai'əl*) *n.* محاکمهٔ غلط و بی نتیجه
mistrust (*-trʌst'*) *n.* & *vt.* (۱) بد گمانی ، عدم اطمینان (۲) ظنین بودن از
mistrust'ful *a.* بدگمان ، ظنین
mis'ty (*-ti*) *a.* مه گرفته ـ تاریك ـ گیج
misunderstand' (*-ʌndə-*) *vt.* {-stood'} درست نفهمیدن ، بد تعبیر کردن
misunderstan'ding *n.* سوء تفاهم
misuse (*-yu:z'*) *vt.* بدبکار بردن ـ بد رفتاری به(کسی)کردن
misuse (*-yu:s'*) *n.* بد رفتاری ـ استعمال غلط
mite (*mait*) *n.* کرم خوراك ، کرم ریز ـ پول خرد که برابر است با نیم farthing ، پشیز ـ خرده ، ذره
not a m. هیچ
a m. of a child بچهٔ کوچولو
the widow's m. آنچه فقیری صمیمانه در راه خیریه دهد ولو کم باشد ، برگ سبز ، تحفهٔ درویش
miter = mitre
mit'igate (*-geit*) *vt.* سبك کردن ، تخفیف دادن، تسکین‌دادن ـ ملایم یا معتدل کردن
mitigation (*-gei'shən*) *n.* تخفیف ـ تسکین
mitre (*mai'tə*) *n.* تاج اسقفی ، قلنسوه ـ عمامهٔ کاهن یهودی ـ محل اتصال دو چوب در گوشهٔ نود درجه [در این معنی m.-joint نیز گفته میشود]
mitt *n.* (۱) mitten= (۲) دستکش بازی بیس بال (۳ـ د.گ) دستکش بوکس
mitten (*mit'n*) *n.* دستکشی که جای چهار انگشت را باهم و جای شست را جداگانه دارد
mix (*miks*) *vt.* & *vi.* (۱) آمیختن ، مخلوط یا قاطی کردن ـ سرشتن (۲) مخلوط شدن ـ آمیزش کردن ـ دخالت کردن ـ سازش کردن

mix up خوب با هم آمیختن - درهم برهم کردن - دست پاچه کردن
be mixed up in (*or* **with**) **something** گرفتار چیزی شدن
mix'able *or* **-ible = miscible**
mixed (*mikst*) *ppa.* آمیخته ، مخلوط ، مختلط - درهم - [د. گ] گیج ، دست پاچه
m. school آموزشگاه مختلط
m. bathing آب تنی مرد و زن باهم
m. number عدد کسری
mix'ture (*-chə*) *n.* مخلوط- ترکیب
cough m. شربت سرفه
Mlle. = **Mademoiselle**
Mme. = **Madame**
mnemonic (*nimɔn'ik*) *a.* ممدّ حافظه
moan (*moun*) *n.* & *vi.* (۱) ناله (۲) ناله کردن ، نالیدن
moat (*mout*) *n.* خندق
moa'ted *a.* خندق دار
mob (*mɔb*) *n.* & *vt.* [-bed] (۱) جمعیت ، ازدحام (۲) برسر (کسی) ریختن یا ازدحام کردن
mobile (*mou'bɪl* ; *-bail*) *a.* روان، متحرك ، سیال - تغییر پذیر -سبك، حرکت دادنی ، سیار
mobility (*moubil'iti*) *n.* سهولت حرکت-[مج]تغییر پذیری ، بی ثباتی
mobilization (*moubilaizei'shən*) *n.* بسیج
mo'bilize (*-laiz*) *vt.* & *vi.* (۱) بسیج دادن ، تجهیز کردن (۲) بحالت بسیج درآمدن
moccasin (*mɔk'ə-*) *n.* پوستِ گوزن - [در جمع] کفش پوست گوزن
Mocha (*mou'kə*) *n.* [جغ] مُخا - قهوهٔ مخا
mock (*mɔk*) *vt.*, *vi.*, & *a.* (۱) ریشخند یامسخره یا استهزا کردن - خوار شمردن (۲) خندیدن ، با مسخره نگریستن (۳) دروغی ، تقلیدی - کاذب - اجباری [**the m. doctor**]
make a m. (*n.*) **of** مسخره کردن
mockery (*mɔk'əri*) *n.* ریشخند ، استهزاء ،(مایهٔ) مسخره - نمایشِ تقلیدی - مسخرگی
mode (*moud*) *n.* روش ، طریقه ، طرز -[مو] مقام - [د] **mood** =
the m. مُد [لفظ فرانسه]
mod'el (*mɔd'l*) *n.* نمونه -سرمشق- قالب - طرح ، نقشه - مدل نقاشی
a m farm مزرعهٔ نمونه یا کامل
mod'el ('') *vt.* [-led] قالب (چیزیرا)درست کردن ، طرح (چیزیرا) ریختن- ساختن ، درست کردن
m. oneself on (**upon** , *or* **after**) **some one** در رفتار و آداب بکسی تأسی کردن
mod'eller (*-ələ*) *n.* قالب ساز - نمونه ساز
mod'elling *n.* قالب سازی
moderate (*mɔd'əret*) *a.* معتدل - ملایم ، سبك - میانه‌رو - مناسب
mod'erate (*-reit*) *vt.* & *vi.* (۱) معتدل یاملایم کردن (۲) معتدل شدن، کاهش یافتن - مدارا کردن
mod'erately (*-retli*) *adv.* بطورمیانه ، باعتدال ، بامدارا
moderation (*-rei'shən*) *n.* میانه روی ، مدارا ، اعتدال ، ملایمت - معتدل سازی
in m. با اعتدال ، معتدلانه
mod'erator (*-reitə*) *n.* رئیس (انجمن روحانیون)
modern (*mɔd'ən*) *a.* جدید ، امروزی - تازه (اختراع شده) - متأخر ، معاصر [**m. history**]
the moderns امروزیها ، متأخرین
mod'ernism (*-nizm*) *n.* (انتخاب) روش های تازه - سازش دادن عقاید دینی با فکر امروزه
mod'ernist *n.* هواخواه اصولِ امروزه ، متجدد
modernize (*mɔd'ənaiz*) *v.* با سلیقه یا روش امروزی مطابق کردن

(یا شدن)

modest (*mɔd'ist*) *a.* محجوب ، با حیا - فروتن ، متواضع- نسبةً کم

mod'estly *adv.* از روی شکسته نفسی یاتواضع - محجوبانه - نه چندان زیاد

mod'esty (*-ti*) *n.* حیا ، حُجب ، شرم، محجوبیت - شکسته نفسی ، فروتنی، تواضع

modicum (*mɔd'ikəm*) *n.* مقدار کم

a m. (of) مقدار کمی ، اندکی

modification (*-kei'shən*) *n.* تغییر ، اصلاح - تصرف درمعنی ، تعدیل - شکل دیگر

mod'ifier (*-faiə*) *n.* تغییر دهنده ، اصلاح کننده - {د} فرع (وصفی یا قیدی)

mod'ify (*-fai*) *vt.* تغییر دادن ، اصلاح کردن - تصرف در معنیِ (چیزی) کردن - ملایم کردن ، کاهش دادن

mo'dish = **fashionable**

modulate (*mɔd'yuleit*) *vt.* & *vi.* (۱) تعدیل کردن ، میزان کردن - زیر و بم کردن - از پرده یا مایه‌ای به پرده یا مایه دیگربردن (۲) از مایه‌ای بمایه دیگر رفتن

modulation (*-lei'shən*) *n.* تعدیل صدا ،تلحین ، تحریر - تغییر مایه

mohair (*mou'hêə*) *n.* موی مرغوز - پارچهٔ صوف یاشالی که از موی مرغوز میبافند

Mohammedan (*mouham'ədən*) *a.* مسلمان

moist (*mɔist*) *a.* نمناك، مرطوب - بارانی

moi'sten (*-s'n*) *vt.* & *vi.* (۱) ترکردن (۲) ترشدن ، نم کشیدن

mois'ture (*-chə*) *n.* نم ، رطوبت

molar (*mou'lə*) *a.* آسیاب‌کننده ، خردکننده، طاحن

m. tooth دندان‌آسیاب یاچار بایه

molasses (*mələs'iz*) *npl.* شیرهٔ قند ، ملاس {لفظ فرانسه}

mold, etc. = **mould, etc.**

mole (*moul*) *n.* خال {در روی بدن}

mole (,,) *n.* موش‌کور زیر زمینی

mole (,,) *n.* موج شکن - سدّ جلوِ لنگرگاه - لنگرگاه مصنوعی

mole'-cricket *n.* آب دزدك

molecular (*məlek'yulə*) *a.* ذره ای

molecule (*mɔl'ikiu:l*) *n.* ذره

mole'-hill *n.* تودهٔ خاکی که موشکور زیر زمینی هنگام کندن زمین درست میکند

make mountains out of mole-hills مو را طناب‌کردن

molest' (*mou-*) *vt.* مزاحم شدن ، متعرّض شدن

molestation (*-tei'shən*) *n.* آزار - ممانعت

mollification (*-kei'shən*) *n.* نرم سازی - فرو نشانی - تسکین - نرمی - آرامش

mollifier (*mɔl'ifaiə*) *n.* فرونشان - نرم ساز

mollify (*mɔl'ifai*) *vt.* فرونشاندن - نرم کردن

mollusc *or* **-lusk** (*mɔl'əsk*) *n.* جانورِ نرم تن

molt, etc. = **moult, etc.**

molten (*moul'tən*) {*pp.* of **melt**} *ppa.* گداخته ، آب شده - ریخته ،ریختگی

moment (*mou'mənt*) *n.* لحظه - هنگام ، زمان - موقع - {مج} اهمیت

the very m. he came همینکه آمد ، همانَدم که آمد

at the m. درآن‌وقت - فعلاً

It is of no m. هیچ اهمیت ندارد

matter of m. مسئله مهم

mo'mentary (*-təri*) *a.* آنی ، زودگذر ،کم دوام ، فانی - آن بآنی

momen'tous (*-təs*) *a.* مهم ، خطیر

momen'tum (*-təm*) *n.* مقدارِ جنبش - نیروی حرکت آنی

monarch (*mɔn'ək*) *n.* پادشاه یا ملکه‌ای که تنها در کشوری سلطنت می کند

monarchic(al) (*məna':kikəl*) *a.* مربوط به سلطان یا سلطنت مستقل - سلطنت خواه

mon'archism (*-əkizm*) *n.* اصول سلطنت مستقل ، اصالت یك پادشاهی

mon'archy (*-əki*) *n.* کشوری که دارای یك پادشاه (یا ملکه) است ، حکومت پادشاهی

monastery (*mɔn'əstri*) *n.* خانقاه رهبان ، صومعه ، دیر

monas'tic (*mə-*) *a.* رهبانی

Monday (*mʌn'di*) *n.* دوشنبه

monetary (*mɔn'itəri*) *a.* پولی - سکه‌ای

m. unit واحد پول

money (*mʌn'i*) *n.* پول - سکه

m. order حواله ، دستور پرداخت

a man of m. آدم پولدار

m. of account دینار و قاز ومانند آنها (که تنها در حساب کردن گفته می‌شوند)

make (*or* **raise**) **m.** پول جمع کردن

take eggs for m. خرمهره را با دُر برابر (یا اشتباه) کردن

money'-bag *n.* کیسه ، کیف (پول)- {درجمع -د. گ} پول ، ثروت

mon'ey-box *n.* صندوق اعانه - صندوق پس انداز

mon'ey-changer *n.* صرّاف

mon'eyed (*mʌn'id*) *a.* پول دار

the m. interest پول داران

money-grubber (*-grʌb'ə*) *n.* مال اندوز

mon'ey-lender (*-də*) *n.* پول وام ده ،پول به بهره‌گذار

mon'eyless *a.* بی پول

mon'ey-maker *n.* پول جمع کن

mon'ey-market *n.* بازار سهام

mon'ey-worth *n.* برابر پول ، چیزی که بپول بیرزد ، بهای پول

monger (*mʌn'gə*) *n.* فروش {در ترکیب} : **fishmonger** ماهی فروش

mon'goose (*-gu:s*) *n.* {-es} نمس هندی که مارهای زهردار را می کشد

mongrel (*mʌn'grəl*) *n.* جانور یا آدم دو رگه - گیاه پیوندی

monitor (*mɔn'itə*) *n.* مبصر ، خلیفه -قسمی زره پوش ساحلی

monk (*mʌnk*) *n.* {*fem.* **nun**} راهب ، تارك دنیا

monkey (*mʌn'ki*) *n.* & *vi.* (۱) میمون - بچهٔ شیطان (۲) تقلید درآوردن -شیطنت کردن

m. trick شیطنت - حیله

m. business کچلك بازی

get one's m. up خشمگین شدن

put one's m. up خشمگین کردن

m. with انگلك کردن - خراب کردن

mon'keyish *a.* میمون صفت

mon'key-jacket *n.* نیمتنهٔ کوتاه و چسبانی که ملوانان می پوشند

mon'key-nut = **peanut**

mon'key-wrench *n.* آچار چکش

monk's'-hood *n.* گل تاج ملوك

monocle (*mɔn'ək'l*) *n.* عینك یك چشمه

monog'amist *n.* مرد یازنی که در یك زمان بیش از یك همسر ندارد

monog'amous (*-əməs*) *a.* دارای یك زن یا یك شوهر

monogamy (*mɔnɔg'əmi*) *n.* داشتن یك همسر ، یکزنی ، یک شوهری

monogram (*mɔn'əg-*) *n.* رمز حروفی -امضای هنرپیشگی

mon'ograph (*''ra:f*) *n.* رساله در بارهٔ یك موضوع

monolith (*mɔn'əlith*) *n.* ستون سنگی یك پارچه

mon'ologue (*-əlɔg*) *n.* صحبت یا نمایش یك نفره - سخنرانی طولانی

monomania (*mɔnoumei'niə*) *n.* دیوانگی در یك موضوع

mon'oplane (*-əplein*) *n.*

هواپیمایی که یك (جفت) بال دارد

monopolist (*mənɔp'ə-*) *n.* صاحب امتیاز انحصاری - طرفدار انحصار

monopolis'tic *a.* انحصاری

monopolization (*-zei'shən*) *n.* گرفتن امتیاز انحصاری چیزی

monop'olize (*-əlaiz*) *vt.* بخود انحصار دادن ، امتیاز انحصاری (چیزیرا) گرفتن

monopoly (*mənɔp'əli*) *n.* انحصار ، حق انحصاری - کالای انحصاری

monosyllab'ic *a.* یك هجایی

monosyllable (*mɔn'əsiləbl*) *n.* کلمهٔ یك هجائی

monotheism (*mɔn'əthi:izm*) *n.* توحید ، یکتا پرستی

mon'otheist *n.* موحد ، یکتا پرست

monotone (*mɔn'ətoun*) *n.* & *a.* (۱) یك نواختی (۲) یك نواخت

monotonous (*mənɔt'ənəs*) *a.* یك نواخت ، بی تنوع - بی زیر و بم

monot'ony (*-ni*) *n.* یك نواختی

monsieur {Fr.} *n.* {**messieurs**} آقا ، موسیو

monsoon (*mɔnsu:n'*) *n.* بادموسمی یا نوبتی - موسم بارندگی

monster (*mɔns'tə*) *n.* & *a.* (۱) جانور بزرگ یاشگفت انگیز ، هیولا (۲) کلان ، گنده

a m. of cruelty اهریمن شقاوت

monstrosity (*-trɔs'iti*) *n.* هیولایی - شرارت بسیار - هیولا - چیز شگفت انگیز ومهیب

mon'strous (*-trəs*) *a.* هیولاوار ، مُهیب ، شگفت انگیز - گنده ، عظیم الجثه - بسیار شریر یا بیرحم

month (*mʌnth*) *n.* ماه

this day m. یك ماه دیگراز امروز

month'ly (*-li*) *a(dv).* & *n.* (۱) ماهیانه (۲) مجلهٔ ماهیانه

monument (*mɔn'yumənt*) *n.* اثر یا بنای تاریخی ، یادگار تاریخی - ماندگار - شگفت آور

monumen'tal (*-təl*) *a.* یادگاری - تاریخی - ماندگار - شگفت آور

moo (*mu:*) *n.* & *vi.* ماغ (کشیدن)

mood (*mu:d*) *n.* حالت ، حال ، حوصله. دماغ - خُلق، مشرب - {د} وجه

I am not in the m. for (or to) work. حال (یا دماغ) کار کردن ندارم

moo'dily *adv.* با کج خلقی

moody (*mu':di*) *a.* کج خلق - دمدمی

moon (*mu:n*) *n.* ماه ، مهتاب

once in a blue m. ندرةً

moon (,,) *vi.* & *vt.* (۱) بی مقصد راه رفتن ، پرسه زدن [با about] - (۲) بیهوده گذراندن [با away]

moon'beam (*-bi:m*) *n.* پرتو ماه

moon'light (*-lait*) *n.* مهتاب

m. night شب مهتابی

It was m. مهتاب بود

moon'lit *a.* مهتابی ، روشن

moon'shine *n.* مهتاب - سخن پوچ

moon'sick *a.* = **lunatic**

moon'struck *a.* ماه زده - دیوانه

moor (*muə*) *n.* خلنگ زار- شکارگاه

moor (,,) *vt.* مهار کردن ، بستن

Moor (,,) *n.* عرب مغربی یامراکشی

moor'-cock *n.* خروس کولی

moo'rings *npl.* مهار ، طناب کشتی- لنگرگاه ، جای مهار کردن کشتی

Moo'rish *a.* مغربی - مسلمان

moor'land *n.* خلنگ زار - زمین بائر

moose (*mu:s*) *n.* { **moose** } قسمی گوزن در امریکای شمالی

moot (*mu:t*) *a.* & *vt.* (۱) قابل بحث (۲) مورد بحث قراردادن، مطرح کردن

mop (*mɔp*) *n.* & *vt.* {**-ped**} (۱) چوبی که کهنه یا پشم برسرآن پیچیده برای تنظیف بکار میبرند(۲) پاك کردن - خشکاندن - از وجود دشمن پاك کردن - [با up] جمع کردن و بردن (کثافت) -خاتمه دادن - {د.گ} سر کشیدن

m. the floor with

کاملاً شکست دادن و از بین بردن

mope (*moup*) *vi.* & *n.*
(۱) افسرده بودن (۲) آدم افسرده - {درجمع} افسردگی

moral (*mɔr'əl*) *a.* & *n.* (۱) اخلاقی - معنوی - دارای قوه ممیزه (۲) نتیجهٔ اخلاقی -{در جمع} اصول اخلاق
m. sense حس تشخیص خوب و بد
m. philosophy = ethics

morale (*-rabl'*) *n.* روحیه

moralist (*mɔr'ə-*) *n.* آموزگار اخلاق - پیرو اخلاق - معتقد باصول اخلاقی

moralis'tic *a.* مبنی براصول اخلاقی

moral'ity (*-ti*) *n.* (رعایت اصول) اخلاق - اصل اخلاقی - نمایش اخلاقی

moralize (*mɔr'əlaiz*) *vt.* & *vi.* (۱) نتیجهٔ اخلاقی از (حکایتی) گرفتن - اخلاقی کردن (۲) بحث اخلاقی کردن

morally (*mɔr'əli*) *adv.* اخلاقاً

morass' (*mə-*) *n.* مرداب ، باطلاق

moratorium (*mɔrətɔ':riəm*) *n.* {-ria} مهلت قانونی - اجازهٔ دیرکرد پرداخت

morbid (*mɔ':-*) *a.* ناخوش - فاسد - مرضی

mordant (*mɔ':dənt*) *a.* زننده ، گوشه‌دار ، نیشدار - تند - اکال

more (*mɔə* ; *mɔ:*) *a*(*dv.*) [*comp.* of many or much] بیشتر ، زیادتر - دیگر
He has m. books than I. او بیشتر از من کتاب دارد
m. than can be counted. بیشتر از آنچه بتوان شمرد
There is no m. paper. دیگر کاغذ نیست
He brought m. money. باز پول آورد ، قدری دیگر پول آورد
What m. do you want ? دیگر چه می‌خواهید ؟
once m. دوباره ، بار دیگر ، باز
He was m. than foolish. از احمق هم بدتر (یا بالاتر) بود
any m. هیچ دیگر
m. beautiful زیباتر
He was m. tired than hungry. بیشتر خسته بود تا گرسنه
m. or less کم یا بیش ،کنایش
be no m. مردن
neither m. nor less than عیناً ، کاملاً ، بی‌کم و زیاد

more (,,) *n.* (مقدار) بیشتر
I want no m. دیگر نمی‌خواهم
I saw no m. of you. دیگر شما را ندیدم ، دیگر پیداتان نشد
No m. of that. بس است دیگر
The m. he gets the m. he wants. هرچه بیشتر میگیرد بیشتر میخواهد

moreover (*-ou'və*) *adv.* بعلاوه

morganat'ic (*mɔ:gə-*) *a.* -
m. marriage ازدواج با زن پست‌تر ازخود {ازحیث طبقه}

morgue *n.* {Fr.} جای گذاردن مردگانی که هویت آنها معلوم نیست

moribund (*mɔr'ibʌnd*) *a.* مردنی ، محتضر

morn (*mɔ:n*) *n.* {Poet.} بامداد

morning (*mɔ':ning*) *n.* صبح ، بامداد - پیش ازظهر
this m. امروز صبح
the next m. صبح روز بعد
early in the m. صبح زود
Good m. صبح شما بخیر
m. coat نیمتنهٔ دامن‌گرد
m. prayer نماز صبح

mor'ning-glory *n.* نیلوفر (پیچ)

Moroccan (*mərɔk'ən*) *a.* & *n.* مراکشی

Morocco (*mərɔk'ou*) *n.* مراکش- {با m} تیماج سماقی

moron (*mɔ':rɔn*) *n.* کسیکه رشد فکری نداشته و بحالت بچگی باقی مانده باشد

morose (*mərous'*) *a.* ترشرو ، عبوس

mor'phia (*-fiə*) = morphine

morphine (*mɔ':fi:n*) *n.* مرفین : جوهر منوّم افیون

mor'ris chair صندلی‌ای که پشت آن عقب و جلو میرود

mor'ris-dance *n.* یکجور رقص قدیمی با لباس های فانتزی

morrow (*mɔr'ou*) *n.* فردا، روز بعد

on the m. فردای آنروز، روز بعد

Good m. = Good morning

morsel (*mɔ':səl*) *n.* لقمه - تیکه

mort (*mɔ:t*) *n.* بوقی که خبر از مردن گوزن میدهد - ماهی آزاد سه‌ساله - مقدار زیاد

mortal (*mɔ':t'l*) *a.* & *n.* (۱) مردنی، فانی - کشنده، مهلك - خونین (زاد)آدمی (۲) - [a m. battle]

It is m. to him. کشندهٔ اوست

a m. sin گناه بزرگ، کبیره

mortal'ity (*-ti*) *n.* - فنا (پذیری) حساب مرگ ومیر - نوع بشر

mortally (*mɔ':təli*) *adv.* بطور کشنده - سخت

mortar (*mɔ':tə*) *n.* & *vt.* (۱) هاون -خمپاره‌انداز کوچك - ساروج، ملاط (۲) با ملاط چسباندن

mor'tar-board *n.* کبهٔ ملاط یا ساروج -کلاه چارگوش دانشکده

mortician (*mɔ:tish'ən*) [U. S.] = undertaker

mortgage (*mɔ':gij*) *n.* & *vt.* گرو (گذاشتن)، رهن (گذاشتن)

mortgagee (*mɔ:gəji':*) *n.* مرتهن ،گروگیر

mortgagor (*mɔ:gəjɔ':*) *n.* گروگذار، راهن

mortification (*-kei'shən*) *n.* ریاضت، نفس کشی - خواری، خفت - فساد عضو

mortify (*mɔ':tifai*) *vt.* & *vi.* (۱) ریاضت دادن - کشتن (نفس) - جریحه‌دار کردن -رنجاندن - خفت دادن - فاسد کردن (۲)تباه شدن، فاسد شدن

mor'tise *or* **-tice** (*-tis*) *n.* & *vt.* (۱) کام (۲) جفت کردن

m. and tenon کام وزبانه

mortuary (*mɔ':tiuəri*) *n.* & *a.* (۱) جای گذاردن مرده قبل از دفن (۲) مربوط ببردن یا دفن

mosaic (*mouzei'ik*) *n.* & *a.* (۱) موزاییك [لفظ فرانسه] - (۲) از قطعات گوناگون درست شده [m. map]

Mosa'ic (,,) *a.* متعلق به موسی

M. law شریعت موسی، تورية

Moses (*mou'zis*) *n.* موسی

Moslem (*mɔz'ləm*) *a.* & *n.* مسلمان، مسلم

mosque (*mɔsk*) *n.* مسجد

mosquito (*mɔski':tou*) *n.* [-es] پشه (مالاریائی)

m. net ; m. curtain پشه بند

moss (*mɔs*) *n.* خزه، جل وزغ

moss'-grown *a.* خزه‌گرفته

mossy (*mɔs'i*) *a.* خزه مانند - خزه‌گرفته

most (*moust*) *a(dv).* [*sup.* of many *or* much] & *n.* (۱) بیشترین، بیشتر از همه (۲) بیشتر، اکثر - بیشترین کار

He makes m. noise. او از همه بیشتر صدا (یا شلوق) میکند

m. people بیشتر مردم

for the m. part = mostly

m. interesting بینهایت‌جالب توجه

m. beautiful زیباترین

for the m. part معمولاً - بیشتر

the m. that I can do منتها کاری که میتوانم بکنم

make the m. of حداکثر استفاده را از (چیزی) کردن

at m. منتها، خیلی باشد

mostly (*moust'li*) *adv.* بیشتر، اساساً

mote (*mout*) *n.* ذره - خس

moth (*mɔth*) *n.* بید ـ پروانه
moth'-ball *n.* گلولهٔ نفتالین
moth'-eaten *a.* بید زده
mother (*mʌth'ə* ـظِ) مادر
m. tongue زبان مادری
m. country (۱) میهن ، وطن (۲) کشور اصلی در برابر مستملکات
m. wit هوش ذاتی ، غریزه
m. of pearl صدف
moth'er (,,) *vt.* مادری درحقِ (کسی) کردن ـ فرزند خواندن
moth'ercraft *n.* بچه‌داری ، مادری
moth'erhood (*-hud*) *n.* مادری
moth'er-in-law *n.* {mothers-} مادر شوهر ـ مادر زن
moth'erless *a.* بی‌مادر
moth'erliness *n.* (صفت) مادری
moth'erly *a.* مادرانه ـ مادروار
mother-of-pearl (*-əvpə:l'*) *n.* & *a.* (۱) صدف (۲) صدفی
motif' *n.* {Fr.} موتیف : موضوع ، اصل ـ [مو] مایهٔ اصلی
motion (*mou'shən*) *n.* & *v.* (۱) جنبش ، حرکت ـ پیشنهاد ـ اشاره (۲) اشاره کردن
put in m. بحرکت درآوردن ـ بکار انداختن ، دایر کردن
make a m. اشاره یا پیشنهاد کردن
m. one to a chair بکسی اشاره کردن که روی صندلی بنشیند
He was motioned to go. باو اشاره شد که برود
mo'tionless *a.* بی‌جنبش ، بیحرکت
mo'tivate (*-veit*) *vt.* انگیختن ، تحریك کردن ، موجب شدن ، سبب شدن
motive (*mou'tiv*) *n.* & *v.* (۱) داعی ، سبب ، علت ـ غرَض (۲) جنبا ننده ، محرّك
mo'tiveless *a.* بیجهت ، بیخود
mot'ley (*-li*) *a.* رنگارنگ ـ مختلط
wear the m. (*n.*) چهل تیکه یا جامهٔ رنگارنگ پوشیدن ـ لودگی کردن

motor (*mou'tə*) *a.* & *n.* (۱) جنبا ننده ، محرّك (۲) موتور ـ ماشین
m. car اتوموبیل
m.-cycle موتورسیکلت
mo'tor (,,) *v.* با اتوموبیل رفتن یا بردن
mo'toring *n.* اتوموبیل‌رانی
mo'torist *n.* اتوموبیل‌ران
motorize (*mou'təraiz*) *vt.* موتوریزه کردن ، [''موتوریزه'' فرانسه است] ، دارای گردونه‌های موتوری کردن
mo'tor-man *n.* متصدی موتور [بویژه در واگن برقی]
mot'tle (*mɔt'l*) *vt.* ابره‌ای کردن ـ دارای خال ها وخطوط رنگارنگ کردن
motto (*mɔt'ou*) *n.* شعار ـ سخن زبده ـ پند ، اندرز ، حکمت
moujik (*mu':zhik*) *n.* روستاییِ روسی
mould (*mould*) *n.*, *vt.*, & *vi.* (۱) قالب ـ ترکیب (۲) قالب کردن ـ ریختن (۳) قالب شدن ، شکلی بخود گرفتن
of a fine m. خوش ریخت
mould (,,) *n.* خاك نرم ، خاك گیاه‌دار
mould (,,) *n.* & *vi.* (۱) کپك ، بوزك (۲) کپك زدن
moulder (*moul'də*) *n.* ریخته گر ، قالب گر
moul'der (,,) *vi.* خاك شدن ، پوسیدن
moul'ding *n.* ریخته گری ـ قالب ـ چیز ریخته ـ گچ بری [بیشتر در جمع] ـ روکوب
mouldy (*moul'di*) *a.* کپك زده ، بو گرفته ـ [مج] کهنه ، منسوخ
moult (*moult*) *vt.* & *vi.* (۱) تولك رفتن ، پر ریختن ـ پوست یا شاخ انداختن (۲) ریختن ، انداختن
mound (*maund*) *n.* تپه کوچك ـ خاکریز
mount (*maunt*) *n.* کوه ـ تپه [مختصر این کلمه .Mt است]

Mt. Demavend کوه دماوند
mount (,,) *vi.*, *vt.*, & *n.* (۱) بالا رفتن - سوار شدن - زیاد شدن - بالغ شدن - ترقی کردن (۲) بالا رفتن از - سوار ... شدن - سوار کردن - جلوس کردن بر - بلند کردن - چسباندن ، نصب کردن - ترقی دادن - دارای اسب کردن - با (توپ) مجهز کردن (۳) پایه - مقوا یادوره عکس - چیزی که چیز دیگررا روی آن سوار یانصب کنند یابچسبانند - سواری
The map is mounted on linen. پشت نقشه پارچه چسبانده‌اند
mounted police پلیس سواره
mountain (*maun'tin*) *n.* کوه
m. ash سماق کوهی
mountaineer (*-ni'ə*) *n.* کوه‌گرد
moun'tainous (*-tinəs*) *a.* کوهستانی ، پرکوه - کوه پیکر ، کلان
mountebank (*maun'ti-*) *n.* دارو فروش زبان باز - پزشك چاچول‌باز
moun'ting *n.* پایه - نگین‌دان
mourn (*mɔ:n*) *v.* سوگواری کردن (برای) - ماتم (کسیرا) گرفتن
m. for (*or* **over**) **the dead** برای مرده سوگواری کردن
mourner (*mɔ':nə*) *n.* سوگواری کننده ، دوست یاخویشاوند مرده که تشییع جنازه کند
mourn'ful *a.* عزادار - غم‌انگیز
mourn'fully *adv.* با سوگواری
mourning (*mɔ':ning*) *n.* سوگواری ، عزا (داری) - جامه عزا
in m. سیاه‌پوش ، عزادار - چرك گرفته
m.-band روبان سیاه سوگواری
mouse (*maus*) *n.* {**mice**} موش
mouse (*mauz*) *vi.* موش گرفتن
mouse'-trap *n.* تله موش
moustache (*məstahsh'*; *mus-*) *n.* سبیل
mouth (*mauth*) *n.* {**mouths** ماوظز} دهان ، دهن - دهانه - مصب
down in the m. لب‌ولوچه آویخته
make mouths دهن کجی کردن
wide-mouthed دهن گشاد
mouth (ماوظ) *vt.* در دهان گذاشتن (خوراك) - فصیح‌نما وغیرطبیعی اداکردن
mouth'ful *n.* لقمه
mouth'-organ *n.* ساز دهنی
mouth'piece (*-pi:s*) *n.* دهانه یا لبك{درفلوت ومانند آن} - {مج}-سخنگو- ارگان {لفظ فرانسه}
movable (*mu':vəbl*) *a.* نابرجا ، منقول - {**m. property**} - گردش‌دار یامتغیر {**a m. feast**}
mo'vables *npl.* مال منقول
move (*mu:v*) *vt.*, *vi.*, & *n.* (۱) تکان یا حرکت دادن - انتقال دادن - تحریك کردن - متأثر ساختن - پیشنهاد کردن (۲) حرکت کردن ، تکان خوردن - اسباب‌کشی کردن- پیش رفتن - بازی کردن- اقدام‌کردن - {با **for**} تقاضا کردن (۳) تکان، حرکت ، جنبش -اقدام - نوبت {در بازی} - اسباب کشی
m. to pity برقت آوردن
m. (house) اسباب‌کشی کردن
m. in بخانه تازه اسباب‌کشی کردن
m. on ازجای خود حرکت‌کردن یا دادن - {در صیغه امر} قدم بزنید . یکجا نه ایستید
m. along عقب(تر) بروید {در اتوبوس گفته میشود}
m. the bowels شکم‌را کارانداختن
His bowels do not m. شکمش کار (یا عمل) نمیکند
on the m. درجنبش ، درحرکت - مشغول دوندگی یافعالیت
Get a m. on. {Sl} بجنبید
movement (*mu:v'mənt*) *n.* جنبش،حرکت- تغییرمکان - {در ماشین} گردش - اقدام - نهضت
movies (*mu':viz*) *npl.* {**Sl.**} سینما
moving (*mu':ving*) *apa.*

متحرك - مؤثر
m. pictures سینما
mow (*mou*) *vt.* & *vi.* {mowed; mown or mowed} - (۱) چیدن
درو کردن (۲) علف چیدن
mow (,,) *n.* توده یا انبار علف خشك
mower (*mou'ə*) *n.* علف چین
mown {*pp.* of mown}
M.P. = Member of Parliament
Mr. {مختصر mister}
Mrs. {مختصر mistress}
MS. / MSS. {زیر manuscript نوشته شده است}
Mt. {مختصر Mount}
much (*mʌch*) *a(dv).* {more; most}, & *n.* (۱) زیاد ، بسیار
(۲) مقدار زیاد
m. rain باران زیاد
too m. زیاد ، بیش از اندازه
He was too m. for me.
من حریف او نبودم
how m. چقدر
m. pleased بسیار خشنود یاممنون
I m. regret خیلی متاسفم
m. less چه رسد(به)
so m. بقدری - اینقدر
this m. ; that m. اینقدر-آنقدر
as m. as آنقدر که
as m. as possible هرقدر ممکن است، تا سرحد امکان ، تا آنجاکه بتوان
as m. again دو برابر
m. (about) the same تقریباً يك جور
m. of it مقدار زیادی ازآن
make m. of استفاده کردن از
He is not m. of a soldier.
همچو سربازی هم نیست ، اورا نمیتوان سرباز خواند
much'ness *n.* زیادی {فقط درعبارت much of a m. تقریباً يك جور}
mucilage (*miu'silij*) *n.*
لعاب - چسب

muck (*mʌk*) *n.* & *vt.*
(۱) کود تازه ، سرگین - کثافت - چیز نفرت انگیز -جیفه (۲) چرك کردن- خراب کردن {با up}
make a m. of کثیف یاخراب کردن
m. (*vi.*) about {Sl.}
کار بیهوده کردن
muck'-rake *n.* کودکش - {مج} کسی که عادةً مردم و کارمندان خدمات عمومی را میخواهد متهم برشوه و خلاف کند
mucky (*mʌk'i*) *a.* کثیف - پست ، لئیم
mucous (*miu':kəs*) *a.*
مخاطی - لزج
mu'cus (,,) *n.* مخاط ، بلغم - لعاب یا لزوجت گیاهی - آب لیز
mud (*mʌd*) *n.* (*gel*) گل
m. house کلبهٔ گلی
fling m. at لجن مال کردن
m.-bath گل مالی تن برای درمان
mud'dle (*mʌd'l*) *n.*, *vt.*, & *vi.* (۱)درهم برهمی (۲)گیج یاخرف کردن - سرهم بندی کردن ، خراب کردن - {با up} درهم‌برهم کردن (۳) گیج شدن
m. on باتسلیم به پیشامد زیستن
mud'dle-headed *a.* کودن
muddy (*mʌd'i*) *a.* گل‌آلود - تیره ،کمرنگ - گیج - درهم برهم
mud'guard (-*ga:d* -گاد) *n.*
گلگیر
muff (*mʌf*) *n.* خز دست
muff (,,) *n.* & *vt.* (۱) آدم خام دست - خام دستی ، بیدست و پایی
(۲) نگرفتن - بطور ناقص انجام دادن
muffin (*mʌf'in*) *n.* کلوچه‌ای که داغ داغ با کره میخورند
muf'fle (*mʌf'l*) *vt.* بیچیدن - دم دهان (کسیرا) گرفتن - چشم بستن -کم صدا کردن ، (با بیچیدن پارچه) کر کردن
muf'fled *ppa.* بیچیده -کر شده -
{a m. boxer} دستکش پوش
muffler (*mʌf'lə*) *n.* - شال گردن

دستکش مشت بازی ـ صدا کرکن (پیانو)
muf'ti *n.* لباس ساده و غیر نظامی
mug (*mʌg*) *n.* آبجو خوری ـ آبخوری ـ [ز. ع.] صورت و دهن ، بك و پوز
muggy (*mʌg'i*) *a.* گرم وخفه ، مرطوب
mulatto (*miulat'ou*) *n.* [-es] & *a.* (۱) زادهٔ اروپایی و زنگی (۲) دو رگ ـ گندم گون یا سیه چرده
mulberry (*mʌl'bəri*) *n.* توت
mulch (*mʌlch*) *n.* برگ وکاه تر برای پوشاندن ریشه درختان تازه نشانده
mulct (*mʌlkt*) *n.* & *vt.* (۱) جریمه (۲) جریمه کردن ـ بزور گرفتن از
They mulcted him (in . . .) او را (فلانقدر) جریمه کردند
mule (*miu:l*) *n.* استر ، قاطر ـ قسمی ماشین نخ ریسی ـ سرپایی بی پاشنه
muleteer (*miulíti'ə*) *n.* قاطرچی ، استربان
mulish (*miu':-*) *a.* چموش ، لجوج
mull (*mʌl*) *n.* = muddle
make a m. of } خراب کردن ،
mull (,,) *vt.* } سرهم بندی کردن
mull (,,) *vt.* (شراب را) داغ کردن و با ادویه و قند آمیختن
muller (*mʌl'ə*) *n.* رنگ ساب ، دارو ساب ، مشته
mullet (*mʌl'it*) *n.* ماهی سفید
red m. شاه ماهی
mullion (*mʌl'iən*) *n.* جرز (سنگی) درمیان قسمت های پنجره
multifarious (*mʌltifê'əriəs*) *a.* گوناگون ، متعدد
mul'tiform (*-fɔ:m*) *a.* دارای چندین شکل ، بسیار شکل
mul'tiple *n.* & *a.* ۱) مضرب (۲) چندین، متعدد ـ چند برابر، مُضاعف ـ مرکب ـ چندلا ـ گوناگون
mul'tiplex telegraphy دستگاه تلگرافی که در یك زمان با یك سیم چند مخابره میکند
multiplicand (*mʌl'-* ; *-kand'-*) *n.* مضروب ، بس شمرده
multiplication (*-kei'shən*) *n.* ضرب ، بس شماری ـ افزایش ، تکثیر
multiplicity (*-lis'iti*) *n.* تعدد ، بسیاری ـ گوناگونی ـ عدهٔ بسیار
a m. of words سخنان بسیار
mul'tiplier (*-laiə*) *n.* مضروبٌ فیه ، بس شمر ـ افزاینده
mul'tiply (*-lai*) *vt.* & *vi.* (۱) ضرب کردن ـ زیاد کردن، تکثیر کردن (۲) زیاد شدن ـ باروَر شدن
m. 6 by 2 ٦ را در ۲ (یا با ۲) ضرب کردن
multiplied by 3 ضرب در ۳
multitude (*mʌl'titiu:d*) *n.* جمعیت، گروه ـ کثرت
the m. تودهٔ مردم
multitu'dinous (*-nəs*) *a.* بسیار ، کثیر ـ دسته جمعی ـ عام ، عمومی
m. with پر از
mum (*mʌm*) *int.* & *a.* خاموش !
Mum's the word. صداش را در نیارید
mumble (*mʌm'bl*) *v.* & *n.* (۱) زیر لب (سخن) گفتن ، من من کردن (۲) سخن جویده ، من من
mummer (*mʌm'ə*) *n* آکتر لال بازی
mummery (*mʌm'əri*) *n.* قسمی لال بازی ـ آداب دینی خنده آور
mum'mified *ppa.* مومیایی شده
mummify (*mʌm'ifai*) *vt.* مومیا(یی) کردن
mummy (*mʌm'i*) *n.* مومیا ، لاشهٔ مومیایی شده ، مردهٔ حنوط زده
mummy (,,) *n.* ننه [مادر]
mumps (*mʌmps*) *npl.* ورم غدهٔ بناگوشی ، اریون [کلمه فرانسه]
munch (*mʌnch*) *vt.* مانند گاو جویدن

mundane (*mʌn'dein*) *a.* دنیوی
municipal (*miu:nis'ipəl*) *a.* مربوط بشهرداری ، بلدی
m. council انجمن شهرداری
municipal'ity (*-ti*) *n.* شهرداری
munif'icence *n.* بخشش ،کرم
munificent (*miu:nif'isənt*) *a.* بخشنده ، کریم ، سخی ـ بخشش آمیز ، کریمانه
munition (*miu:nish'ən*) *vt.* دارای مهمات کردن
muni'tions *npl.* مهمات {چون بطور صفت پیش‌از اسم بیاید لازم نیست بصیغهٔ جمع گفته شود . مثال}
munition shortage کمی مهمات
mural (*miu'ərəl*) *a.* & *n.* (۱) دیواری ـ دیوارنما (۲) نقاشی دیواری
murder (*mə':də*) *n.*, *vt.*, & *vi.* (۱) قتل ، آدم‌کشیِ ناحق (۲) کشتن، بقتل رسانیدن (۳) خونِ ناحق ریختن ، قتل کردن
M. will out. خون ناحق پنهان نمی ماند
mur'derer (*-rə*) *n.* {*fem.* -ess} آدم‌کش ، قاتل ، خونی
mur'derous (*-dərəs*) *a.* آدم‌کش ، قاتل ـ جنایت آمیز
murk (*mə:k*) *n.* تیرگی
murky (*mə':ki*) *a.* تاریك ـ افسرده
murmur (*mə':mə*) *n.* & *vi.* (۱) غرغر ، لندلند ـ مورمور ، شرشر ـ زمزمه (۲) غرغر کردن ـ شرشر کردن
mur'murous (*-rəs*) *a.* غرغر و ، لندلند کننده ـشرشر کننده ـ غرغر آمیز
murrain (*mʌr'in*) *n.* مرگیِ گاو ، وبای گله
muscle (*mʌs'l*) *n.* ماهیچه ، عضله
not move a m. تکان نخوردن
mus'cular (*-kiulə*) *a.* عضلانی ـ گوشتی ـ دارای ماهیچه های قوی
Muse (*miu:z*) *n.* نام یکی‌از نه تن الههٔ شعر وهنرهای زیبا ـ ذوق ، قریحهٔ شاعری
the m. قوهٔ الهام بخش ، قریحه، ذوق شاعری
muse (,,) *vi.* تفکر کردن ـچشم‌دوختن
museum (*miuzi'əm*) *n.* موزه
mush (*mʌsh*) *n.* خمیر نرم ـ بلغورِ ذرت آب پز شده {اصطلاح امریکائی}
mushroom (*mʌsh'rum*) *n.* & *a.* (۱) قارچ ، سماروغ (۲) دارای رشد خیلی سریع
music (*miu':zik*) *n.* موسیقی
set a poem to m. آهنگ برای شعری ساختن
face the m. دلیرانه با وضعی مواجه شدن
mu'sical (*-kəl*) *a.* موسیقی ـ دارای ذوق یاگوش موسیقی ـ خوش‌آهنگ
mu'sic-hall *n.* سالن واریته {هردوکلمه مأخوذاز فرانسه است}
musician (*-zish'ən*) *n.* موسیقی‌دان ـ نوازنده
mu'sic-stand *n.* جای گذاردن اوراق نُت ، سه‌پایهٔ نت
mu'sic-stool *n.* کرسی پیانو زنان
musk (*mʌsk*) *n* مشك ـ بوی مشك
musk'-deer *n.* آهوی ختا
mus'ket (*-kit*) *n.* تفنگ (قدیمی)
musketeer (*-ti'ə*) *n.* تفنگدار
mus'ketry (*-ri*) *n.* تیر اندازی
musk'-melon *n.* یکجور میوهٔ بسیار خوشبو مانند طالبی ـ خربوزهٔ کوتور
musk'-rat *n.* موش آبیِ امریکای‌شمالی
musk'-rose *n.* گل مشکیجه
musk'-willow *n.* بید مشك
muslin (*mʌz'-*) *n.* یکجور پارچهٔ پشت نما ، چیت موصلی
mull m. ململ
musquash (*mʌs'kwɔsh*) = **musk-rat**
muss (*mʌs*) {U. S. ; Col.} *vt.* درهم برهم کردن ،کثیف کردن
mus'sel (*mʌs'l*) *n.* یکجور صدف
must (*mʌst*) *v. aux.* باید ـ

بایست

He m. have gone. باید رفته باشد

{آگاهی- این فعل‌را بطور مصدر نمیتوان بکار برد و برای ترجمه «بایستن» باید گفت **to be necessary** که صیغه‌های دیگر هم از همان ساخته میشوند}

mustache (*məsta:sh'*) *n.* سبیل
= **moustach**

mus'tang *n.* قسمی اسب وحشی

mustard (*mʌs'təd*) *n.* خردل

mus'ter (*-tə*) *vt., vi., & n.* (۱) فراخواندن - جمع‌آوری کردن (۲) جمع شدن (۳) جمع‌آوری ، بازدید

m. up one's courage جرأت بخود دادن

pass m. پذیرفته شدن {در بازدید}

musty (*mʌs'ti*) *a.* کپك زده ، پوسیده ، کهنه

mutabil'ity *n.* تغییر پذیری - {مج} بی‌ثباتی ، تلوّن

mutable (*miu':təbl*) *a.* تغییر پذیر - {مج} بی ثبات - متلوّن

mutation (*miu:tei'shən*) *n.* تغییر - تحوّل

mute (*miu:t*) *a., n., & vt.* (۱) کنگ - خاموش - بی‌صدا (۲) آدم کنگ - صدا خفه کن (۳) کر کردن، خفه کردن (صدا)

m. language زبان‌حال ، زبان‌بیزبانی

mutilate (*miu':tileit*) *vt.* اندام (کسیرا) بریدن-فلج یا ناقص کردن - تحریف کردن

mutilation (*-lei'shən*) *n.* فلج سازی - قطع - حذف مواد عمده ازکتاب ، تحریف

mutineer (*miutini'ə*) *n.* شخص یاغی‌یا متمرد - سرباز یاغی یا عاصی

mu'tinous (*-nəs*) *a.* یاغی ، سرکش ، متمرد ، نافرمان - تمرد آمیز

mu'tiny (*-ni*) *n. & vi.* ( ) شورش، تمرد (۲)شورش کردن، یاغی شدن

mutter (*mʌt'ə*) *n. & vi.* (۱) من‌من - غرغر ، لندلند (۲) من‌من کردن ،جویده سخن گفتن - غرغر کردن

mut'ton (*mʌt'n*) *n.* گوشت گوسفند

mutual (*miu':chuəl*) *a.* دوسره ، بین اثنین - متقابل

m. love محبت از دوسر

m. consent رضایت طرفین

mu'tually *adv.* از دوسر ، متقابلاً ، طرفین

It was m. agreed that موافقت کردند که

muz'zle (*mʌz'l*) *n. & vt.* (۱) پوز(ه) - پوزه بند - دهنه تفنگ (۲) پوزبند زدن (به) - ازسخن گفتن بازداشتن

muz'zle-loading *a.* سرپر

muz'zle-loader *n.* تفنگ سرپر

muzzy (*mʌz'i*) *a.* گیج ، خرف ، مست

my (*mai*) *pr.* ام ، م {مال من}

my house خانه‌ام

my friends دوستانم ، دوستان من

myopia (*maiou'piə*) *n.* نزدیك بینی

myopic (*-ɔp'ik*) *a.* نزدیك بین

myriad (*mir'iəd*) *n.* بیوَر - تعداد زیاد

myriapod (*mir'iəpɔd*) *a. & n.* هزار پا

myrmidon (*mə':midɔn*) *n.* نوکر ، آلت

myrrh (*mə':*) *n.* مُر، مرِ مکی

myrtle (*mə':tl*) *n.* مورد ، آس

myself' (*mai-*) *pr.* {**ourselves**} خودم

I hurt m. اذیت شدم ، آسیب دیدم

mysterious (*misti'əriəs*) *a.* پوشیده ، مرموز ، رمزی

mys'tery (*-təri*) *n.* رمز ، راز ، سرّ - {در جمع} آیین یا شعائر دینی

wrapt in m. مرموز ، در پرده

m. (play) نمایش مذهبی

mystic (*mis'tik*) *n.* اهل‌تصوف ، متصوف

mys'tic ; -tical (*-kəl*) *a.* پوشیده ، مرموز ، سرّی

mys'ticism (-*sizm*) *n.* تصوف
mystification (*mistifikei'-shən*) *n.* - گیج‌سازی- دست اندازی
پنهان سازی
mys'tify (-*fai*) *vt.* - گیج کردن
رمزی کردن
myth (*mith*) *n.* افسانه
myth'ic(al) *a.* افسانه‌ای - موهوم
mythological (*mithəlɔj'ikəl*) *a.* افسانه‌ای- وابسته به (تاریخ) اساطیر
mythol'ogist (-*lə*-) *n.* عالم به تاریخ اساطیر ، افسانه نویس
mythol'ogy (-*ləji*) *n.* . تاریخ اساطیر یا ارباب انواع - افسانه

Nn

nab *vt*. [-bed] [Col.] دستگیر کردن
nadir (*nei'dia*) *n*. [ه] نظیرالسمت
nag *n*. اسب کوچك ، یابوی تاتو
nag *v*. [-ged] عیبجویی کردن - نق زدن - سرزنش کردن
n. at عیبجویی کردن از ، ایراد گرفتن از
nail (*neil*) *n*. & *vt*. (۱) میخ - ناخن - چنگال (۲) میخکوب کردن - دستگیر کردن - از انتشار (چیزی) جلوگیری کردن
drive a n. into one's coffin مرگ خود را جلو انداختن
as hard as nails سر حال - سخت ، بیرحم
on the n. فی‌المجلس ، نقداً
n. up با میخ سرهم بندی کردن
n. a lie to the counter کذب موضوعی را ثابت کردن
n. some one down to his promise کسیرا وادار بانجام قول خود کردن
naive (*na-i:v'*) *a*. ساده ، بی تزویر - طبیعی
naiv'eté [Fr.] } *n*. سادگی ،
naive'ty (*-ti*) } بی تزویری
naked (*nei'kid*) *a*. برهنه ، لخت - بی حفاظ - بی دوربین - بی عینك - آشکار - ساده ، بی پرده - بی مدرك - عاری
na'kedly *adv*. برهنه‌وار - آشکارا
na'kedness *n*. برهنگی ، لختی - آشکاری - سادگی - بی مدرکی - عورت
name (*neim*) *n*. & *vt*. (۱) نام ، اسم - شهرت - آبرو (۲) نامیدن - نام بردن ، ذکر کردن - نامزد کردن
by n. اسماً ، باسم ، بنام
by the n. of بنام ، موسوم به
of n. نامی ، مشهور ، معروف
put one's n. down داوطلبانه نام خود را دادن یا نوشتن
in n. only فقط اسماً یا ظاهراً
in the n. of بنام - بخاطر
in one's own n. از طرف خود ، اصالةً
He bears out his n. اسم با مسمایی دارد
I was named after him. نام او را روی من گذاشتند
a man named مردی بنام
name'less *a*. بی نام - گمنام ، مجهول - غیرمذکور - نگفتنی ، غیرقابل ذکر
name'ly *adv*. یعنی
name'sake *n*. همنام ، هم اسم
nanny (*nan'i*) *n*. دایه [لغت کودکانه]
nan'ny-goat *n*. بز ماده
nap *n*. & *vi*. [-ped] چرت (زدن)
take a nap چرت زدن
catch napping غافلگیر کردن
nap *n*. & *vt*. [-ped] (۱) خواب ، کرك (۲) خوابدار کردن
nape (*neip*) *n*. پشت گردن ، قفا
napery (*nei'pari*) *n*. سفره ، دستمال
naph'tha (*-tha*) *n*. نفتی که از سنگهای رستی و زغال سنگ و نفت خام بدست می‌آید
na'piform *a*. شلغمی
nap'kin *n*. دستمال پاسفره ، دستمال سر میز - کهنه بچه

narcissus (*na:sis'as* نا-) *n.* نرگس

narcotic (*na:kɔt'ik*) *a.* & *n.*
(۱) خواب‌آور، مخدر (۲) داروی مخدّر

narrate (*nareit'*) *vt.* روایت
کردن ، نقل کردن

narra'tion (*-shən*) *n* نقل ، روایت

narrative (*nar'ətiv*) *n.* نقل ،
روایت ، حکایت ، شرح

in a n. style بسبك داستان

narrator (*narei'tə*) *n.* ناقل ،
قصه‌گو ، راوی

narrow (*narou*) *a.*, *vt.*, & *vi.*
(۱) تنگ - باریك - [مج]محدود . متعصب -
خسیس (۲) باریك یا تنگ کردن - منحصر
کردن (۳) باریك یا تنگ شدن

of n. views نظر تنگ ،کوته فکر

n. circumstances تنگدستی

have a n. escape جان‌مفت بدربردن

nar'rowly *adv.* بزور ، زورکی

escape n. جان مفت بدر بردن

nar'row-min'ded *a.* نظر تنگ ،
کوته نظر - کوته فکر - تعصب‌آمیز

nar'rowness *n.* تنگی - باریکی

nar'rows *npl.* تنگنا - گذرگاه تنگ -
تنگه - گردنه - دره

nasal (*nei'zl*) *a.* & *n.* - (۱)انفی -
تو دماغی (۲) حرف یاصدای تو دماغی

na'salize (*-zəlaiz*) *vt.* تو دماغی
تلفظ کردن

nascent (*nas'ənt*) *a.* تازه ،
نوظهور - تازه رشدکننده

nastily (*nahs'tili*) *adv.*
بطور بد یا نفرت انگیز - بطور نا پاك -
بطور تهوع‌آور

nas'tiness *n.* ناپاکی ، کثافت -
بدی - زشتی - تهوع‌آور بودن

nasturtium (*nəstə':shəm*) *n.*
گل لادن

nasty (*nahs'ti*) *a.* - کثیف - زشت -
بد - خطرناك - تهوع‌آور ، بدمزه

natal (*nei'təl*) *a.* ولادتی -میلادی

n. day = birthday

nation (*nei'shən*) *n.* - ملت -
قوم ، امت

national (*nash'ənəl*) *a.* ملی

nationalism (*nash'ənəlizm*) *n.*
احساسات ملی - حسّ استقلال ملی

nationalist (*nash'ənə-*) *n.*
طرفداراستقلال ملی، هواخواه‌اصول ملیت

nationalis'tic *a.* مبنی براحساسات
ملی - طرفدار استقلال ملی

national'ity *n.* ملیت - تابعیت

nationalize (*nash'ənəlaiz*) *vt.*
ملی کردن - دارای ملیت کردن

na'tionally *adv.* از لحاظ ملی

na'tionals *npl.* اتباع

native (*nei'tiv*) *n.* & *a.* (۱)
بومی، اهل (۲) اصلی - فطری - طبیعی

n. country میهن ، وطن

nativity (*nətiv'iti*) *n.* زایش ،
پیدایش - (تصویر) ولادت (مسیح)

natty (*nat'i*) *a.* - قشنگ ، پاکیزه -
زبردست

natural (*nach'ərəl*) *a.* & *n.*
(۱) طبیعی - ذاتی ، فطری - عادی - خودرو -
ساده (۲) خُل مادر زاد - رنگ بدنی -
[مو] نت عادی [نه دیز نه بمل]

n. historian تاریخ طبیعی نویس

nat'uralism (*-izm*) *n.* فلسفه یا
مذهب طبیعی - اصالت طبیعت - پیروی
از طبیعت در ادبیات وهنر های زیبا

nat'uralist *n.* محصل تاریخ‌طبیعی

naturalization (*-zei'shən*) *n.*
اعطا یا قبول تابعیت - اهلیت

naturalize (*nach'ərəlaiz*) *vt.*
& *vi.* (۱) حق تابعیت دادن ،
اهلی کردن - تابع‌قواعد زبان خودکردن -
به آب و هوای کشور خود خو دادن ،
آموخته کردن (۲) اهلی شدن ، قبول
تابعیت کردن

naturally (*nach'ərəli*) *adv.*
بطور طبیعی - طبیعةً ، طبعاً ، البته ،
بدیهی است که

nature (*nei'chə*) *n.* طبیعت -
ماهیت - سرشت ، فطرت - خوی ،

طبع ـ نوع
by n. طبیعة ، طبعاً ، ذاتاً
good n. خوش خویی ، خوش خُلقی
diseases of this n. اینگونه امراض
in the course of n. بطریق عادی
in (or of) the n. of بمنزلهٔ
naught (*nɔ:t*) *n.* هیچ
bring to n. خراب یامغلوب کردن
set at n. ناچیز شمردن ـ مسخره کردن
nau'ghtily *adv.* از روی بد ذاتی
naugh'tiness *n.* شیطنت ، بدذاتی ـ
شرارت ـ نافرمانی ـ فضولی
naughty (*nɔ':ti*) *a.* شیطان
ـ بدذات ، شریر ـ {a n. child}
نافرمان ـ شیطنت آمیز
nausea (*nɔ':siə*) *n.* تهوّع ـ تنفر
nau'seate (*-sieit*) *vt.* دچار حال
تهوع کردن ـ متنفر یا بیرغبت کردن
nau'seating *apa.* تهوّع آور
nautical (*nɔ':tikəl*) *a.* مربوط به
کشتیرانی ـ دریایی
n. terms اصطلاحات کشتی یا دریا
naval (*neivəl*) *a.* (وابسته به
نیروی) دریایی
n. forces نیروی دریایی
nave (*neiv*) *n.* توپی (چرخ) ـ
صحن کلیسا
navel (*nei'vəl*) *n.* ناف
nav'igable (*-gəbl*) *a.* قابلِ
کشتیرانی ـ دریارو ـ قابل هوا بردن
nav'igate (*-geit*) *vi. & vt.*
(۱) کشتیرانی یا هواپیمایی کردن (۲)
راندن (کشتی) ـ با کشتی پیمودن (دریا)
navigation (*-gei'shən*) *n.*
کشتی رانی : ناوبری
aerial n. ناوبری هوایی
nav'igator (*-geitə*) *n.* دریانورد ،
کشتیران ـ هوا نورد
navvy (*nav'i*) *n.* کارگر ساده
(در خاکریزی و راه سازی) ، عمله
navy (*nei'vi*) *n.* نیروی دریایی ،
بحریه
n. blue کبود ، آبیِ سیر

na'vy-bean *n.* لوبیای مرمری
nay (*nei*) *adv. & n.* (۱) نه این
تنها بلکه (۲) کلمهٔ نه ، پاسخ ردّ ـ
رأی منفی
N. B. = nota bene (*nou'tə*
bi':ni) {L.} تبصره
N. C. O. = non-commissioned
officer {نظ} درجه‌دار
N. E. = north-east شمال شرق
neap (*ni:p*) *a.* پست‌ترین ،کمترین
n. tide } کمترین جزر و مد ،
neap ('') *n.* } پایین‌ترین جزر و مد
Neapolitan (*niəpɔl'itən*) *n.*
& *a.* اهل ناپل (Naples) در
ایتالیا ، ناپلی
near (*niə*) *a.*, *adv*, *prep.*,
& *v.* (۱) نزدیك ـ صمیمی ـ شبیه ،
مانند ـ دستِ چپی {the n. horse} ـ
(۲) نزدیك ـ تقریباً (۳) نزدیكِ ،
نزدیك به ـ مانندِ (٤) نزدیك‌شدن (به)
n. with one's money خسیس
n. at hand نزدیك ـ در دسترس
n. by نزدیك، دمِ دست
n. upon نزدیك {ازحیث زمان}
go n. to do (or doing)
something تقریباً کاری را کردن
draw n. نزدیك شدن
nearest him ازهمه نزدیك‌تر باو
near-by' *a(dv).* نزدیك ـ دم دست
nearly (*ni'əli*) *adv.* تقریباً
not n. ابداً ـ بدون هیچ شباهت
near'ness *n.* نزدیکی ـ شباهی ـ خست
near-sighted (*ni'əsai'tid*) *a.*
نزدیك بین
neat (*ni:t*) *a.* پاکیزه ، تمیز ـ
مرتب ، شسته و رفته ـ باسلیقه ومهارت
درست شده ـ لب (*lob*) ـ خالص
neat'ly *adv.* (بطور) پاکیزه ـ بطور
مرتب ، باسلیقه ـ باعبارت ساده وپرمعنی
neat'ness *n.* آراستکی ، پاکیزگی ـ
سادگی ـ کوتاهی
neb'ula (*-yulə*) *n.* {-læ (*li:*)}

غبار ، لکه - {هـ} سحاب ، ستارگان ابری

neb'ular (*-lə*) *a.* سحابی - غباردار

neb'ulous (*-ləs*) *a.* ابری -غباری، سحابی - تیره - بی‌شکل - {مج} نامعلوم

nec'essarily *adv.* ناچار ، حتماً ، لزوماً ، بالضروره

necessary (*nes'isəri*) *a.* & *n.* (۱) لازم (۲) چیزلازم ، {درجمع} لوازم، مایحتاج - کار لازم ، اقدام لازم

Light is n. to life. روشنایی لازمهٔ زندگی است

It is n. for you to go. لازم است بروید

It is n. to go. باید رفت

if n. درصورت لزوم

do the n. اقدام لازم بعمل آوردن

necessitate (*nises'iteit*) *vt.* ایجاب کردن ، مستلزم بودن

neces'sitous (*-təs*) *a.* نیازمند

n. circumstances تنگدستی

necessity (*nisəs'iti*) *n.* لزوم ، ضرورت - نیازمندی ، احتیاج {بیشتر درجمع} - ایجاب ، اقتضا - چیز لازم ، {درجمع} لوازم ، احتیاجات

become a n. لزوم پیدا کردن

of n. = **necessarily**

under n. of ناگزیر از

neck *n.* گردن - گردنه - باریکه - تنگه - یخه پیراهن - {در ساز} دسته

save one's n. - ازدار رهایی یافتن - قصر در رفتن

n. or nothing یا سر میرود یا کلاه می‌آید

get it in the n. سخت تنبیه شدن - مورد ملامت سخت واقع شدن

n. and n. شانه بشانه {در دو}

long-necked گردن دراز

neckerchief (*nek'əchif*) *n.* دستمال‌گردن ، کاشکل {لفظ فرانسه}

neck'lace (*-lis*) *n.* طوق

neck'let *n.* گردن پوش ، خز یا شالِ گردن

neck'tie (*-tai*) *n.* کراوات {لفظ فرانسه}

neck'wear (*-wêə*) *n.* کراوات و یخه و امثال آنها

nec'romancer (*-sə*) *n.* کسیکه بوسیلهٔ ارتباط بامردگان پیشگویی میکند

nec'romancy (*-si*) *n.* پیشگویی بوسیلهٔ احضار مردگان

nec'tar (*-tə*) *n.* نوشابهٔ خدایان {در اساطیر} - شهدگیاهی

nectareous (*-têə'riəs*) *a.* شهدی، شهددار - شیرین

nectarif'erous (*-rəs*) *a.* شهدآور

nec'tarine (*-tərin*) *n.* شلیل

née *a.* {Fr.} زاییده (شده) ، متولد

Mrs. Jordan n. Mary بانو جردن‌که نام او درخانهٔ پدر مریم بود

need (*ni:d*) *n.*, *vt.*, & *vi.* (۱) لزوم ، ضرورت - نیازمندی ، احتیاج (۲) لازم‌داشتن - مستلزم بودن (۳) لازم بودن

There is no n. of staying there. ماندن درآنجا لزومی ندارد

I have no n. for his service. بخدمت او نیازمند نیستم

We are in n. of an engineer. ما بیك تن مهندس نیازمند هستیم

be in bad n. of something احتیاج مبرم بچیزی داشتن

if n. be اگر لازم باشد

He had n. remember. بایستی (یا لازم بود) بخاطر داشته باشد

This needs to be done carefully. اینکار مستلزم دقت است

{آگاهی - این فعل اگر درنفی یاپرسش بکار رود در سوم شخص s نمیخواهد و نشان مصدری هم‌که to باشد ازجلوفعلی که بعد از آن میاید حذف میشود} :

Why need he say that? چرا باید این سخن را بگوید

He needn't be told لازم نیست باو بگویند {**needn't** مخفف **need not** است}

need'ful *a.* لازم ؛ ضرور(ی)

the needful (*n.*) کارلازم ، اقدام

لازم - {ز.ع} اصل کار {یعنی پول}
nee'dily *adv.* از روی نیازمندی
needle (*ni':dl*) *n.* سوزن - میل (بافندگی یا جراحی) - برگ کاج
need'less *a.* غیر ضروری
need'lessly *adv.* بطور غیرلازم
nee'dlewoman *n.* زن دوزنده
nee'dle-work *n.* دوزندگی - سوزن دوزی - برودری دوزی
needn't {زیر **need** آمده است}
needs *adv.* ناچار ، لابد ، حتماً لزوماً {همیشه با **must** گفته میشود}
needy (*ni':di*) *a.* نیازمند ، محتاج ، تنگدست
ne'er (*nêə*) {**Poet.**} = **never**
ne'er-do-well (*-du:-*) *n.* آدم بی‌معنی - شخص بی وجود
nefarious (*nifê'əriəs*) *a.* شنیع
negation (*nigei'shən*) *n.* نفی ، سلب - ردّ ، انکار - خنثی سازی
neg'ative (*-ətiv*) *a.*, *n.*, & *vt* (۱) منفی - سالب - وارونه ، معکوس - زیرصفر ، منها (۲) کلمه یا پاسخ منفی - جواب رد - طرف منفی - قضیهٔ منفی - شیشه یافیلم عکاسی (۳) رد یاتکذیب یا انکار کردن - خنثی یامنفی کردن
n. voice = **veto**
n. virtue پرهیز از بدی یا کار بد
return a n. پاسخ منفی دادن
in the n. (بشکل) منفی - رد شده
double n. نفی در نفی
neglect' (*nig-*) *n.* & *vt.* (۱) غفلت (۲) غفلت کردن (در - از)
n. of duty غفلت در انجام وظیفه
n. one's duty از انجام وظیفه غفلت کردن
neglecting قطع نظر از
neglect'ful *a.* مسامحه کار ، غفلت کار - غفلت آمیز
be n. of غفلت کردن در
neglige (*neg'lizhei*) *n.* {**Fr.**} لباس (توی) خانه
neg'ligence (*-jəns*) *n.* غفلت ، بی‌مبالاتی ، اهمال ، لاقیدی
neg'ligent *a.* مسامحه کار ، غفلت کار - ناشی از بی‌مبالاتی
be n. of غفلت کردن در
neg'ligently *adv.* از روی مسامحه
neg'ligible (*-jibl*) *a.* ناچیز ، جزئی
negotiable (*nigou'shiəbl*) *n.* قابل انتقال ، بهادار {**n. papers**}
nego'tiate (*-shieit*) *vi.* & *vt.* (۱) مذاکره کردن ، وارد معامله شدن (۲) انتقال‌دادن ، واگذار کردن - فراهم آوردن - انجام دادن - غالب آمدن بر
negotiation (*-shiei'shən*) *n.* مذاکره ، گفتگو (برای معامله) - انتقال ، معاوضه
enter into negotiations وارد گفتگو یا معامله شدن
nego'tiator (*-shieitə*) *n.* طرف معامله یا مذاکره - انتقال دهنده
negress (*ni:g'res*) *n.* {*fem. of* **negro**} دده سیاه
negro (*ni'grou*) *n.* {**-es**} زنگی ، سیاه (افریقایی) ، کاکا
neigh (*nei*) *n.* & *vi.* (۱) شیهه (۲) شیهه کشیدن
neighbour (*nei'bə*) *n.* & *v.* (۱) همسایه - همنوع (۲) همسایه یا همجوار بودن (با)
my n. at dinner نفرِ بهلودستی من در سر ناهار
ill neighboured دارای همسایه بد
neigh'bourhood (*-bəhud*) *n.* همسایگی ، جوار - حوالی - حدود
in the n. of در حدودِ
neigh'bouring *apa.* مجاور
neigh'bourly (*-bəli*) *a.* درخورِ همسایه ، همسایه‌وار ، دوستانه - معاشر
neither (*nai'thə* ; *ni':thə*) (بیط
adv. or conj. ... نه هم
n. this nor that نه این نه آن
N. he nor I see it. نه او آنرا

می بیند نه من
If he does not go, n. shall I.
حالا که او نیرود منهم نخواهم رفت
nei'ther ('') *pr.* & *a.*
(۱) هیچکدام ، هیچیك (۲) هیچکدام
از (آن دو . . .)
N. of them know(s). هیچکدام
از آنها نمیداند (یا نمیدانند)
n. report هیچیك از آن دو گزارش
Nem'esis *n.* [دراساطیر] (نام)
الههٔ انتقام - [با n] تلافی بحق
nen'uphar *n.* نیلوفر آبی
ne'o *pref.* تازه ، نو
neolithic age (*ni:oulith'ik eij*) روزگار واپسین سنگ
neon (*ni':on*) *n.* گاز نئون
neophyte (*ni':oufait*) *n.*
جدیدالمذهب - نوچه ، تازه کار ، مبتدی
nephew (*nav'yu:* ; U.S. *naf'-*) *n.* پسر برادر - پسر خواهر
nep'otism (*-ətiz*) *n.* حمایت
خویشاوندان ، حمایت اقربا
Nep'tune (*-tiu:n*) *n.* نپتون
[رب‌النوع دریا] -[مج] دریا - [ه] نپتون
[لفظ فرانسه]
nerve (*nə:v*) *n.* & *vt.* (۱) پی ،
عصب - رگ - رگه - [مج] نیرو - روح -
قوت قلب (۲) نیرو یاقوت قلب دادن
get on one's n. عصبانی کردن
strain every n. منتهای کوشش
خود را کردن ، همه جور تقلا کردن
a fit of nerves حالت عصبانی
iron nerves / **nerves of steel** } دل ، طاقت ، قوت قلب
nerve'less *a.* بی پی ، بی‌عصب -
[مج] بی رگ - بیحال - پراکنده
nervous (*nə':vəs*) *a.* مربوط به
اعصاب ، عصبی - دارای اعصاب ضعیف ،
عصبانی مزاج ، قابل تحریك ، ترسو -
با روح - مؤثر ، پرمایه - نیرومند
the n. system سلسلهٔ اعصاب
feel n. دست پاچه شدن ، ترسیدن

ner'vously *adv* با حالت عصبی
ner'vousness *n.* دچاری باعصاب
ضعیف ، مزاج عصبانی
nervy (*nə':vi*) *a.* (۱) عصبانی
(۲) = **nervous**
nest *n.* & *vi.* (۱) آشیانه ، لانه -
پرورشگاه - گروه (۲) آشیان گرفتن
n. of drawers کنجهٔ کشودار
nest'-egg *n.* مایه : تخمی که درلانه
می گذارند تامرغ‌را به تخم کردن درهمان
جا ترغیب کند - [مج] پول اندوخته
nes'ting *n.* آشیان‌گردی برای
جمع‌آوری تخم
nestle (*nes'l*) *vi.* & *vt.*
(۱) آشیان‌گرفتن ، لانه کردن ، [مج]
منزل کردن ، غنودن (۲) جا دادن - در
آغوش گرفتن
n. oneself جا گرفتن ، غنودن
nestling (*nest'-* ; *nes'ling*) *n.*
جوجه ر به ترك‌آشیانه نیست
Nes'tor (*-tə*) *n.* پیر ، رایزن
net *n.* & *vt.* [-ted] (۱) دام -
تور ، شبکه - تار عنکبوت (۲) بدام
انداختن - بدام‌گرفتن
n. a tree (برای حفظ میوه) دام
در درخت‌گذاشتن
net *a.* & *vt.* [-ted] (۱) خالص ،
ویژه (۲) خالص برداشت کردن
nether (*neth'ə* نظ) *a.* [Arch]
زیرین
n. garments شلوار [بشوخی]
Netherlands (*neth'ələndz*- نظه) *n.*
هلند
net'ting *n.* تور ، شبکه (کاری) -
تنزیب
net'tle (*net'l*) *n.* & *vt.*
(۱) گزنه (۲) گزیدن - [مج] آزردن ،
برانگیختن
net'tle-rash *n.* کهیر
net'work (*-wə:k*) *n.* شبکه -
خطوط مشبك
neuralgia (*niuəral'jiə*) *n.*

دزدِ عصب ، دردِ اعصاب ، پی‌درد

neurasthenia (''*rəsthi':niə*) *n.* ضعف یاخستگی اعصاب

neurasthen'ic (,,-) *a.* & *n.* (۱) دچار ضعف اعصاب (۲) کسیکه دچار ضعفِ اعصاب است

neuritis (''*rai'*-) *n.* وَرَم عصب

ne ..ic (''*rɔt'ik*) *a.* دچار بیماری عصبی - عصبانی - موثر در اعصاب

neurology (''*rɔl'əji*) *n.* مبحث‌عصب

neuter (*niu':tə*) *a.* & *n.* (۱) نه مذکر نه‌مؤنث - بیجان - خنثی (۲) اسمی که نه مذکر است و نه مؤنث - جانور بی جنس یا خنثی

neutral (*niu:'trəl*) *a.* بیطرف - خنثی - نه مثبت نه منفی

neutral'ity *n.* بی‌طرفی - خنثائی

neutralisation (*-laizei'shən*) *n.* خنثی سازی ، بی اثر سازی - بیطرف سازی

neutralize (*niu:t'rəlaiz*) *vt.* خنثی‌یا بی‌اثر کردن - بی‌طرف‌کردن

never (*nev'ə*) *adv.* هرگز ، هیچ وقت ، هیچ ، ابداً - حاشا

He has n. seen a lion. او هرگز شیر ندیده است.

n.-ceasing پیوسته ، لاینقطع

n.-to-be-forgotten فراموش نشدنی

to-morrow come n. وقت گل نی

nevermore (''*mɔ:*) *adv.* دیگر هیچ ، هرگز دیگر

nevertheless (''*thə*- ـظِ-) *adv.* & *conj* باوجود این ، معهذا

new (*niu:*) *a.* تازه ، نو ، جدید - تازه‌کار ، مبتدی ، ناشی

n. moon ماه نو ، هلال

n. year سال نو

N. Year's Day نوروز ، سال نو

New-Year's gift عیدی

n. comer تازه وارد ، نو رسیده

It is nothing n. تازگی ندارد

He is n. to the trade. دراین کسب تازه کار (یا مبتدی) است

N. World برّ جدید ، ینگی دنیا

New Testament عهد جدید

New England نام شش ایالت در شمال شرق اتازونی

new'-born *a.* نوزاد ، جدیدالولاده

new'-built *a.* تازه ساز، نو ساخت

new' comer *n.* شخص تازه وارد

new'-fallen *a.* تازه (آمده) [درگفتگوی از برف]

new'-fangled *a.* نوظهور ، من درآوردی - متجدد

new'-fashioned *a.* تازه (باب‌شده)

new'-fledged *a.* تازه پر درآورده

new'-laid *a.* تازه(گذاشته)

new-laid eggs تخم مرغ تازه

newly (*niu':li*) *adv.* جدیداً ، تازه

new'made *a.* تازه ساخت ، نو ساز

new'ness *n.* تازگی ، نوی

news (*niu:z*) *npl.* (خبر) تازه [با فعل مفرد صرف میشود]

a piece of n. یك خبر

the latest n. آخرین خبر

good n. مژده ، خبرِ خوش

That's no n. to me. برای من تازگی ندارد

news'-agent *n.* روزنامه فروش

news'boy *n.* (بچه) روزنامه فروش

news'monger (*-gə*) *n.* سخن‌چین

news'paper (*-pə*) *n.* روزنامه

news'print *n.* کاغذ روزنامه

news'-reel *n.* فیلم خبری (یااخباری)، فیلم وقایع اخیر

news'-room *n.* جای خواندن روزنامه، درکتابخانه ومانند آن ، قرائت خانه

news'-stand *n.* جایگاه‌فروش‌روزنامه

newsy (*niu':zi*) *a.* پرخبر - معتاد به نشر اخبار یا اراجیف

newt (*niu:t*) *n.* سوسمار آبی

next (*nekst*) *a.*, *adv.*, & *prep.* (۱) بعد ،دیگر ، آینده [n. year] - پهلویی ، نزدیکترین (۲) پس از آن ، سپس (۳) پهلوی - بعد از- چسبیده به،

جنب

the n. day روز بعد ، فردای آن روز
n. Monday دوشنبهٔ همین هفته
a week from n. Monday این دو شنبه نه : آن دوشنبه (یا دوشنبه دیگر)
n. week هفته دیگر
the n. week یك هفته بعد، هفته بعد
our n. neighbour همسایهٔ پهلویی ما
the Sunday n. before Now-ruz آخرین یکشنبه پیش از نوروز
He is n. to you in rank. او یك رتبه از شما پائین تر است
It is n. door to theft. پای کمی از دزدی ندارد ، تقریباً دزدی است
I n. went to meet him. سپس رفتم او را ملاقات کنم
n. to him پهلوی او
When I n. saw him, he was ill. باردیگر که اورا دیدم ناخوش بود
her next شوهر (یا بچه) بعدی وی
nexus (*nek'səs*) *n.* رابطه ـ سلسله
nib *n.* نوك ـ سرقلم ـ شاخه ، دندانه
nib'ble (*nib'l*) *vt.* & *vi.* (۱) دندان زدن ،گاز گرفتن (۲) نوك زدن (چون ماهی) ـ ور رفتن
n. at عیبجویی کردن از ـ در قبول چیزی دو دل بودن
nice (*nais*) *a.* دقیق ، حساس ، لطیف ـ مشکل پسند ـ با صفا ، خوب ـ نازنین ـقشنگ ـ لذیذ ـ خوش رفتار
You are a n. person! عجب آدمی هستید [بطعنه]
The room is n. and warm. اطاق خوب گرم است (عیب ندارد)
nice'ly *adv.* خوب ، بخوبی
nice'ness *n.* خوبی ـ قشنگی ـ دقت
nicety (*nai'sti*) *n.* نکته ، نکتهٔ باریك ـ سلیقه ، دقت ، باریك بینی ـ چیز لذیذ ـ باریکی ، نازکی
to a n. درست ، بادقت ، دقیقاً
niche (*nich*) *n.* طاقچه ـ تورفتگی در دیوار ـ [مج] جا یا مقام مناسب
It was well niched. خوب در دیوار جا دادهٔ شده بود
nick *n.* & *vt.* (۱) بریدگی ، شکاف ـ چوبخط (۲) چاك دادن
in the n. of time سرِ بزنگاه
nickel (*nik'l*) *n.* & *vt.* (۱) نیکل (۲) آب نیکل دادن
nickname (*nik'neim*) *n.* & *vt.* (۱) کنیه (۲) کنیه به (کسی) دادن ـ ملقب کردن به
nicotine (*nik'ətin*) *n.* نیکتین
nidification (-*kei'shən*) *n.* آشیان بندی
niece (*ni:s*) *n.* دختر برادر یاخواهر
niggard (*nig'əd*) *n.* & *a.* (شخص) بخیل یا لئیم
niggardly (,,*li*) *a.* & *adv.* (۱) لئیم ، بخیل (۲) خسیسانه
nigger (*nig'ə*) *n.* سیاه افریقایی
n. minstrel حاجی فیروز [تقریباً]
nigh (*nai*) [Arch. ; Poet.] = near
night (*nait*) *n.* شب
at n. درشب ، شب هنگام
last n. دیشب
the n. before last پریشب
all n. long درتمام شب ، همه شب
Good n. شبِ شما خوش ، شب بخیر
He went by n. شبانه رفت
We made a n. of it. چه شب خوشی گذراندیم ، چه شبی صبح کردیم
night'-bird *n.* مرغ شب بیدار [چون جغد] ـ [مج] هرزهٔ شبگرد
night'-cap *n.* شب کلاه ـ عرق آخرشب
night'-dress *n.* لباس خواب زنانه
night'fall *n.* شبانگاه ، شام
night'-gown *n.* لباس خواب ـ پیراهنِ خواب
nightingale (*nai'tingeil*) *n.* بلبل
night'-light *n.* شمع کوچك که در شب برای بیماران یا بچه‌ها روشن می کنند

night'-long *adv.* & *a.* (۱) از سرشب تا بامداد (۲) تمام شبی
night'ly (*-li*) *a(dv).* شبانه
nightman (*nait'mən*) *n.* {-men} کناس
night'mare (*-mêə*) *n.* بختك
night'-school *n.* آموزشگاه شبانه
night'shade *n.* تاجریزی
deadly n. حشیشة الحمره ، بلادن
night'-shift *n.* نوبت کار(ی) شب
night'shirt *n.* پیراهن خواب مردانه
night'-soil *n.* کثافات مبال
night'-walker (*-wɔ:kə*) *n.* کسیکه درخواب راه میرود
night'-watch *n.* پاس شب - کشیك
night'-watchman (*-wɔchmən*) *n.* {-men} کشیك یا مستحفظ شبانه
nihilism (*nai'hilizm*) *n.* نی‌هیلیسم [لفظ فرانسه]
ni'hilist *n.* مخالف یامنکر همه چیز
nil *n.* هیچ - صفر
3-n. (3-0) سه بهیچ
nim'ble (*nimb'l*) *n.* چابك ، فرز ، چالاك ، جلد - زیرك - حاکی‌اززیرکی
n wit زیرکی ، فراست
nim'bly (*-bli*) *adv.* بچابکی - بزیرکی
nim'bus (*-bəs*) *n.* هاله ، اکلیل - نور - ابر بارش دار
nin'compoop (*-kɔmpu:p*) *n.* هالو
nine (*nain*) *a.* & *n.* (۱) نه (۲) عدد نه
n. days' wonder چیزی که فقط چند صباحی تازگی دارد
dressed up to the nines هفت قلم آرایش کرده ، بادقت لباس پوشیده
nine'pins *n.* قسمی گوی بازی که نه میلهٔ چوبی دارد
nineteen (*-ti:n'*) *a.* & *n.* نوزده
nineteenth' *a.* & *n.* (یك) نوزدهم
nine'tieth *a.* & *n.* (یك) نودم
nine'ty (*-ti*) *a.* & *n.* نود
ninny (*nin'i*) *n.* آدم ساده لوح ، احمق
ninth (*nainth*) *a.* & *n.* (یك)نهم
ninth'ly (*-li*) *adv.* نهم آنکه
Niobe (*niai'obi*) *n.* زن داغدیدهٔ تسلی ناپذیر ، زن دائم گریه کن
nip *vt.* {-ped} & *n.* (۱) نیشگان گرفتن ، فشردن - چیدن [با off] - از رشد بازداشتن - بیحس کردن - کش رفتن ، ربودن [با up]- (۲) نیشگان - گاز - سرما زدگی
She was nipped in the bud. به بزرگی نرسید ، در خردی مرد
nip along {Col.} عجله کردن
n. in قبل از دیگری داخل شدن - توی دهن (کسی) آمدن
I nipped my finger in the door انگشتم‌لای درماند(وفشرده شد)
nip *n.* جرعهٔ کوچك
nipper (*nip'ə*) *n.* نیشگان‌گیرنده - چیننده- [د. ك] بچهٔ کوچك - [در جمع] میخ چین ، انبر دست
nipping (*nip'ing*) *a.* زننده، سرد
nip'ple (*nip'l*) *n.* نوك پستان - سر پستانك - مغزی - پستانك (تفنگ)
Nippon (*nip'ɔn*) = Japan
nitrate (*nai'treit*) *n.* & *vt.* (۱) نمك تیزاب (۲) تیزاب زدن - سنگ جهنم زدن
potassium n. شوره
silver n. سنگ جهنم
ni'tre *or* **-ter** (*-tə*) *n.* شوره
ni'tric acid تیزاب
nitrogen (*nait'rəjən*) *n.* نیتروژن یا ازُت [دو لفظ فرانسه]
ni'trous (*-trəs*) *a.* شوره ای
n. oxide = laughing-gas
no (*nou*) *adv.* نه ، خیر ، نه‌خیر
no (,,) *a.* (۱) هیچ [دراین معنی با not any برابر است]- (۲) نه چندان [= not a]
He has no friends. او هیچ

دوست و آشنا (یا دوستانی) ندارد
That is no great work.
این (چندان) کار بزرگی نیست
in no time خیلی زود
no one هیچکس
by no means بهیچوجه
no end of بسیار ، زیاد
No Popery. ما پاپ نمیخواهیم
No admittance ورود ممنوع است
Now no mistake خوب به بینید چه میگویم
no (,,) *adv*. (۱) هیچ [با درجهٔ تفضیلی] - (۲) نه [پس از or برای رساندن شق دوم مطلبی]
(1) It was no better. هیچ بهتر نبود
He had no more to say. دیگر سخنی نداشت که بگوید
He can no more do it than he can fly. اگر میتواند بپرد اینکار را هم میتواند بکند
I did not go, no more did he. من نرفتم او هم نرفت
(2) hungry or no میخواهید گرسنه باشید میخواهید نباشید
no (,,) *n*. پاسخ منفی - صاحب رأی منفی
No =number شماره ، نمره
Noah (*nou'ə*) *n*. نوح
N.'s ark کشتی نوح - بازیچه بچگانه که به تقلید کشتی نوح ساخته شده است
nob [Sl.] *n*. کله ، سر - کله گنده
nobility (*noubil'iti*) *n*. نجابت، اصالت - گروه‌اشراف ، طبقهٔ نجبا یا اعیان
noble (*nou'bl*) *a*. & *n*. (۱) اصیل ، شریف ، نجیب - وابسته بگروه اشراف - آقا منش - بسیار خوب - با شکوه - شرافتمندانه (۲) نجیب‌زاده ، شریف
no'bleman (*-mən*) *n*. [-men] شخصی که از طبقه اعیان وشایستهٔ عضویت در مجلس اعیان باشد

no'bly *adv* شرافتمندانه
nobody (*nou'bədi*) *n*. هیچکس - ناکس
N. knows هیچکس نمیداند
nocturnal (*nəktə':n'l*) *a*. شبانه - شب خیز ، شبرو - شب بیدار [چون جغد]
noctur'nally *adv*. شبانه
nod (*nəd*) *vi*. & *vt*. [-ded] & *n*. (۱) سر تکان دادن - باسر اشاره کردن - چرت زدن (۲) تکان دادن - باسر فهماندن (۳) سلام با تکاندادن سر - موافقت یا تصویب بااشاره سر
nodding acquaintance آشنایی‌مختصر ، سلام و علیك
node (*noud*) *n*. برآمدگی - ورم - گره ، بند
nodulated (*nəd'yuleitid*) *a*. گره دار ، غده دار
noise (*nəiz*) *n*. & *vt*. (۱) صدا - شلوق (۲) انتشار دادن
make a n. صدا کردن ، شلوق کردن - پهن شدن ، منتشر شدن
It is noised abroad that در خارج انتشاردارد که
noise'less *a*. بیصدا - بی سر و صدا
noise'lessly *adv*. بدون سر و صدا
noi'sily *adv*. با (سرو) صدا
noi'siness *n*. سروصدا ، شلوق
noisome (*nəi'səm*) *a*. بد بو ، نفرت انگیز - زیان آور ، مضر
noisy (*nəi'zi*) *a*. پرصدا ، شلوق - شلوق‌کن
nolens volens (*nou'lenzvou'-*) *adv*. [L]. خواهی نخواهی
nomad (*nəm'əd*; *nou'-*) *n*. & *a*. چادرنشین ، خانه بدوش، بادیه نشین
nomad'ic *a*. خانه بدوش ، بدَوی
nom de guerre *n*. [Fr.] نام مستعار - تخلص
nom de plume *n*. [Fr.] تخلص
nomenclature (*nou'mənklei-chə*) *n*. صورت اسامی ، فهرست

اصطلاحات
nominal (*nɔm'inəl*) *a.* اسمی - لفظی - غیرواقعی - اعتباری
n. list فهرست یا صورت اسامی
nom'inally (*-nəli*) *adv.* اسماً - ظاهراً
nom'inate (*-neit*) *vt.* نامزد کردن ، معرفی کردن - گماشتن
nomination (*-nei'shən*) *n.* معرفی، نامزد سازی - تعیین ، برگماری ، نصب
nom'inative (*-nətiv*) *a.* فاعلی ، مرفوع
n. case حالت فاعلیت یا فاعلی
nominee (*nɔmini':*) *n.* نامزد - نماینده
non- *pref.* غیر - عدم
non-abiltiy (*nɔnəbil'iti*) *n.* عدم صلاحیت
non-accep'tance *n.* عدم قبول
non-acquain'tance *n.* عدم آشنایی
non-appea'rance *n.* عدم حضور
non-atten'dance *n.* عدم حضور
non avenue [Fr.] *a.* کان لم یکن
nonce (*nɔns*) *n.* —
for the n. برای مقصود فعلی ، عجالةً
nonce'-word *n.* کلمه‌ای که به تقاضای یك موقع ویژه ساخته میشود
non'chalance (*-shələns*) *n.* سهل انگاری ، لاقیدی ، بیحالی ، اهمال
non'chalant *a.* سهل انگار ، مسامحه‌کار - ناشی از اهمال کاری
non-combatant (*-kɔm'bətənt*) *n.* (نفر) خارج از صف
non-commis'sioned officer درجه‌دار [مختصرآن N. C. O. است]
non-committal (*-kəmit'əl*) *a.* [در باب سخنی گفته میشود] که الزامی تولید نکند
non-conductor (*-kəndʌk'tə*) *n.* عایق‌گرما - عایق برق
nonconformist (*-kənfɔ':mist*) *n.* کسی‌که وابسته بکلیسیای رسمی انگلیس نیست
nonconfor'mity *n.* عدم مطابقت - عدم موافقت با کلیسیای رسمی انگلیس
non'-descript (*-dis-*) *a.* غیرقابل طبقه بندی - وصف ناپذیر
none (*nʌn*) *pr. & adv.* (۱) هیچیك ، هیچکدام - هیچکس ، هیچ (چیز) - (۲) بهیچوجه
n. of them هیچکدام از آنها
I had many; he had n. من خیلی داشتم او هیچ نداشت
If you want an engineer, I am n. اگر مهندس میخواهید من نیستم
He is n. of my friends. او از دوستان من نیست
It is n. the better. هیچ بهتر نیست
n. the less = nevertheless
non-en'tity (*-ti*) *n.* نیستی - شخص یا چیز بی اهمیت
non'-essen'tial (*-shəl*) *a.* غیر ضروری
non-execu'tion *n.* عدم اجرا
non-exis'tence *n.* نیستی ، عدم
non-interven'tion *n.* عدم مداخله
non'-mon'etary *a.* غیرنقدی
nonpareil (*-pərəl'*) *a.* بی‌مانند
nonplus (*nɔn'plʌs'*) *n.* بی‌جوابی ، حیرت
at a n. بی‌جواب ، مبهوت
non'plus (,,) *vt.* [-sed] حیران و بی‌جواب کردن ، مبهوت کردن
non'-resident (*-rez'-*) *a. & n.* غیرمقیم - مقیم موقتی
non'sense (*-səns*) *n.* چرند ، سخن بیمعنی
nonsen'sical (*-kəl*) *a.* بی‌معنی ، مهمل ، چرند
non'-stop *a. & adv.* یك سره
non'-union (*-yu':niən*) *a.* جدا از اتحادیه صنفی

noodle (*nu':dl*) *a.* رشتهٔ آرد باتخم مرغ ، رشته تخم مرغی
noodle(,,) = simpleton
nook (*nuk*) *n.* کنج ، گوشه - جای پرت
noon (*nu:n*) *n.* ظهر - [مج] اوج
at n. هنگام ظهر
noon'day *n.* ظهر ، نصف‌النهار
noon'tide *n.* ظهر - [مج] اوج
noose (*nu:s*) *n.* & *vt.* (۱) کمند، خفت (۲) درکمند یادام انداختن
nor (*nɔ:*) *conj.* (۱) نه ، و نه [پس از neither] - (۲) نه هم
neither too cold nor too hot نه زیاد سرد (و) نه زیاد گرم
Nor was he authorized to go اجازه هم نداشت که برود
norm (*nɔ:m*) *n.* میزان ، نمونه ، مأخذ
nor'mal (*-məl*) *n.* عادی ، معمولی- طبیعی - عمومی - میانه ، متوسط
n. school دانش‌سرا
normal'ity (*-ti*) *n.* حالت عادی یا طبیعی
nor'mally (*-məli*) *adv.* معمولاً
Nor'man (*-mən*) *n.* & *a.* اهل نرماندی
Norse (*nɔ:s*) *n.* زبان نروژ - اهل اسکاندیناوی
north (*nɔ:th*) *n.*, *a.*, & *adv.* (۱) شمال(۲) شمالی - رو بشمال (۳) در شمال - شمالاً - سوی شمال
the n. star ستاره قطبی یا شمالی
lying n. & south شمالی جنوبی
north'-east *n.*, *a.*, & *adv.* (۱) شمال شرق (۲) شمال شرقی (۳) درشمال خاور ، درشمال شرق
north-eas'ter *n.* باد شمال شرقی
north-eas'tern *a.* شمال شرقی
northerly (*nɔ':thəli* -ظلی) *a.* شمالی
nor'therner (*-thənə* -ظنه) *n.* ساکن شمال ، اهل شمال

north'ward(s) {*-wəd*(z)} *adv.* سوی شمال
north'-west *n.*, *a.*, & *adv.* (۱) شمال غرب (۲) شمال غربی (۳) در شمال باختر ، درشمال غرب
north-wes'ter *n.* باد شمال غربی
north-wes'tern *a.* شمال غربی
Norway (*nɔ':wei*) *n.* نروژ [لفظ فرانسه]
Norwegian (*-wi':jən*) *a.* نروژی
nose (*nouz*) *n.* بینی ، دماغ - شامه - دماغه ، جلو (کشتی)
through one's n. تو دماغی
count (*or* tell) noses عدهٔ طرفدارا‌ن را شمردن
lead a person by the nose کسیر کاملاً تحت نفوذ و اطاعت خود در آوردن
thrust (*or* poke) one's n. into another's affairs درکار دیگری یا میان‌گذاردن یا فضولی کردن
keep one's n. to the grind-stone سخت و لاینقطع کارکردن
turn up one's n. at تحقیر کردن، نا قابل پنداشتن
He cuts off his n. to spite his face. برای لجاجت بدیگری بخود آسیب میزند ، ,,خردیزه است''
put one's n. out of joint نقشهٔ کسیرا باطل‌کردن
bite (*or* snap) a person's n. off پاسخ درشت بکسی دادن
He paid through the nose. زیاد باو تحمیل‌کردند ،گوشش را بریدند
under his (very) *n.* درست در جلوچشم او
nose (,,) *vt.* & *vi.* (۱) با شامه یا غریزه پیدا کردن ، بو بردن [با out]- (۲) بو کشیدن - آهسته جلو رفتن - فضولی یا دخالت کردن
nose'-bag *n.* توبره ، تبره
nose'bleed *n.* خون دماغ
nose'-dive *n.* نزول عمودی و سریع

nosegay (*nouz'gei*) *n.* دسته گل ، گلدسته

nostalgia (*nɔstal'jiə*) *n.* دلتنگی برای میهن

nos'tril *n.* سوراخ بینی ، منخر

nos'trum (*-trəm*) *n.* دارویی که سازندهٔ آن تعریف آنرا بکند - [مج] طرح من درآوردی برای اصلاحات وکنده دماغ -

nosy (*nou'zi*) *a.* بد بو ، کفک‌زده - دارای بینی حساس نسبت‌به بوهای بد - [در جای] معطر - [ز.ع.] فضول

N. Parker فضول آقا

not (*nɔt*) *adv.* نه [درسر فعل]

I do n. go. نمیروم

He has n. come. او نیامده است

Do n. walk راه نروید

I know n. نمیدانم

Fear n. نترسید

I told him n. to go. باو گفتم نرود ، باو گفتم « نروید »

N. a word of it was right. یك کلمه آنهم درست نبود

n. at all ابداً ، هیچ

If he said so — n. that he ever did -- he lied. اگر اویك چنین حرفی‌زده باشد (با اینکه میدانم هرگز نزده است) دروغ گفته است

nota bene (*nou'təbi':ni*) [L.] تبصره [مختصر آن .N. B است]

notability (*noutəbil'iti*) *n.* شهرت - شخصیت

no'table (*-təbl*) *a.* & *n.* (۱) برجسته - قابل ملاحظه - محسوس (۲) شخص برجسته - [درجمع] بزرگان ، رجال

no'tably *adv.* بطور قابل ملاحظه

notary (public) [*nou'təripʌb'-lik*] *n.* سر دفتر اسناد رسمی

notation (*noutei'shən*) *n.* عدد نویسی - نت نویسی - رقم - نشان - یادداشت

notch (*nɔch*) *n.* & *vt.* (۱) فاق ، شکاف ، بریدگی - چوبخط - سوفار [در تیر] - (۲) فاق دار کردن - چوبخط زدن

note (*nout*) *n.* یادداشت - نامهٔ مختصر یا غیر رسمی - تفسیر ، حاشیه - اسکناس - توضیح - تبصره - ملاحظه - نت موسیقی - [worthy of n.] آهنگ - نشان ، علامت - داغ - برجستگی ، اهمیت

make a n. of یادداشت کردن

take n. of ملاحظه کردن - مورد توجه قرار دادن - اتخاذ سند کردن از

marginal n. حاشیه

n. of hand *or* promissory n. سند بدهی ، سفته

a man of n. مرد بزرگ یابرجسته

take notes خلاصه نویسی کردن

note (,,) *vt.* ملاحظه کردن - یادداشت کردن [با down]- توجه کردن- درنظر داشتن یاگرفتن - ذکر کردن

It is to be noted that باید دانست که ، باید ملتفت بود که

note'-book *n.* دفتر (یادداشت)

no'ted *ppa.* معروف ، بنام ، مشهور

note'-paper *n.* کاغذ نامه نویسی

note'worthy (*-wə:thi* -ظی) *a.* قابل ملاحظه

nothing (*nʌth'-*) *n.* & *adv.* (۱) هیچ - نیستی - صفر - [مج] آدم بی‌وجود - سخن بیهوده (۲) بهیچوجه

I have n. من هیچ (چیز) ندارم

It is worth n. (به) هیچ نمی‌ارزد

n. else هیچ چیز دیگر

for n. مفت - برای خاطر هیچ

for a mere n. برای خاطر هیچ ، سر هیچ و پوچ

That is n. to me. بمن مربوط نیست - برای من اهمیتی ندارد

It has n. to do with me. بمن دخلی ندارد ، بمن مربوط نیست

He is n. to me. بامن خویشی ندارد

I can make n. of it. سر ازآن درنمی‌آورم ، هیچ آنرا نمی‌فهمم

He was n. of an expert.

هیچ‌متخصص نبود ، متخصص کجا بود ؟

come to n. هیچ شدن ؛ بی نتیجه ماندن ، خنثی شدن ، عقیم ماندن

make (or think) n. of هیچ پنداشتن ، ناچیز شمردن

I have n. to do with you. دیگر نه من نه شما

say n. of قطع نظر از

That is n. like it. هیچ به آن نمی‌ماند ، هیچ شباهتی بدان ندارد

It is n. less than . . . پای‌کمی از . . . ندارد ، با . . . فرقی ندارد

notice (*nou'tis*) *n.* & *vt.* (۱) آگهی- خبر ، اطلاع - اخطار- ملاحظه، نظر - اعتنا ، توجه (۲) ملتفت شدن - ملاحظه کردن - اخطار کردن به - احترام گزاردن (به) - ذکر کردن

till further n. تا اخطار ثانوی

give two months' n. دوماه اخطار قبلی دادن

short n. اخطار کم مدت ، تنگ خبر

at ten minutes' n. با ده دقیقه اخطار قبلی

come into n. جلب توجه کردن - روی کار آمدن ، اهمیت پیدا کردن

take n. of ملتفت شدن ، ملتفت بودن - توجه کردن به - ترتیب اثر دادن به

bring something to the n. of . . . چیزیرا باطلاع . . . رساندن

no'ticeable (*-səbl*) *a.* قابل ملاحظه - جالب توجه - برجسته ، معلوم

no'tifiable (*-faiəbl*) *a.* واجب‌الاخطار [درگفتگوی ازمرضی که باید خبر بروز آن به بهداری داده شود]

notification (*-kei'shən*) *n.* اخطار ، تذکر

notify (*nou'tifai*) *vt.* آگهی دادن ، خبر دادن یا اخطار کردن (به)

n. a person of a fact مطلبی را بکسی آگاهی دادن

The public are hereby notified. بدین وسیله عموم را آگهی میدهد

notion (*nou'shən*) *n.* تصور - عقیده - اطلاع - [در جمع] خرده ریز، سوزن و سنجاق و امثال آنها [اصطلاح امریکائی]

notoriety (*noutərai'əti*) *n.* شهرت - رسوایی

notorious (*noutɔ'riəs*) *a.* انگشت نما ، مشهور (به بدی) ، رسوا

n. for مشهور به ، بد نام به

notwithstan'ding *prep.*, *conj.* & *adv.* (۱) باوجود (۲) با اینکه ، باوجودیکه (۳) باوجود این

n. the fact that باوجود اینکه

nought (*nɔ:t*) *n.* هیچ - صفر

bring to n. هیچ کردن- خراب کردن

come to n. هیچ‌شدن - خراب‌شدن

set at n. ناچیز شمردن - مسخره کردن

noun (*naun*) *n.* اسم [در دستور]

nourish (*nʌr'-*) *vt.* غذا دادن ، تغذیه کردن - پروردن

nour'ishing *apa.* غذا دهنده - غذائیت دار

nour'ishment (*-mənt*) *n.* تغذیه - پرورش - قوت ، غذا ، خوراك

Nov. [مخففِ November]

novel (*nɔv'əl*) *n.* & *a.* (۱) رُمان [لفظ فرانسه] ، داستان - (۲) تازه ، نوظهور - غریب

novelette' *n.* رمان کوچك

nov'elist *n.* رمان نویس

novelty (*nɔv'əlti*) *n.* تازگی - چیز تازه یا نوظهور

Novem'ber (*-bə*) *n.* نوامبر : ماه یازدهم سال فرنگی که ۳۰ روز دارد

nov'ice (*-is*) *n.* نوآموز ، مبتدی

noviciate / **novitiate** (*nouvish'iet*) *n.* (دوره) نوآموزی

now (*nau*) *adv.*, *conj.*, & *n.* (۱) اکنون ، حالا ، حال - اینك - اخیراً

(۲) حالا که ، چونکه (۳) اکنون
(every) n. and then هرچندوقت یکبار ،گاه‌گاهی
n. . . . n. گاهی . . . گاهی
N. why did you go? (خوب، بگویید ببینم) چرا رفتید
N. this man was lying. باری این مرد دروغ میگفت ، باید دانست که . . .
up to n. تاکنون ، تا این تاریخ

nowadays (*nau'ədeiz*) *adv.* در این ایام ، امروزه

nowhere (*nou'hwêə*) *adv.* (در) هیچ کجا

nowise (*nou'waiz*) *adv.* بهیچوجه

noxious (*nɔk'shəs*) *a.* زیان‌آور، مضر
It is n. to . . . برای . . . مضر است

noz'zle (*nɔz'l*) *n.* سرلوله - آب بخش‌کن

nuance (*niu':ans*) *n.* [Fr.] فرق یا اختلاف جزئی - درجهٔ اختلاف

nucleus (*niu:k'liəs*) *n.* هسته ، خستو - [مج] مغز ، لب ، اساس ، اس

nude (*niu:d*) *a.* & *n.* (۱) لخت - [درجوراب] بدنی ، همرنگ گوشت بدن (۲) تصویر لخت

nudge (*nʌj*) *vt.* با آرنج زدن ، سقلمه زدن - با زدن آرنج فهماندن

nu'dist *n.* کسیکه معتقد به برهنه کردن تمام بدن میباشد

nu'dity (*-ti*) *n.* برهنگی- چیز برهنه

nugget (*nʌg'it*) *n.* تیکه ، غلنبه

nuisance (*niu':səns*) *n.* آزار ، اذیت - بلا ، آفت
"Commit no n." ادرار کردن وآشغال ریختن در اینجا قدغن است

null (*nʌl*) *a.* پوچ ، باطل - بی‌معنی

nullification (*-kei'shən*) *n.* الغاء

nullify (*nʌl'ifai*) *vt.* لغو کردن ، ملغی کردن

nullity (*nʌl'iti*) *n.* بی‌اعتباری - سند پوچ

numb (*nʌm*) *a.* & *vt.* (۱) بیحس ،کرخت (۲) بیحس کردن

number (*nʌm'bə*) *n.* & *vt.* (۱) شماره ، عده ، تعداد - عدد - نمره [مختصر آن .No است] - [د] افراد و جمع (۲) شمردن - محسوب داشتن - بالغ شدن بر
Room No. 5 اطاق شمارهٔ ۵
[آگاهی - .No مختصر *nu-méro* کلمهٔ فرانسه است و در جمع .Nos نوشته میشود]
He is not of our n. ازما نیست
a n. of books یك عده کتاب
to the n. of بالغ بر
take care of n. one } در فکر خویش بودن
look after n. one }
in numbers جزوه جزوه
He was numbered among . . . در زمرهٔ . . . محسوب شد
His days are numbered. عمرش نزدیك است به پایان برسد

num'berless *a.* بیشمار

numb'ness *n.* بیحسی ،کرختی

numeral (*niu':mərəl*) *n.* عدد ، رقم
Arabic n. عدد یارقم هندسی

nu'merator (*-məreitə*) *n.* صورت [درکسر]، برخه شمار - شمارنده

numerical (*niu:mer'ikəl*) *a.* عددی ، رقمی
n. superiority برتری ازحیث عده

numer'ically *adv.* ازحیث تعداد

nu'merous (*-mərəs*) *a.* متعدد

numismatics (*niumizmat'iks*) *n.* سکه شناسی

numbskull (*nʌm'skʌl*) *n.* آدم بی کله یاخشك مغز

nun (*nʌn*) *n.* راهبه ، زن تارك دنیا

nuncio (*nʌn'shiou*) *n.* سفیر پاپ ، ایلچی پاپ

nunnery (*nʌn'əri*) *n.* خانقاهِ زنان

تارك دنيا ـ گروه راهبات

nuptial (*nʌp'shəl*) *a.* & *n.* (۱) نکاحی (۲) عروسی [بیشتر در جمع]

nurse (*nə:s*) *n.*, *vt.*, & *vi.* پرستار ـ دایه ـ [مج] مهد ، پرورشگاه (۲) شیر دادن ـ پرستاری کردن ـ بغل کردن ـ پروردن (۳) شیر خوردن

wet n. دایه ، زنِ شیرده

dry n. پرستارِ بچه ، بچه‌گردان

sick n. پرستار (بیمار)

put out to n. بدایه سپردن ـ به پرستار سپردن

n. a cold سرماخوردگی را با ماندن درمنزل علاج کردن

nursed in luxury در ناز و نعمت پرورده ، ناز پرورده

nurs(e)ling (*nə:s'ling*) *n.* کودک دایه پرورده ـ جانور یاگیاه جوان

nurse'-maid *n.* دختر پرستار

nur'sery (*-səri*) *n.* شیرخوارگاه ـ اطاق بازی کودکان ـ قلمستان

n. rhymes اشعار کودکان

silkworm n. تلمبار ، تلنبار

nur'sery-man *n.* [-men] صاحب قلمستان یا تلمبار ـ درخت‌کار

nurture (*nə':chə*) *n.* & *vt.* (۱) پرورش ـ تغذیه (۲) پرورش دادن

nut (*nʌt*) *n.* گردو و فندق و مانند آنها ، میوهٔ گردویی ، جوز ـ مهره

a hard n. to crack مسئلهٔ دشوار

dried nuts آجیل ، چارمغز

bolts and nuts پیچ و مهره

nut'cracker *n.* فندق شکن

nut'meg *n.* جوز هندی ، جوز بویا

nutriment (*niu:t'rimənt*) *n.* قوت ، غذا

nutrition (*niu:trish'ən*) *n.* تغذیه ـ قوت ، خوراك ، غذا

nutritious (*-trish'əs*) *a.* غذائیت دار ، قوت دهنده

nu'tritive (*-tiv*) *a.* غذائیت دار

nut'shell *n.* پوست گردو

in a n. بطور خیلی مختصر

nutty (*nʌt'i*) *a.* دارای مزه آجیل

n. upon [Sl.] شیفتهٔ

nuz'zle (*nʌz'l*) *vt.* & *vi.* (۱) با دماغ یا پوز زدن (به) ـ (۲) غنودن

nymph (*nimf*) *n.* حوری دریایی یا جنگلی یا کوهی ـ [مج] دختر زیبا

Oo

O (*ou*) *int.* ای ، یا
O king! پادشاها
O yes! بله بله ، ها بله
o' (1) = of (2) = on
2 o'clock = 2 of clock
ساعت دو
oak (*ouk*) *n.* درخت بلوط - برگ بلوط
Hearts of O. کشتی‌ها وملوانان
نیروی دریایی انگلیس
oaken (*ou'kən*) *a.* بلوطی
oakum (*ou'kəm*) *n.* پس ماندهٔ
الیاف شاهدانه
oar (*ɔ':ə*) *n.* پاروی کرجی‌رانی -
پاروزن
pull a good o. خوب پارو زدن
put one's o. in دخالت کردن در
rest on one's oars استراحت کردن
oarsman (*ɔ':əzmən*) *n.* [-men]
پاروزن
oasis (*ouei'-*) *n.* [-ses (*si:z*)]
واح ، واحه
oat [رجوع شود به جمع آن oats]
oath (*outh*) *n.* [oaths (اظز)]
سوگند ، قسم - کلمهٔ قسم
take an o. سوگند خوردن ،
قسم خوردن ، قسم یاد کردن
administer an o. سوگند دادن (به)
on o. قسم خورده
put a person on his o.
کسیرا سوگند دادن
oat'meal (*-mi:l*) *n.* بلغور جو دوسر
یا شوربایی که از آن درست می کنند
oats (*outs*) *npl.* جو دوسر ،
جو برهنه ، جو صحرایی

sow one's wild o. آرد خود را بیختن
obduracy (*ɔb'diurəsi*) *n.*
سخت دلی - لجاجت
ob'durate (*-rit*) *a.* سخت دل
obedience (*obi':diəns*) *n.*
اطاعت ، فرمان برداری
in o. to برای اطاعتِ ، حسب‌الامرِ
obe'dient *a.* فرمان‌بردار ، مطیع
o. to the law پیرو یا مطیع قانون
obe'diently (*-li*) *adv.* از روی
اطاعت
Yours o. بندهٔ شما [در پایان نامه]
obeisance (*obei'səns*) *n.*
کرنش ، احترام ، تواضع ، سلام باسر
do o. to احترام گزاردن به
obelisk (*ɔb'i-*) *n.* ستون سنگیِ
هرمی شکل
obese (*obi:s'*) *a.* فربه ، تنومند
obesity (*obi':siti*) *n.*
فربهی ، تنومندی
obey (*obei'*) *v.* اطاعت کردن ،
فرمانبرداری کردن (از) - مطیع بودن
obituary (*obit'yuəri*) *n.* & *a.*
(۱) آگهیِ درگذشت (با شرح حال
شخص درگذشته) - (۲) مربوط بمردن -
حاوی آگهی درگذشت
object (*ɔb'jekt*) *n.* چیز ،
ماده (خارجی) - موضوع ، مورد
[o. of lease] - مقصود ، منظور ،
مرام - [د] مفعول
"Money no o." حقوق مهم نیست
object' *v.* اعتراض کردن ، اعتراض
داشتن - دلیل رد آوردن
I o. to closing the window.
با بستن پنجره مخالفم

objec'tion (*-shən*) *n.* اعتراض ، ایراد
I have no o. to that. اعتراضی نسبت بآن ندارم ، حرفی ندارم
objec'tionable (*-shənəbl*) *a.* قابل اعتراض
objec'tive (*-tiv*) *a.* & *n.* (۱) (وابسته به چیز های) خارجی - دارای وجود خارجی ، معقول در خارج - واقعی- [د] مفعولی (۲) حالت مفعولی - عدسیِ شیئی - [نظ] سمت مورد توجه ، هدف - [مج] منظور ، هدف
o. point سمت مورد توجه - مقصد
o. case حالت مفعولی یا مفعولیت
objec'tor (*-tə*) *n.* معترض
obligation (*əbligei'shən*) *n.* الزام ، عهد ، تعهد - مرهونیت ، منت
be under o. to some one ممنونِ کسی بودن
obligatory (*-lig'ətəri*) *a.* فرض ، اجباری - الزام‌آور
oblige (*-laij'*) *vt.* مجبور کردن - ممنون کردن
Can you o. me with . . . ? ممکن است لطفاً ... را به بنده بدهید ؟
I am obliged to him for his services. بواسطهٔ خدماتش از او سپاسگزار (یا ممنون) هستم
obli'ging *apa.* حاضر کمك ، مهربان
oblique (*-li:k'*) *a.* مایل ، یکبر ، کج - اُریب ، مورّب - [مج] نادرست
oblique'ly *adv.* بطور مایل یااریب
obliterate (*əblit'əreit*) *vt.* پاك کردن ، محو کردن ، حك کردن - از میان بردن
obliteration (*-rei'shən*) *n.* امحاء ، محو ، حك - نسخ - بطلان
oblivion (*əbliv'iən*) *n.* فراموشی ، نسیان - بخشش عمومی
fall into o. فراموش شدن
obliv'ious (*-iəs*) *a.* - فراموشکار - [غلط مشهور] بیخبر ، غافل
oblong (*əb'ləng*) *a.* مستطیل

obnoxious (*əbnək'shəs*) *a.* نفرت انگیز - خیلی بد
oboe (*ou'bou*) *n.* قسمی سازِ بادی چوبی
obscene (*əbsi:n'*) *a.* زشت ، وقیح
obscenity (*-sen'iti* ; *-si':-*) *n.* زشتی ، وقاحت - کار زشت
obscure (*əbskiu'ə*) *a.* & *vt.* (۱) تیره ، تاریك - پیچیده ، مبهم ، غامض - مشکوك ، نا معلوم - گمنام - پست (۲) تیره کردن ، تاریك کردن - پیچیده یادشوارکردن - مشکوك ساختن
obscu'rity (*-ti*) *n.* تیرگی، تاریکی- عدم وضوح - پیچیدگی ، ابهام - پنهانی - گمنامی - چیز پنهان - شخص گمنام
obsequies (*əb'sikwiz*) *npl.* آیین تشییع جنازه (یا ختم)
obsequious (*-si':kwiəs*) *a.* چاپلوسانه حاضر خدمت
observable (*əbzə':vəbl*) *a.* رعایت کردنی - قابل ملاحظه - معلوم
obser'vance (*-vəns*) *n.* رعایت ، نگهداری - انجام - آیین ، رسم
obser'vant *a.* رعایت‌کننده - متوجه - ملاحظه‌کننده - احترام گزار
observation (*əbzəvei'shən*) *n.* مشاهده ، ملاحظه - معاینه - اظهار عقیده
observatory (*əbzə':vətəri*) *n.* دیدگاه ، رصد خانه
observe (*əbzə:v'*) *vt.* رعایت کردن، بجاآوردن - نگاه داشتن - مشاهده یاملاحظه کردن - معاینه کردن ، دیدن - اظهار (عقیده) کردن ، نظر دادن
o. a fast روزه گرفتن
obser'ver (*-və*) *n.* دیدبان - مشاهده‌کننده - رصاد - نگهدارنده
obsess (*əbsəs'*) *vt.* آزار دادن - ذهن (کسی) را اشغال کردن
obsession (*-sesh'ən*) *n.* فکری که همواره ذهن را اشغال کند و موجب آزار شود
obsolescent (*əbsəles'ənt*) *a.*

کم کم مهجور شونده ، درشرف منسوخ شدن
ob'solete (-sali:t) a. مهجور ،
متروك ، غیرمستعمل
obstacle (ɔbs'tək'l) n. مانع
o. race مسابقهٔ دو باپرش ازموانع
obstet'ric(al) a. مربوط به مامایی
obstetrician (ɔbstetrish'ən) n.
متخصص مامایی یا قابلگی
obstet'rics n. (علم) قابلگی
obstinacy (ɔb'stinəsi) n.
سر سختی ، خود رأیی ، کله شقی -
لجاجت - تمرد
ob'stinate (-nit) a. سرسخت ،
خود رأی - لجوج - دیر علاج شو
ob'stinately adv. ازروی‌سرسختی
obstruct (əbstrʌkt') vt. & vi.
(۱) بستن ، مسدودکردن - مانع شدن
(۲) اشکال‌تراشی کردن ، کارشکنی کردن
obstruc'tion (-shən) n. جلوگیری،
ممانعت - کارشکنی [از اکثریت انداختن
مجلس] - مانع ، عایق - سد
obstruc'tive (-tiv) a.
مانع فراهم کن - مسدودکننده
obtain (əbtein') vt. & vi.
(۱) بدست آوردن - فراهم کردن (۲)
معمول بودن ، حکم فرما بودن
o. permission اجازه گرفتن
easy to o. } زود یاب ،
easily-obtained } سهل‌الحصول
obtainable (əbtei'nəbl) a.
بدست‌آمدنی ، قابل حصول ، میسر
obtrude (əbtru:d') vi. & vt.
(۱) مزاحم شدن - بدون حق مقامی را
حائز شدن (۲) (بیرون) انداختن -
تحمیل کردن - پیش‌آوردن
o. (up)on a person سرزده نزد
کسی آمدن - مزاحم کسی شدن
obtru'sive (-siv) a. سرزده
داخل شونده ، فضول
obtuse (əbtiu:s') a. باز ، منفرج
o. angle زاویهٔ منفرجه ،گوشهٔ باز
obverse (ɔb'və:s) n. روی سکه ،
روی مدال
obviate (ɔb'vieit) vt.
مرتفع ساختن
obvious (ɔb'viəs) a. آشکار ،
پیدا ، هویدا ، معلوم ، واضح ، بدیهی
ob'viously adv. بطور آشکار یا
معلوم - معلوم است که ، بدیهی است که
occasion (əkei'zhən) n. & vt.
(۱) موقع - فرصت - اقتضا ، لزوم -
موجب ، سبب - موقعیت ، جا (۲) باعث
شدن ، موجب شدن ، فراهم کردن
take (or seize) the o. ازفرصت
استفاده کردن
on the o. of بمناسبت
There is no o. for fear. ترس
هیچ مورد ندارد ، جای ترس نیست
on o. } هنگام لزوم ،
as o. arises } لدی‌الاقتضا
occa'sional (-zhənəl) a. اتفاقی،
گاه‌گاهی - ضمنی ، فرعی - بامناسبت
He makes o. mistakes. گاه‌گاهی
اشتباه می کند
occa'sionally (-zhənəli) adv.
گاه‌گاهی،اتفاقاً ، احیاناً ، برحسب‌تصادف
Occident (ɔk'sidənt) n. باختر
occiden'tal (-təl) a. باختری
occult (ɔkʌlt') a. پوشیده ،
مرموز ، سحرآسا
occupant (ɔk'yupənt) n.
متصرف ، اشغال‌کننده
occupation (-pei'shən) n. اشغال،
تصرف - پیشه ، کار ، شغل ، حرفه
army of o. [نظ] عدهٔ اشغالی
occupa'tional (-shənəl) a.
حرفه‌ای [o. diseases]
occupied (ɔk'yupaid) ppa.
اشغال شده ،گرفته - مسکون - مشغول
What are you o. with?
مشغول چه‌کاری هستید ؟
My time is o. وقتم گرفته است

oc'cupier (*-paiə*) *n.* متصرّف ، اشغال کننده ، ساکن ـ مستأجر
occupy (*ɔk'yupai*) *vt.* اشغال یا تصرف کردن ـ مشغول کردن ـ بکار گرفتن
o. oneself (*or* **be occupied**) **with** (*or* **in**) **something** مشغول کاری شدن
occur (*əkə':*) *vi.* {-red} رخ دادن ، اتفاق افتادن ـ موجود بودن
A thought occurred to me. فکری بخاطرم خطور کرد
It occurs to me that . . . (چنین) بنظرم میرسد که . . .
occurrence (*əkʌr'əns*) *n.* وقوع ـ تصادف ـ رویداد ، واقعه ـ مورد
It is of frequent o. بسیار اتفاق می‌افتد ـ غالباً دیده میشود
ocean (*ou'shən*) *n.* اقیانوس
oceans of money یك دنیا پول
oceanic (*oshian'-*) *a.* اقیانوسی
ochre (*ou'kə*) *n.* —
red o. گل اُخری
yellow o. گل زرد ، گل برش
o'clock {زیر clock آمده است}
octagon (*ɔk'təgən*) *n.* شکل هشت گوشه یا هشت ضلعی
octagonal (*ɔktag'ənəl*) *a.* هشت گوشه
octave (*ɔk'teiv* ; *-tev*) *n.* گام ، اکتاو {لفظ فرانسه}
October (*ɔktou'bə*) *n.* اکتبر : ماه دهم سال فرنگی که ۳۱ روز دارد
octopus (*ɔk'təpəs*) *n.* چرتنه ، هشت پا ، هشت با یك ، دوال پا ـ {مج} سازمان نیرومندی که چندین شعبه دارد
oc'tuple (*-tiup'l*) *a.* & *vt.* (۱) هشت برابر (۲) هشت برابر کردن
ocular (*ɔk'yulə*) *a.* چشمی ـ بچشم دیده شده ـ نظری ـ هویدا
o. witness شاهدِ برأی‌العین
oc'ulist *n.* چشم پزشك ، کحال

odd (*ɔd*) *a.* طاق ، فرد ـ کسردار ـ تکی ، لنگه ـ متفرقه ـ اتفاقی ـ غریب
o. or even (بازی) طاق یا جفت
20 o. books بیست و خرده‌ای کتاب
two thousand o. ۲۰۰۰ وکسری
There were 2003 ; I threw away the o. 3. دوهزار وسه تا بود سه تای زیادی را دور انداختم
an o. shoe یك لنگه کفش
I do it at o. moments. گوشه وکنارهای وقت را صرف اینکار میکنم
He does o. jobs. هرکار برسد میکند
an o. chair صندلی تکی یا ناجور
odd-job man کسیکه هرکاری برسد میکند
oddity (*ɔd'iti*) *n.* غرابت ـ چیز غریب ـ کار غریب ـ حالت ویژه
odd'ly *adv.* بطور غریب
odd'ments (*-mənts*) *npl.* (۱) مواد گوناگون و خارج از متن {در کتاب یامجله} ـ (۲) = **odds and ends**
odds *npl.* نابرابری، توفیر ـ برتری، مزیت ـ {در بازی} فرصت برابر شدن
What's the o.? چه اهمیت دارد ، چه تفاوت میکند
be at o. اختلاف داشتن
I give o. of ten to one Rial. ده ریال به یك ریال بسته
The o. are that احتمال دارد که
o. and ends ته مانده‌کالا. خرده‌ریز، خنزر بنزر ـ مطالب گوناگون
ode (*oud*) *n.* قصیده
odious (*ou'diəs*) *a.* زشت ، نفرت انگیز
It was o. to me. نزد من (یادر نظر من) نفرت‌انگیز بود
o'diously *adv.* بطور نفرت‌انگیز
odium (*ou'diəm*) *n.* نفرت ، نفرت‌انگیز بودن ـ رسوایی ـ زشتی
odometer *or* **hodometer** (*hɔdɔm'ətə*) *n.* مسافت پیما
o'dor {املای امریکائیِ odour}

odoriferous (*oudərif'ərəs*)
odorous (*ou'dərəs*) } *a*. خوشبو

odour (*ou'də*) *n*. بو- بوی خوش

be in bad o. with some one پیش کسی بد نام یا منفور بودن

o'er [Poet.] = over

œsophagus (*i:sɔf'əgəs*) *n*. مری [-gi (*jai*)]

of (ɔ*v* ; ə*v*) *prep*. (۱) از (۲) [برابر با « زیر » در فارسی که نشان اضافه است] - (۳) در زمرهٔ (٤) در بارهٔ ، راجع به

a part *of* it یك قسمت آن، قسمتی از آن

the best *of* all ازهمه بهتر

a rope *of* 5 metres یك طناب ٥ متری

3 grammes *of* salt سه گرم نمك

It is said *of* a king who پادشاهی را حکایت کنند که

of bad habits دارای عادات بد

a man *of* mind شخص با کله

off *adv*. دور -[throw off] آنسوتر [stand off] - عقب‌تر ، دیرتر [week off] - جدا - تماماً

cut off جدا یا قطع کردن

drink off (تا ته) سر کشیدن

ride off دور شدن [درسواری]

off and on هرچند وقت یکبار

Off with you ! بروید (پی ِ کارتان)

Off with his head ! سرش را از تن جدا کنید

off [آگاهی- هراصطلاح دیگر یراکه با و کلمه دیگر ترکیب شده باید زیر آن کلمه دیگر نگاه‌کرد چون ترکیبات زیر] : break off ; buy off ; dash off

off *prep*. (۱) از (۲) دور از (۳) از روی ِ (٤) منفك یا بیرون از : (1) to fall o. a ladder (2) He was o. the track. (3) He took the cover o. the dish. (4) He is o. his duty.

I took something o. the price. کمی از بهای آن کاستم

dine o. bread and cheese با نان و بنیر ناهار خود را برگذار کردن

It came off the book. از کتاب ورآمد

o. colour بیحال ، کسل

o. key [مو] خارج (از مایه)

o. side کنار ، واقع در بین توپ و دروازه طرف مقابل

off *a*. دور - دورتر - کهنه - تازه حرکت کرده - بیحال ، کسل - قطع شده - پرت ، در اشتباه - غیر محتمل

off to the war رهسپار ِ جنگ

The gas is off or on at the mere press of a button. بایك فشار دکمه گاز قطع یامتصل میشود

the o. horse اسب دست راست

I took the day o. آنروز را تعطیل کردم

He is well o. وضع مالی او نسبةً خوب است

offals (ɔ*f'əlz*) *npl*. پس‌مانده ، آشغال ، فضولات - دل وجگر

offence (ə*fens'*) *n*. لغزش ، خلاف - گناه ، تقصیر- رنجیدگی - توهین ، بیحرمتی - تهاجم ، حمله

petty o. لغزش ، خلاف

commit an o. against some one بکسی خلاف یا بیحرمتی کردن

It is an o. to morality. منافی ِ اخلاق است ، لطمه باخلاق میزند

take o. رنجیدن

quick to take o. زود رنج

offence'less *a*. بی گناه ، بی تقصیر

offend (ə*fend'*) *vi*. & *vt*. (۱) تخلف کردن ، تخطی کردن - مرتکب خلاف شدن (۲) رنجاندن ، متغیر کردن - آزردن

o. against خلاف کردن به

o. against the law از قانون تخلف‌کردن ، قانون را شکستن
the offending party متخلف
Your words offended her. سخنان شما او را رنجانید
offen'der (-də) *n.* متخلف
offenders against this Article متخلفین از این ماده
first o. متخلف برای اولین بار
offense, etc. = offence, etc.
offensive (əfen'siv) *a.* & *n.* (۱) متهاجم ، متجاوز - تهاجمی - اهانت آمیز - نفرت انگیز ، بد - [o. smell] (۲) (وضع) تهاجم یاحمله
take the o. وضع تهاجم یا حمله بخودگرفتن
of en'sively *adv.* بطور اهانت آمیز - بطور ناگوار - از راه تهاجم
of er (ɔf'ə) *n.*, *vt.*, & *vi.* (۱) پیشنهاد - عرضه - تعارف ، تقدیم حاضرخدمتی (۲) تقدیم یا پیشکش‌کردن- تعارف کردن - اظهار یا ابراز کردن - پیشنهادکردن (۳) بدست آمدن
o o. آماده برای فروش ، فروشی
o to buy something حاضر بخرید چیزی شدن
o an excuse عذر آوردن
o. round دوره (یعنی بهمه) تعارف‌کردن
o. a sacrifice قربانی گذراندن
o. one's hand دست‌را جلو بردن - پیشنهاد یا تکلیف عروسی‌کردن
as occasion offers هنگام فرصت
f'fering *n.* هدیه - اعانه - قربانی
offertory (ɔf'ətəri) *n.* - اعانه - جمع‌آوری اعانه
offhand (ɔfhand') *a(dv).* بی‌مطالعه ،بالبداهه ، بی تهیه - بی تکلف - بی ادبانه
office (ɔf'is) *n.* مقام ، منصب - (اطاق) دفتر ، اداره - وظیفه خدمت
the Post O. پست خانه
the Foreign O. وزارت خارجه
head o. اداره مرکزی ، مرکز
our Yezd O. شعبهٔ یزد ما
o. hours ساعات اداری
by the good offices of بتوجهات ، بامساعی جمیلهٔ ، باکمک
of'fice-bearer ; -holder *n.* کسیکه دارای پست یا مقامی است ، صاحب منصب
officer (ɔf'isə) *n.* - مأمور - افسر - عضو هیئت رئیسه - متصدی
official (əfish'əl) *a.* & *n.* (۱) رسمی - اداری (۲) مأمور ،گماشته
offi'cially (-shəli) *adv.* رسماً
officiate (əfish'ieit) *vi.* رسماً خدمتی انجام دادن یا انجام وظیفه کردن - پیش نماز شدن
o. as host میزبان شدن
officious (əfish'əs) *a.* فضولانه - حاضر خدمت - غیررسمی
offi'ciously *adv* فضولانه
off'ing *n.* بخشی از دریا که از کرانه نمودار و آب آن‌گود است
in the o. محتمل الوقوع
off'load (-loud) = unload
off'set *vt.* & *n.* (۱) جبران‌کردن (۲) نهال - عوض - حساب پایاپای
off'shoot (-shu:t) *n.* ترکه - فرع
off'-shore' *adv.* & *a.* (۱) دور ازکرانه ، مقابل ساحل (۲) ساحلی ، رو بدریا (رونده)
off'side [جد جدا زیر off آمده]
off'spring *n.* [offspring] فرزند ، اولاد ، اعقاب
oft *adv.* [Arch.] = often
often (o:'n ; ɔf'n) *adv.* بارها ، خیلی اوقات ،کراراً
very o. غالباً
How o.? چند وقت بچند وقت؟ چند وقت یکبار ؟
as o. as هرچند دفعه که
I go there oftener than you do. من بیشتر آنجا میروم تا شما
ogle (ou'gl) *v.* کرشمه کردن ،

باچشم غمزه کردن ۔ نگاه عاشقانه کردن

ogre (*ou'gə*) *n.* غول ، آدم خور

o'gr(e)ish *a.* غول وار

o'gress {*fem. of* ogre}

oh(*ou*) *int.* آ، آخ

oho (*ouhou'*) *int.* ۔ ها ، اهو

به ، وه

oil (*ɔil*) *n. & vt.* ۔ روغن (۱)

نفت(۲) روغن زدن ۔ نرم یا روان کردن

fuel o. نفت سوختی ، مازوت

pour o. on the flames

آتش خشم یا فتنه را دامن زدن

burn the midnight o.

دود چراغ خوردن

o. some one's palm (*or*

hand) سبیل کسی را چرب کردن ،

دم کسی را دیدن

o. one's tongue

چاپلوسی کردن

o. the wheels

چرخها را (با حسن

تدبیر یا تهیه بودجه) بکار انداختن

oil'-cake *n.* کنجیده ، کنجاره

oil'-can *n.* روغن دان ، روغن زن

oil'-cloth *n.* مشمع ، پارچهٔ مشمی

oil'-colours *npl.* رنگ روغنی

oi'ler (-*lə*) *n.* روغن دان۔ روغن زن۔

کشتی نفت کش

oil'-field *n.* منطقه نفت خیز،کان نفت

oi'liness *n.* چربی ۔ نرمی

oil'man *n.* {-men} روغن فروش

نفت فروش ، نفتی ۔ روغن ساز

oil'-painting *n.* نقاشی

رنگ و روغنی

oil'skin *n.* {دلجم} پارچه مشمی یا

کت و شلواری که از آن درست کنند

oil'-well *n.* چاه نفت

oi'ly *a.* روغنی ۔ {مج} چرب و نرم

ointment (*ɔint'mənt*) *n.*

روغن ۔ مرهم

O.K. (*ou'kei'*) – all right; all

correct صحیح است ۔ موافقت دارم

old (*ould*) *a. & n.* پیر (۱)

مسن ۔ کهنه ۔قدیمی ۔ سابق ۔ کهنه کار ،

آزموده۔گذشته (۲) زمان پیش، قدیم

grow o. بزرگ شدن ۔ پیر شدن

o. age پیری ، سالخوردگی

He is 10 years o. ده سال دارد

a two-day-o. baby بچهٔ دو روزه

How o. are you ? چند سال دارید

at 8 years o. درهشت سالگی

O. Testament عهد عتیق

the o. پیران ، مردم سالخورده

my (good) o. man شوهر من

o. man بابا (جان) ، پدر

He was an o. hand at doing

it. درکردن اینکار آزموده بود

o. maid دختر بزرگ خانه مانده

any o. thing {Sl.} هرچه باشد

of o. از پیش (۲) سابق ، قدیم (۱)

men of o. پیشینیان ، قدما ، پیران

olden (*oul'dən*) *a.* پیشین ، سابق

old-fash'ioned *a.* کهنه ،

غیر متداول ۔ قدیمی ۔ ملک

oleander (*oulian'də*) *n.* خرزهره ،

oligarchy (*ɔl'iga:ki*) *n.* (-گاکی)

حکومت متنفذین یامشتی ازمردم

olive (*ɔl'iv*) *n. & a.*

(۱) زیتون (۲) زیتونی

Olympiad (*olim'*-) *n.*

فاصله چهار ساله در میان دو رشته

مسابقه های قهرمانی المپیک

Olym'pic *a.* (۔المپیک)

{ لفظ فرانسه }، منسوب به المپیا

(Olympia) در یونان

O. games مسابقه های قهرمانی

المپیک (که یونانیها چهار سال یک بار

بر پا می کردند و از سال ۱۸۹۶ جنبهٔ

بین المللی پیدا کرد)

omelet(te) (*ɔm'lit*) *n.* خاگینه

savoury o. املت سبزیدار ، کوکو

omen (*ou'*-) *n. & vt.* فال ۔ (۱)

نشانه (۲) از پیش خبر دادن

consider as a good o.

بفال نیک گرفتن ۔ شگون نیک دانستن

ominous (*ɔm'inəs*) *a.* شوم ، نحس ،

omission (*omish'ən*) *n.* حذف ۔

(از قلم) افتادگی ۔ ترک ۔ غفلت

omit' *vt* [-ted] انداختن ، حذف کردن - غفلت کردن از

omnibus (ɔm'nibəs) *n.* [-es] اتوبوس [مختصرِ آن bus است]

o. volume کتابی که حاوی مندرجات چند کتاب دیگر است

omnipotence (ɔmnip'otəns) *n.* قدرت مطلق

omnip'otent *a.* قادر مطلق

omniscience (ɔmnis'iəns) *n.* همه چیز دانی ، علم لایتناهی

omnis'cient *a.* همه‌چیزدان ، عالم‌کل

omnivorous (ɔmniv'ərəs) *a.* همه چیز خور

on (ɔn) *prep.* رویِ - در بارهٔ - همراهِ ، با ، نزدِ - سرِ ، عهدهٔ - بر [a cheque on . . .] - در [on that day] - به [based on] [در قسم]

on both sides در هر دو طرف

on the way در (سر) راه

on the next day (در) روز بعد

on seeing him هنگام دیدن او

serve a notice *on* some one اخطار برای کسی فرستادن

on the cheap ارزان

be *on* a committee عضو کمیسیونی بودن

on (,,) *adv.* (۱) دربر ، برتن (۲) به پیش ، بطرف جلو (۳) ببعد (٤) پیوسته ، هی (٥) روی صحنه

: (1) have a shirt on. (3) from that day on (4) He spoke on. (5) Hamlet is on.

put on پوشیدن - بر سر گذاشتن

on (,,) *a.* دایر - باز - روشن

The switch is on. کلید برق باز است ، چراغ برق روشن است

What is on this afternoon? امشب چه خبر است یا برنامه چیست

Be on to it. آگاه یاموا‌ظب باشید

once (wʌns) *adv.*, *n.*, & *conj.* (۱) یکبار ، یک‌مرتبه - پیشتر ، یک وقتی (۲) یک وهله (۳) همینکه ، یک بار که ، بمحض اینکه

o he understands یک بار که بفهمد ، همینکه فهمید

o. more } بارِ دیگر ، دوباره
o. again }

o. in a. while گاهی ، اتفاقاً

o. for all بطورقطعی یا اول وآخر

o upon a time روزی ، روزگاری ، یکی بود یکی نبود

at o. فوراً - باهم ، یک دفعه

all at o. ناگهان - همه باهم

He was at o. intrepid and wise. هم بی‌باک بود و هم خردمند

for o. یک بار استثناءً

this o. همین یک بار

once'-over *n.* [U. S.; Col.] نگاه مقدماتی اجمالی

on'-coming *n.* & *a.* (۱) حلول ، نزدیک شدن (۲) نزدیک شونده ، آینده

one (wʌn) *a.*, *pr.*, & *n.* (۱) یک - یکتا ، یگانه - منحصر بفرد - یکسان (۲) یکی ، کسی - شخص ، آدم (۳) شمارهٔ یک

o. day a beggar روزی گدایی

twenty-o. بیست و یک

no o. man هیچکس به تنهایی

o. or two days یکی دو روز

for o. thing یکی آنکه ، اولاً

I sold it to o. Abdullah. به عبدالله نامی آنرا فروختم

o. of them یکی از آنها

O. must look after one's health. آدم باید در فکر تندرستیِ خودش باشد

o. by o. یکی یکی ، فرداً فرد

I for o. من یکنفر (که)

the Holy O. خدا(ی قدّوس)

the Evil O. اهریمن ، شیطان

some o. یک کسی ، یکنفر

o. who کسیکه ، آنکه - یکی که

He is the o. who اوآنکسی است که

o. another یکدیگر ، همدیگر
No o. is here. هیچکس اینجا نیست
o. and all همه باهم ، با یك زبان
o. with the other روهم ، از دم
This is a bad pencil; have you o. that is better? این بد مدادی است آیا از این بهتر دارید ؟
never a o. هیچکس
at o هم رأی : متفق
all in o همه چیز سرِ خود
number o. خویشتن ، خود شخص
It's all o. to me. برای من یکسان است
book o. کتاب نخست ، جلد نخستین
He sold the good ones. خوب های آنرا فروخت ، هرچه خوب داشت فروخت
Count by ones. یکی‌یکی بشمارید
They came by ones and twos. یکی‌یکی دوتا دوتا می‌آمدند
one'-eyed (*-aid*) *a.* یك چشم
onerous (*ɔn'ərəs*) *a.* سنگین ، گران ـ دشوار ـ پر خرج
oneself' (*wʌn-*) *pr.* خود ـ خود را
one'-si'ded *a.*- یك پهلو ـ یك طرفه ـ مغرض ـ سبك و سنگین
onforward (*ɔn'fɔ:wəd*) *vt.* (بجای دیگر) ردکردن
onion (*ʌn'yən*) *n.* پیاز
spring o. پیازچه
onlooker (*ɔn'lukə*) *n.* تماشاچی
only (*oun'li*) *adv.*, *a.*, & *conj.* (۱) تنها ، فقط (۲) یگانه -[o. child] (۳) چه فایده که ، الا اینکه ، حیف که
the o. remedy تنها چاره
on'ly-begotten (*-bigɔt''n*) *a.* یگانه [my o.-b. son]
onomatopœia (*ɔnəmatɔpi'ə*) *n.* تسمیهٔ تقلیدی ـ کلمه‌ای که از تقلید صدا درست شده باشد مانند buzz (وز وز)

onrush (*ɔn'rʌsh*) *n.* یورش ـ حمله بجلو
on'set *n.* حمله ـ وهله ـ آغاز
at the first o. در نخستین وهله
on'slaught (*-slɔ:t*) *n.* حملهٔ سخت
on'to *prep.* = on to به ، سوی
onus (*ou'nəs*) *n.* [L.] بار ـ مسئولیت
onward(s) [*ɔn'wəd(z)*] (*a*)*dv.* پیش ، به پیش ، بطرف جلو
for onward despatch to Paris برای اینکه از آنجا به پاریس فرستاده شود
onyx (*ɔn'iks*) *n.* عقیق سلیمانی ، جزع ، سنگ باباقوری
ooze (*u:z*) *n.*, *vi.*, & *vt.* (۱) لجن ، لای -[درچرم سازی] عصاره ، شیره (۲) تراوش کردن ـ آب پس دادن ـ [مج] فاش شدن ، رخنه کردن [با out]- (۳) -[با away] روبکاهش گذاردن ، پس‌دادن ، بیرون دادن ـ [مج] بروز دادن
opal (*ou'pəl*) *n.* یکجور سنگ سیلیسی ـ عین‌الهره
o. globe حباب شیری
opaque (*oupeik'*) *a.* پشت پوش ، حاجبِ ماوراء ، مات ـ تاریك ، تیره ـ [مج] مبهم ـ کند ، کودن
open (*ou'pən*) *a.* باز ـ روباز ـ آزاد ـ آشکار ـ قابل بحث ـ بی تعصب ـ گشادگشاد ـ بی‌دفاع ـ صاف ، بی‌مه ، بی ابر ـ واریز نشده ـ بلا متصدی
I will be o. with you. بی‌پرده با شما سخن خواهم گفت
o. to attack در معرضِ حمله
keep an o. house درِ خانهٔ باز داشتن ، مهمان نواز بودن
the o. door آزادی‌ورود بیگانگان بکشوری برای بازرگانی
o. hands سخاوت ، دست باز بودن
o. letter نامهٔ سرگشاده
o. space میدان ، گردشگاه آزاد
the o. (*n.*) هوای آزاد ـ ملاء عام

open (,,) *vt.* & *vi.* (۱) بازکردن ـ افتتاح کردن ، گشودن ـ آشکار کردن (۲) باز شدن ـ شروع شدن ـ آشکار شدن ـ شکفتن
o. the door to مجال دادن به
o. fire شروع به تیراندازی کردن
O. fire! {نظ} آتش : شروع
o. one's heart (*or* **mind**) اندیشه یا رازخودرا بیان کردن ، دل خودرا خالی کردن
o. out بسط دادن ، توسعه دادن
o. on به . . . باز شدن
We opened at page 10. صفحه ۱۰ (کتاب) را بازکردیم
o'pen-air *a.* در هوای آزاد انجام شده ، صحرایی ـ مایل بهوای آزاد
o. treatment معالجه درهوای آزاد
o'pener *n.* بازکننده ـ {در ترکیب} بازکن {چون can-o. در قوطی بازکن}
o'pen-handed *a.* دست باز ، سخی
o'pen-hearted *a.* بی ریا ـ رک ـ دست و دل باز
opening (*oup'ning*) *n.* دهانه ـ چشمه ـ سوراخ ـ آغاز ، شروع ـ گشایش ، افتتاح ـ مقدمه ـ مجال
o'penly *adv.* آشکارا ، علناً
o'pen-min'ded *a.* بی تعصب
o'penness *n.* بازی {بازبودن} ، گشودگی ـ آشکاری ـ آزادی
opera (*ɔp'ərə*) *n.* اُپرا {لفظ فرانسه}
grand o. نمایش تمام شعر
comic o. comedy
op'era-glasses *npl.* دوربین اپرا ، دوربین دو چشمه کوچك
op'era-hat *n.* کلاه بلند مردانه که میتوان آنرا پهن یا تاه کرد
op'era-house *n.* (عمارت) اپرا
operate (*ɔp'əreit*) *vt.* & *vi.* (۱) بکار انداختن ـ اداره کردن ـ بهره برداری کردن ـ از (حسابی) استفاده کردن ـ فراهم ساختن ، موجب شدن (۲) عمل کردن {با on} ـ دایر بودن ـ نتیجه دادن ـ سودمند بودن
It will o. to our disadvantage. بزیان ما نتیجه خواهد بخشید
It is electrically operated. با برق کار میکند
He was operated on (in) . . . (فلانجای بدن) او را عمل کردند
operat'ic *a.* اُپرایی ، اپراوار
operation (*ɔpərei'shən*) *n.* عمل ـ اداره ـ گردش ـ اثر ، نتیجه ـ عملکرد ، بهره برداری
come into o. دایر یاقابل اجراشدن
military operations عملیات نظامی
op'erative (*-ərətiv*) *a.* & *n.* (۱) عملی ـ مؤثر ـ دایر ـ قابل استفاده (۲) ماشین گردان
op'erator (*-reitə*) *n.* گرداننده ـ عمل کننده ـ متصدی
telepone o. تلفن چی
operetta (*ɔparet'ə*) *n.* اپرت {لفظ فرانسه}
opiate (*ou'piət*) *n.* داروی آرام ده ، کیف ، معجون خواب آور
opine (*oupain'*) *vt.* (چنین) اظهار عقیده کردن
opin'ion (*-yən*) *n.* عقیده ، نظر ، رای ـ فکر ـ گمان ، ظن
in my o. بنظر من ، بعقیدهٔ من
I am of the o. that نظر (یا عقیدهٔ) من اینست که
public o. افکار عمومی
favourable o. خوش گمانی ، حسن ظن
I have no o. of these people. عقیده باین اشخاص ندارم
opin'ionated *a.* خود رای
opium (*ou'piəm*) *n.* تریاك
o. den جای مخصوص تریاکی ها
opossum (*əpɔs'əm*) *n.* ساریغ {ازکلمهٔ فرانسه} : جانور کیسه دار
play 'possum {U. S.; Sl.} خود را بمردگی زدن

opponent (*əpou'nənt*) *a.* & *n.* مخالف ، ضد - حریف ، طرف ، طرف دعوی
opportune (*ɔp'ətiu:n*) *a.* بجا ، بموقع ، بمورد - درخور
opportu'nist *n.* پیرو اقتضای موقعیت ، موقع شناس ، ابن الوقت
opportunity (*ɔpətiu':niti*) *n.* فرصت ، مجال
oppose (*əpouz'*) *vt.* ضدیت یا مقاومت یامخالفت کردن با - مقابله کردن - ضد قرار دادن - رو بروگذاشتن
opposed to ضد ، مخالف - نقطهٔ مقابل
opposite (*ɔp'əzit*) *a.*, *prep.*, & *n.* (۱) دوبرو،روبروی‌هم، مقابل - مخالف ، ضد ، معکوس ، متضاد (۲) رو بروی ، مقابل (۳) عکس ، ضد ، [درجمع] اضداد
o. to the house روبروی خانه
the o. sex جنس مقابل [مرد یازن]
opposition (*-zish'ən*) *n.* ضدیت ، مخالفت - تضاد - تناقض - تقابل - مقابله - مانع - دستهٔ مخالف ، اقلیت
offer an o. ضدیت کردن
in o. to برخلاف ، برای ضدیت با
oppress (*əpres'*) *vt.* ظلم کردن بر
oppress'ed *ppa.* ستمدیده ، مظلوم
oppression (*əpresh'ən*) *n.* ستم ، ظلم ، تعدی ، فشار - افسردگی
oppres'sive (*-siv*) *a.* ظالمانه - دشوار ،گران ، شاق - ظالم
oppres'sively *adv.* ظالمانه
oppressor (*əpres'ə*) *n.* ظالم
opprobrious (*əprou'briəs*) *a.* ننگ‌آور ، مایهٔ رسوایی ، زشت - رسوا
oppro'brium (*-əm*) *n.* رسوایی ، ننگ ، خفت - زشتی - فحش ، ناسزا
optic (*ɔp'tik*) *a.* مربوط بباصره
o. nerve عصب باصره
optical (*-k'l*) *a.* مربوط بعلم نور و بصر - بصری [o. illusion]
o. instruments آلات ممد بینایی
optician (*-tish'ən*) *n.* عینک‌ساز ، عینك فروش - دوربین‌ساز
op'tics *n.* علم نور و بصر
op'timism (*-mizm*) *n.* خوش‌بینی
op'timist *n.* نیك‌بین ، خوش‌بین
optimis'tic *a.* خوش‌بین - مبنی بر خوش بینی
option (*ɔp'shən*) *n.* اختیار ، خیار، حق انتخاب - شق اختیار شده
the o. to accept اختیار قبول
You have no o. but to go. چاره‌ای جز رفتن ندارید
op'tional (*-shənəl*) *a.* اختیاری ، دل‌بخواه ، غیرواجب - مجاز
opulence (*ɔp'yuləns*) *n.* تمول، توانگری - وفور
op'ulent *a.* دولتمند - فراوان
opus (*ou'pəs*) *n.* قطعه موسیقی
or (*ɔ:* ; *ɔə*) *conj.* یا - یا اینکه - خواه
either this *or* that یا این یاآن
whether they like *or* dislike it. خواه دوست داشته باشند خواه نداشته باشند
one *or* two days یکی دو روز
***or* else** والا ، وگرنه
oracle (*ɔr'ək'l*) *n.* نام معبد شهر Delphi که یونانیان پاسخ های غیبی از کاهنان آنجا می گرفتند - [مج] پاسخ غیبی ، پیشگویی ، الهام - پاسخ مبهم - ملوك‌الکلام - وسیله مکاشفه
oracular (*ərak'yulə*) *a.* مربوط به oracle - مبهم - غیبی ، مبنی بر پیشگویی
oral (*ɔr'əl*) *a.* زبانی ، شفاهی
or'ally *adv.* زبانی ، شفاهاً
orange (*ɔr'inj*) *n.* & *a.* (۱) پرتغال (۲) نارنجی ، پرتغالی
orang'-outan(g) (*-gu-*) *n.*

نسناس ، آدم جنگلی
oration (*orei'shən*) *n.* نطق ، سخن‌رانی ، خطابه ـ شیوهٔ نقل قول
direct o. گفته یاقول مستقیم
orator (*ɔr'ətə*) *n.* ناطق
oratorical (*ɔrətɔr'ikəl*) *a.* خطابه‌ای
oratorio (*ɔrətɔ':riou*) *n.* گزارشی ازکتاب مقدس که بشعر درآورده نمایش‌وار بخوانند و بنوازند
oratory (*ɔr'ətəri*) *n.* شیوهٔ سخن‌رانی یا نطاقی ـ نطق اغراق‌آمیز ـ نمازخانهٔ کوچك یا خصوصی
orb (*ɔ:b*) *n.* کره ـ جسم آسمانی ـ مدار ، دایره ، قرص ـ (تخم) چشم
orbit (*ɔ':bit*) *n.* مدار ، مسیر
orchard (*ɔ':chəd*) *n.* باغ میوه
orchestra (*ɔ':kistrə*) *n.* ارکستر [لفظ فرانسه]
orches'tral (*-trəl*) *a.* ارکستری ـ در خور ارکستر
orchid (*ɔ':kid*) *n.* گیاه ثعلب
ordain (*ɔ:dein'*) *vt.* مقرر داشتن، قرار دادن ، معین کردن ـ مقدر کردن
He was ordained priest. اورا بسمت کشیش (یاکشیشی) گماشتند
ordeal (*ɔ:di:l'*) *n.* آزمایشِ سخت ، امتحان باعذاب جسمی
order (*ɔ':də*) *n.* & *vt.* (۱) دستور ، امر ، حکم ـ سفارش ـ حواله ـ ترتیب ، نظم ـ دسته ، طبقه ـ نشان ـ سبك (معماری) ـ (۲) دستور یاسفارش دادن ـ امرکردن ـ مأمورکردن
o. for goods سفارشِ کالا
to the o. of بحواله کردِ
by o. of بفرمانِ ، حسب‌الامر
made to o. سفارشی ، فرمایشی
place an o. for goods in Iran سفارش کالا بایران دادن
The goods are on o. کالا را سفارش داده‌ایم
in o. دایر ـ صحیح ، درست
in o. of به ترتیبِ
out of o. درهم برهم ـ نادرست
in good working o. دایر
O. arms! [نظ] پافنگ
in o. that it may be easier برای اینکه آسان‌تر شود
in o. to make it easier برای آسان تر کردن آن
o. dinner دستور ناهار دادن
o. silence حکم سکوت دادن
o. about پیوسته پی فرمان فرستادن
o. off (the field) حکم خروج از میدان بازی را به (کسی) دادن
The doctor ordered an ointment. پزشك مرهم تجویز کرد
It was otherwise ordered. طور دیگر مقدر شده بود
or'derliness *n.* نظم ، ترتیب ـ بقاعده بودن ـ فرمانبرداری
orderly (*ɔ':dəli*) *a.* & *n.* (۱) منظم ، مرتب ـ فرمانبردار ـ امن (۲) گماشته ، مصدر ـ نگهبان یا پرستار [در بیمارستان ارتش]
o. officer افسر نگهبانی ـ گماشته
o. bin صندوق زباله درخیابان
or'dinal (*-nəl*) *a.* ترتیبی
o. number عدد وصفی
or'dinance (*-nəns*) *n.* امر ، حکم
or'dinarily *adv.* معمولاً ، عادةً
or'dinary (*-nəri*) *a.* معمولی، عادی
in an o. way معمولاً
out of the o. غیرمعمولی، استثنائی
ordina'tion *n.* (آیین) برگماری کسی به منصب روحانی ـ درجه گیری [در کلیسا]
ordnance (*ɔ:d'nəns*) *n.* توپ ـ توپخانه ـ ذخائر ارتش
ore (*ɔə*) *n.* سنگ معدن ،کلوخه معدنی (و)
organ (*ɔ':gən*) *n.* اندام ، عضو ، آلت ـ ارگ [لفظ فرانسه] ـ [مج] وسیله نشر افکار

organdie (ɔ':gəndi) n. ارگاندی
or'gan-grinder n. ارگ زن سیار
organ'ic a. آلی - مؤثر درساختمان
اندامها - دارای سازمان ، متشکل
or'ganism (-gənizm) n. ساختمان
آلی ، ترکیب - موجود زنده ، جسم آلی -
بدن ، وجود - [مج] سازمان
or'ganist n. ارگ زن
organization (-naizei'shən) n. سازمان ، تشکیلات - تشکیل ، ترتیب
or'ganize (-gənaiz) vt. تشکیل
دادن - مرتب کردن - فراهم کردن - [در
صیغه اسم مفعول] متشکل
or'ganizer (-zə) n. تشکیل
دهنده - مؤسس
or'gan-loft n. غرفهٔ ارگ
orgy (ɔ':ji) n. میگساری ، عیاشی
orient (ɔr'iənt) n., a., & vt.
(۱) خاور ، مشرق زمین (۲) خاوری ،
شرقی [درشعر] - (۳) - orientate
the O. (کشور های) خاور
orien'tal (-təl) a & n.
(۱) خاوری ، شرقی (۲) اهل خاور
orien'talist n. خاورشناس ، مستشرق
orientate (ɔr'iənteit) vt. رو بـ
خاور قرار دادن - موقعیت (چیزی)
را تعیین کردن
o. oneself جهات چهارگانه خود را
تعیین کردن - [مج] (بموقعیت) آشنا شدن
orientation (-tei'shən) n.
جهات یابی - تعیین موقعیت
orifice (ɔr'ifis) n. سوراخ - مخرج
origin (ɔr'ijin) n. اصل - مبدأ -
سرچشمه ، منبع - نژاد - موجب
of Greek o. یونانی الاصل
of a bad o. بدگهر ، بد تبار
original (orij'in'l) a. & n.
(۱) اصلی ، اصل [بطور صفت] - بکر ،
بی سابقه - جبلی - ابتدائی - مبتکر (۲)
اصل ، نسخه اصلی - آدم غریب الاخلاق
the o. letter عین نامه ، نامهٔ اصلی
What does the o. Hebrew
say? اصل آن در زبان عبری چیست
original'ity (-li) n. نیروی ابتکار ،
قوهٔ انشاء - تصرف - اصلیت
orig'inally (orij'inəli) adv.
اصلاً ، از اصل - در ابتدا
orig'inate (-neit) vi. & vt.
(۱) سرچشمه گرفتن - سر زدن (۲)
سرچشمه (چیزی) بودن ، موجب شدن
orig'inative (-nətiv) a. مبتکر
o. faculty قوهٔ ابتکار
Orion (orai'ən) n. [هـ] جبار ، النسق
O.'s belt سیف الجبار
ornament (ɔ':nəmənt) n. & vt
(۱) زینت ، آرایش (۲) تزئین کردن
ornamental (ɔ:nəmen't'l) a.
تزیینی ، آرایشی
ornamentation (-tei'shən) n.
آرایش ، تزیین - زیور ، زیور آلات ،
زر و زیور
ornate (ɔ:neit') a. آراسته
(بصنایع بدیعی)
ornithol'ogist n. پرنده شناس
ornithology (ɔ:nithɔl'əji) n.
پرنده شناسی
orphan (ɔ':fən) n. & vt. (۱)
یتیم ، بی پدر (و مادر) - (۲) یتیم کردن
o. asylum پرورشگاه یتیمان
o. child بچه یتیم
orphanage (ɔ':fənij) n.
پرورشگاه یتیمان
or'piment (-mənt) n. زرنیخ زرد
orthodox (ɔ':thədɔks) a. راشد -
درست - قرار دادی ، رسمی - [با O]
مربوط بکلیسای خاور ، ارتودوکس
the O. Church کلیسای خاور ،
کلیسای روسی و یونانی
or'thodoxy n. رشد ، ارشاد ،
درستی - پیروی ازکلیسای ارتودوکس
orthograph'ic(al) a. املائی -
درست نوشته شده
o. mistake غلط املائی

orthography (ɔ:thɔg'rafi) n. املاء (درست)
oscillate (ɔs'ileit) vi. & vt. (۱) جنبیدن ، نوسان کردن - [مج] مردد بودن (۲) جنبانیدن
oscillation (-lei'shən) n. جنبش ، نوسان ، تاب ، رقص - [مج] تردید
oscillograph (ɔs'iləgra:f) n. موج نویس ، موج نگار
osier (ou'zhə) n. جگن ، بید سبدی
osmosis (ɔsmou'-) n. تراوش ، حلول
osprey (ɔs'pri) n. مرغ استخوان خوار ، هما ، دال دریایی
osseous (ɔs'iəs) a. استخوانی
ossification (-kei'shən) n. استخوان سازی - استخوان شدگی
ossify (ɔs'ifai) vi. & vt. (۱) استخوانی شدن (۲) استخوانی کردن ، سخت کردن
osten'sible a. ظاهری
ostentation (-tei'shən) n. خود فروشی - جلوه
ostentatious (-tei'shəs) a. خودنما ، خودفروش - ناشی از خودنمایی
ostler (ɔs'lə) n. متصدی اصطبل در مسافرخانه
ostracism (ɔs'trəsizm) n. تبعید با آراء عمومی - تحریم ازحقوق اجتماعی
os'tracize (-saiz) vt. با آراء عمومی تبعید کردن - از حقوق اجتماعی محروم کردن
ostrich (ɔs'-) n. شتر مرغ
He has the digestion of an o. معده‌اش سنگ را آب میکند
bury one's head o.-like in the sand سر خود را مانند کبك زیر برف کردن ، خود را گول زدن
other (ʌth'ə ظ -) a., pr. or n., & adv. (۱) دیگر - غیر- متفاوت (۲) دیگری : شخص یا چیز دیگر (۳) طور دیگر
o. people اشخاص دیگر ، سایر مردم
no o. place هیچ جای دیگر
o. than غیر ، متفاوت با
any person o. than yourself هر کسی جز شما باشد
the o. day آن‌روز ، چند روز پیش
It is the o. way round. وارونه است ، عکس این است
every o. day یك روز درمیان
on the o. hand از طرف دیگر
o. things being equal اگر شرایط دیگر را مساوی بدانیم
none o. than هیچکس دیگر جز
One sang, the o. danced. یکی میخواند دیگری میرقصید
one or o. of you یکی از شما دو نفر
Has he any o.? دیگر ازاین‌دارد
some time or o. یك‌وقتی ، یك‌روزی
each o. یکدیگر ، همدیگر
regard for others ملاحظه‌دیگران
oth'erwise (-waiz) adv. طور دیگر - والا - وگرنه از جهات دیگر
o. than by railway باغیرراه آهن
He cannot be o. than ill. جز اینکه ناخوش باشد چیز دیگری نیست
electrical and o. الکتریکی و غیر الکتریکی
the truth and o. of my statement درستی و نادرستی گفتهٔ من
otter (ɔt'ə) n. گربهٔ آبی ، سمور آبی
Ottoman (ɔt'əmən) a. عثمانی
ottoman ('') n. نیمکت یا صندلی بی پشت
ouch (auch) int. آخ ، اوف ، اُخ
ought (ɔ:t) v. aux. باید ، بایست ، بایستی [همیشه با to] [آگاهی- ought فعل ناقص و صیغهٔ منحصر بفرد فعل خود میباشد و در حال و گذشته هم فرقی نمیکند جز آنکه درگذشته مصدری را که با آن گفته میشود باید بصورت ماضی نقلی

He o. to have gone درآورد چون
" باید رفته باشد ، بایستی میرفت "
(یعنی موظف بوده است که برود ولی
نرفته است) }
ounce (*auns*) *n.* آونس ، انس :
نام سنگی که برای کشیدن چیزهای معمولی
برابر با یك شانزدهم **pound** یا ۲۸ گرم
و اندی است و برای کشیدن سیم و زر
برابر است با یك دوازدهم **pound** یا
۳۱ گرم و اندی
our (*au'ə*) *pr.* { *pl. of* my }
مان { مال ما }
our books کتابهامان ، کتابهای ما
We have done our work.
ما کار خود(مان) را کرده ایم
ours (*au'əz*) *pr.* {*pl. of* mine}
مال ما ، از ما
It is o. مال ما است ، ازما است
this world of o. این دنیای ما
ourselves (*auəselvz'*) *pr.*
خودمان
we o. ما خودمان ، ما خود
oust (*aust*) *vt.* بیرون کردن -
خلع ید کردن (از)
out (*aut*) *adv. & a.* بیرون -
در رفته ، جابجا شده - درحال اعتصاب -
خاموش - غیرمتداول - دراشتباه ، پرت -
درحال قهر - ازچاپ درآمده - شکفته -
فاش (شده) - علناً - بلند ، با صدای
آزاد - خوب، پاك ، بکلی {tired o.} -
تمام - تاآخر { Hear me o. } - دور
(ازکرانه) - غیر معمول
take o. درآوردن ، بیرون آوردن
I am £ 5 o. پنج لیره اشتباه حساب دارم
o. and o. کاملاً - تمام
the best game o. بهترین بازی‌ای
که تاکنون پیدا شده است
right o. فاش ، رك ، علناً
o. for fame در پی نام
o. of ازمیان - از ، با - از راه ،
از روی - دور از - آنطرف

the ins and the outs (*n.*) حزب
روی کار ومخالفین آنها - جزئیات
from o. the prison ازتوی زندان
O. with him! بیرونش کنید
O. upon him! خاك برسرش
out ('') *vt. & vi.* (۱) بیرون کردن
(۲) بیرون رفتن - [مج] فاش شدن
outbalance (*autbal'əns*) *vt.*
سنگین‌تر بودن از - [مج] سبقت جستن بر
outbid' *vt.* { bid رجوع شود به }
بیشتر از (دیگری) پیشنهاد دادن ، روی
دست (کسی) رفتن
out'board *a(dv).* بیرون ازکشتی
out'bound *a.* عازم خروج از بندر
outbrave' *vt.* مقاومت یا مخالفت
کردن با - بی‌اعتنایی کردن به
out'break (*-breik*) *n.* بروز ،
ظهور ، شیوع - درگرفتن
out'building = **outhouse**
out'burst (*-bə:st*) *n.* طغیان ،
خروج یاظهور ناگهانی ، فوران
out'cast *a. & n.* (شخص) مردود -
(آدم) بیکس یا بی‌خانمان
out'caste (*-ka:st*) *n.* هندی‌ای که
از فرقهٔ خود بیرون رانده شده باشد
outclass' = **surpass**
out'come (*-kʌm*) *n.* نتیجه
out'crop (*-krɔp*) *n.* (ظهور) چینه
یارگه در سطح زمین
out'cry (*-krai*) *n.* فریاد ، غریو
outdis'tance (*-təns*) *vt.*
عقب گذاشتن ، جلو افتادن از
outdo (*-du':*) *vt.* {-did; -done}
بهتر انجام دادن از
out'door (*-dɔ':*) *a.* بیرونی ،
صحرایی ، درهوای آزاد (انجام شده)
outdoors (*-dɔ:z'*) *adv.* درهوای
آزاد - بیرون
outer (*au'tə*) *a.* بیرونی ، خارجی -
رویی - ظاهری ، طبیعی
the o. man وضع ظاهر : لباس

outermost (*au'tәmoust*) *a.* واقع در دور ترین قسمت معرون
outface' *vt.* با نگاه از رو بردن
out'fall *n.* دهانه (رود) ، مصب
out'field *n.* دورترین قسمت زمین بازی برای کسی که چوگان دست اوست
out'fit *n.* & *vt.* [-ted] (۱) لوازم ، اسباب ، اثاثه (۲) با اثاثه مجهز کردن
out'fitter (*-fitә*) *n.* تهیه کنندهٔ لوازم و اسباب
gentleman's o. فروشندهٔ لباس (زیر) مردانه
outflank' (*vt.*) the enemy جناح دشمن را دور زدن
out'flow *n.* خروج ، جریان - سیل
out'go *n.* [-es] هزینه ، دررو
out'going *a.* صادر شونده ، صادره - بیرون رونده [o. letters]
out'goings *npl.* هزینه ، مخارج
outgrow' *vt.* [-grew; -grown] زودتر رشد کردن از - از دست دادن
You have outgrown your clothes. لباستان برای شما کوچك شده است
out'growth *n.* برآمدگی ، گوشت زیادی - [مج] نتیجه ، فرع
out'house *n.* حیاط طویله ، انبار
ou'ting *n.* گردش بیرون شهر
outlan'dish *a.* بیگانه (نما) - غریب
outlast' *vt.* بیشتر طول کشیدن از - بیشتر زنده بودن از
out'law *n.* & *vt.* (۱) کسیکه از حقوق و حفاظت قانونی بی بهره است - آدم متمرد و غارتگر (۲) از حقوق بی بهره کردن
outlawry (*-lɔ':ri*) *n.* بی بهرگی از حفاظت قانونی ، محرومیت از حقوق
out'lay (*-lei*) *n.* هزینه ، خرج
out'let *n.* در رو ، مخرج - فروش
out'line *n.* & *vt.* (۱) طرح - دوره ، محیط مرئی - [مج] رئوس مطالب ، نکات عمده (۲) طرح (چیزیرا) کشیدن - مختصراً شرح دادن
o. map نقشه دوره نما ، طرح
draw in o. بشکل طرح کشیدن
outlive (*-liv'*) *vt.* بیشتر عمر کردن از - بی خطر جستن از
out'look *n.* چشم انداز ، دورنما ، منظره - چشم داشت
out'lying (*-laiing*) *a.* پرت ، دور از مرکز
outmatch' = surpass; excel
outnumber (*-nʌm'bә*) *vt.* (ازحیث شماره) بیشتر بودن از
out-of-date (*autәvdeit'*) *a.* کهنه ، منسوخ
out-of-door' outdoor
out-of-the-way' *a.* غیرقابل دسترسی - برجسته ، غیرمعمول
out'-patient (*-peishәnt*) *n.* بیمار سرپایی
out'play *vt.* شکست دادن
out'post *n.* [نظ] پاسداران
out'pouring *n.* برون ریزی ، بُروز - [درجمع] ریزشها ، تراوش ها ، احساسات
out'put *n.* محصول ، بازده ، کارکرد ، ظرفیت ، راندمان [لفظ فرانسه] .
out'rage (*-reij*) *n.* & *vt.* (۱) دست درازی - تخلف یا تجاوز شدید ، بی حرمتی (۲) بیحرمت ساختن - تجاوز کردن از
outra'geous (*-jәs*) *a.* تجاوزکارانه ، وقیح ، ناشی از بیحرمتی - برملا - شدید - مفرط - بیحرمت سازنده
outrange (*-reinj'*) *vt.* دورتر زدن از - بُرد بیشتری از (اسلحه دیگر) داشتن
outrank' *vt.* عقب گذاشتن (در رتبه یا شأن)
out'-relief (*-rili:f*) *n.* دستگیری از مردمی که در بنگاه خیریه منزل ندارند

outride (*-raid'*) *vt.* { -rode ; -ridden } درسواری عقب گذاشتن

out'rider (*-də*) *n.* سوار ملتزمِ رکاب یا جلودار

outright (*-rait'*) *adv.* یکجا ، جمله ـ فوراً ـ آشکارا ، رُك

out'right *a.* رُك ـ تمام ـ قطعی ، یکجا {o. purchase}

outrival (*-rai'vəl*) *vt.* {-led} درهم چشمی از(کسی) پیش افتادن

outrun (*-rʌn'*) *vt.* {-ran; -run} (در دو) عقب گذاشتن

out'runner (*-rʌnə*) *n.* پیشرو ، جلودار، شاطر ـ سگ جلودار

outs {رجوع شود به out}

out'set *n.* آغاز (کار) ـ نخستین وهله

outshine' *vt.* {-shone} تحت‌الشعاع قرار دادن

outside (*-said'*) *n., prep., & adv.* (۱) بیرون ـ خارج ـ ظاهر (۲) بیرونِ ، در خارجِ ـ غیر از ـ آنسویِ (۳) درخارج ـ از بیرون

o. of جز ، غیر از

at the (very) o. منتها

out'side *a.* بیرونی ؛ خارجی ـ ظاهر(ی) ـ غیرمعمولی ـ حد اکثر

o. opinion رأی مردم ، عقیدهٔ مردم

outsi'der (*-də*) *n.* بیگانه ، (شخص) خارجی ـ اطرافی ـ اسب گمنام ـ {د. ك} بداخلاقی که قابل معاشرت نیست

out'skirts (*-skə:ts*) *npl.* حومه ، حول و حوش

out'spoken (*-kən ; -spou'-*) *a.* رُك ، سرراست ، بی‌برده ـ رك گو

outspo'kenly *adv.* رك ، بی‌برده

outspo'kenness *n.* رك‌گو

out'spread (*-spred*) *a.* گسترده

outstan'ding *apa.* برجسته ـ تصفیه نشده ـ معوق ، عقب افتاده

o. claims مطالبات

outstay' *vt.* بیشتر ماندن از

o. one's welcome بیش از حد رضایت میزبان درمنزل او "لنگر انداختن"

out'stretched *a.* بیرون گسترده ، مبسوط ـ درازکشیده

outstrip' *vt.* {-ped} عقب گذاشتن

outvote' *vt.* بیشتر رأی بردن از

out'ward (*-wəd*) *a.* بیرونی ، خارجی ـ نمایان ، صوری ـ جسمانی

the o. eye چشم ظاهر

the o. man ظاهر انسان

out'ward *adv.* = **outwards**

out'ward-bound *a.* عازم بیرون

out'wardly *adv.* بظاهر

out'wards (*-wədz*) *adv.* بطرف بیرون

outwear (*-wê'ə*) *vt.* { -wore ; -worn } بیشتر دوام کردن از ـ کهنه کردن

o. the night شب را بسر بردن

outweigh (*-wei'*) *vt.* سنگین‌تر یامهمتر بودن از ، چربیدن بر

outwit' *vt.* {-ted} زرنگ تر از (دیگری) بودن ـ گول زدن ، مُجاب کردن

out'worn *ppa.* کهنه ـ مانده ، خسته

oval (*ou'vəl*) *a. & n.* (۱) بیضی ، تخم مرغی (۲) شکل بیضی ـ میدان بیضی

ovary (*ou'vəri*) *n.* تخمدان

ovation (*ouvei'shən*) *n.* استقبال عمومی

oven (*ʌv'ən*) *n.* تنور ـ فر یا اُجاق (خوراك پزی) ـ کوره کوچك

over (*ou'və*) *prep.* بالایِ ، رویِ ـ بر ، به ـ برسرِ ـ از رویِ ـ { jump o. a table } ـ آنسویِ ـ بیش از { o. £100 } ـ ـ در مدتِ

That is o. our heads. این مطلب بیرون از (حدود) فهم یا اندیشه‌ما است

He will not live o. to-day. روز را بسر نخواهد برد

all o. the world درسراسر جهان
the house o. the way خانهٔ روبرو
o. a number of years
در (طی) چند سال
o. and above علاوه بر ـ گذشته از
o'ver (,,) *adv.* ـ دربالا ، بالای سر
ازاین سو به‌آن سو ، آنطرف ـ آن‌ور
(دریا) ـ سوی پائین ، بزیر {lean o.} ـ
ازقطر، ازکلفتی ـ سرتاسر ـ بارِ دیگر ـ
با دقت {Think it o.} ـ بیش از
اندازه ، زیاده از حد {o. tired} ـ
باقی ـ گذشته {Time is o.}
girls of 16 years and o.
دختر های ۱۶ ساله ببالا
It was soon o. زود تمام شد
I was soon o. بزودی بدانسو رفتم
He went o. to the enemy.
بدشمن پیوست ، سوی دشمن رفت
all the world o. در سراسر جهان
He was splashed all o.
آب، به سر تاپای او ترشح شد
left o. باقی مانده ، زیاد آمده
He could not get his point o.
to his audience. مطلب خود را
درست نمیتوانست بشنوندگان بفهماند
o. (and o.) again چندین بار
o. and above گذشته ازاین ـ زیاد
It is all o. with him. کارش
تمام است ، کارش خراب شد
over (") *pref.* ـ بیش‌ازحد ـ روئی
بالائی ـ اضافی
overact' *vt.* بیش از اندازه انجام
دادن ـ بطور اغراق‌آمیز بازی‌کردن
overall (*ou'vərɔ:l*) *n.* ، لباس‌کار
{در جمع} شلوار کار
overarch' *vt.* طاق‌وار پوشاندن
overawe (-ɔ':) *vt.* ، ترساندن
دست پاچه کردن
overbal'ance (-*əns*) *v.* موازنه
(چیزی)را از دست دادن ـ لنگر دادن
overbear (-*bê'ə*) *vt.* {-bore ;
-borne} فرو نشاندن ـ مغلوب یا
مجاب یا مطیع کردن ـ پیشی جستن از
overbear'ing *apa.* ، تکبرآمیز
آمرانه ـ متکبر ـ تحمیلی
overblown' *ppa.* ـ زیاد شکفته
عنفوان جوانی را گذرانده،
o'verboard (-*bɔ:d*) *adv.* ، بدریا
در دریا ـ ازکشتی بدریا
fall o. ازکشتی بدریا افتادن
overbore' {*p.* of overbear}
overborne' {*p.p.* of overbear}
overburden (-*bə':dn*) *vt.*
زیاد بارکردن
overburdened with زیر بارِ
overcame {*p.* of overcome}
overcast' *vt.* {-cast} تیره کردن
overcast' *ppa.* تیره ، ابرناك
o'vercharge (-*cha:j* (-چاج) *n.*
زیاده ستانی ـ برق زیادی ـ باروت یا
خرج زیادی
overcharge' *vt.* زیاد مطالبه‌کردن
از ـ اجحاف‌کردن ـ زیاد بارکردن
overcharged with electricity
دارای برق زیاد
overcloud' *vt.* ابرناك یاتیره‌کردن
overcoat (*ou'vəkout*) *n.*
پالتو {لفظ فرانسه}
overcome (-*kʌm'*) *vt.* {-came·
-come} مغلوب ساختن، غالب‌آمدن بر ـ
برطرف‌کردن ، از میان برداشتن
He was o. by lack of sleep:
بیخوابی بر او زورآور شد(•بود)
overcrowd (-*kraud'*) *vt.*
زیاد در (مکانی) ازدحام‌کردن
overdo (-*du':*) *vt.* {- did ;
-done} بحد افراط رساندن،
اغراق‌آمیز کردن ـ زیاد پختن
o. it خود را زیاد خسته‌کردن ـ
در (کاری) غلوّ کردن
o'verdraft *n.* ـ حواله بیش ازاعتبار
دریافتی اضافه بر اعتبار
overdraw' *v.* {-drew ; -drawn}

بیش از اعتبار حواله دادن ، برات خالی از وجه دادن - اغراق‌آمیز کردن

overdrawn' {*pp. of* overdraw}

overdress' *vt.* بحد افراط آرایش دادن (یا کردن)

overdrew (*-dru':*) {*p. of* overdraw}

overdue (*-diu':*) *a.* دیر آمده - تأخیر شده

The bill is o. سررسید برات گذشته یا وعده آن منقضی شده است

overeat (*-i:t'*) *vi.* } پرخوردن
overeat' (*vt.*)**oneself** }

over-es'timate (*-meit*) *vt.* زیاد برآورد کردن - اغراق آمیز کردن

overflow (*-flou':*) *v.* لبریز شدن (از) - ازدحام کردن (در)

The Nile overflowed its banks. نیل طغیان کرد(ه سواحل خود را فرا گرفت)

overflowed with پر از، لبریز از

overflowing with kindness دارای محبت سرشار

o'verflow *n.* لبریزی - کثرت - طغیان

overgrew (*-gru':*) {*p. of* overgrow}

overgrow' *vt.* & *vi.* {-grew, -grown} (۱) روی (چیزی) سبز شدن، از گیاه پوشاندن - خفه کردن - بزرگ تر شدن از (۲) زود رشد کردن

o. one's strength } نسبت به بنیهٔ خود
o. oneself } زیاد بزرگ شدن

overgrown with پوشیده از

o'vergrowth *n.* رشد بیش‌ازاندازه - گیاهی که روی چیز دیگر سبز شده باشد - برآمدگی گیاهی - گوشت زیادی

o'verhand *a(dv).* از بالا به پائین

overhang' *v.* {-hung(*-hʌng'*)} اویزان بودن (بر) - مشرف بودن (بر) - پیشامدگی داشتن (بر)

Great dangers o. us. خطرهای بزرگی ما را تهدید میکنند

o'verhang *n.* پیشامدگی

overhaul (*-hɔ:l'*) *vt.* برای تعمیر پیاده و دو باره سوار کردن - به (چیزی) فرا رسیدن و از (آن) گذشتن

o'verhaul *n.* تعمیر کامل - معاینهٔ کامل

overhead (*-hed'*) *adv.* دربالای سر - درهوا - در طبقه بالا - ازسر {plunge o. into water}

o'verhead *a.* -{o. wires} هوائی {o. tanks} پایه بلند ، مرتفع

o. charges } هزینه اداری ،
o'verheads *npl.* } هزینهٔ ثابتِ عمومی

overhear (*-hi'ə*) *vt.* {-heard (*hə:d'*)} تصادفاً شنیدن

overhung' {اسم مفعول از فعل overhang} - {بطور صفت} پیشامده

overjoyed' *ppa.*—**He was o.** ازفرط خوشی از خود بیخود شد (ه بود)، ازخوشی درپوست نمی‌گنجید

overlaid {زیر overlay نگاه‌کنید}

o'verland *a.* & *adv.* (۱) زمینی {o.mail}- (۲) از راه خشکی

overlap' *vi.* & *vt.* {-ped} (۱) نیمه نیمه‌روی هم افتادن - {مج} بعضی صفات مشترك داشتن - در یك زمان رخ دادن (۲) نیمه نیمه پوشاندن

overlay' *vt.* overlaid} روکش کردن - فشارآوردن بر ، خفه کردن

overlaid with gold زر اندود

overlay' {*p. of* overlie}

overlain' {*pp. of* overlie}

overleaf (*-li:f'*) *adv.* در پشت ورق ، درظهر

overleap (*-li:p'*) *vt.* از رویِ (چیزی) جستن - {مج} نادیده از (چیزی) گذشتن

o. oneself ازمطلب پرت شدن -

در نتیجه افراط مواجه با شکست شدن ، سرنگون شدن

overlie (*-lai'*) *vt.* {-lay;-lain} روی (چیزی) قرار گرفتن - (زیر بدن گرفتن و) خفه کردن

overload (*-loud'*) *vt.* زیاد بار کردن - زیاد پر کردن

o'verload *n.* بار زیاد سنگین

overlook (*ovəluk'*) *vt.* ملتفت نشدن - چشم پوشیدن از - مشرف بودن بر- نگاه کردن - نظارت کردن (بر)

overmas'ter = overpower

overnight (*-nait'*) *adv.* شبانه ، هنگام شب

o'vernight *a.* شبانه = o. journey

overpower (*-pau'ə*) *vt.* از پا درآوردن - بی اثر کردن - مدهوش کردن

overpow'ering *apa.* شدید ، قوی - مقاومت ناپذیر

overproduce (*-prədiu:s'*) *vt.* بیش ازحد احتیاج عمل آوردن یا ساختن

overran' {p. of overrun}

overrate (*ouvəreit'*) *vt.* بیش از ارزش واقعی ارزیابی کردن ، زیاد تخمین زدن

overreach (*ovəri:ch'*) *vt.* فرا رسیدن به - پوشاندن - جلو افتادن از - باحیله پیشدستی کردن بر

o. oneself از زرنگی آنطرف افتادن

overrid'den (*-rid'n*) {pp. of override}

override (*ovəraid'*) *vt.* [-rode ; -ridden] زیر گرفتن ، سواره پایمال کردن - زیاد خسته کردن - {مج} اعتنا نکردن به - کنار گذاشتن

overrode' {p. of override}

overrule (*ovəru:l'*) *vt.* رد کردن- کنار گذاشتن - غالب شدن بر

overrun (*ovərʌn'*) *vt.* {-ran ; -run} تاخت وتاز کردن در - انبوه شدن در ؛ پوشاندن - تجاوز کردن از

o. oneself خود را با دو خسته کردن

oversaw' {p. of oversee}

o'versea (*-si:*) *a.* متعلق بماوراء بحار - خارجی {o. trade}- مستعمراتی

oversea(s)' *adv.* ماورای دریا ها ، آن ور دریا ، درکشور های بیگانه

oversee' *vt.* {-saw ; -seen} سرکشی کردن ، نظارت کردن (بر)

overseen' {p. p. of oversee}

overseer (*ovəsi':ə*) *n.* سرکار ، مباشر ، ناظر

overshad'ow (*-ou*) *vt.* تحت‌الشعاع قرار دادن - تاریك کردن - مبهم ساختن

o'vershoe (*-shu:*) *n.* گالش {لفظ فرانسه}

overshoot' *vt.* {-shot} بالاتر (از نشان) زدن ، خطا کردن

o. oneself پرت شدن - اغراق گفتن

o'verside *adv.* ازروی لبه (کشتی)

discharge o. از (لبه) کشتی در دوبه خالی کردن

o'versight (*-sait*) *n.* اشتباه نظری، سهو ، ملتفت نشدن - مواظبت ، توجه

by o. اشتباهاً

oversleep' *vi.*
o. (*vt.*) **oneself** } خواب ماندن

overspread (*-spred'*) *vt.* {-spread} روی (چیزی) پهن شدن- پوشاندن

o. with an emerald carpet پوشیده از فرش زمردین

overstate' *vt.* اغراق آمیز کردن

overstatement (*-steit'mənt*) *n.* اغراق ، غلو

overstay' (*vt.*) **one's welcome** بیش از حد رغبت میزبان درخانه او ماندن ، درجایی لنگر انداختن

overstep' *vt.* {-ped} از حدود (چیزی) تجاوز کردن

overstock (-stɔk') *vt.* بیش از حد جنس‌در (جایی) ریختن

overstrain' *vt.* زیاد فشار آوردن بر ، خسته کردن

overt (*ou'və:t* ; *-və:t'*) *a.* آشکار ، حاکی از تعمد

overtake (*-teik'*) *vt.* {-took ; -taken} فرارسیدن به - گیرآوردن - سبقت گرفتن بر

overtaken by گرفتار - مغلوب

overtax' *vt.* مالیات سنگین بر (شخص یاچیزی) بستن - فشار آوردن بر

overthrow(*-throu'*)*vt.*{-threw; -thrown} برانداختن ، منقرض یا مضمحل کردن - موقوف کردن

o'verthrow *n.* سرنگون سازی ، براندازی - انقراض - سقوط - شکست

o'vertime *n.* & *adv.* (۱) اضافه کاری - ساعت فوق‌العاده - وقت اضافی - اضافه‌کار (۲) (بطور) اضافه

o. pay مزد یا حقوق اضافه کاری

overtook' {*p. of* overtake}

overture (*ou'vəchə*) *n.* مقدمه - پیشدر آمد - پیشنهاد {بیشتر درجمع}

overturn (*ouvətə:n'*) *v.* واژگون کردن یاشدن

overweening (*-wi':-*) *a.* & *n.* (۱) از خود راضی - اغراق آمیز (۲) خودبینی ، عجب

o'verweight (*-weit*) *n.* & *a.* (۱) وزن زیادی (۲) سنگین‌تر از حد مجاز {o. luggage}

overwhelm' *vt.* مستغرق کردن ، غرق کردن - له یا پایمال کردن

overwhelmed with . . . مستغرق . . . ، غوطه‌ور در . . .

overwhel'ming *apa.* فشارآور ، سخت ، شدید

overwork (*-wə:k'*) *vt.* کار زیاد به (کسی) دادن ، خسته کردن

o. oneself } زیاد کار کردن ،
overwork' *vi.* } خود را خسته کردن

o'verwork (*-wə:k*) *n.* کار زیاد

overwrought (*-rɔ:t'*) *a.* زیاد خسته - زیاد به هیجان‌آمده ، عصبانی

ovule (*ou'viu:l*) *n.* تخمک

owe (*ou*) *v.* بدهکار یا مقروض بودن (به) - مرهون بودن (به)

I o. him 5 *rials*. پنج ریال باو بدهکار هستم ، ۵ ریال ازمن طلب دارد

We o. him for his services. مدیون (یامرهون) خدمات او هستیم

owing (*ou'ing*) *apa.* دادنی ، پرداختنی ، واجب‌الاداء - منسوب

o. to نظر به ، بواسطهٔ ، بسبب

o. to the fact that بواسطهٔ اینکه

owl (*aul*) *n.* جغد ، بوم

own (*oun*) *v.* دارا بودن ، مالك بودن - (ازخود) دانستن - اقرار کردن - قبول داشتن - تن در دادن (به)

o. up (to) {Col.} اعتراف کردن

own ('') *a.* خود - خویش - شخصی ، ملکی - تنی {o. brother}

{own همیشه پس از ضمیر ملکی یا اسمی که درحالت مالکیت باشد بکار میرود و اغلب شخصیت را تاکید میکند} :

my o. book کتاب خودم

hold one's o. موقعیت یا آبرو یا نیروی خود را حفظ کردن

come to one's o. بنوالی رسیدن ، بکام دل رسیدن

on one's o. (بطور) مستقل

He pays his o. money. پولش را خودش میدهد

of one's o. از خود

ow'ner (*-nə*) *n.* مالك ، صاحب

ow'nerless *a.* بی‌صاحب

ow'nership *n.* مالکیت

of unknown o. مجهول‌المالك

ox (*ɔks*) *n.* { oxen (*ɔk'sən*) } گاو نر ، نره گاو

ox'-eyed (*-aid*) *a.* چشم درشت
ox'-eye daisy گل داودی
Oxford (*ɔks'fəd*) *n.* (نام)شهری از انگلستان که دانشگاه نامی آکسفرد در آنجاست
O. bags [Sl.] شلوار خیلی گشاد
O. blue آبی سیر مایل به ارغوانی
O. shoes کفش بندی اسپرت
oxidation (*ɔksidei'shən*) *n.* ترکیب با اکسیژن ، احتراق
oxide (*ɔk'said*) *n.* اکسید : ترکیبِ اکسیژن باجسم دیگر ـ زنگ
o. of iron خاك سرخ ، اکسید دوفر [الفاظ فرانسه] ، زنگ آهن
zinc o. پنبهٔ روی ، اکسید دوزنك [الفاظ فرانسه]
oxidize (*ɔk'sidaiz*) *v.* با اکسیژن ترکیب کردن یاشدن
oxygen (*ɔk'sijən*) *n.* اکسیژن [لفظ فرانسه]
oyes ; oyez (*ouyes'*) *int.* گوش ! گوش بدهید.
oyster (*ɔis'tə*) *n.* صدف : نرم تنِ دولختی که بیشتر زنده خورده میشود
oys'ter-bed *n.* پرورشگاه صدف
oz. [مختصرِ ounce(s)]
ozone (*ouzoun'*) *n.* اُزُن [لفظ فرانسه]

Pp

pa (*pa:*) {Col.} — papa
pace (*peis*) *n.* گام ، قدم - گام برداری ، مشی - یورغه - {مج} تندی ، سرعت
at a slow p. (با گام) آهسته
keep p. with a person باکسی درگام زدن یا راه رفتن برابر بودن
go the p. تند رفتن - پول تمام کردن
put a person through his paces لیاقت یا اخلاق کسیرا آزمودن
pace ('') *vi.* & *vt.* (۱) گام زدن، قدم زدن - رفتن (۲) با قدم پیمودن
p. off باقدم شماری جدا کردن
pace'-maker *n.* راهنما ، پیشقدم
pacific (*pəsif'ik*) *a.* آرام ، ساکن- مسالمت آمیز- صلح جو
P. Ocean اقیانوس آرام (یاکبیر)
pacif'ically *adv.* صلح جویانه
pacif'icism = **pacifism**
pacifier (*pas'ifaiə*) *n.* تسکین دهنده -آشتی دهنده -گول زن (بچه)
pacifism (*pas'ifizm*) *n.* صلح طلبی ، آشتی خواهی
pac'ifist *n.* آشتی خواه ، صلح طلب
pacify (*pas'ifai*) *vt.* آرام کردن- فرو نشاندن ، تسکین دادن ، خوابانیدن
pack *n.* & *vt.* (۱) کوله ، بقچه - دست ، دسته (ورق) - گروه - مشت (۲) بستن ، پیچیدن ، بسته بندی کردن - در ظرف ریختن ، حلب کردن - چپاندن - بار کردن - زیاد پر کردن - مسدود کردن - دسته کردن - پشت هم انداختن (ورق) - جور کردن
p. off روانه کردن
p. up بستن - {د.ک} دست از کار کشیدن
packed oil نفتِ باظرف ، نفت مظروف ، نفت حلب
The space was packed with rags. جای خالی را با کهنه گرفتند
send a person packing از شرّ کسی خلاص شدن ، او را زود روانه کردن
These books pack easily. این کتابهارا بآسانی میتوان بسته بندی کرد
package (*pak'ij*) *n.* بسته
pack'-animal *n.* حیوان باری
pack'-cloth *n.* پارچه یالفاف بارپیچی
packer (*pak'ə*) *n.* عدل بند - حلب پر کن - ماشین بار بندی ، ماشین یاحلب پر کنی - چارپادار
packet (*pak'it*) *n.* بسته (کوچك)
pack'et(-boat) *n.* کشتی پستی
pack'-horse *n.* اسب بارکش ، یابو
pack'ing *n.* بارپیچی ، بسته بندی ، صندوق بندی - پوشش - پوشال - لائی
pack'ing-needle *n.* جوال دوز
pack'ing-sheet *n.* لفاف بارپیچی - حولهٔ تر ، کمپرس {لفظ فرانسه}
pack'man = **pedlar**
pack'-saddle *n.* پالان
pack'thread (*-thred*) *n.* ریسمانِ بارپیچی - قاطمه - نخ قند
pact *n.* پیمان ، عهد ، قرارداد
pad *n.* بالشتك ، دشك چه - عرق گیر - زیر دستی - دستهٔ یادداشت - لحافك

زخم - لایی ، پیزر ، پنبه - صفحهٔ مانع اصطکاك - گوشت کف پا

blotting-pad خشك‌کن دسته‌دار

writing pad (۱) دسته یادداشت (۲) زیر دستی ، زیر مشقی

pad *vt.* [-ded] لایی یا پیزر در (چیزی) گذاشتن - انباشتن - درز گرفتن - دارای حشو و زوائد کردن

pad'ding *n.* پیزر ، پوشال ، لایی ، پنبه - [مج] حشو و زوائد

pad'dle (*pad'l*) *n.*, *vi.*, & *vt.* (۱) پاروی کوچك و پهن - پرهٔ چرخ - چرخ پره‌دار - چوب رخت شویی (۲) پارو زدن (۳) زدن (پارو)

p. one's own canoe کار خودرا با اتکاء بنفس انجام دادن

pad'dle ('') *vi.* با پای برهنه درآب راه رفتن (و دست‌ها را بهرسو تکاندادن)

paddock (*pad'ək*) *n.* چراگاه - چمن‌زار - محل گردش دادن اسبان

paddy (*pad'i*) *n.* شلتوك

pad'lock (*-lɔk*) *n.* & *vt.* (۱) قفل (۲) قفل زدن (به)

padre (*pa:d'rei* .باد-) *n.* [Sl.] پیش نماز

pæan (*pi':ən*) *n.* سرود پیروزی

pagan (*pei'gən*) *n.* & *a.* مشرك

pa'ganism (*-gənizm*) *n.* شرك ، بت پرستی

page (*peij*) *n.* & *vt.* (۱) صفحه ، رو (۲) صفحه گذاری کردن

page ('') *n.* پیشخدمت ، دربان - غلام‌بچه - پسر بچه‌ای که در خدمت knight و منتظر رسیدن بمقام او بود

pa'geant (*-jənt*) *n.* نمایش - جلوه - تظاهرات سواره درخیابان

pa'geantry (*-ri*) *n.* نمایش مجلل

pagoda (*pəgou'də*) *n.* بتکده - برج هرمی

pah (*pa:*) *int.* اه - پیف - مرده‌شور

paid [*p.* & *pp. of* pay]

paid'-in' *a.* پرداخته شده

p.-in capital سرمایه پرداخته شده

pail (*peil*) *n.* سطل ، ستل ، دلو

pail'ful *n.* (مظروف یك) ستل

pain (*pein*) *n.* & *vt.* (۱) درد - رنج - [در جمع] زحمت (۲) زحمت دادن (به)

under p. of death باکیفر اعدام

take pains رنج بردن

be at pains زحمت کشیدن

pain'ful *a.* دردناك - پرزحمت ، سخت

pain'fully *adv.* بادرد - بزحمت

pain'less *a.* بی‌درد - بی‌رنج

painstaking (*peinz'tei-*) *a.* رنجبر ، زحمتکش

paint (*peint*) *n.* & *vt.* (۱) رنگ - سرخاب (۲) رنگ زدن (به) - سرخاب زدن (به) - (۳) کشیدن ، تصویر کردن - [مج] خوب شرح دادن

p. green رنگ سبز زدن

p. the town red [Sl.] عربده کردن

p. out بازدن رنگ پاك کردن

pain'ter (*-tə*) *n.* رنگ‌کار - نقاش

pain'ter ('') *n.* مهار کرجی

pain'ting *n.* نقاشی - پردهٔ نقاشی

pair (*peir*) *n.* & *v.* (۱) جفت - لنگه (۲) جفت کردن یا شدن - جور کردن یا شدن - بهم پیوستن

a p. of shoes یك جفت کفش

a p. of trousers یك شلوار

carriage and p. درشکهٔ دو اسبه

in pairs جفت‌جفت ، دوتا دوتا

pair off جفت جفت گذاشتن ، دو بدو گذاشتن - دوتا دوتا (از بین) رفتن

pairing (*pei'-*) *n.* جفت گیری

pajamas = pyjamas

pal *n.* [Sl. یار ، همدم

p. up (*vi.*) یار شدن ، همدم شدن

palace (*-pal'is*) *n.* کاخ ، قصر

palankeen *or* -quin (*-lenki:n'*)

n. بالکی - تخت روان

palatable (*pal'ətəbl*) *a.* خوش مزه ، لذیذ - [مج] خوش آیند ، مطبوع - پسندیده

palate (*pal'it*) *n.* کام ، سقف دهن ، سق - [مج] مذاق ، ذائقه ، میل

palatial (*pəlei'shəl*) *a.* کاخ‌مانند

palaver (*pəlah'və*) *n.* & *vi.* (۱) گفتگو با بومی‌های افریقایی (۲) بر گویی یا هرزه درایی کردن

pale (*peil*) *a.* & *vi.* (۱) رنگ‌پریده - زردکمرنگ (۲) زرد یا کمرنگ شدن

turn p. زرد شدن - رنگ باختن

pale (,,) *n.* میخ چوبی - مرز ، حد

pale'ness *n.* رنگ پریدگی ، زردی

Pal'estine (*-istain*) *n.* فلسطین

pelette (*pal'it*) *n.* تخته شستی

palfrey (*pɔl':fri*) *n.* [Poet.] اسب سواری (زنانه)

pa'ling *n.* پرچین چوبی ، محجر

palisade (*-seid'*) *n.* تیر چوبی محکم و نوك تیز - نرده ، پرچین‌چوبی - خط پرتگاه [اصطلاح امریکائی]

pall (*pɔ:l*) *n.* نعش پوش ، شال عماری - [مج] پوشش یاپردهٔ سیاه

pall *vi.* بی‌مزه شدن - وازده شدن

pallet (*pal'it*) *n.* تشك کاهی

palliate (*pal'ieit*) *vt.* موقتاً آرام‌کردن -سبك و قابل عفو نشان دادن

palliation (*-shən*) *n.* آرامش موقتی- تسکین‌موقتی، تخفیف - پرده پوشی

palliative (*pəl'iətiv*) *a.* & *n.* آرام ده ، مسکن (*mosaken*)

pallid (*pal'id*) *a.* رنگ‌پریده - زرد - کمرنگ

pallor (*pal'ə*) paleness

palm (*pa:m* پام) *n.* (جنس) نخل

date p. درخت خرما ، نخل خرما

bear (*or* **carry away**) **the p.** پیروز شدن

yield the p. تسلیم شدن

palm (,,) *n.* & *vt.* (۱) کف دست (۲) در دست غیبا ندن

p. off on a person با زرنگی بکسی رسا ندن یا فروختن

palmer (*pa':mə* پام) *n.* زوار بیت‌المقدس که با شاخهٔ نخل برمیگشت

palmist (*pa':mist*) *n.* کف بین

palmistry (*pa':mistri* پا-) *n.* کف بینی ،کف شناسی

palmy (*pa':mi* پامی) *a.* پیروز

pal'pable (*-pəbl*) *a.* لمس شدنی- محسوس ، دریافتنی ، هویدا ، معلوم

pal'pably *adv.* بطور محسوس

pal'pitate *vi.* تپیدن ، تند زدن

palpitation (*-tei'shən*) *n.* تپش‌دل

palsy (*pɔ:l'zi*) = paralysis

palter (*pɔ:l'tə*) *vi* دو پهلو سخن‌گفتن ، زبان بازی‌کردن

paltry (*pɔ:l'tri*) *a.* ناچیز ، پست

pam'pas (*-pəs*) *npl.* (نام) جلگهٔ پهناور و بی‌درخت در امریکای جنوبی

pam'per (*-pə*) *vt.* (بناز) پروردن

pam'phlet (*-flit*) *n.* جزوه

pan *n.* ماهی تاوه - روغن داغ‌کن- ظرف پهن و لبه دار برای نان و دیگر چیز ها - لگن چه - کفه ترازو - لاوك خاك شویی

pan *vt.* & *vi.* [-ned] (۱) در لاوك شستن - بوسیلهٔ خاك شویی بدست‌آوردن [با **out** یا **off**] - در تاوه یا دیگچه درست کردن (۲) زر دادن - [مج] نتیجه دادن

pan - *pref.* همه ، قاطبه

panacea (*-nəsi'ə*) *n.* دواء عام

Panama-hat (*-nəma':-*) *n.* کلاه پاناما

pan'cake (*-keik*) *n.* کلوچه آردی که با شیر و تخم مرغ آمیخته در روغن سرخ می کنند

pan'creas (*-krias*) *n.* لوزالمعده
pancreat'ic juice عصیر لوزالمعده
pandemonium (*-dimou'niəm*) *n.* جایگاه دیوان- (جای) آشوب و شرارت
pan'der (*-də*) *n.* جاکش
p. (*vi.*) **to the evil designs of others** وسایل انجام کار بد یا هرزگی را برای دیگران فراهم کردن
pane (*pein*) *n.* جام ، شیشه
panegyric (*-nijir'ik*) *n.* مدیحه
pan'el (*pan'l*) *n.* تنکه ، تختهٔ میان - صفحه - عکسی که درازای آن‌خیلی بیشتر از پهنای آن باشد - عرق گیر - صورت اعضای هیئت منصفه یا پزشکانی که بیمه شدگان را می بینند.- تیکه
on the p. جزو صورت‌قلمداد شده
pan'el (,,) *vt.* [-led] تنکه به (در) انداختن - تخته کوبی کردن
pang *n.* درد سخت ، تیر
pan'ic *n.* هراس بیجهت وناگهانی ، هو [بطور صفت هم بکار میرود چون **p. fear** (بهمان معنی)]
pan'icky (*-iki*) *a.* [Col.] بیجهت وحشت‌کننده - ناشی ازترس بی جهت یاهراس بی اساس
pan'ic-stricken *a.* دست باچهٔ ، بی‌جهت ، وحشت زده
pannier (*pan'iə*) *n.* لوده ، سبد صندوقی
pan'nikin *n.* آبخوری فلزی‌کوچك
pan'oply (*-əpli*) *n.* زره سر تاپا
panorama (*-nərah'mə*) *n.* دورنمای‌مسلسل، جهان‌نما - منظرهٔ پیوسته و گردنده
panoram'ic *a.* (دارای دورنمای) مسلسل و وسیع - دورنمایی
pan'sy (*-zi*) *n.* بنفشه فرنگی
pant *vi.* نفس نفس زدن -
p. after آرزو کردن

pantaloon (*-təlu:n'*) *n.* کسیکه در لال بازی آلت مسخره واقع میشود - [در جمع] شلوار [زبان شوخی]
pan'theism (*-thiizm*) *n.* وحدتِ وجود - پرستش همه خدایان
pan'theist *n.* وحدت وجودی
pan'theon (*-thiən ; thi':-*) *n.* معبدِ عمومی خدایان - مقبره مردمان نامی یك‌ملت - همهٔ خدایان یك قوم باهم
pan'ther (*-thə*) *n.* پلنگ ، پارس
pan'tile *n.* سوفال[برای سقف‌سازی]
pan'tomime (*-təmaim*) *n.* نمایشِ گنگ، لال بازی - نمایشی که مبنای آن داستان اجنه باشد
pan'try (*-tri*) *n.* آبدارخانه ، اطاق مخصوص لوازم سفره - خوراك خانه
butler's p. آبدارخانه
pants *npl.* [در انگلیس] زیر شلواری - [در امریکا] شلوار
pap *n.* خوراك رقیق - خمیر نرم
papa (*pəpah' ; pap'ə*) *n.* بابا ، پاپا ، آقاجان
papacy (*pei'pəsi*) *n.* پاپی - سمت یاقلمرو پاپ - گروه پاپ ها
pa'pal (*-p'l*) *a.* مربوط بپاپ
pa'per (*-pə*) *n.* & *vt.* (۱) کاغذ - [درجمع] ورقه‌هویت (کشتی) - روزنامه- مقاله - صورت سؤالات امتحانی - بسته ، توپ (۲) کاغذ پوش کردن
commit to p. روی کاغذ آوردن
send in one's papers استعفا(ی خود را) دادن
p. bag پاکت (کیسه‌ای)
pa'per-hanger *n.* کاغذ چسبان
pa'per-knife *n.* کاغذ بُر ، چیزیکه برای بازکردن لبه های کتاب بکار میرود
pa'per-mill *n.* کارخانهٔ کاغذ سازی
pa'per-weight (*-weit*) *n.* کاغذ نگهدار ، وزنه
pa'pist *n.* هواخواه پاپ، کاتولیك

papoose (*pəpu:s'*) *n.* بچه هندی در امریکا

pap'py *a.* رقیق ، آبکی - گوشتی

paprika (*-ri':kə*) *n.* قسمی فلفل قرمز

pap'ula (*-yulə*) *n.* {-læ (*li:*)} برآمدگیِ کوچك جلدی ، دانه ، جوش

papyrus (*pəpai'ərəs*) *n.* {-ri (*rai*)} {درجمع} بردی ، پاپیروس خطی که روی پاپیروس نوشته باشند

par (*pa:* {پا} *n.* برابری - میزان متوسط

at p. بی‌صرف ، بیهای اسمی

on a p. دریك تراز - روی همرفته

above p. با صرف

below p. با کسر

par'able (*-əbl*) *n.* مَثل (اخلاقی)

parabola (*pərab'ələ*) *n.* شکل شلجمی

par'achute (*-əshu:t*) *n.* چترنجات

par'achutist *n.* چترباز

parade (*pəreid'*) *n.*, *vt.*, & *vi.* (۱) جلوه ، خودنمایی - سان - میدان‌سان- گردش‌گاه (۲) سان دیدن - جلوه دادن - سان دادن در (۳) بحالت سان رفتن

par'adigm (*-ədim* ; *-daim*) *n.* نمونه ، مثال - {د} باب ، وزن

par'adise (*-rədais*) *n.* بهشت

par'adox (*-ədɔks*) *n.* گفتهٔ‌مهمل‌نما- عقیده ای که باعقیده عموم مخالف باشد

paradoxical (*-dɔk'sik'l*) *a.* در ظاهر مهمل و در معنی درست - مخالفِ عقاید عمومی

par'affin (*-əfin*) *n.* بارافین - موم معدنی {در این معنی = **p. wax**}- نفت چراغ {در این معنی **p. oil**}

par'agon (*-əgən*) *n.* نمونه

par'agraph (*-əgra:f*) *n.* بند ، فقره - مقاله یاآگهی کوتاه

parakeet (*par'əki:t*) *n.* نوعی طوطی کوچكِ دُم دراز

parallel (*par'əlel*) *a.*, *n.*, & *vt.* (۱) متوازی - {مج} نظیر (۲) خط موازی - مدار یومیه - موازات - همانندی - مقایسه ، تشبیه (۳) برابر یا تشبیه کردن - برابری کردن با

p. to (*or* **with**) **each other** موازی یکدیگر

p. bars {در ورزش} بارالل

draw a p. between با هم مقایسه یاتشبیه کردن

parllelogram (*parəlel'əg-*) *n.* متوازی الاضلاع

par'alyse (*-əlaiz*) *vt.* فالج کردن- {مج}خنثی یا فلج کردن - سست کردن

The work was paralysed. کار لنگك شد ، کار ناقص (یا عقیم) ماند

paralysis (*pəral'i-*) *n.* فلج - {مج} ضعف

paralytic (*parəlit'ik*) *a.* & *n.* (۱) فالج -وابسته بفلج ..{مج} بی نیرو - بی اثر (۲) شخص فالج

paramount (*par'əmaunt*) *a.* برتر ،بزرگتر ، افضل - زیادتر

p. importance درجه اول اهمیت

p. to برتر از ، بزرگتر از

paramour (*par'əmuə*) *n.* فاسق ، مول

par'apet (*-əpit*) *n.* جان‌پناه ، سنگر - محجر - {در پل} دیواره

paraphernalia (*parəfənei'liə*) *npl.* اسباب - دارایی شخصی (زن)

par'aphrase (*-əfreiz*) *n.* & *vt.* (۱) تفسیر ، تأویل (۲) تفسیر کردن

parasite (*par'əsait*) *n.* مفت خور ، طفیلی ، انگل

parasit'ic(al) *a.* طفیلی ، انگل - مفت خور ، سورچران - انگل‌وار

parasol (*parəsɔl'* ; *par'-*) *n.* چتر آفتابی ، چتر زنانه

paravane (*par'əvein*) *n.* اسباب ویژه برای از جا کندن مین در دریا

parboil 379 parlour

parboil (*pa':bɔil* -پا) *vt.* نیمه جوشاندن ، نیمه پختن ـ زیاد گرم کردن

parcel (*pa':s'l* -پا) *n.* & *vi.* [-led] (۱) بسته ، امانت ـ تیکه ، پارچه ـ مشت ، گروه ، دسته ـ جزء (۲) قطعه قطعه کردن [با out]

p. post دفتر امانات پستی

part and p. جزء لاینفك

parch (پاچ) *vt.* & *vi.* (۱) برشته کردن ، سوزاندن ـ بو دادن ـ خشك کردن (۲) سوختن ، خشك شدن

parched with thirst تشنهٔ سوخته

parch'ment (*-mənt*) *n.* پوست ، رق ـ دستخط پوستی

pardon (*pa':d'n* -پا) *n.* & *vt.* (۱) بخشش (۲) بخشیدن ، عفو کردن

ask p. for one's sins برای گناهان خود آمرزش طلبیدن

I beg your p. ببخشید ، عذر میخواهم ، پوزش میطلبم

par'donable (*-nəbl*) *a.* قابل عفو

pare (*pêə*) *vt.* تراشیدن ، غیار کردن (سم) ـ گرفتن یا چیدن (ناخن) ـ (پوست) کندن ـ زدن ـ خرد خرد کم کردن [با off یا down یا away]

paregoric (*-rigɔr'ik*) *a.* & *n.* (داروی) مسکن یا درد نشان

parent (*pê'ərənt*) *n.* & *a.* (۱) پدریا مادر ، [درجمع] والدین ـ نیا ، جدّ ـ [مج] سر چشمه ، منشأ (۲) اصلی ـ پدید آورنده

parentage (*pê'ərəntij*) *n.* نسب ، اصل ، دودمان ـ اصالت

parental (*pəren't'l*) *a.* پدر و مادری ، مربوط بوالدین

parenthesis (*pəren'thi-*) *n.* [-ses (*si:z*)] سخن یاجملهٔ معترضه ـ [در جمع] پرانطز [لفظ فرانسه] ، هلالین

parenthet'ic(al) *a.* معترضه(دار)

par excellence *adv.* [Fr.] بتمام معنی

parget (*pa':jit* -پا) *vt.* اندودن یاسفید کردن (دیوار)

pariah (*pah'riə*) *n.* پاریا : هندوی طبقهٔ پست ـ شخص مردود

pa'rings *npl.* تراش ، تراشه ـ خرده ناخن ، ناخنِ گرفته

par'ish *n.* بخشی از شهرستان که کلیسا و کشیش جداگانه دارد ـ بخش

p. council شورای محلی

go on the p. اعانهٔ محلی گرفتن

par'ish-register *n.* دفتر ثبتِ زایش‌ها وعروسی‌ها ودرگذشت های بخش ، دفتر وقایع سه گانه

Parisian (*pəriz'iən*) *a.* & *n.* پاریسی ، اهل پاریس

par'ity *n.* برابری ـ قیاس ، مشابهت

park (پاك) *n.* & *vt.* (۱) گردشگاه ، تفرجگاه ، پارك ـ شکارگاه ـ میدان مهمات ، توپخانه ـ جایگاه توقف (۲) درتوقف‌گاه نگاه داشتن(اتوموبیل) ، پارك کردن

par'king-place *n.* توقف‌گاهِ اتوموبیل ها در خیابان ، پارك

parlance (*pa':ləns* - پا) *n.* طرز صحبت

parley (*pa':li*-پا) *n.* & *vi.* (۱) گفتگو در بارهٔ شرایط متارکه جنگ (۲) مذاکره کردن (با دشمن)

par'liament (*-ləmənt*) *n.* پارلمان [لفظ فرانسه] ، مجلسین

parliamentarian (*-têə'riən*) *n.* وکیل مبرز وحرّاف

parliamen'tary (*-təri*) *a.* پارلمانی ـ پارلمان‌دار ـ مصوب پارلمان

parlour (*pa':lə* -پا) *n.* اطاقِ نشیمن ـ اطاق خصوصی ـ [اصطلاح امریکایی] سالن

par'lour-car *n.*-{U. S.} واگن سالن‌دار یا مجلل [در راه آهن]
par'lour-maid *n.* خدمتکار سر میز
parlous (*pa':ləs*) *a.* {Arch.} خطرناك
parochial (*pərou'kiəl*) *a.* بلوکی ، بخشی ، محلی - [مج] محدود
paro'chialism (*-lizm*) *n.* محدودیت فکر
par'odist [زیر parody آمده]
par'ody (*-ədi*) *n.* & *vt.* (۱) تقلید سبك دیگری بطور اغراق‌آمیز و بمنظور تمسخر [وکننده این کار را par'odist گویند] - (۲) برای تمسخر تقلید و اغراق آمیز کردن
parole (*pərou l'*) *n.* - (شرف)قول التزام
be (put) on the p. بقید قول (یا با دادن التزام) آزاد شدن
par'oquet (*-əket*) = parakeet
parotid (*pərɔt'-*) *a.*-
p. gland غدهٔ بنا گوشی
parotitis (*pərətai'-*) *n.* آماس غدهٔ بناگوشی
par'oxysm (*-əksizm*) *n.* طغیان ناخوشی - [مج] جوش ، شور
parquet (*pa':kət* .با) *n.* فرش کف اطاق با چوب های جور بجور - قسمت جلو تماشاخانه
parricide (*par'isaid*) *n.* پدرکشی، مادرکشی - کشندهٔ پدر یا مادر یا خویشاوند نزدیك
parrot (*par'ət*) *n.* طوطی
parry (*par'i*) *vt.* & *n.* (۱) دفع کردن از خودگرداندن - طفره زدن از (۲) دفع - [در شمشیر بازی] حرکت دفاعی - [مج] طفره
p. of debate دفاع درمناظره
parse (*pa:z* باز) *vt.* [د] تشریح یا تجزیه کردن
parsimonious (*pa:simou'niəs*) *a.* خسیس ، جوکی - ناشی از خست
par'simony (*-məni*) *n.* خست
parsley (*pa:s'li* پاسلی) *n.* جعفری
pars'nip (پاس-) *n.* هویج
parson (*pa':s'n*-با) *n.* کشیش بخش
p.'s nose دمبلیچهٔ مرغ ، حق‌الحکومه
par'sonage (*-sənij*) *n.* خانهٔ کشیش بخش
part (*pa:t* پات) *n.* ، بخش ، قسمت جزء - نقش ، رُل [لفظ فرانسه] - [در جمع] اطراف - استعداد
for the most p. بیشتر ، اکثراً
on his p. از طرف او
in p. در یك قسمت - تا یك اندازه
take p. دخالت یا شرکت کردن
for my p. ازسهم خودم ، من که
on the other p. ازطرف دیگر
take the p. of طرفداری کردن از ، پشتی کردن
He took my words in good p. سخنان مرا بخوبی تلقی نمود
in parts جزء جزء - باقساط
parts of speech اقسام کلمه
principal parts اصول فعل
part ('') *v.* ازهم جدا کردن یاشدن
p. the hair فرق بازکردن
p. with each other ازهم‌جداشدن
p. company with a person رفاقت را باکسی بهم زدن
partake (*pa:teik'*-با) *vi.* & *vt.* [-took' ; -ta'ken] (۱) شرکت کردن ، بهره‌داشتن - [با of] تااندازه‌ای دارا بودن (۲) شریك شدن در - خوردن
He partook of (*or* in) our fare. در خوراك ما شریك شد
parta'ker (*-kə*) *n.* شریك
p. in شریك
parterre (*-tê'ə*) *n.* { Fr. } (فضای) باغچه - قسمت پشت سر نوازندگان در تماشاخانه

Parthian (*pa':thiən* -پا) *a*. ·
پارتی ، اشکانی
P. shaft or shot : تیر اشکانی
قیقاج - جنگ و گریز
partial (*pa':shəl* -پا) *a*. - طرفدار
طرفدارانه - جزئی - ناتمام
partiality (*-shial'iti*) *n*.
طرفداری ، جانب داری
p. to (*or* for) طرفداری از
par'tially (*-shəli*) *adv*
تا یك اندازه ، جزء
par'tible *a*. قابل افراز
participant (*-tis'pənt*) *a*. & *n*.
شریك ، سهیم ، مشترك
participate (*-tis'i-*) *v*. با شرکت
دخالت کردن (در) ، سهیم شدن (در)
participation (*-pei'shən*) *n*.
شرکت - دخالت
particip'ial (*-əl*) *a*. مبنی بر وجه
وصفی - دارای وجه وصفی
p. phrase عبارتی که بروجه وصفی
بنا میشود چون دو عبارت زیرین که با
حروف خوابیده چاپ شده‌اند :
Entering the room, he
smiled. داخل اطاق شده خنده کرد
Offended by these words,
از این سخنان رنجیده . . .
par'ticiple *n*. وجه وصفی
present p. (۱) وجه وصفی معلوم
چون running بمعنی ''دوان دوان''
(۲) صفت اسم فاعلی چون running
بمعنی ''دونده''
past p. (۱) وجه وصفی مجهول
[چون captured درجملهٔ زیرین :
Captured by the soldiers, he
was killed at once. بدست
سربازان گرفتار شده فوراً کشته شد
(۲) صفت‌اسم مفعولی چون captured
در c. soldier سرباز اسیر شده
perfect p. وجه وصفی معلوم که در

جلو آن having در میآید چون
having done در جمله زیرین :
Having done his work, he
went to bed. کارخودراکرده خوابید
particle (*pa':tik'l* -پا) *n*.
خرده ، ذره - لفظ
par'ti-coloured *a*. رنگارنگ
particular (*pətik'yulə*) *a*. & *n*.
(۱) ویژه ، مخصوص - مقید ، دقیق ،
سخت‌گیر (۲) بابت - [درجمع] جزئیات،
خصوصیات ،مشخصات - تفصیل
a p. case یك مورد بخصوص
in p. بویژه ، مخصوصاً
She is too p. about her dress.
زیاد بلباس مقید (یا در لباس دقیق) است
particulari'ity *n*. دقت - سخت‌گیری
partic'ularize (*-yuləraiz*) *v*.
یکایك (خصوصیات‌را) ذکر کردن
partic'ularly (*-ləli*) *adv*.
مخصوصاً - جزء بجزء
parting (*pa':* -پا) *n*. عزیمت -
جدائی -مرخصی - تفکیك - محل جدا
شدن - تجزیه - فرق [در موی سر]
p. of two roads سه راه
partisan (*pa:tizan'* ; *pa':-tizən*) *n*. & *a*. (۱) طرفدار ،
هواخواه ، حامی (۲) طرفدارانه - حزبی
partition (*-tish'ən*) *n*. & *vt*.
(۱) تیغه ، دیوار ، جدار - حد فاصل -
تقسیم - افراز - قسمت (۲)افراز کردن -
ازهم جدا کردن [با off]
p. wall تیغه ، دیوار (جدا کننده)
par'titive (*-tiv*) *a*. & *n*.
(واژه‌ای) که دلالت نماید بر جدا کردن
جزئی از کل [چون some]
partizan = partisan
part'ly *adv*. تا یك اندازه - جزءً
partner (*pa:t'nə*) *n*. & *vt*.
(۱) شریك - همسر : زن یاشوهر - یار :

هم رقص یا هم بازی (۲) شریك شدن با
part'nership *n.* شراکت ، شرکت
enter into p. with some one باکسی شریك شدن یاشرکت کردن
general p. شرکت تضامنی
partook' {*p. of* partake}
partridge (*pa':trij*) *n.* کبك
part'-time *a(dv).* در قسمتی از ساعات کار
p.-time teaching معلمی در قسمتی از ساعات روز
parturition (*-rish'ən*) *n.* زایمان.
party (*pa':ti* پاتی) *n.* دسته - حزب - هیئت - طرف - شریك. مهمانی - {نفظ} عده
social p. انجمن انس ، انجمن تفریحی.
tea-p. (مجلس) عصرانه
evening p. شب نشینی
p.-spirit عصبیت ، طرفداری حزبی
p.-wall دیوار مشترك
contracting parties طرفین قرارداد ، طرفین متعاهدین
par'ty-coloured *a.* رنگارنگ
par'venue *n.* {Fr.} نوکیسه ، تازه بدولت رسیده
pass *vi.* گذشتن - عبورکردن - انتقال یافتن ، رسیدن - تصویب شدن. وقوع شدن، جریان داشتن - رد و بدل شدن - بشمار رفتن - پذیرفته شدن {در امتحان} - صادر شدن - فتوی دادن - رواج یافتن
p. away (در) گذشتن - مردن
p. by از پهلوی (چیزی) رد شدن
p. off برطرف شدن - برگذارشدن ، تا شدن - بیرون رفتن
p. on پیش رفتن - (در) گذشتن - رد شدن - رخ دادن
p. out {Sl.} ضعف کردن
p. over چشم پوشیدن از
p. through متحمل شدن ، دیدن
pass *vt.* - (از) گذشتن یاعبورکردن - ازپهلوی (کسی) رد شدن - عبور دادن ، رد کردن - بسر بردن ، صرف کردن - تحمل کردن - تصویب وقابل اجراکردن - از عهده (چیزی) بر آمدن ، گذراندن (وقت) - پذیرفتن - انتقال دادن - داخل کردن - صادر کردن - رواج دادن
p. by نادیده انگاشتن - ول کردن
p. on ردکردن ، دست بدست دادن
p. off بحیله از خود ردکردن - بخرج دادن ، قلمداد کردن - نادیده گرفتن
p. a remark سخنی گفتن ، حرفی زدن
p. an opinion اظهار عقیده کردن
p. one's examinations از عهده امتحانات بر آمدن
pass *n.* عبور - گذرگاه - گردنه - پروانه ، جواز - گذر نامه - بلیط - وضع - ضربت - {در فوتبال} توپ رسانی - گذراندن امتحان {نه با افتخار و نمرهٔ عالی}
bring to p. بوقوع رساندن
come to p. واقع شدن ، رخ دادن
sell the p. خیانت بمرام دستهٔ خود کردن
Things have come to a pretty p. کار بجای باریك رسیده است
passable (*pas'əbl*) *a.* قابل قبول - قابل عبور
passage (*pas'ij*) *n.* گذر ، عبور - حق عبور - تحول - انقضا ، مرور - سفر دریا - راهرو ، گذرگاه - کرایه (کشتی) - عبارت ، فقره - نقل قول
birds of p. مرغان مهاجر یامسافر
p. of arms زد و خورد ، نبرد
pass'age-way *n.* گذرگاه - راهرو
pass'-book *n.* دفتر حساب جاری مشتری در بانك
passé *a.* {Fr. ; *fem.* -sée} دورهٔ زیبایی وعنفوان جوانی را گذرانده - کهنه (شده)
pass'enger (*-jə*) *n.* مسافر
p. car واگن مسافری - ماشین سواری
passer-by (*pas'əbai*) *n.*

{passers-by} رهگذر ، عابر

pass'im *adv.* {L.} درهمه جا

pass'ing *apa.* گذرنده ، فانی

p. remark سخنی که بشتاب یا هنگام عبور بگویند

passion (*pash'ən*) *n.* شور، جوش ، هیجان - (احساساتی از قبیل) شهوت و خشم و غیرت ومصیبت - انفعال ، تأثر

fly into p. از جا در رفتن

passionate (*pash'ənit*) *a.* تند خو - شهوانی - پرشور - تند

pas'sion-flower *n.* گل ساعت

pas'sion-play *n.* تعزیهٔ مصیبت مسیح

passive (*pas'iv*) *a.* انفعالی ، مفعول ، بی‌اراده ، متحمل - بردبار ، شکیبا - بی‌مقاومت

p. voice فعل مجهول ، بناء مجهول

pass'ively *adv.* از روی بی‌ارادگی - بدون مقاومت - با تأثر - کورکورانه

pass'iveness / **passiv'ity** } *n.* تحمل، عدم مقاومت- بی‌ارادگی

Pass'over (*-ouvə*) *n.* عید فصح

pass'port (*-pɔ:t*) *n.* گذرنامه،تذکره

pass'word (*-wə:d*) *n.* نشانی ، اسم شب

past *ppa., n., prep., & adv.* (۱) گذشته ، پیش {p. years} - (۲) زمان گذشته - سابق - سابقه (پنهان) - (۳) گذشته از - بعد از - از پهلوی - مافوق (٤) از پهلو ، از نزدیك

the year p. سال گذشته

for some time p. چندی است

He is a p. master in (*or* of)... او در . . . استاد یا کهنه کار است

It is p. cure. امید علاج نیست

5 minutes p. 3. سه و پنج دقیقه

half p. two (ساعت) دو و نیم

an old woman p. sixty پیرزنی که بیش از شصت سال داشت (یا دارد)

paste (*peist*) *n.* & *vt.* (۱) خمیر (برای درست کردن شیرینی یاموادغذائی دیگر) - چسب (۲) چسباندن

p. up بدیوار چسباندن

p something with paper کاغذ روی چیزی چسباندن

paste'board (*-bɔ:d*) *n.* & *a.* (۱) مقوا(۲) مقوایی - {مج} بی‌دوام

pas'tel *n.* & *a.* (۱) خمیرمدادرنگی- نقاشی بامداد رنگی (۲) ملایم یاروشن

pas'tel(l)ist *n.* مصوّر نقاشی‌های مدادی (رنگی)

pas'tern (*-tə:n*) *n.* بخولق

Pas'teurism (*-tərizm*) *n.* مایه‌کوبی پاستوری - جلوگیری از ترش شدن شیر بوسیلهٔ گرم کردن آن طبق دستور Pasteur

Pas'teurize (*-təraiz*) *vt.* طبق دستور پاستور گرم کردن یامعالجه نمودن

pastiche (*-ti:sh'*) *n.* (تقلید) قطعهٔ ادبی بصورت هزل

pas'til / **pastille** (*-ti:l'*) } *n.* قرص دارویی / شیرینی

pas'time (*-taim*) *n.* سرگرمی، بازی

pas'tor (*-tə*) *n.* پیشوای روحانی

pas'toral (*-tərəl*) *a.* & *n.* (۱) چوبانی - ویژهٔ چرا (۲) شعر چوبانی - نمایش روستایی - نامهٔ اسقفی

p. staff عصای اسقفی

pas'torate (*-tərit*) *n.* کشیشی ، پیشوایی

pastry (*peis'tri*) *n.* نان روغنی ، شیرینی آردی ، آردینه

pas'turage (*-chərij*) *n.* چرا - چراگاه ، مرتع - علف - حق چرا

pas'ture (*-chə*) *n., vt, & vi.* (۱) چراگاه ، مرتع - علف ، قصیل (۲) چراندن - چریدن در (۳) چریدن

pasty (*peis'ti*) *a.* خمیری - چسبناك - رنگ پریده

pasty ('') *n.* کلوچهٔ قیمه‌دار

pat *n.*, *vt.*, & *vi.* [-ted] (۱) نوازش ـ صدای تپ تپ آهسته ـ چانه ، قالب (کره) ـ (۲) نوازش کردن ـ آهسته دست زدن به (۳) آهسته خوردن به ـ تپ تپ صدا کردن

p. a person on the back آهسته دست به پشت کسی زدن

pat *a(dv).* بموقع ـ بطورمناسب ـ بیدرنگ ـ دست بنقد

come p. بجا بودن ـ مناسب افتادن

stand p. قصد یاسخن خودرا تغییر ندادن

pat *n.* مرد ایرلندی [مخفف Patrick]

patch (*pach*) *n.* & *vt.* (۱) وصله ، تیکه ، پینه ـ پارچه (زمین) ، قطعه ـ چسب یا پارچه روی زخم ـ خرده ، باقی مانده (۲ ـ بیشتر با up) وصله کردن ـ بهم پیوستن ـ تعمیر کردن ، وصله کردن ـ اصلاح کردن ، خوابا ندن (نزاع) ، گذراندن ـ سرهم بندی کردن

not a p. on ! این کجا و آن کجا

patch'work (*-wə:k*) *n.* مرقع ، چهل تیکه ـ وصالی ـ کار سرهم بندی

patchy (*pach'i*) *a.* وصله وصله ـ جور بجور

pate (*peit*) *n.* [Col.] کله

patent (*pei'tənt* ; *pat'*-) *a.* & *n.* (۱) گشوده ، باز ـ آشکار ـ ثبت شده ، انحصاری ـ دارای امتیاز یا حق ثبت شده (۲) حق ثبت شدهٔ انحصاری برای استفاده از اختراعی ـ اختراع ثبت شده ـ پروانه ، جواز

letters p. نامهٔ سرگشاده یافرمانی که ازطرف شاه بصاحب اختراعی داده شود

p. leather چرم برقی

patent (,,) *vt.* ثبت کردن (اختراعی) برای بهره مند شدن از آن

patentee' *n.* صاحب اختراع ثبت شده

pa'tently *adv.* بطور آشکار

paterfamil'ias (*peitəfə*-) *n.* بزرگ خانواده ، سالار خانواده

paternal (*pətə:'n'l*) *a.* پدری

p. uncle عمو

p. aunt عمه

pater'nally *adv.* از طرف پدر

pater'nity (*-ti*) *n.* پدری ـ [مج] اصلیت ، اصل ، منشاء

paternoster (*-nɔs'tə*) *n.* دعای ربانی [بلاتین]

path *n.* [paths بطز] جاده ، راه ـ پیاده رو ـ مسیر

pathet'ic (*pə*-) *a.* رقت انگیز ـ احساساتی

pathet'ically *adv.* بطور رقت انگیز

path'less *a.* بی جاده ، بسته

pathological (*-thəlɔj'ik'l*) *a.* مربوط به مرض شناسی ـ مرضی

patholog'ically *adv.* از لحاظ مرض شناسی

pathol'ogist (*-əjist*) *n.* مرض شناس

pathology (*-thɔl'əji*) *n.* ناخوشی شناسی ، مرض شناسی ، علم امراض

pathos (*pei'thɔs*) *n.* گیرندگی ، حسن تأثیر

path'way *n.* جاده ، راه

patience (*pei'shəns*) *n.* شکیبایی ، صبر ، پشت کار ـ یکجور بازی ورق

I have no p. with him. حوصله اش را ندارم

p. of hunger تاب گرسنگی

I am out of p. with it. دیگر نمیتوانم آنرا تحمل کنم

pa'tient *a.* & *n.* (۱) شکیبا ، صبور (۲) بیمار ، مریض

I am not p. of hunger. من تاب (یاطاقت) گرسنگی را ندارم

pa'tiently *adv.* صبورانه

pat'ina (*-nə*) *n.* زنگار برونز کهنه
pat'io [کلمه اسپانیولی] *n.* حیاط
pat'ois (*-wa:* -وا) *n.* [Fr.] لهجه عوام
pa'triarch (*-a:k* -آک) *n.* رئیس خانواده یاطایفه، شیخ - اسقف بزرگ، مطران
patriarchal (*peitria':k'l*) *a.* مربوط به بزرگ خانواده یابه پدر طایفه - ارجمند، محترم
patrician (*pətrish'ən*) *n.* & *a.* - [در رم باستان] (۱) نجیب زاده (۲) اشرافی، شریف
pat'ricide (*-said*) *n.* پدرکش - پدرکشی
patrimonial (*-mou'niəl*) *a.* موروثی
pat'rimony (*-məni*) *n.* دارایی موروثی، ترکه - موقوفهٔ کلیسا
patriot (*peit'riət* ; *pat'-*) *n.* شخص میهن پرست یا وطن پرست
patriot'ic *a.* میهن دوست، وطن پرست - وطن پرستانه
patriot'ically *adv.* میهن پرسانه
pa'triotism (*-tizm*) *n.* وطن پرستی، میهن‌دوستی، حب وطن
patrol (*pətroul'*) *n.* & *v.* (۱) گشت - (دسته) گشتی - پاسدار (۲) گشت زدن - پاسداری کردن
patron (*peit'rən*) *n.* مشوّق، حامی، پشتیبان - مشتری دائمی
  p. of learning دانش پرور
  p. saint پیر (نگهبان)
pa'tronage (*-nij*) *n.* نگهداری، حمایت - سرپرستی - تشویق
pa'troness [*fem. of* **patron**]
patronize (*pat'rənaiz*) *vt.* تشویق کردن- زیاد از(دکانی) خرید کردن
pat'ten (*pat'n*) *n.* قسمی روکفشی چوبی که حلقهٔ آهنی در زیر دارد
patter (*pat'ə*) *n.*, *vi.*, & *vt.* (۱) لهجهٔ ویژه - سخن غیر مفهوم مقلدین وحقه بازان (۲) تند حرف زدن (۳) وِردوار خواندن
patter (,,) *vi.* تپ‌تپ صدا کردن
  p. (*n.*) **of rain** تپ‌تپ باران
pattern (*pat'ə:n*) *n.* & *vt.* (۱) نمونه - الگو - طرح، نقشه (۲) بطور نمونه‌ساختن - واگیره کردن، سرمشق قرار دادن
  p. a dress on a model لباسی را طبق نمونه یا الگوئی درست کردن
patty (*pat'i*) *n.* قسمی کلوچهٔ گوشتی
paucity (*pɔ':siti*) *n.* کمی، قلت
Paul (*pɔ:l*) *n.* پولس
  P. Pry آدمِ فضول، فضول‌آقا
  rob Peter to pay P. کلاه‌تقی‌را سر نقی گذاشتن
paunch (پانچ) *n.* شکمبه - شکم
pauper (*pɔ':pə*) *n.* گدا، فقیر
pau'perism (*-izm*) *n.* گدایی
pauperize (*pɔ': pəraiz*) *vt.* گدا (قلمداد) کردن
pause (*pɔ:z*) *n.* & *vi.* (۱) ایست، مکث، توقف- درنگ -[درشعر] سکته (۲) ایست یامکث یاتوقف کردن - درنگ یا تامل کردن - معطل شدن
  put to a p. بحالت ایست درآوردن
  give p. to دچار تامل کردن
pave (*peiv*) *vt.* فرش کردن
  p. with stone سنگ فرش کردن
  p. the way for something زمینه را برای چیزی فراهم کردن
pave'ment (*-mənt*) *n.* - پیاده‌رو - (سنگ) فرش - جادهٔ فرش شده
pavilion (*pəvil'iən*) *n.* چادر بزرگ -عمارتی که درمیدان بازی برای تماشا کنندگان میسازند -کلاه فرنگی

pa'ving *n.* عمل یامصالح فرش کردن

paw (*pɔ:*) *n.*, *vt.*, & *vi.* (۱) بنجه ، پا (۲) پنجه زدن (به) - با پنجه خراشیدن -سم زدن به (زمین) - (۳) پا بزمین زدن

pawl (*pɔ:l*) *n.* & *vt.* (۱) گیره ، عایق (۲) باگیره یا عایق نگاه داشتن

pawn (*pɔ:n*) *n.* پیاده شطرنج - {مج} آلت

pawn (,,) *n.* & *vt.* (۱) گرو ، رهن (۲) گرو گذاشتن ، رهن دادن

p. one's word قول دادن

pawn'broker (*-broukə*) *n.* صاحب بنگاه رهنی

pawn'shop *n.* بنگاه رهنی

pax (*paks* *n.* صلح ! نزاع بس است ! { اصطلاح دانش‌آموزان}

pay (*pei*) *vt.* & *vi.* { paid} & *n.* (۱) پرداختن ، دادن - پول (چیزی)را دادن - جبران کردن (۲) پول دادن ، پرداخت کردن - صرف کردن {باصرفه بودن} - ارزش داشتن - از عهده برآمدن ، جور کشیدن ، غرامت دادن (۳) پرداخت ، پول - مزد - حقوق

It was well paid. مزد خوبی برای این کار داده (می)شد

Who will p. for it? کی پول (یا هزینه) آنرا خواهد داد

P. it out (*or* **away**). بدهید بیاید {شل کنید تا باز شود و بیاید}

p. back پس دادن ، برگرداندن

p. down نقد دادن

p. home تلافی کامل کردن

p. off با دادن مزد کامل اخراج کردن - با دادن بدهی ازشر (طلبکاری) خلاص شدن

p. one's way خرج خودرادرآوردن

p. out خرج کردن ، دادن

I paid him out well. خوب از جلوش درآمدم ، خوب تلافی کردم

I paid dearly for it. بسیار گران برای من تمام شد

leave with pay مرخصی باحقوق

be in the p. of a person مزدور یا درخدمت کسی بودن

good p. آدم خوش بده یاخوش حساب

poor p. آدم بد بده یا بد حساب

pay'able (*-əbl*) *a.* قابل پرداخت - واجب‌الاداء - باصرفه

pay'-day *n.* روز پرداخت حقوق

payee (*peii':*) *n.* گیرنده (وجه)

payer (*pei'ə*) *n.* دهنده ، مؤدی

pay'master *n.* مأمور پرداخت

pay'ment (*-mənt*) *n.* پرداخت ، تادیه - پول ، وجه - قسط - پاداش

against p. } با پول ، در برابر

on p. } پول ، در مقابل وجه

in p. of در ازای ، بعوض

as a partial p. علی‌الحساب

paynim (*pey'-*) *n.* کافر ، بت‌پرست

pay'-roll [U.S.] = **pay-sheet**

pay'-sheet *n.* صورت حقوق بگیران

pea (*pi:*) *n.* نخود - خلر

green pea نخود سبز ، نخود اتابکی

split peas لپه

as like as two peas مانند سیبی که دو نیم کرده باشند

peace (*pi:s*) *n.* آشتی ، صلح - آرامش - آسایش - سلامت - خاموشی

Hold your p. ساکت شو(ید)

make one's p. آشتی یاصلح کردن

make p. between باهم آشتی دادن

at p. فارغ ازجنگ ، درحال صلح

p. of mind آسودگی خاطر

P. be with you! سلام برشما باد

breach of the p. اختلال داخلی

peaceable (*pi':səbl*) *a.* صلح‌جو ، آرام ، سلیم - امن

peace'ful *a.* آرام ، امن - صلح‌جو

peace'fully *adv.* با آرامش - بطور امن - صلح جویانه

peace'fulness *n.* آرامش- صلحجویی
peace'maker *n.* آشتی ده ، مصلح
peach (*pi:ch*) *n.* هلو - [ز. ع.] زن یادختر زیبا
peacock (*pi':kɔk*) *n.* طاوس نر
peafowl (*pi':faul*) *n.* طاووس
pea'-green *n.* & *a.* سبز نخودی
pea'hen *n.* طاووس ماده
pea'-jacket *n.* جامهٔ کلفت پشمی ملوانان ،کپنك
peak (*pi:k*) *n.* & *vi.* نوك [در ریش یا کلاه] - قله (کوه)- [مج] حداکثر، بحبوحه (۲) تحلیل رفتن ، لاغر شدن
peak (,,) *a.* حداکثر ، منتها درجه
p. speed حداکثر سرعت
peaked (*pi:kt'*) *a.* نوكدار- نوك‌تیز
pea'ky *a.* نوكدار - لاغر ، نزار
peal (*pi:l*) *n.*, *vi.*, & *vt.* (۱) صدای مکرر یا مسلسل - صدای ناقوس - غرش (۲) غریدن ، بلند صدا کردن - غوغا کردن - صدا پیچ شدن (۳) باصدای بلند ادا کردن - بصدا درآوردن
peanut (*pi':nʌt*) *n.* بسته شامی ، بادام زمینی یاکوهی
pear (*pêə*) *n.* گلابی ، امرود
pearl (*pə:l*) *n.* مروارید
cast pearls before swine چیز گرانبهارا بکسی دادن که قدرآنرا نمیداند
pearl'-barley *n.* جو نیمکوب
pearl'-diver *n* صیاد مروارید
pearler (*pə':lə*) *n.* صیاد مروارید، غواص - کرجی صید مروارید
pearl'-oyster *n.* صدف مروارید
pearly (*pə':li*) *a.* مرواریدوار - دُر نشان
peasant (*pez'ənt*) *n.* روستایی ، دهقان ، دهاتی ، رعیت
peas'antry (*-tri*) *n.* گروه دهقانان
pease (*pi:z*) [جمع قدیمی pea]
pease'-pudding *n.* نخود (جوشانده و) کوبیده
pea'-shooter *n.* پفك ، تفك
peat (*pi:t*) *n.* زغال سنگ نارس ، تورب [لفظ فرانسه]
peb'ble (*peb'l*) *n.* & *vt.* (۱) ریگ گرد (۲) دان دان کردن (چرم)
peb'bly *a.* ریگی - ریگزار
peccabil'ity *n.* جایزالخطابی
peccable (*pek'əbl*) *a.* جایز الخطا
peccadillo (*pekədil'ou*) *n.* گناه جزئی ، صغیره ، لغزش [-(e)s]
peck (*pek*) *v.* & *n.* (۱) نوك زدن (۲) ضربت با منقار - [د. گ.] بوسهٔ سرعجله
p. a hole in سوراخ کردن
p. at [د. گ] خرد خرد خوردن - عیبجویی از (چیزی) کردن
peck (,,) *n.* يك [پیمانهٔ خشکه بارکه برابر است با ۲ گالن gallon]
pecker (*pek'ə*) *n.* —
keep one's p. up [Sl.] بشاش بودن ، روحیه خود را حفظ کردن
peck'ish *a.* [Col.] گرسنه
pec'tin *n.* ژلاتین گیاهی
pec'toral (*-tərəl*) *a.* سینه‌ای ، صدری - سودمند برای ناخوشی سینه
pec'ulate *v.* اختلاس کردن
peculation (*pekyulei'shən*) *n.* دستبرد ، اختلاس
peculiar (*pikyu':liə*) *a.* ویژه ، مخصوص - طاق - (دارای اخلاق) غریب
p. to مختص ، ویژهٔ
peculiar'ity *n.* صفت یا نشان اختصاصی - غرابت - چیز غریب
pecu'liarly (*-liəli*) *adv.* بطرز خاص ، بشکل عجیب وغریب - انفراداً
pecuniary (*pikyu':niəri*) *a.* نقدی [p. punishment]
pedagogic (*-gɔj'-*) } *a.*
pedagogical (*-gɔj'ik'l*) }

pedagogue 388 peg

مربوط بفن (یا علم) تعلیم
ped'agogue (*-əgɔg*) *n.* آموزگار دبستان - شخص فضل‌فروش و معلم شمار
ped'agogy (*-əgɔji*) *n.* علم تعلیم
ped'al (*ped'l*) *n.* & *v.* [-led] (۱) رکاب، جا پا، پدال (۲) پا زدن (به)، رکاب زدن
pedal (*pi':dl*) *a.* مربوط به پا
ped'ant (*ped'nt*) *n.* کسیکه اصرار دارد که همان قواعدی‌را که درکتاب یاد گرفته است بکار ببرد.
pedan'tic (*pi-*) *a.* پیرو قواعد کتابی - ملا لغطی - علم فروش، فضل فروش - مبنی بر قواعدکتابی، غیرعلمی
pedantry (*ped'əntri*) *n.* علم فروشی، فضل فروشی - دقت زیاد در رعایت قواعدکتابی
ped'dle (*ped'l*) *vi.* & *vt.* (۱) دوره‌گردی کردن (۲) خرده فروختن
ped'dler = **pedlar**
ped'dling *a.* (مواظب چیزهای) جزئی
ped'estal (*-istəl*) *n.* پایهٔ ستون - پایه مجسمه - [مج] شالوده
set on a p. نمونه قرار دادن
pedestrian (*pides'triən*) *a.* & *n.* (۱) پیاده‌رو - پیاده - [مج] فاقدِ لطافت (۲) مسافر پیاده
ped'igree (*-ri:*) *n.* شجره، نسب‌نامه - دودمان - اشتقاق، ریشه
ped'iment (*-mənt*) *n.* (آرایش) سنتوری [اصطلاح معماری]
ped'lar (*-lə*) *n.* دوره‌گرد - دست فروش
peek (*pi:k*) = **peep; peer**
peel (*pi:l*) *vt.*, *vi.*, & *n.* (۱) پوست‌کندن - [با off] کندن (۲) پوست انداختن - ور آمدن - لخت شدن (۳) پوست - خلال [orange p.]
peel'ings *npl.* پوست (سیب زمینی)
peep (*pi:p*) *vi.* & *n.* (۱) باچشم نیم باز نگاه کردن - از سوراخ نگاه کردن- طلوع کردن - [بیشتر با out] کم‌کم آشکار شدن (۲) نگاه دزدانه - روشنایی کم - منظرهٔ مختصر
p. of day = **dawn** *n.*
peep (,,) *n.* & *vi.* جیك جیك (کردن) - زق زق (کردن)
peeper (*pi':pə*) *n.* نگاه‌کننده (فضول)، غماز - [ز.ع.] چشم
peep'-hole *n.* روزنه، دیدگاه
peep'-show *n.* شهر فرنگ
peer (*piə*) *n.* همتا، نظیر، قرین - عضو مجلس اعیان
peer (,,) *vi.* بادقت نگاه کردن - در آمدن، سر بر آوردن [درگفتگوی‌ازماه]
peerage (*pi'ərij*) *n.* لقبِ peer - اعیانی - طبقهٔ لرد ها
peer'ess [*fem.* of **peer**]
peer'less *a.* بی‌مانند، بی‌نظیر
peeved (*pi:vd'*) *a.* [Sl.] آزرده - کج خلق
peevish (*pi':-*) *a.* زودرنج - کج خلق - ناشی ازکج خلقی
pee'vishly *adv.* باکج خلقی
pee'vishness *n.* زودرنجی- کج‌خلقی
peg *n.* میخِ چوبی - گل میخ - گیرهٔ رختشوئی - توپی (چلیك) - [مو] گوشی؛ پیچِ کوك - کنیاك یا ویسکی با سودا - [مج] دست‌آویز
take down a p. or two باد (کسی)را خوابانیدن،حقیر یا خوارکردن
a square p. in a round hole کسیکه مناسب سمت خود نیست
peg *vt.* & *vi.* [-ged] (۱) میخ زدن - میخکوب کردن - [مج] ثابت نگاه داشتن (بها) - محکم کردن - با میخ نشان کردن - [با out] تعیین‌حدود کردن (۲) پیوسته کارکردن [با away]
p. down مقید (بقانون) کردن - محدود کردن

He pegged out. [Sl.] زهوارش در رفت

Peg'asus (*-əsəs*) *n.* اسب بالدار - [مج] ذوق شعر - [ه] فرس

peg'-top *n.* فرفرهٔ میخ‌دار

peignoir *n.* [Fr.] قطیفهٔ لباسی زنانه - لباس خانهٔ زنانه

Pekinese (*pi:kini:z'*) *n.* & *a.* اهل Pekin - [با p] یکجور سگ با کوتاه چینی

pelf *n.* جیفه ، مال دنیا

pel'ican (*-kən*) *n.* مرغ سقا

pelisse (*-li:s'*) *n.* خرقهٔ زنانه - پوستین

pellet (*pel'i:it*) *n.* ساچمه - حب

pellicle (*pel'ik'l*) *n.* پوست ، پوست نازك - غشاء

pell'-mell' *adv.* & *a.* (۱) بطور درهم برهم - سراسیمه (۲) درهم برهم - آشفته

pellucid (*peliu':sid*) *a.* شفاف، بلورین - واضح ، روشن [p. style]

Pel'manism (*-mənizm*) *n.* اصول جدید تقویت حافظه

pel'met (*-mit*) *n.* والان ، ولان [لفظ خارجی] - چوب پرده

pelt *n.* پوست پشم‌دار - تخته پوست

pelt *vt.*, *vi.*, & *n.* (۱) با اسلحهٔ پرت کردنی حمله کردن (۲) سخت باریدن (۳) ضربت ، حمله - عمل پرت کردن

at full p. با شتاب هرچه بیشتر

pel'vis *n.* [-ves (*vi:z*)] لگن (خاصره) - لگن چه

pemmican (*pem'ikən*) *n.* قسمی قرمه

pen *n.* & *vt.* [-ned] (۱) قلم - سر قلم (۲) نوشتن

pen *n.* & *vt.* [,,] (۱) آغل - گوسفند - گاودان - مرغ دان (۲) در آغل یا مرغدان نگاه داشتن - [با up یا in] محصور کردن

penal (*pi':nəl*) *a.* کیفری

p. servitude حبس با اعمال شاقه

pe'nalize (*-nəlaiz*) *vt.* کیفری یا جزائی قلمداد کردن - جریمه کردن

pen'alty (*-əlti*) *n.* جزا ، کیفر ، مجازات - جریمه ، [درفوتبال] تاوان

p. area [در فوتبال] تاوانگاه

pen'ance (*-əns*) *n.* آیین توبه وتحمل عذاب جسمی برای بخشیده شدن گناه، حد

do p. با ریاضت توبه کردن

pence [زیر penny آمده است]

penchant' *n.* [Fr.] تمایل - دماغ

pen'cil (*-sl*) *n.* & *vt.* [-led] (۱) مداد (۲) با مداد نشان گذاردن یا طرح کردن یا نوشتن- مداد کشیدن به (ابرو)

pen'cil-case *n.* جا مدادی ، مدادگیر

pend *vi.* معوّق بودن ، موکول بودن

pen'dant (*-dənt*) or **-dent** *n.* آویز ، زیور آویخته - لنگه ، قرینه

pen'dent (*-dənt*) or **-dant** *a.* آویزان ، معلق - پیشامده نامعلوم

pen'ding *a.* & *prep.* (۱) نامعلوم، بی تکلیف (۲) تا - هنگام ، درحین

pen'dulous (*-diuləs*) *a.* آویخته - جنبنده

pen'dulum (*-diuləm*) *n.* آونگ، جسم آویخته - [درساعت] قندول [از "پاندول" فرانسه]

penetrabil'ity *n.* قابلیت نفوذ

pen'etrable (*-itrəbl*) *a.* سوراخ کردنی - حلول پذیر ، نفوذ پذیر - [مج] دریافتنی - تیز ، رسا

pen'etrate (*-treit*) *vi.* & *vt.* (۱) رخنه یا نفوذ کردن (۲) سوراخ کردن - داخل شدن در - [مج] درك کردن

pen'etrating *apa.* نافذ - تیز، سوراخ کننده - مؤثر - درك کننده

penetration (*-rei'shən*) *n.*

نفوذ ، کاوش - زیرکی - تیزی - رسایی -
نیرو - تداخل

pen'etrative (*-itrətiv*) *a.*
سوراخ‌کننده - نافذ - بافراست - مؤثر

pen'guin (*-gwin*) *n.* یکجور مرغ
دریایی در نیم‌کرهٔ جنوبی

pen'holder (*-də*) *n.* دسته قلم

penin'sula (*-siulə*) *n.* شبه جزیره

penin'sular (*-lə*) *a.* شبه جزیره‌ای

pen'itence (*-təns*) *n.* پشیمانی

pen'itent *a.* & *n.* (۱) توبه‌کار ،
پشیمان (۲) تائب ، شخص توبه کار

peniten'tial (*-shəl*) *a.*
مبنی‌بر توبه - ندامت‌آمیز

peniten'tiary (*-shəri*) *a.* & *n.*
(۱) مربوط بتوبه دادن یا اصلاح کردن
تبه کاران (۲) بنگاه اصلاح تبه‌کاران

pen'knife (*-naif*) *n.* {-knives}
قلمتراش ، چاقوی جیبی کوچك

pen'man (*-mən*) *n.* {-men}
نویسنده ، چیز نویس ، مصنف

pen'manship *n.* شیوهٔ نویسندگی

pen'-name *n.* نام مستعار
نویسندگان - [در مورد شعرا] تخلص

pennant (*pən'ənt*) *n.* (۱)
طناب‌کوتاه حلقه دار (۲) = pennon

pen'niless *a.* بی‌پول ، بی‌نوا

pennon (*pen'ən*) *n.* پرچم
سه‌گوش هنگ‌های نیزه‌دار - پرچم دراز
کشتی - پرچم اختصاصی آموزشگاه

penn'orth = pennyworth

penny (*pen'i*) *n.* پنی : پول خرد
انگلیسی که برابر است با یك دوازدهم
shilling- دینار - [جمع این لغت چون
دلالت بر سکه‌های پنی نماید pennies
و چون مبلغ پولی را برساند pence
میشود که علامت آن *d* (حرف اول
denarius) میباشد]

turn an honest p. پول حلال
درآوردن

That is a pretty p. برای
خودش مبلغی است (یا پول خوبی است)

p -wise and pound-foolish
صرفه‌جو در دینار و ولخرج در ریال

pen'nyweight (*-weit*) *n.*
پنی‌ویت : سنگ گوهر فروشان برابر
با ۱٫۵۵۵۱۷ گرم

pen'nyworth (*-wə:th*) *n.* آنچه
به یك پنی میتوان خرید - سودا ، معامله

pen'sion (*-shən*) *n.* & *vt.*
(۱)حقوق بازنشستگی یاتقاعد (۲) حقوق
بازنشستگی دادن (به)

p. off بازنشسته یا متقاعدکردن

pension' *n.* {Fr.} پانسیون

live en p. درپانسیون زندگی کردن

pen'sionable (*-shənəbl*) *a.*
مشمول بازنشستگی

p. age سن بازنشستگی یا تقاعد

pen'sioner (*-shənə*) *n.* شخص
بازنشسته - وظیفه خور - مزدور

pen'sive (*-siv*) *a.* متفکر- افسرده ،
بکر - متفکرانه - حاکی از افسردگی

pen'sively *adv.* متفکرانه -
با حالت افسرده

pent *a.* محصور - پا بست - بسته

pen'tachord (*-təkɔ:d*) *n.*
ساز پنج سیمه

pen'tagon (*-təgən*) *n.*
شکل پنج گوش

pentag'onal (*-ənəl*) *a.* پنج‌گوشه

pentam'eter (*-mitə*) *n.*
شعر پنج وتدی

pen'tateuch (*-tətiu:k*) *n.*
اسفار پنجگانهٔ توریة ، خمسهٔ موسی

pentath'lon (*-lɔn*) *n.* ورزش‌های
پنجگانه (پرش و دو و زوبین اندازی
وکشتی و پرتاب‌کردن وزنه)

Pen'tecost (*-tikɔst*) *n.* عیدپنجاهه
یاگلریزان (۵۰ روز پس از عید فصح)

pent'house *n.* سا باط - چارطاقی - [درامریکا] بنای روی‌سقف آسمان خراش
pent'-up *a.* محصور - پایمال شده
penultimate (*pinʌl'timət*) *a.* & *n.* (سیلاب یا هجای) ماقبل آخر ["سیلاب" لفظ فرانسه است]
penurious (*piniu':riəs*) *a.* تنگ چشم ، خسیس - کم - خسیسانه
pen'ury (*-yuri*) *n.* بی نوایی
pen'woman (*-wumən*) *n.* [-**women** (*-wi-*)] زن نویسنده
peon (*pi':ɔn*) *n.* سرباز پیاده [درهند] - فراش - [در امریکای جنوبی] کسیکه درازای بدهی خود مزدور میشد
peonage (*pi'ənij*) *n.* فراشی
pe'on-book *n.* دفتر نامه رسانی
peony (*pi'əni*) *n.* گل صد تومانی، شقایق پُر پر ، شقایق فرنگی
people (*pi':p'l*) *n.* & *vt.* (۱) مردم - اشخاص- قوم ، ملت - بستگان (۲) آبادکردن - ساکن شدن (در)
thickly peopled پُر جمعیت
pep [U.S ; Col.] = energy
pepper (*pep'ə*) *n.* & *vt.* (۱) فلفل (۲) فلفل زدن - [مجـ] تند یا شدیداللحن کردن - دان دان کردن - گوشمالی دادن- پرکردن - پاشیدن
pep'per-and-salt' *a.* & *n.* (پارچهٔ) فلفل نمکی
pep'per-box *n.* فلفل پاش
pep'per-caster ; **-castor** (*-tə*)*n.* فلفل پاش میزی
pep'percorn (*-kɔ:n*) *n.* دانهٔ فلفل
pep'permint *n.* نعناع صحرایی
pep'permint-drop } *n.* قرص نعناع
pep'permint-lozenge }
pep'pery *a.* پرفلفل - آتش مزاج
pep'sin *n.* پیسین : نام یك مادهٔ گوارندهٔ درعصیر معده
per (*pə*) *prep.* با ، بوسیلهٔ - در- هر

p. cent درصد ، صدی (فلانقدر)
5 p. cent interest بهرهٔ ٥ درصد
p. an'num [L] درسال ، سالی
p. cap'ita [L] نفری ، سری
p. di'em [L] در روز ، روزی
p. men'sem [L] در ماه ، ماهی
p. mille [L] درهزار ، هزاری
peradventure (*pərədven'chə*) *adv.* & *n.* [Arch] شاید،ممکن‌است
if p. هرآینه اگر
perambulate (*pəram'biuleit*) *vt.* & *vi.* (۱) پیمودن - دور زدن (۲) گردش کردن
peram'bulator (*-leitə*) *n.* درشکهٔ بچگانه [مختصرآن pram است]
perceive (*pəsi:v'*) *vt.* مشاهده کردن - دریافتن ، درك کردن
percentage (*pəsen'tij*) *n.* سدی چند ، درسد - مرابحه
perceptibil'ity (*pəseptibil'iti*) *n.* قابلیت درك
percep'tible *a.* درك کردنی ، محسوس - مشاهده‌کردنی ، معلوم
percep'tibly *adv.* بطور محسوس
perception (*pəsep'shən*) *n.* درك ، (قوهٔ) ادراك - احساس - مشاهده
perch (*pə:ch*) *n.*, *vi.*, & *vt.* (۱) نشیمن‌گاه‌پرنده ، دازه - تیر - [مجـ] جای امن - واحد درازا برابر با پنج یاردو نیم [دراین‌معنی = rod یا pole] - (۲) نشستن (روی چوب) ، فرود آمدن (۳) روی چوب نشاندن - درجای بلند قرار دادن
Come off your p. پیاده شو باهم راه بریم
perch (,,) *n.* ماهیِ خاردار
perchance' (*pə-*) *adv.* شاید
percolate (*pə':kəleit*) *vi.* & *vt.* (۱) تراوش‌کردن ، نفوذ‌کردن - صاف شدن (۲) از (چیزی)گذشتن یا تراوش کردن - پالودن

per'colator (-*kəleitə*) *n.* صافی، قهوه جوش صافی‌دار {coffee p. =}
percussion (*pəkʌsh'ən*) *n.* تصادم - [ط] دق
instruments of p. ادوات ضربی {چون ضرب و دایره وسنج ومثلث}
p. cap چاشنی
perdition (*pədish'ən*) *n.* تباهی، فنا، هلاکت - مرگ روحانی
peregrination (-*rigrinei'shən*) *n.* مسافرت‌دور، جهان گردی، دربدری
per'emptorily *adv.* قطعاً، حکماً
per'emptory (-*əmtəri*) *a.* قطعی، قاطع- غیرقابل انکار - تحکم کننده
perennial (*pəren'iəl*) *a.* با دوام {p. flowers}
per'fect (*pə':fikt*) *a.* کامل
p. (tense) ماضی قریب، ماضی کامل
present p. (tense) {چون I have gone رفته‌ام}
past p. (tense) ماضی بعید {چون I had gone رفته بودم}
future p. (tense) {چون درا ین جمله I *shall have seen* him by to-morrow noon. تا فردا ظهر او را خواهم دید (یا دیده‌ام)}
perfect' / **per'fect** *vt.* تکمیل کردن - انجام دادن
p. oneself کامل یامتخصص شدن
perfection (*pəfek'shən*) *n.* کمال - تکمیل -[درجمع] کمالات، فضایل
to p. بحدکمال، کاملاً
per'fectly *adv.* کاملاً- خوب خوب
perfidious (*pəfid'iəs*) *a.* خائن - خیانت آمیز
perfid'iously *adv.* خائنانه
perfidy (*pə':fidi*) *n.* خیانت، پیمان شکنی
perforate (*pə':fəreit*) *vt.* سوراخ کردن - منگنه کردن
perforation (-*rei'shən*) *n.* عمل سوراخ کردن
perforce (*pəfɔ:s'*) *adv.* بناچار
perform (*pəfɔ:m'*) *vt.* & *vi.* (۱)انجام دادن - اجرا کردن (۲) نمایش یاکنسرت دادن
perfor'mance (-*məns*) *n.* اجرا - انجام - نمایش - کنسرت {لفظ فرانسه} - {درسینما} سه آنس {لفظ فرانسه}، جلسه - کار برجسته
perfume (*pə':fiu:m*) *n.* عطر - بوی خوش
perfume' *vt.* عطر به (چیزی) زدن
p. oneself عطر (بخود) زدن
perfumery (-*fiu':məri*) *n.* عطر فروشی - (کارخانهٔ) عطر سازی - عطریات
perfunc'torily *adv.* بطورسرسری
perfunctory (*pəfʌnk'təri*) *a.* سرسری کارکن، بی مبالات - سرسری
pergola (*pə':gələ*) *n.* آلاچیق، سایبان
perhaps (*pəhaps'*) *adv.* شاید {تلفظ عوامانه آن = *praps*}
per'il *n.* & *vt.* {-led} (۱)خطر، مخاطره (۲) بمخاطره انداختن
at one's p. بمسئولیت‌خود
per'ilous (-*ləs*) *a.* مخاطره آمیز
perimeter (*pərim'itə*) *n.* پیرامون، محیط، دوره
period (*pi'əriəd*) *n.* مدت- دوره، عصر - گردش، نوبت - مرحله - زنگ {مدت یك درس درآموزشگاه} - نقطهٔ پایان جمله - {در جمع} طمث، قاعدگی
at a later p. بعدها، بعداً
the girls of the p. دختران امروزی
put a p. to بپایان رساندن
periodic (-*riɔd'ik*) *a.* دوری - نوبتی، نوبت‌دار - متناوب
period'ical (-*k'l*) *a.* & *n.* (۱)

نوبتی، دوری (۲) روزنامه یامجله‌ای که در مواقع معین منتشر میشود ، نشریه
period'ically *adv.* درفواصل معین
peripatetic (*-pətet'ik*) *a.* & *n.* راه رونده ،گردش‌کننده ، ماشی
periphery (*pərif'əri*) *n.* پیرامون ، مُحیط- حدود - سطح برونی
per'iscope (*-skoup*) *n.* لولهٔ زیر دریایی که بوسیله آن چیزهای روی آب را می بینند
periscopic (*-kɔp'ik*) *a.* –
p. lens شیشهٔ عدسی برای دیدن چیز های دورتراز چشم رس
per'ish *v.* هلاك شدن - هلاك کردن
p. with hunger ازگرسنگی مردن
per'ishable (*-shəbl*) *a.* & *n.* (۱) هلاك شدنی (۲ - در جمع) کالا ما خوار بار فاسد شدنی
per'ishing *a.* هلاك‌کننده ، سخت
per'istyle (*-tail*) *n.* ردیفِ ستون های دور حیاط ، دایرهٔ ستون
peritoneum (*-toni'əm*) *n.* صفاق
peritonitis (*-nai'-*) *n.* ورم صفاق
per'iwig *n.* کلاه گیس
per'iwinkle *n.* گل تلگرافی - یکجور صدف خوراکی
perjure (*pə':jə*) *vt.* –
p. oneself پیمان شکنی کردن - قسم دروغ خوردن - شهادت دروغ دادن
perjured (*pə':jəd*) *a.* پیمان شکن ، سوگند دروغ خور
per'jurer (*-rə*) *n.* - شخص‌پیمان شکن کسیکه سوگند دروغ میخورد
per'jury (*-jəri*) *n.* - پیمان شکنی گواهی دروغ
perk (*pə:k*) *vi.* & *vt.* سینه (۱) جلودادن ، سر را بالا نگاه داشتن ، خودنمایی کردن (۲) بالا نگاه داشتن ، راست کردن

per'kily *adv.* گستاخانه - متکبرانه
perky (*pə':ki*) *a.* گستاخ - خودنما - متکبر
per'manence *n.* دَوام ، بقا
permanency (*pə':mənensi*) *n.* دوام ، بقا - چیز پایدار - قرار دائمی
per'manent *a.* - دائمی ، همیشگی پایدار ، ابدی - ثابت - ماندنی
p. wave فرِ ششماهه
per manently *adv.* بطورهمیشگی یادائمی ، دائماً
permeabil'ity *n.* نفوذ پذیری
permeable (*pə':miəbl*) *a.* غیر مانعِ نفوذ - رُطوبت پذیر
per'meate (*-miəit*) *v.* نفوذکردن (در) ، سرایت‌کردن (در) - اشباع کردن
permeation (*-miei'shən*) *n.* نفوذ ، نشر ، تداخل
permissible (*pəmis'ibl*) *a.* رَوا ، مُجاز ، جایز
permis'sibly *adv.* بطورمجاز یاروا
permission (*pəmish'ən*) *n.* اجازه
by p. of با اجازهٔ ، باجازهٔ
permis'sive (*-siv*) *a.* اجازه دهنده
permit' (*pə-*) *vt.* [-ted] اجازه دادن (به) - مُجاز کردن
p. oneself بخود اجازه دادن
weather permitting اگر هوا بگذارد ، اگر هوا مساعد باشد
It does not permit (*vi.*) of any change. تغییر بردار نیست
permit (*pə':-*) *n.* ، پروانه جواز - اجازه
permutation (*pə:mutei'shən*) *n.* قلب ، تقدیم و تأخیر - تبدیل
permute (*pə:miu:t'*) *vt.* مقدم مؤخر کردن
pernicious (*pənish'əs*) *a.* زیان‌آور ، مضرّ - تباه‌کار ، شریر

It is p. to ... برای . . . مضراست
perni'ciousness *n.* زیان ، مضرّت
pernickety (*pənik'əti*) *a.*
[Col.] وسواسی ،ایرادگیر - بسیار ظریف یا باریك
peroration (*perərei'shən*) *n.* پایان و نتیجه (سخنرانی)
perpendicular (*pəpəndik'-yulə*) *a.* & *n* (۱) عمودی (۲) عمود ، خط عمودی یا قائم - [مج] درستی
out of (the) p. غیر عمودی ،کج
perpendic'ularly *adv.* عموداً
perpetrate (*pə':pitreit*) *vt.* مرتکب شدن
perpetration (*-rei'shən*) *n.* ارتکاب
per'petrator (*-reitə*) *n.* مرتکب
perpetual (*pəpet'yuəl*) *a.* همیشگی ، دائمی ، ابدی - پیوسته
perpet'ually *adv.* همیشه ، دائماً
perpet'uate (*-yueit*) *vt.* ابدی کردن -از فراموش شدن بازداشتن
perpetuation (*-ei'shən*) *n.* جاودان سازی
perpetuity (*-pityu'iti*) *n.* دوام ، ابدیت - سالوارهٔ همیشگی ، عمری (*omra*)
in p. همیشه ، تا ابد
perplex (*pəpleks'*) *vt.* گیج کردن ، حیران کردن - پیچیده کردن
perplexed' *ppa.* سرگشته ، حیران، گیج ، مبهوت - پیچیده ، درهم
perplexing (*pəplek'sing*) *a.* گیج کننده
perplex'ity (*-siti*) *n.* گیجی ، (مایهٔ)حیرت - پیچیدگی - چیز پیچیده
perquisite (*pə':kwizit*) *n.* عایدی متفرقه ، مداخل
Persecute (*pə':sikiut*) *vt* آزار کردن ، پاپی شدن ، اذیت کردن
persecution (*-sikiu':shən*) *n.* زجر و آزار ، جفا ، اذیت ، تعقیب
per'secutor (*-tə*) *n.* آزار دهنده
perseverance (*pə:sivi'ərəns*) *n.* پشت کار ، استقامت
perseve'rant *a.* با استقامت، با ثبات
persevere (*-vi'ə*) *vi.* پشت کار داشتن ، استقامت بخرج دادن
perseve'ring *apa.* پشت کاردار
Persia (*pə':shə*) *n.* ایران {امریکائی ها *pər'zhə* تلفظ می کنند}
Per'sian (*-shən*) *a.* & *n.* فارسی - ایرانی
the P. Gulf خلیج فارس
persiflage (*pə':siflа:zh*) *n.* شوخی
persimmon (*pəsim'ən*) *n.* خرمالو
persist' (*pə-*) *vi.* پافشاری کردن ، اصرار کردن
persis'tence (*-təns*) *n.* پافشاری
persis'tency *n.* پافشاری درکار بد
persis'tent (*-tənt*) *a.* مصرّ ، مبرم - مبنی بر اصرار - مزمن
persis'tently *adv.* مصرّانه
person (*pə':sn*) *n.* شخص ،کس ، آدم - تن ، نفر - هیکل ، ریخت
no p. هیچکس
in (one's own) p. شخصاً
the first p. اول شخص ، متکلم
the second p. دوم‌شخص ، مخاطب
the third p. سوم شخص ، غائب
per'sonable (*-əbl*) *a.* خوش‌سیما - خوش ریخت ، خوش هیکل
per'sonage (*-nij*) *n.* شخص (برجسته) ، شخصیت
per'sonal (*-sənəl*) *a.* شخصی - خصوصی - حضوری - نابرجا ، منقول
p. to himself مال شخص او
be(come) p. وارد شخصیات شدن

personality (*-sənal'iti*) *n.* شخصیت - وجود - حالت ویژهٔ شخصی - [درجمع] انتقادات راجع به شخصیت
per'sonally *adv.* شخصاً ، اصالةً
per'sonate (*-səneit*) *vt.* نقش (کسی)داایفا کردن - مظهر (کسی) شدن
personification (*-kei'shən*) *n.* اعطای شخصیت بچیز های بی جان - تجسم - مظهر
personify (*pəsɔn'ifai*) *vt.* (مانند) شخص فرض کردن ، مجسم کردن - شخصیت دادن (به) - مظهر (چیزی) بودن
personnel (*pə:sənel'*) *n.* کارکنان
perspective (*pəspek'tiv*) *n.* علم مناظر ومرایا - [مج] جنبه ، لحاظ
perspicacious(*pə:spikei'shəs*) *a.* زیرك ، بافراست - فراست نشان
perspicacity (*-kas'iti*) *n.* زیرکی ، فراست ، کیاست
perspicuity (*-kiu'::iti*) *n.* روشنی ، صراحت ، وضوح
perspicuous (*-pik'yuəs*) *a.* روشن ، واضح
perspiration (*-pirei'shən*) *n.* عرق ، خوی ، ترشح نادیدهٔ پوست
perspire (*-pai'ə*) *vi.* عرق کردن
persua'dable (*-dəbl*) *a.* قابل اغوا ، قابل ترغیب
persuade (*pəsweid'*) *vt.* وادار کردن ، ترغیب کردن
p. oneself متقاعد شدن
p. into . . . وادار به . . . کردن
I am persuaded that من متقاعدم یا عقیده دارم که
persuasion (*-swei'zhən*) *n.* اغوا ، ترغیب - اقناع - عقیدهٔ دینی - تیره
persua'sive (*-siv*) *a.* متقاعد سازنده -وادارکننده - مؤثر
pert (*pə:t*) *a.* گستاخ ، جسور

pertain (*pətein'*) *vi.* مربوط بودن
pertain'ing *apa.* وابسته ، مربوط
pertinacious (*pə:tinei'shəs*) *a.* لجوج ، خودسر - لجاجت آمیز
pertina'ciously *adv.* لجوجانه
pertinacity (*pə:tinas'iti*) *n.* لجاجت ، خودسری
per'tinence ; **-nency** (*-nənsi*) *n.* ربط ، دخل - مناسبت - اقتضا
pertinent (*pə':tinənt*) *a.* وابسته ، مربوط - مناسب ، مقتضی
pert'ly *adv.* گستاخانه ، جسورانه
pert'ness *n.* گستاخی ، جسارت
perturb (*pətə:b'*) *vt.* آشفته یا پریشان کردن ، مضطرب یا مشوش کردن - مختل ساختن
pertur'bable (*-bəbl*) *a.* بر آشفتنی ، اضطراب پذیر- آشوب پذیر
perturbation (*-bei'shən*) *n.* آشفتگی ، تشویش
peruke (*-ru:k'*) = **periwig**
perusal (*piru'::zəl*) *n.* مطالعه
peruse (*-ru:z'*) *vt.* (بدقت) خواندن ، مطالعه کردن
pervade (*pəveid'*) *vt.* در(چیزی) پخش شدن ، پر کردن ، فرا گرفتن - در (چیزی) سرایت کردن
pervasion (*pəvei'zhən*) *n.* نفوذ ، سرایت - نشر - اشباع
perva'sive (*-siv*) *a.* نفوذ کننده ، سرایت کننده - منتشر شونده
perverse (*pəvə:s'*) *a.* خودسر ، مصر درخطا ، متمرد - هرزه - خودسرانه
perverse'ly *adv.* بطورهرزه یافاسد
perverse'ness = **perversity**
perversion (*-və':shən*) *n.* برگشتگی ، ارتداد - تحریف - سوء تعبیر
perver'sity (*-ti*) *n.* خود سری ، اصرار در خطا - هرزگی ، فساد

pervert (*-və:t'*) *vt.* از راه در کردن ، منحرف کردن - بد تعبیر کردن
pervert (*pə':və:t*) *n.* شخص مرتد یا گمراه
pervious (*pə':viəs*) *a.* عبوردهنده، غیرمانع عبور - نفوذ پذیر - منفذدار
peseta (*-sei'tə*) *n.* سکهٔ نقره در اسپانیا که معمولاً برابر با یك فرانك فرانسه است
pesky (*-ki*) *a.* [Sl.] مزاحم
peso (*pei'sou*) *n.* سکه ای که در بیشتر جمهور یهای امریکای جنوبی رواج دارد وارزش آن نزدیك به ٤ شیلینگ است
pessimism (*pes'imizm*) *n.* بد بینی
pes'simist *n.* (آدم) بدبین
pessimis'tic *a.* ناشی از بدبینی
pessimis'tically *adv.* بد بینانه
pest *n.* آفت ، بلا - طاعون
pes'ter (*-tə*) *vt.* آزار دادن
pestered with flies معذب از (دست) مگس
pest'-house *n.* بیمارستان طاعونی‌ها
pestif'erous (*-ərəs*) *a.* طاعونی- [مج] موجب فساد اخلاق
pes'tilence *n.* ناخوشی طاعونی
pes'tilent (*-lənt*) *a.* کشنده ، مهلك - زیان آور ، فاسدکننده (اخلاق)
pestilen'tial (*-shəl*) *a.* طاعونی، مسری - [مج] مخرّب ، مضرّ
pes'tle (*pes'l*) *n.* & *vt.* (١) دستهٔ هاوَن (٢) در هاون کوبیدن
pet *n.*, *a.*, & *vt.* (جانور) (١-٢) دست آموز - (شخص) ناز پرورده (٣) نوازش کردن - دست آموز کردن
a pet name اسم خودمانی
p. aversion چیزیکه شخص مخصوصاً از آن نفرت دارد
pet *n.* اوقات تلخی ،کج خلقی
pet'al (*pet'l*) *n.* گلبرگ ، پر
petard (*pita:d'* -تاد) *n.* بمب دیوارکن
He is hoist with his own p. درچاهی که برای دیگران کنده افتاده است
peter (*pi':tə*) *vi.* [Sl.] کم آمدن - زه زدن [همیشه با out]
petition (*pitish'ən*) *n.*, *vt.*, & *vi.* (١) دادخواست ، عرضحال(٢) عرضحال دادن به (٣) درخواست کردن
petitioner (*-tish'ənə*) *n.* عرضحال دهنده ، متظلم ، شاکی
pet'rel (*-rəl*) *n.* مرغ طوفان
petrifaction (*-fak'shən*) *n.* تبدیل بسنگ - تحجر
pet'rify (*-fai*) *v.* تبدیل بسنگ کردن یا شدن
pet'rol (*-rəl* ; *-rɔl*) *n.* بنزین
petroleum (*-rou'liəm*) *n.* نفت خام
petrology (*pitrɔl'əji*) *n.* سنگ شناسی
petticoat (*pet'ikout*) *n.* دامن زیر -[مج] زن ، دختر
p. government تسلط زنان
pettifogger (*pet'ifɔgə*) *n.* وکیل پست یا حیله باز
pet'tily *adv.* بطور جزئی یا کوچك
pet'tiness *n.* خردی ،کوچکی
pet'tish = **peevish**
petty (*pet'i*) *a.* جزئی ، کوچك
p. offence لغزش ، خلاف
p. officer سرناوی یا مهناوی
pet'ulance *n.* زودرنجی ،کج خلقی
pet'ulant (*-yulənt*) *a.* تند ، زود رنج ،کج خلق - حاکی ازکج خلقی
petunia (*pitiu':niə*) *n.* گل اطلسی
pew (*piu:*) *n.* نیمکت خانوادگی [درکلیسیا]

pewit ; pee- (*piu':- ; pi':-*) *n.* مرغ زیبا ، زیاك

pewter (*piu':tə*) *n.* ترکیبِ قلع وسرب یا آبخوری که ازآن بسازند

pfen'ni(n)g *n.* سکهٔ مس آلمانی برابر با یك سدم mark

phaeton (*fei'tn*) *n.* درشکه، فایتون [از فرانسه]

phalanx (*fal'anks*) *n.* {pha'lanxes *or* phalan'ges (*-ji:z*)} دسته‌ای ازپیاده نظام یونانی یامقدونی که مرکب ازچندین صف بود که تنگ تنگِ یکدیگر میرفتند و نیزه های هر صف از نیزه‌های صف جلوی بلندتر بود- گروه متحد- بند انگشت [دراین معنی phalange نیز نوشته میشود]

phantasm (*fan'tazm*) *n.* خیال

phantasmal (*-taz'məl*) / **phantasmic** (*-taz'-*) *a.* خیالی - تصوری

phan'tasy (*-təzi*) = **fantasy**

phantom (*fan'təm*) *n.* & *a.* (۱) خیال - ظاهر فریبنده (۲) خیالی

Pharisaic(al) {*farisei'ik('l)*} *a.* منسوب به‌فریسیان ، فریسی - [مج] ریاکار و خشکه مقدس

Phar'isee (*-si:*) *n.* فریسی - زاهد ، ریا کار

pharmaceutical (*fa:məsiu':-tik'l*) *a.* مربوط بداروسازی

phar'macist *n.* دارو فروش

pharmacy (*fa':məsi* - فا) *n.* داروسازی - دارو خانه

pharos (*fê'ərɔs*) *n.* فانوسِ دریایی

pharynx (*far'inks*) *n.* حلق ، گلوگاه ، حلقوم

phase (*fəiz*) *n.* نمود ، شکل ، منظر، صورت - دوره ، مرحله ، منزل - [دربرق] فاز [لفظ فرانسه]

three-phased سه فاز

pheasant (*fez''nt*) *n.* قرقاول

phenom'enal (*-n'l*) *a.* حادثه‌ای ، عرَضی - محسوس ، پیدا - شگفت انگیز

phenomenon (*finɔm'inən*) *n.* {-na} پدیده ، حادثه - اثر طبیعی - [مج] چیز عجیب ، نادره ، شخص برجسته

phew (*fiu:*) *int.* به ، اُف - اوف

phial (*fai'əl*) *n.* شیشهٔ کوچك دارویی

philander (*filan'də*) *vi.* دنبال زنی افتادن

philanthropic (*-thrɔp'ik*) *a.* نوع پرست ، بشردوست

p. feelings احساسات نوع پرستانه

philanthrop'ically *adv.* ازروی بشر دوستی ، نوع پرستانه

philan'thropist (*-thrə-*) *n.* (شخص) بشردوست ، (آدم) نوع پرست

philan'thropy (*-thrəpi*) *n.* نوع پرستی ، بشر دوستی

philat'elist *n.* تمبر جمع کن

philately (*filat'əli*) *n.* تمبر جمع کنی - تمبر شناسی

Phil'istine (*-tain* ;- *tin*) *n.* & *a.* (آدم) بی فرهنگ و بی‌ذوق - دشمن

philological (*fil-lɔj'ik'l*) *a.* مربوط به علم زبان یا لغت شناسی

philol'ogist *n.* زبان شناس

philology (*filɔl'əji*) *n.* علم زبان ، زبان شناسی

philosopher (*filɔs'əfə*) *n.* فیلسوف ، حکیم

philosophers' stone کیمیا

philosophic(al) {*-lesɔf'ik('l)*} *a.* فلسفی - حکیمانه - آرام ، معتدل - وارسته

philosoph'ically *adv.* فیلسوفانه

philosophise (*-lɔs'əfaiz*) *vi*

& *vt*. (۱) فیلسوفانه دلیل آوردن ، یا تعمق کردن (۲) فلسفی یا اخلاقی کردن

philos'ophy (-əfi) *n*. فلسفه - وارستگی ، تجرّد - آرامش

natural p. فیزیك [لفظ فرانسه]

moral p. حکمت اخلاقی

philtre ; -ter (fil'tə) *n*. شربت عشق‌انگیز ، مهر دارو

phlegm (flem) *n*. بلغم - [مج] سستی ، بی‌عاطفگی ، بیحسی

phlegmat'ic (fləg-) *a*. بلغمی - بلغمی مزاج - بیحال ، آرام

phlox (flɔks) *n*. فلوکس

-phobe (foub) [پس وند بمعنی « بیزار یا ترسنده از »]

-phobia (fou'biə) *n*. [پس وند بمعنی « تنفر یا ترس از »]

Phœnician (finish'ən) *a*. فنیقی

ph(o)enix (fi':niks) *n*. ققنس ، عنقا - [مج] فرید زمان

phone (foun) *n*. صدای ساده ، صدای تکی

phone (,,) [Col.] = telephone

phonet'ic (fou-) *a*. صدایی - صدادار - نمایندهٔ صدا - مصوّت - تلفظی

phonet'ically *adv*. از روی قواعد صدا

phonetician (-tish'ən)
phonet'icist } *n*. متخصص صداشناسی و نمایش صدا ها با علائم

phonet'ics *n*. شناسائی صدا ها و علائم آنها ، صداشناسی

phon(e)y (fou'ni) *a*. [U. S. ; Sl.] قلابی ، دروغی

pho'nograph (-nəgra:f) *n*. فونگراف ، گرامافن ، دستگاه ضبط صدا ، صداحبس کن

phonologic(al) (-nəlɔj'ik'l) *a*. مبنی بر صدا شناسی

phonology (founɔl'əji) *n*. صداشناسی - سلسلهٔ صدا های یك زبان

phosphate (fɔs'feit) *n*. فسفات [لفظ فرانسه]

phosphorescence (fɔsfəres'əns) *n*. تابندگی فسفری

phosphores'cent *a*. تابنده بدون گرمای محسوس

phosphor'ic *a*. فسفری

phosphorous (fɔs'fərəs) *a*. فسفری

phos'phorus ('') *n*. فسفر [فرانسه]

pho'to = photograph

photograph (fou'təgra:f) *n*. & *v*. (۱) عکس (۲) عکس (چیزیرا) برداشتن

have one's p. taken عکس انداختن [بدست عکاس]

photographer (fətɔg'rəfə) *n*. عکاس

photograph'ic (foutəg-) *a*. مربوط بعکاسی - عکسی

photography (fətɔg'rəfi) *n*. عکاسی

photogravure (foutəgrəviu'ə) *n*. گراور سازی - عکس کلیشه‌ای

phrase (freiz) *n*. & *vt*. (۱) عبارت ، تعبیر - اصطلاح - کلام موجز (۲) بعبارت درآوردن

phraseology (freiziɔl'əji) *n*. عبارت سازی ، کلمه بندی ، انشاء

phrenologist (frenɔl'əjist) *n*. متخصص براهین جمجمه

phrenol'ogy (-ji) *n*. علم براهین جمجمه

phthisis (thai'sis) *n*. سلّ

phut (fʌt) *n*. صدای ترکیدن بادکنك

go phut (*adv*.) ترکیدن - خوابیدن

physic (fiz'ik) *n*. & *vt*. (۱) دارو - مسهل (۲) دارو دادن (به)

phys'ical (-k'l) *a*. فیزیکی -

طبیعی ـ مادّی ، جسمی ـ بدنی
p. exercise ورزش بدنی
phys'ically *adv.* باقواعد طبیعی، موافق علم فیزیك ـ بطور مادّی
physician (*fizish'ən*) *n.* بزشك ، طبیب
phys'icist *n.* محصل فیزیك ـ متخصص فیزیك
physics (*fiz'iks*) *n.* فیزیك {لفظ فرانسه} ، علم خواص اجسام
physiognomy (*fiziɔn'əmi*) *n.* سیما (شناسی) ، قیافه (شناسی)
physiologic (*-lɔj'-*)
physiological (*-k'l*) } *a.* مربوط به فیزیولوژی
physiolog'ically *adv.* مطابق علم فیزیولوژی
physiol'ogist *n.* فیزیولوژی‌دان
physiology (*fiziɔl'əji*) *n.* فیزیولوژی { لفظ فرانسه } ، علم وظائف‌الاعضاء
physique (*fizi:k'*) *n.* بنیه ، مزاج ، سازمان بدن ، وجود
pi (*pai*) *n.* پی {حرفی از الفبای یونانی که در ریاضیات برابر است با ۳,۱۴۱۵۹}
pianissimo (*piənis'mou*) *adv.* {It.} {مو} بسیار آهسته ، بسیار نرم
pianist (*pi'ə-* ; *pian'-*) *n.* پیانو زن
piano (*pian'ou*) *n.* پیانو
pianoforte (*-fɔ':ti*) *n.* پیانو
pias'ter (*-tə*) *n.* غروش
piazza (*piat'sə*) *n.* میدان ، بازار ـ {در امریکا} ایوان
picaresque (*-kəresk'*) *a.* حاوی ماجرا های اراذل و اوباش
piccalilli (*pik'əlili*) *n.* ترشی هندی که باسبزی‌وادویهٔ تنددرست می کنند
piccolo (*pik'əlou*) *n.* قسمی فلوت کوچك

pick (*pik*) *n.* & *vt.* (۱) كلنگ ـ خلال دندان و گوش پاك کن‌امثال آنها { بازگشت شود به **toothache** و **earpick** } ـ انتخاب ـ (عمل) چیدن ـ نخبه ، سرچین (۲) چیدن ـ کندن ، كلنگ زدن (به) ـ سوراخ کردن ـ (باخلال) پاك کردن ـ برداشتن ـ برچیدن ـ نوك زدن (به) ـ پر کندن ـ خرد خرد خوردن ـ انتخاب یا جدا کردن ـ زدن (جیب) ـ دزدوار باز کردن (قفل)
He picks a quarrel with me. بهانه می‌جوید که بامن دعوا کند
pick a hole in سوراخ کردن ـ {مج} عیبجویی کردن از
p. and choose درسوا کردنِ چیزی دقت و وسواس زیاد داشتن
p. (and steal) ناخنك زدن
p. to pieces پاره پاره کردن ـ {مج} سخت مورد انتقاد قرار دادن
p. (*vi.*) **at** خرده گرفتن بر ـ بازی کردن با (غذا از روی بی‌اشتهائی)
p. off چیدن ـ یکی یکی باتیر زدن
have a bone to p. بهانه یادلیل برای دعوا و شکایت بدست آوردن
p. out جدا کردن ـ باگوش پیدا کردن (آهنگ) ـ دریافتن
p. up برچیدن ، برداشتن ـ سوار کردن (مسافر) ـ بدست آوردن ـ کندن ـ منظم کردن ـ (د. ك) آشنا شدن
p. up health بهبود یافتن
p. up oneself خودرا نگاهداشتن ، از افتادن خود جلوگیری کردن
pick-a-back (*pik'əbak*) *adv.* برپشت ، بردوش
carry p. کول گرفتن
pickaxe (*pik'aks*) *n.* كلنگ دوسر
picker (*pik'ə*) *n.* (بر) چیننده ، جمع کننده {بیشتردر ترکیب بکار میرود}ـ قفل باز کن
a rag-p. کهنه برچین

picket (*pik'it*) *n.* & *vt.* (۱) چوب نوك تیز - چوب پرچین - پاسدار یادژبان - [درجمع] کسانی که هنگام اعتصاب کارگران گماشته میشوند تامراقب باشند که کسی کار نکند (۲) نرده کشیدن - به تیر یامیخ چوبی بستن - برای پاییدن گماشتن - پاییدن
pick'ing *n.* ناخنك زنی - عمل چیدن - [درجمع] پس مانده - چیز ناخنك زده
pickle (*pik'l*) *n.* & *vt.* (۱) آب نمك یاسرکه - [در جمع] ترشی خیار یاسبزی (۲) ترشی گذاشتن - نمك سود کردن
a sorry p. وضع ناجور ، گرفتاری
picklock (*pik'lɔk*) *n.* قفل شکن دزد - اسباب قفل گشایی
pick-me-up (*pik'miʌp*) *n.* شربت مقوی
pick'pocket *n.* جیب بُر
pick-up (*pik'ʌp*) *n.* & *a.* پیکاپ: اسباب الکتریکی که صدای گرامافن را تبدیل بجریان الکتریکی میکند
pic'nic *n.* & *vi.* [-ked] (۱) گردش وسور در بیرون شهر (۲) بطور دسته جمعی گردش رفتن
picquet (*pik'it*) *n.* پاسدار ، دژبان
pictorial (*-tɔ':riəl*) *a.* & *n.* (۱) تصویری - مصور (۲) جریدهٔ پرعکس
pic'ture (*-chə*) *n.* & *vt.* (۱) تصویر - عکس - شرح واقع نما (۲) باعکس نشان دادن - مجسم کردن
the pictures *or* moving pictures سینما
living picture = tableau
p. postcard کارت پستال عکس دار
p. writing تصویر نگاری
p. to oneself پیش خود مجسم کردن
pic'ture-book *n.* کتاب عکس (دار)
pic'ture-card *n.* صورت [در ورق]
pic'ture-gallery *n.* نقاش خانه
picturesque (*-chəresk'*) *a.* قابل عکس برداری ، بدیع منظر - برجسته
pic'ture-theatre *n.* (سالن) سینما
pidgin (*pij'in*) *a.* —
p. English انگلیسی دست وپا شکسته ای که چینی ها بدان سخن میگویند
That's not my p. [Col.] کار من نیست
pie (*pai*) *n.* (۱) کلوچه گوشت پیچ یامیوه دار یامربایی (۲) = magpie
have a finger in the p. درکاری دخالت یافضولی کردن
piebald (*pai'bɔ:ld*) *a.* پیسه ، سیاه و سفید
piece (*pi:s*) *n.* & *vt.* (۱) تکه ، قطعه - توپ [a p. of linen] - دانه ، عدد - مهره (بازی) - [درترکیب] تفنگ یا توپ (۲) سرهم دادن - وصله کردن [گاهی با up] - پیوستن
rials 2 a p. دانه ای ۲ ریال
p. goods قماش (نخی یاابریشمی)
a 5-cent p. سکه پنج سنتی
by the p. بطور پارچه کاری ، بطور مقاطعه
a p. of one's mind سخن رُك ، اظهار عقیدهٔ رك - انتقاد ، سرزنش
break to pieces خرد کردن
cut to pieces پاره پاره کردن
piece out باوصله بزرگتر کردن
piece'meal (*-mi:l*) *a(dv).* خرد خرد ، بتدریج
piece'-work *n.* پارچه کاری
pied (*paid*) = parti-coloured
pier (*piə*) *n.* اسکله ، کربی - موج شکن - پایهٔ پل - جرز - ستون
pierce (*piəs*) *vt.* سوراخ کردن - رخنه کردن (در) - کر کردن
pier'cing *apa.* تیز ، کرکننده - نافذ
pier'-glass *n.* آیینهٔ جرز ، آینه قدی
pierrot (*piər'ou*) *n.* [Fr.] بازیگر لال بازی - خنیاگر لوده
piety (*pai'əti*) *n.* دین داری
piffle (*pif'əl*) *n.* & *vi.* [Sl.]

چرند(گفتن) - کار بیهوده (کردن)
pif'fling *a.* ناچیز ، بی‌بها
pig *n.* & *vi.* [-ged] (۱) خوك (۲) توی هم بیچیدن ، بکثافت زندگی کردن [گاهی گفته میشود p. it یا p. together]
make a p. of oneself به‌اندازهٔ خر خوردن
pigeon (*pij'ən*) *n.* کبوتر
p. (*vt.*) **someone of a thing** چیزی را با فریب ازکسی درکشیدن
pigeon (,,) = **pidgin**
pig'eon-breasted *a.* دارای قوز سینه
pig'eon-hole *n.* & *vt.* (۱) لانهٔ کبوتر - خانه ، کشو - (۲) درکشومیز یاخانهٔ قفسه گذاشتن - کنارگذاشتن
piggery (*pig'əri*) *n.* پرورشگاه یا طویلهٔ خوك
pig'gish *a.* خوك صفت [حریص - ناپاك - خودسر ، کله شق]
piggy (*pig'i*) *n.* & *a.* (۱) خوك بچه (۲) حریص
pig'-headed *a.* خودسر ، کله شق
pig'-iron *n.* آهن لخته چنانکه از کورهٔ قالگری بدست می‌آید
pig'ment (*-mənt*) *n.* رنگ - مادهٔ رنگی
pigmy = **pygmy**
pig'sty (*-stai*) *n.* طویلهٔ خوك ، خوك دان
pig'tail (*-teil*) *n.* گیس بافته که ازپشت سر آویخته باشد
pike (*paik*) *n.* نیزهٔ دسته چوبی
pike (,,) *n.* اردك ماهی
pike = **turnpike**
pike'man *n.* [-men] کلنگ‌دار - نیزه‌دار
pike'staff *n.* دستهٔ نیزه ، چوب نیزه
plain as a p. مانند آفتاب روشن
pilas'ter (*-tə*) *n.* ستون چارگوش
pil'chard (*-chəd*) *n.* ماهی کوچك که غالباً بشکل ساردین تهیه میشود
pile (*pail*) *n.* & *vt.* (۱) تیر - میخ‌چوبی بزرگ - پایهٔ پل (۲) برپایه قرار دادن
pile ('') *n.* & *vt.* (۱) توده ، کپه ، دسته - مجموع چنددستگاه عمارت ، یکرشته‌عمارت- پیل‌الکتریکی ["پیل" لفظ فرانسه‌است] - (۲) روی‌هم انباشتن [بیشتر با up یا on گفته میشود]
(funeral) p. تودهٔ هیزم که مرده را برآن میسوزانند
p. arms چاتمه زدن
p. it on [Col.] اغراق آمیز کردن
pile (,,) *n.* کرك ، خواب ، برز
pile'-driver *n.* تیرکوب
piles (*pailz*) *npl.* بواسیر
pil'fer (*-fə*) *vi.* & *vt.* (۱) دله دزدی‌کردن ، ناخنك‌زدن (۲) دزدیدن
pil'ferage (*-rij*) *n.* دله دزدی
pil'ferer (*-rə*) *n.* دله دزد
pil'grim *n.* زوّار - مسافر
pil'grimage (*-mij*) *n.* زیارت
go on p. (به) زیارت رفتن
pill *n.* حبّ - دانه
pillage (*pil'ij*) *n.* & *vt.* (۱) غارت، چپاول (۲) غارت یا تاراج‌کردن
pil'lager (*-jə*) *n.* غارتگر
pillar (*pil'ə*) *n.* ستون - پایه - [مج] ستون ، حامی
from p. to post سرگردان ، این در وآن در زن
pil'lar-box *n.* صندوق ستونی پست در خیابان
pill'-box *n.* قوطی حب -آشیان مسلسل
pillion (*pil'iən*) *n.* جای اضافی در موتور سیکلت - [بیشتر] زین زنانه یا دشك‌چه برای دو ترکه سوار شدن
pillory (*pil'əri*) *n.* & *vt.* (۱) چارچوبی که سوراخ هایی داشت و

سرو دست گناه‌کاران را درآن سوراخ‌ها نگاه میداشتند ، قـاپوق (۲) بقاپوق بستن - [مج] رسوا کردن

pillow (*pil'ou*) *n.* & *vt.* (۱) بالش و متکای چارگوش (۲) روی بالش نهادن

pillow-case ; -slip *n.* روه متکا ، رویهٔ بالش

pi'lot (*pai'lət*) *n.* & *vt.* (۱) [درکشتی] رهنما ، بلد - [در هواپیما] خلبان (۲) راهنمایی کردن - راندن

pi'lot-cloth *n.* قسمی پارچه بالتوی پشمی و آبی رنگ

pi'lot-engma *n.* لوکوموتیف راهنما

pimen'to (*-tou*) *n.* فلفل فرنگی شیرین

pimp *n.* جاکش

pim'ple *n.* جوش - کورك

pim'pled *a.* کورك‌دار

pim'ply *a.* کورك‌دار - جوش مانند

pin *n.* & *vt.* [-ned] (۱) سنجاق - میخ (محور) - گوشی ساز (۲) سنجاق کردن - وصل کردن - یك‌جا نگاه داشتن

Don't care a p. هیچ‌درفکرش نباش

pins and needles سوزن سوزنی شدن اندام خواب رفته

p. down a person to his promise کسیرا ملزم به‌ایفای وعده کردن

p. up - چسباندن (آگهی) - پی‌بندی کردن (دیوار)

pin'afore (*-əfɔ:*) *n.* پیش بند

pince-nez *n.* [Fr.] عینك فنری یا بیدسته ، عینك دماغی

pin'cers *npl.*
a pair of p. } گازانبر

pinch *n.* & *vt.* (۱) نیشگان - یك انگشت (نمك یا انفیه) - [مج] فشار ، تنگی (۲) نیشگان گرفتن - فشار دادن - بیرون کشیدن - کش رفتن - دستگیر کردن

come to the p. سخت شدن ، بحرانی شدن

I pinched my finger. انگشتم (لای در) له شد

We were pinched for want of room. جای ما خیلی تنگ بود

That is where the shoe pinches. اشکال درهمین جا است

pin'-cushion *n.* جاسنجاقی ، بالشتك

pine (*pain*) *n.* درخت کاج (وجنس آن)

pine (,,) *vi.* لاغر یا ضعیف شدن ، غصه خوردن - آرزو داشتن

p. for home دلتنگی برای‌وطن کردن

pine'-apple *n.* آنا ناس

pine'-cone *n.* میوهٔ کاج ، جوز کلاغ

pine'-needle *n.* برگ (سوزنی) کاج

ping *n.* & *vi.* غژ (کردن)

ping'-pong (*-pɔng*) *n.* پینگ پونگ ، تنیس رومیزی

pin'ion (*-ən*) *n.* & *vt.* (۱) چرخ دندانهٔ کوچك - نوك بال- شهپر (۲) نوك بال (مرغی) را چیدن - کت بستن

pink *n.* & *a.* (۱) گل میخك - زردکمرنگ - [مج] بهترین نمونه ،کمال (۲) میخکی رنگ

in the p. [Col.] خوب خوب

pink *vt.* سوراخ (سوراخ) کردن - ژور زدن [''ژور،، لفظ فرانسه است] ، چشم بلبلی کردن

pin'-money *n.* پول توجیبی که بزن داده میشود

pinnace (*pin'əs*) *n.* یکجورکرجی که وابسته بکشتی (جنگی) است

pinnacle (*pin'ək'l*) *n.* & *vt.* (۱) برج کوچك مخروطی یا هرمی در سقف‌عمارت - [مج] اوج ، منتها (۲) در نوك‌عمارت جادادن - [مج] باوج‌رساندن

pinnate (*pin'eit*) *a.* دارای‌برگهای روبرو در دوطرف برگدم ، پرمانند

pinny (*pin'i*) *n.* [مخفف pinafore بزبان کودکان]

pin'-prick *n.* سوراخ - [مج] خار در پیراهن

pint (*paint*) *n.* پاینت : پیمانه‌ای

که هشت تای‌آن برابر است با یك‌گالن

pioneer (*paiəni'ə*) *n.*, *vi.*, & *vt.* (۱) سرباز مهندس ، بیل‌دار - [مج] پیشقدم - پی گرد (۲) مهندسی برای ارتش کردن(۳) مهیا کردن ، صاف کردن

pious (*pai'əs*) *a.* دین‌دار ، پرهیزکار

p. foundation خیریه ، اوقاف

pi'ously *adv.* از روی دینداری

pip *n.*, *vt.*, & *vi.* [-ped] (۱) دانه - تخمه - هسته - خال - ستارهٔ سر دوشی (۲) با رأی منفی رد کردن - تیر زدن - درآمدن از (تخم) - (۳) جیك جیك کردن

give some one the p. کسیرا بکر یا افسرده کردن

pipe (*paip*) *n.*, *vt.*, & *vi.* (۱) لوله - نی - [درجمع] نی انبان - سوت رئیس کارگران کشتی - تیپچه - پیپ [لفظ فرانسه] - بشکه شرابی بزرگ (۲) در نی (لحنی‌را)زدن - باتیپچه کشیدن (پرنده) - لوله کشی کردن - مغزی گذاشتن (در) - (۳) سوت یاجیغ زدن

p. one's eye گریه کردن

p. up زدن یاخواندن آغاز کردن - باسوت احضار کردن

pipe'-clay *n.* w *vt.* (۱) گل سفید ،گل‌پیپ‌سازی (۲) باگل پاك کردن

pipe'ful *n.* آنچه دریك پیپ جاگیرد

pipe'-layer *n.* لوله کش

pipe'-laying *n.* لوله کشی

pipe'-organ *n.* ارگ‌لوله‌ای یا نی‌دار

piper (*pai'pə*) *n.* نی زن

pi'ping *n.* & *a.* (۱) نی زنی - صدای نی - جیغ - مجموع لوله‌ها - مغزی (۲) تیز [p. voice]

p. hot فوق‌العاده گرم

p. times ایام عیش و نوش وآرامش

pip'pin *n.* یکجور سیب

pi'quancy *n.* تندی - [مج] گوشه

piquant (*pi':kant* ; *-kənt*) *a.* تند و بامزه -گوشه‌دار

pique (*pi:k*) *vt.* & *n.* (۱) برخوردن به - تهییج کردن (۲) رنجش

take a p. against رنجیدن از

p. one's curiosity حس کنجکاوی شخص را انگیختن

p. oneself on به (چیزی) بالیدن

piquet (*pik'-*) *n.* قسمی بازی ورق

piquet = **picket**

pi'racy (*-rəsi*) *n.* دزدی دریایی

pirate (*pai'rət*) *n.* & *vt.* (۱) دزد دریایی -کشتی دزدان دریایی (۲) بی اجازه از روی (کتابی) چاپ کردن

pirat'ical (*-k'l*) *a.* در خور دزدان دریایی یامربوط به‌آنها - تقلبی

pirouette (*-ruet'*) *n.* چرخ روی پاشنه پا

pish *int.* اه ، تف - آه

piss *n.* & *vi.* شاش (کردن)

pistachio (*-tash'io*) *n.* پسته

pis'til *n.* مادگی ، آلت مادهٔ گل

pis'tol (*-t'l*) *n.* & *vt.* [-led] (۱) تپانچه ، پیشتاب (۲) تپانچه‌زدن (به)

pis'ton (*-tən*) *n.* سنبه ، پیستون - [در زبان عامیانه] پیستون ، حامی

pis'ton-rod *n.* میلهٔ سنبه

pit *n.* & *vt.* [-ted] (۱) گودال ، چـاله ، حفره - چاه - کف زمین [در تماشاخانه]- [مج]دوزخ - دام ، تله (۲) در گودال انداختن یا اندوختن - بجنگ انداختن [درگود] - چاله‌دار کردن [رجوع شود به pitted]

pit'-a-pat' (*-ə-*) *adv.* & *n.* (۱) درتپش - دراهتزاز (۲) تپش - اهتزاز

go p. تپیدن

pitch (*pich*) *n.* & *vt.* (۱) زِفت (۲) با زفت اندودن ، قیراندود کردن

pitch ('') *vt.* & *vi.* (۱) زدن یا نصب کردن(خیمه) -کوك کردن- انداختن (۲) سرازیر شدن ، پرت شدن

p. in جداً دست بکار شدن

p. into به (خوراك) حمله کردن
p. upon انتخاب کردن
p. a yarn {Col.} قصه گفتن
p. and toss شیر یاخط کردن سکه‌ها و انداختن آنها بطرف نشانی
pitch *n.* [مج] دانگ (صدا) - اوج ، درجه - جای بساط پهن کردن - انداختن گوی یاچیز دیگر- شیب (سقف) - فاصله
queer a person's p. نقشه کسیرا باطل کردن ، انگشت بشیر زدن
pitch'-dark *a.* قیرگون : سیاه
pitched *ppa.* حسابی ، تهیه دیده
pitcher (*pich'ə*) *n.* سبو - کوزه - گو انداز - بساط پهن کن
pitch'fork *n.* & *vt.* (۱) دوشاخه ، شانه ، پنجه (۲) با دوشاخه یا چنگال انداختن (یا بلند کردن) - [مج] بزور جا دادن
pitch'-pine *n.* کاج قیری
pitchy (*pich'i*) *a.* زفتی - قیرگون
pit'eous (*-iəs*) *a.* رقت انگیز
pit'fall *n.* گودال سرپوشیده - دام
pith *n.* مغز - مغز تیره ، مغز حرام - [مج] جوهر ، لُب - نیرو - اهمیت
pith'ily *adv.* بطور مغزدار یا لُب
pith'y *a.* مغزدار - مغز مانند - [مج] لب ، مختصر و مفید - مؤثر
pit'iable (*-iəbl*) *a.* رقت انگیز ، قابل ترحم - سزاوار سرزنش
pit'iful *a.* رقت انگیز ، اسف آور - پست ، سزاوار نکوهش - رحیم
a p. excuse عذر بدتر ازگناه
pit'iless *a.* بیرحم - بیرحمانه ، سخت
pit'ilessness *n.* بیرحمی ، سخت دلی
pittance (*pit'əns*) *n.* پول اندك، مقرری کم - خوراك کم
pit'ted *ppa.* چاله‌دار ، مجدر
p. with small-pox آبله دار
pity (*pit'i*) *n.* & *vt.* (۱) دلسوزی، رقت ، ترحم است ، (۲) ترحم کردن بر

I felt p. for him. دلم برایش سوخت ، دلم بحالش رحم آمد
take p. on رحم کردن به (کسی)
It is a p. حیف است. جای تاسف است
What a p. حیف ؛ چقدر حیف شد
piv'ot (*-ət*) *n.*, *vt.*, & *vi.* (۱) محور ، آسه - قطب ، مدار - پاشنهٔ در (۲) بر محور گرداندن یا قرار دادن (۳) (روی محور) گردیدن
piv'otal (*-təl*) *a.* محوری - اساسی
pixie = **pixy**
pixy (*pik'si*) *n.* جنی کوچك
placard (*plak'a:d* بلکاد) *n.* & *vt.* (۱) آگهی (دیواری) - (۲) آگهی روی (دیوار) چسباندن ، به دیوار زدن (آگهی) - اعلان کردن
placate (*pleikeit'* ; *plə-*) *vt.* تسکین دادن - باخود همراه کردن
place (*pleis*) *n.* & *vt.* (۱) جا ، مکان ، محل - منزل - [ر] مرتبه - [مج] مقام (۲) قراردادن ، گذاشتن - گماشتن
p. of worship پرستش گاه
make p. جا (یا راه) بازکردن
men of p. صاحبان مقام یامنصب
out of p. بیجا ، بیمورد - جابجا شده
in the first p. اولاً
take p. رُخ دادن ، واقع شدن
take some one's p. جای کسیرا گرفتن
give p. to جای خود را به . . . دادن
p. an order سفارش دادن
p. confidence in (*or* on) اعتماد کردن به
I cannot p. you. نمیدانم کجا شما را دیده‌ام
placid (*plas'-*) *a.* آرام - متین
placid'ity *n.* ملایمت - متانت
plagiarism (*plei'jərizm*) *n.* انتحال ، دزدی تألیفات یا اختراعات
pla'giarist *n.* دزد ادبی ، منتحل

pla'giarize (*-jəraiz*) *vt.* انتحال کردن

plague (*pleig*) *n.* & *vt.* (۱) طاعون - بلا ، آفت (۲) آزار کردن ، بستوه آوردن- دچار (طاعون) کردن

P. on it! مرده شور(ش) ببرد

plaguy (*plei'gi*) *a.* آزارنده

plaice (*pleis*) *n.* ماهی بهن ، ماهی بیچ

plaid (*plad* ; *pleid*) *n.* & *a.* (پارچه یا شنل) پیچازی

plain (*plein*) *a.* & *n.* - (۱) ساده - روشن ، آشکار - بی تزویر - صریح - زشت ، بی نمك - [در لباس] معمولی ، غیرنظامی (۲) جلگه ، دشت

plain'ly *adv.* (بطور) ساده ، بطور واضح - پوست کنده ، صریحاً

plain'ness *n.* سادگی - روشنی ، وضوح - رُك گویی - زشتی ، بی نمکی

plain'-spoken = **outspoken**

plaint *n.* اتهام - ناله - شکایت

plaintiff (*plein'tif*) *n.* مدعی ، خواهان

plain'tive (*-tiv*) *a.* گله آمیز - غم انگیز

plait (*plat*) *n.* & *vt.* (۱)گیس ِ بافته - نوار بافته (۲) بافتن [تلفظ امریکایی این کلمه *pleit* است]

plan *n.* & *vt.* [-ned] (۱) نقشه ، طرح - تدبیر (۲) طرح یا نقشه (چیزی را) کشیدن - درنظر داشتن ، درصدد بودن

plane (*plein*) *n.* چنار (وجنس آن)

plane (,,) *n.* & *vt.* رنده (کردن)

plane (,,) *n.* & *a.* (۱) سطح ِ مستوی ، سطح هموار - (بال) هواپیما - [مج] تراز ، سطح (۲) مستوی ، مسطح

inclined p. سطح مورّب (یا مایل)

p. geometry هندسهٔ مسطحه

plane (,,) [مختصر aeroplane]

plan'et (*-it*) *n.* سیاره

plan'etary (*-itəri*) *a.* سیاره‌ای - سیاره‌وار - دربدر [p. life] - سرگردان

plan'gent (*-jənt*) *a.* برصدا ، صدا پیچ شونده - ارتعاش کننده

plank *n.* & *vt.* (۱) الوار ، تیر ارّه شده - [مج] قسمت مهم مرام سیاسی (۲) تخته پوش کردن

p. down [Sl.] اخ کردن : نقدادادن

plan'king *n.* الوار - تخته بندی

plant (*pla:nt*) *n.* گیاه - دستگاه ، ماشین

in p. رویان ، درحال رشد

plant (,,) *vt.* نشاندن ، کاشتن ، غرس کردن - کارگذاشتن ، نصب کردن - تأسیس کردن - مستقر کردن

p. out نشا کردن - در فواصل معین کاشتن

p. oneself مستقر شدن

plan'tain (*-tin*) *n.* بارهنگ - موز

plantation (*-tei'shən*) *n.* نهالستان - کشت‌زار - کوچ نشین - مستعمره

plan'ter (*-tə*) *n.* کشت کننده ، کشت‌زار نشین - آلت کشت

plaque (*pla:k* ; *plak*) *n.* صفحه ، پلاك [لفظ فرانسه]

plash *n.*, *vi.*, & *vt.* (۱) ترشح (۲) ترشح کردن (۳) مترشح ساختن

plash'y *a.* دارای دست انداز و باطلاق

plaster (*pla:s'tə*) *n.* & *vt.* (۱) ضماد یا مشمع - اندود (آهك و ماسه ولویی) - گچ - چسب (۲) اندودن - مشمع انداختن

p. of Paris گچ (شکسته بندی)

plas'terer (*-rə*) *n.* اندودگر

plas'tic *a.* پلاستیك [لفظ فرانسه] ، شکل پذیر ، خمیری - نرم

p. arts صنایع پلاستیکی یا قالبی

p. surgery جراحی ترمیمی

plasticity (*-tis'iti*) *n.* شکل پذیری ، حالت چیز پلاستیك ، نرمی ،

قوهٔ متمدده ومتشکله

plate (*pleit*) *n.* & *vt.* (۱) بشقاب ـ ظرف ـ صفحه ، ورقه ـ پلاك {لفظ فرانسه} ـ شیشه {در عکاسی} ـ کلیشه {لفظ فرانسه} ـ فنجان ، جایزه ـ عکس ، تصویر (۲) آب دادن ، روکش کردن ـ فلزپوش یا زره پوش کردن

p. glass شیشه سنگ ، شیشهٔ تخته‌ای

plateau (*-tou'*) *n.* {- teaus ; -teaux (*touz*)} فلات ، جلگه مرتفع

pla'ted *ppa.* آب داده ، روکش‌دار

plate'ful *n.* (مظروف یك) بشقاب

plate'-layer (*-leiə*) *n.* متصدیِ تعمیرات خط آهن

plat'form (*-fɔ:m*) *n.* سکو ـ صحن ـ {در راه آهن} فرودگاه ـ {مج} (۱ ـ با the) سخن رانی (۲) مرام ، خط مشی

pla'ting *n.* روکش سیم و زر ، آب نقره یا آب طلا ـ روکش کاری

plat'inum (*-nəm*) *n.* پلاطین {لفظ فرانسه}

plat'itude (*-tiu:d*) *n.* بی مزگی ، عدم لطافت ، خنکی ـ سخنِ عاری از لطافت

Plato (*plei'tou*) *n.* افلاطون

Platonic (*plətɔn'ik*) *a.* افلاطونی ـ بی‌آلایش ، پاك {p. love} ـ {در زبان‌توده} لفظی ، غیرعملی ، بی‌آزار

Platonism (*plei'tənizm*) *n.* حکمت یا اصول افلاطون ـ عشقبازیِ بی آلایش

platoon (*plətu:n'*) *n.* {نظ} دسته ، رسد

platter (*plat'ə*) *n.* سینی (چوبی)

plaudit (*plɔ':-*) *n.* هلهله ، صدای آفرین {بیشتر بصیغه جمع}

plausibil'ity *n.* موجه نمایی

plausible (*plɔ':zibl*) *a.* موجه نما ـ حق بجانب ، خوش ظاهر

plau'sibly *adv.* بطور موجه نما

play (*plei*) *vi.* & *vt.* (۱) بازی کردن ـ ساز زدن ـ حرکت آزاد داشتن {در ماشین‌آلات} ـ ور رفتن (۲) بازی کردن با ـ نواختن، زدن ـ نقش(کسی)را ایفا کردن

p. on the violin ویولن زدن

p. at بطور غیرجدی مشغول (کاری) شدن ـ وانمود کردن

p. away ببازی گذراندن ـ باختن

They p. into each other's hands. نان بهم قرض میدهند ، باهم تبانی دارند

p. off از سر خود وا کردن (و بجان دیگری انداختن)

P. up. درست وحسابی بازی کنید

p. up to چاپلوسانه تشویق کردن ـ هوای (هنر پیشه دیگر) را داشتن و باو کمك کردن

p. on سوء استفاده کردن از

p. upon words جناس بکار بردن

p. a joke حیله شوخی‌آمیز بکار بردن

p. fair مردانه معامله یا بازی کردن

p. foul نامردی کردن ، نارو زدن

be played out پاك خسته شدن ـ نیروی خود را از دست دادن

play (,,) *n.* بازی ـ شوخی ـ نمایش ـ نمایش‌نامه ـ میدان (حرکت) ـ مجال

bring into p. استفاده کردن از

come into p. روی کار آمدن

p. on words جناس ، تجنیس

in p. بشوخی ـ بطور غیرجدی

as good as a p. تماشائی

play'-bill *n.* آگهی نمایش

play'-book *n.* نمایش‌نامه

player (*plei'ə*) *n.* بازیکن(رسمی) ـ قمارباز ـ نوازنده ـ بازیگر

play'-fellow = playmate

play'ful *a.* بازی وخنده‌کن ـ شوخی‌آمیز ـ بذله‌گو

play'goer *n.* نمایش‌برو ، تماشارو
play'ground *n.* زمین بازی (مدرسه)
play'house *n.* تماشاخانه ـ خانه بچگانه برای کودکان [اصطلاح امریکائی]
play'ing-card *n.* ورقِ بازی ، برگ
play'ing-field *n.* میدانِ بازی
play'let *n.* نمایش (نامه) کوچك
play'mate (*-meit*) *n.* همبازی
play'thing *n.* بازیچه ، ملعبه
play'time *n.* وقت بازی یاتفریح
play'wright (*-rait*) *n.* نویسندهٔ نمایش نامه ، درام نویس ، پیس نویس [''درام'' و ''پیس'' فرانسه هستند]
plaza (*pla':zə*) *n.* [Sp.] میدان
plea (*pli:*) *n.* مدافعه ـ بهانه ، عنوان ـ درخواست
under the p. of بعنوانِ ، به‌بهانهٔ
plead (*pli:d*) *vi.* & *vt.* (۱) دفاع کردن ـ محاجه کردن ـ درخواست یا التماس کردن (۲) دفاع کردن از ـ عنوان کردن ، انگیختن (بهانه)
p. for . . . تقاضایِ . . . را کردن
p. with درخواست یا التماس کردن به
p. guilty اقرار بجرم کردن
p. not guilty اقرار بجرم نکردن
plea'der (*-də*) *n.* مدافع ، دادخواه
plea'ding *n.* مدافعه ـ محاجه ـ [در جمع] صورت دعوای طرفین
pleasant (*plez'nt*) *a.* باصفا ـ مطبوع ـ خوش مشرب ، بامزه ـ بشاش
pleas'antly *adv.* بطور مطبوع ـ بطور دلگشا ـ با خوش مشربی
pleas'antness *n.* مطبوعیت ـ صفا ـ خوشی ـ خوش مشربی ـ بشاشت
pleasantry (*plez'əntri*) *n.* شوخی ، بذله
please (*pli:z*) *vt.* خوشنود یا راضی یا ممنون کردن ـ پسند آمدن
P. close the door. بیزحمت (یا خواهش دارم) دررا ببندید
hard to p. دیر راضی‌شو
P. God (اگر) خدا بخواهد ، انشاءالله
I p. to خوش‌دارم (یادلم‌می‌خواهد) که
as you p. هرطور میل شما است
if you p. اگر زحمت نیست، بیزحمت
p. yourself هرچه میخواهیدبکنید ، هر طور میل دارید رفتار نمائید
be pleased with خوشوقت یا راضی شدن از
He was pleased to hear it. از شنیدن آن خوشوقت شد
pleasing (*pli':zing*) *apa.* خوش‌آیند ـ خوش ـ بشاش ـ باصفا
pleasurable (*plezh'ərəbl*) *a.* فرح بخش ، لذت بخش
pleasure (*plezh'ə*) *n.* خوشی ـ مسرت ـ لذت ـ خوش‌گذرانی ، عیاشی ـ مایه لذت ـ دلخواه ـ میل
a man of p. آدم خوش‌گذران
take p. in لذت بردن از
We have p. in informing you . . . خوشوقتیم که اطلاع دهیم
at p. برحسب دلخواه یامیل
with p. با (کمال) میل ـ بچشم
plea'sure-ground *n.* تفرجگاه
pleat (*pli:t*) *n.* & *vt.* (۱) تاه ، تا ، چین (۲) تاه زدن
plebeian (*pli:bi':ən*) *n.* & *a.* (۱) عضو طبقهٔ عوام [در رم قدیم] ، رنجبر (۲) عوامانه ـ عامی
plebiscite (*plebisit*) *n.* آراء عمومی ، رأی عموم اهالی
plebs (*plebz*) *npl.* توده ، عامه ، عوام [با the]
plec'trum (*-trəm*) *n.* مضراب
pledge (*plej*) *n.* & *vt.* (۱) گرو ، وثیقه ـ پیمان ، قول (۲) گروگذاشتن ـ دادن (قول) ـ بسلامتی (کسی) نوشیدن
take out of p. ازگرو درآوردن

under p. of secrecy با قول ِ پوشیده داشتن موضوع
p. one's honour قول شرف دادن
Pleiades (*plai'ədi:z*) *npl.* پروین ، ثریا
plenary (*pli':nəri*) *a.* کامل ، تام - با حضور همهٔ اعضا منعقد شده
plenipotentiary (*-pəten'shəri*) *a.* مختار ، دارای اختیار (تام)
Minister P. وزیر مختار
plen'itude (*-tiu:d*) *n.* پُری - تمامیت - وفور
plen'teous (*-tiəs*) *a.* فراوان - بار آور ، پر ثمر
plen'tiful *a.* فراوان ، زیاد ، بسیار ، وافر ، کافی - پُر (از نعمات گوناگون)
plen'tifully *adv.* (بطور) فراوان
plen'ty (*-ti*) *n.* فراوانی - مقدار کافی
p. of time وقت ، وقت کافی
in p. فراوان ، زیاد
plethora (*pleth'ərə*) *n.* کثرت (گلبولهای قرمز) خون
pleurisy (*plu'ərisi*) *n.* ذات الجنب
plexus (*plek'səs*) *n.* خلط ، شبکه (عصب یارگ) - [مج] ترکیب
pliabil'ity = pliancy
pliable (*plai'əbl*) *a.* انعنا پذیر ، خم شو - [مج] نرم ، زود راضی شو
pli'ancy (*-ənsi*) *n.* خم‌پذیری - نرمی
pliant (*plai'ənt*) *a.* خم‌شو - [مج] نرم
pliers (*plai'əz*) *npl.* انبردست
plight (*plait*) *n.* & *vt.* (۱) وضع (بد) - (۲) گرو گذاشتن [درمعنی مجازی] - دادن (قول) - متعهد کردن
be in a sad p. گرفتار بودن ، وضع ناجوری داشتن
p. oneself to a person پیمان نامزدی باکسی بستن
plim'solls (*-sɔlz*) *npl.* قسمی گیوهٔ تخت لاستیکی

plinth *n.* پایهٔ ستون - ازاره
plod (*plɔd*) *vi.* & *vt.* [-ded] (۱) بسختی راه رفتن - سخت کار کردن (۲) بسختی (راه خود را) پیدا کردن
plod'ding *a.* کند و زحمت‌کش
plop (*plɔp*) *adv.* & *vi.* [-ped] (۱) باصدای تلپ (۲) تلپی (*telep'i*) افتادن
plot (*plɔt*) *n.*, *vt.* & *vi.* [-ted] (۱) پارچه ، قطعه (زمین) - نقشه ، طرح - توطئه (۲) نقشه (چیزیرا) کشیدن ، طرح (ریزی) کردن (۳) توطئه چیدن
plotter (*plɔt'ə*) *n.* توطئه چیننده
plough (*plau*) *n.*, *vt.*, & *vi.* (۱) گاوآهن - شخم - زمین شخم زده (۲) شخم زدن ، شیار کردن - شکافتن ، باز کردن - [د.گ] مردود کردن (۳) شخم زدن - [د.گ] مردود شدن
the P. دب اکبر
put one's hand to the p. مبادرت بکاری کردن
p. the sands بادپیمودن
plough'boy *n.* بچه‌ای که گاو یا اسب را در شخم زنی میراند
plough'man *n.* [-men] شخم زن
plough'share (*-shêə*) *n.* خیش ، تیغه ، بیل
plover (*plʌv'ə*) *n.* مُرغ باران
plow [plough املای امریکایی]
pluck (*plʌk*) *vt.*, *vi.*, & *n.* (۱) کندن - چیدن - پر کندن - مردود کردن (۲) [با at] کشیدن (۳) کشش - دل‌وجگر و شش - [مج] دل ، جرأت
p. up courage دل بخود دادن
give a p. at کشیدن
plucky (*plʌk'i*) *a.* پردل ، باجرأت ، جسور
plug (*plʌg*) *n.* & *vt.* [-ged] (۱) توپی - در ، سر - [در برق] دوشاخه (۲) توپی در (چیزی) گذاشتن ،

بستن [بیشتر با up]
p. (*vi.*) away at some work در سرِ کاری جان کندن
p. in دوشاخه را در پریز گذاشتن ["پریز" لفظ فرانسه است]
plum (*plʌm*) *n.* آلو - گوجه - کشمش پلوی - [مج] چیز خیلی خوب یاعالی، "بست خوب ["بست" فرانسه است]
plumage (*plu':mij*) *n.* پروبال
plumb (*plʌm*) *n.*, *a.*, *adv.*, & *vt.* (۱) گلولهٔ سربی ، شاقول (۲) عمودی - [مج] درست - صرف (۳) عموداً - عیناً - کاملاً (٤) شاقول کردن - ژرف پیمایی یا تعمیق کردن - [مج] بکنه (چیزی) پی بردن
out of p. غیرعمودی - [مج] ناراست
plumbago (*plʌmbei'gou*) *n.* سرب سیاه ، گرافیت [لفظ فرانسه]
plumber (*plʌm'ə*) *n.* لوله کش [درخانه ها] ، سرب کار
plum'bery (*-ri*) *n.* لوله کشی
plumbing (*plʌm'ing*) *n.* لوله کشی (خانه) - مجموع لوله ها و منبع ها در خانه
plumb'-line *n.* ریسمان کار ، شاقول
plum'-cake *n.* کیك کشمش دار
plume (*plu:m*) *n.* & *vt.* (۱) پر - پرِ آرایشی ، پرکلاه (۲) (با پر) آراستن - (پر خودرا) صاف کردن
borrowed plumes پیرایهٔ عاریه
plume oneself on به (چیزی) بالیدن یا فخر کردن
plummet (*plʌm'it*) *n.* گلولهٔ سربی - ریسمان کار - آلتِ ژرف پیمایی
plump (*plʌmp*) *a.* & *v.* (۱) گوشتالو (۲) فربه کردن یاشدن [با out یا up]
plump (,,) *vi.*, *vt.*, *n.*, & *a.* (۱) تلپی افتادن (-*telep'i*) - (۲) تلپی انداختن (۳) (افت با) صدای تپ یا تلپ (٤) مستقیم
vote p. for رأی بیك نفر دادن
plunder (*plʌn'də*) *n.* & *vt.* (۱) غارت (۲) غارت کردن
plun'derer (*-rə*) *n.* غارتگر
plunge (*plʌnj*) *vt.*, *vi.*, & *n.* (۱) فرو بردن (۲) فرو رفتن ، شیرجه رفتن - [در اسب] سر خود را کشیدن - غوطه ور شدن (۳) غوطه - شیرجه
take the p. دل بدریا زدن
plunged in غرقِ ، گرفتارِ
pluperfect (*plu':pə':fikt*) *n.* ماضی بعید
plural (*plu'ərəl*) *n.* & *a.* جمع
in the p. درجمع ، بصیغه جمع
the p. number (صیغه) جمع
plu'ralism (*-lizm*) *n.* دارا بودن بیش از یك منصب [درکلیسا]
plural'ity (*-ti*) *n.* تعدد - اکثریت
plus (*plʌs*) *prep.*, *a.*, & *n.* (۱) بعلاوه ، باضافهٔ (۲) مثبت - اضافی (۳) نشان بعلاوه - مقدار اضافی یا مثبت
plus-fours' *npl.* شلوارگلف
plush (*plʌsh*) *n.* مخمل نخ و ابریشم یا "پرکرك
plutocracy (*plu:tɔk'rəsi*) *n.* حکومت دولتمندان - توانگران زمامدار
plu'tocrat *n.* توانگر با نفوذ
plutocrat'ic *a.* مربوط به حکومت توانگران
ply (*plai*) *n.* لا [درطناب] ، رشته
three-ply board تختهٔ سه لا
ply (,,) *vt.* & *vi.* (۱) ساعیانه بکار بردن - جداً تعقیب کردن - حمله کردن به (۲) رفت وآمد کردن - منتظر مشتری یامسافر شدن - سخت کوشیدن
p. with questions سوال پیچ کردن
p. some one with drink باصرار نوشابه بکسی تعارف کردن
ply'-wood *n.* تخته چند لا
P. M. = post meridiem [L.]

بعد ازظهر

pneumat'ic (*niu:-*) *a.* بادی - هوایی - هوادار ، پر باد

p. tire لاستیك (باددار) اتومبیل

p. dispatch بردن بسته‌های امانتی با لوله بوسیله هوای فشرده

pneumonia (*niu:mou'niə*) *n.* ذات‌الریه ، سینه پهلو

P. O. [post-office مخففِ]

poach(*pouch*) *vt.* بی پوست آب‌پز کردن [p. eggs]

poach (,,) *vt.* & *vi.* (۱) برخلاف قانون شکار کردن (۲) تجاوز کردن

p. on another's preserves [مج] مشتری دیگری را ربودن

poacher (*pou'chə*) *n.* شکار دزد

pock (*pɔk*) *n.* آبله - جای آبله

pocket (*pɔk'it*) *n.*, *a.*, & *vt.* (۱)جیب -کیسه توری [درمیز بیلیارد]- گودال - چاه هوایی (۲) جیبی [p. knife] - (۳) درجیب گذاشتن - بجیب زدن - تحمل کردن ، زیرسبیل در کردن

in p. سود برده

out of p. ضرر کرده

out-of-p. expenses هزینه واقعی که پول آن ازجیب شخص درآمده باشد

p. one's pride خود را از تنگ و تا نینداختن

pock'et-book *n.* کیف یادفتر بغلی

pock'etful *n.* آنچه یك جیب را پر کند

pock'et-money *n.* پول (تو) جیبی

pock'-mark *n.* (جای) آبله

pock'-marked *a.* آبله‌دار

pod (*pɔd*) *n.*, *vi.*, & *vt.* (۱) نیام ، غلاف ، تخم دان - پیله - کیسه ، نافه - [در پنبه] غوزه (۲) تشکیل غلاف دادن (۳) ازپوست یا غلاف درآوردن

pod'ded *a.* نیام‌دار ، غلاف‌دار

podgy (*pɔj'i*) *a.* خپل ،گوشتالو

poem (*pou'im*) *n.* شعر ، منظومه

prose p. شعر منثور

po'esy (*-isi*) [Arch.] = poetry

poet (*pou'it*)*n.* شاعر

po'etess [*fem. of* poet] شاعره

poet'ic(al) (*-ik'l*) *a.* شعری - شاعرانه - شاعر پیشه

p. works دیوان (شعر)

po'etry (*-ri*) *n.* شعر ، نظم - فن شاعری

pogrom (*pɔg'rɔm*) *n.* [Rus.] قتل عام منظم

poignancy (*pɔi'nənsi*) *n.* تیزی -گوشه (دار بودن)

poignant (*-nənt*) *a.* تند ، تیز - سخت - زننده ، نیشدار ، گوشه‌دار

point (*pɔint*) *n.* نوك - نقطه - ممیز - نکته - (اصل) موضوع ، مقصود - محل ، مرکز ، جهت - مرحله ، حد - لطف [در مطلب] - اثر - دماغهٔ بلند ، رأس - سوزن دوراهی - (واحد) بازی

at the p. of درشرفِ ، در دمِ

at the p. of the sword بدم شمشیر

p. of interrogation نشان‌استفهام

on the p. of در شرف

to the p. مربوط بموضوع ، بجا

not to the p. خارج ازموضوع

carry (*or* **gain**) **one's p.** بمقصود خود رسیدن - حرف خود را بکرسی نشاندن

off (*or* **away from**) **the p.** از مرحله پرت

not to put too fine a p. on it بی‌پرده یا بی‌رودربایستی حرف زدن

come to the p. به‌اصل موضوع پرداختن - بمرحله عمل رسیدن

in p. درخور ، بجا ، مناسب

in p. of fact در واقع

make a p. نکته‌ای را ثابت کردن

make a p. of مهم دانستن - تأیید کردن
p. of view (نقطه) نظر - لحاظ
point (,,) *vt.* & *vi.* (۱) تیز یا نوك دار کردن - بندکشی کردن - نشان کردن (تفنگ) - متوجه ساختن - نقطه گذاری کردن - نکته دار یا گوشه دار کردن - اعراب گذاشتن (۲) اشاره کردن - دلالت کردن - متوجه بودن ، رو کردن
p. out خاطرنشان کردن - نشان دادن
p. off با میز جدا کردن
point'-blank *a.* & *adv.* (۱) رو به نشان ، مستقیم ، افقی - [مج] رك (۲) بطور افقی ، مستقیماً - [مج] بی ملاحظه ، رك - بطور قطعی
point'-duty *n.* پاسداری ثابت
poin'ted *ppa.* نوك دار - کنایه دار
poin'ter (*-tə*) *n.* شاهین ترازو - عقربه - خطکش بلند - تولهٔ ماهرخ - اشاره کننده - نشان گیرنده - بندکش
point'less *a.* بی موضوع - بی لطف
points'man (*-mən*) *n.* [-men] سوزن بان - راهنمای عبور و مرور
poise (*pɔiz*) *n.*, *vt.*, & *vi.* (۱) موازنه - بی جنبشی در نتیجهٔ موازنه کامل - وضع (۲) بحالت موازنه درآوردن (۳) بحالت موازنه درآمدن - بیحرکت ماندن
poison (*pɔi'zn*) *n.* & *vt.* (۱) زهر ، سم - [مج] مایه فساد (۲) زهر دادن ، مسموم یا زهرآلود کردن - آلوده کردن - مشوب کردن
take p. زهر خوردن
poi'sonous (*-zənəs*) *a.* سمی - زهردار - زهرآلود - [مج] مضر (برای اخلاق)
poke (*pouk*) *vt.*, *vi.*, & *n.* (۱) سیخ زدن - هل دادن - سُك زدن (۲) گشتن [با about] - کنجکاوی کردن (۳) سُك - [درلهجه ولایتی] کیسه ، گونی
p. one's nose فضولانه دخالت کردن
p. fun at مسخره کردن
buy a pig in a p. ندیده معامله کردن ، نادیده خریدن
poke'-bonnet *n.* کلاه لبه دار زنانه
po'ker (*-kə*) *n.* سیخ (بخاری) - پوکر : آس امریکایی
po'ker-face *n.* [Sl.] قیافهٔ ثابت و غیر حساس
poky (*pou'ki*) *a.* پست - خفه - تنگ - تنبل [اصطلاح امریکایی]
Poland (*pou'lənd*) *n.* لهستان
polar (*pou'lə*) *a.* قطبی - مقناطیسی - دارای برق مثبت و منفی - متقارن - [مج] درست وارونه
p. molecules ذرات قطبی یا متقارن
p. bear خرس سفید (قطب شمال)
pole (*poul*) *n.* & *vt.* (۱) دیرك - تیر - مال بند - قطب - واحد درازا برابر با ۵ یارد و نیم (۲) باتیر جلو بردن
up the p. [Sl.] گرفتار - گیج
They are poles apart. یك دنیا باهم فرق دارند
Pole (,,) *n.* له ، لهستانی
pole'-ax(e) *n.* & *vt.* (۱) قسمی تبر(زین) - (۲) باتبر یا چکش کشتن
pole'cat *n.* قسمی گربه قطبی که بوی بدی از آن خارج میشود
polem'ic *a.* & *n.* (۱) مجادله ای (۲) مشاجره - [در جمع] مباحثه (دینی)
polemical (*pɔlem'ik'l*) *a.* مجادله آمیز
pole'star *n.* ستارهٔ قطبی ، جُدی
police (*-li:s'*) *n.* & *vt.* (۱) شهربانی - مأمورین شهربانی ، پلیس (۲) با پلیس اداره کردن
p.-office ادارهٔ شهربانی
p. station کلانتری
p.-court دادگاه لغزش ، محکمهٔ خلاف
police'man (*-mən*) *n.* [-men] پاسبان

policy (*pɔl'isi*) *n.* رویه ، خط مشی - سیاست - تدبیر - بیمه نامه ، سند بیمه [در این معنی عبارت کامل آن insurance p. است]
Polish (*pou'-*) *a.* لهستانی
polish (*pɔl'-*) *vt.*, *vi.*, & *n.* (۱) جلا دادن ، پرداخت کردن - واکس زدن - [مج] تهذیب کردن (۲) جلا یافتن (۳) صیقل- جلا - واکس - تهذیب - رونق
 man of p. مرد آراسته یامهذب
pol'isher (*-shə*) *n.* پرداخت گر ، جلاگر
polite (*polait* ; *pə-*) *a.* مؤدب- مقرون به ادب
 It is not p. to say that. گفتن این سخن شرط ادب نیست
polite'ly (*-li*) *adv.* مؤدبانه
polite'ness *n.* ادب
politic (*pɔl'itik*) *a.* مصلحت‌دان، باتدبیر - مصلحت آمیز، مقتضی
 the body p. جامعه ، ملت و دولت
political (*polit'ik'l* ; *pə-*) *a.* سیاسی
 p. economy علم ثروت ، اقتصاد سیاسی
polit'ically *adv.* از لحاظ سیاسی
politician (*pɔlitish'ən*) *n.* سائس ، سیاست مدار ، مرد سیاسی - سیاست باز
pol'iticly *adv.* از روی مصلحت
pol'itics *npl.* سیاست مدن ، علم سیاست - امور سیاسی ، سیاسیات
polity (*pɔl'iti*) *n.* طرز حکومت - جامعه
polka (*poul'kə* ; *pɔl'-*) *n.* پلکا : قسمی رقص
poll (*poul*) *n.* کله ، سر- دادن رای - رای شماری - صورت آراء
poll („) *v.* کوتاه کردن شاخ (جانور) یا شاخه های بالائی (درخت) - رای گرفتن (از) - دادن (رای) - رای دادن - حائز شدن (اکثریت)
 p. 500 votes ۵۰۰ رای بردن
pollard (*pɔl'əd*) *n.* درخت هرس کرده
pollen (*pɔl'ən*) *n.* گرده
pollinate (*pɔl'ineit*) *vt.* باگرده تلقیح کردن
pollination (*-nei'shən*) *n.* گرده فشانی ، تلقیح
poll'-tax *n.* مالیات سرانه
pollute (*pɔliu:t'*) *vt.* ناپاک کردن، ملوث کردن ، آلودن - بی‌حرمت ساختن
pollu'tion (*-shən*) *n.* ناپاکی ، آلودگی
polo (*pou'lou*) *n.* چوگان بازی سواره
polonaise (*pɔləneiz'*) *n.* [Fr.] یکجور رقص سنگین لهستانی یا رنگ آن
po'lo-stick *n.* چوگان
poltroon (*pɔltru:n'*) *n.* آدم ترسو ، جبان
poltroo'nery (*-nəri*) *n.* ترسویی ، بزدلی ، جبن ، جبانی
polyandry (*pɔlian'dri*) *n.* تعدد ازواج
polyg'amist *n.* شوهر چند زن
polyg'amous (*-əməs*) *a.* دارای چند زن
polygamy (*pɔlig'əmi*) *n.* تعدد زوجات
polyglot (*pɔl'iglɔt*) *a.* & *n.* (۱) عالم بچند زبان - چند زبانه (۲) کتابی که بچندین زبان نوشته شده باشد
polygon (*pɔl'igən*) *n.* کثیرالاضلاع ، شکل چند گوشه
Polynesian (*pɔlini':ziən* ; *-zhiən*) *a.* مربوط بجزایر Polynesia در اقیانوس آرام

polyp (*pɔl'ip*) *n.* جانور مرجانی

pol'ypus (*-pəs*) *n.* {-pi (*pai*)} گوشت زیادی ساقه‌دار ، بواسیر لحمی

polysyllab'ic *a.* چند هجائی

polysyllable (*pɔlisil'əbl*) *n.* کلمهٔ چند هجائی

polytechnic (*-tek'-*) *a.* & *n.* (۱) مربوط به‌فنون بسیار (۲) دارالفنون

polytheism (*pɔl'ithi:izm*) *n.* شرک (*sherk*)

pol'ytheist *n.* مشرك

polytheis'tic *a.* مبنی برشرك

pomade (*pəmahd'*, *po-*) *n.* & *vt.* (۱) روغن‌مو یاپوست سر (۲) روغن زدن

pomegranate (*pɔm'granit*) *n.* انار ـ درخت انار

pomelo (*pɔm'ilou*) *n.* قسمی توسرخ

pom'mel (*pʌm'l*) *n.* & *vt.* {-led} (۱) قاش زین ـ {در قبضهٔ شمشیر} قبه (۲) مشت زدن

pomp (*pɔmp*) *n.* شکوه ، تجمل ، جلال ، دبدبه

pom'-pom *n.* قسمی مسلسل خودکار

pomposity (*pɔmpɔs'iti*) *n.* شکوه ـ آب وتاب

pom'pous (*-pəs*) *a.* باشکوه ـ آب و تاب‌دار ـ بخود اهمیت دهنده

pond (*pɔnd*) *n.* حوض ، استخر

ponder (*pɔn'də*) *vt.* & *vi.* (۱) سنجیدن (۲) اندیشه کردن، تفکر کردن

pon'derable (*-rəbl*) *a.* سنجش پذیر ، دارای وزن محسوس

pon'derous (*-rəs*) *a.* سنگین ، کسل کننده

pongee (*pɔnji':*) *n.* قسمی پارچه ابریشمی چینی

poniard (*pɔn'iəd*) *n.* خنجر

pontiff (*pɔn'tif*) *n.* سرکشیش ـ اسقف ـ پاپ

pontif'ical (*-k'l*) *a.* & *n.* کشیشی، پاپی ، اسقفی ـ { درجمع } لباس و نشانهای اسقفی

pontif'icate (*-keit*) *n.* مقام و دورهٔ اسقفی یا پاپی

pontoon (*pɔntu:n'*) *n.* قسمی کرجی ته پهن که پایه های پلی‌را نگاه میدارد ـ حائل هواپیما در روی آب

p.-bridge تخته پل ، جسر

pony (*pou'ni*) *n.* یابوی تاتو

poodle (*pu':dl*) *n.* یکجور سگ پر مو

pooh (*pu* ; *pu:*) *int.* وه ـ پیف

pooh-pooh (*pu:pu':*) *vt.* ناچیز شمردن

pool (*pu:l*) *n.* استخر ، آبگیر ـ جای گود در رودخانه

pool (,,) *n.* & *vt.* (۱) پول وسط {در بازی} ـ سرمایه‌ای که ازسود چند شرکت فراهم میشود (۲) در صندوق شرکت گذاردن ، دروسط گذاشتن

poop (*pu:p*) *n.* (قسمت بلند عرشه در) عقب کشتی ، دروسط گذاشتن

poor (*pu'ə*) *a.* تهیدست ، فقیر ـ بیچاره ـ کم ، بی برکت ـ بی‌قوّت ـ سست ـ لاغر

the p. بی‌نوایان ، فقرا

p. law قانون نگهداری از فقرا

poor'-box *n.* صندوق اعانه

poor'-house *n.* دارالمساکین

poor'ly *adv.* & *a.* (۱) بد ، بطور ناقص ـ کم (۲) بدحال ، ناخوش

poor'ness *n.* بدی ـ فقدان ـ فقر

poor'-rate *n.* مالیات برای نگاهداری بی‌نوایان ، زکوة (*zakat*)

poor'-spirited *a.* ترسو ، بزدل

pop (*pɔp*) *vi.* & *vt.* {-ped} & *n.* (۱) تپ صدا کردن ـ باصدا داخل وخارج شدن یاترکیدن (۲) خالی کردن، درکردن ـ صدا از (چیزی) در آوردن ـ

غفلة" طرح کردن - بو دادن و ترکانیدن {اصطلاح اتازونی} - (۳) تاپ {صدای چوب پنبه لیموناد} - {ز.ع.} شامپانی یا آب معدنی - تیر - گرو

p. in سرزدن ، سری زدن

p. the question پیشنهاد عروسی کردن

p. off زود رفتن - {ز. ع.} مردن

go p. (*adv.*) باصدا در رفتن

pop'-corn *n.* {U.S.} ذ"رت بوداده

pope (*poup*) *n.* پاپ {لفظ فرانسه}

popery (*pou'pəri*) *n.* اصول و اعمال کاتولیکی

pop'-gun *n.* تفنگ چوب پنبه‌ای

popinjay (*pɔp'injei*) *n.* آدم جلف و خودبین و زیاده از حد شیك پوش - {معنی قدیمی} طوطی

po'pish *a.* مربوط به پاپ ، کاتولیکی

poplar (*pɔplə*) *n.* درخت تبریزی

pop'lin *n.* پپلین ،کنتواری

poppy (*pɔp'i*) *n.* خشخاش

pop'pycock [U.S. ; Sl. } = **nonsense**

populace (*pɔp'yuləs*) *n.* توده - جمهور

pop'ular (*-yulə*) *a.* عمومی - ملی - مردم پسند - مشهور - ساده - مناسب (حال مردم) - دارای وجههٔ ملی

popular'ity (*-ti*) *n.* وجههٔ ملی یا عمومی ، شهرت - قبول عامه

pop'ularize (*-ləraiz*) *vt.* دارای‌وجهه ملی کردن- مورد قبول مردم قرار دادن ، ساده و عوام پسندکردن

pop'ularly *adv.* موافق ذوقِ مردم - بطور عوام پسند - بزبان ساده

pop'ulate (*-leit*) *vt.* برجمعیت کردن

thickly *or* **densely populated** برجمعیت ، شلوق

population (*-lei'shən*) *n.* جمعیت ، نفوس

pop'ulous (*-ləs*) *a.* برجمعیت

porcelaine (*pɔ:s'lın* ; *-lein*)*n.* چینی

porch (*pɔ:ch*) *n.* هشتی ، سرپوشیده - دالان - {در امریکا} ایوان

porcupine (*pɔ':kiupain*) *n.* جوجه تیغی

pore (*pɔ:*) *n.* {درجمع} - سوراخ‌ریز خلل وفرج ، مسامات ، منافذ

pore (,,) *vi.* —

p. over دقت کردن (در)

p. upon (*or* **at**) اندیشه کردن در

pork (*pɔ:k*) *n.* گوشت خوك

porker (*pɔ':kə*) *n.* خوك پرواری

pornography (*pɔ:nɔg'rəfi*) *n.* (درج) مواد مستهجن ، الفیه وشلفیه

poros'ity *or* **po'rousness** *n.* پرسوراخی - خلل وفرج

porous (*pɔ':rəs*) *a.* خلل وفرج‌دار

porphyry (*pɔ':firi*) *n.* سنگ‌سماك

porpoise (*pɔ':pəs*) *n.* گرازدریایی

porridge (*pɔr'ij*) *n.* (غذای نرم مانند) هلیم

porringer (*pɔ'rinjə*) *n.* کاسهٔ آش خوری

port (*pɔ:t*) *n.* بندر - {مج} پناهگاه

port ('') *n.* روزنه ، دریچه{درکشتی}

port (,,) *n.* وضع ، رفتار

port (,,) *n.* & *vt.* (۱) سمت چپ کشتی (۲) سوی چپ گرداندن (سکان)

port (,,) *n.* شراب قرمز و شیرین پرتغالی

portabil'ity *n.* سبکی ، قابلیت حمل

portable (*pɔ':təbl*) *a.* قابل حمل ، سبك ، سفری ، دستی

portage (*pɔ':tij*) *n.* & *vt.* (۱) حمل ، بارکشی (۲) ازیك رودخانه برودخانه دیگر بردن

portal (*pɔ':tl*) *n.* در ، دروازه

portcullis (*pɔ:tkʌl'is*) *n.*

دروازه پوشِ آهنین

portend'(*pɔ:-*) *vt.* ازپیش خبردادن

porten'tous (*-təs*) *a.* حاکی از فال بد - عجیب - بخود اهمیت دهنده

porter (*pɔ':tə*) *n.* باربر - دربان

por'terage (*-ij*) *n.* باربری

portfolio (*pɔ:tfou'liou*) *n.* کیف - [مج] وزارت

minister without p. وزیرمشاور

porthole (*pɔ:t'houl*) *n.* روزنه کشتی - مزغل

portico (*pɔ':tikou*) *n.* ایوان ، رواق

portion (*pɔ':shən*) *n.* & *vt.* (۱) بخش ، قسمت - بهره ، سهم - (۲) تقسیم کردن [بیشتر با out] - بهره دادن از - جهاز به (دختر) دادن

por'tionless *a.* بی بهره - بی جهیزیه

port'ly *a.* هیکل‌دار ، تنومند - باوقار

portmanteau (*pɔ:tman'tou*) *n.* [-teaus or -teaux (*touz*)] چمدان

portrait (*pɔ':trit*) *n.* پیکر، تصویر، تمثال - توصیف یاشرح روشن

por'traiture (*-tricha*) *n.* پیکر (نگاری) ، تمثال - شرح روشن

portray (*pɔ:trei'*) *vt.* باتصویر نشاندادن - خوب توصیف کردن - نمایش دادن

portray'al (*-əl*) *n.* نمایش (روشن) ، تشریح ، توصیف - تصویر

Portugal (*pɔ':tiugəl*) *n.* پرتغال [نام کشوری در اروپا]

Portuguese (*-gi:z'*) *a.* & *n.* [Portuguese] پرتغالی

pose (*pouz*) *vt., vi., & n.* (۱) مطرح کردن - بحالت ویژه قرار دادن (۲) خود را (فلانطور) وانمود کردن (۳) وضع ، حالت - تظاهر

po'ser (*-zə*) *n.* پرسش دشوار

position (*pəzish'ən*) *n.* & *vt.* (۱) مقام - سمت ، منصب ، شغل رسمی - جا ، محل، [نظ] موضع- وضع، چگونگی، مراتب - نظریه - قضیه (۲) جا دادن

men of p. صاحبان مقام

positive (*pɔz'itiv*) *a.* & *n.* (۱) مثبت - قطعی، مسلم - یقین - عملی، واقعی - [د] مطلق (۲) درجهٔ مطلق - [ر] مقدار مثبت

pos'itively *adv.* مسلماً - بطورمثبت

pos'itiveness *n.* ثبوت - قطعیت

posse (*pɔs'i*) *n.* نیروی مسلح - قوه

possess (*pəzəs'*) *vt.* دارا بودن ، متصرف بودن - مستولی شدن بر

p. oneself of متصرف شدن

possessed of دارای

be possessed b (or with) دارا بودن ، متصرف بودن

possession (*pəzesh'ən*) *n.* تصرف - [درجمع] دارایی ، متصرفات

be in p. of متصرف بودن

take p. of تصرف کردن

possessive (*pozes'iv* ; *pə-*) *a.* & *n.* (۱) ملکی (۲) حالت مضاف‌الیه

p. pronoun ضمیر ملکی

possessor (*-zəs'ə*) *n.* متصرف

possessory (*-zəs'əri*) *a.* مالکانه

possibil'ity (*-ti*) *n.* امکان - شِق

possible (*pɔs'ibl*) *a.* ممکن ، امکان‌پذیر- احتمالی، ممکن‌الوقوع

It is not p. to climb it. نمیتوان (یانمیشود) ازآن بالا رفت

as far as p. تا آنجاکه بتوان ، در حدود امکان ، تا سرحد امکان

as soon as p. هرچه زودتر

if p. درصورت امکان

pos'sibly (*-li*) *adv.* شاید ، یحتمل - بهیچوجه ، اصلاً [با ادات نفی]

possum (*pɔs'əm*) [Col.] = **opossum**

play p. خود را بناخوشی زدن

post (*poust*) *n.*, *vt.*, *vi.*, & *adv.* (۱) بست - {در تاریخ} بیك ، قاصد ، چاپار (۲) با بست فرستادن ، به بست‌دادن - اطلاعات کامل‌دادن به {گاهی با **up**} - (۳) با چاپار رفتن (٤) چاپاری - باشتاب

by p. با بست

by return of p. با نخستین بست

p. up بدفتر کل انتقال دادن - تکمیل کردن (دفتر)

post (,,) *n.* & *vt.* (۱) پاسگاه - محل مأموریت ، بست - شغل - {نظ} موضع (۲) گماشتن - مأموریت دادن

first p. شیپور خبر (هنگام شب)

last p. شیپور خاموشی - شیپور عزا

post (,,) *n.* & *vt.* (۱) تیر (۲) چسباندن {گاهی با **up**} - اعلان کردن {با **as**}

p. (over) with placards ازآگهی پوشاندن

posted prices قیمتهای اعلان شده

postage (*pous'tij*) *n.* بول بست

p.-stamp تمبر بست

postal (*pous't'l*) *a.* بستی

p. (card) {U. S.} کارت بستال {دو لفظ فرانسه}

p. union اتحاد بستی بین‌المللی

post'-boy *n.* (۱) فراش‌بست ، نامه بر ، چاپار(۲)

postil(l)ion =

post'-card *n.* کارت بستال

post'-chaise (*-sheiz*) *n.* درشکه بستی

post-date (*poustdeit'*) *vt.* دیرتر تاریخ گذاشتن

poster (*pous'tə*) *n.* آگهی - آگهی چسبان

poste restante' *n.* { Fr. } بست رستانت

posterior (*posti'əriə*) *a.* عقبی - دیرتر

p. to بعد از ، عقب‌تر از

poste'riors *npl.* کفل

posterity (*poster'iti*) *n.* اولاد ، اعقاب ، اخلاف ، ذریه - نسل آینده

postern (*pous'tə:n* ; *-tən*) *n.* & *a.* (۱) در عقب - راه پنهان (۲) عقبی ، پنهان

post'-free *a.* مجانی ، معاف ازپول بست - شامل پول بست

post-grad'uate study درسی که پس از فارغ‌التحصیل شدن بخوانند

post-haste' *adv.* باشتاب زیاد

posthumous (*pos'tiu:məs*) *a.* پس ازمرگ بدر زاییده شده

p. fame شهرت پس ازمرگ

pos'til *n.* تفسیر (کتاب مقدس)

postil'(l)ion (*-ən*) *n.* جلوداری که‌روی اسب چپ گردونه سوار میشود

postings (*pous'-*) *npl.* اقلام وارده

postman (*poust'mən*) *n.* {-men} فراش بست

post'mark *n.* & *vt.* (۱) مهر بستخانه (۲) مهر زدن ، باطل کردن

post'master *n.* رئیس بستخانه

p. general وزیر بست

post meridiem (*-mərid'iəm*) *adv.* {L} بعد ازظهر ، بعد از نصف‌النهار{نشان‌اختصاری‌آن **P.M.**است}

post'mistress *n.* رئیسهٔ بست خانه

post-mor'tem *a.* پس از مرگ (رخ دهنده)

post'-office *n.* بستخانه

p.-o. order حوالهٔ بستی

post'-paid *a.* {درباب نامه‌ای گفته میشود}که پول بست آن قبلا داده شده

postpone {*pous(t)poun'*} *vt.* بتعویق انداختن

postpone'ment (*-mənt*) *n.* تعویق

post'script *n.* چیزی که بعد ازامضای نامه‌ای بنویسند - بعدالتحریر

postulate (*pos'tiulit*) *n.* شرط اصلی ، لازمه ، مقدمه ، فرض یااصل مسلم
pos'tulate (*-leit*) *vt.* مسلم فرض کردن - لازم دانستن - تقاضا کردن
posture (*pos'cha*) *n.*, *vt.*, & *vi.* - [لفظ فرانسه] (۱) وضع ، پُز چگونگی ،کیفیت (۲) در حالت ویژه‌ای قرار دادن (۳) وضع خاصی بخود گرفتن
posy (*pou'zi*) *n.* دستهٔ گل
pot (*pot*) *n.* دیگ (چه) - ظرف ، کوزه - قوری - گلدان (جایزه‌ای)
keep the p. boiling معاش‌خودرا پیدا کردن - وضع فعلی را ادامه دادن
go to p. {Sl.} خراب شدن
pot (,,) *vt.* {-ted} درکوزه ریختن، قرمه کردن - درگلدان کاشتن - در تور یا کیسه بیلیارد انداختن - در چنته ریختن
potas' (*pot'-*) *n.* - بوطاس (محرّق)- کاربنات دوپوطاس [الفاظ فرانسه]
potassium (*potas'iam*) *n.* پوطاسیوم [لفظ فرانسه]
potation (*poutei'shan*) *n.* شرب - جرعه
potato (*patei'tou*) *n.* {-es} سیب زمینی
pot'-belly *n.* آدم شکم‌گنده
pot'-boiler *n.* کار ادبی یاصنعتی‌که تنها برای نان درآوردن دنبال شود
potency (*pou'tansi*) *n.* توانایی ، قوت
po'tent *a.* توانا ، قوی ، مقتدر - محکم ، پرزور - بسیار مؤثر ، تند
po'tentate (*-teit*) *n.* بادشاه مقتدر
potential (*pouten'shal*) *a.* & *n.* (۱) عامل بالقوه - (دارای استعداد) نهانی - [د] التزامی (۲) وجه التزامی - امکان
potential'ity *n.* توانایی ، قوه - استعداد (نهانی) - امکان ، احتمال
pother (*poth'a* (باظ *n.* های‌وهوی

pot'-herb *n.* سبزی پختنی
pot'-hole *n.* گودال گرد درکف رودخانه - دست انداز
pot'-hook *n.* قلاب دیگ
pot'house *n.* آبجو فروشی ، میخانه
potion (*pou'shan*) *n.* جرعه - داروی آبکی - زهرآبکی
potsherd (*pot'shad*) *n.* سفال ، کوزه شکسته
pottage (*pot'ij*) *n.* شوربا
potter (*pot'a*) *n.* کوزه گر
potter (,,) *vi.* & *vt.* (۱) بیهوده وقت‌گذراندن (۲- با away) بیهوده گذراندن
pot'tery (*-ri*) *n.* کوزه‌گری - کوزه‌گرخانه - سفالینه ، ظروف سفالی
potty (*pot'i*) *a.* {Sl.} ناچیز - آسان - دیوانه
pouch (*pauch*) *n.*, *vt.*, & *vi.* (۱) کیسه - جیب‌کیسه‌ای (۲) درکیسه یا جیب‌کردن -کیسه‌وار یاجیب‌وار دوختن (۳) مانند جیب آویزان‌شدن
pouched *a.* کیسه دار
pouf (*pu:f*) *n.* مخدهٔ کلفت
poul'terer (*-tara*) *n.* مرغ‌فروش
poultice (*poul'tis*) *n.* & *vt.* (۱) ضماد (۲) ضمادگذاشتن (روی)
poultry (*poul'tri*) *n.* مرغ و خروس (و بوقلمون ومانند آنها)
pounce (*pauns*) *n.* & *vi.* (۱) جست ناگهانی (۲) غفلةً حمله کردن یافرود آمدن
pound (*paund*) *n.* باوند [۴۵۳٫۵۹ گرم یا ۱۶ ounce]- گیروانکه ، رطل - لیره [آگاهی - باوند ۱۶ آونسی را avoirdupois ولی باوند ۱۲ آونسی راکه برای کشیدن سیم و زر بکار میرود troy میخوانند - نشان اختصاری باوند وزنی .lb و نشان اختصاری باوند

بولی £ میباشد}

pound (,,) *vt.* & *vi.* (۱) کوبیدن(۲) ضربت زدن ـ سنگین رفتن

pound (,,) *n.* & *vt.* (۱) جای محصور برای حیوانات ـ {معنی قدیمی} بازداشتگاه حیوانات ضاله (۲) درمحوطه نگاه داشتن {بیشتر با up}

pounder (*paun'də*) *n.* چیز یك پاوندی ـ توپ (از لحاظ وزن گلوله اش برحسب پاوند)

pour (*pɔə*) *v.* ریختن ـ جاری ساختن یا شدن ـ باشیدن ـ بیرون ریختن

p. cold water on دلسرد کردن

p. oil on troubled water خشم کسیرا باسخنان نرم فرو نشاندن

It never rains but it pours. وقتیکه می آید پشت سرهم میآید

pout (*paut*) *v.* (لب) بزیر انداختن

pou'tingly *adv.* با لب آویخته

poverty (*pʌv'əti*) *n.* فقر ، تنگدستی ـ کمی ـ عدم ـ بدی ـ لاغری

pov'erty-stricken *a.* فقیر ، مفلس

powder (*pau'də*) *n.* & *v.* (۱) گرد ، پودر {لفظ فرانسه} ـ خاك ـ باروت ـ آرد (۲) پودر زدن ـ گرد کردن یا شدن ـ ساییدن

keep one's p. dry برای هر رویدادی آماده بودن

It's not worth p. and shot. آفتابه خرج لحیم است

pow'der-flask } *n.* دبهٔ باروت ،
pow'der-horn } باروت دان

pow'der-magazine *n.* مخزن باروت

pow'der-puff *n.* پر پودر زنی

pow'dery (*-dəri*) *a.* گردی ـ گردآلود ، خاکی ـ دان‌دان ـ ترد ، زود خاك شو

power (*pau'ə*) *n.* نیرو ، قوه ـ توانایی ، اقتدار ـ اختیار ـ {ر} توان

full powers اختیار(ات) تام

the Powers دولت های بزرگ

power of attorney وکالت نامه

p. station or house کارخانهٔ برق

in p. صاحب مقام ، شاغل مقام

pow'erful *a.* نیرومند ، قوی ـ توانا ، مقتدر ـ بزرگ ـ مؤثر

pow'erfully *adv.* مقتدرانه

pow'erless *a.* ضعیف ـ بی نفوذ

pox (*pɔks*) *n.* ناخوشی جلدی ـ آبله

practicabil'ity *n.* عملی بودن

prac'ticable (*-kəbl*) *a.* عملی ، قابل اجرا ـ قابل عبور ـ قابل استعمال

prac'ticably *adv.* بطور عملی

prac'tical (*-k'l*) *a.* عملی ـ قابلِ استفاده ، سودمند ـ واقعی ـ کارآزموده

p. joke حیلهٔ شوخی آمیز

prac'tically (*-kəli*) *adv.* تقریباً ، عملاً ـ در واقع ، در معنی ، میتوان گفت

prac'tice (*-tis*) *n.* تمرین ـ عمل ـ پیشه ـ تجربه ـ عادت ، عُرف ـ رویه ـ جریان ـ ازباب رجوع

p. of medicine پزشکی ، طبابت

be in p. وارد کار بودن

be out of p. وارد کار نبودن

in p. عملاً ، درعمل

put in p. عملی کردن ، اجرا کردن

practician (*-tish'ən*) = practitioner

prac'tise or **-tice** *v.* عمل کردن (به) ، (اجرا) کردن ـ تعقیب کردن ، پیشه خود ساختن ـ مشق کردن یادادن

p. medicine طبابت کردن

p. (up)on (سوء) استفاده کردن از

prac'tised *ppa.* ورزیده ، مجرب

practitioner (*-tish'ənə*) *n.* وکیل یاپزشك دست بکار

prætor (*pri':tɔ:*) *n.* {در رم باستان} متصدی امور قضائی و کشوری

pragmat'ic *a.* عملی ـ روزمره ـ معتقد به جنبهٔ عملی هرچیزی

pragmat'ical (-*k'l*) *a.* (۱) فضول (۲) pragmatic =
prag'matism (-*mətizm*) *n.* اصالت عمل - فضولی - علم فروشی
prag'matist *n.* کسیکه عملی بودن هرچیز را ضرور میداند
prairie (*prê'əri*) *n.* چمن (زار)
praise (*prəiz*) *n. & vt.* (۱) ستایش ، تمجید (۲) ستایش کردن
praise'worthiness *n.* ستودگی ، پسندیدگی - شایستگی برای ستایش
praise'worthy (-*wə:thi* -ظی) *a.* شایان ستایش ، قابل تمجید - ستوده
pram = **perambulator**
prance (*pra:ns*) *vi. & n.* (۱) جفتك زدن - ورجه فروجه کردن (۲) جفتك - ورجه فروجه
prank *n. & v.* (۱) شوخی - فریب (۲) آرایش دادن - خودفروشی کردن
prate (*preit*) *n. & vi.* (۱) بچ بچ ، ورور - ورّاجی (۲) بچ بچ کردن - وراجی کردن
prattle (*prat'l*) *vi. & n.* (۱) بچگانه سخن گفتن (۲) سخن بچگانه - منمن
prawn (*prɔ:n*) *n. & vi.* (۱) میگو (۲) میگو گرفتن
pray (*prəi*) *vi. & vt.* (۱) دعا کردن ، نماز کردن (۲) خواهش کردن از - بدعاخواستن ، درخواست کردن
P. consider my case. خواهش دارم بکار من رسیدگی کنید
prayer (*prêə*) *n.* دُعا- نماز-خواهش
p.-rug ; p.-carpet سجاده
prayer (*prei'ə*) *n.* دعا خوان - نماز گزار
pre *pref.* پیش از ، ماقبل
preach (*pri:ch*) *vi. & vt.* (۱) وعظ کردن (۲) تلقین کردن
prea'cher (-*chə*) *n.* واعظ
prea'chify (-*fai*) *vi.* بطور کسالت آور وعظ یا بحث اخلاقی کردن
preamble (*pri:am'-*) *n.* مقدمه
precarious (*prikê'əriəs*) *a.* ناپایدار ، چندروزه - مشکوك ، مخاطره آمیز
precaution (*prikɔ':shən*) *n.* احتیاط
precau'tionary (-*nəri*) *a.* احتیاطی ، احتیاط آمیز
precede (*pri:sid'*) *v.* جلوتر رفتن (از) - پیشتر بودن (از) - زودتر آمدن یارفتن (از) - مقدم بودن (بر) ، پیشی یاسبقت گرفتن (بر)
We were preceded by the guides. بلد ها پیشاپیش ما میرفتند
the year preceding that event سال پیش ازآن واقعه
precedence (*pri:s'i':dəns* ; *pres'i-*) *n.* تقدم ، سبقت - برتری
take p. of مقدم بودن بر
precedent (*pres'-*) *n.* سابقه
It served as a p. سابقه شد
precedent (*pri:si':*) *a.* مقدم
preceding (*pri:si':-*) *apa.* پیشی ، قبلی ، جلوی ، سابق الذکر
precept (*pri':sept*) *n.* دستور ، حکم ، فریضه
precep'tor (-*tə*) *n.* آموزگار
precinct (*pri:sinkt'*) *n.* صحن ، محوطه - حوزه - حد
precious (*presh'əs*) *a.* گرانبها - [د. گ.] یك پارچه ، تمام عیار
precipice (*pres'ipis*) *n.* پرتگاه
precip'itant (-*tənt*) *n. & a.* (۱) جسمی که موجب جدا شدن جسم محلول از مایعی میشود (۲) شتاب زده ، دست پاچه
precipitate (*prisip'itət*) *n. & a.* (۱) جسم جدا شده از محلول یا آنکه در نتیجه تراکم بخار جدا شود [چون باران] - رسوب (۲) شتاب زده ،

دست پاچه
precip'itate (*-teit*) *vt.* پرت کردن - تسریع کردن - ته نشین کردن - متراکم کردن (بخار)
precipitation (*-tei'shən*) *n.* شتاب (زدگی)، عجلهٔ زیاد - بی‌ملاحظگی - [ش] ته نشینی - رسوب یا ترسیب - جسم جدا شده از محلول - انقباض ، تکاثف - بارندگی
precip'itous (*-təs*) *a.* دارای شیب تند - بسیار تند - پرتگاه‌دار
précis (*prei'si*) *n.* [Fr.] خلاصه
precise (*prisais'*) *a.* دقیق ، درست - صریح ، غیرمبهم
precise'ly *adv.* بدقت ، صریحاً - درست - [در پاسخ] درست است
precise'ness *n.* دقت - صراحت
precision (*-sizh'ən*) *n.* دقت - صراحت
preclude (*pri:klu:d'*) *vt.* رفع کردن ، احتراز یا جلوگیری کردن از
precocious (*prikou'shəs*) *a.* پیشرس ، پیش ازموعد طبیعی (رخ داده)
a p. child بچه‌ای که نسبت به سنش در درس خیلی جلو است
preco'ciously *adv.* بطور پیشرس - پیش ازموعد طبیعی - بی‌هنگام
precocity (*-kɔs'iti*) *n.* زودرسی - رشدِ نابهنگام ، رشد پیش از موعد طبیعی
preconceive (*pri:kənsi:v'*) *vt.* از پیش تصور کردن
preconception (*-sep'shən*) *n.* تصور پیش ازوقت - تصدیقِ بلا تصور
preconcerted (*pri:kənsə':tid*) *a.* قبلاً طرح شده
precursor (*pri:kə':sə*) *n.* پیشرو ، منادی
predatory (*pred'ətəri*) *a.* شکاری - غارتگر - غارتی
predecessor (*pri:dises'ə*) *n.* سلف ، [درجمع] اسلاف
my p. سلف من ، متصدی پیش ازمن
predestinate (*pri:des'tineit*) *vt.* مقدر کردن
predes'tinate (*-nit*) *a.* مقدّر
predestination (*-nei'shən*) *n.* سرنوشت ، تقدیر
predetermine (*pri:ditə':-min*) *vt.* از پیش مقدر کردن
predicament (*pridik'əmənt*) *n.* حالت (ناگوار) ، وضع (بد)
pred'icate (*-ket*) *n.* مُسند ، خبر
pred'icate (*-keit*) *vt.* اِسناد کَردن ، خبر دادن (از) ، نسبت دادن
predicative (*pridik'ətiv*) *a.* مسندی ، غیرمستقیم [چون old در the o. man نه در the man is o.]
predict' (*pri-*) *vt.* پیش گویی کردن
predic'tion (*-shən*) *n.* پیشگویی
predilection (*pri:dilek'shən*) *n.* تمایل ، رغبت ، میل - ترجیح
predispose (*pri:dispouz'*) *vt.* آماده کردن ، مستعد کردن
predisposition (*-pəzish'ən*) *n.* آمادگی ، استعداد - تمایل
predominance (*pri:dɔm'inəns*) *n.* تسلط ، غلبه - فراوانی - برجستگی
predom'inant *a.* غالب ، مسلط ، حکم فرما - عمده ، برجسته - بیشتر
predom'inate (*-neit*) *vi.* مسلط بودن (یا شدن) ، غلبه کردن (یاداشتن). برجسته بودن - فراوان(تر) بودن - چربیدن
pre-eminence (*pri:em'inəns*) *n.* برتری ،فضیلت ، مزیت ، تفوق
pre-em'inent *a.* برجسته ، سرآمد ، ممتاز ، بزرگتر
pre-empt' (*pri:-*) *vt.* باحق شفعه بدست آوردن
pre-emp'tion (*-shən*) *n.*

شفعه ، حق شفعه

pre-emp'tive (*-tiv*) *a.* مبنی بر (حق) شفعه - دارای حق شفعه

pre-emp'tor (*-tə*) *n.* شفیع ، شافع

preen (*pri:n*) *vt.* با منقار (پرهای خود را) صاف کردن

p. oneself خود آرایی کردن

pre-engaged' *ppa.* دارای تعهد قبلی

pre-engage'ment *n.* تعهد قبلی

pre-exist' *vi.* از پیش زیستن

pre-existence (*pri:egzis'təns*) *n.* تقدم وجود - ازلیت

pre-exis'tent *a.* از پیش بوده -ازلی

pref'ace (*-is*) *n.* & *vt.* (۱) دیباچه - مقدمه (۲) دارای دیباچه کردن - شروع کردن

prefatory (*pref'ətəri*) *a.* دیباچه‌ای ، مقدماتی

prefect (*pri:'fekt*) *n.* [در رم باستان] صاحب منصب کشوری یا لشکری - [درفرانسه] (۱) رئیس اداره (۲) رئیس شهربانی پاریس - [درآموزشگاه] مبصر

prefectorial (*-tɔ':riəl*) *a.* منسوب به prefect - اداری

pre'fecture (*-chə*) *n.* حوزهٔ اداری - اداره - (مقام یا دورهٔ) ریاست

prefer (*prifə':*) *vt.* [-red] ترجیح‌دادن - عرضه داشتن - ترفیع‌دادن

p. to ترجیح دادن بر

preferable (*pref'ərəbl*) *a.* مرجح ، بهتر

p. to بهتر از

pref'erably (*-li*) *adv.* با ترجیح

I should p. go. بهتر است بروم

pref'erence (*-ərəns*) *n.* برتری ، رجحان - تقدم - تبعیض - میل ، سلیقه

have a p. for ترجیح دادن

p. shares سهام ممتاز ، سهام مقدم

preferen'tial (*-shəl*) *a.* امتیازی - امتیاز دهنده - مقدم

preferment (*prifə':mənt*) *n.* ترفیع - ارتقا - ترقی - حق تقدم

prefigure (*pri:fig'ə*) *vt.* از پیش نشان دادن - از پیش تصور کردن

prefix (*pri':fiks*) *n.* پیشوند ، سرکلمه - لقب

prefix' *vt.* بطور پیشوند گذاشتن - در جلو گذاشتن

preg'nancy (*-nənsi*) *n.* آبستنی ، حاملگی

preg'nant (*-nənt*) *a.* آبستن ، حامله - [مج] دارای معنی پوشیده - وزین ، پرمعنی [a p. reply]

p. with دربر دارندهٔ

prehensile (*prihen'sail*) *a.* گیرکننده ؛ دارای قوهٔ قبض (چون دُم جانوران)

prehistoric (*pri:histɔr'ik*) *a.* مربوط به ماقبل تاریخ

prejudge (*pri:jʌj'*) *v.* تصدیق بلا تصور درباره (چیزی) کردن

prejudg'ment (*-mənt*) *n.* تصدیق بلاتصور

prej'udice (*-dis*) *n.* & *vt.* (۱) تمایل یاتنفر بی‌جهت، تعصب -زیان - لطمه (۲) لطمه زدن (به) - تحت نفوذ خود در آوردن

prejudicial (*-dish'əl*) *a.* زیان‌آور ، مضر ، خسارت‌آمیز

It is p. to به . . . لطمه میزند

prelacy (*prel'əsi*) *n.* اسقفی

the p. گروه اسقفان

prel'ate (*-ət*) *n.* اسقف

prelim'inarily *adv.* مقدمةً

preliminary (*prilim'inəri*) *a.* & *n.* (۱) مقدماتی (۲) امتحان مقدماتی - [درجمع] اقدامات مقدماتی

prel'ude (*-yu:d*) *n.* & *v.* (۱) پیشدرآمد ، درآمد -مقدمه (۲) مقدمه (چیزی) بودن

premature (*premətiu'ə:* ; *prem'-*) *a.* نابهنگام ، بی‌موقع -

زود رس

premeditate (*pri:med'iteit*) *v.* پیش از وقت فکر کردن(در)- از پیش تصمیم گرفتن (در)

premeditation (*-tei'shən*) *n.* اندیشه یا تصمیم پیش از موقع

premier (*prem'iə ; pri':-*) *n.* نخست وزیر

prem'ise (*-is*) *n.* قضیه : کبری یاصغری [در این معنی گاهی نوشته میشود {premiss} - [درجمع] (۱) خصوصیات ملك که درمقدمه سند نوشته میشود (۲) خانه و مضافات آن

premise (*pri:maiz'*) *vt.* بشکل کبری یاصغری ذکر کردن

premium (*pri':miəm*) *n.* حق بیمه- صرف ، تفاوت - جایزه - حق ، پول

at a p. با منفعت

put a p. on تشویق کردن

premonition (*pri:mənish'ən*) *n.* اخطار قبلی

premonitory (*-mɔn'itəri*) *a.* متضمن اخطار قبلی ، اخطارآمیز

preoccupation (*pri:ɔkiupei'shən*) *n.* پیشدستی دراشغال کردن - اشغال ذهن - پریشانی حواس - مجذوبیت

preoc'cupied *ppa.* پریشان‌حواس، گیج - مجذوب

preoc'cupy (*-pai*) *vt.* از پیش اشغال یا تصرف کردن - مشغول داشتن (ذهن) - مجذوب کردن

prepaid (*pri:peid'*) *ppa.* پیش داده ، قبلاً پرداخته شده

preparation (*-pərei'shən*) *n.* تهیه - تدارك - آمادگی - روان کردن (درس) - خوراك یا داروی ساخته و آماده -[در جمع] تدارکات

It is in p. در دست تهیه است

make preparations for something تدارك چیزی را دیدن

preparative (*pripar'ətiv*) *a.* & *n.* (۱) مقدماتی (۲) کار مقدماتی

prepar'atory (*-təri*) *a.* مقدماتی

a p. school آموزشگاه تهیه

p. to پیش از ، درمقدمهٔ

prepare (*pripê'ə*) *vt.* & *vi.* (۱) آماده یاحاضر کردن - روان کردن (درس) - ساختن ، ترکیب کردن (۲) تهیه یا تدارك دیدن - آماده شدن

p. for war آمادهٔ جنگ شدن

prepa'redness *n.* آمادگی

prepay (*pri:pei'*) *vt.* {paid} پیش دادن ، قبلا پرداختن

prepay'ment (*-mənt*) *n.* پرداخت جلو ، پول پیش

preponderance (*pripɔn'dərəns*) *n.* برتری ، مزیت - افزونی - غلبه

prepon'derant *a.* سنگین‌تر - افزون(تر) - افضل - مقدم ، مهم تر

prepon'derate (*-reit*) *vi.* سنگین‌تر بودن - افزونی یا برتری داشتن

preposition (*prepəzish'ən*) *n.* حرف اضافه

prepositional (*-zish'ənəl*) *a.* باحرف اضافه آغاز شده

prepossess (*pri:pəzəs'*) *vt.* در (چیزی) جایگیر شدن ، ازپیش مشغول کردن- تحت تاثیر قرار دادن

prepossess'ing *apa.* جالب

prepossession (*-zesh'ən*) *n.* تمایل بی‌جهت ، تعصب - مجذوبیت

preposterous (*pripɔs'tərəs*) *a.* نامعقول ، مخالف طبیعت - چرند

prerequisite (*pri:rək'wizit*) *n.* & *a.* (۱) لازمه ، شرط (۲) لازم

prerogative (*prirɔg'ətiv*) *n.* & *a.* (۱) حق یا امتیاز ویژه (۲) امتیازی - دارای حق ویژه

presage (*prəs'ij*) *n.* نشانه - شگون - حس پیش از وقوع

presage (*priseij'*) *vt.*

حاکی بودن از - پیشگویی کردن
presbyter (*prez'bitə*) *n.* عضو انجمن مشایخ که کلیسایی را اداره می کنند
presbyte'rian (*-ən*) *a.* [در باب کلیسائی گفته میشود] که توسط انجمن مشایخ اداره میشود
prescience (*pri':shiəns ; presh'-*) *n.* غیب دانی ، علم غیب - پیش دانی
pre'scient *a.* باخبر از آینده
prescribe (*priskraib'*) *vt.* دستور دادن - مقرر داشتن - تجویز کردن
prescript (*pri':-*) *n.* دستور ،حکم
prescription (*priskrip'shən*) *n.* دستور ، حکم - تجویز - نسخه ، دستور العمل - (حق) مالکیت در نتیجه تصرف بلامعارض و طولانی
prescrip'tive (*-tiv*) **right** *or* **title** حق مالکیت ازطریق مرورزمان
presence (*prez'əns*) *n.* حضور - وجود ، شخصیت
  p. of mind حضور ذهن
pres'ent (*-ənt*)*a.* & *n.* (۱)حاضر-: کنونی (۲) زمان حال - [درجمع] سند فعلی ، این سند
  the p. writer اینجانب مؤلف کتاب
  at p. اکنون ، فعلاً
  for the p. عجالةً
pres'ent ('') *n.* پیشکشی ، تقدیمی
  make a p. of پیشکش کردن ، تعارف کردن
  make one a p. بکسی پیشکشی دادن
present (*prizənt'*) *vt.* پیشکش کردن- معرفی کردن- ارائه‌دادن - بمعرض نمایش گذاشتن - نشان دادن
  p. some one with a book کتابی‌را بکسی پیشکش کردن
  P. arms ! [نظ] پیش فنگ !
presentable (*prizen'təbl*) *a.* قابل معرفی، قابل ارائه ، آبرومند
presentation (*-tei'shən*) *n.* معرفی - نمایش - ارائه - عرضه داشت - پیشکشی - تقدیم - تقدیمی
  p. copy نسخه تقدیمی (مؤلف)
presentiment (*prizen'timənt*) *n.* حس پیش از وقوع
presently (*prez'əntli*) *adv.* بزودی ، قریباً ، عنقریب
presentment (*prizent'mənt*) *n.* ارائه - نمایش
preservable (*prizə':vəbl*) *a.* قابل نگاهداری ، قابل محافظت
preservation (*presəvei'shən*) *n.* نگاهداری ، حفظ
  It is in a good state of p. خوب ازآن نگهداری میشود
preservative (*prizə':vətiv*) *a.* & *n.* (۱) جلوگیری‌کننده از فساد (۲) وسیلهٔ جلوگیری
preserve (*-zə:v'*) *vt.* نگهداشتن ، حفظ یا محافظت کردن - مربا کردن - ترشی گذاشتن - باقی نگاه داشتن - قوروق کردن
  preserved ginger زنجبیل پرورده
preserve (,,) *n.* مربا - شکارگاه ، قوروق - شیل - [درجمع] عینك دودی
preside (*prizaid'*) *vi.* ریاست کردن
  p. over ریاست کردن بر
  presided over by بریاست
presidency (*prez'idənsi*) *n.* ریاست - سر پرستی - دورهٔ ریاست - حوزه ، ولایت
pres'ident *n.* رئیس [درجمهوری و انجمن و امثال آنها]
presiden'tial (*-shəl*) **election** انتخاب رئیس (جمهور)
press *n.* فشار - ازدحام - چاپ - ماشین چاپ - مطبوعات - قفسه ، دولابچه - منگنه - ماشین فشار ، قید - (دستگاه) آب میوه‌گیری - دستگاه عصاری

in the p. زیر چاپ ، تحت طبع

p. campaign مبارزهٔ مطبوعاتی

press *vt.* & *vi.* (۱) فشار دادن - له کردن، فشردن - آب یاشیره (چیزیرا) گرفتن - کشیدن - اطو کردن (لباس مردانه) - درآغوش گرفتن- فشارآوردن به - درمضیقه گذاردن - اصراردر(چیزی) یا به(کسی) کردن - باصرار دادن - تأکید کردن- تحمیل کردن- (بزور)ازپیش بردن یا اجرا کردن- شتابانیدن - بسخره گرفتن ، (باز) گرفتن ، مصادره کردن (۲) فشار آوردن - باشتاب رفتن - اصرار کردن - ازدحام کردن - زیاد تأثیر کردن

I am pressed for space. ازحیث جا در زحمتم ، جایم تنگ است

He is pressed for money. از بی پولی در مضیقه است

press for باصرار یافشار خواستن

press'-agent *n.* مأمور آگهی وتبلیغ

press'-box *n.* لژ مخبرین روزنامه {""لژ"" لفظ فرانسه است}

press'-gallery *n.* جای ویژه مخبرین جرائد در مجلس

press'ing *apa.* مصرّ ، مبرم

press'man (*-mən*) *n.* { -men } متصدی ماشین (چاپ) - مخبر روزنامه مقاله نویس

pressure (*presh'ə*) *n.* فشار - بار ، سنگینی - مضیقه - فوریت

at a high p. بافشار وفعالیت زیاد

bear p. فشار آوردن

press'ure-gauge *n.* فشار سنج

prestige (*-ti:zh'*) *n.* حیثیت ، اعتبار ، آبرو ، شهرت ، نفوذ

prestissimo (*-tis'imou*) *a(dv).* {It.} هرچه تندتر

pres'to (*-tou*) *a(dv).* {It.} تند

presumable (*priziu':məbl*) *a.* قابل فرض - محتمل

presu'mably *adv.* ازقرار معلوم ، احتمال میرود ، بجرات میتوان گفت

presume (*-ziu:m'*) *vt.* & *vi.* فرض کردن - استنباط کردن - بخود جرأت دادن

p. up(on) a person's good nature از خوش خلقی کسی سوء استفاده (و باو جسارت) کردن

presumption [*prizʌm(p)'-shən*] *n.* فرض ، ظنّ قوی - استنباط - گستاخی

presump'tive (*-tiv*) *a.* فرضی

presump'tuous (*-tiuəs*) *a.* گستاخ ، جسور - مغرور - جسورانه

presuppose (*pri:səpouz'*) *vt.* ازپیش فرض کردن - مستلزم بودن

presupposition (*-sʌpəzishən*) *n.* فرض (قبلی) - پایهٔ استدلال

pretence (*pritens'*) *n.* بهانه ، وانمود سازی ، تظاهر - خودفروشی

under the p. of به بهانهٔ

pretend' (*pri-*) *vt.* & *vi.* (۱) بهانه یا وانمود کردن - دُروغی اقامه کردن - ادعا یا دعوی کردن (۲) اقامهٔ دعوی کردن - تقلید درآوردن

p. illness ناخوشي (را) بهانه کردن

p. ignorance تجاهل کردن

p. to دعوی یا ادعا کردن

preten'ded *ppa.* بخودبسته ، دروغی

preten'der (*-də*) *n.* مدعی من غیرحق

preten'sion (*-shən*) *n.* ادعا ، دعوی ، لاف - تظاهر - شایستگی

pretensions to ... دعوی ...

preten'tious (*-shəs*) *a.* صاحب ادعای زیاد ، لاف‌زن - خود فروش

pret'erit(e) (*-tərit*) *a.* & *n.* (زمان) گذشته یا ماضی

preternatural (*pri:tənach'-ərəl*) *a.* غیرطبیعی ، خارق‌العاده

pretext (*pri':tekst*)*n.* بهانه ، عذر

under (on, upon) the p. of به بهانهٔ ، بعذر

prettily (*prit'ili*) *adv.* بطرز

قشنگ ـ خوب ، بخوبی

p. dressed لباس قشنگ پوشیده ، خوش لباس

pret'tiness *n.* قشنگی

pretty (*prit'i*) *a.*, *n.*, & *adv.* (۱) قشنگ ـ خوب (۲) چیز قشنگ ، زینت ـ [در جمع] لباس قشنگ (۳) نسبةً ، تا یك اندازه

p. much تقریباً ، خیلی نزدیك به

prevail (*priveil'*) *vi.* غالب آمدن ـ حکم‌فرما شدن ـ شیوع داشتن

p. (up)on a person to . . حریف کسی شدن یااورا وادارکردن‌که . . .

prevai'ling *apa.* غالب ـ متداول

prev'alence (*-əlɑns*) *n.* شیوع ، عمومیت ـ غلبه

prev'alent *a.* شایع ، بهن شده ـ متداول ـ عمومی ـ غالب

prevaricate (*privar'ikeit*) *vi.* دوپهلو حرف زدن ،گریز زدن

prevarication (*-kei'shən*) *n.* حیله بازی درسخن ،گریز ، طفره ـ سخن دو پهلو

prevar'icator (*-keitə*) *n.* پیچیده‌گو ، دوپهلو حرف زن

prevent' (*pri-*) *vt.* بازداشتن ، مانع شدن ، جلوگیری کردن (از)

preven'table (*-təbl*) *a.* قابل جلوگیری ، بازداشتنی

preven'tative = preventive

preven'tion (*-shən*) *n.* جلوگیری ، ممانعت

preven'tive (*-tiv*) *a.* & *n.* (۱) جلوگیری‌کننده (۲) عامل جلوگیری

pre-view (*pri':viu':*) *n.* تماشای قبلیِ فیلم بطور خصوصی

pre'vious (*-əs*) *a.* قبلی، سابق، پیشی

p. to پیش از ، قبل از

pre'viously *adv.* قبلاً ، سابقاً

prevision (*pri:vizh'ən*) *n.* پیش‌بینی ـ آگاهی قبلی

prey (*prei*) *n.* & *vi.* (۱) شکار، صید ـ غنیمت (۲) [با upon] شکار یا غارت‌کردن ، [مج] آسیب رساندن به

beast of p. جانور درنده

a p. to disease دستخوش مرض

a p. to fire طعمهٔ آتش (یاحریق)

price (*prais*) *n.* & *vt.* (۱) بها ، قیمت ـ نرخ (۲) بهاگذاردن‌بر ـ قیمت کردن ، بها(ی‌چیزیرا) پرسیدن

high-priced گران (بها) ، پر بها

low-priced ارزان ،کم بها

price'less *a.* بی‌قیمت

price'-list *n.* صورت‌نرخ(های معمول)

prick *n.*, *vt.*, & *vi.* (۱) جای سوزن (یادرد آن) ، سوراخ‌کوچك ـ چیز نوك تیز ، خار (۲) کمی سوراخ کردن ـ نیش زدن ـ راست کردن [با up] ـ (۳) سوزن سوزنی شدن

kick against the pricks مشت بدرفش زدن

prick a hole in سوراخ‌کردن

pricker (*prik'ə*) *n.* سوراخ‌کن ، درفش

prickle (*prik'l*) *n.*, *vt.*, & *vi.* (۱) خار ، تیغ (۲) سوزن سوزنی‌کردن (۳) سوزن سوزنی شدن

prick'ly *a.* خاردار ـ سوزش‌دار

p. sensation حس سوزن سوزنی

p. heat آماس غدهٔ عَرَقی

pride (*praid*) *n.* غرور ـ فخر ـ مایهٔ افتخار

take a p. in مباهات کردن به

the p. of life بهار عمر

p. oneself on بالیدن یا مباهات کردن به ، فخرکردن به

priest (*pri:st*) *n.* [*fem.* -ess] کشیش ـ کاهن ـ موبد ـ مجتهد

priest'craft *n.* دکان‌کشیش‌ها و ملا ها ـ سیاست‌کشیشان وملایان

priest'hood *n.* کشیشی ـ کهانت

priest'ly *a.* کشیش‌وار ، کاهن‌وار ـ

مربوط به کشیش یا کاهن
priest'-ridden *a.* مقهور کشیشان
prig *n.* آدم دانا نما و ازخود راضی
prig'gish *a.* دانا نما و ازخود راضی
prim *a.* [-mer ; -mest] موقرنما ، خود بگیر - رسمی
primacy (*prai'məsi*) *n.* بزرگترین رتبه - سر اسقفی
prima donna (*pri:mədɔn'ə*) *n.* سردسته زنهای خواننده دراپرا [It.]
prima facie (*praiməfei'shii:*) *adv.* & *a.* (۱) درنظر اول (۲) قابل قبول (درنظر اول)
pri'mal (*-məl*) *a.* اولین - عمده
pri'marily *adv.* مقدمةً - اصلاً
primary (*prai'məri*) *a.* - ابتدائی - نخستین - مقدم ، عمده ، مهم ، اصلی
p. school دبستان
pri'mate (*-mət*) *n.* سر اسقف
prime (*praim*) *a.* & *n.* (۱) مهمترین ، عمده - بهترین ، درجهٔ اول ، اعلی - نخست - [ر] اول [p. number] - (۲) کمال - نخبه ، زبده - آغاز - نام این نشان (′) در ریاضیات
p. minister نخست وزیر
p. of life بهارعمر ، عنفوان جوانی
prime (,,) *vt.* باروت ریختن یا چاشنی گذاشتن(در) - رنگ‌اول‌را زدن ، آستر کردن - با ریختن کمی آب راه انداختن(تلمبه) - مجهز کردن- پُر کردن
primer (*prim'ə* ; *prai'-*) *n.* کتاب ابتدائی ، نخست نامه - آستر [در رنگ‌کاری]
primeval ; -mæ- (*praimi':-vəl*) *a.* مربوط به روزگار نخستینِ جهان - ماقبل تاریخی
pri'ming *n.* خرج [درتفنگ]
prim'itive (*-tiv*) *a.* بدوی- پیشین، قدیمی ،کهنه - اصلی ، اولیه
prim'ly *adv.* باخودنمایی و دقت
primo (*prai'mou*) *adv.* اولا [بطور مختصر نوشته میشود 1°]
primogeniture (*praimoujen'-ichə*) *n.* نخست‌زادگی ، ارشدیت
primordial (*praimɔ':diəl*) *a.* قدیمی‌ترین ، نخستین ، بدوی - اصلی
prim'rose (*-rouz*) *n.* پامچال
the p. path (طلب) عیش و نوش
primus (*prai'məs*) *n.* پریموس
prince (*prins*) *n.* شاهزاده ، شاهپور ، امیر
p. of historians سلطان‌المورخین
P. of Wales (لقب) وارث مطلق ومسلم تخت و تاج انگلیس
P. Consort شاهزاده‌ای که زن ملکه باشد ، شوهر ملکه
P. Regent شاهزاده نایب‌السلطنه
prince'dom (*-dəm*) *n.* قلمرو و رتبه شاهزاده
prince'ly (*-li*) *a.* - شاهزاده وار - باشکوه ، مجلل - شاهانه ، ملوکانه
princess' *n.* شاهدخت ، شاهزاده خانم - زن شاهزاده [چون بطور لقب بکار رود تلفظ میشود - 'prin]
prin'cipal (*-sip'l*) *a.* & *n.* (۱) عمده ، اصلی (۲) مُدیر - اصل (پول)، مایه - [حق] موکل - مضمون عنه
lady p. مدیره ، رئیسه
principal'ity (*-ti*) *n.* قلمرو یا حکومت شاهزاده ، امارت
prin'cipally *adv.* اساساً ، بیشتر
prin'ciple *n.* اصل [ج. اصول] - مسلك : مرام اخلاقی - قاعدهٔ کلی
in p. اصولاً
on p. از لحاظ قیود اخلاقی
prink *vi.* & *vt.* (۱) خودآرایی کردن (۲) آراستن - صاف کردن
print *n.* - چاپ ، طبع - نقش ، باصمه - چیت - قلمکار - عکس یا مواد چاپی
in p. زیرچاپ - موجود برای فروش
out of p. تمام شده [درگفتگوی از نسخه های چاپی یك کتاب]

print *vt.* & *vi.* (۱) چاپ کردن - [مج] جایگیر ساختن (۲) چاپ خوردن
p. off چاپ کردن (عکس)
prin'table (*-təbl*) *a.* چاپ کردنی
prin'ter (*-tə*) *n.* کتاب چاپ کن - مدیر مطبعه
printer's ink مرکب چاپ
prin'ting *n.* چاپ ، طبع
p.-press ماشین چاپ - چاپخانه
p.-office چاپخانه ، مطبعه
prior (*prai'ə*) *a.* قبلی - مقدم
p. to پیش از ، قبل از - مقدم بر
pri'or (,,) *n.* { *fem.* **-ess** } رئیس priory
priority (*praiɔr'iti*) *n.* تقدم
priory (*prai'əri*) *n.* مرکز راهبان و راهبات که یك درجه از abbey پایین‌تر است
prism (*prizm*) *n.* منشور ، شوشه
prismat'ic *a.* شوشه‌ای - درخشان
pris'moid (*-mɔid*) *n.* شبه منشور
prison (*prizn*) *n.* زندان
pris'on-breaker *n.* زندان گریز
prisoner (*priz'nə* ; *priz'ə-*) *n.* زندانی - اسیر
take p. اسیر کردن - زندانی کردن
pris'tine (*-tin* ; *-tain*) *a.* پیشین ، قدیمی
prithee (*prith'i:* (بریظی *int.* [Arch] خواهش دارم
privacy (*prai'vəsi*) *n.* خلوت ، تنهایی - پنهانی - مطلب محرمانه
disturb one's p. مخل آسایش کسی شدن
pri'vate (*-vet*) *a.* & *n.* (۱) خصوصی - محرمانه - خلوت [در مقام صفت] - غیر دولتی، ملی [p. school]- (۲) تابین
in p. درخلوت ، محرمانه
privateer (*praivəti'ə*) *n.* کشتی مسلح کسانی که از طرف دولت پروانه دستگیر کردن کشتی های بازرگانی دشمن بایشان داده میشود - فرمانده این کشتی
pri'vately *adv.* محرمانه ، درخلوت [Talk to him p.]
privation (*praivei'shən*) *n.* فقدان - فقر
priv'et *n.* قسمی بتهٔ بی‌خزان که برای حصار کشیدن بکار میرود
priv'ilege (*-lij*) *n.* امتیاز ، حق ویژه - مزیت
priv'ileged *a.* دارای امتیاز - ممتاز، بامقدم [p. shares]
priv'ily (*-li*) *adv.* مخفیانه
privy (*priv'i*) *a.* خصوصی - محرمانه ، نهانی
p. to دارای اطلاع خصوصی از
p. chamber اطاق خلوت
P. Purse هزینهٔ خصوصی پادشاه
P. Council هیئت مشاورین سلطنتی
p. parts شرمگاه ، عورت
prize (*praiz*) *n.* & *vt.* (۱) انعام ، جایزه (۲) با ارزش پنداشتن ، قدردانی کردن
prize (,,) *n.* کشتی یا کالائی که بموجب حقوق جنگی در دریا به غنیمت برده شود
prize *or* **prise** (*praiz*) *vt.* با اهرم بلند کردن یا کشودن [با open]
prize'-fighting *n.* پیشهٔ بوکس یا مشت‌زنی ، بوکس بمنظور بردن جایزه
prize'man (*-mən*) *n.* [-men] جایزه بر ، صاحب جایزه
prize'-money *n.* پولی که ازفروش غنیمت دریایی بدست می‌آید
pro (*prou*) *prep.* برای - برله - طرفدار - بجای
pro and con [*prou'ən(d)kɔn'*] *adv.* برله و برعلیه - [بطور اسم و در صیغه جمع] دلائل برله و برعلیه
probabil'ity (*-ti*) *n.* احتمال
There is no p. of his staying there. هیچ احتمال نمیرود آنجا بماند

in all p. احتمال کلی میرود (یا دارد)
probable (*prɔb'əbl*) *a.*
احتمالی - محتمل - راست نما
It is p. احتمال دارد ، احتمال میرود
The story is p. این داستان راست
مینماید (یا احتمال دارد راست باشد)
prob'ably (*-li*) *adv.* شاید، یحتمل
probate (*prou'bet*) *n.* تصدیقِ
صحت وصیت نامه - رونوشت تصدیق
شدهٔ وصیت نامه
grant p. of a will صحت
وصیت نامه‌ای را گواهی کردن
probation (*-bei'shən*) *n.*
آزمایش ، امتحان - دورهٔ آزمایش -
(دورهٔ) کارآموزی - تعلیق مجازات
متخلفین جوان یا آنانکه برای نخستین
بار خلافی کرده اند با گرفتن التزامِ
خوش رفتاری از ایشان
on p. درمرحلهٔ آزمایش - بشرط امتحان
proba'tional (*-shənəl*) or
proba'tionary (*-nəri*) *a.*
آزمایشی ، امتحانی
proba'tioner (*-shənə*) *n.*
کارآموزِ آزمایشی
probe (*proub*) *n.* & *vt.* (۱)
میل(۲) میل‌زدن- [مج] خوب‌وارسی کردن
prob'ity (*-ti*) *n.* درستی ، پاکدامنی
problem (*prɔb'ləm*) *n.* مسئله
p. play نمایش انتقادی اجتماعی
problemat'ic *a.* نامعلوم ، مشکوك
proboscis (*probɔs'is*) *n.* - خرطوم
اندام مك زن [در کرم ها]
procedure (*prousi':jə*) *n.* رویه، ،
طرز اقدام ، روش ، طرز عمل
proceed (*-si:d'*) *vi.* (پیش) رفتن ،
رهسپارشدن - اقدام کردن- ناشی شدن -
ارتقاء پیدا کردن
How shall we p.? چگونه باید
اقدام کرد ؟ تکلیف چیست ؟
p. against some one علیه کسی
دادخواهی کردن ، ازدست کسی عارض‌شدن

procee'ding *n.* اقدام - جریان ،
پیشرفت - [در جمع] خلاصهٔ مذاکرات
proceeds (*prou';i:dz*)- *npl.*
درآمد ، عایدات (حاصله)
process (*prou'ses* ; *prɔs'-*) *n.*
& *vt.* (۱) عمل - مرحله - جریان -
زایده - [حق] جریانِ کارداد‌گاه (۲) از
مجرای قانون تعقیب کردن - عمل آوردن
in the p. of در دستِ
in p. of time بمرور زمان
procession (*prosesh'ən*) *n.*
دسته ، اجتماع - حرکت دسته جمعی
processional (*-sesh'ənəl*) or
processionary (*-sesh'ənəri*) *a.*
دسته جمعی
procés-verbal (*prɔs'eivêər-*
bal') *n.* [Fr.] صورت مجلس
proclaim (*proukleim'*) *vt.*
اعلام کردن ، آشکار کردن
p. war اعلان جنگ دادن
p. (to be) a traitor
خائن معرفی کردن
proclamation(*prɔkləmei'shən*)
n. اعلام ، اعلان- انتشار- بیانیه ، بیان‌نامه
proclivity (*prouklivʻiti*) *n.*
تمایل (بکار بد)
proconsul (*-kɔn'səl*) *n.* فرماندار
مستعمره - نایب کنسول [در رم قدیم]
procrastinate (*-kras'tineit*)
vi. مسامحه کردن، تعلل کردن ، امروز
و فردا کردن
procrastination (*-nei'shən*) *n.*
مسامحه ، تعلل
proctor (*prɔk'tə*) *n.* مأمور انضباط
[در دانشگاه]
procurable (*prokiu':rəbl*) *a.*
بدست آوردنی ، یافتنی ، میسر
procurator (*prɔk'yureitə*) *n.*
وکیل ،گماشته - رئیس کلانتری یادادستان-
[در رم باستان] مأمور مالی
procure (*prokiu:r'*) *vt.* (۱) بدست

آوردن ـ فراهم کردن ـ پیدا کردن

prod (*prɔd*) *vt* {-ded} & *n.* (۱) سیخ‌زدن، سک‌زدن (۲) سیخک، سک

prodigal (*prɔd'igəl*) *a.* ولخرج ، اتلاف‌کار

prodigal'ity *n.* اسراف ، ولخرجی

prodigious (*prodij'əs*) *a.* عجیب ، شگفت‌انگیز ـ غیرعادی ـ کلان

prodigy (*prɔd'iji*) *n.* اعجوبه ، نادره ـ نمونهٔ عجیب

infant p. بچه فوق‌العاده با استعداد

a p. violinist ویولن زن فوق‌العاده

produce (*prɔd'yu:s*) *n.* محصول

produce (*prodiu:s'*) *vt.* عمل آوردن ـ تولید کردن ـ انتشار دادن ـ موجب شدن ـ اقامه {p. a book} کردن ـ ارائه دادن (سند) ـ بمعرض نمایش گذاشتن ـ استخراج کردن ـ {هن} رسم کردن

produ'cer (*-sə*) *n.* عمل‌آورنده ، سازنده ، بار آورنده ـ نمایش دهنده

product (*prɔd'əkt*) *n.* محصول ، فرآورده ، حاصل ـ نتیجه ـ حاصل ضرب

production (*prodʌk'shən* ; *prə-*) *n.* تولید ـ استخراج ـ محصول ـ عمل ـ ارائه ـ اقامه

produc'tive (*-tiv*) *a.* بارآور ، حاصلخیز ـ سودمند ازلحاظ اقتصادی

p. of annoyance باعثِ زحمت

produc'tiveness
productiv'ity (*-ti*) } *n.* حاصل خیزی ـ نیروی تولید ـ سودمندی

proem (*prou'-*) *n.* مقدمه ، دیباچه

pro-En'glish *n.* طرفدارانگلیس ها ، آنگلوفیل {لفظ فرانسه}

profanation (*prɔfanei'shən*) *n.* بیحرمتی (به مقدسات)

profane (*proufein'*) *a.* & *vt.* (۱) کفرآمیز ـ بیحرمتی کننده بمقدسات ـ دنیوی، غیرروحانی ـ زشت (۲) بیحرمت ساختن ـ بزشتی یادکردن

profane'ly *adv.* بطور کفرآمیز

profan'ity *n.* بیحرمتی بمقدسات

profess' *vt.* ادعا یا اظهارکردن ـ اقرارکردن ـ پیشهٔ خود قرار دادن

professed (*-fest'*) *ppa.* اقرار شده ـ ادعا شده ـ مدعی ـ مقر

a p. lover مدعی دوستی

a p. Jew یهودیِ بی‌حاشا

profess'edly *adv.* صریحاً ـ بااقرار

profession (*profesh'ən* ; *prə-*) *n.* پیشه ، حرفه ـ اعتراف ـ دعوی ـ اظهار ـ نذر

He is a physician by p. پیشهٔ او پزشکی است

the learned professions علوم سه‌گانه {دین و پزشکی و حقوق}

professional (*-fesh'ənəl*) *a.* & *n.* (۱) حرفه‌ای (۲) کسیکه رشته‌ای را پیشهٔ رسمی خود قراردهد

profes'sionally *adv.* ازلحاظ پیشه

professor (*-fes'ə*) *n.* استاد

professorial (*prɔfesɔ'riəl*) *a.* استادوار ، استادانه

professorship (*-fes'əship*) *n.* استادی

proffer (*prɔf'ə*) *n.* & *vt.* پیشنهاد (کردن) ، تقدیم (داشتن)

proficiency (*profish'ənsi*) *n.* زبردستی ، مهارت ، خبرگی ، تخصص

proficient (*-fish'ənt*) *a.* زبردست ، ماهر، حاذق

profile (*prou'fi:l* ; *-fail*) *n.* & *vt.* (۱) نیمرخ ـ بُرش عمودی ـ مقطع طولی ـ نقشهٔ مقطعی (۲) برشِ عمودی (چیزی) را نشان دادن

profit (*prɔf'-*) *n.* & *v.* (۱) سود ، منفعت (۲) سود بردن ، منفعت کردن ـ سودمند یامفید بودن (برایِ)

p. by سود بردن یا استفاده‌کردن از

prof'itable (*-təbl*) *a.* پُرسود ، پرمنفعت - سودمند ، مفید
prof'itably *adv.* سودمندانه
profiteer (*-ti'ə*) *n.* & *vi.* (۱) استفاده‌چی - گرانفروش (۲) سود گزاف بردن
prof'itless *a.* بی‌سود ، بی‌منفعت
profligacy(*prɔf'ligəsi*)*n.* هرزگی
prof'ligate (*-get*) *a.* & *n.* (آدم) هرزه و ولخرج
pro'forma (*proufɔ':mei*) *adv.* & *a.* {L} (۱) از لحاظ ظاهر (۲) ظاهری - موقتی
p. f. invoice سیاههٔ مقدماتی ، پیش‌فاکتور[''فاکتور،، فرانسه است]
profound (*profaund'* ; *prə-*) *a.* & *n.* (۱) گود ، ژرف ، عمیق - سنگین [p. sleep] - زیاد ، مفرط - پوشیده (۲ - در شعر) ژرفای زیاد - دریا - ورطه
profound'ly *adv.* زیاد ، بغایت
profundity (*-fʌn'diti*) *n.* عمق - چیزِ گود
profuse (*profiu:s'*) *a.* فراوان ، وافر - زیاد ریزنده ، فائض - مسرف
p. of expenditure ولخرج
profuse'ly *adv.* زیاد - مسرفانه
profu'sion (*-zhən*) *n.* وفور
progenitor (*proujen'itə*) *n.* جدّ - شخص پیشین ، پیشرو
progeny (*prɔj'əni*) *n.* اولاد ، فرزند(ان) ، خلف [ج. اخلاف]
prognostic (*prɔgnɔs'-*) *n.* & *a.* (۱) پیشگویی از روی علائم - نشان (۲) خبر دهنده
prognos'ticate (*-keit*) *vt.* پیش‌گوئی کردن ، خبر دادن
prognostication (*-kei'shən*) *n.* پیش‌بینی یا پیشگویی (از روی علائم) - خبر
program(me) (*prou'gram*) *n.* & *vt.* (۱) برنامه (۲) برنامه برای (چیزی) درست کردن
progress (*prou'gres*) *n.* پیشرفت ، ترقی - جریان
make p. پیشرفت کردن ، ترقی کردن
be in p. جریان (یا ادامه) داشتن
progress (*prougres'*) *vi.* پیشرفت یا ترقی کردن - جریان یا ادامه داشتن
progression (*-gresh'ən*) *n.* پیشرفت - [ر] تصاعد ، فرایازی
progressive (*-gres'iv*) *a.* پیش‌رونده ، مترقی - ترقی خواه - ترقی خواهانه - تدریجی - [د] استمراری - [ر] متصاعد ، فرایاز - تصاعدی
progres'sively *adv.* بطور تصاعدی - بطور پیش‌رونده - استمراراً - ترقی خواهانه
progres'siveness *n.* ترقی‌خواهی
prohib'it (*prou-*) *vt.* قدغن کردن - ممنوع داشتن - جلوگیری کردن
prohibition (*-bish'ən*) *n.* منع ، جلوگیری ، تحریم ، قدغن - ممنوعیت - [در جمع] ممنوعات - منع فروشِ مشروبات الکلی
prohibitionist (*-bish'ənist*) *n* طرفدارِ منع فروش مسکرات
prohib'itive (*-tiv*) *a.* مانع - خیلی زیاد ،گزاف [p. prices]
p tax مالیات گزافی که صدور یاورود کالا را غیرممکن سازد
prohib'itory (*-təri*) *a.* منع کننده - متضمن قدغن
project (*prɔ'jekt*) *n.* طرح ، نقشه ، پیشنهاد
project' (*prə-*) *vt.* & *vi.* (۱) طرح یا پیشنهاد کردن - تصور کردن - تصویر کردن (۲) پیش‌آمدگی داشتن
projec'tile (*-tail*) *a.* & *n.* (۱) تصویر کننده، پرت کردنی (۲) سلاح پرتابی یا پرت کردنی [چون تیر و خمپاره]
projec'tion (*-shən*) *n.*

پیش‌آمدگی- طرح (ریزی) - [هن]
تصویر [p. of a point]- نمایش
projec'tor (-tə) n. پرتو افکن ،
نور افکن - طرح ریز
proletarian (proulitê'əriən)
a. & n. (۱) مربوط برنجبران
(۲) کارگر، رنجبر
proleta'riat (-ət) n.
طبقه مزدور وکارگر ، گروه رنجبران -
[در تاریخ رُم] پایین ترین دستهٔ مردم
prolif'ic (prou-) a. بارخیز ،
پرحاصل -فراوان - دارای تألیفات بسیار
prolix (prou'liks ; -liks') a.
طولانی وکسل‌کننده - دراز نفس
prolixity (-lik'siti) n.
درازنفسی ، اطناب ، تطویل سخن -
درازی ، تفصیل
prolog(ue) (prou'lɔg) n. درآمد،
مقدمه - شعر مقدماتی - مطلع شعر
prolong (proulɔng') vt.
تمدید دادن، امتداد دادن ، طولانی کردن
prolongation (-gei'shən) n.
تمدید ، امتداد
promenade (-minahd'; -neid')
n., vi., & vt. (۱) گردش ،
تفرج - تفرجگاه (۲) تفرج کردن (۳) به
گردش بردن
prominence (prɔm'inəns) n.
برجستگی ، امتیاز ، اهمیت - بیشامدگی
prom'inent a. برجسته ، معلوم -
ممتاز ، مهم - بلند ، والا - پیشامده
promiscuity (prɔmiskiu':iti)
n. درهم برهمی، اختلاط ، هرج ومرج
[بویژه درمسائل ازدواجی]
promis'cuous (-kiuəs) a.
درهم برهم - هرج و مرج ، بی‌قاعده
p. bathing آبتنی زن و مرد باهم
promise (prɔm'is) n. & v.
(۱) قول ، پیمان (۲) قول دادن ، وعده
دادن ، عهد کردن - محتمل بودن

a youth of p. جوان خوش آتیه
These clouds p. rain. این ابرها
خبر از باران (یا بارندگی) میدهند
p. well خوش آتیه و مایه
امیدواری بودن
He promised me the loan
of his book. قول داد کتابش
را بمن عاریه بدهد
prom'ising apa. خوش‌آتیه ،
دارای آیندهٔ روشن - امید بخش
prom'issory (-səri) a.
متضمن وعده
p. note سفته ، سند ذمه
promontory (prɔm'əntəri) n.
دماغهٔ بلند - رأس ، برتگاه
promote (prəmout') vt. ترفیع
دادن ، ترقی‌دادن -جلو انداختن - تشویق
یاترویج کردن - تأسیس کردن
promo'ter (-tə) n. مؤسس
(شرکت سهامی ومانندآن)
promotion (-mou'shən) n.
ترفیع - پیشرفت ، ترقی - تشویق
prompt [prɔm(p)t] a. & vt.
(۱) فوری ،بی‌معطلی - آماده - فرز (۲)
وادار یاتحریك‌کردن- به جنبش آوردن -
سخن رساندن به (هنرپیشه)
prompt'-book n. نسخهٔ سوفلور
promp'ter (-tə) n. سخن رسان ،
سوفلور [لفظ فرانسه]
promp'titude (-tiu:d) n.
فوریت - آمادگی
prompt'ly adv. بدون معطلی
promulgate (prɔm'əlgeit ;
-mʌl-') vt. اعلام‌کردن ، بعموم
آگهی دادن - ترویج کردن
promulga'tion (-shən) n.
اعلام - ترویج
prone (proun) a. روبزمین ،
دمر - [مج] مستعد
p. to آمادهٔ ، مستعد

prong (*prɔng*) *n.* & *vt.* (۱) چنگال - شانه - شاخه ، دندانه (۲) سوراخ کردن

two-pronged دوشاخه- دوطرفه

pronominal (*prounɔm'inəl*) *a.* ضمیری

pronoun (*prou'naun*) *n.* [د] ضمیر ،کنایه

pronounce (*prənauns'*) *vt.* & *vi.* (۱) تلفظ کردن - صادر کردن (رای) - (۲) حکم دادن ، فتوی دادن - اظهار عقیده کردن

p. guilty مجرم قلمداد کردن

pronounced' *ppa.* مشخص - قطعی

pronunciation (*prəʌnsiei'shən*) *n.* تلفظ ، ادا

proof (*pru:f*) *n.*, *a.* & *vt.* (۱) دلیل ،گواه ، نشانه-مدرك -امتحان ، محك - نمونه غلط گیری (۲) دافع -آزموده، سوراخ نشدنی - پر دوام (۳) با دوام کردن - نم ناپذیر کردن (پارچه)

put to p. آزمایش کردن

in p. of برای اثباتِ

high-p. spirit عرقِ سنگین

p. against cold دافعِ سرما

fire-p. نسوز ، ناسوز

thief-p. محفوظ از دزد ، دزد نخور

proof'-reader *n.* مصحح (چاپخانه)

proof'-sheet *n.* نمونهٔ غلط گیری

prop (*prɔp*) *n.* & *vt.* [-ped] (۱) حائل ، پایه - تیر ، شمع - تکیه - پشتیبان (۲) نگهداشتن - زیر (چیزی) شمع زدن

propaganda (*prɔpəgan'də*) *n.* تبلیغات

propagan'dize (*-daiz*) *vt.* & *vi.* (۱) تبلیغ کردن ، انتشار دادن ، ترویج کردن (۲) تبلیغات دایر کردن

propagate(*prɔp'əgeit*)*vt.* & *vi.* (۱) زیاد کردن - قلمه زدن- منتشر کردن - انتقال دادن (۲) تولیدِ مثل کردن ، زیاد شدن

propagation (*-gei'shən*) *n* ترویج - توسعه -تکثیر - افزایش (نوع) - انتقال

prop'agator (*-geitə*) *n.* مروّج

propel' (*prɔ-*) *vt.* [-led] راندن ، جلو بردن ، سوق دادن

propeller (*-pel'ə*) *n.* ملخ [در هواپیما] - پروانه [در کشتی]

propen'sity (*-ti*) *n.* تمایل ، میل

proper (*prɔp'ə*) *a.* درست ، صحیح - مرتب - مخصوص - شایسته ، مناسب - [د] خاص [p. noun]

p. fraction کسر واقعی

p. to spring مخصوص بهار

China p. چین خاص

p. licking [Col.] کتك حسابی

prop'erly *adv.* درست ، بطور صحیح - [د. ك] کاملاً ، خیلی خوب

prop'ertied (*-pətid*) *a.* ملك‌دار ، ملاك

property (*prɔp'əti*) *n.* دارایی ، مال - ملك - [ف] خاصیت

prop'erty-man *n.* متصدیِ اثاثیه صحنه نمایش

prophecy (*prɔf'isi*) *n.* نبوّت - پیشگویی - خبر

proph'esy (*-sai*) *v.* نبوت کردن ، پیشگویی کردن

proph'et *n.* [*fem.* -ess] پیغمبر

prophet'ic(al) (*-ik'l*) *a.* نبوی - متضمنِ پیشگویی - خبر دهنده

prophylac'tic (*prɔfi-*) *a.* & *n.* (۱) جلوگیری کننده ، دافع (۲) داروی جلوگیری - اقدام احتیاطی

propinquity (*proupin'kwiti*) *n.* نزدیکی ، قرابت

propitiate (*-pish'ieit*) *vt.* ازخشم پایین آوردن ، تسکین دادن

propitiation (*-pishiei'shən*) *n.* تسکین ،کظم غیظ ـ شفاعت ـ کفاره
propitiatory (*-pish'iətəri*) *a.* کفاره‌ای ، تسکین دهنده
propitious (*-pish'əs*) *a.* مساعد ، موافق ـ خوش ـ مناسب
proportion (*prəpɔ':shən*) *n.* & *vt.* (۱) نسبت ـ تناسب ـ بخش ؛ قسمت ـ اندازه ، [در جمع] ابعاد (۲) متناسب کردن ، مطابق کردن
a large p. of قسمت زیادی از
in p. متناسب
in p. to نسبت به
out of p. بی‌تناسب ، خارج از اندازه
propor'tionable (*-shənəbl*) *a.* متناسب ـ با قرینه ـ تناسب پذیر
propor'tional (*-shənəl*) *a.* متناسب ـ نسبی
propor'tionally *adv.* به تناسب
propor'tionate (*-shənit*) *a.* متناسب ، در خور ، فراخور
p. to بفراخور
proposal (*prəpou'zl*) *n.* پیشنهاد
propose (*prəpouz'*) *v.* پیشنهاد یا طرح کردن ـ درنظر داشتن ، در نظر گرفتن ـ نامزد یامعرفی کردن ـ پیشنهاد زناشویی کردن
p. a person('s health) سلامتی کسیرا گفتن ، بسلامتی کسی نوشیدن
p. a man for chairman کسیرا برای ریاست پیشنهاد کردن
proposition (*prɔpəzish'ən*) *n.* پیشنهاد ـ موضوع ، مسئله ـ قضیه
propound (*prəpaund'*) *vt.* مطرح کردن ـ پیشنهاد کردن ـ تقدیم کردن
proprietary (*prəprai'ətəri*) *a.* مالکانه ـ اختصاصی
proprietor (*prouprai'ətə*) *n.* {*fem.* -tress} مالك ـ صاحب امتیاز روزنامه
propri'etorship *n.* مالکیت
propriety (*-prai'əti*) *n.* رعایت آداب ـ[درجمع] آداب(معاشرت)ـ درستی
props *npl.* {Sl.} اثاثیهٔ صحنهٔ نمایش
propulsion (*-pʌl'shən*) *n.* سوق، فشار بسوی جلو ـ [مج] نفوذ
propul'sive (*-siv*) *a.* جلو برنده
pro rata (*prourei'tə*) *adv.* & *a.* {L.} (۱) به نسبت (۲) نسبی
prorogation (*prourəgei'-shən*) *n.* تعطیل ـ خاتمه
prorogue (*prəroug'*) *vt.* تعطیل کردن (مجلس)
prosaic (*prouzei'ik*) *a.* عاری از لطافت ،کسل‌کننده ـ بیش یا افتاده
proscenium (*prousi':niəm*) *n.* قسمت بین صحنه نمایش و جای ارکستر
proscribe (*-skraib'*) *vt.* تبعید کردن ـ بد دانستن ، تخطئه کردن
proscrip'tion (*-shən*) *n.* ترك ـ نهی ، بازداشت ، منع ـ تخطئه ـ تبعید
prose (*prouz*) *n.* نثر ـ [مج] سخن عاری از لطافت
prosecute (*prɔs'ikiu:t*) *vt.* تعقیب کردن
prosecution (*-kiu':shən*) *n.* تعقیب ، پی کرد
pros'ecutor (*-ikiu:tə*) *n.* تعقیب‌کننده ـ وکیل عومی ، دادیار
public p. دادستان
proselyte (*prɔs'ilait*) *n.* جدیدالمذهب ـ تازه یهودی
pros'elytize (*-litaiz*) *v.* بدین دیگر بردن یا رفتن
prosily (*prou'sili*) *adv.* بطورکسل‌کننده
pro'siness *n.* بی‌لطافتی ـ ابتذال
pros'odist *n.* عروض‌دان ، عروضی
prosody (*prɔs'ədi*) *n.* عروض
prospect (*prɔs'-*) *n.* دورنما ، چشم انداز ـ چشم داشت ، انتظار ـ

پیش بینی - مشتری احتمالی
in p. در مدّ نظر - انتظار داشته
prospect' *v.* جستجو . بی گردی کردن ، کردن [با for]
p. well مایهٔ امیدواری بودن
prospec'tive (*-tiv*) *a.* مربوط به بعد از این - انتظار داشته ، منتظره
The law is p. قانون عطف میشود به بعد از این [عطف بماسبق نیست]
p. bride عروس فردا
prospec'tor (*-tə*) *n.* کان جو
prospec'tus (*-təs*) *n.* [-es] اطلاع نامه ، شرح قبلی کتاب وماننده آن
prosper (*prɔs'pə*) *vi.* & *vt.* (۱) نیك انجام شدن ، کامیاب شدن - پیشرفت کردن (۲) کامیاب کردن
prosper'ity (*-ti*) *n.* خوشبختی ، سعادت ،نیك انجامی - ترقی روز افزون
pros'perous (*-pərəs*) *a.* خوش - خوش بخت - مساعد - نیك انجام
pros'titute (*-tiu:t*) *n.* & *vt.* (۱) فاحشه (۲) بیهوده صرف کردن
Prostitution (*-tiu':shən*) *n.* فاحشگی - صرف (استعداد) برای کار های بد
prostrate (*prɔstreit'*) *vt.* بزمین انداختن -[مج] پست کردن - از پادرآوردن
p. oneself بخاك افتادن
Pros'trate *a.* روبزمین ، دمر - شکست خورده - از پا درآمده
prostration (*-trei'shən*) *n.* سستی یا ضعف (زیاد) - سجود ، بخاك افتادن - خضوع
prosy (*prou'zi*) *a.* کسل کننده ، عاری از لطافت ، بیروح - مبتذل
protagonist (*proutag'ə-*) *n.* شخص عمده در داستان و نمایش یا در گفتگو
protean (*prou'tiən*) *a.* متلوّن ، بی ثبات

protect (*protekt'* ; *prə-*) *vt.* محافظت کردن ، حمایت کردن
p. home industry صنایع داخلی را با گمرك بستن روی واردات تشویق کردن وکسیراکه طرفدار این رویه است protec'tionist گویند
p. a bill (پرداخت) وجه براتی را تأمین کردن
protec'tion (*-shən*) *n.* محافظت - حمایت - وسیلهٔ جلوگیری - خطِ امان
be under a person's p. درپناه کسی بودن، تحت حمایت کسی بودن
protectionist [زیر protect آمده]
protec'tive (*-tiv*) *a.* موجبِ ترویج صنایع درونی - حفاظی
protec'tor (*-tə*) *n.* نگهدار - پشتیبان - حامی- سرپرست - نایب السلطنه
protec'torate (*-tərət*) *n.* سرپرستی ، قیمومت -کشور تحت الحمایه
pretégé (*prɔt'ezhei*) *n.* [Fr.] شخص تحت الحمایه
protein (*prou'ti:n*) *n.* مادهٔ بیاض البیضی
pro'tempore (*proutem'pəri*) *adv.* [L.] موقتاً
rotest (*prou'-*) *n.* اعتراض (رسمی) - واخواهی
lodge a p. اعتراض رسمی کردن
protest' *vi.* & *vt.* (۱) اعتراض رسمی کردن (۲) جداً اظهار کردن - واخواهی کردن
Protestant (*prɔt'istənt*) *n.* & *a.* (عضو تیرهٔ) پروتستان
protestation (*prɔtəstei'shən*) *n.* اظهار جدّی - ادعا - اعتراض - واخواهی
Proteus (*prou'tiəs*) *n.* رب النوع دریایی که باشکال گوناگون در می آمد - [مج] آدم دمدمی یا متلون
protocol (*prɔt'əkɔl*) *n.* پیوندنامه،

مقاوله نامه ، صورت مجلس سیاسی

protoplasm (*prou'toplazm*) *n.* سفیدهٔ یاخته

prototype (*prou'totaip*) *n.* نخستین نمونه

protozoon (*proutozou'ən*) *n.* جانور یك سلولی

protract' (*prou.*) *vt.* طول دادن ، کشیدن

protrac'tion (*-shən*) *n.* تمدید - امتداد

protrac'tor (*-tə*) *n.* نقاله

protrude (*proutru:d'*) *vt.* & *vi.* (۱) جلو بُردن - بیرون انداختن (۲) پیش آمدن

protru'sion (*-zhən*) *n.* پیش رفتگی ، پیشامدگی ، بیرون افتادگی

protru'sive (*-siv*) *a.* پیش آمده - فضول - سرزده

protuberance (*-tiu':bərəns*) *n.* برآمدگی ، غلنبگی ، تورّم - برجستگی

protu'berant *a.* متورم - برجسته

proud (*praud*) *a.* متکبر ، مغرور - مفتخر ، سرافراز - تکبر آمیز - با شکوه

He was p. of his wealth. بدارایی خود مغرور بود (یا می‌بالید)

I am p. of به . . . افتخار میکنم

p. flesh گوشت نو

proud'ly *adv.* متکبرانه ، از روی‌غرور ، مغرورانه - با افتخار

provable (*pru':vəbl*) *a.* قابل اثبات

prove (*pru':v*) *vt.* & *vi.* (۱) ثابت کردن -امتحان کردن (۲) معلوم شدن ، درآمدن [p. false]

proven (*pru':vən*) [اسم مفعولِ prove در انشاء های قدیمی]

provender (*prɔv'ində*) *n.* علیق

proverb (*prɔv'ə:b*) *n.* مثل ، ضرب‌المثل

He is a p. for misery. در خست ضرب‌المثل است

proverbial (*prəvə':biəl*; *prɔ-*) *a.* مثلی ، ضرب‌المثلی - انگشت نما

provide (*provaid'* ; *prə-*) *vt.* & *vi.* (۱) تهیه کردن، آماده کردن - مقرر داشتن (۲) تهیه یا تدارك دیدن - پیش بینی کردن

p. for one's safety وسائل سلامت کسی را فراهم کردن

p. against جلوگیری کردن (از)

p. for in the budget در بودجه پیش بینی (یامنظور) کردن

p. a person with a thing چیزی را برای‌کسی تهیه کردن

providing بشرطِ اینکه ،

provi'ded (that) مشروط براینکه

prov'idence (*-dəns*) *n.* مآل‌اندیشی - [با P] (قدرت) پروردگار

prov'ident *a.* مآل‌اندیش - احتیاطی

providen'tial (*-shəl*) *a.* خدایی - قدرتی - بجا ، بموقع

providen'tially *adv.* بقدرت خدا

province (*prɔv'ins*) *n.* استان - ولایت - [درجمع] ولایات ، نقاط غیر از پایتخت -[مج] حوزه ، رشته

provin'cial (*-shəl*) *a.* ولایتی - محلی - روستاوار -کوته فکر ، نظر تنگ

provin'cialism (*-shəlizm*) *n.* لهجه و اصطلاحات و طرز فکر و آداب و رسوم ولایتی

provision (*-vizh'ən*) *n.* & *vt.* (۱) تهیه - شرط ، قید - پیش بینی - جلوگیری - [در جمع] (الف) آذوقه (ب) مقررات (۲) دارای خواربار کردن

provi'sional (*-nəl*) *a.* موقت

provi'sionally *adv.* موقتاً

proviso (*provai'zou* ; *prə-*)*n.* [-es] شرط ، قید

provocation (*prəvəkei'shən*) اِغضاب ـ تحریك ـ برافروختگی ـ علت خشم یا برافروختگی
provocative (*-vək'ətiv*) *a.* & *n.* (۱) انگیزه ، محرّك (۲) انگیزه ، محرك ، سبب ، داعی ، جهت
p. of love عشق انگیز
provoke (*provouk'* ; *prə-*) *vt.* تحریك کردن ـ خشمگین کردن ـ رنجانیدن ـ باعث شدن
p. to anger خشمگین کردن
p. laughter خنده‌آور بودن
provost (*prəv'əst*) *n.* مدیر (در اکسفرد و کمبریج) ـ شهردار (اسکاتلند)
p. marshal رئیس دژبانی
prow (*prau*) *n.* سینه کشتی
prowess (*prau'is*) *n.* دلاوری
prowl (*praul*) *vi.*, *vt.*, & *n.* (۱) در پیِ شکار گردیدن ، پرسه زدن (۲) گشت زدن در (۳) گشت ، پرسه ، تلاش
proximate (*prək'simət*) *a.* نزدیك (ترین) ، بی‌فاصله ، مستقیم
proximity (*prəksim'iti*) *n.* نزدیکی ، جوار
proximo (*prək'simou*) *a(dv).* (مربوط به) ماه آینده [مختصرِ آن prox. است]
on the 4th. prox. در روز چهارم (از) ماه آینده
proxy (*prək'si*) *n.* وکیل ، نماینده ـ نمایندگی ـ وکالت نامه (بمنظور رأی دادن و مانند آن)
prude (*pru:d*) *n.* زن عفت فروش
prudence (*pru':dəns*) *n.* احتیاط ، حزم ، دوراندیشی ـ تدبیر ، خردمندی
pru'dent *a.* با احتیاط ، باتدبیر ، عاقل ـ عاقلانه ، احتیاط‌آمیز
pruden'tial (*-shəl*) *a.* احتیاطی ، مصلحت آمیز
pru'dery (*-dəri*) *n.* عفت فروشی
pru'dish *a.* عفت فروش ، عفیف نما
prune (*pru:n*) *n.* آلو(ی خشك)
prune (,,) *vt.* شاخه (درختی) را زدن ، هرس کردن [گاهی با away یا off ـ] [مج] عاری از مواد غیرضروری کردن [گاهی با down]
pru'ning *n.* شاخه‌زنی ، هرس
p.-hook دسقاله ، داسغاله
prurience ; **-ency** (*pru':riənsi*) *n.* فکر شهوانی
pru'rient *a.* دارای فکر شهوانی
Prussian (*prʌush'ən*) *a.* منسوب به پروس (Prussia)
p. blue نیل فرنگی ، نیل پروس
pry (*prai*) *vi.* فضولانه نگاه کردن
pry (,,) *vt.* با اهرم بلند کردن
P. S. = postscript
psalm (سام) *n.* مزمور ـ سرود ـ [با P.] مزامیر یا زبور (داود)
psalmist (*sah'mist*) *n.* زبور نویس [لقب حضرت داود]
psalmody (*sal'mədi* ; *sah':-*) *n.* زبور سرائی ـ کتاب سرود
psalter (*sɔ:l'tə*) *n.* (ترجمهٔ) مزامیر ، زبور کلیسائی
psaltery [*sɔ:l't(ə)ri*] *n.* قسمی قانون
pseudo (*siu':dou*) *pref.* کاذب ـ قلب
pseudonym (*siu':dənim*) *n.* نامِ عاریتی ، اسم مستعار
pseudonymous (*-dən'iməs*) *a.* دارای اسم مستعار ـ بنام جعلی نوشته شده
pshaw (*shɔ:*) *int.* اه ، واه
psyche (*sai'ki*) *n.* روان
psychiatrist (*saikai'ətrist*) *n.* متخصص ناخوشی‌های دماغی
psychi'atry (*-ri*) *n.* مُعالجهٔ ناخوشیهای دماغی
psychic (*sai'kik*) *a.* & *n.*

(۱) روحی (۲) واسطهٔ روحی
psy'chical (*-k'l*) *a.* روحی ، روانی
psycho-anal'ysis *n.* روان‌کاوی
psychological (*-kəlɔj'ik'l*) *a.* وابسته به روان شناسی ، روانی
psychol'ogist *n.* روان شناس
psychol'ogy (*-kɔl'əji*) *n.* روان شناسی ، معرفت النفس
psy'chopath (*-kou-*)*n.* بیماردماغی
psychopath'ic *a.* دچار بیماری دماغی
psychopathist (*-kɔp'ə-*) *n.* بزشك دیوانگان
ptarmigan (*ta':migən* -تا) *n.* قسمی با قرقره که پرهای تیره رنگش در زمستان سفید میشود
Ptolemic (*tɔləmei'ik*) *a.* بطلمیوسی
P. system هیئت بطلمیوسی
pub [Col.] [زیر public آمده]
puberty (*piu':bəti*) *n.* بلوغ - سن بلوغ
public (*pʌb'lik*) *a.* & *n.* (۱) عمومی - ملی - آشکار (۲) عموم - مردم ، ملت
of p. utility عام‌المنفعه
p. school آموزشگاه ملی - دبستان یا دبیرستان مجانی دولتی [در امریکا]
p. house فروشگاه نوشابه - میخانه [مختصر آن در گفتگو pub است]
p. life زندگی در خدمات عمومی یا سیاست
in p. = publicly
pub'lican (*-kən*) *n.* صاحب مسافرخانه - [در روم باستان] باجگیر
publication (*-kei'shən*) *n.* انتشار ، طبع و نشر - اشاعه - مطبوع - نشریه
Department of Publications اداره نگارش ، اداره مطبوعات
pub'licist *n.* نویسندهٔ مقالات سیاسی یا آنچه مربوط بحقوق بین‌الملل باشد
publicity (*-lis'iti*) *n.* اشتهار - انتشار ، عمومیت - تبلیغ
p. films فیلم های تبلیغاتی
pub'licly *adv.* آشکارا ، علناً
It was p. known. همه میدانستند
pub'lic-spirited *a.* خیرخواه عموم
publish (*pʌb'-*) *vt.* بعموم آگاهی دادن - انتشار دادن ، طبع و نشر کردن
pub'lisher (*-shə*) *n.* ناشر
puce (*piu:s*) *a.* آلوبالویی
puck (*pʌk*) *n.* جنی - [مج] بچهٔ شیطان
pucker (*pʌk'ə*) *vi.*, *vt.*, & *n.* (۱) چین خوردن ، چوروك شدن (۲) چین دادن (۳) چین ، چوروك
puck'ish *a.* شیطنت‌آمیز - جن‌وار
pudding (*pu'ding*) *n.* یکجور خوراك که با آرد و گوشت و میوه درست می کنند - رودهٔ قیمه‌دار
pud'dle (*pud'l*) *n.*, *vi.*, & *vt.* (۱) گودال آب باران ، دست انداز - گل رس وماسه (۲) درگل غلتیدن ، در آب (ناپاك) غوطه زدن [گاهی با about]- (۳) گل ساختن از (ماسه وخاك رس)
p. molten iron آهن گداخته را بهم زدن (برای اینکه چکش‌خور شود)
pudgy (*pʌj'i*) *a.* خپل
puerile (*piu':ərail*) *a.* بچگانه
pueril'ity (*-ti*) *n.* بچگی - حماقت
puff (*pʌf*) *n.* & *v.* (۱) فوت ، پف - وزش باد - کپهٔ دود یا بخار - پفك [قسمی شیرینی] - [مج] ستایش یا اعلان اغراق‌آمیز (۲) فوت کردن [با out یا away] - پف کردن - نفس‌نفس زدن - پك زدن - دمیدن - بیرون کردن (دود یا بخار)
p. out باد کردن - کپه کپه بیرون آمدن - پف کردن ، فوت کردن
p. up کپه کپه بیرون آمدن - زیاد باد کردن - فوت کردن ، پف کردن

puff'-box *n.* پودر دان ،گرددان {"پودر" لفظ فرانسه است}

puffer (*pʌf'ə*) *n.* لوکوموتیو {در زبان کودکان}

puff'iness *n.* پف‌کردگی ، باد

puffy (*pʌf'i*) *a.* باد کرده - تنگ نفس

pug (*pʌg*) *n.* نوعی سگ که شبیه است به بولداگ (bulldog)

pugilism (*piu':jilizm*) *n.* مشت زنی

pu'gilist *n.* مشت زن ، بوکس باز

pugnacious (*pʌgnei'shəs*) *a.* جنگجو

pugnacity (*-nas'iti*) *n.* جنگجویی

pug'-nose *n.* بینی ِ پهن و کوتاه

puissance (*pwis'əns* ; *piu':i-*) *n.* {درشعر} توانایی ، قدرت ، زور

puis'sant *a.* توانا ، مقتدر

pule (*piu:l*) *vi.* ناله کردن - زوزه کشیدن

pull (*pul*) *v.* & *n.* (۱) کشیدن یا کشیده شدن - کندن یا کنده شدن - در آوردن یادرآمدن - راندن یارانده شدن - (پارو) زدن - {با at} کشیدن یا پاره کردن (۲) کشش - زور - دسته یا طناب (برای کشیدن) - نفوذ

p. a (wry) face ادا درآوردن

p. a good oar خوب پارو زدن

p. a horse دهنهٔ اسبرا کشیدن

p. by the leg دست انداختن

p. down خراب کردن - بی بنیه کردن

p. off موفق بانجام (کاری) شدن

p. one's weight سهم خود را درکاری خوب انجام دادن

p. round بهبود دادن - بهبود یافتن

p. through از خطر یاخرابی رهانیدن - بهبود دادن - بدون زیان انجام دادن

p. to pieces خُرد کردن - سخت انتقاد کردن

p. together باهم کار کردن

p. oneself together خود را جمع کردن - بر نیرو یا اعصاب خود تسلط پیدا کردن

p. up نگه داشتن - ایستادن

p. up to (*or* with) به (چیزی) رسیدن - با (چیزی) برابر شدن

give a p. at کشیدن

pull'-back *n.* مانع - فنر دامن زنانه

pullet (*pul'it*) *n.* مرغ جوان

pulley (*pul'i*) *n.* غرغره ، قرقره

Pullman car (*pul'mən-*) واگن سالن‌دار که‌جای خواب نیز دارد

pull-over (*pul'ouvə*) *n.* بولور {زیرپوش کشباف}

pulmonary (*pʌl'mənəri*) *a.* ریوی ، ششی - دُچار ناخوشی ِ شش

pulp (*pʌlp*) *n.*, *vt.*, & *vi.* (۱) مغز یاگوشت {درمیوه} - خمیر (کاغذ سازی) - (۲) خمیر کردن (۳) خمیری شدن

pulpit (*pul'-*) *n.* سکوی وعظ - منبر - {مج} وعظ - گروه وعاظ

pulpy (*pʌl'pi*) *a.* نرم ، خمیری - مغزدار

pulsate (*pʌl'-* ; *-seit'*) *vi.* & *vt.* (۱) زدن - اهتزاز داشتن (۲) تکان‌دادن - به‌اهتزاز درآوردن

pulsation (*-sei'shən*) *n.* ضربان - اهتزاز

pulse (*pʌls*) *n.* & *vi.* (۱) نبض - ضربان - ضربه - {مج} اهتزاز (۲) تپیدن

stir one's pulses خون آدم را بجوش آوردن ، احساسات شخص را تحریک کردن

pulse (,,) *n.* بن‌شن ، حبوبات

pulverize (*pʌl'vəraiz*) *vt.* & *vi.* (۱) ساییدن ، صلایه کردن - گرد کردن - خرد کردن (۲) نرم شدن ، گرد شدن

puma (*piu'ima*) *n.* قسمی

یوز امریکانی

pumice (*pʌm'is*) *or* **p.-stone** *n.* سنگ پا

pum'mel (*pʌm'l*) *vt.* مشت زدن

pump (*pʌmp*) *n., vt., & vi.* (۱) تلمبه (۲) با تلمبه درآوردن یاخالی کردن [بیشتر با out یا up] - با تلمبه بادکردن [با up] - (۳) تلمبه زدن

p. (information out of) a person مطلبی را باتدبیر یاپرسش ازکسی درآوردن [یعنی فهمیدن]

pump (,,) *n.* قسمی کفش سبك برای رقص

pumpkin {*pʌm'(p)kin*} *n.* کدوی تنبل ،کدو تنبل

pump'man *n.* {-men} تلمبه‌چی

pun (*pʌn*) *n.* & *vi.* {-ned} (۱) تجنیس ،ِجناس (۲) جناس ساختن ، جناس گفتن

punch (*pʌnch*) *n.* & *vt.* (۱) سوراخ کن - منگنهٔبر - سرسکه (۲) سوراخ کردن

punch (,,) *n.* & *vt.* مشت (زدن)

punch (,,) *n.* ُفنج ، ُپنج

Punch (,,) *n.* پهلوان کچل

puncheon (*pʌn'chən*) *n.* یکجور بشکهٔ بزرگ شرابی

Punchinello (*-nel'ou*) *n.* پهلوان کچل -آدم خپل - لوده ، دلقك

punctilio (*pʌnktil'iou*) *n.* نکتهٔ دقیق درآداب - رعایت کامل آداب

punctil ious (*-əs*) *a.* دقیق (نسبت به‌آداب وآیین رفتار)

punctual (*pʌnk'chuəl*) *a.* دقیق در سر وقت آمدن ، وقت شناس ، خوش قول

punctual'ity (*-ti*) *n.* دقت در سرِ وقت‌آمدن ، وقت شناسی ، عدم تخلف

punc'tually *adv.* درسر وعده

punc'tuate (*-tiueit*) *vt.* نقطه گذاری کردن

punctuation (*-ei'shən*) *n.* نقطه گذاری

punc'ture (*-chə*) *n., vt., & vi.* (۱) سوراخ (۲) سوراخ کردن ، [مج] خراب کردن (۳) پنچر شدن

pundit (*pʌn'-*) *n.* دانشمند (هندی)

pungency (*pʌn'jənsi*) *n.* تندی ، زنندگی

pun'gent *n.* تند ، زننده ، تیز - گوشه‌دار - نوك تیز

Punic (*piu':nik*) *a.* قرطاجنی ، کارتاژی [از''کارتاژ،، لفظ فرانسه]

P. faith خیانت ، غدر

punish (*pʌn'-*) *vt.* تنبیه کردن ، ُمجازات کردن

pun'ishable (*-əbl*) *a.* سزاوار کیفر ، مستوجب تنبیه

pun'ishment (*-mənt*) *n.* تنبیه ، کیفر ،ُمجازات ، سیاست ، عقوبت

punitive (*piu':nitiv*) *a.* کیفری ، جزائی

punk (*pʌnk*) *n.* قو (*ghow*) - چوبِ پوسیده - آتش زنه - آشغال

punka(h) (*pʌn'kə*) *n.* باد بزنِ پارچه‌ای سقفی (در هند)

punster (*pʌn'stə*) *n.* جناس گو

punt (*pʌnt*) *n.* یکجور کرجی ته پهن

punt (,,) *vt.* & *vi.* (۱) زدن (توپ) پس از ول شدن آن از دست و پیش ازرسیدن آن بزمین (۲) شرط بندی روی اسب کردن

puny (*piu':ni*) *a.* کوچك - قدکوتاه - ضعیف

pup (*pʌp*) *n.* توله‌سگ ، سگ توله

sell a pup to مغبون کردن

pupa (*piu':pə*) *n.* {-pæ (*pi:*)} نوچه ، بادامه

pupil (*piu':-*) *n.* شاگرد ، دانش آموز- مردمك (چشم) - [حق] مولی علیه (*movala-alayh*)

puppet (*pʌp'it*) *n.* عروسك خیمه

شب بازی - [مج] آلت ، دست نشانده
p. government دولت پوشالی
pup'pet-show *n.* خیمهٔ شب بازی
puppy (*pʌp'i*) *n.* سگ توله ، تولهٔ سگ
purblind (*pə':blaind*) *a.* نیم کور - [مج] کودن
pur'chasable (*-chəsəbl*) *a.* قابل خریداری - [مج] پولکی
purchase (*pə':chəs*) *n.* & *vt.* (۱) خرید، خریداری - هم ارز- نفوذ ، برتری - سود مکانیکی اهرم (۲) خریداری کردن ، خریدن - باغرغره یااهرم بلند کردن
at 10 years' p. به ده برابر درآمد سالیانه
pur'chaser (*-sə*) *n.* خریدار
pure (*piu'ə*) *a.* پاك ، خالص ، سره - صاف - غیرعملی ،فرضی - صرف ، محض - پاك دامن ، عفیف
p. of guilt بی گناه ، بی تقصیر
purée *n.* {Fr.} پوره سیب زمینی
pure'ly (*-li*) *adv.* صرفاً ، کاملاً
pure'ness *n.* پاکی ، صافی
purgation (*pə:gei'shən*) *n.* تصفیه - تطهیر - تنقیه
pur'gative (*-gətiv*) *n.* & *a.* (۱) کارکن ، مسهل (۲) پاك کننده
purgatorial (*-gətə':riəl*) *a.* برزخی - اعرافی - تطهیر کننده
purgatory (*pə':gətəri*) *n.* جای پاك شدن ازگناهان صغیره باعقوبت - اعراف - برزخ
purge (*pə:j*) *vt.* & *n.* (۱) پاك کردن ، خالی کردن - تطهیر کردن - تبرئه کردن (۲) پاك سازی - کارکن ، مسهل
purification (*-kai'shən*) *n.* پاك سازی ، تطهیر ، شستشو - تصفیه - پاك شدگی
pu'rified *ppa.* تصفیه شده
purify (*piu'ərifai*) *vt.* & *vi.* (۱) پاك یا تصفیه کردن (۲) پاك شدن
purist (*piu'ə-*) *n.* طرفدار افراطی استعمال لغات درست و اصلاح انشاء
Pu'ritan (*-tən*) *n.* عضو دسته‌ای از پروتستان ها که میخواستند آداب ظاهر و احادیث را از مذهب بردارند
puritan'ic(al) *a.* سخت گیر یا متظاهر در امور دینی یا اخلاقی
pu'ritanism (*-tənizm*) *n.* اصول Puritan هـا - افراط و سخت گیری در تصفیهٔ مذهب
purity (*piu'əriti*) *n.* پاکی - صافی - [مج] پاکدامنی ، عفت - صفا
purl (*pə:l*) *n.* & *vt.* (۱) بافت راه راه‌دار (۲) راه راه یا برجسته کردن
purl („) *n.* & *vi.* شرشر (کردن)
purlieus (*pə':liu:z*) *n. pl.* حومه - محلهٔ پرت و کثیف شهر
purloin (*pə':.ɔin*) *vt.* دزدیدن
purple (*pə':pl*) *a.* & *n.* (۱) ارغوانی - زرشکی (۲) پارچه یا رنگ ارغوانی- [مج] جامهٔ شاهانه - جاه‌وجلال
born in the p. غنی زاده
pur'plish *a.* مایل بارغوانی
purport (*pə':pət*) *n.* & *vt.* (۱) مفاد ، فحوا (۲) فهماندن
It purports that . . . آنچه از این (سند) مفهوم میشود اینست که
purpose (*pə':pəs*) *n.* مقصود ، قصد - مفهوم ، مفاد - عزم ، تصمیم
It does not serve our p. بکار ما (یا بدرد ما) نمیخورد
infirm of p. بی‌عزم ، بی‌اراده
of set p. قصداً ، عمداً
He was in p. . . . در نظر داشت
on p. قصداً ، دانسته ، عمداً
He speaks to the p. بامنظور سخن میگوید ، قصدی دارد
for purposes of از نظر ، ازلحاظ

pur'pose (,,) *vt.* قصد یاعزم داشتن
pur'poseful *a.* متضمن مقصود - با اراده ، با عزم
pur'poseless *a.* بی‌منظور ، بیخود
pur'posely *adv.* دانسته ، قصداً
pur'posive (*-pəsiv*) *a.* متضمن مقصود ، مبنی بر منظور(ی) - سودمند
purr (*pə:*) *n.* & *vi.* (۱) خُرخُر (۲) خرخر کردن
purse (*pə:s*) *n.* & *vt.* (۱) کیف ، کیسه (۲) غنچه کردن
the public p. خزانه (ملی)
light p. جیب خالی ، تهیدستی
long p. جیب پر ، تموّل
purse'-proud *a.* مغرور ثروت
pursuance (*pə:siu'əns*) *n.* تعقیب
pursu'ant *a.* متعاقب
p. to در تعقیب - مطابق
pursue (*pəsiu':*) *vt.* دنبال کردن ، تعقیب کردن - ادامه دادن
pursuit (*pəsiu:t'*) *n.* تعقیب ، پی کرد ، تعاقب - دنبال - پیشه ، حرفه
pursy (*pə':si*) *a.* فربه وتنگ نفس
purvey (*pə':vei*) *v.* (سورسات) تهیه کردن [با **for**]
purvey'or (*-ə*) *n.* خوارباررسان ، آذوقه رسان ، سورساتچی ، ناظر
purview (*pə':viu:*) *n.* مواد اساسی - حدود ، میدان - چشم‌رس
pus (*pʌs*) *n.* چرك ، ریم ، فساد ، جراحت
push *v.* & *n.* (۱) هُل‌دادن ، ازعقب زور دادن - پیش بردن یا رفتن - دنبال یاتعقیب کردن - فشارآوردن (بر) - کمك به پیشرفت (کسی) کردن (۲) هل ، تنه - ضربه - نیروی عزم - مضیقه - حمله
p. along (on, or forward) راه خودرا باعجله تعقیب کردن
p. back پس زدن ، عقب زدن
p. off [Col.] راه افتادن - آغاز کردن - بیرون رفتن

I am pushed for money. از بی بولی در فشار یامضیقه هستم
make a push شتاب و کوشش کردن
at first p. درنخستین وهله یاضربه
get the p. تیپا خوردن ، بیرون‌رفتن
push'-bell *n.* زنگ اخبار شستی
push'-bicycle *n.* دوچرخه پایی [که معمولاً **push-bike** گفته میشود]
push'-button *n.* شستی ، دکمه
push'-cart *n.* چرخ دستی
push'ful *a.* متهور درکار ، کوشا درطلب سود
push'ing *apa.* متهور درکار ، سودجو - فضول
pusillanim'ity (*-silənim'iti*) *n.* ترسویی ، بزدلی ، جبن
pusillanimous (*piu:silan'i-məs*) *a.* ترسو ، بزدل ، جبان - ناشی از ترسویی
puss (*pus*) *n.* گربه - دختر شیطان و بازیگوش
pussy (*pʌs'i*) *n.* پیشی : گربه - چیز نرم و کرکی [چون گل بیدمشك]
pustule (*pʌs'tiu:l*) *n.* جوش چرك دار
put *vt.* & *vi.* {put ; put} (۱) گذاشتن - مطرح کردن - پرت کردن (وزنه) - ارائه یاتوضیح دادن (۲) پیش رفتن
p. about تغییر جهت دادن - منتشر کردن - آشفتن یا اوقات تلخ کردن •
p. across [Sl.] خوب انجام دادن
p. something across a person [Sl.] کسیرا گول زدن یاسرزنش کردن
p. aside کنار گذاشتن
p. at (فلانقدر) برآورد کردن
p. away کنار گذاشتن ، سرجای خود گذاشتن - [د.گ.] بزندان یا تیمارستان فرستادن - [ز.ع.] خوردن - دورشدن ، عزیمت کردن
p. back عقب بردن - عقب انداختن ،

مانع شدن (از) ـ برگشتن ـ دوباره (درجای خود) گذاشتن

p. by کنار گذاشتن ـ طفره زدن از ، نادیده انگاشتن ـ ازسر خود واکردن

p. down خوابانیدن : ذخیره کردن ـ فرونشانیدن ـ نوك (کسی)را چیدن ـ پست کردن ـ یادداشت کردن ـ کاهش دادن ، پائین آوردن ، کم کردن

p. down as دانستن ، شمردن

P. me down for £ 2. ۲ لیره درصورت اعانه پای من بنویسید

p. down to پای . . . حساب کردن ـ نسبت دادن (به) ، از (چیزی) دانستن

p. forth بکار بردن ـ منتشر کردن

{ **p. forth buds** } دادن

p. forward مطرح کردن ـ جلو بردن ـ جلو انداختن

p. in منصوب کردن ـ اقامه کردن ـ ارائه دادن ـ انجام دادن ـ (حرفی) زدن ـ صرف کردن (وقت) ـ لنگر انداختن ـ پیشنهاد دادن ، داوطلب شدن

p. in an appearance حضور پیدا کردن ، خود را نشاندادن

p. in hand دست گرفتن ، شروع کردن

p. in possession متصرف کردن

p. in for a post داوطلب شغلی شدن

p. into port وارد بندر شدن

p. into words بعبارت درآوردن

p. in practice = **practise** *v*

p. off بتعویق انداختن ـ ازسر خود واکردن ، دست بسر کردن ، منصرف یادلسرد کردن ـ کنار گذاشتن ـ کندن ـ رهسپار شدن

p. on پوشیدن ـ بخود گرفتن ـ بخود بستن ، تظاهر به (چیزی) کردن ـ روی صحنه گذاشتن ، (نمایش) دادن ، بمعرض نمایش گذاشتن ـ زیاد کردن ـ بکار انداختن ـ جلو بردن (عقربه ساعت)

What p. him on doing that? چه چیز او را وادار بکردن آنکار کرد

be hard p. to it در فشار بودن ، مجبور بودن

p. out خاموش کردن ـ ازجای خود بیرون کردن ـ ناراحت کردن ـ به بهره گذاشتن ـ بکار بردن ـ دراز کردن (دست) ـ (بیرون) دادن ـ رهسپار شدن

p. through (خوب) انجام دادن

P. me through to . . . [در تلفن] (فلان جا را) بدهید

p. to bed خوابانیدن

p. up بالا زدن (مو) ـ بلند کردن ـ گزاردن (نماز) ، (دعا) کردن ـ بالا بردن ـ غلاف کردن ـ بستن و کنار گذاشتن ـ پیچیدن ، بستن ـ برای انتخابات نامزد کردن ـ منزل دادن (یا کردن) ـ برپا کردن ـ چسبانیدن (آگهی) ـ سازش کردن ، ساختن ـ جعل کردن

p. up آشنا کردن

p. up for sale بمعرض فروش گذاردن

p. one's back up اوقات کسیرا تلخ کردن

putative (*piu':tətiv*) *a.* مشهور

Mary was his p. daughter. مشهور بود که مریم دختر اوست

putrefaction (-*fak'shən*) *n.* گندیدگی ، فساد

putrefy (*piu:t'rifai*) *v.* متعفن کردن یاشدن ، فاسد کردن یاشدن

putrescence (-*res'əns*) *n.* گندیدگی ، فساد

putres'cent *a.* درحال گندیدن

putrid (*piu:t'-*) *a.* فاسد، بوگرفته، متعفن ، گندیده ـ [د.گ] خیلی بد

putrid'ity *n.* پوسیدگی ـ چیز فاسد

puttee (*pʌt'i*) *n.* مچ پیچ

putty (,,) *n.* & *vt.* ـ (۱) بطانه اندود آب وآهك (۲) بطانه کردن

put'-up *a.* ساختگی ، تبانی شده

puz'zle (*pʌz'l*) *n.*, *vt.*, & *vi.* (۱) معما ، جدول - گیجی ، حیرت (۲) گیج کردن، متحیر کردن (۳) گیج شدن - زیاد فکر کردن

p. out بافکر زیاد حل کردن

puz'zlement (*-mənt*) *n.* گیجی ، حیرت

pygmy (*pig'mi*) *n.* & *a.* (۱) کوتوله ،گورزاد (۲) قدکوتاه

pyjamas (*pijah'maz*) *npl.* پیجامه

pylon (*pai'lən*) *n.* راهرو معبد مصری - برج ، ستون

pyorrhœa (*paiəri'ə*) *n.* چرك دندان ، پیوره [لفظ فرانسه]

pyramid (*pir'ə-*) *n.* هرم [درجمع] اهرام

pyre (*paiə*) *n.* توده هیزم (که جسد مرده را روی آن میسوزانند)

pyrotech'nic(al) *a.* مربوط به (فن) آتش بازی

pyrotechnics(*paiərou tek'niks*) *npl.* فن آتش بازی

Pyrrhic (*pir'ik*) *a.* -

p. victory پیروزی‌ای که بی‌اندازه گران تمام شود

Pythagorean (*pithəgəri':ən*) *a.* فیثاغورثی

python (*pai'thən* ; *-thən*) *n.* یکجور اژدر مار - جنی - غیب گو

py'thoness (*-thə-*) *n.* کاهنهٔ " کمعبد دلفی- زن جادوگر یا فالگیر

Qq

Q. M. G. [رجوع شود به quartermaster]
qt(s). [مختصر quart(s)]
quack (*kwak*) *n.* & *vi.* (۱) صدای اردك (۲) مانند اردك صدا كردن
quack (,,) *n.*, *a.*, & *vi.* (۱) پزشك چاچول باز (۲) چاچول‌باز (۳) چاچول بازی كردن
a q. medicine داروییكه با زبان بازی معرفی آنرا بكنند
quack'ery (*-əri*) *n.* چاچول بازی
quack'ish *a.* زبان باز، حقه باز
quad [بمادۀ زیر رجوع شود]
quadrangle (*kwɔd'-*) *n.* چهارگوش - چار دیواری یا حیاطی كه ساختمانهایی دور آن باشد [مختصر آن quad است]
quadran'gular (*-giulə*) *a* چهار گوش
quadrant (*kwɔd'rənt*) *n.* ربع (محیط) دایره - جسم كرَوی
quadrat'ic *a.* –
q. equation معادلۀ درجه دوم
quadrilat'eral (*-ərəl*) *a.* & *n.* چهاربر، چهار پهلو، چهار ضلعی
quadruped (*kwɔd'-*) *a.* & *n.* (جانور) چهار پا
quad'ruple *a.*, *n.*, *vt.*, & *vi.* (۱-۲)چهار برابر (۳) چهار برابر كردن (٤) چهار برابر شدن
quad'ruplet *n.* چهار چیز یكجور - بچۀ چهار قلو

quadruplicate (*-ru:p'liket*) *a.* چهار نسخه‌ای - چهارتایی
in q. (*n.*) در چهار نسخه
quaff (*kwa:f* كواف) *vt.* تا ته سر كشیدن [گاهی با off]
quagmire (*kwag'maiə*) *n.* مرداب، سیاه آب - [مج] مهلكه
quail (*kweil*) *n.* بلدرچین، كرك، بدبده
quail (,,) *vi.* شانه خالی كردن، ازمیدان‌در رفتن - زیربار نرفتن
quaint (*kweint*) *a.* غریب - جالب توجه
quaint'ly (*-li*) *adv.* بطور غریب
quake (*kweik*) *vi.* لرزیدن - تكان خوردن
Quaker (*kwei'kə*) *n.* [*fem.* -ess] عضو «انجمن دوستان» كه در سدۀ هفدهم George Fox نام برپا كرد
qualification (*kwɔlifikei'-shən*) *n.* توصیف - صفت - اصلاح، تبدیل - [درجمع] شرایط لازم - معلومات
without q. مطلقاً، بی‌قید و شرط
qual'ified (*-faid*) *ppa.* قابل، واجدشرایط (لازم) - مقید - ملایم (شده)
qual'ifier (*-faiə*) *n.* فرع اسم و صفت [چون صفت و قید]
qualify (*kwɔl'ifai*) *vt.* & *vi.* (۱) توصیف یا تعریف كردن - واجد شرایط لازم‌كردن، قابل یا صلاحیت‌دار كردن - [با as] معرفی كردن، دانستن - ملایم یامعتدل‌كردن - كم مایه كردن -[د]

معنی(کلمه ای را) محدود کردن (۲)واجد شرایط شدن ، شایستگی پیدا کردن
qual'itative (*-tətiv*) *a.* چونی ، کیفی
quality (*kwɔl'iti*) *n.* چگونگی ، کیفیت ، صفت - جنس - سمت - شایستگی
of good q. خوب ، مرغوب
of poor q. بد ، نامرغوب
in the q. of بسمتِ
qualm (*kwa:m* ; *kwɔm*) *n.* حالت تهوّع -[مج] عدم اطمینان ، تردید ، وسواس
quandary (*kwɔn'dəri* ; *-dê'əri*) *n.* سرگردانی ، حیرت - حیص و بیص
quan'titative (*-tətiv*) *a.* مقداری ،کمی ، چندی
quantity (*kwɔn'titi*) *n.* مقدار
in large quantities بمقادیر زیاد
quarantine (*kwɔr'ənti:n*) *n.* & *vt.* قرنطینه (گذاشتن در)
quarrel (*kwɔr'əl*) *n.* & *vi.* (۱) نزاع ، دعوا (۲) نزاع کردن - عیبجویی کردن
quar'relsome (*-səm*) *a.* نزاع طلب ، فتنه‌جو ، جنگجو
quarry (*kwɔr'i*) *n.* & *v.* (۱) کانِ سنگ (۲) از کان کندن - استخراج (سنگ) کردن - [مج] جستجو کردن
quar'ry (,,) *n.* شکار
quar'ryman (*-mən*) *n.* [-men] کارگرکانِ سنگ ، قواره‌کن
quart (*kwɔ:t*) *n.* کوارت : پیمانه‌ای که درحدود یك لیتر و برابر با دو باینت (pint) میباشد
quarter (*kwɔ':tə*) *n.* & *vt.* (۱) چارك - ربع (ساعت) - مدت سه ماهه - قسط سه ماهه - ربع یا ثلث سال آموزشگاه- برزن، محله- مرکز - منزل - طرف، جهت - ناحیه - امان - [درجمع] (الف) منزل ، خانه (ب) سرباز خانه (۲) چهار بخش کردن - منزل دادن
a q. past 4 ساعت چهار و ربع
a q. to 4 یك ربع مانده به ٤
take up one's quarters منزل کردن ، بودباش گزیدن
beat up the quarters of some one بدیدنِ کسی رفتن ، سروقت کسی رفتن
at close quarters از نزدیك
quar'ter-day *n.* روز پرداخت قسط
quarterly (*kwɔ':təli*) *a(dv).* & *n.* (۱) سه‌ماهه - سه‌ماه یکبار (۲) مجله سه ماهه
quar'termaster (*-ma:stə*) *n.* افسر جزء کشتی - [نظ] کار پرداز ، سررشته دار
Q. General رئیس کل سررشته‌داری ارتش [مختصر آن .Q. M. G است]
quartern (*kwɔ':tən*) *n.* یك چهارم pint یا یك سی‌و دوم گالن
q. loaf نان چهار پاوندی
quartet(te) (*kwɔ:tət*) *n.* قطعهٔ موسیقی برای چهار تن - گروه چهارتنی
quarto (*kwɔ':tou*) *n.* قطعِ خشتی ، قطع ربعی [مختصر آن 4o یا 4 to است]
quartz (*kwɔ:ts*) *n.* بلور کوهی ، درّ کوهی
quash (*kwɔsh*) *vt.* نقض یالغو کردن- فرو نشاندن
quasi- (*kwei'sai-*) *pref.* نیم ، نیمه ، تقریباً - ظاهراً [در سر صفت] - تقریبی ، شبه [درسر اسم]
quatrain (*kwɔt'rein*) *n.* بند چهار سطری - [معنی تقریبی] رُباعی
quaver (*kwei'və*) *vi.*, *vt.*, & *n.* (۱) لرزیدن (۲) لرزاندن، تحریر دادن - با تحریر یا لرزش خواندن (۳) ارتعاش - تحریر ، غلت - [مو] چنگك
quay (*ki:*) *n.* دیوارساحلی ، اسکله
quea'siness *n.* حالت تهوّع- احساس

سنگینی خوراك ـ لطیف مزاجی
queasy (*kwi':zi*) *a.* تهوع‌آور ، سنگین ـ ضعیف[q. stomach]ـ ناراحت ، دچار تهوع ـ [مج] وسواسی ، زیاد دقیق
queen (*kwi:n*) *n.* ملکه ـ [درشطرنج] وزیر ـ [در ورق] بی‌بی ـ [مج] دلارام ، بمعشوقه
Q. Victoria ملکهٔ ویکتوریا
q. consort زن یاهمسر پادشاه
q. dowager زنی که شوهرش پادشاه بوده ومرده است ، ملکهٔ بیوه
q. mother ملکه مادر
q. (*vt.*) it ملکه‌وار رفتار کردن
queen'ly *a.* ملکه وار ـ با وقار
queer (*kw'iə*) *a.* غریب ـ مشکوك ـ بیحال
in Q. Street گرفتاریا بدهکار
queer'ly (*-li*) *adv.* بطور غریب
queer'ness *n.* غرابت
quell (*kwel*) *vt.* فرو نشاندن ـ مطیع کردن
quench (*kwench*) *vt.* (فرو) نشاندن ـ خاموش کردن ـ ساکت کردن ـ کشتن یا خفه کردن
quench'less *a.* خاموش نشدنی ، رفع نشدنی ، غیر قابل جلوگیری
querulous (*kwer'uləs*) *a.* ناراضی ، غرغرو ـ ناشی از کج خلقی
quer'ulousness *n.* خوی نالیدن وگله گزاری ، کج خلقی
query (*kwi'əri*) *n.* & *vt.* (۱) پرسش ـ تردید ـ ایراد ـ نشان‌پرسش یاتردید (۲) جویا شدن ـ تردید کردن در ـ نشان‌تردیدیاپرسش گذاشتن در
raise a q. سؤال یا ایرادکردن
quest (*kwest*) *n.* & *vi.* (۱) جستجو ، طلب (۲) جستجو کردن
question (*kwes'chən*) *n.* & *vt.* (۱) پرسش ، سؤال ـ مسئله ، موضوع ، قضیه ـ خصوص ، باب ـ تردید ، شك (۲) سؤال پرسیدن یا تحقیق کردن از ـ مورد تردید یا اعتراض قرار دادن
out of the q. غیرعملی ، غیر ممکن ، خارج از موضوع
Q. ! از موضوع خارج نشوید
beyond (all) q. / without q. بی شك ـ بی‌چون وچرا
in q. موضوع بحث ، مورد بحث
put a q. to someone سؤال از کسی کردن ، چیزی ازکسی پرسیدن
put to the q. [Arch.] برای گرفتن اعتراف زجردادن
put the q. مذاکرات را کافی دانستن و رأی‌گرفتن
It cannot be questioned but that جای هیچ تردید نیست که
ques'tionable (*-əbl*) *a.* قابل تردید ، مشکوك ، نامعلوم ـ قابل بحث
ques'tioningly *adv.* بطریق پرسش ، بالحن پرسش
ques'tion-mark *n.* نشان پرسش ، علامت سؤال [بدین شکل (؟)]
questionnaire (*kestionê'ə* ; *kweschənê'ə*) *n.* [Fr.] پرسش نامه
queue (*kiu:*) *n.* & *vi.* (۱) گیس بافته که از پشت سر آویخته باشد ـ صف ، ردیف مردم که منتظر نوبت باشند (۲) پشت سرهم (یاپشت کردن) ایستادن ، صفت بستن [با up]
quib'ble (*kwib'l*) *n.* & *vi.* (۱) نیرنگ در سخن ، نکته‌گیری برای طفره ـ دو پهلو گویی ، ایهام ـ جناس (۲) زبان‌بازی کردن ـ دوپهلوسخن گفتن
quick (*kwik*) *a.*, *adv.*, & *n.* (۱-۲) تند ، سریع ، زود (۲) فوری ـ تیز ـ حساس ـ با هوش ـ فرح بخش ، تازه (۳) گوشت حساس در زیر ناخن
q. in action جلد ، چابك ، فرز
of a q. temper تند (خو)
q. wit هوش زیاد ، تیز هوشی

to the q. بطور عمیق - زیاد ازته
quick'en (-*ən*) *vt.* & *vi.* (۱) تندکردن (۲) تند شدن
quicklime (*kwik'laim*) *n.* آهك آب ندیده ، آهك زنده
quick'ly (-*li*) *adv.* زود ، تند ، بسرعت
quick'ness *n.* تندی - سرعت انتقال
quick'sand *n.* تودهٔ شن که انسان یاحیوان درآن فرو میرود ، دزد ریگ
quick'-scented *a.* دارای شامهٔ تیز
quick'set *n.* گیاه زنده (چون‌خفچه) که ازآن پرچین یاحصاری درست شود
quick'-sighted (-*saitid*) *a.* تیزبین - زیرك
quicksilver (*kwik'silvə*) *n.* & *vt.* (۱) سیماب ، جیوه (۲) جیوه به (چیزی) زدن
quick'-tempered *a.* تند خو
quick'-witted *a.* تیز هوش
quid (*kwid*) *n.* تنباکوی جویدنی
quid (,,) *n.* [Sl.] لیره (طلا)
quid pro quo (*kwid'prou-kwou'*) [L] عوض ، مثل
quiescence (*kwaies'əns*) *n.* بیحرکتی - سکون ، جزم
quies'cent *a.* ساکن - خاموش
quiet (*kwai'ət*) *a.*, *n.*, *vt.*, & *vi.* (۱) خاموش ، ساکت - آهسته - آرام ، آسوده ، بی سر و صدا - ملایم ، نجیب [دررنگ] - پوشیده (۲) آرامش، آسودگی - سکوت ، خاموشی - صلح - امنیت (۳) آرام کردن - خاموش کردن (٤) آرام شدن ، ساکت شدن
It was all q. خبری نبود
on the q. در نهان ، در خفا
qui'etly *adv.* آهسته - به‌آرامی
qui'etude (-*tiu:d*) *n.* آرامش ، آسودگی
quietus (*kwaii':təs*) *n.* رهایی (ازقید زندگی)
quill (*kwil*) *n.* شاهپر - ساقه پر - خامهٔ پر ،قلم - تیغ [درجوجه تیغی]
quill'-feather *n.* شاهپر ، شهپر
quilt (*kwilt*) *n.* & *vt.* (۱) لحاف (۲) آجیده کردن - لایی یا پنبه در (چیزی) گذاشتن ، پنبه دوزی کردن
quince (*kwins*) *n.* به - درخت به
quinine (*kwini:n'* ; -*nain'*) *n.* گنه گنه
quin'sy (-*zi*) *n.* ورم چرك‌دارلوزتین
quintal (*kwin't'l*) *n* : قنطال : صد رطل - [درفرانسه] صدکیلوگرم
quintessence (*kwintəs'əns*) *n.* جوهر ، خلاصه - مظهر یانمونهٔ کامل
quintet(te)' *n.* قطعه موسیقی برای پنج تن -گروهی ازپنج چیز یاپنج تن
quintuple (*kwin'tup'l*) *a.*, *n.*, *v.t*, & *vi.* (۱-۲) پنج برابر - (۳) پنج برابرکردن (٤) پنج برابر شدن
quin'tuplet *n.* دسته‌ای از پنج چیز یکجور - بچهٔ پنج قلو
quip (*kwip*) *n.* کنایه ،گوشه - متلك - بذله ، لطیفه
quire (*kwai'ə*) *n.* دسته ۲٤ وَرَقی کاغذ
in quires صحافی نشده
Quirinal (*kwir'inəl*) *n.* (نام) کاخ سلطنتی ایتالیا - [مج] دولت ایتالیا
quirk (*kwə:k*) *n.* پیچ و آرایش (بعد از حروف یا امضاء) - ایهام - نیرنگ (درسخن)
quit (*kwit*) *vt.* [-ted] ترك‌كردن- دست‌کشیدن از - خالی‌کردن (خانه)
q. hold of ول کردن
q. oneself [Arch.] رفتارکردن
quit *a.* فارغ ، آزاد ، رها ، آسوده
quite (*kwait*) *adv.* کاملاً - نسبةً ، تقریباً
q. (so) همینطور است ، راست است

quits (*kwits*) *a.* برابر ، سراسر
I will be q. with him. تلافی برسرش درخواهم آورد
quittance (*kwit'əns*) *n.* رسید ، مفاصا - برائت ذمه - تلافی
quitter (*kwit'ə*) *n.* {Sl.} آدم زیرش دررو یا شانه خالی کن
quiver (*kwiv'ə*) *n.* ترکش
quiver (,,) *vi.*, *vt.*, & *n.* (۱) لرزیدن (۲) لرزاندن (۳) لرزش
qui vive {Fr.} —
on the q. v. گوش بزنگ ، مواظب
Quixotic (*kwiksɔt'ik*) *a.* دنبال کنندهٔ مقاصد عالی غیرعملی
quiz (*kwiz*) *n.* & *vt.* {-zed} (۱) سوالات امتحانی {اصطلاح امریکائی} - (۲) دست انداختن، اذیت یامسخره کردن - باکنجکاوی نگاه کردن
quiz'zical (*-k'l*) *a.* - استهزا آمیز - معتاد به دست انداختن مردم ، غریب
quod (*kwɔd*) *n.* {Sl.} زندان

quoin (*kɔin*) *n.* - (سنگ) زاویه - چیزیکه پشت چلیك میگذارند تا برنگردد
quoit (*kɔit* ; *kwɔit*) *n.* حلقه یاصفحهٔ آهنی که در بازی میخ وحلقه یا نعل ومیخ {quoits} بکار میبرند
quoits { به quoit رجوع شود }
quondam (*kwɔn'-*) *a.* پیشین
a q. friend آنکه وقتی دوست بود
quorum (*kwɔ'rəm*) *n.* حد نصاب
quota (*kwou'tə*) *n.* سهمیه
quotable (*kwou'təbl*) *a.* قابل ذکر
quotation (*kwoutei'shən*) *n.* نقل - ذکر ، ایراد - اقتباس - سخن نقل شده - مظنه
q. marks نشان نقل قول{که بدین شکل (" ") یا (' ') است}
quote (*kwout*) *vt.* نقل کردن ، ذکر کردن ، اقتباس کردن - مظنه دادن
quoth (*wouth*) *vt.* گفت - گفتم
quotient (*kwou'shənt*) *n.* خارج قسمت ، بهر

Rr

R—
the three R's = reading, (w)riting, and (a)rithmetic خواندن و نوشتن و حساب
rabbi (*rab'ai*) *n.* خاخام، ربّی
rabbit (*rab'it*) *n.* & *vi.* (۱) خرگوش (خانگی) - (۲) شکار خرگوش کردن
rab'ble (*rab'l*) *n.* جمعیت، ازدحام
the r. توده، طبقات پست
rab'id *a.* هار، دیوانه - متعصب
rabies (*rei'bii:z*) *n.* هاری
race (*reis*) *n.*, *vi.*, & *vt.* (۱) مسابقه - جریان تند - مجرا (۲) درمسابقه شرکت کردن (۳) تند دوانیدن
His r. is run. دورهٔ زندگی را پیموده است، پایش لب گور است
race (,,) *n.* نژاد - نوع - گردش، دور - [مج] اصل، گوهر
race'-card *n.* برنامهٔ اسب دوانی
race'cour e (*-kɔ:s*) *n.* اسپریس
race'horse *n.* اسب مسابقه یاسوغانی
raceme (*ras'i:m* ; *-si:m'*) *n.* [گ. ش.] آرایش خوشه‌ای
race'-meeting *n.* (روز) اسب‌دوانی
racer (*rei'sə*) *n.* اسب وکرجی و دوچرخه وغیره که درمسابقه بکار رود
racial (*rei'shəl*) *a.* نژادی
rack *n.* & *vt.* (۱) علفدان، آخور - قفسه - پایه - طاقچه - جاکلاهی - میله دندانه دار - آلت شکنجه که اندام انسانرا روی آن می کشیدند (۲) شکنجه کردن - سخت بکارانداختن - زیاد معذب کردن - خون (مستاجر) را شیشه کردن
r. one's brains فشار زیاد بمغز خود وارد آوردن
rack *n.* ابر پاره پاره
go to r. and ruin فنا یا نابود شدن
racket = racquet
racket (*rak'it*) *n.* & *vi.* (۱) هیاهو، شلوق - گردن کلفتی و اخاذی (۲) خوش گذرانی کردن
stand the r. از عهدهٔ (مخارج چیزی) برآمدن
racketeer (*rakiti'ə*) *n.* کسیکه به گردن کلفتی پول از کسبه یادیکران میگیرد
racketee'ring *n.* اخاذی به تهدید
rack'ets *n.* توپ بازی با راکت
rack'ety (*-ti*) *a.* شلوق کن - خوش
racoon ; raccoon (*rəku:n'*) *n.* قسمی پستاندار دم دار و پوز دراز و گوشتخوار درامریکا
racquet (*rak'it*) *n.* راکت [لفظ فرانسه]
racy (*rei'si*) *a.* (دارای طعم یاصفات) اصلی، اصل - تند و بامزه - با روح
radial (*rei'diəl*) *a.* پرتوی - منشعب
ra'diance (*-əns*) *n.* تشعشع، تابش
ra'diant (*-ənt*) *a.* تابان - پرتو افکن - برق زننده - بشاش - متشعشع - حاکی از امیدواری
ra'diate (*-eit*) *vi.* & *vt.* (۱) پرتوافکندن، متشعشع شدن - منشعب شدن (۲) پرتو وار بیرون دادن، تابیدن
ra'diate (*-et*) *a.* پرتوی
radiation (*reidiei'shən*) *n.*

برتو افکنی ، برتو گستری ، تابش ، تشعشع - برتو

radiator (*rei'dieitə*) *n.* رادیاتور {لفظ فرانسه}

rad'ical (*-k'l*) *a. & n.* (۱) اساسی - طرفدار اصلاحات اساسی - {ر} جذری (۲) ریشه - ریشگی - عضوحزب رادیکال

rad'ically (*-kəli*) *adv.* اساساً ، از بیخ

radii { *pl. of* **radius** }

radio (*rei'diou*) *n. & vt.* (۱) رادیو {لفظ فرانسه} - بی‌سیم (۲) با رادیو منتشر یا مغابره کردن

radioactive (*reidiouak'tiv*) *a.* {درباب جسمی گفته میشود} که ازخودپرتو بیرون داده آثار الکتریکی تولید نماید

radio-activ'ity *n.* خاصیت جسمی که ازخود پرتو مجهول بیرون دهد

ra'diograph (*-gra:f*) *n.* برتونگار - عکسی که با پرتو مجهول برداشته شود

ra'diogram *n.* مخابرهٔ بیسیم

radiography (*reidiog'rəfi*) *n.* برتو نگاری ، رادیو گرافی {فرانسه}

radiol'ogist *n.* متخصص استعمال پرتو مجهول (درتشخیص ومعالجات)

radiology (*reidiol'əji*) *n.* علم استفاده از پرتو مجهول ، رادیولوژی {لفظ فرانسه}

rad'ish *n.* ترب‌چه ، ترب

radium (*rei'diəm*) *n.* رادیوم {لفظ فرانسه}

ra'dius (*-əs*) *n.* {-dii (*diai*)} شعاع ، پرتوه

R. A. F. = **Royal Air Force** نیروی هوائی بادشاهی (انگلیس)

raffia (*raf'iə*) *n.* نخل ماداگاسکار

raffish (*raf'ish*) *a.* بی‌شرف

raf'fle (*raf'l*) *n. & v.* (۱) بخت آزمایی ، لاتار (۲) (پول در) لاتار گذاشتن

raft *n. & vt.* (۱) کلك - دسته‌ای ازکنده وتیر وچلیك شناور (۲) با کلك بردن - با کلك گذشتن از

raf'ter (*-tə*) *n.* لابه {در شیروانی}

raf'ter („) *n.* کلك ساز - کلك‌ران

rafts'man (*-mən*) *n.* {-men} کلك ران

rag *n.* کهنه ، تیکهٔ پارچه - {درجمع} لباس مندرس - {مج} ذره ، خرده

rag *v.* {-ged} سربسر (کسی) گذاشتن ، (کسیرا) اذیت کردن - (کسیرا) سرزنش یا از او عیبجویی کردن

ragamuffin (*rag'əmʌfin*) *n.* بچه کثیف و ولگرد

rag'-and-bone'-man *n.* {-men} دوره‌گردیکه چیزهای کهنه میخرد

rage (*reij*) *n. & vi.* (۱) خشم ، غیظ - جنون - شهوت - طغیان ، شورش - شور ، شوق (۲) از جا در رفتن - طغیان کردن ، سخت شیوع پیدا کردن - شدت داشتن

have a r. for something میل ،فرط یا جنون برای چیزی داشتن

r. itself out پس‌ازطغیان فرونشستن

ragged (*rag'id*) *a.* ناهموار ، دارای برآمدگی های تیز - کهنه ، رفته - ژنده پوش

r. school آموزشگاه مجانی برای بچه های بینوا

rag'man (*-mən*) *n.* { -men} کهنه برچین - کهنه خر ، کهنه فروش

ragout (*-gu':*) *n.* {Fr } راگو

rag'tag *n.* } توده ، طبقات پست ، اجامر
r. and bobtail }

rag'time *n.* وزن سکته‌دار

raid (*reid*) *n. & v.* (۱) تاخت و تاز - ورود ناگهانی پلیس درنقطه‌ای (۲) موردحمله قراردادن - برسر (کسی) ریختن

an air r. حملهٔ هوایی ، بمباران

rail (*reil*) *n.* & *vt.* (۱) خطِ آهن، ریل- نرده - دست‌انداز- زیرحوله ای - باسار [قسمتی ازدر] - (۲) نرده‌کشیدن - بانرده یامحجر جدا کردن [با **off**]

r. tank car واگن مخزن‌دار

off the rails خراب ، مختل، درهم

rail (,,) *n.* [ج. ش.] آبچلیك

rail (,,) *vi.* بد حرفی و اوقات تلخی کردن [با **at** یا **against** (به)]

rail'ing *n.* نرده

raillery (*rei'ləri*) *n.* شوخی وکنایه

rail'road [U.S.] = **railway**

rail'way (*-wei*) *n.* راه‌آهن

raiment (*rei'mənt*) *n.* [Poet] جامه ، پوشاك

rain (*rein*) *n.*, *vi.*, & *vt.* (۱) باران - [مج] سیل ، رشته (۲) باریدن - جاری‌شدن (۳) بارانیدن - روان ساختن

It looks like r. گویا خیال باریدن دارد

a r. of kisses بوسه های پی‌درپی

r. or shine چه باران باشد چه آفتاب

r. cats and dogs سخت باریدن

It rains. میبارد ، باران می‌آید

It never rains but it pours. وقتیکه میاید پشت سرهم میاید

It has rained itself out. باران (بالاخره) ایستاد

rain'bow (*-bou*) *n.* قوس قزح

rain'-coat *n.* بارانی

rain'fall *n.* بارندگی - بارش

rain'-gauge *n.* باران سنج

rain'proof *a.* مانع نفوذ باران

rain'-(water)pipe *n.* ناودان

rainy (*rei'ni*) *a.* بارانی - پُر باران

a r. day روز مبادا ، روز تنگی

raise (*reiz*) *vt.* بلندکردن - بالابردن - ترقی‌دادن - ورآوردن(نان) - برپاکردن - زنده یااحضارکردن - تحریك کردن - عمل آوردن - پروردن - تشکیل دادن - اقامه‌کردن - راه انداختن ، فراهم کردن (پول) - جمع کردن - طرح کردن ، مطرح کردن

r. the wind [Sl.] پول برای مقصودی راه انداختن

r. a dust گرد وخاك بلندکردن - [مج] داد و بیدادکردن

r. a laugh خنده راه انداختن

r. Cain | **r. hell** | **r. the devil** آشوب‌کردن ، شلوق‌کردن

r. its head پیدا شدن ، پدید آمدن

raiser (*rei'zə*) *n.* عمل‌آورنده ، تربیت کننده

raisin (*rei'zn*) *n.* کشمش

raj (*rahj*) *n.* سلطه

rajah (*rah'jə*) *n.* راجه

rake (*reik*) *n.* & *vt.* (۱) شن‌کش (۲) با شن‌کش جمع کردن یا صاف کردن - [نظ] درو ِ عرضی کردن - [مج] زیرورو کردن

r. up جمع کردن (علف) - جستجو کردن - تازه‌کردن ، ازسر گرفتن

rake (,,) *n.* آدم هرزه و فاسد

rake (,,) *v.* کج شدن یاکج کردن

ra'kish *a.* هرزه ، فاسد - جلف - گستاخ - لاف زن

rally (*ral'i*) *vt.*, *vi.*, & *n.* (۱) (دوباره) جمع‌آوری کردن یا بکار انداختن (۲) دوباره جمع شدن - سر و صورت تازه گرفتن - نیروی تازه بخود دادن (۳) اجماع - برگشت نیرو[دربیمار]

rally (,,) *vt.* باشوخی وکنایه‌آزردن

ram *n.* & *vt.* [**-med**] - (۱) قوچ - برج حمل - شاخ - چکشِ تیرکوب (۲) کوبیدن ، سفت کردن - فرو کردن - چپاندن - سنبه زدن - شاخ زدن به - سوراخ‌کردن - به پهلوی (چیزی)خوردن

ram'ble *vi.* & *n.* (۱) گردش کردن (بی‌داشتن مسیرمعین) - (۲) گشت
ram'bling *apa.* بی‌ربط ، نامربوط ، پرت ، پریشان - سیار - هرزه‌رو - بی نقشه
ramification (*-kei'shən*) *n.* انشعاب - شاخه
ram'ify (*-fai*) *vi.* & *vt.* (۱) شاخه شاخه شدن . شاخه بستن (۲) منشعب کردن
rammer (*ram'ə*) *n.* زمین‌کوب ، تخماق - سنبه - تیرکوب
ramp *n.* & *vi.* (۱) سرازیری ، بلهٔ سراشیب - [در پلکان] پاگرد ، نفس‌کش (۲) درحال حمله وردی دو پا ایستادن [The lion ramps.] - حمله کردن - سرازیر شدن
rampage (*-peij*) *vi.* داد و بیداد کردن
ram'pant (*-pənt*) *a.* شایع ، متداول - از جا در رفته ، بیحوصله - انبوه ، زود رشدکننده
a lion r. [در آرم و نشان] شیری که بردو پا ایستاده و درحال حمله است
ram'part (*-pa:t* -پات) *n.* بارو ، باره - خاکریزی که برآن استحکامات یا بارو بسازند
ram'rod (*-rɔd*) *n.* سنبه ، میل
ram'shackle *a.* متزلزل - فکسنی
ran { *p.* *of* run }
ranch *n.* پرورشگاه گله [در امریکا]
ran'cid *a.* ترشیده ، باد خورده
ran'corous (*-kərəs*) *a.* کینه‌دار
ran'co(u)r (*-kə*) *n.* کینه ، بغض
ran'dom (*-dəm*) *n.* —
at r. (بطور) الله‌بختی ، همینطوری ، کیف ما اتفق - بی‌داشتن هدف
ran'dom (,,) *a.* الله‌بختی - اتفاقی - کتره‌ای ، الکی - بی‌ترتیب
ranee (*rah'ni:*) *n.* رانی : زن راجه
rang { *p.* *of* ring }
range (*reinj*) *n.*, *vt.*, & *vi.* (۱) رشته ، سلسله - ردیف - طبقه - رسایی - دسترسی - حیطه ، وسعت ، میدان - حدود تغییرات (در قیمت‌ها) - چراگاه - شکارگاه - میدان تیراندازی مشقی - فرخوراك بزی (۲) درصف آوردن - مرتب یا ردیف کردن - در عداد (چیزی) قرار دادن ، شمردن - عبور کردن (از) - ترازیامیزان کردن (تفنگ) - (۳) قرارگرفتن ، شمرده شدن - گشتن - تغییر کردن - (فلانقدر) تیررس داشتن - تراز یا برابر شدن
in r. with در امتداد ، درخط
out of r. دور ازتیررس یا صدارس
r. with در ردیف . . . قرارگرفتن
They r. along the coast. در امتدادکرانه واقع (یاکشیده) شده‌اند
range'-finder *n.* مسافت یاب
ranger (*rein'jə*) *n.* مامور اجرای قوانین جنگلی - تفنگ‌دار یاگشتی‌سواره
rank *n.*, *vt.*, & *vi.* (۱) صف - ردیف - شأن ، رتبه ، طبقه (۲) بصف آوردن - منظم یا طبقه بندی کردن (۳) قرارگرفتن (در پایه‌ای)
a man of r. مرد صاحب شأن
the r. and file (*or* the ranks) سربازان (و سرجوخه ها)
r. next to the king رتبهٔ بعد از شاه را دارا بودن
r. among (*or* with) . . . در زمره . . . بشمار رفتن
rank *a.* بدبو - فاسد - فاحش - زیاد پرپشت یا تیپ - پر ، -هه
ran'kle *vi.* دردناك وجانگداز بودن
ran'sack *vt.* خوب جستجو کردن - غارت کردن
ran'som (*-səm*) *n.* & *vt.* (۱) فدیه - خرید ، آزاد سازی با پول ، اعتاق (۲) خریدن وآزادکردن - فدیه دادن یا کفاره‌شدن (برای) - با گرفتن فدیه آزادکردن - فدیه خواستن از
for a r. با گرفتن فدیه
to r. درگرو فدیه

worth a king's r. بسیارگران بها
rant *n. & vi.* عبارت پردازی و یاوه سرایی (کردن)
rap *n., vt., & vi.* {-ped} (۱) تغ ، ضربت آهسته (۲) ضربت زدن بر - تغ تغ کردن
r. at the door در زدن
r. out بی پروا گفتن - بوسیلهٔ میز ابلاغ کردن {در گفتگوی از روح}
rap *n.* بشیز - چیز کم بها
I don't care a r. بی خیالش باش
rapacious (*rəpei'shəs*) *a.* غارتگر، شکاری- حریص- حریصانه - ژیان
rapacity (*rəpas'iti*) *n.* حرص - درنده خویی - طبیعت یغمایی
rape (*reip*) *n. & vt.* (۱) زنای بعنف (۲) بی صورت کردن
rape (,,) *n.* کلم یا شلغم روغنی
rap'id *a.* تند ، سریع - تندرو
rapidity (*rəpid'iti*)*n.* تندی،سرعت
rap'idly *adv.* تند ، بسرعت
rap'ids *npl.* جای سراشیب در رودخانه ، شرشره
rapier (*rei'piə*) *n.* سُخمه
rapine (*rap'in* ; *rap'ain*) *n.* غارت - دستبرد ، غصب
rapport (*rapɔ':*) *n.* {Fr.} رابطه - تماس
be in r. } مربوط بودن ، (باهم)
be *en r.* } تماس داشتن
rapporteur' *n.* {Fr.} مخبر
rapprochement' *n.* { Fr. } تجدید روابط
rapscallion (*-kal'iən*) = rascal
rapt *ppa.* رُبوده - مجذوب ، مستغرق
rap'ture (*-chə*) *n.* بیخودی ، وجد
go into raptures از خود بیخود شدن (ازخوشی) ، حال جذبه پیدا کردن
rap'turous (*-chərəs*) *a.* وجدآمیز - بوجد آمده
rare (*rêə*) *a.* کمیاب ، نادر - رقیق

It is r. for him to . . . از او بعید است که . . .
rare'ly (*-li*) *adv.* بندرت ،کمتر ، ندرةً - بطور استثنائی یا فوق العاده
rare'ness *n.* کمیابی ، ندرت
rarity (*rê'əriti*) *n.* کمیابی ، ندرت - نادره ، تحفه
ras'cal (*-k'l*) *n. & a.* (آدم) رذل یا بی شرف
rascal'ity (*-ti*) *n.* پستی ، بی شرفی
ras'cally (*-kəli*) *a.* پست
rash *n.* جوش ، دانه
rash *a.* تند ، بی پروا - نسنجیده
rasher (*rash'ə*) *n.* قاش نازکی ازگوشت خوك
rash'ly *adv.* از روی بی ملاحظگی
rash'ness *n.* تندی ، بی ملاحظگی
rasp *n. & vt.* (۱) سوهانِ درشت (۲) سوهان زدن - {مج} آزردن
My words rasped his feelings. سخنان من احساسات او را جریحه دار کرد
raspberry (*rahz'bəri*) *n.* تمشك
give some one the r. شیشکی برای کسی بستن
rat *n. & vi.* {-ted} (۱) موشِ صحرایی - {مج} رفیقِ نیمه راه (۲) موش گرفتن - بیوفائی برفیق خود کردن
smell a r. بو بُردن ، ظنین شدن
ratable (*rei'təbl*) *a.* قابل ارزیابی (از لحاظ مالیات) ، مشمول مالیات
ratch (*rach*) = ratchet-wheel
ratchet (*rach'it*) *n.* ضامن چرخِ دنده ،گیره ، عایق- (دنده) چرخ ضامن دار
ratch'et-wheel *n.* چرخ ضامن دار
rate (*reit*) *n., vt., & vi.* (۱) نرخ ، قرار ، میزان - نسبت - پایه ، درجه - عوارض {بیشتر درجمع} - (۲) نرخ بر (چیزی) بستن - (برای عوارض) ارزیابی کردن - شمردن ، قرار دادن - مشمول مالیات کردن (۳) قرارگرفتن ،

شمرده شدن

at the r. of ازقرارِ

at that r. در این صورت

at any r. درهرحال ، درهرصورت

I r. him among poets. من اورا در زمرهٔ شعرا میدانم (یا میشمارم)

rate ('') *v.* سرزنش کردن ، اوقات تلخی کردن

rater (*rei'tə*) [در ترکیب] در فلان درجه قرارگیرنده . مثال :

second-r. شخص یاچیزیکه از حیث کیفیت در درجه دوم قرار میگیرد

rather (*ra':thə* ـِظ-) *adv.* بیشتر- بلکه - نسبةً - [د.ک.] البته

I would rather resign than flatter. بهتر میدانم استعفا دهم تا اینکه تملق بگویم

I had r. stay than go. بهتر بود میماندم و نمیرفتم

ratification (*-kei'shən*) *vt.* تصدیق ، تصویب

rat'ify (*-fai*) *vt.* تصویب کردن ، تصدیق کردن

rating (*rei'-*) *n.* - نرخ بندی ، تقویم - دسته ، طبقه - میزان عوارض - سرزنش ، اوقات تلخی

ratio (*rei'shiou*) *n.* نسبت

in the r. of به نسبتِ

ratiocination (*-sinei'shən*) *n.* استدلال منطقی

ration (*rash'ən*) *n.* & *vt.* (۱) جیره (۲) جیره بندی کردن

rational (*rash'ənəl*) *a.* - ناطق - معقول ، عقلی - [ر] گویا ، منطق

rationalism (*rash'ənəlizm*) *n.* اصالتِ عقل ، مسلك عقلیون

rationalist (*rash'ənə-*) *n.* کسیکه معتقد به‌اصالت عقل است

rationalize (*rash'ənəlaiz*) *vt.* موافق دلائل عقلی تعبیر کردن

rationally (*rash'ənəli*) *adv.* موافق عقل

rat'lin, -line (*lin*), or -ling *n.* بلهٔ طنابی ، بلهٔ دیرك

rats'bane (*-bein*) *n.* ، مرگ موش ، سم‌الفار

rat(t)an' *n.* (چوب) خیزران

ratter (*rat'ə*) *n.* موشگیر

rat'tle (*rat'l*) *n.*, *vi.*, & *vt.* (۱) جغجغ - تلغ‌تلغ - بچ‌بچ ، و رور - جغجغه - زنگوله - خرخر - غوغا (۲) جغ‌جغ یاتلغ‌تلغ کردن- بچ بچ یا ورور کردن (۳) بصدا درآوردن -تند خواندن- [د. ک.] اوقات (کسی) را تلخ کردن

rat'tle-box *n.* جغجغه

rat'tle-brained ، خشك مغز

rat'tle-headed *a.* ، بی کله

rat'tle-pated بی‌مغز

rattler (*rat'lə*) *n.* [Col.] نمونهٔ خیلی خوب

rat'tlesnake *n.* مار زنگوله(دار)

rat'tling *a(dv)*. تند - فوق‌العاده

raucous (*rɔ':kəs*) *a.* خشن

rav'age (*-ij*) *vt.*, *vi.*, & *n.* (۱) ویران یا غارت کردن (۲) خرابی وارد آوردن (۳) ویرانی - زیان

rave (*reiv*) *vi.* - یاوه یاهذیان گفتن - طغیان کردن [متعدی هم هست . مثال] :

The storm raved itself out. طوفان غرید وغرید تا فرو نشست

rav'el (*rav'l*) *vt.* & *vi.* [-led] & *n.* (۱) دارای پیچ یا گره کردن ، روده کردن- [با out] ساییدن، ریش‌ریش کردن- [مج] آشکار کردن (۲) گره‌خوردن، روده شدن - [با out] نخ نخ شدن (۳) پیچ ،گره - نخِ ریش‌ریش شده

raven (*rei'vn*) *n.* & *a.* (۱) کلاغِ سیاه (۲) سیاه یکدست ، مشکی

ra'ven *vi.* بیِ غارت و شکارگشتن

rav'ening *a.* درنده‌خو ، وحشی

rav'enous (*-ənəs*) *a.* حریص- گرسنه

ravine (*rəvi:n'*) *n.* درّه: تنگ

ra'ving *a., adv.,* & *n.* (۱) یاوه‌گو (۲) بحد افراط (۳) یاوه

rav'ish *vt.* ربودن - بیصورت کردن - مُغر زدن - شیفته یامجذوب کردن

rav'ishing *apa.* دلربا

rav'ishment (*-mənt*) *n.* ربایش - جذبه

raw (*rɔ:*) *a.* & *n.* (۱) خام - [مج] ناشي، نا آزموده - پوست رفته ، حساس- مرطوب وسرد (۲) نقطه حساس

touch one on the r. بنقطهٔ حساس کسی برخوردن

raw'-boned *a.* پوست واستخوان شده

raw'ness *n.* خامی - ناآزمودگی

ray (*rei*) *n., vi.,* & *vt.* (۱) پرتو ، شُعاع - پرّه - روزنه [**r. of hope**] - (۲) پرتو افکندن (۳) پرتو وار بیرون دادن

ray (,,) *n.* قسمی ماهی پهن

rayon (*rei'ɔn*) *n.* ابریشم مصنوعی

raze *or* **rase** (*reiz*) *vt.* بکلی ویران کردن - محو کردن

r. to the ground با خاك یکسان کردن

razor (*rei'zə*) *n.* تیغ

Rd. [مخففِ Road]

re (*ri:*) *prep.* دربارهٔ ، راجع به

re- *pref.* دوباره

reach (*ri:ch*) *vt.* & *vi.,* & *n.* (۱) رسیدن به - رساندن (به) - دراز کردن [بیشتر با out] - شامل شدن - لمس کردن- تحت تأثیر یانفوذدرآوردن (۲) دراز شدن ، دست درازکردن [با out] - وسعت یا امتداد داشتن - تقلا کردن(۳) رسایی- دسترسی- استطاعت - میدان - کوشش برای رسیدن (بچیزی)

as far as the eye can r. تاچشم کار میکند

within r. (در) دسترس

within easy r. of در نزدیکیِ

react (*riakt'*) *vi.* واکنش داشتن ، منعکس شدن - تحت تأثیر قرار گرفتن - حملهٔ متقابله کردن - حرکت کردن .

r. to تحت تأثیرِ . . . قرار گرفتن

reaction (*riak'shən*) *n.* واکنش ، عکس‌العمل - اثر - ارتجاع - ضعف

reac'tionary (*-shənəri*) *a.* & *n.* مرتجع ، (شخص) ارتجاعی

reac'tionist = **reactionary** *n.*

read (*ri:d*) *vt.* [**read** (*red*) ; **read** (*red*)] - خواندن ، قرائت کردن - تعبیر کردن - حل کردن - استنباط کردن

The thermometer reads 30° گرماسنج ۳۰ درجه نشان میدهد ، درجه گرما طبق گرما سنج ۳۰ است

read as حمل کردن بر

The bill was read for the first time. شور اول لایحه تمام‌شد

The play reads (*vi.*) **well.** خواندن این نمایش خوب جلوه میکند

read out بلند خواندن

r. between the lines معنی پوشیدهٔ نوشته‌ای را دریافتن

a well-read (*red*) **person** کسیکه کتابهای زیاد خوانده است

I had a good r. (*n.*) فرصتِ خوبی برای خواندن داشتم

readable (*ri':dəbl*) *a.* قابل خواندن - خوانا

readdress (*ri':ədres'*) *vt.* عنوان (چیزی) را عوض کردن - نشانی مجدد روی (باکتی) نوشتن

reader (*ri':də*) *n.* خواننده - مصحح چاپخانه - دانشیار [در برخی دانشگاه ها] - کتاب قرائت

readily (*red'ili*) *adv.* ازروی میل، با میل ، زود - به‌آسانی ، بسهولت

readiness (*red'i-*) *n.* آمادگی - استعداد ، میل - فوریت - سهولت

in r. for آمادهٔ

reading (*ri':-*) *n.* قرائت ،

خواندن - اطلاعات ادبی - مواد خواندنی - سخن‌رانی - درس - عبارت - نسخه - تفسیر، استنباط - نظریه - [در مجلس] شور
a man of of vast r. کسیکه کتابهای زیاد خوانده است
r.-room قرائت خانه
readjust (*ri:əjʌst'*) *vt.* دوباره تعدیل یامیزان کردن
ready (*red'i*) *a.* آماده، حاضر - مایل، مستعد - فوری، بی‌معطلی - موجود - نقد [r. money]
r. at excuses آمادهٔ عذر آوردن
make (*or* get) r. آماده‌کردن، حاضر کردن - آماده یا حاضر شدن
r. acceptance حسن قبول
r. wit هوش (حاضر جوابی)
r. reckoner کتابچه یاجدولی که حسابهای عمل شده وآماده دارد
read'y-made *a.* آماده - (دوخته و) تقلیدی - دوخته فروش
reagent (*riei'jənt*) *n.* معرّف
real (*ri'əl*) *a.* واقعی، حقیقی - حسابی - اصل [ضدّ بدل] [a r. cook]
r. estate مستغل، ملك
real (*rei'a:l* ; *ri':əl*) *n.* [Sp.] ریال [پول اسپانیولی]
realism (*ri':əlizm*) *n.* رِ آلیسم [لفظ فرانسه]، واقع‌بینی، واقع پردازی
re'alist *n.* رِ آلیست [لفظ فرانسه]، واقع بین، واقع پرداز
reality (*rial'iti*) *n.* واقعیت، حقیقت - ماهیت - وجودِ خارجی، وجود واقعی
in r. درحقیقت، در واقع، (به)راستی
realizable (*ri'əlaizəbl*) *a.* درك کردنی - بدست‌آمدنی - فروش رفتنی
realization (*-zei'shən*) *n.* درك - تحقق - تبدیل بپول نقد - حصول
realize (*ri'əlaiz*) *vt.* فهمیدن، پی بردن به - تصدیق کردن - صورت خارجی به (چیزی) دادن - از قوه بفعل آوردن - تبدیل به پول کردن، فروختن - فراهم کردن - به (مبلغی) فروش رفتن
really (*ri'əli*) *adv.* واقعاً، حقیقةً، راستی، براستی
realm (*relm*) *n.* کشور - سلطنت - قلمرو، حیطه، حوزه، حدود
realty (*ri'əlti*) *n.* مستغل، ملك
ream (*ri:m*) *n.* بند (کاغذ)
reanimate (*ri:an'imeit*) *vt.* حیات تازه به (چیزی) دادن
reap (*ri:p*) *vt.* & *vi.* (۱) درو کردن - جمع کردن (۲) حاصل برداشتن
rea'per (*-pə*) *n.* دروگر - ماشینِ درو
reappear (*ri:əpi'ə*) *vi.* دوباره نمودار شدن - عود کردن
reappea'rance (*-rəns*) *n.* عود، ظهور مجدد
rear (*riə*) *n.* عقب - پشت - دنبال، دنباله - [د.گ.] مستراح، جایی
take in r. ازپشت حمله کردن به
rear (,,) *vt.* تربیت کردن - عمل آوردن - بلند کردن (سر)
rear' ad'miral *n.* دریادار
rear'-guard *n.* عقب‌دار، پس‌قراول
rearm (*ri:a:m'* آم-) *vt.* دوباره مسلح کردن، دوباره مجهز کردن
rearmament (*ri:a':məmənt*) *n.* تجهیز با اسلحهٔ نوین
rearmost (*ri'əmoust*) *a.* عقب‌ترین
rearward(s) [*ri'əwəd*(z)] *adv.* سوی عقب
reason (*ri':zn*) *n.* دلیل - عقل
The r. is that دلیلش اینست که
by r. of بعلتِ، بواسطهٔ
be restored to r. بخود آمدن
listen to r. بحرف‌حساب گوش‌دادن
It stands to r. منطقی است
You have r. حق با شما است
reason (,,) *vi.* & *vt.* (۱) استدلال کردن، تعقل کردن (۲) بادلیل ثابت کردن

r. into compliance (بادلیل) وادار بموافقت کردن

r. out باقکر و استدلال یافتن

I reasoned him out of his fears. اورا بادلیل متقاعد کردم که ترس مورد ندارد

rea'sonable (-əbl) *a.* معقول ، عقلی ، معقلائی - [دربها] معقول ، عادلانه ، مناسب

rea'sonably *adv.* عقلاً ، منطقاً ، بادلیل -حقاً ، انصافاً - بطور عادلانه

rea'soning *n.* استدلال - تعقل

reassure (*ri:əshu'ə*) *vt.* دوباره اطمینان دادن - دوباره بیمه کردن

rebate (*ri':beit*) *n.* تخفیف ، کاهش

rebel (*reb'əl*) *n.* & *a.* (شخص) یاغی

rebel' (*ri-*) *vi.* [-led] یاغی شدن ، تمرد کردن ، شوریدن

rebellion (*ribel'iən*) *n.* طغیان

rebel'lious (-*əs*) *a.* یاغی، سرکش، متمرد - دیر علاج شو ، صعب العلاج

rebind(*ri:baind'*) *vt.* [-bound] دوباره‌صحافی کردن، از نو جلد کردن

rebound (*ribaund'*) *vi.* & *n.* (۱) دوباره بجای خود جستن - منعکس شدن (۲) برش بحال نخستین - انعکاس

rebound [*p.*& *pp.* of rebind]

rebuff (*ribʌf'*) *n.* & *vt.* (۱) جلوگیری-تودهنی- رداحسان (۲) تودهنی به(کسی) زدن - رد کردن - پس زدن

meet with a r. تودهنی خوردن

rebuke (*ribiu:k'*) *n.* & *vt.* سرزنش یا توبیخ (کردن)

rebus (*ri':bəs*) *n.* معمای شکلی

rebut (*ribʌt'*) *vt.* [-ted] رد کردن ، تکذیب کردن

rebut'tal (-*bʌt'l*) *n.* رد ، دفع

recalcitrance(*rikal'sitrans*) *n.* پشت پا زنی ،کافرماجرائی ، تمرد

recal'citrant *a.* & *n.* پشت پا زننده ، متمرد ، کافر ماجرا

recall (*rikɔ:l'*) *vt.* & *n.* (۱) بخاطر (کسی) آوردن - یادآوری کردن - فراخواندن ، احضار کردن - لغو کردن - پس گرفتن -احیا کردن (۲) فراخوانی ، احضار

r. someone to something کسیرا متوجه (چیزی) کردن

beyond (*or* past) r. غیرقابل برگشت

recant' (*ri-*) *vt.* & *vi.* (۱)انکار کردن (۲) دست ازعقیدهٔ خود کشیدن

recantation(*ri:kantei'shən*) *n.* انکار ، پس گیری - دست کشی ، ترک

recapitulate (*ri:kapit'yuleit*) *vt.* رئوس مطالب (چیزی) را دوره کردن

recapitulation (-*lei'shən*) *n.* دوره یاتکرار رئوس مطالب

recapture (*ri:kap'chə*) *vt.* دوباره دستگیر کردن

recast (*ri:ka:st'*) *vt.* [-cast] از نو ریختن یا طرح کردن - دوباره حساب کردن

recede (*risi:d'*) *vi.* عقب کشیدن ، خودداری کردن - کاهش یافتن

r. into the background وجهه خود را از دست دادن - از اهمیت افتادن

receding chin چانهٔ گریخته

receipt (*risi:t'*) *n.* & *vt.* (۱) رسید ، قبض رسید - وصول - [درجمع] دریافتی ، جمع ، عایدات (۲) رسید کردن ، رسید (چیزی) را گفتن

on r. of بوصولِ ، برسیدنِ

We are in r. of your letter (*or* We acknowledge r. of your letter). نامهٔ شما بما رسید ، نامهٔ شما واصل گردید ، وصول نامه شما را اعلام میداریم

receivable (*risi':vəbl*) *a.*
دریافتی ، قابل وصول - پذیرفتنی
receive (*risi:v'*) *vt.* دریافت
کردن - پذیرایی کردن - تلقی کردن - جا
دادن (مال دزدی) - فرا گرفتن - تحمل
کردن - درك کردن - نائل شدن به
r. attention مورد توجه واقع‌شدن
r. a wound زخم خوردن
r. as بچشم . . . نگریستن ، دانستن
r. of (*vi.*) سهم داشتن از
receiving set دستگاه گیرنده
received' *ppa.* مورد قبول عامه
receiver (*risi'və*) *n.* دریافت کننده -
(دستگاه) گیرنده - [در تلفن] گوشی -
مال دزدی نگاه دار ، شریك‌دزد - مدیر
تصفیه
recent (*ri':sənt*) *a.* تازه ، جدید
re'cently *adv.* اخیراً ، جدیداً
receptacle (*risep'təkl*) *n.*
ظرف ، قابله ، مخزن
recep'tion (*-shən*) *n.* پذیرایی ،
مهمانی - قبول - تلقی - دریافت ، وصول
recep'tive (*-tiv*) *a.* درك کننده -
پذیرنده ، پذیرا
recess (*rises'*) *n.* & *vt.* (۱)
تنفس - تعطیل موقتی ، گوشهٔ پنهان یا
خلوت - تو رفتگی در دیوار - شاه نشین
(۲) درگوشه گذاشتن - عقب‌تر ساختن
recession (*risesh'ən*) *n.*
پس‌نشینی - تورفتگی - [مج] خوابیدگی
recessional (*-sesh'ənəl*) *a.* —
r. hymn سرود کشیشان هنگام
دست کشیدن از عبادت
recessive (*-ses'iv*) *a.*
متمایل‌به پس‌نشینی
recipe (*res'ipi*) *n.* نسخه -
دستورالعمل
recipient (*risip'iənt*) *n.* & *a.*
گیرنده
recip'rocal (*-rək'l*) *a.* & *n.*
(۱) دو جانبه - متقابل (۲) معکوس

r. kindness مهربانی از دوسر
a r. pronoun ضمیر دو سره
[چون each other یعنی همدیگر]
recip'rocally (*-kəli*) *adv.*
متقابلا ، از دو سر - معکوساً
recip'rocate (*-rəkeit*) *v.* از دو
سو حرکت کردن یا دادن - معاملهٔ متقابله
کردن
recip'rocating *apa.* دارای
حرکات متناوب ، پس و پیش‌رو
reciprocation (*-kei'shən*) *n.*
معاوضه ، مبادله - معاملهٔ متقابله
reciprocity (*-ros'iti*) *n.*
معاملهٔ متقابله
recital (*risai't'l*) *n.* گزارش ،
نقل - از برخوانی - تك نوازی
recitation (*resitei'shən*) *n.*
پس‌دادنِ درس - ازبری، حفظی - گزارش ،
شرح ، ذکر
recitative (*-təti:v'*) *n.*
گزارش یا سخن‌دانی با مقام
recite (*risait'*) *vt.* - از برخواندن
گزارش یاشرح دادن - [اصطلاح امریکایی]
پس دادن (درس)
reck *v* [Poet. ; Arch.]
پروا داشتن ، باك داشتن (از)
r. little of something
چندان پروائی از چیزی نداشتن
reck'less *a.* بی‌پروا ، بی‌ملاحظه
reck'lessly *adv.* ازروی بی‌پروایی
reck'lessness *n.* بی‌پروایی
reckon (*rek'ən*) *vt.* & *vi.*
(۱) حساب کردن - محسوب داشتن -
حدس زدن (۲) (تصفیه) حساب کردن
r. with درنظر گرفتن، بحساب آوردن
I r. him among . . . من او را
از . . . میدانم (یا می شمارم)
r. (up)on اطمینان داشتن به ،
حساب کردن روی
r. without one's host اشکالات

کاریرا درنظر نگرفتن - تنها بقاضی رفتن

reck'oning *n.* محاسبه ، (تصفیه) حساب - صورت حساب (میخانه)

He is out in his r. از حساب پرت است

reclaim (*rikleim'*) *vt.* پس گرفتن - احیا کردن (زمین موات) - رام کردن، اهلی کردن-آسوده یارها کردن

past r. (*n.*) اصلاح ناپذیر

reclaim'able (*-əbl*) *a.* قابل احیاء - اصلاح پذیر - قابل استرداد

reclamation (*rekləmei'shən*) *n.* استرداد - آباد سازی ، احیاء - اصلاح

recline (*riklain'*) *v.* دولا کردن یا شدن - تکیه دادن یاکردن

recluse (*riklu:s'*) *n.* زاهد گوشه نشین، (شخص) منزوی

recognition (*rekəgnish'ən*) *n.* شناسایی - تصدیق ، اعتراف

in r. of دراِزای ، بپاداشِ

rec'ognizable (*-naizəbl*) *a.* شناخته شدنی ، نمایان - قابل تصدیق

recognizance {*rikɔ(g)n'izəns*} *n.* التزام (نامه) - وجه الضمانه

recognize (*rek'əgnaiz*) *vt.* شناختن ، بجا آوردن - برسمیت شناختن - تصدیق کردن - اعتراف کردن (به) - قدردانی کردن

I r. him as . . . اورا . . . میدانم

recoil (*rikɔil'*) *vi.* & *n.* (۱) بجای خود برگشتن - عقب نشستن - منعکس شدن - [در تفنگ] لگد زدن (۲) برگشت

recollect (*rekəlekt'*) *vt.* بخاطر آوردن

recollection (*-lek'shən*) *vt.* یادآوری - خاطره

to the best of my r. آنچه من یاد دارم، تا آنجاکه بخاطر دارم

recommend (*rekəmend'*) *vt.* سفارش کردن ، توصیه کردن - پیشنهاد کردن - معرفی کردن - سپردن

recommendation (*-dei'shən*) *n.* توصیه - پیشنهاد ، نظریه

letter of r. توصیه نامه

recompense (*rek'əmpens*) *n.* & *vt.* - پاداش (دادن) ، عوض (دادن) - تلافی (کردن) - جبران (کردن)

reconcile (*rek'ənsail*) *vt.* آشتی دادن - وفق دادن - تصفیه کردن

r. oneself تن در دادن

reconciliation (*-siliei'shən*) *n.* رفع اختلاف ، اصلاح (ذات البین) ، التیام - تطبیق - توافق

recondite (*rek'əndait* ; *rikɔn'-*) *a.* پوشیده ، مرموز - عمیق - پیچیده

recondition (*ri:kəndish'ən*) *vt.* دوباره اصلاح کردن

reconsider (*ri:kənsid'ə*) *vt.* تجدید نظر کردن در ، دوباره رسیدگی یا بررسی کردن

reconnaissance (*rikɔn'isəns*) *n.* بازدید مقدماتی (ازوضع دشمن)

reconnoitre (*rekənɔi'tə*) *v.* اطلاعات مقدماتی از (وضع دشمن) بدست آوردن

reconstruction (*ri:kənstrʌk'shən*) *n.* تجدید عمران و آبادی

record (*rek'ɔ:d*) *n.* & *a.* -(۱)ثبت- ضبط - یادداشت - دفتر - بایگانی - گزارش ، شرح - مدرك کتبی - اثر ، یادبود - سابقه [**r. of service**] - [درگرامافن]صفحه - (۲) بهترین (در میان ثبت شده ها)

on r. ثبت شده ، وارد

bear r. to تصدیق یا اثبات کردن

break (*or* **beat**) **the r.** گوی سبقت را ازهمه ربودن ، رکرد را شکستن [ترجمه مستقیم از انگلیسی]

record (*rikɔ:d'*) *vt*. یادداشت کردن، ثبت کردن - ضبط یا وارد کردن - نشان دادن
recor'der (*-də*) *n*. اسباب نگارش یا ثبت - [در برخی شهر ها و قصبات] رئیس داد گاه جنائی و حقوقی
recount (*rikaunt'*) *vt*. نقل کردن - شرح دادن
re-count (*ri':-*) *vt*. دوباره شمردن
recoup (*ri:ku:p'*) *vt*. کسر گذاشتن، کم کردن - جبران کردن ، تلافی کردن
r. a person for loss جبران خسارت کسیرا کردن
recourse (*rikɔ:s'*) *n*. توسل،رجوع
have r. to متوسل شدن به
recover (*rikʌv'ə*) *vt*. & *vi*. (۱) دوباره بدست آوردن - مسترد داشتن - باز یافتن - پس گرفتن - جبران کردن - بهبود دادن - وصول کردن (۲) بهبود یافتن - بحال آمدن
r. to life زنده کردن
r. oneself بهوش یا بخود آمدن
recov'ery (*-ri*) *n*. بهبود - بازیافت ،استرداد - وصول - جبران
rec'reant (*-riənt*) *a*. & *n*. [Poet.] نامرد ، (آدم) ترسو و پست
recreation (*rekriei'shən*) *n*. تفریح
recrimination (*rikriminei'-shən*) *n*. ردّ تهمت
recrudscence (*ri:kru:des'əns*) *n*. عود ، ظهور مجدد
recruit (*rikru:t'*) *n*. & *v*. (۱) سربازتازه - کارمندتازه (۲)استخدام کردن- اعضای تازه برای (انجمنی) گرفتن - تقویت مزاج کردن
recruit'ment (*-mənt*) *n*. سربازگیری - استخدام
rectan'gle *n*. مربع مستطیل
rectan'gular (*-lə*) *a*. راست گوشه
rec'tifiable (*-faiəbl*) *a*. اصلاح پذیر
rectification (*-kei'shən*) *n*. اصلاح - تصفیه
rec'tify (*-fai*) *vt*. اصلاح کردن - تصفیه کردن
rectilin'eal or **-ear** (*-iə*) *a*. دارای خطوط راست- محدود بخطوط راست
rec'titude *n*. راستی ، درستی
rec'tor (*-tə*) *n*. کشیش بخش - رئیس دانشکده یادانشگاه یا آموزشگاه
rec'tum (*-təm*) *n*. رودهٔ راست
recumbent (*rikʌm'bənt*) *a*. خمیده ، تکیه دهنده
recuperate (*rikiu':pəreit*) *v*. بهبود یافتن یادادن-جبران (خسارت) کردن
recuperation (*-rei'shən*) *n*. بهبود - استرداد - جبران خسارت ، رفع خسارت
recu'perative (*-rətiv*) *a*. بهبود دهنده ، نیروبخش - برگرداننده
recur (*rikə':*) *vi*. [-red] برگشتن - دو باره بنظر آمدن یا مطرح شدن - عود کردن - [ر] دور زدن
recurring decimals اعشار دوری
recurrence (*rikʌr'əns*) *n*. برگشت ،عود - دور زنی - وقوع مکرر
recur'rent *a*. برگردنده ، راجع - دور زننده - عود کننده
R. D. [زیر **refer** آمده است]
red *a*. قرمز ، سرخ - تابیده
draw a r. herring across the track موضوع نامربوطی را بمیان آوردن ومطلب اصلی را ازبین بردن
r. rag چیزی که موجب خشم گردد
r. tape رعایت مفرط تشریفات اداری
red'breast (*-brest*) = robin
red'coat *n*. سرباز انگلیسی
red'den (*red'n*) *vt*. & *vi*. (۱) قرمز کردن (۲) قرمز شدن
red'dish *a*. مایل بقرمز

redeem(*ridi:m'*) *vt.* بازخریدن - از رهن درآوردن ، فك کردن - (خریدن و) آزاد کردن - وفا کردن به (قول)

redeem'able (*-əbl*) *a.* قابل ابتیاع ، باز خریدنی - فك کردنی

redemption [*ridem(p)'shən*] *n.* بازخرید ، فدیه - نجات - فك ، ازگرو درآوردن

redemp'tive (*-tiv*) *a.* رهایی بخش

red'-handed *a.* & *adv.* (۱)دست بخون آلوده (۲) هنگام ارتکاب جنایت

red'-hot *n.* تاب آمده ، سرخ - [مج] آتشی - ملتهب ، مشتعل

redirect' (*ri:-*) *vt.* نشانی مجدد روی (باکتی) نوشتن

red'-letter *a.* باقرمز نوشته شده

r. day روز تعطیل - روز یادگاری

red'ness *n.* قرمزی ، سرخی

re-do (*ri':du':*) *vt.* دوباره درست کردن

red'olence (*-ələns*) *n.* بوی تند

red'olent *a.* دارای بوی تند - [مج] حاکی ، خبر دهنده ، یادآور شونده

redouble (*ridʌb'l*) *v.* دو چندان کردن یا شدن

redoubt (*ridaut'*) *n.* نوعی از استحکامات خارجی ، دمدمه

redoubtable (*ridau'təbl*) *a.* سخت ، ترسناك ، قوی

redound (*ridaund'*) *vi.* کمك کردن ، منجرشدن - عاید شدن ، برگشتن

redress (*ridres'*) *vt.* جبران کردن - اصلاح کردن

r. one's grievance رفع شکایت کسیرا کردن ، بفریادکسی رسیدن

red'skin *n.* سرخ پوست امریکائی

red-tapism (*-tei'pizm*) *n.* رعایت تشریفات اداری بحد افراط

red-ta'pist *n.* کسیکه زیاد مقید برعایت تشریفات اداری است ، شخص مقرراتی

reduce (*ridiu:s'*) *vt.* تبدیل یا تحویل کردن - تقلیل دادن ،کاهش دادن- تنزل دادن - جاانداختن (مفصل) - احاله یا استحاله کردن

He is much reduced. خیلی تحلیل رفته (یا لاغر شده) است

reduce to writing روی کاغذ آوردن

r. to poverty بگدایی انداختن

r. to obedience مطیع کردن

reduced circumstances تهیدستی [بویژه پس از داوندگی و زندگی خوب]

reducing socket = reducer

redu'cer (*-sə*) *n.* بوشن [لفظ فرانسه]

redu'cible *a.* قابل تبدیل یا تحویل - کاهش پذیر

reduction (*ridʌk'shən*) *n.* تحویل - تبدیل -کاهش ، تقلیل - تخفیف - [ش] استحاله

r. to absurdity احاله بمحال

redundance ; -dancy (*ridʌn'dənsi*) *n.* زیادی - حشو و زوائد ، سخن زائد

redun'dant *a.* زائد - دارای حشو و زوائد - فراوان ، ریع کرده

reduplicate (*ridiu:p'likeit*) *vt.* مکرر یامضاعف کردن ، دوتاکردن

reduplication (*-kei'shən*) *n.* تکرار ، اضعاف - حرف مکرّر ، هجای تکرار شده

reed (*ri:d*) *n.* نی ، قصب - زبانه نی - [درجمع] (۱) ادوات بادی (۲) کاه

ree'dy (*-di*) *a.* نیزار - نی‌مانند - تیز

reef (*ri:f*) *n.* & *vt.* (۱) تپهٔ دریایی ، جزیره نما - رگه زردار درکان - قسمتی ازبادبان که می پیچند یا بالا میزنند (۲) توگذاشتن ، پیچیدن .کوتاه کردن

take in a r. بادبان را توگذاشتن - [مج] با ملاحظه یا احتیاط کارکردن

reef'-knot (*-nɔt*) *n.* گره چارگوش
reek (*ri:k*) *n.* & *vi.* (۱) دود -
بوی بد (۲) دود کردن - بوی بد دادن
reel (*ri:l*) *n.* & *vt.* (۱) نخ پیچ -
غرغره - ماسوره (۲) پیچیدن
r. off از بیله به نخ پیچ پیچیدن
off the r. بی‌درنگ ، دم ریز
reel (,,) *vi.* & *n.* (۱) چرخ
خوردن ، گیج خوردن ـ یله رفتن
(۲) چرخ ، پیچ
re-enforce = **reinforce**
re-estab'lish (*ri:-*) *vt.* دوباره
بر قرار کردن
reeve (*ri:v*) *n.* کدخدا ، ضابط -
حاکم عرف
refection (*rifek'shən*) *n.*
خوراك یاآشامیدنی مختصر برای تجدید
قوا یا نفس تازه کردن
refec'tory (*-təri* ; *-tri*) *n.*
ناهار خوری (در خانقاه راهبان)
refer (*rifə':*) *vi.* & *vt.* {-red}
(۱) رجوع کردن-اشاره کردن،عطف کردن
(۲) ارجاع کردن ـ واگذار کردن ، تسلیم
کردن ـ نسبت‌دادن ـ حمل کردن ، دانستن
R. to drawer بکشنده چك مراجعه
کنید {مختصرِ آن R. D. است}
This book is much referred to. این کتاب خیلی مورد مراجعه‌است
Referring to letter No . . .
با اشاره (یا عطف) بنامهٔ شمارهٔ . . .
matter referred to above
موضوعی که در بالا بدان اشاره شد
referee (*refəri':*) *n.* & *vi.*
{درفوتبال} داوری(کردن)
reference (*ref'ərens*) *n.* مراجعه ،
رجوع ـ عطف ـ اشاره ـ راده ، نشان -
آشنای طرف مراجعه ، معرّف
with r. to با اشاره به ، عطف به
book of r.. کتاب‌مراجعاتی
referendum (*refəren'dəm*) *n.*
مراجعه به آراء عمومی ، رفراندوم
{لفظ فرانسه}
refill (*ri:fil'*) *vt.* دوباره پر کردن
re'fill *n.* ماده برای دوباره پر کردن
ظرفی که از همان ماده داشته است
refine (*rifain'*) *vt.* & *vi.* (۱)
پالودن ، تصفیه کردن ـ تهذیب کردن ـ
لطیف کردن (۲) تصفیه شدن ـ ظرافت
بکار بردن ـ مو شکافی کردن
r. (up)on بهتر کردن ـ تهذیب کردن
refine'ment (*-mənt*) *n.* تصفیه -
{مج} تهذیب ـ آراستگی ـ ظرافت
refi'ner (*-nə*) *n.* تصفیه کننده ،
کارگر یا ماشین تصفیه
refi'nery (*-nəri*) *n.* پالایشگاه
refit' (*ri:*) *vt.* {-ted} تعمیر کردن،
آماده حرکت کردن (کشتی)
reflect' (*ri-*) *vt.* & *vi.* (۱)
منعکس کردن ـ مجسم کردن ـ بخاطر
آوردن (۲) تأمل کردن ، اندیشه کردن -
شك کردن ـ انعکاس بد داشتن
reflection *or* **reflexion** (*rif-lek'shən*) *n.* انعکاس ، بازتابش -
برگشت ـ عکس ، تصویر یا روشنایی یا
گرمای منعکس شده ـ اندیشه ، تامل ،
سنجش ـ توهین ـ سرزنش ـ تراوشِ فکر
reflec'tive (*-tiv*) *a.* بازتاب ،
منعکس سازنده ـ فکور ـ تفکری
the r. faculty قوهٔ اندیشه یامتخیله
reflec'tor (*-tə*) *n.* جسم صیقلی -
آلت انعکاس (روشنایی یاصدا) ، بازتاب
reflex (*ri':fleks*) *a.* & *n.* (۱)
(بخود) برگردنده ـ منعکس (شونده) -
واکنش دار ـ غیر ارادی (۲) انعکاس ،
{ مج } نتیجه ـ روشنایی یاصدای منعکس
شده ـ اقتباس
r. action عمل غیر ارادی
reflex'ible *a.* قابل انعکاس
reflexive (*riflek'siv*) *a.*
برگردنده بفاعل
a r. verb فعل متعدی که عمل آن
بفاعل برمیگردد و ازاینرو مفعول و

فاعل آن دلالت بریك شخص مینمایند ، فعلی که مفعول آن oneself باشد
a r. pronoun ضمیری که اشاره بفاعل جمله نماید [چون himself در
[He killed himself.
reflex'ively *adv.* چنانکه بخودِ فاعل بر گردد یامفعول آن «خود» باشد
reflux (*ri':flʌks*) *n.* بر گشت - جزر
reform (*rifɔ:m'*) *n.* & *v.* (۱) اصلاح (۲) اصلاح کردن یاشدن - تهذیب (اخلاق) کردن
reformation (*refəmei'shən*) *n.* اصلاح اساسی - جنبش - نهضت
reformative (*rifɔ':mətiv*) or -matory (*-mətəri*) *a.* اصلاحی
refor'matory (,,) *n.* بنگاه تهذیب مجرمین جوان
refor'mer (*-mə*) or refor'mist *n.* پیشوای اصلاحات ، طرفدار نهضت
refract' (*ri-*) *vt.* شکستن - تجزیه کردن
refrac'tion (*-shən*) *n.* انکسار (نور) - تجزیه
refrac'tory (*-təri*) *a.* سرکش - خودسر ، متمرد - صعب العلاج - دیر گداز
refrain (*rifrein'*) *vi.* خودداری کردن
refrain (,,) *n.* برگردان ، بندِ گردان
refresh' (*ri-*) *vt.* نیروی تازه دادن (به) ، ازخستگی بیرون آوردن - دوباره پُر کردن (باطری) - تیز کردن (آتش)
r. oneself نیروی تازه گرفتن ، نفس تازه کردن ، چیزی خوردن
refresh'er (*-ə*) *n.* حق الوکاله اضافی که هنگام جریان دعوا بوکیل داده میشود - [د. گ.] آشامیدنی ، نفس تازه کن
r. course [نظ] دوره تعلیمات یك ماهه برای آشنایی با اسلحه وروش های جدید
refresh'ing *apa.* نیرو بخش ، تازه کننده ، خستگی گیر ، نفس تازه کن
refresh'ment (*-mənt*) *n.* رفع خستگی یاچیزی که موجب آن شود - خوردنی وآشامیدنی [بیشتر بصیغه جمع]
refrigerate (*rifrij'əreit*) *vt.* خنك کردن ، سرد کردن
refrigerating room سرد خانه
refrig'erator (*-tə*) *n.* یخچال (مصنوعی) - سردخانه
refuel (*ri:fiu':əl*) *vt.* [-led] سوخت گیری کردن
ref'uge (*-yu:j*) *n.* پناه گاه - پناه - سکوی وسط خیابان
take r. in پناه بردن به
refugee (*-yuji':*) *n.* پناهنده ، فراری، شخص آواره ، [درجمع] آوارگان
refulgence (*rifʌl'jəns*) *n.* درخشندگی
reful'gent *a.* درخشان - باشکوه
refund (*rifʌnd'*) *vt.* & *n.* (۱) پس دادن ، رد کردن (۲) رد ، استرداد
refusal (*rifiu':zəl*) *n.* ابا ، امتناع ، استنکاف - عدم قبول
take no r. حاضر بشنیدن جواب رد نشدن ، درتقاضای خود اصرار ورزیدن
refuse (*-fiu:z'*) *vt.* رد کردن - امتناع یا استنکاف کردن از
He was refused employment. باو کار ندادند
ref'use (*-yu:s*) *n.* پس مانده ، آشغال ، فضولات
ref'utable (*-təbl*) *a.* رد کردنی
refutation (*-tei'shən*) *n.* رد ، تکذیب
refute (*rifiu:t'*) *vt.* رد کردن ، تکذیب کردن
regain (*ri:gein'*) *vt.* دوباره بدست آوردن
r. one's footing پس از افتادن دوباره برپا ایستادن
regal (*ri':gəl*) *a.* پادشاهی [در مقام صفت] ، سلطنتی - شاهانه
regale (*rigeil'*) *vt.* محظوظ کردن

r. oneself لذت بردن ، خوش بودن
rega'lia (-liə) npl. نشانشای سلطنتی - علائم و تزئینات طبقاتی
regard (rɪga:d' -گاد) n. & vt. (۱) ملاحظه ، رعایت ، توجه - احترام - [درجمع] سلام [در نامه نویسی] - باب ، باره ، خصوص - نسبت (۲) رعایت یا ملاحظه کردن - راجع بودن به
r. for others ملاحظه دیگران
in r. to. } نسبت به ، دربارهٔ ،
with r. to } راجع‌به ، درخصوص
I r. it as من آنرا . . . میدانم
as regards راجع به - اما درباب
regard'ful a. باملاحظه ، متوجه
regar'ding prep. دربارهٔ ، راجع‌به
regard'less a(dv). بی‌اعتنا ، بی‌توجه
be r. of نسبت به(چیزی) بی‌اعتنابودن
regatta (rigat'ə) n. مسابقهٔ قایق رانی
regency (ri':jənsi) n. نیابت‌سلطنت
regenerate (ri:jen'əreit) v. دوباره تولید کردن یا شدن - روح تازه بخشیدن، اصلاح کردن-تهذیب(اخلاق) کردن
regen'erate (-rit) a. اصلاح شده - حیات تازه یافته
regeneration (-rei'shən) n. تولد تازه - تهذیب اخلاق ، اصلاح - تجدید
re'gent (-jənt) n. نایب‌السلطنه
Prince R. شاهزاده‌ای که نیابت سلطنت را عهده‌دار است
regicide (rej'isaid) n. شاه‌کش - شاه‌کشی
regime (-zhi:m') n. [Fr.] رژیم ، طرز حکومت - دستور (غذا)
regimen (rej'-) n. دستور غذا
regiment (rej'imənt) n. & vt. (۱) هنگ ، فوج (۲) بچند هنگ تقسیم کردن - انضباط دادن
regimen'tal (-t'l) a. هنگی
regimen'tals npl. لباس هنگ
regimentation (-tei'shən) n. دسته بندی ،گروه بندی - تشکیل هنگ
region (ri':jən) n. ناحیه ، [درجمع] نواحی - [مج] حوزه - حدود
the lower regions دوزخ
re'gional (-jənəl) a. ناحیه‌ای
register (rej'istə) n., vt., & vi. (۱) دفتر ثبت - [در بخاری] پیچ یا سرپوش یا کفگیرك - [مو] دانگ (۲) ثبت کردن - سفارشی فرستادن - [در گفتگوی ازگرما سنج] نشان‌دادن (۳) اسم دادن ، نام نویسی کردن
r. (office) = registry
registered letter نامهٔ سفارشی
registered shares سهام با اسم
registrar (rej'istra:) n. ثبات - مُدیر دُروس
registration (-trei'shən) n. ثبت - نام نویسی
bring under general r. به‌ثبت عمومی گذاردن
reg'istry (-tri) n. دفترخانه (رسمی) ، محضر - (بایگانی) ثبت
Regius (ri':jiəs) a. گماشته شده از طرف پادشاه ، سلطنتی ، شاهی
reg'nant (-nənt) a. سلطنت کننده [پس از اسم گفته میشود چون Queen R.] - [مج] حکم فرما ، شایع ، متداول
regress (ri':-) n. سیر قهقرائی
regress' vt. بقهقرا رفتن ، برگشتن
regression (ri:gresh'ən) n. برگشت ، سیر قهقرائی
regres'sive (-siv) a. برگشت‌کننده
regret' (ri-) n. & vt. (۱) افسوس ، تأسف - پشیمانی (۲) افسوس خوردن یا تأسف داشتن ا-
express r. اظهار تأسف کردن
We r. the error. از اشتباهی که شده است تأسف داریم
It is much to be regretted

that بسیار جای تأسف است که
regret'ful *a.* متأسف - تأسف‌آمیز
regret'fully *adv.* با تأسف
regrettable (*rigret'əbl*) *a.* موجب تأسف ، مایهٔ تأسف
reg'ular (*-yulə*) *a.* منظم ، مرتب - { در فعل } با قاعده - مقرر ، قانونی - دائمی {r. army}
keep r. hours هرکاری را در ساعت معین کردن ، اوقات منظم داشتن
a r. cook یك آشپز حسابی یارسمی
regular'ity (*-ti*) *n.* مطابقت با قواعد ، انتظام - نظم ، ترتیب
reg'ularize (*-ləraiz*) *vt.* منظم کردن ، تحت قاعده در آوردن
reg'ularly (*-ləli*) *adv.* مرتباً ، منظماً -{د. ك} موافق‌حساب ، تمام‌وکمال
reg'ulate (*-yuleit*) *vt.* میزان کردن - درست کردن - منظم کردن - تعدیل کردن
regulation (*-lei'shən*) *n.* تنظیم- آیین‌نامه ، نظامنامه ، مقررات { بیشتر در جمع }
reg'ulator (*-yuleitə*) *n.* آلت تعدیل - ساعت دیواری نمونه
rehabilitate (*ri:əbil'iteit*) *vt.* اعادهٔ اعتبار (کسیرا) کردن - دوباره برقرار کردن - احیا یاتجدید کردن
rehash (*ri:-*) *n.* & *vt.* (۱) مواد ادبی کهنه که بصورت تازه درآمده باشد (۲) صورت تازه‌به (چیزی) دادن
rehearing (*ri:hi'ə-*) *n.* تجدید نظر
rehearsal (*rihə':səl*) *n.* تمرین ، رپتیسیون {لفظ فرانسه} - شرح ، نقل
dress r. رپتیسیون با لباس
rehearse (*-hə:s'*) *vt.* یکایك شرح دادن - رپتیسیون یاتمرین کردن
reichstag (*raish'stag*) *n.*{Ger.} (نام) پارلمان آلمان
reign (*rein*) *n.* & *vi.* (۱) سلطنت (۲) سلطنت کردن - { مج } حکم فرما بودن
in the r. of درعهدِ (سلطنتِ)
reigning beauty ملکهٔ وجاهت
reimburse (*ri:imbə:s'*) *vt.* هزینهٔ (کسی) را پرداختن - جبران کردن
reimburse'ment (*-mənt*) *n.* پرداخت ، جبران
rein *n.* & *vt.* (۱) دسته جلو (۲) دهنه کردن
give a horse the reins جلو اسب را وِل کردن
assume the reins of government زمام امور را در دست گرفتن
rein up جلو اسب را نگاه داشتن
reincarnate (*ri:inka':neit*) *vt.* تجسم یا حیات تازه‌به (چیزی) دادن
rein'deer (*-diə*) *n.* {reindeer} گوزن شمالی
reinforce (*ri:infɔ:s'*) *vt.* (با نیروی امدادی) تقویت کردن
reinforced concrete بتن‌مسلح ، بتن آرمه {اصطلاح فرانسه}
reinforce'ment (*-mənt*) *n.* تجدیدقوا - نیروی‌امدادی-تقویت -استحکام
reinstate (*ri:insteit'*) *vt.* دوباره گماشتن
reinsurance (*ri:inshu'ərəns*) *n.* بیمهٔ اتکائی
reinsure (*ri:inshu'ə*) *vt.* دوباره بیمه کردن ، بیمه اتکائی کردن
reiterate (*ri:it'əreit*) *vt.* (چند بار) تکرار کردن
reiteration (*-rei'shən*) *n.* تکرار
reject' (*ri-*) *vt.* رد کردن
rejec'tion (*-shən*) *n.* رد ، عدم قبول
rejoice (*rijɔis'*) *vi.* & *vt.* (۱) خوشی یا وجد کردن (۲) شادمان کردن
rejoin' (*ri-*) *vi.* & *vt.* (۱) پاسخ دادن (به‌پاسخ مدعی یا به تهمتی) - (۲) دوباره‌به (چیزی) ملحق شدن
rejoin'der (*-də*) *n.* جواب‌سرجواب

rejuvenate (*ri:ju':vəneit*) *v.* دو باره جوان کردن یاشدن

rejuvenation (*-nei'shən*) *n.* تجدید جوانی

relapse' (*ri-*) *vi.* & *n.* (۱) بحال نخستین برگشتن (۲) برگشت ، عود

relapsing fever تب راجع

relate (*rileit'*) *vt.* & *vi.* (۱) گزارش‌دادن، نقل کردن (۲) مربوط بودن

relation (*-lei'shən*) *n.* نسبت ، ربط - گزارش - خویش - [درجمع] مناسبات ، روابط

Is he any r. to you? آیا با شما هیچ خویشی دارد ؟

in r. to نسبت به ، راجع به

rela'tionship *n.* بستگی ، نسبت

relative (*rel'ətiv*) *a.* & *n.* (۱) نسبی - متناسب - بسته ، مربوط ، راجع ، وابسته - [در ضمیر] موصول (۲) خویشاوند ، منسوب

r. to مربوط به ، در بارهٔ

rel'atively *adv.* نسبةً ، بالنسبه

relativity (*relətiv'iti*) *n.* فرضیه (یا فلسفهٔ) نسبیه

relax (*rilaks'*) *v.* سست کردن یا شدن - تخفیف دادن یا تخفیف یافتن

relaxation (*rilaksei'shən*) *n.* تخفیف - سستی - لینت - تعطیل

relay (*rilei'*) *n.* & *vt.* (۱) اسب های تازه نفس که بجای اسب های خسته بگذارند- (آدم) ذخیره یاامدادی - [درتلگراف] رِله [کلمه فرانسه] - (۲) عوض کردن - دوباره پخش کردن (خبری که از مرکز رادیوی دیگر رسیده باشد)

release (*rili:s'*) *vt.* & *n.* (۱) رها کردن ، آزاد یامرخص کردن - خارج کردن (از گمرك) - صرف نظر کردن از - واگذار کردن - برای نخستین بار منتشر کردن (۲) رهایی - ترخیص - بخشودگی - مُفاصا - (سند) ترك‌دعوی - چشم پوشی - [درماشین] دستهٔ آزادکن

relegate (*rel'igeit*) *vt.* بجای بدتر فرستادن ، پرت کردن - ارجاع کردن ، محول کردن

relent' (*ri-*) *vi.* نرم شدن

relent'less *a.* سخت ، سخت دل

re'levance ; -vancy (*-livənsi*) *n.* ربط ، وابستگی ، مناسبت

rel'evant *a.* مربوط ، مناسب

reliabil'ity (*-ti*) *n.* قابلِ اعتماد بودن ، موثقیت ، اعتبار

reliable (*rilai'əbl*) *a.* قابلِ اعتماد ، معتبر - موثق

reli'ably *adv.* بطور قابل اعتماد

reli'ance (*--əns*) *n.* اعتماد

put r. in اعتماد کردن به [با on و upon هم می‌آید]

reli'ant *a.* پشت گرم ، امیدوار

rel'ic *n.* اثر ، باقی مانده - یادگار - [درجمع] آثار ، بقایا

relief (*rili:f'*) *n.* آسودگی ، راحت ، تسکین - گشایش - دستگیری ، اعانه - رفع شکایت - تنوع - عوض (نگهبانی) - مرخصی (از نگهبانی) - برجستگی - برجسته (کاری)

r. fund (وجوه) اعانه

by way of r. برای تنوع

in r. برجسته - بطور برجسته

high r. برجستگی زیاد ، برجسته بلند

low r. برجستهٔ کوتاه

r. map نقشهٔ برجسته نما

relieve (*rili:v'*) *vt.* آسوده کردن - تسکین‌دادن - دستگیری کردن (از)، اعانه دادن (به) - [نظ] عوض کردن ، مرخص کردن - برجسته نشان دادن ، جلوه دادن - ازیك نواختی در آوردن

r. nature ادرار کردن - سرِ قدم رفتن

r. one's feelings دل خود را خالی کردن

relieving officer مأموراعانهٔ فقرا

religion (*rilij'ən*) *n.*

مذهب ، دین ، کیش ، آئین
religious (*rilij'əs*) *a.* مذهبی
relin'quish (*ri-*) *vt.* ول کردن - ترک کردن - صرف نظر کردن از (حق)
rel'iquary (*-kwəri*) *n.* جعبهٔ اشیاء متبرکه - صندوق عتیقات
rel'ish *n., vt. & vi.* (۱)رغبت - ذوق - مزه ، طعم - چاشنی (۲) با لذت خوردن (۳) مزه یا بوی . . . را دادن
r. for poetry ذوق شعر
It relishes of . . . بوی . . . از آن میاید
reluctance (*rilʌk'təns*) *n.* بی‌میلی ، اکراه
reluc'tant *a.* بی‌میل - اکراه آمیز - رام نشو ، سخت
reluc'tantly *adv.* با بی میلی
rely (*rilai'*) *vi.* اعتماد یا تکیه کردن ، اطمینان داشتن ، امیدوار بودن
r. (up)on اعتماد کردن به - بامید (کسی) بودن
relying on باستنادِ ، باتکاءِ
remain (*rimein'*) *vi.* ماندن ، باقی‌ماندن
I r. yours truly ارادتمند شما
It remains to be proved. هنوز ثابت نشده است ، باید ثابت شود
remain'der (*-də*) *n.* باقی ماندہ
remain'ing *apa.* باقیمانده
remains' *npl.* بقایا - آثار - جسد
remand' (*ri-*) *vt. & n.* (۱) به بازداشت گاه بر گرداندن (۲) بازداشت مجدد
remark (*rima:k'* ریماك) *n., vt. & vi.* (۱) اظهار - تفسیر - ملاحظه (۲) ملاحظه کردن - اظهار داشتن (۳) اظهار نظر کردن
Are there any remarks? آیا کسی نظریه‌ای (یاحرفی) دارد ؟
remar'kable (*-kəbl*) *a.* قابل ملاحظه - برجسته - فوق‌العاده
remar'kably *adv.* بطور قابلِ ملاحظه - بطور برجسته - فوق‌العاده
remediable (*rimi':diəbl*) *a.* درمان پذیر ، قابل معالجه
reme'dial (*-əl*) *a.* علاج بخش
rem'edy (*-idi*) *n. & vt.* (۱) درمان ، چاره ، علاج - جبران (۲) چاره کردن ، درمان یا علاج کردن- اصلاح یاجبران کردن
remember (*rimem'bə*) *vt.* بخاطر آوردن - بخاطر داشتن
R. me to him. سلام مرا باو برسانید
remem'brance (*-brəns*) *n.* یادآوری ، ذکر - خاطر ، خاطره - یادگار - [درجمع] سلام
in r. of بیادِ ، بیاد گارِ
remem'brancer (*-sə*) *n.* یادگار(ی)
remind (*rimaind'*) *vt.* یادآوری کردن ، بیاد (کسی) آوردن ، متذکر شدن
R. me of it. یادِ من بیاورید
reminder (*rimain'də*) *n.* تذکاریه ، یادداشت
reminiscence (*-nis'əns*) *n.* خاطره ، یادبود - نشانه
reminis'cent *a.* یادآوری کننده ، یادآور (شونده) - حاکی ، مشعر
remiss' (*ri-*) *a.* بی مبالات ، سست
remission (*-mish'ən*) *n.* بخشش،آمرزش -گذشت - تسکین موقتی
remiss'ness *n.* بی مبالاتی - بیحالی
remit (*ri-*) *vt. & vi.* [-ted] (۱) بخشیدن ، آمرزیدن - صرف نظر کردن‌از-معاف کردن- تخفیف‌دادن،تسکین دادن - بدادگاه پایین تر ارجاع کردن - بتعویق انداختن - رساندن ، فرستادن (وجه) - (۲) تخفیف یافتن
remittance (*rimit'əns*) *n.* ارسال (وجه) - وجه ارسالی

rem'nant (*-nənt*) *n.* باقی مانده
remonstrance (*rimɔns'trəns*) *n.* سرزنش ، نکوهش ـ تعرض
remons'trate (*-treit*) *vi.* – **r. with a person against an act** کسی را نسبت بکاری که کرده با دلیل نکوهش کردن
remorse (*mɔ:s'*) *n.* پشیمانی
without r. بیرحمانه
remorse'ful *a.* پشیمان ، متأسف
remorse'less *a.* سخت دل
remote (*rimout'*) *a.* دور ـ خارج ـ پرت ، دور دست ـ جزئی ، کم
remote'ness *n.* دوری ، دور دستی
remount (*rimaunt'*) *v.* دوباره سوار شدن ـ دوباره بالا رفتن (از) ـ دارای اسب های تازه کردن
re'mount *n.* (تهیه) اسب تازه
removable (*rimu':vəbl*) *a.* برداشته شدنی ـ معزول شدنی
removal (*rimu':vəl*) *n.* برداشت ـ عزل ـ رفع ـ نقل مکان ، تغییر محل ـ ازاله **[r. of rubbish]**
remove (*rimu:v'*) *vt.*, *vi.*, & *n.* (۱) برداشتن (مُهر) ـ بلند کردن ـ رفع کردن ـ برطرف کردن ـ بُردن ، جابجا کردن ، انتقال دادن ـ بیرون آوردن ـ معزول کردن (۲) نقل مکان کردن ـ دور شدن (۳) ترفیع ـ مرحله
removed from دور از ، متفاوت با
remover (*rimu':və*) *n.* مقاطعه کار اسباب کشی ـ محلل رنگ
remunerate (*rimiu':nəreit*) *vt.* پاداش دادن (به) ، تلافی کردن
remuneration (*-rei'shən*) *n.* پاداش ـ حق الزحمه
remu'nerative (*-nərətiv*) *a.* متضمن پاداش ـ سودمند
renais'sance *n.* **[Fr.]** (دورهٔ) تجدد ـ تجدید حیات علمی و ادبی
renascence (*rinas'əns*) *n.* تجدید ـ تولد تازه ـ تجدد
renas'cent *a.* تازه تولد شده
rend *vt.* **[rent]** پاره کردن ، چاك زدن ـ کندن (مو) ـ مجزا کردن
ren'der (*-də*) *vt.* انجام دادن ـ پس دادن ، عوض دادن ـ ارائه دادن ـ ترجمه کردن ، درآوردن ـ ساختن ، کردن **[r. a thing soft]**
r. help کمك کردن ، کمك دادن
ren'dering *n.* ترجمه ، تعبیر ـ گدازش
rendezvous *n.* & *vi.* **[Fr.]** (۱) راندوو ، قرار ملاقات ـ میعاد (۲) راندوو گذاشتن
rendition (*-dish'ən*) *n.* ترجمه ـ تفسیر
renegade (*ren'igeid*) *n.* & *vi.* (۱) عیسوی مسلمان شده ـ برگشته ، مرتد (۲) مرتد شدن
renew (*-riniu':*) *vt.* تجدید کردن ـ تازه کردن ـ احیاء کردن
renew'able (*-əbl*) *a.* قابل تجدید
renew'al (*-əl*) *n.* تجدید
rennet (*ren'it*) *n.* (پنیر) مایه
renounce (*rinauns'*) *vt.* چشم پوشیدن یا صرف نظر کردن از ـ ترك کردن ـ انکار کردن ، کناره گیری کردن از
ren'ovate (*-veit*) *vt.* نو کردن ، تازه کردن
renovation (*-vei'shən*) *n.* تجدید ـ تعمیر
renown (*rinaun'*) *n.* آوازه ، نام ، شهرت ، معروفیت ، صیت
renowned' *ppa.* نامور ، مشهور
rent *n.* & *v.* (۱) اجاره ، اجاره بها (۲) اجاره کردن یا دادن ـ باجاره رفتن
rent *n.* چاك ، دریدگی ـ انشعاب
rent **[*p.* & *pp.* of rend]**
ren'tal (*-t'l*) *n.* مال الاجاره ، اجاره بها ، اجاره
rent'-free *a.* & *adv.* بی اجاره
rentier *n.* **[Fr.]** دارندهٔ درآمد

سالیانه یاسالوارهٔ همیشگی

renunciation (*rinʌnsiei'-shən*) *n.* - چشم پوشی ، کناره گیری - انکار نفس

reopen (*ri:ou'pən*) *v.* دوباره بازکردن یا شدن

reorganize (*ri:ɔ':gənaiz*) *v.* دوباره تشکیلات دادن (در) ، سازمان مجدد دادن

repair (*ripê'ə*) *vt.* & *n.* (۱) تعمیرکردن - جبران کردن (۲) تعمیر

r. shop کارخانه تعمیر

in (good) r. خوب ، دایر

out of r. خراب ، نیازمند تعمیر

repair' (,,) *vi.* رو آوردن ، رفتن

repair'able (*-əbl*) *a.* تعمیر بردار

reparable (*rep'ərəbl*) *a.* جبران پذیر

reparation (*-pərei'shən*) *n.* جبران

make r. for جبران کردن

reparations for war damages غرامات جنگی

repartee (*-ti':*) *n.* جواب حاضر

repast' (*ri-*) *n.* خوراك ، غذا

repatriate (*ripat'rieit* ; *-pei'tri-*) *v.* به میهن خود برگرداندن یا برگشتن

repay (*ri:pei'*) *vt.* {repaid} پس‌دادن - تلافی کردن، پاداش دادن (به)

repay'able (*-əbl*) *a.* پس دادنی

repay'ment (*-mənt*) *n.* عمل پس دادن - تلافی ، پاداش

repeal (*ripi:l'*) *vt.* لغو کردن

repeat (*ripi:t'*) *vt.*, *vi.* & *n.* (۱) تکرارکردن ، مکررکردن - ازحفظ خواندن (۲) تکرار شدن - زنگ زدن {درساعت} - (۳) تکرار - رونوشت

r. oneself مکرر شدن - دوباره حرفی را زدن

repea'tedly *adv.* مکرراً

repea'ter (*-tə*) *n.* تکرارکننده - ساعت زنگی - تفنگ خودکار

repea'ting *apa.* تکرارکننده - دوری - پی‌درپی زن ، اتوماتیك {لفظ فرانسه} ، خودکار

repel' (*ri-*) *vt.* {-led} دفع کردن - ردکردن - متنفرکردن

repellent (*-pel'ənt*) *a.* دافع

repent' (*ri-*) *v.* توبه کردن (از)

repen'tance (*-təns*) *n.* توبه

repen'tant *a.* تائب ، پشیمان

repercussion (*ri:pəkʌsh'ən*) *n.* بازگردانی - انعکاس ، برگشت

repertoire (*rep'ətwa:*) *n.* موجودیِ نمایش نامه ها

rep'ertory (*-təri*) *n.* فهرست ، مجموعه - مخزن

repetition (*-pitish'ən*) *n.* تکرار- تجدید - تقلید - از بری ، حفظی

repine (*ripain'*) *vi.* ناراضی یادلتنگ بودن ، لندلند کردن ، مکدر بودن

replace (*ri:pleis'*) *vt.* عوض کردن- جانشین‌شدن، جای(چیزیرا) گرفتن

replacement (*-mənt*) *n.* تعویض - عوض

replen'ish *vt.* دوباره پُرکردن

replen'ishment (*-mənt*) *n.* عملِ دوباره‌پرکردن چیزی - تهیه ، ذخیره

replete (*ripli:t'*) *a.* پر - ذخیره دار

r. with پر از ، دارایِ

reple'tion (*-shən*) *n.* پُری - پرسازی

to r. بحد اشباع ، پُربرپر

rep'lica (*-kə*) *n.* نسخه عین ، المثنی

reply (*riplai'*) *n.* & *v.* (۱) پاسخ ، جواب (۲) پاسخ دادن

in r. to درپاسخِ ، در جوابِ

report (*ripɔ:t'*) *n.*, *vt.*, & *vi.* (۱) گزارش - خبر - شایعه - شهرت -

صدای‌شلیك (۲) گزارش دادن(از) - شیوع دادن (۳) خودرا معرفی کردن ، [با for] حاضر خدمت شدن - خبر نگاری کردن

r. card کارنامه

r. a servant to his master شکایت نوکری را به اربابش کردن

r. oneself خود را معرّفی کردن

It is reported میگویند،خبرمیدهند

repor'ter (-*tə*) *n.* مخبر - خبرنگار

repose (*ripouz'*) *vi.*, *vt.*, & *n.* (۱) آرام گرفتن - مبنی بودن (۲) قرار دادن (۳) استراحت - سکوت

r. one's trust in امید بستن به

r. oneself استراحت کردن

repository (*ripɔz'itəri*) *n.* مخزن ، انبار - جا ، ظرف - مدفن

reprehend' (*repri-*) *vt.* سرزنش کردن ، توبیخ کردن ، نکوهش کردن

reprehen'sible *a.* سزاوار سرزنش

represent (*-rizent'*) *vt.* نشان دادن - وانمود کردن - نمایندگی داشتن (یا کردن) ازطرفِ

We are not represented in that port. مادرآن بندر نماینده نداریم

representation (*-tei'shən*) *n.* نمایش - نمایندگی

represen'tative (*-tətiv*) *n.* & *a.* (۱) نماینده (۲) نمایش دهنده

r. government حکومتی که وضع قوانین آن با نمایندگان ملت باشد

repress' (*ri-*) *vt.* جلوگیری کردن از ، فرونشاندن ، خواباندن

repression (*ripresh'ən*) *n.* جلوگیری ، فرونشانی ، منع ، مسك

repressive (*-pres'iv*) *a.* جلوگیری کننده

reprieve (*ripri:v'*) *vt.* & *n.* (۱) مهلت دادن - موقتاً آسوده کردن (۲) مهلت - تعویق

rep'rimand (*-mand*) *n.* & *vt* (۱) توبیخ رسمی (۲) رسماً توبیخ کردن

reprint' (*ri:-*) *vt.* دوباره چاپ کردن

re'print *n.* چاپ تازه

reprisal (*riprai'z'l*) *n.* تلافی

reproach (*riprouch'*) *vt.* & *n.* (۱) سرزنش کردن (۲) سرزنش

r. someone with an offence کسیرا بواسطهٔ خطائی سرزنش کردن

reproach'ful *a.* سرزنش‌آمیز - خفت‌آور ، ننگ‌آور

rep'robate (*-roubeit*) *vt.* مردود دانستن - ردکردن - مذمت کردن

rep'robate(*-rəbit*; *-beit*)*a.*&*n.* (شخص) مردود یا بداخلاق

reprobation (*-bei'shən*) *n.* رد - مردودیت درپیشگاه خدا - مذمت - فساد اخلاق

reproduce (*ri:prədiu:s'*) *vt.* & *vi.* (۱) دوباره عمل آوردن - دوباره‌ظاهر کردن - (دوباره) چاپ کردن (۲) تولید مثل کردن

reprodu'cible *a.* دوباره درست کردنی ، تجدیدکردنی - قابل تولید

reproduction (*riprədʌk'shən*) *n.* عمل آوردنِ دوم باره - توالد وتناسل - تجدید چاپ - نمایش دوم باره

reproduc'tive (*-tiv*) *a.* دوباره بوجود آورنده - دارای قوهٔ تولید مثل

reproof (*ripru:f'*) *n.* سرزنش‌ملایم

reproval (*ripru':vəl*) *n.* سرزنش

reprove (*-pru:v'*) *vt.* سرزنش کردن

rep'tile (*-tail*) *n.* خزنده

republic (*ripʌb'-*) *n.* جمهوری

r. of letters جمهور اهل ادب

repub'lican (*-kən*) *a.* & *n.* (عضو حزب) جمهوری خواه

repudiate (*ripiu':dieit*) *vt.* ردکردن ، منکر شدن - طلاق دادن

repudiation (*-ei'shən*) *n.*

انکار ، ردّ

repugnance (*ripʌg'nəns*) *n.* تناقض، مغایرت ـ بیزاری ، تنفر

repug'nant *a.* مخالف ، ناسازگار ، منافی ـ تنفرآور

r. to مخالفِ ، منافیِ

repulse (*ripʌls'*) *vt.* & *n.* (۱) دفع کردن ، ردکردن ـ شکست دادن ـ دلسردکردن (۲) دفع ، رد ، عدم قبول

repul'sion (*-shən*) *n.* دفع ـ تنفر

repul'sive (*-siv*) *a.* دافع ـ زننده ، تنفرآور

reputable (*rep'yutəbl*) *a.* معتبر ـ نیك نام ، مشهور ـ محترمانه

reputation (*-piutei'shən*) *n.* شهرت ، اعتبار ، آبرو

have the r. of مشهور بودن به

repute (*ripiu:t'*) *vt.* & *n.* (۱) شمردن ،دانستن [بیشتردرصیغهٔ مجهول] ـ (۲) شهرت ، اعتبار ، نام (نیك)

He is reputed (to be) . . . او را . . . میدانند

repu'ted *ppa.* مشهور ، بشمار رفته

His r. son has died. آنکه مشهور بود پسر اوست مرده است

request (*rikwest'*) *n.* & *vt.* (۱) خواهش ، درخواست ، تقاضا (۲) درخواست یا تقاضا کردن (از)

at the r. of برحسب تقاضای

in great r. مورد احتیاج زیاد

Your presence is requested. خواهشمندیم حضور بهم رسانید

requiem (*rek'wi-*) *n.* نمازِ وحشت ـ مجلس تذکر ـ موزیك عزا

require (*rikwai'ə*) *vt.* لازم داشتن، نیازمند بودن به ، احتیاج داشتن ـ مستلزم بودن ـ خواستن ـ تکلیف کردن (به) ـ مقرر داشتن

You are required to . . . لازم است شما . . .

require'ment (*-mənt*) *n.* نیازمندی ، احتیاج ـ لازمه ، مقرره [ج. مقررات]

requisite (*rek'wizit*) *n.* & *a.* (۱) شرط لازم ، لازمه (۲) لازم

requisition (*-wizish'ən*) *n.* & *vt.* (۱) درخواست ـ بازگیری ، مصادره ـ شرط لازم (۲) تقاضا کردن ـ مصادره کردن ، بازگرفتن از

put in r. } **call into r.** } بازگرفتن ، بمصادره گرفتن

requital (*rikwai't'l*) *n.* تلافی

in r. for درعوضِ ، بتلافیِ

requite (*-kwait'*) *vt.* تلافی کردن ـ پاداش‌دادن ، جبران کردن

rescind (*risind'*) *vt.* لغوکردن

re'script *n.* فرمان ـ فتوای پاپ

res'cue (*-kiu:*) *vt.* & *n.* (۱) رهایی دادن (۲) رهایی ـ تخلیص

come (or go) to some one's rescue بدادکسی رسیدن ، برای رهایی‌کسی اقدام‌کردن

research (*risə:ch'*) *n.* & *vi.* (۱) جستجو ، تحقیق ، تتبع (۲) تحقیقات علمی کردن

reseat (*ri:si:t'*) *vt.* دارای صندلی های تازه‌کردن ـ خشتك تازه به (شلوار) گذاشتن

resemblance (*rizem'bləns*) *n.* شباهت ، همانندی

bear r. شباهت داشتن

resem'ble *vt.* مانند یاشبیه بودن به ، شباهت داشتن به

resent (*rizent'*) *vt.* رنجیدن از

resent'ful *a.* متغیر ، رنجیده

resent'ment (*-mənt*) *n.* رنجش ـ خشم

reservation (*rezəvei'shən*) *n.* خودداری ازصحبت ، فروگذاری ـ شرط ، قید ـ استثنا ـ نگهداری ـ اختصاص بخود

make one's reservations [U. S.] قبلاً ذخیره‌کردن یاگرفتن

reserve (*rizə:v'*) *vt.* نگهداشتن ،
اختصاص‌دادن ـ ذخیره کردن ـ برای خود
محفوظ داشتن ـ بتعویق انداختن
All rights reserved. هر گونه حقی
محفوظ است (اختصاص بمؤلف دارد)
I was reserved for it. تنها
برای من مقدر شده بود
reserve (,,) *n.* اندوخته ، ذخیره ـ
احتیاط ـ عضو علی‌البدل ـ قید ، شرط ـ
خودداری ، کتمان حقیقت
have in r. اندوخته داشتن ـ
{مج} در چنته داشتن
with r. بقید احتیاط
r. fund سرمایهٔ احتیاطی
r. price آخرین بها ، بهای قطعی
reserved' *ppa.* محتاط ، کم‌حرف ـ
اندوخته ، کنارگذاشته ـ محفوظ
reser'vist *n.* سرباز ذخیره یا احتیاط
reservoir (*rez'əwa:*) *n.*
مخزن ، انبار
reshuffle (*ri:shʌf'ʼl*) *vt.*
دوباره بُرزدن ـ {مج} ترمیم کردن
reside (*rizaid'*) *vi.* ساکن بودن
یاشدن ، اقامت داشتن ـ قرار گرفتن
residing abroad مقیمِ خارجه
residence (*rez'idəns*) *n.* محلِ
اقامت ، مسکن ـ مقرّ ـ خانه ـ اقامت
take up one's r. in a city
درشهری اقامت کردن یاساکن شدن
in r. مقیم
res'idency (*-si*) *n.* محل اقامتِ
نمایندهٔ والیَ در دربار کشور مستعمره
res'ident *a.* & *n.* (۱) مقیم ، ساکن
(۲) نمایندهٔ سیاسی در دربار مستعمره
residen'tial (*-sh'l*) *a.* مسکونی
{r. quarters} ـ مربوط به اقامت
residual (*rizid'yuəl*) *a.* & *n.*
باقی‌مانده ، پس‌مانده ، ته نشین (شده)
resid'uary (*-əri*) *a.* مربوط
به باقی مانده (املاک شخص مرده)
residue (*rez'idyu:*) *n*
باقی‌مانده ، فاضل ـ پس‌مانده ، دُرد
resign (*rizain'*) *vt.* واگذار کردن ـ
استعفا دادن از ، کناره گیری کردن از
r. oneself تن در دادن
resignation (*rezignei'shən*) *n.*
کناره گیری ، استعفا ـ تفویض ـ تسلیم ، توکل
resigned' *ppa.* تن بقضا داده
resilience or **-ency** (*rizil'iənsi*) *n.*
جهندگی ، ارتجاعیت
resil'ient *a.* پس‌جهنده ، فنری ـ
عکس‌العمل نشان دهنده
resin (*rez'in*) *n.* & *vt.* (۱) رزین ،
صمغ کاج (۲) با رزین اندودن
res'inous (*-nəs*) *a.* رزینی ـ چسبناك
resist (*rizist'*) *v.* مقاومت کردن
(با) ، ایستادگی کردن (در برابرِ)
r. an attack حمله‌ای را دفع کردن
resistance (*-zis'təns*) *n.*
مقاومت ، ایستادگی ، تاب ، دوام
resis'tant *a.* مقاومت کننده
resist'less *a.* غیرقابل مقاومت
resolute (*rez'əlu:t*) *a.*
ثابت قدم ـ پابرجا ، ثابت ، راسخ
resolution (*-lu':shən*) *n.*
عزم ، قصد ـ تصمیم ، قرار ـ رأی ـ ثبات
عزم ـ حل ـ رفع ـ تجزیه
pass a r. (باگرفتن رأی) تصمیم
گرفتن ، قرار دادن ، مقرر داشتن
resolve (*rizɔlv'*) *v.* & *n.*
(۱) تجزیه کردن یاشدن ـ تحلیل بردن یا
رفتن ـ حل کردن یاشدن ـ برطرف کردن ـ
مقرر داشتن ، تصمیم گرفتن (بر) ـ
(۲) تصمیم
Resolved that . . . قرار شد که
be resolved مصمم شدن
resonance (*rez'ənəns*) *n.*
پیچش صدا ، تموّج یا انعکاس صدا
res'onant *a.* پیچنده ، طنین انداز ـ
صداپیچ شونده ـ منعکس‌شونده
resort (*rizɔ:t'*) *vi.* & *n.* (۱)
متوسل یا پناهنده شدن ، مراجعه کردن

(۲) توسل ـ چاره ، وسیله ـ آمدوشد ، مراجعه ـ میعاد ، پاتوق

in the last r. پس از نومیدی از همهٔ وسائل دیگر ، درآخرین وهله

resound (*rizaund'*) *vi.* & *vt.* (۱) صداپیچ شدن ـ منعکس شدن (۲) منعکس کردن ، بر گرداندن

resource (*risɔ:s'*) *n.* منبع ، [ج. منابع] ، ممر ـ تدبیر ـ وسیله ، چاره

of r. باتدبیر ، دست و پادار

resource'ful *a.* کاردان ، باتدبیر ، دست و پا دار ، با استعداد ـ وسیله دار

respect' (*ris-*) *n.* & *vt.* (۱) احترام ـ رعایت ، ملاحظه ـ [در جمع] سلام (۲) احترام کردن ، محترم شمردن ـ در نظر گرفتن

hold in r. احترام گزاردن به

pay r. to توجه داشتن به

with r. to نسبت به ، راجع به

in r. of به نسبتِ ، نسبت به

in every r. } ازهر جهت ،

in all respects } ازهر حیث

respect oneself شرافت نفس داشتن

respectability (*-təbil'iti*) *n.* آبرومندی ، احترام ـ شخص محترم

respec'table (*-təbl*) *a.* محترم ، آبرومند ـ آبرومندانه ـ مقرون به ادب ـ قابل توجه

the respectables (*n.*) محترمین

respec'tably *adv.* آبرومندانه

respec'ter (*-tə*) *n.* ملاحظه کننده

r. of persons کسی که قائل به باحترامات طبقاتی است

respect'ful *a.* احترام گزار ، مؤدب

respect'fully *adv.* محترماً

Yours r. } باتقدیم احترامات [در

R. yours } پایان بعضی نامه ها]

respec'ting *prep.* درخصوصِ

respec'tive (*-tiv*) *a.* مخصوصِ خود ، مربوط (بخود)

in their r. files هرکدام در پرونده (مربوط به) خودش

respec'tively (*-li*) *adv.* به ترتیب ، برحسب تقدم و تأخر ، آن یك . . . این یك

respiration (*-rei'shən*) *n.* تنفس ، دم زنی

res'pirator (*-reitə*) *n.* اسبابی که بدهان و بینی می گذارند تا از استنشاق مواد زیان آور جلوگیری کند

res'piratory (*-təri*) *a.* تنفسی

respire (*rispai'ə*) = breathe

res'pite (*-pit*; *-pait*) *n.* & *vt.* (۱) مهلت ، فرجه (۲) مهلت دادن (به) ـ موقتاً آسوده کردن

resplen'dence or **-dency** (*-dənsi*) *n.* درخشندگی ـ شکوه

resplen'dent *a.* درخشنده ـ باشکوه

respond (*rispɔnd'*) *vi.* جواب دادن ـ حساسیت یا عکس العمل نشان دادن

It does not r. to treatment. معالجه درآن مؤثر نیست

respon'dent (*-dənt*) *n.* پژوهش خوانده ـ مدافع [دردعوا های وابسته بطلاق]

response (*rispɔns'*) *n.* پاسخ ، جواب ـ حرکت متقابل ـ حساسیت ـ برگردان ، تهلیل

responsibil'ity (*-ti*) *n.* مسئولیت

on my own r. بمسئولیتِ خودم

responsible (*rispɔn'-*) *a.* مسئول ، عهده دار ـ مسئولیت دار ـ معتبر

r. to God مسئول نزد خدا

hold r. مسئول قرار دادن

Cold was r. for his defeat. سرما علت شکست او بود

respon'sive (*-siv*) *a.* متضمنِ پاسخ ، جوابیه ـ تأثیر پذیر ، حساس

rest *n.*, *vi.*, & *vt.* (۱) استراحت ـ سکون ـ تعطیل ـ پناه گاه ، منزل ـ زیردستی ، پایه ، سه پایه ، دو شاخه ـ

[مو] سکوت (۲) استراحت کردن ، رفع خستگی کردن - آسوده شدن - سکوت کردن - تعطیل کردن - امیدوار بودن - ماندن - موکول بودن (۳) خوابانیدن - آسوده کردن - تکیه دادن

go to r. استراحت کردن ، خوابیدن

at r. آسوده - مرده

set at r. آسوده کردن

lay to r. بخاك سپردن ، دفن کردن

r. in God بخدا توکل کردن

r. up [Col.] استراحت کامل کردن

You may r. assured میتوانید مطمئن باشید

r. oneself استراحت کردن

R. ! [نظ] راحت باش !

It rests with me to . . . بامن است که . . .

rest *n.* [با the] باقی (مانده) ،بقیه - دیگران ، سایرین - اندوخته ، اضافه

among the r. ازآن جمله

res'taurant (*-təran* ; *-rənt*) *n.* رستوران [لفظ فرانسه]

rest'ful *a.* آرام (بخش)

rest'-house *n.* مسافرخانه خصوصی

restitution (*-tiu':shən*) *n.* ردّ ، استرداد - جبران

res'tive (*-tiv*) *a.* سرکش ، توسن - گردن کش

rest'less *a.* بی قرار ، بی تاب

restoration (*-tərei'shən*) *n.* استرداد - رد ، اعاده - تجدید - بهبود - اصلاح - چیز برگشته

restorative (*ristɔ':rətiv*) *a.* & *n.* (خوراك و داروی) نیروبخش

restore (*ristɔ:r'*) *vt.* (بحالت نخست) برگرداندن - پس دادن ، مسترد داشتن - تعمیر کردن ، اصلاح کردن - تجدید کردن - دوباره برقرار کردن - تقویت کردن

r. to health بهبود یاشفا دادن

r. to life زنده کردن

restrain (*ristrein'*) *vt.* جلوگیری کردن از - فرونشاندن - توقیف کردن

restrained' *a.* دارای مسك نفس

restraint' *n.* جلوگیری ، منع - نگهداری ، توقیف - قید - خودداری ، مسك نفس - احتیاط - مانع

hold in r. نگهداشتن ، توقیف کردن

restrict' (*ris-*) *vt.* محدود کردن - منحصر کردن - دچار تضییقات کردن

restric'tion (*-shən*) *n.* تحدید ، تضییق - منع - انحصار - قید ، شرط ، حد

restric'tive (*-tiv*) *a.* تحدیدی

result (*rizʌlt'*) *n.* & *vi.* (۱) نتیجه (۲) منتج شدن - ناشی شدن

as the r. of درنتیجهٔ ، بر اثر

r. in . . . به . . . منتج شدن

It results from the above ازآنچه دربالا گفته شد چنین برمی آید

resul'tant (*-tənt*) *a.* & *n.* (۱) منتج - ناشی (۲-ف) برآیند

resume (*riziu:m'*) *vt.* ازسر گرفتن - دوباره بدست آوردن - دوباره آغاز کردن - پس گرفتن - خلاصه کردن

résumé *n.* [Fr.] خلاصه ، مختصر

resumption (*rizʌmp'shən*) *n.* از سرگیری ، ادامه - حصول مجدد

resurrect (*rezərekt'*) *vt.* زنده کردن - [مج] دوباره بکار انداختن

resurrec'tion (*-shən*) *n.* رستاخیز ، قیامت ، محشر - نبش قبر - [مج] احیاء

resuscitate (*risʌs'iteit*) *v.* زنده کردن یا شدن - [مج] تجدید کردن یا شدن

resuscitation (*-tei'shən*) *n.* احیاء - تجدید

retail (*ri':teil*) *n.* & *adv.* (۱) خرده فروشی (۲) خرده خرده

sell by r. خرده فروختن

r. dealing خرده فروشی

r. dealer خرده‌فروش ، جزئی فروش

retail' *vt.* & *vi.* (۱) خرده

فروختن ـ نقل کردن (۲) جزء جزء فروش رفتن

It retails at (or for) . . . بهای خرده فروشی آن . . . است

retai'ler (-lə) *n.* خرده‌فروش ، جزئی فروش

retain (riteinʹ) *vt.* نگاه داشتن ـ ابقا کردن

retaining fee حقوق استخدامی ، وکیل ثابت الوکاله

retaining wall دیوار حائل

retai'ner (-nə) *n.* نوکر ، ملازم ـ حقوق استخدامی وکیل ثابت الوکاله یا قرار دادی که برای دادن چنین حقوقی بسته شود

retaliate (ritalʹieit) *vt.* & *vi.* (۱) تلافی کردن (۲) معاملهٔ بمثل کردن

r. upon one's enemy تلافی سر دشمن خود در آوردن

retaliation (-eiʹshən) *n.* تلافی ، عینی ، انتقام

retard (rita:dʹ ریتاد) *vt.* کند کردن ، آهسته کردن ـ عقب انداختن

retardation (ri:ta:deiʹshən) *n.* تأخیر ، تعویق ـ کندی ـ دیر کرد

retch (ri:ch; rech) *vi.* اُغ زدن

retention (ritenʹshən) *n.* نگهداری ، ابقا حفظ ، ضبط ـ حافظه ـ [طب] حبس

reten'tive (-tiv) *a.* نگهدارنده

r. power قوهٔ حافظه ، قوهٔ ضبط

ret'icence (-səns) *n.* خودداری در تکلم ، کتمان ، غمض کلام ـ خاموشی

ret'icent *a.* کتمان کننده ، با احتیاط درسخن گویی ، خاموش ، ساکت

reticulation (-tikyuleiʹshən) *n.* شبکه ـ شبکه سازی

pipe r. لوله کشی

ret'icule (-yu:l) *n.* کیف دستی زنانه

ret'ina (-nə) *n.* شبکیه

ret'inue (-niu:) *n.* ملتزمین

retire (ritaiʹə) *vi.*, *vt.*, & *n.* (۱) کناره گیری کردن ـ استراحت کردن ـ عقب نشینی کردن (۲) عقب کشیدن ـ باز نشسته کردن ـ جمع کردن ، از جریان باز داشتن (۳) شیپور عقب نشینی

r. to bed خوابیدن ، استراحت کردن

r. into oneself معاشر نبودن ، از جامعه کناره گیری کردن

retired' *ppa.* باز نشسته ـ منزوی ـ بی سروصدا ـ مربوط به باز نشستگی

a r. corner گوشهٔ خلوت یا پرت

r. pay حقوق باز نشستگی

retire'ment (-mənt) *n.* کناره گیری ـ باز نشستگی ـ عقب نشینی

reti'ring *apa.* غیرمعاشر ـ کناره گیر

r. pension حقوق باز نشستگی

retort (ritɔ:tʹ) *vt.* & *n.* (۱) بر گرداندن ، پس دادن (جواب) ـ (۲) جواب حاضر

retort' *n.* قرع وانبیق ، اسباب تقطیر

retouch (ri:tʌchʹ) *vt.* دست کاری یا رُتوش کردن ["رتوش" فرانسه است]

retrace (ri:treisʹ) *vt.* به منشأ برگرداندن ـ رد پا(ی کسی) رادر بر گشتن گرفتن ـ بنظر آوردن

retract' (ri-) *vt.* & *vi.* (۱) تو بردن ـ جمع کردن ، منقبض کردن ـ پس گرفتن (قول) ـ الغاء کردن (۲) تو رفتن ، جمع شدن

retrac'table (-təbl) *a.* جمع شدنی ـ پس گرفتنی ـ الغاء کردنی

retrac'tion (-shən) *n.* قبض ، تو بردن

retreat (ritri:tʹ) *n.* & *vi.* (۱) عقب نشینی ـ کناره گیری ـ شیپور یا طبل شامگاه ـ (گوشهٔ) عزلت یا استراحت (۲) عقب نشینی کردن

beat a r. عقب نشینی کردن

retrench' (ri-) *vt.* کسر یا قطع کردن (هزینه) ـ مختصر کردن ـ حذف کردن

retrench'ment (-mənt) *n.*

کاهش ، کسر

retribution (*-yu':shən*) *n.* مکافات ، کیفر

retributive (*ritrib'yutiv*) *a.* متضمن تلافی یا مکافات

retrievable (*ritri':vəbl*) *a.* دوباره بدست آوردنی - جبران پذیر

retrie'val (*-vəl*) *n.* حصول مجدد - جبران - اصلاح

retrieve (*ritri:v'*) *vt.* دوباره بدست آوردن - جبران یا اصلاح کردن - بهبود دادن

beyond r. (*n.*) جبران ناپذیر

retroactive (*ri:trouak'tiv*) *a.* عطف بماسبق کننده

ret'rograde (*-rəgreid*) *a.&vi.* (۱) قهقرایی (۲) به قهقرا رفتن

retrogression (*ri:trougresh'ən*) *n.* برگشت ، تنزل ، ترقی معکوس

retrogres'sive (*-siv*) *a.* برگشت کننده ، تنزل کننده - قهقرایی

retrospection (*ri:trouspek'-shən*) *n.* عطف بگذشته ، نظر بگذشته

retrospec'tive (*-tiv*) *a.* ناظر بگذشته - عطف بماسبق کننده

return (*ritə:n'*) *n.* بازگشت ، مراجعت - إعاده - عملکرد ، کارکرد - گزارش رسمی

on my r. در مراجعت

in r. for درعوض ، در ازای

r. ticket بلیط دوسره

Many happy returns of the day. [درجشن تولد] صدسال باین سالها

return (,,) *vi.* & *vt.* (۱) برگشتن ، مراجعت کردن (۲) پس دادن - جواب دادن- گزارش دادن از - انتخاب کردن

r. a visit بازدید کردن ، به بازدید رفتن

retur'nable (*-nəbl*) *a.* برگرداندنی

reunion (*ri:yu':niən*) *n.* بهم پیوستگی (برای تجدید عهد مودت) - انجمن ، اجتماع

Rev. [Reverend مختصر]

revamp' (*ri:-*) *vt.* [U. S.] رویه تازه به (کفش) انداختن

reveal (*rivi:l'*) *vt* آشکار کردن

r. itself آشکار شدن ، فاش شدن

revealed religion مذهبی که بوسیلهٔ پیغمبری برای مردم آمده باشد

reveille (*rivəl'i* ; *-val'i*) *n.* شیپور بیداری

rev'el (*rev'l*) *vi.* & *n.* (۱) خوش گذراندن (۲) عیاشی - خوش گذرانی

r. in لذت بردن از

revelation (*-vilei'shən*) *n.* افشاء ، ابراز - مکاشفه ، وحی ، الهام

rev'elry (*-əlri*) *n.* شادمانی (باصدا) - عیاشی ، خوش گذرانی

revenge (*rivenj'*) *n.* (۱) انتقام ، کینه جویی - تلافی (۲) تلافی کردن

I revenged myself upon him. انتقام خود را از او کشیدم

revenge'ful *a.* کینه جو

rev'enue (*-əniu:*) *n.* درآمد

r. farmer مستأجر مالیاتی

r. operation بهره برداری

reverberate (*rivə':bəreit*) *v.* منعکس کردن یا شدن- پیچیدن، طنین انداختن

reverberation (*-rei'shən*) *n.* انعکاس ، برگشت - پیچش صدا

revere (*rivi'ə*) *vt.* حرمت کردن

rev'erence (*-ərəns*) *n.* & *vt.* (۱) حرمت - واهمه (۲) احترام گزاردن

hold in r. محترم داشتن

His R. جناب [لقب شوخی آمیز یا قدیمی برای اسقف و امثال وی]

rev'erend *a.* واجب الاحترام [لقب روحانیون که مختصرآن .Rev است]

the Rev. John Smith جناب آقای جان اسمیت [کشیش]

rev'erent *a.* احترام گزار ، مؤدب

reverential (*revəran'shəl*) *a.* محترمانه ـ احترام‌گزار

rev'erie (-*əri:*) *n.* خیال واهی یاخام

reversal (*rivə':s'l*) *n.* نقض ، برگشت ـ واژگون سازی ـ واژگونی

reverse (*rivə:s'*) *a., n., vt., & vi.* (۱) وارونه ، معکوس (۲) عکس ، ضد ـ پشت (سکه) ـ [مج] ادبار ـ شکست (۳) وارونه کردن ـ پس و پیش کردن ـ دگرگون ساختن ـ لغو کردن ، نقض کردن (٤) بر گشتن

rever'sible *a.* قابل پشت‌رو کردن ، دورو [a r. fabric]

rever'sion (-*shən*) *n.* برگشت (ملکی به بخشندهٔ آن) ـ حق مالکیت نسبت بچیزی پس از مدتی

revert (*rivə:t'*) *vi.* برگشت کردن ، رجوع کردن ، عطف کردن

review (*riviu':*) *n. & vt.* (۱) دوره ، مرور ـ بازدید ، تجدیدنظر ـ [نظ] سان ـ مجله ـ انتقاد (۲) دوره یا تجدید نظر کردن ـ سان دیدن

pass in r. سان دیدن

revile (*rivail'*) *v.* (به) ناسزا گفتن

revise (*rivaiz'*) *vt.* تجدید نظر کردن(در) ـ اصلاح (ودوباره چاپ) کردن

revision (*rivizh'ən*) *n.* بازدید ، تجدیدنظر ـ اصلاح ـ چاپ تازه

revival (*rivai'vəl*) *n.* احیاء ، تجدید ـ تجدد ـ جنبش مذهبی

revive (-*vaiv'*) *vi. & vt.* (۱) زنده شدن ـ نیروی تازه گرفتن (۲) زنده کردن ـ نیروی تازه‌دادن ـ دوباره رواج دادن ، دوباره رونق دادن

revocable (*rev'əkəbl*) *a.* فسخ‌پذیر ـ برگشت پذیر ، قابل برگشت

revocation (-*vəkei'shən*) *n.* لغو ، فسخ

revoke (*rivouk'*) *vt.* لغوکردن ، الغاء کردن ـ رجوع کردن از ، پس گرفتن

revolt (*rivoult'*) *n., vi., & vt.* (۱) طغیان ، شورش (۲) شورش کردن ـ اظهار تنفر کردن (۳) متنفر کردن ـ منقلب کردن

r. at or against متنفر شدن از

revolution (*revəliu':shən*) *n.* شورش ، انقلاب ـ حرکت انتقالی ، گردش آشوبی

revolu'tionary (-*nəri*) *a. & n.* (۱) آشوبی ، انقلابی (۲) شورش طلب

revolu'tionize (-*shənaiz*) *vt.* تولید شورش در (کشوری) کردن ـ تغییر اساسی دادن در

revolve (*rivɔlv'*) *vi. & vt.* (۱) گردش کردن ، دور زدن (۲) گرداندن

r. in the mind غور کردن در

revol'ver (-*və*) *n.* ششلول ، رولور [لفظ فرانسه]

revol'ving *apa.* گردان ، گردنده

revue (*riviu':*) *n.* [Fr.] قسمی نمایش (با رقص وسرود) که در ان وقایع جاری را منعکس و استهزا می‌کنند

revulsion (*rivʌl'shən*) *n.* جابجا شدن درد ، ردع ـ تغییر ناگهانی

reward (*riwɔ:d'*) *n. & vt.* (۱) اجر ، پاداش ـ عوض (۲) پاداش‌دادن (به)

reword (*ri:wə:d'*) *vt.* بعبارت دیگر درآوردن ، طور دیگر گفتن

rewrite (*ri:rait'*) *vt.* دوباره نوشتن ـ طور دیگر نوشتن

Rex (*reks*) *n.* [L] پادشاه [مختصر آن R. است]

Reynard (*ren'əd ; rei'na:d*) (-ناد) *n.* آقا روباه

rhapsody (*rap'sədi*) *n.* [مو] قطعهٔ شورانگیزومشوش ، رپسودی [لفظ فرانسه] ـ [در ادبیات باستانی یونان] اشعار رزمی که در یک وهله سروده میشد ، رجز

go into rhapsodies ابرازاحساسات کردن ، شور و شعف نشان دادن

rheostat (*ri':ous-*) *n.*

آلت تنظیم جریان برق
rhetoric (*ret'ə-*) *n.* (علم)معانی بیان
rhetorical (*ritɔ':rikəl*) *a.* معانی بیانی - بدیعی - غلنبه (نویس)
rhetorician (*retərish'ən*) *n.* آموزکارِ معانی بیان - شخص مطلع از معانی بیان - غلنبه نویس
rheum (*ru:m*) *n.* {Arch} ریزش های زکامی یا نزله‌ای
rheumat'ic *a.* رُماتیسمی
rheumat'ics *npl.* {Col.} = rheumatism
rheumatism (*ru':mətizm*) *n.* رماتیسم{لفظ فرانسه}، دردمفصل، بادمفاصل
rhinestone (*rain'stoun*) *n.* (۱) قسمی بلورکوهی (۲) الماس بدل
rhino (*rai'nou*) {Col.} = rhinoceros
rhinoceros (*rainɔs'ərəs*) *n.* کرگدن {اختصاراً rhino گفته میشود}
rhododendron (*roudəden'drən*) *n.* گل معین‌التجاری
rhomb (*rɔm* ; *rɔmb*) *or* **rhom'bus** (*-bəs*) *n.* {هن} معین ، لوزی
rhubarb (*ru':ba:b* روباب) *n.* ریوند - ریواس
rhyme (*raim*) = rime[1]
rhythm (ریظم) *n.* وزن ، سجع
rhyth'mic(al) *a.* موزون
rib *n.* & *vt.* {-bed} (۱) دنده - {در چتر} میله - {در پارچه} خط یا راه برجسته - پشت بند - بشته یا برآمدگی کوه (۲) راه راه کردن - میله‌دار کردن - {در صیغه اسم مفعول و بطور صفت} راه راه - میل میلی - دنده دار
rib'ald (*-əld*) *a.* & *n.* (۱) هرزه، بی‌چاك دهن - زشت (۲) آدم هرزه
rib'aldry (*-ri*) *n.* هرزگی - شوخی زشت
ribbon (*rib'ən*) *n.* نوار ، روبان {لفظ فرانسه} - باریکه - {در جمع} دسته جلو
torn to ribbons تیکه تیکه
rice (*rais*) *n.* برنج {غله مشهور}
rich *a.* (۱) توانگر ، دولتمند - گران بها - باشکوه - خوش رنگ - زیاد چرب - پرمایه - پرپشت - فراوان - حاصل خیز - دامنه‌دار ، وسیع
the r. (*n.*) دولتمندان
r. in (*or* **with**) پُر از
rich'es (*-iz*) *npl.* دولت ، ثروت
rich'ly *adv.* بطور فاخر - کاملاً
rich'ness *n.* دولتمندی - پُری - پرمایگی - رونق - وسعت - چربی
rick *n.* & *vt.* (۱) انبار علف خشك یا غله (۲) کومه کردن ، انبار کردن
rickets (*rik'its*) *npl.* *or* s. نرمیِ استخوان ، ملاستِ استخوان
rick'ety (*-ti*) *a.* مبتلا به نرمی استخوان -{مج} سست ، ضعیف - لغزنده - اِسقاط ، فکسنی
ricksha(w) (*rik'shə* ; *-shɔ:*) *n.* درشکه دوچرخه که آدم آنرا می کشد
ricochet (*rik'əshei*; *-shet'*) *n.* & *vi.* {-(t)ed} (۱) کمانه {در گلوله توپ} - پله پله رفتن (سنگ روی آب) - (۲) کمانه کردن - پله پله رفتن
rid *vt.* {rid(ded) ; rid} خلاص کردن ، آزاد کردن (ازمانع)
get r. of a person از دست (یا شرّ) کسی آسوده شدن
riddance (*rid'əns*) *n.* رهایی - عمل پاك کردن
a good r. يك سر خرهم کم !
rid'den {*pp.* *of* ride}
rid'dle (*rid'l*) *n.* & *v.* (۱) معما (۲) معما گفتن یاحل کردن
rid'dle (,,) *n.* & *vt.* (۱) سرند ، غربال (۲) غربال کردن - سوراخ‌سوراخ کردن - نقطه ضعف (چیزیرا) نشاندادن
ride (*raid*) *vi.* & *vt.* {rode ; ridden} (۱) سوار شدن - {مج}

مسلط یامستولی شدن (۲) سوارشدن بر - سواره گذشتن از - سواری دادن (به) - مسلط شدن بر

r. on a horse روی اسبی سوار شدن ، سوار اسبی شدن

r. for a fall بی‌پروا سوارشدن - [مج] ندا نم کاری کردن و زیان دیدن

This ground rides soft. این زمین برای سواری هموار است

r. to hounds شکار روباه رفتن

r. one down سواره بکسی‌رسیدن - با اسب کسیرا زیر گرفتن

r. out سالم از (چیزی) بیرون رفتن

ride (,,) *n.* سواری - جادهٔ مال‌رو

ri'der (*-də*) *n.* (اسب) سوار - مادهٔ اصلاحی یا الحاقی درشور سوم لایحه

ridge (*rij*) *n.*, *vt.*, *vi.* (۱) تیغ یا ستیغ (کوه) ، مقسم آب ، آبریز ، خرپشته - مرز- رشته (۲) مرزمرزکردن - دارای خطوط برجسته‌کردن - گرده ماهی کردن (۳) بلندشدن - برجستگی پیدا کردن

ridge'-piece *or* **ridge'-pole** *n.* کش [بالای شیروانی]

ridicule (*rid'ikiu:l*) *n.* & *vt.* (۱) استهزاء (۲) استهزا کردن

turn to (*or* into) **r.** مورد استهزاء قرار دادن - مسخره‌آمیز کردن

ridic'ulous (*-yuləs*) *a.* خنده‌آور ، مضحك، مسخره‌آمیز - چرند

ri'ding *n.* & *a.* (۱) سواری - راه مال‌رو در جنگل (۲) درخور سواری

r.-habit جامهٔ سواری زنانه

r.-master معلم اسب سواری

ri'ding *n.* بخش [در Yorkshire]

rife (*raif*) *a.* متداول - پر ، مملو - فراوان

riff'-raff *n.* توده - آشغال

rifle (*rai'fi*) *n.* & *vt.* (۱) تفنگ (خان‌دار) - خان [در تفنگ] - [درجمع] عدهٔ تفنگ دار (۲) خان دار کردن - [مج] جستجو و غارت کردن

ri'fled *ppa.* خان‌دار

ri'fle-gun *n.* تفنگ (خان‌دار)

ri'fleman (*-mən*) *n.* [-men] تفنگ‌دار

ri'fle-pit *n.* سنگر

ri'fle-range *n.* تیررس ، بُرد - میدان تیراندازی

ri'fle-shot *n.* تیررس - تیر - تفنگ - [باصفت] تیرانداز

rift *n.* & *vt.* (۱) شکاف - چاك - رخنه (۲) شکافتن - چاك دادن

a r. in (*or* within) **the lute** مقدمهٔ (دیوانگی) ، نشانه (بدبختی)

rif'ted ; rif'ty (*-ti*) *a.* شکاف‌دار

rig *vt.* & *vi.* [-ged] & *n.* (۱) بادگل وبادبان‌مجهز کردن - بالباس وغیره مجهز کردن [با out] - باشتاب برپا کردن [با up] - (۲) مجهز شدن (۳) بسادبانها و دگل های‌کشتی - [مج] وضع ظاهر ، لوازم ، لباس

rig *n.* حیله - احتکار

rig (*vt.*) **the market** بااحتکار کالا افزایش وکاهش مصنوعی درقیمت‌ها ایجادکردن

rig'ging *n.* مجموع طناب‌ها و بادبانهای‌کشتی - [مج] اسباب ، اثاثه

right (*rait*) *a.* & *adv.* (۱) راست [ضدّ چپ] - درست ، صحیح - خوب ، شایسته ، اخلاقی- نوددرجه ، قائم [r. angle] - راست‌گوشه - ذیحق (۲) بطور صحیح - کاملاً - بطرف راست

You are r. حق باشما است

put one's r. hand to درست انجام دادن ، صمیمانه انجام دادن

do a thing the r. way کاری را چنانکه باید انجام دادن

He is on the r. side of forty. هنوز چهل سال ندارد

in one's r. mind عاقل

not r. in the head دیوانه

All r. بسیار خوب - صحیح است

R. you are. } درست است ، صحیح
R. oh! [Sl.] } است - بچشم ، البته
R. turn! [نظ] براست راست !
r. off; r. away بی درنگ ، فوراً
right (,,) *n.* حق - کار صحیح - دستِ راست - [درجمع] (۱) نمایندگان دست راست (۲) شرح واقع (۳) وضع صحیح
be in the r. ذیحق بودن
r. of way حق عبور - تقدم
in one's own r. اصالةً
by r. (*or* rights) حقاً
You did r. کار صحیحی کردید
to set (*or* put) to rights درست کردن ، مرتب کردن
assert (*or* stand on) one's rights برای حقوق خود پافشاری کردن
right (,,) *vt.* - راست کردن - اصلاح کردن
r. itself اصلاح شدن - رفع شدن
right'-about' *a.* واقع درجهت مخالف
r.-a. turn [نظ] عقب گرد
send to the r.-a. بیرون کردن
right'-angled *a.* راست گوشه
right'-down *a(dv.)* کامل - کاملاً
righteous (*rai'chəs*) *a.* صالح، عادل [اصطلاح کتاب مقدس] - دیندارانه
righ'teousness *n.* پارسائی ، درستی و تمامیت در نظر خدا
right'ful *a.* ذیحق - حق [درمقام صفت] - منصفانه ، عادلانه
a r. heir وارث بالاستحقاق
r. claims دعاوی حقه
right'fully *adv.* حقاً ، باداشتن حق
right'fulness *n.* حقانیت ، حق
right'-hand *a.* واقع در دست راست
r.-h. man کمك واقعی و ذیقیمت
right'handed *a.* - راست دست - بادست راست زده شده - راست گرد
right'hander *n.* - آدم راست دست - ضربت با دست راست
right'ly *adv.* درست - بمناسبت - حقاً

rigid (*rij'-*) *a.* سخت ، سفت - جدی
rigid'ity (*-ti*) *n.* - سختی ، محکمی - سخت گیری ، خشونت - دقت
rig'idly *adv.* بسختی - بادقت
rig'marole (*-mərou*l) *n.* چرند ، حرف بیربط
rigor (*rig'ə*; *rai'gɔ:*) *n.* [L] لرز (پیش از تب)
r. mortis [L] جمود نعش
rigor = rigour
rig'orous (*-əs*) *a.* سخت ، سخت گیر
rigour (*rig'ə*) *n.* - سختی - خشونت - سخت گیری - دقت زیاد - ریاضت
rile *vt.* [Sl.] خشمگین کردن
rill *n.* جویبار ، جوی کوچك
rim *n.* & *vt.* [-med] (۱) دوره ، زهوار - کنار ، لبه ، حاشیه - [در چرخ] دوره - [در غربال] کم (۲) دوره دار یا لبه دار کردن ، زهوار به (چیزی) گذاشتن - دور (چیزیرا) گرفتن
rime[1] *n., vi., & vt.* (۱) قافیه (۲) (هم) قافیه شدن - قافیه ساختن (۳) به نظم درآوردن - مقفی کردن
put in r. مقفی کردن
without r. or reason بی جهت
rime[2] [Poet.] = hoar-frost
rind (*raind*) *n.* & *vt.* (۱) پوست - [مج] ظاهر (۲) پوست کندن
ring *n.* & *vt.* - (۱) حلقه - انگشتر - محفل - میدان ، عرصه ، گود (۲) دور گرفتن - حلقه دار کردن - حلقه ای بریدن یاقاش کردن - [با about یا round] احاطه کردن - باهم جمع کردن (گله)
r. a bull حلقه دربینیِ گاو کردن
make rings round a person دست کسیرا از پشت بستن
ring *vi.* & *vt.* [rang; rung] & *n.* - (۱) زنگ زدن - صدا کردن - طنین انداختن - (۲) زدن زنگ - با زدنِ زنگ اعلام کردن - بوسیلهٔ صدا

آزمودن (سکه)- (۳) صدای زنگ (تلفن) - پیچش یا انعکاس صدا
r. for some one با زنگ کسیرا صدا کردن
Does the coin r. true? آیا سکه صدای (سکه) خوب میدهد؟
r. up به (کسی) تلفن کردن
r. off [در تلفن] قطع کردن
r. with منعکس کردن
There is a r. at the door. دم در زنگ میزنند
give a r. (to) (زنگ) زدن
ringed *a.* حلقه دار- حلقه وار- عقد کرده
ring'leader *n.* سردستهٔ فتنه جویان
ring'let *n.* حلقهٔ زلف - حلقه کوچك
ring'lety *a.* حلقه دار- مانند طرهٔ زلف
ring'-mail *n.* زره
ring'-master *n.* رئیس سیرك
ring'worm (-*wə:m*) *n.* زرد زخم
rink *n.* & *vi.* (۱) سُرسرهٔ یخی - زمین اسکیتینگ (skating) - (۲) سُریدن ، سُرخوردن
rinse (*rins*) *vt.* & *n.* (۱) آبکشی کردن ، آب کشیدن - [با out] غسل دادن ،شستن (۲) آب کشی ، غسل
r. down بکمك چیزآبکی غورت دادن
riot (*rai'ət*) *n.* & *vi.* (۱) آشوب - هرزگی (۲) اجتماع و بلوا کردن
R. Act قانون پراکنده ساختن اجتماعات آشوب طلب
run r. لجام گسیخته بودن -بطور هرزه روئیدن
ri'oter (-*ətə*) *n.* آشوب طلب
ri'otous (-*təs*) *a.* فتنه جو ، آشوب کن ، بلواکن - هرزه ، عیاش
rip *vt.* & *vi.* [-ped] (۱)شکافتن [با out] - دریدن [گاهی با up]- ترکانیدن(سنگ) - [با off] جدا کردن، بریدن - [با up]دو باره شکافتن ، [مج] تازه کردن (غم کهنه) - (۲) پاره شدن - باشتاب جلورفتن (۳) دریدگی ، شکاف - اسب فرسوده - آدم بد اخلاق
Let it r. جلوش را ول کنید
ripe (*raip*) *a.* رسیده ، پخته - [مج] جا افتاده - قابل استفاده - مستعد کامل ، با بسن گذاشته
of r. years
r. beauty زیبایی زنِ رشد کرده
ri'pen (-*pən*) *vi.* & *vt.* (۱) رسیدن - عمل آمدن- آماده شدن ، قابل استفاده‌شدن (۲) رساندن - عمل‌آوردن
ripe'ness *n.* رسیدگی ، بلوغ
rip'ping *a.* [Sl.] عالی ، ماه
rip'ple (*rip'l*) *n.* & *v.* (۱) موج کوچك - چین (وشکن) - غلغلهٔ خفیف (۲) موج‌دار کردن یاشدن
rise (*raiz*) *vi.* [rose (*rouz*) ; risen (*riz'n*)] & *n.* (۱) برخاستن ، بلند شدن - بالا رفتن [در گفتگوی ازپردهٔ نمایش] - خاتمه یافتن - قیام کردن- بهم خوردن (دل) - ورآمدن (نان)- طلوع کردن - نمودارشدن - ترقی کردن - سرچشمه گرفتن ، ناشی شدن - بشاش‌شدن - عرض‌اندام کردن (۲) خیز - صعود - طلوع-سربالائی- ترقی- بلندی- شیب - سَرچشمه - منبع - قیام
on the r. رو بافزایش (یا ترقی)
give r. to . . . مایهٔ . . . شدن
take its r. in از . . . سرچشمه گرفتن
get (*or* take) a r. out of جر آوردن
risen (*riz'n*) [*pp.* of rise]
riser (*rai'zə*) *n.* برخیزنده
early r. زودخیز ، سحرخیز
risibil'ity (-*ti*) *n.* تمایل بخنده
risible (*riz'ibl*) *a.* مستعدخنده ، خنده کن - مربوط بخندیدن
rising (*rai'zing*) *n.* & *apa.* (۱)قیام - طغیان - طلوع - رستاخیز (۲) طالع ، طلوع کننده - قیام‌کننده - صعود کننده - ترقی کننده- (روی‌کار) آینده

the r. generation طبقه جوانان

risk *n.* & *vt.* (۱) مخاطره ـ احتمال زیان یاخطر ، بیم (۲) بمخاطره انداختن ـ با بیم خطر اقدام کردن به

at the r. of his life با در خطر انداختن جان خود

at owner's r. باقید اینکه هرگونه خسارت بعهدهٔ صاحب جنس باشد

run risks دل بدریا زدن ، خود را بمخاطره انداختن

ris'ky (*-ki*) *a.* مخاطره آمیز ، متضمن احتمال زیان ـ خارج از نزاکت

risque' *a.* [Fr.] خارج از نزاکت

rissole (*ris'oul*) *n.* کوفتهٔ گوشت یا ماهی که باخمیر نان سرخ کنند ، کلوچهٔ قیمه دار

rite (*rait*) *n.* آیین ، مراسم ، آداب ، شعائر

rit'ual (*-yuəl*) *n.* مراسم عبادت

rit'ualism (*-yuəlizm*) *n.* رعایت تشریفات عبادتی و مذهبی (بحد افراط)

rit'ualist *n.* آداب پرست ، رعایت کنندهٔ آداب دینی (بحد افراط)

ritualis'tic *a.* مبنی برآیین پرستش

rival (*rai'v'l*) *n.* & *vt.* [-led] (۱) رقیب ، حریف ـ مانند ، نظیر (۲) هم‌چشمی یا برابری کردن با

a r. wife (*havu:*) هوو

ri'valry (*-vəlri*) *n.* هم‌چشمی ، رقابت ، (کوشش برای) برابری

rive (*raiv*) *v.* [rived ; riv'en or rived] شکافتن ، ترکاندن یا ترکیدن

riv'en [*pp.* of rive]

river (*riv'ə*) *n.* رودخانه ـ [مج] سیل

riv'er-bed *n.* بستر رود

riv'erside (*-said*) *n.* کنار یا ساحل رود ـ [بطور صفت] واقع درکنار رودخانه ، ساحلی

rivet (*riv'et*) *n.* & *vt.* (۱) میخ پرچ (۲) پرچ کردن ـ با میخ پرچ میخکوب کردن ـ دوختن (چشم) ـ جمع کردن (حواس)

riv'ulet (*-yulet*) *n.* جوبیار ، نهر کوچك

roach (*rouch*) *n.* قسمی ماهی ریز قنات

roach (,,) [U. S.] = cockroach *n.*

road (*roud*) جاده ، راه ـ خیابان

the r. to Tehran جادهٔ تهران

on the r. در راه ، درسفر

take the r. رهسپار شدن ـ راهزنی کردن [معنی قدیمی]

royal r. آسانترین راه ، اسهل طرق

in the r. مانع راه ، در سر راه

get in one's road مانع کسی شدن ، در سر راه کسی ایستادن

road'bed *n.* کف جاده ـ زیر سازی

road'-bill *n.* بارنامه

road'-book *n.* راه نامه ، راه نما

road'-hog *n.* رانندهٔ بی پروا

road'-house *n.* مهمانخانه رانندگان در جاده های مهم

road'man (*-mən*) [-men] or **road'mender** (*-də*) *n.* مامور تعمیر جاده

road'-metal *n.* سنگ فرش

road'side (*-said*) *n.* کنار جاده یا خیابان ـ [بطور صفت] واقع درکنار خیابان

road'stead (*-sted*) *n.* لنگرگاه طبیعی

road'ster (*-stə*) *n.* اتومبیل رو باز دو نفره

road'way (*-wei*) *n.* سواره رو ، وسط خیابان

roam (*roum*) *v.* & *n.* (۱) گردش کردن (در) ـ (۲) گردش

roan (*roun*) *a.* & *n.* (اسب) قزل یا سرخ تیره

roar (rɔ: ; rɔə) *vi.*, *vt.*, & *n.*
(۱) غرّش کردن ، غریدن ـ داد زدن (۲) باصدای بلند گفتن یا خواندن [بیشتر با **out**] ـ (۳) غرّش، نعره ـ فریاد ـ قاه‌قاه (خنده) ـ های های (گریه)

r. down با تشر خاموش کردن

set in a r. ازخنده روده بر کردن

roa'ring *n.* & *apa.* (۱) غرّش ـ خرخر (۲) غرش کننده ـ رعد و برق دار

He drives a r. trade.
کار و بارش در کسب بسیار خوب است

roast (*roust*) *vt.*, *vi.*, & *n.*
(۱) کباب یاسرخ کردن ـ بو دادن (۲) کباب شدن (۳) کباب ـ گوشت کبابی

rule the r. اختیارداری کردن

roaster (*rous'tə*) *n.* اسبابِ بودادنِ قهوه ـ جوجهٔ کباب کردنی

rob (*rɔb*) *vt.* [-bed] غارت کردن

r. a person of his money
پول کسیرا بزور از او گرفتن

robber (*rɔb'ə*) *n.* دزد ـ راهزن

robbery (*rɔb'əri*) *n.* دزدی ـ راهزنی ـ غارت گری

robe (*roub*) *n.*, *vt.*, & *vi.*
(۱) خرقه ،ردا ، جبه ـ جامهٔ بلند زنانه (۲) با خرقه یا ردا پوشاندن (۳) خرقه یا ردا پوشیدن

rob'in (redbreast) *n.* سینه سرخ

robot (*rou'bɔt*) *n.* دستگاه خودکاریکه وظایف آدم را انجام میدهد

robust (*rou'bʌst*) *a.*
تنومند ـ نیرومند

roc (*rɔk*) *n.* رُخ [مرغ بزرگ افسانه ای]

rock (*rɔk*) *n.* خاره ، صخره، کمر ـ قسمی شیرینی مانند آب‌نبات

on the rocks شکسته ـ بکلی بی‌پول

rock (,,) *vt.*, *vi.*, & *n.*
(۱) جنباندن ـ تکان دادن (۲) جنبیدن (۳) جنبش ، تکان

rock'-bottom *a.* نازلترین

rocker (*rɔk'ə*) *n.* صندلیِ گهواره ای ـ روروه : چوب زیر گهواره یا صندلی

rock'ery = **rock-garden**

rocket (*rɔk'it*) *n.* & *vi.* (۱) موشك ـ فیش فیشه (۲) موشك‌وار رفتن

rock'-garden *n.* سنگستانی که برای رشد گیاهان کوهی در زمینی احداث کنند ، باغ گیاهان کوهی

rock'ing-chair *n.* صندلی گهواره‌ای

rock'-salt *n.* نمك کوهی ، نمك ترکی

rocky (*rɔk'i*) *a.* خاره‌ای ـ پرصخره ـ ناهموار ـ سست ، جنبنده

rococo (*-kou'kou*) *a.* دارای آرایش های زیاد و عاری از لطافت

rod (*rɔd*) *n.* عصا ـ چوب ـ میل ، میله ـ واحد درازا برابر با پنج یارد و نیم

rode [*p. of* ride]

rodent (*rou'dənt*) *a.* قرّاضه

roe (*rou*) *n.* [roe] = **roe-deer**

roe (,,) *n.* تخم (های) ماهی

roe'-buck *n.* گوزن نر

roe'-deer (*-diə*) *n.* قسمی گوزن

rogue (*roug*) *n.* آدم رذل ـ [بشوخی] بچهٔ شیطان یا ناقلا

roguery (*rou'gəri*) *n.*
پست فطرتی ـ دغلی ـ بد ذاتی ، شیطنت

ro'guish *a.* پست‌فطرت ، بدرسوخته ـ بد ذات ـ بذله‌گو ـ شیطنت آمیز

roister (*rɔis'tə*) *vi.* شات و شوت و شادی کردن

role (*roul*) = **rôle**

rôle *n.* [Fr.] نقش ، رُل ـ وظیفه

roll (*roul*) *n.*, *vt.*, & *vi.*
(۱) طومار ، لوله ـ توپ (جنس) ـ صورت ،فهرست ـ (گردهٔ) نان ـ [مج] غلت،گردش ـ موج ـ غرش (۲) غلتاندن ـ گرداندن ـ گلوله کردن ، پیچیدن [با **up**] ـ تیرك زدن، باوردنه پهن کردن ـ غلتك زدن ـ بغرش در آوردن (۳) غلتیدن ـ تلاطم کردن ـ غریدن (رعد)

a r. of tobacco توتون پیچیده
r. of honour صورت کسانی که درجنگ برای میهن فداکاری کرده‌اند
call the r. حاضر وغایب کردن
on the rolls of در زمرهٔ
strike off the rolls ازصورت وکلا یا پزشکان خارج کردن
rolled gold روکش طلا
a rolling stone سنگ غلتان - [مج] کسیکه یك کارثابت را تعقیب نمی کند
have a rolling gait تلان تلان راه رفتن
roll up روی هم جمع شدن ، رویهم رفتن
roll'-call *n.* عمل حاضر وغایب کردن
roller (*rou'lə*) *n.* غلتك ، بام غلتان- استوانه
steam r. جاده صاف کن ، غلتك
r. bandage زخم بند پیچیده
r. skate کفش غلتك‌دار ، اسکیت
rollick (*rɔl'ik*) *n.* & *vi.* خوشی (کردن) -جست و خیز (کردن)
roll'ing-pin *n.* وردنه ، تیرك
roll'ing-press *n.* ماشین فشار برای درآوردن نمونه های چاپی
roll'ing-stock *n.* گردونه های ریل‌دار ، نواقل روی خط
roly-poly (*rou'lipou'li*) *n.* قسمی نان یا خمیر مربائی - بچهٔ خپل یا چاق و چله
Roman (*rou'mən*) *a.* & *n.* (۱) رومی ، منسوب به‌رم - مربوط به کاتولیك‌رومی (۲) اهل رم
R. numerals ارقام حروفی [چون XI]
R. type حروف معمولی راست [در برابر حروف خوابیده (*italics*)]
romance (*roumans'*) *n.* & *vi.* (۱) رُمان ماجرا جویانه یا عاشقانه [«رمان» لفظ فرانسه است] - شرح جالب‌توجه و اغراق‌آمیز (۲) داستان اغراق آمیز گفتن
Romance (,,) *a.* مربوط به زبانهائی که از لاتین گرفته شده‌اند
roman'cer (*-sə*) *n* رمان نویس قرون‌میانه- اغراق‌گو
Roman'ic *a.* لاتینی ، لاتین نژاد ، وابسته به تمدن رومی‌ها
roman'tic (*rou-*) *a.* خیالی ، غیرعملی -مبنی برزیبایی‌های غیرمنظم که ناشی از احساسات و ذوق شخصی باشد
roman'ticism (*-sizm*) *n.* اصالت تصور و احساسات - آزادگی ازقیود
Romany (*rɔm'əni*) *n.* & *a.* (زبان) قبطی
romp (*rɔmp*) *vi.* & *n.* (۱) دنبال‌هم دویدن و جیغ زدن (۲) دختری که‌مایل ببازی‌های پسرانه وپرصدا است
rom'per (*-pə*) *n.* رولباسی بچگانه
r. suit رولباسی بچگانه
rom'pers *npl.* با شلوار
Rontgen rays (*rɔn'tiən reiz'*) *npl.* پرتو مجهول (که آنرا X-rays نیز میگویند)
rood (*ru:d*) *n.* (صورت عیسی بر) صلیب - یك چهارم acre
roof (*ru:f*) *n.* & *vt.* (۱) سقف ، بام (۲) پوشاندن ، مسقف کردن
r. of the mouth = palate
under his r. مهمان او ، درپناه او
roof'less *a.* بی‌سقف - بی‌پناه - دربدر
rook (*ruk*) *n.* رُخ [در شطرنج]
rook (,,) *n.* & *vt.* (۱) کلاغ سیاه - قُمار باز متقلب (۲) گوش (کسیرا) بُریدن
rookery (*ruk'əri*) *n.* (جای جمع شدن) کلاغان - مجموع خانه های خراب
room (*rum* ; *ru:m*) *n.* اطاق - جا ، فضا - [مج] مجال
standing-r. جا برای ایستاده
three-roomed سه اطاقه
roomer (*ru':mə*) [U. S.] =

lodger

room'ful *n.* (ظرفیت) یك اطاق

a r. of یك اطاق (پر از) مرد

room'-mate *n.* هم اطاق

roo'my (*-mi*) *a.* جادار

roost (*ru:st*) *n.* & *vi.* (۱) نشیمن گاه پرنده ، دازه - جای بیتوته (۲) شب بسر بردن ، بیتوته کردن

go to r. خوابیدن

at r. خوابیده [در لانه یا خوابگاه]

Curses come home to r. دشنام بخودِ دشنام دهنده برمیگردد

roos'ter (*-tə*) *n.* خروس

root (*ru:t*) *n.*, *vt.* & *vi.* (۱) ریشه -[مج] اصل - سرچشمه (۲) نشاندن -جایگیر ساختن -کندن - جستجو کردن (۳) ریشه گرفتن - جایگیر شدن - پوز بزمین زدن

take r. ریشه گرفتن ، ریشه کردن

r. word لغت اصلی ، ریشه

r. up (or out) ازریشه درآوردن- [مج] قلع وقمع کردن

rope (*roup*) *n.* & *vt.* (۱) طناب ، ریسمان - بند - رشته - [مج] آزادی عمل (۲) با طناب بستن

on the r. بهم بسته [باطناب]

r. of sand پشتیبان سست و ناپایدار

the r. طنابِ دار - اعدام باطناب

the ropes راه کار ، لم کار

rope in محصور کردن - درجرگه آوردن

rope'-dancer *n.* بند باز ، ریسمان باز

rope'-ladder *n.* نردبان طنابی

rope'-yard *n.* کارگاه طناب سازی

rosary (*rou'zəri*) *n.* تسبیح - وِرد - باغ گل ،گلستان - باغچه گل

rose (*rouz*) *n.* & *a.* (۱) گل سرخ -گل وبته - (چیز شبیه بگل مثلاً) سرِ آب پاش (۲) گلی ، گلی رنگ

yellow r. گل زرد

r. window پنجرهٔ گرد

bed of roses عیش و نوش ، آسایش کامل

under the rose نهانی ، زیر جلی

rose [*p. of* **rise**]

ro'seate (*-ziət*) *a.* گلگون- پُر گل- گلی - [مج] بشاش ، خوش بین ، نیك بین

rose'-bud *n.* & *a.* (۱) غنچهٔ گلِ سرخ - [مج] دختر زیبا (۲) غنچه‌ای

rose'bush *n.* بتهٔ گل سرخ ،گلبن

rose'-coloured *a.* گلی ، گلگون

r.-c. spectacles (عینك) خوش‌بینی

rose'mary (*-məri*) *n.* اکلیل‌کوهی

rosette (*-zet'*) *n.* گلِ آرایشی

rose'-water *n.* گلاب

rosin (*rɔz'-*) *n.* & *vt.* (۱) کلفن [لفظ فرانسه] ، راتیانه (۲) کلفن زدن

ro'siness *n.* سرخی (بشره)

roster (*rous'tə* ; *rɔs'-*) *n.* جدول نوبت خدمت

rostrum (*rɔs'trəm*) *n.* [L. *pl.* **-tra** (*trə*)] کرسیِ خطابه ، تریبون [لفظ فرانسه]

rosy (*rou'zi*) *a.* گلگون ، سرخ - گل‌پوش - [مج] امیدبخش ، روشن

rot (*rɔt*) *vi.* & *vt.* [-ted] & *n.* (۱) بوسیدن ، ضایع شدن - حرف بیمعنی زدن (۲) بوساندن ، فاسد کردن - برهم زدن (۳) بوسیدگی ، فساد - [ز.ع] مهمل - کار ابلهانه - شکست پی‌درپی

rota (*rou'tə*) *n.* جدول نوبت خدمت

rotary (*rou'təri*) *a.* & *n.* (۱) گردنده - محورگرد (۲) ماشین محورگرد

rotate (*routeit'*) *vi.* & *vt.* (۱) چرخیدن ، حرکت وضعی کردن (۲) برمحور خود گرداندن - گردش دادن ، بنوبت کاشتن

rotation (*-tei'shən*) *n.* چرخش ، گردش ،حرکت وضعی - نوبت - گردش

(زراعتی)
ro'tatory (*-tətəri*) *a.* - گردشی
گردانتده ـ گردنده ـ نوبتی ـ محور گرد
rote (*rout*) *n.* —
by r. روی عادت ، بدون فکر
rot'ten (*rɔt'n*) *a.* ، بوسیده
فاسد ، ضایع ـ{مج} بی کفایت ـ بد
rot'tenness *n.* بوسیدگی ، خرابی
rotter (*rɔt'ə*) *n.* {Sl.}
آدم بیمعنی و نادرست
rotund (*routʌnd'*) *a.* ، کوشتالو
خپل ، گردو کلوله ـ پرآب و تاب
rotun'da (*-də*) *n.* - ساختمان ِ گرد
تالار گرد
rotundity (*-tʌn'diti*) *n.*
ِ گردی ـ گوشتالویی ، خپلی ـ آب و تاب
و روانی (درسخن)
r(o)uble (*ru':b'l*) *n.* منات
{لفظ روسی}
roué *n.* {Fr.} آدم بداخلاق وهرزه
rouge (*ru'zh*) *n.* & *v.*
(۱) سرخاب ـ گرد زنگ آهن (۲)
سرخاب مالیدن
rough (*rʌf*) *a.*, *adv.*, *n.*, &
vt. (۱) زبر ، خشن ـ درشت ـ
ناهنجار ـ بد ـ ناهموار ـ بی ادب ،
بد خلق ـ تقریبی ـ متلاطم ـ نتراشیده ،
ناصاف (۲) = roughly - (۳) زمین
ناهموار ـ {مج} سختی ، نا ملایمات ـ
آدم لات یاهوچی (٤) زبر کردن ـ دست
مالی کودن ـ { با in یا out } اجمالاً
طرح کردن
r. customer آدم تند و بی تربیت
r. draft بیش نویس ، چرك نویس
have a r. time بد گذراندن
in the r. بصورت پیش نویس ـ
بطور ناتمام یا پرداخت نشده ـ تقریباً
r. it بسختی تن دادن ، بدگذراندن
rough'-and-tum'ble *a.* & *n.*
(۱) بی ترتیب ، هر که هر که ، خرتوخر ،
حسینقلیخانی (۲) غوغا ، نزاع

rough'-cast *n.* & *vt.* (۱) اندود
ِ شن و آهك ـ پوشش تگرگی ـ گلمالی
(۲) طرح کردن ـ گل مال کردن
roughen (*rʌf'ən*) *vt.* & *vi.*
(۱) زبر یاخشن یا ناهموار کردن ـ {مج}
برانگیختن (۲) بهم خوردن ، متلاطم شدن
rough'-hew *vt.* ، ناصاف بریدن
درشت بریدن ـ طرح یا قالب کردن
rough'ly *adv.* ، بطور غیر دقیق
تقریباً ، بطور کلی ـ باخشونت
r. speaking ، قطع نظر ازجزئیات
بدون رعایت دقت ، تقریباً
rough'-neck {U. S. ; Sl.} =
hooligan
rough'ness *n.* - زبری ، خشونت
تندی ـ ناهمواری ـ بی ترتیبی ـ تلاطم
rough'shod *a.* دارای نعل زبر یا
لاستیکی برای جلوگیری از سریدن
ride r. بی پروایی و بیرحمی کردن
rough'-spoken *a.* شدیداللحن
rough'-wrought (*-rɔ:t*) *a.*
اجمالاً درست شده
roulade (*rulahd'*) *n.* {Fr.}
غلت ، تحریر
roulette (*ru:let'*) *n.* {Fr.}
رولت { نام بازی } ـ چرخ منگنه بر ـ
بیکودی {لفظ فرانسه}
round (*raund*) *a.* & *n.* (۱)
گرد ، مدور ـ رك (گو) ـ حسابی ،
درست ـ مطلق ـ{ در پول } (الف) بی
کسر ، راسته (ب) زیاد ، معتنابه (۲)
حلقه ، قرص ـ گشت ، دور ـ نوبت ـ
میدان ـ پله (نردبان) ـ گروه ـ شلیك ،
تیر ـ کشتی
a r. voyage سفر دوسره
r. dance رقص چوبی ـ والتز
r. robin نامه یا عریضهٔ جمعی که
امضا های آن تشکیل حلقه‌ای دهد
this earthly r. این گنبد مینائی
{یعنی زمین}
a r. of applause هلهلهٔ دسته جمعی

go the r. of. . . دور ِ . . . رفتن
make one's rounds
گشت زدن ، دور زدن
round (,,) *prep.* & *adv.*
(۱) گرد ِ ـ دور ِ ـ در اطراف ِ (۲) دور
تا دور ـ سرتاسر ـ بطور غیر مستقیم
show one r. کسیرا دور گرداندن
و جاهای تماشایی را باو نشان دادن
for a mile r. تا یك میل ازهرسو
It is 2 metres r. دور آن
دو متر است
Tea was served r. بهمه چای دادند
all r. ; right r. کاملاً گرد
r. and r. چند دور ـ دور تا دور
It will go r. برای همه کافی
است ، بهمه خواهد رسید
taking it all r. با درنظر گرفتن
کلیه جهات
all the year r. در سرتاسر سال
round (,,) *vt.* & *vi.* (۱) گرد
کردن ـ کامل کردن ـ دور(چیزی) رفتن ـ
دور هم جمع کردن (۲) گرد شدن ـ کامل
شدن ـ دور زدن
r. off گردکردن ،صاف کردن ـ
پرداخت کردن ـ خوب خاتمه دادن
r. on چغلی کردن از ـ ناگهان
مورد حمله قرار دادن
r. up جمع آوری یا گرد کردن
round'about (*-əbaut*) *a.* & *n.*
(۱) غیر مستقیم (۲) چرخ فلك ـ میدان
گردکه بچندین خیابان راه دارد
roun'delay (*-dilei*) *n.* سرودی که
برگردان داشته باشد ـ قسمی رقص گرد
round'-house *n.* ماشین خانه ـ
اطاق عقب در عرشهٔ بالای کشتی
roun'dish *a.* تا اندازه‌ای گرد
round'ly *adv.* بطور حسابی ،
کاملاً ـ صریحاً ـ بطور مدوّر
round'ness *n.* گردی
rouse (*rauz*) *vt.* & *vi.*
(۱) بیدارکردن ـ رم دادن ـ تحریك
کردن ـ خوب بهم زدن (۲) بیدار شدن ـ
بکار افتادن
rout (*raut*) *n.* & *vt.* (۱)اجتماع
برای آشوب یا کارخلاف قانون ـ هزیمت
(۲) تار و مار کردن ، منهزم ساختن
put to r. تار ومار یا منهزم کردن
rout (,,) *vi.* & *vt.* (۱)ریشه کندن
(۲) از ریشه کندن یا درآوردن
r. out بزور بیرون آوردن
route (*ru:t*) *n.* راه ، خط سیر ـ
{با تلفظ *raut*} فرمان حرکت
en r. {Fr.} در راه
routine (*ru:ti':n*) *n.* & *a.*
(۱) جریان عادی ـ امور عادی اداری
(۲) عادی ، جاری
as a matter of r. بعنوان یك
کار عادی اداری
rove (*rouv*) *vi.* & *vt.* (۱)
آواره یا بی‌مقصد گشتن (۲) گشتن در
rove {*p. of* reeve}
rover (*rou'və*) *n.* ولگرد ـ دزد ِ
دریایی ـ پیشاهنگ بالا رتبه
row (*rou*) *n.* ردیف ، قطار ، صف
It is a hard r. to hoe. {U. S.}
کار حضرت فیل است
row (,,) *vt.*, *vi.*, & *n.* (۱) با
پارو راندن ـ با کرجی بردن ـ زدن
(پارو) ـ(۲) رانده شدن ـ پارو زدن
(۳) کرجی‌رانی
r. a race مسابقه کرجی‌رانی دادن
r. 30 to the minute
دقیقه‌ای سی پارو زدن
row (*rau*) *n.*, *vt.* & *vi.* {Col.}
(۱) داد و بیداد ، نزاع ـ سرزنش (۲)
سرزنش کردن (۳) داد وبیداد کردن
kick up a r. دعوا راه انداختن ،
داد و بیدادکردن
get into a r مورد سرزنش
واقع شدن توی دردسرافتادن
rowan (*rau'ən*) *n.* سماق کوهی
rowboat (*rou'bout*) *or* **row'-**

ing-boat *n.* کرجی پارویی
row'diness *n.* خشونت ـ قیل وقال
rowdy (*rau'di*) *n.* & *a.*
(آدم) خشن یا جنجال کن
rowel (*rau'əl*) *n.* & *vt.*
(۱) چرخِ مهمیز (۲) مهمیز زدن
rower (*rou'ə*) *n.* پاروزن ، کرجی ران
rowlock (*rʌl'ək*) *n.* پارو گیر
royal (*rɔi'əl*) *a.* سلطنتی ، پادشاهی ـ [مج] باشکوه ، عالی
His R. Highness والاحضرت
ro'yalist *n.* شاه پرست
ro'yally *adv.* (بطور) شاهانه
royalty (*rɔi'əlti*) *n.* پادشاهی ـ عضو خانوادهٔ سلطنتی ـ حق الامتیاز ـ حق التالیف ازروی فروش
R. S. V. P. = Répondez s'il vous plait [Fr.] لطفاً جواب دهید
rub (*rʌb*) *vt.* & *vi.* [-bed] & *n.* (۱) مالیدن ـ پرداخت کردن [گاهی باup] ـ (۲) اصطکاك پیدا کردن (۳) مالش ـ [مج] اشکال
r. with ointment روغن مالیدن
r. along لك ولك کردن ، تاه کردن
r. away پاك کردن ، محو کردن
r. down خوب مالیدن و خشك کردن ـ قشو کردن
R. it in. خوردش بدهید
r. off پاك کردن ، زدودن
r. out پاك کردن (لکه) ، تراشیدن
r. shoulders with others بامردم آمیزش کردن
r. some one the wrong way کسیرا عصبانی کردن یا جر آوردن
give a r. (up) to پاك کردن ، خشك کردن
rub-a-dub (*rʌb'ədʌb*) *n.* صدای طبل
rubbed *ppa.* ساییده ـ نخ نما (شده)
rubber (*rʌb'ə*) *n.* & *vt.* (۱) لاستیك ـ مداد پاك کن ـ مشت ومال دهنده ، دلاك ـ [درجمع] گالش ـ بازیِ سه دستی ـ سه دست پیشبر ـ دست قلبج (۲) با لاستیك اندودن
rubberized (*rʌb'əraizd*) *a.* [U. S.] دارای پوشش لاستیکی
rub'ber-neck *n.* [U. S. ; Sl.] تماشاچی (فضول)
rub'bish *n.* آشغال ، زُباله ـ چیز پست و بی بها ـ چرند ، مهمل
talk r. مزخرف یاچرند گفتن
rub'bish-bin , -heap (*hi:p*) *n.* مزبله
rub'ble (*rʌb'l*) *n.* قلوه سنگ ـ خرده سنگ ـ نخالهٔ بنائی
rub'-down *n.* مالش ـ قشو
rubicund (*ru':bikʌnd*) *a.* سرخ فام ـ مایل بقرمز
rubric (*ru:b'rik*) *n.* (۱) عنوان ـ سرفصل ـ خط قرمز [درکتاب]
ruby (*ru':bi*) *n.* & *a.* (۱) یاقوت (۲) یاقوتی (رنگ) ، قرمز
ruck (*rʌk*) *n.* توده (مردم) ـ دسته (چیز های عادی)
ruck (,,) *n.*, *vi.*, & *vt.* (۱) چین ، تاه (۲) چین خوردن (۳) چین دادن
ruck'sack = knapsack
ructions (*rʌk'shənz*) *npl.* [Sl.] داد و بیداد ـ شلوق پلوق
rudder (*rʌd'ə*) *n.* سُکان
ruddy (*rʌd'i*) *a.* گلگون ، سرخ ـ گلچهره
rude (*ru:d*) *a.* بی تربیت ، خشن ، بی ادب ـ خشونت آمیز ـ ناقص
in r. health قوی ، گردن کلفت
rude'ly *adv.* گستاخانه ، جسورانه
rude'ness *n.* بی تربیتی ، بی ادبی ، خشونت ، گستاخی ، بی احترامی ـ خامی
rudiment (*ru':dimənt*) *n.* اصل ، مبدأ ، [درجمع] اصول ، مبادی ـ نخستین مرحله ـ اندام رشد نکرده

rudimen'tal (-*t'l*) *a.* بدَوی ، رشد نکرده
rudimen'tary (-*təri*) *a.* اصلی - بدَوی ، مقدماتی - رشد نکرده
rue (*ru:*) *vt.* & *n.* (۱) پشیمان شدن یاافسوس‌خوردن (از) - (۲) تاسف - [درشعر] رحم ، رقت
rue (,,) *n.* سُداب
rue'ful *a.* تأسف‌آور - غمگین
ruff (*rʌf*) *n.* یخهٔ چین چینی و آهاردار - [در پرنده] طوق
ruffian (*rʌf'iən*) *n.* آدم بی‌شرف وهرزه ، لوطی - گردن کلفت
ruf'fianism (-*nizm*) *n.* اوباشی
ruf'fle (*rʌf'l*) *vt.*, *vi.*, & *n.* (۱) برهم‌زدن ، ژولیده‌کردن- [مج] متغیر کردن (۲) متغیرشدن (۳) ناهمواری سطح آب - چین چینی ، توری - اضطراب
rug (*rʌg*) *n.* قالیچه
Rugby (*rʌg'bi*) *n.* } داکبی :
R. football } قسمی فوتبال
rugged (*rʌg'id*) *a.* (۱) ناهموار ، کوه و تپه‌دار - [مج] خشن - درست و با دیانت ولی زمخت و بی نزاکت
rugger (*rʌg'ə*) = **Rugby**
ruin (*ru':-*) *n.* & *vt.*- (۱) خرابی- خرابه - هلاکت - فساد(۲) ویران‌کردن - خانه خراب کردن - باطل کردن
lie in r. ویران یاخراب بودن
bring to r. خانه خراب کردن
ruination (-*nei'shən*) *n.* تخریب، ویران سازی - مایهٔ خرابی یا هلاکت
ru'ined *ppa.* ویران
ru'inous (-*nəs*) *a.* - خراب (کننده) - خانمان برانداز - خراب - زشت
rule (*ru:l*) *n.*, *vi.*, & *vt.* (۱) قانون ، قاعده - حکومت ، سلطه - تصمیم - متر [لفظ فرانسه] ، خطکش (۲) حکمرانی یا حکومت کردن - تصمیم گرفتن- متداول بودن (۳) تسلط یااختیار داری کردن بر - جلوگیری کردن از - اعلام کردن - خطکشی کردن
as a r. قاعدةً ، معمولاً
by r. رسماً - طبق مقررات
r. off بستن یا خط‌کشیدن (حساب)
r. the roost اختیارداری کردن
r. out رد کردن - خط زدن
Prices r. high. مظنه ها بالا است
ruler (*ru':lə*) *n.* رئیس‌کشور ، حکمران - خطکش
ru'ling *n.* & *apa.* (۱) تصمیم ، حکم - حکمرانی - خطکشی (۲) متداول
rum (*rʌm*) *n.* رُم : عرق نیشکر
rum (,,) *a.* [Sl.] غریب ، عجیب
rumble (*rʌm'b'l*) *vi.* & *n.* (۱) تلغ تلغ کردن - غرش کردن - غارّ وغور کردن- (چون‌زمین لرزه) صدا کردن (۲) غرش - غارّ و غور - جای عقب [درگردونه]
ruminant (*ru':minənt*) *a.* نشخوارکننده - [مج] فکور و خاموش
ru'minate (-*neit*) *v.* نشخوارکردن- [مج] تفکر کردن (در)
rummage (*rʌm'ij*) *v.* & *n.* (۱) خوب جستجو یا زیر و رو کردن (۲) جستجوی زیاد - خرت و پرت
r. out (*or* **up**) باجستجوی زیاد (ازمیان چیزهای دیگر) درآوردن
r. sale فروش خرده ریز و کالای گوناگون برای مصرف خیریه
ru'mor [U. S.] = **rumour**
rumour (*ru':mə*) *n.* & *vt.* (۱) شایعه ، شهرت ، خبر (افواهی) - (۲) شهرت دادن ، افواهاً گفتن
rump (*rʌmp*) *n.* دُمگاه ، دمبلیچه - کفل اسب
rumple (*rʌm'p'l*) *vt.* مُچاله کردن ، چوروك کردن
rumpus (*rʌm'pəs*) *n.* [Col.] داد و بیداد
kick up a r. داد و بیداد راه انداختن

run (*rʌn*) *vi.* & *vt.* {ran; run}
(۱) دویدن - جاری شدن - روان یاسلیس
بودن - غلتیدن - حرکت کردن - گریختن -
دایر بودن- شدن {r. mad} - بهن شدن
{در رنگ} - کشته شدن - گذشتن - اعتبار
داشتن - رسیدن ، کفایت کردن - {در
جوراب} در رفتن (۲) دوانیدن - در
مسابقه وارد کردن - شرکت کردن در
(مسابقه) - روان ساختن - بردن ، حرکت
دادن - فرو کردن - گذراندن- اداره کردن،
گرداندن - دویدن در - (قاچاقی) رد
کردن - صاف کردن - گداختن

r. across مصادف شدن با
r. against تصادف کردن با - زدن به
r. away گریختن ، فرار کردن
r. away with - برداشتن ودر رفتن
باشتاب پذیرفتن - تمام کردن (پول)
r. close سخت دنبال کردن
r. down - خوابیدن ، ازکار افتادن
ضعف پیدا کردن - گیرآوردن، پیدا کردن -
زیر گرفتن - بی‌اعتبار ساختن
r. in {د. ک} دستگیر و زندانی کردن
r. in debt قرض بهم رساندن
r. in to a person ، بکسی سرزدن
دیدنی مختصر ازکسی کردن
r. into . . . - گرفتار . . . شدن
برخوردن یاتصادف کردن با . . .
It ran into 10 editions.
ده چاپ خورد ، ده بار چاپ شد
r. off -تند رفتن - تندخواندن یانوشتن
گریختن - اثر نکردن در - خالی کردن -
چاپ کردن - نتیجه (چیزی)را معلوم کردن
r. on - از همان سطر شروع شدن
پی درپی حرف زدن - راجع بودن به -
ادامه دادن - دنبال هم انداختن (فصول)
r. out - ته کشیدن - پیشرفتگی داشتن
بیرون آمدن - کشیده شدن
r. out of تمام کردن ،کم آوردن
r. over زیر گرفتن - مرور یا دوره
کردن - تند خواندن - سر رفتن

r. short کم آمدن
r. short of کسر آوردن
r. through بباد دادن ، توی(چیزی)
دویدن - خط زدن - نگاه اجمالی کردن
r. an animal through بدن
جانوری را سوراخ کردن
r. up - بالا بردن یاآوردن - افراشتن
جمع زدن - بالغ شدن بر ، سر زدن به
r. up against مواجه شدن با
r. upon تصادف کردن با - برخوردن به
r. wild بی‌بند و بار یا خودرو بودن
His eyes r. آب ازچشمش می‌آید
r. the show {Sl.} اختیارداری کردن
The story runs that حکایت از
این قرار است که ، چنین گویند که
run (,,) *n.* دو {دویدن} - گریز -
جریان ، وضع - مسافرت کوتاه - جهت -
سیر - تنزل - رشته - امتداد - هجوم -
نوع - محوطه - چراگاه - نهر -لوله -
غلت ، تحریر- {د. ک} استفاده مجانی
have a r. دویدن - طالب داشتن
have a r. for one's money
ازپول یاکوشش خود بهره بردن
on the r. گریزان - مشغول دوندگی
run'about *n.* - شخص آواره وعیاش
قسمی کرجی موتوری یا اتوموبیل سبك
runagate (*rʌn'əgeit*) {Arch.}
= vagabond
runaway (*rʌn'əwei*) *a.* & *n.*
(۱) فراری - افسار گسیخته (۲) شخص
فراری - اسبی که سوار را برداشته باشد
rung (*rʌng*) *n.* پله نردبان- میل، میله
rung {*pp.* of ring}
runner (*rʌn'ə*) *n.* - دونده
قاصد - مشتری جلب کن - سنگ گردندهٔ
آسیاب - غلتك - کناره قالی - گرداننده
(ماشین) - قسمی لوبیای سبز
run'ning *apa.* & *n.* - (۱) دونده
روان ، جاری - اجمالی - پی‌درپی ،
مسلسل (۲) دو - ترشح
r. noose *or* **knot** کمند خفت‌دار

r. fight جنگ و گریز

r. headline سرصفحه .یا سرستونی که بالای همهٔ صفحات می گذارند

take up the r. پیش قدم شدن

runt (*rʌnt*) *n.* قسمی گاو کوچك - آدم یا جانورِ رشد نکرده

run'ning-board *n.* رکاب

runway (*rʌn'wei*) *n.* روگاه - غلت گاه - گذرگاه

rupee (*ru:pi':*) *n.* روپیه

rupture (*rʌp'chə*) *n.*, *vt.*, & *vi.* - (۱) گسیختگی ، قطع (روابط) - شکستگی- فتق (۲) شکستن - قطع کردن- مغور کردن (۳) دچار فتق شدن

come to a r. قطع رابطه کردن

rural (*ru'ərəl*) *a.* روستایی-زراعتی

ruse (*ru:z*) *n.* حیله ، نیرنگ

rush (*rʌsh*) *n.* & *vt.* - (۱) پیزر - بوریا (۲) باحصیر پوشاندن یافرش کردن

rush („) *vi.*, *vt.*, & *n.* (۱) یورش کردن - ازدحام کردن - تند جاری شدن - با شتاب رفتن - دست پاچگی کردن (۲) تند بردن - بزور بردن - فشار بر(چیزی) آوردن - تندگذشتن از - باحمله ناگهانی تصرف کردن - تسریع کردن - پول زیادی از (کسی) گرفتن - عقب زدن (۳) یورش - هجوم

r. through باشتاب گذرانیدن

rushing business کار و بار خوب

rush'light *n.* چراغ کم نور- شمع پیهی

rushy (*rʌsh'i*) *a.* پیزری - نی مانند - پُرنی ، نیزار

rusk (*rʌsk*) *n.* نان برشته - سوخاری

russet (*rʌs'it*) *a.* & *n.* (۱) حنایی ، خرمایی مایل بقرمز (۲) قسمی سیب سرخ - پارچهٔ زبرحنایی رنگ

Russian (*rʌsh'ən*) *a.* روسی

rust (*rʌst*) *n.*, *vi.*, & *vt.* (۱) زنگ (۲) زنگ زدن ، [با out] ازکار افتادن (۳) زنگ زده کردن - سائیدن

rustic (*rʌs'-*) *a.* روستایی - دهاتی- [مج] ناهنجار - ساده

rusticity (*-tis'iti*)*n.* حالت روستایی

rus'tiness *n.* زنگ زدگی

rus'tle (*rʌs'l*) *n.* & *vi.* خش وخش (کردن)

rust'less *a.* زَنگ نزن

rusty (*rʌs'ti*) *a.* زنگ زده - نم کشیده - خشن - ضعیف - رنگ برگشته

rut (*rʌt*) *n.* & *vt.* (۱) ردّ چرخ - درجاده - روش دیرینه (۲) شیاردار کردن

ruthless (*ru:th'-*) *a.* بیرحم

rye (*rai*) *n.* چاودار ،گندم سیاه

rye'-grass *n.* تلخه - قسمی علف

ryot (*rai'ət*) *n.* رعیت [درهند]

Ss

's – (1) is (2) has (3) us

Sabbath (*sab'əth*) *n.* [Heb.] سبت ، روز سبت

sa'ber = sabre

sable (*sei'bl*) *n.* & *a.* (۱) سمور - خزسمور - [درجمع] لباس عزا (۲) سیاه

sabot (*sab'ou*) *n.* [Fr.] کفش چوبی - کفش تخت چوبی

sabotage (*-ta:zh'*) *n.* [Fr.] خراب کاری

sabre (*sei'bə*) *n.* & *vt.* (۱) شمشیر ، شوشکه [لفظ روسی] - (۲) با شوشکه زخمی کردن

sac *n.* کیسه [درگیاه وحیوان]

saccharin (*sak'ərin*) *n.* ساخارین [لفظ روسی]

sac'charine (*-rin* ; *-rain*) *a.* قندی ، شکری ، شیرین - دان دان

sacerdotal (*-sədou't'l*) *a.* کشیشی - مربوط به کشیشان - کشیش مآب

sachet (*sash'ei*) *n.* عنبرچه

sack *n.* & *vt.* (۱) کیسه ، جوال - قسمی نیمتنهٔ گشاد وکوتاه (۲) کیسه کردن- [د. گ.] بیرون کردن

give the s. (to) بیرون کردن

sack *n.* & *vt.* غارت (کردن)

sack *n.* یکجور شراب سفید

sackbut (*sak'bʌt*) *n.* قسمی ترمبون قدیمی [رجوع شود به **trombone**]

sack'cloth *n.* پلاس - گونی

sack'ing *n.* پارچه کیسه‌ای ،گونی

sac'rament (*-rəmənt*) *n.* رسم یا شعیرهٔ دینی - سوگند

the Blessed S. } عشاء ربانی - نان عشاء ربانی
the Holy S. }

sacramen'tal (*-t'l*) *a.* مربوط به شعائر دینی - مربوط به عشاء ربانی

sacred (*seik'rid*) *a.* مقدس - محترم - مصون

s. to خاص ، موقوف به ، مختص

sac'rifice (*-fais*) *n.* & *vt.* (۱) قربانی- فداکاری (۲) قربانی یاوقف کردن

sacrificial (*-fish'əl*) *a.* مربوط بقربانی - متضمن قربانی

sac'rilege (*-lij*) *n.* توهین بمقدسات

sacrilegious (*-lij'əs*) *a.* توهین‌آمیز نسبت بمقدسات - توهین کننده بمقدسات

sac'risty (*-ti*) *n.* مخزن کلیسا

sac'rosanct *a.* واجب‌الحرمت

sad *a.* غمگین - غم‌انگیز - تیره رنگ

sad'den (*sad'n*) *v.* غمگین کردن یاشدن

sad'dle (*sad'l*) *n.* & *vt.* (۱) زین - گوشت گرده (۲) زین کردن

saddled with debts زیربار قرض

sad'dle-bag *n.* خرجین

sad'dle-bow *n.* کوهه یا قاش زین

sad'dle-horse *n.* اسب سواری

saddler (*sad'lə*) *n.* زین ساز ، سراج

saddlery (*sad'ləri*) *n.* سراجی - زین و برگ

Sadducee (*sad'yusi*) *n.* صدوقی ، زندیق

sadism (*sah'dizm*) *n.* سادیسم [لفظ فرانسه] ، لذت بردن از شکنجه کردن (کسیکه مورد شهوت دانی است)

sadist (*sah'-*) *n.* سادیست {لفظ فرانسه} ، کسیکه از شکنجه کردن (مورد شهوت‌رانی خود) لذت میبرد
sadis'tic *a.* ناشی از سادیسم
sad'ly *adv.* محزونانه - سخت
sad'ness *n.* غمگینی ، دلتنگی ، حزن
safe (*seif*) *a.* & *n.* (۱) سالم ، بی‌خطر - اطمینان‌بخش - امن - بااحتیاط (۲) صندوق آهنی - قفسه برای نگهداری گوشت
He is s. to be there. حتماً (یایقیناً) آنجا خواهد بود
It is s. to say بجرأت میتوان گفت
to be on the s. side برای اینکه احتمال اشتباه (یاخطر) باقی نباشد
safe'-conduct *n.* خطِ امان
safe'guard (-گاد) *n.* & *vt.* (۱) نگهداری - حمایت (۲) حفظ کردن - تأمین کردن
safe'-keeping *n.* نگهداری ، حفاظت
safe'ly *adv.* با اطمینان- بدون‌خطر
safety (*seif'ti*) *n.* سلامت - ایمنی - بی‌خطری - اطمینان - {درتفنگ} ضامن
safe'ty-bolt *n.* ضامن
safe'ty-match *n.* کبریت بیخطر
safe'ty-pin *n.* سنجاق قفلی
safe'ty-razor *n.* تیغ خود تراش
safe'ty-valve *n* دریچهٔ اطمینان ، دریچهٔ خودگشا - {مج} در رو ، مفرّ
saffron (*saf'rən*) *n.* & *a.* (۱) زعفران (۲) زعفرانی
sag *vi.* & *n.* (۱) شکم دادن - فرو نشستن- {مج} تنزل کردن (۲) فرورفتگی، شکم ، خمیدگی ، افت - تنزل بها
saga (*sah':gə*) *n.* قصهٔ قهرمانان
sagacious (*səgei'shəs*) *a.* دانا ، زیرك ، عاقل ، کاردان - عاقلانه
saga'ciously *adv.* عاقلانه
sagacity (*səgas'iti*) *n.* دانایی
sage (*seij*) *n.* & *a.* (۱-۲) حکیم ، دانشمند (۲) دانا - خردمند نما
sage (,,) *n.* {گ. ش.} سلوی {مأخوذ از Salvia کلمه لاتینی}
garden s. مریم گلی
Scarlet s. سلوی ، سلبی
sago (*sei'gou*) *n.* ساگو {لفظ فرانسه} ، بلغور هندی ، پنیر خرما
said (*sed*) {*p.* & *pp.* *of* **say**}
the s. book کتاب مزبور یا نامبرده
sail (*seil*) *n.* بادبان ، شُراع - پرّه
20 s. ۲۰ فروند کشتی
How many days' s. is it? چند روز راه است با کشتی ؟
take in s. شراع پیچیدن - {مج} رویه معتدلانه‌تری اتخاذ کردن
in full s. آماده ، تیار ، مجهز
take the wind out of a person's s. کسی را با دلیل خودش گیر انداختن یا مجاب کردن
sail (,,) *vt.* & *vi.* (۱) راندن - باکشتی عبور کردن از - پرواز کردن در (۲) کشتی‌رانی کردن - تلان تلان رفتن
s. close to (*or* **near**) **the wind** {مج} اندکی‌از اصول تجاوز کردن
s. in با جدیت و اطمینان بکاری مبادرت کردن
s. into {Col.} بباد سرزنش گرفتن
sail'ing-vessel *n.* کشتی شراعی
sai'lor (*-lə*) *n.* ملوان ، ملاح
a good s. کسی که در سفر دریا سرگیجه یا حالت قی باو دست نمیدهد
saint (*seint*) *a.*, *n.*, & *vt.* (۱) مقدس (۲) پیر ، ولی {ج. اولیاء} - (۳) جزو اولیاء شمردن {چون این کلمه بطورلقب بکاررود مختصر آن .St میشود}
St. Vitus's dance (*sənvai'-təsis-*) داءالرقص ، قطرب
saint'hood (*-hud*) *n.* مقام ودرجهٔ اولیاء یا مقدسین
saint'liness *n.* تقدس - تأسی باولیاء
saint'ly *a.* مقدس - درخورِ اولیاء
saith (*seth*) {Arch} **says** میگوید

sake (*seik*) *n.* خاطر
for his s. برای خاطر او
salable (*sei'ləbl*) *a.* فروش‌رفتنی
salacious (*sə lai'shəs*) *a.* شهوت‌انگیز ، مستهجن
salacity (*-las'iti*) *n.* شهوت‌انگیزی
sal'ad (*-əd*) *n.* سالاد [لفظ فرانسه] ـ کاهو
s. dressing سس ویژهٔ سالاد [''سس'' فرانسه است]
sal'amander (*-əmandə*) *n.* سمندر ـ قسمی مارمولك ـ [مج] کسیکه تاب گرمای زیاد دارد
sal'aried *ppa.* حقوق بگیر
sal'ary (*-əri*) *n.* مواجب ، حقوق
sale (*seil*) *n.* فروش
on s. ; for s. فروشی
salesman (*seilz'mən*) *n.* [-men] فروشنده
sales'manship (*-mən-*) *n.* (لم) فروشندگی
sales'woman (*-wumən*) *n.* [-women (*wimən*)] زن فروشنده
salient (*sei'liənt*) *a.* & *n.* (۱) برجسته (۲) زاویهٔ برجسته
saline (*sei'lain*) *a.* & *n.* (۱) نمك‌دار (۲) دریاچه نمك ـ چشمهٔ آب شور
saliva (*səlai'və*) *n.* بزاق ، آب دهان
salivary (*səlai'vəri*) *a.* بزاقی
sallow (*sal'ou*) *a.* زرد، رنگ‌پریده
sally (*sal'i*) *n.* & *vi.* (۱) حملهٔ محصورین برمحاصره‌کنندگان ـ لطیفه ـ لطیفه‌گویی (۲) ناگهان حمله کردن یا رهسپار شدن [بیشتر با out]
salmon (*sam'ən*) *n.* [salmon] (۱) آزاد ماهی (۲) عنابی روشن
salon (*sal'ɔn*) *n.* [Fr.] تالار پذیرایی یا نمایش ـ نمایش (گاه) صنعت
saloon (*səlu:n'*) *n.* سالن [لفظ فرانسه] ـ واگن سالن دار [=s.-car] ـ [درامریکا] محل فروش مشروبات
salt (*sɔ:lt*) *n.*, *a.*, & *vt.* (۱) نمك ـ [درجمع] نمك مسهل ـ [مج] مزه (۲) شور ـ نمك‌دار (۳) نمك زدن ـ درآب نمك گذاشتن
He is not worth his s. لایق نگاهداشتن نیست ، بدرد نمیخورد
an old s. ملاح (آزموده)
take with a grain (*or* pinch) of s. بقید احتیاط تلقی کردن
salt'-cellar *n.* نمك‌دان
sal'tiness *n.* شوری
salt'-pan *n.* محل نمك‌گیری درساحل
saltpeter *or* -petre (*-pi':tə*) *n.* شوره (قلمی)
sal'ty (*-ti*) *a.* نمکین ، (کمی) شور
salubrious (*səlu:b'riəs*) *a.* سازگار ، سالم ـ گوارا
salu'brity *n.* سازگاری ، گوارایی
sal'utary (*-yutəri*) *a.* سودمند
salutation (*-tei'shən*) *n.* سلام ، درود
salute (*səlu:t'*) *vt.* & *n.* (۱) سلام (نظامی) دادن (۲) سلام (نظامی) ـ توپ سلام
at the s. بحال سلام
take the s. سلام گرفتن
sal'vage (*-vij*) *n.* & *vt.* (۱) نجات کشتی ازخطر یاحقوقی که بابت آن گرفته میشود ـ کالای بازیافتی ـ جلوگیری از سوختن کالا در حریق (۲) از خطر رهانیدن
salvation (*-vei'shən*) *n.* رستگاری ، نجات
salve (*sahv*) *n.* & *vt.* (۱)مرهم (۲)راحت کردن ـ توجیه کردن ـ ازخطر غرق شدن یاسوختن رهانیدن
sal'ver (*-və*) *n.* سینی
sal'vo (*-vou*) *n.* شلیك چند توپ باهم ـ فریاد دسته جمعی
sam'bo (*-bou*) *n.* سیاه افریقایی ـ

شخص دورگ
same (*seim*) [the همیشه با] *a.*, *pr.*, & *adv.* - (۱) همان - یکسان - یك نواخت (۲) همان چیز - همان‌کار - همان شخص (۳) همان جور
Both are the s. هردو یکی است
all (*or* just) the s. معهذا
at the s. time ضمناً ، در عین‌حال - دریك وقت
same'ness *n.* مطابقت ، همانی
sam'ovar (*-va:* (-وا *n.* سماور [ماخوذ از روسی]
sample (*sa:m'p'l*) *n.* & *vt.* (۱) نمونه (۲) نمونه از (چیزی) گرفتن- امتحان کردن
up to s. مطابق نمونه
s. thief نمونه گیر
sam'pler (*-plə*) *n.* برو دوری که دختران بردیوار می‌آویزند تا نمونه ای از هنر ایشان باشد- نمونه گیر
sanatorium (*-nətɔ'riəm*) *n.* آسایشگاه (مسلولین) [-ria *or* riums]
sanctification (*-kei'shən*) *n.* تقدیس - تطهیر
sanc'tify (*-fai*) *vt.* تقدیس کردن - تطهیر کردن ، (از گناه) پاك کردن
sanctimonious (*-mou'niəs*) *a.* مقدس نما - زاهدانه
sanc'tion (*-shən*) *n.* & *vt.* (۱) تصویب ، تصدیق - مجوّز - جریمه (۲) تصویب کردن - تجویز کردن
It is not protected by sanctions. ضمانت اجرائی ندارد
sanc'tity (*-ti*) *n.* تقدس ، پاکی - حرمت - [درجمع] مقدسات
sanctuary (*-tiu'əri*) *n.* قدس ، حرم محراب - تحصنگاه - پناه‌گاه
take (*or* seek) s. متحصن شدن
sanc'tum (*-təm*) *n.* خلوتگاه - قدس
sand *n.* & *vt.* (۱) ماسه - ریگ ، شن - [درجمع] زمین شن‌زار - کرانه (۲) با ماسه آمیختن یا پوشاندن
plough the s. (*or* sands) کوشش بیهوده کردن ، باد پیمودن
The sands are running out. مدت‌ضرب‌الاجل نزدیك به اتمام است
san'dal (*-d'l*) *n.* کفش بی‌رویه،سندل
san'dal (-wood) *n.* (چوب) صندل
sand'-bank *n.* جای‌کم عمق دردریا یا رودخانه ، تپهٔ زیر آبی ،
sand'-fly *n.* قسمی پشهٔ ریز
sand'glass *n.* ساعت ریگی
san'diness *n.* پوشیدگی از شن یا ریگ ، حالت ریگزار - قرمز
sand'paper *n.* & *vt.* (۱) سنباده ،کاغذ ریگ‌دار (۲) سنباده زدن
sand'piper (*-paipə*) *n.* یلوه
sand'stone *n.* سنگ ریگی ، سنگ سیاه ، حجر رملی
sand'-storm *n.* طوفان ریگ (آور)
sand'wich *n.* & *vt.* (۱) ساندویچ (۲) درمیان دو چیز ناجور جا دادن
san'dy (*-di*) *a.* - شن‌دار ، ریگ‌زار - حنایی - دارای موی حنائی
sane (*sein*) *a.* عاقل - سالم - معقولانه
sang [*p.* of sing]
sang-froid' *n.* [Fr.] خون سردی
san'guinary (*-gwinəri*) *a.* خونین - خونخوار(انه) - فحش آمیز
san'guine (*-gwin*) *a.* - خونی -سرخ - گلچهره - [مج] امیدوار ، دلگرم
be s. of something نسبت بچیزی خوش بین یاامیدوار بودن
sanitarium [U. S.] = **sanatorium**
san'itary (*-təri*) *a.* بهداشتی ، صحی
sanitation (*-tei'shən*) *n.* اقدامات بهداشتی
san'ity *n.* سلامت عقل - میانه روی

sank {*p.* of sink}
sans (*sans* ; *san*) {Fr.} بدونِ
San'ta Claus (*-tə-klɔ:z*) *n.* بابانوئل {''نوئل،، لفظ فرانسه است}
sap *n.* & *vt.* {-ped} (۱) شیره - نقب (۲) شیره کشیدن از (درخت) - بی شیره کردن - کم کم خراب یاسست کردن
sapience (*sei'piəns*) *n.* دانشمندی
sa'pient *a.* دانشمند {بیشتر درطعنه}
sap'less *a.* بی‌شیره - بی قوه - بیروح
sap'ling *n.* (نو) نهال - نوباوه
sapper (*sap'ə*) *n.* سرباز کلنگ دار
sapphire (*saf'aiə*) *n.* یاقوت کبود
sappy (*sap'i*) *a.* شیره دار - مغزدار - {د. گ.} نادان
Saracen (*sar'əs'n*) *n.* عرب {درجنگ های صلیبی}
sarcasm (*sa':kæzm*) *n.* طعنه ، سخنِ کنایه‌دار ، گوشه ، ریزه‌خوانی
sarcas'tic *a.* کنایه‌دار ، طعنه آمیز
sarcophagus (*sa:kɔf'əgəs*) *n.* تابوت سنگی حجاری شده ومنقوش
sardine (*sa:di:n'*) *n.* ساردین ، موتو
sardonic (*sa:dɔn'ik*) *a.* مسخره‌آمیز ، کنایه دار
sarsaparilla (*sa:səpəril'ə*) *n.* عُشبه
sartorial (*sa:tɔ':riəl*) *a.* مربوط بلباس مردانه
sash *n.* کمربند - حمایل - کش پنجره
sassafras (*sas'əf-*) *n.* قسمی درخت امریکایی که بوستِ آنرا دم میکنند
sat {*p.* & *pp.* of sit}
Satan (*sei't'n*) *n.* شیطان
Satan'ic (*sə-*) *a.* شیطانی
satch'el (*sach'l*) *n.* کیف (بنددار)
sate (*seit*) *vt.* = satiate
sateen (*-ti:n'*) *n.* پارچه اطلس نما
satellite (*sat'əlait*) *n.* قمر {ج. اقمار} - {مج} پیرو ، ملتزم
satiable (*sei'shiəbl*) *a.* سیر شدنی ، سیری پذیر
sa'tiate (*-shieit*) *vt.* سیرکردن - وازده یا بیزار کردن - راضی کردن
satiety (*sətai'əti*) *n.* سیری - اشباع
to s. بحد اشباع یاتنفر
sat'in *n.* اطلس - دبیت
satire (*sat'aiə*) *n.* هجو - شعرِ هجائی - مسخره
satirical (*sətir'ikəl*) *a.* هجائی - لغز خوان
satir'ically *adv.* هجوکنان - بطنز
satirist (*sat'ə-*) *n.* هجو نویس
satirize (*sat'əraiz*) *vt.* هجو کردن ، مسخره کردن
satisfac'tion (*-shən*) *n.* خوشنودی ، رضایت - جبران - ایفا - ادا - عوض
to one's s. موافق دلخواه
satisfac'torily *adv.* بطور رضایت بخش
satisfac'tory (*-təri*) *a.* رضایت بخش
sat'isfied (*-faid*) *ppa.* راضی- متقاعد - سیر
s. with خوشنود از ، راضی از
sat'isfy (*-fai*) *vt.* راضی کردن - خوشنود کردن - متقاعد کردن - سیر کردن - بی نیاز کردن - ایفا یاادا کردن - جبران کردن - فرونشاندن (گرسنگی)
s. a condition واجد شرطی بودن
satrap (*sei'trəp* ; *sat'-*) *n.* ساتراپ {لفظ فرانسه} ، والی
saturate (*sach'əreit*) *vt.* اشباع کردن ، سیر کردن - آغشتن
saturation (*-rei'shən*) *n.* اشباع - سیری
Saturday (*sat'ədi*) *n.* شنبه
Sat'urn (*-ə:n*) *n.* کیوان ، زحل

saturnalia (*-tə:nei'liə*) *npl.* جشن عیاشی [جشن سالیانه‌ای بودکه در رم به افتخار Saturn برپا می کردند]
saturnine (*sat'ənain*) *a.* شوم -دلتنگ - سنگین
Satyr (*sat'ə*) *n.* نیم خدای جنگلی، دیو مرد - آدم شهوانی
sauce (*sɔ:s*) *n.* چاشنی ، سوس ، سُس [لفظ فرانسه] -[مج] پر رویی (آمیخته با خوش مزگی)
sauce'-boat *n.* ظرف سُس خوری
sauce'pan *n.* کماجدان یادیگ دسته دار
saucer (*sɔ':sə*) *n.* نعلبکی
s. eye چشم درشت وگرد و خیره
sau'cily *adv.* گستاخانه ، باپررویی
sau'ciness *n.* گستاخی ، پررویی
sau'cy (*-si*) *a.* پررو - جسارت‌آمیز
saunter (*sɔ:n'tə*) *vi.* & *n.* (۱) ول گشتن (۲) ولگردی
sausage (*sɔ':sij*) *n.* رودهٔ پرکرده ، سوسیس یاسوسیسن [دوکلمه فرانسه]
savage (*sav'ij*) *a.*, *n.*, & *vt.* (۱) وحشی(صفت) ، درنده‌خو - وحشیانه (۲) (آدم) وحشی (۳) لگد زدن
sav'agely *adv.* وحشیانه-بیرحمانه
sav'agery (*-ri*) *n.* وحشی گری - بیرحمی
savanna(h) (*səvan'ə*) *n.* جلگهٔ بی‌درخت [در امریکا]
sav'ant (*-ənt*) *n.* [Fr.] دانشمند
save (*seiv*) *vt* نجات دادن - پس‌انداز کردن
s. one's skin قصر در رفتن
S. my trouble. زحمت مرا کم کنید
save (,,) *prep.* & *conj.* جز ، بجز ، مگر
s. that جز اینکه ، الا اینکه
sa'ving *n.* & *apa.* (۱) پس‌اندازی، صرفه جویی - اندوخته ، پس‌انداز [بیشتر در جمع] - (۲) خانه دار ، صرفه جو
a s. clause مادهٔ استثنا(دار)
sa'ving *prep.* بجز
s. your reverence دور از جناب شما
sa'vings-bank *n.* بانك پس انداز
saviour (*sei'viə*) *n.* نجات دهنده، رهاننده ، منجی
savoir faire *n.* [Fr.] کاردانی - حضور ذهن
savo(u)r (*sei'və*) *n.*, *vt.* & *vi.* (۱) مزه ، طعم (۲) چشیدن - بو کردن (۳) دلالت کردن - مزه دادن ، بو دادن
It savours of revenge. بوی انتقام یاکینه‌جویی ازآن می‌آید
sa'vo(u)ry (*-vəri*) *a.* & *n.* (۱) خوش مزه - خوش نمك (۲) خوراك سبك و خوش مزه بعد از غذا که کمك بگوارش نماید
savoy (*səvɔi'*) *n.* کلم پیچ
saw (*sɔ:*) [*p. of* see]
saw (,,) *n.*, *vt.*, & *vi.* [sawed; sawn] (۱) ارّه (۲) اره کردن (۳) اره کشی کردن - اره شدن
saw (,,) *n.* گفته ، ضرب‌المثل
saw'bones *n.* جراح [در زبان شوخی] - [معنی اصلی] استخوان بُر
sawdust (*sɔ':dʌst*) *n.* خاك ارّه
sawn (*sɔ:n*) *ppc* اره شده ، اره کرده
sawyer (*sɔ':yə*) *n.* اره کش
saxhorn (*saks'hɔ:n*) *n.* قسمی آلت موسیقی بادی
saxifrage (*sak'sifrej*) *n.* قسمی گ که درسنگ میروید ، کاسرالحجر
saxophone (*sak'səfoun*) *n.* ساکسوفون [قسمی آلت موسیقی بادی]
say (*sei*) *v.* [said (*sed*)] گفتن
One would s. گویا ، گویی
that is to s. یعنی - اقلاً
s. a lesson درس پس دادن

It goes without saying محتاج بذکر نیست ، بدیهی است

I dare s. بجرأت میگویم ، میتوان باورکرد ، خیلی احتمال دارد

(Let us) s. فرض کنیم ، مثلاً بگوییم

I s. نگاه کنید - [درشگفت] راستی!

He says (*sez*) او میگوید

It is said that (می)گویند که

I said nothing. من حرفی نزدم

say (,,) *n.* حرف ، سخن ِ گفتنی - (حق اظهار)عقیده

say'ing *n.* گفته ، مثل مشهور

as the s. is مثلی است مشهور

scab *n.* بوست زخم - گری یا جرب ِ گوسفندی - [مج] خائن اعتصاب

scabbard (*skab'əd*) *n.* غلاف، نیام

scabbed *a.* گر، جرب دار

scab'biness *n.* گری - [مج] نکبت

scabby (*skab'i*) *a.* گر ، گردار - [مج] کثیف

scaffold (*skaf'əld*) *n.* سکوی اعدام - چوب بست- کالبد

scaf'folding *n.* چوب بست

scal'(l)awag (*-lə-*) *n.* آدم رذل- آدم بی‌معنی

scald (*skɔ:ld*) *vt.* & *n.* (۱) (با آب گرم) سوزاندن - گرم کردن (شیر) - با آب گرم شستن (۲) سوختگی

scalding tears اشك حسرت

scald'-headed *a.* کچل

scale (*skeil*) *n.*, *vt.*, & *vi.* (۱) پولك ،فلس- ورقه- پوسته ، جرم - بارهٔ دندان - [مج] پرده ، احتجاب (۲) پولك کندن از(ماهی) -(۳) پوسته پوسته شدن - جرم گرفتن - [با off] ورآمدن

The scales fell from his eyes. چشم حقیقت بنیش باز شد

scale (,,) *n.* & *vt.* (۱) کفه یا کپه ترازو - [درجمع] ترازو (۲) (فلانقدر) وزن داشتن ، درآمدن

turn the s. قاطع بودن ، قطعی بودن - چربیدن

turn the scale(s) at (فلانقدر) وزن داشتن

scale (,,) *n.* & *vt.* (۱) درجه - درجه بندی - مقیاس ، میزان - رشته ، ردیف - جدول درجه دار - [مو] گام [لفظ فرانسه]- (۲) از(چیزی)بالا رفتن- مطابق مقیاس قرار دادن

on the s. of one inch to the mile بمقیاس یك اینچ در یك میل

s. up (*or* **down**) مقیاس چیزیرا بزرگتر (یاکوچکتر) کردن

scallop (*skal'əp*) *n.* & *vt.* (۱) صدف ِ دوکپه - دالبر ، کنگره (۲) کنگره دارکردن

scallywag (*skal'i-*) = **scal(l)awag**

scalp *n.* & *vt.* (۱) پوست فرق سر (بامو) - (۲) پوست سر (کسی)را کندن

scal'pel *n.* چاقوی کوچك جراحی

scaly (*skei'li*) *a.* فلس مانند - پولك‌دار-ورقه ورقه (شونده) - [مج]پست

scamp *n.* آدم ِ پست ، آدم رذل

scamp *vt.* سرهم بندی کردن

scam'per (*-pə*) *vi.* فرار کردن

scan *vt.* [-ned] تقطیع کردن - اجمالاً نگاه کردن - [معنی قدیمی که صحیح تراست] بادقت نگاه کردن

scan'dal (*-d'l*) *n.* رسوایی، افتضاح- شایعات ِ ننگ‌آور - بدگویی - تهمت

scan'dalize (*-dəlaiz*) *vt.* رسوا کردن

scan'dalmonger (*-gə*) *n.* بدگو

scan'dalous (*-dələs*) *a.* افتضاح آور - منزجر کننده - تهمت آمیز

scan'sion (*-shən*) *n.* تقطیع

scant *a.* کم ، مختصر

s. of money کم پول ، بی‌پول

scan'tily *adv.* بمقدار کم

scan'ty (*-ti*) *a.* کم - تنگ - کوچك

scapegoat (*skeip'gout*) *n.* سپر بلا

scape'grace (*-greis*) *n.* آدم سبك مغز

scar (*ska:*) *n.*, *vt.* & *vi.* [-red] (۱) نشان یا اثر(زخم) ، داغ (۲) دارای نشان کردن ، [بصیغهٔ اسم مفعول] داغدار (۳) (خوب شدن و) نشان باقی گذاشتن

scar'ab (*-əb*) *n.* سرگین غلتان

scarce (*skêəs*) *a.* کمیاب ، نادر

make oneself s. [Col.] جیم‌شدن

scarce'ly (*-li*) *adv.* بزور ، بمشکل، بجخت ـ بزحمت ، با اشکال

He is s. 20 years old. بجخت اگر بیست سال داشته باشد

I had s. arrived تازه وارد شده بودم (که . . .)

I s. know what to say. نمیدانم چه بگویم ، معطل مانده‌ام که چه بگویم

scarcity (*skêə'siti*) *n.* کمیابی ـ تنگی

scare (*skêə*) *vt.* & *n.* (۱) ترساندن ـ رم دادن ـ دفع کردن (۲) هراس بی اساس

scare'crow (*-krou*) *n.* مترس ، مترسك ، لولوی سرخرمن

scare'monger (*-mʌngə*) *n.* شایع کننده اخبار وحشت‌انگیز (و دروغ)

scarf (*ska:f*) *n.* [-fs *or* -ves] اِشارپ [لفظ فرانسه] ـ کاشکل [لفظ فرانسه] ـ شال گردن ـ کراوات آویخته [''کراوات'' لفظ فرانسه است]

scarify (*skê'ərifai*) *vt.* تیغ زدن ، از رو شکافتن ، نشتر زدن ـ [مج] سخت انتقاد کردن

scarlet (*ska':lit*) *a.* سرخ

s. fever مخملك

s. runner قسمی لوبیای سبز

s. woman فاحشه

scathe [*skeith* (باصدای ظ)] *n.* & *vt.* (۱) زیان (۲) زیان به(چیزی) رساندن [این کلمه چندان مورد استعمال ندارد]

scathe'less *a.* بی‌زیان ، بی قصر

scatter (*skat'ə*) *vt.* & *vi.* (۱) پراکنده کردن ، پخش کردن ـ متفرق کردن ـ پاشیدن (تخم) ـ (۲) پراکنده شدن

scat'ter-brained *a.* پریشان خیال ، گیج ، حواس پرت

scav'enger (*-injə*) *n.* سپور

scenario (*sina':riou*) *n.* طرح فیلم (و صحنه های آن)

scene (*si:n*) *n.* منظره ـ مجلس [اصطلاح نمایش] ـ جای وقوع ـ صحنه ـ دکر [لفظ فرانسه] ـ رویداد ـ گزارش

make a s. داد و بیداد راه انداختن

sca'thing *a.* سخت ـ زیاد

scenery (*si':nəri*) *n.* منظره ـ آرایش صحنه نمایش

scenic (*si':nik*) *a.* صحنه‌ای، مجلسی

scent (*sent*) *n.* & *vt.* (۱) بو ـ عطر ـ ردّ(شکار)، پی ـ سُراغ، سررشته ـ شامه (۲) باشامه تشخیص دادن ـ [مج] پی بردن به ـ عطر زدن (به)

put off the s. پرت کردن

sceptic (*skep'-*) *n.* اهل شك

scep'tical (*-k'l*) *a.* شکاك

sceptre *or* -ter (*sep'tə*) *n.* عصای سلطنتی ـ [مج] سلطنت ، اقتدار

schedule (*shed'yu:l*) *n.* & *vt.* (۱) فهرست ـ برنامه ـ جدول (ساعات) ـ (۲) در جدول یا برنامه گذاشتن [تلفظ امریکایی این کلمه *sked'-* است]

scheme (*ski:m*) *n.* & *v.* (۱) طرح ـ توطئه (۲) (نقشه) طرح کردن ـ توطئه چیدن

colour s. رنگ بندی

sche'mer (*-mə*) *n.* دسیسه کار ـ طراح

schism (*sizm*) *n.* جدایی ، شقاق

schismat'ic (*siz-*) *a.* & *n.*

(۱) مبنی بر اختلاف وشقاق- جدا شونده (ازجامعه‌ای) - (۱-۲) اعتزالی

scholar (*skɔl'ə*) *n.* دانشجو ، طلبه، عالم - شاگرد زرنگی که آموزشگاه کمك مالی باو میکند

schol'arly (*-ləli*) *a.* طلبه وار ، فاضلانه ، عالمانه ، دانشمندانه

schol'arship *n.* دانشمندی ، دانشجویی - پولی که آموزشگاه بشاگرد زرنگ میدهد ، بورس [لفظ فرانسه]

scholas'tic (*skə-*) *a.* & *n.* (۱) مدرسه‌ای - قرون وسطائی (۲) طلبه

scholas'ticism (*-sizm*) *n.* اصول مدارس قرون وسطی

school (*sku:l*) *n.* & *vt.* (۱) آموزشگاه - مکتب ، پیروان (۲) تأدیب یاتربیت کردن - رام کردن - عادت دادن

school (,,) *n.* & *vi.* (۱) دسته (ماهی) - (۲) با هم دسته شدن

school'boy *n.* دانش آموز

school'fellow *n.* هم مدرسه

school'ing *n.* تربیت آموزشگاهی

school'man (*-mən*) *n.* [-men] استاد و معلم فلسفه در قرنهای میانه

school'master *n.* معلم مدرسه

school'mistress *n.* معلمهٔ مدرسه

school'room *n.* اطاق درس

schooner (*sku':nə*) *n.* کشتی شراعی که دو یا چند دگل دارد

sciatica (*saiat'ikə*) *n.* عرق‌النساء

science (*sai'əns*) *n.* علم

scientif'ic *a.* علمی

scientif'ically (*-kəli*) *adv.* بطرز علمی - موافق اصول علمی

sci'entist *n.* متخصص یك (یا چند) علم طبیعی ، عالم ، دانشمند

scimitar (*sim'itə*) *n.* شمشیر

scintilla (*sintil'ə*) *n.* جرقه - ذره

scin'tillate (*-tileit*) *vi.* جرقه دادن ، برق زدن

scion (*sai'ən*) *n.* قلمه ، نهال ، ترکه - [مج] نو باوه ، نورسته

scissors (*siz'əz*) *npl.* قیچی، مقراض

a pair of s. یك (عدد) قیچی

scoff (*skɔf*) *n.* & *vi.* (۱) تمسخر ، استهزا - طعنه (۲) استهزاء کردن [با at]

scold (*skould*) *vt.* & *n.* (۱) سخت سرزنش کردن (۲) زن بد دهن و ایرادگیر

scollop (*skɔl'əp*) = scallop

sconce (*skɔns*) *n.* شمعدان دیوارکوب

scon(e) (*skɔn* ; *skoun*) *n.* قسمی کلوچه یاکیك

scoop (*sku:p*) *n.* & *vt* چمچه - سرطاس دسته‌دار - خاك انداز گود - جازغالی - خبر تازه ایکه بدست روزنامه نویس بیفتد (۲) خالی کردن ، کشیدن - گود کردن ، کندن

s. up جمع کردن

scoot *vi.* [*Col.*] زود گریختن

scooter (*sku':tə*) *n.* چرخ لی‌لی ، روروك

scope (*skoup*) *n.* میدان ، مجال - رسایی ، برد - حدود ، حوزه ، وسعت - چشم رس

scorch (*skɔ:ch*) *vt.* & *vi.* (۱) روی (چیزی) را سوزاندن - (۲) سوختن

scor'cher (*-chə*) *n.* روز خیلی گرم - [د. ک.] سوار یا راننده تندرو

score (*skɔə*) *n.* & *v.* (۱) خط - بریدگی - نشان - حساب ، چوبخط - شمارهٔ بیست - گروه - عنوان ، خصوص - بابت (۲) خط زدن، خط کشیدن - حساب نگاه داشتن - (فلانقدر بازی) بردن

three s. and ten هفتاد

on this s. ازاین بابت ، ازاین حیث

run up a s. قرض بهم زدن

scores of people دسته دسته مردم

score out خط زدن

S. it under. زیر آن خط بکشید

s. (off) a person ازکسی پیش

بردن ، برکسی پیشدستی کردن
pay off (*or* **settle**) **old scores** حساب تصفیه کردن [بمعنی تلافی کردن]
scorn (*skɔ:n*) *n.* & *vt.* (۱) اهانت ، خواری (۲) خوار شمردن ، (۱) از (چیزی) عار داشتن
think s. of حقیر شمردن
He scorns to lie. از دروغ گفتن عار دارد
scorn'ful *a.* اهانت آمیز - خوار شمارنده
Scorpio (*skɔ':piou*) *n.* (برج) عقرب
scor'pion (*-ən*) *n.* کژدم ، عقرب
Scot (*skɔt*) *n.* اسکاتلندی
Scotch (*skɔch*) *a.* & *n.* (۱) اسکاتلندی (۲) زبان اسکاتلندی
scotch (,,) *vt.* آسیب زدن - با اقدامات جدی از (چیزی) جلوگیری کردن
Scotch'man (*-mən*) *n.* [-men] مرد اسکاتلندی
scot'-free *a.* بی تنبیه - بی اذیت
go s.-f. قصر در رفتن
Scot'land Yard ادارهٔ آگاهی لندن
Scots ; Scottish = **Scotch** *a.*
scoundrel (*skaun'drəl*) *n.* آدم رذل یا پست
scoun'drelism (*-izm*) *n.* رذالت
scoun'drelly (*-drəli*) *a.* پست ، بد نهاد
scour (*skau'ə*) *vt.*, *vi.*, & *n.* (۱) پاك کردن ، شستن - برداخت کردن - دیگ مال کردن - لاروبی کردن - جستجو کردن (در) - (۲) دویدن (۳) شستشو
s. off گرفتن یا زدودن (زنگ)
scourge (*skə:j*) *n.* & *vt.* (۱) تازیانه - [مج] بلا (۲) تنبیه کردن
scout (*skaut*) *n.* & *vi.* (۱) دیده‌ور - پیشاهنگ - [در دانشگاه اکسفورد] فراش (۲) دیده وری کردن، جاسوسی کردن
boy s. عضو پیشاهنگی پسران
scout (,,) *vt.* با استهزاء رد کردن
scow (*skau*) *n.* کرجی زباله بر
scowl (*skaul*) *n.* & *vi.* اخم (کردن) ، ترشرویی (کردن)
scrag *n.* & *vt.* [-ged] (۱) آدم یا جانور لاغر - قسمت استخوانی گردن گوسفند (۲) خفه کردن
scram'ble *vi.* & *n.* (۱) بادست‌وپا بالا رفتن - تقلا کردن (۲) تلاش ، تقلا
scrambled eggs خاگینه‌ای که با شیر و بعضی چیز های دیگر درست می کنند
scrap *n.* & *vt.* [-ped] (۱) تیکه ، پاره - ذره - قراضه - [در جمع] ریزه ، باقی مانده - عکس یا قسمتی که از کتاب یا روزنامه ببرند ، برش - دم قیچی (۲) کنار انداختن - قراضه (حساب) کردن
scrap [Col.] = **quarrel**
scrap'-book *n.* مجموعه ، مرقع
scrape (*skreip*) *vt.*, *vi.*, & *n.* (۱) تراشیدن ، خراشیدن - بریدن - پاك کردن - بزمین کشیدن - پوك کردن [با out] - بزحمت جمع کردن (۲) خراشیده شدن (۳) تراش ، خراش - گیر ، گرفتاری
s. acquaintance with some one بدون معرفی با کسی آشنا شدن
scraper (*skrei'pə*) *n.* - خط تراش - کفش پاك کن ، گل تراش
scra'pings *npl.* - تراشه ، خرده - [مج] صرفه‌جویی های کم
scrapper (*skrap'ə*) *n.* جنگ کننده ، مشت زن
scrap'py *a.* پاره پاره - نامربوط
scratch (*skrach*) *vt.*, *vi.*, & *n.* (۱) خراشیدن ، پنجول زدن - خاراندن - سر دستی نوشتن - اشاره کردن به (۲) زه زدن ، عقب کشیدن - تقلا کردن (۳) خراش - سر خط
s. out خط زدن
come up to s. بموقع رسیدن [برای مسابقه] - آماده بکار بودن

s. dinner ناهاریکه خرده خرده و بشتاب آماده شود
start at s. ازسر (خط) شروع کردن
scratch'y a. خط خط - زبر
scrawl (skrɔ:l) vt. & n. (۱) بد نوشتن ، قورباغه ای نوشتن (۲) خط بد
scrawny (skrɔ':ni) a. [Col.] استخوانی و لاغر
scream (skri:m) n. & vi. (۱)فریاد ، جیغ (۲) جیغ زدن
screech (skri:ch) vi. & n. (۱) (باصدای ناهنجار) جیغ کشیدن (۲) جیغ یا فریاد نامطبوع
screech'-owl n. بوف - مرغ حق
screed (skri:d) n. سخن یا نامهٔ کسل کننده
screen (skri:n) n., vt., & vi (۱) پرده - تجیر - تور سیمی - غربال ، سرند (۲) جدا کردن - حفظ کردن - تور سیمی در (چیزی) گذاشتن - در روی پرده نشان دادن - سرند کردن (۳) (فلانطور) در فیلم درآمدن
screw (skru:) n., vt., & vi. (۱) پیچ - پاکت پیچیده - ملخ هواپیما - [مج] آدم لئیم - اسب مردنی (۲) پیچ دادن - پیچ کردن ، سفت کردن - [مج] فشار بر (چیزی) آوردن ، اجحاف بر (کسی) کردن - بنفع خود تفسیر کردن - درهم کشیدن (۳) گشتن ، پیچ خوردن - [مج] دندان گردی کردن
There is a s. loose. یك چیزیش (یا یك جای کار) خراب است
s. to the memory بذهن سپردن
s. up (با پیچ) سفت کردن - پیچیدن (بسته کاغذ) - زیاد بالا بردن (اجاره) - جمع کردن ، غنچه کردن (دهان)
s. up one's courage جرأت بخود دادن
s. money out of a person بزور پول از کسی گرفتن

screw'-driver n. آچار پیچ گوشتی
scrib'ble (skrib'l) vt. & n. (۱) سردستی نوشتن ، با شتاب نوشتن (۲) خط بد - یادداشت سردستی
scribe (skraib) n. نویسنده ، کاتب
scrimmage (skrim'ej) n. هنگامه
scrimp = skimp
scrim'shank vi. [Col.] از زیر کار سخت در رفتن
scrip n. [Arch.] انبان ، توشه‌دان
scrip n. رسید موقتی (سهام)
script n. دستخط - چاپ دستخط نما
scrip'tural (-chərəl) a. مربوط به کتاب مقدس یامستند به آن ، - نقلی
Scrip'ture (-chə) n. کتاب مقدس
scriv'ener (-nə) n. محرّر
scrof'ula (-yulə) n. خنازیر
scrof'ulous (-ləs) a. خنازیری
scroll (skroul) n. طومار
scrounge (skraunj) vt. [Col.] باحیله بدست آوردن
scrub (skrʌb) n. خاشاك - [مج] آدم یا جانور پست
scrub ('') vt. [-bed] & n. (۱) سفت مالش دادن (۲) مالش سخت
scrubby (skrʌb'i) a. پست - کوچك - کثیف
scruff (skrʌf) n. پوست پشت گردن
scrumptious [skrʌm(p)'shəs] a. [Col.] لذیذ ، لذت بخش ، مطبوع
scruple (skru':p'l) n. & vi. (۱) تردید، وسواس ، بیم - دقت زیاد - وزنه‌ای که برابر است با ۲۰ گندم - ذره (۲) تردیدیا بیم داشتن - درنگ کردن
He does not s. to tell a lie. باك ندارد از اینکه دروغ بگوید
scrup'ulous (-yuləs) a. زیاد دقیق، وسواسی - ناشی ازوسواس - دقیق ، زیاد [s. honesty]
scrup'ulously adv. بادقت زیاد ،

از روی وسواس - بحد افراط

scrutineer (*skru:tini'ə*) *n.* بازرس آراء

scru'tinize (*-naiz*) *vt.* مورد مداقه قرار دادن

scrutiny (*skru':tini*) *n.* رسیدگی دقیق ، مداقه ، تدقیق - رسیدگی به آراء

scud (*skʌd*) *vi.* {-ded} سبك رفتن ، (از پیش باد) رانده شدن

scuff (*skʌf*) *vi.* راه رفتن و پا بزمین کشیدن

scuf'fle (*skʌf'l*) *n.* & *vi.* (۱) نزاع ، غوغا، کشمکش (۲) کشمکش کردن

scull (*skʌl*) *n.* & *v.* (۱) پاروی کوچك(۲) پارو زدن ، (کرجی) راندن

scullery (*skʌl'əri*) *n.* جای ظرف شوئی [در آشپزخانه]

scullion (*skʌl'iən*) *n.* {Arch.} شاگرد آشپز ، ظرف‌شوی

sculptor (*skʌlp'tə*) *n.* مجسمه‌ساز- سنگتراش - کنده کار

sculp'tural (*-chərəl*) *a.* مربوط بمجسمه سازی یاهیکل تراشی

sculp'ture (*-chə*) *n.*, *vi.*, & *vt.* (۱) مجسمه سازی (۲) مجسمه سازی کردن (۳) تراشیدن (مجسمه)

scum (*skʌm*) *n.* کف - [مج] پس‌مانده

scupper (*skʌp'ə*) *n.* شیار یا راه آب در کنار کشتی

scupper (,,) *vt.* {Col.} برهم زدن -کشتن - غرق کردن (کشتی)

scurf (*skə:f*) *n.* شورهٔ سر - پوسته

scurfy (*skə':fi*) *a.* شوره ای - پوسته پوسته

scurril'ity (*-ti*) *n.* فحاشی - زشتی

scurrilous (*skʌr'iləs*) *a.* بدزبان، بد دهن ، فحاش- زشت[{s. language}

scurry (*skʌr'i*) *vi.* & *n.* (۱) با گامهای کوتاه دویدن (۲) دو با گامهای کوتاه

scurvy (*skə':vi*) *n.* & *a.* (۱) قسمی ناخوشی که در نتیجه کمی ویتامین C پیدا میشود ، اسقربوط یا اسکربوت [ازلاتین یا فرانسه] - (۲)پست

scutcheon (*skʌch'ən*) *n.* سپر آرم دار یا تصویر آن[""آرم"" لفظ فرانسه است]

scut'tle (*skʌt'l*) *n.* & *vt.* (۱) جا زغالی- روزنه کشتی (۲) سوراخ و غرق کردن (کشتی)

scut'tle (,,) *vi.* & *n.* (۱) با گامهای کوتاه دویدن (۲) گام تند -گریز

scythe (*saith* سایظ) *n.* & *v.* (۱) داس (۲) درو کردن

S. E. [مخففِ **south-east**]

sea (*si:*) *n.* دریا

by s. از راه دریا ، با آب

at s. در دریا - [مج] سرگشته ،گیج

go to s. ملوان شدن ، ملاح شدن

s. coast کرانهٔ دریا ، ساحل دریا

s. fiont نمای دریاییِ شهر

s. lion خوك دریایی یال‌دار

s. rover = pirate

sea'board *n.* خط ساحلی

sea'-borne *a.* حمل شده از راه دریا

sea'-dog *n.* قسمی‌خوك یاسگ دریایی- [مج] ملوان کهنه کار

sea'-faring *a.* دریارو

seal (*si:l*) *n.* & *vi.* (۱) خوك آبی ، فُك [لفظ فرانسه]-(۲) خوك آبی شکار کردن

seal (,,) *n.* & *vt.* (۱) مُهر (۲) مهر (و موم) کردن ، مهر زدن

set one's s. to مهر یاتصدیق کردن

under my hand and s. بامضاء و مهر من

s. up بطانه کردن - درز گرفتن ، کاغذ گرفتن - محکم بستن - مهر کردن

s. one's fate سرنوشت کسیرا بیدی معلوم کردن ، کار کسیرا ساختن

sealed *ppa.* مهر شده - [مج] پوشیده

sea'-legs *n.* آشنا شدگی به تلاطم دریا و حرکت کشتی
find one's sea-legs بحرکت کشتی آشنا و از سرگیجه راحت شدن
sea'-ling-wax *n.* لاك
seal'skin *n.* پوست خوك آبی
seam (*si:m*) *n.* درز - بخیه - رگه - چوروك صورت
seamed *a.* چوروك خورده ، چین‌دار
seaman (*si':mən*) *n.* {-men} ملوان ، ملاح
sea'manship *n.* ملوانی ، ملاحی
seam'less *a.* بی‌درز ، یك پارچه
seamstress (*sem'stris*) *n.* خیاطه
seamy (*si':mi*) *a.* درزدار - درزنما - {مج} نامطبوع
séance *n.* {Fr.} جلسه ، سه‌آنس
sea'-plane *n.* هواپیمای دریایی
sea'port *n.* بندر ، شهر لب دریا
sear (*siə*) *or* **sere** *a.* پژمرده
sear (,,) *vt.* خشکاندن - از رو سوزاندن - پینه خورده کردن
search (*sə:ch*) *n.* & *v.* (۱) جستجو - تلاش (۲) جستجو کردن ، گشتن - رسیدگی کردن - تلاش کردن
in s. of درجستجوی
s. for جستجو کردن
s. out (باجستجو) پیدا کردن
searcher (*sə':chə*) *n.* جستجو کننده - کارآگاه
search'-light *n.* نورافکن {برای پیدا کردن کشتی یاهواپیما} - پرتو
search'-warrant *n.* اجازه نامهٔ بازرسی
seascape (*si':skeip*) *n.* نقاشیِ منظرهٔ دریا
sea'shore *n.* کرانهٔ دریا ، ساحل
sea'sick *a.* ناخوشِ دریا، دچارتهوّع
sea'sickness *n.* حالت قی در نتیجهٔ مسافرت باکشتی ، ناخوشی دریا
sea'side *n.* کنار دریا - قسمتی‌ازشهر که آبنمای دریایی دارد
season (*si':zn*) *n.*, *vt.*, & *vi.* (۱) فصل ، موسم (۲) چاشنی زدن ، ادویه زدن - خشك کردن (چوب) - ملایم کردن (۳) آماده استعمال شدن
in s. بموقع ، بهنگام
out of s. بیموقع ، نابهنگام
sea'sonable (*-zənəbl*) *a.* درخورِ فصل - بموقع ، بجا
sea'sonal (*-nəl*) *a.* فصلی ، موسمی
sea'soning *n.* ادویه ، چاشنی
seat (*si:t*) *n.* & *vt.* (۱) جا ، صندلی، نیمکت - مسند - کرسی - موضع - مرکز، مقرّ- مقام (وکالت) - ته صندلی- {در شلوار} خشتك (۲) نشاندن ، جا دادن - ته (صندلی) یاخشتك (شلوار) را تعمیر کردن
Take a s. بفرمایید (بنشینید)
Be seated. بنشینید ، بفرمایید
The hall seats 500. سالن ۵۰۰ صندلی میخورد یا ۵۰۰ نفر جا میگیرد
seaward(s) {*si':wəd*(*z*)} *adv.* سوی دریا ، بطرف دریا
sea'weed *n.* جُلبك یاعلف دریایی
sea'worthy (*-wə:thi* ظی-) *a.* قابل سوارشدن {a s. ship} ، بادوام برای مسافرت دریا
secede (*sisi:d'*) *vi.* کناره‌گیری کردن ، ازعضویت خارج شدن
secession (*sisesh'ən*) *n.* کناره‌گیری - جُدایی ، انفصال - تفکیك
seclude (*siklu:d'*) *vt.* جداکردن ، مجزا کردن - دور دست قرار دادن
s. oneself گوشه نشین شدن
seclu'sion (*-zhən*) *n.* - جدا شدگی ، انزوا - گوشهٔ عزلت
second (*sek'ənd*) *a.* & *n.* (۱) دوم ، ثانی - دوم باره - مجدد - دیگر ، اضافی - بعدی (۲) دومی - ثانیه - {در جمع} آرد وسط ، جنس وسط
Darius the S. داریوشِ دوم

in the s. place دوم آنکه ، ثانیاً
at s. hand بطور غیرمستقیم
He is s. to none. دومی ندارد
s. sight پیش‌بینی ، دور اندیشی
s.-class ticket بلیط درجه دوم
sec'ond (,,) *vt.* تایید کردن - حمایت کردن (از) - [باتلفظِ *sikɔnd'*] موقتاً بمأموریت فرعی فرستادن
sec'ondarily *adv.* بطورِ فرعی یا ثانوی یا متوسط - با اهمیت درجهٔ دوم
secondary (*sek'əndəri*) *a.* ثانوی - فرعی - متوسط - تابع
s. school دبیرستان
of s. importance در درجهٔ دومِ اهمیت
sec'onder (*-də*) *n.* تأیید کننده ، پشتیبان
sec'ond-hand *a.* از دست دوم خریده شده ، دست دوم ، [معنی تقریبی] نیمدار ، مستعمل - [مج] غیر مستقیم
sec'ond-hand *n.* ثانیه شمار
sec'ondly *adv.* دوم آنکه ، ثانیاً
sec'ond-rate *a.* وسط ، درجهٔ دوم
secrecy (*si:k'risi*) *n.* پنهانی ، خفا - رازداری
se'cret (*-rit*) *a.* & *n.* (۱) پنهان ، سرّی - رازدار (۲) راز ، سرّ
in s. در نهان ، درخفا ، محرمانه
secretaire' *n.* [Fr.] = desk
secretariat(e) (*-rətêə'riət*) *n.* دبیرخانه ، دارالانشاء - کارمندان دبیرخانه
sec'retary (*-ritəri*) *n.* دبیر ، منشی - وزیر - میز تحریر
S. of State وزیر - [در امریکا] وزیر امور خارجه [در این معنی برابر است با S. of State for Foreign Affairs]
secrete (*sikri:t'*) *vt.* مترشح ساختن ، دفع کردن - پنهان کردن
secre'tion (*-shən*) *n.* تراوِش ، ترشح ، دفع - اخفاء ، پنهان سازی

secretive (*sikri':tiv*; *si:k'-*) *a.* رازپوش ، سرّ پوش ، سرّ نگهدار
secre'tiveness *n.* رازپوشی، سکوت
se'cretly *adv.* درنهان ، مخفیانه
sect *n.* تیره ، فرقه
sectarian (*-têəriən*) *a.* & *n.* (۱) فرقه‌ای - حزبی (۲) عضوفرقه ، شیعه
secta'rianism (*-nizm*) *n.* پیروی از یك تیره یا فرقه - تشیع
sec'tion (*-shən*) *n.* برش - مقطع - بخش ، قسمت - دسته - دایره - فصل [نشان آن چنین است §] - برزن ، محله
sec'tional (*-shənəl*) *a.* بخش بخش ، قطعه قطعه - فصلی - محلی
sec'tor (*-tə*) *n.* قطاع دایره - [نظ] قسمتی از جبهه
secular (*-yu'lə*) *a.* دنیوی - غیر روحانی - عامی ، عام
sec'ularism (*-rizm*) *n.* مخالفت با (تعلیم) شرعیات و مطالب دینی
sec'ularize (*-yulərаiz*) *vt.* ملك عام کردن ، اختصاص بامور غیرِ روحانی دادن
secure (*sikiu'ə*) *a.* & *vt.* (۱) امن، محفوظ- دارای امنیت - مطمئن- حتمی - محکم ، قایم (۲) محفوظ داشتن - تامین کردن - محکم نگاه داشتن - بدست آوردن
secure'ly *adv.* بطور محفوظ - محکم - مطمئناً ، با خاطرجمعی
security (*sikiu'əriti*) *n.* امنیت [S. Council] - اطمینان، تأمین- سلامت ، ایمنی- وثیقه - ضامن - [درجمع] سهام قرضه (دولتی)
sedan'(-chair) (*si-*) *n.* تخت‌روان
sedate (*sideit'*) *a.* آرام - متین ، موقر
sedative (*sed'ətiv*) *a.* آرام بخش ، مسکن
sed'entary (*-əntəri*) *a.* نشسته -

نشستنی ـ خانه نشین ـ بیحرکت
sedge (*sej*) *n.* سعد ، سعد کوفی
sed'iment (*-mənt*) *n.*
رسوب ، دُرد
sedimen'tary (*-təri*) *a.* رسوبی
sedition (*sidish'ən*) *n.* فتنه
seditious (*sidish'əs*) *a.*
آشوب گر ، فتنه انگیز ـ فتنه آمیز
seduce (*sidiu:s'*) *vt.* بد راه کردن،
گمراه کردن ، فریفتن ـ اغوا کردن
seduction (*sidʌk'shən*) *n.*
گمراه سازی ، گول زنی ـ فریفتگی ـ
فریبندگی
seduc'tive (*-tiv*) *a.* گمراه کننده
sed'ulous (*-yuləs*) *a.* ساعی،کوشا
see (*si:*) *v.* {**saw; seen**} ـ دیدن
ملتفت شدن ـ مراقبت یا رسیدگی کردن
May I s. you home? اجازه دهید
شما را بخانه (یابمنزل) برسانم
I will s. about it. من آنرا
رسیدگی خواهم کرد ـ یك کاری میکنم
s. after = look after
s. for oneself از نزدیك
مشاهده کردن ، بچشم خود دیدن
s. into وارسی یا تحقیق کردن
s. through خوب تشخیص دادن ،
ملتفت یا متوجه شدن
s. over بازدید کردن
s. to it مراقبت کردن
I s. ! فهمیدم ! ها ! صحیح !
He has seen service. کارکرده
یاکار آزموده است ،کهنه کار است
I saw him off the premises.
تا دم در عمارت او را مشایعت کردم
Seeing that چونکه ، حالا که
see (,,) *n.* مقرّ اسقف ـ قلمرو اسقف
the Holy S. مقر پاپ {مُرم}
seed (*si:d*) *n.*, *vi.*, & *vt.*
(۱) تخم ،دانه ـ {مجـ} نسل ، ذریه (۲)
تخم ریختن ، دانه بستن (۳) تخم گرفتن
از (میوه) ـ از دانه پاك کردن
go (*or* **run**) **to s.** تخم ریختن ،
دانه بستن ، دیگر گل ندادن
s. grain بذر ، تخم برای کشت
seeder (*si':də*) *n.* بذرافشان ـ
دانه گیر
see'diness *n.* بد نمایی ـ پر تخمی
seed'-leaf *n.* لپه ـ برگچه
seed'ling *n.* نشا ـ گیاه جوان
seed'-pearl *n.* مروارید ریز
seedsman (*si:dz'mən*) *n.*
تخم فروش
seedy (*si':di*) *a.* تخمی ـ
دانه بسته ـ {مجـ} بد نما ، پست ـ نخ نما
seek (*si:k*) *v.* {**sought** (*sɔ:t*)}
جستجو کردن ، طلب کردن ـ در صدد
برآمدن ـ گشتن
s. advice نظر خواستن
He seeks my life. در صدد
گرفتن جان من است
much to s. کمیاب
s. after (*or* **for**) **something**
جویای چیزی شدن
much sought after بسیار مطلوب
seem (*si:m*) *vi.* بنظر آمدن ،
بنظر رسیدن ، نمودن
He seems to have died.
ظاهراً مرده است
seem'ing *a.* ظاهری ، نمایان
seem'ingly *adv.* ظاهرا
seem'liness *n.* شایستگی ، زیبندگی
seem'ly *a.* شایسته ، زیبنده
seen {*pp.* *of* **see**
seep (*si:p*) *vi.* تراوش کردن
see'page (*-pij*) *n.* تراوش (طبیعی)
seer (*si'ə*) *n* بیننده ـ پیش بین ـ
پیغمبر
seesaw (*si':sɔ:*) *n.*, *vi.*, &*adv.*
(۱) الاکلنگ (۲) الاکلنگ بازی کردن
(۳) بالا و پائین {چون الاکلنگ}
seethe (*si:th* سیظ) *vi.* جوشیدن

s. with anger جوش زدن
seg'ment (*-mənt*) *n.* & *v.* (۱) قطعه ، قسمت ـ بند ـ حلقه (۲) بچندقطعه تقسیم کردن یاشدن
segmentation (*-tei'shən*) *n.* تقسیم بچند قطعه ـ حلقه ، بند
segregate (*seg'rigeit*) *vt.*&*vi.* (۱) جدا کردن ، مجزا کردن (۲) جدا شدن ، مجزا شدن
seigneur (*sein'yə:*) or **seignior** (*si:n'-*) *n.* ارباب ـ صاحب تیول
sein (*sein*) *n.* قسمی دام عمودی که دوسر آنرا بانخ میکشند
seismic (*saiz'-*) *a.* زلزله‌ای
seismograph (*saiz'məgra:f*) *n.* زلزله نگار
seismography (*-mɔg'rəfi*) *n.* زلزله نگاری
seismology (*-mɔl'əji*) *n.* زلزله شناسی
seize (*si:z*) *vt.* & *vi.* (۱) ربودن ـ ضبط یاتوقیف یاتصرف کردن ـ گرفتن ـ [مج] درك كردن [گاهی با **upon**] ـ غنیمت شمردن (فرصت) ـ (۲) متمسك یامتشبث شدن
seizure (*si':zhə*) *n.* قبض ـ تصرف ـ ضبط ـ حمله ، اصابت (مرض)
sel'dom (*-d'm*) *adv.* ندرةً ، بندرت
select' (*si-*) *a.* & *vt.* (۱) برگزیده ـ منحصر بعدهٔ محدود (۲) انتخاب کردن
selec'tion (*-shən*) *n.* انتخاب ـ مجموعه ، دسته یاهیئت انتخاب شده
natural s. بقای احسن ، بقای انسب
selec'tive (*-tiv*) *a.* انتخابی ـ برگزیننده ، انتخاب کننده
selec'tor (*-tə*) *n.* انتخاب کننده
self *n.* [selves] خود ، خویش
your good s. (خود) شما
Pay to s. بامضا کننده بپردازید
by one's s. تنها
beside one's s. (ازخود) بیخود
self-absorbed' *a.* درفکرخویش ، خود خواه
self-abuse' *n.* تضییع نیرو(ی جنسی)
self-asser'tion *n.* خودنمایی وادعا
self-cen'tred *a.* خودخواه
self-command' *n.* تسلط برنفس
self-compla'cent *a.* ازخود راضی
self-conceit' *n.* خودبینی ، عجب
self-con'scious *a.* [درباب کسی گفته میشود] که حضور و هویت خود را در جمعیتی احساس میکند ـ خجالت کش
self-contained' *a.* خوددار ـ تودار ـ باحوصله ـ [در ماشین] همه چیز سرخود ـ [درآپارتمان] کامل
self-control' *n.* خودداری ، مسك نفس
self-defence' *n.* دفاع از خویشتن
art of s.-d. = **boxing**
self-deni'al *n.* ازخودگذشتگی
self-destruc'tion *n.* خودکشی
self-determina'tion *n.* خودمختاری ، اختیار ، فاعل مختاری
self-esteem' *n.* خودبینی ـ مناعت
self-ev'ident *a.* بدیهی ، پرواضح
self-exis'tent *a.* قائم بالذات
self-explan'atory *a.* مستغنی از توضیح
self-gov'ernment *n.* حکومت بدست مردم ـ خود داری ، مسك نفس
self-impor'tance *n.* اهمیت دادن بخود ، خودبینی
self-indul'gence *n.* تن‌آسایی
self-in'terest *n.* نفع شخصی ، غرض
sel'fish *a.* خود پسند ، خودخواه خودپسندانه ، ناشی ازخودپسندی
sel'fishly *adv.* خود پسندانه
sel'fishness *n.* خودپسندی
self'less *a.* فارغ از خود
self-made' *a.* [درباب کسی گفته میشود] که بی کمك دیگران ترقی کرده است
self-mas'tery *n.* تسلط برنفس

self-neglect' *n.* غفلت در توجه بوضع ظاهر خود
self-possessed' *a.* خون سرد
self-posses'sion *n.* خودداری ، متانت ، آرامش ، ملایمت ، خون سردی
self-preserva'tion *n.* بقای نفس
self-reli'ance *n.* اتکا یااعتماد بنفس
self-reli'ant *a.* متکی بنفس
self-respect' *n.* شرافت نفس ، مناعت
self-restraint' *n.* خودداری
self-righ'teous *a.* ریاکار وخودبین
self-sac'rifice *n.* فداکاری
self'same *n.* & *a.* همان خود
self-sat'isfied *a.* از خود راضی
self-see'king *a.* & *n.* (۱) خود خواه (۲) خود خواهی ، جستجوی سود شخصی
self-styled' *a.* بگفتهٔ خود ـ عاریتی
self-suffi'cient *or* **self-suffi'cing** *a.* بی نیاز (ازدیگران) ، مستغنی ـ مغرور
self-taught' *a.* خودآموخته
self-will' *n.* خودرایی
self-willed' *a.* خودرأی
sell *vt.* & *vi.* {sold} (۱) فروختن (۲) (به) فروش رفتن ـ فروش کردن
I sold the book for 50 Rials. کتاب را (به) ۵۰ ریال فروختم
sell off ارزان کردن وته (کالایی) را بالا آوردن ، آب کردن
s. up a debtor دارایی بدهکاری راگرو کشیدن وفروختن
s. out معامله کردن ، فروختن
We are sold out of this article. ازاین جنس دیگر نداریم ، همه را برده‌اند
seller (*sel'ə*) *n.* فروشنده ، {در ترکیب} فروش
salt-s. نمك فروش
It is a best s. خیلی خوب بفروش میرود

sel'vage *or* **sel'vedge** (*-vij*) *n.* لبه یاحاشیهٔ گردباف ، ترکی ، چله
seman'tic (*si-*) *a.* مربوط بمعانی
seman'tics *npl.* (علم) معانی
semi'-detached *a.* {درباب خانه‌ای گفته میشود} که فقط از یك طرف بخانه همسایه چسبیده است
sem'aphore (*-əfɔ:*) *n.* تیر یاچراغ راهنما ـ دستگاه مخابره یادادن علامت
sem'blance (*-bləns*) *n.* صورت ظاهر ، شباهت
semen (*si':-*) *n.* منی ، نطفه
semester (*simes'tə*) *n.* (مدت) ششماهه
semi- *pref.* نیم یا نیمه
semi-an'nual = half-yearly
sem'icircle (*-sə:kl*) *n.* نیم دایره
semi-circular (*-sə:'kiulə*) *a.* نیم دایره‌ای
semi-civ'ilized *a.* نیمه متمدن
sem'icolon (*-koulən*) *n.* نام این نشان (؛) در نقطه گذاری
semi-fi'nal *a.* ماقبل نهائی
seminar' *n.* کلاس شاگردان بالا رتبه برای تحقیقات علمی
sem'inary (*-nəri*) *n.* آموزشگاه ـ دانشکدهٔ مذهبی {درکاتولیك}
semi-offi'cial *a.* نیم‌رسمی
semi-ro'tary *a.* نیم‌دور
Semite (*sem'ait* ; *si':-*) *n.* سامی
Semit'ic *a.* سامی ، از نسل سام
semi-transpar'ent *a.* نیم شفاف
semi-week'ly *a(dv).* هفته‌ای دوبار (رخ دهنده یامنتشر شونده)
sempstress (*sem'stris*) *n.* خیاطه ، زن درزیگر یادوزنده
sen'ate (*-it*) *n.* سنا ، مجلس سنا {"سنا" لفظ فرانسه است}
senator (*sen'ətə*) *n.* سناتور {لفظ فرانسه} ، عضو مجلس سنا
senatorial (*-tɔ':riəl*) *a.* مربوط

بمجلس سنا
send *vt*. {sent} فرستادن ، روانه کردن - ارسال داشتن
s. away روانه کردن ، جواب کردن - [با for] سفارش دادن
s. back پس فرستادن ، برگرداندن
s. for . . . پی . . . فرستادن
s. word پیغام دادن ، خبردادن
s. down بیرون کردن - تنزل دادن
s. off فرستادن - مشایعت کردن
s. on جداگانه فرستادن
s. out دادن (برگ) - صادر کردن
s. up ترقی دادن ، بالابردن
sen'der (*-də*) *n*. فرستنده
send'-off *n*. آیین بدرود ودعای خیر
senes'cence *n*. پیری ، پیر شدگی
senescent (*-nes'ənt*) *a*. پابسن گذارنده ، پابسن گذاشته
sen'eschal (*-ishəl*) *n*. خوانسالار
senile (*si':nail*)*a*. وابسته به پیری ، پیرانه - دارای ضعف پیری
s. decay اثار کبرسن یاضعف پیری
senility (*sinil'iti*) *n*. کبرسن یا ضعف پیری
senior (*si:n'yə*) *a*. & *n*. (۱) بزرگتر ، ارشد - بالارتبه - مقدم - سابقه‌دار(تر)- مربوط بسال‌آخر دانشکده (۲) (شخص) بزرگتر یا سابقه‌دار یا بالا رتبه - دانش‌آموز سال آخر دانشکده
seniority (*si:niɔr'iti*) *n*. ارشدیت - بالا رتبگی
senna (*sen'ə*) *n*. سنا
senor (*sen'yɔ:*) *n*. {Sp.} آقا
senora (*-yɔ':rə*) *n*. {Sp.} بانو
senorita (*-yɔ:ri':tə*) *n*. {Sp.} دوشیزه
sensation (*-sei'shən*) *n*. احساس ، حس - شور
sensa'tional (*-əl*) *a*. شورانگیز، مهیج احساسات ، مؤثر - حسی
sense (*sens*) *n*. & *vt*. (۱) حس - احساس - هوش - شعور - ادراک - معنی - مفاد (۲) حس کردن
He is out of his senses. حواسش پریشان (یاپرت) است
come to one's senses بهوش آمدن - بخود آمدن ، تعقل کردن
a man of sense آدم با شعور
talk s. حرف حسابی زدن
make s. معنی دادن - [با of] سر درآوردن از ، فهمیدن
in a s. تا اندازه‌ای - از یک جهت
take the s. of استمزاج کردن
s. of humour حس درک شوخی و لطایف
sense'less *a*. بیحس - بی‌معنی
sensibil'ity (*-ti*) *n*. حساسیت - حس تشخیص - آگاهی
sen'sible *a*. محسوس - آگاه ، ملتفت - معقول - معقولانه
sen'sitive (*-tiv*) *a*. حساس
s. to light حساس نسبت بنور
sen'sitively *adv*. بطور حساس
sensitiv'ity *n*. حساسیت
sen'sitize (*-taiz*) *vt*. بادارو ی ویژه حساس کردن
sen'sory (*-səri*) *a*. مربوط‌به‌حواس
s. nerves اعصاب حساسه
sen'sual (*-siuəl*) *a*. شهوانی ، جسمانی ، نفسانی - نفس پرست
sen'sualist *n*. نفس پرست
sensual'ity (*-ti*) *n*. نفس‌پرستی
sen'suous (*-siuəs*) *a*. مربوط به احساسات- توأم بالذات جسمانی
sent {*p*. & *pp*. *of* send}
sen'tence (*-təns*) *n*. & *vt*. (۱) جمله - حکم ، فتوی (۲) محکوم کردن
under s. of death محکوم باعدام
pass (a) s. حکم دادن ، فتوی دادن، حکم صادر کردن
serve a s. بحکم دادگاه زندانی شدن ، دوره حبسی خودرا طی کردن

sentenced to death محکوم بمرگ ، محکوم باعدام
senten'tious (*-shəs*) *a.* لب" ، مغزدار ، موجز - نصیحت آمیز - ناصح نما ، ناصح پیشه
sen'tient (*-shənt*) *a.* درك كننده
sen'timent (*-mənt*) *n.* احساس - عاطفه - نیت - ضعف ناشی از احساسات
sentimen'tal (*-t'l*) *a.* احساساتی - عاطفه ای - برانگیزندهٔ احساسات
sentimental'ity (*-ti*) *n.* احساساتی بودن
sentimen'talize (*-təlaiz*) *v.* تحت احساسات قرار دادن یاقرار گرفتن
sen'tinel (*-nəl*) *n.* نگهبان ،کشیك
stand s. نگهبانی کردن ،کشیك دادن
sen'try (*-tri*) *n.* نگهبان ،کشیك
sen'try-box *n.* محل ایست نگهبان
sen'try-go *n.* نگهبانی
on s. مأمور نگهبانی
sep'al (*-əl*) *n.* [ك.ش.]کاس برگ
sep'arable (*-ərəbl*) *a.* جدا شدنی
separate (*sep'əreit*) *vi.* & *vi.* (۱) جدا کردن - تجزیه کردن ، تفکیك کردن (۲) جدا شدن (ازهم)
sep'arate (*-pəret*) *a.* ُجدا ، جداگانه - سوا ، مجزا ، علیحده
sep'arately (*-li*) *adv.* جداگانه
separation (*-rei'shən*) *n.* جدایی - مفارقت ، فراق ، دوری - تفکیك ، تجزیه
sep'arator (*-əreitə*) *n.* آلت خامه گیری - دستگاه تفکیك یا تجزیه
sepia (*si':piə*) *n.* مرکبی که از ماهیِ **cuttle-fish** میگیرند
sepoy (*si':pɔi*) *n.* [درهند] سرباز ، سپاهی
sep'sis *n.* مسمومیت خون
Septem'ber (*-bə*) *n.* سپتامبر : ماه نهم سال اروپائی که ۳۰ روز دارد

sep'tic *a.* عفونی
septuagenarian (*-tiuəjinê'ə-riən*) *n.* & *a.* (کسی)که از هفتاد تا هشتاد سال دارد
sepulchral (*sipʌl'krəl*) *a.* مقبره‌ای - دفنی - [مج] تیره ، شوم
sepulchre (*sep'əlkə*) *n.* گور
sepulture (*sep'ʌlchə*) *n.* دفن
sequel (*si':kwəl*) *n.* دنباله - نتیجه
se'quence (*-kwəns*) *n.* ترادُف - تابعیت - رشته - [د] مطابقه
se'quent *a.* از پس آینده - منتج
sequetser (*sikwes'tə*) *vt.* توقیف کردن - جدا کردن - کنار گذاشتن
s. oneself from the world ازجهان کناره کردن ، گوشه نشین شدن
seques'trate (*-treit*) *vt.* توقیف کردن
sequestration (*-trei'shən*) *n.* توقیف
seraglio (*-rah'liou*) *n.* اندرون ، حرم
ser'aph (*-əf*) *n.* [Heb.] [-im] سراف [ج. سرافیون] ، اسرافیل
Serb (*sə:b*) *n.* اهل صربستان - زبان صربی
Serbian (*sə':biən*) *a.* & *n.* صربی : زبان یا اهل صرب
Sere *or* **sear** (*siə*) *a.* پژمرده
serenade (*-rineid'*) *n.* سازوآواز شبانهٔ عاشق درهوای آزاددرآستانهٔ معشوق
serene (*siri:n'*) *a.* آرام ،ساکت - روشن ، صاف - بی سر و صدا
serenity (*siren'iti*) *n.* آرامش - صفا
serf (*sə:f*) *n.* رعیتی که پابند زمین بود و تقریباً وضع زرخرید را داشت
serf'dom (*-dəm*) *n.* بندگی ، رعیتی
serge (*sə:j*) *n.* سرژ ، فاصونی
sergeant (*sa':jənt* - سا) *n.*

گروهبان - پایور
s.-major گروهبان یکم
s.-at-arms مأمور اجرا و انتظامات
serial (*si'əriəl*) *a.* & *n.* (۱) مسلسل ، ردیفی - نوبتی - دوری - ترتیبی - جزء جزء (۲) داستانی که جزء جزء منتشر شود
se'rially (*-li*) *adv.* بطور مسلسل - جزء جزء
seriatim (*siəriei'-*) *adv.* [L] بترتیب
ser'iculture (*-kʌlchə*) *n.* پرورش کرم ابریشم
series (*si'əriz*) *n.* {series} رشته ، ردیف - سری {لفظ فرانسه} ، دوره - مجموعه - دسته - ترتیب - تسلسل ، توالی
in s. بطور مسلسل ، بترتیب
serious (*si'əriəs*) *a.* جدّی ، خطیر - موقر - سخت ، وخیم
Are you s. ? جداً میگویید ؟
se'riously *adv.* جداً - سخت
se'riousness *n.* اهمیت - وخامت
serjeant (*sa':jənt*) *n.* {رجوع شود به sergeant}
sermon (*sə':mən*) *n.* موعظه ، اندرز
serpent (*sə':pənt*) *n.* مار
ser'pentine (*-pəntain*) *a.* مارپیچ - [مج] خائن
serrate (*ser'eit*) *a.* دندانه دندانه
ser'rated *ppa.* دندانه دندانه ، ارّه‌ای
serried (*ser'id*) *a.* بهم فشرده
serum (*si'ərəm*) *n.* خونابه ، سرُم {لفظ فرانسه}
servant (*sə':vənt*) *n.* نوکر ، خادم ، پیشخدمت - بندهٔ شاگرد
civil s. مستخدم یاکارمند دولت
Your obedient s. بنده شما {درپایان نامه های رسمی}
serve (*sə:v*) *vi.*, *vt.*, & *n.* (۱) خدمت یا نوکری کردن - بکاررفتن (۲) خدمت کردن (به) - نوکری کردن در - بندگی کردن {s. God} - رفع کردن ، برآوردن (احتیاج) - کفایت کردن - گذاردن یاکشیدن یا دادن (شام و مانند آن) - گذراندن ، بسر بردن - بکار انداختن - سودمند بودن برای ، بدرد (چیزی) خوردن - راه انداختن (مشتری) - (۳) نوبت
s. at table پیشخدمتی کردن
s. as . . بجای . . . بکاررفتن
s. notice on اخطارکتبی دادن به
s. the city with water آب برای شهر تهیه کردن ، آب بشهر دادن
It does not s. our purpose. بکار ما (یا بدرد ما) نمیخورد
s. one's term دورهٔ خدمت خود را طی کردن ، خدمت خودرا انجام دادن
s. time درزندان بسر بردن
s. one out تلافی بسرکسی درآوردن
s. one a trick بکسی حیله زدن
It serves him right ! سزاوار است ، تاچشمش هم کور شود
servery (*sə':vəri*) *n.* إطاق بین آشپزخانه وناهارخوری که درآن غذا را می کشند ، شربت خانه
service (*sə':vis*) *n.* & *vt.* (۱) خدمت ، استخدام ، نوکری - کار - بندگی ، عبادت ، نماز - آیین - همراهی ،کمك - سرویس {لفظ فرانسه} - سودمندی - دست ، دستگاه - اثاثه (۲) تعمیر کردن ، رو براه کردن ، سرویس کردن
take into s. استخدام کردن
I am at your s. درخدمت شما هستم
He is of no s. to us. بکار ما نمیخورد ، رفع احتیاج مارا نمیکند
s. station کارگاه اتوشویی و تعمیر اتوموبیل
ser'viceable (*-səbl*) *a.* سودمند - قابل استفاده - آمادهٔ کمك - بادوام

serviette (*sə:viet'*) *n.*
دستمال سرِ میز
servile (*sə':vail*) *a.* پست ،
شایستهٔ نوکران - وابسته به بردگان
servility (*sə:vil'iti*) *n.* پستی ،
فرومایگی ، دنائت
servitor (*sə':vitə*) *n.* [Arch.]
نوکر
ser'vitude (*-vitiu:d*) *n.* بندگی ،
بردگی - دورهٔ خدمت یا شاگردی
penal s. حبس بااعمال شاقه
sesame (*ses'əmi*) *n.* کنجد
session (*sesh'ən*) *n.* جلسه.
The House went into secret s.
مجلس جلسهٔ خصوصی تشکیل داد
in s. منعقد ، دایر ، مشغول
set *n.* دستگاه [wireless s.] -
دست [s. of teeth] - سِری [لفظ
فرانسه] ، مجموعه - دوره - رشته
[a s. of lectures] - اثاثه ، ظروف
کامل - تمایل - جهت - وضع ، شکل -
نهال، قلمه -سفت شدگی- مجموع تخمهایی
که مرغ روی آنها میخوابد - سوراخ ،
لانه - [مج] افول ، زوال
make a dead s. at دوره کردن ،
مورد استهزا یاحمله قرار دادن
set *vt.* & *vi.* [set] (۱) قراردادن-
گذاشتن - مرتب کردن ، چیدن (میز) -
کاشتن - نشاندن ، غرس کردن - سوار
کردن (جواهر) - جاانداختن (استخوان)-
میزان کردن (ساعت) - خوابادن(مرغ) -
زیرمرغ گذاشتن - تعیین کردن (تاریخ) -
نهادن(دام) - تیز کردن ، چاق کردن(اره)-
مقرر داشتن - سفت کردن - وادار کردن
(۲) غروب کردن - سفت شدن - جوش
خوردن - حمله کردن - جاری بودن - تمایل
داشتن - قرارگرفتن - ازجنبش ایستادن-
میوه یاشکوفه دادن - بتن انسان ایستادن
[در گفتگوی از لباس] - دست زدن
[s. to work]
s. about دست زدن یا مبادرت کردن
به - حمله کردن به - منتشر کردن
s. at ease آسوده یا راحت کردن
s. at large آزاد کردن ، ول کردن
s. one's face against a person
جداً باکسی مخالفت.یاضدیت کردن
s. apart کنار گذاشتن - جدا کردن
s. back عقب بردن
s. down پیاده کردن - یادداشت
کردن - نسبت دادن - دانستن ، شمردن
[با at]- وضع کردن
s. forth بیان کردن - رهسپار شدن
s. in شروع شدن - سر گرفتن
s. in motion راه انداختن
s. in order درست کردن،مرتب کردن
s. off جلوه دادن - منفجر کردن -
در کردن - جدا کردن - رهسپار شدن
s. off laughing بخنده انداختن
s. on پیش رفتن - وادار کردن
s. out بیان کردن - زینت دادن -
بمعرض نمایش یافروش گذاردن
s. out for . . . عازمِ . . . شدن
s. sail رهسپار (دریا) شدن
s. the pace پیشقدم شدن
s. to دست بکار شدن
s. up شروع بکار کردن - نصب
کردن ، برپا کردن - بلند کردن - سوار
کردن - تاسیس یا دایر کردن - تقویت
کردن - وارد کردن ، گذاشتن - منصب
دادن - اقامه یا طرح کردن - ورزیده یا
خوش اندام کردن - حاضر چاپ کردن -
موجب شدن ، تولید کردن - [بصیغه اسم
مفعول] خودرا گرفتن ، باد کردن
s. up for (*or* as) . . . خود
را . . . وانمود یاقلمداد کردن
well s. up خوش اندام
set *ppa.* مقرر ، معین - رسمی -
ثابت - محکم - ازپیش درست شده
set'-back *n.* مانع (ترقی) ، تنزل
set'-off *n.* چیزی که چیز دیگررا جلوه
دهد - زینت - تهاتر - دعوی متقابل
set'-square *n.* گونیا

settee (*set'i:*) *n.* نیمکت ، کاناپه {لفظ فرانسه}

setter (*set'ə*) *n.* تولهٔ شکاری که باپوزه خود اشاره بسمت شکار میکند

set'ting *n.* وضع - جای نگین - آهنگ - ظاهر نمایش از قبیل دکر واثاثه ولباس {"دکر،، لفظ فرانسه است}

set'tle (*set'l*) *vt.* & *vi.* (۱) نشاندن ، قرار دادن - آباد و برجمیت کردن - جرم (مایعی) را ته نشین کردن - واریز کردن ، تصفیه کردن - سر و صورت دادن - رفع کردن - مقرر داشتن (۲) ساکن شدن - قرار گرفتن - فرو نشستن، خوابیدن- ته نشین‌شدن،صاف‌شدن- لاافتادن - نشست کردن - {با **down**} سروسامان گرفتن - {با **up**}تصفیه حساب کردن- سفت‌شدن- مستقرشدن- سازش کردن

settle (,,) *n.* قسمی نیمکت چوبی

set'tled *ppa.* مستقر - مقیم - آباد - ثابت - صاف {**s. weather**} - مقرر

set'tlement (*-mənt*) *n.* تصفیه - پرداخت - رفع - توافق - ته نشینی - استقرار - بنگاه - مسکن - مستعمره

marriage s. مهریه ، مهر

settler (*set'lə*) *n.* مهاجر - مقیم

set'-to (*-tu':*) *n.* مشاجره - زدوخورد

sev'en (*sevn*) *a.* & *n.* هفت

sev'enfold *a(dv.)* هفت برابر

seventeen (*-tin':*) *a.* & *n.* هفده

seventeenth' *a.* & *n.* (یك) هفدهم

sev'enth *a.* & *n.* (یك) هفتم

sev'enthly *adv.* هفتم آنکه ، سابعاً

sev'entieth *a.* & *n.* (یك) هفتادم

seventy {*sev'(ə)nti*} *a.* & *n.* هفتاد

sever (*sev'ə*) *vt.* & *vi.* (۱) جدا کردن - فسخ کردن - بریدن (۲) از هم سوا شدن

several (*sev'ərəl*) *a.* & *pr.* (۱) چند ، چندین - بعضی از - جداگانه . جدا ، مجزا - مربوط بخود - انفرادی (۲) چند تن ، چند تا ، بعضی

sev'erally (*-rəli*) *adv.* جدا جدا - یك‌یك ، منفرداً

severance (*sev'ərəns*) *n.* تفکیک - قطع

severe (*sivi'ə*) *a.* سخت - سخت‌گیر - ساده ، بی پیرایه

severe'ly *adv.* سخت ، شدیداً

severity (*siver'iti*) *n.* سختی - سخت گیری

sew (*sou*) *vt.* & *vi.* {**sewed** ; **sewn** (*soun*) or **sewed**} (۱) دوختن (۲) دوزندگی یاخیاطی کردن

s. on چسباندن یا دوختن (دکمه)

sewage (*siu':ij*) *n.* فاضل آب

sewer (*siu':ə*) *n.* کنداب رو ، مجرای فاضل آب

sewer (*sou'ə*) *n.* دوزنده

sewerage (*siu':ərij*) *n.* انتقالِ کنداب - مجموع مجاری فاضل آب

sewing (*sou'-*) *n.* دوزندگی ، دوخت ودوز - (چیز) دوختنی

s.-machine چرخ دوزندگی

sewn {*pp.* of **sew**}

sex (*seks*) *n.* جنس {تذکیر و تأنیث}

the female s. جنس ماده، اناث

s. appeal جاذبهٔ جنسی

sexagenarian (*seksəjinɛ'əriən*) *n.* شخص ۶۰ ساله تا ۶۹ ساله

sex'less *a.* فاقد مشخصات جنسی یا صفات ویژهٔ زنان ، مردوار

sex'tant (*-tənt*) *n.* شش یكِ دایره ، سُدس دایره - قسمی زاویه یاب که قوس ۶۰ درجه ای دارد

sextet(te)' *n.* موزیك شش نفره

sex'ton (*-tən*) *n.* خادم‌کلیسا - قبرکن

sex'tuple *a.*, *n.*, & *v.* (۱-۲) شش برابر (۳) شش برابر کردن یاشدن

sexual (*sek'shuəl*) *a.* جنسی - تناسلی {**s. organs**}

sexual'ity (*-ti*) *n.* جنسیت - تمایلات جنسی

shab'biness *n.* پستی ، خست

shabby (*shab'i*) *a.* بی‌شرفانه ، پست - نخ‌نما ، کهنه - لئیم - ژنده(پوش)

shack *n.* کلبه ، خانهٔ محقر

shack'le (*shak'l*) *vt.* پابند زدن ، بخو کردن ، زنجیر کردن - {مج} مانع شدن

shack'les *npl.* پابند ، بخو ، زنجیر

shad *n.* ماهیِ چشم سیاه

shade (*sheid*) *n.*, *vt.* & *vt.* (۱) سایه - حباب ، آباژور {لفظ فرانسه} - آفتاب گیر - سایبان - {مج} اختلاف جزئی (درمعنی) - درجه رنگ - روح - {درجمع} تاریکی یاجهان‌مردگان (۲) سایه دار یا تیره کردن - جلوگیری کردن از (روشنایی) - سایه زدن (۳) تدریجاً تغییر کردن

throw (*or* **put**) **into the s.** بی‌اهمیت جلوه دادن ، تحت الشعاع قرار دادن

a s. better یك جزئی بهتر

sha'diness *n.* سایه(دار بودن) - {مج} مشکوکیت یا نادرستی

shading (*shei'-*) *n.* سایه ، سایه روشن - اختلاف جزئی

shadow (*shad'ou*) *n.* & *vt.* (۱) سایه - عکس - {مج} تاریکی - پناه - اثر جزئی - روح (۲) سایه افکندن بر - تاریك کردن - سایه زدن - ردّ پا(ی کسیرا) گرفتن

shad'owy *a.* سایه دار - سایه‌افکن - زودگذر - تاریك - نا معلوم - واهی

shady (*shei'di*) *a.* سایه دار - {مج} نادرست یا مشکوك

shaft (*sha:ft*) *n.* میله - بدنه (ستون) - چوبه - ساقه(پر) - تیر - پرتو - مال بند - دسته (افزار) - دودکش - باد کش

shag *n.* موی زبر - قسمی توتون زبر

shaggy (*shag'i*) *a.* زبر ، درهم برهم {s. hair} - مو دراز ، پشمالو - خشن

shagreen (*-ri:n'*) *n.* ساغری ، چرمِ دان دان

shake (*sheik*) *vt.* & *vi.* {shook ; sha'ken}, & *n.* (۱) تکان دادن - لرزاندن - متزلزل یا سست کردن (۲) تکان‌خوردن (۳) تکان - تحریر - لحظه

s. hands with some one دست بکسی دادن ، بکسی دست دادن

s. off دور انداختن

s. one's fist at some one با مشت کسیرا تهدید کردن

shake'down *n.* بستر موقت زمینی

shaken {*pp.* *of* shake}

sha'kily *adv.* بطورلرزان ومتزلزل

shaky (*shei'ki*) *a.* متزلزل - سست - بی ثبات

shale (*sheil*) *n.* سنگ رُستی

shall (*shal* ; *shəl* ; *shl*) *v. aux.* {*p.* should (*shud*)} {فعل معین که در چند نوبت بکار میرود. ازآن جمله است (۱) برای ساختن زمان آینده معمولی فقط دراول‌شخص‌چنانکه‌در I s. go, we s. go یعنی‌خواهم‌رفت وخواهیم رفت {باقی صیغه ها با will درست میشود} - (۲) برای‌ساختن آیندهٔ الزامی {future promissory} آنهم درشخص دوم وسوم :

thou shalt go خواهی‌رفت {یعنی باید بروی}

he s. go خواهد رفت {باید برود}

you s. go خواهیدرفت {باید بروید}

they s. go خواهندرفت{باید بروند}

{شخص اول با will درست میشود}

{آگاهی - shall در مواقع حکم و اخطار ووضع‌قانون نیز بکار میرود. مثال : "Thou shalt not steal." دزدی

نکن} (۳) هنگام پرسش و کسب تکلیف
S. I go ? آیا بروم ؟
What s. I do ? چه بکنم ؟
{ آگاهی - برای رعایت قاعدهٔ مطابقه زمانها باید درماضی should بکار ببریم
مثال : I thought I should go.
خیال کردم خواهم رفت (یا باید بروم) }
shallop (*shal'əp*) *n.* قسمی کرجی سبك
shallot (*shəlɔt'*) *n.* موسیر
shallow (*shal'ou*) *a.* & *n.* (۱) کم عمق ، پایاب - [مج] سطحی - کم مایه - کوته بین (۲) جای کم عمق
shal'low-brained *a.* سبك مغز
shalt { shall دوم شخص مفرد }
sham *a.* & *n.* (۱) ساختگی ، بخود بسته (۲) فریب - شیاد - چیز بدلی
sham *vt.* {-med} وانمود کردن ، بخود بستن - بهانه کردن
s. sleep خودرا بخواب زدن
s. illness تمارض کردن
sham'ble *vi.* تلوتلو خوردن
sham'bles *npl.* کشتارگاه
shame (*sheim*) *n.* & *vt.* (۱) شرمساری ، خجالت - ننگ - مایه رسوایی (۲) شرمسار کردن ، خجالت دادن - رسوا کردن
a s. to مایهٔ رسوایی
put to s. شرمسار یا رسوا کردن
S. on you ! قباحت دارد ! خجالت بکشید !
shame'faced *a.* کم رو ، خجالت کش
shame'ful *a.* شرم آور ، ننگین
shame'less *a.* بی شرم - ننگ آور
shame'lessly *adv.* بیشرمانه
shammer (*sham'ə*) *n.* مزوّر
shammy (*sham'i*) *n.* جیر،چرم جیر
shampoo (*-pu':*) *vt.* & *n.* (۱) شستشو دادن (مو) - (۲) (صابون و پودر ویژه برای) شستشوی مو
sham'rock (*-rɔk*) *n.* گیاهی که سه برگ قلبی شکل دارد و نشان ملی ایرلند است
shanghai' *vt.* بیهوش کردن و برای خدمت ملوانی بردن
shank *n.* ساق پا - ساق جوراب - ساقه - میله
go on Shanks's mare سوار جاده خاکی (یا اتومبیل شماره ۱۱) شدن
shan't {shall not مختصر}
shan'ty (*-ti*) *n.* کلبه
shan'ty (,,) *n.* سرود ملاحان
shape (*sheip*) *n.*, *vt.*, & *vi.* (۱) شکل ، ترکیب - جور ، قسم - قالب (۲) درست کردن ، قالب کردن - به شکلی درآوردن - سر و صورت دادن - طرح کردن (۳) درآمدن { if things s. right} - سر و صورت گرفتن
get into s. سر وصورت دادن
shaped like بشکلِ ، مانندِ
shape'less *a.* فاقد شکل معین
shape'liness *n.* خوش ترکیبی
shape'ly *a.* خوش ترکیب ، شکیل
shard (شاد) *n.* غلاف بال [درسوسك ومانند آن] - سفال شکسته
share (*shêə*) *n.*, *vt.*, & *vi.* (۱) سهم - بخش ، قسمت (۲) بخش کردن ، تقسیم کردن - شرکت داشتن در (۳) سهم بردن
go shares in عادلانه بخش کردن
share (,,) = ploughshare
share'holder (*-houldə*) *n.* سهم‌دار ، صاحب سهم
shark (شاك) *n.* قسمی ماهی درنده خو
man-eating s. ماهیِ کوسه
sharp (شاپ) *a.*, *n.*, & *adv.* (۱) تیز - تند ، سخت ، زننده - معلوم ، صریح - هوشیار - دقیق - [مو] دیز : نیم پرده بالاتر (۲) دیز [کلمه فرانسه] - (۳) درست ، بی کم وزیاد
sharp'-cut *a.* صریح ، روشن ، معلوم
shar'pen (*-pən*) *v.* تیز کردن یا شدن

shar'pener (-*nə*) تیز کن ، {در ترکیب} تراش {چون **pencil-s.** مداد تراش}

shar'per (-*pə*) *n.* آدم متقلب

sharp'ly *adv.* بزیرکی - بطور دقیق یاتیز - تند - سخت - باصراحت

sharp'ness *n.* تیزی - زیرکی

sharp'-set *a.* گرسنه ، با اشتها

sharp'shooter (-*shu:tə*) *n.* تیرانداز ماهر

sharp'-sighted *a.* تیزبین ، تیز نظر

sharp'-witted *a.* تیزهوش ، باذکاوت

shatter (*shat'ə*) *vt.* & *vi.* (۱) خرد کردن - {مج} بهم زدن ، خنثی کردن (۲) خردشدن ، داغان شدن

shave (*sheiv*) *vt.* & *n.* (۱) تراشیدن - از نزدیك (چیزی) رد شدن وبآن نخوردن (۲) تراش ، اصلاح

have a close s. جان مفت بدربردن

sha'ven (-*vn*) {اسم مفعول **shave** که بطور صفت مستقیم بکار میرود}

shaver (*shei'və*) *n.* تراشنده

young s. {Col.} جوانك ، پسربچه

sha'ving *n.* اصلاح ، تراش - تراشه

sha'ving-brush *n.* فرچه

shawl (*shɔ:l*) *n.* پارچه شالی که زنان بردوش می اندازند یا کودکان را بدان می پیچند

shay (*shei*) *n.* قسمی درشکهٔ سبك

she (*shi:*) *pr.* {*fem. of* he} او {در گفتگوی اززن یادختر یاجانورماده}

she'-ass *n.* خر ماده ، الاغ ماده

she'-goat *n.* بزماده

sheaf (*shi:f*) *n.* {sheaves} دسته ، بافه ، بغل

shear (*shiə*) *vt.* {sheared ; shorn *or* sheared} (۱) قیچی کردن - {مج} گوش (کسی را) بریدن

s. a sheep پشم گوسفندی را چیدن

shears (*shiəz*) *npl.* / **a pair of s.** قیچی باغبانی یا پشم چینی

... یا فلز بری

sheath (*shi:th*) *n.* غلاف - پوشش {جمع این لغت «شیظز» تلفظ میشود}

sheathe (شیظ) *vt.* غلاف کردن

shed *vt.* {shed} ریختن (اشك) - انداختن (پوست)

shed *n.* انبار یاساختمان چتری - کارخانه سر پوشیده

shedder (*shed'ə*) *n.* ریزنده ، {درترکیب} ریز

s. of blood خونریز ، قاتل

sheen (*shi:n*) *n.* درخشندگی ، تابش ، برق

sheep (*shi:p*) *n.* {sheep} گوسفند

sheep'-dog *n.* سگ گله

sheep'ish *a.* کمرو

sheep'skin *n.* میشن- پوستین - پوست

sheer (*shiə*) *a.&adv.* (۱) محض ، صرف - راست - عمودی-لطیف ، حریری (۲) بطور عمودی ، (یك) راست - پاك

sheer (,,) *vi.* منحرف شدن {با **away** یا **off**} - {د. گ.} گریختن

sheet (*shi:t*) *n.* وَرَق - تنکه ، صفحه - شمد

stand in a white s. آشکارا اظهار پشیمانی کردن ، کفن پوشیدن

between the sheets دررختخواب

sheet anchor - یکجور لنگر بزرگ - {مج} تکیه گاه ، امید

sheet'ing *n.* پارچهٔ شمدی - پوشش

shek'el (*shek'l*) *n.* {Heb.} نام سکهٔ نقره ای که در قدیم درکشور یهود رواج داشت - {درجمع وبزبانشوخی} پول

shel'drake (-*dreik*) *n.* یکجور اردك وحشی

shelf *n.* {shelves} طاقچه ، رف - (تخته) قفسه - تپهٔ دریایی ، جزیره نما

be on the s. کنار ماندن ، مورد حاجت نبودن - بی شوهر ماندن

continental s. فلات قاره

shell *n., vt., & vi.* (۱) پوست ، قشر - صدف - نارنجك - گلولهٔ توپ - پوکه فشنگ - کالبد ، بدنه - قسمی کرجی کوچك مسابقه ای (۲) پوست کندن (۳) ورقه ورقه شدن - پوست انداختن

It is as easy as shelling peas. مثل موئی است که ازماست بکشند

shell off با نارنجك مورد حمله قرار دادن

s. out {Col.} سرفیدن {یعنی پول دادن یاخرج کردن}

shellac' *n.* & *vt.* {-ked} (۱) لاك شیشه‌ای (۲) بالاك جلا دادن

shelled *ppa.* پوست‌کنده ، مغز کرده

shell'-fish *n.* ماهی صدف

shel'ter (*-tə*) *n.* & *vt.* (۱) پناه، حفاظ - پناهگاه (۲) پناه‌دادن ، حفظ کردن - حمایت کردن

take s. پناه بردن ، پناهنده شدن

s. oneself پناهنده شدن

shelve *vt.* & *vi.* (۱) درطاقچه گذاشتن - {مج} کنار گذاشتن - مرخص کردن (۲) آهسته شیب پیدا کردن

shepherd (*shep'əd*) *n.* & *vt.* (۱) شبان ، چوپان (۲) رهبری کردن

sherbet (*shə':bət*) *n.* شربت

sher'iff *n.* نماینده رسمی دولت در يك‌استان که مأمور اجرای قوانین وانجام امور قضائی و نظارت در انتخابات است

sherry (*shər'i*) *n.* قسمی شراب سفید

she's {مختصر she is}

shew (*shou*), etc. = show, etc.

shibboleth (*shib'ə-*) *n.* آزمون ، محك ، امتحان - فاروق لفظی

shield (*shi:ld*) *n.* & *vt.* (۱) سپر - {مج} حامی (۲) حمایت کردن

shift *n., vt., & vi.* (۱) تغییر مکان یاجهت - انتقال - نوبت(کاری) - عوض ، نوبت‌کار - کاردانی- چاره ، وسیله - طفره (۲) تغییر یا انتقال دادن - بدوش دیگری گذاشتن {گاهی با off } - (۳) اسباب کشی کردن - عوض‌شدن - گریز زدن - چاره اندیشیدن ، دست و پا کردن - طفره زدن

make s. with با (چیزی) برگذار کردن - به (چیزی) متوسل شدن

shift'less *a.* بیدست و پا ، تنبل

shif'ty (*-ti*) *a.* زرنگ - فریب آمیز

shil'ling *n.* شیلینگ

shilly-shally (*shil'ishal'i*) *vi.* دودل بودن ، تردید رأی داشتن

shimmer (*shim'ə*) *vi.* با نور ضعیف وغیرثابت درخشیدن

shin *n.* & *v.* (۱) ساق پا - قلم پا (۲) بالا رفتن (از) - بساق پا(ی کسی) لگد زدن

shine (*shain*) *vi.* & *vt.* {shone} & *n.* (۱) درخشیدن - تابیدن - {مج} جلوه کردن (۲) برق انداختن (۳) درخشندگی

shin'gle *n.* ریگ (کنار دریا)

shin'gle *n.* & *vt.* (۱) توفال پهن، تختهٔ نازك (۲) تخته پوش کردن

shin'gles *npl.* منطقه {درطب}

shiny (*shai'ni*) *a.* برّاق - صیقلی

ship *n., vt., & vi.* (۱) کشتی (۲) (با کشتی) حمل کردن (۳) سوار کشتی شدن

on board s. درکشتی - سوارکشتی

ship'board (*-bɔ:d*) *n.* پهلوی کشتی

on s. درکشتی - سوار کشتی

ship'building *n.* کشتی سازی

ship'load (*-loud*) *n.* بارکشتی - ظرفیت کشتی

ship'mate (*-meit*) *n.* همسفر کشتی - هم‌قطار

ship'ment (*-mənt*) *n.* حمل - محموله

shipper (*ship'ə*) *n.* فرستندهٔ کالا (باکشتی)

ship'ping *n.* کشتی - مجموعِ کشتی ها - بارگیری - بار - کشتیرانی ، حمل و نقل

ship'shape (*-sheip*) *a.* & *adv.* (۱) درست ، مرتب (۲) بطور مرتب ، چنانکه باید

ship'-way *n.* سُرسرهٔ کشتی سازی

ship'wreck (*-rek*) *n.*, *vt.*, & *vi.* (۱) کشتی‌شکستگی (۲) شکستن- دچار کشتی شکستگی کردن - برباد دادن (۳) کشتی شکسته یا خانه خراب شدن

ship'wright (*-rait*) *n.* کشتی‌ساز

shire (*shai'ə*) *n.* استان ، ایالت [در ترکیب تلفظ میشود *shə* یا *shie* چون در Hampshire]

s. horse قسمی اسب قوی هیکل

shirk (*shə:k*) *vt.* از(چیزی)شانه‌خالی کردن یا طفره زدن

shirt (*shə:t*) *n.* پیراهن ، پیرَهن

shirt'-front *n.* پیش سینه (آهاری)

shir'ting *n.* (بارچهٔ) پیرهنی

shiver (*shiv'ə*) *vi.* & *n.* (۱) لرزیدن (۲) لرز - [درجمع] حس‌بیم‌و تنفر

s. with cold از سرما لرزیدن

shiv'er (,,) *n.* & *v.* (۱) ریزه ، خرده (۲) ریز ریز کردن یاشدن

shoal (*shoul*) *a.*, *n.*, & *vi.* (۱) با یاب ،کم عمق - کم (۲) جای کم عمق (دردریا) - تپهٔ زیرآبی - [مج] خطر یا اشکالات پنهان (۳) کم کم پایین رفتن

shoal (,,) *n.* & *vi.* (۱) دسته ماهی- [مج] دسته ، گروه (۲) دسته شدن ، اجتماع کردن

shock (*shɔk*) *n.* & *vt.* (۱) تکان ، شُك [لفظ فرانسه] - ضربت ، تصادم- تلاطم (۲) منزجر کردن- وحشت زده کردن - تکان دادن

electric s. برق گرفتگی ، برق زدگی

shock (,,) *n.* تودهٔ خرمن

s. of hair موی ژولیده

shock'ing *apa.* منزجرکننده - بد

shod [*p.* & *pp.* of shoe]

shoddy (*shɔd'i*) *n.* & *a.* (۱) بارچهٔ پست ، آشغال (۲) پست

shoe (*shu:*) *n.* & *vt.* [shod] (۱) کفش - نعل (۲) نعل کردن - [بصیغه اسم مفعول] کفش پوشیده

shoe'black *n.* واکسی

shoe'horn *n.* باشنه‌کش

shoe'-lace ; string *n.* بندِ کفش

shoe'maker (*-kə*) *n.* کفشدوز

shoe'making *n.* کفشدوزی

shoe'smith *n.* نعلبند

shone [*p.* & *pp.* of shine]

shoo (*shu:*) *int.* & *v.* (۱) کیش ! (۲) کیش کردن (مرغ)

shook (*shuk*) [*p.* of shake]

shoot (*shu:t*) *vi.* & *vt.* [shot] & *n.* (۱) تیراندازی کردن - تند رفتن - جوانه زدن - تیرکشیدن (۲) تیر زدن - تیر باران کردن - درکردن ، خالی کردن - انداختن (گلوله) - ریختن یا انداختن (طاس) - برداشتن (فیلم) - (۳) نهال - جوانه - افت - سراشیب - دستهٔ شکارچیان

s. down با گلوله انداختن یا کشتن

s. forth } بیرون‌آمدن، درآمدن - پیش‌آمدن - بالا جستن

s. out

s. up سبز شدن ، قدکشیدن - ترور کردن[''ترور،، لفظ فرانسه است]

She was shot for a spy. او را به‌تهمت جاسوسی تیرباران کردند

shooter (*shu':tə*) *n.* تیرانداز - شکارچی

six-shooter ششلول

shoot'ing *n.* & *a.* (۱) تیراندازی (تفریحی) - (۲) تیرکشنده [در درد]

s.-gallery سالن تیراندازی مشقی

s.-range زمین تیراندازی مشقی

shoot'ing-star = meteor

shop (*shɔp*) *n.&vi.* [-ped] (۱) دکان ، مغازه - کارخانه (۲) خرید کردن
s. window ویترین [لفظ فرانسه]
You have come to the wrong s. پیش بدکسی آمده اید ، بد جائی آمده‌اید
talk s. ازکار و کسب وامور شخصی صحبت کردن
shut up s. تعطیل کردن - (دکانرا) تخته کردن
all over the s. [Sl.] ریخته و پاشیده ، درهم برهم ، همه جا
shop'keeper *n.* دکان دار
shop'lifter (*-tə*) *n.* دزد مشتری‌نما
shop'man *n.* [-men] دکاندار - فروشنده - کارگر (کارخانه)
shop'ping *n.* خرید
shop'-soiled *a.* کنفت
shop'walker *n.* راهنمای مغازه
shore (*shɔ:*) *n.* کنار (دریا) ، کرانه ، ساحل
shore (,,) *n. & vt.* (۱) شمع ، شمعك (۲) شمع زدن [با up]
shore (,,) [*p. of* shear]
shorn (*shɔ:n*) [*pp. of* shear]
short (*shɔ:t*) *a., adv., & n.* (۱) کوتاه - قدکوتاه - مختصر - ناقص - تند - ترد - کم مدت (۲) بی‌مقدمه (۳) هجای کوتاه - [در جمع] نیم شلواری
s. circuit اتصالی [دربرق]
s. weight سنگ کم ، وزنهٔ کم
s. temper کم حوصلگی
s. cut راه میان بر
s. sight نزدیك بینی - کوته نظری
s. of breath تنگ نفس ، از نفس افتاده
s. sale پیش فروشی ، سلم فروشی
s. of money کم پول ، پول
come s. قاصر آمدن
run s. کم آمدن - کم آوردن
make s. work of something کلك چیزیرا کندن
nothing s. of عیناً همان
cut s. (پیش ازموقع) قطع کردن
sell s. پیش فروش کردن
s. of جز ، (فلان چیز) بکنار
in s. مختصراً ، خلاصه
for s. برای رعایت اختصار
the long and the s. of it مختصراً ، فی‌الجمله
shor'tage (*-tij*) *n.* کمبود - کمی
short'cake *n.* نان کره‌ای ترد
short'coming *n.* کوتاهی ، قصور
shorten (*shɔ':t'n*) *v.* کوتاه(تر) کردن یا شدن
shor'tening *n.* کوتاه سازی - کره یاروغن برای تردکردن کلوچه
short'hand *n.* تند نویسی
short'-lived *a.* بیدوام ، فانی
short'ly (*-li*) *adv.* بزودی - مختصراً - کمی ، اندکی - باخشونت
short'ness *n.* کوتاهی - کمی
short'-sighted *a.* نزدیك بین - [مج] کوته بین - ناشی ازکوته نظری
short'-tempered *a.* کم حوصله
short'-term *a.* کم مدت
short'-win'ded *a.* تنگ نفس
shot (*shɔt*) *n.* گلوله ، تیر - ساچمه - وزنه - تیر انداز - [مج] حدس - برد ، رسایی - تزریق [a morphine s.] - [د.گ.] فیلم ، عکس سینمائی
small s. ساچمه
fire a s. تیر خالی کردن
putting the s. پرتاب کردن‌وزنه
shot *a.* [*p. & pp. of* shoot] [در پارچهٔ های ابریشمی] شانژان [لفظ فرانسه] ، سایه کوهی ، قزل‌آلا
shot'-gun *n.* تفنگ شکاری
should (*shud*) *v. aux.* [*p. of* shall] [فعل معین برای موارد زیر] (۱) برای رعایت قاعدهٔ مطابقه زمانها

He said چون در shall بعنوان گذشتهٔ
he s. go یعنی گفت «خواهم رفت»
(۲) بمعنی « باید » یا « بهتر بود » یا
« بهتر است » چون در you s. go
(۳) در وجه التزامی چنانکه در
He proposed that we s. go.
پیشنهاد کرد که برویم
(٤) در وجه شرطی چون در if he s.
prefer که باین صورت نیز گفته میشود
s. he prefer یعنی اگر بهتر بداند
(٥) درجزای شرط چون I s. be glad
if you would accept it. خوشوقت
میشدم اگر می پذیرفتید
(٦) برای رساندن معنی تردید یا برای
احتراز ازجسارت چوندر I s. hardly
think so. گمان نمیکنم اینطور باشد

shoulder (*shoul'də*) *n.* & *vt.*
(۱) شانه ، دوش (۲) بدوش گرفتن ،
تحمل کردن ـ با شانه (راه را) باز کردن
put one's s. to the wheel
بکار چسبیدن ، تن بکار دادن
give a cold s. to some one
بکسی بی اعتنائی کردن
S. arms! [نظ] دوش فنگ

shoul'der-blade *n.* کتف

shoul'der-strap *n.* سردوشی ـ رکاب

shout (*shaut*) *n.* & *vi.* (۱)
فریاد (۲) فریاد زدن ، داد زدن

shove (*shʌv*) *vt.* هل دادن ،
تنه زدن به ـ بزور پیش بردن یاراندن

shovel (*shʌv'l*) *n.* & *vt.* {-led}
(۱) خاک انداز ـ بیل ـ پارو (۲) باخاک
انداز یا پارو پاک کردن

show (*shou*) *vt.* & *vi.* {showed; shown} & *n.* (۱) نشان دادن ـ
مدلل کردن (۲) بنظر آمدن (۳) نمایش ،
تماشا ـ جلوه ـ تظاهر ؛ ادعا ـ ابراز ـ
نشان . نشانه ـ [ز. ع.] فرصت ،
آزادی عمل
s. to the door تا دم در بردن
s. one out راه بیرون رفتن را
بکسی نشان دادن
s. one the door کفش کسیرا
جفت کردن
s. one round همه جا را
بکسی نشان دادن
s. off جلوه دادن ـ خودنمایی کردن
s. up آشکار کردن ـ حاضر شدن ـ
ظاهر شدن
He didn't s. up again.
دیگر پیداش نشد
on s. در معرض نمایش
run the s. اختیار داری کردن ،
مدیریت کردن
He gave the s. away. بته‌اش را
روی آب انداخت

show'-case *n.* جعبه آیینه

show'-down *n.* [در بازی] رو کردن
یا نشان دادن (دست) ـ [مج] محک تجربه

shower (*shau'ə*) *n.* & *v.*
(۱) رگبار (۲) ریختن ، باریدن
a s. of . . . . . . پی درپی

shower'-bath *n.* حمام دوش .
[رجوع شود به douche.]

show'ery (*-ri*) *a.* ریزنده (مانند
باران) ـ زیاد ـ رگبار آور ـ بارانی

show'iness *n.* خودنمایی ـ زرق وبرق

show'man (*-mən*) متصدی نمایشگاه
(سیار) یا مؤسس آن

shown {*pp.* of show}

show'-room *n.* نمایشگاه (کالا)

showy (*shou'i*) *a.* زرق و برق‌دار

shrank {*p.* of shrink}

shrap'nel (*-nəl*) *n.* شرپنل

shred *n.* & *vt.* {-ded} (۱) پاره ،
ریزه (۲) پاره پاره یا ریز ریز کردن

shrew (*shru:*) *n.* زن غرغرو ،
زن ستیزه‌جو ، بتیاره ، سلیطه

shrewd (*shru:d*) *a.* زیرک ـ
زیرکانه ـ زیرک نما

shrewd'ly (*-li*) *adv.* بزیرکی

shrewd'ness *n.* زیرکی ، ناقلایی

shrew'ish *a.* سلیطه ، ستیزه‌جو
shriek (*shri:k*) *n.* & *vi.* جیغ (زدن) ، فریاد (زدن)
shrift *n.* اعتراف (شخص محتضر)
 short s. تنبیه فوری و بی‌مهلت.
shrill *a.* تیز [s. voice]
shrimp *n.* & *vi.* میگو (گرفتن)
shrine (*shrain*) *n.* زیارتگاه - جای مقدس - معبد - صندوق اشیاء مقدس یا تاریخی
shrink *vi.* & *vt.* { shrank ; shrunk(en) } (۱) چوروك شدن - مشمئز شدن (۲) چوروك کردن
shrin'kage (*-kij*) *n.* انقباض - کاهش.
shrive (*shraiv*) *v.* { shrove ; shriven } اعتراف گرفتن (از)
shrivel (*shriv'əl*) *vi.* & *vt.* {-led} (۱) چوروك شدن (۲) چوروك کردن
shriv'en {*pp.* of shrive}
shroud (*shraud*) *n.* & *vt.* (۱) کفن - [مج] لفافه ، پوشش - { درجمع } طنابهای حائل [در دکل کشتی] ، نردبان طنابی (۲) کفن کردن - پوشاندن
shrove (*shrouv*) {*p.* of shrive}
shrub (*shrʌb*) *n.* بته ،گلبن
shrub'bery (*-bəri*) *n.* بته زار
shrug (*shrʌg*) *v.* {-ged} (شانه) بالا انداختن
shrunk {*pp.* of shrink}
shrunken (*shrʌn'kən*) (۱) — shrunk - (۲ - بطور صفت) چوروك ، چوروك شده
shuck (*shʌk*) *n.* & *vt.* (۱) پوست (۲) پوست کندن
shudder (*shʌd'ə*) *vi.* & *n.* (۱) لرزیدن - مشمئز شدن (۲) لرز - تنفر
shuf'fle (*shʌf'l*) *vt.*, *vi.*, & *n.* (۱) بُر زدن - قاطی کردن ، بهم زدن - این سو و آن سو حرکت دادن - بزمین کشیدن (پا) - (۲) دو پهلو حرف زدن (۳) بُر - کشیدن پا بزمین - سخن دو پهلو - طفره
 s. off بدوش دیگری گذاردن - بعجله برداشتن
 give a s. to بُر زدن
shun (*shʌn*) *vt.* {-ned} از (چیزی) اجتناب کردن
shunt (*shʌnt*) *vt.* & *vi.* (۱) بخط دیگرانداختن (واگن) - ازمیان بردن (موضوع) - (۲) بخط یاجهت‌دیگرافتادن، تغییر جهت دادن
shun'ting *n.* دو راهی - مانور {از manoeuvre کلمه فرانسه}
shut (*shʌt*) *vt.* & *vi.* {shut} (۱) بستن - برهم نهادن (۲) بسته شدن
 s. down بسته شدن ، تعطیل شدن - بستن ، تعطیل کردن
 s. off جلو (چیزی) را گرفتن - قطع کردن - بستن (رادیو)
 s. out بشت در نگاهداشتن - محروم کردن - ممنوع کردن
 s. up بستن - برچیدن - حبس کردن - محکم نگاه داشتن - { در صیغه امر } خفه شو ، ساکت شو
shutter (*shʌt'ə*) *n.* & *vt.* (۱) پنجرهٔ کرکره‌ای، پشت پنجره‌ای (۲) بستن
shuttering (*shʌt'ə-*) *n.* قالب بتن ریزی [''بتن'' لفظ فرانسه است]
shuttle (*shʌt'ə*) *n.* ماکو ، ماکوب
shut'tlecock (*-kɔk*) *n.* گوی پردار که دربازی battledore بکار میرود
shy (*shai*) *a.* & *vi.* (۱) کمرو ، خجالت‌کش - [با of] بیمیل (۲) رم کردن - خودداری کردن ، پس نشستن
 s. at رم کردن یا خودداری کردن از
 fight s. of [زیر fight آمده]
shy (,,) *vt.* & *n.* {Col.} پرتاب (کردن)
 have a s. at کوشش برای (چیزی) کردن ، روری زدن

shy'ness *n.* کمرویی ، ترسویی
shyster (*shais'tə*) *n.* [Col.] گوش‌بُر ، گول‌زن
Siamese (*saiəmi:z'*) *a.* & *n.* [Siamese] سیامی ـ زبان سیام
Siberian (*saibi'əriən*) *a.* & *n.* اهل سیبری
sib'ilant (*-lənt*) *a.* & *n.* (حرف) صفیری یاسینی [چون s و z]
sibyl (*sib'il*) *n.* زن غیب‌گو
sibyl'line (*-lain*) *a.* غیبی ، الهامی
sic *adv.* [L] چنین است در اصل ، کذا
Sicilian (*sisil'iən*) *a.* & *n.* اهل سیسیل [که در انگلیسی Sicily است]
sick *a.* ناخوش ، مریض ـ دارای حال تهوّع ـ بیزار ، متنفر ـ مشتاق
s. at heart روحاً کسل ، مأیوس
feel s. حال تهوع داشتن
report s. [نظ] بیماری خود را اطلاع دادن
sick'-bed *n.* بستر بیماری
sick'en (*sik'n*) *vi.* & *vt.* (۱) ناخوش شدن ـ حال تهوع پیدا کردن ـ بیزار شدن (۲) ناخوش کردن ـ بیزار کردن
sick'ish *a.* کمی ناخوش یابهم خورده
sick'le (*sik'l*) *n.* داس
sick'-leave *n.* مرخصی بابت ناخوشی
sick'ly (*-li*) *a.* ناتوان ، علیل ـ حاکی از ناخوشی ـ کسل‌کننده ، تنفرآور
sick'ness *n.* ناخوشی ـ حالت تهوع
side (*said*) *n.* & *vi.* (۱) سو ، طرف ، سمت ـ جهت ـ پهلو ـ کنار ـ کناره ـ [در دفترداری] ستون ـ [در گوشت] شقه (۲) طرفداری کردن
take sides with } طرفداری از
side with } (کسی) کردن ، طرف (کسیرا) گرفتن
He is on our s. طرفدارِ ما است
right s. of a cloth روی پارچه
s. by s. پهلو به پهلو
on their s. ازطرف خودشان ، بنوبه خودشان
by the s. of پهلویِ ، کنارِ
side'-arms *npl.* اسلحهٔ کمری
side'board *n.* میز دم دستی یا با دیواری ، میز کناری ، میز قفسه‌دار
side'-car *n.* جای اضافی وجدا در موتورسیکلت ، سایدکار
side'-dish *n.* خوراك اضافی یافرعی
side'-issue *n.* نتیجه یا نکته فرعی
side'light *n.* چراغ کناری ـ [مج] اطلاع ضمنی
side'long *a*(*dv.*) یك بری
siderial (*saidi'əriəl*) *a.* نجومی
side'-saddle *n.* زین‌یك‌بری ، زین‌زنانه
side'-show *n.* نمایش یاموضوع‌فرعی
side'-step *n.* & *v.* (۱) رکابِ درشکه ومانند آن (۲) جا خالی کردن
side'-track *n.* & *vt.* (۱)دوراهی ، خط فرعی (۲) روی خط فرعی انداختن ـ [مج] در درجه دوم اهمیت قرار دادن
side'-walk *n.* [U. S.] پیاده رو
side'ways *adv.* از پهلو ـ یك بری
siding (*sai'-*) *n.* دو راهی
si'dle *vi.* یك‌بر رفتن ، ازپهلو رفتن
siege (*si:j*) *n.* محاصره ، گردگیری
sies'ta (*-tə*) *n.* خواب نیمروز ، قیلوله
sieve (*siv*) *n.* الك ، علك ، آردبیز
sift *vt.* الك‌کردن ، بیختن ـ پاشیدن ـ [مج] خوب وارسی کردن
sif'ter (*-tə*) *n.* الك‌کننده ـ بوجار ـ الك‌کوچك
sigh (*sai*) *vi.* & *n.* (۱) آه کشیدن (۲) آه ـ افسوس ، حسرت
sight (*sait*) *n.* & *vt.* (۱) بینایی ، باصره ـ نظر ـ دید ، رؤیت ـ منظره ، تماشا ـ آلت نشانه رَوی ـ [در جمع] جاها یاچیزهای تماشائی ، مناظر (۲) دیدن ، رؤیت کردن ـ نشان‌کردن

lose one's s. کور شدن
near s. نزدیك بینی
long s. دوربینی
catch s. of دیدن
I lost s. of it. ازنظرم غائب شد
in s. نزدیك ، دیده شدنی
a s. of {Col.} مقدار زیادی ، زیاد
at s. بمحض رؤیت - بی مطالعه قبلی
at first s. درنظر اول ، بیك نگاه
payable at s. دیداری ، رؤیتی
out of s. غایب ازنظر ، ناپیدا
a s. for sore eyes شخص یا
چیزی که دیدن آن مایه مسرّت است ،
مرهم چشم ، نور چشم
What a s. she looked !
چه ریختی پیدا کرده بود
sight'liness *n.* خوش نمایی ، زیبایی
sight'ly *a.* خوش منظر - منظره‌دار
sight'seeing *n.* تماشا ، دیدنِ مناظر
sign (*sain*) *n.*, *vt.* & *vi.*
(۱) نشان ، علامت - اثر - اشاره - آیت
(۲) امضا کردن - با اشاره فهماندن
(۳) اشاره کردن
s. manual امضای دستی
s. on (*or* up) قرارداد استخدامی
(کسیرا) امضا کردن
s. off {U. S.} پایان خبرهای رادیو
را اعلام کردن
I had it signed. آنرا بامضا رساندم
sig'nal (*-nəl*) *n.*, *vt.* {-led},
& *a.* (۱) علامت - راهنما - اخطار -
{ نظ } مخابره (۲) با علامت ابلاغ
کردن - با اشاره رساندن - اشاره کردن ،
دستور دادن (۳) برجسته ، آشکار
s.-box توقف‌گاه متصدی علائم
sig'nalize (*-nəlaiz*) *vt.* برجسته
کردن ، مشهور کردن
sig'nally *adv.* بطور برجسته
sig'nal-man *n.* متصدی علائم
sig'natory (*-nələri*) *n.* & *a.*
امضا کننده ، صاحب امضاء
sig'nature (*-nəchə*) *n.* امضا
put one's s. to امضا کردن
sign'board (*-bɔ:d*) *n.* تابلو
{لفظ فرانسه}
sig'net (*-nit*) *n.* مُهر ، خاتم
sig'net-ring *n.* انگشتر خاتم
signif'icance (*-kəns*) *n.* معنی ،
مقصود ، مفاد - اهمیت ، قدر
of no s. بی‌معنی - بی‌اهمیت
signif'icant *a.* پُرمعنی - مهم
signification (*-kei'shən*) *n.*
معنی ، فحوی
sig'nify (*-fai*) *vt.* & *vi* (۱)
معنی دادن - اعلام داشتن (۲) اهمیت‌داشتن
signor (*si:n'yɔ:*) {It.} = Mr. ;
Sir
Signora (*si:nyɔ'rə*) {It.} =
Mrs. ; Madam
Signorina (*sinyɔri':nə*) {It.}
= Miss
sign'-post *n.* تیر راهنما
sign'-painter *n.* تابلو ساز
sign'-writer *n.* تابلو نویس
silage (*sai'lij*) *n.* علفِ
انباریِ سبز
silence (*sai'ləns*) *n.* & *vt.*
(۱) خاموشی ، سکوت (۲) خاموش
کردن ، ساکت کردن - خواباندن
keep s. خاموش شدن ، خاموش بودن
si'lent *a.* خاموش ، ساکت - بی‌صدا
si'lently *adv.* بیصدا - آهسته
silhouette (*siluet'*) *n.*
محیط مرئی
sil'ica (*-kə*) *n.* سیلیکا ، سیلیس
{لفظ فرانسه}
silk *n.* ابریشم
take s. وکیلِ پادشاه شدن
sil'ken (*-k'n*) *a.* ابریشمی - نرم
sil'kiness *n.* نرمی - خاصیتِ
ابریشمی
silk'worm (*-wə:m*) *n.* کرم ابریشم

sil'ky (*-ki*) *a.* ابریشمی - نرم - [مج] چاپلوسانه
sill *n.* کفِ درگاه ، آستانه
sil'liness *n.* نادانی ، ابلهی ، خریت
silly (*sil'i*) *a.* نادان ، احمق - احمقانه {a s. act}
silo (*sai'lou*) *n.* سیلو[لفظ فرانسه]
silt *n.*, *vt.*, & *vi.* (۱) لای ، لجن (۲) گل گرفتن (۳) گرفتن ، بند آمدن
silvan = **sylvan**
sil'ver (*-və*) *n.*, *vt.*, & *vi.* (۱) سیم ، نقره (۲) آب نقره دادن - جیوه زدن (۳) نقره‌ای یاسفید شدن
sil'versmith *n.* زرگر، نقره‌کار
sil'ver-plate ; **sil'verware** (*-wêə*) *n.* ظروف نقره یا آب نقره داده
sil'ver-tongued *a.* چرب زبان
sil'very (*-ri*) *a.* نقره ای - برّاق - صاف
sim'ian (*-ən*) *a.* & *n.* بوزینه(ای)
sim'ilar (*-lə*) *a.* مانند - متشابه
s. to that مانندِ آن ، شبیه بآن
similar'ity (*-ti*) *n.* شباهت ، تشابه ، همانندی
sim'ilarly *adv.* همینطور ، بهمین نحو - یکسان
sim'ile (*-li*) *n.* تشبیه
simil'itude (*-tiu:d*) *n.* شباهت ، صورت - تشبیه - تمثیل - ظاهر
simmer (*sim'ə*) *v.* آهسته جوشیدن یا جوشاندن
on the s. (*n.*) درجوش (وخروش)
simony (*sim'əni* ; *sai'-*) *n.* خرید وفروش مزایای کلیسایی یاروحانی
sim'per (*-pə*) *vi.* بیجا یاسفیهانه خندیدن
sim'ple *a.* ساده - بسیط - ساده لوح
s. equation معادله درجهٔ اول
sim'ple-hearted *a.* ساده دل- رك
sim'ple-minded *a.* ساده دل - ساده لوح
sim'pleton (*-tən*) *n.* آدم ساده‌لوح
simplicity (*-plis'iti*) *n.* سادگی - ساده لوحی - بی تزویری
It is s. itself. سادهٔ ساده است
simplification (*-kei'shən*) *n.* ساده‌سازی - مختصرسازی - تسهیل- اختصار
sim'plify (*-fai*) *vt.* ساده کردن - آسان‌تر کردن - مختصر کردن (کسر)
sim'ply *adv.* بسادگی - همینقدر ، فقط
simulacrum (*-miulei'krəm*) *n.* {-cra} صورت خیالی ، خیال - تمثال
sim'ulate (*-yuleit*) *vt.* وانمود کردن ، بخود بستن - مانند بودن به - تقلید کردن
simulation (*-lei'shən*) *n.* وانمودسازی ، تظاهر
simultaneous (*-məltei'niəs*) *a.* همزمان - باهم - [درجبر] چند مجهوله
sin *n.* & *vi.* {-ned} گناه (کردن)
since (*sins*) *adv.*, *prep.* & *conj.* (۱) از آن وقت تابحال ، در خلال این مدت - پیش ، قبل (۲) از - پس از ، از . . . ببعد (۳) از وقتی که - چون ، نظر باینکه
How long s. is it? چند وقت پیش بوده است ؛ چند وقت است ؟
sincere (*-si'ə*) *a.* بی‌ریا ، مخلص ، صادق - صاف - خالصانه
sincere'ly *adv.* صادقانه ، خالصانه
Yours s. ارادتمند شما ، مخلص شما [عبارت آخر بعضی نامه ها]
sincer'ity (*-ti*) *n.* خلوص ، صداقت
sine (*sain*) *n.* [ر] جیب
sinecure (*sai'nikiuə*) *n.* وظیفه و مقرری درمقابل کار یامسئولیت کم
sin'ew (*-yu:*) *n.* (رگ و) پی - نیرو
sin'ewy (*-yu:i*) *a.* پی‌دار - [مج] سخت پی ، قوی
sin'ful *a.* گناهکار ، عاصی

sin'fulness *n.* گناهکاری
sing *vt.* & *vi.* {**sang ; sung**} (۱) سراییدن ، خواندن (۲) آواز خواندن - صدا کردن {**My ears s.**} - وِزوز کردن
They s. small now. حالا دیگر صداشان در نمیآید (یاجیك نمیزنند)
s. up بلندتر خواندن
singe (*sinj*) *v.* (از رو) سوزاندن یاسوختن - کز دادن
sin'ger (*-gə*) *n.* خواننده ، آوازخوان ، سراینده - مرغ چهچه زن
sin'ging *n.* & *apa.* (۱) سرایش ، نغمه سرایی (۲) خواننده ، نغمه سرا
sin'gle *a.* & *vt.* (۱) تك ، تنها - یك نفره - مجرد - انفرادی - بی تزویر - یك سره {**s. ticket**} - (۲) جدا کردن ، انتخاب کردن {با **out**}
sing'le-breasted *a.* دارای یك ردیف دکمه ، جلوکرد
sin'gle-handed *a(dv).* تنها
sin'gle-hearted *a.* ساده دل
sin'gle-minded *a.* ساده دل ، بی تزویر - دارای یك منظور
sin'gleness *n.* تکی - بی تزویری
sin'glestick *n.* چوب بازی {بتقلید شمشیر بازی} - چوبی که دراین بازی بجای شمشیر بکار میرود
sing'let *n.* مایو یا زیرپوش نازك {"مایو" لفظ فرانسه است}
sin'gleton (*-tən*) *n.* تنها برگی که از یك خال در دست کسی باشد - چیز منحصر بفرد - فرزند یگانه
sin'gly (*-li*) *adv.* یك یك - به تنهایی
sing'song *n.* سرود یك نواخت
sing'ular (*-yulə*) *a.* & *n.* (۱) مفرد - فرد - استثنائی (۲) صیغهٔ مفرد
singular'ity (*-ti*) *n.* غرابت - اختصاص
sin'gularly *adv.* بطور استثنائی یا فوق العاده - اختصاصاً - بصیغهٔ مفرد
sin'ister (*-tə*) *a.* بد قیافه - شوم
sink *vi.* & *vt.* {**sank; sunk(en)**} (۱) فرورفتن - غرق شدن - غروب کردن - نشست کردن - تنزل کردن - {در صدا} بم شدن - رو بزوال گذاشتن (۲) غرق کردن - فرو بردن - حفر کردن ، کندن - چال کردن - افسرده کردن - کنار گذاشتن
s. in some one's estimation از نظر کسی افتادن
sunken eyes چشمان فرو رفته
sink *n.* (میز سنگی سوراخ دار درآشپزخانه برای) ظرف شویی - چاهك
sin'ker (*-kə*) *n.* وزنه {در ریسمان ماهی گیری}
sin'king-fund *n.* وجوه استهلاکی
sin'less *a.* بیگناه - بی تقصیر
sinner (*sin'ə*) *n.* گناهکار ، عاصی
Sino- (*sai'nou-*) *pref.* چین و . . .
S.-Japanese war جنگ چین و ژاپن
sinology (*-nɔl'əji*) *n.* چین شناسی
sinuosity (*-yuɔs'iti*) *n.* پیچ وخم ، موج
sin'uous (*-yuəs*) *a.* پیچ وخم دار
sinus (*sai'nəs*) *n.* ناسور - گودال
sip *vt.* {**sipped**} خرد خرد آشامیدن ، مزمزه کردن
siphon (*sai'fən*) *n.*, *vi.*, & *vt.* (۱) سیفن {لفظ فرانسه} ، زانویی - شترگلو ، منگل (۲) بسطح پائین تر جاری شدن (۳) با سیفن کشیدن
sir (*sə*) *n.* سِر {لقبی است} - آقا
Dear S. آقای گرامی {در اول نامه}
sire (*sai'ə*) *n.* {درشعر} اعلیحضرتا ! پدر یا نیا - نریان ، نریون (اسب نر)
siren (*sai'ərən*) *n.* زن پرنده پیکری که ملوانان را ازصدای خود شیفته میکرد ، {مج} زن افسونگر - سوت خطر
Sir'ius (*-əs*) *n.* {ه} شِعرای یمانی
sirloin (*sə':lɔin*) *n.* مازه یاراستهٔ گاو
sirocco (*-rɔk'ou*) *n.* یکجور باد سام در ایتالیا
sirrah (*sir'ə*) *n.* مردکه ، یارو !

sirup syrup
sissy or **cissy** (*sis'i*) *n.* {U.S.; Col.} مردزن صفت ، مخنث
sis'ter (*-tə*) *n.* خواهر
sis'terhood (*-hud*) *n.* خواهری - انجمن خیریه و مذهبی زنان هم‌پیمان
sis'ter-in-law *n.* {sisters - -} خواهر زن - خواهر شوهر - زن برادر
sis'terly (*-li*) *a.* خواهرانه،خواهروار
sit *vi.* & *vt.* {sat} (۱) نشستن - جلسه کردن - خوابیدن (روی تخم) - {در گفتگوی از لباس} بتن نشستن (۲) نشاندن . روی (چیزی) نشستن
s. for an examination در امتحانی وارد شدن یاشرکت کردن
S. down. بنشینید ، بفرمائید
s. down under تحمل کردن
s. out تا پایان (چیزی) نشستن - بیشتر نشستن از - شرکت نداشتن در
He would s. for hours to a painter. ساعت ها در برابر نقاش می نشست که تمثال او را بکشد {بجای to میتوان for نیز بکار برد}
s. up راست نشستن - بیدار ماندن
site (*sait*) *n.* جا ، محل
on s. پای کار ، در محل
building-s. زمین ساختمانی - عرصه
sit'ting *n.* جلسه - نشیمن - همهٔ تخم هایی که یك بار زیر تخم می گذارند
s. room اطاق نشیمن - سالن (کوچك) - جا برای نشسته
sit'uated (*-yueitid*) *ppa.* واقع (شده)
I am awkwardly s. بد جوری گرفتار شده‌ام
situation (*-ei'shən*) *n.* وضع ، حالت - جا ، محل ، موقع ، موقعیت - کار ، شغل
six (*siks*) *a.* & *n.* (شمارهٔ) شش
six of one and half a dozen of the other اوزوم وانگور
six'fold *a(dv).* شش برابر - شش‌لا
six'pence *n.* سکهٔ نیم شیلینگی
six'-shooter *n.* ششلول
sixteen' *a.* & *n.* شانزده
sixteenth' *a.* & *n.* (یك) شانزدهم
sixth' *a.* & *n.* (یك) ششم ، سدس
six'thly *adv.* ششم (آنکه) ، سادساً
six'tieth *a.* & *n.* (یك) شصتم
six'ty (*-ti*) *a.* & *n.* (شمارهٔ) شصت
sizable (*sai'zəb'l*) *a.* نسبةً بزرگ
size (*saiz*) *n.* & *vt.* (۱) اندازه - قد - مقدار - قالب (۲) باندازه‌درآوردن - ازحیث اندازه طبقه‌بندی کردن
of a large s. بزرگ
It is the s. of... باندازهٔ . . . است
of my s. باندازهٔ من
s. up اندازه (چیزی) را برآورد کردن - {مج} قابلیت (کسیرا) سنجیدن
size (,,) *n.* & *vt.* (۱) چسب - آهار (۲) چسب زدن - آهار زدن
siz'zle (*siz'l*) *n.* & *vi.* (۱) جز و وز (۲) جز و وز کردن
skate (*skeit*) *n.* & *vi.* (۱) کفش یخ بازی (۲) روی یخ یازمین سفت سریدن
skate (,,) *n.* قسمی ماهی پهن
skein (*skein*) *n.* کلاف - دسته
skel'eton (*-it'n*) *n.* استخوان‌بندی
s. key کلید چندین قفل
skep'tic = sceptic
sketch (*skech*) *n.*, *vt.*, & *vi.* (۱) طرح - نقشهٔ ساده - شرح خلاصه (۲) طرح کردن - بطور خلاصه شرح دادن {با out} - (۳) طراحی کردن
sketchy (*skech'i*) *a.* فاقد جزئیات ، طرح‌وار ، ساده - ناقص
skew (*skiu:*) *a.* کج ، مایل ، مورب
skew'er (*-ə*) *n.* & *vt.* (۱) سیخ (۲) بسیخ کشیدن
ski (*ski:* ; *shi:*) *n.* & *vi.* اسکی (بازی کردن)
go skiing (به) اسکی رفتن

skid *n.* & *vi.* [-ded] (۱) گیر ، عایق (چرخ) - حائل (۲) سریدن (و بیك سو رفتن)
skiff *n.* قسمی کرجی پاروبی کوچك
skil'ful *a.* ماهر - ماهرانه
skil'fully *adv.* استادانه ، ماهرانه
skill *n.* مهارت ، استادی
skilled *a.* ماهر - متخصص - تخصصی
skill'et *n.* کماجدان ودیکچه دسته‌دار
skillful, etc. = skilful, etc.
skilly (*skil'i*) *n.* سوپ یاآبگوشت رقیق [''سوپ'' لفظ فرانسه است]
skim *vt.* & *vi.* [-med] (۱) کف یاسرشیر(چیزیرا) گرفتن - گرفتن(سرشیر)- بفهمی نفهمی تماس با (چیزی) پیدا کردن - سطحی خواندن (۲) سبك گذشتن - نگاه سطحی کردن
skimmer (*skim'ə*) *n.* کفگیر
skim'-milk *n.* شیرِ سرشیر گرفته
skimp *vt.* & *vi.* (۱) کم دادن ، خسیسانه دادن (۲) خست کردن
skin *n.*, *vt.* & *vi.* [-ned] (۱) پوست ، جلد - مشك (۲) پوست کندن - [مج] گوش بریدن (۳) پوست بستن [با over]
escape with the s. of one's teeth جان مفت بدر بردن
s. disease مرض‌جلدی ، ناخوشی بوست
skin'-deep *a.* سطحی - بی‌دوام
skin'flint *n.* آدم جوکی
skinny (*skin'i*) *a.* پوستی - لاغر - خسیس
skip *vi.* & *vt.* [-ped] & *n.* (۱) جست و خیز کردن - پریدن (۲) حذف کردن (۳) جست وخیز ، پرش
s. rope ازطناب پریدن
skipper (*skip'ə*) *n.* ناخدای کشتی بازرگانی یا ماهی گیری کوچك
skirl (*skə:l*) *n.* صدای نی‌انبان - جیغ
skirmish (*skə':-*) *n.* & *vt.* (۱) کشمکش ، زدو خورد مختصر (۲) زد و خورد یا کشمکش کردن
skirt (*skə:t*) *n.* & *vt.* (۱) دامن- دامنه - ازاره - [درجمع] حومه ، حول‌و حوش (۲) درکنار (چیزی) واقع شدن - ازکنار (چیزی) رد شدن
skirt'ing-board *n.* ازاره
skit *n.* هجو ادبی - مسخره
skit'tish *a.* عشوه‌گر
skit'tle (*skit'l*) *vt.* [Col.] برباد دادن [با away]
skit'tles *npl.* یکجور بازی با نه میلهٔ چوبی (skittle) که آنهارابا گوی چوبی می‌خوابانند ، نه سیخك
beer and s. لهو ولعب
skulk (*skʌlk*) *vi.* اززیر کاردررفتن
skull (*skʌl*) *n.* کاسهٔ سر ، جمجمه
have a thick s. کودن یاخرف بودن ، کلهٔ خر داشتن
skull'-cap *n.* عرقچین
skunk (*skʌŋk*) *n.* قسمی راسو که از غده های مقعد آن مایع بد بویی تراوش می‌شود
sky (*skai*) *n.* & *vt.* (۱) آسمان (۲) هوایی زدن (توپ) - زیاد بالا بردن
under the open s. درهوای آزاد
sky'-blue *a* & *n.* (رنگ) آسمانی
sky'-high *adv.* تا آسمان ، بیلندی آسمان
sky'lark *n.* کاکلی ، چکاوك ، هزلاغ
sky'-light *n.* بنجره شیروانی یاسقف
sky'-line *n.* خط افق
sky'-rocket *n.* موشك هوایی
sky'-scraper (*-skreipə*) *n.* آسمان خراش
sky'ward(s) [*-wəd(z)*] *adv.* سوی آسمان
sky'-writing *n.* آگهی هوائی یا آسمانی (که‌هواپیما بادود نمودارمیسازد)
slab *n.* تخته سنگ - تنکه - لوحه
slack *a.*, *n.*, *vt.* & *vi.* - (۱) سست

شل ـ خوابیده ـ راکد ـ ملایم ـ بیروح ـ سست کننده (۲) قسمت افتاده یا شل [در طناب] ـ استراحت (۳) سست یا آهسته کردن ـ فرو نشاندن (تشنگی) ـ آب دیده کردن (آهك) ـ (٤) سست شدن ـ فرو نشستن ـ کساد شدن

slack'en (*slak'n*) *vt*. & *vi*. (۱) سست یاآهسته کردن ـ تخفیف‌دادن (۲) سست یاآهسته شدن ـ تخفیف یافتن

slack'ness *n*. سستی ـ اهمال

slag *n*. تفاله ـ جوش ، کف ، چرك

slain {*pp*. of slay}

slake (*sleik*) *vt*. فرو نشاندن ـ کشتن (آهك)

slam *vt*., *vi*. {-med}, & *n*. (۱) باصدا بستن ـ تندگذاشتن (۲) باصدا بسته شدن (۳) صدای بستن در ـ [در ورق] شلم [لفظ فرانسه]

slan'der (*-də*) *n*. & *vt*. (۱) بدگویی ـ افترا (۲) افترا زدن به

slan'derous (*-rəs*) *a*. تهمت‌آمیز

slang *n*. & *vt*. (۱) زبان غیر ادبی وغیرجدی ، زبان عامیانه ـ اصطلاح ویژه (۲) بدگفتن (به)

professional s. زبان حرفه ای یا زرگری

slant (*sla:nt*) *vi*., *vt*., & *n*. (۱) کج شدن ، مایل شدن ـ شیب پیدا کردن (۲) کج یا اُریب کردن (۳) کجی ـ شیب ـ تورّب

slan'ting *a*. کج ، مایل ـ اریب ـ شیب دار

slant'wise (*-waiz*) *adv*. بطور مورب یا مایل ، کج

slap *vt*. {-ped} & *n*. (۱) سیلی زدن ـ باصدا گذاشتن (۲) سیلی ـ ضربت بادست ـ [مج] تو دهنی

slap *adv*. درست ، بضرب ـ یك‌راست

slap'-dash *a*(*dv*). بی پروا ـ تند

slap'stick *n*. شوخی خرکی

slash *n*. & *vt*. (۱) چاك (۲) چاك دادن ـ شلاق زدن ـ [مج] انتقاد کردن

slat *n*. تختهٔ نازك یا باریك ، توفال

slate (*sleit*) *n*. & *vt*. (۱) تخته سنگ ، لوح سنگ (۲) با تخته سنگ پوشاندن

s.-pencil قلم تخته سنگ

slat'tern (*-tə:n*) *n*. زن شلخته

slat'ternly *a*. شلخته (وار)

slaughter (*slɔ':tə*) *n*. & *vt*. (۱) کشتار، قتل (عام) ـ ذبح (۲) کشتن

slaugh'ter-house *n*. کشتارگاه

slave (*sleiv*) *n*. & *vi*. (۱) بنده، بَرده ،غُلام (۲) سخت کار کردن

a s. to اسیرِ ، معتاد به

slaver (*slav'ə*) *vi*. آب دهان روان ساختن ـ [مج] چاپلوسی کردن

slaver (*slei'və*) *n*. برده فروش ـ کشتی برده فروشان

slave'-trade *n*. برده فروشی

slavonic (*-vɔn'ik*) *n*. زبانِ اسلاو (Slav) ها ، سقلابی

slavery (*slei'vəri*) *n*. بَردگی ـ جان کنی

sla'vish *a*. پست ـ غلام صفت

s. imitation تقلید بی ابتکار ، تقلیدکورکورانه ، تقلید صرف

slaw (*slɔ:*) *n*. کلمِ قاش کرده

slay (*slei*) *vt*. {slew (*slu:*) ; slain} کشتن ، بقتل رساندن

sled = sledge

sledge (*sledʒ*) *n*. & *v*. (۱) درشکهٔ برفی ـ سورتمه (۲) بادرشکهٔ برفی رفتن یا بردن

sledge('-hammer) *n*. پُتك

sleek (*sli:k*) *a*. & *vt*. (۱) چرب و نرم ـ صاف ـ براق (۲) نرم کردن ـ براق کردن

sleep (*sli:p*) *n*. & *vi*. {slept} (۱) خواب (۲) خواب رفتن ، خوابیدن

He couldn't get to s. خوابش نمی‌بُرد

put to s. خواب کردن ، خواباندن
s. over (*or* **upon**) **a question** موضوعی را بفردا موکول کردن ، شب هنگام روی موضوعی اندیشه کردن
s. (*vt.*) **away** بخواب گذراندن
The room sleeps 10 men. اطاق جای خواب ده نفررا دارد
sleeper (*sli':pə*) *n.* تراورس { لفظ فرانسه } ـ خواب رونده ـ واگن تختخواب دار
I am a light s. خواب من سبك است
slee'piness *n.* خواب آلودگی
slee'ping-car *n.* واگن تختخواب دار
slee'ping-draught = **opiate**
slee'ping-partner *n.* شریك سرمایه رسان ، شریکی که پول از اوست نه دست
slee'ping-sickness *n.* مرض خواب، سبات مرگ آور افریقائی (که علت آن گزیدن نوعی حشره است)
slee'ping-suit = **pyjamas**
sleep'less *a.* بیخواب ـ بدون استراحت
sleep'lessness *n.* بی خوابی
sleep'-walker *n.* کسیکه در حالت خواب گردش میکند
slee'py (*-pi*) *a.* خواب آلود ـ بی سر وصدا ـ خواب آور ـ سست ، بطی ، بیحال
I feel s. خوابم میآید
sleet (*sli:t*) *n.* برف و باران یا تگرگ و باران (باهم)
sleeve (*sli:v*) *n.* آستین ـ مهره ماسوره
have a card up one's s. تیر دیگری درترکش داشتن
sleigh (*slei*) = **sledge**
sleight (*slait*) *n.* زبردستی ـ حیله
sleight'-of-hand' *n.* تردستی
slen'der (*-də*) *a.* باریك ـ قلمی [s. fingers] ـ کم ـ سست ، ضعیف

slept {*p.* & *pp.* *of* **sleep**}
slew (*slu:*) {*p.* *of* **slay**}
slew *or* **slue** ('') *v.* چرخاندن یا چرخیدن [با round]
slice (*slais'*) *n.* & *vt.* (۱) برش ـ قاش ـ سهم ـ کفگیر ماهی گردانی (۲) قاش کردن
slick *a.* & *adv.* (۱) صاف [درمو] ـ لیز ـ چرب و نرم ـ [د. گ.] حیله آمیز (۲) یك راست ، درست
slicker (*slik'ə*) *n.* [U. S.] بارانی بلند و گشاد
slid {*p.* & *pp.* *of* **slide**}
slide (*slaid*) *vi.* & *vt.* {**slid**} & *n.* (۱) سُریدن ، سرخوردن ـ آهسته رفتن (۲) سراندن ـ آهسته بردن (۳) (عمل)سُرخوردن، سر ـ فروریزی ـ سرسره ، غلتگاه ـ کشو ـ سنجاق گیس پهن
sli'ding-rule *n.* خطکش مهندسی
slight (*slait*) *a.*, *vt.*, & *n.* (۱) کم ، جزئی ، مختصر ـ باریك ـ ناچیز (۲) ناچیز گرفتن (۳) بی اعتنایی
slight'ly *adv.* (یك) کمی ، یك جزئی
slim *a.* باریك ـ سست ـ زیرك
slim'ness *n.* باریکی ـ کمی ـ سستی
slime (*slaim*) *n.* لجن ـ لعاب (حلزون)
sli'my (*-mi*) *a.* لجنی ـ لزج ـ لیز ـ [مج] نادرست ، خائن ـ چاپلوس ـ پست
sling *n.*, *vt.* & *vi.* {**slung**} (۱) سنگ قلاب ، فلاخن ـ بند برای بستن دست بگردن ـ بند تفنگ (۳) پرتاب کردن ـ آویزان کردن ـ بلند کردن
slink *vi.* {**slunk**} دزدانه رفتن ، جیم شدن [با off یا away]
slip *n.*, *vi.*, & *vt.* {**-ped**} (۱) لغزش ـ اشتباه ـ قلمه ـ سرسره ، تعمیرگاه کشتی ـ باریکه ـ برگه ـ رویه ، روکش ـ میتیل ـ زیر پیراهنی ـ پیش گیر (۲) لغزش خوردن ـ سُریدن ـ دررفتن ـ

ازدست رفتن ـ سهو کردن ـ نادیده رفتن (۳) رها کردن ، ازدست‌دادن ـ سرا ندن ـ از زیر (چیزی) در رفتن ـ انداختن

give some one the s. ازدست کسی گریختن یاخلاص شدن

a (mere) s. of a boy پسر بچهٔ باریك اندام

let s. ازدست دادن ـ رها کردن

let s. the dogs of war [Poet.] سلسلهٔ جنگ را جنبانیدن

Errors slipped in. اشتباهاتی درآن راه یافت (یا پیدا شد)

It slipped my attention. اززیر چشمم دررفت ، ملتفت نشدم

slip'-knot *n.* گره خفت یازودگشا

slipper (*slip'ə*) *n.* کفش سرپایی ، کفش دم پایی

slippery (*slip'əri*) *a.* لغزنده ، [مج] بی‌ثبات ، خیانت‌آمیز

slippy (*slip'i*) *a.* [Col.] جلد

slip'shod *a.* لاابالی ـ شلخته

slip'way *n.* سرسره (کشتی‌سازی)

slit *n.*, *vt.*, & *vi.* [slit] (۱) چاك ـ سوراخ (۲) چاك دادن ـ شکافتن ـ (باریك) بریدن (۳) چاك خوردن

slither [*slith'ə* (باصدای ظ)] *vi.* [Col.] سُریدن ، سرخوردن

sliver (*sliv'ə*) *n.* & *v.* (۱) تیکهٔ باریك ، قاش (۲) قاش کردن یا قاش خوردن

slobber (*slɔb'ə*) *vi.*, *vt.*, & *n.* (۱) آب دهان روان ساختن (۲) با آب دهان ترکردن [مثلا هنگام بوسه] ـ سرهم‌بندی کردن(۳) آب دهان

s. over some one زیاد بکسی اظهار محبت کردن (یااورا بوسه‌زدن)

sloe (*slou*) *n.* آلوچهٔ جنگلی

slog (*slɔg*) *v.* [-ged] سخت ضربت زدن

slogan (*slou'gən*) *n.* شعار ـ نعرهٔ جنگ

sloop (*slu:p*) *n.* یکجور کرجی شراعی.

slop (*slɔp*) *vi.* & *vt.* [-ped] (۱-۲) ریختن (۲) ترکردن، کثیف کردن

slop ('') [Sl.] = policeman

slop'-basin *n.* لگن پای سماور

slope (*sloup*) *n.*, *vi.*, & *vt.* (۱) سرازیری ـ دامنه (۲) سرازیر شدن ـ شیب پیداکردن(۳) شیب دادن ـ سرازیر کردن ـ کج کردن

slo'ping *apa.* سراشیب ، مایل

sloppy (*slop'i*) *a.* خیس ـ کثیف ـ درهم و برهم ، حاکی از شلختگی ـ گله گشاد

slops (*slɔps*) *npl.* آب چرك ـ خوراك آبکی ـ لباس دوخته که ملوانان خریده می‌پوشند

slot (*slɔt*) *n.* & *vt.* [-ted] (۱) سوراخ ، جای پول انداختن ـ جای کلید ـ شکاف ، چاك(۲) سوراخ کردن

sloth (*slouth*) *n.* تنبلی ، سستی ـ [ج. ش.] تنبل

sloth'ful *a.* تنبل ، سست ، کاهل

slouch (*slauch*) *n.* & *vi.* (۱) آدم بی‌دست و پایابیکار (۲) دولا دولا راه رفتن

slough (*slau*) *n.* باطلاق ، مرداب

slough (*slʌf*) *n.*, *vi.*, & *vt.* (۱) پوست مار ـ [طب] خشك ریشه (۲) پوست انداختن ـ سوا شدن [غالباً با off] ـ (۳) انداختن

slov'en (*slʌv'n*) *n.* آدم شلخته

slov'enliness *n.* شلختگی

slov'enly (*-li*) *a.* لاابالی ، بدجامه پوش ـ چرك ، شلخته ـ نامربوط

slow (*slou*) *a.* & *adv.* (۱) آهسته ـ کند ـ تدریجی ـ عقب ـ سنگین ـ بیروح ـ کودن ـ دیراثر [s. music] (۲) آهسته

s. to anger دیرغضب

slow (,,) *vi.* & *vt.* (۱) آهسته رفتن (۲) کند کردن ، از سرعت (چیزی) کاستن [معمولا با down یا up]

slow'-coach *n.* آدم بیحال یا کودن - آدم قدیمی مسلك

slowly (*slou'li*) *adv.* آهسته ، یواش - بتدریج

slow'ness *n.* آهستگی - کندی

sludge (*slʌj*) *n.* گل (آمیخته با برف)

slue [با slew آمده است]

slug (*slʌg*) *n.* حلزون بی صدف - چار پاره

slug (,,) [U. S.] = slog

sluggard (*slʌg'əd*) *n.* آدم تنبل

slug'gish *a.* تنبل - کند ، بطی

sluice (*slu:s*) *n.*, *vt.*, & *vi.* (۱) آبگیره ، سدّ دریچه دار - مجرای آب فرو ریزنده (۲) با جریان آب شستن یا خیس کردن (۳) جاری شدن

sluice'-gate *n.* دریچهٔ سدّ یا آبگیر

slum (*slʌm*) *n.* کوچه یامحلهٔ کثیف

go slumming (*vi.*) برای امور خیریه درمحله فقرا گردیدن

slumber (*slʌm'bə*) *n.*, *vi.*, & *vt.* (۱) خواب ، چرت (۲) خوابیدن - چرت زدن (۳ - با away) بخواب گذراندن

slump (*slʌmp*) *n.* & *vi.* (۱) افت یا تنزل ناگهانی (۲) یکمرتبه پائین آمدن

slung [*p.* & *pp.* of sling]

slunk [*p.* & *pp.* of slink]

slur (*slə:*) *vt.* [-red], & *n.* (۱) له کردن - ماست مالی یا لوث کردن [با over] - (۲) لکه ، عیب - [مو] خط اتحاد

slush (*slʌsh*) *n.* گل شُل - [مج] حرفهای احساساتی و احمقانه

slut (*slʌt*) *n.* زن شلخته یا هرزه

slut'tish *a.* شلخته - هرزه

sly (*slai*) *a.* سربتو ، آب زیرِ کاه ، موذی - موذیانه - شیطنت آمیز - طعنه آمیز

on the s. (*n.*) درنهان ، در خفا

sly'ness *n.* حیله گری ، ناقلایی

smack *n.* & *vi.* (۱) طعم جزئی - اثر ، نشان (۲) بو دادن

smack *n.* & *vt.* (۱) ملچ‌ملچ - (صدای) ضربت دست یا شلاق (۲) زدن یا ماچ کردن (باصدا) - باصدا (لب هارا) از هم جدا کردن

smack *n.* یکجور کشتی ماهی گیری

small (*smɔ:l*) *a.* کوچك - جزئی - کم - پست

a s. quantity of یك کمی (از)

s. beer چیز یاشخص غیر مهم

s. change پول خرد

small'-arms *npl.* اسلحه سبك

small'-minded *a.* کوته فکر - پست

small'ness *n.* کوچکی - پستی

small'pox (*-pɔks*) *n.* آبله

smart (*sma:t*) *a.*, *vi.*, & *n.* (۱) سخت - تند - نو - زیرك ، زرنگ - قشنگ ، شیك [لفظ فرانسه] - (۲) تیر کشیدن - سوختن (۳) دردسخت ، تیر ، سوزش - اندوه - رنج

s. under (بسختی) تحمل کردن

You shall s. for it. نتیجه اش را خواهید دید و پشیمان خواهید شد

smar'ten (*-t'n*) *v.* قشنگ و تمیز کردن یاشدن [با up]

smart'ly *adv.* بازرنگی یاخودنمایی

smash *vt.*, *vi.*, & *n.* (۱) خرد کردن - درهم شکستن - سخت زدن - خراب کردن (۲) خرد شدن - ورشکست شدن (۳) خرد شدگی - ناکامی

go to s. (خانه) خراب شدن

smash'-up *n.* تصادم - حادثه

smat'tering *n.* علم جزئی

smear (*smiə*) *vt.* & *n.* (۱) اندودن - آلودن - ملوث کردن (۲) لکه

smeared with tar قیر اندود
smell *vt*. & *vi*. {smelt}، & *n*. (۱) بوییدن ، بو کردن (۲) بو(ی بد) دادن - {با at } بو کشیدن (۳) بو
s. sweet خوش بو بودن
s. out با بو پیدا کردن
s. of . . . بوی . . . دادن
s. round سر و گوش آب دادن
s. sour بوی ترشیده دادن
It smells of the lamp. با دود چراغ خوردن (یازحمت فراوان) درست شده است
sense of s. شامه ، بویائی
take a s. at بو کردن
smelt *vt*. قال کردن ،گداختن - تصفیه کردن { s. a metal }
smelt *n*. قسمی ماهی شبیه به قزل آلا
smelt {*p*. & *pp*. *of* smell}
smile (*smail*) *n*. & *vi*. (۱) لبخند ، تبسم (۲) لبخند زدن ، خندیدن ، تبسم کردن
smirch (*smə:ch*) *n*. & *vt*. (۱) لکه (۲) لکه دار کردن
smirk (*smə:k*) = simper
smite (*smait*) *v*. { smote ; smitten (*-tən*) } زدن - خوردن (به)
s. off زدن وجدا کردن
s. hip and thigh کاملا" شکست دادن ، خرد کردن
smitten with palsy فلج زده
be smitten with some one('s charms) شیفتهٔ کسی شدن
smith *n*. فلزکار - {در ترکیب} گر {مثال : coppersmith مسگر}
smithereens (*-thəri:nz'* -ظ-) *npl*. تیکه های کوچك
smash (in)to s. ریز ریز کردن ، داغان کردن
smith'y *n*. کارخانهٔ آهنگری
smitten {*pp*. *of* smite}
smock (*smɔk*) *n*. رولباسی
s.-frock روپوش (کشاورزان)
smoke (*smouk*) *n*., *vi*., & *vt*. (۱) دود (۲) دود کردن - سیگار کشیدن (۳) دودی کردن - کشیدن - دود دادن
end in s. دود شدن ، برباد رفتن
smoked glasses عینك دودی
smoke'-dried *a*. دودی ، خشکانده
smo'ker *n*. سیگار کش - پیپ کش - واگن ویژه استعمال دخانیات که آنرا smoking car(riage) نیز گویند
smoke'-stack *n*. دودکش
smo'king *n*. استعمال دخانیات
smoky (*smou'ki*) *a*. دودگرفته - دودی ، سیاه - دودکننده - دود نما
smooth {*smu:th* (باصدای ظ)} *a*., *vt*., & *vi*. (۱) صاف - نرم - سلیس - یك نواخت (۲) صاف یا هموار یا نرم کردن - آرام کردن - بر طرف ساختن {با away } - (۳) ساکت شدن - صاف شدن {با down }
s. the brow گره از جبین گشادن
smooth'-bore *a*. بی خان
smooth'faced *a*. بی مو - دارای پوست نرم - {مج} دارای سیمای حق بجانب
smooth'ing-iron *n*. اتو ، اوتو
smooth'ly *adv*. بنرمی، به آرامی - صاف ، يك نواخت - بطور سلیس
smooth'ness *n*. نرمی - سلاست
smooth'-tongued *a*. چرب زبان
smote {*p*. *of* smite}
smother (*smʌth'ə* -ظ-) *vt*., *vi*., & *n*. (۱) خفه کردن - فرو نشاندن - پنهان کردن - پوشاندن (۲) خفه شدن (۳) دود - بخار - گرد و خاك
s. with kisses غرق بوسه کردن
smoulder (*smoul'də*) *vi*. سوختن و دود کردن
smudge (*smʌj*) *n*., *vt*., & *vi*.

(١) لك ـ آتش ودود برای کشتن حشرات (٢) سیاه یا لك کردن ـ [مج] لکه‌دار و بدنام کردن (٣) لك شدن ـ لك انداختن
smug (*smʌg*) *a.* خود ساز ـ از خود راضی
smug'gle (*smʌg'l*) *v.* قاچاق کردن
s. out قاچاقی فرستادن
smug'gler (*-lə*) *n.* قاچاقچی
smut (*smʌt*) *n.*, *vt.*, & *vi.* [-ted] (١) دوده ـ [درغله] زنگ سیاه ـ [مج] سخن‌زشت (٢) دوده‌ای کردن ، سیاه کردن ـ زنگ زده کردن (٣) از زنگ سیاه شدن ، زنگ زدن
snack *n.* ته بندی ، مزه ، خوراك مختصر
snaf'fle (*snaf'l*) *n.* & *vt.* (١) (دهنه) آبخوری (٢ـ ز.ع.) دزدیدن ، کش رفتن
snag *n.* ته شاخه یا چیز دیگری که زیر آب واقع شده و موجب خطر برای کشتی است ـ [مج] گیر ، مانع
snail (*sneil*) *n.* حلزون
snake (*sneik*) *n.* مار ـ مار بی‌زهر
snaky (*snei'ki*) *a.* مار مانند ـ [مج] خائن
snap *vt.* & *vi.* [-ped], *n.*, & *a.* (١) ربودن ، بردن ، گرفتن [با up یا off] ـ نوك زدن ، گاز گرفتن [گاهی با at] ـ با صدا بستن یا شکستن یا پاره کردن یا زدن ـ بصدا در آوردن (شلاق و مانند آن) ـ عکس فوری از (کسی) برداشتن ـ بادرشتی گفتن یا ادا کردن ، باخشونت (حکمی را) دادن [با out] ـ (٢) باصدا شکستن یا بسته شدن یا پاره شدن ـ تشر زدن ، پریدن ، درشتی کردن (٣) بشکن ـ صدای شکستگی یا شلاق یا طپانچه ـ چفت یا گیره (فنری) ـ عکس فوری ـ نیرو ـ قسمی بازی بچگانه (٤) بی خبر ، بی مقدمه ، ناگهانی [اصطلاح پارلمانی]
s. at ربودن ـ روی دست بردن
[زود خریدن] ـ غنیمت شمردن ـ (برای گاز گرفتن) حمله کردن
s. one's fingers بشکن زدن
s. one's fingers at some one (بازدن بشکن) ناچیز شمردن
s. a person's head (*or* **nose**) **off** بکسی پریدن یا تشر زدن
Don't s. my head off! مرا نخور ، کتك نزن [در پاسخ کسی که باخشونت سخن شما را قطع می‌کند]
s. up تند برچیدن یا برداشتن ـ بزودی خریدن ، روی دست بردن ـ بیدرنگ پذیرفتن ـ متعرض شدن ، سخن (کسیرا) قطع کردن
S. into it! [Sl.; U. S.] بجنب ، زود باش
a cold s. سرمای ناگهانی وموقتی
Put some s. into it! بجنب ، فس‌فس نکن
It is a soft s. کاری ندارد ، آسان است
snap'dragon (*-gən*) *n.* گل میمون
snap'-fastener *n.* دکمهٔ قابلمه‌ای
snap'pish *a.* بدخو ، تند مزاج ـ زود رنج ـ تند ، زننده ـ گاز گیر
snappy (*snap'i*) *a.* (١) باروح ، گرم (٢) = **snappish**
snap'shot (*-shɔt*) *n.* & *v.* (١) عکس فوری (٢) عکس فوری از (کسی) برداشتن
snare (*snêə*) *n.* & *vt.* (١) دام ، تله ـ زه (٢) بدام انداختن ـ گرفتار کردن
snarl (*sna:l*) *n.* & *vi.* (١) خرخر (٢) خرخر کردن
s. (*vt.*) **out** با حالت خشم گفتن
snatch (*snach*) *vt.*, *vi.* & *n.* (١) رُبودن ، قاپیدن ـ [با off] بردن ـ غنیمت شمردن (٢) [با at] ربودن ، مغتنم شمردن ، کوشش در ربودن (چیزی)

کردن (۳) ربایش ـ تیکه ، خرده
in snatches بریده بریده
snatch'y *a.* بریده بریده
sneak (*sni:k*) *vi.*, *vt.* & *n.* (۱) دزدانه راه رفتن (۲) [د. گ.] کش رفتن (۳) شخص خائن و خائف
s. raid [نظ] دستبرد
sneakers (*sni': kəz*) *npl.* کفش پارچه‌ای بازیره لاستیکی [U. S.]
sneak'ingly *adv.* دزدانه
sneak'-thief *n.* دله دزد
sneer (*sniə*) *n.* & *vi.* (۱) ریشخند ، استهزاء (۲) استهزاء کردن [با at]
sneeze (*sni:z*) *n.* & *vi.* (۱) عطسه (۲) عطسه کردن
It is not to be sneezed at. نمیتوان آنرا ناچیز شمرد
sniff *vi.* & *vt.* (۱) با صدا تنفس کردن ـ [مج] اظهار تنفر کردن (۲) به بینی کشیدن ـ استشمام کردن
snif'fy *a.* [Col.] مدمغ ، غیرمعاشر
snigger (*sni'gə*) *n.* & *vi.* (۱) خندهٔ استهزا آمیز (۲) زیر لب خندیدن
snip *vt.* [-ped] چیدن ، قیچی کردن
snipe (*snaip*) *n.* [snipe], & *vi.* (۱) نوک‌دراز (۲) ازجای پنهان تیرانداختن
snip'pet (*-pit*) *n.* دم قیچی ، تیکه
snip'ping *n.* ریزه ، دم قیچی
sniv'el (*sniv'l*) *vi.* [-led] & *n.* (۱) بینی بالا کشیدن (درحال گریه یا از روی ریاکاری) ـ نالیدن (۲) آب بینی
snob (*snɔb*) *n.* / **snob'bish** *a.* (کسی)که بشأن وثروت متمولین واعیان وقع گذاشته می کوشد که خود را درزمره آنان درآورد
snooker (*snu':kə*) *n.* قسمی بازی باتوپهای رنگین روی میزبیلیارد [این بازی را **s. pool** نیز میگویند]
snooze (*snu:z*) *n.* & *vi.* (۱) چرت (۲) چرت زدن
snore (*snɔ:*) *n.* & *vi.* (۱) خرناس ، خرخر (۲) خرناس کشیدن ، خرخر کردن
snort (*snɔ:t*) *n.* & *vi.* (۱) خره (۲) خره کشیدن
snot (*snɔt*) *n.* فین ، مف ، چلم
snotty (*snɔt'i*) *a.* مف‌دار ، کثیف
snout (*snaut*) *n.* پوز ، پوزه
snow (*snou*) *n.*, *vi.*, & *vt.* (۱) برف (۲) باریدن [تنها در سوم شخص مفرد بکار میرود و فاعل آن it است] ـ (۳) با برف پوشاندن
It snows. برف میبارد ، برف میاید
be snowed under زیربرف‌ماندن
snow'ball *n.* گلوله برف
snow'-bound *a.* دچار برف
snow'-clad *a.* برف‌پوشیده ، پربرف
snow'-drift *n.* تودهٔ برف
snow'drop *n.* گل حسرت
snow'fall *n.* بارندگی (برف)
snow'-plough *n.* برف روب ، برف پران ، برف پاك‌کن
snow'-shoe *n.* کفش (رو) برفی
snow'storm *n.* کولاك برف
snow'y *a.* پوشیده ازبرف ـ برفی
snub (*snʌb*) *a.* & *vt.* [-bed] (۱) پهن و کوتاه [a s. nose] ـ (۲) نوك (کسی) را چیدن ، دماغ (کسی) را سوزاندن
snuff (*snʌf*) *v.* & *n.* (۱) گل (شمع یاچراغ‌را) گرفتن ـ [با out] خاموش کردن ـ [د.گ] مردن (۲) گل شمع ـ سوختهٔ فتیله
snuff (,,) *vt.* & *vi.* = sniff
snuff (,,) *n.* انفیه
snuffers (*snʌf'əz*) *npl.* گلگیر
snuf'fle (*snʌf'l*) *vi.* & *n.*

(۱) تو دماغی حرف زدن - با بینی گرفته نفس کشیدن (۲) بینی گرفتگی ، گرفتگیِ بینی، [درجمع] زکام

snug (*snʌg*) *a.* - دنج - گرم و نرم - راحت

snug'gle (*snʌg'l*) *vi.* & *vt.* (۱) خود راجمع کردن (۲) نزدیك خود کشیدن

so (*sou*) *adv.* & *conj.* (۱) چنین ، اینطور - اینقدر ، بقدری - چه (قدر) - (۲) همینطور- پس ، بنا بر این

Is that *so?* ؟ راستی (چنین است)

Be it *so.* (چنین) باشد - آمین

so **large** باین بزرگی

so **far** تاکنون - تا اینجا

so **much** اینقدر - بقدری ، آنقدر

so **much as** آنقدر(ها) که - حتی

so **much the better** چه بهتر

so **many** اینهمه ، اینقدر - فلان قدر

and *so* **forth** / **and** *so* **on** وقس علی هذا ، وغیره وغیره

if *so* اگر چنین است ، دراین صورت

so long [Sl.] خداحافظ ، بامید دیدار

so **that** برای اینکه - بطوریکه

so **as to** برای [بامصدر]

so *pr.* or *adv.* اینرا ، این سخن‌را ،این چیز را - چنین ، اینطور

He said *so.* او این حرف را زد

I do not think *so.* گمان نمیکنم

They can, if they *so* **wish.** اگر مایل باشند میتوانند

so to speak (*or* **say**) اگر بتوان چنین چیزی گفت ، اگر اغراق نباشد

soak (*souk*) *vt.*, *vi.*, & *n.* (۱) خیساندن - خیس کردن - جذب کردن [غالباً با up] - (۲) خیسیدن - نفوذ کردن - [د.گ] مشروب (زیاد) خوردن (۳) عمل خیساندن - خیس خوردگی

soaker (*sou'kə*) *n.* میگسار - باران زیاد

so'-and-so' *n.* فلان وبهمان - فلان کار

soap (*soup*) *n.* & *vt.* (۱) صابون (۲) صابون زدن

soft s. صابون مایع - [مج] مداهنه

soap'-suds *npl.* کف صابون

soapy (*sou'pi*) *a.* صابونی - [مج] چرب ونرم

soar (*sɔ:*) *vi.* & *n.* (۱) خیلی بالا پریدن یارفتن (۲) بلند پروازی

sob (*sɔb*) *n.* & *vi.* [-bed] (۱) هك‌هك ، هق‌هق (۲) هك هك (گریه) کردن

s. **one's heart out** زار زار گریستن

sober (*sou'bə*) *a.*, *vt.*, & *vi.* (۱) هوشیار[ضد مست] - معتدل - متین ، موقر - نجیب یاملایم [دررنگ] - (۲) هوشیارکردن - آرام کردن - ملایم یامعتدل کردن (۳) هوشیار شدن - آرام شدن

sobriety (*-rai'əti*) *n.* هوشیاری - متانت - آرامش - میانه‌روی

so'briquet (*-kei*) *n.* [Fr.] کنیه

so'-called *a.* مشهور باین اسم

the so-c. democratic government حکومتِ باصطلاح ملی

sociability (*soushəbil'iti*) *n.* قابلیت معاشرت

so'ciable (*-shəb'l*) *a.* معاشر ، قابلِ معاشرت ، خوش مشرب - دوستانه

so'cial (*-shl*) *a.* اجتماعی - تفریحی

so'cialism (*-lizm*) *n.* سوسیالیسم

so'cialist (*-shə-*) *n.* سوسیالیست [دوکلمه بالا از فرانسه است]

so'cialize (*-shəlaiz*) *vt.* اجتماعی کردن

so'cially (*-shəli*) *adv.* ازلحاظ اجتماعی

society (*səsai'əti*) *n.* انجمن - جامعه - معاشرت - شرکت (تعاونی)

sociology (*sousiɔl'əji*) *n.* جامعه‌شناسی، سوسیولوژی[لفظ فرانسه]

sock (*sɔk*) *n.* جوراب ساقه کوتاه - کف کفش
socket (*sɔk'it*) *n.* حفره - کاسه (چشم) - سرپیچ - بریز{لفظ فرانسه} - {در شمعدان} زنبق - {در ماشین آلات} بوشن {لفظ فرانسه}
sod (*sɔd*) *n.* کلوخ چمنی ، چمن
soda (*sou'də*) *n.* (بی) کربنات دوسود ، سودا {الفاظ فرانسه}
sod'den (*sɔd'n*) *a.* نیم پخته ، خمیر - {مج} مست وخرف
so'dium (*-əm*) *n.* سودیوم {لفظ فرانسه}
s. carbonate نمك قلیا
s. bicarbonate جوش شیرین
sofa (*sou'fə*) *n.* نیمکت (مُبلی)
soft (*sɔft*) *a.* نرم - آهسته - ملایم - شیرین {s. voice} - عسلی ، نیم بند {s. eggs} - سبك ،گوارا - سست
s. sawder چاپلوس
s. soap (۱) {زیر soap نگاه کنید} (۲) = s. sawder چاپلوس
sof'ten (*sɔf'n*) *v.* نرم کردن یا شدن - ملایم (تر) کردن یا شدن - آهك و نمك ها(ی آب) را گرفتن ، شیرین کردن
soft'-head'ed *a.* ساده لوح
soft'-hear'ted *a.* نرم دل ، مهربان
soft'ly *adv.* بنرمی - آهسته
soft'ness *n.* نرمی ، آهستگی
soft'-spoken *a.* خوش‌زبان-خوش‌صدا
soggy (*sɔg'i*) *a.* خیس
soil (*sɔil*) *n.* & *v.* (۱) خاك - زمین - چرك - لکه (۲) چرك کردن یاشدن ، آلودن یا آلوده شدن
soirée' *n.* {Fr.} شب نشینی
sojourn (*sɔj'ə:n*) *n.* & *vi.* (۱) اقامت موقتی (۲) موقتاً اقامت کردن
solace (*sɔl'əs*) *n.* & *vt.* (۱) آرامش، تسکین (۲) آرام کردن ، تسلی دادن

solar (*sou'lə*) *a.* خورشیدی ، شمسی
solatium {*so(u)lei'shiəm*} *n.* {-tia} پاداش ، غرامت
sold {*p.* & *pp.* *of* **sell**}
solder (*sɔl'də* ; *sɔ':də*) *n.* & *vt.* (۱) لحیم (۲) لحیم کردن
sol'dering-iron *n.* هاویه ، هویه
soldier (*soul'jə*) *n.* & *vi.* (۱) سرباز (۲) سرباز شدن
sol'dierly *a(dv.)* سربازوار-دلیرانه
sol'diery (*-jəri*) *n.* سرباز(ان) ، عده سرباز ، نیرو
sole (*soul*) *n.* & *vt.* (۱) کفِ پا - زیره ، تخت کفش - ته (۲) تخت یازیره انداختن
sole („) *n.* ماهیِ -لوا ، حلوا ماهی
sole („) *a.* تنها - انحصاری - مجرد
solecism (*sɔl'isizm*) *n.* غلط
sole'ly *adv.* فقط ، تنها - منحصراً
solemn (*sɔl'əm*) *a.* سنگین - رسمی- موقر(انه) - هیبت آور - مهم ، خطیر
solemnity (*səlem'niti*) *n.* سنگینی- وقار ، هیبت - آیین ، تشریفات
solemnize (*sɔl'əmnaiz*) *vt.* با آیین و تشریفات نگاه داشتن - بطور رسمی انجام دادن
solemnly (*sɔl'əmli*) *adv.* بطور جدی یارسمی ، جداً - باتشریفات
solicit (*səlis'it*) *vt.* درخواست یا تقاضا کردن (از) - بکار بد خواندن
s. a person for money درخواست پول از کسی کردن
solicitation (*-tei'shən*) *n.* درخواست ، تقاضا
solicitor (*səlis'itə*) *n.* مشاور حقوقی
solic'itous (*-təs*) *a.* مشتاق ، مایل - نگران ، دل واپس
s. of مایل به ، مشتاقِ

solicitude (*səlis'itiu:d*) *n.*
نگرانی - اشتیاق
solid (*sɔl'-*) *a.* & *n.* - جامد (۱)
سفت - محکم - توپُر - یك پارچه -
متین ، استوار (۲) جسم جامد ، دج
s. angle زاویه مجسمه ، سه‌کنج
s. geometry هندسهٔ فضائیه
solidarity (*sɔlidar'iti*) *n.*
وحدت منافع و مسئولیت
solidify (*səlid'ifai*) *v.*
جامد کردن یاشدن - محکم کردن یاشدن
solidity (*səlid'iti*) *n.* - استحکام
سفتی ، انجماد - متانت - جسم ، حجم
soliloquize (*səlil'əkwaiz*) *vi.*
باخود گفتگو کردن
solil'oquy (*-kwi*) *n.* گفتگو باخود
solitaire (*sɔlitê'ə*) *n.* نگین تکی
sol'itary (*-təri*) *a.* - تنها مجرد
گوشه نشین ، منزوی- پرت ، دوردست
sol'tiude (*-tiu:d*) *n.* تنهایی ،
انفراد - خلوت
solo (*sou'lou*) *n.* - تك نوازی
تك خوانی
so'loist *n.* تك نواز - تك خوان
solstice (*sɔl'stis*) *n.* انقلاب ،
تحویل
solubil'ity (*-ti*) *n.* قابلیت حل
soluble (*sɔl'yubl*) *a.* قابل حل
solution (*səliu':shən*) *n.*
حلّ - محلول
sol'vable (*-vəbl*) *a.* حل کردنی
solve (*sɔlv*) *vt.* - حل کردن
رفع کردن
solvency (*sɔl'vənsi*) *n.*
ملائت ، عدم اعسار
sol'vent (*-vənt*) *n.* & *a.* (۱-۲)
گدازنده - محلل (۲) تحلیل برنده ، ضعیف
کننده - قادر به پرداخت قروض ، ملی
sombrero (*sɔmbrê'ərou*) *n.*
قسمی کلاه لبه پهن در اسپانیا و مکزیك

som'bre (*-bə*) *a.* تیره - افسرده
some (*sʌm* ; *səm*) *a.* & *pr.*
برخی(از) ، بعضی (از) - اندکی ، قدری
-[s. books]-چندتا ، چند [s. bread]
یك ، ی [S. girl did that]
s. two hours یك دوساعتی
s. one یك کسی ،کسی ، شخصی
somebody (*sʌm'bɔdi* ;*-bədi*)
n. or pr: یك کسی
somehow (*sʌm'hau*) *adv.*
بطریقی - بیك دلیلی
some'one (*-wʌn*) *n.* یك کسی
somersault (*sʌm'əsɔ:lt*) *n.*
پشتك ، معلق
turn a s. } پشتك زدن ،
somersault (,,) *vt.* } معلق زدن
some'thing *n.* & *adv.* (۱) چیزی ،
یك‌چیزی (۲) تا اندازه‌ای
some'time *adv.* } یك وقتی -
some time } مدتی
some'times (*-taimz*) *adv.*
گاهی ، بعضی اوقات
some'what [-(*h*)*wɔt*] *adv.*
تا اندازه‌ای ، قدری [s. easy]
some'where [-(*h*)*wêə*] *adv.*
(دریك) جایی
somnambulism (*sɔmnam'biu-*
lizm) *n.* راه رفتن در خواب
somnam'bulist *n.* کسیکه درخواب
راه میرود یا کار میکند
somnolence (*sɔm'nələns*) *n.*
خواب‌آلودگی ، حالت میان خواب و بیداری
som'nolent *a.* خواب‌آلود - منوّم
son (*sʌn*) *n.* پسر - فرزند
sonata (*səna':tə*) *n.*
قسمی آهنگ که مختص پیانو است
song (*sɔng*) *n.* سرود جهچه - شعر
song'ster (*-stə*) *n.* [*fem* -stress]
سرودخوان - مرغ خوش الحان
son-in-law *n.* [sons'-in-law]

داماد [شوهر دختر]
sonnet (*sɔn'it*) *n.* (قسمی) غزل
sonny (*sʌn'i*) *n.* پسرجان ، فرزند
sonority (*sənɔr'iti*) *n.*
پرصدایی - طنین
sonorous (*sənɔr'əs*) *a.*
صدادار - طنین‌انداز - غلنبه - مؤثر
soon (*su:n*) *adv.* بزودی ،
عنقریب ، طولی نخواهد کشید (یا نکشید) که - زود
s. after چندی بعد ، اندکی بعد
so s. باین زودی - بآن زودی
as s. as همینکه ، بمحض اینکه
He no sooner began to run than he fell down. بمحض
اینکه شروع کرد به دویدن بزمین افتاد
soot (*sut*) *n.* & *vt.* (۱) دوده
(۲) دوده‌ای کردن
sooth (*su:th* سُوظ) *n.* [Arch]
داستی [.in s براستی]
soothe (سوظ) *vt.* تسکین دادن
sooth'sayer (*-seiə*) *n.* فالگیر
sooty (*sut'i*) *a.* دوده‌ای - سیاه
sop (*sɔp*) *vt.*, *vi.* [-ped] , & *n.* [up با] (۱) ترید کردن -
جذب یا پاك کردن (۲) خیس بودن یاشدن
(۳) ترید ، نان خیسانده - [مج] رشوه
یا باج سبیل
sopping wet خیس خیس
sophism (*sɔ 'izm*) *n.* سفسطه
soph ist *n.* سوفسطایی ، اهل مغالطه
sophis'tic(al) (*sə-*) *a.* سفسطه آمیز
sophisticated (*səfis'tikeitid*)
a. چشم و گوش باز ، از همه چیز باخبر
sophistry (*sɔf'istri*) *n.* ، سفسطه
مغالطه ،زبان بازی ، برهان تراشی
sophomore (*sɔf'əmɔ:*) *n.*
[U.S] دانشجوی سال دوم کالج
soporif'ic (*sɔpə-*) *a* & *n.* (۱)
منوّم ، خواب آور (۲) داروی منوم

soppy (*sɔp'i*) *a.* خیس -
[د.ک.] احمق
soprano (*səprah'nou*) *n.*
صدای زیر زنانه و پسرانه ، سُپرانو
[لفظ فرانسه]
sorcerer (*sɔ'sərə*) *n.* جادوگر
sor'ceress *n.* ساحره
sor'cery (*-ri*) *n.* سحر ، جادو(یی)
sordid (*sɔ':-*) *a.* پست - خسیس- چرك
sor'didness *n.* پستی ، ناکسی
sore (*sɔ:*) *n.* & *a.* (۱) زخم (۲)
دردناك - مجروح - اوقات تلخ - سخت
s. eyes چشم درد ، دردِ چشم
like a bear with a s. head
مثل برج زهر مار
sore'ly *adv.* سخت ، زیاد
sore'ness *n.* دردناکی - سختی
sorority (*sərɔ'riti*) *n.* [U.S.]
انجمن زنان و دختران [در مدرسه]
sorrel (*sɔr'əl*) *n.* ترشك
sorrel ('') *a.* & *n.* (۱) کرند -
کرنگ (۲) اسب کرند
sorrow (*sɔr'ou*) *n.* & *vi.*
(۱) غمگینی ، غصه (۲) غصه خوردن -
سوگواری کردن
sor'rowful *a.* غمگین - غم‌انگیز
sorry (*sɔr'i*) *a.* متأسف ، غمگین -
پشیمان- بدنما ، ژنده - بدبخت - ناموجه ،
بدتر ازگناه [a s. excuse]
I felt s. غمگین شدم ، دلم سوخت
I am s. ببخشید ، متاسفم [غالباً
فقط ! Sorry گفته میشود]
sort (*sɔ:t*) *n.* & *vt.* (۱) جور ،
قسم (۲) جور کردن [غالباً با out] -
دسته کردن
nothing of the s. هیچ همچو
چیزی نیست
after a s. تا اندازه‌ای
We had coffee of a s.
قهوه خوردیم اما چه قهوه‌ای ؟ اسمش
قهوه بود

out of sorts بد حال
sortie (*sɔ':ti:*) *n.* حملهٔ پادگانِ محاصره شده بر محاصره کنندگان
so-so (*sou'sou'*) *a.* [Col.] همینطورها ، نه‌خوب نه بد ، میانه
sot (*sɔt*) *n.* میگسار - آدم خرِف
sot'tish *a.* خرِف - دائم‌الخمر
soubrette (*su:bret'*) *n.* [Fr.] کلفت [در نمایش ها]
soubriquet (*sou'brikei*) = sobriquet
sough (*sʌf* ; *sau*) *vi.* باصدای خفیف وزیدن
sought [*p.* & *pp.* of seek]
soul (*soul*) *n.* روح ، جان - جاندار
soul'ful *a.* احساساتی
soul'less *a.* بیروح - خود پسند
sound (*saund*) *n.*, *vi.*, & *vt.* (۱) صدا ، صوت (۲) صدا کردن - بنظر رسیدن (۳) بصدا درآوردن ، زدن - شهرت دادن
s. a retreat شیپور عقب نشینی زدن
sound ('') *a.* سالم، درست - معتبر - منطقی - راحت [s. sleep]
sound ('') *vt.*, *vi.*, & *n.* (۱) تعمیق کردن ، عمق (چیزیرا) پیمودن ، میل زدن - [مج] استمزاج کردن (از) - (۲) ته رفتن (۳) میل جراحی
sound ('') *n.* تنگه ، بغاز
sound'-box *n.* [در گرامافن] دیافرام [لفظ فرانسه]
soun'ding *n.* عمق پیمایی ، تعمیق - [در جمع] جای کم عمق
sound'ness *n.* تندرستی - صحت
soup (*su:p*) *n.* سوپ [لفظ فرانسه]
sour (*saur*) *n.*, *vi.*, & *vt.* (۱) ترش- [مج] ترشرو (۲) ترش شدن (۳) ترش کردن - کج خلق کردن
source (*sɔ:s*) *n.* سرچشمه ، منبع
sour'ness *n.* ترشی - ترشرویی

souse (*saus*) *vt.* نمك سود کردن ، (در) ترشی گذاشتن - درآب فرو بردن
south (*sauth*) *n.*, *a.*, & *adv.* (۱) جنوب (۲) جنوبی (۳) بجنوب ، سوی جنوب
south-east' *n.* & *adv.* (۱) جنوب شرق (۲) بطرف جنوب شرق
south-eas'terly *a.* جنوب شرقی
south-eas'tern *a.* جنوب شرقی
southerly (*sʌth'əli* -ظلی) *a.* & *adv.* (۱) جنوبی (۲) سوی جنوب
southern [*sʌth'ə:n* (باصدای ظ)] *a.* جنوبی
south'erner (*-nə*) *n.* اهل جنوب
southward (*sauth'wəd*) *a.* رو به جنوب ، مُشرف بجنوب
south'ward(s) *adv.* سوی جنوب
south-west' *n.* & *adv.* (۱) جنوب غرب (۲) سوی جنوب غرب
south-wes'terly (*-təli*) *a.* جنوب غربی
south-wes'tern *a.* جنوب غربی
souvenir (*su':vənia*) *n.* یادگاری
sovereign (*sɔv'rin*) *n.* & *a.* (۱) پادشاه (۲) والا رتبه - مطلق - مستقل- عالی - سودمند ، مؤثر - شاهانه
sov'ereignty (*-ti*) *n.* پادشاهی ، سلطنت - حاکمیت - قلمرو پادشاه - اقتدار - برتری
soviet (*sou'-* ; *sɔv'-*) *n.* [Rus.] شورای کارگران و کشاورزان و سربازان
the S. Republics جماهیر شوروی
sow (*sou*) *vt.* [sowed ; sown or sowed] کاشتن ، افشاندن
s. with seeds تخم کاشتن در
sow (*sau*) *n.* خوكِ ماده ، ماده خوك
sown [*pp.* of sow]
soy (*sɔi*) *n.* قسمی سُس درچین وژاپن
spa (*spa:*) *n.* چشمه معدنی
space (*speis*) *n.* & *vt.* (۱) فضا -

جا ـ فاصله (۲) ازهم فاصله دادن
open s. میدان ، فضا ، صحن
double s. با دو خط فاصله
s. out زیاد فاصله دادن ، گشادتر کردن
spa'cious (*-shəs*) *a.* جادار ، وسیع
spade (*speid*) *n.* & *vt.* (۱) بیل ـ خالِ توبوزی (۲) بیل زدن ، کندن
spaghetti (*spəget'i*) *n.* اسپگتی : قسمی ماکارونی
spake {Arch. *p.* of speak}
span *n.* & *vt.* {-ned} (۱) وجب ـ چشمه ، دهانه ـ جفت (۲) وجب کردن ـ پُل زدن روی (رودخانه‌ای)
span {Arch. *p.* of spin}
span'gle *n.* & *vt.* پولك (زدن)
Span'iard (*-iəd*) *n.* اسپانیولی
span'iel (*-əl*) *n.* یکجور سگِ مو دراز و آویخته گوش
Span'ish *a.* & *n.* اسپانیولی
spank *vt.* & *n.* (۱) بادست ضربت بکفل (کسی) زدن (۲) ضربت بکفل
span'king *a.* {s. breeze} تند
spanner (*span'ə*) *n.* آچار
spar (*spa:*) *n.* & *vi.* {-red} (۱) تیر دگل ـ مشت بازی (۲) مشت ردّ و بدل کردن ـ {مج} جنگ کردن ـ یکی بدو کردن
spare (*spêə*) *a.*, *n.*, & *vt.* (۱) زیادی ـ یدکی ـ کم ـ لاغر (۲) (اسباب) یدکی (۳) زیادی دانستن و از دست دادن ـ بخشیدن ـ مضایقه کردن از
s. parts اسباب یا اشیاء یدکی
It will s. you trouble. زحمت شما را کم خواهد کرد
spa'ring *apa.* محتاط ، صرفه جو
s. of words کم حرف
spark (*spa:k*) *n.* & *vi.* (۱) جرقه ، برق ـ {مج} ذره (۲) جرقه دادن
spark ('') *n.* آدم بشاش وسرخوش
spar'kle (*spa:k'l*) *vi.* & *n.* (۱) برق زدن ـ کف کردن ، جوش زدن (۲) برق ، تلئلؤ
spark'(ling)-plug *n.* شمع {در اتوموبیل}
sparrow (*spar'ou*) *n.* گنجشك
spar'row-hawk *n.* قرقی
sparse (*spa:s*) *a.* تنك (*tonok*) ، گشادگشاد ، متفرق ، پراکنده
sparse'ly *adv.* بطور متفرق ، کم
s. populated کم جمعیت ، خلوت
Spartan (*spa':tən*) *n.* & *a.* (۱) اهلِ اسپارتا {یا بفرانسه اسپارت} (۲) بردبار و دلیر و ساده
spasm (*spazm*) *n.* تشنج موضعی ـ {مج} کار یا احساس ناگهانی
spasmodic (*spazmɔd'ik*) *a.* تشنجی ـ متناوب
spat *n.* & *v.* (۱) تخم صدف (۲) (تخم) ریختن
spat {*p.* & *pp.* of spit}
spatial (*spei'shəl*) *a.* فضایی ، فاصله‌ای
spats *npl.* قسمی زنگار کوتاه
spatter (*spat'ə*) *vt.*, *vi.*, & *n.* (۱) پاشیدن ـ آلودن (۲) پخش شدن ، ریختن (۳) ترشح ـ تپ‌تپ
spat'ula (*-yulə*) *n.* مرهم کش ـ مالهٔ رنگ
spawn (*spɔ:n*) *n.* & *v.* (۱) تخم ماهی یا صدف یا وزغ ـ {در قارچ} هاگ (۲) (تخم) ریختن
speak (*spi:k*) *v.* {spoke ; spoken (*spou'k'n*)} حرف زدن ، صحبت کردن ، سخن گفتن
s. the truth راست گفتن
s. out (*or* up) بی‌پرده سخن گفتن ـ بلندتر حرف زدن
s. well for معرفی کردن ، گواهی دادن
It is nothing to s. of قابل تعریف نیست ، آش دهن سوزی نیست

spea'ker (*-kə*) *n.* ناطق - نماینده - [در مجلس] رئیس

spea'king *apa.* حرف‌زن - فصیح - پرمعنی - واقع نما

We are not on s. terms. باهم حرف نمیزنیم ، باهم قهرهستیم

spear (*spiə*) *n.* & *vt.* (۱) نیزه (۲) نیزه زدن (به)

spear'man (*-mən*) *n.* [-men] نیزه دار

spear'mint *n.* نعناع

special (*spesh'1*) *a.* ویژه ، مخصوص ، خاص - استثنائی

specialist (*spesh'əlist*) *n.* متخصص

speciality (*-shial'iti*) *n.* رشتهٔ اختصاصی - حالت ویژه یا اختصاصی

specialize (*spesh'əlaiz*) *vi.* تخصص پیدا کردن یاداشتن

specialty (*-ti*) = speciality

specially (*spesh'əli*) *adv.* بطور ویژه

specie (*spi':shi*) *n.* پول مسکوك

spe'cies (*-shiz*) *n.* گونه ، نوع

specific (*spisif'ik*) *a.* ویژه ، مخصوص - معین - صریح - نوعی

specif'ically (*-kəli*) *adv.* بویژه ، مخصوصاً ، بخصوص - صریحاً - دقیقاً

specification (*-kei'shən*) *n.* تعیین ، تصریح - تشخیص - [درجمع] مشخصات

specify (*spes'ifai*) *vt.* معین یا معلوم یامشخص کردن - تصریح کردن

within the specified period در مدت مقرر یامعین

specimen (*spes'imən*) *n.* نمونه

specious (*spi':shəs*) *a.* موجه نما ، حق بجانب

speck *n.* & *vt.* (۱) خال - لك - ذره (۲) لك‌دار یا لکه‌دار کردن

speck'le (*spek'1*) *n.* & *vt.* (۱) خال - لکهٔ کوچك (۲) لك‌دار کردن - خالدار کردن

spec'tacle (*-tək'1*) *n.* تماشا - منظره -[در جمع] عینك شاخدار یاد سته‌دار

spec'tacled *a.* عینك دار

spectac'ular (*-yulə*) *a.* تماشایی

spectator (*-tei'tə*) *n.* تماشاچی ، ناظر

spec'tral (*-trəl*) *a.* طیفی - روح‌وار

spec'ter (*-tə*) *n.* روح - طیف

spec'trum (*-trəm*) *n.* [-tra] طیف ، بیناب

spec'ulate (*-yuleit*) *vi.* اندیشه کردن ، تفکر کردن - معاملات قماری یاسفته بازی کردن

speculation (*-lei'shən*) *n.* تفکر ، اندیشه ، تحقیقات نظری - سفته بازی

spec'ulative (*-yulətiv*) *a.* نظری - باطنی ، ذهنی - قماری

sped [*p.* & *pp.* of speed]

speech (*spi:ch*) *n.* سخن ، کلام - نطق

deliver a s. نطق کردن

speech'less *a.* بی زبان - نگفتنی

speed (*spi:d*) *n.* & *v.* [sped] (۱) سرعت - شتاب (۲) تند کردن [با up] - سرعت گرفتن (یا داشتن) [آگاهی - در معنی « تند کردن یاسرعت گرفتن » گذشته و اسم مفعول این فعل speeded میشود]

God s. you ! خدا بهمراه

spee'dily *adv.* باشتاب ، سریعاً

spee'diness *n.* سرعت ، شتاب

speedometer (*-dɔm'itə*) *n.* مسافت سنج

speed'-way *n.* جاده برای وسایط نقلیهٔ تندرو

speedy (*spi':di*) *a.* تند ،

سریع - فوری

spell *vt.* {spelt *or* spelled} هجی کردن، املاء کردن - درست نوشتن - [مج] متضمن بودن

Those letters s. "hat." با آن حروف کلمه hat درست میشود

s. out بزحمت فهمیدن

spell *n.* افسون ،طلسم - فریبندگی

spell *n.* نوبت - وهله - مدت

spell'bound *a.* طلسم شده

spell'ing *n.* املاء ، هجی

spelt {*p.* & *pp.* *of* spell}

spelt *n.* قسمی گندمِ جونما

spend *vt.* & *vi.* {spent} (۱) خرج کردن - بسر بردن ، صرف کردن (۲) مصرف شدن ، تمام شدن

spend'thrift *n.* آدم ولخرج

spent {*p.* & *pp.* *of* spend}

sperm (*spə:m*) *n.* منی ، نطفه

spermaceti (*-məset'i* ; *-si':ti*) *n.* موم کافوری ، روغن سرِ نهنگ

sperm'-whale *n.* نهنگِ عنبر

spew (*spiu:*) *v.* قی کردن

sphere (*sfiə*) *n.* کره ،گوی ، جسم کروی -سپهر - [مج] حوزه ، قلمرو

spher'ical (*-k'l*) *a.* کرَوی

spheroid (*sfi'ərɔid*) *n.* شبه کره

sphinx (*sfinks*) *n.* ابوالهول

spice (*spais*) *n.* & *vt.* (۱) ادویه (۲) ادویه به (چیزی) زدن

spi'ciness *n.* تندی ، زنندگی

spick and span نو نو - پاكِ پاك

spicy (*spai'si*) *a.* ادویه زده - [مج] تند

spider (*spai'də*) *n.* عنکبوت ، کارتنهٔ

spigot (*spig'ət*) *n.* توپی

spike (*spaik*) *n.* & *vt.* (۱) میخ بزرگ -سیخ - سنبله (۲) میخ کوب کردن - سوراخ کردن - [بصیغهٔ اسم مفعول] میخدار

spike'nard (*-na:d* ـناد) *n.* (روغن) سنبل هندی

spiky (*spai'ki*) *a.* (دارای میخهای) تیز

spill *vt.* & *vi.* {spilled *or* spilt} (۱) ریختن - انداختن ، پرت کردن (۲) ریختن

spill *n.* تیکهٔ کاغذ یا چوب که برای روشن کردن چراغ بکار میبرند

spilt {*p.* & *pp.* *of* spill}

spin *vt.* & *vi.* {spun}, & *n.* (۱) ریستن - بافتن - فر دادن (۲) فر خوردن (۳) فِر - سواری مختصر

s. out بتفصیل گفتن - بسر بردن

spin'ach ; **-age** (*-ij*) *n.* اسفناج

spinal (*spai'n'l*) *a.* فقراتی - پشتی ، ظهری - صلبی

s. column تیرهٔ پشت ، ستون فقرات

s. cord مغز تیره ، نخاع ، مغز حرام

spin'dle (*-d'l*) *n.* دوك - میله

spin'drift *n.* ترشح امواج

spine (*spain*) *n.* ستون فقرات ، تیرهٔ پشت - برآمدگی تیز

spine'less *a.* فاقد ستون فقرات - [مج] بیعزم ، فاقد تصمیم و جرأت

spinet' *n.* قسمی پیانوی قدیمی

spinner (*spin'ə*) *n.* نخ ریس

spin'ning *n.* نخ ریسی ، ریسندگی

spins'ter (*-tə*) *n.* دختر خانه مانده

spiny (*spi'ni*) *a.* خاردار - [مج] برزحمت

spiral (*spai'ərəl*) *a.*, *n.*, & *vi.* (۱) مارپیچ ، پیچاپیچ - حلزونی (۲) فنر مارپیچ (۳) مارپیچ شدن

spire (*spai'ə*) *n.* میل بالایِ مناره - مارپیچ

spir'it *n.* روح ، روان - جنی - [مج] دل ، جرأت - جوهر - الکل - [در جمع] مشروبات الکلی

the Holy S. روح القدس
motor s. بنزین
in (good) spirits سرِ خلق
out of spirits افسرده ، بیکر
spir'it *vt.* بطور مرموز بردن [با away یا off]
spir'ited *ppa.* باروح - سرزنده - دلیر
spir'it-lamp *n.* چراغ الکلی
spir'itual (-*richuəl*) *a.* روحانی
Lords S. روحانیون مجلس اعیان
spir'itualism (-*izm*) *n.* اعتقاد به‌ارتباط ارواح بازندگان
spiritual'ity (-*ti*) *n.* روحانیت
spir'itualize (-*laiz*) *vt.* روحانی کردن
spir'itually *adv.* بطور روحانی
spir'ituous (-*əs*) *a.* الکل دار
spirt (*spə:t*) = spurt
spit *n.* & *vt.* [-ted] (۱) سیخ (۲) بسیخ کشیدن - سوراخ کردن
spit *vi.* & *vt.* [spat] (۱) تف انداختن - فیف کردن [چون گربه] - مرکب پراندن (۲) انداختن- [با out] تف کردن
spite (*spait*) *n.* & *vt.* (۱) کینه، بغض ، غرض (۲) آزردن ، جر آوردن
in s. of باوجودِ - علی رغمِ
in s. of the fact that باوجود اینکه
spite'ful *a.* کینه‌دار - ناشی ازکینه
spite'fully *adv.* از روی کینه
spit'fire *n.* آدم آتش مزاج
spit('tle) *n.* تف ، آب دهان
spittoon (*spitu:n'*) *n.* تف‌دان ، خلط دان
splash *n.*, *vi.*, & *vt.* (۱) ترشح-لکه - [مج] خودنمائی (۲) ترشح کردن - (بآب) زدن - شلپ شلپ کردن (۳) (با ترشح) آلوده کردن - پاشیدن
They splashed (their way) through the mud. زدند بگل و رد شدند
splash'-board *n.* گل گیر
splay (*splei*) *vt.*, *n.*, & *a.* (۱) بطور اُریب گشاد کردن (۲) بخ (۳) بخ دار
spleen (*spli:n*) *n.* - اسپرز ، طحال - [مج] افسردگی ، سودا - ترشرویی - کینه
splen'did *a.* باشکوه - تابان- شایان
splen'dour (-*də*) *n.* شکوه ، جلال - درخشندگی ، تشعشع - رونق
splenet'ic (*spli-*) *a.* کج حلق
splice (*splais*) *vt.* & *n.* (۱) بهم تابیدن - نیمه نیمه روی هم گذاشتن (۲) پیوند
get spliced [Col.] پیوند یا وصلت کردن
splint *n.* تختهٔ شکسته بندی
splin'ter (-*tə*) *v.* & *n.* (۱) شکافتن (۲) قاش ، ریزه ، خرده
split *vt.* & *vi.* [split], & *n.* (۱) شکافتن - دو نیم کردن (۲) ترك برداشتن (۳) ترك - انشعاب ، شقاق - نیم بطری (مشروب یاسودا)
s. hairs مته به خشخاش (یا بغلِ خشخاش) گذاشتن
s. one's sides از خنده روده ُبرشدن
s. the difference میانه را گرفتن
I have a splitting headache. سرم (از درد) نزدیك است بترکد
in a s. second بیك چشم برهم زدن ، بیك طرفة العین
split peas لپه (نخود)
splodge (*spləj*) or splotch (*splɔch*) *n.* لکه
splurge (*splə:j*) *n.* [Col.] خودنمائی بوسیله زیاد پول خرج کردن - تظاهر با هاییو
splutter (*splʌt'ə*) = sputter

spoil (*spɔil*) *n.*, *vt.*, & *vi.* [-ed or spoilt] (۱) غنیمت - [مج] درآمد (۲) ضایع یا بد عادت یا لوس کردن - تاراج کردن (۳) فاسد شدن

spoil'-sport *n.* موی دماغ ، سرِخر

spoilt [*p.* & *pp.* of spoil]

spoke (*spouk*) *n.* پرهٔ چرخ - پله نردبان

spoke (,,) [*p.* of speak]

spoken [*pp.* of speak]

spokes'man *n.* [-men] سخنگو

spoliation (*spouliei'shən*) *n.* غارت - ضبطِ کشتی بیطرف

sponge (*spʌnj*) *n.*, *vt.*, & *vi.* (۱) ابر ، اسفنج (۲) با ابر پاك کردن - [با up] جذب کردن - انگل‌وار بدست آوردن (۳) انگل شدن

throw up the s. سپر انداختن

He sponged on me for his dinner. ناهار را انگل من شد

sponge'-cake *n.* کیك سبك و نرم

spon'ger (*-jə*) *n.* انگل ، سورچران

spon'giness *n* خاصیت اسفنجی

spongy (*spʌn'ji*) *a.* اسفنجی ، پوك

sponsor (*spɔn'sə*) *n* پدر یا مادرِ تعمیدی - ضامن - مسئول برنامه رادیو

sponsored by تحت نظرِ - بضمانتِ

spontaneity (*-təni':iti*) *n.* صرافتِ خود بخود - طیب خاطر - بی اختیاری

spontaneous (*-tei'niəs*) *a.* ناشی از طیب خاطر - خود بخود - بی‌اختیار

s. generation خلق‌الساعه

sponta'neously *adv* خود بخود

spook (*spu:k*) = ghost

spoo'ky (*-ki*) *a.* [Col.] روح‌مانند- روح وار

spool (*spu:l*) *n* قرقره ، غرغره- ماسوره

spoon (*spu:n*) *n.* & *vt* (۱) قاشق (۲) با قاشق برداشتن [با up یا out]

spoon (,,) *vi.* [Col.] احمقانه و پیش روی مردم عشق بازی کردن

spoon'ful *n.* (مقدار) یك قاشق

spoor (*spuə*) *n.* ردّ پای جانور

sporad'ic *a.* تك و توك - متفرق

spore (*spɔ:*) *n.* هاگ ، تخم (میکروب)

sport (*spɔ:t*) *n.*, *vi.*, & *vt.* (۱) اسپرت ، ورزش تفریحی - شوخی - استهزاء (۲) تفریح کردن ، بازی کردن (۳) نمایش یا جلوه دادن

make s. of دست انداختن

spor'ting *a.* نماینده روحِ ورزشکاران - دارای روح ورزشکاری

spor'tive (*-tiv*) = playful

sports'man *n.* [-men] کسیکه مایل به شکار وورزش های تفریحی است، اهل اسپرت - کسیکه دربازی جر نزند

sports'manlike *a.* در خورِ ورزش کاران - جوانمردانه

sports'manship *n.* عشق به اسپرت - صفات نیكِ ورزش کاران

spot (*spɔt*) *n.*, *vt.*, & *vi.* [-ted] (۱) نقطه ، محل - خال - داغ - لك - لکه - [د. گ.] خرده ، چکه (۲) خال دار یا لکه دار کردن - [د. گ] تشخیص دادن (۳) لك برداشتن

on the s. فی‌المجلس، نقداً - بی‌درنگ - درمحل - جابجا

put on the s. [Col.] گرفتار وضع نا مطلوب کردن - تصمیم به کشتن (کسی) گرفتن

s. price بهای جنس درمعامله نقدی

spot'less *a.* بی‌لکه - بی‌عیب - پاك

spot'light *n.* نور متمرکز

spot'ted *ppa.* خالدار - لك‌دار

spotty (*spɔt'i*) *a.* لکه‌دار - ناهموار ، ناجور
spouse (*spauz*) *n.* همسر
spout (*spaut*) *n.*, *vi.*, & *vt.* (۱) لوله - دهانهٔ‌شیر - ناودان - فوّاره (۲) جستن ، فواره زدن (۳) پرانیدن - با افاده گفتن
 up the s. {Col.} درگرو
sprain (*sprein*) *vt.* & *n.* (۱) رگ به رگ کردن (۲) پیچش ، رگ به رگ شدگی
sprang {*p.* of spring}
sprat *n.* قسمی ماهی کوچك
sprawl (*sprɔ:l*) *vi.* & *vt.* (۱) گل و گشاد نشستن - هرزه روییدن (۲) پهن وگشاد کردن
spray (*sprei*) *n.* & *vt.* (۱) ترشح ، رشحه - ترکهٔ برگ‌دار یاگلدار - گرد داروبی (۲) پاشیدن
 s. a tree درختی را سم پاشی کردن
spray'er (*-ə*) *n.* تلمبهٔ سم پاشی یا گرد افشانی ، تلمبهٔ امشی وامثال آن
spread (*spred*) *vt.*, *vi.*, & *n.* (۱) پهن کردن - منتشر کردن (۲) پهن شدن - منتشر شدن (۳) انتشار ، شیوع - وسعت ، پهنا - { اصطلاح امریکائی } قاتقی که روی نان بمالند - {د.گ.}سور خرّاجی و خود نمائی
 s. oneself کردن - در چند رشته خود را آلوده کردن - { د. گ. } کلام را طولانی کردن یا آب وتاب دادن
spree (*spri:*) *n.* خوشی ،کیف - (روز) سور
 go on the s. کیف بامستی کردن
sprig *n.* ترکه - گل وبته
sprigged *a.* گل و بته دار
sprightly (*sprait'li*) *a.* خوش ، بانشاط ، بشاش - سرزنده- باروح
spring *n.*, *vi.* & *vt.* {sprang ; sprung} {مج} (۱) بهار - چشمه ، منبع - فنر - جست (۲) جستن ، پریدن - سبز شدن، درآمدن - پدید آمدن - تاب یاترك برداشتن (۳)جهانیدن - شکستن - بافنر باز و بسته کردن - منفجر کردن
spring'-balance *n.* ترازوی فنری
spring'-board *n.* تختهٔ شیرجه‌وپرش
spring'-bok *n.* قسمی آهوی کوچك افریقائی
spring'-tide *n.* جزرومد کامل
sprin'gy (*-gi*) *a.* فنری ، قابل ارتجاع
sprin'kle *vt.* & *vi.* (۱) پاشیدن - افشاندن (۲) ترشح کردن ، پاشیده شدن
sprink'ler (*-lə*) *n.* آب پاش
sprint *n.* دوِ کوتاه و تند
sprite (*sprait*) *n.* جنی ، پری
sprocket (*sprɔk'it*) *n.* دندانهٔ دورِ چرخ
sprout (*spraut*) *vi.*, *vt.*, & *n.* (۱) جوانه‌زدن (۲) سبز کردن (۳) جوانه
spruce (*spru:s*) *a.* & *v.* (۱) آراسته ، پاکیزه ، شیك {لفظ فرانسه} - (۲) (خود را) آراستن
spruce (,,) *n.* صنوبر
sprung {*pp.* of spring}
spry (*sprai*) *a.* چابك ، چالاك
spud (*spʌd*) *n.* & *vt.* (۱) بیلچه برای کندن گیاه هرزه (۲) با بیلچه درآوردن {بیشتر با up یا out}
spue (*spiu:*) = spew
spume (*spiu:m*) *n.* & *vi.* (۱) کف (۲) کف کردن
spun {*p.* & *pp.* of spin}
spunk (*spʌnk*) *n.* {Col.} دل ، جرأت
spur (*spə:*) *n.* & *vt.* {-red}

(۱) مهمیز (۲) مهمیز زدن - [مج] تحریك كردن
on the s. of the moment باقتضای وقت ، بدون تهیه قبلی
s. track خط کور یا بن بست
win one's spurs - شهرت یافتن [در قدیم] بدرجه knight رسیدن
spurious (*spiu'əriəs*) *a.* - قلابی - جعلی - ساختگی ؛ مصنوعی - حرامزاده
spurn (*spə:n*) *vt.* رد کردن
spurt (*spə:t*) *vi.*, *vt.*, & *n.* (۱) ناگهان جاری شدن ، فوران کردن - یکمرتبه بکارافتادن (۲) پراندن(آب) - (۳) جریان یا احساسات یا کوشش ناگهانی و مختصر
put a s. on [Col.] عجله کردن، شتاب کردن
sputter (*spʌt'ə*) *v.* با خشم (سخن) گفتن - (تف) پراندن
sputum (*spiu':təm*) *n.* تف - خلط
spy (*spai*) *n.*, *vi.*, & *vt.* (۱) جاسوس (۲) جاسوسی کردن (۳) بدقت دیدن
s. into نهانی دیدن
s. upon پاییدن
spy'-glass *n.* قسمی تلسکپ کوچك ["تلسکپ" لفظ فرانسه است]
squab'ble (*skwɔb'l*) *n.* & *vi.* (۱) داد و بیداد [درسر چیزهای جزئی] (۲) داد و بیداد کردن
squad (*skwɔd*) *n.* دسته ، جوخه
squad'ron (*-rən*) *n.* [نظ] اسواران - بخش - دسته‌ای از مردم
squalid (*skwɔl'-*) *a.* - چرك - بدنما - پست
squall (*skwɔ:l*) *n.* & *vi.* (۱) طوفان مختصر - جیغ (۲) جیغ زدن
squalor (*skwɔl'ə*) *n.* چرکی-پستی
squander (*skwɔn'də*) *vt.* برباد دادن ، تلف کردن

square (*skwêə*) *n.*, *a.*, *adv.*, *vt.*, & *vi.* (۱-۲) چارگوش ، مربع (۱) میدان - گونیا - [ر] توانِ دوم ، مجذور (۲) پهلودار ، گوشه‌دار - صاف، هموار- صریح ، صِرف - [د.گ.] درست ، حسابی (۳) درست ، منصفانه (٤) چارگوش کردن - به توان دوم بردن - هموار یاتصفیه کردن - دم(کسیرا) دیدن (٥) جور بودن ، موافق بودن
on the s. بدرستی - منصفانه
s. root [ر] ریشه ، جذر
s. accounts with خرده حساب پاك‌کردن با ، انتقام‌کشیدن از
s. up to a person باحریف مواجه و آمادهٔ بوکس شدن
square'ly *adv.* بدرستی - درست روبرو
square'-shouldered *a.* چهار شانه
squash (*skwɔsh*) *n.* کدو
squash (,,) *vt.*, *vi.*, & *n.* (۱) له‌کردن - [مج] ساکت کردن (۲) با فشار خود را جا دادن (۳) چیز له شده - ازدحام - شربت‌آبلیمو وامثال آن
squash (,,) *n.* یکجور توپ بازی‌که مانند است به **rackets**
squash'-hat *n.* کلاه نمد نرم
squash'y *a.* زیاد نرم ، له
squat (*skwɔt*) *vi.* [-ted], & *a.* (۱) چنباتمه زدن - بی‌اجازه در زمینی ساکن شدن (۲) خپل ، چاق وکوتاه
squaw (*skwɔ:*) *n.* زن سرخ پوست امریکایی
squawk (*skwɔ:k*) *n.* & *vi.* (۱) صدای بلند وزننده (مرغ یا اردك)- (۲) بلند صدا کردن - [د.گ.] نالیدن
squeak (*skwi:k*) *n.* & *vi.* جیغ (زدن) - جیك (زدن) - [به معانی **squeal** نیز رجوع شود]
have a narrow s. جان مفت بدر بردن
squeal (*skwi:l*) *n.* & *vi.* (۱)

جیغ (۲) جیغ‌زدن ـ ناله یاشکایت‌کردن ـ پرده دری‌کردن ، دیگران را لو دادن

squeamish (*skwi':-*) *a.* نازك طبع ، اندك رنج ، نازك نارنجی

squeegee (*skwi':ji:*) *n.* قسمی پاروکه لبهٔ لاستیکی دارد و زمین را با آن از آب و گل پاك می کنند

squeeze (*skwi:z*) *vt.* & *n.* (۱) فشار دادن ، چلاندن ـ آب‌گرفتن از [**s. lemons**] ـ گرفتن ، فشردن ـ بزور بازکردن (۲) فشار ـ ازدحام

squee'zer (*-zə*)*n.* لیموفشار، آبلیموگیر

squelch (*skwelch*) *vt.* & *n.* (۱) خرد کردن ـ ساکت کردن (۲) صدای بیرون‌کشیدن چیزی ازگل

squib (*skwib*) *n.* فیش فیشه یا طرقه ـ [مج] هجو

squid (*skwid*) *n.* قسمی ماهی مرکب

squint (*skwint*) *n.* & *vi.* (۱) لوچی ـ نگاه زیرچشم (۲) چپ نگاه‌کردن

squint'-eyed *a.* لوچ ، چپ ، احول

squire (*skwai'ə*) *n.* & *vt.* (۱) ملاك عمده (در ده و مانند آن) ـ لقبی که از **gentleman** بالاتر و از **knight** پائین‌تر است ـ زن نواز (۲) همراهی‌کردن با (زن)

squirm (*skwə:m*) *vi.* لولیدن

squirrel (*skwir'əl*) *n.* سنجاب

squirt (*skwə:t*) *n.* & *v.* (۱) آب دزدك ـ جریان یا فوارهٔ کوچك (۲) (آب) پراندن

s. s. [مختصر **steamship**]

St. [مختصر **Street** و **Saint**]

stab *vt.* [**-bed**] & *n.* (۱) خنجر زدن ـ سوراخ‌کردن ـ فرو کردن ـ [مج] جریحه‌دارکردن (۲) زخم ـ ضربت باخنجر

s. (*vi.*) **at some one** بکسی حمله کردن ، چاقوکشیدن

s. in the back حملهٔ خائنانه

stabil'ity (*stə-*) *n.* استحکام ـ ثبات

stabilisation (*-zei'shən*)*n.* تثبیت

stabilise (*stei'bilaiz*; *stab'-*) *vt.* تثبیت‌کردن ـ بحالت موازنه در آوردن

stable (*stei'bl*) *a.* استوار ، محکم ـ ثابت

stable (,,) *n.* & *vt.* (۱) طویله (۲) در طویله بستن

staccato (*stəkah'tou*) *a*(*dv.*) [مو]جدا جدا ، بریده ، مقطع [**It.**]

stack *n.* & *vt.* (۱) توده ،کومه ـ دودکش (۲) توده کردن ، انباشتن ـ صفافی یا دج بندی‌کردن

stadium (*stei'diəm*) *n.* ورزشگاه

staff *n.* چوب دستی ـ دستك ، تیر ـ [مو] حامل [در این معنی جمع آن **staves** میشود] ـ کارکنان ، کارمندان

the s. of life مایه زندگی [یعنی نان]

the General S. ستاد ارتش

stag *n.* گوزن نر

stage (*steij*) *n.* & *vt.* (۱) صحنه ، سن [لفظ فرانسه] ـ مرحله ، منزل (۲) روی صحنه یا سن آوردن

go on the s. هنرپیشگی‌کردن

s. manager کارگردان نمایش

It does not s. (*vi.*) **well.** روی صحنه خوب در نمی‌آید

stage'-coach *n.* دلیجان [مأخوذ از **diligence** لفظ فرانسه]

sta'ger *n.* — **old s.** آدم کهنه‌کار، کرگ باران دیده

stage'-struck *a.* عاشق هنرپیشگی

stagger (*stag'ə*) *vi.* & *vt.* (۱) تلوتلو خوردن (۲) گیج کردن ، دچار تردیدکردن

sta'ging *n.* چوب بست ـ صحنه گذاری

stag'nant (*-nənt*) *a.* راکد ، ایستاده - خوابیده ، کاسد - بیروح
stag'nate (*-neit*) *vi.* راکد ماندن
stagnation (*-nei'shən*) *n.* رکود ، ایستادگی
sta'gy (*-ji*) *a.* مناسب صحنه ، مصنوعی - دارای حرکات هنرپیشگی
staid (*steid*) *a.* متین ، موقر - ثابت
stain (*stein*) *n.*, *vt.*, & *vi.* (۱) لك ، لکه - آلودگی - ننگ - رنگ (۲) لك‌دار یا چرك کردن - رنگی کردن (شیشه) - (۳) رنگ‌خوردن - لك برداشتن
stain'less *a.* زنگ نزن ، سیاه نشو
stair (*stêər*) *n.* پله - {در جمع} پلکان
stair'case *n.* (رشته) پلکان
stair'-rod *n.* میل فلزی برای فرش پلکان
stake (*steik*) *n.* & *vt.* (۱) میخ‌چوبی - تیر - گرو ، شرط - {درجمع} جایزهٔ پولی (۲) با چوب نگاه داشتن - میخچه کوبی کردن {با off یا out} - بستن (شرط)
suffer at the s. زنده سوخته شدن
at s. درخطر - درگرو - نامعلوم
stake'holder (*-houldə*) *n.* کسی که پول‌شرط (بندی) را نزد او می سپارند
stalactite (*stal'əktait*) *n.* کلفهشنگ
stalagmite (*stal'əgmait*) *n.* کل فهشنگ وارونه
stale (*steil*) *a.* مانده ، کهنه ، بیات
stale'mate (*-meit*) *n.* & *vt.* پات (کردن)
stale'ness *n.* کهنگی ، شب ماندگی
stalk (*stɔ:k*) *n.* & *vi.* (۱) ساقه (۲) خرامیدن - دزدانه سوی شکار رفتن
stall (*stɔ:l*) *n.*, *vt.*, & *vi.* (۱) جای یك اسب در طویله - غرفه ، دکان چه - بساط - {در تماشاخانه} لژ {لفظ فرانسه} - (۲) درآخور بستن - پروار کردن - از حرکت باز داشتن (۳) فرو رفتن {در گل} - از جنبش ایستادن
stall'-fed *a.* پروار ، پرواری
stallion (*stal'iən*) *n.* نریان
stalwart (*stɔ:l'wət*) *a.* ستبر ، تنومند ، قوی - باجرأت - صاحب عزم
stamen (*stei'-*) *n.* {گ ش} برچم
stam'ina (*-nə*) *n.* بنیه - طاقت
stammer (*stam'ə*) *vi.* & *vt.* (۱) لکنت داشتن (۲) با لکنت گفتن
stam'merer (*-ərə*) *n.* (شخص) الکن
stamp *n.*, *vt.*, & *vi.* (۱) مُهر ، نقش ، اثر - باصمه - چاپ - سرسکه - تمبر {لفظ فرانسه} - لگد - تخماق ، کلوخ کوب (۲) تمبر زدن - مهر زدن - باصمه زدن - نشان‌دادن ، مشخص کردن - کوبیدن (۳) پا بزمین زدن
He is not of that s. از آن جنس یا خمیره نیست - جنم آن را ندارد
s. on the mind خاطر نشان کردن
s. one's foot پا بزمین زدن
s. out فرونشاندن - خرد کردن
It is insufficiently stamped. کم تمبر خورده است
stampede (*-pi:d'*) *n.*, *vi.*, & *vt.* (۱) رم ، وحشت - هجوم (۲) رم کردن ، گریختن (۳) رم دادن
stamp'-pad *n.* (جای) استامپ
stamp'-duty *n.* حق تمبر
stance *n.* وضع پا هنگام توپ زدن
stanch = **staunch**
stan'chion (*-shən*) *n.* پایه ، تیر
stand *vi.* & *vt* {stood} & *n.* (۱) ایستادن - واقع‌شدن (۲) واداشتن - تحمل کردن - ازدست ندادن (۳) ایست ، مکث - مقام - پایه ، میز کوچك ، بساط ، دکان‌چه - توقف‌گاه - سکو ، صحن
as matters s. با وضع کنونی

s. first اول بودن
s. by شتی کردن از - وفا کردن - ناظر بودن
s. for داوطلب یا هوا خواه یا نمایندهٔ . . . بودن
s. in شرکت کردن
It will s. me in Rials 100.
صد ریال برای من تمام خواهد شد ، صد ریال مرا خواهد غلتاند
s. some one a drink بول مشروب کسی را دادن ، کسیرا بمشروب مهمان کردن
s. out برجسته بودن - دوام کردن
s. over معوّق ماندن ، عقب افتادن
s. to انجام دادن
I s. to it that جداً عقیده دارم که
s. up پاشدن ، برخاستن - پشتی یا حمایت از (کسی) کردن [با for]
s. up to رو برو شدن با
s. guarantor ضامن شدن
come to a s. متوقف شدن
take one's s. جاگرفتن ، جاگزیدن
He took his s. on my words.
سخنان مرا مأخذ قرار داد
a s. for a vase زیر گلدانی
stan'dard (*-dəd*) *n.* & *a.*
(۱) برچم ، علم - نمونهٔ قانونی (سنگ‌ها و اندازه ها) - میزان : عیار قانونی - مأخذ - پایه (۲) مقرر ، قانونی، نمونه، قبول شده ، متحدالشکل شده
s.-bearer برچم‌دار ، پیشوا
stan'dardize (*-dədaiz*) *vt.*
با نمونه یاعیار قانونی مطابق کردن - متحدالشکل کردن ، نمونه قرار دادن
stan'ding *apa.* & *n.* (۱) ایستاده، راکد - مقرّر - ثابت - سرِ با ، نچیده [s. crop] - (۲) وضع - شهرت
s. property اعیان ، اعیانی
of good s. معتبر
of long s. طولانی ، بادوام

stand-offish (*-ɔf'ish*) *a.* کناره گیر
stand'point *n.* لحاظ، (نقطه) نظر
stand'still *n.* ایست ، وقفه - سکته
come to a s. بحال ایست درآمدن، متوقف شدن
stand'-up *a.* برنگردانده ، عربی [a s. fight] - حسابی [در یخه]
stank [*p.* of stink]
stan'za (*-zə*) *n.* [درشعر] بند - قطعه
staple (*stei'p'l*) *n.* & *a.* - دزه - مفتول ، سیم ته دوزی
sta'ple (,,) *n.* & *a.* (۱) کالای عمده -[درپشم یاپنبه] رشته ، نخ ، مو - [مج]مایه ، اصل (۲) عمده ، اساسی
sta'pling *n.* ته دوزی
star (*sta:*) *n.* & *vt.* [-red]
(۱) ستاره (۲)ستاره‌دار کردن - ستاره معرفی کردن
fixed stars ستارگان ثابت ، ثوابت
starboard (*sta':bəd*) *n.* سمت راست کشتی [از پاشنه به سینه]
starch (*sta:ch*) *n.* & *vt.* (۱) نشاسته -آهار (۲) آهار زدن
starchy (*sta':chi*) *a.* - نشاسته‌ای شق ، سفت -[مج] خشك ، غیرمعاشر
stare (*stêə*) *v.* & *n.* (۱) خیره نگاه کردن (به) - (۲) نگاه خیره
s. one in the face - آشکاربودن قریب‌الوقوع بودن - حتمی بودن
s. out of countenance از رو بردن
staring mad باك دیوانه
star'fish *n.* ستارهٔ دریایی
star'-gazer *n.* نجوم‌بین - آدم گیج
stark (*sta:k*) *a.*, & *adv.* (۱) صِرف - سخت - نیرومند (۲) بکلی
s. naked بکلی لخت ، لخت مادرزاد
starling (*sta':-*) سار [نام برنده]
star'-lit *a.* روشن از نور ستاره
starry (*sta':ri*) *a.* - پُر ستاره

درخشان

start (*sta:t*) *vi., vt.,* & *n.* (۱) عازم شدن ، حرکت کردن - رم کردن (۲) شروع کردن - براه انداختن - دایر کردن - رم دادن (۳) عزیمت، حرکت - شروع - آغازگاه - سبقت - رم

s. on a journey عازم سفر شدن

s. out اقدام کردن - قصد کردن

s. up از جا پریدن - رخ دادن

s. off شروع کردن - شروع شدن

to s. with اولاً - در ابتدا - اصلاً

get the s. of سبقت جستن بر

starter (*sta':tə*) *n.* آغازگر - دایر کننده

startle (*sta':t'l*) *vt.* ازجاپراندن، تکان دادن ، ترساندن

starvation (*-vei'shən*) *n.* دچاری به گرسنگی.

starve (*sta:v*) *vi.* & *vt.* (۱) گرسنگی کشیدن - ازگرسنگی مردن - اشتیاق داشتن (۲) گرسنگی دادن - از گرسنگی (یاسرما) کشتن

starveling (*sta:v'-*) *n.* & *a.* (۱) آدم یا جانور گرسنه مانده (۲) گرسنه (نما)

state (*stait*) *n.* & *a.* (۱) حالت - وضع - شأن- دولت ، ملت - کشور- ایالت (۲) کشوری - دولتی - سیاسی - رسمی

It is in a bad s. of repair. خراب است ؛ محتاج بتعمیر است

the United States of America ایالات (یاکشورهای) متحد امریکا

in s. در انظار مردم (افتاده)

in great s. بادم ودستگاه ، با تشریفات ، با خدم وحشم

state (,,) *vt.* اظهار داشتن ، بیان کردن - معین کردن ، تعیین کردن

state'craft *n.* سیاست مداری

sta'ted *ppa.* معین (شده)

state'ly (*-li*) *a.* باوقار - مجلل ، با شکوه

state'ment (*-mənt*) *n.* اظهار ، گفته - بیانیه - اظهاریه - صورت (حساب)

state'room (*-rum*) *n.* اطاق خصوصی درکشتی یا قطار

states'man (*-mən*) *n.* [-men] مرد سیاسی ، سیاست مدار ، زمامدار

states'manlike *a.* سیاست مدارانه

states'manship *n.* سیاسی دانی

stat'ic *a.* ساکن ، ایستاده

stat'ically *adv.* درحال ایستاده

stat'ics *npl.* مبحث اجسام ساکن

station (*stei'shən*) *n.* & *vt.* (۱) ایستگاه - جایگاه ، مرکز - رتبه - جا ، محل (۲) جا دادن - مقیم کردن

power s. کارخانهٔ برق

sta'tionary (*-shənəri*) *a.* ساکن ، ایستاده - ثابت - محلی

sta'tioner (*-nə*) *n.* نوشت افزار فروش

sta'tionery (*-nəri*) *n.* نوشت افزار ، لوازم‌التحریر

sta'tion-master *n.* رئیس ایستگاه

statis'tical (*-k'l*) *a.* آماری

statis'tically *adv.* از روی آمار

statistician (*stətistish'ən*) *n.* آمار شناس

statis'tics *npl.* آمار ، احصائیه

stat'uary (*-yuəri*) *n.* مجسمه‌ساز - مجسمه [بطور کلی]

stat'ue (*-yu:*) *n.* مجسمه ، پیکر

statuesque (*-esk'*) *a.* مجسمه‌وار

statuette (*-et'*) *n.* مجسمهٔ کوچک

stature (*stach'ə* ; *stat'yə*) *n.* قد ، قامت

status (*sei'təs*) *n.* وضع ، حالت - وضع اجتماعی یا قانونی - پایه ، شان

the s. quo [L.] وضع فعلی ، وضع کنونی

stat'ute (*-yu:t*) *n.* قانون - فریضه
stat'utory (*-yutəri*) *a.* قانونی، مقرّر
staunch (*stɔ:nch*) *a.* & *vt.* (۱) ثابت قدم - بی‌منفذ (۲) بند آوردن (خون)
stave (*steiv*) *n.* & *vt.* {**staved** or **stove**} (۱) تختهٔ خمیده {درچلیك} - {درشعر} بند - {مو} حامل (۲) سوراخ کردن ، تختهٔ (چیزیرا) شکستن . خرد کردن. {با **off**} دفع کردن
stay (*stei*) *vi.* & *vt.* (۱) ماندن ، توقف کردن - مکث کردن - تاب آوردن (۲) بتأخیرانداختن - نگاه داشتن {بیشتربا **up**} - جلوگیری کردن (از) - موقتاً سیر کردن
s. up بیدار ماندن
stay (,,) *n.* توقف ، مکث - تعویق - جلوگیری - بردباری ، طاقت - (درجمع) شکم بند - {درکشتی} بند ، مهار
s. of one's old age عصای پیری
stay'-at-home' *a.* خانه نشین
stay-in' strike اعتصاب (با توقف) درمحل کار
stead (*sted*) *n.* جا ، عوض
in his s. بجای او ، بعوضِ او
in s. of = instead of بجایِ ، بعوضِ
stand a person in good s. بحال کسی سودمند بودن
stead'fast (*-fəst*) *a.* ثابت قدم
stead'fastness *n.* ثبات ، استواری
stead'ily *adv.* (بطور) پیوسته و یك نواخت - بامداومت - ازروی ثبات
stead'iness *n.* یك نواختی - ثبات
steady (*sted'i*) *a.*, *vt.*, & *vi.* (۱) پیوسته و یك نواخت - محکم ، استوار - ثابت -ساعی (۲) یك نواخت کردن - محکم کردن - ثابت (قدم) کردن (۳) محکم شدن
steak (*steik*) *n.* تیکهٔ گوشت کبابی- بیفتك {لفظ فرانسه}
steal (*sti:l*) *vt.* & *vi.* {**stole**; **stolen** (*stou'lən*)} - (۱) دزدیدن - ربودن (۲) دزدی کردن - دزدکی (یا دزدانه) حرکت کردن
s. a look دزدانه نگاه کردن
s. a march on پیشدستی کردن بر
stolen goods مال دزدی ،کالای دزدیده شده ، اموال مسروقه
stealth (*stelth*) *n.* خفیه کاری
steal'thily *adv.* نهانی ، دزدکی
stealthy (*stel'thi*) *a.* پنهان ، زیر جلی
steam (*sti:m*) *n.*, *vt.*, & *vi.* (۱) بخار ، دمه (۲) با بخار پختن (۳) بخار بیرون دادن ، دود کردن - با بخار حرکت کردن
steam'boat *n.* کرجی یا کشتی بخار
steam'-boiler *n.* دیگ بخار
steam'-brake *n.* ترمز بخاری
steam'-engine *n.* ماشین بخار
steamer (*sti':mə*) *n.* کشتیِ بخار - ماشین بخار - قسمی قابلمه
steam'-gauge *n.* بخارسنج
steam'-roller (*-roulə*) *n.* جاده صاف کن ، غلتك
steam'ship *n.* کشتی بخار
steam'-tight *a.* مانع خروج بخار
steam'y (*-mi*) *a.* بخار مانند - بخاردار
steed (*sti:d*) *n.* اسب {در زبان ادبی یا شوخی}
steel (*sti:l*) *n.*, *a.*, & *vt.* (۱) پولاد (۲)فولادی (۳)پولادی کردن
cold s. اسلحهٔ سرد
steel'-clad *a.* زره پوش
stee'ly (*-li*) *a.* پولادی - آهنین
steel'yard (*-ya:d*) *n.* قپان
steenbok (*sti:n'bɔk*) *n.* قسمی بزِ کوهی در افریقا

steep (*sti:p*) *a.* تند ، سراشیب - [مج] گزاف - اغراق آمیز - دشوار

steep (,,) *vt.* خیساندن - [مج] غرق کردن

stee'pen (*-pən*) *v.* سراشیب کردن یاشدن ، تند کردن یاشدن

steeple (*sti':p'l*) *n.* ساختمانِ بلند در بالای کلیسا که میل یامناره‌ای داشته باشد ، برج

stee'plechase (*-cheis*) *n.* اسب دوانی با برش از موانع

steer (*stiə*) *vt.* & *vi.* (۱) راندن - [مج] اداره کردن (۲) رانده شدن

steer ('') *n.* گاو اخته (جوان)

steerage (*sti'ə:rij*) *n.* جایِ ارزان درکشتیِ مسافربری

steer'ing-wheel *n.* رُل ، فرمان - چرخ سکان ، فرمان سکان

steers'man = **helmsman**

stellar (*stel'ə*) *a.* ستاره‌ای

stem *n.*, *vt.*, & *vi.* [-med] (۱) ساقه ، تنه - میله - [درساعت] دستهٔ کوك - [درچپق] چوب - [درلغت] ریشه - [مج] شجره - [درکشتی] جلو ، دماغه (۲) سد کردن - جلوگیری کردن از - روبرو شدن با (۳) ناشی شدن

stem'-winder *n.* ساعت دسته کوك

stench *n.* بوی بد ، گند

sten'cil (*-s'l*) *n.* & *vt.* [-led] (۱) استنسیل [لفظ فرانسه] ، الگو - نقشهٔ الگویی (۲) استنسیل کردن

stenographer (*-nog'rəfə*) *n.* تند نویس

stenog'raphy (*-fi*) *n.* تند نویسی

stentorian (*-to':riən*) *a.* بلند [a s. voice]

step *n.*, *vi.*, & *vt.* [-ped] (۱) گام ، قدم - پله ، رکاب - [مو] فاصله - [مج] پایه ، مرحله - رتبه (۲) قدم زدن - آمدن ، قدم گذاشتن (۳) با قدم پیمودن ، قدم کردن

s. by s. پله پله ، قدم بقدم ، رفته‌رفته

take steps اقدامات بعمل آوردن

break step غلط پا برداشتن

keep s. to a band مطابق موزیك پا زدن

s. aside منحرف شدن - کنار رفتن

s. in دخالت کردن - تو آمدن

s. into بسهولت بدست آوردن

s. out تند راه رفتن

s. up افزودن ، زیاد کردن

s. a dance / **s. it** } رقصیدن ، دست افشاندن، پای کوبیدن

step'-brother *n.* نابرادری

step'-daughter *n.* نادختری

step'father *n.* شوهرِ مادر، ناپدری

step'-ladder *n.* نردبان دوطرفه

step'mother *n.* زن پدر ، نامادری

steppe (*step*) *n.* جلگهٔ پهن و بیدرخت در روسیه

step'ping-stone *n.* جاپا ، سنگِ زیرپا - [مج] وسیله (نیل بچیزی)

step'-sister *n.* ناخواهری

step'-son *n.* ناپسری، پسرِ زن یاشوهر

stereoscope (*ster'iəskoup*) *n.* (قسمی) جهان نما

ster'eotype (*-iətaip*) *n.* & *vt.* (۱) کلیشه [لفظ فرانسه] - (۲) کلیشه کردن

sterile (*stər'ail*) *a.* نازا ، عقیم - شوره ، بائر - خشك - سترون

steril'ity (*-ti*) *n.* نازایی - سترونی

ster'ilize (*-laiz*) *vt.* سترون کردن - نازا کردن - بیحاصل یابیهوده ساختن

sterling (*stə':-*) *a.* [صفت تمام عیار [لیرهٔ انگلیسی] - ظاهر و باطن یکی - [آگاهی - مختصرِ این کلمه **stg.** و علامت آن £ است . مثال : **£ 40**]

stern (*stə:n*) *a.* & *n.* (۱) سخت - سخت گیر - عبوس (۲) کفل ، دُبر -

پاشنه کشتی

stern'ness *n.* سخت‌گیری ـ درشتی

stertorous (*stə':tərəs*) *a.* صدادار ـ خرناس‌کشنده

stet [L.] بگذارید باشد ، نزنید

steth'oscope (*-əskoup*) *n.* گوشی

stevedore (*sti':vidɔ:*) *n.* متصدیِ بارگیری و بار اندازی کشتی

stew (*stiu:*) *v.* & *n.* (۱) آهسته پختن ـ با گرما یا بُخار پختن (۲) خورش ـ [مج] اضطراب و عصبانیت

Irish s. طاس‌کباب [تقریباً]

steward (*stiu:'əd*) *n.* ناظر ، وکیل خرج ، پیشکار ، سورساتچی ـ پیشخدمت

stew'ardship *n.* نظارت ، مباشرت ـ وکیل خرجی ، پیشکاری ـ پیشخدمتی

stew-'pan ;-pot *n.* کماجدان

stg. [مختصرِ sterling]

stick *n.* چوب ـ عصا ـ قلم ـ شمش ـ [در تریاک] لول ـ [مج] آدم غیر معاشر

stick *vi.* & *vt.* [stuck] (۱) چسبیدن ـ فرو رفتن ـ گیر کردن ـ ماندن ـ [با out] پیش آمدن [در گفتگوی از شکم] ـ (۲) چسباندن ـ فرو کردن ـ سوراخ کردن ـ [د.گ] تحمل کردن

s. to one's word سرِ قول خود ایستادن ، بقول خود وفا کردن

s. up for پشتی کردن

s. up to مقاومت کردن با

stuck up [Sl.] کیج ، حیران

stick'iness *n.* چسبندگی

stick'ing *apa.* چسبنده ، چسبناک

s.-plaster نوار چسب‌دار ، لوکوپلست [نام بازرگانی]

stick'ler (*-lə*) *n.* —

a s. for کسیکه زیاد به (چیزی) مقید است و در آن پافشاری میکند

sticky (*stik'i*) *a.* چسبناک ، چسبنده

stiff *a.* سفت ، شق ـ سیخ (شده) ـ خشک (و رسمی) ـ غیر معاشر ـ ناسلیس ـ دشوار ـ سنگین ـ سرسخت ـ غلیظ

s. neck خشکیِ گردن

make a s. denial پاک حاشا کردن

keep a s. upper lip خم به ابرو نیاوردن

stiff *n.* [Sl.] = corpse

stiff'en *vt.* & *vi.* (۱) سفت یا شق کردن ـ آهار زدن (۲) سفت یا سیخ شدن

stiff'ening (*-ən-*) *n.* آهار

stiff'-necked *a.* کله شق ، خودسر

stiff'ness *n.* سفتی ، شقیت ـ خشکی

stifle (*stai'fl*) *v.* (۱) خفه کردن یا شدن ـ خاموش کردن یا شدن ـ از بروز (چیزی) جلوگیری کردن

stig'ma (*-mə*) *n.* [-ta (*tə*)] داغ ، نشان ـ لکه ـ [گ‌ش] کلاله

stig'matize (*-mətaiz*) *vt.* داغ(دار) کردن ، نشان کردن ـ لکه‌دار کردن ، بی‌آبرو کردن

stile (*stail*) *n.* پلکان یا سنگچین (برای بالا رفتن از دیوار یا پرچین)

stiletto (*-let'ou*) *n.* [(e)s] دشنه ـ سوراخ‌کن

still *a.*, *n.*, & *vt.* (۱) آرام ، ساکت ـ بی‌جوش ، بی‌کف (۲) خاموشی ، سکوت (۳) آرام یا ساکت کردن

Keep s. ساکت باشید

still *adv.* هنوز [درجمله‌ای که فعل مثبت دارد چون -He is s. alive مقایسه شود با yet] ، باز ـ معهذا

still *n.* دستگاه تقطیر

still'-born *a.* مرده زاییده شده

still'-room *n.* (اطاق) انبار

stilt *n.* چوب پا ـ قسمی مرغ پا بلند

stil'ted *a.* خشک ، رسمی

stim'ulant (*-lənt*) *n.* داروی محرک

stim'ulate (*-yuleit*) *vt.* تحریک کردن ، انگیختن

stimulation (*-lei'shən*) *n.* تحریک ، انگیزش

stim'ulus (*-yuləs*) *n.* {-li(*lai*)} انگیزه ، وسیلهٔ تحریك ، محرّك - تحریك - فشار - تاثیر ، اثر

under the s. of براثرِ ، تحتِ تاثیرِ ، بضربِ ، از فشارِ

sing *n.*, *vt.* & *vi.* {stung} (۱) نیش -[مج] رنج (۲) نیش زدن ، گزیدن (۳) تیر کشیدن

stin'giness *n.* خست ، تنگ چشمی

stin'gy (*-ji*) *a.* خسیس ، جوکی

stink *n.*, *vi.*, & *vt.* {stank *or* stunk ; stunk} (۱) بوی بد ،گند (۲) بوی بد دادن (۳) بد بو کردن

stin'king *apa.* بدبو - نفرت‌انگیز

stint *vt.* & *n.* (۱) محدود کردن - تنگی دادن(به) - (۲) تحدید - کار معین

stipend (*stai'-*) *n.* مواجب ، حقوق ، مقرری

stipen'diary (*-diəri*) *a.* حقوق بگیر ، مواجب خور

stip'ple (*stip'l*) *vt.* با نقطه کاری حکاکی کردن - نقطه چین کردن

stip'ulate (*-yuleit*) *v.* قید کردن، شرط کردن، قرار گذاشتن - تصریح کردن

stipulation (*-lei'shən*) *n.* قید ، شرط - تصریح

stip'ule (*-yu:l*) *n.* {گ‌ش} گوشوارك

stir (*stə:*) *vt.* & *vi.* {-red} & *n.* (۱) تکان دادن ، حرکت دادن - بهم زدن (آتش) - بجوش آوردن (خون) - برافروختن (۲) جنبیدن (۳) جنبش - هیجان - شلوق

not to s. an eyelid خم به ابرو نیاوردن

s. up بهم زدن - تحریك کردن

s. up some one's zeal کسیرا سر غیرت آوردن

S. your stumps. {Col.} بجنب ، راه بیا

stir'ring *apa.* تکان دهنده ، مهیج

stirrup (*stir'əp*) *n.* رکاب

s. cup ; s.-cup جرعهٔ وداع

s. leather بند رکاب

stitch (*stich*) *n.* & *v.* (۱) بخیه ، دوخت (۲) بخیه زدن ، دوختن - { با up } وصله کردن

stiver (*stai'və*) *n.* بشیز ، غاز - ذره

stoat (*stout*) *n.* قاقم (یاسمور)

stock (*stɔk*) *n.* & *vt.* (۱) مایه ، ذخیره - موجودی - کنده ، تنه - قنداق (تفنگ) - ته ، پایه - ریشه ، اصل - سرسلسله - دودمان - سهام - مواد خام - چارپایان اهلی { مج } آدم کودن - گل‌شب بو ومانند آن - {درجمع} (۱) بخو(ب) چوب‌بست (۲) دارای موجودی کردن - جزو موجودی نگاه داشتن

have in s. موجود داشتن

ex s. از موجودی

stocks of materials موجودی مصالح ، مصالح موجوده

take stock بموجودی رسیدگی کردن

on the stocks در دست ساختمان

take stock of برانداز کردن

s. exchange بورس {لفظ فرانسه}

well stocked دارای موجودی (یاذخیره) خوب ، دارای‌جنس جورو کافی

stockade' *n.* & *vt.* (۱) سدّ چوبی (۲) باتیر های بهم چسبیده سد کردن

stock'holder (*-houldə*) *n.* سهم دار ، صاحب سهام

stock'ing *n.* جوراب (ساقه بلند)

stock'-in-trade *n.* مایه

stock'-jobber *n.* سفته باز ،محتکر سهام

stock'-still *a.* بی‌جنبش ، بی‌حرکت

stock'-taking *n.* رسیدگی بموجودی

stocky (*stɔk'i*) *a.* کوتاه و کلفت ، خپل

stock'-yard *n.* محل موقتی برای نگهداری چارپایان فروشی یا کشتنی

stodgy (*stɔj'i*) *a.* سنگین ، ناگوار ـ باد کرده ـ دارای جزئیات خسته کننده ـ کسل

stogy (*stou'gi*) *n.* [U. S.] پوتین یا کفش سنگین ـ سیگار باریک ارزان [در این معنی **stogie** نیز نوشته میشود]

Stoic (*stou'ik*) *n.* فیلسوف رواقی ـ آدم بردبار یا صبور

sto'ical (*-kəl*) *a.* بردبار ـ پرهیزکار

stoicism (*stou'isizm*) *n.* فلسفه رواقیون ـ پرهیزکاری

stoke (*stouk*) *v.* آتش کردن ، تابیدن ، سوخت در (تنور) انداختن ـ [د. ک] خوردن

sto'ker (*-kə*) *n.* سوخت انداز

stole {*p. of* **steal**}

stolen {*pp. of* **steal**}

stolid (*stɔl'id*) *a.* بی‌عاطفه ، بلغمی ، بیحس

stolid'ity (*-ti*) *n.* بی‌عاطفگی ، بیحسی

stomach (*stʌm'ək*) *n.* & *vt.* (۱) معده ، شکم ـ [مج] حال ـ میل ، اشتها (۲) زیر سبیل درکردن

s. for fighting حال دعوا کردن

stom'ach-ache (*-eik*) *n.* دل درد

stone (*stoun*) *n.* & *vt.* (۱) سنگ ـ گوهر ـ [در میوه] هسته ـ [در انگلیس] وزنه‌ای که برابر با ۱۴ پاوند است [در این معنی جمع آن s نمی‌گیرد] ـ (۲) سنگسار کردن ـ بی‌هسته کردن ـ سنگچین کردن

leave no s. unturned همهٔ وسائل را بکار بردن ، بهر دری زدن

throw stones at به توهین کردن

stone'-blind *a.* کورِ کور

stone'-cutter *n.* حجار ، سنگتراش

stone'-deaf *a.* کرِ کر ، بکلی کر

stone'-pit = **quarry** *n.*

stone'-walling *n.* سرسختی در مخالفت برای خسته کردن طرف

stone'ware *n.* سفالینه بسیار سخت

stony (*stou'ni*) *a.* سنگی ـ سنگلاخ ـ سخت

stood {*p. & pp. of* **stand**}

stool (*stu:l*) *n.* چارپایه ، عسلی ـ مدفوع

stoop (*stu:p*) *vi.* & *vt.* (۱) خم شدن ـ[مج] سر فرود آوردن (۲) دولا کردن

stoop (") *vi.* {U. S.} ایوان ـ داهرو

stop (*stɔp*) *vi.* & *vt.* {**-ped**}, & *n.* (۱) ایستادن ، ایست یا توقف کردن ـ مکث کردن ـ موقوف شدن ـ ازکار افتادن ، خوابیدن (۲) نگاه داشتن ـ جلوگیری کردن از ـ بند آوردن ـ مسدود کردن [گاهی با **up**] ـ از کار انداختن ـ مانع شدن ـ پر کردن (دندان) ـ بریدن ، قطع کردن (۳) توقف ، مکث ، ایست ـ جلوگیری ـ گیره ، عایق

s. dead (*or* **short**) یکمرتبه ایستادن ، ناگهان توقف کردن

bring to a s. } موقوف کردن ،
put a s. to } بس کردن

full s. نقطهٔ پایان جمله (.)

stop'-cock = **tap ; faucet**

stop'-gap *n.* وسیله موقتی ، بدل

stop'-light *n.* چراغ خطر یا ایست

stoppage (*stɔp'ij*) *n.* جلوگیری ، سد ـ قطع ـ ایست ، توقف

stopper (*stɔp'ə*) *n.* سر بطری

stop'ple (*stɔp'l*) *n.* & *vt.* (۱) سر بطری (۲) سر (بطری را) گذاشتن

stop'-press *n.* آخرین خبر (که پیش ازشروع بچاپ درروزنامه درج میشود)

stop'watch *n.* ساعت وقت‌گذاری

storage (*stɔ':rij*) *n.* نگاهداری (در انبار) ـ انبار داری ـ جای انبار

water s. tank مخزن آب ، آب انبار
store (*stɔ:*) *n.* & *vt.* (۱) انبار ، مخزن ـ ذخیره ، موجودی ـ مغازه ـ [در جمع] فروشگاه بزرگ (۲) اندوختن ، ذخیره کردن ـ انبار کردن ـ پر کردن
in s. اندوخته ـ موجود ـ [مج] مقدر
set no great s. by مهم ندانستن
store'house *n.* انبار ، مخزن
store'keeper (*-ki:pə*) *n.* انباردار ـ مغازه‌دار
store'-room *n.* انبار (خانگی)
storey (*stɔ':ri*) *n.* آشکوب ، طبقه
two-storeyed دوآشکوبه ، دوطبقه
sto'ried *a.* نقل شده ، تاریخی
stork (*stɔ:k*) *n.* لکلک ، لقلق
storm (*stɔ:m*) *n.*, *vi.*, & *vt.* (۱) طوفان ، انقلاب جوّی ـ [مج] آشفتگی ـ غوغا ـ توپ و تشر ـ هیجان ـ حمله (شدید و ناگهانی) ـ (۲) طوفانی شدن ـ داد و بیداد کردن ـ خشمگین شدن (۳) باحمله گرفتن
s. of arrows تیرباران ، باران تیر
a s. in a tea-cup هیاهو برسر چیز جزئی
It storms. هوا طوفانی است
storm'-bound *a.* دچار طوفان
stormy (*stɔ':mi*) *a.* طوفانی ، کولاك [درمقام صفت] ـ تند ـ پرتوپ و تشر ـ باهیجان
story (*stɔ':ri*) *n.* حکایت ، داستان
The s. goes آورده‌اند ، گویند
to make a long s. short قصه را کوتاه کنیم ، خلاصه ، القصه
sto'ry (,,) = **storey**
stoup (*stou:p*) *n.* لگن آب تبرك شده ـ آبخوری [معنی قدیمی]
stout (*staut*) *a.* تنومند ، ستبر ، خوش بنیه ـ محکم ـ دلیر ـ سخت ، باعزم
stout (,,) *n.* قسمی آبجو سنگین
stout'-hearted *a.* قوی‌دل ، دلیر
stout'ness *n.* تنومندی ـ دلیری ـ عزم
stove (*stouv*) *n.* بخاری ـ فر ـ یاچراغ خوراك پزی ، منقل فرنگی
stove [*p.* & *pp.* of **stave**]
stove'-pipe hat [U. S.; Col.] کلاه ابریشمی بلند ، کلاه ''دودکشی''
stow (*stou*) *vt.* تنگ هم چیدن
stow'away (*-əwei*) *n.* مسافر قاچاق در کشتی
strad'dle (*strad'l*) *vi.* & *vt.* (۱) با پای گشاده نشستن یا ایستادن ـ [مج] ازاظهار نظر الزام آور خودداری کردن (۲) در میان دو پا قرار دادن
strafe [*stra:f*; (U. S.) *streif*] *vt.* [Sl.] گوشمالی دادن ـ سرزنش کردن ـ بابمباران بستوه آوردن
strag'gle (*strag'l*) *vi.* متفرق شدن ـ هرزه روییدن ـ ول گشتن ـ منحرف شدن
straight (*streit*) *a.* & *adv.* (۱) راست ، مستقیم (۲) درست ـ رك ، بی‌پرده ـ مستقیماً
put s. مرتب کردن
s. away بی‌درنگ ، بی‌تامل
keep a s. face از خنده خودداری کردن
out of the s. (*n.*) کج ، ناراست
straighten (*strei't'n*) *v.* راست کردن یاشدن ـ درست کردن یاشدن
straightforward (*-fɔ':wəd*) *a.* راست ـ درست ـ بی‌پرده ، رك ـ ساده
straight'ness *n.* راستی ـ درستی
straight'way *adv.* بی‌درنگ
strain (*strein*) *n.*, *vt.* & *vi.* (۱) کشش ـ زور ـ فشار ـ پیچ خوردگی ، دررفتگی ـ شیوه ـ لحن ـ حالت (موروثی) ـ نژاد ـ دودمان ـ قطعه موسیقی یا شعر (۲) سفت کشیدن ـ زیاد خسته کردن ـ سوء استفاده کردن از ـ تجاوز کردن از ـ زیاد تعمیم کردن ، کش آوردن ـ فشار دادن (در

آغوش)۔توقع زیاد داشتن از۔کج کردن ۔ صاف کردن ، پالودن (۳) کوشش زیاد کردن ۔در زحمت بودن

It is a s. on one's energy. خیلی زور یا نیرو مصرف میکند

s. at something زیاد در چیزی دقیق شدن وراجع به آن وسواس داشتن

strained relations روابط تیره

strai'ner (*-nə*) *n.* صاف کنی ، آبکش

tea-s. چای صاف کن

strait (*streit*) *n.* & *a.* (۱) تنگه ، بغاز ۔ [مج] مضیقه [بیشتر در جمع] ۔ (۲) تنگ ، باریك ۔ سخت (گیر)

strai'ten (*-t'n*) *vt* تنگ یاسخت کردن

straitened circumstances تنگدستی ، مضیقه

strand *n.* [Poet.]& *v.* (۱) کرانه ، ساحل (۲) بگل نشستن یا نشاندن

strand *n.* رشته ، لا [در طناب]

strange (*streinj*) *a.* غریب، عجیب ۔ اجنبی ، بیگانه ۔ غریبه ۔ خو نگرفته

I am s. to it. باآن آشنا نیستم

S. to say یك چیز غریب اینست که

feel s. خود را غریب دیدن ۔گیج شدن (یا بودن) ۔ غریبی کردن [در گفتگوی از بچه]

strange'ly *adv.* بطور غریب

stranger (*strein'jə*) *n.* بیگانه ، غریب ، اجنبی [ج. اجانب] ، خارجی

stran'gle *.vt.* خفه کردن ۔ فشردن

strangulation (*-lei'shən*) *n.* فشردگی ۔ اختناق

strap *n.* تسمه ، قیش ۔ رکاب ۔ شلاق

trouser-s. رکاب شلوار

strap *vt.* [-ped] با بند نگاه داشتن [با up یا down] ۔ باچرم تیز کردن (تیغ) ۔ شلاق زدن

strapped *ppa.* رکابدار

strap'ping *a.* قد بلند ، تنومند

strata { *pl.* of **stratum**}

strat'agem (*-əjəm*) *n.* حیلهٔ جنگی

strategic(al) {*strəti':jik(əl)*} *a.* سوق‌الجیشی ۔ بانقشه

strat'egist *n.* عالم بعلم لشکرکشی

strat'egy (*-ji*) *n.* علم لشکرکشی

stratification (*-kei'shən*) *n.* تشکیل طبقات

strat'ify (*-fai*) *v.* چینه چینه کردن یا شدن

stratum (*strei'təm*) *n.* {-ta (*tə*)} چینه ، طبقه ۔ [مج] پایه ، رتبه

straw (*strɔ:*) *n.* کاه ۔ حصیر ۔ نی

a s. hat کلاه سبدی یاحصیری

man of s. رئیس پوشالی ۔ پهلوان پنبه

catch at a s. به پر کاهی متشبث (یا متمسك) شدن ، بهر حشیشی متشبث شدن [اقتباس از مثل عربی]

straw'berry (*-bəri*) *n.* توت فرنگی

straw'-board *n.* مقوای کاهی

straw'-vote *n.* رأی آزمایشی ۔ اتخاذ آراء بطور آزمایش

stray (*strei*) *a.*, *n.*, & *vi.* (۱) آواره ۔ ضال ، ولگرد ۔گاه‌گاهی ۔ تك توك (۲) آدم یا جانور ولگرد (۳) سرگردان یا آواره شدن ۔ گمراه یا منحرف شدن

streak (*stri:k*) *n.* خط ۔رگه ۔ تمایل

like a s. (of lightning) برق آسا

strea'ky (*-ki*) *a.* دارای رگه های چرب و لاغر

stream (*stri:m*) *n.* & *vi.* (۱) جریان(آب) : رود ، نهر (۲)روان یا جاری شدن ۔ باد خوردن [در پرچم]

a s. of tears سیل اشك

up s. بالا رود ، درقسمت بالای نهر

go with the s. همرنگ جماعت شدن

streams of people دسته‌دسته مردم
strea'mer (*-mə*) *n.* پرچم باریك وخوشرنگ
stream'let *n.* نهرکوچك ، جویبار
stream'line *n.* جهت طبیعی جریان
stream'lined *a.* [در باب بدنهٔ اتومبیلی گفته میشود] که طوری باریك شده که مقاومت زیادی با جریان هوا نمی‌کند
street (*stri:t*) *n.* خیابان ـ کوچه
s. arab بچهٔ ولگرد یا کوچه گرد
street'-car = **tram-car**
street'walker *n.* فاحشه
strength *n.* نیرو ، قوت ـ استحکام ـ دوام ـ شماره ، مقدار ـ درجه ـ مایه
on the s. of باتکاءِ ، باستنادِ
streng'then (*-thən*) *vt.* & *vi.* (۱) تقویت دادن (۲) تقویت یافتن
stren'uous (*-yuəs*) *a.* باحرارت ـ سخت کارکن ـ مصر ـ اصرارآمیز
stress *n.* & *vt.* (۱) فشار ـ زور ـ تاکید ـ [درتلفظ] تکیه (۲) اهمیت‌دادن ـ باتکیه ادا کردن ـ فشار آوردن بر
lay s. on اهمیت به (چیزی) دادن
stretch (*strech*) *vt.*, *vi.*, & *n.* (۱) درازکردن ـ کشیدن ـ امتداد دادن ـ کش دادن (۲) امتداد داشتن ـ کشیده شدن ـ درازشدن ـ کش آمدن (۳) کشش ، امتداد ـ قطعه ـ وسعت
s. out (دست) درازکردن
s. (oneself) تمدد اعصاب کردن
at a s. بی‌وقفه ، پشت‌سرهم ، یك‌کش
stretcher (*strech'ə*) *n.* برانکار [لفظ فرانسه] : تخت حامل بیماران
strew (*stru:*) *vt.* [**strewed ; strewed** *or* **strewn**] ریختن ـ پاشیدن ، افشاندن
s. with flowers باگل پوشاندن
strewn [*pp. of* **strew**]
striated (*strai'eited*) *a.* خیاره‌دار ، خط دار
strick'en (*strik'n*) [*pp. of* **strike** & *ppa.*] زده (شده) ـ دچار ـ مصیبت دیده
stricken in years سالخورده
s. with fever تبدار ، دچارِ تب
strict *a.* سخت ، اکید ـ سخت‌گیر ـ دقیق
strict'ly *adv.* اکیداً ، سخت
s. speaking اگر بخواهیم (درمعنی لغت) دقیق شویم ، حسابش را بخواهیم
stric'ture (*-chə*) *n.* انتقاد سخت ، سرزنش [بیشتر بصیغهٔ جمع] ـ انقباض ، تنگی ـ تضییق
stride (*straid*) *n.* & *vi.* [**strode** (*stroud*) ; **strid'den**] (۱) شلنگ (۲) شلنگ برداشتن
take in one's s. بسهولت انجام دادن
stridden [*pp. of* **stride**]
strident (*strai'dənt*) *a.* خشن وبلند
strife (*straif*) *n.* نزاع ، دعوا ، ستیزه
strike (*straik*) *vt.* & *vi.* [**struck ; struck** *or* **strick'en**], & *n.* (۱) زدن ـ خوردن به ، تصادم یا تصادف کردن با ـ بخاطر رسیدن ـ اثرکردن در ـ خواباندن یا انداختن (پرچم و مانند آن) ـ فرو کردن (۲) خوردن ، تصادف کردن ـ اعتصاب کردن ـ گرفتن ، روشن شدن [درکبریت] ـ تسلیم شدن ـ نفوذ یا ریشه کردن (۳) اعتصاب
s. an attitude حالتی بخودگرفتن
s. blind (با ضربت) کورکردن
s. a balance موازنه درآوردن
s. a bargain (با دادن دست بیکدیگر) معامله کردن
s. root ریشه زدن ، ریشه کردن ، گرفتن
s. off قلم زدن ، خط زدن ـ قطع کردن ـ چاپ کردن

s. oil به نفت رسیدن
s. out قلم‌زدن - پاك كردن - دست و پا زدن [درشنا] - درست كردن
s. up شروع كردن
The hour has struck. زنگ ساعت زده شد - موقع بحران رسید
struck with terror وحشت زده
go on strike اعتصاب كردن
They are on s. اعتصاب كرده‌اند
strike'-pay *n.* حقوق ایام اعتصاب كه ازطرف اتحادیه اصناف پرداخته میشود
stri'king *apa.* برجسته ، قابل توجه
string *n., vt., & vi.* {**strung**} (١) نخ ، ریسمان - رشته - سیم - زه - ردیف ، قطار (٢) سیم انداختن (به) - زه انداختن - برشته درآوردن - كشیدن ، سفت كردن - نخ (لوبیا را) گرفتن (٣) برشته درآمدن - ریش ریش شدن
pull the string گربه رقصاندن ، دیگران را آلت قرار دادن
have two strings to one's bow با یك دست دوهندوانه برداشتن
string up دار زدن - كوك كردن - آماده كردن - به هیجان آوردن
s.-band دسته موزیك سازهای سیمی
highly strung كوك (شده) ، عصبانی - زیاد حساس
stringed *ppa.* سیم‌دار ، سیمی
strin'gency (*-jənsi*) *n.* سختی - كسادی
strin'gent (*-jənt*) *a.* كاسد ، بی‌پول
strin'gy (*-gi*) *a.* ریش‌ریش - ریشه‌ای
strip *vt.* & *vi.* {**-ped**}, & *n.* (١) لخت كردن - هرز كردن (پیچ) - كندن - غارت كردن (٢) برهنه شدن (٣) باریكه ، قطعه باریك
landing-s. باند فرودگاه ، روگاه - [«باند» لفظ فرانسه است]
stripe (*straip*) *n.* خط - راه - نوار ، یراق - ضربه شلاق
striped *a.* خطدار - راه راه

strip'ling *n.* نوجوان
strive (*straiv*) *vt.* {**strove ; striv'en**} (سخت) كوشیدن - كشمكش یا تقلا كردن - رقابت یا هم چشمی كردن
striven {*pp. of* **strive**}
strode {*p. of* **stride**}
stroke (*strouk*) *n.* & *vt.* (١) ضربت - حركت - خط - شاهكار - حمله ، نوبت - صدای ساعت - نوازش (٢) نوازش كردن - نمونهٔ پارو زنی (برای سایر پارو زنها) شدن
finishing strokes دست‌كاری نهائی
stroll (*stroul*) *vi.* & *n.* (١) گردیدن - دربدربودن (٢) گردش - دوره‌گردی
strong (*strɔng*) *a.* نیرومند ، قوی ، پرزور - محكم - زیاد - تند یا سنگین {**s. drinks**} - مؤثر ، سخت - بدبو - جدی
s. verb فعل اصیل (كه بیقاعده است)
They are 500 s. نیروی آنها عبارت از ٥٠٠ تن است
come it rather s. (*adv.*) تند رفتن ، اغراق گفتن
strong'hold (*-hould*) *n.* دژ ، قلعهٔ نظامی
strong'ly *adv.* قویاً - سخت
strong'-minded *a.* باكله
strop (*strɔp*) *n.* & *vt.* {**-ped**} (١) چرم تیغ تیزكنی (٢) بچرم كشیدن
strophe (*strou'fi*) *n.* پیچ خوردن یونانیان قدیم موقع رقص درصحنه - بند [در اصطلاح شعر]
strove {*p. & pp. of* **strive**}
struck {*p. & pp. of* **strike**}
structural (*-chərəl*) *a.* ساختمانی
structure (*strʌk'chə*) *n.* ساخت ، ساختمان - تركیب - بنیه - سبك ، طرز
strug'gle (*strʌg'l*) *n.* & *vi.* (١) تقلا (٢) تقلا یا كشمكش كردن

s. for existence تنازع بقا
strum (*strʌm*) *v.* [-med]
بد (ساز) زدن
strum'pet (-*pit*) = prostitute
strung [*p.* & *pp.* of string]
strut (*strʌt*) *vi.* [-ted] خرامیدن
strut ('') *n.* & *vt.* (۱) بست -
شمع (۲) بست‌زدن - شمع زدن
strychnin(e) (*strik'nin*) *n.*
جوهر کوچوله ، استریکنین
stub (*stʌb*) *n.* & *vt.* [-bed]
(۱) کنده - ریشه - ته سیگار - ته چك
(۲) از ریشه کندن - غفلةً (پای خودرا)
بچیزی زدن - از ریشه کندن - ازکنده یا
ریشه پاك کردن
stub'ble (*stʌb'l*) *n.* کاهبن -
ریش کوتاه و زبر
stubborn (*stʌb'ən*) *a.* سرسخت ،
کله شق - دیر علاج شو - دیر گداز
stubby (*stʌb'i*) *a.* خپل ،کوتاه و
کلفت
stucco (*stʌk'ou*) *n.* قسمی گچ یاسمنت
که برای آرایش دیوارو گچ بری بکارمیبرند
stuck [*p.* & *pp.* of stick]
stuck'-up' [Col.] = conceited
stud (*stʌd*) *n.* & *vt.* [-ded]
(۱) گلمیخ - قبه - دکمهٔ سردست یا یقه
(۲) دکمه یا گلمیخ زدن - پر کردن
studded with gems گوهرنشان
stud (,,) *n.* (اسبهای) الخی
student (*stiu':dənt*) *n.*
دانش‌آموز ، شاگرد ، محصل
stud'ied *ppa.* دانسته ، تعمدی
studio (*stiu':diou*) *n.*
عکاس خانه و نقاشخانه و مرکز رادیو
وامثال آنها ، کارگاه
stu'dious (-*əs*) *a.* ساعی (در درس)-
مشتاق - پر زحمت - بلیغ [s. care]
study (*stʌd'i*) *n.*, *vi.*, & *vt.*
(۱) تحصیل - بررسی ، مطالعه - موضوع
فکر- دفتر ، اطاق مطالعه (۲) تحصیل
کردن ، درس خواندن (۳) خواندن ،
تحصیل کردن- بررسی یامطالعه کردن
s. for the bar درس حقوق
خواندن ، تحصیل حقوق کردن
s. out با مطالعه پیدا کردن
stuff (*stʌf*) *n.*, *vt.*, & *vi.*
(۱) چیز ، ماده -کالا - پارچه - آشغال -
چرند (۲) پر کردن - تپاندن - سخن
دروغ به (کسی) قبولاندن - باقیمه پر
کردن ،کیپا کردن (۳) پر خوردن
s. and nonsense مزخرف ، مهمل
s. oneself پر خوردن ، تپاندن
s. up a hole سوراخی را گرفتن
stuff'iness *n.* خفگی (هوا)
stuff'ing *n.* لایی - قیمه
stuffy (*stʌf'i*) *a.* خفه ، دلتنگ
کننده - بد ، بد بو - کودن ، بی‌فکر
stultify (*stʌl'tifai*) *vt.*
بی‌اثر کردن
stum'ble (*stʌmb'l*) *vi.* & *n.*
(۱) لغزش خوردن ، [مج] سهو کردن -
گیر کردن [درصحبت] - (۲) لغزش -
[مج] اشتباه
s. (up)on or **across** به
غفلةً
(چیزی) برخوردن ، تصادفاً پیدا کردن
stum'bling-block *n.* سنگ لغزش
stump (*stʌmp*) *n.*, *vi.*, & *vt.*
(۱) کندهٔ درخت - ریشه (دندان) ، ته
(سیگار) - (۲) سیخ سیخ راه رفتن (۳)
بستوه آوردن - گیر انداختن
on the s. مشغول سخنرانی سیار
s. a district بلوك گردی و
سخنرانی کردن
stum'per (-*pə*) *n.* [Col.]
سؤال دشوار یا گیج کننده
stumpy (*stʌm'pi*) *a.*
کوتاه و کلفت

stun (*stʌn*) *vt*. {-ned} گیج کردن ، بیحس کردن ـ کر کردن (صدا)
stung {*p*. & *pp* of stink}
stunk {*p*. & *pp*. of sting}
stunt (*stʌnt*) *vt*. از رشد باز داشتن
stunt (,,) *n*. & *vi*. {Col.} کار برجسته و جالب توجه (کردن)
stupefaction (-*fak'shən*) *n*. گیج سازی ـ تخدیر ـ گیجی، بیهوشی ـ حیرت ، بهت
stupefy (*stiu':pifai*) *vt*. گیج کردن ، مبهوت کردن ـ بیهوش کردن ـ کودن یا خرف کردن
stupen'dous (-*dəs*) *a*. شگفت انگیز
stupid (*stiu':-*) *a*. کودن ، خرف ،کند ـ گیج ـ بیروح ـ نادان ـ احمقانه
stupid'ity *n*. کودنی ،کندی ـ نادانی
stu'por (-*pə*) *n*. کرختی ـ گیجی
stur'diness *n*. تنومندی ـ عزم
sturdy (*stə':di*) *a*. ستبر ، تنومند ـ خوش بنیه ـ درشت ـ باعزم ـ سخت
sturgeon (*stə':jən*) *n*. سگ ماهی
stutter (*stʌt'ə*) *vi*. & *vt*. (۱) با لکنت حرف زدن (۲) با لکنت ادا کردن
sty (*stai*) *n*. طویلهٔ خوك ـ {مج} جای هرزگی
sty(e) (,,) *n*. گل مژه ، سنده سلام
Stygian (*stij'iən*) *a*. منسوب برود Styx ـ دوزخی ـ {مج} تیره ، مظلم
style (*stail*) *n*. & *vt*. (۱) سبك ، شیوه ـ انشاء ـ لقب ، عنوان ـ مُد {لفظ فرانسه } ـ قلمی که برای نوشتن روی صفحه‌های مومی بکارمیبرند ـ جور ، نوع (۲) لقب دادن ، نام نهادن
 in s. بطور عالی ، بطرز مخصوص ـ با دم و دستگاه
styled queen ملقب بملکه
sty'lish *a*. شیك {لفظ فرانسه ، مُد {این کلمه درفرانسه اسم است} ـ زیبا
sty'list *n*. طرفدار انشای درست
stylus (*stai'ləs*) *n*. سوزنی که در صفحه گرامافن خط های موجی می اندازد ، قلم
Styx (*stiks*) *n*. نام رود خانه‌ای که جهان مردگان را دور میزد
 cross the S. بداِرفانی رفتن
suasion (*swəi'zhən*) *n*. —
 moral s. عقیده‌ای که کسی با مبانیِ اخلاقی پیدا کند نه بازور
suave (*swəiv*) *a*. مؤدبانه ـ مؤدب
suavity (*swav'iti*) *n*. نرمی ، ملایمت ، ادب
sub- *pref*. {پیشوند بمعنی} زیر یا جزء
sub'altern (-*əltən*) *n*. افسر جزء
subconscious (*sʌbkon'shəs*) *a*. نیم هشیار ، نیمه هشیار
 the s. mind ضمیر لایشعر
subcon'tract *n*. مقاطعهٔ جزء
subcontrac'tor (-*tə*) *n*. مقاطعه کار جزء
subcutaneous (-*kiutei'niəs*) *a*. زیر پوستی
subdivide (-*vaid'*) *v*. تقسیم بجزء کردن یا شدن ، دوباره بخش کردن یا شدن
subdivision (-*vizh'ən*) *n*. شق ـ بخش جزء ـ تقسیم جزء
subdue (*səbdiu'*) *vt*. مطیع کردن ، مقهور ساختن ـ ملایم کردن ـ تخفیف دادن
subheading (*sʌb'hed-*) *n*. عنوان فرعی یا جزء
subhuman (-*hiu':mən*) *a*. مادون انسان ، حیوان صفت
sub'ject *n*. & *a*. (۱) موضوع ـ تابع {ج. اتباع یا تبعه} ، رعیت ـ جوهر ،

اساس - [د] مسنداليه ، مبتدا ـ ذهن - نفس - [مج] مایه ، موجب (۲) تابع
s. to موکول به ، با ـ تابعِ - درمعرضِ - دستخوشِ - مشمولِ
on the s. of درموضوعِ ، دربارهٔ
s.-matter موضوع ، مطلب
s. to the approval of با تصویبِ
foreign subjects اتباع بیگانه
subject' (*səb-*) *vt.* تابع یا پیرو کردن - مطیع کردن- درمعرض قراردادن - موکول کردن
s. to heat گرما دادن (به)
subjected to درمعرضِ
subjec'tion (*-shən*) *n.* پیروی ، انقیاد ، تبعیت - تابع سازی - استیلا
subjec'tive (*-tiv*) *a.* ذهنی ، معقول در ذهن ، باطنی
subjoin (*-jɔin'*) *vt.* در پایان افزودن
sub'jugate (*-jugeit*) *vt.* تحت انقیاد درآوردن
subjugation (*-gei'shən*) *n.* انقیاد - مقهور سازی
subjunctive (*-jʌnk'tiv*) *a.* [د] شرطی
sublease (*-li:s'*) *vt.* بمستأجر دیگری اجاره دادن
sublet' *vt.* بمستأجر جزء دادن
sub'limate (*-meit*) *vt.* [ش] تصعید کردن - [s. sulphur] [مج] تصفیه کردن
sub'limate (*-met*) *n.* & *a.* (جسم) تصفیه شده
corrosive s. داراشکنه فرنگی ، سوبلیمه [لفظ فرانسه]
sublimation (*-mei'shən*) *n.* [ش] تصعید - تصفیه
sublime (*səblaim'*) *a.* بلند - عالی - والا ، بلند پایه - مافوق انسانی
sublim'ity (*-ti*) *n.* بلندی ، علوّ
submarine (*sʌbməri:n'*) *a.* & *n.* زیر دریایی ، تحت‌البحری
submerge (*sʌbmə:j'*) *v.* درآب فرو بردن یارفتن
submer'gible *a.* سیلگیر ، آبگیر
submersed' *ppa.* زیر آب روینده
submersion (*-mə':shən*) *n.* عملِ غوطه‌ور ساختن یا زیرآب فرو بردن
submission (*səbmish'ən*) *n.* تسلیم ، تفویض - اطاعت - فروتنی - عرض ، اظهار - نظریه
submissive (*-mis'iv*) *a.* مطیع ، فروتن - ناشی از فروتنی ، حلیمانه
submit' (*səb-*) *vt.* & *vi.* [-ted] (۱) تسلیم کردن، واگذاریاتفویض کردن- دادن ، تقدیم کردن ، ارائه دادن ، عرض کردن (۲) تن در دادن ، تسلیم شدن
subnormal (*sʌbnɔ':məl*) *a.* دونِ عادی
subordinate (*səbɔ':dinet*) *a.* & *n.* -[s. clause] (۱) تابع ، تبعی فرعی - پایین تر - زیر دست ، جزء (۲) عضو زیردست ، مرئوس
s. to تابعِ ، زیر دستِ
subor'dinate (*-neit*) *vt.* تابع قرار دادن
subordination (*-nei'shən*) *n.* تبعیت - فرمانبرداری ، انقیاد - عملِ زیردست کردن
subor'dinative (*-nətiv*) *a.* تابع قرار دهنده - حاکی از زیر دستی
suborn (*səbɔ:n'*) *vt.* بوسیلهٔ تطمیع بکار بد یاگواهیِ دروغ واداشتن
subpœna (*sʌbpi':nə*) *n.* & *vt.* (۱) خواست برگ ، احضاریه (۲) کتباً فرا خواندن یا احضار کردن
subscribe (*səbskraib'*) *v.* نام خود رازیر (چیزی) نوشتن ، (پای سندی را) امضاء کردن - [با to] (۱)

تعهد پرداخت (مبلغی را) کردن ، در پرداخت (مبلغی)شرکت کردن (۲)موافقت کردن با - (۳) آبونه شدن {"آبونه" لفظ فرانسه است}
subscri'ber (*-bə*) *n.* مشترك - تعهدکننده (با امضا) - اعانه دهنده
subscription (*-shən*) *n.* اشتراك ، ابونمان {لفظ فرانسه}- (پول) اعانه - تعهد پرداخت
subsequent (*sʌb'sikwənt*) *a.* بعدی
in s. years در سالهای بعد
s. to پس از ، متعاقب
sub'sequently *adv.* سپس ، بعداً
subserve (*səbsə:v'*) *vt.* كمك به (چیزی) کردن یا برای آن سودمند بودن
subser'vience; -cy (*-ənsi*) *n.* سودمندی -چاپلوسی ، پستی
subser'vient *a.* سودمند - چاپلوس
It is s. to our purpose. بکار ما میخورد ، برای ما سودمند است
subside (*səbsaid'*) *vi.* نشست کردن - فرو کش کردن - ته نشین شدن
subsidence (*sʌb'sidəns*) *n.* فرونشینی - نشست - سکوت
subsidiary (*səbsid'iəri*) *a.* کمکی ، معین - مکمل ، اضافی - فرعی
s. company شرکت فرعی
subsidize (*sʌb'sidaiz*) *vt.* كمك هزینه دادن (به) - تشویق کردن
sub'sidy (*-di*) *n.* كمك مالی دولتی به متفق جنگی خود یا به بنگاه صنعتی
subsist' (*səb-*) *vi.* زیست کردن
subsis'tence (*-təns*) *n.* زیست - گذران - (وسیلهٔ امرار) معاش
sub'soil (*-soil*) *n.* خاك یا طبقهٔ زیر
sub'stance (*-təns*) *n.* جسم، ماده - ذات ، جوهر - مفاد - اساس - استحکام
man of s. مرد چیزدار
in s. در اصل ، ازحیث مفاد ، مفاداً

substantial (*səbstan'shəl*) *a.* ذاتی - واقعی - اساسی - معتبر - معتنابه
substan'tially *adv.* اساساً
substan'tiate (*-shieit*) *vt.* اثبات کردن ، اساسی نشان دادن
substantia'tion (*-shən*) *n.* اثبات
substantival (*-tai'vəl*) *a.* اسمی
subs'tantive (*-təntiv*) *a.* & *n.* (۱) ذاتی -دارای هستی واقعی ومستقل (۲) اسم {در دستور}
the s. verb فعل «بودن»
substation (*sʌb'steishən*) *n.* ایستگاه فرعی
subs'titute (*-tiu:t*) *n.* & *vt.* (۱) جانشین ، قائم مقام ، بدل (۲) جانشین کردن
substitution (*-tiu':shən*) *n.* جانشین سازی - تبدیل - جانشینی ، نیابت - عوض
substratum (*-strei'təm*) *n.* {-ta} اساس ، زمینه - ماده (اصلی) - خاك زیر
subs'ume (*səbsiu:m'*) *vt.* در طبقهٔ خاصی درآوردن
subtenant (*sʌb'tenənt*) *n.* مستأجر جزء
subtend' (*səb-*) *vt.* {هن}قطع کردن، روبرو واقع شدن ، فرا گرفتن
subterfuge (*sʌb'təfiu:j*) *n.* طفره ، حیله
subterranean (*-tərei'niən*) *a.* زیر زمینی - {مج} نهانی
sub'title (*-tait'l*) *n.* - زیر نویس عنوان جزء یا فرعی
subtle (*sʌt'l*) *a.* دقیق ، ظریف ، باریك - زیرك ، زرنگ ، ناقلا
subtlety (*sʌt'lti*) *n.* باریکی - نکتهٔ باریك - زیرکی - باریك بینی
subtract' (*səb-*) *vt.* تفریق کردن
subtrac'tion (*-shən*) *n.* تفریق
suburb (*sʌb'ə:b*) *n.* بیرون شهر

the suburbs بخش‌ها و بلوکات اطراف
subur'ban (-bən) a. حومه نشین
subvention (səbven'shən) n. کمك مالی دولت
subversion (səbvə':shən) n. انهدام - واژگون سازی
subver'sive (-siv) a. براندازنده
subvert (-və:t') vt. برانداختن
subway (sʌb'wei) n. راه (یا راه آهن) زیر زمینی
succeed (səksi:d') vi. & vt. (۱) کامیاب یاموفق شدن - نتیجه بخشیدن (۲) از پی آمدن ، جانشین شدن
s. in doing something موفق بانجام کاری شدن
s. to the throne وارث تخت‌شدن
success (səkses') n. کامیابی ، موفقیت - نتیجه
success'ful a. کامیاب ، موفق - نتیجه بخش
success'fully adv. با موفقیت
succession (səksesh'ən) n. توالی - جانشینی - وراثت - رشته
in s. پی دربی ، بتوالی ، متوالیاً
in s. to بجای
successive (-ses'iv) a. متوالی
succes'sively adv. پی‌دربی ، متوالیاً
successor (seksəs'ə) n. جانشین
succinct (-sinkt') a. مختصر ، لب
suc'cor [U. S.] = succour
succour (sʌk'ə) n. & vt. کمك (کردن) ، دستگیری (کردن)
succulence (sʌk'yuləns) n. شادابی ، آبداری
suc'culent a. آبدار - گوشت‌دار
succumb (səkʌm') vi. از پا درآمدن ، مردن - تسلیم شدن
such (sʌch) a. & n. (۱) (یك) چنین ، این قبیل - بطوری - [در اسناد]مزبور (۲) این - آنها(را) ، اینها (را) - این چیز (را)
I had never seen s. a book. من هرگز چنین کتابی ندیده بودم
s. a large hat کلاه باین بزرگی
s. as I had not seen before که پیشتر (مانند آنرا) ندیده بود
s. as are happy آنهایی که خوشبخت هستند
no s. thing هیچ همچو چیزی نیست
s. a one یك کسی ، یك زیدی
s. and s . . . فلان . . .
as s. بهمین سمت - همینطور
such'like a. & pr. (از)این‌گونه ، (از) این قبیل - ومانند آن ، وامثال‌آن
suck (sʌk) vt., vi., & n. (۱) مکیدن - خوردن (شیر) - (۲) شیر خوردن - مك‌زدن - نفس نفس‌زدن (۳) مك - جرعه
the mother whom I sucked مادری که بمن شیر داد
s. up (or in) جذب کردن
s. up to some one [Sl.] پیش کسی خودشیرینی و چاپلوسی کردن
s. dry (مکیدن و) خشك انداختن
give s. to شیر دادن
take a s. at مکیدن ، مك زدن
sucker (sʌk'ə) n. شاخه‌ای که ازساقه زیر زمینی یاازریشه جوانه زند - سنبه ، پیستن [لفظ فرانسه] - شیرینی‌مکیدنی - آدم‌گول خور [اصطلاح امریکائی]
suck'ing apa. شیرخوار - تازه‌کار
suck'le (sʌk'l) vt. شیر دادن (به)
suck'ling n. کودك شیرخوار
suction (sʌk'shən) n. مك - تنفس - کشش
s. pump تلمبهٔ تنفسی
sud'den (sʌd'n) a. ناگهانی - تند
all of a s. (n.) = suddenly
sud'denly adv. ناگهان ، غفلةً
suds (sʌdz) npl. آب صابونی

sue (*siu:*) *vt.* & *vi.* (۱) تعقیب کردن ـ بلا به خواستار شدن از (۲) عرضحال دادن ، عارض شدن
s. for damages عرضحال خسارت دادن
suede (*sweid*) *n.* جیر
suet (*siu'ːet*) *n.* پیه
suffer (*sʌf'ə*) *vt.* & *vi.* (۱) تحمل کردن ـ تن در دادن به ـ اجازه دادن (۲) رنج بردن ـ زحمت یا زیان دیدن ـ {با from} دچار بودن به
s. pain درد کشیدن
s. a loss زیان دیدن ، ضرر دادن
s. from headache سردرد داشتن
sufferance (*sʌf'ərəns*) *n.* رضایت ضمنی ، سکوت
suf'ferer (*-rə*) *n.* دردکش ، رنجور
suf'fering *n.* رنج ، عذاب ـ زیان
suffice (*səfais'*) *v.* کفایت کردن
It suffices me. مرا کافی است ، برای من کفایت میکند (یا بس است)
S. it to say that همینقدر بس که
sufficiency (*səfish'ənsi*) *n.* کفایت ـ مقدار کافی
a s. of food غذای کافی
suffi'cient *a.* & *n.* (۱) کافی ، بس (۲) مقدار کافی
I have had s. بقدر کفایت خوردم ، سیر شدم
suffi'ciently *adv.* بقدر کافی
suffix (*sʌf'iks*) *n.* پس وَند ، لفظ معنای الحاقی
suffocate (*sʌf'əkeit*) *v.* خفه کردن یاشدن ـ خاموش کردن (آتش)
suffocation (*-kei'shən*) *n.* خفگی ـ خفه سازی
suffragan (*sʌf'rəgən*) *n.* اسقف جزء ، معاون سر اسقف
suffrage (*sʌf'rij*) *n.* ـ (حق) رأی ـ حق انتخاب ـ قبول ، رضایت
suffragist (*sʌf'rəjist*) *n.* طرفدار دادن حق رای یا حق انتخاب (بزنان)
suffuse (*səfiu:z'*) *vt.* پر کردن ، فرا گرفتن ، پوشاندن
suffu'sion (*-zhən*) *n.* پُرسازی ـ نشر
sugar (*shug'ə*) *n.* & *vt.* (۱) شکر ـ قند (۲) شکری یا شیرین کردن
su'gar-basin = **sugar-bowl**
su'gar-bowl *n.* قندان ، شکردان
su'gar-candy *n.* نبات
su'gar-cane *n.* نیشکر
su'gar-plum *n.* آب نبات ـ نقل
su'gar-tongs *npl.* قندگیر
su'gary (*-ri*) *a.* قنددار ، شیرین
suggest (*səjest'*) *vt.* اظهار (عقیده) کردن ، عقیده مند بودن ـ اشاره کردن بر ـ پیشنهاد یا تکلیف کردن ـ القاء کردن
suggestion (*-jes'chən*) *n.* ـ اشاره ـ القاء ـ اظهار عقیده ، نظریه ـ اثر
sugges'tive (*-tiv*) *a.* اشاره کننده ، دالّ ، حاکی ـ وسوسه آمیز
be s. of دال بر . . . بودن
suicidal (*suisai'd'l*) *a.* ـ کشنده {مج} مخرّب ، زیان آور
suicide {*s(i)u'ːisaid*} *n.* خودکشی ، انتحار ـ خودکش
commit s. خودکشی یا انتحار کردن
suit (*siu:t*) *n.* & *v.* (۱) درخواست ، تقاضا ، دادخواست ، عرض ـ خواستگاری ـ (اقامهٔ) دعوی ، تعقیب ـ دست (لباس) ـ {در ورق} نوع خال (۲) وفق دادن ـ مناسب کردن ـ در خور بودن ـ خوش آمدن ـ مناسب یا سازگار بودن
bring a s. against a person اقامه دعوا (بر) علیه کسی کردن
in s. with موافقِ ، موافق با
follow s. ـ ازهمان رنگ بازی کردن {مج} تأسی بدیگران کردن
s. the action to the word کردار را باگفتار وفق دادن

It does not s. my taste.
بذائقهٔ من خوش نمی آید
s. oneself موافق دلخواه عمل کردن
suited to (*or* **for**) مناسب حال
suitabil'ity *n.* شایستگی ، مناسبت
suitable (*siu':təbl*) *a.* درخور ،
مناسب ، شایسته ، فراخور ، مقتضی
suit'ably *adv.* بطور مناسب
suit'-case *n.* چمدان ، جامه دان
suite (*swi:t*) *n.* ملتزمین -
{درگفتگوی از اطاق یا اثاثه} دست
suitor (*siu':tə*) *n.* خواستگار -
دادخواست دهنده ، عارض
sulk (*sʌlk*) *vi.* قهر کردن، اخم کردن
in the sulks (*n.*) درحال قهر-اخمو
sul'ky (*-ki*) *a.* قهر (کرده)، بد اخم
sul'ky (,,) *n.* درشکهٔ سبك یك نفری
sullen (*sʌl'ən*) *a.* عبوس ،
ترشرو - عبوسانه -تیره - کندرو
sul'lenness *n.* ترشرویی ،کج خلقی
sully (*sʌl'i*) *vt.* لکه دار کردن ،
کثیف کردن - بی رونق کردن
sulphate (*sʌl'feit*) *n.* سولفات
{لفظ فرانسه} ، نمك جوهر گوگرد ،
زاج ، توتیا
sul'phide (*-faid*) *n.* ترکیب گوگرد
باجسم بسیط ، سولفور {لفظ فرانسه}
sul'phur (*-fə*) *n.* گوگرد
sulphureous (*-fiu':əriəs*) *a.*
گوگردی
sulphu'ric acid جوهر گوگرد
sul'phurous (*-fərəs ; -fiu:ə-*)
a. گوگردی
sultana (*sʌltæb'nə* - تا -) *n.*
زن یا مادریادختر یاخواهر سلطان -
کشمش بیدانه
sul'triness *n.* گرفتگی ، خفگی
sultry (*sʌl'tri*) *a.* دم دار ،
دم گرفته ، خفه
sum(*sʌm*) *n.*, *vt.*, & *vi.* {-med}
(۱) مبلغ - حاصل جمع - مجموع -
{در جمع} حساب ، مسئله {اصطلاح
کودکان} - (۲) جمع زدن - خلاصه
کردن {بیشتر با up} -(۳) دوره کردن
for the s. of ببلغ
do (*or* **work**) **a s.** جمع زدن
in s. بطور مختصر ومفید
He is not good at sums.
حسابش خوب نیست
to sum up بطور خلاصه
sumac(h) (*siu'mak*) *n.* سماق
sum'marily *adv.* مختصراً
summarise (*sʌm'əraiz*) *vt.*
خلاصه کردن
summary (*sʌm'əri*) *n.* & *a.*
(۱) خلاصه (۲) مختصر - اختصاری
summer (*sʌm'ə*) *n.* & *vi.*
(۱) تابستان (۲) تابستان را بسر بردن
summit (*sʌm'it*) *n.* قله (کوه) -
{مج} اوج
summon (*sʌm'ən*) *vt.* فرا
خواندن ، احضار کردن - دعوت کردن
s. (up) courage جرأت بخود دادن
summons (*sʌm'ənz*) *n.* {-es
(*-mənzi:z*) } خواست برگ ،
احضاریه
sump (*sʌmp*) *n.* چاهك
sumpter (*sʌmp'tə*) *n.* {Arch.}
یابو یا قاطر بارکش
sumptuary (*sʌmp'tiuəri*) *a.*
تعدیل یا محدود کننده مخارج
s. law قانونیکه داشتن یا پوشیدن
بعضی چیزهارا منع وبدین ترتیب از خرج
زیادجلوگیری میکند ، قانون تحدید مخارج
sump'tuous (*-tiuəs*) *a.* مجلل ،
پرخرج ، سنگین - خوش گذران
sun (*sʌn*) *n.*, *vt.*, & *vi.* {-ned}
(۱) آفتاب ، خورشید (۲) آفتاب دادن
(۳) خود را آفتاب دادن
sun'-bath *n.* حمام آفتابی

sun'beam *n.* پرتوِ آفتاب
sun'blind *n.* پردهٔ پنجره ، سایبان
sun'burn *n.* سوختگی ازآفتاب
Sunday (*sʌn'di*) *n.* یکشنبه
sunder (*sʌn'də*) *vt.* جدا کردن
sun'dial (*-daiəl*) *n.* ساعت آفتابی
sun'down (*-daun*) = **sunset**
sun'-dried *a.* درآفتاب خشکانیده
s.-dried brick خشتِ
sundries (*sʌn'driz*) *npl.* متفرقه ، مخلفات ـ خرده ریز ـ هزینهٔ متفرقه
sun'dry (*-dri*) *a.* گوناگون
sun'flower *n.* گل آفتاب گردان
sun'-glasses *npl.* عینك آفتابی
sung [*pp.* of **sing**]
sun'ken [زیر **sink** آمده است]
sun'light *n.* (روشنایی) آفتاب
sun'lit *a.* روشن‌ازآفتاب ، آفتاب‌گیر
sunny (*sʌn'i*) *a.* آفتابی ـ روشن ـ آفتاب‌رو ـ [مج] بشاش
sun'rise (*-raiz*) *n.* طلوع آفتاب
sun'set *n.* آفتاب غروب
sun'shade *n.* چتر آفتابی
sun'shine *n.* آفتاب ـ هوای باز
sun'shiny *a.* آفتابی ، آفتاب دار
sun'stroke *n.* آفتاب زدگی
sun'-struck *a.* آفتاب زده
sun'-up [Col.] = **sunrise**
sundae (*sʌn'di*) *n.* بستنی که آب میوه یا چیز دیگر روی آن بپاشند
sup (*sʌp*) *vi.* & *vt.* [-ped], & *n.* (۱) شام خوردن ـ قاشق قاشق خوردن (۲) شام دادن (به) ـ (۳) جرعه ـ فورت
super (*su':pə*) *n.* [Col.] بازیگر زیادی ، نعش ـ آدم غیر مهم ـ [بطور پیشوند] مافوق ، متجاوز از ، فوقانی ، زیادی
superabundance (*-pərəbʌn'dəns*) *n.* وفور
superabun'dant *a.* زیاد فراوان
superannuate (*-an'yueit*) *vt.* باز نشسته کردن ـ [در صیغه اسم مفعول] باز نشسته ، متقاعد ـ از کار افتاده
superb (*su:pə:b'*) *a.* عالی
supercargo (*su':pəka:gou*) *n.* [-es] مباشرِ بارهای کشتی
supercharge (*siu':pəcha:j*) *vt.* (بخار) بنزین را بزور وارد استوانه ماشین کردن
supercilious (*-pəsil'iəs*) *a.* مغرور ، بزرگی فروش
supererogation (*siupərerəgei'shən*) *n.* انجام کاری بیش‌ازحد وظیفه ، خوش خدمتی
supererogatory (*-rɔg'ətəri*) *a.* زیاده (از حد وظیفه)
superfatted (*-fat'id*) *a.* دارای پیه یا چربی زیاد [**s. soap**]
superficial (*-pəfish'əl*) *a.* سطحی ـ کم عمق ـ کم مایه ـ ظاهربین
superficiality (*-shial'iti*) *n.* سطحی بودن ـ دانشِ سطحی ـ بیمایگی
superfi'cially *adv.* بطور سطحی
su'perfine *a.* اعلی ، بسیار ظریف
superflu'ity *n.* زیادتی ـ چیز زائد
super'fluous (*-əs*) *a.* زائد
superhuman (*-hiu':mən*) *a.* بیرون ازنیروی انسانی، خارج ازقوهٔ بشر
superimpose (*-pouz'*) *vt.* روی (چیزی) گذاشتن
superintend' *vt.* ریاست یا نظارت کردن بر ، اداره کردن
superinten'dence (*-dəns*) *n.* ریاست ، مدیریت ـ مباشرت
superinten'dent *n.* مدیر ـ مباشر ـ سرپرست
superior (*supi'əriə*) *a.* & *n.* (۱) بالارتبه ـ عالی ـ بزرگ‌تر ، بهتر ،

بیشتر - اعلی - مافوق (۲) رئیس ، بزرگتر ، مافوق - بالادست

s. to بهتر از - منزه از - مستغنی از

superiority (*-riɔr'iti*) *n.* برتری ،بزرگی ، تفوق - ریاست

superlative (*-pə':lətiv*) *a.* & *n.* (۱) عالی [درصفت] - بالاترین ، بزرگترین (۲) درجهٔ عالیِ صفت

superman (*su':pə-*) *n.* مرد آینده - مرد فوق‌العاده امروز

supernal (*-pə':nəl*) *a.* [Poet.] آسمانی

supernatural (*-nach'ərəl*) *a.* فوق طبیعی ، خارق‌العاده ، اعجاز آمیز

supernormal (*-nɔ':məl*) *a.* مافوق عادی - بالاتر از حدمتوسط

supernumerary (*-niu':mərəri*) *a.* & *n.* (۱) زیادی(۲) آدم زیادی ، [در اصطلاح نمایش] نعش

superscription (*-pəskrip'shən*) *n.* عنوان (روی پاکت) - چیزیکه روی چیز دیگر نوشته شود

supersede (*-pəsi:d'*) *vt.* لغو کردن، کنارگذاشتن - جانشین (چیزی)شدن

supersession (*-sesh'ən*) *n.* الغا - جانشینی - ملغی شدگی

superstition (*-pəstish'ən*) *n.* موهوم (پرستی) ، (عقیده به) خرافات

superstitious (*-tish'əs*) *a.* موهوم پرست ، خرافاتی - موهوم

superstructure (*-strʌk'chə*) *n.* روسازی ، اعیان

supertax (*siu'pətaks*) *n.* مالیات بردرآمدِ اضافی

supervene (*-pəvi:n'*) *vi.* ناگهان‌رُخ دادن - اتفاقاً آمدن

supervise (*-vaiz'*) *vt.* نظارت یا مباشرت کردن ، سرپرستی کردن

supervisor (*-vai'zə*) *n.* مُباشر ، ناظر

supervi'sory (*-zəri*) *a.* مباشرتی-مباشر پیشه

supine (*siu':pain*) *a.* برپشت خوابیده - طاق باز - [مج] بیحال

supper (*sʌp'ə*) *n.* شام

supplant (*səpla:nt'*) *vt.* جانشین شدن، از میدان در کردن

sup'ple (*sʌp'l*) *a.* & *vt.* (۱) نرم - رام (۲) مطیع یا رام کردن

supplement (*sʌp'limənt*) *n.* متمم، مکمل - ضمیمه - زاویهٔ مکمله

supplement' *vt.* تکمیل کردن

supplemen'tary (*-təri*) *a.* متمم ، تکمیلی ، مکمل - اضافی

suppliant (*sʌp'liənt*) *n.* & *a.* (۱) درخواست کننده (۲) لابه آمیز

sup'plicant = **suppliant**

supplicate (*sʌp'likeit*) *v.* درخواست کردن(از) ، التماس کردن (به)

supplication (*-kei'shən*) *n.* لابه ، درخواست

supply (*səplai'*) *vt.* & *n.* (۱) تهیه کردن ، رساندن - تحویل دادن به - تکمیل کردن (۲) تهیه - تحویل - موجودی - ذخیره - جایگیر موقتی ، بدل- [درجمع] تدارکات ، ملزومات

s. some one with paper کاغذ برای کسی تهیه کردن یا باو رساندن

water s. (وسائل) تهیه آب ،آبرسانی

in short s. کم [در بازار]

in great s. فراوان

s. and demand عرضه و تقاضا

S. Department ادارهٔ کاربردازی

support (*səpɔ:t'*) *n.* & *vt.* (۱) نگهداری - پشتیبانی - تقویت - تکیه گاه ، پایه (۲) نگاهداری کردن (از) - حمایت یا تقویت کردن - تحمل کردن - اثبات کردن - تأیید کردن

in s. of بحمایتِ - درتأییدِ

suppor'ter (*-tə*) *n.* نگهدار ، حامی

suppose (*səpouz'*) *vt*. فرض کردن ـ گمان یاتصور کردن ـ مستلزم بودن .
supposed' *ppa*. فرضی ، تصور شده
suppo'sedly (*-zidli*) *adv*. بطور فرضی ، فرضاً
supposition (*sʌpəzish'ən*) *n*. فرض ، تصوّر ،گمان
on the s. that با این فرض که ، بفرض اینکه ، باتصور اینکه
suppress (*səpres'*) *vt*. موقوف یا توقیف کردن ـ فرو نشاندن ـ پایمال کردن ـ جلوگیری کردن از
suppression (*-presh'ən*) *n*. جلوگیری ، توقیف ـ [طب] حبس
suppurate (*sʌp'iureit*) *vi*. چرك كردن ، تولید جراحت کردن
suppuration (*-rei'shən*) *n*. (تولید) جراحت
supremacy (*suprem'əsi*) *n*. تفوق ـ رفعت
supreme (*supri:m'*) *a*. عالی ـ اعلی ، منتهای [s. courage]
the S. Being خدای تعالی
the S. Court دیوان عالی (تمیز)
surcease (*sə:si:s'*) *n*. [Arch.] پایان ، وقفه کامل
surcharge (*sə':cha:j*) *n*. اضافه بار ـ نرخ اضافی ـ مالیات اضافی ـ نشان کسر تمبر
surcharge (*sə:cha:j'*) *vt*. زیاد بارکردن ـ عوارض زیادی گرفتن از ـ بطور جریمه گرفتن ـ اضافه کردن
surd (*sə:d*) *a*. & *n* (۱) گنگ ـ بیصدا (۲) جذر اصم ـ حرف بیصدا
sure (*shuə;shɔə*) *a*. یقین ، خاطرجمع ، مطمئن ـ قطعی ـ قابل اطمینان ـ محفوظ
feel s. یقین بودن ، خاطرجمع بودن
make s. (of) محقق کردن
Be s. to go. حتما بروید
s. enough حتماً ، مسلماً
to be s. یقیناً ، محققا ، بطور قطع
sure'-footed *a*. [در گفتگوی از اسب] رونرو ، ثابت قدم ، بی لغزش
sure'ly (*-li*) *adv*. یقیناً ، مسلماً
sure'ness *n*. خاطرجمعی ، قطعیت
surety (*shu'əti* ; *shɔ':ti*) *n*. ضامن ، پایندان ـ وثیقه
stand s. for a person ضامن کسی شدن ، ضمانت کسیرا کردن
of a s. یقیناً ، مسلماً
surf (*sə:f*) *n*. موجی که بساحل خورده خرد میشود
surface (*sə':fis*) *n*., *vt*. & *vi*. (۱) سطح ، رویه ـ [مج] ظاهر (۲) نما دادن ، صاف کردن (۳) روآمدن
on the s. در (صورت) ظاهر
s. knowledge دانش سطحی
s. mail پست زمینی
surfeit (*sə':fit*) *n*. & *vt*. (۱) زیاده رَوی ـ امتلاء (۲) زیاد خوراندن
s. oneself پر خوردن ، تپاندن
surge (*sə:j*) *n*. & *vi*. (۱) موج (۲) موج زدن ـ این‌سو وآن‌سو جنبیدن
surgeon (*sə':jən*) *n*. جرّاح
sur'gery (*-jəri*) *n*. جرّاحی ـ مطب
sur'gical (*-kəl*) *a*. مربوط به‌جرّاحی
s. operations عمل‌های جرّاحی
sur'liness *n*. تند خویی ، بد خلقی
surly (*sə':li*) *a*. تند خو ، بد خلق
surmise (*sə':maiz*) *n*. گمان ، حدس
surmise (*sə:maiz'*) *v*. ظن بردن (به) ، حدس زدن
surmount (*sə:maunt'*) *vt*. فائق آمدن بر ـ پوشاندن ، پوشیدن
s. with snow از برف پوشیدن
surmoun'table (*-təbl*) *a*. برطرف کردنی ، از میان برداشتنی
surname (*sə':neim*) *n*. & *vt*. (۱) نام‌خانوادگی (یا خانواده) ـ کنیه ،

لقب (۲) کنیه دادن ، به (چیزی) ملقب کردن [بیشتر در صیغه مجهول]
surnamed Fox مشهور به فاکس ، که نام خانواده او فاکس است
surpass (*səpʌ:s'*) *vt*. عقب گذاشتن - تفوق جستن بر - بیشتر بودن از
surpass'ing *apa*. برتر ، فائق
surplice (*sə':plis*) *n*. جبهٔ سفید کتان
surplus (*sə':pləs*) *n*. & *a*. (۱) زیادتی ، مازاد ، اضافی (۲) زائد
s. to our requirements زائد بر احتیاجات ما
surprise (*səpraiz'*) *n*. & *vt*. (۱) تعجب ، شگفت - خبرِ شگفت آور - غافل گیری ، شبیخون - [بطور صفت] بیخبر (۲) متعجب یا متحیر کردن - غافل گیر کردن - غفلةً به (کسی) سر رسیدن - بی خبر گرفتن ، بی خبر گیر آوردن
I should not be surprised if بعید نیست که ، بعید نمیدانم که
surpri'sing *apa*. شگفت انگیز
surrender (*səren'də*) *vt*., *vi*., & *n*. (۱) تسلیم کردن ، واگذار کردن - صرف نظر کردن از (۲) تسلیم شدن (۳) تسلیم - صرف نظر
surreptitious (*sʌrəptish'əs*) *a*. نهانی ، زیرجلی ، محرمانه
surrepti'tiously *adv*. بطور نهانی ، در نهان ، زیرجلی ، محرمانه
surrogate (*sʌr'əgit*) *n*. قائم مقام
surround (*səraund'*) *vt*. احاطه کردن ، دور گرفتن - محاصره کردن
surroun'ding *apa*. احاطه کننده
s. villages دهات اطراف یا مجاور
surroun'dings *npl*. مُحیط
surtax (*sə':-*) *a*. اضافه مالیات
surveillance (*sə:vei'ləns*) *n*. نظارت ، مراقبت
under s. تحت نظر
survey (*səvei': sə'ʒ-*) *n*. بازدید ، ممیزی - نقشه برداری - مساحی - خلاصه
survey (*səvei'*) *vt*. بازدید یا ممیزی یابررسی کردن - دُرس مطالب (چیزی)را گفتن - نقشه برداری کردن (از)
surveyor (*-vei'ə*) *n*. نقشه بردار ، زمین پیما - ممیز - برآورد کننده
survival (*səvai'vəl*) *n*. زندگی پس از مرگ دیگری
s. of the fittest بقای انسب
survive (*-vaiv'*) *vi*. & *vt*. (۱) (پس ازمرگ دیگری) زنده ماندن (۲) بیشتراز(دیگری) زنده بودن -[مج] گذراندن (خطر)
survi'vor (*-və*) *n*. بازمانده ، کسیکه پس ازمرگ دیگری زنده باشد
susceptibil'ity (*-ti*) *n*. استعداد ، آمادگی ، قابلیت - حساسیت
susceptible (*səsəp'-*) *a*. مستعد ، آماده ، قابل - حساس
s. to pain حساس نسبت بدرد
suspect' (*səs-*) *vt*. بدگمان شدن از ، ظنین بودن از - تردید داشتن از - گمان کردن
They s. him (or he is suspected) of lying. گمان (یا ظن) دروغگویی باو میبرند
suspect (*sʌs'pekt* ; *səspekt'*) *n*. شخص مظنون
suspend' (*səs-*) *vt*. معلق کردن - موقتاً تعطیل کردن - مسکوت یا بی تکلیف گذاردن - موقوف (الاجرا) کردن
suspen'ders (*-dəz*) *npl*. بندِ جوراب -[در امریکا] بند شلوار
suspense' (*səs-*) *n*. بی تکلیفی ، تعلیق - تعطیل
suspen'sion (*-shən*) *n*. توقف ، تعطیل - تعلیق - بی تکلیفی - متارکه
suspen'sion-bridge *n*. پل معلق
suspicion (*səspish'ən*) *n*. بدگمانی ، سوء ظن - تردید - مقدار کم

suspicious (*-pish'əs*) *a.* بدگمان، ظنین ـ حاکی از بدگمانی ـ مشکوك
sustain (*səstein'*) *vt.* نگاهداری کردن ـ تحمل کردن ـ طاقت آوردن ـ ادامه یاطول دادن ـ پشتیبانی یا تأیید کردن ـ بجا دانستن ـ حق دادن به
s. a loss زیان دیدن ، ضرر دادن
sustenance (*sʌs'tinəns*) *n.* تغذیه ـ نگهداری ـ قوت ، معاش ، گذران
sutler (*sʌt'lə*) *n.* اردو بازارچی
suttee (*sʌti':*) *n.* زن هندو که خودرا برسر جنازه شوهرش می‌سوزانید
suture (*siu':chə*) *n.* & *vt.* (۱) درز ـ بخیه (۲) بخیه زدن
suzerain (*su':zərein*) *n.* صاحب تیول عمده ، مالك الرقاب ، اختیار دار
su'zerainty (*-rinti*) *n.* اختیارداری
svelte *a.* {Fr.} باریك وخوش اندام
s. w. {مختصر south-west}
swab (*swɔb*) *n.* & *vt.* {-bed} (۱) لوله پاك کن ، کهنه ، فرش پاك کن (۲) پاك کردن {گاهی با down} ـ با پارچه دارو گذاشتن ـ با کهنه آب (چیزیرا) کشیدن {با up}
swad'dle (*swɔd'l*) *vt.* قنداق کردن
swad'dling-clothes *npl.* قنداق ـ {مج} موانع آزادی عمل یافکر
swag *n.* {Sl.} کالای دزدیده
swage (*sweij*) *n.* & *vt.* (۱) قالب ، سنبه (۲) روی سنبه قالب کردن
swagger (*swag'ə*) *vi.* خود فروشانه گام زدن ـ خود ستایی کردن
swain (*swəin*) *n.* جوان روستایی ـ عاشق
swallow (*swɔl'ou*) *vt.* & *n.* (۱) فرورت دادن ، فرو بردن ، بلعیدن ـ {مج} زود باور کردن ـ زیر سبیل در کردن (۲) بلع ـ مری ، حلق ـ پرستوك ، چلچله
swal'low-tailed *a.* دم چلچله‌ای

s.-t. coat لباس شب (برای مرد)
swam {*p. of* swim}
swamp (*swɔmp*) *n.* & *vt.* (۱) باتلاق (۲) در باطلاق فرو بردن
swam'py (*-pi*) *a.* باتلاقی ، مردابی
swan (*swɔn*) *n.* قو ، غو
swank {Col.} *vi.* خودفروشی کردن ، خودنمائی کردن
swan'-song *n.* آواز غو هنگام مردن ـ {مج} آخرین اثر ، غزل آخر
swap *or* **swop** (*swɔp*) {Sl.} *vt.* {-ped} (باهم) عوض کردن
sward (*swɔ:d*) *n.* چمن ، مرغزار
sware {ماضی قدیمی swear}
swarm (*swɔ:m*) *n.* & *vi.* (۱) گروه (۲) هجوم یا ازدحام کردن ، دسته جمعی مهاجرت کردن ـ شلوق شدن ، پر شدن ـ با دست و پا بالا رفتن
swarmed with پر از ، مملو از
swart (*swɔ:t*) {Arch} } *a.*
swarthy (*swɔ':thi* ـظی) } کندم گون ، سیه چرده
swashbuckler (*swɔsh'bʌklə*) = **braggart**
swas'tika (*-kə*) *n.* صلیب شکسته
swat (*swɔt*) *vt.* {-ted} با چیز پهن زدن یا کشتن {s. a fly}
swath (*swɔth*) *n.* {سواظز swaths} ردیف چیده شده (از علف یاغله)
swathe (*sweith* سویظ) *vt.* پیچیدن {swathed in furs}
sway (*swei*) *n.*, *vi.*, & *vt.* (۱) حرکت موجی ، نوسان ـ {مج} نفوذ، سلطه (۲) این سو وآن سو جنبیدن (۳) بهر سو جنبانیدن ـ {مج} تحت نفوذ خود درآوردن
swear (*swêə*) *v.* {swore ; sworn (*swɔ:n*)} سوگندیاقسم خوردن ـ یاد کردن (قسم) ـ فحش دادن ـ کفر گفتن

s. at فحش به (کسی) دادن
s. by (۱) سوگند خوردن به (۲) عقیده زیاد داشتن به، جداً توصیه کردن
s. on سوگند به (چیزی) خوردن
s. one to secrecy کسیرا پوشیده داشتن رازی قسم دادن
s. in بامراسم تحلیف وارد کردن
He swore off drinking. سوگند خورد که از نوشیدن مسکرات دست بکشد
sweat (*swet*) *n.*, *vi.*, & *vt.* (۱) خوی (*khoy*)، عرق - [مج] کار سخت (۲) عرق کردن - نم زدن - [مج] زحمت زیاد کشیدن (۳) جاری ساختن - بعرق انداختن، خسته کردن (اسب) - با مزد کم بجان کسی وادوشتن
in a s. درعرق، خوی کرده - [د. ک.] هراسان یا نگران
all of a s. [Col.] خیس عرق - [مج] هراسان یا نگران
He shall s. for it. پشیمان خواهد شد
sweated clothes لباس عرق دار
sweater (*swet'ə*) *n.* زیرپیراهنی کش‌پشمی که قبل یابعداز ورزش میپوشند - کارفرمای سخت گیر
sweat'y *a.* خیسِ عرق - پر زحمت
Swede (*swi:d*) *n.* سوئدی
Swe'dish *a.* & *n.* (زبان) سوئدی
sweep (*swi:p*) *vt.* & *vi.* [**swept**], & *n.* (۱) رو بیدن، جارو(ب) کردن - شستن و بردن [با **away**]- (۲) تند گذشتن، آسان رفتن [با **past** یا **along**] - حمله کردن [با **down**] - امتداد داشتن [با **away**] - با وقار حرکت کردن (۳) جارو کشی- جنبش - تاب، پیچ و خم (جاده) - حیطه - جریان
give a s. (to) جاروب کردن
make a clean s. of کاملاً از شرّ (چیزی) خلاص شدن

swee'per (*-pə*) *n.* رُفت گر، روبنده
swee'ping *apa.* جامع، فراگیرنده- تند، بنیان کن [**a s. flood**]
swee'pings *npl.* خاکروبه، زباله
sweep'stake(s) *n. s. or pl.* شرط بندی در اسب دوانی
sweet (*swi:t*) *a.* & *n.* (۱) شیرین - خوش [**s. odour**]- خوشبو (۲) شیرینی - خوراك شیرین
It tastes s. (مزه آن) شیرین است
It was so s. of her to . . . چقدر مهربان بود که . . .
s. pea عطر شاهی
s. tooth میل زیاد بخوردن شیرینی
sweet'bread *n.* خوشگوشت
sweet'brier (*-braiə*) *n.* نسترن
swee'ten (*-t'n*) *vt.* & *vi.* (۱) شیرین کردن (۲) شیرین شدن
sweet'heart (*-ha:t*) *n.* معشوق یا معشوقه، دلبر، یار
sweet'ly *adv.* بشیرینی، باملاحت
sweet'meat (*-mi:t*) *n.* شیرینی
sweet'ness *n.* شیرینی - ملاحت
sweet'-scented / **sweet'smelling** } *a.* خوشبو، معطر
sweet'-tempered *a.* خوش خُلق
swell *v.* [**swelled ; swollen**], *n.*, & *a.* (۱) بادکردن - متورم شدن یا کردن (۲) تورم - برجستگی - طغیان آب (۳) شیك [لفظ فرانسه]، قشنگ
swell'ing *n.* آماس، باد، ورم
swel'ter (*-tə*) *vi.* ازگرما بیحال شدن - خیسِ عرق شدن
swept [*p.* & *pp.* of **sweep**]
swerve (*swə:v*) *vi.* & *vt.* (۱) منحرف شدن (۲) منحرف کردن
swift *a.* & *n.* (۱) تندرو - سریع (۲) قسمی مرغ شبیه به پرستوك
s. to anger زود غضب
swift'ly *adv.* تند، زود، بسرعت

swift'ness *n.* تندی، سرعت
swig *n.* [Sl.] ُغلپ ، غورت
swill *vt.* & *n.* (۱) آب کشیدن [با out] - سر کشیدن (۲) گنداب آشپزخانه که بخوکان میدهند
swim *vi.* & *vt.* [swam; swum] & *n.* (۱) شنا کردن - چرخ خوردن - گیج خوردن (۲) باشنا گذشتن از - با شنا بردن (۳) شنا - جریان
s. with the tide (*or* stream) همرنگ جماعت شدن
swimming with tears اشکبار
swimmer (*swim'ə*) *n.* شناگر
swim'mingly *adv.* مثل باد ، بلامانع ، با موفقیت
swin'dle *v.* & *n.* (۱) گول زدن - گوش ُبری کردن (۲) گول زنی
swindl'ler (*-lə*) *n.* کلاه بردار ، گوش ُبر ، قاچاق
swine (*swain*) *n.* [swine] خوك
swine'-herd *n.* خوك چران
swing *vi.* & *vt.* [swung], & *n.* (۱) تاب خوردن (۲) تاب دادن (۳) تاب ، جنبش - میدان نوسان - وزن - جریان
s. out of a room با گام های سنگین و موزون از اطاق بیرون رفتن
in full s. کاملاً دایر یا درجریان
s. open باز شدن
swing'ing *apa.* تاب خور - موزون
swinish (*swai'-*) *a.* خوك صفت ، نفرت آور
swipe (*swaip*) *n.* & *vi.* ضربت سخت (زدن)
swirl (*swə':l*) = eddy
swish *vt.* باصدا تکان دادن (عصا یا چیز های شبیه به آن)
Swiss *a.* & *n.* [Swiss] سویسی
Swiss'-roll *n.* نان مربائی
switch (*swich*) *n.* & *vt.* (۱) ترکه یا عصای نرم - شلاق - سوزن دوراهی - کلید (برق) - (۲) شلاق زدن - تندگرداندن (دُم) - ربودن [با out] - بخط دیگر انداختن (قطار)
s. on روشن کردن (برق) - (بشخص دیگر) اتصال دادن - راه انداختن
s. off خاموش کردن ، قطع کردن
switch'back *n.* راه آهن پیچاپیچ که در شیب های بسیار تند بکار میبرند
switch'-board *n.* صفحه کلید - صفحهٔ تقسیم برق
switch'-over *n.* انتقال
Swit'zerland (*-zələnd*) *n.* سویس [لفظ فرانسه]
swiv'el (*-əl*) *n.* & *v.* [-led] (۱) ُمفصل گردنده ، ُمدبر ُگردنده (۲) روی محور گردیدن یا گرداندن
swob = swab
swollen (*swou'lən*) *ppa.* [*pp.* *of* swell] متورم - [مج] گزاف
swoon (*swu:n*) *n.* & *vi.* (۱) غش ، ضعف (۲) ضعف کردن
swoop (*swu:p*) *vi.*, *vt.*, & *n.* (۱) قپانچه شدن - ناگهان فرود آمدن (۲) ربودن [با up] - (۳) ربایش - حمله - وهله
at one s. بایك حمله - دریك وهله
swop = swap
sword (*sɔ:d*) *n.* شمشیر
put to the s. (باشمشیر) کشتن ، از دم شمشیر گذراندن
cross (*or* measure) swords دست و پنجه باهم نرم کردن
sword'-cut *n.* زخم شمشیر
sword'-law *n.* حکومت ُقلدری ، حکومت سرنیزه
sword'-play *n.* شمشیر بازی - فن مجادله
swords'man (*-mən*) *n.* [-men] شمشیرزن، شمشیر باز
swore [*p. of* swear]

sworn [*pp. of* **swear**]
swot (*swɔt*) *vi.* [-ted] [Col.] جداً تحصیل کردن
swum [*pp. of* **swim**]
swung [*p. & pp. of* **swing**]
sybarite (*sib'ərait*) *n. & a.* (آدم) خوش گذران
sycamore (*sik'əmɔ:*) *n.* چنار فرنگی
sycophant (*sik'əfənt*) *n.* آدم چاپلوس یا متملق - انگل
syllabic (*silab'ik*) *a.* هجائی ، سیلابی
syllab'icate (*-keit*) = **syllabify**
syllab'ify (*-fai*) } *vt.*
syllabize (*sil'əbaiz*) } سیلاب بندی کردن
syllable (*sil'əbl*) *n.* هجاء ، سیلاب [لفظ فرانسه]
syllabus (*sil'əbəs*) *n.* [- bi (*bai*)] رئوس مطالب - برنامه - مواد دروس
syllogism (*sil'əjizm*) *n.* شکل [کبری وصغری ونتیجه] - قیاس
syllogis'tic *a.* قیاسی - شکلی
sylph (*silf*) *n.* زن خوش اندام
sylvan ; sil'- (*-vən*) *a.* جنگلی
symbol (*sim'bəl*) *n.* نشان - رمز
symbolic(al) [*-bɔl'ik(əl)*] *a.* رمزی ، کنایه‌دار - علامت‌دار - دال‌ّ
sym'bolize (*-ləlaiz*) *vt.* نشانه (چیزی) بودن ، حاکی یاکنایه بودن از - با علائم نشان دادن
symmetric(al) [*simet'rik(əl)*] *a.* قرینه دار
symmet'rically *adv.* با قرینه
symmetry (*sim'itri*) *n.* قرینه ، تناسب - تقارن - مراعات نظیر
sympathet'ic (*-pə-*) *a.* همدرد ، دلسوز - هم فکر - ناشی از دلسوزی
the s. nervous system سلسلهٔ اعصاب مجهول ، سلسلهٔ پی های نباتی
sympathet'ically *adv.* باهمدردی
sympathize (*sim'pəthaiz*) *vi.* همدردی یا هم فکری یا موافقت کردن
sym'pathy (*-thi*) *n.* همدردی - هم فکری - عمل مجهول - میل طبیعی
symphonic (*simfɔn'ik*) *a.* هم‌آهنگ - هم‌صدا
sym'phony (*-fəni*) *n.* هم‌آهنگی
sym'physis (*-fi-*) *n.* [-ses (*si:z*)] پیوستگی ، اتصال
symposium (*-pou'ziəm*) *n.* [-sia (*ziə*)] اختلاط پس‌ازشام در یونان قدیم - نظریات‌مختلف دریك موضوع
symptom [*sim(p)'təm*] *n.* نشانه ، علامت
symptomat'ic *a.* مطابق با نشانهٔ بیماری - نماینده ، حاکی ، دال‌ّ
synagogue (*sin'əgɔg*) *n.* کنیسه
synchronize (*sin'krənaiz*) *vi. & vt.* (۱) همزمان بودن (۲) مطابق کردن
syn'chronous (*-nəs*) *a.* هم زمان
syncopate (*sin'kəpeit*) *vt.* سکته‌دار کردن - از وسط کوتاه کردن
syncopation (*-pei'shən*) *n.* [مو] تازش ، سکته
syn'cope (*-kəpi*) *n.* بیهوشی ، غش
syn'dicate (*-ket*) *n. & vt.* (۱) سندیکا[لفظ فرانسه] (۲-باتلفظ *-keit*) اتحادیه تشکیل دادن از (چند شرکت).
synod (*sin'əd*) *n.* شورای کلیسایی
synonym (*sin'ənim*) *n.* کلمهٔ مترادف ، لفظ هم معنی
synonymous (*sinɔn'iməs*) *a.* هم معنی ، مترادف
synopsis (*sinɔp'-*) *n.* [-ses (*si:z*)] خلاصه - [د] صرف اجمالی
synop'tic(al) *a.* اجمالی - هم‌نظر
syntac'tic (*sin-*) *a.* نحوی ، ترکیبی

syn'tax (*-taks*) *n.* نحو ، ترکیب

synthesis (*sin'thə-*) *n.* { -ses (*si:z*) } ترکیب

syn'thesize *or* -tize (*-taiz*) *vt.* ترکیب کردن

synthe'tic *a.* ترکیبی - مصنوعی

syphilis (*sif'ə-*) *n.* کوفت ، سفلیس

syphilit'ic *a.* سفلیسی

Syrian (*sir'iən*) *n.* & *a.* اهل سوریه

syringe (*sir'inj*) *n.* آب دزدك

syrup ; **sirup** (*sir'əp*) *n.* شربت قند - شیره

system (*sis'tim*) *n.* سلسله، رشته- دستگاه ، جهاز - طرز ، روش - نظم ، ترتیب - منظومه - اصول - وجود ، مزاج

systemat'ic *a.* مبنی بریك روش معین ، اسلوب‌دار - منظم - اصولی

systemat'ically *adv.* با روش معین

sys'tematize (*-timətaiz*) *vt.* دارای اسلوب یا روش کردن ، منظم کردن

Tt

tab *n.* بر گه ـ باریکه ـ تیکه ـ بند
keep a t. on something
حساب چیز برا داشتن
tabard (*tab'əd*) *n.* قسمی لباس ِ کوتاه بی آستین که پیشتر میپوشیدند
tabby (*tab'i*) *n.* گربهٔ ماده ـ پیرزن بد نو
tabernacle (*tab'ənak'l*) *n.* خیمه ، سایبان
table (*teib'l*) *n.* & *vt.* (۱) میز ـ خوراك ـ سفره ـ لوح ـ جدول ـ فهرست (۲) ازدستور خارج کردن ـ مطرح کردن ـ بشکل جدول درآوردن
turn the tables on some one
ورق را بر گرداندن ، بر فاتح خود غالب شدن
tab'leau (*-lou*) *n.* {-leaux (*-louz*) چند نفر که باهم تشکیل منظره ای را بدهند که مانند پردهٔ نقاشی بنظر برسد ، تابلوی زنده [«تابلو» لفظ فرانسه است]
ta'ble-cloth *n.* سفره ـ رومیزی
ta'ble-cover *n.* رومیزی
table (d'hôte) *n.* {Fr.} غذائی که انتخاب قسمت های آن محدود باشد و به بهای مقطوعی داده شود
ta'ble-land = **plateau**
ta'ble-spoon *n.* قاشق سوپ خوری
tab'let (*-let*) *n.* لوح ، لوحه ، صفحه ـ تخته ـ قرص ـ دستهٔ یادداشت
ta'ble-ware *n.* لوازم میز یا سفره
tab'loid (*-lɔid*) *n.* قرص
taboo (*təbu':*) *n.* & *a.* (۱) حکم ِ تحریم (۲) ممنوع
tabor (*tei'bə*) *n.* طبل کوچك ، دهل
tab'ular (*-yulə*) *a.* جدولی ، ستونی
tab'ulate (*-yuleit*) *vt.* جدول بندی کردن
tabulating machine } *n.*
tabulator (*-yuleitə*) }
ماشین جدول بندی [قسمی ماشین تحریر]
tabulation (*-lei'shən*) *n.* جدول بندی ـ جدول
tacit (*tas'it*) *a.* ضمنی ، مقدر ، ضمناً مفهوم ، بسکوت بر گذار شده
tac'itly *adv.* بطور مقدر یاضمنی
taciturn (*tas'itə:n*) *a.* کم حرف
tacitur'nity (*-ti*) *n.* کم حرفی
tack *n.*, *vt.* & *vi.* (۱) میخ سر پهن ِ کوچك ـ کوك ـ حرکت کشتی طبق وزش باد ـ [مج] رویه ، خط مشی ـ خوراکی (۲) میخ یا پونز زدن ـ کوك زدن ـ جوش دادن ـ [مج] افزودن (۳) تغییر رویه دادن
thumb-t. {U. S.} = **drawing-pin**
brass tacks [مج] مسائل اساسی
tack'le (*tak'l*) *n.* & *vt.* (۱) اسباب ، لوازم ـ غرغره وقلاویز ، طناب و قرقره (۲) گلاویز با (چیزی) شدن ـ از دویدن بازداشتن ـ دست به (کاری) زدن ـ یراق کردن
tacky (*tak'i*) *a.* چسبناك
tact *n.* حضور ذهن ، کاردانی ، سلیقه
tact'ful *a.* دارای حضور ذهن

tac'tical (*-kəl*) *a.* مربوط به تدابیرِ جنگی - ماهر - ماهرانه

tactician (*-tish'ən*) *n.* متخصص تدابیر جنگی - شخص کاردان و با تدبیر

tac'tics *n. s. or pl.* تدابیرجنگی - کاردانی - رویه

tac'tile (*-tail*) *a.* مربوط به حس لامسه

tact'less *a.* بی‌مهارت ، ندانم کار

tac'tual (*-chuəl*) = tactile

tad'pole (*-poul*) *n.* بچه وزغ

taffeta (*taf'itə*) *n.* تافته - پارچه ابریشمی نازك‌که کمی آهار داشته باشد

Taffy (*taf'i*) {Col.} = Welshman

tag *n.* & *vt.* {-ged} (۱) نوك فلزیِ بند کفش - نوار پشت‌پوتین - برچسب -منگوله - بازی گرگم بهوا (۲) برچسب زدن - لمس‌کردن ، دست زدن (دربازی گرگم بهوا)

tail (*teil*) *n.* & *v.* (۱) دُم - دنبه- ته -دنباله - پشت‌سکه ، خط -گوشهٔ خارجی چشم (۲) دنباله‌دارکردن - به‌ته (چیزی) افزودن - دنبال کردن - ساقه (میوه‌ای را) گرفتن

turn t. گریختن ، پشت‌کردن

t. away (*or* off) عقب افتادن - ول شدن -کم شدن

tail'-coat *n.* لباس دامن گرد و دنباله دار

tail'-end *n.* قسمت‌آخر ، دنباله

tailor (*tei'lə*) *n.* خیاط ، درزی {مونث آن tailoress میشود}

tailor (,,) *v.* خیاطی‌کردن ، دوختن

tai'loring *n.* خیاطی ، درزی‌گری

tails (*teilz*) *npl.* = tail-coat

taint (*teint*) *n., vt., & vi.* (۱) لکه ، شایبه (۲) آلودن - لکه دار یا مشوب‌کردن - فاسدکردن (۳) بوگرفتن

taint'less *a.* بی‌شایبه ، بی‌آلایش

take (*teik*) *vt.* & *vi.* { *p.* took ; *pp.* ta'ken (*-k'n*)} (۱) گرفتن- بردن -برداشتن - صرف کردن : خوردن یا آشامیدن - تفسیر یاتعبیرکردن - حمل‌کردن بر - لازم داشتن {t. time} - اتخاذکردن - پذیرفتن -کشیدن {t. trouble} (۲) گرفتن -مؤثر واقع شدن - پرواز کردن- درعکس (خوب‌یا بد) درآمدن

t. after { شبیه بودن } به . . . رفتن

t. care of توجه‌کردن از- تأمین‌کردن

t. down یادداشت‌کردن ، نوشتن - پایین‌آوردن - خراب‌کردن

t. in مغبون‌کردن - پذیرفتن - باورکردن - درك‌کردن - توگذاشتن

t. off کندن ، درآوردن - برداشتن (کلاه)- پروازکردن (هواپیما)- بردن - کم‌کردن - سرکشیدن - ادای (کسیرا) درآوردن

t. off one's hat to تحسین‌کردن

T. yourself off بروید ، دورشوید

t. on تعهدکردن -گرفتن (کارگر) - هایهوکردن

t. out درآوردن - پاك‌کردن - ازعهده برآمدن - بدست آوردن

t. over from کار را از (کسی) تحویل‌گرفتن ، جانشین (کسی) شدن

t. the chair ریاست انجمنی را دارا بودن

t. to پیدا کردن - تمایل پیدا کردن به - پرداختن

t. up برداشتن - اشغال‌کردن - جذب‌کردن - در دست گرفتن - ادامه دادن - سوارکردن - دستگیر کردن - معاشرت‌کردن

t. (it) upon = venture

take (,,) *n.* دخل - وصول - مقدارگرفته شده

take'-in *n.* گول ، فریب - لاف

ta'ken {*pp.* of take}

take'-off {Col.} *n.* بر شگاه - کاریکاتور {لفظ فرانسه} - تقلید
ta'ker (*-kə*) *n.* قبول کننده شرط
ta'kings *n. pl.* برداشت
talc (*talk*) *n.* & *vt.* طلق (زدن)
tal'cum (*-kəm*) *n.* گرد یا بودر طلق {"بودر" لفظ فرانسه است}
tale (*teil*) *n.* قصه ، داستان ـ شرح
tell tales چغلی یاسخن چینی کردن
tale'-bearer *n.* سخن‌چین ، نمام
tale'-bearing *n.* سخن چینی ، نمامی
tal'ent (*-ənt*) *n.* استعداد ، نعمت خداداده ، ذوق ـ قنطار {سنگ و پول قدیمی}
tal'ented *a.* با استعداد ، با ذوق
tale'-teller (*-telə*) *n.* سخن‌چین
talisman (*tal'izmən*) *n.* طلسم
talk (*tɔ:k*) *n.*, *vi.*, & *vt.* (۱) گفتگو ، صحبت (۲) حرف زدن ، صحبت کردن ـ مذاکره کردن (۳) گفتن
He was talking at him. بدر می گفت که دیوار بشنود
Talking of . . . , چون صحبت از . . . بمیان آمد ، حال که صحبت . . .
talk to {Col.} = **scold**
small t. صحبت مختصر وغیر مهم
t. a person round (*or* **over**) با صحبت کسیرا وادار بکاری کردن
talkative (*tɔ':kətiv*) *a.* پرحرف
talker (*tɔ':kə*) *n.* حرف‌زن - کسیکه گفتار دارد و کردار ندارد
talk'ing-to (*-tu*) *n.* سرزنش
tall (*tɔ:l*) *a.* بلند ـ قد بلند
How t. is it ? بلندی آن چقدر است
talk t. (*adv.*) گزاف گفتن
tall'ness *n.* بلندی
tallow (*tal'ou*) *n.* پیه آب کرده
tally (*tal'i*) *n.*, *vi.*, & *vt.* (۱) چوبخط ـ حساب ـ برچسب (۲) تطبیق کردن (۳) (با چوبخط) حساب کردن

tal'ly-clerk *n.* بارنویس
tal'on (*-ən*) *n.* چنگال ـ ناخن دراز
tamable (*tei'məbl*) *a.* رام کردنی ، رام شو
tamarind (*tam'ə-*) *n.* تمر هندی
tambourine (*-bəri:n'*) *n.* دایره زنگی
tame (*teim*) *a.* & *vt.* (۱) رام ، آموخته ، اهلی ـ بیروح (۲) رام کردن ، مطیع کردن
tame'less *a.* رام نشدنی
tam-o'-shanter (*taməshan'tə*) *n.* قسمی کلاه پشمی گرد
tame'ness *n.* رامی ، آموختگی
tamp *vt.* سفت کوبیدن
tam'per (*-pə*) (*vi.*) — **t. with** تحریف کردن ـ رشوه دادن
tan *vt.* & *vi.* {-ned}, & *a.* (۱) دباغی کردن ـ خرمایی یاسوخته کردن (۲) خرمایی شدن (۳) خرمایی
tan('-bark) *n.* جفت
tan'dem (*-dəm*) *adv.*, *a.*, & *n.* (۱) پشت سرهم (۲) دارای جا برای دو پشته سوار شدن (۳) اسبهای پشت سرهم ـ گردونه ای که اسب های آنرا پشت سرهم بسته باشند ـ دو چرخه یا سه چرخه‌ای که چند تن پشت سرهم روی‌آن سوار شوند
tang *n.* بوی تند ـ مزهٔ تند
tan'gency (*-jənsi*) *n.* تلاقی ، برخورد ، تماس
tan'gent (*-jənt*) *a.* مماس
tangerine (*-jəri:n'*) *n.* نارنگی
tangibil'ity *n.* لمس پذیر بودن
tan'gible *a.* قابل لمس ـ محسوس ـ معلوم ، هویدا ، پیدا
tan'gle *v.* & *n.* (۱) درهم پیچیدن ـ کرک کردن (مو) ـ کرک شدن (۲) نخ درهم برهم ـ پیچیدگی
tan'gled *ppa.* پیچیده ، غامض
tan'go *n.* تانگو {لفظ فرانسه}

tank *n.* حوض ـ مخزن ـ {نظ} تانك
rail t. car واگن نفتکش
tan'kage (*-kij*) *n.* آبگیر ، ظرفیت
tan'kard (*-kəd*) *n.* آبخوری در دار
tan'ker (*-kə*) *n.* (کشتی) نفت‌کش
tanner (*tan'ə*) *n.* دباغ
tannery (*tan'əri*) *n.* دباغخانه ـ دباغی
tan'nic acid / **tan'nin** *n.* } جوهر مازو
tan'ning *n.* دباغی ، چرم سازی
tan'talize (*-təlaiz*) *vt.* آزار کردن (بدینسان که کسیرا بچیزی امیدوار یابوصال‌آن نزدیک‌کنند ولی نگذارند ازآن بهره‌مند شود) ، برلب آب تشنه نگهداشتن ، دیدار نمودن (بکبیی) و پرهیز کردن
tan'tamount (*-təmaunt*) *a.* برابر ، معادل ، {با to} درحکم
tan'trum (*-trəm*) *n.* غیظ
tap *n.* & *vt.* {-ped} (۱) شیر ـ سوراخ ـ توپی ـ (جایگاه فروش یا صرف) نوشابه ـ قلاویز (۲) شیردار کردن ـ سوراخ کردن ـ شیره یا نوشابه از (ظرفی)کشیدن ـ تقاضا کردن از
t. dance قسمی رقص‌که درآن پنجه و پاشنه پا را بسرعت بزمین میزنند
tap {''} *v.* & *n.* (۱) آهسته‌زدن(به)- (۲) ضربت آهسته ـ (صدای) در زدن ـ {در جمع} شیپور خاموشی
t. at a door در زدن
tape (*teip*) *n.* & *vt.* (۱)نوار باریك ـبند (۲) بستن ـ ته دوزی کردن
tape'-line / **tape'-measure** } *n.* متر قابداربرای اندازه‌گیری
breast the t. مسابقه دو را بردن
ta'per (*-pə*) *n.* & *vi.* (۱) شمع کوچك (۲) کم‌کم باریك شدن {با off}
tap'estry (*-pistri*) *n.* پردهٔ‌قالیچه نما یا نقش‌دار ـ پردهٔ دیوارکوب
tape'worm (*-wə:m*) *n.* کرم کدو

tapioca (*-ou'kə*) *n.* قسمی مادهٔ نشاسته ای
tapir (*tei'pə*) *n.* خوك خرطوم دار
tap'-room *n.* جایگاه فروش و صرف مشروبات ، دکان پیاله فروشی
tap'-root *n.* ریشهٔ اصلی یا عمودی
tap'ster (*-stə*) *n.* متصدی دادن نوشابه {در پیاله فروشی‌ها}
tar (*ta:* تا) *n.* & *vt.* {-red} (۱) قیر ، قطران (۲) قیر اندود کردن
tarred with the same brush از سر یك کرباس {در بدی}
tar *or* **Jack'-tar** = **sailor**
tarantella (*-rəntel'ə*) *or* **telle** (*-tel'*) *n.* قسمی رقص‌تند ایتالیایی
tarantula (*təran'tiulə*) *n.* رتیل
tarboosh (*ta:bu:sh'* تابوش) *n.* فینه ، طربوش
tar'dily *adv.* دیر ، بادرنگ ،کند
tar'diness *n.* تأخیر ورود ـ کندی
tardy (*ta':di*) *a.* دیر ـ دیرآینده ، دیرآمده ـ کندرو
tare (*têə*) *n.* گرگاس ـ تلخه
tare (,,) *n.* وزن ظرف ـ تفاوت بابت وزن ظرف
target (*ta':* - تاگت) *n.* آماج، هدف ـ سپر
tar'iff *n.* تعرفه ـ نرخ ـ عوارض
tarn (*ta:n* تان) *n.* دریاچه یا آبگیرکوهستانی
tarnish (*ta':* -تا) *vt.*, *vi.*, & *n.* (۱) ازجلا انداختن ، تیره کردن، بی‌رونق کردن (۲) از جلا افتادن (۳) تیرگی ـ لکه ـ عیب
tarpaulin (*ta:pô':-*) *n.* برزنت {کلمه روسی} ، روپوش (قیراندود)
tarpon (*ta':pən*) *n.* قسمی ماهی بزرگ
tarradid'dle (*tarədid''l*) *n.*

{Col.} دروغ
tarry (*ta'r'i*) *vi.* ماندن - منتظر شدن - دیر کردن
tarry (*ta':ri*) *a.* قیری - قیر اندود
tart (*ta:t* تات) *a.* تند ، تیز ، زننده - ترش
tart (,,) *n.* کیك میوه‌دار [اگر روی آن مربا باشد jam t. گفته میشود] - [د.ك.] دختر بازن (بد اخلاق)
tartan (*ta':tən*) *n.* یکجور پارچهٔ پشمی شطرنجی
tartar (*ta':tə*) *n.* دُرد - بارهٔ دندان
Tar'tar (,,) *a.* & *n.* تاتار ، تتار
catch a T. باخرس در جوال رفتن
tartar'ic acid جوش ترش
tart'ness *n.* تندی ، تیزی
task (*ta:sk*) *n.* & *vt.* (۱) کار ، وظیفه ،تکلیف (۲) کار (زیاد) به (کسی) دادن
take to t. مورد مواخذه قرار دادن
task'master *n.* کارفرما(ی‌سخت‌گیر)
tas'sel (*tas'l*) *n.* & *vt* (۱) منگله ، شرّابه (۲) منگوله‌دار کردن
taste (*teist*) *n.*, *vt.*, & *vi.* (۱) مزه ، طعم - چشایی ، ذائقه - میل ، رغبت - ذوق - سلیقه (۲) چشیدن (۳) مزه دادن
t. sour ترش (مزه) بودن
taste'ful *a.* باسلیقه (درست شده)
taste'less *a.* بیمزه - بی‌سلیقه
ta'sty (*-ti*) *a.* خوش مزه - قشنگ
tatterdemalion (*tatədimei'-liən*) *n.* (آدم) ژنده پوش ، فقیر
tat'tered *a.* ژنده پوش - پاره
tatters (*tat'ə:z*) *npl.* ژنده ، (جامه) پاره یا کهنه
tat'ting *n.* یکجور توری لبه یا حاشیه
tat'tle (*tat'l*) *n.*, *vi.*, & *vt.* (۱) دری وری (۲) دری‌وری گفتن - (۳) فاش کردن
tat'tler (*-lə*) *n.* شخص یاوه‌گو - آدم بی چاك دهن
tattoo (*tatu':*) *n.* & *vt.* (۱) طبل یا شیپوری که برای برگرداندن سربازان بمحل خود میزنند . خال سوزنی ، کبودی (۲) خال کوبی کردن در (پوست)
taught {*p.* & *pp.* of teach}
taunt (*tɔ:nt*) *n.* & *vt.* (۱) سرزنش (۲) سرزنش کردن
taut (*tɔ:t*) *a.* سفت - آمادهٔ کار
tautologic(al) (*-tələj'ik'l*) *a.* دارای حشو قبیح - بیهوده تکرار کن
tautology (*tɔ:tɔl'əji*) *n.* حشو قبیح
tavern (*tav'ə:n*) *n.* محل فروش وصرف مشروبات ، میخانه
taw'driness *n.* زرق و برق
tawdry (*tɔ:d'ri*) *a.* زرق وبرق‌دار
tawny (*tɔ':ni*) *a.* گندم‌گون ، سبزه ، تیره
tax (*taks*) *n.* & *vt.* (۱) مالیات (۲) مالیات گرفتن‌از - فشار آوردن بر- تقاضای زیاد کردن از
taxed with متهم به
taxable (*tak'səbl*) *a.* مشمول مالیات
taxation (*taksei'shən*) *n.* (وضع) مالیات
tax'-collector *n.* تحصیلدار مالیاتی
tax'-free *a.* بخشوده‌ازمالیات
tax'i(cab) *n.* تاکسی
taxidermy (*tak'sidə:mi*) *n.* صنعت پر کردن پوست جانوران
taxim'eter (*-itə*) *n.* مسافت نما
tax'payer (*-peiə*) *n.* مؤدی مالیاتی
t. b. {مخففِ tuberculosis}
tea (*ti:*) *n.* چای ، چایی
take t. چای خوردن باصرف‌کردن
high t. ; meat t. عصرانه مفصل (که جای شام را بگیرد)
teach (*ti:ch*) *vt.* & *vi.*

{taught (tɔt:)} (۱) آموختن ، تعلیم دادن ـ درس دادن (۲) معلمی کردن
teach'able (-əbl) a. تعلیم پذیر
tea'cher (-chə) n. آموزگار ،معلم
tea'ching n. تعلیم ـ آموزگاری ، معلمی ـ [در جمع] تعالیم ، تعلیمات
tea'-cloth n. رومیزی برای میزِ چای ـ دستمال برای خشکاندن فنجان‌ها
tea'cupful n. (یك) فنجان چایخوری
tea'-house n. [در خاور] قهوه خانه
teak (ti:k) n. درخت یاچوب ساج
teal (ti:l) n. {teal} مرغابی جرّه
team (ti:m) n. & vt. (۱) دسته ، تیم ـ چند اسب یا گاو که با هم بسته باشند ـ یك دستگاه(اسب و درشکه) ـ (۲) با هم بستن ـ بمقاطعه دادن
t. (vi.) up توحید مساعی کردن
team'ster (-tə) n. رانندهٔ یك جفت حیوان یا یك دستگاه اسب و درشکه
teamwise (ti:m'waiz) adv. باهم ، پهلوی هم
team'-work n. توحید مساعی [بانظم و اسلوبی که بهترین نتیجه رابدهد]
tea'-party n. (مجلس) عصرانه
tea'-pot n. قوری
tear (tiə) n. اشك ـ [درجمع] گریه
tear (têə) vt. & vi. {tore ; torn} (۱) پاره کردن ـ کندن(موی) ـ جدا کردن (۲) پاره شدن ـ تند دویدن
t. to pieces پاره پاره کردن
t. at بزور کشیدن
t. a hole in سوراخ کردن
tear (,,) n. پارگی ـ چاك ، دریدگی
tear'ful a. اشکبار ـ غم انگیز
tea'-rose n. گلِ چایی
tease (ti:z) vt. (۱) اذیت کردن ـ شانه کردن (کتان) ـ خار زدن ، خواب (پارچه را) بلند کردن
teasel (ti':zəl) n. بتهٔ خار ـ ماشین خارزنی (که باآن خواب پارچه را بلند می کنند)
tea'-service } n. سرویسِ چای (خوری)
tea'-set }
tea'spoonful n. (مقدار) یك قاشقِ چای خوری {one t. a day}
tea'-strainer n. چای صاف کن
teat (ti:t) n. نوك پستان
tea'-tray n. سینیِ چای ، سینی قهوه
tea'zel or -zle = teasel
tec {Sl.} = detective
tech'nic (tek'-) = technique
tech'nical (-kəl) a. فنی
technical'ity (-ti) n. نکتهٔ فنی
tech'nically adv. از لحاظ فنی
technician (teknish'ən) n. متخصص فنی ، هنرکار
tech'nics npl. اصول و اصطلاحات فنی ـ علوم فنی یا صنعتی
technique (tekni:k') n. فن
technological (-nəlɔj'ikəl) a. وابسته بعلوم فنی ـ اصطلاحی
technol'ogist n. فن شناس
technology (teknɔl'əji) n. فن شناسی ، علم صنعت
Teddy bear (ted'ibêə) خرس پشمالوئی که جزو بازیچه کودکان است
tedious (ti':diəs) a. کسل کننده ـ مزاحم
te'dium (-əm) n. یك نواختی
tee (ti:) n. سه راه ـ [در بازی] (۱) زدن‌گاه (۲) نشان ، هدف
teem (ti:m) vi. پُر بودن ـ فراوان بودن
teens (ti:nz) npl. سالهای عمر از ۱۳ تا ۱۹
teeter (ti':tə) {U. S.} = see-saw vi.
teeth {Pl. of tooth}
teethe (ti:th تیظ) vi. دندان درآوردن
teetotal (ti:tou'təl) a. طرفدار

ترك مشروبات الكلى يامربوط به آن

teeto'taller (*-lə*) *n.* کسیکه بکلی ازخوردن مشروبات پرهیزداشته باشد

teetotum (*ti:tou'təm*) *n.* فرفره

teg'ument (*-yumənt*) *n.* پوشش طبیعی ، پوست

tel'egram *n.* مخابرهٔ تلگرافی

tel'egraph (*-ra:f*) *n.* & *vt.* (۱) تلگراف (۲) تلگراف کردن (به)

teleg'rapher (*-rəfə*) *or* **teleg'raphist** *n.* تلگرافچی

telegraph'ic *a.* تلگرافی

telegraph'ically *adv.* باتلگراف

teleg'raphy (*-rəfi*) *n.* علم تلگراف

teleological (*-liələj'ikəl*) *a.* غائی

teleology (*-liəl'əji*) *n.* حکمت علل غائی

telep'athy (*-əthi*) *n.* انتقال حسیات ، ارتباط دل بدل

tel'ephone (*-ifoun*) *n.* & *v.* (۱) تلفن (۲) تلفن کردن ، تلفن زدن

teleph'ony (*-fəni*) *n.* علم تلفن

tel'ephote (*-ifout*) *n.* دستگاه الکتریکی برای عکس برداری از دور

telephotograph (*-fou'təgra:f*) *n.* عکس از دور برداشته شده

telephotography (*-fətəg'rəfi*) عکس برداری از دور

tel'enrinter (*-tə*) *n.* : تله پرینتر ماشین تحریر تلگرافی

tel'escope (*-iskoup*) *n.* & *vi.* (۱) تلسکپ [لفظ فرانسه] ، دوربین نجومی (۲) توی یکدیگر رفتن

telescopic (*-kəp'ik*) *a.* تلسکپی

teles'copy (*-kəpi*) *n.* فن استعمال تلسکپ

telescrip'ter (*-tə*) *or* **tel'etype (writer)** [*-taip-raitə*)] *n.* قسمی دورنویس تلگرافی

television (*-livizh'ən*) *n.* تلویزیون[لفظ فرانسه]

tel'evise (*-vaiz*) *vt.* با تلویزیون نشاندادن

tell *vt.* & *vi.* [told] - (۱)گفتن نقل کردن ـ تشخیص دادن ـ فاش کردن (۲) مؤثر بودن

t. off شمردن و کنار گذاشتن ـ [نظ] اعزام کردن ـ سرزنش کردن

t. on چغلی (کسیرا) کردن

t. over شمردن

all told روی هم ، جمعاً

teller (*tel'ə*) *n.* رأی شمار ـ تحویلدار بانك

tell'ing *apa.* کارگر ، مؤثر

tell'tale (*-teil*) *n.* سخن چین ، نمام

temerity (*timer'iti*) *n.* تهوّر ، بی باکی

tem'per (*-pə*)*n.* & *vt.* (۱) مزاج ، حالت ، خو ، خلق ـ خشم ـ [در فلز] آب (۲) آب دادن ـ درست خمیر کردن ـ ملایم کردن

good t. خوش خویی ، خوش خلقی

out of t. خشمگین ، عصبانی

fly (*or* **get**) **in a t.** (*or* **lose**) **one's t.** از جا در رفتن

tem'peıa (*-pərə*) *n.* رنگ لعابی روی گچ

tem'perament (*-pərəmənt*) *n* مزاج ، حالت ، طبیعت ، طبع

temperamen'tal (*-t'l*) *a.* جبلی ـ طبیعی ـ زود تحت تأثیر قرار گیرنده

tem'perance (*-pərəns*) *n.* اعتدال (در خوردن مسکر) ـ خودداری

tem'perate (*-pərit*) *a.* ، میانه‌رو معتدل ـ ملایم ـ پرهیزکار

tem'perately *adv.* بااعتدال

tem'perature (*-pəricha*) *n.* درجه حرارت ـ گرمای درونی (بدن)

take some one's t. درجهٔ گرمای کسیرا سنجیدن ، تب کسیرا گرفتن
He has no t. تب ندارد
tem'pest (*-pist*) *n.* طوفان
tempes'tuous (*-tiuəs*) *a.* طوفانی - [مج] تند - توپ و تشردار
Tem'plar (*-plə*) *n.* مُدافع نظامی زوار بیت‌المقدس و پاسبانان مدفن مسیح - [با t کوچك] طلبه
tem'ple *n.* معبد،[در یهود]هیکل-شقیقه
idol t. ; **fire t.** بتکده - آتشکده
tem'po (*-pou*) *n.* میزان سرعت - ضرب
tem'poral (*-pərəl*) *a.* غیرروحانی
temporal'ity *n.* دارایی دنیوی روحانیون [بیشتر درجمع] -موقتی بودن
tem'porarily *adv.* موقتاً
tem'porary (*-pərəri*) *a.* موقتی
tem'porize (*-pəraiz*) *vi.* دفع‌الوقت کردن -مطابق مقتضیات وقت عمل کردن
tempt *vt.* اغوا کردن - دُچار وسوسه کردن - آزمودن [معنی قدیمی]
temptation (*-tei'shən*) *n.* اغوا- وسوسهٔ نفس - آزمایش ، امتحان
tempter [*tem(p)tə*] *n.* اغوا کننده - آزماینده
the T. (لقب) شیطان یا ابلیس
ten *a.* & *n.* (شمارهٔ) ده
ten'able (*-əbl*) *a.* نگاه داشتنی - قابل مدافعه - منطقی ، حسابی
tenacious (*-nei'shəs*) *a.* محکم نگاه دارنده ، مواظب - چسبنده - قوی
tenacity (*-nas'iti*) *n.* سختی، سفتی
tenancy (*ten'ənsi*) *n.* اجاره‌داری- مدت اجاره
tenant (*ten'ənt*) *n.* مستأجر
tenanted by در اجارهٔ
ten'antry (*-tri*) *n.* کلیه‌مستأجرین یك ملك
tench *n.* قسمی ماهی آب شیرین
tend *vi.* وسائل فراهم کردن ، کمك کردن - منجر شدن - مایل بودن
tend *vt* نگهداری یا توجه کردن
tenden'cious; **-tious** (*-shəs*) *a.* [در باب سخن یا نوشته‌ای گفته میشود] که مبنی بر منظوری خاص باشد ، غرض‌آلود
ten'dency (*-dənsi*) *n.* تمایل
ten'der (*-də*) *a.* نازك ، حساس - دلسوز - محبت‌آمیز - ترد - باریك
of t. age خرد سال
ten'der (,,) *n.* & *v.* (۱) پیشنهاد مناقصه (۲) پیشهاد (مناقصه) دادن - تقدیم کردن ، دادن
put to t. بمناقصه گذاشتن
legal t. پول مسکوکی که تا مبلغ معینی از لحاظ پرداخت دیون قابل قبول است ورایج شمرده میشود
call for tenders آگهی‌مناقصه‌دادن
ten'der (,,) *n* انبارعقب لوکوموتیو- کشتی حامل خواربار - مواظب
ten'derfoot *n.* [-feet] آدم تازه وارد یاغیر آشنا به ناملایمات
ten'derly *adv.* بادلسوزی ، شفیقانه
ten'derness *n.* مهربانی - نازکی
ten'don (*-dən*) *n.* و تر ، پی
ten'dril *n.* پیچك ، ریشهٔ پیچنده
ten'ebrous (*-ibrəs*) *a.* تاریك،تیره
ten'ement (*-imənt*) *n.* یك دستگاه‌عمارت استیجاری‌برای یك‌خانوار
ten'et (*-it*) *n.* عقیده ، اُصول
ten'fold *a(dv).* ده‌برابر ، ده‌چندان
tenner (*ten'ə*) *n.* [Col.] اسکناس ده لیره‌ای
ten'nis *n.* تنیس [بازی معروف]
ten'on (*-ən*) *n.* & *vt.* (۱) زبانه (۲) زبانه‌دار کردن - بازبانه جفت کردن
tenor (*ten'ə*) *n.* فحوا ، مفاد - نیت- رویه - تمایل - صدای زیر [در مردها]
tense *n.* & *a.* (۱) زمان (۲) سفت ،کشیده - [مج] بهیجان آمده

ten'sile (*-sail*) *a.* مربوط به قوهٔ کشش - قابل تمدد
ten'sion (*-shən*) *n.* کشش - قوهٔ انبساط - هیجان - تیرگی روابط
ten'sity (*-ti*) *n.* قوهٔ کشش - سفتی
tent *n.* چادر ، خیمه
ten'tacle (*-tək'l*) *n.* شاخک‌حساس
ten'tative (*-tətiv*) *a.* آزمایشی
ten'tatively *adv.* بطورِ آزمایش
ten'ter (*-tə*) *n.* اسبابی که چیزی را روی آن بخشکانند - بندِ رجه
on t. -hooks بین زمین و آسمان‌معلق
tenth *a.* & *n.* (۱) دهم (۲) ده یك
tenuity (*-yu'iti*) *n.* نازکی - رقت - سادگی
ten'uous (*-yuəs*) *a.* نازك - رقیق
ten'ure (*-yuə*) *n.* تصرف - (مدت) اجاره‌داری - دورهٔ تصدی
tepee (*ti':pi*) = wigwam
tep'id *a.* نیم‌گرم ، ولرم - [مج] سست
tepid'ity (*-ti*) *n.* نیم‌گرمی - سستی
tercentenary (*tə:senti':nəri*) *n.* سیصدمین سال گردش
term (*tə:m*) *n.* & *vt.* (۱) مدت - دوره - اصطلاح [**medical t.**] - بخشی از سال آموزشگاه ، ثلث - شرط [ج. شرایط] - [ر] جمله-(۲) نامیدن ، مصطلح کردن
We are not on good terms. مناسبات ما (باهم) خوب نیست
come to terms سازش یا موافقت پیدا کردن ، باهم‌کنار آمدن
in terms of برحسبِ - بزبانِ
termagant (*tə':məgənt*) *n.* بتیاره ، زن جنجال‌کن
terminable (*tə':minəbl*) *a.* فسخ پذیر
ter'minal (*-nəl*) *a.* & *n.* (۱) نهائی - وعده‌ای (۲) پایان ، آخر - حد
ter'minate (*-neit*) *vt.* & *vi.* (۱) خاتمه دادن - فسخ کردن (۲) منقضی شدن
t. in منتهی شدن به ، ختم شدن به
termination (*-nei'shən*) *n.* پایان ، خاتمه - فسخ - ختم - انقضاء - جزء آخر کلمه
bring to a t. پایان رساندن
terminological (*-nəlɔj'ikəl*) *a.* مربوط به (علم) اصطلاحات
terminology (*tə:minɔl'əji*) *n.* اصطلاحات
ter'minus (*-nəs*) *n.* {-nuses or -ni (*nai*)} ایستگاه نهائی
termite (*tə':mait*) *n.* موریانه
tern (*tə:n*) *n.* چلچله دریایی
terne plate (*tə:n'-*) *n.* حلب سربی
terrace (*ter'əs*) *n.* بهارخواب ، مهتابی - زمین تخت - ردیف چند خانه
terraced roof پشت بام مسطح
terra-cotta (*ter'əkɔt'ə*) *n.* {It.} سفالینه قرمز یا خرمایی
terra firma (*ter'əfə':mə*) *n.* {L.} دج یا زمین سفت ، زمین خشك
terrain (*terein'*; *ter'-*) *n.* [نظ] زمین ، ناحیه
terrapin (*ter'ə-*) *n.* قسمی لاك‌پشت
terrazzo tile (*-rat'sou-*) آجر موزائیك [موزائیك لفظ فرانسه‌است]
terrestrial (*təres'triəl*) *a.* زمینی ، خاکی - دنیوی - [ج‌ش] خاکزی
terrible (*ter'ibl*) *a.* ترسناك ، هولناك، مخوف- خیلی بد - [د.گ] زیاد
ter'ribly *adv.* بطور مخوف - زیاد - سخت
terrier (*ter'iə*) *n.* قسمی سگ‌کوچك
terrif'ic *a.* هولناك ، مهیب
ter'rify (*-fai*) *vt.* ترساندن
territorial (*-tɔ':riəl*) *a.* زمینی - داخلی

ter'ritory (-*təri*) *n.* خاك ، خطه ، زمين ، ملك ،كشور ، قلمرو
terror (*ter'ə*) *n.* ترس زياد ، (مايه) وحشت - بچهٔ شيطان ، بلا
ter'rorism (-*izm*) *n.* اصول ِ حكومت (با مخالفت با دولت) با تهديد و ايجاد وحشت
ter'rorist *n.* {لفظ فرانسه} تروريست
terrorise (*ter'əraiz*) *vt.* ايجاد وحشت كردن در ، باتهديد مواجه كردن
terse (*tə:s*) *a.* لب ّ ، موجز
tertian (*tə':shən*) *a.* يك روز در ميان
tertiary (*tə':shəri*) *a.* سوم
tessellated (*tes'ileitid*) *a.* متشكل ازسنگهاى چارگوش
test *n.* & *vt.* (١) آزمون ، آزمايش - محك (٢) امتحان كردن
put to t. آزمودن ، محك زدن
tes'tament (-*təmənt*) *n.* پيمان، عهد - وصيت نامه {عبارت كامل آن last will and t. است}
testamen'tary (-*təri*) *a.* مربوط به وصيت نامه - مطابق باوصيت
tes'tate (-*teit*) *a.* وصيت كرده
testator (-*tei'tə*) *n.* {*fem.* -ta'-trix {-trices (-*si:z*)}} موصى
tes'ticle *n.* خايه ، بيضه ، خصيه ، تخم
tes'tify (-*fai*) *v.* گواهى دادن ، تصديق كردن{با to} - جداً اظهار كردن
testimonial (-*mou'niəl*) *n.* گواهى نامه(رفتار)، رضايت نامه - جايزه
tes'timony (-*məni*) *n.* گواهى ، شهادت ، تصديق
bear t. گواهى دادن ، شهادت دادن
tes'tiness *n.* تند مزاجى ، كج خلقى
tes'ty (-*ti*) *a.* زود رنج ،كج خلق
tetanus (*tet'ənəs*) *n.* كزاز
tetchy (*tech'i*) = peevish
tête'-à-tête' *adv.*, *a.*, & *n.* (گفتگوى) دو بدو يامحرمانه {Fr.}
tether (*teth'ə* تظه) *n.* & *vt.* (١) دنباله افسار - {مج} حدود ، وسعت (٢) افسار كردن ، بستن
He is at the end of his t. چنته اش خالى شده باقوايش ته كشيده است
Teutonic (*tiutɔn'ik*) *a.* منسوب به نژاد Teuton ها دراروپاى شمالى
text *n.* متن ، نص ّ - موضوع
text'-book *n.* كتاب درسى
tex'tile (-*tail*) *a.* & *n.* بافته ، منسوج - بافتنى
tex'tual (-*chuəl*) *a.* مربوط به متن
tex'ture (-*chə*) *n.* بافت - تركيب
thaler (*ta':lə*) *n.* {thaler} سكهٔ نقره قديمى درآلمان
than (ظن) *conj.* از ، نسبت به ،كه
older t. I (am) مسن تر از من
thane (*thein*) *n.* خان{معنى تقريبى}
thank *vt.* سپاس گزارى يا تشكر كردن از - {در مورد خدا} شكر كردن
T. you. مرحمت سركار زياد ، متشكرم { در مورد رد تعارف بايد گفت {No, t. you.}
thank'ful *a.* سپاس گزار ، متشكر - شكرگزار - تشكر آميز
thank'fully *adv.* با اظهار تشكر
thank'fulness *n.* امتنان ، تشكر
thank'less *a.* حق ناشناس ، ناشكر - بى ارزش ، غيرقابل تشكر
a t. job حمالى مفت ، كار بيهوده يا بى ارزش
thanks *npl.* سپاس (گزارى) ، (اظهار) تشكر - شكر (گزارى)
give t. (to) سپاسگزارى كردن(از)
t. to در نتيجهٔ ، بواسطهٔ، درسايهٔ
thanks'giving *n.* سپاسگزارى
that (*that* ; *thət* ظت) *a.* & *pr.* {those (*thouz*)} آن
those books آن كتاب ها

That is right. درست است
It is like t. I had before.
مانند آنست که پیشتر داشتم
t. which آنچه - آنکه
those who آنهایی که ، آنانکه
that is (to say) یعنی
for all t. با اینهمه، باوجود همه اینها
The cost of kerosene is less than t. of benzene. بهای نفت کمتر از(بهای) بنزین است
that (,,) *pr. rel.* که {ضمیرموصول}
the book t. کتابی که
that (,,) *conj.* که {حرف عطف}
He thinks (t.) he will die.
خیال میکند خواهد مرد
We eat t. we may live.
میخوریم برای اینکه زنده باشیم
O t. . . . ! ای کاش (که)
in t. در اینکه ، از این حیث که
that (,,) *adv.* {Col.} —
t. much آنقدر
t. far بآن دوری
thatch (*thach*) *n.* & *vt.* (۱) پوشش کاه و پیزر و برگ - کاهگل (۲) با کاه و برگ و امثال آن پوشاندن
thaw (*thɔ:*) *vi.* & *vt.* (۱) آب شدن-[مج] نرم یاآشناشدن - دوباره گرم شدن (۲) آب کردن [با out]
It thaws. برف دارد آب میشود
the *def. art.* {حرف تعریف برای چیز یاشخص معین در موارد زیر} :
t. boy پسره ، آن پسر
t. large one بزرگه
T. lion said . . . شیر گفت
t. books that کتاب هایی که
I do not have t. courage.
جرأت آنرا (یا جرأتش را) ندارم
Rials 40 t. metre متری ۴۰ ریال
the rich توانگران ، دولتمندان
{آگاهی - the در جلو حرف مصمت *tha* ظه و درجلو حرف مصوت : *thi* ظی تلفظ میشود }
the *adv.* هرچه - همانقدر
the sooner the better هرچه زودتر بهتر [یعنی همانقدر بهتر]
theatre ; theater (*thi'ətə*) *n.* تماشاخانه ، تآتر [لفظ فرانسه] - [مج] محل ، صحنه
theatrical (*thiat'rikəl*) *a.* تآتری - درخور تماشاخانه - مصنوعی
thee (*thi:* (ظی) *pr.* ترا - (به) تو [فقط هنگام دعا کردن بکار میرود]
theft *n.* دزدی ، سرقت
their { (*thêə* (با صدای ظ ه) } *pr.* {*pl. of* **his** *or* **her**} شان - خودشان
t. work کار ایشان - کارشانرا
theirs (*thêəz*) *pr.* {*pl. of* **his** *or* **hers**} مال ایشان
theism (*thi':izm*) *n.* اعتقاد بخدا
the'ist *n.* معتقد بخدا ، خدا شناس
theis'tic *a.* مبنی برخدا شناسی
them(ظِم) *pr.* {*pl. of* **him, her,** *or* **it**} ایشانرا ، آنها را - (به) ایشان
theme (*thi:m*) *n.* موضوع - مقاله
themselves' *pr.* { *pl. of* **himself, herself,** *or* **itself**} خودشان (را)
then (ظِن) *adv.* & *conj.* (۱) سپس، پس (ازآن) ، بعد ، آنگاه - (در) آنوقت (۲) پس ، بنا بر این
now and t. هرچند وقت یکبار
the t. (a.) minister وزیر وقت
until t. (n.) تا آن موقع
thence (*thens* (ظنس) *adv.* ازآنجا - ازآن زمان - ازاین جهت -
thence'forth (*-fɔ:th*) *adv.* ازآن پس
thenceforward (*-fɔ':wəd*) = **thenceforth**
theocracy (*thiɔk'rəsi*) *n.* حکومت خدا - کشوری که خدا پادشاه آن

باشد - حکومت روحانیون

theodolite (*thiɔd'əlait*) *n.* زاویه سنج مساحی

theologian (*thiəlou'jən*) *n.* حکیم الهی

theological (*-lɔj'ikəl*) *a.* وابسته بعلم دین ، مربوط به الهیات

theology (*thiɔl'əji*) *n.* علم دین ، الهیات ، حکمت الهی

the'orem (*-ərəm*) *n.* قضیه ، برهان

theoretical (*thiəret'ikəl*) *a.* نظری ، علمی

theorize (*thi'əraiz*) *vi.* فرضیه (علمی) درست کردن

theory (*thi'əri*) *n.* تئوری [لفظ فرانسه]، اصول نظری ، فرض علمی

in t. اصولاً ، علماً ، فرضاً

theosophy (*thiɔs'əfi*) *n.* فلسفهٔ نیل به معرفت‌الله بوسیله جذبهٔ روحانی یا اشراق مستقیم

therapeutic(al)[*-əpiu:'tik(əl)*] *a.* مربوط بدرمان شناسی

therapeu'tics *npl.* درمان شناسی

there [(*thêə* با صدای ظ)] *adv.* & *n.* آنجا

[آگاهی - این کلمه گاهی پیش از فعل و صرفاً برای شروع سخن بکار میرود]

T. is a man who مردی هست که

T. was a king پادشاهی بود

T. are 60 minutes in one hour. در یك ساعت ۶۰ دقیقه است

there'about(s) *adv.* درآن حدود یا نزدیکی - چیزی کمتر یا بیشتر

thereaf'ter *adv.* پس ازآن

thereby' *adv.* بدانوسیله- بموجب آن

therefor' *adv.* برای آن (منظور)

there'fore (*-fɔ:*) *adv.* بنا براین

therefrom' *adv.* از آن

therein' *adv.* درآن - ازآن حیث

thereof (*-ʌv'*) *adv.* از آن ، متعلق بآن

the wall t. دیوار آن

thereon' *adv.* برآن - روی آن

thereto (*-tu':*) *adv.* بآن ، بدان

thereunto' = **thereto'**

thereupon (*-əpɔn'*) *adv.* ازآنرو - برآن

therewith' *adv.* با آن - فوراً

therewithal[*-withɔ:l'* (باصدای ظ)] *adv.* با آن - بعلاوه

therm (*thə:m*) *n.* ترم : نام واحد انگلیسی که در صنعت تولیدگاز برای سنجش گرما بکار میرود

thermal (*thə':məl*) *a.* حرارتی- گرم

t. springs چشمه های آب‌گرم

thermometer (*thəmɔm'itə*) *n.* گرما سنج ، درجه (تب) ، تب گیر

thermos (*thə':mɔs*) *n.* ترمس،قمقمه [که بیشتر **t. bottle** یا **t. flask** گفته میشود]

thesaurus (*thi:sɔ':rəs*) *n.* کنزاللغات ، فرهنگ- جنگ ، منتخبات - گنجینه

these (*thi:z* ظیز) {*pl.* of **this**}

thesis (*thi':-*) *n.* {**-ses** (*si:z*)} فرض -قضیه - پایان نامه ، رسالهٔ دکترا

Thes'pian (*-ən*) *a.* & *n.* (۱) مربوط به هنر پیشگی یا نمایش (۲) هنر پیشه

thews (ثیوز) *npl.* رگ‌وپی -ماهیچه

they (*thei* ظِی) *pr.* {*pl.* of **he, she,** or **it**} ایشان، آنها ، آنان

thick *a.* & *n.* (۱) کلفت ، ضخیم - غلیظ ، سفت - انبوه - ابری- گرفته (در صدا) - کودن - [د. ک] خودمانی (۲) قسمت ضخیم یا غلیظ هرچیز- سخت ترین مرحله ، بحبوحه

How t. is it? کلفتی آن چقدر است

through t. and thin درهمه حال

thick'en (*-ən*) *vt.* & *vi.* (۱)

کلفت کردن - غلیظ یا سفت کردن (۲) کلفت یاغلیظ شدن - پیچیده‌تر شدن
thick'et (*-it*) *n.* بیشه ، درخت زار
thick'-head *n.* آدم کودن‌یاخشك‌مغز
thick'ly *adv.* بطور ضخیم یا انبوه
thick'ness *n.* کلفتی ، ستبرا ، ضخامت - سفتی، غلظت - لا - ورقه
thick'set *a.* انبوه - کوتاه وتنومند
thick'-skinned *a.* [مج] بی‌عاطفه
thief (*thi:f*) *n.* [thieves] دزد
thieve (*thi:v*) *vi.* & *vt.* (۱) دزدی کردن (۲) دزدیدن
thie'very (*-vəri*) *n.* دزدی ،سرقت
thie'vish *a.* دزدصفت - درخورِ دزد
thigh (*thai*) *n.* ران
thim'ble *n.* انگشتانه
thim'blerig *n.* فنجان بازی
thin *a.* & *v.* [-ned] (۱) نازك - لاغر - کم مایه - کم جمعیت (۲) نازك کردن یاشدن - رقیق کردن یاشدن
thine (*thain* ظاین) *pr.* مال تو
thing *n.* چیز -[درجمع] اسباب ، اشیاء - لباس- کار [a wise t.]
The t. is چیزی که هست
poor t.! بیچاره !
for one t. یکی آنکه ، اولاً
think *v.* [thought (*thɔ:t*)] فکر کردن ، خیال کردن -گمان یا تصور یافرض کردن ، دانستن - درنظر گرفتن
We thought of you. جای شما را خالی کردیم ، جای شما پیدا بود
think out اندیشیدن
t. over مورد تامل قرار دادن
t. little of ناچیز شمردن
think'able (*-əbl*) *a.* متصور، ممکن
thin'ker (*-kə*) *n.* فکر کننده
a great t. آدم فکور
thin'ly *adv.* بطور نازك -کم
t. populated کم جمعیت
thin'ness *n.* نازکی - باریکی - لاغری - رقیقی -کم مایگی - سستی
thin'-skinned *a.* حساس - زود رنج
third (*thə:d*) *a.* & *n.* یك سوم
t. party شخص ثالث
third'ly *adv.* سوم آنکه ، ثالثاً
thirst (*thə:st*) *n.* & *vi.* (۱) تشنگی ، عطش (۲) تشنه بودن
t. for revenge آرزوی انتقام‌داشتن
thirs'tily *adv.* با حالت تشنگی
thirsty (*thə:s'ti*) *a.* تشنه - عطش‌آور - خشك ، بی‌آب - [مج] آرزومند ، مشتاق ، تشنه
t. for تشنهٔ
I am t. تشنه ام ، تشنه ام هست
thirteen (*thə:ti:n'*) *a.* & *n.* سیزده
thirteenth' *a.* & *n.* (یك) سیزدهم
thir'tieth *a.* & *n.* (یك) سی‌ام
thirty (*thə':ti*) *a.* & *n.* سی
this (ظیس) *a.* & *pr.* [these (*thi:z* ظیز)] این
these people این اشخاص
this morning امروز صبح
this'tle (*this'l*) *n.* (بتهٔ) خار
thith'er (*-ə* ظیظه) *adv.* [Arch] (به) آنجا ، (به) آنطرف
tho *or* **tho'** [*thou* (با صدای ظ)] [U. S.] = though
thong (*thɔng*) *n.* تسمه ، قیش
thorax (*thɔ':raks*) *n.* (صندوقه یا قفسه) سینه
thorn (*thɔ:n*) *n.* خار ، تیغ
a t. in one's side (*or* **flesh**) خار در چشم
thor'ny (*-ni*) *a.* خاردار - [مج] پر آزار
thorough (*thʌr'ə*) *a.* کامل - دقیق
thor'oughbred *a.* اصیل
thor'oughfare (*-fêə*) *n.* شارعِ عام

No T. عبور ممنوع است
thor'ough-going *a.* مطلق ، تمام و کمال ، بی‌قید و شرط
thor'oughly *adv.* کاملاً، سراسر
thor'oughness *n.* تمامیت
thor'ough-paced *a.* - خوش‌رَوش [مج] کامل ، حسابی
those {*pl.* of that}
thau {*thau* باصدای ظ} *pr.* تو {فقط هنگام دعا کردن بکارمیرود}
though (*thou* ظُ) *conj.* اگرچه، هرچند ، با اینکه - ولو (اینکه)
even t. ولو اینکه ، ولو
as t. مثل اینکه ، چنان‌که گویی
thought (*thɔ:t*) *n.* - اندیشه، فکر - عقیده - قصد - [با a] یك هوا ، کمی
on second thought(s) پس از فکر یا تأمل بیشتری
the thought for the morrow فکر فردا ، در فکر فردا بودن
thought {*p.* & *pp.* of think}
thought'ful *a.* با فکر - فکور
t. of با ملاحظه نسبت به - درفکرِ
t. hours ساعات فکر یا تفکر
thought'less *a.* ، بی‌فکر- بی‌ملاحظه لاقید - ناشی از بی‌فکری
thousand (*thau'zənd*) *a.* & *n.* هزار
thou'sandth *a.* & *n.* (یك) هزارم
thraldom (*thrɔ:l'dəm*) *n.* بندگی
thrall (*thrɔ:l*) *n.* بنده - بندگی
thrash *vt.* (۱) زدن (۲) thresh =
t. out با بحث زیاد پیدا کردن
t. about (*vi.*) دست و پا زدن
thrash'ing *n.* کتك ، شلاق کاری
thread (*thred*) *n.* & *vt.* (۱) نخ ، ریسمان - برجستگی راه را درداخل پیچ- رشته (۲) نخ کردن - بندکشیدن - بسختی بیرون آمدن از
hang by a t. بمویی بند بودن ، متزلزل یا درمعرض خطر بودن
thread'bare (*-beə*) *a.* - نخ‌نما - ژنده پوش -[مج] مبتذل
threat (*thret*) *n.* تهدید
threat'en (*-ən*) *v.* تهدید کردن
t. with death تهدید بقتل کردن
It threatens to rain. خیال باریدن دارد
three (*thri:*) *a.* & *n.* سه (شمارهٔ)
three'fold (*-fould*) *a(dv.)* سه برابر - سه‌لا
three'-ply *a.* سه لا
thee'score (*-skɔ:*) *a.* شصت
three'some (*-səm*) *n* بازیِ سه نفری [درگلف]
threnody (*thri':nodi*) *n.* مرثیه
thresh *vt.* کوبیدن- از پوست درآوردن
thresh'er (*-ə*) *n.* خرمن کوب
threshold (*thresh'ould*) *n.* آستانه ، آستان
threw {*p.* of throw}
thrice (*thrais*) *adv.* سه دفعه
thrift *n.* صرفه جویی ، عقل معاش
thrif'tily *adv.* با عقل معاش
thrift'less *a.* ولخرج، بی‌عقل معاش
thrif'ty (*-ti*) *a.* صرفه‌جو، خانه‌دار، دارای عقل معاش - ترقی کننده
thrill *vt.*, *vi.*, & *n.* (۱) مرتعش ساختن - به‌تپش درآوردن (۲) لرزیدن- تپیدن - نفوذ کردن (۳) لرزه ، اهتزاز
thrive (*thraiv*) *vi.* {*p.* throve; *pp.* thriv'en} ترقی کردن - کامیاب شدن - چیزدار شدن - خوب رشد کردن
thriv'en {*pp.* of thrive}
throat (*throut*) *n.* گلو - دهانه
sore t. گلو درد
throa'ty (*-ti*) *a.* (دارای‌صدای) گرفته
throb (*thrɔb*) *vi.* {-bed} زدن - تپیدن - زق‌زق کردن
throes (*throuz*) *npl.* دردِ زه ، درد زاییمان - [مج] گیرودار ، بحبوحه
throne (*throun*) *n.* تخت ، سریر
throng (*thrɔng*) *n.* & *v.*

(۱) جمعیت ، ازدحام - گروه (۲) ازدحام کردن (در)

thros'tle (*thrɔs'l*) *n.* باسترك

throt'tle (*thrɔt'l*) *n.* & *vt.* (۱) گلو ، حلق - دریچه کنترل بخار یا بنزین ، گازدستی [t -valve =] - (۲) خفه کردن

through (*thru:*) *prep.* & *adv.* (۱) از میانِ ، از وسط - بواسطهٔ ، بخاطرِ - در ظرفِ (۲) سر تاسر - از وسط (آن) - درتمام مدت

go t. مرور کردن، رسیدگی کردن - رعایت کردن - دیدن [یعنی طی کردن دوره ای از دروس] - تحمل کردن - تماماً خرج کردن

go t. a trial محاکمه شدن

go t. with بپایان رساندن

see t. متوجه (چیزی) بودن ، گول (چیزیرا) نخوردن

t. and t. دوباره و سه باره - از هرحیث ، کاملاً

I am t. with my work. کارم بپایان رسید ، ازکار فراغت پیدا کردم

a t. ticket بلیت یکسره

through'out (*-aut*) *adv.* & *prep.* (۱) سراسر، تماماً ، بکلی ، ازهمه جهت (۲) درتمام مدتِ - سرتاسرِ

throve [*p.* of **thrive**]

throw (*throu*) *vt.* [**threw** (*thru:*) ; **thrown**], & *n.* (۱) انداختن - [با **down**] ویران کردن ، برانداختن - تابیدن (ابریشم) - (۲) عمل انداختن یا ریختن طاس

t. back (*vi.*) باصل خود برگشتن

t. in بطور معترضه گفتن

t. off دور انداختن - بالبداهه گفتن - زود درآوردن

t. open the door to امکان پذیر کردن ، میسر کردن ، راه دادن

t. out رد کردن - بی مقدمه گفتن - از موضوع پرت کردن

t. over دست کشیدن از ، کنار گذاشتن

t. up بالا بردن - کناره گیری کردن از - استفراغ کردن ، برگرداندن

thrower (*throu'ə*) *n.* - ابریشم تاب - کوزه گر

thrown [*pp.* of **throw**]

thrum (*thrʌm*) *v.* [**-med**] زِر زِر کردن - تپ تپ کردن ، دست زدن

thrush (*thrʌsh*) *n.* باسترك [قسمی پرنده] - [طب] برفك

thrust (*thrʌst*) *vt.* & *vi.* [**thrust**], & *n.* (۱) فرو کردن - چپاندن - انداختن - سوراخ کردن [با **through**] - بزور باز کردن [**t. one's way**] - (۲) حمله کردن (۳)عمل فرو کردن- حمله- ضربت، سخمه

thud (*thʌd*) *n.* & *vi.* [**-ded**] صدای خفه وآهسته (درآوردن)

thug (*thʌg*) *n.* آدم کش ، جانی

thumb (*thʌm*) *n.* & *vt.* (۱) شست - [مج] نفوذ ، نگین ، سلطه (۲) با شست چرك كردن يا برگرداندن

rule of t. قاعدهٔ عملی ، راه تجربی

thumb'-screw *n.* اشکلك شست

thump (*thʌmp*) *n.* & *v.* (۱) ضربت - توسری ، بام (۲) مشت یا توسری زدن (به)

thum'ping *a.* [**t. lie**] شاخدار

thunder (*thʌn'də*) *n.*, *vi.*, & *vt.* (۱) رعد ، تندر - [مج] غریو . تهدید - تشر (۲) رعدزدن [تنها در سوم شخص بکار میرود و فاعل آن it است]- (۳) باصدای رعد آسا ادا کردن

thun'derbolt (*-boult*) *n.* برق و رعد [مج] تشر وتهدید وامثال آن

thun'der-clap *n.* رعد و برق - [مج] خبر رعد آسا

thun'dering = **thumping**

thun'derous (*-rəs*) *a.* رعد آسا

thun'der-storm *n.* رعد و برق

thun'der-struck *a.* مبهوت

thun'dery (-*ri*) *a.* رعددار - طوفانی نما
Thursday (*thə:z'di*) *n.* پنجشنبه
thus [*thʌs* (باصدای ظ)] *adv.* از اینقرار ، اینطور ، مثلا - بدین معنی (که) - بنا براین
t. far تا این درجه ، تا این اندازه
thwack *vt.* باچوب (بهن) کتك زدن
thwart (*thwɔ:t*) *vt.* خنثی کردن - باطل کردن
thwart (,,) *n.*, *a.*, & *prep.* (۱) جای پارو زن در کرجی (۲) عرضی - اریب (۳) درعرض
thy [*thai* (ظای)] *pr.* ات ، ت [لفظ هنگام دعا کردن بکار میرود]
thyme (*taim*) *n.* اویشن ، اوشن
thy'roid (*thai'rɔid*) *a.* درقی
thyself' (*thai-* ظای) *pr* خودت [جمع آن yourselves میشود]
tiara (*taiar'ə*) *n.* تاج پاپ - نیمتاج زنانه
tib'ia (-*ə*) *n.* [tibiæ (-*i:*)] درشت نی ، قصبهٔ کبری
tic *n.* اختلاج ماهیچه (صورت)
tick *n.* & *vi.* (۱) تیك [صدای ساعت]- نشان رسیدگی و تطبیق (۲) تیك تیك کردن
t. off (*vt.*) نشان رسیدگی و مقابله در (چیزی) گذاشتن - سرزنش کردن
to the t. / on the t. } درست سر وقت
buy on t. نسیه خریدن
tick *n.* کنه [نام جانور]
tick *n.* رویهٔ تشك
ticker (*tik'ə*) *n.* قسمی ماشین تحریر خودکار - [د. گ.] ساعت
tick'et (-*it*) *n.* & *vt.* - (۱) بلیت - برچسب- [در امریکا] صورت نامزدهای حزبی (۲) برچسب به (چیزی) زدن
t. of leave ورقهٔ مرخصی که با شرایطی بزندانی میدهند
the t. [Col.] کار صحیح
tick'et-office *n.* جایگاه فروش بلیت ، باجه ، گیشه [لفظ فرانسه]
tick'ing *n.* پارچهٔ تشکی
tick'le *vt.*, *vi.*, & *n.* (۱) غلغلك دادن- سرگرم یاراضی کردن (۲) احساس غلغلك کردن (۳) غلغلك ، غلغلی
tick'lish *a.* غلغلکی - [مج] دقیق ، حساس
tidal (*tai'd'l*) *a.* جزرومدی - آبگیر
tide (*taid*) *n.* جزر و مد - [مج] روش ، سیر
go with the t. همرنگ جماعت شدن - طبق مقتضیات رفتار کردن
t. over (*vt.*) برطرف کردن
ti'dily *adv.* بطور منظم و پاکیزه
ti'diness *n.* آراستگی - پاکیزگی
tidings (*tai'*-) *npl.* خبر
good or glad t. مژده ، بشارت
tidy (*tai'di*) *a.*, *n.*, & *vt.* (۱) آراسته ، مرتب ، پاکیزه - [د. گ.] معتنابه [a t. sum] - (۲) پارچهٔ زور زده برای پشت صندلی مبلی (۳) درست کردن ، مرتب کردن [بسا با up]
tie (*tai*) *vt.* & *vi.* - (۱) بستن - گره زدن - زدن یا بستن (دره) - [م] ملزم کردن (۲) برابر شدن
t. up بستن - پیچیدن - مقید کردن - حبس کردن (ملك)
tied up گرفتار - مقید
tie (,,) *n.* - کراوات [لفظ فرانسه] - بند - گره - [مج] قید ، رابطه - [در امریکا] تراورس [لفظ فرانسه]
tier (*tiə*) *n.* & *vt.* ردیف (کردن)
tie'-up *n.* [U. S.] تعطیل - اعتصاب
tie'-vote *n.* تساوی آراء ، آراء مساوی
tiff *n.* دعوای مختصر
tif'fin *n.* ناهار (مختصر)
tiger (*tai'gə*) *n.* ببر

tight (*tait*) *a.* سفت ، محکم ـ تنگ ـ مانع دخول هوا یاآب ـ کم ـ کساد، کاسد ـ بی پول ـ [د. گ] مست ـ خسیس
t. corner تنگنا ، جای خطرناك
tigh'ten (*-t'n*) *v.* سفت کردن یا شدن ـ تنگ کردن یاشدن
tight'ly *adv.* سفت ، محکم ـ تنگ
tight'ness *n.* سفتی ـ تنگی ـ فشار
tights (*taits*) *npl.* جامهٔ چسبان و خفت [چون تنگهٔ بند بازان و رقاصان]
ti'gress *n.* ببر ماده ـ [مج] زن شریر
tike ; tyke (*taik*) *n.* سگ مجهول الاصل ـ [مج] آدم بی تربیت
tile (*tail*) *n.* & *vt.* (۱) آجر ـ سفال (۲) با سفال یا آجر فرش کردن
glazed t. آجر کاشی
till *prep.* & *conj.* تا (وقتی که)
till *n.* دخل (پول) ، کشو
till *vt.* کشت و زراعت کردن در
till'age (*-ij*) *n.* کشت و زرع
tiller (*til'ə*) *n.* کشتکار ، زارع ـ اهرم سکان
tilt *vi.*, *vt.*, & *n.* (۱) کج شدن [گاهی با over] ـ حمله کردن (۲) یك بر کردن (۳) نیزه بازی سواره
full t. باسرعت تمام
tilth *n.* کشت ـ زمین کشت شده
tim'ber (*-bə*) *n.* چوب ، تیر
timbre (*tam'bər*) *n.* [Fr.] کیفیت صدا
tim'brel (*-brəl*) *n.* دایره زنگی
time (*taim*) *n.* & *vt.* (۱) وقت، زمان ـ فرصت، موقع ـ روزگار ، عهد ـ مدت ـ بار ، دفعه ـ ضرب ، فاصلهٔ ضربی (۲) وقت (چیزی را) معین کردن یا سنجیدن ـ ازحیث ضرب (با موزیك) جفت کردن
It is four times my size. چهار برابر (اندازه) من است
keep t. رعایت ضرب کردن
in 2 hours' t. در (ظرف) دوساعت
at all times در همه اوقات
one at a time یکی یکی
from t. to t. گاه گاهی
at the same t. ضمناً ـ در همان وقت ـ مقارن این حال ـ باوجود این
some t. or other آخر یك وقتی
in good t. بموقع
What t. is it? چه ساعتی است
We had a good t. خوش گذشت
out of t. بیموقع ، بیگاه
behind t. دیر ، بی موقع
for the t. being عجالةً
t. and again چندین بار ، بکرّات
Once upon a t. یکی بود یکی نبود
in no t. بیك چشم برهم زدن
against t. بسرعت هرچه بیشتر
near her t. پا بماه
well timed بموقع ، بجا ، بمورد
ill timed بی موقع، بی مورد، نابهنگام
time'-keeper *n.* متصدی اوقات کار
time'ly (*-li*) *a.* بموقع، بجا ، بهنگام
time'piece (*-pi:s*) *n.* ساعت
time'-server (*-sə:və*) *n.* ابن الوقت
time'-table *n.* برنامهٔ ساعات
tim'id *a.* ترسو ـ کمرو
timid'ity *n.* ترسویی ـ کمرویی
tim'orous (*-ərəs*) *a.* ترسو ـ بزدل
tim'othy (*-əthi*) *n.* علف ، قصیل
tin *n.* & *vt.* [-ned] (۱) قلع ـ حلب ـ قوطی (۲) با قلع یا حلبی پوشاندن ، سفید کردن ـ قوطی کردن
tinc'ture (*-chə*) *n.* & *vt.* (۱) تعفین ، تنتور [لفظ فرانسه] ـ [مج] اثر یا رنگ جزئی (۲) رنگ (جزئی) زدن ـ آلودن
tin'dal (*-dəl*) *n.* سرکارگر
tin'der (*-də*) *n.* قو ـ فتیلهٔ فندك
tin'der-box *n.* فندك ، قو دان
tine (*tain*) *n.* نوك ـ دندانه ـ بچه شاخ
ting *n.* & *vi.* صدای زنگ (دادن)
tinge (*tinj*) *n.* & *vt.* (۱) رنگ یا طعم جزئی (۲) رنگ جزئی زدن ـ [مج] آلودن

tin'gle *n.* & *vi.* صدا (کردن) - طنین (انداختن) - حس سوزش (کردن)

tin'ker (*-kə*) *n.* & *vt.* (۱) بند زن - سرهم بندی (۲) تعمیر کردن

tin'kle *vi.* جلنگ جلنگ کردن

tin'man (*-mən*) *n.* {-men} حلبی ساز

tinny (*tin'i*) *a.* قلع‌دار - بد صدا ، توخالی

tin'-plate *n.* حلبی ، حلب ورق

tin'sel (*-s'l*) *n.*, *a.*, & *vt.* {-led} (۱) پولك - نقده (۲) زرق و برق‌دار (۳) پولك زدن

tin'-smith *n.* حلبی‌ساز ، آهن ساز

tint *n.* & *vt.* (۱) رنگ (رقیق) ، ته رنگ (۲) رنگ زدن

tintinnabulation (*-yulei'shən*) *n.* جلنگ جلنگ

tiny (*tai'ni*) *a.* ریز - خرد، کوچولو.

tip *n.* & *vt.* {-ped} (۱) نوك ، سر (۲) نوك‌دار یا تیز کردن

tip *n.* & *vt.* {,,} (۱) پول چای ، انعام-اطلاع نهانی (۲) پول‌چای دادن (به)

t. a person the wink {Sl.} بکسی اشارهٔ اخطارآمیز کردن

tip *vt.* & *vi.* {,,}, & *n.* (۱) يك بر کردن - خالی یا سرازیر کردن - آهسته لمس کردن (۲) يك بر شدن (۳) محل خالی کردن آشغال - ضربت آهسته

t. the scale چربیدن {در ترازو}

tip'-cart *n.* چرخ خاکرو به خالی کنی، ماشین کمپرسی {"کمپرس" لفظ فرانسه است}

tippet (*tip it*) *n.* خز گردن

tip'ple (*tip'l*) *vi.* میگساری کردن

tip'staff *n.* عصای سر فلزی

tip'ster (*-stə*) *n.* کسیکه در باره اسبهای اسب دوانی نظر میدهد و پول می گیرد

tip'sy (*-si*) *a.* مست، خرف - مستانه.

tip'toe (*-tou*) *n.*, *adv.*, & *vi.* (۱) نوك پنجه (۲) با نوك پنجه (۳) با نوك پنجه راه رفتن

tip'top (*-tɔp*) *n.* بالاترین درجه

tip'-up chair صندلی بلندشو

tirade (*-reid'*) *n.* نطق مطول و شدیداللحن

tire (*taiə*) *v.* خسته کردن (یاشدن)

t. out زیاد خسته کردن

tire *or* **tyre** (,,) *n.* & *vt.* (۱) لاستيك اتومبيل - دوره (۲) لاستيك انداختن

tired (*tai'əd*) *ppa.* خسته - سیر

tired'ness *n.* خستگی - بیزاری

tire'less *a.* خستگی ناپذیر - خسته نشو

tire'some (*-səm*) *a.* خسته کننده

tiro (*tai'ərou*) *n.* نوچه ، مبتدی ، آدم ناشی

'tis (*tiz*) {مختصر it is}

tissue (*tis'yu:* ; *tish'yu:*) *n.* بافته ، منسوج ، قماش ، پارچه - بافت ، نسج - {مج} رشته {a t. of lies}

tis'sue(-paper) *n.* کاغذ زرورقی

tit *n.* —

t. for tat این به آن در

give t. for tat عیناً تلافی کردن ، تلافی عینی در آوردن

Titan (*tai'tən*) *n.* پهلوان - غول

titan'ic (*tai-*) *a.* عظیم(الجثه)

tit'bit *or* **tid'bit** *n.* لقمه لذیذ - خبر خیلی خوب

tithe (*taith*) *n.* (تایظ) ده‌یك ، عشریه

tit'illate (*leit*) *vt.* غلغلك دادن

tit(t)ivate (*tit'iveit*) *vt.* {Col.} (خود را) آراستن ، درست کردن (مو)

tit'lark (*-la:k*) *n.* سسك حرامزاده

title (*tai't'l*) *n.* لقب - سمت - عنوان - حق (مالکیت) ، استحقاق ، شایستگی - عیار

under the t. of بعنوان

ti'tled *a.* لقب‌دار ، صاحب لقب

ti'tle(-deed) *n.* قباله ، سند مالکیت

tit'mouse (*-maus*) *n.* {-mice}

[ج. ش] چرخ ریسك
titter (*tit'ə*) *vi.* آهسته یا نخودی خندیدن
tit'tle (*tit'l*) *n.* ذرّه ، خرده
tit'tle-tattle = **gossip** *n.* & *vi.*
tit'ular (*-yulə*) *a.* & *n.* (۱) لقبدار - اسمی (۲) متصدی اسمی
to (*tu*; *tu:*; *tə*) [۱- نشان مصدری]- [۲- حرف اضافه] به - بطرفِ - پیشِ ، نزدِ - تا [to the end]- نسبت به - در برابرِ ، درمقابلِ - با
to die مردن
I went *to* sing. رفتم که بخوانم
doctor *to* the firm بزشكِ شرکت
take *to* wife بزنی گرفتن
inferior *to* پست‌تر یا بدتر از
as *to* نسبت به ، و اما در بارهٔ
What is that *to* you? بشما چه؟
It was difficult *to* explain. توضیح آن دشوار بود
I told him *to* go. باو گفتم برود
I heard him (*to*) complain. شنیدم گله میکرد [تبصره - چون مصدر بافعل need و let و make و have و hear و see و do ترکیب شود نشان مصدری یعنی to معمولاً از جلو آن می‌افتد]. مثال:
make laugh خنداندن
Let me go. (بگذارید) بروم
to *adv.* پیش - پس - در وضعِ مطلوب
to and fro پس و پیش
Push the door *to.* درراپیش کنید
toad (*toud*) *n.* یکجور وزغ که فقط هنگام تخم ریزی درآب میرود
toadstool (*toud'stu:l*) *n.* قسمی قارچ سمی
toady (*tou'di*) *n.* & *vi.* (۱) چاپلوس ، متملق (۲) مداهنه کردن
toast (*toust*) *n.* & *vt.* (۱) تیکهٔ نانی که درجلو آتش سرخ یابرشته کنند - نوشیدن مشروب بسلامتی کسی - کسیکه بسلامتی او مینوشند (۲) سرخ یا برشته کردن - گرم کردن - بسلامتی یادوستکامی (کسی) نوشیدن
toaster (*tous'tə*) *n.* اسبابِ برشته کردن نان
tobacco (*təbak'ou*) *n.* تنباکو ، توتون
toboggan (*təbɔg'ən*) *n.* قسمی سورتمهٔ دراز و بی غلتك
tocsin (*tɔk'-*) *n.* زنگ آژیر - آژیر
to-day (*tədei'*) *adv.* & *n.* امروز
tod'dle (*tɔd'l*) *n.* & *vi.* تاتی (کردن)
toddy (*tɔd'i*) *n.* قسمی عرق
to-do (*tədu':*) قیل وقال - اضطراب
toe (*tou*) *n.* & *vt.* (۱) انگشت پا - پنجه کفش یاجوراب (۲) با نوك پازدن
t. the line تابع مقررات (حزب) بودن ، پا را از خط (انتظامات) بیرون نگذاشتن
toe'-cap *n.* پنجگی [در کفش و پوتین]
toff (*tɔf*) *n.* [Col.] شخص آقامنش و خوش لباس
toffee *or* **toffy** (*tɔf'i*) *n.* یکجور شیرینی
tog (*tɔg*) *vt.* [-ged] [Col.]—
t. oneself up (*or* **out**) چسان فسان کردن
toga (*tou'gə*) *n.* قسمی عبا یاردا در رم قدیم
together (*təgeth'ə* گظه-) *adv.* باهم - بهم
t. with با ، بضمیمهٔ ، باضافهٔ
toil (*tɔil*) *vi.* & *n.* (۱) زحمت کشیدن (۲) کار سخت - [در جمع] دام
in the toils گرفتار ، بیچاره
toiler (*tɔi lə*) *n.* زحمت کش ، رنجبر
toilet (*tɔi'lit*) *n.* آرایش - [اصطلاح امریکایی] مستراح
toi'let-paper *n.* کاغذ طهارت
toil'ful — **toilsome**

toil'some (-*səm*) *a.* پُر زحمت
token (*tou'kən*) *n.* نشان - یادگاری
t. money پول اعتباری یا نماینده
told [*p.* & *pp.* of **tell**]
tolerable (*tɔl'ərəbl*) *a.* قابل تحمل - نسبةً خوب ، میانه ، متوسط
tol'erably (-*li*) *adv.* بطور قابل تحمل - بطور متوسط
tol'erance (-*ərəns*) *n.* اغماض (نسبت بعقاید و اعمال سایرین) - تحمل
tol'erant *a.* اغماض کننده نسبت بعقاید و رفتار سایرین
tol'erate (-*reit*) *vt.* تحمل کردن ، برخودهموار کردن - روا دانستن
toleration (-*rei'shən*) *n.* بردباری ، تحمل - آزادگذاردن مردم در عقاید مذهبی - اغماض
toll (*toul*) *n.* باج (راه)، راهداری
take t. of [مج] باج گرفتن از - تلفات زیاد وارد کردن بر
toll (,,) *vt.*, *vi.*, & *n.* (۱) آهسته ومنظم زدن (زنگ) - (۲) صدای موزون دادن (۳) صدای موزون زنگ
toll'-bar *n.* زنجیر (راهداری)
toll'-house *n.* جایگاه مأمور زنجیر
tomahawk (*tɔm'əhɔ:k*) *n.* & *vt.* (۱) تبرهندیهای امریکا (۲) با تبرزین زدن
tomato (*təmah'tou*) *n.* [-es] گوجه فرنگی [تلفظ امریکایی = -*mei'*-]
tomb (*tu:m*) *n.* گور ، آرامگاه
the t. مرگ ، اجل
tomboy (*tɔm'*-) = **hoyden**
tomb'-stone *n.* سنگ قبر
tom'cat *n.* گربه نر
tome (*toum*) *n.* جلد (بزرگ) ، مجلد ، دفتر
tomfool (*tɔm'fu:l'*) *n.* آدم نادان ، احمق
tomfoo'lery (-*ri*) *n.* کار احمقانه
Tom'my (Atkins) (*tɔm'i*-) *n.* سرباز انگلیسی
tom'my rot [Sl.] مهمل ، چرند - حماقت محض
to-morrow (*təmɔr'ou*) *adv.* & *n.* فردا
day after t. پس فردا
t. week هشت روز دیگر
Tom Thumb (*tɔm'thʌm'*) *n.* کوتوله
tom'tom *n.* کوس یا طبل هندی
ton (*tʌn*) *n.* تُن
long ton تن ۲۲۴۰ پاوندی ، تن انگلیسی ، تن بلند
short ton تن ۲۰۰۰ پاوندی
tone (*toun*) *n.*, *vt.*, & *vi.* (۱) آهنگ ، دانگ صدا - تکیه صدا - پرده - ته رنگ - سایه - [مج] لحن - حالت - اخلاق وروحیه عمومی - بهبود (۲) دارای آهنگ یا رنگ مطلوب کردن - کوک کردن (۳) جورشدن
t. down ملایم کردن - فرو نشاندن - ملایم شدن - خوابیدن
t. up تند و شدیدکردن یاشدن
tone'less *a.* بیروح
tongs (*tʌngz*) *npl.* } انبر - قندگیر
a. pair of t.
tongue (*tʌng*) *n.* زبان - زبانه - [درکفش و پوتین] برگه
give t. داد زدن - پارس کشیدن
have one's t. in one's cheek بطعنه حرف زدن
tongue'-tied *a.* زبان بسته - کنگ
tonic (*tɔn'ik*) *n.* داروی مقوی
to-night (*tənait'*) *adv.* امشب
tonnage (*tʌn'ij*) *n.* ظرفیت کشتی یاعوارضی که روی آن می گیرند
tonsil (*tɔn's'l*) *n.* بادامك ، لوزه
tonsillitis (-*lai'*-) *n.* وَرم لوزتین
ton'sure (-*shə*) *n.* سر تراشیِ راهب - قسمت تراشیدهٔ سرِ کشیش
too (*tu:*) *adv.* هم ، نیز - زیاد ، بُر

t. much rain باران بیش‌از اندازه
It is t. high to touch. آنقدر بلند است که دست بآن نمیرسد
The shoes are t. tight for me. کفش ها برای من تنگ است
It is one t. many. یکی زیاداست
go t. far اغراق گفتن - شورش را در آوردن
We have rugs, t. قالیچه هم داریم
took {*p.* of take}
tool (*tu:l*) *n.* & *vt.* (۱) آلت ، افزار ، ابزار (۲)طلاکوبی کردن (پشت جلد کتاب)
toot (*tu:t*) *n.* & *v.* (۱)صدای تیز {در بوق وسوت} - (۲) بوق یاسوت زدن - صدای نکره درآوردن (از)
tooth (*tu:th*) *n.* {teeth(*ti:th*)} دندان - دندانه - دنده
in the teeth of علی رغم
cast a thing in a person's teeth چیزیرا برخ کسی کشیدن
armed to the teeth کاملاً مسلح
show one's teeth تهدید کردن
tooth and nail باتمام وسائل وقوا
tooth'-ache (*-eik*) *n.* دندان درد
tooth'-brush *n.* مسواك
tooth'less *a.* بی دندان
tooth'-paste *n.* خمیر دندان
tooth'-pick *n.* خلال دندان
tooth'-powder *n.* گرد دندان
tooth'some (*-səm*) *a.* خوش مزه
tootle (*tu':t'l*) *vi.* {Col.} فلوت زدن ، صدای نی درآوردن
top (*tɔp*) *n.* & *vt.* {-ped} (۱) سر - نوك - رو - قله - بالا - اوج - {بطورصفت} فوقانی - (در) منتها درجه (۲) دارای سر یا نوك کردن - نوك (چیزیرا) زدن - بالای (چیزی) رفتن - بهتر یا بلندتر بودن از
t. speed حداکثر سرعت
t. hat کلاه سیلندر {"سیلندر" در فرانسه بمعنی استوانه است}
top (,,) *n.* فرفره
topaz (*tou'-*) *n.* یاقوت زرد ، زبرجد هندی
top'-boot *n.* چکمهٔ سواری
top'-coat = overcoat
tope (*toup*) *vi.* نوشابهٔزیاد خوردن
topee or **topi** (*tou'pi:*) *n.* قسمی کلاه سبك تابستانی
top'hole {Col.} *n.* عالی ، درجه یك
top'ic *n.* موضوع - مبحث ، عنوان
top'ical (*-kəl*) *a.* موضوع دار- {طب} موضعی
topknot (*tɔp'nɔt*) *n.* کاکل - مشتی‌ازپر یا نوارکه بفرق سر بگذارند
top'less *a.* بسیار بلند ، بقدری بلند که گوئی سر ندارد
top'most *a.* بالاترین ، بلندترین
topog'rapher (*-fə*) or **-phist** نقشه بردار موضعی
topograpic(al) {*tɔpəgraf'ik-*} *a.* (مربوط بنقشه برداری) موضعی
topography (*təpɔg'rəfi*) *n.* نقشه برداری موضعی ، موضع نگاری - تشریح موضعی - شرح کیفیات هرمحل
topper (*tɔp'ə*) *n.* {Col} کلاه سیلندر {top hat=} - آدم خوب
top'ping *a.* {Col.} عالی
top'ple (*tɔp'l*) *v.* رمبیدن ، واژگون کردن یاشدن {با down یا over}
topsyturvy (*-sitə':vi*) *adv.* & *a.* (۱-۲) وارونه (۲) درهم برهم
toque (*touk*) *n.* کلاه کوچك بی لبه
torch (*tɔ:ch*) *n.* مشعل
torch'-bearer *n.* مشعلدار
tore {*p.* of tear}
toreador (*tɔr'iədɔ':*) *n.* پهلوانی که (سواره) با نره گاو کشتی میگیرد
torment (*tɔ':mənt*) *n.* عذاب
torment' *vt.* عذاب یازجر دادن

tornado (*tɔ:nei'dou*) *n.* {-es} گرد باد سخت

torpedo (*tɔ:pi':dou*) *n.* {-es} اژدر

torpe'do-boat *n.* اژدر افکن

torpe'do-tube *n.* اژدرانداز

torpid (*tɔ':-*) *a.* خوابیده ، بیحس

torpid'ity (*-ti*) } *n.* سستی، بیحسی،

tor'por (*-pə*) } *n.* خدَر - بیحالی

torque (*tɔ:k*) *n.* طوق چنبره‌ای

torrent (*tɔr'ənt*) *n.* سیلاب

torren'tial (*-shəl*) *a.* سیل‌آورده

torrid (*tɔr'-*) *a.* زیادگرم - سوزان

t. zone منطقه محترقه یا حارّه

torsion (*tɔ':shən*) *n.* پیچیدن سر رگ عمل شده - پیچیدگی - تاب

torso (*tɔ':sou*) *n.* بدن بدون سرو دست و پادرانسان ومجسمه- [مج] کار ناقص

tort {*tɔ:t*) *n.* شبه جرم

tortoise {*tɔ':təs*) *n.* لاك پشت

tor'toise-shell (*-təshəl*) *n.* & *a.* (۱) پوست لاك پشت (دریایی) - (۲) سیاه و سفید ، دو رنگه

tortuous (*tɔ':tiuəs*) *a.* پیچاپیچ

torture (*tɔ':chə*) *n.* & *vt.* (۱) شکنجه (۲) شکنجه کردن، زجردادن- [مج] بد تعبیر کردن ، تحریف کردن

Tory (*tɔ':ri*)*n.* محافظه کار(افراطی)

tosh (*tɔsh*) *n.* {Sl.} حرف مفت ، مهمل ، چرند

toss (*tɔs*) *vt.*, *vi.*, & *n.* (۱) بالا انداختن - پرت کردن - غلتاندن - متلاطم کردن (۲) لولیدن - متلاطم شدن (۳) شیر یاخط - جنبش - پرت شدگی

t. (up) a coin شیر یاخط کردن

t. off سرکشیدن - زود انجام دادن

take a t. پرت شدن (از اسب)

toss'-up *n.* شیر یاخط - مسئلهٔ مشکوك

tot (*tɔt*) *n.*, *vt.*, & *vi.* {-ted} (۱) کوچولو- جرعه (۲) [د.گ] جمع زدن [با up]- (۳) بالغ شدن [با up}

total (*tou't'l*) *n.*, *a.*, &. *vt.* {-led} (۱) مجموع ، جمع (۲) کل - کلی ، تام - کامل ، مطلق - جامع (۳) جمعاً بالغ شدن بر - جمع زدن

sum t. جمع کل

totalitarian (*toutəlitê'ə-riən*) *a.* —

t. state دولتی که درآن یك نفر یا یك هیئت حاکمه اختیار و تصدی کلیه امور جمهور را در دست می‌گیرند

total'ity (*-ti*) *n.* همگی ،تمامی ، کلیت -جمع ، مجموع - مدت کسوف تام

to'talizer (*-təlaizə*) *or* **-zator** (*-zeitə*) *n.* ماشین ثبت شرط بندی‌ها در اسب دوانی

to'tally (*-təli*) *adv.* جمعاً ،کلاً ، تماماً ، بکلی

totter (*tɔt'ə*) *vi.* تاتی کردن - تلوتلو خوردن - [مج] متزلزل بودن

toucan (*tu':-*) *n.* قسمی مرغ بزرگ منقار در امریکای جنوبی

touch (*tʌch*) *vt.* & *n.* (۱) دست زدن (به) ، لمس کردن - تماس کردن با-راجع بودن به - متأثر کردن- برابری کردن با (۲) لمس - تماس - لامسه ، بساوایی - دست کاری - پنجه گذاری - سبك‌ویژه - اثر جزئی -خرده ، اندك - عیب ، لکه

t. (*vi.*) (up)on کمی بحث کردن

t one on the shoulder دست برشانهٔ کسی زدن

t. at a port به بندری آمدن

t. off در کردن (توپ)

t. the spot کار لازم را انجام دادن

t. up دست کاری کردن

It touched him to the quick. به (احساسات) او برخورد

(slightly) touched خُل

keep in touch with آگاه بودن از ، تماس داشتن با

put to the t. محك زدن
T. wood کوش شیطان کر
touch'-and-go' *a.* مشکوك- خطر ناك
touch'ing *apa.* & *prep.* (۱)
مؤثر ، رقت انگیز ، سوزناك(۲) دربارهٔ
touch'stone *n.* سنگ محك - معیار
touchy (*tʌch'i*) *a.* زود رنج ،
اندك رنج
tough (*tʌf*) *a.* پی ماتند، چرم مانند-
سفت - دشوار - پُرطاقت - ناتو
tough'en (*-ən*) *v.* سفت کردن
یا شدن - پی مانند کردن یاشدن
toupe (*tu':pi:*) *n.* کاکل مصنوعی
tour (*tuə*) *n.* & *v.* (۱) سفر -
سیاحت(۲) مسافرت یاگردش کردن(در)
touring car اتوموبیل بزرگ سیاحتی
tour'ist *n.* سیاح ، جهانگرد
tournament (*tu':ənəmənt*) *n.*
(۱) مسابقه (۲) = **tourney**
tourney (*tu'əni*) *n.* شمشیر بازیِ
سواره درقرون وسطی
tourniqet (*tu'əniket* ; *-kei*)
n. شریان بند
tou'sle (*tau'zl*) *vt.* برهم زدن ،
ژولیده کردن (مو) - مچاله کردن
tout (*taut*) *vi.* & *n.* (۱)
مشتری جلب کردن(۲) مشتری‌جو - کسیکه
باگرفتن پول اطلاعاتی راجع باسب دوانی
میدهد
tow (*tou*) *vt.* (به)دنبال خود کشیدن
tow (*tau*) *n.* پس ماندهٔ الیافِ
کتان و شاهدانه
toward = **towards**
toward (*tou'əd*) *a.* {Arch} در
جریان ، واقع شونده - قریب‌الوقوع
towards (*təwɔ:dz'* ; *tɔ:dz*)
prep. بسویِ ، بطرفِ - نسبت به -
مقارنِ
towel (*tau'əl*) *n.* حوله
t.-horse; t.-rack زیر حوله‌ای
tower (*tau'ə*) *n.* & *vi.* (۱)
برج (۲) قد کشیدن - سرآمد شدن
tow'ering *apa.* بلند - {مج} سخت
town (*taun*) *n.* شهر- شهر کوچك
t. council انجمن شهرداری
t. hall عمارت دولتی برای انجمن
شهرداری و اجتماعات عمومی
a man about t. شخص خوش گذران
وخیابان گرد
towns'folk (*-fouk*) *n.* اهالی شهر
town'ship *n.* شهرستان
towns'man (*-mən*) *n.* {-men}
اهل شهر ، شهری - همشهری
toxæmia (*tɔksi':miə*) *n.*
مسمومیت خون
toxic (*tɔk'sik*) *a.* سمی - مسموم
toxicology (*-kɔl'əji*) *n.*
زهر شناسی ، سم شناسی
toxin (*tɔk'sin*) *n.* زهر(ابه)
toy (*tɔi*) *n.*, *a.*, & *vi.* (۱)
اسباب بازی ، بازیچه (۲) در خورِ
بازیچه - کوچولو (۳) بازی کردن
trace (*treis*) *n.* & *vt.* (۱)
اثر ، نشان - ردّ (پا) - (۲) طرح یا
ترسیم کردن ، کشیدن[گاهی با out]-
باکاغذ شفاف نقل کردن - ردّ (چیزی یا
کسی را) گرفتن - تعقیب کردن - به
اشکال دیدن یا پیدا کردن
trace (") *n.* تسمه یاطنابِ مال‌بند
kick over the traces لگد
انداختن ، سرکشی کردن ، یاغی شدن
tra'cer (-bullet) *n.* گلولهٔ رسام
tracery (*trei'səri*) *n.*
نقشه - تزئین
trachea (*trəki':ə*; *trak'iə*) *n.*
{-cheæ (*-kii:*)} نای ، قصبةالریه
tra'cing *n.* ترسیم - گرده - اثر
t.-paper کاغذ گرده برداری ، چربه
track *n.* & *vt.* (۱) ردّ پا ، پی -
مسیر - خط - راه ، جاده - سُراغ ، اثر
(۲) ردّ پا(ی کسیرا) گرفتن

on the t. of درتعقیبِ ـ مراقبِ
off the t. ازموضوع برت
keep t. of . . . درجریانِ . . بودن
t. down a person رد پای کسیرا گرفتن و او را دستگیر کردن
make tracks for یك راست رفتن به
track'layer *n.* ریل گذار
tract *n.* ناحیه ـ قطعه ـ رساله ـ دستگاه
trac'table (*-təbl*) *a.* رام‌شدنی ، نرم ، سست مهار
trac'tion (*-shən*) *n.* کشش ـ جرّیه ـ انقباض
trac'tor (*-tə*) *n.* تر کتور{لفظ فرانسه}
trade (*treid*) *n.*, *vi.* & *vt.* (۱) بازرگانی، تجارت ،کسب ـ حرفه ، پیشه ، صنعت (۲) داد و ستدکردن ـ کالا بردن {درگفتگوی ازکشتی}ـ (۳) مبادله یا معاوضه کردن
He is a blacksmith by t. صنعت یا پیشه‌اش آهنگری است
t. in for بابت بهای (کالای نو) دادن ، معامله کردن
t. off آب کردن {اصطلاح کسبه}
t. (up)on سوء استفاده کردن از
trader (*trei'də*) *n.* بازرگان ـ کشتی بازرگانی
trades'folk (*-fouk*) ; **-people** *n.* کسبه ، دکاندارها
trades'man (*-mən*) *n.* {**-men**} کاسب ، دکان‌دار ـ صنعتکر
trade'-union *n.* اتحادیه اصناف
tradition (*trədish'ən*) *n.* حدیث ـ رسم وعقیدهٔ موروثی یاخانوادگی
tradi'tional (*-əl*) *a.* حدیثی ، تواتری ـ باستانی ، نیاکانی ، اجدادی
traduce (*trədiu:s'*) *vt.* افترا زدن به ـ بد نام یارسوا کردن
traf'fic *n.* & *vi.* {**-ked**} (۱) آمد وشد ، عبور و مرور ـ حمل ونقل ـ داد وستد (۲) داد وستدکردن

tragedian (*trəji':diən*) *n.* {*fem.* **-dienne** (*-en*)} هنرپیشهٔ تراژدی
trafficator (*traf'ikeitə*) *n.* جادّه نما ، شاخص (راه)
tragedy (*traj'idi*) *n.* تراژدی {لفظ فرانسه} ، مصیبت
trag'ic *a.* وابسته به تراژدی ـ غم انگیز
trail (*treil*) *n.*, *vt.*, & *vi.* (۱) دنباله ـ {درتوپ}گاوآهن ـ خط ، اثر ـ جا پا ، رد . جاده (بیابانی) ـ (۲) کشیدن ـ جاده درست کردن در ـ رد (چیزیرا) گرفتن (۳) کشیده شدن
trai'ler (*-lə*) *n.* گیاهی که بزمین یا دیواز کشیده میشود ـ یدكِ گردونه
train (*trein*) *n.* قطار ـ دُم یا دنباله (لباس) ـ رشته ـ ملتزمین
train (,,) *vt.* & *vi.* (۱) تربیت کردن ـ مشق یاتعلیم دادن ـ نشان کردن (توپ) ـ (۲) تمرین کردن ، تعلیم گرفتن
train'-bearer *n.* کسیکه دنبالهٔ لباس زنی را می گیرد
trainee (*-ni':*) *n.* کارآموز
trainer (*trei'nə*) *n.* مربی
train'ing *n.* تعلیم ـ کارآموزی، تحصیل
trait (*trai*) *n.* نشان اختصاصی ، صفت‌مشخصه ـ خط ـ اثر ـ {تلفظ امریکایی این کله *treit* است}
trai'tor (*-tə*) *n.* {*fem.* **-tress**} (شخص) خائن
a t. to خائنِ ، خائن نسبت به
trai'torous (*-trərəs*) *a.* خیانت‌آمیز
trajectory (*trəjek'təri* ; *traj'-*) *n.* مسیر گلوله
tram *n.* (خط) تراموای
tram'-car *n.* تراموای
tram'mel (*tram'l*) *vt.* {**-led**} دُچار موانع کردن
tram'mels *npl.* موانع
tramp *vi.*, *vt.*, & *n.* (۱) سنگین راه رفتن (۲) پیاده عبور کردن از (۳)

صدای پا - پیاده‌روی - آدم خانه بدوش

tram'ple *vt.* & *n.* (۱) پایمال یا لگدکردن (۲) صدای پا ، صدای لگد

t. on (*vi.*) بی‌اعتنایی کردن به

tram'way *n.* (خط) تراموای

trance (*tra:ns*) *n.* سبات - جذبه

tran'quil (*-kwil*) *a.* آرام ،آسوده

tranquil'lity (*-ti*) *n.* آسایش

tran'quillize (*-kwilaiz*) *vt* آرام‌کردن ، آسوده (خاطر) کردن

transact (*-zakt'*) *vi.* & *vt.* (۱)معامله کردن (۲) ازپیش بردن

transac'tion (*-shən*) *n.* معامله - انجام -اداره - {درجمع} خلاصهٔ مذاکرات

transatlan'tic (*-tranzət-*) *a.* ماورای اقیانوس‌اطلس یاعبورکنندهٔ ازآن

transcend (*-send'*) *vt.* & *vi.* (۱)مافوق (چیزی) بودن (۲) فائق بودن

transcen'dent (*-dənt*) *a.* برتر ، منزه - خارج ازجهان مادی

transcontinental (*tranzkon-tinen'təl*) *a.* عبورکننده از یك قاره یا اقلیم

transcribe (*-kraib'*) *vt.* رونویس‌کردن ، استنساخ کردن

trans'cript *n.* رونوشت ، سواد

transcrip'tion (*-shən*) *n.* استنساخ ، نسخه برداری - سواد

transfer (*-fə':*) *vt.* {-red} واگذارکردن ، انتقال دادن - نقل‌کردن

trans'fer (*-fə*) *n.* انتقال، واگذاری- نقل - سند انتقال یاواگذاری - حواله

transferable (*trans'fərəbl*; *-fər'-*) *a.* قابل انتقال

transferee (*-ri':*) *n.* منتقل الیه

transfer'or (*-rə*) *n.* واگذارکننده ، منتقل ، انتقال دهنده

transfiguration (*-rei'shən*) *n.* تبدیل هیأت

transfig'ure (*-gə*) *vt.* صورتِ (چیزیرا) تبدیل دادن - نورانی کردن

transfix' *vt.* سوراخ‌کردن

He was transfixed in his place. درجای خود خشك شد

transform' *vt.* تغییر شکل دادن

transformation (*-fɔ:mei'shən*) *n.* تغییرشکل -استحاله - قسمی کلاه‌گیس زنانه

transfor'mer (*-mə*) *n.* مبدِل

transfuse (*-fiu:z'*) *vt.* ظرفَ بظرف‌کردن -ازرگ‌شخصی برگ‌شخص دیگر انتقال دادن (خون)

transfusion (*-fiu':zhən*) *n.* انتقال (خون) - انتقال ازیك ظرف بظرف‌دیگر

transgress' *vt.* تجاوزکردن از

trangression (*-gresh'ən*) *n.* سرپیچی ، تخلف ، تجاوز - خطا ،گناه

transgressor (*-gres'ə*) *n.* تجاوزکار- خطا کار

tranship – trans-ship

tran'sience (*-ziəns*) *or* **-cy** *n.* ناپایداری ، بی‌ثباتی -کوتاهی

tran'sient (*-zi-*) *a.* زودگذر ، فانی

tran'sit (*-zit*) *n.* ترانزیت {لفظ فرانسه} ، عبور

in t. در راه

transition (*-zish'ən*) *n.* انتقال - عبور- تحوّل- مرحلهٔ‌تغییر - ارتباط‌مطالب

transi'tional (*-əl*) / **transi'tionary** (*-əri*) } *a.* انتقالی

tran'sitive (*-tiv*) *a.* {د} متعدی

tran'sitory (*-təri*) *a.* زودگذر

translate' (*-leit*) *vt.* ترجمه کردن- انتقال دادن ، بردن

transla'tion (*-shən*) *n.* ترجمه-انتقال

transla'tor (*-tə*) *n.* مترجم

transliterate (*tranzlit'əreit*) *vt.* تلفظ (لغتی) را با حروف زبان دیگر نشان دادن

transliteration (*-rei'shən*) *n.* نقل‌حروفی، نمایش‌تلفظ بحروف‌زبان دیگر

translucence or **-cency** (*tranzlu':sənsi*) *n.* نیم شفافی
translu'cent *a.* نیم شفاف
transmigration(*-maigrei'shen*) *n.* تناسخ
transmission (*tranzmish'ən*) *n.* انتقال - عبور - سرایت - ارسال
transmit' *vt.* {-ted} فرستادن - انتقال دادن - رساندن - عبور دادن
transmitting set دستگاه فرستنده
transmutation (*-tranzmiu : tei'shən*) *n.* تبدیل ،تغییر شکل - قلب ماهیت ، استحاله
transmute' *vt.* تبدیل کردن - ازحیث ماهیت قلب کردن
tran'som (*-səm*) *n.* آلت افقی (در و پنجره) - پنجره کوچك فوقانی
transparency (*-pê'ərənsi*) *n.* شفافیت
transpa'rent *a.* شفاف - روشن - [مج] آشکار
transpire (*-pai'ə*) *vi.* & *vt.* (۱) نفوذکردن - بخار پس دادن - [مج] فاش‌شدن (۲) (بشکل بخار) خارج کردن
transplant' *vt.* درجای دیگر نشاندن یا نشا کردن - بجای دیگر پیوندکردن
trans'port (*-pɔ:t*) *n.* بارکشی ، حمل و نقل
transport' *vt.* بردن ، حمل کردن
He was transported with joy. ازخوشی درپوست نمی‌گنجید
transportation (*-tei'shən*) *n.* حمل و نقل ، بارکشی - تبعید - انتقال
transpose (*-pouz'*) *vt.* جابجا کردن- [درجبر]بطرف دیگر معادله بردن
transposition (*-pəzish'ən*) *n.* تقدیم و تأخیر - جابجا شدگی
trans-ship' (*trans-*) *vt.* {-ped} بکشتی یا نقلیهٔ دیگر انتقال دادن
trans-ship'ment (*-mənt*) *n.* انتقال بکشتی یابنقلیهٔ دیگر
transverse (*tranz'-* ; *-və:s'*) *a.* متقاطع - اُریب
trap *n.*, *vt.*, & *vi.* {-ped} (۱) تله ، دام - زانو برای دفع تعفن - دریچه (۲) در تله انداختن (۳) حبس شدن
trap'-door *n.* دریچه
trapeze (*trəpi:z'*) *n.* ذوزنقهٔ ورزشی
trape'zium (*-əm*) *n.* (شبه) ذوزنقه
trap'ezoid (*-pi-*) *n.* شبه ذوزنقه - [در اصطلاح امریکائی] ذوزنقه
trap'pings *npl.* تجملات
trash *n.* آشغال ، بنجل - مهمل
trashy (*trash'i*) *a.* مهمل ، چرند
trav'ail (*-eil*) *n.* & *vi.* {Arch} (۱) دردِ زه - زایمان (۲) درد بردن
trav'el (*trav'l*) *v.* {-led}, & *n.* (۱) سفر کردن - سیر کردن - (راه) پیمودن (۲) مسافرت- [درجمع] سفر نامه
travelling cheque چك مسافرتی
trav'eller (*-lə*) *n.* مسافر
trav'elogue (*-əlɔg*) *n.* شرحِ مسافرت بوسیله عکس یا فیلم
trav'erse (*-ə:s*) *n.* & *vt.* (۱) تیر یاساختمان عرضی (۲) پیمودن ، عبور کردن - تکذیب کردن - بحث کردن
It is traversed by a bridge. پلی روی آن زده‌اند
travesty (*trav'isti*) *vt.* & *n.* (۱) بصورت هجو درآوردن (۲) تقلید - هجو ، تعبیر هجوآمیز
trawl (*trɔ:l*) *vt.*, *vi.*, & *n.* (۱) کشیدن (۲) با تور کیسه‌ای ماهی گرفتن (۳) دام کیسه‌ای که در ته دریا کشیده میشود
tray (*trei*) *n.* سینی - سبدِ اوراق ، کازیه [لفظ فرانسه]
soap-t. جا صابونی
treacherous (*trech'ərəs*) *a.* خیانت‌آمیز - خائن
treach'erously *adv.* خائنانه

treach'ery (*-ri*) *n.* خیانت
treacle (*tri':k'l*) *n.* شیرهٔ قند
tread (*tred*) *vi.* & *vt.* [trod ; trod'den], & *n.* (۱) پا گذاشتن، [با on] لگدکردن (۲) با پا له کردن - برداشتن (قدم) - (۳) گام برداری - کف پله - برخوردگاه چرخ با زمین
t. down پایمال کردن ، لگدکردن
t. the boards هنرپیشگی کردن
tread'le (*tred'l*) *n.* پاتخته ، رکاب
treason (*tri':zn*) *n.* خیانت
high t. خیانت بپادشاه یا دولت
trea'sonable (*-əbl*) *a.* خیانت آمیز
treasure (*trezh'ə*) *n.* & *vt.* (۱) گنج ، خزانه (۲) ذخیره کردن [بیشتر با up] - نفیس داشتن
t.-trove (*-trouv*) گنج ، دفینه
trea'surer (*-rə*) *n.* خزانه‌دار
trea'sury (*-ri*) *n.* خزانه‌داری - [مج] گنج دانش - جُنگ ، منتخبات
treat (*tri:t*) *vt.*, *vi.*, & *n.* (۱) رفتار کردن با - بحث کردن (در) - معالجه کردن - مهمان کردن (۲) بحث کردن (۳) لذت ، کیف - سور ، مهمانی
t. as تلقی کردن ، پنداشتن
t. with acid اسید زدن به
stand t. دیگری را مهمان کردن
treating physician پزشك معالج
treatise (*tri':tiz : -tis*) *n.* رساله ، مقاله
treatment (*tri:t'mənt*) *n.* رفتار، سلوك، معامله - معالجه - طرزعمل
treaty (*tri'ti*) *n.* پیمان ، معاهده
in t. مشغول مذاکره و عقد پیمان
treb'le *a.*, *n.*, & *v.* (۱-۲)سه برابر (۲) صدای زیرِ پسر بچه (۳) سه برابر کردن یا شدن
tree (*tri:*) *n.* درخت - قالب (پوتین)
up a t. حیران ، مبهوت - گرفتار
family t. شجره ، نسب نامه
trefoil (*tri':fɔil : tref'-*) *n.* شبدر - آرایش سه پره
trellis (*trel'is*) *n.* شبکه - داربست - چفتهٔ مو
trem'ble *vi.* & *n.* (۱) لرزیدن ، مرتعش شدن (۲) لرزه ، ارتعاش
tremendous (*trimen'dəs*) *a.* ترسناك ، مُهیب - [د.ك] خیلی زیاد
trem'olo (*-əlou*) *n.* ارتعاش ، تحریر
trem'or (*-ə*) *n.* لرزش - تکان
trem'ulous (*-yuləs*) *a.* تحریردار، لرزش دار - ترسان ، هراسان
trench *n.*, *vt.*, & *vi.* (۱)گودال، برش - سنگر (۲) کندن ، گودکردن - زهکشی کردن (۳) تجاوز کردن
tren'chant (*-chənt*) *a.* بُرنده - قاطع - نافذ
tren'cher (*-chə*) *n.* تختهٔ نان بُری
a poor t.-man آدم کم خوراك
trend *n.* & *vi.* (۱) تمایل ، رَوِش (۲) متوجه بودن ، تمایل داشتن
trepan' (*tri-*) *vt.* [-ned] سوراخ کردن (جمجمه) ، بزل کردن
trepidation (*-dei'shən*) *n.* هراس - لرزه
tres'pass (*-pəs*) *vi.* & *n.* (۱) تجاوز یا تعدی یا تخطی کردن - خطا کردن (۲) تجاوز ، تعدی
t. (up)on تجاوز کردن به
t. against تخلف کردن از - خطا کردن به
tres'passer (*-pəsə*) *n.* تجاوزکار ، متخلف
tress *n.* طرّه - گیسِ بافته
tres'tle (*tres'l*) *n.* پایه ، خرك
triad (*trai'əd*) *n.* گروه سه تن یا سه چیز
tri'al (*-əl*) *n.* محاکمه - امتحان
on t. بشرط امتحان - منباب امتحان
t. trip مسافرت آزمایشی یا امتحانی
triangle (*trai'-*) *n.* سه گوشه، مثلث

trian'gular (*-giulə*) *a.* سه گوش ، مثلث - سه جانبه - سه نفری - سه پایه

tribal (*trai'b'l*) *a.* قبیله‌ای ، طایفه ای

tribe (*traib*) *n.* قبیله ، طایفه ، ایل - سبط .

tribes'man (*-mən*) *n.* [-men] عضو قبیله یا طایفه

tribulation(*-yulei'shən*)*n.* محنت

tribunal (*traibyu':n'l*) *n.* دادگاه (امور ویژه) - دیوان محاکمات

trib'une (*-yu:n*) *n.* [در تاریخ رم] عضو هیئت‌مدافعین حقوق و آزادی مردم ، حامی ملت - [در فرانسه] کرسی خطابه

trib'utary (*-yutəri*) *a.* & *n.* (۱) خراج گذار ، باج بده - فرعی، تابع (۲) ایالت تابع - شاخابه ، رودِ فرعی

trib'ute (*-yu:t*) *n.* باج - [مج] ستایش

pay t. to ستایش کردن ، ستودن

trice (*trais*) *n.* دم ، لحظه

trick *n.* & *vt.* (۱) حیله - شوخی - لم - عادت ، حالت ویژه - [در ورق دست (۲) گول زدن - [با out] آراستن

He did the t. [Sl.] کار خود را کرد ، بمقصود خود رسید

t. some one into doing something کسیرا بحیله وادار بکردن کاری کردن

play a t. on حیله زدن به

trickery (*trik'əri*) *n.* حیله گری

trick'le *vi.*, *vt.*, & *n.* (۱) چکیدن (۲) قطره قطره ریختن (۳) چك‌چك

trick'ster (*-stə*) *n.* گوش‌بُر، شیاد

trick'-track *n.* نوعی بازی نرد

tricky (*trik'i*) *a.* گول‌زن - دشوار - بی ثبات

tricolo(u)r (*trai'kʌlə*) *n.* پرچم سه رنگ

tri'cycle (*-sik'l*) *n.* سه چرخه

tri'dent (*-dənt*) *n.* نیزهٔ سه سر

tried (*traid*) *ppa.* آزموده ، قابل اطمینان [بازگشت شود به try]

triennial (*traien'iəl*) *a.* سه ساله - سه سال یکبار رُخ دهنده

trifle (*trai'f'l*) *n.*, *vi.* & *vt.* (۱) چیز جزئی - مبلغ جزئی - قسمی نان مربائی با خامه (۲) بازی کردن - [با with] بازیچه قرار دادن ، ناچیز شمردن (۳) بیهوده گذراندن [با away]

a t. تا اندازه‌ای - کمی

tri'fling *a.* ناچیز ، جزئی

trig *a.* آراسته ، پاکیزه ، شبك

trigger (*trig'ə*) *n.* ماشه ، باشنه

trigonometry (*-gənɔm'etri*) *n.* مثلثات

trilateral (*trailat'ərəl*) *a.* سه ضلعی - [مج] سه جانبه ، سه طرفه

tril'by (*-bi*) *n.* قسمی کلاه نمد نرم

trill *vt.* & *vi.* (۱) تحریر دادن (۲) چهچه زدن

trillion (*tril'iən*) *n.* تریلیون

trilogy (*tril'əji*) *n.* ۳مقاله- ۳درام

trim *a.*, *n.*, *vt.* & *vi.* [-med] (۱) آراسته، پاکیزه (۲) آراستگی (۳) درست کردن ، آراستن [بسا با up] - زدن ، پیراستن [با off یا away] - همه جانب را داشتن

in perfect t. کاملاً آراسته یا آماده

out of t. نامرتب

trimmer (*trim'ə*) *n.* کسیکه همه را میخواهد راضی نگهدارد

trim'ming *n.* آرایش - چین چینی - [در جمع] اضافات - مداخل

Trin'ity (*-ti*) *n.* تثلیث [با the]

trin'ket (*-kit*) *n.* چیز کم بها

trio (*tri':ou* ; *trai'ou*) *n.* قطعهٔ موسیقی سه نفری - گروه سه چیز یا سه تن

trip *n.*, *vi.*, & *vt.* (۱) سفر (کوتاه) - گردش - لغزش - اشتباه - گام سبك ، سبك‌رَوی (۲) سبك‌رفتن، سبك‌رقصیدن-

لغزش خوردن ـ [مج] اشتباه کردن (۳ ـ بسا با up) لغزش دادن ، [در فوتبال] پشت پا زدن

tripartite (*traipa':tait*) *a.* سه جزئی ـ سه نسخه‌ای ـ سه جانبه

tripe (*traip*) *n.* شکمبه ، سیرابی

triplane. (*trai'plein*) *n.* هواپیمای سه باله

trip'le *a.* & *v.* (۱) سه گانه ، سه جزئی ـ سه برابر ـ سه ضربی (۲) سه برابر کردن یا شدن

trip'let (*-lit*) *n.* مجموع سه چیز ـ بچهٔ سه قولو ـ سه بیتی

trip'lex *a.* سه‌جزئی ـ سه‌ضربی ـ سه‌لا

trip'licate (*-keit*) *vt.* سه برابر کردن ـ سه نسخه کردن

trip'licate (*-kit*) *a.* & *n.* (۱) سه برابر (۲) (یك نسخه‌ از) سه نسخه

tripod (*trai'pod*) *n.* سه پایه

tripos (*trai'pos*) *n.* امتحان دانشگاه کمبریج برای گرفتن درجه با امتیاز

tripper (*trip'ə*) *n.* گردش کننده ، سفر کننده

trip'ping *a.* سبك و تند

trip'tych (*-tik*) *n.* عکسی که در سه قاب تهیه کرده پهلوی یکدیگر قرار دهند

trireme (*trairi:m'*) *n.* کشتی قدیمی که در هر طرف سه ردیف پاروزن داشت

trisect' (*trai-*) *vt.* سه بخش کردن

trite (*trait*) *a.* پیش‌پاافتاده ، مبتذل

triumph (*trai'əmf*) *n.* & *vi.* (۱) پیروزی ـ شادی (۲) پیروز شدن ، جشن پیروزی گرفتن

t. over the enemy برشکست دشمن شادی کردن

trium'phal (*-f'l*) *a.* وابسته به (جشن) پیروزی ـ حاکی از پیروزی

trium'phant (*-fənt*) *a* پیروز ـ شاد

triumvir (*traiʌm'və*) *n.* [در رم باستان] عضو اتحاد سه گانه

trium'virate (*-reit*) *n.* [درتاریخ دم] گروه سه تن سرکردهٔ متحد

triv'et (*-it*) *n.* سه پایه ـ دیگپایه

triv'ial (*-əl*) *a.* جزئی ، ناچیز

trivial'ity (*-ti*) *n.* جزئی بودن ـ سخن یا فکر عوامانه و غیرمهم

trod [*p.* of **tread**]

trod'den [*pp.* of **tread**]

trog'lodyte (*-dait*) *n.* غار نشین

Trojan (*trou'jən*) *a.* منسوب به شهر قدیمی Troy در آسیای صغیر که بدست یونانیان خراب شد

troll (*troul*) *vi.*, *vt.* & *n.* (۱) آزادانه و بدون قید خواندن (۲) باقرقره وریسمان ماهی گرفتن (۳) غول

trolley (*trol'i*) *n.* چرخ دستی (دوره گردان) ـ یکجور در زین دستی ـ [در تراموای برقی] غلتك برق گیر

trol'ley(-car) *n.* [U. S.] واگن برقی

trollop (*trol'əp*) *n.* زن شلخته ـ فاحشه

trombone (*trom'boun*) *n.* [مو] ترمبون [لفظ فرانسه]

troop (*tru:p*) *n.* & *vi.* (۱) گروه ، دسته ـ [نظ] (الف) عده ، [درجمع] سربازان (ب) اسواران (۲) با گروه رفتن

trooper (*tru':pə*) *n.* سوار ـ اسب سواره نظام

swear like a t. زیاد فحش دادن

trope (*troup*) *n.* مجاز ، معنی مجازی

trophy (*trou'fi*) *n.* غنیمت جنگی که ازآن یادگاری برپا کنند ـ جایزه

tropic (*trop'ik*) *n.* مدار

t. of Cancer مدار رأس‌السرطان

t. of Capricorn مدار رأس‌الجدی

the tropics بین المدارین

trop'ical (*-k'l*) *a.* گرمسیری ـ گرم ـ منطقوی [**t. year**] ـ [مج] باحرارت

trot (*trɔt*) *vi.* & *vt.* [-ted] & *n.* (۱) یورتمه رفتن - (۲- با out) یورتمه بردن (۳) یورتمه

troth (*trouth*) *n.* [Arch] راستی

in t. براستی - جداً

by my t. براستی، بشرافتم سوگند

plight one's t. قول (عروسی) دادن

trotters (*trɔt'ə:z*) *npl.* پاچهٔ گوسفند یاخوك

troubadour (*tru':bədɔr*) *n.* شاعر وسراینده فرانسوی در سده یازدهم

trouble (*trʌb'l*) *n.*, *vt.* & *vi.* (۱) زحمت، دردسر - رنجوری - اغتشاش (۲) زحمت دادن - آشفتن (۳) زحمت کشیدن - مضطرب شدن

put to t. دردسر دادن

take t. زحمت کشیدن

No t. (at all). (هیچ) زحمتی نیست

get into t. بزحمت افتادن

troubled with (*or* **by**) دچار

fish in troubled waters از آب گل آلود ماهی گرفتن

trou'blesome (*-səm*) *a.* پرزحمت، پر دردسر - مصدع

troub'lous (*-ləs*) *a.* [Arch] آشفته

trough (*trʌf*; *trɔ:f*; *trɔf*) *n.* سنگاب، آبشخور - تغار - فضای بین دو موج

trounce (*trauns*) *vt.* زدن، شکست دادن

troupe (*tru:p*) *n.* دستهٔ بازیگران

trouper (*tru:pə*) *n.* عضو دستهٔ بازیگران

a good t. آدم زحمت کش ومطیع

trousers (*trau'zəz*) *npl.* شلوار

a pair of t. یك شلوار

trousseau (*tru':sou* ; *trusou'*) *n.* [-seaus *or* seaux (*souz*)] لباس و اثاثهٔ عروس

trout (*traut*) *n.* [trout] ماهی قزل آلا

trow (*trou* ; *trau*) *vt.* [Arch] تصور کردن، گمان یا اندیشه کردن

trowel (*trau'əl*) *n.* & *vt.* (۱) ماله - بیلچهٔ باغبانی (۲) ماله کشیدن

troy (*trɔi*) *n.* سلسلهٔ سنگهاییکه برای سنجش سیم و زر بکار میرود و یك پاوند آن برابر با ۱۲ آونس است

tru'ancy *n.* گریز از آموزشگاه

tru'ant (*-ənt*) *n.* بچهٔ مکتب گریز

play t. از آموزشگاه گریز زدن

truce (*tru:s*) *n.* متارکه یاصلح موقتی

truck (*trʌk*) *n.* & *vt.* (۱) کامیون - واگن روباز، واگن باری - چرخ بار بران در ایستگاه راه آهن (۲) با کامیون بردن

truck (,,) *n.* مبادله [بویژه دادن کالا بجای دستمزد بکارگران] - معامله - [مج] مهمل - [د. گ] آشغال - [در امریکا] محصول باغ که به بازار به برند

truck'le *vi.* چاپلوسانه تسلیم شدن

truck'le-bed *n.* تختخواب تاشو کوتاه

truculence *or* **-lency** (*trʌk'yu-lənsi*) *n.* سبعیت، درنده خویی

truc'ulent *a.* سبع - جنگجو

trudge (*trʌj*) *vt.* & *vi.* بزحمت (راه) پیمودن

true (*tru:*) *a.* راست-حقیقی - باوفا

t. to one's promise خوش قول

t. copy رونوشت مطابق با اصل

true'-blue *a.* باوفا، راسخ

true'born *a.* حلال‌زاده - اصیل

truf'fle (*trʌf'l*) *n.* [گ‌ش] دنبلان

truism (*tru':izm*) *n.* سخن بدیهی و بیمزه

truly (*tru':li*) *adv.* براستی - صادقانه

Yours t. ارادتمند شما، مخلص شما [عبارت پایان بعضی نامه ها]

trump (*trʌmp*) *n.*, *vi.*, & *vt.* (۱) آتو، اتو [لفظ فرانسه] - (۲) بااتو

بازی کردن ، اتوزدن (۳) با اتو از میان
بردن - {با up} جعل کردن

trum'pery (*-pəri*) *n.* & *a.*
(۱) خرده ریز (۲) زرق و برق‌دار

trum'pet (*-pit*) *n.* & *v.* (۱)
شیپور - کرنا (۲) بوق زدن ، جار کشیدن

trum'peter (*-tə*) *n.* شیپور زن

truncate (*trʌnkeit'*) *vt.* & *a.*
(۱) بی‌سر کردن - شاخه (چیزی را) زدن
(۲) بی‌سر ، ناقص

truncheon (*-sh'n* ; *-ch'n*) *n.*
چوب پاسبان ، باتن {لفظ فرانسه}

trundle (*trʌn'd'l*) *vt.* & *vi.*
(۱) تراندن ، غلتاندن (۲) غلتیدن

trunk (*trʌnk*) *n.* تنه ، بدنه -
خرطوم - چمدان بزرگ - {درجمع} تنکهٔ
شنا و ورزش

t. line خطاصلی - شاه سیم

truss (*trʌs*) *n.* & *vt.* (۱)
فتق بند - پایهٔ مشبك ، خرپا - دستهٔ علف
یا کاه (۲) با خرپا حائل شدن - بستن

trust (*trʌst*) *n.* & *v.* (۱)
اعتماد ، اطمینان - توکل - مسئولیت - امانت -
عهده داری - ودیعه - سندیکا یا کارتل
{ دولفظ فرانسه } - (۲) اعتماد کردن -
توکل کردن (به) - امیدوار بودن - سپردن ،
(امانت) گذاشتن

t. in God اعتماد یا توکل بخدا

on t. امانةً - روی اعتبار ، نسیه

take a statement on t. بقول
گوینده اعتماد کردن

I did not t. him with my car. ماشین خودرا بدست او ندادم
(یا نسپردم)

t. a customer for goods
جنس نسیه به مشتری دادن

t.-money پول امانتی

deed of t. *or* **t.-deed** سند
تودیع امانت - سند استیفای دین از
ملك رهنی

trustee (*-ti':*) *n.* امین {ج. امناء}

trust'ful *a* مطمئن

trus'tingly *adv.* بااعتماد

trust'worthy (*-wə:thi* ظی-) *a.*
قابل اعتماد ، معتمد ، موثق ، امین

trus'ty (*-ti*) *a.* قابل اعتماد

truth (*tru:th*) *n.* راستی ،
حقیقت - درستی ، صحت - ثبات - {درجمع
صدای th ظ تلفظ میشود }

speak (*or* **tell**) **the t.** راست گفتن

in t. براستی ، درحقیقت ، در واقع

truth'ful *a.* راستگو ، راست

truth'fully *adv.* صادقانه

truth'fulness *n.* راستگویی

try (*trai*) *vi.* & *vt.* {**tried**}
(۱) کوشش کردن ، سعی کردن (۲) امتحان
کردن - محاکمه کردن - رسیدگی کردن -
تصفیه کردن

t. on برای امتحان پوشیدن

t. out خوب آزمودن - گداختن

t. the patience of صبر (کسی)
را تمام کردن

He had a t. (*n*) **at it.** یك
آزمایشی کرد ، یك زوری زد

try'ing *apa.* سخت - ناتو

tryst (*trist* ; *traist*) *n.*
{**Arch.**} قرار ملاقات

tsar (*za:* زا) = **czar**

tset'se (*-si*) *n.* قسمی مگس دام‌کش
در افریقا - مگس خواب‌آور

tub (*tʌb*) *n.* & *vt.* {**-bed**}
(۱) تغار چوبی (۲) در تغار یا وان یا
طشت شستن {''وان'' لفظ روسی است}

tuba (*tiu':bə*) *n.* {مو} قسمی آلتِ
برنجی بادی

tube (*tiu:b*) *n.* لوله - راه‌آهنِ
زیر زمینی - لاستیك تویی اتوموبیل -
{دراصطلاح امریکائی} لامپ رادیو
{که در انگلیسی valve می گویند}

tu'ber (*-bə*) *n.* برآمدگی -
{درسیب زمینی} دکمه ، چشمه ، سیبك

tubercular (*tiubə':kiulə*) *a.*

دارای برآمدگی‌های سلی - مسلول
tuberculosis (*-lou'-*) *n.* سلّ
tuber'culous (*-ləs*) *a.* مسلول - سلی.
tu'bing *n.* (مصالح) لوله‌سازی - لوله
tub'-thumper (*-thʌmpə*) *n.*
ناطق [در تظاهرات دسته جمعی]
tubular (*tiu':biulə*) *a.*
لوله‌ای - لوله‌دار
tuck (*tʌk*) *vt.* & *n.* (۱) بالا
زدن - تو گذاشتن - جمع کردن - چین دادن
(۲) چین - [ز.ع] خوراکی ، شیرینی
t. away خوردن [بزبان شوخی]
t. (*vi.*) **into** باشتها خوردن
tucker (*tʌk'ə*) *n.* توری یا کتانی
که گردن و شانه را می‌پوشانید
one's best bib and t.
قشنگ‌ترین لباس
tuck'-in *n.* خوراك حسابی
Tuesday (*tiu:z'di*) *n.* سه شنبه
tuft (*tʌft*) *n.* دسته (پر یا مو) ،
طرّه - منگوله ، شرابّه - ریش کم در
زیر لب
tug (*tʌg*) *n.*, *vt.*, & *vi.* [-ged]
(۱) کشش - کوشش - تکان - یدك کش
(۲) بزور کشیدن (۳) تقلا کردن
t. of war مسابقه طناب کشی
tug'boat *n.* کشتی یدك کش
tuition (*twish'ən*) *n.* آموزش ،
تعلیم - حق تعلیم ، ماهیانه ، شهریه
tulip (*tiu':-*) *n.* گل لاله
tulle (*tʌl*) *n.* توری ، تور
[مأخوذ از "تول" لفظ فرانسه]
tumble (*tʌm'b'l*) *vi.*, *vt.*,
& *n.* (۱) افتادن - لغزیدن - غلتیدن -
معلق خوردن (۲) انداختن - مچاله
کردن (۳) معلق - وضع درهم برهم
t. to [Sl.] حالی شدن
tum'ble-down *a.* فکسنی ، خراب
tum'bler (*-lə*) *n.* لیوان
tumbrel ; -bril (*tʌm'-*) *n.*
قسمی ارّابه

tumescent (*tiu:mes'ənt*) *a.*
اندکی متورّم
tumid (*tiu':-*) *a.* بادکرده -
متورم - [مج] آب و تاب‌دار (و کم معنی)
tummy (*tʌm'i*) *n.* [Col.] شکم
tu'mour (*-mə*) *n.* ورَم ، آماس
tumult (*tiu':mʌlt*) *n.* همهمه ،
شلوق - آشفتگی
tumul'tuous (*-tiuəs*) *a.*
پرآشوب - آشوب گر
tun (*tʌn*) *n.* قسمی چلیك بزرگ
tuna (*tiu':nə*) = **tunny**
tundra (*tʌn'drə*) *n.* جلگهٔ بیدرخت
و یخ زده
tune (*tiu:n*) *n.*, *vt.*, & *vi.*
(۱) مقام ، آهنگ ، لحن (۲) کوك کردن -
[مج] میزان کردن [با in] - وفق دادن
(۳) سازگار شدن - هم کوك شدن
in t. کوك - هم کوك - سازگار
out of t. ناکوك - خارج (از مقام)
t. up سازها را هم کوك کردن -
نواختن آغاز کردن - راه انداختن
tune'ful *a.* خوش آهنگ - کوك
tu'ner (*-nə*) *n.* سازکوك کن
tung'sten (*-tən*) *n.* فلز سختی که
درساختن زغال لامپ الکتریك بکارمیرود
tu'nic *n.* بلوز نظامی یا زنانه
["بلوز" لفظ فرانسه است]
tu'ning-fork *n.* دوشاخه ، دیاپازون
[لفظ فرانسه]
tun'nel (*tʌn'l*) *n.* & *v.* (۱) تونل
[لفظ فرانسه] - (۲) تونل زدن
tunny (*tʌn'i*) *n.* قسمی ماهی بزرگ
turban (*tə':bən*) *n.* عمامه
turbid (*tə':-*) *a.* گل آلود - کدر
turbid'ity *n.* تیرگی - درهم برهمی
turbine (*tə':bain*) *n.* توربین
[لفظ فرانسه]
turbot (*tə':bət*) *n.* قسمی ماهی پهن
turbulence (*tə':biuləns*) *n.*
اغتشاش - گردنکشی ، یاغی گری

tur'bulent *a.* گردنکش ، یاغی - متلاطم - آشفته - طوفانی ، سخت

tureen (*tiuri:n'*) *n.* سوپ خوری

turf (*tə:f*) *n.* & *vt.* (۱) کلوخ چمنی [با **the**] - اسپریس (۲) با خاك ریشه‌دار پوشاندن

turgid (*tə':jid*) *a.* بادکرده ، متورم - [مج] غلنبه ، آب و تابدار

turgid'ity *n.* تورّم - آب و تاب

turkey (*tə':ki*) *n.* بوقلمون

Turkey (,,) *n.* ترکیه

Tur'kish *n.* & *a.* ترك - ترکی

T. bath گرمابه‌شرقی ، حمام بخار

T. delight راحت‌الحلقوم

turmoil (*tə':mɔil*) *n.* آشوب ، اضطراب

turn (*tə:n*) *vt.* & *vi.* (۱) گرداندن - برگرداندن - تبدیل کردن - دور (چیزی) گشتن - تراش دادن - بهم زدن (۲) چرخ خوردن - پیچ خوردن - گیج خوردن - بهم خوردن - بریدن [شیر] - گشتن ، شدن [**t. red**]

t. about عقب‌گرد کردن

t. (and t.) about بنوبت

t. against مخالف (کسی) شدن

t. away روگرداندن - روانه کردن

t. down پشت‌رو گذاشتن (ورق) - برگرداندن - پیچاندن (کلید چراغ یا گاز) ، قطع کردن - رد کردن (تعارف)

t. in بداخل برگرداندن - خوابیدن

t. off برگرداندن ، قطع کردن ، خاموش کردن - انجام دادن - روانه کردن - کج کردن (راه)

t. on بازکردن - جلو (چیزی را) ول کردن - روشن کردن - موکول بودن به - حمله کردن به

t. on a person باکسی چپ شدن

t. out بیرون کردن - بیرون دادن - خالی کردن - معلوم شدن ،ثابت شدن - نتیجه دادن - درآمدن یا درآوردن [از حیث وضع و لباس] - آمدن

t. over واگذار یامحول کردن - در آوردن یاعایدی دادن - واژگون کردن

t. over (a page) ورق زدن

t. round دور زدن-برگشتن ، عقاید دیگری پیدا کردن

t. the corner بحران را گذراندن

t. to one's work دست بکار زدن

Let us now t. to .. اکنون به پردازیم به . . .

t. up برگرداندن (خاك) - رُخ دادن

He didn't t. up پیداش نشد

turn (,,) *n.* گردش ، چرخ - نوبت - پیچ - تغییر- تمایل - وضع ، حالت - تکان

in t. بنوبت

by turns متناوباً

out of turn خارج از نوبت

on the t. درشرف بریدن وترش‌شدن

turncoat (*tə:n'kout*) *n.* کسی که تغییر مسلك دهد

turn'-down *a.* برگشته ، برگردانده

tur'ner (*-nə*) *n.* خرّاط ، تراش‌کار

tur'ning *n.* پیچ ، دو راهی

tur'ning-point *n.* نقطهٔ عطف - [مج] نقطهٔ برگشت ، مرحلهٔ بحرانی

turnip (*tə':-*) *n.* شلغم

turnkey (*tə:n'ki*) *n.* کلید دار زندان

turn'-out *n.* جمعیت - دو راهی - عملکرد در مدت معین- حشم - لوازم

turn'-over *n.* برگشت - آن قسمت از سرمایه که درکسب برمیگردد - قسمی نان شیرینی که مانند است به قطاب - انبارگردانی ، بازچینی

turnpike (*tə:n'paik*) *n.* (دروازه) راهدارخانه

turnstile (*tə:n'stail*) *n.* تیری که چهاربازوی گردنده دارد و در محلی که با دادن پول باید در آن داخل شوند نصب میشود

turn'-table *n.* لوکوموتیوگردان - [درگرامافن] صفحه‌گردان

turpentine (*tə':pəntain*) *n.* سقز
turpitude (*tə':pitiu:d*) *n.* فساد ، رسوایی
turquoise (*tə':kwa:z ; -kwɔiz*) *n.* فیروزه - [بطور صفت] فیروزه‌ای
turret (*tʌr'it*) *n.* مناره یا بُرجِ کوچك - کنگره ، قبه
turtle (*tə':t'l*) *n.* لاك پشت آبی
turn t. واژگون شدن ، چپه شدن
tur'tle(-dove) *n.* قمری
tusk (*tʌsk*) *n.* دندان دراز در فیل و گراز
tus'sle (*tʌs'l*) *n.* & *vi.* (۱) نزاع (۲) نزاع کردن
tussock (*tʌs'ək*) *n.* دسته (علف)
tussore (*tʌs'ɔ:*) *n.* قسمی ابریشم زمخت
tut (*tʌt*) *int.* اه - اوه
tutelage (*tiu':tilij*) *n.* قیمومت
tu'telar(y) (*-tiləri*) *a.* وابسته به قیمومت - سرپرست ، حامی
tutor (*tiu':tə*) *n.* & *v.* (۱)لله- معلمِ سرِ خانه - قیم (۲) درس خصوصی دادن - لله (کسی) بودن
tutorial (*-tɔ':riəl*) *a.* مربوط به للگی یا معلمی - مربوط به قیمومت
tuxedo (*tʌksi':dou*) *n.* [U.S.] = dinner-jacket
twad'dle (*twɔd'l*) *n.* & *vi.* (۱) چرند (۲) چرند گفتن
twain (*twein*) *n.* [Arch] جفت
twang *n.* & *vi.* (۱) صدای تودماغی (۲) صدای تودماغی درآوردن
'twas = it was
tweak (*twi:k*) *vt.* & *n.* (۱) نیشگان گرفتن و کشیدن (۲) نیشگان
tweed (*twi:d*) *n.* یکجور پارچه پشمی نرم که نخهای رنگارنگ در آن بکار رفته است
tweedledum and tweedledee (*twi':d'ldʌm'əndtwi':-d'l'di':*) *n.* دو چیز یك جور - دو شخص که ازحیث ظاهر وصفات دیگرشبیه باشند ، سیبی که دو نیم کرده باشند
tweeny (*twi':ni*) *n.* کلفت‌جوانی که درآشپزی هم کمك میکند
tweet (*twi:t*) *n.* & *vi.* = chirp
tweezers (*twi':zəz*) *npl.* موچین
twelfth *a.* & *n.* (یك) دوازدهم
twelve *a.* & *n.* دوازده
twelve'month *n.* سال
this day t. یك سال پیش (یا یك سال دیگر) چنین روزی
twen'tieth *a.* & *n.* (یك) بیستم
twen'ty (*-ti*) *a.* & *n.* بیست
twice (*twais*)*adv.* دوبار-دوبرابر
t.-told مشهور ، که همه میدانند
twid'dle *v.* (شست خود را) از بیکاری گرداندن - با (چیزی) بازی کردن
twig *n.* شاخهٔ کوچك ، ترکه
twig *vt.* [Col.] [-ged] فهمیدن
twilight (*twai'lait*) *n.* بین‌الطلوعین
twill *n.* قسمی پارچه باخطوط اریب
twin *a.* & *n.* (بچه) دوقولو ، جفت
twine (*twain*) *n.* & *v.* (۱) نخ قند (۲) پیچیدن
twinge (*twinj*) *n.* تیر ، درد سخت
t. of conscience نیش وجدان
twin'kle *vi.* & *n.* - چشمك (زدن) - برق (زدن)
twin'kling *n.* چشم برهم زدن
in the t. of an eye یك‌طرفةالعین
twirl (*twə:l*) *n.*, *vt.*, & *vi.* (۱) چرخش ، دور - پیچ (در نوشتن حروف) - (۲) گرداندن (۳) چرخیدن
twist *n.* & *v.* (۱)پیچ - تاب - (۲) پیچ دادن یاخوردن - تابیدن
t. off پیچاندن و پاره کردن
twis'ter (*-tə*) *n.* - پیچنده ، تابنده

[مج] شخص حیله گر - کار دشوار
tongue-t. لغتی که تلفظ آن دشوار است
twis'ty (*-ti*) *a.* پیچدار - نا درست
twit *vt.* [-ted] سرزنش کردن
twitch (*twich*) *vt.*, *vi.*, & *n.* (۱) ناگهان کشیدن (۲) جمع شدن (۳) کشش - انقباض
twitter (*twit'ə*) *vi.* & *n.* (۱) چهچه زدن - با ترس و دست پاچگی من‌من کردن (۲) چهچه - هیجان
'twixt = **betwixt**
two (*tu':*) *a.* & *n.* دو - شمارهٔ دو
two'-edged *a.* دودم - دو پهلو
two'fold *a(dv.)* دوبرابر - دولا
twopence (*tʌp'əns*) *n.* سکهٔ دو پنسی
twopenny (*tʌp'əni*) *a.* دو پنسی - دو پولی - کم بها - ناچیز
'twould = **it would**
two-way switch (کلید) تبدیل
tycoon (*taiku:n'*) *n.* لقب موروثی فرمانده کل در ژاپن - سرمایه‌دار بزرگ
tyke [با **tike** آمده‌است]
tympanum (*tim'pənəm*) *n.* (پردهٔ) صماخ - گوش میانی [-na]
type (*taip*) *n.* & *vt.* (۱) نوع، قسم، رقم - نمونه - نشانی، کنایه - حرف یا حروف چاپ (۲) ماشین کردن
books of this t. این نوع کتابها
He is not of that t. از آن طبقه اشخاص نیست، جنبه آنرا ندارد
in t. زیر چاپ، آمادهٔ چاپ
type'-setter *n.* حروف چین
type'write *vt.* باماشین تحریر نوشتن
type'writer (*-tə*) *n.* ماشین تحریر
typhoid (*tai'fɔid*) *n.* (*or* **t. fever**) مطبقه، تیفوئید [لفظ فرانسه]، (تب) حصبه
typhoon (*taifu:n'*) *n.* طوفان سخت
typhus (*tai'fəs*) *n.* محرقه، تیفوس [لفظ فرانسه]
typical (*tip'ik'l*) *a.* نمونه(ای)، واقعی - نوعی - نشانه [بطور صفت]
t. of حاکی از
typ'ically *adv.* بطور نمونه
typ'ify (*-fai*) *vt.* نمونه (چیزی) بودن، رمز بودن از - حاکی بودن از
typist (*tai'-*) *n.* ماشین نویس
typographical (*taipəgraf'i-k'l*) *a.* چاپی
typography (*-pɔg'rəfi*) *n.* فن چاپ سربی
tyrannical (*tiran'ik'l* ; *tai-*) *a.* ستمگر، ظالم - ظالمانه
tyran'nically *adv.* ستمکارانه
tyrannize (*tir'ənaiz*) *vi.* ظالمانه حکومت کردن
tyr'annous (*-ənəs*) *a.* ستم پیشه - ظالمانه
tyranny (*tir'əni*) *n.* حکومتِ ستمگرانه - ظلم - استبداد
tyrant (*tai'rənt*) *n.* حاکم‌وسلطان ستمگر یامستبد
tyre; tire (*tai'ə*) *n.* لاستیکِ چرخ، دوره
tyro (*tai'ərou*) = **tiro**
tzar, etc. (*za:* زا) = **Czar**, etc.

U u

ubiquitous (*yu:bik'witəs*) *a.* حاضر درهمه جا (دریك وقت)
ubiq'uity (*-ti*) *n.* حضور درهمه‌جا
U'-boat *n.* زیر دریایی آلمانی
udder (*ʌd'ə*) *n.* پستان (گاو)
ugh (*uh* ; *ux* اوخ) *int.* اه
uglify (*ʌg'lifai*) *vt.* زشت‌کردن
ug'liness *n.* زشتی ، کراهت
ugly (*ʌg'li*) *a.* زشت - تهدیدکننده
ukase (*yu:keis'*) *n.* فرمان
ukulele (*yu:kəlei'li*) *n.* گیتار هاوایی [''گیتار'' لفظ فرانسه است]
ulcer (*ʌl'sə*) *n.* زخم ، قرحه
ul'cerate (*-səreit*) *vi.* & *vt.* (۱) زخم شدن (۲) جریحه‌دار کردن
ul'cerous (*-sərəs*) *a.* قرحه ای
ullage (*ʌl'ij*) *n.* مقداریکه ظرف سر خالی می‌خواهد تا پر شود - خالی گذاشتن سر مخزن و امثال آن
ulna (*ʌl'nə*) *n.* [-næ (*ni:*)] زند اسفل
ulster (*ʌl'stə*) *n.* قسمی پالتو بلند
ult. [مختصر ultimo]
ulterior (*ʌlti'əriə*) *a.* بعدی ، آجل - دور- پوشیده
ul'timate (*-mit*) *a.* آجل - غائی
ul'timately *adv.* سرانجام ، عاقبت‌الامر ، دست‌آخر ، آجلاً
ultimatum (*ʌltimei'təm*) *n.* اتمام حجت ، التیماتوم [لفظ فرانسه]
ultimo (*ʌl'timou*) *adv.* [L] در ماه گذشته [مختصر آن .ult است . مثال : letter of 3d. ult. نامهٔ سوم ماه گذشته]
ultra (*ʌl'trə*) *a.* افراطی
ultramarine (*-məri:n'*) *a.* & *n.* آبی خالص ، لاجوردی
ultramontane (*-mɔn'tein*) *a.* ماوراء کوه (آلپ) - [مج] هوا خواه برتری پاپ
ul'tra-vi'olet *a.* ماوراء بنفش
ultravires (*-trəvai'ri:z*) *adv.* بیش ازحدود اختیارات قانونی
umber (*ʌm'bə*) *n.* قسمی گل اُخری
umbrage (*ʌm'brij*) *n.* رنجش
take u. at رنجیدن از
umbrella (*ʌmbrəl'ə*) *n.* چتر
umpire (*ʌm'paiə*) *n.* سرحکم - داور
umpteen (*ʌmp'ti:n*) *n.* [Sl.] خیلی ، چندین
un-• (*ʌn*) *pref.* نا - بی - غیر
una'ble *a.* عاجز
He is u. to قادر نیست‌که
unalloca'ted *a.* بیمحل
unanim'ity (*-ti*) *n.* اتفاق آراء
unanimous (*yunan'iməs*) *a.* هم رأی ، متفق‌الرأی
by a u. vote به اتفاق آراء
unan'imously *adv.* به اتفاق آراء
unassu'ming *a.* فروتن ، بی ادعا
unau'thorized *a.* غیر مُجاز

• تلفظ کلماتی را که un یا under برسر آنها آمده درمتن فرهنگ پیدا کنید

unavailing (*ʌnəvei'-*) *a.* بی‌فایده
unaware' *a.* بی‌اطلاع ، بی‌خبر
unawares' *adv.* ناگهان ، بی‌خبر
unbend' *vt.* & *vi.* (۱) راست کردن - رها یا شُل کردن (۲) بازشدن - راست شدن - {مج} نرم‌شدن
unben'ding *a.* سخت ، نرم نشو
unbeknown(st){*ʌnbinoun(st)'*} *a.* {Col.} ندانسته ، مجهول
unbeknownst to بی‌اطلاعِ
unbosom (*-bu'zm*) *vt.* آشکار کردن - {با **oneself**} راز خود رافاش ودل خود را خالی کردن
unboun'ded *a.* بی‌پایان ، نامحدود
unbowed (*ʌnbaud'*) *a.* خم نشده - مطیع نشده
unbri'dled *a.* غیرقابل جلوگیری
unbur'den *vt.* سبکبار کردن
u. oneself دل خود را خالی کردن
uncalled'-for *a.* غیر ضروری
uncan'ny *a.* غیرطبیعی، غریب ، مرموز
uncer'tain *a.* نامعلوم - بی‌ثبات
uncer'tainty *n.* نامعلومی - تردید
un'cle (*ʌnk'l*) *n.* عمو - دایی - شوهرخاله - شوهرعمه
U. Sam (کنیه) کشور امریکا
unconscionable (*-kən'shənəbl*) نامعقول ، گزاف
uncon'scious *a.* بی‌خبر ، غافل - بیهوش - بی‌اختیار
uncouth (*ʌnku:th'*) *a.* زشت - غریب وعجیب - ناهنجار - ویران
uncov'er *v.* برهنه کردن (سر)
unction (*ʌnk'shən*) *n.* روغن ، مرهم - روغن‌مالی - {مج} زبان چرب و نرم
unc'tuous (*-tiuəs*) *a.* چرب و نرم
undeceive' *vt.* ازاشتباه درآوردن
under (*ʌn'də*) *prep.* & *adv.* (۱) زیرِ - (در) تحتِ - کمتر از - بموجبِ ، برطبقِ - موردِ - از شدتِ ، از دستِ (۲) در زیر (آن)
u. repair در دست تعمیر
u. various titles بعناوین گوناگون
u. age صغیر ، نابالغ
u. way درجریان - درحرکت
under—* *pref.* زیر - کمتر از - در ذیلِ - تابع
underact' *vt.* درست ایفا نکردن
underbid' *vt.* کمتر از (شخص دیگر) پیشنهاد دادن
underbred' *a.* بی‌تربیت
un'derbrush = undergrowth
un'der-car'riage *n.* ارّادهٔ هواپیما
un'derclothes *npl.* } زیرپوش ، لباسِ زیر
un'derclothing *n.* }
un'dercurrent *n.* جریان زیرین - {مج} وضع پشت پرده ، احساسات درونی
undercut' *vt.* روی دست (کسی) رفتن {در فروش و مناقصه}
un'dercut *n.* گوشت زیر مازه
un'derdog *n.* {Sl.} طرف مظلوم
underdone' *ppa.* کم پخته
underes'timate *vt.* کم برآورد کردن - {مج} ناچیز شمردن
under-expose' *vt.* کم نور دادن
underfed' *a.* کم تغذیه شده
un'dergarment *n.* لباسِ زیر
undergo' *vt.* {-went ; -gone} تحمل کردن ، طی کردن ، بسر بردن
u. a change تغییریافتن
undergone' {*pp.* of **undergo**}
undergrad'uate *n.* دانش‌آموزِ درجه نگرفته یا دیپلم نگرفته
underground' *a.* & *adv.* (۱) زیر زمینی (۲) در زیر زمین
un'derground *a.* & *n.* (۱) زیر زمینی {بطور مستقیم پیش از اسم}- (۲) راه‌آهن زیر زمینی
undergrown' *a.* رشد نکرده

• تلفظ کلماتی را که **un** یا **under** برسر آنها آمده درمتن فرهنگ پیدا کنید

un'dergrowth *n.* بته ها و درختان کوچك در زیر درختان بزرگ
underhand' *a(dv).* نهانی، زیرجلی
un'derhand *a.* نهانی ، زیر جلی {بطور مستقیم پیش از اسم}
underlain {*pp. of* **underlie**}
underlay {*p. of* **underlie**}
underlie' *vt.* {-lay ; -lain} در زیر(چیزی) قرار گرفتن - [مج] مأخذ یا زمینه (چیزی) بودن
underline' *vt.* خط زیر (واژه‌ای) کشیدن - [مج] تأکید کردن
un'derling *n.* شخص زیر دست وبست
underly'ing *a.* اساسی - زیرین
undermen'tioned *a.* نامبردهٔ زیر
undermine' *vt.* از زیر نقب زدن - وسائل خرابی یا بی‌آبرویی (کسیرا) نهانی فراهم کردن - تحلیل بردن
un'dermost *a.* پایین‌ترین
underneath' = **beneath**
underpin' *vt.* {-ned} پی بندی کردن (دیوار)
under-pop'ulated *a.* کم جمعیت
under-priv'ileged *a.* محروم از مزایای اجتماعی وفرهنگی
underrate' = **underestimate**
underscore' = **underline**
under-sec'retary *n.* معاون [در وزارتخانه]
undersell' *vt.* {-sold} ارزان‌تر فروختن از (شخص دیگر)
undersigned' *n.* امضا کنندهٔ زیر
We, the u., ماامضا کنندگان زیر
undersized' *a.* کوتاه (مانده)
understand' *vt.* {-stood} فهمیدن ، ملتفت شدن
u one another باهم تفاهم داشتن
I was given to u. چنین فهمیدم
understan'ding *n.* فهم - تفاهم - مفهوم ، شرط
come to an u. توافق پیدا کردن
understate' *vt.* کمتر قلمداد کردن
understood' {*p. & pp. of* **understand**}
understood' *ppa.* مقدر - بدیهی
understrap'per = **underling**
un'derstudy (*-stʌdi*) *n.* هنرپیشهٔ علی‌البدل
undertake' *vt.* {-took' ; -ta'ken} تعهد کردن ، بعهده گرفتن
undertaken {*pp. of* **undertake**}
underta'ker *n.* مقاطعه کار کفن ودفن
underta'king *n.* تعهد ، تقبل ، عهده‌داری - مقاطعه - مقاطعه کفن و دفن
undertone' *n.* ته صدا - ته رنگ
undertook {*p. of* **undertake**}
underval'ue *vt.* کم برآورد کردن
un'derwear *n.* لباس زیر
underweight' *a.* کم [در وزن]
underwent {*p. of* **undergo**}
un'derworld (*wə:ld*) *n.* جهان زیرین ، درك اسفل - طبقه‌ای که با جنایات و دسائس زندگی می کنند
underwrite' *vt.* صادر کردن (سندبیمه دریایی) - خرید(سهام خریداری نشدهٔ شرکتی را) تعهد کردن
undesi'rable *a.* نامطلوب
undid {*p. of* **undo**}
undies (*ʌn'diz*) *npl.* [Sl.] زیرپوش زنانه
undo' *vt.* {-did ; -done} باطل کردن - بازکردن (گره) - شکافتن
Drink was his undoing. مشروب از پا درش آورد (یا پدرش را درآورد)
undone' {*pp. of* **undo**} ناتمام
undoubted (*-dau'tid*) *a.* مسلم
undou'btedly *adv.* بدون شك
undreamed of (*-dri:md'-*)

• تلفظ کلماتی را که under یا un (پیشوند) برسر آنها آمده درمتن فرهنگ پیدا کنید

در خواب ندیده ، غیرقابل تصور

undreamt of (-*dremt'*-) = **undreamed of**

un'dress *n.* لباس غیر رسمی

undue' *a.* زائد - بی‌جهت

un'dulate (-*diuleit*) *vi.* موج زدن

undulation (ʌ*ndiulei'shən*) *n.* تموج - جنبش نوسانی

undu'ly *adv.* بی‌جهت - من‌غیرحق

undying (-*dai'*-) *a.* نمیر ، لایزال

unearth' *vt.* درآوردن - کشف کردن

unearth'ly *a.* غیرطبیعی - غریب

unea'siness *n.* ناراحتی ، تشویش

unea'sy *a.* ناراحت ، مضطرب

unemployed' *a.* بیکار - بی‌مصرف

unemploy'ment *n.* بیکاری

unen'ding *a.* بی‌پایان ، تمام نشدنی

unerr'ing *a.* بی‌خطا - حتمی

unexam'pled *a.* بی‌سابقه - بی‌مانند

unexpec'ted *a.* غیر مترقبه

unfai'ling *a.* تمام نشدنی - پایدار

unfathomable {-*fath'əməbl* (باصدای ظ)} *a.* غیرقابل پیمایش - [مج] غیرقابل درك

unfath'omed *a.* ناپیموده - مجهول

unfee'ling *a.* بی‌عاطفه - بیحس

unfold' *vt.* از تاه باز کردن - [مج] آشکار کردن

unforeseen' *a.* پیش بینی نشده

unfor'tunate *a.* بدبخت - مایهٔ تاسف - ناشی از بدبختی

unfor'tunately *adv.* بدبختانه

unfoun'ded *a.* بی‌اساس ، بی‌پروپا

unfrock (-*frɔk'*) *vt.* معزول کردن (کشیش)

ungain'ly *a.* زشت - بی‌لطافت

ungod'ly *a.* بی‌دین ، خدا نشناس

un'guent (-*gwənt*) *n.* روغن - مرهم

unhand' *vt.* ول کردن ، رها کردن

unheal'thy *a.* ناخوش - مضر برای تندرستی ، بد - {**an u. climate**} - [دراصطلاح عامیانه ارتشی] خطرناك

unheard'-of *a.* بی‌سابقه

unhinge' *vt.* [مج] مختل کردن

unhorse' *vt.* از اسب پرت کردن

unicellular (*yunisel'iulə*) *a.* تك یاخته ، یك سلولی ["سلول" لفظ فرانسه است]

unicorn (*yu':nikɔ:n*) *n.* اسب افسانه‌ای که شاخی در وسط پیشانی دارد

unifiable (*yu':nifaiəbl*) *a.* قابل توحید شکل

unification (*yu:nifikei'shən*) *n.* توحید [یکی ساختن] - وحدت

u'niform (-*fɔ:m*) *a.*, *n.*, & *vt.* (۱) متحدالشکل - یك نواخت - ثابت (۲) لباس متحدالشکل (۳) متحدالشکل کردن

unifor'mity (-*ti*) *n.* یك شکلی ، یك نواختی

unify (*yu':nifai*) *vt.* یکی کردن - یك شکل کردن

unilateral (*yu:nilat'ərəl*) *a.* یك جانبه ، یك طرفه ، یك طرفی

unimpeachable(ʌ*nimpi':chəbl*) *a.* غیرقابل تردید

union (*yu':niən*) *n.* اتحاد - موافقت - مهره ماسوره - پوشن [لفظ فرانسه]

trade u. اتحادیه اصناف

u'nionist *n.* عضو وهواخواه اتحادیه

u'nionize (-*naiz*) *vt.* دارای اتحادیه کردن

unique (*yu:ni:k'*) *a.* بی‌مانند ، بی‌نظیر ، یکتا ، یگانه ، فرد - غیرعادی

u'nison (-*zn*) *n.* هم‌آهنگی

u'nit *n.* واحد ، یکه - دستگاه (واحد)

Unitarian (-*tê'əriən*) *n.* موحد (حقیقی) ، منکر تثلیث

unite (*yu:nait'*) *vt.* & *vi.* (۱) متحد کردن - وصلت دادن (۲)

• تلفظ کلماتی راکه **un** (پیشوند) برسر آنها آمده درمتن فرهنگ پیداکنید

متحد شدن ، همدست شدن

be united in marriage پیوند زناشویی کردن ، باهم ازدواج کردن

uni'ted *PPa.* متحد ، دست یکی

uni'tedly *adv.* متحداً

unity (*yu':niti*) *n.* یکانکی ، وحدت - اتحاد - سازگاری ، موافقت - شماره یك ، واحد

universal (*yu:nivə':s'l*) *a.* کلی ، عمومی ، عالمگیر - جامع

univer'sally *adv.* عموماً

u'niverse (*-və:s*) *n.* عالم ، جهان

university (*-və':siti*) *n.* دانشگاه ، دارالفنون

unjus'tified *a.* بیمورد ، ناحق

unkempt {*ʌnkem(p)t'*} *a.* شانه نکرده ، ژولیده

unknown' *a.* مجهول - ناشناس

unlaw'ful *a.* نامشروع ، خلاف‌شرع ، حرام - ناحق - غیرقانونی - حرامزاده

unleavened (*-ləv'ənd*) *a.* فطیر ، ورنیامده

unless (*ʌnles'*) *conj.* مگر اینکه ، جز آنکه

unlet'tered *a.* بی‌سواد

unlike' *a.* & *prep.* (۱) نامساوی (۲) برخلافِ ، نه مانندِ ، غیرِ

unlike'ly *a.* غیرمحتمل ، بعید

unlim'ited *a.* نامحدود

unload' *v.* (بار) خالی کردن

unlooked'-for *a.* غیرمنتظره

unluck'y *a.* بدبخت - نحس

unman' *vt.* {*-ned*} تسلط براعصاب را از (کسی) سلب کردن

unmask' *vt.* پوشش از رو(ی چیزی) برداشتن - نمایان کردن - رسوا کردن

unmatched' *a.* بی‌مانند ، بی‌نظیر

unmean'ing *a.* بیمعنی

unmea'sured *a.* ناپیموده - بی‌پایان - زیاده از حد

unmistakable (*ʌnmistei'kəbl*) *a.* اشتباه نشدنی

unmit'igated *a.* مطلق ، یك پارچه ، بتمام معنی

unnat'ural *a.* غیرطبیعی - بی‌عاطفه

unnerve' = **unman**

unnum'bered *a.* بی‌شمار(•)

unoffi'cial *a.* غیر رسمی

unpaid' *a.* بی‌مواجب - غیرموظف

unpar'alleled *a.* بی‌مانند ، بی‌نظیر

unpleas'antness *n.* خشونت - مخالفت

unpreceden'ted *a.* بی‌سابقه

unpreten'ding *a.* بی‌ادعا ، فروتن

unprin'cipled *a.* بی‌مسلك

unprofessional (*-fesh'ənəl*) *a.* غیر مربوط بحرفه - مخالفِ اصول حرفه‌ای - بی‌پیشه

unprovoked' *a.* بی‌جهت

unqual'ified *a.* فاقدِ شرایط لازم

unques'tionable *a.* مسلم

unra'vel *vt.* {*-led*} ازهم باز کردن ، ریش‌ریش کردن - شرح دادن

unread (*-rəd'*) *a.* نخوانده - بی‌سواد

unrelen'ting *a.* سخت ، سنگدل

unreli'able *a.* غیرقابل اعتماد

unremit'ting *a.* پیوسته ، مداوم

unrequited (*-rikwai'tid*) *a.* بی‌تلافی مانده

unrest' *n.* آشوب ، اضطراب

unri'val(l)ed *a.* بی‌مانند ، بی‌نظیر

unruly (*ʌnru':li*) *a.* سرکش ، متمرد

unsaid (*-sed'*) *a.* ناگفته

unscathed' *a.* بی‌زیان ، بی‌قصور

unsatisfac'tory *a.* بد

It is u. رضایت بخش نیست ، بداست

unsa'voury *a.* بی‌مزه - نفرت‌آور

unsay' *vt.* پس گرفتن (حرف)

unscrup'ulous *a.* بی‌همه‌چیز ،

• تلفظ کلماتی را که un (پیشوند) برسر آنها آمده درمتن فرهنگ پیدا کنید

بی‌مرام ، فاقد اصول اخلاقی
unseat' *vt.* خلع کردن - پرت کردن
unseen' *a.* & *n.* (۱) نادیده(۲)
ترجمه‌چیزی که قبلاً دیده نشده است
unset'tle *vt.* بهم زدن - مختل کردن
unset'tled *a.* - درهم (برهم) - مختل
قطعی نشده- تصفیه نشده - مستقر نشده -
آباد نشده
unsight'ly *a.* بدنما ، زشت
unsophis'ticated (*-sə-*) *a.*
چشم و گوش بسته ، ساده
unspa'ring *a.* بیدریغ ، بی‌مضایقه
unspeakable (*ʌnspi':kəbl*) *a.*
نگفتنی
unspot'ted *a.* بی‌لکه - بی‌شائبه
unstrung' *a.* فاقد تسلط براعصاب
unsuccess'ful *a.* نتیجه نگرفته ،
موفق نشده ، ناکام - بی‌نتیجه
unsuit'able *a.* نامناسب
unsung (*-sʌng'*) *a.* موردِ ستایشِ
شعرا قرار نگرفته
unswer'ving *a.* راسخ ، استوار
unthinkable (*ʌnthin'kəbl*) *a.*
غیرقابل تصور
unthin'king *a.* بی‌فکر ، گیج
until' (*ʌn-*) *prep.* & *conj.*
(۱) تا (۲) تا اینکه ، تاوقتیکه
untime'ly *a.* نابهنگام ، بیموقع
unti'ring = **tireless**
unto (*ʌn'tu*) *prep.* {**Arch**} = **to**
{گاهی **unto** را نمیتوان مانند **to**
در جلو مصدر درآورد وگرنه در همهٔ
معانی دیگر با **to** برابر است}
un'told' *a.* ناگفته - بیحد
untow'ard *a.* نامساعد - فاسد
untram'melled *a.* بی‌مانع ،
بی‌بند و بار
un'truth *n.* دروغ ، کذب ، سقم
untu'tored *a.* اُمّی ، بیسواد
unu'sual *a.* غیرمعقول ، بعید
unu'sually *adv.* (بطور) فوق‌العاده
unutili'zable *a.* غیرقابل استفاده
unu'tilized *a.* بی‌استفاده (مانده)
u. land زمین بائر
unut'terable (*-əbl*) *a.* نگفتنی
unvar'nished *a.* بی‌جلا
the u. truth حقیقت ساده و عریان
unwel'come *a.* نامطلوب ، نخواسته
unwhipped (*-hwipt'*) *a.*
شلاق نخورده ، سزاوارِ تنبیه
unwiel'dy *a.* سنگین - بدهیکل
unwill'ing *a.* بی‌میل ، ناراضی
unwit'tingly *adv.* ندانسته ، سهواً
unwor'thy *a.* نالایق - نازیبا
up (*ʌp*) *adv.*, *prep.*, & *a.*
(۱) بالا - {با بعضی افعال} بکلی
{**burnt up**} - (۲) بطرف بالایِ -
(از) بالایِ (۳) گذشته ، منقضی -
برپا ایستاده - بیدار ، برخاسته- آماده -
خوب یادگرفته - بالائی
further ***up*** بالاتر
as far ***up*** **as . . .** ازجهت شمال تا
climb ***up*** بالا رفتن از
up **hill** سربالائی
up **hill and down dale** بالا
و پائین ، همه جا ، در دره و ماهور
up **to** تا - باندازهٔ ، مطابقِ - آمادهٔ
It is ***up*** **to him to** با اوست که
It is all ***up*** **with him.**
دیگر امید (یا چاره‌ای) ندارد
up **against** مواجه با
on the ***up*** **grade** بالا رونده
Up **(with you)** ! بلندشوید ، یالله
Up **with peace** ! زنده باد صلح
What is going ***up***? چه خبر است
ups **(*n.*) and downs** پستی و بلندی
up *vi.* {**Col.**} پریدن ، بلند شدن
u. with برداشتن ، بلندکردن
upbraid (*-breid'*) *vt.* سرزنش کردن
up'bringing *n.* بالاآوردن ، تربیت

• تلفظ کلماتی را که **un** (پیشوند) برسر آنها آمده درمتن فرهنگ پیداکنید

up'country *a.* دور ازدریا ، (واقع) در داخل یا درون کشور

upheaval (*-hi':v'l*) *n.* بالاآمدگی- [مج] تغییر بزرگ و ناگهانی

upheld' [*p.* & *pp.* of uphold]

uphill' *adv.* سربالا : *run u.*

up'hill *a.* سربالایی - [مج] دشوار

uphold' *vt.* [-held] نگاه داشتن - پشتیبانی کردن - تصدیق کردن

upholster (*-houls'tə*) *vt.* رویه کشیدن و فنر گذاشتن- مفروش ومبله کردن

uphols'terer (*-rə*) *n.* پرده ساز ، مبل فروش ، مبل ساز

uphols'tery (*-ri*) *n.* پرده ومبل (فروشی) -پوشش ولایی مبل

up'keep *n.* (هزینه) نگهداری وتعمیر

up'land *a.* واقع در زمین کوهستانی

up'lift *n.* ترقی و تعالی معنوی

uplift' *vt.* بمراحل بلند رساندن

upon (*əpɔn'*) *prep.* روی ، بر [آگاهی - در محاوره on از upon مصطلح تر است]

u. collecting با دریافت

upper (*ʌp'ə*) *a.* & *n.* (۱) بالایی ، فوقانی (۲) رویه (کفش)

the U. House مجلس لردها یا سنا

the u. storey [مج] مُخ

get the u. hand of از (کسی) جلو افتادن ، تفوق بر(کسی) پیدا کردن

be (down) on one's uppers مستأصل بودن

up'permost *a.* & *adv.* (۱) بالاترین - برجسته (۲) دربالا(ترین‌جا)

up'pish *a.* جسور و خودبین

up'right (*-rait*) *a.*, *adv.*, & *n.* (۱) راست ، عمودی - [مج] درست کار (۲) راست (۳) تیر راست

up'rightness *n.* درستی ، راستی

uprise (*-raiz'*) *vt.* [-rose' ; -ris'en] برخاستن

upri'sing *n.* قیام - طغیان

up'roar (*-rɔ:*) *n.* غوغا

uproa'rious (*-əs*) *a.* پرصدا

uproot' *vt.* از ریشه کندن

upset' *vt.* & *vi.* [-set] (۱) واژگون یاچپه کردن - منقلب کردن - برهم زدن - از کار انداختن (دولت) - (۲) چپه شدن - بهم خوردن

up'set *n.* واژگونی - واژگون‌سازی - آشفتگی - اختلاف

up'shot *n.* نتیجه ، حاصل - خلاصه

up'side-down' *a(dv).* وارونه ، (بطور) معکوس - درهم برهم

upstairs' *adv.* (در اشکوب) بالا

up'stairs *a.* فوقانی ، مال طبقهٔ بالا

upstan'ding *a.* قوی بنیه - ثابت

up'start *n.* شخص تازه بدولت رسیده

upstream' *adv.* برضد جریان

up'take *n.* [Col.] فهم - یادگرفتن

up'-to-date' *a.* تازه ، جدید - مطابق آخرین طرز متداول

up'turn *n.* بهبود ، تغییر مطلوب

up'ward *a.* بالا(یی) - رو به بالا

up'ward(s) [*-wəd(z)*] *adv.* (سوی) بالا

upwards of بیش از ، متجاوز از

and u. و بیش از آن ، ببالا

uranium (*yuərei'niəm*) *n.* اورانیوم [لفظ فرانسه]

Uranus (*yuərei'nəs* ; *yu':rə-*)*n.* اورانوس [لفظ فرانسه]

urban (*ə':bən*) *a.* شهری ، مدنی

urbane (*ə:bein'*) *a.* مؤدب - مقرون به ادب

urban'ity *n.* ادب ، تربیت ، مدنیت

urchin (*ə':-*) *n.* بچهٔ شیطان

Urdu (*u'ədu:*) *n.* زبان اُردو

urge (*ə:j*) *vt.* & *n.* (۱) اصرار کردن‌به - باصرار وادارکردن (۲) میل مفرط ، اصرار

ur'gency (*-si*) *n.* فوریت - ضرورت

urgent (*ə':jənt*) *a.* فوری - مصر

be u. with اصرار کردن به
ur'gently *adv.* مصر"انه ـ بفوریت
urinal (*yu'ərinəl*) *n.* ظرف پیشاب، گلدان ادرار ـ محل ادرار کردن
u'rinary (*-nəri*) *a.* پیشابی
u. organs دستگاه پیشاب
urinate (*-neit*) *vi.* ادرار کردن
urine (*yu'rin*) *n.* ادرار ، پیشاب
urn (*ə:n*) *n.* ظرف خاکستر مرده ـ قسمی سماور که دررستورانها بکار میبرند
us (*ʌs*) *pr.* [*pl. of* me] ما را ـ (به) ما
usable (*yu':zəbl*) *a.* قابل استفاده
usage (*yu':zij*) *n.* عُرف ، عادت ، رسم ، تداول ـ استعمال
usance (*yu':zəns*) *n.* وعده ، مهلت
at 30 days' u. با سی روز وعده ، سی روزه
use (*yu:s*) *n.* استعمال ـ فایده ـ مصرف ، (مورد) استفاده ـ تداول
come into u. معمول شدن
make u. of استفاده کردن از
put to u. مورد استفاده قرار دادن
He lost the u. of his left hand. دست چپش از کار افتاد
It is of no u. بدرد نمیخورد
use (*yu:z*) *vt.* بکار بردن ، استعمال یا مصرف کردن ـ استفاده کردن از
We used (*yu:st*) **to play there.** ما آنجا (عادةً) بازی میکردیم
I am used (*yu:st*) **to it.** بآن آشنا هستم ، عادت دارم ، معتادم
It used (*yu:st*) **to be said that** گفته میشد که
get used (*yu:st*) **to** عادت کردن به ، آشنا شدن به
useful (*yu:s'-*) *a.* سودمند ، مفید
use'fully *adv.* بطور مفید
use'fulness *n.* سودمندی ، مفیدیت
use'less *a.* بیفایده ، بی‌مصرف
user (*yu':zə*) *n.* استعمال کننده
usher (*ʌsh'ə*) *n.* & *vt.* (۱) راهنما [در مجالس و غیره] ـ (۲) راهنمایی کردن ـ خبر از آمدن (چیزی) دادن
U. S. S. R. — Union of Socialist Soviet Republics
usual (*yu':zhuəl*) *a.* همیشگی ، معمولی ، عادی ـ معمول ، مرسوم
as u. مانند همیشه ، مطابق معمول
It is u. with us. معمول ماست
u'sually *adv.* معمولاً ، غالباً
usurer (*yu':zhərə*) *n.* رِباخوار
usurious (*yuziu'riəs*) *a.* رباخوار ـ مبنی بر رباخواری
usurp (*yu:zə:p'*) *vt.* غصب کردن
usurpation (*-pei'shən*) *n.* غصب
usur'per (*-pə*) *n.* غاصب ، رُباینده
usury (*yu':zhəri*) *n.* رباخواری
utensil (*yu:ten's'l*) *n.* ظرف (در آشپزخانه و امثال آن) ـ افزار
uterine (*yu'tərin*) *a.* بطنی
u'terus (*-tərəs*) *n.* [-ri (*rai*)] زهدان ، بچه‌دان ، رحم
utilitarian (*yu:tilitê'əriən*) *a.* & *n.* (۱) مبنی بر این عقیده که سودمندی بر زیبایی یا مطبوعیت مقدم است (۲) شخص معتقد بعقیدهٔ مزبور
utilita'rianism (*-izm*) *n.* اعتقاد باینکه یگانه منظور از کارهای عمومی و اخلاقی باید تأمین بزرگترین خوشبختی برای حد اکثر مردم باشد
utility (*yu:til'iti*) *n.* سودمندی ـ فایده ، منفعت ـ چیز سودمند
of public u. عام‌المنفعه
u'tilizable (*-zəbl*) *a.* قابل استفاده
utilization (*yu:tilaizei'shən*) *n.* استفاده
u'tilize *vt.* مورد استفاده قرار دادن
utilized lands اراضی دائر
utmost (*ʌt'moust*) *n.* & *n.* (۱) بیشترین ، منتها(یِ) ـ (۲) منتهای

[He did his u.] کوشش
to the u. به منتها درجه
Utopia (*yu:tou'piə*) *n.* نام جزیرهٔ خیالی که درآنجااصول سیاسی واجتماعی بدرجه کامل اجرا میشد
uto'pian (*-ən*) *a.* خیالی ، غیرعملی
utter (*ʌt'ə*) *a.* کامل، تمام ـ محض
utter ('') *vt.* ادا کردن ، گفتن
u. a cry فریاد زدن
u. a groan ناله کردن یا برآوردن
u. a. sigh آه کشیدن
u. false coin سکه قلب ساختن و بجریان انداختن
utterance (*ʌt'ərəns*) *n.* ادا ، اظهار (عقیده) ـ سخن
give u. to ادا کردن ، اظهارکردن
ut'terly (*-li*) *adv.* کاملا ، بکلی
ut'termost = **utmost**
uvula (*yu':viulə*) *n.* [-læ (*li:*)] زبان کوچك ، لهات ، ملازه
uxorious (*ʌksɔ':riəs*) *a.* عیال‌پرست

V v

V. و **vide** [مخفف
[**versus** و **verb**

vacancy (*vei'kənsi*) *n.* جای خالی، محل بلامتصدی - بیکاری

va'cant *a.* خالی ، بی‌متصدی - بیحال
  v. hours ساعات بیکاری یافراغت

vacate [*vəkeit'* ; (*U. S.*) *vei'-*] *vt.* تخلیه کردن - باطل کردن

vaca'tion (*-shən*) *n.* تعطیل - ترك

vac'cinate (*-neit.*) *vt.* تلقیح کردن
  v. a child against smallpox آبلهٔ بچه‌ای را کوبیدن

vaccina'tion (*-shən*) *n.* تلقیح

vac'cine (*-sin*) *n.* مایه (آبله)

vacillate (*vas'ileit*) *vi.* نوسان کردن - [مج] دو دل بودن

vacuity (*vəkiu':iti*) *n.* خالی بودن - فضای خالی - نامفهومی - بی‌فکری ، کودنی

vac'uous (*-yuəs*) *a.* تهی - [مج] بی‌معنی - توأم با بیکاری

vac'uum (*-yuəm*) *n.* [**-ums** *or* **-ua**] خلاء - ظرف یا جای بی‌هوا
  v. cleaner جاروب مکانیکی
  v. flask = thermos flask

vade-mecum (*veidimi':kəm*) *n.* دفتر یا کتاب یادداشت واطلاعات

vagabond (*vag'əbənd*) *a.* & *n.* (آدم) آواره یاخانه بدوش

vagary (*vəgê'əri*) *n.* بوالهوسی - وسواس - غرابت

va'grancy *n.* آوارگی - ولگردی

vagrant (*vei'grənt*) *a.* & *n.* ولگرد ، (آدم) آواره یا دربدر

vague (*veig*) *a.* مبهم ، نامعلوم

vain (*vein*) *a.* بیهوده ، عبث - باطل - توخالی - خودبین - ناچیز ، جزئی
  in v. بیهوده ، عبث - بیطالت

vainglo'rious (*-əs*) *a.* لاف زن

vainglory (*-glɔ':ri*) *n.* لاف‌گزاف - غرور

vain'ly *adv.* بیهوده ، بیجهت

val'ance (*-ləns*) *n.* والان ، یلن

vale (*veil*) *n.* دره وسیع وکم عمق

vale (*vei'li*) *int.* [L.] خداحافظ

valediction (*-lidik'shən*) *n.* خداحافظی ، تودیع

valedictory (*-təri*) *a.* تودیعی

valerian (*vəli'əriən*) *n.* سنبل‌الطیب ، والرین [لفظ فرانسه]

valet (*val'it* ; *val'ei*) *n.* نوکر

valetudinarian (*-litivdinê'-əriən*) *n.* کسی که همواره به معالجهٔ خود می‌پردازد

val'iant (*-ənt*) *a.* دلیر - دلیرانه

val'id *a.* معتبر - بقوت خود باقی

val'idate (*-deit*) *vt.* معتبر ساختن - قانونی شناختن - تصدیق کردن

valid'ity (*və-*) *n.* اعتبار ، قوت

valise (*vəli:z'*) *n.* کیف سفری

valley (*val'i*) *n.* درّه ، وادی

val'or [**valour** - املای امریکایی]

val'orous (*-ərəs*) *a.* دلیر ، شجاع

valour (*val'ə*) *n.* دلیری ، شجاعت

val'uable (*-yuəbl*) *a.* گرانبها

val'uables *npl.* چیز های بهادار

valuation (*valiuei'shən*) *n.*

ارزیابی ، تقویم ـ بها
val'ue (-*yu:*) *n.* & *vt.* (۱)ارزش، بها ، قیمت ـ قدر (۲) تقویم کردن
It is highly valued as food. برای خوراك بسیار مطلوب است
val'uer (-*yuə*) *n.* ارزیاب
valve *n.* دریچه ، سوپاپ [لفظ فرانسه] ـ شیر ـ سرپوش ـ کپه ـ [در رادیو] لامپ [لفظ فرانسه]
vamp *n.* & *vt.* (۱) رویه ـ وصله (۲) رویه انداختن (به) ـ وصله کردن ـ باعشوه‌گری پول از (کسی) درکشیدن
vam'pire (-*paiə*) *n.* روحیکه از قبر خارج شده خون مردم را می‌مکد ـ [مج] غارتگر
van *n.* بارکش یا واگن باری سر پوشیده ـ ناقلهٔ زندانیان
van *n.* (۲) -vanguard = (۱) جبهه ، [مج]پیشقدمان ، پرچم داران
van'dal (-*d'l*) *n.* دشمن علم وصنعت
vane (*vein*) *n.* بادنما ـ پره
van'guard (-*ga:d*) *n.* جلودار ، طلایه ، پیش قراول ، واحد مقدم
vanilla (*vənil'ə*) *n.* وانیل [لفظ فرانسه]
van'ish *vi.* ناپدید شدن ـ محوشدن
van'ity (-*ti*) *n.* بطالت ـ چیز مزخرف ـ باد (دماغ) ، خود فروشی
v. bag قوطی یاکیف دستی کوچك با آینه و اسباب پودر زنی
van'quish *vt.* پیروز شدن بر
van'tage-ground (-*tij*-) *n.* موضع مساعد
vap'id *a.* بیمزه ـ خنك ، بیروح
vapid'ity (-*ti*) *n.* بیمزگی ، خنکی
va'por {vapour املای امریکایی}
vaporize(*vei'pəraiz*) *vt.* & *vi.* (۱) بشکل بخاردرآوردن (۲) تبخیر شدن
va'porous (-*pərəs*) *a.* بخار دار ، مه‌دار ـ مانند بخار ـ [مج] بی‌اساس
va'pour (-*pə*) *n.* بخار ، دمه ـ مه

va'pouring *n.* لاف ، یاوه سرائی
variabil'ity = variableness
variable (*vê'əriəbl*) *a.* & *n.* (۱) تغییر پذیر (۲) مقدار متغیر
var'iableness *n.* تغییر پذیری
var'iably *adv.* بطور متغیر
var'iance (-*əns*) *n.* اختلاف مغایر ، مخالف ـ (در حال) قهر
at v. (در حال) قهر
set two men at v. میانهٔ دوکس را بهم زدن
var'iant *a.* & *n.* (۱) مغایر ـ مختلف ـ طور دیگر (۲) نسخه بدل
variation (-*ei'shən*) *n.* اختلاف
va'ricoloured *a.* رنگارنگ
var'icose (-*kous*) *a.* کشاد شده
varied {vary اسم مفعول}
variegate (*vê'ərigeit*) *vt.* رنگارنگ کردن
variety (*vərai'əti*) *n.* تنوع ـ نوع ، قسم ـ واریته [لفظ فرانسه]
several varieties of چندین جور
for a v. of reasons بچند دلیل
variform (*vê'ə*-) *a.* مختلف‌الشکل
variorum (*vêəriɔ':rəm*) *a.* دارای حواشی گوناگون
various (*vê'əriəs*) *a.* گوناگون ، مختلف ـ متعدد
for v. reasons بچند(ین) دلیل
va'riously *adv.* باشکال مختلف
varlet (*va':lit*) *n.* کسیکه خدمت‌می‌کرد تا بپایهٔ knight یا squire برسد
varmint (*va':*— -ار) *n.* [Sl. or Col.] = vermin
the v. [در اصطلاح شکار] روباه
varnish (*va':-*) *n.* & *vt* (۱) روغن جلا ، ورنی [لفظ فرانسه] ـ جلا ، برق (۲) جلا دادن ، لعاب دادن ـ [مج] خوش ظاهر کردن
vary (*vê'əri*) *vt.* & *vi.* (۱)تغییر دادن ـ [درصیغه اسم مفعول] گوناگون یا متغیر (۲) تغییر کردن ـ اختلاف داشتن

va'rying *apa.* متنوع - جوربجور
vas'cular (*-kiulə*) *a.* رگی، آوندی
vase {*vahz*; (U. S.) *veiz* or *veis*} *n.* گلدان - ظرف
vas'eline (*-ili:n*) *n.* وازلین {لفظ فرانسه}
vas'sal (*vas'l*) *n.* رعیت ملك - تیول - بنده، تابع
vassalage (*vas'əlij*) *n.* بندگی، رعیتی، تبعیت - بیعت - تیول
vast (*vaːst*) *a.* وسیع، پهناور - زیاد
vat *n.* خمره
Vat'ican (*-kən*) *n.* واتیکان: مقر پاپ
vaudeville (*voud'vil*) *n.* درام کوچك - { در امریکا } واریته {لفظ فرانسه}
vault (*vɔ:lt*) *n., vt., & vi.* (۱) طاق - گنبد - سردابه، زیر زمین - جست، پرش (۲) طاق در(جایی) زدن - طاق نما کردن (۳) جست زدن
vault'ing-horse *n.* خرك پرش
vaunt (*vɔ:nt*) *n. & vi.* لاف (زدن) - خودستایی (کردن)
veal (*vi:l*) *n.* گوشت گوساله
vec'tor (*-tə*) *n.* بُردار، خط حامل
veer (*viə*) *v.* تغییر (جهت) دادن
v. and haul شل وسفت کردن
vegetable (*vej'itəbl*) *n. & a.* (۱) گیاه - سبزی (۲) گیاهی، نباتی
vegetarian(*-jitê'əriən*) *n. & a.* گیاه خوار، طرفدار غذای نباتی
vegetate (*vej'iteit*) *vi.* گیاه‌وار رشد کردن - خوردن و خوابیدن
vegeta'tion (*-shən*) *n.* نشو و نمای نباتی - رُستنی - برآمدگی درروی بدن
ve'hemence *n.* تندی - حرارت
vehement (*vi':imənt*) *a.* تند، شدید - باحرارت - مفرط، زیاد
vehicle (*vi':ikl*) *n.* گردونه، وسیلهٔ نقلیه - ناقل، وسیله - {مج} آلت
vehicular (*vi:hik'ulə*) *a.* گردونه‌ای
veil (*veil*) *n. & vt.* (۱) تورِ صورت، {مج} پرده، ستر، بهانه، لفافه - غشاء، شامه (۲) پوشاندن
under the v. of در لفافهٔ
take the v. درسلك راهبات درآمدن
beyond the v. پس از مرگ
vein (*vein*) *n.* سیاهرگ، ورید - رگ - رگه - خط - {مج} حالت - تمایل
I am not in the v. for it. حالش را ندارم
veined *a.* رگ‌دار - رگه
veldt (*velt*; *felt*) *n.* جلگهٔ علف زار و بی‌درخت در افریقای جنوبی
vellum (*vel'əm*) *n.* پوست گوساله
velocipede (*vilɔs'ipi:d*) *n.* دوچرخه پایی (قدیمی)
velocity (*vilɔs'iti*) *n.* سرعت
velours (*-lu'ə*) *n.* مخمل کلاهی
vel'vet (*-vit*) *n.* مخمل
an iron hand in a v. glove سختی وخشونت در لفافه نرمی وملایمت
velveteen (*-ti:n'*) *n.* مخمل نخ و ابریشم
vel'vety (*-ti*) *a.* مخملی - نرم
venal (*vi':n'l*) *a.* پولکی - فروشی
venal'ity (*-ti*) *n.* پولکی بودن، تمایل به مزدوری، عقیده فروشی
vend *vt.* = sell فروختن
vendee (*-di':*) *n.* خریدار
ven'der (*-də*) or **-dor** (*dɔ:*; *də*) *n.* فروشنده، بایع
vendetta (*-det'ə*) *n.* کینهٔ خانوادگی
veneer (*vəni'ə*) *n. & vt* (۱) روکش (۲) روکش کردن
ven'erable (*-nərəbl*) *a.* محترم
ven'erate *vt.* احترام یا پرستش کردن
veneration (*-rei'shən*) *n.* احترام، حرمت گزاری

venereal (*vini'əriəl*) *a.* آمیزشی ، مقاربتی ، زُهروی
Venetian (*vini':shən*) *a.* منسوب بشهر Venice در ایتالیا
V. blind پنجرهٔ کرکره‌ای متحرک
ven'geance (*-jəns*) *n.* کینه جویی
take v. upon انتقام‌کشیدن از
with a v.! چه‌جورهم ، بمنتها درجه
venge'ful *a.* کینه‌جو ، انتقام‌کشنده
venial (*vi':niəl*) *a.* قابل اغماض
v. sin گناه جزئی ، صغیره
venison (*ven'zən*) *n.* گوشت گوزن
ven'om (*-əm*) *n.* زهر - [مج] کینه
ven'omed *a.* زهرآلود
ven'omous (*-əməs*) *a.* - زهرآلود - زهردار ، سمی - [مج] کینه‌دار
venous (*vi':nəs*) *a.* وریدی
vent *n.* & *vt.* (۱) منفذ ، سوراخ ، بادخور - دررو - مخرج (۲) بادخور یا در رو در (چیزی) گذاشتن
give v. to one's wrath دق دل را خالی کردن
v. oneself دل خود را خالی کردن
vent'-hole *n.* منفذ ، هواگیر
ven'tilate *vt.* تهویه کردن - تصفیه کردن - [مج] برملا کردن
ventilation (*-lei'shən*) *n.* تهویه - [مج] بحث آزاد
ven'tilator (*-leitə*) *n.* اسباب تهویه
ven'tricle *n.* [در دل] شکمه ، بطن - [در مغز] شکم چه
ventril'oquist (*-əkwist*) *n.* کسیکه چنان سخن گوید که پندارند صدا از شخص یا جای دیگر میاید
ven'ture (*-chə*) *n.*, *vi.*, & *vt.* (۱) جرأت - معامله قماری (۲) جرأت کردن(۳) بمخاطره انداختن - باجسارت اظهار کردن
I v. to say جسارةً عرض میکنم
v. (up)on something با جرأت اقدام بکاری کردن
at a v. بی‌هدف ، همینطوری
ven'turesome (*-səm*) *a.* مخاطره‌آمیز - متهور
ven'turous (*-rəs*) [U. S.] = venturesome
ven'ue (*-ju:*) *n.* محل رسیدگی بجرم - [د. گ.] محل اجتماع
Venus (*vi':nəs*) *n.* - زهره - ناهید ، نام الههٔ زیبایی [در اساطیر]
veracious (*-rei'shəs*) *a.* راست
veracity (*-ras'iti*) *n.* - راستگویی - صحت ، درستی
veran'da(h) (*və – də*) *n.* ایوان
verb (*və:b*) *n.* [د] فعل
verbal (*və':bəl*) *a.* - شفاهی ، زبانی - لفظی - تحت‌اللفظی - فعلی
v. noun = gerund
ver'bally (*-bəli*) *adv.* شفاهاً
verbatim (*və:bei'-*) *a(dv).* کلمه بکلمه
verbena (*vəbi':nə*) *n.* گل شاه پسند (وجنس آن)
verbiage (*və':biij*) *n.* درازگویی
verbose (*və:bous'*) *a.* زیاد دراز ، مطوّل - درازنویس - درازگو
verbosity (*-bɔs'iti*) *n.* اطناب ، دراز نویسی
ver'dancy (*-dənsi*) *n.* - سبزی - تازگی - خامی
ver'dant (*-dənt*) *a.* سبز - خام
verdict (*və':-*) *n.* تصمیم هیئتِ منصفه - رأی - قضاوت
open v. رای هیئت منصفه حاکی‌از وقوع جرم بدون تصریح مجرم
ver'digris *n.* زنگار - زنگ مس
verdure (*və':jə; -djə*) *n.* - سبزه - سبزی - [مج] تازگی
verge (*və:j*) *n.* & *vi.* (۱) کنار ، لب - لبه - نزدیکی (۲) مایل شدن ، متمایل شدن - درکنار واقع شدن

on the v. of درحدودِ - در شرفِ
It verges on a valley.
درکنار دره‌ای واقع شده است
verger (və':jə) n. [در کلیسا] راهنما
ver'ifiable (-faiəbl) a.
قابل رسیدگی
verification (-kei'shən) n.
رسیدگی ، تحقیق
ver'ify (-fai) vt. صحت و سقم
(چیزی) را معلوم کردن ، رسیدگی به
(چیزی) کردن - ممیزی کردن - تصدیق
کردن - ثابت کردن
ver'ily adv. [Arch] براستی ،
حقیقةً ، در واقع ، هر آینه
verisimil'itude (-tiu:d) n.
احتمال صحت
ver'itable (-təbl) a. واقعی
ver'ity (-ti) n. راستی ، صحت
vermicelli (və:misəl'i) n.
قسمی رشته فرنگی
vermilion (vəmil'iən) n.
شنگرف ، شنجرف
vermin (və':-) n. - جانوران موذی
آفت - [مج] مردم پست و انگل
ver'minous (-nəs) a. پر از
حشرات یا جانوران موذی - شپش گرفته
verm(o)uth (və':mu:t) n.
ورموت ، شراب افسنطین
vernacular (vənak'iulə) a.
& n. (۱) بومی (۲) لهجهٔ بومی
vernal (və':n'l) a. بهاری ، ربیعی
veronal (ver'ən'l) n. ورنال
[لفظ فرانسه] : مارك یك قسم داروی
خواب‌آور
versatile (və':sətail) a.
بحث کننده از چند موضوع - ماهر در
چندین چیز - گردنده - بی ثبات
versatil'ity (-ti) n. قابلیت تغییر
verse (və:s) n. شعر ، نظم - آیه
versed a. متبحر ، با اطلاع
versification (-kei'shən) n.
منظومه سازی
ver'sifier (-faiə) n. شاعر(ك)
versify (və':sifai) vt. & vi.
(۱) بنظم درآوردن (۲) شعر ساختن
version (və:shən) n. ترجمه - شرح
verst (və:st) n. ورست : واحد طول
versus (və':səs) prep. درمقابلِ
vertebra (və':tibrə) n. [-bræ
(bri:)] مهره ، فقره
ver'tebral column تیرهٔ پشت
ver'tebrate (-rit ; -reit) a.
مهره دار ، ذوفقار ، ذیفقار
vertex (və':teks-) n. [ver'tices
(-si:z)] نوك ، تارك ، رأس - قله -
فرق سر
vertical (və':tikl) a. عمودی ،
قائم - واقع در نوك یا رأس
ver'tically adv. بطور عمود
vertigo (və':tigou) n. [-es]
سرگیجه ، دوار ، دوران
verve (vê:v) n. ذوق - حرارت
very (ver'i) adv. & a. (۱)
بسیار ، خیلی (۲) همین ، همان ، خود -
هم - حتی - واقعی ؛ حسابی
I did my v. best. منتهای کوشش
خود را بعمل آوردم
this v. house همین خانه
the v. mountains کوه‌ها هم ،
حتی کوه ها ، کوه‌ها خود
in v. deed بدون شك
in v. truth = truly
v. well بسیار خوب - چشم
Ves'per (-pə) = Hesperus
ves'pers (-pəz) npl. نماز شام
ves'sel (ves'l) n. ظرف - کشتی -
[گ‌ش] آوند - مجرا [مثلاً رگ]
vest n. جلیتقه - زیرپوشِ کش باف
vest vt. & vi. (۱)دادن ، دارا کردن
[با with] - واگذار کردن - سپردن -
پوشاندن (۲) رسیدن ، مقرر شدن
v. a property in some one

ملکی را بکسی واگذار کردن

vested with . . . دارای . . .

ves'tal (*-t'l*) **virgin** دوشیزه‌ای که پاسبانی آتش همیشه سوز Vesta الههٔ کانون بعهدهٔ وی بود ـ تارك دنیا ـ [مج] زن پاکدامن

ves'ted *ppa.* قطعی ، مسلم ، بی‌شرط ـ مقرر ، مستقر

ves'tibule (*-yu:l*) *n.* راهرو ـ دالان ـ هشتی ، سربوشیده ـ دهلیز (قلب)

ves'tige (*-tij*) *n.* نشان ، اثر ، جاپا ، ردّ ـ ذره [باقرائن منفی]

vest'ment (*-mənt*) *n.* لباس(رسمی)

ves'try (*-tri*) *n.* رخت‌کن یا صندوقخانهٔ کلیسا ـ نمازخانه کوچك

ves'ture (*-chə*) *n.* [Poet.] پوشاك

vet *vt.* [-ted] & *n.* [Col.] (۱) معاینه کردن (۲) [مختصر veterinary]

vetch (*vech*) *n.* —

bitter v. کرسنه

chickling v. ماش

vet'eran (*-ərən*) *a.* & *n.* (۱) کهنه‌کار ، کار آزموده (۲) کهنه سرباز

vet'erinary (*-nəri*) *a.* بیطاری

v. (surgeon) دام پزشك ، بیطار

veto (*vi':tou*) *n.* [-es] & *vt.* [-ed] (۱) حق رد (۲) رد کردن

exercise one's v. از حقِ veto استفاده کردن

put a v. on قدغن کردن

vex *vt.* اذیت کردن ، متغیر کردن

vexation (*vekseī'shən*) *n.* آزردگی ؛ رنجش ـ تغیر ـ آزار ، اذیت

vexa'tious (*-shəs*) *a.* آزارنده

via (*vai'ə*) *prep.* از طریقِ

viaduct (*vai'ədʌkt*) *n.* پلِ دره ای

vial (*vai'əl*) = **phial**

viands (*vai'əndz*) *npl.* خوراك ، غذا ، مواد غذائی ، خواربار

vi'brant (*-brənt*) *a.* اهتزازکننده

vibrate (*vaibreit'*) *vi.* & *vt.* (۱) جنبیدن ، نوسان کردن ـ لرزیدن ، ارتعاش داشتن (۲) جنباندن ، به اهتزاز درآوردن

vibra'tion (*-shən*) *n.* اهتزاز ـ ارتعاش ، لرزه ـ جنبش ـ نوسان

vibrator (*-brei'tə*) *n.* ارتعاش‌کننده ـ اهتزازکننده ـ زبانهٔ نی

vicar (*vik'ə*) *n.* جانشین ، قائم‌مقام ـ معاون اسقف

vicarious (*vaikê'əriəs;vi-*) *a.* نیابتی ، توکیلی ـ جانشین

vice (*vais*) *n.* شرارت ، گناه ، فساد ـ عیب ـ [در صنایع] گیره

vice (*vai'si*) *prep.* بجایِ

vice-ad'miral *n.* دریابان

vice-chair'man *n.* نایب رئیس

vice'-con'sul *n.* کنسول یار

vicegerent (*-ji'ərənt*) *n.* جانشین

vice-pres'ident *n.* نایب رئیس

vicereine (*vaisrein'*) *n.* زن نایب السلطنه

vice'roy (*-rɔi*) *n.* نایب‌السلطنه ، فرمانفرما

viceroyalty (*-rɔ'yəl i*) *n.* نیابت سلطنت

vice versa (*vaisivə':sə*) *adv.* [L] بالعکس ، بعکس

vicin'ity *n.* نزدیکی، مجاورت ـ حومه

vicious (*vish'əs*) *a.* بدکار ـ شریر(انه) ـ معیوب ـ چموش ، رموك

v. circle دور و تسلسل

vi'ciousness *n.* شرارت ـ بدی ـ بدخواهی ـ عیب ، نقص

vicissitude (*visis'itiu:d* ; *-vai-*) *n.* تحوّل ، انقلاب ، تغییر

vic'tim *n.* قربانی ـ شکار

He fell a v. to his ambition. قربانی جاه طلبی خود شد

vic'timize (*-maiz*) *vt.* دستخوش (فریب) قرار دادن ـ قربانی کردن

vic'tor (*-tə*) *n.* & *a.* فاتح ، پیروز
victoria (*-tɔ':riə*) *n.* درشکهٔ دونفری
victo'rious (*-əs*) *a.* پیروز(ی نشان)
victo'riously *adv.* مظفرانه
vic'tory (*-təri*) *n.* پیروزی ، ظفر
gain a v. over پیروز شدن بر
victual (*vit'l*) *v.* {-led}
خواربار وغذا تهیه کردن (برای)
victualler (*vit'lə*) *n.* خواربار
رسان ، سورساتچی ـ کشتی خواربار بر
victuals (*vit'lz*) *npl.* خوراکی
vide (*vai'di*) *v.* {L} ببین ،
رُجوع شود به
v. in'fra مراجعه شود به زیر
v. su'pra مراجعه شود به بالا
videlicet (*vidi':liset* ; *vai-*)
adv. {L} یعنی {مختصر آن .viz
است که خوانده میشود namely }
vie (*vai*) *vi.* هم چشمی کردن ؛
رقابت کردن
Viennese (*-ni:z'*) *a.* & *n.*
{-nese} اهل {Vienna وینه}
view (*viu':*) *n.* & *vt.* (۱)
نظر ، نظریه ـ منظر(ه) ـ بازدید ،
معاینه ـ منظور ـ چشم رس (۲) بازدید
کردن ـ نگریستن .
have views upon something
چشم (یا طمع) بچیزی داشتن
in view of نظر به
in v. of the fact that نظر باینکه
to the v. آشکارا
on v در معرض نمایش
with a v. to } منظورِ ، ازلحاظِ
with the v. of } از نظرِ ، برایِ
v. favourably با نظرِ مساعد
نگریستن
view'-finder *n.* {در دوربین عکاسی}
ویزُر {لفظ فرانسه}
view'less {Poet.} = invisible
view'point *n.* لحاظ ، (نقطه) نظر
vigil (*vij'-*) *n.* شب زنده داری ـ
دعای شب {بیشتر در جمع} ـ مراقبت ،
کشیك ـ شب‌عید یاروزه
keep v. بیدار ماندن ، پاس دادن
vig'ilance *n.* مراقبت ـ بیداری
vigilant (*vij'ilənt*) *a.* مراقب ،
گوش بزنگ ، مواظب ، هوشیار
vignette (*vinyet'*) *n.* آرایش یا
خطوط تزئینی {درکتاب}.
vig'orous (*-ərəs*) *a.* پر زور ،
نیرومند، قوی ـ خوش بنیه ـ شدید
vig'orously *adv.* باقوت ـ شدیداً
vigo(u)r (*vig'ə*) *n.* زور ،
نیرومندی ، زورمندی ، قوّت ـ شدت
viking (*vai'-*) *n.* دزد دریا های
شمالی ازسدهٔ ۸ تا ۱۰ میلادی، دزددریایی
vile (*vail*) *a.* پست ـ فاسد ـ بد
vilification (*-kei'shən*) *n.*
بدگویی ، بهتان
vil'ify (*-fai*) *vt.* بد نام کردن ،
بهتان زدن به
villa (*vil'ə*) *n.* خانهٔ ییلاقی ،
ویلا {لفظ فرانسه}
village (*vil'ij*) *n.* دِه ، قریه
vil'lager (*-jə*) *n.* روستایی، دهاتی
villain (*vil'ən*) *n.* & *a.*
(آدم) پست و شریر
villainous (*vil'ənəs*) *a.*
شرارت‌آمیز ، پست ـ فاسد ، شریر
vil'lainy (*-ni*) *n.* بدذاتی ، شرارت
vim {Col.} = vigour
vin'dicate *vt.* حمایت کردن از ـ
استیفا(ی حقوق) کردن ـ به‌ثبوت رساندن
vindication (*-kei'shən*) *n.*
حمایت ، دفاع ـ اثبات ـ استیفا(ی حقوق)
vindic'tive (*-tiv*) *a.* کینه‌جو(یانه)
vine (*vain*) *n.* مو ، تاك ـ پیچك
vinegar (*vin'igə*) *n.* سرکه
vinery (*vai'nəri*) *n.* گرمخانهٔ مو
vineyard (*vin'yəd*) *n.* تاکستان
vin'tage (*-tij*) *n.* انگورچینی یا
فصل آن ـ حاصل یا شراب انگور

vint'ner (*-nə*) *n.* عمده فروش‌شراب
viol (*vai'əl*) *n.* ویول
[لفظ فرانسه] : قسمی ویولن قدیمی
viola (*-ou'lə*) *n.* ویولن آلتو
violate (*vai'əleit*) *vt.* تخلف
کردن از - بیحرمت ساختن - بی‌سیرت
کردن ، هتك ناموس (زنی را) کردن
viola'tion (*-shən*) *n.* تخلف -
نقض عهد - بیحرمتی - هتك ناموس
violence (*vai'ələns*) *n.* تندی -
سختی ، شدت - زور ، عنف - بیحرمتی
vi'olent *a.* سخت ، شدید - قاهر -
جابر(انه) - غیرطبیعی [v. death]
violet (*vai'əlit*) *n.* & *a.*
(۱) بنفشه (۲) بنفش
violin' (*vaiə-*) *n.* ویولن
[لفظ فرانسه]
violin'ist *n.* ویولن زن
violoncello (*viələnchel'ou*)*n.*
ویولن سل [لفظ فرانسه]
viper (*vai'pə*) *n.* افعی
virago (*-rei'gou*) *n.* [-es]
زن شرور و غوغا کن
virgin (*və':jin*) *a.* & *n.* (۱)
باکره - دست نخورده - [مج] پاکدامن،
عفیف - خالص - بکر [v. land] -
(۲) دوشیزه ، دختر بکر
virgin'ity(*-ti*)*n.* دوشیزگی ، بکارت
virile (*vir'ail*) *a.* مردانه -
دارای رجولیت یاقوه مردی - نیرومند
viril'ity (*-ti*) *n.* رجولیت ، مردی
virtual (*və':chuəl*) *a.* واقعی ،
معنوی - مجازی [v. focus]
vir'tually *adv.* درمعنی ، واقعاً
virtue (*və':shu* ; *-tiu:*) *n.*
پرهیزکاری، تقوی- فضیلت، هنر- حسن،
خاصیت [ج. محسنات ، خواص]
of v. پاکدامن ، عفیف
by (or in) v. of باتکاء ، بواسطهٔ
of easy v. غیرعفیف
virtuosity (*-ɔs'iti*) *n.* ذوقِ
هنرهای زیبا
virtuoso (*və:tiuou'sou*) *n.*
کسیکه ذوق هنرپیشگی [(*si:*) -si]
وصنعتی دارد
vir'tuous (*-chuəs*) *a.* پرهیزکار -
پاکدامن ، عفیف - دارای محسنات
vir'ulence (*-ləns*) *n.* تندی ، تلخی
vir'ulent (*-lənt*) *a.* سمی -
تلخ - تند ، کینه‌آمیز [a v. tone]
virus (*vai'ərəs*) *n.* زهر ، سم -
مادهٔ زهرآگینِ مرض - [مج] فساد
visa (*vi':zə*) = **visé**
visage (*viz'ij*) *n.* چهره ، صورت
vis-à-vis (*vi':zahvi':*) *adv.*
& *n.* [Fr.] (۱) روبرو (۲) شخص
روبرو در رقص وغیرآن
viscera (*vis'ərə*) *npl.* اندرونه
vis'ceral (*-əl*) *a.* احشائی-اندرونی
viscid (*vis'id*) *a.* چسبناك ، لزج
vis'cose silk (*-kous-*) ابریشمِ
مصنوعی
viscosity (*-kɔs'iti*) *n.* چسبندگی-
غلظت
viscount(*vai'kaunt*)*n.* وایکاونت
[لقب پایین‌تر از کنت و بالاتر از بارن]
viscountcy (*vai'kauntsi*) *n.*
رتبهٔ **viscount**
vis'cous (*-kəs*) *a.* چسبناك - غلیظ
vise or **vice** (*vais*) *n.* گیره
visé(*vi':zei*) *n.* & *vt.* [-viséd]
(۱) رواديد ، ویزا [لفظ فرانسه] -
(۲) ویزا کردن
visibil'ity *n.* نمایانی- چگونگی‌هوا
visible (*viz'ibl*) *a.* نمایان، مرئی
vision (*vizh'ən*) *n.* بینایی- رؤیا -
خیال - منظره
vis'ionary (*-ənəri*) *a.* & *n.*
(۱) رؤیایی - خیالی ، تصوری - غیرعملی
(۲) آدم رؤیابین یا خیالی
visit (*viz'it*) *vt.* & *n.* (۱)
دیدنی یا ملاقات کردن - عیادت کردن -

بازدید کردن (۲) ملاقات - مسافرت
pay a v. to دیدنی کردن
return a v. to بازدید کردن
'I was on a v. to...
میرفتم . . . را دیدنی کنم
We are on visiting terms.
باهم آمد وشد داریم ، بدیدن هم میرویم
vis'itant (-tənt) a. & n.(۱-۲)
دیدنی کننده ، زائر (۲) مرغ مهاجر
visitation (-tei'shən) n.
دیدنی یاعیادت رسمی - مجازات آسمانی
vis'iting-card n. کارت ویزیت
{هر دو لفظ فرانسه است}
vis'itor (-tə) n. {درجمع} مهمان ،
واردین ، مهمانان - زیارت کننده
visor (vai'zə) n. آفتاب گردان
vis'ta (-tə) n. منظره باریك- دورنما
visual (vizh'yuəl; viz'-) a.
بصری {v. angle} - مرئی ، واقعی
vis'ualize (-laiz) vt. متصورساختن
vital (vai't'l) a. حیاتی -
{مج} ضروری ، واجب ، اساسی
a v. wound زخم کاری یا مهلك
vital'ity (-ti) n. نیروی زیست
vitalize (vai'təlaiz) vt.
زندگی یاحیات بخشیدن (به)
vi'tally adv. بطور واجب یاحیاتی
vi'tals (-t'lz) npl. اندامهای حیاتی
vitamin (vit'ə-; vai'-) n.
ویتامین {لفظ فرانسه}
vitiate (vish'ieit) vt.
فاسد کردن - پوچ و باطل کردن
vit'reous (-riəs) a. زجاجی
vit'rify (-fai) v. تبدیل به شیشه
کردن یاشدن
vit'riol (-əl) n. نمك جوهر
گوگرد ، زاج ، توتیا
blue v. کات کبود، زاج کبود
oil of v. عرق گوگرد ، جوهر گوگرد
vitriolic (-ɔl'ik) a. زاجی -
تند ، سوزنده

vituperate (vaitiu':pəreit)
vt. بدگفتن (به) ، سرزنش کردن
vitupera'tion (-shən) n.
ناسزا گویی
viva (vi':və) int. & n. {It.}
(۱) زنده باد (۲) فریاد زنده باد
vivacious (vaivəi'shəs; vi-)
a. باروح ، با نشاط
vivacity (-vas'iti) n. نشاط
viva voce (vai'vəvou'si) a.
& adv. (۱) شفاهی (۲) شفاهاً
viv'id a. روشن (در رنگ) - واضح -
زنده ، سرزنده ، چالاك
vivisect' vt. زنده تشریح کردن
vixen (vik's'n) n. روباه ماده -
{مج} زن شرور ، پتیاره
viz. {videlicet مختصر}
vizi(e)r (-zi'ə) n. وزیر
vizor (vai'zə) = visor
vocabulary (voukab'yuləri;
və-) n. (دایره) لغت - فهرست (معانی)
vo'cal (vou'kl) a. خواندنی -
صدایی ، صوتی - مصوت - شفاهی
vo'calist (-kə-) n. آوازه خوان
voca'tion n. کار ، پیشه - استعداد
voca'tional (-shənəl) a. پیشه‌ای
vocative (vɔk'ətiv) a. ندائی
v. case حالت ندا - اسم منادی
vocif'erate (-əreit) vt. & vi.
(۱) با صدای بلند ادا کردن (۲) داد زدن
vociferation (-shən) n. فریاد
vocif'erous (-rəs) a. برصدا ، بلند
vodka (vɔd'kə) n. {Rus.} ودکا
vogue (voug) n. رسم معمولی -
قبول عامه - {با the} چیز متداول
in v. متداول ، معمول ، باب
voice (vɔis) n. & vt. (۱) صدا ،
آواز - قول - رأی - {د} بناء (۲) ادا
کردن ، اظهار کردن
voice'less a. گنگ - بیصدا
void (vɔid) a., n., & vt.

(۱) تهی ، خالی ـ بی متصدی ـ باطل ، پوچ ـ عاری [v. of sense]-(۲) فضا، جای خالی(۳) ازدرجهٔ اعتبارساقط کردن ـ دفع کردن

voile (*vwa:l*) *n.* [Fr.] وال

volatile (*vɔl'ətail*) *a.* فرّار ـ [مج] دمدمی مزاج

volcan'ic *a.* آتش فشانی ، انفجاری

volcano (*vɔlkei'nou*) *n.* [-es] کوه آتش فشان

vole (*voul*) *n.* (قسمی) موش باغی یا آبی

volition (*-lish'ən*) *n.* اراده

voli'tional (*-əl*) *a.* ارادی

volley (*vɔl'i*) *n.* & *v.* (۱) شلیك (۲) دسته جمعی شلیك کردن ـ با هم در رفتن یا صدا کردن

a v. of oaths سوگند های پی‌درپی

v.-ball والی بال [بازی معروف]

volt (*voult*) *n.* وُلت

voltage (*voul'tij*) *n.* ولتاژ [لفظ فرانسه]

volte'-face' *n.* [Fr.] تغییر مسلك

volubil'ity (*-ti*) *n.* روانی

voluble (*vɔl'yubl*) *a.* روان ، سلیس ـ حرّاف

vol'ume (*-yu:m*) *n.* حجم ، گنج ـ جلد

voluminous (*-yu':minəs*) *a.* پر حجم ، حجیم ـ کثیرالتألیف

vol'untarily *adv.* داوطلبانه

voluntary (*vɔl'əntəri*) *a.* ارادی ، اختیاری ـ داوطلب ـ افتخاری ، داوطلبانه ـ عمدی

volunteer (*-ti'ə*) *n.*, *vi.*, & *vt.* (۱) داوطلب (۲) داوطلب شدن (۳) داوطلبانه تعهد کردن (یادادن)

voluptuary (*vəlʌp'tiuəri*; *vou-*) *a.* شهوت‌ران ـ عیاش ـ ناشی از شهوت رانی

volup'tuous (*-əs*) *a.* شهوت‌ران ـ شهوت انگیز

volute (*-liu:t'*) *n.* پیچك ، طومار

vomit (*vɔm'-*) *vt.* & *n.* (۱) استفراغ کردن ، قی کردن (۲) چیزِ قی کرده ـ داروی قی آور

voodoo (*vu':du:*) *n.* & *vt.* (۱) جادو(گری) ـ (۲) افسون کردن

voracious (*-rei'shəs*) *a.* حریص

voracity (*-ras'iti*) *n.* پرخوری ، حرص

vortex (*vɔ':təks*) [-tices(*si:z*)] *n.* گرداب ـ حلقه ، پیچ

vo'taress [*fem. of* votary].

votary (*vou'təri*) *n.* هواخواه ـ مرید ، شاگرد ـ پارسا ، زاهد

vote (*vout*) *n.*, *vi.*, & *vt.* (۱) رأی (۲) رأی دادن (۳) باکثریت آراء تصویب کردن

give one's v. to (*or* for) some one بکسی رأی دادن

have a v. حق رأی داشتن

v. down باکثریت آراء رد کردن

vo'ter (*-tə*) *n.* رأی دهنده

vo'tive (*-tiv*) *a.* نذری

vouch (*vauch*) *vi.* ضمانت کردن

v. for ضمانتِ (کسی‌را) کردن

vou'cher (*-chə*) *n.* سند (هزینه)

vouchsafe (*vauchseif'*) *vt.* لطفاً دادن ـ لطفاً حاضر شدن

vow (*vau*) *n.* & *vt.* نذر (کردن)

I am under a v. to نذر دارم که ، عهد کرده‌ام که

vowel (*vau'wəl*) *n.* حرف صدائی ، صدا ، حرف مصوّت

vox (*vɔks*) *n.* [L] صدا ـ رأی

v. populi (*pɔp'iulai*) آراء یا افکار مردم

voyage (*vɔi'ij*) *n.* سفر دریا

voy'ager (*-jə*) *n.* مسافر دریا

vulcanize (*vʌl'kənaiz*) *vt.* با گوگرد محکم کردن

vulgar (*vʌl'gə*) *a.* عامیانه ، پست - متداول - [درکسر] متعارفی

the v. (*n.*) توده (مردم) ، عوام

vulgarian (*-gê'əriən*) *n.* توانگر پست ، آدم بیذوق و کج روش

vul'garism (*-gərizm*) *n.* اصطلاح عوامانه - رفتار عوامانه و پست

vulgar'ity (*-ti*) *n.* پستی - کار پست

vul'garize (*-gəraiz*) *vt.* عوامانه کردن - پست کردن - زیاد مبتذل کردن

vulnerable (*vʌl'nərəbl*) *a.* زخم بردار، زخم‌پذیر - [مج] قابل انتقاد

vulpine (*vʌl'pain*) *a.* روبه صفت - روباهی

vulture (*vʌl'chə*) *n.* کرکس ، لاشخور - [مج] آدم درنده‌خو یا حریص

Ww

wab'ble = wobble
wad (*wɔd*) *n.* & *vt.* [-ded] (۱) لایی ـ کهنه ـ نمد (۲) فشردن ـ لایی گذاشتن در (جامه) ـ درز (چیزی) را با کهنه یا لایی گرفتن
wad'ding *n.* لایی : پنبه یا پشم
wad'dle (*wɔd'l*) *vi.* اردك وار راه رفتن
wade (*weid*) *vi.* به‌آب زدن، درآب یاگل راه رفتن
wafer (*wei'fə*) *n.* نان‌بستنی ـ کاغذ گرد و قرمزی که بجای مهر روی اوراق میزنند
waffle (*wɔf'l*) *n.* یکجور کلوچه
waft (*wɔft* ; *wa:ft*) *vt.* & *n.* (۱) سبك‌بردن (۲) وزش ، نفخه
wag *v.* [-ged] & *n.* (۱) جنباندن یا جنبیدن ، تکان دادن یا خوردن (۲) جنبش ، تکان ـ آدم بذله گو.
wage (*weij*) *n.* & *vt.* (۱) مزد ، دستمزد (۲) دست‌زدن یامبادرت کردن به
  w. war جنگ کردن
wage'-earner *n.* مزدور
wa'ger (*-jə*) *n.* & *v.* شرط (بستن)
waggery (*wag'əri*) *n.* بذله گویی
wag'gish *a.* شوخ ، بذله گو
wag'gle (*wag'l*) *vt.* [Col.] تکاندادن
waggon (*wag'ən*) *n.* واگن [لفظ فرانسه] ـ ارابه ، بارکش
wag'goner (*-nə*) *n.* واگن‌چی
waggonette' *n.* واگن اسبی چار چرخ
wag'on, etc. = **waggon**, etc.

wag'tail (*-teil*) *n.* دم جنبانك
waif (*weif*) *n.* جانور ولگرد ـ بچهٔ بی صاحب
wail (*weil*) *n.* & *vi.* شیون(کردن)
wain (*wein*) *n.* ارابه ـ واگن
  Charles's W. دبّ اکبر
wains'cot (*-kɔt*) *n.* & *vt.* (۱) روکوب یا ازارهٔ چوبی (۲) تخته کوبی کردن
waist (*weist*) *n.* (۱) کمر (۲ـ در امریکا) = bodice
waist'band *n.* کمر بند ، کمر
waist'coat *n.* جلیتقه
wait (*weit*) *v.* & *n.* (۱) صبر کردن ـ منتظر (کسی یاچیزی) شدن ـ معطل کردن یاشدن (۲) کمین ـ انتظار
  w. for . . . منتظر . . . شدن
  make w. }
  keep waiting } منتظر یا معطل نگاه داشتن
  wait (up)on پیشخدمتی . . . را کردن ـ خدمت . . . رسیدن
  lie in w. (در) کمین نشستن
wai'ter (*-tə*) *n.* پیشخدمت ـ سینی
wai'ting-room *n.* اطاق انتظار
wai'tress [*fem. of* waiter]
waive (*weiv*) *vt.* صرف نظر کردن‌از
wake (*weik*) *vi.* & *vt.* [woke *or* waked; woke, woken, *or* waked], & *n.* (۱) بیدار شدن [غالباً با up] ـ بیدار ماندن (۲) بیدار کردن (۳) بیداری ـ اثر عبور کشتی در آب ، خط کشتی
  in the w. of در دنبالِ ـ بتقلیدِ

waking hours ساعات بیداری
wake'ful *a.* بی‌خواب - شب زنده‌دار
a w. night شب بیخوابی یا بیداری
wake'fulness *n.* بیداری ، بیخوابی
wa'ken (-*k'n*) *v.* بیدار کردن یا شدن
wale (*weil*) *n.* جای شلاق، خط، تاول
walk (*wɔ:k*) *vi.*, *vt.*, & *n.*
(۱) راه رفتن ، قدم زدن - گردش کردن
(۲) راه بردن - گردش دادن (۳) گردش
پیاده - گام برداری - گردش گاه
w. off with بلند کردن ، دزدیدن
He walked me off my legs.
مرا از پا انداخت (یاخسته کرد)
take a w. گردش کردن
go for a w. (به) گردش رفتن
w. of life پیشه ، شغل
walk'ing *n.* & *apa.* (۱) گردش
(۲) راه رونده - متحرك - سیار
w.-stick عصا ، چوبدستی
w.-tour راه پیمائی تفریحی
walk'-out *n.* {U. S.} اعتصاب
walk'-over *n.* پیروزی‌ای که به‌آسانی
بدست آید
wall (*wɔ:l*) *n.* & *vt.* (۱) دیوار
(۲) محصور کردن - {با up} با دیوار
مسدود کردن ، دیوار کشیدن
drive to the w. خوار شمردن -
کنار گذاشتن
run one's head against a w.
کوشش بیفایده کردن
wallet (*wɔl'it*) *n.* خرجین - کیف
چرمی جیبی
wall'flower *n.* گل شب بو -
{مج} زنی که یار برای رقصیدن ندارد
wallop (*wɔl'əp*) *vt.* سخت زدن
wallow (*wɔl'ou*) *vi.* غلتیدن
walnut (*wɔ:l'nət*) *n.* گردو
walrus (*wɔl'rəs*) *n.* شیر ماهی ،
گراز ماهی
waltz (*wɔ:ls*) *n.* والس
wan (*wɔn*) *a.* رنگ پریده - زرد

wand (*wɔnd*) *n.* عصا - چوب میزانه
wander (*wɔn'də*) *vi.* سرگردان
یا آواره بودن - {مج} منحرف یا پرت شدن
wan'dering *a.* & *n.* (۱) آواره ،
سرگردان (۲) سرگردانی {بیشتر درجمع}
wane (*wein*) *vi.* & *n.* (۱) رو
به زوال گذاشتن ، نقصان یافتن (۲)
کاهش - {در ماه} محاق
on the w. درحال نقصان یا زوال
wan'gle (-*g'l*) *vt.* {Sl.}
با زرنگی بدست آوردن
want (*wɔnt*) *vt.*, *vi.*, & *n.*
(۱) خواستن - لازم داشتن - نداشتن
(۲) ناقص یا کم بودن (۳) فقدان، عدم-
نقصان - نیازمندی ، احتیاج
for w. of money از بی‌پولی
in w. of money نیازمند پول
wanting in reason فاقد عقل
There is nothing wanting.
چیزی کم نیست ، کسری نداریم
wan'ting *prep.* بدون - منهای
wanton (*wɔn'tən*) *a.* & *vi.*
(۱) بازیگوش - لاابالی - بیمار ، هرزه،
ناپاك - بیجهت (۲) بازی (گوشی)
کردن - جست وخیز کردن
wan'tonness *n.* بازیگوشی -
لاقیدی ، لاابالی گری - بیماری ، بی‌عفتی
war (*wɔ:*) *n.*, *vi.*, & *vt.* {-red}
(۱) جنگ (۲) جنگ کردن (۳ - با
down) شکست دادن
be at w. جنگ داشتن
w. of the elements انقلابات طبیعی
warble (*wɔ':bl*) *vi.* & *n.* (۱)
چهچه زدن (۲) سرایش - چهچه
war'bler (-*lə*) *n.* سراینده {بلبل
و سسك و چکاوك و امثال آنها}
ward (*wɔ:d*) *n.* & *vt.* (۱) بخش
{ در بیمارستان یا زندان یا کارخانه یا
شهر} - حفاظت ، تولیت - مولی علیه
(۲) دفع کردن { با off}
in w. تحت تولیت

W. No. 2 بخش ۲ ، ناحیه ۲
warden (*wɔ'ːdn*) *n.* سرپرست ، ولی - {در امریکا} رئیس زندان
war'der (*-də*) *n.* زندانبان {در این معنی مؤنث آن **wardress** میشود}
ward'robe *n.* کمد { لفظ فرانسه } ، جا رختی
ward'-room *n.* اطاق افسران در کشتی جنگی
ware (*wêə*) *n.* کالا - {در ترکیب} آلات. مثال : **silverware** نقره‌آلات
ware (,,) *vt.* بپایید - احتیاط کنید
ware'house (*-haus*) *n.* انبار
ware'house (*-hauz*) *vt.* در انبار نگاه داشتن ، انبار کردن
warfare (*wɔ'ːfêə*) *n.* جنگ
wa'rily *adv.* از روی احتیاط
wa'riness *n.* احتیاط ، ملاحظه
war'like *a.* جنگجو - جنگی - نظامی
warm (*wɔːm*) *a.* & *v.* (۱) گرم - {مج} خون گرم - صمیمی - صمیمانه (۲) گرم کردن یا شدن {غالباً با **up**}
w. corner جای خطرناك- نبرد سخت
w. to one's work درکار خودگرم شدن و شور و هیجان پیدا کردن
w. oneself at the fire خود را پهلوی آتش گرم کردن
foot- warmer پاگرم کن ، ظرف آتش یا آب گرم برای گرم کردن پا
have a w. (*n.*) گرم شدن
warm'-hearted *a.* دلسوز، خون گرم
warm'ly *adv.* بگرمی، باخون گرمی
w. dressed لباس گرم پوشیده
warmth *n.* گرمی - حرارت
warn (*wɔːn*) *vt.* آگاهانیدن ، اخطار کردن به
warning (*wɔ'ːning*) *n.* اخطار
as a w. to . . . . برای عبرتِ
warp (*wɔːp*) *n.*, *vt.* & *vi.* (۱) تار { ضدّ پود} - پیچ ، تاب (۲) تاب یا پیچ دادن - { مج } منحرف کردن (۳) تاب برداشتن - منحرف شدن
warrant (*wɔr'ənt*) *n.* & *vt.* (۱) اجازه ، مجوّز - حکم (کتبی) - حواله - وسیله تضمین (۲) ضمانت یا تعهد کردن - تجویز کردن
I w. (you) } قول میدهم ،
I'll w. (you) } اطمینان میدهم
war'rant-officer *n.* {نظ} استوار
warren (*wɔr'ən*) *n.* جای نگهداریِ خرگوش و برخی جانوران دیگر
warrior (*wɔr'iə*) *n.* مرد جنگی ، سرباز {لغت کتابی یا شاعرانه}
war'ship *n.* کشتی جنگی ، ناو
wart (*wɔːt*) *n.* زگیل
wary (*wê'əri*) *a.* ملاحظه کار - احتیاط آمیز
was (*wɔz*) {*p.* of **is**} بود - بودم
wash (*wɔsh*) *vt.*, *vi.*, & *n.* (۱) شستن ، شستشو دادن (۲) شستشو کردن - رخت شوئی کردن - رنگ پس دادن (۳) شستشو - رخت شوئی - رخت های شستنی - آب کثیف مطبخ
w. off, out, or away باشستشو بردن یا پاك کردن
mere w. آب زیپو
wash'able (*-əbl*) *a.* شستنی ، شسته شدنی ، رنگ نرو (ولو باشستن)
wash'-ball *n.* صابون دست شوئی
wash'-basin *n.* دست شوئی
wash'-board *n.* تخته رخت شوئی - تخته‌ای که برای ازاره اطاق بکار میبرند
wash'er (*-ə*) *n.* پولك ، واشر
wash'erwoman *n.* زن رختشو
wash'ery (*-ri*) *n.* {-ries} دستگاه شستشو
wash'-house *n.* رختشوی خانه
wash'ing-up *n.* ظرف شوئی
wash'-leather *n.* جیر
wash'-stand *n.* میز دست شوئی
wash'y *a.* آبکی ، رقیق - کمرنگ
wasn't {مختصرِ **was not**}

wasp (*wɔsp*) *n.* زنبور
was'pish *a.* بدخو
was'sail (*wɔsl*; *wasl*) *n.* مجلس میگساری - قسمی مشروب {Arch}
wast (*wɔst*) {p. of art} بودی
wastage (*weis'tij*) *n.* کاهش ، تفریط شدگی - ضایعات
waste(*weist*) *vt.*, *vi.*, *a.*, & *n.* (۱) تلف کردن - ضایع کردن - تحلیل بردن - ویران کردن (۲) تلف شدن - تحلیل رفتن - هرز رفتن (۳) ویران ، غیرمسکون - فاضل { w. water } - بیکاره ، باطل ، بی مصرف (٤) اتلاف - تفریط شدگی - آشغال ، پس مانده - قطعهٔ وسیعی از زمین بائر یا آب
 lay w. ویران کردن
 lie w. بائر ماندن
 run (or go) to w هرز رفتن
 w. one's breath (or words) زبان خود را خسته کردن
waste'-basket *n.* سبد ، مکنف
waste'-book *n.* دفتر باطله
waste'ful *a.* ولخرج - افراط آمیز
waster (*weis'tə*) *n.* {Sl.} آدم مهمل و بی وجود و بیکار
wastrel (*weis'trəl*) *n.* آدم ولگرد و مهمل - آدم ولخرج
watch (*wɔch*) *n.*, *vi.*, & *vt.* (۱) ساعت (جیبی یامچی) - مراقبت ، کشیک - بیداری - پاس - پاسدار - (۲) مواظب بودن - گوش بزنگ بودن - پاس دادن ، کشیک کشیدن (۳) پاییدن، مراقبت یا توجه کردن { گاهی با over } - تماشا کردن
 on the w. for . . . . مراقب
 keep w. کشیک کشیدن ، پاییدن
 w. one's time مراقب فرصت بودن ، گوش بزنگ بودن
watch'ful *a.* مواظب ، مراقب
watch'-guard *n.* بند یا زنجیر ساعت
watch'maker *n.* ساعت ساز
watch'man (*-mən*) *n.* {-men} مستحفظ ، نگهبان - شحنه شب کرد
watch'-tower *n.* دیدگاه، برج دیدبان
watch'word *n.* شعار حزبی - اسم شب
water (*wɔ':tə*) *n.*, *vt.*, & *vi.* (۱) آب - محلول (۲) آب دادن - آب زدن ، آبکی کردن (۳) آبگیری کردن - آب خوردن - آب افتادن - گریان شدن
 by w. باکشتی ، ازراه دریا یارودخانه
 blue w. دریای آزاد
 table waters آبهای معدنی درسر سفره
 red water پیشاب خونی
 spend like w. مثل ریگ خرج کردن
 throw cold w. on - نیکو ندانستن - ناچیز شمردن
 get into hot w. گرفتار شدن
 make one's mouth w. دهن را آب انداختن
 make (or pass) w. ادرار کردن
 in low w. در تنگی (ازحیث پول)
 of the first w. خوش آب
 w. polo توپ بازی درآب
wa'ter-borne *a.* حمل شده ازراه دریا
wa'ter-bottle *n.* تُنگ آب - قمقمه
wa'ter-cart *n.* - ارابهٔ آب فروشان - ارابهٔ آب پاش
wa'ter-closet *n.* آبریز ، مستراح
wa'ter-colours *npl.* آبرنگ - نقاشی آبرنگی
wa'tercourse *n.* آبرو، آبگذر، نهر
wa'tercraft *n.* وسیلهٔ نقلیهٔ آبی
wa'tercress *n.* شاهی یاترتیزک آبی
wa'tered silk حریر موجدار
wa'terfall *n.* آبشار ، آبشر
wa'terfowl *n.* مرغ (های) آبی
wa'ter-front *n.* قسمتی از عمارت که آبنمائی رو بروی آن باشد
wa'tering-can *n.* آب پاش
wa'tering-cart *n.* (ارابه) آب پاش
wa'tering-place *n.* آبشخور -

چشمهٔ معدنی ـ جای آبتنی در لب دریا
wa'ter-jacket *n.* آبدان، صندوق آب
wa'ter-lily = nenuphar
wa'terlogged *a.* آب گرفته ـ سنگین
wa'terman *n.* کرجی بان ـ پاروزن
wa'termark *n.* ته نقش [درکاغذ]
wa'ter-melon *n.* هندوانه
wa'ter-mill *n.* آسیای آبی ، آسیاب
wa'terproof *a., n., & vt.* (۱) رطوبت ناپذیر (۲) لباس بارانی ، بارانی (۳) رطوبت ناپذیر کردن
wa'ter-rate *n.* آب بها
wa'tershed *n.* مقسم آب ـ آبریز
wa'terside *n.* کنار دریا
wa'terspout *n.* لولهٔ آبی که از گرد باد دریائی تشکیل میشود ـ ناودان
wa'ter.supply *n.* وسائل آب رسانی ، تهیهٔ آب ـ ذخیره آب
wa'tertight (*-tait*) *a.* مانع دخول آب ، کیپ
wa'ter-way *n.* کشتی رو
wa'terworks *npl.* دستگاه آبرسانی
turn on the w. [Sl.] اشك ریختن
wa'ter-worn *a.* سائیده شده ازآب
wa'tery (*-ri*) *a.* آبدار ـ آبکی ـ کمرنگ ـخاکی ازبارندگی ـ [مج] بیمزه
watt *n.* وات [واحد قوه برق]
wat'tle (*wɔt'l*) *n. & vt.* (۱) چپر ـ ترکه ـ جگن (۲) باترکه ساختن ـ باچپر محصورکردن
wave (*weiv*) *n., vi., & vt.* (۱) موج ـ فر [در موی سر] ـ تکان دست (۲) جنبیدن ـ باهتزاز درآمدن ـ با دست اشاره کردن ـ موجی بودن (۳) جنبانیدن، تکان دادن ـ تابدادن (شمشیر) ـ فر دادن (مو)
waver (*wei'və*) *vi.* تزلزل پیدا کردن ـ دودل بودن ، مردد بودن
wa'vy (*-vi*) *a.* موجی ـ [درمو] فردار
wax (*waks*) *n., vt., & vi.* (۱) موم ـ چرك (گوش) ـ (۲) موم کشیدن ، موم اندودکردن (۳) کم کم بزرگ شدن [چون ماه] ـ گشتن ، شدن [w. hot]
w. candle or taper شمع مومی
waxen (*wak'sən*) *a.* مومی ـ موم وار
wax'-paper *n.* کاغذ موم اندود
waxy (*wak'si*) *a.* مومی ـ چسبناك ـ نرم
way (*wei*) *n.* راه ، طریق ـ جاده ـ [مج] طرز ، طریقه ـ رسم ـ رشته
the w. to . . . راه . . .
He went his w. براه خود رفت
out - of - the - w. پرت، دور دست
by w. of منباب ـ بعنوان ـ از راه
in no w. بهیچوجه
this w. اینطور ـ از اینراه
in a w. از یك جهت ، تا اندازه‌ای
live in a small w. با قناعت و بدون سر و صدا زندگی کردن
on the w. back در برگشتن
any w. درهر حال
He always had his (own) w. همیشه موافق میل او عمل میشد
have it both ways از هر دوشق استفاده کردن
out of the way غیرعادی ، غریب
get out of the w. از پیش با برداشتن ، خاتمه دادن
stand in the w. of مانع شدن
put out of the w. نهانی توقیف کردن یاکشتن
by the w. راستی ، ضمناً
under w. درجریان ـ درحرکت
go the w. of all the earth رفتن براهی که همه میروند [یعنی مردن]
in the family w آبستن ، حامله
make w. پیش رفتن
make one's (own) w. درکار خود کامیاب شدن ، بار خود را بستن
gather or lose w. تند یاکند شدن
way'-bill *n.* بارنامه ـ صورت مسافرین

way'farer (*-fêərə*) *n.* رهگذر
waylay' *vt.* {-laid} درکمین (کسی) نشستن یا ایستادن
way'-leave *n.* حق راه ، حق‌العبور
way'ward (*-wəd*) *a.* خودسر
W. C. = water-closet
we (*wi:*) *pr.* {*pl. of* I} ما
weak (*wi:k*) *a.* ضعیف ،کم بنیه - سست ـکم مایه {w. tea}
wea'ken (*-kən*) *v.* ضعیف‌کردن یا شدن - سست‌کردن یا شدن
wea'kish *a.* تا اندازه‌ای ضعیف
weak'-kneed *a.* سست رأی ، بی‌عزم
weak'ling *n.* آدم یا جانور ضعیف
weakly (*wi:k'li*) *a.* & *adv.* (۱) علیل المزاج ،کم بنیه (۲) از روی سستی یاضعف
weak'-minded *a.* سبك مغز
weak'ness *n.* ضعف ، سستی
weak'-sighted *a.* دارای چشم کم سو
weal (*wi:l*) *n.* خیر ، سعادت - رفاه {فقط در دوعبارت زیر بکارمیرود}:
w. and woe خوشبختی و بدبختی
for the public w. برای‌رفاه‌عموم
weal (,,) *n.* جای ضربه شلاق وچوب
wealth (*welth*) *n.* ثروت ، دولت
weal'thiness *n.* دولتمندی ، ثروت
weal'thy (*-thi*) *a.* دارا ، دولتمند، ثروتمند ، متمول - فراوان ، زیاد
wean (*wi:n*) *vt.* (ازشیر) گرفتن
w from a habit ترك عادت دادن
weapon (*wep'ən*) *n.* سلاح ، اسلحه
wear (*wêə*) *vt.* & *vi.* {wore ; worn}, & *n.* (۱) پوشیدن، تن کردن- بخودگرفتن یادادن- ساییدن ، فرسودن- کهنه کردن (۲) ساییده شدن- دوام‌کردن (۳) پوشش - پوشاك - پوسیدگی - فرسودگی - دوام
It wears for years. سالها میماند
wear one's years well خوب ماندن ، جوان (نما) ماندن
w. a hole in سوراخ کردن
w. away ساییدن - ساییده شدن - آهسته گذراندن یا گذشتن (وقت)
w. down ساییدن - ساییده شدن - [مج] فرو نشاندن ، له کردن
w. off ساییدن - پاك شدن
w. on دیر گذشتن ، سخت گذشتن
w. out کهنه کردن یاشدن - زیاد خسته کردن یاشدن - ساییدن - تمام شدن
w. and tear فرسودگی عادی
wear'able (*-əbl*) *a.* پوشیدنی ، قابل پوشیدن
wea'riness *n.* خستگی - بیزاری
wea'risome (*-səm*) *a.* کسل کننده
weary (*wi'əri*) *a.* & *v.* (۱) خسته -کسل - بیزار ، سیر - خسته کننده ، کسالت آور (۲) خسته کردن یا شدن ، کسل کردن یاشدن -بیزارکردن یاشدن
weasel (*wi':zl*) *n.* داسو
weather {*weth'ə* (با صدای ظ) } *n.*, *vt.*, & *vi.* (۱) هوا (۲) باد دادن - بسلامت گذشتن از(۳) بادخوردن
under the w. {Col.} - بدبخت - بد حال
keep one's w. eye open گوش بزنگ بودن
weath'er-boarding *n.* تخته هایی که نیمه نیمه روی هم می‌گذارند تا از آمدن باران به اطاق جلوگیری کند
weath'er-bound *a.* ممنوع ازحرکت بواسطه بدی‌هوا، منتظر هوای‌خوب
weath'er-cock *n.* بادنما
weave (*wi:v*) *vt.* { wove ; woven (*wou'vən*) }, & *n.* (۱) بافتن - پیچیدن (۲) بافت
w a plot توطئه چیدن
wea'ver (*-və*) *n.* بافنده ، نساج
web *n.* بافته ، پارچه ، منسوج - پرده (بین پنجه های اردك) - تارعنکبوت
a w. of lies یك رشته دروغ

webbed *a.* پرده‌دار ، پوست‌دار
web'-footed } *a* دارای پنجه های
web'-toed } پرده دار
wed *vt.* [-ded] بحبالهٔ نکاح درآوردن ـ زن دادن یاشوهر دادن ـ وصلت دادن ـ [مج] توأم کردن
wedded to . . . . جداً طرفدارِ
we'd = we had ; we would
wed'ding *n.* (جشن) عروسی
silver w. بیست و پنجمین سال عروسی
golden w. پنجاهمین سال عروسی
diamond w. شصتمین یا هفتاد و پنجمین سال عروسی
wedge (*wej*) *n.* & *vt.* (۱) گوه (۲) باگوه نگاه داشتن ـ چپاندن
wed'lock (*-lɔk*) *n.* زناشویی
Wednesday (*wenz'di*) *n.* چهارشنبه
wee (*wi:*) *a.* کوچولو ، ریز
weed (*wi:d*) *n.* & *vt.* (۱) علف هرزه ـ [مج] آدم دراز و لاغر (۲) از علف هرزه پاك کردن
w. out وجین کردن
weeds (*wi:dz*) *npl.* لباس بیوگی
wee'dy (*-di*) *a.* پرعلف ـ دراز ولاغر
week (*wi:k*) *n.* هفته
to-morrow w. از فردا یك هفته
week'-day *n.* روز معمولی هفته
week'-end *n.* (تعطیلات) آخر هفته
week'ly *a.* & *n.* (روزنامهٔ) هفتگی
week'ly *adv.* هفته بهفته ، هفته‌دار
ween *vt.* [Poet.] برآن عقیده بودن
weep (*wi:p*) *vi.* & *vt.* [wept] (۱) گریه کردن ـ چکیدن ، آب پس دادن (۲) گریستن بر ـ ریختن(اشك) ـ چکانیدن
wee'ping *apa.* & *n.* (۱) گریه کننده ـ تراوش دار (۲) گریه
w. willow بید مجنون ، بید معلقی
weevil (*wi':-*) *n.* شپشه
weft *n.* پود
weigh (*wei*) *v.* کشیدن ، وزن کردن ، سنجیدن ـ (فلان قدر) وزن داشتن ـ وزن یا اهمیت داشتن
w. anchor لنگر بالاکشیدن ، حرکت کردن
w. down سنگینی کردن بر
weighed down with grief شکسته شده از غصه
weigh 1 ounce یك آونس وزن داشتن
It does not w. with me. در نظر من اهمیتی (یا وزنی) ندارد
weigh'ing-machine *n.* ترازوی ماشینی ، قپان ماشینی
weight (*weit*) *n.* & *vt.* (۱) وزن ، سنگینی ـ سنگ ، وزنه ـ بار ـ آوار ـ [مج] اهمیت، قدر ، اثر (۲) با افزودنِ چیزی سنگین کردن
short w. سنگِ کم
weigh'ty (*-ti*) *a.* وزین ـ مؤثر
weir (*wiə*) *n.* سدّی که سطح آب را بلند کند ـ مجموع تیرهایی که دررودخانه میکوبند تا ماهی درمیان آنها جمع شود
weird (*wiəd*) *a.* خارق العاده ، غیرطبیعی ـ غریب ـ تقدیری
wel'come (*-kəm*) *n.*, *int.*, *vt.* & *a.* (۱) خوشامد (گویی) ـ حسن استقبال (۲) خوش آمدید (۳) خوشامد گفتن ، بخوشی پذیرفتن ـ بخوبی تلقی کردن (٤) مطلوب ـ مُجاز ، آزاد
a w. guest مهمانی که ورود او مایهٔ شادمانی باشد ، مهمان عزیز
You are w. خوش آمدید ـ [در پاسخ سپاسگزاری] اهمیت ندارد
You are w. to my book. بفرمایید ازکتاب بنده استفاده کنید
weld *vt.*, *vi.*, & *n.* (۱) جوش دادن (۲) جوش خوردن (۳) جای جوش
wel'der (*-də*) *n.* جوشگر، جوش کار
wel'fare (*-fêə*) *n.* رفاه ـ خیر
wel'kin *n.* [Poet.] = sky
well *n.* چاه (آب یا نفت)
well *adv.* & *a.* [better; best],

& int. (۱) خوب [Read it w.] بخوبی - با دلیل - خیلی (۲) تندرست ، سالم ؛ خوب (۳) خوب - قبها
You did w. خوب کاری کردید
W. done آفرین ، به به ، احسنت !
w. paid دارای حقوق کافی
w. off آسوده [در زندگی]
think w. of خوش گمان بودن به
You may w. ask حق دارید بپرسید
I stand w. with him. با من خوب است ، بامن نظر مساعد دارد
W. met ! چه خوب رسیدید !
as w. هم ، بعلاوه - بهمان اندازه
as w. as بعلاوهٔ ، و َ ، هم
It would be w. to ask him. خوب است (یا بد نیست) از او بپرسیم
It is w. enough. بد نیست
we'll [مختصر we will]
well'-advised' *a.* خردمندانه
well'-appoin'ted *a.* مجهز
well'-bal'anced *a.* سالم ، سلیم
well'-being = welfare
well'-born' *a.* اصیل ، نجیب‌زاده
well'-bred' *a.* باتربیت - خوش‌جنس
well'-disposed' *a.* آمادهٔ کمك
well'-do'er *n.* آدم نیکوکار
well'-fa'voured *a.* زیبا ، خوشگل
well'-found' *a.* کاملا مجهز
well'-foun'ded *a.* با اساس - موجه
well'-groun'ded *a.* با اساس
well'-head *n.* سرچشمه
well'-informed' *a.* بصیر، با اطلاع
Wel'lington (*-tən*) *n.* چکمه
well'-known' *a.* معروف
well'-marked' *a.* مشخص
well'-meaning *a.* دارای حسن نیت
well'-meant *a.* مبنی برحسن نیت
well'nigh (*-nai*) = almost
well'-read' *a.* کتابهای زیاد خوانده
well'-spo'ken *a.* خوش صحبت
well'-timed *a.* بموقع، بجا، بمورد
well'-to-do' *a.* چیزدار ، آسوده
well'-wish'er *n.* شخص خیرخواه
well'-worn' *a.* کهنه - مبتذل
Welsh *a.* & *n.* (۱) منسوب به Wales (۲) اهل ویلز - زبان ویلز
Welsh'man (*-mən*) *n.* اهل ویلز (Wales)
welt *n.* مغزی [در کفش]
wel'ter (*-tə*) *vi.* & *n.* (۱) غلتیدن ، آغشتن (۲) درهم برهمی
wen *n.* غده ، برآمدگی
the great w. (کنیه شهر) لندن
wench *n.* دختر - زنِ جوان - کلفت
wend *vt.* [Arch.] پیش گرفتن
went [*p. of* go]
wept [*p.* & *pp. of* weep]
were (*wə:* ; *wə*) *v.* [*pl. of* was] بودیم - بودید - بودند
if I w. you اگرمن جای شما بودم
we're (*wiə*) [مختصرِ we are]
weren't [مختصرِ were not]
wer(e)wolf (*wə':wulf*) *n.* آدم گرگ شده [-wolves]
wert [*p. of* art] (تو) بودی
west *n.*, *a.*, & *adv.* (۱) باختر، مغرب (۲) غربی (۳) در باختر
on the w. از باختر ، غرباً
wes'terly *a(dv.)* واقع در باختر
wes'tern (*-tən*) *a.* & *n.* (۱) باختری ، غربی(۲) ساکنِ باختر
wes'ternise (*-tənaiz*) *vt.* دارای تمدن غرب کردن
west'ward (*-wəd*) *a.* & *adv.* (۱) رو بباختر(۲) سوی باختر
west'wards *adv.* بطرف مغرب
wet *a.* [-ter; -test], *n.* & *vt.* [-ted] (۱) تر - بارانی - اشکبار (۲) نم ، آب نم - هوای بارانی (۳) تر کردن ، مرطوب ساختن
w. to the skin (دارای لباس) خیس
wether [*weth'ə* (با صدای ظ)]

n. گوسفند اخته
wet'-nurse *n.* دایه (شیرده)
we've {مختصرِ we have}
whack *vt.* محکم و باصدا کتك زدن
whale {(*h*)*weil*} *n.* بال ، وال
wha'ler (*-lə*) *n.* کشتی صید بال - صیاد بال
wharf {(*h*)*wɔ:f*} *n.* {wharves *or* wharfs} بارانداز ، لنگرگاه
whar'fage (*-fij*) *n.* حق باراندازی
what {(*hwɔt*)} *a. inter.* (۱) چه ؟ (۲) هرچه ، آنچه
: (1) W. book is that ? (2) w. books I had
what (") *pr. inter. & rel.* (۱) چه (۲) آنچه ، هرچه
: (1) W. did you say ? (2) You may do w. you like.
W. for? برای چه ؟ چرا ؟
W. about you? شما چطور ؟
W. is that to you? بشما چه دخلی دارد ؟ بشما چه مربوط است
w. with . . . and (w. with) چه بعلتِ . . . چه بعلتِ
and w. not و مانند آن
Come w. may ! هرچه بادا باد !
There wasn't a day but w. it rained. روزی نبود که نبارد
whate'er {Poet} = whatever
whatev'er {(*h*)*wɔtev'ə*) *pr. rel. & a.* هر (آن) چه ، آنچه - هرقدر - هیچ
He has no excuse w. هیچ (گونه) عذری ندارد
what'-not *n.* قفسه ، کنجهٔ طاقچه‌دار
whatsoe'er {Poet.} *or* **whatsoev'er** (*-sou-*) *a. & pr.* (۱) هیچ (گونه) - هرقدر (۲) هرچه - هرآنچه
wheal (*wi:l*) = weal ; wale
wheat {(*h*)*wi:t*} *n.* گندم
wheaten (*wi':t'n*) *a.* گندمی
w. bread نان گندم
wheedle {(*h*)*wi':d'l*} *vt.* ریشخند کردن ، گول زدن - با چاپلوسی وادار کردن
wheel {(*h*)*wi:l*} *n., vi., & vt.* (۱) چرخ (۲) چرخ خوردن ، چرخیدن - چرخ سواری کردن (۳) چرخاندن - با چرخ بردن
take the w. پشت‌رُل نشستن
at the w. پشت رل ، راننده
four-wheeled چهارچرخه
wheel'barrow *n.* چرخِ دستی
wheel'wright (*-rait*) *n.* چرخ‌ساز
wheeze {(*h*)*wi:z*} *n. & v.* (۱) خس‌خس (۲) خس‌خس کردن
whelk (*welk*) *n.* قسمی حلزون
whelm {Poet.} = overwhelm
whelp {(*h*)*welp*} *n. & v.* (۱) بچه (شیر و پلنگ و خرس) ، توله - {مج} بچه بی‌تربیت (۲) (بچه) زائیدن
when {(*h*)*wen*} *adv. inter., & conj. or rel. adv.* (۱) کی ؟ چه وقت ؟ (۲) وقتی که - چون - درصورتیکه ، با اینکه
at a time w. دریك موقعی که
whence *adv. inter. & rel., & pr.* (۱) ازکجا - ازچه رو - (۲) که از آن (جا)
whene'er {Poet} = whenever
whene'ver (*-ə*) *conj. adv.* هروقت (که) ، هر زمان (که) ، هرگاه
where {(*h*)*wêə*} *adv. inter., & conj. or rel. adv.* (۱) کجا ؟ (۲) جایی که - در موردی که
the place w. جایی که
where'abouts *adv. & n.* (۱) کجا تقریباً (۲) حدود تقریبی
whereas {(*h*)*wêəraz'*} *conj.* درصورتیکه ، وحال آنکه - نظر باینکه
whereby' *conj. & adv.* (۱) که

بوسیلهٔ آن، که بموجب آن(۲) بچه‌وسیله
where'er {Poet.} = wherever
where'fore *adv.* & *conj.* (۱) بچه جهت ، ازچه‌رو (۲) که بدان جهت
wherefrom' *conj.* & *adv.* (۱) که ازآن (جا) - (۲) ازچه ، ازکدام
wherein' *conj.* & *adv.* (۱) که درآن (جا) - (۲) درچه ؟ ازچه حیث ؟
whereof [(*h*)*wêərɔv'*] *conj.* — the rivers w که رودخانه های آن
whereon' *conj.* که روی آن
wheresoev'er = wherever
whereto' or **whereunto** (-*tu':*) *conj.* & *adv.* (۱) که بدان (۲) بچه ؟
whereupon' *conj.* & *adv.* (۱) که در نتیجهٔ آن - که در روی آن (۲) روی چه ؟ - سپس ، پس ازآن
wherev'er *conj.* *adv.* هرجا که
wherewith' *conj.* & *adv.* {Arch} (۱) که با آن (۲) با چه ؟
wherewithal [-*thɔ:l'* (باصدای ظ)] (۱) = wherewith- (۲- بطور اسم) وسیله ، اصل کاری [یعنی پول]
wher'ry *n.* یکجور کرجی پارویی
whet [(*h*)*wet*] *vt.* [-ted] تیز کردن - [مج] برانگیختن
whether [(*h*)*weth'ə* (باصدای ظ)] *conj.* (۱) آیا [که در فارسی گاهی می‌افتد] - (۲) خواه ، چه
: (1) I do not know w. it is red or white. (2) W. you go or not چه بروید چه نروید
whet'stone *n.* سنگ (چاقو) تیزکنی
whey [(*h*)*wei*] *n.* آب پنیر
which [(*h*)*wich*] *pr.* & *a.* *inter.* کدام (یکی)
which (,,) *pr.* & *a.* *rel.* (۱) که (۲) و این (هم) - (۳) که این (هم)
: (2) w. difference shall be settled only by arbitration. و این اختلاف هم تنها از راه داوری تصفیه خواهد شد

whichev'er / **whichsoev'er** } *pr.* & *a.* *rel.* هرکدام
whiff *n*, *vi.*, & *vt.* (۱) باد (مختصر) ، نفخه - بو- دود (۲) آهسته وزیدن - فوت کردن (۳) دمیدن
Whig *n.* عضو حزب آزادیخواه انگلیس درسدهٔ هفدهم میلادی
while [(*h*)*wail*] *adv*, *n.*, & *vt.* (۱) مادامی که - درصورتیکه ، و حال آنکه (۲) مدت ، زمان (۳- بیشتر با away) گذراندن
for a w. (تا) یك مدتی
once in a w. گاه گاهی
Is it worth w.? بزحمتش می‌ارزد؟
whiles {Arch} = while *adv.*
whilst (*hwailst*) *conj.* = while
whim [(*h*)*wim*] *n.* هوس (موقتی)
whim'per (-*pə*) *vi.* ناله کردن
whim'sical [(*h*)*wim'zikəl*) *a.* بلهوس ، بوالهوس - غریب
whimsical'ity *n.* بلهوسی - غرابت
whim'sy (-*zi*) *n.* بلهوسی ، هوس
whine [(*h*)*wain*] *vi.* ناله کردن
whinny [(*h*)*win'i*] *vi.* شیههٔ ملایم کشیدن
whip [(*h*)*wip*] *n.* & *vt.* [-ped] (۱) شلاق - راننده - مأمور انضباط حزب پارلمانی (۲) شلاق‌زدن - زدن (تخم‌مرغ) - ترکی دوزی کردن - با فرفره بالاکشیدن - ناگهان تکان دادن یا درفتن [با away یا out]- با نخ قند پیچیدن
w. in (or together) باهم نگاه داشتن ، از پراکندگی بازداشتن
w. on بضرب شلاق بردن
a w. round جمع‌آوری اعانه
whipper-snapper [(*h*)*wip'ə*-*snapə*] *n.* جوان خودبین و جسور
whippet [(*h*)*wip'it*] *n.* قسمی

سگ کوچك که در مسابقه دو بکار میرود - قسمی تانك سبك و تندرو

whirl {(*h*)*wə:l*} *vt.* & *vi.* (۱)چرخاندن ، پر دادن - پرت کردن (۲)چرخیدن - گیج خوردن

whir'ligig *n.* فرفره ، چرخك - چرخ و فلك - گردش

whirlpool {(*h*)*wə:l'pu:l*} *n.* گرداب

whirl'wind *n.* گرد باد

whir(r) {(*h*)*wə:*} *n.* پرّ : صدای چرخ یا پرواز تند پرنده

whisk {(*h*)*wisk*} *n.*, *vt.*, & *vi.* (۱) گردگیر - مگس‌ران - اسباب زدن تخم‌مرغ و سرشیر - تکان تند (۲) زدن (تخم مرغ) - راندن ، پراندن - سبك بردن- تکان‌دادن ، تاب‌دادن (۳) تندرفتن

w. away or off ، گرفتن (گرد) ، رُفتن - پراندن (مگس) - تند بردن

whis'ker (*-kə*) *n.* موی صورت باکونه - سبیل یاموی لب‌گربه

whis'ky (*-ki*) *n.* ویسکی

whis'per (*-pə*) *n.*, *vi.*, & *vt.* (۱) نجوا - شایعه (۲) نجوا کردن - شرشرکردن (۳) بنجوا گفتن

whist {(*h*)*wist*} *int.* & *n.* (۱) هُس (۲) قسمی بازی ورق ، [تقریباً] حکم

whistle {(*h*)*wis'l*} *n.*, *vi.*, & *vt.* (۱) سوت ، صفیر- سوت سوتك - گلو ، نای (۲) سوت‌زدن یاکشیدن - غژ کردن - وزکردن(۳) باسوت صداکردن - با سوت زدن یا نشان دادن (مقام)

whit {(*h*)*wit*} *n.* دره ، خرده

not a w. هیچ، ابداً

white {(*h*)*wait*} *a.* & *n.* (۱) سفید (۲) جامهٔ‌سفید - سفیدی(چشم) - سفیده (تخم)

dressed in w. سفید پوش

w. ant = termite موریانه

w. oil نفت سبك

white'-caps *npl.* امواج دریا که کف بالای آنها سفید مینماید

whi'ten (*-t'n*) *v.* سفیدکردن یاشدن

white'ness *n.* سفیدی

whi'tening *n.* قسمی گل سفید

white'wash *n.* & *vt.* (۱) پنبه‌آب (۲) پنبه آب زدن - [مج] آبرو وحیثیت (کسی) را حفظ کردن

whith'er {(*h*)*with'ə* (باصدای ظ)} *adv. inter.* & *rel.* (۱) بکجا (۲) جائی که

whi'ting *n.* قسمی گل یا ماهی‌سفید

whitlow {(*h*)*wit'iou*} *n.* عقربك ، کژدمه

whit'tle {(*h*)*wit'l*} *vt.* - تراشیدن - کم‌کردن [با down یا away]

whiz(z) {(*h*)*wiz*} *n.* & *vi.* (۱) غژّ ، وزّ - غشافش (۲) غژکردن

who (*hu:*) *pr. inter.* & *rel.* (۱) که ؟ کی ؟ چه شخصی ؟ (۲) که

W. comes? کی میاید ؟

the girl w. دختری‌که

he w. آنکه ،کسی‌که - هرکه

whoa (*wou*) = **wo**

whoe'er(*-ê'ə*){Poet} = **whoever**

whoever (*hu:ev'ə*) *pr. rel.* هرکه ، هرآنکه ، هرکس (که)

whole (*houl*) *a.* & *n.*- (۱) تمام - درست - سالم - دست نخورده - [با the] همهٔ (۲) چیز تمام-کل - همه ، تمام [با the]

three w. years سه سال تمام

swallow w. درستی غورت دادن

a w. number عدد صحیح

the w. world تمام دنیا

with one's w. heart، باتمامی‌دل قلباً ، صمیمانه

(up)on the w. روی هم رفته

as a w. بطورکلی ، یکجا

whole'-hearted *a.* قلبی

whole′-length *a.* تمام قد
whole′ness *n.* درستی ، تمامیت
whole′sale (*-seil*) *a., adv.,* & *n.* (۱) عمده فروش - یکجا
(۲) (بطور) عمده ، (بطور) کلی
(۳) عمده فروشی
a w. dealer عمده فروش ، بنکدار
w. prices قیمتهای عمده فروشی
a w. slaughter قتل عام
sell (by) w. عمده فروختن
whole′some (*-səm*) *a.* گوارا ، سالم ، مایه تندرستی - سودمند
wholly {*houl′(l)i*} *adv.* تماماً ، بکلی
•
whom (*hu:m*) *pr inter. & rel.* (۱) که را ؟ که ها را ؟ بکه ؟ بچه اشخاص؟
(۲) که او را ، که آنها را - که باو ، که بایشان [مقایسه شود با who]
the man w. you met yesterday مردی (را) که دیروز دیدید
the man to w. you spoke مردی که باو سخن گفتید (باحرف زدید)
whomsoev′er(*-souev′ə*)*pr. rel.* هر که را ، هر کس را (که)
whoop (*hu:p*) *n. & vi.* (۱) فریاد- صدای سیاه‌سرفه (۲) فریاد کردن
(w)hoo′ping-cough *n.* سیاه سرفه
whopping (*hɔp′-*) *a.* [Sl.] گنده ، خیلی بزرگ - شاخ‌دار [a w. lie]
whore (*hɔ:*) *n.* فاحشه ، جنده
whorl {*(h)wə:l ; (h)wɔ:l*} *n.* پیچ - حلقه [درگل]
whose (*hu:z*) *pr. inter & rel.* [حالتِ مالکیتِ who]
w. pencil ? مدادِ کی ؟ مدادِ که ؟
W. is it ? مال کیست ؟
the dog to w. neck . . . سگی که بگردنش . . .
whosoe′er [Poet] = whosoever
whosoev′er (*-sou-*) = whoever
why {*(h)wai*} *adv. inter.* چرا ، برای چه ؟ - ازچه رو؟ بچه جهت؟ چطور مگر ، چرا میپرسید ؟
the reason w. دلیل اینکه ، علت اینکه
why (,,) *int.* عجب ! به !
wick *n.* فتیله
wicked (*wik′id*) *a.* شریر ، بدکار- بد خو- شرارت آمیز [w. acts]
wick′edness *n.* شرارت ، تبه‌کاری
wick′er (*-ə*) *n.* جگن ، ترکهٔ بید
wick′erwork *n.* سبد ، جگنِ بافته
wick′et (*-it*) *n.* دریچه - درِ نصفه
wide (*waid*) *a. & adv.* (۱) پهن ، عریض - گشاد - وسیع - زیاد - کاملاً باز [درچشم] - عمومی - نامحدود
(۲) کاملاً - در همه جا
How w. is the street ? — It is 30 metres w. پهنای خیابان چند متر است ؟ - سی متر است
w. of the subject ازموضوع پرت
wide′-awake *a.* هوشیار
wide′ly *adv.* زیاد- دربسیاری‌ازجاها
w. circulated کثیرالانتشار
wide′-mouthed *a.* دهن‌گشاد
widen (*wai′d′n*) *v.* پهن کردن یا شدن ، عریض کردن یاشدن
wide′-spread *a.* همه جا متداول ، همه جا منتشر - کاملاً گسترده
widow (*wid′ou*) *n.* زن بیوه (و دوباره‌شوهر نکرده)
the w. of the late... زن‌مرحوم...
widowed بیوه شده - [مج] لغت
wid′ower (*-ə*) *n.* مرد بیوه ، مرد زن مرده (و دوباره زن نگرفته)
wid′owhood (*-hud*) *n.* بیوگی
width *n.* (۱) پهنا ، عرض (۲) تخته
(2) two widths of the lining
wield (*wi:ld*) *vt.* گرداندن ، اداره کردن- خوب بکاربردن- بخرج‌دادن
wife (*waif*) *n.* [wives] زن ، زوجه ، عیال
give to w. بزنی‌دادن ، شوهر دادن

wife'ly *a.* زنانه - درخور زنان خوب
wig *n.* کلاه‌گیس ، موی مصنوعی
wigged (*wigd*) *a.* دارای گیس مصنوعی
wig'ging *n.* [Col.] سرزنش
wig'gle (*wig'l*) *vt.* & *vi.* (۱) تکان (مختصر) دادن (۲) تکان خوردن ، لول خوردن
wight (*wait*) *n.* [Arch.] آدم
wig'wag *n.* ارتباط بوسیلهٔ پرچم
wig'wam *n.* کلبهٔ سرخ پوستان‌امریکای شمالی که از پوست وچوب درست میکنند
wild (*waild*) *a.*, *adv.*, & *n.* (۱) وحشی، جنگلی- بیابانی - خودرو - خودسر-دیوانه - تند ، شدید- بی‌ملاحظه (۲) وحشیانه ، بیخود - بی هدف (۳) بیابان ، زمین بائر
  w. about دیوانهٔ ، شیفتهٔ
  w. ass گورخر ،گور
wild'-cat *n.* & *a.* (۱) گربهٔ دشتی یا وحشی (۲) بی‌پشتوانه - بی اساس
wil'derness (*-dənis*) *n.* بیابان
wild'fire *n.* ترکیب شیمیایی که برای آتش زدن کشتی‌های جنگی بکار میرفت
wild'ly *adv.* وحشیانه - خودسرانه
wild'ness *n.* وحشی گری - خودسری، سرکشی - تندی - دیوانگی
wile (*wail*) *vt.* بدام انداختن
wiles *npl.* تزویر ، حیله (ها)
wil'ful *a.* خودسر(انه) - عمدی
wil'fully *adv.* خودسرانه - عمداً
wilily (*wai'lili*) *adv.* با تزویر
wi'liness *n.* حیله(گری) ، تزویر
will *n.* اراده ، میل - نیت - اختیار - خودداری - [حق] وصیت (نامه)
  of one's own free w. بطیب خاطر
  good w. حسن نیت ، رضامندی
  ill w. بدنیتی ، بدخواهی، نارضامندی
  at w. بطور دلخواه ، موافق میل
  make a w. وصیت کردن
  last w. and testament وصیت نامه
will *v. aux.* [*p.* **would** (*wud*)] فعل معین (۱) برای ساختن زمان‌آینده معمولی در دوم شخص و سوم شخص که در این صورت برای اول شخص آن **shall** بکار میبرند . مثال : **you w. go** " شما خواهید رفت " و **they w. go** " ایشان خواهند رفت " (۲) برای اول شخص جمع و مفرد درآیندهٔ الزامی (**future promissory**) که دراین صورت برای دوم شخص و سوم شخص آن **shall** بکار میبرند . مثال : **I w. go.** "من خواهم رفت " بمعنی " میروم " یا " قول میدهم بروم " و **we w. go.** " ماخواهیم رفت " بمعنی " میرویم " یا "قول میدهیم برویم" . [آگاهی - اولاً **will** مصدر و امر و اسم مفعول ندارد ثانیاً **w. not** برای اختصار در گفتگو بصورت **won't** و **I w.** بصورت **I'll** درمی‌آید ثالثاً دوم شخص مفرد این فعل **wilt** میشود] .
will *vt.* & *vi.* [Arch] (۱-۲) خواستن ، اراده کردن (۲) با وصیت واگذارکردن - با اراده وادار کردن
will'ful [U. S.] = **wilful**
will'ing *a.* مایل ، راضی - میلی
  God w. اگر خدا بخواهد ، انشاءالله
will'ingly *adv.* بامیل ، برضایت
will'ingness *n.* رضایت ، میل
willow (*wil'ou*) *n.* بید - جگن
wil'lowy *a.* بیدزار - نرم - باریك
wil'ly-nil'ly = **will he, nill he** چه بخواهد چه نخواهد ، خواه نخواه
wilt [زیر **will** آمده است]
wilt *v.* پژمرده شدن یاکردن
wily (*wai'li*) *a.* حیله‌گر ، موذی
wim'ple *n.* کلاه زنان تارك دنیا
win *vt.* & *vi.* [**won** (*wʌn*)] & *n.* (۱) بردن [ضدّ باختن] -

پیروز شدن در ـ بدست آوردن ـ وادار کردن ، اغوا کردن ـ رسیدن به (۲) پیروز شدن ، پیش بردن (۳) بُرد

w. a victory پیروز یا فاتح شدن

w. over کشیدن ، مجذوب کردن

wince (*wins*) *vi.* خود را عقب کشیدن

winch *n.* جرّ ثقیل کابلی [''کابل'' لفظ فرانسه است]

wind *n.* & *vt.* (۱) باد ـ ساز های بادی ـ نفس ـ آبگاه ، تهیگاه (۲) باد دادن ، هوا دادن ـ ردّ (شکار) را با بو جستن ـ از نفس انداختن ـ استراحت دادن

w. instruments سازهای بادی

There is something in the w. کاسه‌ای زیر نیم کاسه است

How does the w. blow? در روی چه پاشنه میگردد ، عقیدهٔ عمومی چیست

fling (*or* **throw**) **to the w.** دور انداختن ، پشت پا زدن به

get the w. up {Sl.} ترسیدن

put the w. up some one {Sl.} کسیرا ترساندن

get w. of something پی بچیزی بردن ، از چیزی بو بردن

wind (*waind*) *vt.* & *vi.* {**wound**} (۱) پیچیدن ـ نخ پیچ کردن ـ پیچ و خم دادن ـ بر گرداندن (کشتی) ـ کوك کردن [بیشتر با **up**]ـ زدن (بوق) ـ (۲) پیچ خوردن

w. off باز کردن (از پیچ)

w. up کوك کردن ـ خاتمه دادن ـ خاتمه یافتن ـ گلوله کردن (نخ) ـ منحل کردن ـ برچیدن ـ منحل شدن

w. up to fury خشمگین کردن

wind'bag *n.* سخنران روده دراز

wind'-break *n.* درخت یا حصاریکه از فشار باد کم میکند

winder (*wain'də*) *n.* کوك کننده ـ کلید کوك ـ نخ پیچ ـ [در ترکیب] پیچ

wind'fall *n.* میوهٔ باد انداخته ـ [مج] مال باد آورده ، ارث هوایی

wind'flower = **anemone**

wind'gauge *n.* بادسنج

winding (*wain'-*) *a.* پیچاپیچ

wind'ing-sheet (,,) *n.* کفن

wind'lass (*-ləs*) *n.* چرخ (چاه)

wind'mill *n.* آسیای بادی

win'dow (*-dou*) *n.* پنجره ، روزنه

win'dow-pane *n.* جام پنجره

wind'pipe *n.* نای ، قصبة‌الریه

wind'-screen *or* **wind'-shield** *n.* شیشهٔ جلو اتوموبیل

w. wiper برف پاك کن

wind'ward (*-wəd*) *a(dv).* بطرف باد

win'dy (*-di*) *a.* باد خور ـ طوفانی ـ [مج] بی مغز ـ لاف زن ـ پُر گو

wine (*wain*) *n.* شراب ، می

wine'press *n.* چرخشت

wing *n.*, *vt.*, & *vi.* (۱) بال ـ برّه ـ گلگیر ـ [نظ] جناح ـ [مج] پهلو ، طرف ـ شاخه ، شعبه (۲) بال دار کردن ، تیز رو کردن (۳) پریدن

on the w. هنگام پرش ـ مسافر

winged *ppa.* بالدار

wink *vi.*, *v.*, & *n.* (۱) چشمك زدن ـ برق (برق) زدن (۲) بستن و باز کردن (چشم) ـ (۳) چشمك

w. at نادیده پنداشتن

not to sleep a w. چشم بهم نزدن

forty winks چرت ، خواب مختصر

winner (*win'ə*) *n.* برنده ـ فاتح

win'ning *apa.* برنده ـ [مج] جذاب

win'ning-post *n.* تك انجام

winnow (*win'ou*) *vt.* باد دادن ، باد افشان کردن ـ [با **away**] سوا کردن

win'some (*-səm*) *a.* دلکش

win'ter (*-tə*) *n.*, *vi.*, & *vt.* (۱) زمستان (۲) زمستانرا بسر بردن (۳) در زمستان نگاه داشتن

win'try (-tri) a. سرد - [مج] لوس
wipe (waip) vt. خشك کردن ،
پاك کردن [با off و out و away]
Give it a w. (n.) آنرا خشك کنید
wire (wai'ə) n. & vt. (۱) سیم -
مفتول - تلگراف (۲) سیمکشی کردن -
تلگراف کردن - با سیم بدام انداختن -
باسیم محصور کردن [با off]
w. entanglement سیم خاردار
pull the wires گربه رقصاندن
wire in سخت و باعجله کار کردن
wire'-cutter n. سیم بُر
wire'less a., n., & v. (۱) بیسیم
(۲) تلگراف بیسیم (۳) با بی سیم
مخابره کردن
wire'man n. [-men] سیمکش
wire'-puller n. گربه رقصان
wi'ring n. سیمکشی
wiry (wai'əri) a. سیمی - سفت -
[مج] برطاقت
wisdom (wiz'dəm) n. خرد ، عقل
wise (waiz) a. خردمند ، عاقل -
خردمندانه ، عاقلانه [a w. act]
wise (,,) n. طریق ، طور ، وجه
in no w. بهیچوجه ، بهیچ طریق
wiseacre (wai'zeikə) n. نادان
پر ادعا
wise'ly adv. خردمندانه ، عاقلانه
wish v. & n. (۱) خواستن ، میل
داشتن (۲) خواهش- آرزو ، مراد - [در
جمع] ادعیه ، تبریکات
I w. you happiness. خوشی یا
سعادت شما را خواستارم
as you w. اختیار با شما است
w. for آرزو کردن
I. w. you a happy New Year.
سال نو را بشما شادباش میگویم
I w. I were کاش . . . بودم
God granted her w. خدا مرادش
را داد یا حاجتش را برآورد
good wishes شادباش ، تبریکات

wish'bone n. جناغ (مرغ)
wish'ful a. خواهان ، ارزومند
wish'y-wash'y a. آبکی ، رقیق -
کم مایه - بیمزه ، سست ، بیمعنی
wisp n. دسته - مشت
wist [زیر wit آمده است]
wistaria (-tê'əriə) n. [گ.ش]
گلیسین [لفظ فرانسه]
wist'ful a. مشتاق ، آرزومند
wit n. هوش، ادراك - شوخی -
لطیفه ، بذله(گویی) - بذله گو
out of one's wits دیوانه
I am at my wits' end.
دیگر عقلم بجایی نمیرسد
wit v. [Arch.] دانستن
[pres. I wot, thou wottest,
he wot ; p. I wist ; pres.
part. witting]
to wit یعنی
witch (wich) n. ساحره - عجوزه
witch'craft n. سحر ، افسونگری
witch'ery (-ri) n. سحر - طلسم
with (باصدای ظ) prep. - با - بوسیلهٔ
همراهِ - از [shiver w. cold]
Leave your books w. me.
کتاب های خود را نزد من بگذارید
w. child آبستن ، حامله
the house with a basement
خانه‌ای که زیر زمین دارد
withal (-ɔ:l' (ویظال) adv. &
prep. [Arch] (۱) بعلاوه -
ضمناً (۲) با
withdraw (withdrɔ:w' ویظ- (
vt. & vi. [-drew (dru':) ;
-drawn] (۱) عقب کشیدن - برداشتن ،
(وا) گرفتن - پس گرفتن ، ترك کردن
(دعوی) - جمع کردن، ازرواج انداختن -
کناره گیری کردن از - دریغ داشتن -
خارج کردن (۲) کنار کشیدن ، بیرون رفتن
withdraw'al (-əl) n. کناره گیری ،

عقب نشینی - پس گیری

withdrawn [*p.p. of* withdraw]

withdrew [*p. of* withdraw]

withe (*with'* ; *with'i* باصدای ظ) *n.* ترکه بید یا جگن

with'er (*-ə*) *vi. & vt.* (۱) خشك شدن ، پژمرده شدن (۲) چورولئ کردن - مسخره کردن - سرزنش کردن

with'ers *npl.* جدوگاه [در اسب]

My w. are unwrung. آن تهمت بمن نمی‌چسبد ، بمن چه ؟

withheld [*p. & pp. of* with-hold]

withhold (*withhould'* ویظ) *vt.* [-held] از(چیزی)مضایقه کردن- خودداری کردن

w. one's consent رضایت ندادن

within' (ویظین) *prep. & adv.* (۱) در ، توی ِ - در حدود ِ ، باندازهٔ - در ظرف ِ [w. 2 days] - (۲) در داخل - در خانه - از تو - باطناً

w. 2 miles of در دو میلی ِ

without (*withaut'* باصدای ظ) *prep. & adv.* (۱) بی ، بدون ِ - بیرون ِ - بیرون از (۲) در خارج - از بیرون ، ظاهراً

do w. بانبودن (چیزی) ساختن

withstand' (- ویظ) *vt.* [-stood'] با(چیزی) مقاومت کردن - تحمل کردن

withstood [*p. of* withstand]

wit'less *a.* بی شعور

wit'ness *n. & v.* (۱) گواهی ، شهادت - گواه ، شاهد (۲) گواهی دادن ، شهادت دادن - دیدن

bear w. to گواهی دادن به

call to w. بشهادت طلبیدن

in w. of برای گواهی ِ ، در تأیید ِ

wit'ness-box *n.* جای ویژهٔ گواهان

witticism (*wit'isizm*) *n.* بذله ، لطیفه ، شوخی

wit'tily *adv.* بطور لطیفه یا بذله

wit'tingly *adv.* دانسته ، عمداً

witty (*wit'i*) *a.* بذله گو - لطیفه‌دار

wives [*pl. of* wife]

wiz'ard (*-əd*) *n.* [*fem.* witch] جادو(گر) ، ساحر ، افسونگر

wiz'ardry (*-ri*) *n.* جادو(گری)

wiz'ened *a.* خشکیده ، چورولئ

wo; whoa (*wou*) *int.* هش ، ایس

woad (*woud*) *n.* نیل - وسمه

wob'ble (*wɔb'l*) *vi. & n.* (۱) جنبیدن - یله رفتن- [مج] مردد بودن (۲) جنبش - تردید - تغییر رویه

woe (*wou*) *n.* غم ، محنت - لعنت

weal and w. خوش بختی و بدبختی

W. (be) to him who وای بر کسی که

W. is me. افسوس ، وای برمن

woebegone (*wou'bigɔn*) *a.* فلاکت‌بار - حاکی از ملالت و افسردگی

woeful (*wou'-*) *a.* غمگین - بدبخت - تاسف‌آور - سهمگین ، بد

woke [*p. & pp. of* wake]

wold (*would*) *n.* دشت ِ بائر

wolf (*wulf*) *n.* [wolves] گرگ

keep the w. from the door خود را ازگرسنگی رهانیدن ،گلیم خود را از آب کشیدن

w. (*vt.*) down حریصانه خوردن

wolf'-dog *n.* سگ‌ گله

wolfish (*wul'-*) *a.* گرگ صفت

wolves [*pl. of* wolf]

woman (*wu'mən*) *n.* [women (*wim'in*)] زن

w. doctor بانوی ِ پزشك ، طبیبه

women's apartments اندرون

wo'manhood (*-hud*) *n.* حس ِ زنانگی - وظایف زنانه - زن جماعت

wo'manish *a.* زن صفت- زنانه

wo'mankind *n.* زن جماعت

wo'manlike *a.* زن مانند - زنانه

wo'manly *a.* زنانه ، در خورِ زنان
womb (*wu:m*) *n.* رحم ، شکم
women [*pl. of* woman]
womenfolk (*wim'enfouk*) *n.* زنان - قوم وخویش های زنانه
won [*p. & pp. of* win]
wonder (*wən'də*) *n. & v.* (۱) شگفت ، تعجب - چیز عجیب ، [ج. عجایب] - معجزه (۲) متعجب شدن ، تعجب کردن ، در شگفت ماندن
in w. با حیرت ، متعجبانه ، باشگفت
filled with w. متعجب ، درشگفت
for a w. خیلی عجب است که
a nine days' w. چیزی که چند صباحی غرابت دارد و جلب نظر میکند
(It is) no w. (that) جای تعجب نیست (که) ، عجیبی نیست (اگر)
work wonders اعجاز کردن
wonder at تعجب کردن از
I w. what he did. نمیدانم چه کرد
won'derful *a.* شگفت آور ، عجیب
won'derfully *adv.* بطور عجیب یا شگفت انگیز - فوق العاده
won'der-land *n.* سرزمین پریان - [مج] کشور عجیب [ازحیث منابع طبیعی]
won'derment (*-mənt*) *n.* حیرت
won'drous (*-drəs*) *a(dv).* [Poet.] (بطور) عجیب - فوق العاده
wont (*wount*) *n. & a.* (۱) عادت ، روش (۲) آموخته ، معتاد
won't („) [Col.] = will not
won'ted *a.* عادی ، معهود
woo (*wu:*) *vt. & vi.* [-ed] (۱) اظهار عشق به (کسی) کردن - خواستگاری کردن - طالب بودن - اصرار کردن به (۲) عشقبازی کردن
wood (*wud*) *n.* چوب - هیزم - جنگل
out of the w. ازخطر گذشته ، سالم
wood'bind ; - bine (*-bain*) *n.* ویشه ، مو جنگلی - پیچك جنگلی

wood'cock *n.* ابیا (*abya*)
wood'craft *n.* جنگل شناسی از لحاظ شکار ، اطلاع از شکار جنگلی
wood'-cutter *n.* هیزم شکن
wood'ed *a.* جنگل‌دار - پردرخت
wood'en (*wudn*) *a.* چوبی - سفت - [مج] زشت - بی‌حالت ، بیروح
wood'land *n.* جنگل - اراضی جنگلی
wood'man (*-mən*) *n.* [-men] درخت‌بر - هیزم شکن - جنگل‌بان
wood'pecker (*-pekə*) *n.* دارکوب
wood'man (*-mən*) *n.* [-men] جنگل نشین - درخت‌بر
wood'-wind *n.* آلات بادی چوبی
wood'work *n.* قسمت های چوبی خانه
wood'y *a.* جنگل‌دار - چوبی
woof (*wu:f*) *n.* پود [برابر تار]
wool (*wul*) *n.* پشم - نخِ پشم - پشمینه
lose one's w. [Col.] از جا در رفتن
pull the w. over a person's eyes کسیرا اغفال کردن
wool'-gathering *n.* قاز چرانی ، گیجی
wool(l)en (*wul'ən*) *a. & n.* (۱) پشمی (۲) پارچه های پشمی
woolly (*wul'i*) *a. & n.* (۱) پر پشم- پشم نما (۲. درجمع) لباس پشمی
word (*wə:d*) *n. & vt.* (۱) کلمه ، لغت، واژه - گفتار، حرف - پیغام - قول - کلام [w. of God] - (۲) بعبارت درآوردن
w for w. کلمه بکلمه ، تحت اللفظی
by w. of mouth زبانی ، شفاهاً
in a w / in one w. } خلاصه ، خلاصه اینکه ، مختصراً
say a w. سخن گفتن ، حرف زدن
say a good w. for از (کسی) تعریف یا دفاع کردن
in so many words با عین این کلمات ، عیناً

as good as one's w. خوش قول
of few words کم حرف
Word came that خبر رسید که
They had words. حرفشان شد
I take your word for it
قول شما را سند میدانم
upon my w. بشرافتم سوگند
wor'ding *n.* عبارت ، جمله بندی
word'less *a.* بیجواب ، گنگ
word'-perfect *a.* کاملاً از بر
word'-play *n.* لفاظی - جناس
wordy (*wə':di*) *a.* لفظی - لفاظ - پرلفظ

wore [*p. of* wear]
work (*wə:k*) *n.* کار - [درجمع] (۱) دیوان ، کلیات ، آثار ادبی (۲) کارخانه (۳) استحکامات (٤) ساختمان
set (*or* get) to w. دست بکار زدن
at w. سر کار ، مشغول (کار) ، دست در کار
public works فوائد عامه
out of w. بیکار
work (,,) *vi.* & *vt.* (۱) کارکردن - مؤثر واقع شدن - عملی شدن - جنبیدن - گشتن ، کار کردن (۲) بکار انداختن (معدن) - گرداندن - بوجود آوردن - درست کردن (خمیر) - پیدا کردن [w. one's way - کار دادن (به) - ساختن [w. clay] - بهم رساندن
w. (*or* do) a sum جمع زدن
w. in داخل کردن - وفق دادن
w. into place کارگذاشتن
w. into rage خشمناك کردن
w. off از شر (چیزی) خلاص شدن - بفروش رساندن ، آب کردن
They worked their will upon him. هرچه خواستند برسر او آوردند
w. out درآوردن یا درآمدن (جمع یا مبلغ) ، افتادن [در حساب هزینه] - پیدا کردن - حل کردن - زیاد خسته کردن - منتهای استفاده را از (چیزی) کردن
w. up کم کم فراهم کردن ، بتدریج برانگیختن - ترکیب کردن - ساختن ، عمل آوردن [آگاهی - در معانی « مؤثر واقع شدن » و « فراهم کردن » و « عمل آوردن » گذشته و اسم مفعول work بیشتر wrought میشود که تلفظ آن *rɔ:t* است]
wrought iron آهن ساخته
workable (*wə':kəbl*) *a.* عملی - قابل استخراج - قابل استفاده
workaday (*wə':kədei*) *a.* متعلق بروز های کار - کسل کننده ، معمولی
work'day *n.* روز کار [دربرابر تعطیل]
work'er (-*ə*) *n.* کارگر
work'house *n.* کارخانه (برای گدایان تندرست)
wor'king *a.* & *n.* (۱) کارگر [the w. class] - (۲) طرز یا نتیجهٔ کار - [درکان] محل کار
w. plan نقشهٔ اجرا ، نقشه کار
w. day روز کار - ساعات کار روزانه
in good w. order دایر ، خوب
work'man (-*mən*) *n.* [-men] کارگر [درصورتیکه مرد باشد]
work'manlike *a.* شایستهٔ کارگر خوب
work'manship *n.* استادی ، طرز کار - کار ، ساخت
work'-people *n.* کارگران
works [زیر work آمده است]
work'shop *n.* کارخانه ، کارگاه تعمیر
world (*wə:ld*) *n.* جهان ، دنیا - روزگار
for all the w. like کاملاً شبیه
word'liness *n.* دنیا داری
world'ly (-*li*) *a.* دنیوی - دنیادار
world'-old *a.* بسیار قدیمی یا کهنه
world'-weary *a.* بیزار از هستی
world'-wide *a.* مشهور جهان ، جهانی
worm (*wə:m*) *n.*, *vi.*, & *vt.*

(۱) کرم - پیچ- لولهٔ مارپیچ (۲) لولیدن (۳) جا دادن ، سرا ندن

w. oneself into favour خود شیرینی کردن

w. a secret out of a person کم کم رازی را از کسی فهمیدن

worm'-eaten *a.* کرم خورده - کهنه

worm'-wheel *n.* چرخ دندهٔ مارپیچ

worm'wood *n.* خارا گوش ، افسنطین ، قورت اودی

wor'my (*-mi*) *a.* کرم‌دار - کرم مانند

worn {*p.* & *pp.* *of* wear}

worn'-out' *a.* پوسیده ، فرسوده

wor'ried *ppa.* ناراحت ، پریشان

worriment (*wʌr'imənt*) = worry ; vexation

worry (*wʌr'i*) *vt.*, *vi.*, & *n.* (۱) سر بسر گذاشتن ، اذیت کردن (۲) اعراض کردن ، ناراحت شدن (۳) فکر ، غصه - ناراحتی ، اعراض ، خودخوری

w. out بزحمت حل کردن

Don't w. اهمیت ندهید ، غم نیست

worse (*wə:s*) *a(dv).* { *comp. of* bad(ly)} بدتر

so much the w. چه بدتر ، همانقدر بدتر ، دیگه بدتر

w. off در وضع بدتر

none the w. همانقدر (بلکه بهتر)

worsen (*wə':s'n*) *vt.* & *vi.* (۱) بدتر کردن (۲) بدتر شدن

worship (*wə':-*) *n.*, *vt.*, & *vi.* {-ped} (۱) پرستش ، عبادت (۲) پرستش یاعبادت کردن (۳) نماز گزاردن

wor'shipful *a.* محترم {در القاب}

wor'shipper (*-pə*) *n.* پرستنده

worst (*wə:st*) *a(dv).* {*sup o* bad(ly)} بدترین - بدتر از همه

worst (,,) *n.* & *vt.* (۱) بدترین وضع (۲) پیش افتادن از - شکست دادن

get the w. of it شکست خوردن

worsted (*wus'tid*) *n.* نخ پشم - {بطور صفت} پشمی

worth (*wə:th*) *n.* & *a.* (۱) ارزش ، بها - قدر (۲) ارزنده - برابر {ازحیث بها} - سزاوار ، لایق - دارا

100 dollars' w. of goods (معادل) صد دلار کالا

It is w. 10 Rials. ده ریال ارزش دارد ، ده ریال می‌ارزد

It is w. nothing. مفت نمی‌ارزد

What is this book w.? این کتاب چقدر ارزش دارد (یاچند می‌ارزد) ؟

wor'thily *adv.* بطورشایسته یا لایق

wor'thiness *n.* لیاقت - آبرومندی

worth'less *a.* بی بها ، ناچیز

worth'-while *a.* ارزش‌دار

It is a w.-while experiment. آزمایش آن بزحمتش می‌ارزد

worthy (*wə':thi* (باصدای ظ) *a.* شایسته ، لایق - در خور ، مناسب

w. of praise شایان تمجید

wot {زیر wit آمده است}

would (*wud*) *v. aux.* {*p. of* will} {موارد بکار بردن این فعل معین از اینقرار است : (۱) درشرط :

I should be glad if you w. do that. خوشوقت میشدم اگر اینکار را میکردید

(۲) در جواب یا جزای شرط :

I w. have sold the book if I had not lost it. اگر کتابرا گم نکرده بودم آنرا می‌فروختم

W. you do that for me? آیا این کار را برای من خواهید کرد ؟ (یا میکردید اگر ازشماخواهش میکردم)

(۳) بجای ماضی استمراری معمولی :

Now and then a guest w. come. گاه گاهی مهمان میرسید

(٤) در مورد تمنی یا آرزو :

I wish you w. go. ای کاش میرفتید

w. that کاش ، خدا میکرد که

(۵) برای رعایت قاعدهٔ تطابق زمانها بجای ماضیِ will در نقل قول غیر مستقیم

He said (that) he w. go.

would'-be *a.* –

a w.-be deputy وکیل بعد ازاین ، کسیکه دلش می خواهد وکیل شود

wouldn't = would not

wound (*wund*) *n.* & *vt.* (۱) زخم- [مج] توهین (۲) زخم زدن - { بصیغه اسم مفعول } مجروح ، زخمی - [مج] جریحه‌دار ، رنجیده

wound (*waund*) {*p.* & *pp.* of wind}

wove {*p.* of weave}

woven {*pp.* of weave}

wrack (*rak*) *n.* گیاه دریایی که بدرد کود میخورد

w. and ruin فنا ، هلاکت

wraith (*reith*) *n.* خیال ، همزاد

wran'gle (*rang'l*) *n.* & *vi.* مشاجره (کردن) ، داد و بیداد (کردن)

wrap (*rap*) *vt.* & *vi.* [-ped] & *n.* (۱) پیچیدن - پوشانیدن {بیشتر با up} - [مج] پنهان کردن (۲) خود را پیچیدن یا پوشاندن (۳ - بیشتر درجمع) لباسی که دور خود به پیچند

wrapper (*rap'ə*) *n.* کاد پیچ ، لفاف، جلد کاغذی - چادرشب - لباس‌خانه

wrath (*rɔth*) *n.* خشم ، غضب

wrath'ful *a.* خشمگین ، غضبناك

wreak (*ri:k*) *vt.* –

w. vengeance upon some one تلافی بر سر کسی درآوردن

w. one's rage upon . . . قهر خود را سر . . . خالی کردن

wreath (*ri:th*) *n.* حلقهٔ گل ، تاج گل ، دسته گل - حلقه - { در جمعِ این کلمه th صدای ظ میدهد}

wreathe (*ri:th* ریظ) *vt.* & *vi.* (۱) حلقه کردن - پیچیدن - چین‌دار کردن (۲) حلقه‌ای حرکت کردن [چون دود]

wreck (*rek*) *n.* & *vt.* (۱) شکستگی (کشتی) - تلف شدگی - خرابی - کشتیِ شکسته - عمارت یا ماشین خراب - شخص خانه خراب شده یاعلیل - کالای بازیافتی (۲)شکستن ، خراب کردن - [مج] ناامید یا خنثی کردن - خانه خراب کردن

wreckage (*rek'ij*) *n.* کالایِ باز یافتی ازکشتی یا ماشین شکسته یا خانه ویران - کشتی شکستگی

wrecker (*rek'ə*) *n.* کسیکه برای غارت کشتی وسائل شکسته شدن آنرا از ساحل فراهم میکند- کسیکه برای‌بازیافتن اموال ازکشتیِ شکسته مزدور میشود

wren (*ren*) *n.* سِسك ، الیکائی

wrench (*rench*) *n.* & *vt.* (۱) آچار - کشش تند - پیچ خوردگی ، دررفتگی (۲) پیچیدن - آسیب به (چیزی) رساندن - [مج] بد تعبیر کردن

He wrenched his ankle. مچِ پایش در رفت یا پیچ خورد

wrest (*rest*) *vt.* پیچاندن ، غلط تعبیر کردن - کش آوردن (معنی کلمه) - بزور گرفتن - انتزاع کردن

wres'tle (*res'l*) *vi.* & *n.* (۱) کشتی گرفتن (۲) کشتی - تقلا

wres'tler (*-lə*) *n.* کشتی گیر

wretch (*rech*) *n.* آدم‌بدبخت یاپست

wretched (*rech'id*) *a.* بدبخت ، بیچاره - بد - نکبت آمیز - زیان‌آور

wretch'edness *n.* بدبختی - پستی

wrick (*rik*) *vt.* رگ برگ کردن

wrig'gle (*rig'l*) *vi.*, *vt.*, & *n.* (۱) لولیدن- [مج] ازاینسو بآنسو پریدن (۲) جنباندن (۳) لول ، جنبش

w. one's way out بزحمت از میان جمعیتی بیرون آمدن

wright (*rait*) *n.* {درترکیب} ساز [مثال : shipwright کشتی ساز]

wring (*ring*) *vt.* {wrung(*rʌng*)} & *n.* (۱) فشردن ، چلاندن - غصب

کردن - انتزاع کردن - پیچاندن - با شکنجه گرفتن (اقرار) - (۲) فشار
wringing wet خیس
wrinkle (*rin'k'l*) *n.* & *v.* (۱) چین ، چوروك (۲) چین دادن یا خوردن ، درهم کشیدن (جبین)
wrink'ly (*-li*) *a.* چین دار
wrist (*rist*) *n.* مچ
wrist'band *n.* سرآستین ، سردست
wrist'let *n.* مچ پوش - دستبند
wrist'-watch *n.* ساعت مچی
writ (*rit*) *n.* حکم - نوشته - ورقه
the Holy W. کتاب مقدس
write (*rait*) *v.* [wrote (*rout*); writ'ten (*rit'n*)] نوشتن
w. down ثبت یا یادداشت کردن - در شرح کتبی خودخراب یا بی اعتبار کردن - تنزل دادن (بهای اسمی سهام)
w. off زود نوشتن - قلم زدن
w. off to expenditure جزو خرج آوردن
w. out بتفصیل نوشتن
w. up ستودن (در نوشتجات) - به تفصیل نوشتن - بتاریخ روز رساندن - بدیوار زدن
writer (*rai'tə*) *n.* نویسنده - دبیر
writhe (*raith* رایظ) *v.* & *n.* (۱)(بخود) پیچیدن- [مج] سخت رنجیدن (۲) پیچ و تاب
writing (*rai'-*) *n.* خط - نوشته
in w. کتباً
wri'ting-desk *n.* میز تحریر
writ'ten (*rit'n*) [*pp. of* write], & *ppa.* نوشته -کتبی
wrong (*rɔng*) *a.*, *n.*, & *adv.* (۱) نادرست، مغلوط - مخالف اخلاق یا قانون - بی حق ، در اشتباه (۲) خطا ، کار غلط - بیعدالتی - اشتباه ، غلط (۳) (به) غلط ، اشتباهاً
That is w. غلط است ، درست نیست
a w. answer جواب غلط یا نادرست
do the w. thing کار غلط کردن
take the w. way راه خطا رفتن
You are w. شما اشتباه کرده اید
go w. بدکار کردن ، خراب شدن
Something is w. with you. یك چیزی تان هست
What is w. with that? [Col.] مگر این چه عیبی دارد ؟
the w. side پشت (پتو وامثال آن)
born on the w. side of the blanket حرامزاده
I am on the w. side of 50. من بیش از ۵۰ سال دارم
suffer w. مظلوم واقع شدن
put one in the w. اشتباه (یا تقصیر) کسیرا ثابت کردن
wrong (رنگ) *vt.* مورد ظلم یا بیعدالتی قرار دادن - نسبت غلط به (کسی) دادن
the wronged (one) مظلوم
wrongdoer (*-du'ə*) *n.* خطا کار
wrong'ful *a.* نادرست ، خطا
wrong'ly *adv.* بناحق - اشتباهاً
He is w. informed. اطلاع نادرست باو داده اند
wrote [*p. of* write]
wroth (*routh*) *a.* خشمگین، غضبناك
wrought (*rɔ:t*) work [زیر (در حالت فعلی) آمده است]
wrung [*p.* & *pp. of* wring]
wry (*rai*) *a.* کج (و کوله) - پیچیده
a w. mouth دهن کجی

Xx

xanthippe (*zantip'i*) *n.*
زن ستیزه جو

xenophile (*zen'ofail*) *n.*
بیگانه پرست ، اجنبی پرست

xenophobe (*zen'ofoub*) *n.*
دشمن بیگانه ، متنفراز اجانب

Xmas [مختصر Christmas]

X'-rays' *npl.* پرتو مجهول

xylonite (*zai'lənait*) = celluloid

xylophone (*zai'ləfoun*) *n.*
قسمی سنتور چوبی

Y y

yacht (*yɔt*) *n.* قسمی کرجی مسابقه‌ای
yak *n.* نرّه‌گاو تبت
yank *vt.* [Sl.] ناگهان کشیدن
Yan'kee *n.* اهل New-England - [در اصطلاح اروپایی ها] ینگی دنیایی
yap *vi.* هاف‌کردن ، باصدای تیز وَغ کردن
yard (*ya:d*) *n.* & *vt.* (۱) یارد [واحد درازا برابر با سی وشش اینچ یا ۱٤ گره] - میلهٔ انقی بادبان - حیاط (طویله) - محوطه - کارخانهٔ روباز (۲) در حیاط طویله نگاه داشتن
yard'stick *n.* یارد چوبی یا آهنی
yarn (*ya:n*) *n.* & *vi.* (۱) نخ (تابیده) ، نخ بافندگی (۲) نخ تابیدن - [مج] بچ‌بچ کردن
spin a y. قصه (دروغ) گفتن
yarrow (*yar'ou*) *n.* بومادران
yash'mak *n.* روبند یا پیچه
yaw (*yɔ:*) *n.* & *vi.* (۱) انحراف کشتی ازجادهٔ خود (۲) منحرف شدن
yawl (*yɔ:l*) *n.* قسمی کرجی یا تشاله
yawn (*ya:n*) *n.* & *vi.* (۱) دهن دره (۲) دهن دره کردن
yaws (*yɔ:z*) *npl.* قسمی مرض جلدی سیاهان در مناطق گرمسیری
yclept' (*ik-*) *a.* [Arch] نامیده
ye (*yi:*) = **you** شما [درانشاء های قدیمی و درشعر یاشوخی]
yea (*yei*) *adv.* & *n.* [Arch] (۱) آری - درحقیقت (۲) رأی مثبت
year (*yiə* ; *yə:*) *n.* سال - [در جمع] سن
y. in y. out سال دوازده ماه
year'-book *n.* سالنامه
yearling (*yi'ə-*) *n.* جانور بیشتراز یکسالی وکمتر از دو سال
yearly (*yə':li*) *a*(*dv*). سالیانه - سال بسال
yearn (*yə:n*) *vi.* آرزو کردن [با after یا for]
yeast (*yi:st*) *n.* خمیر ترش ، مایه
yeas'ty *a.* کف‌دار - [مج] کم مایه
yell *n.* & *vi.* فریاد (زدن)
yellow (*yel'ou*) *a.*, *n.*, & *v.* (۱) زرد - [مج] حسادت آمیز - بست (۲) رنگ زرد (۳) زردکردن یا شدن
yel'lowness *n.* زردی
yel'lowish *a.* مایل بزردی
yelp *n.* & *vi.* وَغ (کردن)
yen *n.* [yen] ین : واحد پول ژاپنی
yeoman (*you'mən*) *n.* [-men] خرده مالك ـ کشاورز ، زارع
yeo'manry (*-ri*) *n.* (گروه) خرده مالکین - سواره نظامی که خرده مالکین میدهند
yes *adv.* & *n.* (۱) بله - بچشم (۲) جواب مثبت
yes'-man (*-mən*) *n.* [Col.] بله بله چی
yes'terday (*-tədi*) *adv.* & *n.* دیروز
the day before y. پریروز
yet *adv.* & *conj.* (۱) هنوز [درجمله‌ای که فعل منفی دارد چون - He has not y. seen it. مقایسه شود با still] - تا آن وقت -

تاکنون ـ با وجود این ـ باز ، هم (۲) ولی ، و در عین حال
as y. تاکنون ـ نقداً که
yew (*yu:*) *n.* سُرخدار ، درخت صور
yield (*yi:ld*) *v.* & *n.* (۱) (بار) دادن ـ تسلیم کردن یا شدن (۲) بار، حاصل
yoke (*youk*) *n.*, *vt.*, & *vi.* (۱) یوغ ـ چوبی که بهر سر آن ستلی آویخته بردوش کشند ـ [مج] (الف) سلطه (ب) بندگی (۲) در زیر یوغ در آوردن ـ [مج] وصل کردن (۳) جفت شدن
5 y. of oxen پنج جفت گاو
yokel (*you'k'l*) *n.* روستایی
yolk (*youk*) *n.* زردهٔ تخم مرغ
yon (*yɔ:n*) [Arch.] = yonder
yonder (*yɔn'də*) *adv.* & *a.* (۱) آنجا ، آنطرف (۲) آنطرفی
yore (*yɔ:*) *n.* زمان پیش ، قدیم [فقط در عبارت زیر بکار میرود] :
of y. سابقاً ، در قدیم
you (*yu* ; *yu:*) *pr.* شما (را)
you'd = you had ; you would
young (*yʌng*) *a.* & *n.* (۱) جوان ـ ناآزموده (۲) بچه ـ [با the] (الف) بچه ها (ب) جوانان
y. days (روزگار) جوانی
The night is yet y. تازه سر شب است
with y. آبستن [در حیوانات]
young'ish *a.* نسبةً جوان
young'ling *n.* [در شعر] بچه یا حیوان جوان
young'ster (-*stə*) *n.* پسربچه
your (*yɔ:* ; *yə* ; *yuə*) *pr.* تان [یعنی مال شما]
y. book کتابتان ، کتاب شما
you're [مختصر you are]
yours *pr.* مال شما
a friend of y. یکی از دوستان شما
yourself' *pr.* [yourselves] خودتان ، خود شما [خطاب بیك نفر]
yourselves' *pr.* [*pl.* of yourself] خودتان ، خود شما ها
youth (*yu:th*) *n.* [youths (یوظز)] جوانی ـ جوان یا جوانان
a y. of 20 یك جوان ۲۰ ساله
youth'ful *a.* جوان ، خرد سال
y. sports بازیهای جوانان (یا جوانی)
youth'fulness *n* جوانی ، شباب
Y'-shaped *a.* بشکل y ـ سه راه
Y'-track *n.* سه راه [در خط آهن]
yule (*yu:l*) = Christmas

Zz

zany (*zei'ni*) *n.* لوده - ابله
zeal (*zi:l*) *n.* شوق و ذوق ، حرارت ، غیرت ، حمیت ، تعصب
zealot (*zel'ət*) *n.* هواخواه ، غیرت کش ، متعصب
zeal'otry (*-ri*) *n.* هواخواهی ، تعصب آمیز
zealous (*zel'əs*) *a.* باغیرت ، غیور - با شوق و ذوق - غیورانه {z. acts}
zebra (*zi':brə*) *n.* & *a.* (۱) گور اسب ، اسب کوهی (۲) مخطط
zebu (*zi':bu:*) *n.* گاو کوهان‌دار
zen'ith *n.* سمت‌الرأس - [مج] اوج
zephyr (*zef'ə*) *n.* باد مغرب - [در شعر] باد صبا
zeppelin (*zep'ə-*) *n.* زپلین
zero (*zi'ərou*) *n.* صفر - هیچ
zest *n.* مزه ، تندی - رغبت - ذوق
Zeus (*ziu:s*) *n.* [در اساطیر یونان] زوس [نام رئیس خدایان]
zig'zag *a.*, *n.*, & *vi.* {-ged} (۱) منشاری ، جناغی (۲) خط منکسر (۳) درخط منکسر رفتن - پله رفتن
zinc *n.* روی ، روح
z. oxide پنبهٔ روی ، اکسید دوزنك [الفاظ فرانسه]
zinnia (*zin'iə*) *n.* گل آهار
zip'-fastener (*-fahsnə*)
zipper (*zip'ə*) } *n.* زیپ
zith'er (*-ə*) *n.* یکجور قانون
zodiac (*zou'-*) *n.* منطقةالبروج
signs of the z. بروج دوازده‌گانه
zo'nal (*-nəl*) *a.* منطقه‌ای ، منطقوی
zone (*zoun*) *n.* & *vt.* (۱) منطقه (۲) احاطه کردن
zoo (*zu:*) *n.* [Col.] باغ وحش
zoological (*zouəloj'ik'l*) *a.* مربوط بجانور شناسی
z. garden(s) باغ وحش
zool'ogist *n.* جانور شناس
zoology(*zouol'əji*) *n.* جانورشناسی
Zoroaster(*zorouas'tə*) *n.* زرتشت
Zoroas'trian (*-ən*) *n.* زرتشتی

Addenda ضميمه

Words and phrases marked with the asterisk(•) have
already been treated in the text، but are repeated here
for additional material.

لغات وعباراتی که دراین ضمیمه نشان ستاره(•) در جلو آ نها گذارده شده در
متن فرهنگ نیز وارد شده اند لکن در اینجا مواد دیگری (درقسمت معانی وتلفظ
و اصطلاحات) بدانها افزوده میشود .

A

abalienation (*əbeiliənei'shən*) *n.* اختلال دماغی
abdom'inal (*-nəl*) *a.* شکمی ، بطنی
abdu'cent *a.* مبعد {در عضله}
abduc'tion *n.* جنبش دست و یا سوی بیرون {درفیزیولوژی}
abduc'tor (*-tə*) *n.* عضلهٔ مبعده
abecedarian (*abisidê'əriən*) *n.* & *a.* (۱) ابجد خوان (۲) الفبائی
aberrant (*əber'ənt*) *a.* گمراه - غیرعادی
abidance (*əbai'dəns*) *n.* رعایت - ایستادگی (درانجام قول)- سکنی
ab init'io *adv.* {L.} از ابتدا
abiogenesis (*eibaiojen'isis*) *n.* خلق‌الساعه
abjura'tion *n.* نقض‌عهد ،پیمان‌شکنی
ablacta'tion *n.* عمل از شیر گرفتن
abla'tion *n.* قطع (انساج)
ab'lative (*-lətiv*) *n.* مفعول به - مفعول عنه - مفعول منه
A'-bomb *n.* بمب اتمی
abortifacient (*-fei'shənt*) *a.* & *n.* (۱)سقط‌آور(۲)داروی‌سقط‌جنین
abrupt'ness *n.* تندی - شدت لحن
absor'bing *apa.* جالب
abstinence • – total a پرهیز کامل از مشروبات الکلی
abul'ia (*-iə*) *n.* گسیختگی اراده ، بی ارادگی
acarus (*ak'ərəs*) *n.* کرم جرب
acaudal (*əkɔ':dəl*) *a.* بیدم
acau'date (*-dət*) = **acaudal**
accelerate • گاز دادن
accelerator (*əksel'əreitə*) *n.* پدال ِ گاز { هر دولفظ از فرانسه است}
accidence (*ak'sidəns*) *n.* (اصول) تغییرات صرفی

accouchement *n.* {Fr.} زایمان
accoucheur *n.* {Fr.} مردی که در زایمان زنی با ماما کمك میکند
accoucheuse {Fr.} = midwife
account • – take no a. of اعتنا نکردن به
acephalous (*əsef'ələs*) *a.* بی‌سر
acetab'ulum (*-yuləm*) *n.* {-la(*lə*)} کاسهٔ مفصل ، گوده ، حاق‌الفخذ
acetate (*as'eteit*) *n.* نمك جوهرسرکه
a. of lead شکر سرب
acet'ylene (*-ili:n*) *n.* استیلن {لفظ فرانسه}
achene (*əki:n'*) *n.* فندقه
acid'ity (*-ti*) *n.* حموضت ، ترشی
acidosis (*-dou'-*) *n.* غلبهٔ اسید ِ خون
acromion (*-rou'miɔn*) *n.* {-mia (*miə*)} نوك‌شانه ،قلة‌الکتف
actin'ic(al) *a.* دارای خواص شیمیائی - مربوط به تابش شیمیائی - مربوط باشعهٔ ماوراء بنفش
ac'tivate (*-veit*) *vt.* دارای خواص radioactive کردن
active • – on a. service درجبهه
actuarial (*aktiuê'əriəl*) *a.* مربوط به‌آمارگری - ریاضی، آماری
ac'tuary (*-əri*) *n.* آمارگر
acuity (*əkiu':iti*) *n.* تیزی ، حدت
acuminate (*-net*) *a.* نوك دار - نوك تیز
acute'ness *n.* تیزی ، حدت
Adam's ale (*or* wine) آب
addict (*ad'ikt*) *n.* شخص معتاد
opium a. شخص تریاکی یا عملی
Ad'dison's disease ناخوشی‌ادیسون {حالت مرضی در غده کلیوی که بیشتر بر اثرسل پیدا میشود}
adducent (*adiu':sənt*) *a.* مقرب {در عضلات}

adenitis (*adənai'-*) *n.* التهاب غده
adenoma (*adənou'mə*) *n.* بزرگ شدگیِ غده
ad'ipose (*-pous*) *a.* & *n.* (۱) چرب ، پیه‌دار ، شحمی (۲) چربی حیوانی
adiposity (*-pɔs'iti*) *n.* چربی-چاقی
ad'itus (*-təs*) *n.* مدخل ، راه
adjuvant (*aj'uvənt*) *n.* کمك‌دارو
admire • - مرید (چیزی) بودن ، ارادت به (چیزی) ورزیدن
adrenal (*-ri':nəl*) *a.* نزدیك کرده- روی گرده
advance • – make advances پیشنهاد آشتی دادن
advantage • – take at a. غافلگیر کردن
advised (*ədvaizd'*) *a.* سنجیده - عاقلانه
adynamia (*ədinei'miə*) *n.* بی‌بنیگی و ضعف مفرط
aeon (*i':ən* ; *i':ɔn*) *n.* (قرن) ابدیت - زمان لایتناهی - قوهٔ ازلی
aerogastria (*êərogas'triə*) *n.* وجود هوا در معده
aestivate (*es'tiveit*) *vi.* تابستانرا بسر بردن
afferent (*af'ərənt*) *a.* بداخل برنده، بمرکز رسانننده
affix (*af'iks*) *n.* لفظ معنی {اعم از پیشوند یا پس‌وند}
Af'ghan (*-gan*) *n.* افغانی
after • – ask a. جویای حال (کسی) شدن - سراغ از (کسی) گرفتن
aglac'tia (*-shiə*) *n.* کم شیری ، قلت ترشح شیر
ag'onizing *apa.* دردناك - اندوهناك
ag'rimony (*-məni*) *n.* غافث ، دوای جگر
ahem (*əhem'*) *int.* اهم {صدای سرفه مختصر}
air • – in the a. - یا در هوا
be put on the a. بوسیلهٔ رادیو پخش شدن
air'-borne *a.* با هواپیما برده شده - در پرواز
air'-condi'tioned *a.* دارایِ وسائلِ تصفیه یا خنك کردن هوا
air'craft-carrier *n.* هواپیما بر
air'drome = aerodrome
air'-lift *n.* باربریِ هوابی
akene (*əki:n'*) = achene
alert • -آژیر
algesia (*-ji':ziə*) *n.* حساسیت زیاد نسبت بدرد
alight • on one's feet از خطر دررفتن، قصردر رفتن ، سالم جستن
all • (*ɔ:l*)
a. day long در تمام روز
be a. ears سرا پا گوش بودن
for good and a. بطور قطعی ، برای همیشه
not at a. {در جواب سپاس‌گزاری} قابل نبود ، چیزی نیست ، بفرمائید
allergy (*al'ə:ji*) *n.* حساسیتِ مفرط بدن نسبت ببعضی اجسام خارجی
Amer'icanize (*-kənaiz*) *vt.* & *vi.* (۱) امریکائی‌مآب یا امریکائی نما کردن (۲) اصطلاحات امریکایی بکاربردن
am'ethyst *n.* یاقوت ارغوانی
amnesia (*-ni':ziə*) *n.* فراموشی
among • - از جملهٔ
amorce (*amɔ:s'*) *n.* خرج- چاشنی {برای طپانچه بچگانه}
am'poule (*-pu:l*) *n.* آمپول {لفظ فرانسه}
anaphylaxis (*-filak'sis*) *n.* حساسیت مفرط نسبت بمواد آلبومینی
anasarca (*anəsa':kə*) *n.* استسقاء عمومی یا لحمی
anatoxin (*-tɔk'sin*) *n.* زهرِ بی ضرری که در بدن موجب مصونیت گردد
androgynous (*-drɔj'inəs*) *a.*

نرو ماده - خنثی
aneurysm (*əniu':rizm*) *n.* اتساع شریان ، انوریسما
anhidrosis (*anidrou'-*) *n.* کاهش یا دفع عرق
anhidrot'ic *a.* & *n.* (داروی) دافع عرق
animal • *a.* حیوانی
ankylosis (*-kilou'-*) *n.* جمودمفصل
anneal (*ani:l'*) *vt.* آهسته سرد کردن ، آب دادن
annihilate • : {تلفظ این کلمه اینطور *ənai'əleit* است}
anorexia (*-rek'siə*) *n.* بی اشتهائی
anosmia (*ənɔz'miə*) *n.* فقدان شامه
answer • - عکس العمل نشان دادن
a. for مسئولیت (چیزی را) داشتن
an(t)aphrodisiac (*-diz'iak*) *a.* & *n.* (دارویی) که قوه باه را کم میکند
antenna • - آنتن {لفظ فرانسه}
anti- *pref.* {پیشوند بمعنی} ضدّ-
antipyret'ic (*-pai-*) *a.* & *n.* (داروی) ضدّتب، تب بُر
aperient (*əpi'əriənt*) *n.* ملین
aphtha (*af'thə*) *n.* برفك
apophysis (*əpɔf'i-*) *n.* زائده
approve • – **approved school** آموزشگاه دولتی برای خُردسالانی که مرتکب لغزش هایی میشوند
Ar'ab (*-əb*) *n.* عرب - اسب عربی
aren't {مختصر are not}
arm • – **hold some one at arm's length** با کسی کم محلی کردن یافاصله گرفتن
as • **for** (اما) راجع به
asciter (*asai'ti:z*) *n.* استسقاء شکم
asep'sis *n.* بی آلایشی از میکروب ، پاکی
ash'-pan = **dust-bin**
Asian (*ei'shən*) *a.* & *n.* آسیائی
ask • (*a:sk*)
a. for trouble برای خود دردسر درست کردن (یا خریدن)
assault • -هتك ناموس(کردن به)
assign • -انتقال دادن - واگذار کردن
assignee (*əsaini':*) *n.* منتقل الیه {برای این معنی assign هم می گویند}
asthenia (*-thi':niə*) *n.* ضعف ، سستی
ataxy (*atak'si*) *n.* بی نظمی وظایف اعضای بدن - بیقراری
Athenian (*əthi':niən*) *a.* & *n* آتنی - اهل Athens پایتخت یونان
atlas • - نخستین مهرهٔ گردن
aton'ic *a.* بی قوه ، ضعیف - بی تکیه
at'ony (*-əni*) *n.* سستی- فقدان تکیه
atrabil'ious (*-əs*) *a.* سودایی
attest • -برای خدمت نظام وظیفه نام نویسی کردن
aubergine (*ou'berzhi:n*) *n.* {Fr.} بادنجان
auc'tion *vt.* بمزایده گذاشتن
aureate (*ɔ':rieit*) *a.* طلائی
auric'ular (*-yulə*) *a.* گوشی - مربوط به شنوایی - مربوط بدهلیز قلب
auscultation (*ɔ:skʌltei'shən*) *n.* گوش کردن صدا های درونی بدن
austral (*ɔ:s'trəl*) *a.* جنوبی
autoclave (*ɔ':tokleiv*) *n.* اتوکلاو {لفظ فرانسه} - قسمی قابلمه
automatism (*ɔ:tɔm'ətizm*) *n.* حرکت خود بخود ، خودکاری - ملکه
au'toplasty *n.* ، پیوند از خود بخود پیوند جلدی
average • - (سهم انفرادی در دادن) خسارت کشتی
avitamino'sis (*ei-*) *n.* ناخوشی ای که از فقدان ویتامین پیدا شود
axle-shaft (*ak's'l-*) *n.* میل پولوس
azymous (*az'iməs*) *a.*

ورنیامده ، فطیر

B

ba'by-sitter *n.* بچه نگهدار
bachelor • **girl** دختر عزبی که مستقلاً زندگی میکند
bacter'icide (*-said*) *n.* میکرب کش
bacteriophage (*-ti'əriofeij*) *n.* باکتری خور ، میکرب خور
bad • — **with b. grace** با بی‌میلی
b. form بی تربیتی
b. shot تیرِ خطا رفته ، حدس غلط
baf'fle-board *n.* صداگیر ، حائل
bald • **as a coot** مثل کدو { از حیث طاسی }
ball'-bearings *n.* یاتاقان ساچمه‌ای
ballot • — **take a b.** رأی مخفی گرفتن
balls *npl.* {ز. ع.} تخم ، خایه
make a b. of خراب کردن ، بد انجام دادن
bal'uster (*-əstə*) *n.* ستون نرده (یا صراحی‌های پلکان)
bandbox • — **as if she has just come out of a b.** مثل اینکه تازه از لای زرورق درش آورده‌اند
ban'isters *npl.* = **baluster**
bank'-book *n.* دفترچه بانکی
banns (*banz*) *npl.* پیش آگهیِ ازدواج
barber • {تلفظ این کلمه اینطور : *ba':bə* است}
bargain *vi.* • طی کردن - قرار گذاشتن -{با **for**} آماده چیزی بودن یا انتظار آنرا داشتن
into the b. علاوه برآنچه طی شده
barium (*bê'əriəm*) *n.* باریوم {لفظ فرانسه}
barn • — **He cannot hit a b.-door.** شتر (یا فیل) به آن بزرگی را هم نمی‌تواند بزند { درتیر اندازی}
barn'-yard *n.* حیاط رعیتی ، جای نگاهداری مرغ و خروس
bat *vt.* برهم زدن
b. an eyelid چشم بهم زدن
bazooka (*bəzu':kə*) *n.* {U. S.} تفنگ ضد تانك
bell'y-ache *n.* & *vi.* (۱) دلدرد ، شکم درد (۲-ز.ع) درد دل یا ناله کردن
bemuse (*bimiu:z'*) = **stupefy**
biocidal (*baiosai'd'l*) *a.* ٭کشنده
bit • — **bits and pieces** هله‌هوله
blan'ket *a.* کلی ، عمومی {در سند بیمه}
blatant • **lie** دروغ شاخدار
blennorrhagia (*blenorei'jiə*) *n.* سوزاك
blepharitis (*blefərai'-*) *n.* ورم پلك چشم
blind • **drunk** مست خراب، پاتیل
blockage (*blɔk'ij*) *n.* عمل بلوکه کردن پول { « بلوکه » فرانسه است }
blocked *ppa.* بلوکه {لفظ فرانسه}
bloodsucker (*blʌd'sʌkə*) *n.* زالو - {مج} لخت کن ، غارتگر
blow • **hot and cold** تردید رأی داشتن - شل کن و سفت کن درآوردن
blue • — **the blues** یکری ، افسردگی
bollard (*bɔl'əd*) *n.* طناب بند
bone • —**make bones** پروا داشتن، تردید کردن
bone of contention موضوع دعوا
bone'-meal *n.* کود استخوانی
borborygmus (*bɔ:bɔrig'məs*) *n.* قرقر شکم ، قراقر بطن
bor'ic {*or* **boracic** (*-ras'ik-*)} **acid** اسید بوریك {لفظ فرانسه} ، جوهر بوره

bottle • - دسته (علف)
bounce • *vi.* [د. گک.] برگشتن [درگفتگوی از چك]
brash *a.* [Col.] پررو - جسور
break *n.* • -تنفس - مهلت
break • **even** سراسر دررفتن
break • **the news** خبر (بدی) را افشاء کردن
brick • — **He is a b.** [Sl.] آدم خوبی است
bulge • - افزایش موقتی ، تورّم
bully • زبردست آزار ، قلدر

C

caboose' *n.* آشپزخانه کشتی - [در امریکا] اطاق کارگران در قطار
cachectic (*kəkek'-*) *a.* دچارِ ردائت مزاج ، دارای مزاج بد یا فاسد
cachexia (,,*siə*) *n.* ردائت مزاج
caecum (*si':kəm*) *n.* رودهٔ کور
cagey (*kei'ji*) *a.* [U.S.] ناقلا
cal'amint *n.* فرنجمشك - بادرنجبویه
calcifica'tion *n.* آهك‌سازی -تحجر
calcina'tion *n.* تكلیس
cal'cine (*-sin*) *vt.* & *vi.* (۱) آهکی کردن (۲) آهکی شدن
cal'cium (*-əm*) *n.* کلسیوم [لفظ فرانسه]
calorim'eter (*-tə*) *n.* کلری سنج [رجوع شود به **calorie** در متن]
camellia (*kəmi':liə* ; *-mel'-*) *n.* کاملیا [لفظ فرانسه ونوعی گل‌است]
canna (*kan'ə*) *n.* گل احتر
can'nibalize (*-bəlaiz*) *vt.* اوراق‌کردن (یك ماشین‌کامل) برای‌تهیه اثاثیه جهت چند ماشین دیگر
cannula (*kan'yulə*) *n.* لوله، میل
cap • **a well** درِ چاهی را گرفتن، چاهی را مهار کردن
capitalise • -مورد استفاده قراردادن
carcinoma (*ka:sinou'mə*) *n.* (۱) = **cancer** - (۲) آماس سرطانی
cardia (*ka':diə*) *n.* [L.] فم معده
car'diac *a.* مربوط بقلب یا فم معده
cardi'tis *n.* التهاب عضلهٔ قلب
caries (*kê'ərii:z*) *n.* [L.] کرم‌خوردگی (دندان)- پوسیدگی(استخوان)
carminative (*ka':minətiv*) *a.* & *n.* (داروی) باد شکن
car'riage-way *n.* درشکه‌رو-ماشین‌رو
carrot • هویج فرنگی
cartoon • - فیلم تصاویر مضحك
cas'ting *n.* تقسیم نقشهای هنرپیشگان، رُل نویسی [«رُل» فرانسه است]
castra'tion *n.* اخته سازی
cat'tish ; **catty** (*kat'i*) *a.* گربه‌صفت- کنایه‌گو- کنایه‌دار ،گوشه‌دار
ceiling • .[مج]اوج، منتهادرجه
celestial • **latitude** [ه] میل
apparent c. latitude [ه]ارتفاع
c. longitude [ه] بعد ، دوری
apparent c longitude [ه] سمت
chemotherapy (*kemother'-əpi*) *n.* معالجه شیمیایی
chiragra (*kirag'rə*) *n.* نقرسِ دست
cholera • — **sporadic c.** وبای‌پائیزه ، ثقل سرد
choleret'ic (*kɔl-*) *a.* موجبِ ترشح صفرا
chorea (*kori':ə*) *n.* داءالرقص،قطرب
choroid (*kɔ':rɔid*) *or* **c. coat** مشیمه
chyle (*kail*) *n.* کیلوس [ازیونانی]
chyme (*kaim*) *n.* کیموس[ازیونانی]
cinemat'ic *a.* سینمائی
cir'culatory (*-lətəri*) *a.* مربوط بگردش خون
circumstance • — **in no circumstances** بهیچوجه ،ابداً ، هیچگاه
city • — **the C.** مرکز بازرگانی

و بانکی لندن
class'ics *npl.* — **the c.** زبان و ادبیات یونانی ولاتین، علوم‌ادبی باستانی
clean •
c. down گردگیری کردن (دیوار)
c. out • -(داخل چیزی را) تمیز کردن - بیرون رفتن
cleaned out {Col.} بکلی بی پول ، ناك
clean up • - نظافت کردن
clear • — **The coast is c.** مانعی درکار نیست
c. away برچیدن ، جمع کردن -{مج} برطرف کردن- ردشدن، ناپدید شدن
c. off بیرون رفتن
c. out • - بیرون رفتن ، در رفتن
c. the decks آمادهٔ جنگ شدن
c. up • - حل کردن
clearance • **sale** فروش وآب کردن اجناس غیرضروری و بنجل
clerk in holy orders = **clergyman**
climb • **down** پائین آمدن (از)
cling • **on to** محکم چسبیدن یا نگهداشتن
clinging dress لباسی که قالب تن است و شکل بدن را نمو دار میسازد
clip • - پاره کردن (بلیط)
clipper (*klip'ə*) *n.* کشتی تندرو
clock *v.* وقت (چیزی) را نگهداشتن یا ثبت کردن
close (*klous*) •
a c. call { Col. } **or a c. thing** بلایی که نزدیك بود (یا نزدیك است) رخ دهد
c. season فصل قدغن ، فصلی که شکار یا چیز دیگر ممنوع است
c. shave تراش صورت از ته - {مج} تصادف تقریبی
c. to نزدیكِ ، نزدیك به
close (*klouz*) *v.* •
c. about احاطه کردن - فرا گرفتن
c. in • **upon** نزدیك شدن به - فرا گرفتن
c. the ranks صفوف را محکم‌تر یا چسبیده بهم کردن
c. up • - بکلی بستن
c. with نزدیك شدن ، دست بگریبان شدن - پذیرفتن ، قبول کردن
close (*klouz*) *n.* •
bring to a c. پایان دادن (به)
draw to a c. پایان یافتن
close (*klous*) *adv.* نزدیك(تر) ، جمع تر
lie c. پنهان بودن ، قایم شدن
press c. فشار آوردن بر ، سخت‌گیری کردن به
clyster (*klis'tə*) *n.* اماله ، تنقیه
coagulant (*kouag'yulənt*) *n.* مادهٔ منعقدکننده
coccyx (*kɔk'siks*) *n.* عُصعص
colitis (*kəlai'-*) *n.* ورمِ (آستر) قولون
collect • -{د. گ} آوردن
collateral • **security**(*or* **c.**) وثیقه
collutorium (*-lɔ'riəm*) *or* **collutory** (*kɔl'yutəri*) *n.* غرغره
comb • -زیرورو کردن، جستجو کردن
commander - in - chief • ، سرفرمانده
comman'do (*-dou*) *n.* کماندو {لفظ فرانسه}
communize (*kɔm'yunaiz*) *vt.* اشتراکی کردن
compell'ing *a.* جالب توجه یا گیرنده - درخور تحسین
concur'rently *adv.* با هم ، متقارناً ، دریك وقت ، در همان وقت
condyle (*kɔn'dil*) *n.* مهرهٔ مفصل، برآمدگی استخوان
conjunctiva(*kənjʌnktai'və*) *n.* (غشاء) ملتحمه

conjunctivitis (*-vai'-*) *n.* ورم ملتحمه

constric'tor (*-tə*) *n.* عضله قابضه- قسمی آلت فشاری در جراحی

boa-c. بوآ [لفظ فرانسه]، اژدر مار

contact • **some one** با کسی تماس گرفتن (یا تماس پیدا کردن)

coprology (*kəprəl'əji*) *n.* بحث در هزلیات - [معنی اصلی] مدفوع شناسی

cor'ny *a.* [Sl.] کهنه ، قدیمی

coronary (*kər'ənəri*) *a.* اکلیلی

coroner • - مأمور نظارت در گنج های کشف شده

costume • **jewellery** جواهر تزئینی بدل

coxa (*kək'sə*) = **hip**

crap'ulent (*-yulənt*) *a.* ناشی از زیاده‌روی (در خور و نوش) - پرخور

crap'ulous (*-yuləs*) *a.* ناخوش زیاده‌روی

create • -[ز. ع.] داد و بیداد کردن

crested • **lark** کاکلی

cret'inism (*-nizm*) *n.* خلقت و مشاعر ناقص در نتیجه کمی ترشح در غده درقی (thyroid)

cub • **reporter** خبرنگار بی تجربه

cu'bital (*-təl*) *a.* زندی، ارجی

cu'bitus (*-təs*) *n.* [L.] زند اسفل

cupboard • **love** عشق مصلحتی، عشق شکمی

curettage *n.* [Fr.] کورتاژ ، تراش

curette (*kiuret'*) *n.* & *vt.* (۱) چاقوی کورتاژ یا تراش (۲) کورتاژ کردن ، تراشیدن

curric'ulum • **vitae** (*-vai'ti*) خلاصه سوابق معلومات و تجربیات

curtain • – "C. 8 p. m." = The c rises at 8 p. m. پرده ساعت ۸ بالا میرود [نمایش ساعت ۸ شروع میشود]

cut • **a figure** جلوه کردن - عرض اندام کردن - نقشی ایفا کردن

cut no f. [U. S.] بحساب نیامدن، بدرد نخوردن

cutaneous (*kiutei'niəs*) *a.* پوستی ، جلدی

cystalgia (*sistal'jiə*) *n.* درد مثانه

cystitis (*sistai'-*) *n.* ورم مثانه

cystos'copy (*-kəpi*) *n.* معاینهٔ مثانه

D

Dago (*dei'gou*) *n.* [U. S.; Sl.] (کنیه) اسپانیولی یا پرتغالی یا ایتالیائی

Damascus (*dəmas'kəs*) *n.* دمشق

Dame • **nature** مادر طبیعت

damnation (*-nei'shən*) *n.* هلاکت

damp • – **cast a d. over** منقص کردن - بکر یا مأیوس کردن

d. (*vt.*) **some one's spirits** روح کسیرا افسرده کردن ، کسیرا بکر یا مأیوس کردن

dance *n.* • – **have a d.** رقصیدن

lead one a d. کسی را توی دردسر انداختن یا دست بسر کردن ، کسیرا به رقاصی واداشتن

give a d. مجلس رقص دایر کردن

danger • – **He is in d. of losing his money.** احتمال دارد که پولش از دست برود، پولش درخطر است

It is a d. to خطر است برای

be at d. حاکی از خطر بودن

dap'ple-grey *a.* ابرش، خاکستری خال خال

dare • – **I d. say** بجرأت میتوان گفت ، احتمال دارد

dare'-devil *a.* & *n.* (آدم) بی پروا

dark • - پوشیده

look on the d. side of things جنبهٔ بد اوضاع را دیدن، با عینک بدبینی

به‌اوضاع نگاه‌کردن
dark • horse اسبی که بخلاف انتظار برنده میشود ـ[مج] طلای زیر خاکستر
keep d. پنهان داشتن ـ پنهان بودن
the D. Continent قارهٔ سیاهان [یعنی افریقا]
be in the d. about سر از (چیزی) درنیاوردن ، در (چیزی) روشن نبودن
dash • — make a d. for عجله برای پیدا کردن (چیزی) کردن
make a d. at حمله‌کردن به
day • — all d. long در تمام روز
by the d. روزانه
day'- boy *n.* دانش آموز روزانه
dead • ـ بی برگشت، بی‌واکنش
d. drunk مست‌خراب، مست‌لایعقل
dead heat برابری کامل در مسابقه دو
d. pan {Sl.} قیافهٔ مات و بی حالت
deal (*di:l*) *n.* معامله‌ـ برنامه، روش، ترتیب ـ [در بازی] دور، نوبت
give some one a square d. منصفانه باکسی رفتارکردن
deal (*vt.*) **• a blow** ضربت زدن
deal (*vi.*) **with •** ـ بحث‌کردن از رفتار یا معامله‌کردن با
death •
catch one's d. of cold سرمای سخت و مهلك خوردن
war to the d. جنگ تاآخرین‌نفس
at death's door دم مرگ ، در خطر مرگ
débacle *n.* {Fr.} شکست ناگهانی‌ـ سقوط ـ درهم شکستن یخ (در رودخانه)
debark (*diba:k'*) = **disembark**
début *n.* {Fr.} نخستین‌عرض‌اندام در جامعه یا روی صحنه
débutant *n.* { Fr. } { *Fem.* **-tante** } کسیکه برای نخستین بار در جامعه یا بصحنه نمایش وارد میشود ـ [با داشتن e درآخر] دختری که (بپادشاه یا ملکه) معرفی میشود
decadent (*dək'ədənt*) زایل شونده ـ رو به انحطاط‌گذارنده
decease • ـ[بصورت فعل] مردن
decigramme (*des'igram*) *n.* یك دهم گرم ،دسیگرم [لفظ فرانسه]
decilitre (*des'li:tə*) *n.* یك دهم لیتر ، دسیلیتر [لفظ فرانسه]
decimate (*des'imeit*) *vt.* یك‌دهم یا عده زیادی از (مردمی) راکشتن
decimeter (*des'imi:tə*) *n.* یك دهم متر ، دسیمتر [لفظ فرانسه]
decision • — arrive at (*or* **come to**) **a d.** تصمیم اتخاذ کردن
declutch (*di':klʌch*) *vi.* کلاچ اتومبیل راگرفتن
décolletée • {Fr } ـ.دکلته پوش
decrease • — on the d. رو بکاهش گذارنده
defat'ted (*di:-*) *a.* چربی گرفته [د بمعنی بی چربی]
deferential (*-fəren'shəl*) *a.* حرمت‌گزار
defiance • — set at d. = **defy**
delight • — take d. in something ازچیزی لذت بردن
deliver • up (*or* **over**) تسلیم یا واگذارکردن
del'toid (*-tɔid*) *a.* دالی (شکل)، سه‌گوش
demesne (*dimi:n'*; *-mein'*) *n.* ملك شخصی یا متصرفی ـ تصرف مالکانه
demud (*di:mʌd'*) *vt.* {-ded} گل را از سر (چاه) برداشتن
denatured spirit (*di:nei'-chə:d-*) الکل تقلیبی
depositary (*dipɔz'itəri*) *n.* امین
depository • ـ امین
depth • — I am out of my d.

عقلم قد نمیدهد ، سر در نمی‌آورم

deration (*di:rash'an*) *vt.* آزادکردن { از جیره بندی }

Derby (*da':bi*) *n.* اسب دوانیِ سالیانه داربی

derby (*da':bi*) {U. S.} — bowler

derma (*da':ma*) *n.* زیر پوست ، لا پوست

dermatology (*damatol'aji*) *n.* مبحث امراض پوست

deserter (*diza':ta*) *n.* سرباز فراری

desideratum (*disidarei'tam*) *n.* {-ra (*ta*)} کمبود، چیز مورد نیاز

desperado (*-parei'dou*; *-rab':-*) *n.* جانیِ از جان گذشته

Deuteronomy (*diu:taron'ami*) *n.* سفر تثنیه

devil • — between the d. and the deep sea از دو طرف گرفتار ، میان آب و آتش - در حیص و بیص

give the d. his due حق هر کس را {از لحاظ عدالت} دادن ، عیب و هنر کسی را کما هو حقه گفتن

go to the d. فناشدن ،خانه خراب شدن - {در صیغ امر} بروگم شو

play the d. with برهم زدن

printer's d. پادو چاپخانه

poor d. ! بیچاره ، بدبخت

How the d. . . ? . . . آخرچطور

I don't know who the d. he is. چه میدانم کیست ؟

d. a one هیچکس

a d. of a . . . ! ! . . . چه

devour • - از پا درآوردن ، تقریباً نابودکردن - (کسیرا) باچشم خوردن یا بچشم خریداری نگاه کردن

devoured by مستغرقِ ، مجذوبِ

diabetic (*daiabi':tik*; *-bet'-*) *a.* دچار سلس‌البول یا مرض قند

dic'taphone (*-tafoun*) *n.* دیکتافن : ماشین ضبط سخن ، ماشینِ دیکته

die •— d. in one's bed بمرگ طبیعی مردن

d. in one's boots (*or* shoes) بمرگ غیر طبیعی مردن

d. game دلیرانه و شرافتمندانه‌مردن

never say d. مأیوس یاتسلیم نشدن

die'-hard *a.* جان سخت - {مج} سرسخت

dig • out (با حفر یاکاوش)درآوردن

dilapidation (*-dei'shan*) *n.* خرابی ، خراب شدگی - فرسودگی - غرامت خرابی یا فرسودگی یا شکستگی

dil'uent (*-yuant*) *a.* رقیق‌کننده

dim • — take a d. view of با بدبینی نگریستن

din'ghy ; - gey (*-gi*) *n.* کرجی کوچك - قایق پارویی تفریحی

dip • - درست کردن (شمع پیهی)- درآب ضد عفونی شستن (گوسفند)-رنگ کردن (لباس)

d. deep تعمق‌کردن

diplopia (*-lou'pia*) *n.* دو بینی

dirt •

as cheap as d. بقیمت آب جو ، مفت مسلم

fling d. at {مج} لجن مال کردن

yellow d. {مج} طلا ، زر

dish'-water *n.* آب‌کثیف‌ظرف شویی

dispatch'-rider *n.* {نظ} پیك‌سواره

dispersal (*-pa':sl*) *n.* پراکندگی

dis'putant (*-tant*) *n.* & *a.* طرف منازعه

distance •

in (*or* from) the d. از دور

keep one's d. دوری کردن

distemper • - نزلهٔ سگ

distinction • without a diffe-

rence ترجیح بلا مرجح
distrib'utive (*-yutiv*) *a*.
[د] توزیعی ، دال بر فرد
[either و every و each چون]
ditch • – in the last d.
تا دم آخر
ditch'-water *n*. آب راکد
ditto • – say d. متفق‌القول بودن، همزبان بودن
diuret'ic (*dai-*) *a*. & *n*.
پیشاب آور، مدر
do • -در(درس) کار کردن ، خواندن
do [مخفف ditto]
documentary film فیلم مستند
[مقصود مستند بصحنه های واقعی‌است]
doff (*dɔf*) *vt*. برداشتن (کلاه)- کندن (لباس)
dog •
top d. شخص زبر دست یا ظالم
under d. شخصی توسری‌خوریامظلوم
put on d. [Col.] خود را گرفتن
help a lame d. over a stile
درمانده ای را دستگیری کردن
He is a d. in the manger.
نه خود خورد نه کس دهد
گنده کند بسگ دهد
dog'-tired *a*. خسته و مانده
dog'matism (*-mətizm*) *n*. فلسفهٔ جزمی - اظهار عقیده بطرز آمرانه و بدون دلیل
dog'matize (*-mətaiz*) *v*. بطور آمرانه و بدون دلیل (چیزی) گفتن
dole • – go on the d. حقوق ایام بیکاری گرفتن
dom'inie *n*. [در اسکاتلند] آموزگار
don'key-engine *n*. ماشین بخاری که در کشتی کار جر ثقیل را میکند
door • – show some one the d. کفش کسیرا جفت کردن
double *a*. • – bookkeeping by d. entry دفترداری مترادف
double *v*. • -دور زدن
d. up (بخود) پیچیدن - تاه شدن
doub'le-edged *a*. دو دم - [مج] دو پهلو
doub'le-faced *a*. دورو
dour (*duə*) *n*. سخت - سر سخت
down *adv*. & *a*. • - پائینی - پائین رو
He is d. with fever تب کرده‌و خوابیده است
pay d. نقد دادن ، فی‌المجلس دادن
D. with your money. پول نقد بگذارید ، بشمارید
d. (the) wind در جهت وزش‌باد
d. train قطاری که به پایتخت می آید یا از آن خارج میشود
d.-draught بادی که از دودکش به اطاق میوزد
down *vt*. [Col.] بزمین زدن ، بزمین گذاشتن - سر کشیدن
down *n*. بستی ، ادبار [بیشتر در جمع و درعبارت ups and downs «پستی و بلندی» بکار میرود] - نفرت
have a d. on [Col.] نفرت داشتن از
drag • up [Col.] بد بالا آوردن
dragée *n*. [Fr.] نقل بادام - شیرینی شکلاتی - قرص دارویی
drain • (to the dregs) - تا ته سر کشیدن
dram'atis personae (*-ətis pə:sou'ni:*) *npl*. [L.] فهرست (اسامی) هنر پیشگان
drape *n* پرده
draw • - دم‌کردن (چای) - دم‌کشیدن- پاك كردن (اندرون مرغ)- جلب کردن - موجب شدن
d. it fine مجال (یا جای) خیلی کمی باقی گذاشتن
d. off عقب نشینی کردن
d. on • - در دست کردن (دستکش)
d. up • - توقف‌کردن -

صف کشیدن ـ نزدیك شدن

drawing •

out of d. غلط رسم شده

dream • t. بخواب یا بطالت گذرانیدن

dregs • of society پست ترین
توده، اسافل الناس

drink to the d. تا ته آشامیدن

dressing • مس وچاشنی وچیز های
دیگری که به خوراك افزوده میشود

drey (drei) n. لانۀ ، وش خرما

drink • in با شوق و ولع
گوش دادن

in d. مست

drive • into a corner در تنگنا
گرفتار کردن ـ مجاب کردن

let d at سوی هدف راندن ،
متوجه هدف کردن

drop • away جدا شدن ، پشت کردن

d. off جداشدن ، پشت کردن ـ
چرت زدن

d. through نقش برآب یا هیچ شدن

dros(h)'ky n. درشکه

drug • in the market جنس بنجل

drum vt.

d. into one's head با تکرار در
گوش کسی فرو کردن

d. up با طبل احضار کردن ـ
[در اصطلاح نآتر] نقش خود را
فراموش کردن

dry'-cleaning n. لکه گیری (لباس)

dry'-rot n. فاسدچوب که علت آن
وجودنوعی از گیاه قارچی است ـ [مج]
فساد اخلاقی غیر محسوس

dry'-shod a(dv.) بدون ترشدن پا

dual • ownership مالکیت مشترك
(یا دونفری)

ducal (diu':kəl) a. وابسته به
دوك (duke) ـ مانند دوك

duck • - like a d to water
بهمان سهولت که مرغابی در آب رود

duet (diu':it) n. قطعه موسیقی
برای دو نفر یا دو ساز

dumpling (dʌm'.) n. خمیری که
گلوله کرده با گوشت و سبزی به پزند
یا سیب لای آن گذارند

duodenum (diuoudi':nəm) n.
دوازدهم ، اثنا عشر

duodenitis (-nai'-) n. ورم
اثنا عشر، آماس دوازدهم

**dust • - throw d. in one's
eyes** کسیرا اغفال کردن

bite the d. بزمین خوردن
(مردن یا مجروح شدن)

d. one's jacket کسیرا زدن

duty • - It does d. for ...
کار ... را میکند (یعنی بجای آن مورد
استفاده واقع میشود)

dye • - of the deepest d.
بدترین

dyspep'tic a. دچار سوء هاضمه

dysuria (disiu':ria) n.
عسرالبول ، ادرار دردناك

E

eaglet (i:g'-) n. بچه عقاب ،
جوجه عقاب

ear • - be all ears سراپا گوش
بودن

a word in your e. حرف محرمانه
(یا سرِ گوشی) با شما دارم

I had his e. توجه اورا جلب کردم

I would give my ears. از
گوشم التزام میدهم

My ears were burning. گوشم
صدا میکرد (از من صحبت میکردند)

set two persons by the ears
میانه دو نفر را بهم زدن

ear'-drum n. صماخ یا طبل گوش

early • - earlier on پیشتر ، سابقاً

East In'dies npl. جزایر هند شرقی

eat • one's words حرف خودرا
پس گرفتن

ea'ter *n.* - خورنده
a good e. آدم‌خوش‌خوراك‌یاپرخور
ébullition (*ebʌlish'ən*) *n.* جوش ، غلیان
ecchymosis (*ekimou'-*) *n.* خون مردگی
Ecclesiastes (*ikli:zias'ti:z*) *n.* کتاب جامعه [بقلم حضرت سلیمان]
eclamp'sia (*-siə*) *n.* تشنج آبستنی
Eden (*i':d'n*) *n.* باغ عدن
edge • – **take the e. off something** چیزیرا کند یاسست کردن
give a person the e. of one's tongue کسیرا سرزنش کردن
e. (*vt.*) **with plants** درحاشیه یا کنار . . . چیز کاشتن
e. one's way آهسته راه خود را پیدا کردن
effect • – **No effects** محل ندارد ، وجه خالی است [علامت بانکی آن اینطور : N/E است]
effective • **from** از ، ازتاریخِ
efferent (*ef'ərənt*) *a.* بیرون بر ، بیرون برنده
egg • – **put all one's eggs in one basket** همه سرمایه خود را یکجا در معرض مخاطره گذاشتن ، «سودا را یکجا کردن»
teach one's grandmother to suck eggs بلقمان حکمت آموختن
a bad egg آدم بی وجود یا بی عرضه - کار بیهوده ، نقشه عاطل
ejaculation (*ijakyulei'shən*) *n.* خروج یا جهش (منی)- وِرد یا سخن کوتاه
elbow • – **at one's e.** دم دست ، در آستین
elect • - ترجیح دادن ، مایل بودن ، خواستن
elec'toral (*-tərəl*) *a.* مربوط به انتخاب (کنندگان)
e college [در امریکا] هیئت انتخاب کنندگان رئیس جمهور
elec'tron (*-trɔn*) *n.* الکترون : کوچکترین واحد منفی الکتریسیته
element • - **He is out of his e.** به آن موضوع آشنا نیست و از این حیث ناراحت است
el'fin = (1) **elfish** ; (2) **dwarf.**
Elysian (*iliz'iən*) *a.* بهشتی
Elysium (*iliz'iəm*) *n.* بهشت [در اساطیر]
embodiment (*imbɔd'imənt*) *n.* تجسم - تضمن - درج
em'bolism (*-lizm*) *n.* خون بستگی درشریان
embryology (*-briɔl'əji*) *n.* جنین شناسی
emphysema (*-fisi':mə*) *n.* تنفخ ، انتفاخ ، باد ، ورم
end • – **no e.** [Col.] زیاد
no e. of زیاد ، بسیار - بزرگ
to the e. that برای اینکه
without e. بی نهایت ، بی انتها
It is at an e. بپایان رسیده است
make an e. of موقوف یاتمام کردن
e. (*vt.*) **up** خاتمه دادن
en'doscope (*-koup*) *n.* درون بین
endos'copy (*-pi*) *n.* درون بینی
English • **Channel** بحرمانش [«مانش» فرانسه است]
enteritis (*-rai':-*) *n.* التهاب روده
envy • **a person something** بچیزِ کسی رشك ورزیدن یا به آن غبطه خوردن
epistaxis (*-tak'sis*) *n.* خون‌دماغ
epizootic (*-zouɔt'-*) *a.* & *n.* (ناخوشی) همه‌جاگیر [در دام پروری]
equality • – **on an e.** برابر
ergo (*ə':gou*) *adv.* [L.] بنابراین
errhine (*er'in* ; *er'ain*) *a.* & *n.* (داروی) عطسه آور ، نشوق

erysip'elas (-ələs) n. باد سرخ
escape • -- make good one's e.
موفق بفرار شدن
Eton (i':tn) n. نام شهری از
انگلستان و دانشگاه معروف آن
E. collar یقهٔ راست و بلند
E. crop {لفظ فرانسه} آلاگارسن
E. jacket نیمتنهٔ کوتاه پسرانه
Euclid (yu:k'-) n. اقلیدس
eureka (yuri':kə) int.
{لفظ یونانی} پیدا کردم
Eurhythmics (yu:rith'-) npl.
تناسب حرکات بدنی (که بوسیلهٔ موزیك
پیدا میشود)
evan'gelist (-je-) n. انجیل نویس
Eve (i:v) n. حوا
every • so often گاه و بیگاه
exact • sciences علوم دقیقه ،
علوم ریاضی
ex'cavator (-kəveitə) n. - حفار
ماشین حفاری
exceed • the speed - limit
سرعت داشتن {در رانندگی}
exchenge • greetings بیکدیگر
سلام کردن ، سلام رد و بدل کردن
ex'it vi. {L.} خارج میشود
exomphalos (eksɔm'fəlɔs) } n
exomphalus (-ləs)
فتق ناف
expectation •
in. e. of بانتظار
expec'torant (-tərənt) a. & n.
(داروی) خلط آور
expense • -- go to the e. of
something پول برای چیزی
خرج کردن یامایه گذاشتن
at his e. بزیان یاعلیه او، بخاطر او
We had a laugh at his e.
بریش او خندیدیم
express • oneself مقصود خودرا
فهماندن

extreme • -- in the e. بی نهایت
eye • - قوهٔ تشخیص یا بینائی
Mind your e. بپائید،ملتفت باشید
Eyes left ! نظر بچپ !
eye'-glass n. شیشه‌ای‌که برای کمك
بینائی بکارمیرود - عدسی

F

face • -- pull (or wear) a
long f. قیافه عبوس بخودگرفتن
f. card {در ورق} صورت
f. down مورد عتاب یا تشرقراردادن
to one's f. توروی شخص
About f. {نظ} عقب‌کرد !
Left f. {نظ} بچپ چپ !
f. the music درمحنت وآزمایش
استوار بودن
face'-lifting n. جوان نما کردن
صورت بوسیله صاف کردن چورول
های آن ، جراحی پلاستیك صورت
fæces (fi':si:z) npl. - مدفوع
دُرد
faerie or -ry (fei'əri) n. &
a. (۱) (سرزمین)اجنه یا پریان
(۲) خیالی
fair • play {مج}برابری، مساوات
be in a f. way محتمل - امیدوار
fair - spo'ken a. خوشزبان ، مؤدب
fairyland (fêə'ri-) n. سرزمین
پریان - {مج} جای بسیاربا صفا ، بهشت
روی زمین
faith • -- put one's f. in
ایمان آوردن یا عقیده داشتن به
bad f. سوء نیت ، قصد فریب
falconry {fɔ':(l)kənri} n.
قوش بازی ، بازداری ، شکار با باز
fall • away مرتد شدن - فاسد شدن
f. back • - عقب نشینی کردن
f. for {U.S.; Sl.} شیفتهٔ . شدن
f. in • -واجب‌الادا شدن

f. off (ازهم) جدا شدن ـ کم شدن ، رو بکاهش گذاردن یا فاسد شدن ـ عاصی یا مرتد شدن
f. out دعوا کردن ، درافتادن ـ چنین اتفاق افتادن یا نتیجه دادن
f. to دست بکار (غذا خوردن یا جنگ) شدن
fallow (*fal'ou*) *a.* زرد کمرنگ
f.-deer قسمی گوزن زرد کوچك
false • colours {مج} نعل وارونه
famous • ـ{د.گ} خوب یا عالی
fan • the flame آتش‌را دامن زدن
fancy • – Just f. فکرش را بکن !
fane (*fein*) *n.* {Poet.} معبد
far • and away بمراتب
a f. cry راه بسیار دور
farcinoma (*fa:sinou'ma*) *n.* سراجه
far'-see'ing *a.* دوراندیش، بااحتیاط
far'thermost *a.* دور ترین
farthing • – It doesn't matter a f. هیچ اهمیت ندارد !
Fascist (*fash'ist*) *n.* فاشیست
fashion • – after (or in) a f. یکجور ، تا یك اندازه ، نه چندان خوب
set the f. مدکردن ، باب‌کردن
woman of f. زن امروزی
fasten • ـ نسبت دادن
f. off گره زدن (ته نخ)
f. a quarrel upon some one برای نزاع با کسی بی‌بهانه گشتن
fauna (*fɔ':na*) *n.* {-næ(*ni:*) or -nas} همه جانوران یك سرزمین
favour •
most-favoured کاملة‌الوداد
favus (*fei'vas*) *n.* سعفهٔ شهدیه
feather • ـ پرندگان شکار کردنی
in high (or full) f. سر خلق
feath'er-weight *n.* پروزن
feath'ery *a.* پرمانند ؛ نرم یا سبك
feature • film فیلم اصلی
feb'rifuge (*-fiuj*) *n.* تب بر
feed • up (با غذا) فربه کردن
feel • quite oneself سرحال یا تندرست بودن ـ خون سرد بودن
fell *a.* {Poet.} درنده خو ـ خوفناك
fellow • – Poor f. (ای) بیچاره !
hail-f. well-met صمیمی
femur (*fi':ma*) *n.* استخوان ران ، فخذ
feverish • ـ ناشی از تب
fiddle • ـ{ز.ع.} گوش (کسیرا) بریدن
fidu'ciary (*-shari*) *a.* اماناتی، سپرده ـ امانت‌دار ـ اعتباری
field • ـ رشته
fight • (it) out با جنگ خاتمه دادن ، از راه جنگ یکسره کردن
f. off بزحمت دفع یا دور کردن
put up a good f. خوب جنگیدن
show f. تسلیم نشدن ، سر جنگ داشتن
figure-head • ـ پیکر جلو کشتی
find *vt.* **• – f. one's feet** ایستادن یا راه رفتن ـ{مج} تکیه برقوای خود کردن
find *n.* یافت ، کشف (گنج و مانندآن) ـ غنیمت یافته ـ محل پیدا کردن چیزی
fine *a.* **• – one of these f. days** یکی از این روزها انشاءالله ، درآیندهٔ نزدیك
fine *v.* صاف کردن یاشدن ـ نازك کردن یا شدن ـ رقیق کردن یا شدن
fin'ger-stall *n.* انگشت پوش
finish • off تمام کردن ـ{د.گ.} کار (کسی) را ساختن ، خلاص کردن {کشتن} ـ دست کاری کردن
fire *n.* **• – set the Thames on f.** خایه غول را شکستن
f. away (*vt.*) شروع کردن ، راه انداختن
fire'-alarm *n.* حریق نما
fire'-damp *n.* گاز معدنی

fire'-fly *n.* مگسی که ماده و نوزاد آنرا glow-worm «کرم شب تاب» گویند

fish • – feel like a f. out of water خود را غریب دیدن و ناراحت بودن

fit • – have a f. {Col} یکه خوردن ـ عصبانی یاخشمگین شدن
when the f. is on him وقتی که حالش‌را داشته باشد ، وقتی که عشقش بکشد

fix • ـ درست کردن {تعمیر کردن}

fixity (*fik'siti*) *n.* ثبات ، قرار ـ دوام ـ {ف} تاب گرما

fizz • ـ {ز.ع} شامپانی

fla'ky *a.* ورقه ورقه

flame • – commit to the flames سوزاندن ، آتش‌زدن
flame out برافروختن ، افروخته شدن

flamingo (*flәmin'gou*) *n.* قسمی مرغ با دراز وگردن دراز آبی ، با خلان ، مرغ آتشی

Flan'ders (*-dәz*) *n.* فلاندر {لفظ فرانسه} : سواحل شمالی فرانسه و بلژیك و هلند

flap *n.* • ـ {د.ک.} هیجان

flash'-light • ـ نورافکن

flea • – send one away with a f. in his ear کسیرا با لب و لوچه آویزان روانه کردن

flea'-bite *n.* گزیدگی یا نیش کیك ـ {مج} لگد پشه ، ناراحتی کوچك هزینه مختصر

flea'-bitten *a.* مگسی {در اسب}

Fleet Street {در لندن} خیابان روزنامه نگاران ، {مج} ارباب جرائد

flesh • – It makes one's f. creep. مو بر بدن انسان راست میکند
in the f. در جسم ـ در زندگی

fleur - de - lis *n.* {Fr.} (نام) آرم سلطنتی فرانسه ـ {معنی‌اصلی} زنبق یاسوسن

flexible • ـ قابل انعطاف

flicks *npl.* {Sl.} سینما

flight *n.* • ـ مقام

flint'-lock *n.* تفنگ چخماقی

flood • – in f. در حال طغیان

float • ـ شناگر {در ماشین}

floor'-lamp *n.* چراغ زمینی پایه دار

floor'-walker {U.S.} = shop - walker

flora (*flɔ':rә*) *n.* {-rae(*ri:*) or - ras} همهٔ گیاهان یك سرزمین

Florentine (*flɔ':rәnt ain*) *n.* اهل Florence در ایتالیا

flower •
in f. دارای شکوفه ، گلدار

flutter • the dove - cots آرامش مردم را برهم زدن

fly • high بلند پروازی کردن
make the money f. ولخرجی کردن ، ریخت وپاش زیادکردن
f. at higher game هدف بزرگتر یا همت بلند تری داشتن
f in pieces خرد شدن ، ریز ریز شدن

fly'-catcher *n.* (مرغ) مگس‌گیر

F.O. {مخففِ Foreign Office}

fo'c's'le {مخففِ forecastle}

fo'cusing-screen *n.* شیشه تار {اصطلاح عکاسی}

fog • – in a f. گیج ، متحیر

fog'-bank *n.* مه‌دریا، سراب دریائی

folk'-dance *n.* رقص‌باستانی (ملی)

follow in one's steps • (or footsteps) ـ{مج} بکسی تأسی یا از او تقلید کردن

font (*fɔnt*) *n.* حوض‌یا ظرف‌آب تعمیدی ـ ظرف‌آب مقدس ـ انبار لامپا

fool • – be a f. for one's

pains جان مفت کندن
April f. کسیکه روز اول آوریل آلت شوخی و فریب واقع میشود
send on fool's errand دنبال کار بیهوده فرستادن ، دست بسر کردن - [معنی تقریبی] بی نخود سیاه فرستادن
fool'-proof *a.* ساده وغیرقابل اشتباه (بطوریکه احمقان هم می فهمند)
foot • – He has one f. in the grave. پایش لب گور است
foot'sore *a.* – I am f. از بس راه رفته ام پایم زخم شده (یا آبله درآورده است)
orced *ppa.* زورکی ، اجباری
f. landing فرود آمدن اجباری
f. labour بیگار(ی)
fore'mast *n.* دگل نزدیك سینهٔ کشتی ، پیش دگل
fore'paw *n.* [ج. ش.] پنجه جلو ، دست جلو
foresail (*fɔ':səl;-seil*) *n.* شراع صدر، بادبان جلو [در foremast]
fore'taste *n.* مزه قبلی ، [مج] نمونه قبلی از یك واقعه خوش یا محنت انگیز - آزمایش قبلی
foretaste' *vt.* از پیش چشیدن - از پیش آزمودن
forget'-me-not' *n.* گل ِمرا فراموش مکن
forgiv'ing *apa.* بخشنده، باگذشت
forgotten [*pp.* of forget]
fork • out [Sl.] دادن
form • – formed of مرکب از، متشکل از
for'mat (*-mah*) *n.* [Fr.] قطع ، شکل ، اندازه
for'te (*-ti*) *a(dv.)* [It.] [مو]بلند
fortiss'imo *a(dv.)* [Fr] خیلی بلند
four'-poster *n.* تختخوابی که در چهارگوشه آن چهاردیرك نصب شده است
four'score *n.* هشتاد
four'some *n.* بازی گلف چهار نفری
frame • of mind طرز فکر
France (*frans*) *n.* (کشور)فرانسه
Franco - . . . . [در ترکیب] فرانسه و -
frau *n.* [Ger.] مادام ، بانو
fraulein (*frɔi'lain*) *n.* [Ger.] مادموازل ، دوشیزه
fray • – He is eager for the f. سرش برای نزاع درد میکند
free • hand آزادی عمل ، اختیار
make a person f. of one's house ورود بخانه خودرا برای کسی آزاد گذاردن
free'masonry (*-meis'nri*) *n.* اصول فراماسونها - [مج] هم فکری ، همدردی
freeze • - خشك شدن - تثبیت کردن
f. one's blood مو را بر بدن راست کردن
French • lawn باتیست [لفظ فرانسه]
freighter • - هواپیمای باری
friend • at court پارتی [لفظ فرانسه] ، طرفدار با نفوذ
fright • – take f. at ترسیدن از
She looked a f. in that hat. ریخت عجیبی با آن کلاه پیدا کرده بود
frost'-bitten *a.* سرما زده
fros'ting = icing
fruity (*fru':ti*) *a.* دارای طعم انگور -[مج] دارای هزلیات وشوخی
frying-pan • – out of the f.-pan into the fire از چاه بچاله
fuel • – add f. to the flames آتش را دامن زدن
Fuhrer (*fiu'ərə*) *n.* [Ger.]پیشوا
full'-fledged *a.* - پروبال درآورده - [مج] دارای رشدکامل - تمام عیار
fun • – in f. بشوخی
funeral • – That's my f ترا بگور من نمی گذارند

fur • and feather صید های زمینی و هوائی

G

gale • – It blows a g
باد سختی میوزد
gal'ley-proof *n.* نمونه ستونی {اصطلاح چاپخانه}
gam'bit *n.* گامبی {لفظ فرانسه}
game *n.* • – fair g. شکار مجاز
game *a.* دلیر(انه)ـ آماده
die g. دلیرانه جان دادن
gamut • ـ {مج} حیطه ، حدود
gaol • – g -bird کسیکه زندان خانه او شده است ، کرم زندان
gardenia (*ga:di'niə*) *n.* {گـ ش} گاردنیاـ {طب} جوز کوثل
gar'licky *a.* دارای (بوی) سیر
garner (*ga':nə*) *vt.* {Poet.} انبار کردن ، ذخیره کردن
gasometer (*-sɔm'itə*) *n.* مخزن گاز
gastral'gia (*-jiə*) *n.* دل‌درد ، درد معده
gastritis (*-trai'-*) *n.* التهاب معده
gastrodynia (*-din'iə*) *n.* درد معده
gate'-post *n.* تیرچارچوب دروازه
between you and me and the g.-p. بین من و شما {محرمانه}
gauntlet • – throw down the g. (با انداختن دستکش) حریف را دعوت بجنگ کردن
gear'-box *n.* جعبه دنده
gee-up (*ji':-ʌp'*) *int.* هو ، هین ، هی {در راندن اسب}
gelignite (*jel'ignait*) *n.* ژلین بیت {کلمهٔ فرانسه}
general • – as a g. rule بطورکلی
generalissimo (*-lis'imou*) *n.* فرمانده کل قوا {It.}
genet'ics *npl.* مبحث تکوین و توارث
geneva (*jini':və*) *n.* عرق اردج ـ {با G } ژـ نو {نام شهری در سویس}
genii {*pl.* of genie}
Genoa (*jen'ouə*) *n.* ژن {لفظ فرانسه و نام شهری است در ایتالیا}
G. cake قسمی کیک بادامی
gentian (*jen'shiən*) *n.* کوشاد ، جنتیانا
georgette (*jɔ:jet'*) *n.* ژرژت {لفظ فرانسه}
gesture • ـ {مج} حرکت ، اقدام ، عمل
get • there {Sl.} بجائی رسیدن ، موفق شدن
g. together • ـ شور و مذاکره کردن
gild • the pill نیش را بصورت نوش درآوردن ، چیز ناگواری را گوارا یا خوش نما کردن
glossitis (*glɔsai'-*) *n.* ورم زبان
god'liness *n.* دینداری ، خدا شناسی
gong • ـ {ز.ع } مدال {لفظ فرانسه}
good • – We are S 5 to the g. پنج دلار توی جیب ما رفت ، پنج دلار پیش هستیم
G. Friday آدینه ای که یادگار مصلوب شدن حضرت عیسی است
goose • – cook a person's g. آش برای کسی پختن ، کارکسیرا ساختن
All his geese are swans. همه چیز را اغراق آمیز میکند
Goth'ic *a* & *n.* (۱) وابسته به گت ها (Goths) گروه آلمانی نژاد که درسده های سوم تا پنجم میلادی بر امپراطوری رم نهاجم کردند ـ وحشی ، بربری (۲) حروف سیاه قلم ، کتیك {لفظ فرانسه} ـ زبان کتیك ـ سبك معماری کتیك
grade • crossing گذرگاه تراز
grap'pling-iron = grapnel
grasp • the nettle دلیرانه با

خطری مواجه شدن ، درمقابل بلا سینه سپر کردن

grass • – **Don't let the g. grow under your feet.** آب در دست داری نخور ، معطل نکن

graven (*grei'vn*) ***ppa.*** تراشیده، کنده ، منقوش [رجوع شود به **grave**]

grazier (*grei'zhə*) ***n.*** گاودار ، گله‌دار ،گله پرور

grease • – **in g.** پرواری ، پروار [قابل کشتن]

wool in the g. پشم‌نشسته ، پشم ناشور ، پشم تازه‌چین

Greek • – **It's G. to me.** هیچ از آن سردر نمی برم

grip • – **come to grips** دست بگریبان شدن

grocer • ، خوار بار فروش

grocery • ، خوار بار فروشی

ground • – **above g.** در حیات

stand one's g. در حرف یا عقیده یا دعاوی خود ایستادگی کردن

shift one's g. عقیده یا حرف خود را تغییر دادن

cover much g. جامع(الاطراف) بودن

down to the g. [Col.] از همه جهت

cut the g. from under one's feet زیرپای کسیرا سست کردن، دلائل کسی را خنثی کردن

break fresh g. زمین تازه ای را شخم زدن - [مج] مبادرت بکارتازه ای کردن

g. staff کارکنان زمینی فرودگاه

ground'-nut = **peanut**

grow'er ***n.*** [اسم فاعل **grow** که در ترکیب بکار میرود . مثال]

fruit-g. میوه کار

a fast g. گیاه ِتند رو

gruel • – **have** (*or* **get**) **one's g.** بسزای خود رسیدن

guard • – **off one's g.** غافل

guard'-house ; **g.-room** ***n.*** پاسدارخانه ـ زندان

guess • – **by g.** ; **at a g** حدساً

guide'-book ***n.*** راهنمای مسافرین

guide'-post = **finger-post**

gum'boots ***npl.*** گالش یا بوتین لاستیکی

gun • – **stand** (*or* **stick**) **to one's guns** موقعیت خود را حفظ کردن

It blows great guns. باد سخت میوزد

gun'-cotton ***n.*** باروت پنبه

gush'er ***n.*** چاه نفت پر فشار

gutter-snipe (*gʌt'əsnaip*) ***n.*** بچهٔ ولگرد یا کوچه گرد

gynecological (*-lɔj'ikəl*) ***a.*** مربوط به (علم) امراض زنانه

gynecology (*jinekɔl'əji*) ***n.*** علم امراض زنانه

H

habit'ué ***n.*** [Fr.] بینندهٔ همیشگی

haematem'esis (*hi:-*) ***n.*** استفراغ ِخون

haematol'ogy ***n.*** خون شناسی

haematoma (*-tou'mə*) ***n.*** کیسه یا ورم خونی

hair'-dressing saloon [U. S.] آرایشگاه ، مغازه سلمانی

half • – **do by halves** بطور ناقص‌انجام دادن

half - caste (*ha:f'-ka:st*) ***n.*** بچه(هندی)دورگه که پدرش اروپایی باشد

hand • **and foot** با دست‌وتوجه کامل

I have . . . on my hands. . . . روی دستم مانده یا بر عهدهٔ من است

Hands off ! دست زدن موقوف !

دست خر کوتاه !
not to do a hand's turn
کمترین کار یا کمکی نکردن
with a heavy hand ظالمانه
hand'-out *n.* اطلاعاتی که (از طرف دوائر دولتی) بجرائد داده میشود
hang • - چسباندن (کاغذ دیواری)- خم کردن ، پائین انداختن (سر)
hang over • some one در انتظار یاکمین کسی بودن، قریب‌الوقوع بودن
han'ky دستمال [در زبان‌کودکان]
ha'p'orth (*hei'pəth*)[Col.] = halfpennyworth
happen • — as it happens از قضا
hard •
be h. put to it در فشار بودن
hard'wood *n.* چوب جنگلی - چوب درختان خزان دار
H-bomb (*eich'bɔm*) *n.* بمب هیدروژنی
head • — over the heads of بالاتر از ، برتر از
h. over heels / heels over h. وارونه- [مج] سراسیمه
heart • — have a thing at h. زیاد دلبستگی بچیزی داشتن
heart'-strings *npl.* تار و پود قلب ، عمیق ترین احساسات
heather • — take to the h. سر گرده رفتن ، یاغی شدن
heliotrope (*hel'iətroup*) *n.* گل آفتاب‌پرست
hemiple'gia (*-jiə*) *n.* فلج نیمه تن
hemophilia (*hi:mofil'iə*) *n.* (استعداد مفرط به خون ریزی بواسطه رقت خون
hemop'tysis (*-ti-*) *n.* نفث‌خونی
hemostat'ic *a.* & *n.* (۱) خون بند (۲) داروی خون بند

hepati'tis *n.* ورم کبد
hermaph'rodite *n.* & *a.* نرماده ، نروماده ، خنثی ، نرموك
hermaph'roditism (*-rədai-tizm*) *n.* نرمادکی ، خنثائی
heroin (*her'oin*; *-roin'*) *n.* هروئین [لفظ فرانسه]
herpes (*hə'pi:z*) *n.* تبخال - دانه
Herr *n.* [Herren] [Ger.] آقا
Hert'zian waves امواج الکتریکی
heterogen'esis *n.* تناسل ناجور
hidal'go *n.* [دراسپانیا] آقا ، رادمرد، جنتلمن [لفظ انگلیسی]
hi'ding *n.* کتك ، شلاق کاری
high • and dry در خشکی - [مج] دور ازجریان حوادث کهنه
ride the h. horse خوددا گرفتن
play h. بازی کلان کردن
hind • quarters کفل ،پائین تنه
hin'terland *n.* [Ger.] زمین ماورای ساحل
Hippocrates (*hipɔk'rəti:z*) *n.* بقراط
histology (*-tɔl'əji*) *n.* بافت‌شناسی
hit • some one below the belt [در بوکس]ضربه خطا وارد آوردن .[مج] نا جوانمردی یا استفاده نا مشروع کردن
Homer'ic (*hou-*) *a.* هُمِر وار - منسوب به Homer یا اشعار وی
H. laughter قاه قاه خنده
hormone (*hɔ':moun*) *n.* هُرمُن
horn • — take the bull by the horns در مقابل بلا سینه سپر کردن
the horns of a dilemma حیص بیص ، دوشق نامطلوب دریك قضیه
hornet • — bring a hornet's nest about one's ears چوب در لانه زنبور کردن - دشمن برای خود تراشیدن
horror • — Chamber of

Horrors : «اطاق وحشت انگیز» نام نمایشگاه یا موزه جنائی [در لندن]
horse'-chestnut n. شاه بلوط هندی
horse'-radish n. ترب کوهی ، ریشه خردل
horse'-woman n. زن اسب سوار
hor'sy a. مربوط به اسب (دوانی) - دارای هیئت سوارکاری یا مهتری
host (*houst*) n. نان[درعشاءربانی]
hove [*p.* & *pp.* *of* heave]
humerus (*hiu':mərəs*) n. استخوان بازو
Hun (*hʌn*) n. : هون [لفظ فرانسه] نژادی که در سده های چهارم و پنجم میلادی در اروپا تاخت و تاز کردند - [مج] آدم وحشی و مخرب تمدن
Hungary (*hʌn'gəri*) n. مجارستان
huzzy (*hʌz'i*) = hussy
hydragogue (*haid'rəgɔg*) a. مدر، پیشاب آور
hydrogen • peroxide آب اکسیژنه [بفرانسه eau oxygénée]
hyperacidity (*haipərasid'ti*) n. حموضت زیاد

I

ice'-box n. یخدان یا یخچال
icter'ic a. یرقانی
icterus (*ik'tərəs*) n. زردیان ، یرقان
ideogram *or* ideograph (*id'-iəgra:f*) n. نشانی که بجای خط بکاررود ، خط رمزی
iguana (*igwa':nə*) n. سوسمار درختی
il'iac a. حرقفی ، مربوط به تهیگاه
il'ium (*-əm*) n. استخوان تهیگاه ، استخوان حرقفی
ilk a. & *pr*. همان (سنخ یا خانواده)
[کلمه اسکاتلندی]
ill'- fa'ted a. بدبخت - شوم
immunol'ogy n. [طب] مبحث مصونیت
implau'sible a. ناموجه
incontinence • [طب] عجز از جلوگیری ، ضعف در نگاهداری (پیشاب و غیر آن)
In'diaman (*-mən*) n. [-men] کشتی ای که در بازرگانی با هند بکار میرود
In'do-Chi'na n. هند و چین
infan'tilism (*-lizm*)n. کندی رشد جسمانی و عقلانی ، بقاء آثار کودکی
infec'tive (*-tiv*) a. عفونی(کننده)
inoculable (*inɔk'yuləbl*) a. قابل تلقیح
insalivation (*-vei'shən*) n. آمیختگی با بزاق
inscribe • - ثبت کردن (سهام)
in sulin (*-siu-*) n. انسولین [لفظ فرانسه]
interloc'utory (*-yutəri*) a. موقتی، غیر قطعی ، تمهیدی
i. decree [حق] قرار
invoke • - استناد کردن به
iron • — (too) many irons in the fire چند کار یا گرفتاری با هم ، چند هندوانه در یك دست
iron'-mould n. زنگ آهن ، سیاهی آهن- لکه (مرکب)
is'chium (*-kiəm*) n. (استخوان) ورك
ischiuria (*-kiu':riə*) n. حبس پیشاب

J

Jack • is as good as his master. خون کار فرما از خون کارگر رنگین تر نیست

J. tar ملوان (عادی)
jaun'ting-car *n.* درشکه دوچرخهٔ ایرلندی
jej'unum (-*nəm*) *n.* رودهٔ تهی ، معاء صائم
jer'icho (-*kou*) *n.* اریحا
Go to J. بروگم شو ، برو تون و طبس
jerk •
physical jerks ورزش بدنی
jeru'salem (-*sələm*) *n.* اورشلیم
jes'ter (-*tə*) *n* دلقك ، لوده - شخص بذله گو
jet • - ژیکلور [لفظ فرانسه]
iet(-propelled plane) هوا پیمای جت
jog'-trot *n.* یورتهٔ آهسته - [مج] پیشرفت یك نواخت
join • up بخدمت ارتش رفتن
jo'kingly *adv.* بشوخی،شوخی کنان
joy'-bells *npl.* زنگك شادی
Jr. [مختصر Junior]
Ju lian (-*ən*) *n.* جولیوسی،منسوب به امپراطور رم Julius Caesar
justice • – do j to a dinner ناهاری را با لذت خوردن
do oneself j. منتهای استعداد خود را بروز دادن

K

kaleidoscope (*kəlai'dəskoup*) *n.* لوله ای که چون بگردانند مناظر زیبائی را نشان میدهد ، شهر فرنگك دستی
keel • – lay down a k. شروع بساختمان کشتی کردن
on an even k. بطور هموار
keep • – He keeps (himself) to himself. سرش توی گریبان خودش است ، با دیگران کاری ندارد
یا معاشرت نمیکند
kelp *n.* کتانجك ، اشنه دریایی - خاکستر کتانجك یا گیاه دریایی
kick • – Do not k. down the ladder بدوستانی که باعث پیشرفت شما شده اند بیوفائی نکنید
kiosk • - جایگاه تلفن عمومی
kismet (*kiz'-*) *n.* قسمت ، سرنوشت
knot • – cut the Gordian k. کاریرا با قلدری و از غیر راه خودش انجام دادن

L

labia majora (*lei'biəməjɔ':rə*) شفتین کبرای فرج
labia minora (*lei'biəminɔ':rə*) شفتین صغرای فرج
labour • – false l. pain ماه‌درد
lace • - شلاق زدن
lachrymatory (*lak'rimətəri*) *a.* اشکی - اشك آور
lactation (*laktei'shən*) *n.* ترشح شیر - شیردادن
lad'anum (-*ənəm*) *n.* لادن عنبری
lad'derproof *a.* در نرو [در جوراب]
lamellar (*ləmel'ə*) *or* lamellate (*lam'elet*) *a.* ورقه ورقه ، لایه لایه - تنکه‌دار
lam'ina (-*nə*) *n.* [-næ(*ni:*)] لایه ، ورقه - تنکه
land • of the rising sun [لقب] کشورژاپن
lanneret (*lan'əret*) *n.* بالابان ، چرخ ، چرغ
lappet (*lap'it*) *n.* دامن - نرمهٔ گوش - آویز - گوشت زیادی - قسمت آویخته (کلاه زنانه) - برگردان یقه
lard • - جازدن (کره)

lawn'-sieve (*-siv*) *n.* الك‌استانبولی
lay figure *n.* مانیکن چوبی {رجوع شود به **manikin** درمتن}
lay • **on the table** از دستور خارج کردن
l. the fire هیزم و زغال برای روشن کردن آتش چیدن
leather • – **sheep l.** میشن
goat l. تیماج
Leb'anese (*-əni:z*) *a.* & *n.* {**-nese**} لبنانی
Leb'anon (*-ənən*) *n.* لبنان
led • **horse** (اسب) یدك ، کتل
left • – **marry with the l. hand** وصلت ناجور کردن، با غیر هم کفو پیوند کردن
left-handed • **screw** پیچ چپ‌گرد
leguminous (*legu':minəs*) *a.* بقولاتی ، حبوباتی ، بنشنی ، لوبیائی
lend • – **lending library** کتابخانه‌ای که ازآن کتاب‌وام می‌گیرند یا کرایه میکنند
lentitis (*-tai'-*) *n.* ورم جلیدیه
letter • **of advice** آگهی (نامه)
leucorrhoea (*lukori':ə*) *n.* سوزنك مزمن غیرمسری زنان
level • **crossing** گذرگاه تراز
Leyden jar (*lai'dənja:*) {ف}بطری لید{لید فرانسه و نام شهری است در هلند}
licentiate (*laisen'shiət*) *n.* دارندهٔ پروانه ازدانشگاه یا هیئت‌ممتحنه- لیسانسیه {لفظ فرانسه}
lie • **away** با دروغگوئی از دست دادن
lie • **on the table** از دستور خارج شدن
l. low • خودرا بموش‌مردگی زدن -
liliaceous (*-ei'shəs*) *a.* سوسنی - زنبقی
lin'den (*-dən*) *n.* زیر فون
lin'gual (*-gwəl*) *a.* زبانی ، ذولقی
lip'-deep *a.* زبانی ، غیر صمیمی
lipoma (*-pou'mə*) *n.* سلعهٔ شحمی
liq'uidator *n.* مدیر تصفیه
lithotomy (*-thət'əmi*) *n.* عمل‌درآوردن سنگ مثانه
liver • – **white l.** نامردی ، جبن
hot l. طبع شیرخشتی
lochia (*lou'kiə*) *n.* {طب} نفاس
locus (*lou'kəs*) *n.* {**loci** (*lou'sai*)} مکان هندسی
London • **ivy** دود و مه لندن
L particular {Col.} مه لندنی
long • – **make a l. nose** باگذاشتن شست برببنی و دراز کردن انگشتان دیگر کسیرا مسخره کردن (واو را «دماغ سوخته» خواندن)
be l. in doing something کاریرا زیاد طول دادن
I won't be l. طول نخواهم داد ، زود برمیگردم
look • **down one's nose at some one** {Col.} با حقارت یا چپ بکسی نگاه کردن
look'-in' *n.* شانس‌ِبرد {«شانس» لفظ فرانسه است}- سرکشی ، رسیدگی
loose • – **ride with a l. rein** جلو اسب را ول کردن - {مج} آزادی عمل دادن
loose - leaf • جدا برگ -
lose • – **be lost upon** اثرنکردن در، موردتوجه واقع نشدن
love'-potion = philtre
luck • – **in l.** خوشبخت
out of l. بدبخت
for l. بعنوان تبرك
lupus (*liu'pəs*) *n.* سل پوست ، قرحهٔ آکله -{هـ} سرحان {با L}
luxation (*lʌksei'shən*) *n.* دررفتگی مفصل، خلع مفصل، جا بجا شدگی مفصل

lymphangitis (*limfanjai'-*) *n.* تورّم لنفاوی

M

machine' *vt.* ماشین کردن ، چاپ کردن - با ماشین ساختن - چرخ کردن
magian (*mei'jən*) *n.* & *a.* مجوس - ساحر
magic •
black m. جادوگری بوسیلهٔ دیو
white m. جادوگری بوسیلهٔ فرشته
magnetism • – **animal m.** منتر
maiden • - [در اسب] جایزه نبرده
make it up • - آشتی کردن
malaceous (*məlei'shəs*) *a.* سیبی : ازخانوادهٔ سیب
mal'achite (*-əkait*) *n.* مرمرسبز
malapropos (*-pou'*) *adv.* [Fr.] نابهنگام ، بیموقع
malar (*mei'lə*) *a.* گونه ای ، وجنی
man • – **I am not your m.** من مردش (یا اهلش) نیستم
Manichaean (*-ki':ən*) *a.* & *n.* مانوی ، پیرو دین مانی
manifold • لولهٔ چند سوراخه یا چندشاخه.اطاقی که چندراه یا دررو دارد
manometer (*mənɔm'itə*) *n.* آلت‌سنجش فشار گاز و بخار - مانو متر [لفظ فرانسه]
man'-power *n.* نیروی نفراتی
man'sard (*-səd*) *n.* شیروانی- چار ترك
manumit' (*-yu-*) *vt.* آزادکردن
Manx (*manks*) *a.* منسوب به < جزیره انسان > **Isle of Man**
mar'-plot *n.* انگشت به‌شیر زن
mask • – **He is masked on her.** [Sl.] از آن زن خوشش می آید ، شیفتهٔ اوست
masochism (*maz'əkizm*) *n.* رضا بجفای معشوق
mastodynia (*-din'iə*) *n.* پستان درد
mat'urate (*-yureit*) *vi.* رسیدن ، نرم شدن
maw seed تخم خشخاش
mayonnaise (*-neiz'*) *n.* [Fr.] سُس‌زرده تخم مرغ و روغن زیتون
measure • – **give full m.** سنگ تمام (در ترازو) گذاشتن
m. one's length • نقش زمین شدن
Mecca (*mek'ə*) *n.* مکه - [مج] کعبهٔ آمال
meiosis (*maiou'-*) – **litotes**
mend • **one's pace** تندتر قدم‌زدن
merry •
make m. over مسخره کردن
mess • - بیهوده وقت گذراندن
mete • [غالبا با **out** بکار میرود] -
middy (*mid'i*) = **midshipman**
minnow • – **He is a Triton among the minnows.** جایی که گوشت نیست چغندر پهلوان است
misbeliever (*-bili':və*) *n.* شخص بدکیش یا کافرکیش
mixer (*mik'sə*) *n.* مخلوط کننده- آمیزنده
a good m. آدم زودجوش
Mogul (*mogʌl'*) *n.* & *a.* مغول
molly-coddle (*mɔl'ikɔd'l*) *n.* & *vt.* (۱) پسر یا مرد زن صفت و ترسو (۲) ناز پرورده کردن ، لوس کردن ، لوس بالا آوردن
Mongol (*mɔn'gɔl*) *n.* مغول
move • – **make a m.** جنبیدن ، اقدام کردن
mug *n.* [Sl] آدم ساده لوح
mulligatawny (*mʌligətɔ':ni*) *n.* قسمی سوپ تند

mul'tum-in·par'vo *n.* [L.] مختصر و مفید ، موجز
Muscovy (*mʌs'kəvi*) *n.* (نام قدیمی) روسیه
mustn't (*mʌs''nt*) = must not
muta'tis mutan'dis *adv.* [L.] با تغییرات لازم
mutation • ارث دگرگون
myocarditis (*maioka:dai'-*) *n.* ورم عضلات قلب

N

Nai'ad *n.* [در اساطیر] حوری دریائی
nail • **one's colours to the mast** عقیده خود را علناً اظهار و در آن پافشاری کردن
name • – **take one's n. off the books** از عضویت خارج شدن
call a person names بد و ناسزا بکسی گفتن
nativism (*nei'tivizm*) *n.* اصالت افکار فطری
natural • حرامزاده
neck • – **break the n. of a task** کمر کاریرا شکستن
stiff n. = **obstinacy**
needle • – **look for a n. in a bottle** (*or* **bundle**) **of hay** کوشش بیهوده (درپیدا کردن چیزی) کردن
nereid (*ni':əriid*) *n.* حوری دریائی
nerve • – **You have a n.** [Col.] خیلی رو (یا جسارت) دارید
night'-line *n.* ریسمان ماهی گیری که طعمه در آن گذارده هنگام شب می گذارند و میروند
nip off • در رفتن، جیم شدن
no man's land زمین بائر یا متنازع فیه- زمین (بی صاحب) بین مرزهای دو کشور
nod • اشتباه یا سهو کردن
the land of Nod (عالم) خواب
non'-occupa'tional *a.* غیر حرفه‌ای ، غیر ناشی از کار
note • – **play** (*or* **sound**) **false n.** نغمه مخالف سازکردن ، دهن بدی خواندن
n. of hand سند ذمه ، سفته
notice • – **The baby takes n.** بچه عقل رس شده است [چیز هایی را می فهمد]
now • – **by n.** تا حال ، هم اکنون
nowhere • **near** غیر قابل مقایسه با ، دور از
nut •
for nuts [Sl.] سی سال ، به هیچوجه
a hard n. to crack • آدم ناتو
nut'ting *n.* گردو جمع کنی

O

object • **lesson** درس عملی
obloquy (*ɔb'ləkwi*) *n.* توهین - بدگوئی - کسر
observation • **car** واگنی که مسافرین آن مناظر اطراف را خوب تماشا می کنند
obsession • وسواس
occasion • – **rise to the o.** جربزهٔ خود را نشان دادن
off • – **be o. one's feed** بدخوراک شدن، از اشتها افتادن
one-way street کوچه ای که فقط یك طرف آن برای عبور وسائط نقلیه آزاد است
o'pen-work *n.* - [لفظ فرانسه] ژور [بطورصفت] ژور زده
operable (*ɔp'ərəbl*) *a.* عمل کردنی
op'erating-table *n.* تخت عمل (جراحی)

op'erating-theatre *n.* اطاق عمل جراحی در حضور دانشجویان ، نمایشگاه جراحی
operative • ـ کارگر
optimum (*a.*) **temperature** مساعدترین درجهٔ گرما
opinion • — **have the courage of one's o.** طبق عقیده خود عمل کردن ، شهامت اخلاقی داشتن
order • — **holy orders** روحانیون
out • **and away** بمراتب
out-of-the-way • ـ پرت، دوردست
overflow • **pipe** لولهٔ خبر

P

pained *a.* غمگین یا پریشان
paint • — **He is not so black as he is painted.** ـ به این بدی هم که شهرت داده‌اند نیست ، «قلم در کف دشمن است»
paint the map red به متصرفات انگلیس افزودن
party • ـ شخص
{در عبارت **third p.** شخص ثالث}
passing • **fancy** هوس
pass'man *n.* کسیکه از امتحانات دانشگاه بگذرد ولی نه با افتخار یا نمره عالی
pat'ronizingly *adv.* با لحن تشویق و دلجوئی
pay • **the debt of nature** دعوت‌حق‌را اجابت کردن (یا لبیك گفتن)
pearl'-shell *n.* صدف (مروارید)
pear'lies *npl.* لباس میوه فروشان دوره گرد که دکمه‌های زیادی ازمروارید بدان دوخته شده است
payable •
bills p. قبوض پرداختنی
pecan' (*pi-*) *n.* قسمی گردوی امریکائی
peel • — **candied p.** خلال نارنج و لیمو وامثال آنها که‌درشکر پرورده باشند
peep • — **peeping Tom** (کنیه) کسیکه‌دزدانه به‌خلوتگاه مردم نگاه‌میکند
Penel'ope (*-əpi*) *n.* زن عفیف و با وفا
penny • — **a p. for your thoughts** قربان حواس جمع ، صحت خواب ، عافیت باشد
perfor'ming *apa.* {درباب‌جانوران تربیت شده‌ای گفته میشود} که بازی ویژه ای را از خود بمعرض نمایش می گذارند
perman'ganate (*-gəneit*) *n* پرمنگنات {لفظ فرانسه}
peroxide (*pərɔk'said*) *n.* پروکسید {لفظ فرانسه}
perversion •
sexual p. انحراف جنسی
per'vert • کسیکه انحراف‌جنسی‌دارد
Peruvian (*piru':viən*) *a.* & *n.* (۱) منسوب به کشور **Peru** - (۲) اهل پرو
P. bark پوست درخت‌ گنه‌ گنه
Peter (*pi':tə*) *n.* بطرس
P. the Great بطر کبیر
blue P. پرچم آبی با چارگوش‌سفید که قبل از حرکت کشتی برافرازند
Pharaoh (*fē'ərou*) *n.* فرعون
Philippi (*fiip'ai*) *n.* فیلیپی {نام شهری در مقدونیه}
Thou shalt see me at P. باشد تا بهم برسیم {عبارتی است که در خط و نشان‌کشیدن بکار میرود}
pickle • — **We have a rod in p. for him.** چوبش توی آب است
pierrette' {*fem. of* **pierrot**}
pilot • — **drop the p.** مشاور معتمد یا ناصح مشفقی را از خود راندن
pinch • — **at a p.** هنگام اضطرار، در موقع بحرانی
pinched for money در مضیقهٔ

بی پولی
pious • fraud حیلهٔ مصلحت آمیز
pip *n.* نوعی دیفتری در مرغ
Plutō (*plu':tou*) *n.* (۱) پلوتو : نام خدای جهان زیرین در اساطیر (۲) نام سیاره‌ای که دور تراز نپتون است
pocket • – have a person in one's p. کسیرا مثل موم در دست داشتن
polish • off زود تمام کردن
pomatum (*pəmei'təm*) = **pomade**
port • – any p. in a storm هنگام سختی و اضطرار هر کمکی برسد سودمند است ، در بیابان کفش کهنه نعمت خداست
por'tent *n.* نشان یا خبر (بد)- شگفتی، چیز شگفت آور ، اعجوبه
poseur *n.* {Fr.} کسیکه پز میدهد یا افاده میکند
post • – well posted دارای اطلاعات کامل ، مطلع ، بصیر
pot-pourri (*poupuri:'*) *n.* {Fr.} برگ گل و ادویه خشك کرده که برای معطر کردن هوای اطاق در ظرفی نگاه میدارند ـ قطعات مختلط ادبی یا موسیقی
power •
a p. of {Col.} خیلی، یك دنیا
the powers above خدایان
pow-wow (*pau'wau*) *n.* انجمن (سرخ پوستان امریکای شمالی)
prætorian (*pri:tɔ':riən*) *a.* وابسته به **prætor** {که درمتن آمده}
present • one's compliments ادای تعارفات کردن
press'-gallery *n.* جای ویژهٔ مخبرین
press'-law *n.* قانون مطبوعات
pressure •
p. cooker قابلمه خوراك پزی
privilege • مصونیت (پارلمانی)-
prize'-ring *n.* میدان (بکس)
pretty • – a p. penny مبلغ خوبی
progno'sis *n.* پیش بینی دورهٔ ناخوشی ، تقدمة المعرفه ، انذار
proph'etess *n.* {*fem. of* **prophet**} نبیه
protozo'an *a.* تك یاخته ، یك سلولی {«سلول» لفظ فرانسه است}
provision • merchant خواروبار فروش-
proxy • – stand p. for some one وکالةً بجای کسی رأی دادن
vote by p شخص دیگری را برای رأی دادن وکالت دادن
psychiatry • علم امراض روحی یا دماغی -
psychosis (*saikou'-*) *n.* {-ses (*si:z*)} اختلال مرض دماغی یا روحی
psychotherapy (*saikouther'-əpi*) *n.* روان پزشکی ، تداوی روحی
public • orator ناطق یا سخنران رسمی دانشگاه
pucka *or* **pukka** (*pʌk'ə*) *a.* حسابی ، تمام عیار ، خوب
pull'-through *n.* سنبهٔ نخی
pulse • – feel some one's p. نبض کسیرا گرفتن

Q

quarrel • – find q. in a straw خرده بین یا ایراد گیر بودن
quart • – put a q. into a pint pot (در امر محال) کوشش بیهوده کردن
quarter • – a bad q. of an hour ناراحتی و عذاب کم مدت
quar'ter-staff *n.* چوب کلفتی بطول ۶ تا ۸ فوت که سابقاً بطور اسلحه بکار میرفت
quick'-change artist هنر پیشه‌ای

که لباس وگریم خود را میتواند زود عوض کرده خود را برای ایفای نقش دیگری آماده سازد

quiet • – **keep q.** ساکت بودن - پنهان داشتن

quieten (*kwai'ətən*) *vt.& vi.* (۱) ساکت کردن (۲) ساکت شدن

R

rabbit • [د ک.] تنیس بازی کن ناشی -

ra'cily *adv.* (بطور) با روح

ra'cing *n.* & *a.* (۱) (مسابقه) دو - اسب دوانی (۲) مناسب اسب دوانی یا مسابقهٔ دو

raconteur *n.* [Fr.] قصه گو یا داستان سرای زرنگ

ra'dio-gram'ophone *n.* رادیو گرامافن

rag • – **like a red r. to a bull** مایهٔ خشم یا هیجان

raider (*rei'də*) *n.* حمله کننده [اعم از شخص یا کشتی یا هواپیما]

rail • – **by r.** با راه‌آهن ، با قطار

raise • **his** (*or* **its**) **head** بروز کردن ، ظاهر شدن ، پدید آمدن

r. from the dead زنده کردن

r. one's voice against something بچیزی اعتراض کردن

raison d'être *n.* [Fr.] موجب ، مجوّز ، دلیل

Ramadan (*ram'ədan*) *n.* رمضان

ran'cher *or* **ranch'man** *n.* گله‌دار

ranger • [اصطلاح امریکائی] کماندو -

Raphaelesque (*rafeiəlesk'*) *a.* (مقرون) بسبك رفائیل نقاش‌نامی ایتالیائی

rare • [در اصطلاح امریکائی] - خوب نپخته

rat • – **like a drowned r.** مثل موش آبکشیده ، خیس‌ِ خیس

Rats ! [Sl.] چرند میگوئی ، چه مزخرفاتی

rat'-a-tat' = **rat-tat**

ration • – **They were put on rations.** (فلان چیز را) برای آنها جیره بندی کردند

rat'-tat' *n.* [صدای در کوبیدن] تغ تغ

raw'hide *n.* چرم دباغی نشده

ra'zor-back *n.* قسمی بال یا وال

ra'zor-backed *a.* دارای پشت تیز واستخوانی (مانند بعضی خوک ها)

reach'-me-down' *n.* [Col.] لباس دوخته

reach (*ri:ch*) = **retch**

readjust'ment *n.* تعدیل مجدد

realise = **realize**

realtor (*ri'əltə*) *n.* [U.S.] کسیکه کارش خرید املاك است

reap • **where one has not sown** نکاشته را درو کردن [از دسترنج دیگران سود بردن]

rea'ping-hook = **sickle**

rearrange (*ri':əreinj'*) *vt.* دوباره مرتب کردن (یا چیدن) - سرو صورت تازه دادن

rearrange'ment *n.* اصلاح - دوباره چینی

reason • – **in r.** معقول یا عملی

reassurance (*ri':əshu'ərəns*) *n.* اطمینان مجدد - بیمهٔ اتکائی

rebirth (*ri:bə:th'*) *n.* تولد تازه- تجدید زندگی

receivable • **bills r.** قبوض دریافتی

reckon • **in** = **include**

re-collect' *vt.* دوباره جمع آوری کردن

r. oneself دوباره آسایش خاطر بدست آوردن

recorder • دستگاه ضبط (صوت)-

recover • **one's legs** پس از

افتادن دو باره برخاستن

rector • – **Lord R.** رئیس انتخابی دانشگاه های اسکاتلند

red • – **see r.** ازکوره در رفتن

have r. hands دست بخون کسی آلودن

R. Cross صلیب سرخ ، صلیب احمر

neither fish, flesh, nor good r. herring نه رومی روم نه زنگی زنگ

r. meat گوشت گاو یا گوسفند

the Reds کمونیست ها و هرج و مرج طلبان

reduce • **to absurdity** احاله بمحال کردن

red'wing *n.* قسمی باسترك

reference •

good references معرفی نامه ها(ی خوب)

reft = bereft

regardless • **of** قطع نظر از، بدون توجه به

rein • – **keep a tight r. on something** جلو چیزیرا گرفتن

hold the reins اختیار داری کردن

reissue (*ri:is'yu*) *n.* چاپ تازه (بدون اصلاح یا تغییر)

relation • – **bear r.** نسبت داشتن

be out of r. بی ارتباط بودن

relativity • ، نسبیت

remar'ry *vt.* [-ried] دوباره ازدواج کردن ، تجدید فراش کردن

remittance • **man** مقیم خارجه ای که با پول رسیده از میهن خود زندگی می کند

render • **an account of** شرح دادن - توضیح دادن

rent'-roll *n.* صورت مستاجرین ، فهرست اجارات

rentable (*ren'təbl*) *a.* قابل اجاره - اجاره بیار

report • – **reported speech** نقل قول غیر مستقیم

resistance • – **the line of least r.** [مج] آسانترین راه ، اسهل طرق

respect • – **pay one's respects** (شرفیاب شدن و) احترامات بجاآوردن

rest'-cure *n.* استراحت استعلاجی

res'ting-place *n.* آسایشگاه

last r. آرامگاه ابدی

restate (*ri:steit'*) *vt.* دوباره گفتن یا اظهارکردن - طور دیگر گفتن

restock (*ri:stɔk'*) *vt.* از نو موجودی گذاشتن در(دکان و مانند آن)

retirement • **pension** حقوق بازنشستگی، مستمری

revivalist (*rivai'və-*) *n.* پیشوای جنبش های منهبی

ribbon • **development** خانه‌سازی در دو طرف جاده های بیرون شهر

right'-minded *a.* معقول - منصف

ring • **down** با صدای زنگ پائین آوردن (پرده تماشا خانه)

r. in the New Year (با زدن زنگ) حلول سال نو را اعلام کردن

Rob'in Good'-fellow *n.* نام جنی که باوجودشیطنت خوش طینت است

rock • –**the R.** جبل‌الطارق •

rock'ing-horse *n.* اسب چوبی غلتك دار

rod • – **make a r. for one's own back** بلا برای‌جان خود خریدن

roll'-top desk میز کشودار که قسمت بالای آن جمع میشود

roll'ing-mill *n.* کارخانهٔ تنکه سازی یا میل سازی (ازآهن)

Romanesque (*roumənesk'*) *n.* سبك رومی [درمعماری]

root • [در جمع] سبزی های ریشه‌ای چون هویج وکلم و شلغم که آنها را نیز میگویند **root-crops**

r. and branch اصلاً و فرعاً ، کاملاً
rope'-walker *n.* بند باز
rota'ting *apa.* گردنده ، دوّار
Rotten Row (*rɔt'nrou'*) *n.*
جاده اسب سواری در هاید پارك لندن
rough • – take the r. with the smooth نیش و نوش هردو را تحمل کردن، با بد و خوب روزگار ساختن
roughage (*rʌf'ij*) *n.* خوراك زبر (از سبوس وکاه و مانند آنها)
rough'-ri'der *n.* کسیکه اسب های رام نشده را سوار میشود - رام‌کنندهٔ اسب
round'-hand *n.* خط روشن و ساده برای استفاده کودکان ، گرد نویسی
row • down [در کرجی رانی] فرا رسیدن به (راننده دیگر)
rub'bishy *a.* پست ، (مانند) آشغال
Ru'bikon *n.* [نام] رودخانه‌ای در ایتالیا
cross the R. دست بکاری زدن که برگشت از آن ممکن نیست
rude • - ناگهان ، غیر منتظره
in r. health تندرست، گردن کلفت
ruling • - غالب ، حکم فرما
rum'-runner *n.* قاچاقچی مشروبات الکلی - کشتی حامل مشروبات قاچاق
run • - بالغ شدن ، سرزدن
also ran شخص یا حیوانی که هنر یا کار برجسته‌ای ازخود نشان نداده‌است
run errands پیغام بردن
rune (*ru:n*) *n.* حرف الفبای خیلی قدیمی اسکاندیناوی ها و آنگلوساکسونها
rush • – It's not worth a r. یك پول سیاه نمی ارزد
I don't care a r. بی‌خیالش باش
rush • hours موقع ازدحام یا کثرت کار [ناهار بازار و مانندآن]
Russia (*rʌsh'ə*) *n.* روسیه
rustle (*rʌs'l*) *vt.* [U. S.] دزدیدن (گاو یا اسب)
rusty • – turn r. کج خلق شدن

S

sack • coat نیم تنه گشاد و کوتاه
s. race مسابقهٔ دو در جوال
sacred • to the memory of بیاد بود
sad • dog = rascal; rake
saddle • – in the s. سوار - [مج] شاغل منصب یا دارای اختیار
put the s. on the wrong horse تقصیر را بگردن شخص عوضی گذاشتن
saleable = salable
sand'wich-man *n.* کسیکه یك آگهی در جلو و یك آگهی دیگر در پشت سرش نصب شده است
satisfy • the examiners نمرهٔ قابل قبول (نه افتخار آمیز) گرفتن
sauerkraut (*saur-*) *n.* [Ger.] قسمی خوراك با کلم آلمانی
save • – He has the the saving grace of honesty. اقلاً این یك حسن را دارد که درست‌کار است
scalp • – out for scalps عازم جنگیدن و انتقام سخت‌گرفتن از دشمن
Scandinavian (*-nei'viən*) *a.* & *n.* اسکاندیناوی
scare'-headline *n.* خط درشت و هراس‌انگیز در سرصفحه روزنامه
scene • – change of s. تغییر محیط و آب و هوا
school'house *n.* آموزشگاه روستائی
school'-teacher *n.* آموزگار دبستان
scoop • – with a s.; at one s.; in one s. در یك وهله
scooter • - موتور بی‌سیکلت کوتاه
scraggy (*skrag'i*) *a.* لاغر، استخوانی
scrape • along لك ولك کردن
scream [Sl.] مسخره - چیزمضحك

scree *n.* سنگهای واریز کننده در کوه
screw • – put the s. on
با فشار و تهدید وادار بکاری کردن
sea • – follow the s. ملوان شدن
sea'-girt *a.* محاط بدریا
seal • – speak under the s.
of confession اعتراف بگناهان کردن
بشرطیکه محرمانه بماند
second • - نسخه دوم برات یا سفته
seine (*sein*) *n.* تور یا دام کیسه‌ای
self'-ac'ting *a.* خود کار
self'-assertive (*-əsə':tiv*) *a.*
خودنما و از خود راضی
self'-deny'ing *a.* ازخود گذشته
self'-gov'erning *a.* خود مختار
self'-opin'ionated *a.* مُصِر در
عقاید خود ، خودرأی
self'-satisfac'tion *n.* ازخود
راضی بودن ، خود بینی
self'-star'ter *n.* استارت ، سِلف
self'-suppor'ting *a.* بی نیاز از
کمك دیگران
senate • - هیئت رئیسه دانشگاه
send • a person to Coventry
باکسی معاشرت نکردن
sep'aratist *n.* عضو دستهٔ مذهبی یا
سیاسی که تابع اکثریت نمیشود
sequential (*si:kwen'shəl*) *a.*
بعد آینده
seraph'ic *a.* فرشته صفت
sericulturist (*-kʌl'chə-*) *n.*
متخصص پرورش کرم ابریشم
serve • – as occasion serves
هر وقت اوضاع مساعد باشد
set •
s. forward عزیمت کردن - پیش رفتن
s. on • (*or* upon) حمله کردن به
s. one's teeth دندانها را محکم
بهم فشردن - [مج] مصمم شدن
seven •
at sixes and sevens درهم برهم

Sèvres *n.* [Fr.] [نام] شهری در
نزدیکی پاریس - چینیِ کار Sèvres
sewage • farm محل تهیه کود از
فاضل آب شهر
shake • – in half a s. فوراً
Shakespearean (*sheikspi'ə-riən*) *a.* منسوب به شیکسپیر شاعر
نامی انگلیس - دارای سبك شیکسپیر
sham *a.* • [a s. pearl] -بَدَل
shame •
For s. ! خجالت هم خوب چیزی است
Shavian (*shei'viən*) *a.* منسوب به
برنارد شا (Bernard Shaw) - مانند
سبك برناردشا
sheet • – three sheets in the wind [Sl.] مستِ مست
shilling • – cut off with a s.
از ارث محروم کردن
take the King's s. سرباز شدن
shin'dy (*-di*) *n.* شلوق
kick up a s. داد و بیداد کردن
shine *n.* • – take the s. out of
از جلوه انداختن
ship • a sea غرق امواج شدن
[درگفتگوی از کشتی]
s. oars پارو ها را از پاروگیر
درآوردن و درکرجی گذاشتن
ship'yard *n.* کارخانه کشتی سازی
shiv'ery *a.* لرزنده ، لرزان
shock'-absorber *n.* کمك فنر
shock'-headed *a.* ژولیده مو
shoe • – be in another man's
shoes حال دیگری را دانستن
die in one's shoes بمرگ غیرِ
طبیعی مردن ، بدار آویخته شدن
shoot • -تند بیرون آوردن (زبان) -
خالی کردن (زباله) - جاانداختن(کشو)
s. a covert جانوران بیشه ای را
شکار کردن
shoot'ing-iron *n.* [Sl.] اسلحهٔ گرم
shop • drawing نقشه و مشخصات

فنی که بکارخانه‌ای فرستاده میشود
s. window ویترین [لفظ فرانسه]
shop′-steward n. نماینده و
سرپرست کارگران درکارخانه
shop′ worn a. کثف
short a. • -گستاخ ، بی‌ادب
I am s. of hands. کارگر کم دارم
in s. supply کم [ضدّ فراوان]
s. commons خوراك یا جیره کم
short n. • [Col.] اتصالی [دربرق]
short′-da′ted a. کم مدت
short′-han′ded a. فاقد کارگر کافی
short′fall = deficit
short′-spoken a. ایجاز گو، کم‌حرف
shoulder • - stand head and shoulders above others
بمراتب از دیگران بهتر بودن
shove • [د.ک] یك جایی گذاشتن [S. it on the shelf.]
s. off با کرجی ساحل را ترك کردن
give one a s. (n.) off کسیرا
سیخ زدن یا بکار واداشتن
shov′elful n. آنچه در یك بیل
یا پارو جا میگیرد
show′manship n. قدرت جلب توجه
وعرض اندام - دکانداری
show′-window n. ویترین
[لفظ فرانسه]
shrew(′-mouse) n. موش حشره‌خور
si′lencer n. صدا خفه کن ، صداگیر
sil′icate (-kit) n. سیلیکات
[لفظ فرانسه]
silk • hat = top hat
simmer • down از جوش و خروش
افتادن ، کمی آرام شدن
sine die (sai′nidai′i) adv.
[L.] برای یك مدت نامعینی
sine qua non (sai′nikweinɔn′)
n. [L.] شرط حتمی یا چاره ناپذیر
sing • a person's praises همیشه
ازکسی تعریف کردن

Singhalese or Cingalese
(-gəli:z′) a. & n. سیلانی
sinologist (-nɔl′ə-) n. چین شناس
skedaddle (skidad″l) vi.
[Col.] در رفتن ، جیم شدن
skeleton • in the cupboard
مطلبی که خانواده ای از ابراز آن شرم
دارد ، ننگ خانگی
skin • - Keep your eyes skinned. [Sl.] چشم هایت را خوب
باز کن
sky′way = airway
slack n. • -خاکه زغال (سنگ)
slack v. •
s. off کم کم سست شدن
s. up کم کم آهسته کردن (قطار)
slacker (slak′ə) n. آدم بیکار یا
کسیکه ازکردن کار شانه خالی می‌کند
slap′-bang adv. بشدّت ، با صدا
slate n. • - a clean s. حسن سابقه
slate vt. • -برای سمتی پیشنهاد کردن
slate vt. سرزنش یا انتقاد کردن
slaughterer (slɔ′:tərə) n. سلاّخ
slave′-driver n. مباشر بردگان
در محل کار - [مج] کارفرمای بیرحم
slavey (slei′vi) n. کلفت (جوان)
sledge′-hammer a. سخت
sleep • the clock round
دوازده ساعت پشت سرهم خوابیدن
s like a log خوب‌خوابیدن
slee′pyhead n. آدم خواب یا بیخبر
sleeve • - wear one's heart (up)on one's s. دل برسر
زبان داشتن
turn up one's sleeves
آستین بالا زدن ، آمادهٔ کار شدن
sleuth-hound (slu:th′-) n.
سگ شکاری که شامه تیزی دارد وآنرا
نیز می‌گویند bloodhound -
[د.ک] کارآگاه

slide • **over** مختصراً یا بطور سربسته بحث کردن

let things s. سهل انکاری درکارها کردن ، بکار ها اهمیت ندادن

slim *vi.* (با رژیم و ورزش) خودرا لاغر و باریك کردن

slin'ger *n.* فلاخن انداز

slip'-carriage *n.* واگنی که در قطار تندرو قابل جدا شدن است

slip'pered *a.* کفش سرپایی پوشیده

slogger (*slɔg'ə*) *n.* آدم‌زحمت‌کش

sloppy • ناشی از ضعف احساسات

slops *npl.* لباس دوخته ـ لباس و رختخوابی که به ملوانان میدهند

slop'-shop *n.* مغازه پوشاك

slot'-machine *n.* ماشین فروش خود کار

slouch *vt.* پائین انداختن (لبهٔ کلاه)

slump • ـافتادن ، خود را انداختن

smack • – **have a s. at something** {Col.} زوری زدن

a s. in the eye مانعی که بطور ناگهانی انسانرا مأیوس می کند

small • ـکم مایه ، آبکی ـ غیرمهم

s. craft کرجی ، قایق

think no s. beer of oneself خودرا کسی دانستن

a s. eater آدم کم خور(اك)

s. gross قراس کوچك {ده دوجین}

s. hours چند ساعت اول بعد از نصف شب

s. shot ساچمه

He has s. Latin کمی‌لاتین‌میداند.

It would be s. of him to . . . . . . او راکوچك خواهد کرد

on the s. side کمی‌کوچك

grind s. (*adv.*) نرم آسیاب کردن ، خوب نرم کردن

the s. (*n.*) **of the back** قسمت باریك پشت یا کمر

smart • – **the s set** طبقهٔ پولدار و شیك

a s. alec(k) کسیکه خود را زرنگ و همه چیز دان میداند

smash'ing *a.* {Sl.} خیلی‌عالی ، ماه

smelly (*smel'i*) *a.* {Col.} بدبو

smell'ing-salts *npl.* کربنات دامونیاك {اسم فرانسهٔ ammonium carbonate} ، نمك کردنی

smile *n.* • –**He was all smiles.** قند توی دلش آب‌شد ، گل ازگلش شکفت

smile *vt.* با لبخند گفتن یا پذیرفتن

s. away some one's anger با لبخند خشم کسیرا فرونشاندن

smit {Arch.} = **smote ; smitten**

smooth *a.* • – **s. face** صورت حق بجانب ، قیافه ریاکارانه

smooth *n.* - **give one's hair a s.** موی خودرا صاف کردن

smooth'-spoken *a.* چرب زبان

smutty (*smʌt'i*) *a.* دودی ـ هرزه

snail • – **go at a snail's pace** (*or* **gallop**) سوار مورچه شدن

snake • – **a s. in the grass** مارِ خوش خط وخال ، آب زیرکاه

cherish (*or* **warm**) **a s. in one's bosom** «بچه گرگ پروردن»

see snakes دچار جنون خمری بودن

raise (*or* **wake**) **snakes** آتش فتنه را روشن کردن ، «فتنه خفته را بیدار کردن»

snake'-bitten *a.* مار گزیده

sneak • **kindness** محبت‌نهانی

snick'er = **snigger ; neigh**

snip • **a hole in** با قیچی سوراخ کردن

snooker (*snu':kə*) *vt.* {Col.} در بن‌بست قرار دادن

snoop (*snu:p*) *vi.* {Sl.} فضولانه بکار های دیگران نگریستن

snorter (*snɔ':tə*) *n.* {Sl.} توپ وتشر ـ تظاهر ـ باد پرصدا

snorty (*snɔ':ti*) *a.* کم حوصله

snow'-blindness *n.* کوری در اثر زیاد دیدن برف

snow'-flake *n.* دانهٔ برف ، برف‌دانه

snuff • – up to s. چشم و گوش باز ، همه چیزدان

so • much for that این که از این ، تا اینجا راجع باین موضوع

so so همینطورها، نه‌خوب نه بد

Rials 50 or so ۵۰ ریال چیزی بیشتر یا کمتر ، ۵۰ ریال اینطور ها

So he is cured, it matters not by whose hand. همینقدر که معالجه شود فرق نمیکند بدست کی معالجه شده است

You don't say so ? نه ! نه بابا

soak • -[ز.ع.] پول درآوردن از

be soaked to the skin خیس_خیس شدن

soak out the salt of توی آب گذاشتن و کم نمك کردن

The rain has soaked through the roof. سقف چکه کرده است

soapy • - مداهنه‌آمیز ، چاپلوسانه

sob'-stuff *n.* سخن یا فیلمی که مردم (نادان)را غمگین کند

so'ber-sides *n.* آدم متین و موقر

soccer (*sɔk'ə*) *n.* [لغت محاوره ای برای نوعی‌از فوتبال‌که آنرا association football گویند]

socialite (*sou'shəlait*) *n.* شخص اجتماعی [U. S. ; Col.]

sociologist (*sousiɔl'əjist*) *n.* جامعه شناس

sock (*sɔk*) *vt.* & *n.* [Sl.] (۱) زدن ـ انداختن (۲) ضربه ، ضربت

give a person socks [مج] - کسیرا شکست دادن یا مجاب کردن

Socrates (*sɔk'rəti:z*) *n.* سقراط

Socrat'ic *a.* سقراطی

sod • – under the s. مدفون

soft • - براز گل ـ خیس ـ بی الکل - ساده ، احمق ـ آسان (و پر مداخل) - بی‌نمك یا بی‌آهك [*s. water*]

s. goods منسوجات

s palate شراع‌الحنك

The letter ‹g› is s. in ‹gentle›. در gentle حرف g جون (ج) تلفظ میشود

soft'-soap *vt.* =flatter

solarium (*solé'əriəm*) *n.* [-ria] اطاق شیشه دارکه حد اکثر استفاده از اشعه آفتاب درآن میشود

soldier • of fortune کسیکه برای پول در ارتشی خدمت کند

old s. شخص کهنه‌کار یا ناقلا

somewhat • - He is s. of a liar. یك پا دروغگو است

song • – for a s. (*or* an old s.) به قیمت کفش‌کهنه یا حلواجوزی

She is not to be made a s. of. همچو تعریفی هم نیست

sonneteer (*sɔniti'ə*) *n.* تصنیف ساز یا غزل ساز [در مقام تحقیر]

soo'thingly *adv.* از راه دلجوئی

sore *adv.* سخت

sort *n.* • – these s. of people این جور اشخاص

He's a good s. آدم خوبی است

I s. of feel sick. مثل اینکه حالم دارد بهم می‌خورد ، یك جوری میشوم

sort *vi.* جور بودن

sor'ter (*-tə*) *n.* متصدی تفکیك و طبقه بندی نامه ها [در پستخانه]

sotto voce (*sɔt'ouvou'chi*) *adv.* [It.] آهسته ، با صدای‌آهسته

sou (*su:*) *n.* [Fr.] [نام سکهٔ کم بهای فرانسوی] -[مج] دینار

soufflé *n.* [Fr.] قسمی خوراك پُف کرده با شیر و تخم مرغ

sound'ly *adv.* بطور صحیح و سالم- خوب، راحت[He sleeps s.]

soun'der (*-də*) *n.* ژرف یاب ،

عمق یاب - دستگاه گیرنده تلگرافی برای خواندن مخابره بوسیلهٔ صدا
sound'-film *n.* فیلم ناطق یا صدادار
sound'-proof *a.* مانع شنیدن صدا
soup • – in the s. [Sl.] گرفتار
soup'-kitchen *n.* آشپزخانهٔ عمومی (برای دادن سوپ به بینوایان)
soused *ppa.* [Sl.] مست
sou'wester (*sauwes'tə*) *n.* قسمی کلاه ملوانی که گردن را می پوشاند
sovietism (*sou'vietizm*; *sov'-*) *n.* اصول حکومت شوروی
sovietize (,,*taiz*) *vt.* شوروی مآب کردن ، کمونیست کردن
sow • the wind and reap the whirlwind «کلوخ انداختن و سنگ خوردن»
space'-bar *n.* فاصله زن
spade • – call a s. a s. صراحت لهجه داشتن ، روشن حرف زدن
spade'ful *n.* آنچه یك بیل جا میگیرد
Spain *n.* [لفظ فرانسه] اسپانیا ، اسپانی
spangle • – the star-spangled banner «پرچم پرستاره» (یعنی پرچم ایالات متحده امریکا)
spare *vt.* • – not to s. one-self [درصرف نیرو] بخود رحم نکردن
spar'kler *n.* [الماس] جسم با تلئلؤ
spar'sity *n.* تنك یا پراکنده بودن ، پراکندگی ، متفرق بودن
speak • volumes نمودار بارز یا گواه صادق بودن
speak'-easy *n.* [Sl.; U.S.] دکان مشروب فروشی قاچاق
speak'ership *n.* (دوره) ریاست
specimen •
What a s. ! [Col.] چه آدمی است!
speck'less *a.* بی لك ، پاك
speck'led *ppa.* خال دار
specs [Col.] = spectacles
spectre (*spek'tə*) *n.* روح
spec'troscope (*-trəskoup*) *n.* طیف بین
speech'-day *n.* روز اعطای جوائز و گواهی نامه ها که نطق هایی ایراد میشود
speed – exceed the s. limit [درگفتگوی از وسائط نقلیه] سرعت داشتن
speed'way *n.* میدان موتور سیکلت رانی - جادهٔ ویژه برای نقلیه تند رو
spell'-binder *n.* ناطقی که شنوندگان را مسحور بیانات خود میکند
spell'ing-bee *n.* مسابقهٔ املائی
spi'dery *a.* نازك
spike • one's guns نقشهٔ کسیرا خنثی (یا نقش برآب) کردن
spill'way *n.* محل خروج آب «درسد»
spin'dle-shanks *n.* لندوك
spine'less *a.* بی مهره -[مج] سست
spi'rally *adv.* بطور مار پیچ
spir'it-level *n.* تراز الکلی
spir'it-rapping *n.* احضار ارواح بوسیله میز
spir'itualist *n.* کسیکه معتقد به ارتباط ارواح با زندگان است
spit *v.* • – S. it out ! [Sl.] نفست دربیاید : زود یاصراحة" بگو
spit *n.* (۱) = spittle – (۲) تف اندازی (۳) = spawn
He's the dead (or very) s. of . . . جلد دوم (فلان کس) است
splash • headline سرصفحه درشت
splendid • -[د. گ.] عالی
splin'ter-proof *a.* دافع پاره های بمب یا نارنجك
splin'tery *a.* خردشونده - ریز ریز
split • – do splits با پا های گشاده راست روی زمین نشستن
sponge • – pass the s. over گذشت کردن یا چشم پوشیدن از
spoon'-fed *a.* با قاشق غذا خورنده
s. industries صنایعی که از طریق کمك های مالی دولت تشویق شوند

sport • ـ{ز.ع.} آدم خوب یا شریف
sprat • - **throw a s. to catch a herring** (*or* **mackerel**, *or* **whale**) کره دادن و شتر خواستن
spring'-cleaning *n.* خانه تکانی
spring'time *n.* فصل بهار ، بهاران
sprinkle (of rain) رگبار مختصر
sprin'kling *n.* ذره ، مقدار کمی از چیزی که گله گله پاشیده شده باشد
spud • ـ{ز.ع.} سیب زمینی
spun'ky *a.* با جرأت ـ تند خو
spur *vi.* رکاب کش رفتن
spy • **out** جاسوسانه بازدید کردن ـ از طریق جاسوسی کشف کردن
squall • - **look out for squalls** {مج} مواظب خود بودن
squally (*skuɔ':li*) *a.* دارای طوفانهای مختصر
squan'derer *n.* شخص ولخرج
square • - **all s.** سراسر ، برابر
square'-toed *a.* پنجه چار گوش {در کفش}ـ {مج} رسمی ـ متظاهر
square'-toes *n.* کسیکه حالت رسمی و موقر نما بخود می گیرد
squeaker (*skwi':kə*) *or*
squealer (*skwi':lə*) *n.* برنده کوچك ـجوجه کبوتر ـ {مج} برده در
squire • ـ{در امریکا} رئیس دادگاه بخش یا دادرس محل
St. • {مختصر Strait}
staff *vt.* دارای کارمند کردن
stag'-party *n.* بارتی یا انجمن مردانه
stage • **fright** دست باچه شدن ناطق یا هنرپیشه هنگام دیدن جمعیت
s. whisper نجوای بلند در روی صحنه که تنها جمعیت باید بشنود
stagger • **hours of work** اوقات کار را طوری تنظیم کردن که همه دریك موقع با هم کار نکنند
stair • - **below stairs** در زیرزمین ـ در میان نوکر ها و فراش ها
stake out • **a claim** زمین مورد ادعای خود را با میخچه کوبی مشخص کردن
stalk'ing-horse *n.* اسبی که شکارچی درعقب آن پنهان میشود ، {مج} لفافه
stamp'-machine *n.* ماشینی که کهنه را برای کاغذ سازی آماده میکند
stand • ـ ثابت ماندن ـ باقی ماندن
s. down رفتن ، جا خالی کردن
s. good معتبر بودن ، شامل حال بودن
P. O. **stands for** *postal order.* ح. پ. یعنی حوالهٔ پستی
How do we s. in the matter of....? وضع ما نسبت به . . . چیست؛ چقدر از (فلان چیز) داریم ؟
s. treat دیگری را مهمان کردن
stand'-by *n.* شخص یا چیز مورد اعتماد
stay'er *n.* آدم یا حیوان پر طاقت
steal • **a way** رخنه کردن
steam • - **get up s.** نیروی خود را برای کار آماده کردن
work off s. با بکار بردن نیرو تشفی خاطر کردن
steel'-plated *a.* زره پوش
stee'ple-jack *n.* کسیکه میتواند برای تعمیرات به بلندیها برود
steer • **clear of** احتراز کردن از
step *n.* • - **be out of s.** غلط یا برداشتن
steps (*or* **a pair** *or* **set of steps**) نردبانِ دو طرفه
stew • -- **Let him s. in his own juice.** بگذارید درخون خودش بغلتد ، اورا کمك نکنید
stick • **it on** {Sl.} زیاد حساب کردن ـ{مج} روش گذاشتن
s. it out {Sl.} طاقت آوردن
s. out ایستادگی یا اصرار کردن
s. up for • ، حفظ الغیب کردن
sticker (*stik'ə*) *n.* چسباننده ـ برچسب ـآدم مصر ـ مهمان پررو
sticky • {د.ك.} گرم و ـ ایرادگیر ـ

مرطوب - [ز.ع.] وخیم
stile • - help a lame dog over a s. درمانده‌ای را کمك کردن
stin'ger (-*gə*) *n.* ضربت سخت
stint • - without s. بی مضایقه
stir • - not to s. a finger هیچ کمك نکردن
stitch • -[درکارهای بافتنی] دانه
stock • -شیره گوشت ، مایهٔ سوپ
stock'-car *n.* واگن‌حمل‌گاوو گوسفند
stomatitis (*stɔmətai'-*) *n.* ورم جوف دهان
stone'-fruit *n.* میوهٔ هسته دار
stool • - fall between two stools درنتیجه دو دلی فرصت را از دست دادن
stool'-pigeon *n.* کفتر برقیچی
stop'-off } *n.* توقف مختصر
stop'-over } در طی مسافرت
storm'-centre *n.* موضوع اصلی آشوب و هیجان، لحاف ملا نصرالدین - [معنی اصلی] مرکز طوفان
storm'-proof *a.* دافع‌طوفان،سپلگیر
stormy • **petrel** - مرغ طوفان - [مج] آدم بد قدم یا دعوا راه انداز
strait'-laced *a.* سخت‌گیر در مسائل اخلاقی
stran'gle-hold *n.* فشار (بیخ گلو)
strap'-hanger *n.* مسافری که جای نشستن ندارد وتسمه‌ای‌را دستاویز میکند
strategics (*strəti':jiks*) *n.* علم لشکرکشی
stricken • **field** میدان جنگ
strike an attitude • ژست گرفتن ، پز دادن [«ژست وپز» فرانسه‌است]
string • - [درجمع] سازهای سیمی
string'-bean *n.* لوبیای سبز
stroke • a person('s hair) the wrong way کسیرا خشمگین کردن ، سر بسر کسی گذاشتن
s. down دلجوئی از(کسی) کردن
strong • **meat** [مج] آنچه درخور کسانی است که دارای رشد فکری هستند
s. market بازار تند ، بازار شیرین
stuffing • - knock the s out of a person [Col.] بادکسیرا خالی کردن - کسیرا سرجای خودنشاندن
stump • **oratory** سخنرانی سیار
stun'ning [Sl.] = ripping
stylis'tic *a.* انشائی ، ادبی
subcommittee (*sʌb'kəmit'i*) *n.* سوکمیسیون [لفظ فرانسه]
sublime • - the S. Porte باب عالی
submarine • **chaser** کشتی ای که کارش‌یافتن و نابودساختن زیردریائی‌است
submerge • - the submerged tenth بیچاره ترین طبقه مردم
subsistence • — bare s. سدّرمق
success • - The party was a s. مهمانی گرم بود
succession • **duties** مالیات برارث
Sudanese (*-dəni:z'*) *a.* & *n.* [-nese] سودانی ، اهل سودان
Suez (*su':iz* ; *siu':-*) *n.* سوئز [لفظ فرانسه]
sulphate • **of magnesium** سولفات دو منیزی [فرانسه]
s. of sodium سولفات دو سود [فرانسه] ، نمك فرنگی مصنوعی
summery (*sʌm'əri*) *a.* تابستانی
sun'-lamp *n.* چراغ الکتریکی که استفاده حمام آفتابی از آن میشود
sundi (*sʌn'di*) *n.* -بستنی با میوه و آجیل
sundry • - all and s. (وهمه) همه
sunk [*pp.* of sink]
sup • - What did you s. on (or off)? (برای) شام چه خوردید ؟
neither bite nor s. نه خوردنی نه آشامیدنی
super (*su':pə*) *a.* اعلی ، اعلا
superior • - rise s. to فائق

آمدن بر ، تحت تأثیر . . قرار نگرفتن

superlative • - **speak in superlatives** همه چیز را بطور اغراق آمیز توصیف کردن

supervision (*su:pəvizh'ən*) *n.* سرپرستی ، مباشرت، نظارت

support • - **He is dependent for s. on me.** تحت تکفل من است

Supt. {Superintendent مخففِ}

susceptible • **of proof** قابل اثبات

swan'ky *a.* {Sl.} خود نما

sway • - **hold s. over** تحت سلطه خود درآوردن

sweat • **blood** {Sl.} جان کندن

Sweden (*swi':dn*) *n.* سوئد

sweep • - **be swept off one's feet** مغلوب احساسات شدن

sweet'-wil'liam *n.* گل بوقلمون

swell *n.* & *a.* • (۱) شخص برجسته ، شخصیت (بزرگ) - {د. ک.} شخص شیك پوش (۲) برجسته

swing • - بدار آویخته شدن

There is no room to s. a cat in. دو موش با هم دعوا کنند خفه میشوند

go with a s. - روان و موزون بودن - گرفتن {مورد پسند عموم واقع شدن}

swiv'el-chair *n.* صندلی گردنده

swiv'el-eyed *a.* {Col.} چپ چشم

sword'-arm *n.* دست راست

sword'-dance *n.* رقص شمشیر

sybarit'ic *a.* خوش گذران

syllabi(fi)ca'tion *n.* سیلاب بندی

sympathy •

in s. - هم فکر ، همدرد ، موافق

be out of s. with some one باکسی هم فکر یا همدرد نبودن

Syria (*sir'iə*) *n.* سوریه

T

table • - **at t.** سرمیز خوراك

ta'ble-linen *n.* دستمال و سفره

ta'ble-talk *n.* صحبت سرِ میز ، مفاوضات

ta'ble-tennis = **ping-pong**

tabloid • - روزنامه (مصوّر) با اخبار خلاصه و ساده

tabula rasa (*tab'yuləreí'zə*) *n.* {L.} لوح پاك شده و سفید - {مج} مغز ساده انسان هنگام تولد

tail • - **put one's t. between one's legs** دم را روی کول گذاشتن

twist a person's t. پا روی دُم کسی گذاشتن - سربسر کسی گذاشتن

take • **thought** در فکر بودن

talkies (*tɔ':kiz*) *npl.* {Sl} فیلم های ناطق

tanner • - {ز.ع.} سکهٔ شش پنسی

tap • - **on t.** بشکه ای ، تحویل شونده از بشکهٔ شیردار

targe (*ta:j*) *n.* {Arch} سپرِ گرد و کوچك

Tartarus (*ta':tərəs*) *n.* دوزخ - زیرزمینی {درافسانه های یونان}

taun'tingly *adv.* سرزنش کنان

tea'-cup *n.* فنجان چای خوری

tea'-dance *n.* {لفظ فرانسه} ته دانسان

tea'-fight {Col.} = **tea-party**

tea'-kettle *n.* کتلی آب گرم کنی

tea'-spoon *n.* قاشق چای خوری

tear • - **in t.** اشك ریز ، گریه کنان

tear'-gas *n.* گاز اشك آور

teaser (*ti':zə*) *n.* آذیت کننده - {د. ک.} کار پرزحمت - آدم ناتو

teen age = **teens**

teen'-age *a.* دارای سنی از ۱۳ تا ۱۹

telephone • **some one** بکسی

تلفن زدن
teleph'onist *n.* متخصص (علم) تلفن
tell • – There's no telling
نمیتوان دانست
You're telling me ! [Sl.]
بمن داری میگوئی ؟ (شما) بمن میگوئید ؟
tempest • of laughter قاه‌قاه‌خنده
temp'tress [*fem. of* tempter]
tenant • farmer اجاره کار
ten'der-hearted *a.* دل نازک
Terpsichorean (*tə:psikəri':ən*) *a.* مربوط به (الهه الهام بخش) رقص
testimony–the Testimonies
دو لوح شهادات ، دو لوح تورات
Thames (*temz*) *n.* تمز [نام رودخانه ای در انگلیس]
set the T. on fire خایه یا شاخ غول را شکستن ، شق‌القمر کردن
thanks • – small t. to you.
دست شما درد نکند [بطعنه]
there • – There's (*or* That's) a good boy! چه پسر خوبی است !
thereby • – and t. hangs a tale. و در این باب آورده‌اند که
thermodynam'ics (*thə:mou-dai-*) *n.* علم‌رابطه بین‌گرما ومکانیك
thick *a.* • ، صمیمی ، متحد
thick *adv.* سخت - تند - زیاد
thim'ble-rigger *n.* فنجان باز ، شعبده باز- آدم گوش‌بر و قاچاق
thing • -[در جمع] اوضاع
I don't feel (quite) the t.
سر حال نیستم
third • degree بازپرسی سخت
third'-rate *a.* پست
thought'-reader *n.* کسیکه افکار دیگرا نرا میتواند حدس بزند
threepence (*threp'ens*; *thrip'-*) *n.* مبلغ سه پنس
three'penny *a.* سه پنسی
t.-bit سکهٔ سه پنسی
thro' *or* **thro** (*thru:*) = through
throne • – come to the t.
بتخت نشستن ، برتخت جلوس کردن
thru [U.S.] = through
tight *a.* • - دنج ، نقلی
tight *adv.* محکم ، سفت
tilt • – full t. باسرعت‌زیاد - بازور
tim'bered *a.* چوبی ، تیری - مشجر
time • - do t. حبسی‌خودرا گذراندن
all the t. در تمام مدت
pass the t. of day سلام‌کردن
at times گاه و بیگاه ، گاه گاهی
time'-bargain *n.* معاملهٔ سلف
time'-barred *a.* مشمول مرور زمان
time'-expired *a.* خدمت کرده [دورهٔ خدمت وظیفه را بپایان رسانیده]
tin • – a (little) t. god
عزیز بیجهت
t. hat [Sl.] کلاه فولادی سربازی
tinker • – He doesn't care a t.'s damn. هیچ پرواش نیست
tip • – I had it on the t. of my tongue. سر زبانم بود
tippler (*tip'lə*) *n.* میگسار ، دائم‌الخمر
tip'top' • - عالی
tire'woman [Arch.] مشاطه
tit = titlark ; titmouse
toe • – step on one's toes
پا روی دُم کسی گذاشتن
togs (*tɔgz*) *npl.* [Col.] لباس
tom'tit' = titmouse
tong *n.* انجمن سرّی چینی ها
tonsorial (*tɔnsɔ':riəl*) *a.* مربوط به سلمانی یادلاکی [در زبان شوخی]
top • dog [Sl.] شخص غالب یا ظالم
top'-dress *vt.* از رو کود دادن
torn [*pp. of* tear]
torture • – put to the t.
شکنجه کردن

tow'el(l) ing *n.* پارچه حواله ای
tractabil'ity *n.* نرمی ، استعداد رام شدن
traffic • circle میدان ِ گرد که بچندین خیابان راه دارد ، فلکه
trafficker (*traf'ikə*) *n.* سوداگر، فروشنده
tragical (*trəj'ik'l*) = tragic
tramp • it بجاك جاده زدن
transcen'dence *or* **-cy** *n.* تنزیه، برتری
transcendent • [زانسوتر] زاستر ،
transcenden'tal (*-t'l*) *a.* برتر ، منزه - قابل درك بوسیلهٔ اشراق - مبهم
transoceanic (*-ousian'ik*) *a.* ماوراء اقیانوسی
transpa'rence = transparency
trapper (*trap'ə*) *n.* کسیکه جانوران خز دار را با دام می گیرد
trea'cly *a.* شیره مانند ، چسبناك
tread • in a person's (foot-) steps بکسی تأسی کردن
t. a measure مطابق‌وزنی رقصیدن
t. on air از خوشی در جلد نگنجیدن
treaty • port بندری که طبق پیمان بازرگانی خارجی آزاد است
tress • — golden-tressed موطلائی
trip up • اشتباه(کسیرا) کشف‌کردن
Triton (*trai'tən*) *n.* (نام) خدای دریائی یونانیان که بدن انسان و دم ماهی داشت
triumph • — in t. با فیروزی و شادمانی
trivial • — the t. round زندگی یك نواخت روز مرّه
Trojan • — like a T. با پشتِ کار ، دلیرانه
trot • — on the t. مشغول، سرگرم
trotter (*trɔt'ə*) *n.* اسب یورتمه‌رو
trump • — [د ک.] شخص برجسته -
turn up trumps {Col.} آتو زمین زدن ، برخلاف انتظار خوب درآمدن
trum'pet • [لفظ فرانسه] ترمپت -
trustee'ship *n.* امانت، امانتداری
tubby (*tʌb'i*) *a.* چاق و چله، خپل
tune • — to the t. of بمبلغِ گزاف ، بمبلغ گزافی بالغ بر
tu quo que (*tiu':kwou'kwi*) *n.* {L.} توهم (همینطوری یا خودت هم همین کار را کردی)
Turk (*tə:k*) *n.* ترك - بچهٔ شرور و شیطان
tur'key-cock *n.* بوقلمون نر
tur'key-hen *n.* بوقلمون ماده
turn *v.* **• — t. inside out** وارو نه (یا پشت رو) کردن
t. a person's brain کسیرا دیوانه کردن
t. a person's head کسیرا مست یا مغرور کردن، زیرسر کسیرا بلند کردن
t. one's coat تغییر مرام دادن
turn *n.* **•**
done to a t. خوب پخته شده
t. and t. about بنوبت ، متناوباً
turps {Col.} = turpentine
tush (*tʌsh*) *int.* = pshaw
twilled *a.* دارای خطوط اریب
type'-foundry *n.* کارخانهٔ حروف ریزی

U

ugly • customer آدم خطرناك
unblush'ing *a.* فاحش و . پرده
unconscious • — the u. ضمیرِ مغفول ، ضمیر ناآگاه یا نابخود
uncover • oneself کلاه خود را برداشتن
underpay' *vt.* کم حقوق دادن به

ungroun'ded *a.* بی‌اساس - اُمّی ، بی سواد

union • — **the U. Jack** پرچم انگلیس

universalize (*yu:nivə':səlaiz*) *vt.* عمومی کردن ، تحت قاعدهٔ کلی درآوردن

unparliamentary (*ʌnpa:lə-men'təri*) *a.* مخالف رسوم و آداب پارلمانی - ناشایسته

upper • — **the u. ten (thou-sand)** هزار فامیل ، اشراف

urbanize (*ə':bənaiz*) *vt.* مدنی یا شهری کردن

V

vacilla'tion *n.* نوسان - دو دلی

val'entine (*-tain*) *n.* یاری که که کسی در روز ۱۴ فوریه برای خود پیدا کند - نامه یا عکسی که درآن روز مرد یا زنی برای زن یا مردی بفرستد

Valhalla (*-hal'ə*) *n.* کاخی که ارواح کشته شدگان جنگ درآن ضیافت می‌کنند [در افسانه های نروژی] - عمارتی که مشاهیر را درآن دفن می‌کنند یامجسمه های ایشانرا درآن قرار میدهند

val'vule (*-viu:l*) *n.* دریچهٔ کوچک

vamp • - زنی که بعشوه گری پول از مردان درمی کشد

vampire • (*or* **v. bat**) قسمی شبکور در امریکای جنوبی که خون جانوران دیگر را می مکد

vapour • — **the vapours** [Arch] مراق ، سودا

varlet • (شخص) فرومایه [در انشاء های قدیم]

var'sity [Col.] = **university**

vast *n.* [**Poet.**] پهنا ، وسعت، فضا

velocipede • - [در امریکا] سه چرخه بچگانه

vel'ure (*-yuə*) *n.* & *vt.* (۱)پارچه مخملی کلاهی (۲) مخملی یا نرم کردن

vex • مورد بحث زیاد قرار دادن ، حلاجی کردن

Via Lactea (*vai'əlak'tiə*) *n.* [L.] کهکشان

via media (*vai'əmi':diə*) *n.* [L.] حدّ وسط

vicarage (*vik'ərij*) *n.* مقرّ یا درآمدِ **vicar**

viceregal (*vaisri':g'l*) *a.* وابسته به نایب‌السلطنه یا فرمانفرما

virtue • — **make a v. of ne-cessity** روغن ریخته‌را نذر امامزاده کردن ، «از بی چادری در خانه ماندن»

visard *or* **vizard** (*vizəd*) = **visor**

vitalism (*vai'təlizm*) *n.* عقیده باینکه زندگی یا جان وابسته بیك عامل حیاتی‌است که ماورای نیرو های طبیعی یا شیمیائی است

viva voce • - [بطور اسم] امتحان شفاهی [که بطور مختصر **viva** گفته میشود]

vo'cal *n.* حرف‌صدایی یا مصوّت

vocal'ic *a.* -صدایی - مربوط به **vowel**

volt'meter (*-mi:tə*) *n.* وُلت‌سنج

vortices (*vɔ':tisi:z*) [*pl. of* **vortex**]

Vul'gate *n.* ترجمه لاتینی کتاب مقدس توسط **Jerome** در سده چهارم میلادی

W

wag • — Tongues are wagging. مردم‌حرفهامیزنند ، شایعات بی‌اساسی هست

wagon-lit *n.* [Fr.] واگنِ تخت خواب دار

wait • – the waits دسته‌خوانندگان
و نوازندگان که در عید میلاد مسیح
از خانه ای بخانه ای میروند
walk • away from some one
بسهولت از کسی جلو افتادن
w. into {Sl.} با اشتها خوردن
w. out with فاسق یا معشوق پیدا
کردن {درگفتگوی از کلفت یا نوکر}
w. the boards روی صحنه رفتن
wampum (*wɔm'pʌm*) *n.*
مهره هایی که هندیهای امریکای شمالی
بجای پول یا در کمر بند بکار میبرند
war'-monger *n.* آتش افروز جنگ
war'-worn *a.* جنگ دیده ،
جنگ آزموده
Warsaw (*wɔ':sɔ:*) *n.* (شهر)ورشو
wash • – washed out {Col.}
خسته و رنگ پریده ـ وارفته
wash'-hand-basin = wash-basin
wash'-hand-stand = wash-stand
wash'-out *n.* {ز.ع.} - آب بردگی
شکست - کار بی نتیجه - آدم بی عرضه
wa'ter-main *n.* شاه لولهٔ آب
wax'-cloth *n.* قسمی مشمع
weath'er-beaten *a.* باد و باران
خورده ـ آفتاب خورده
wedge • – the thin end of
the w. سر تیشه ، نوك تیشه ، آنچه
اول ناچیز می نماید و بعداً زیاد میشود
week • in week out هفته های
متوالی
weight • – put on w. چاق شدن
well *vi.* روان شدن یا جمع شدن
{در گفتگوی از اشك}
well'-knit' *a.* خوش ریخت ،
یك پارچه
west • – go w. {Sl.} مردن
wet • – get a wetting
باران خوردن
wheel • – wheels within
wheels کاسه زیر نیم کاسه
white • elephant اثاثیه دست و
پاگیر وغیر قابل فروش ـ پیشکشی مزاحم
w. meat گوشت‌مرغ وگوساله‌وخوك
w. slave دختری که برای فاحشگی
ربوده و بخارج ازکشور فرستاده میشود
willow • – pussy w. بیدمشك
win'dow dressing *n.* فن چیدن
جنس‌در ویترین {رجوع شود به shop
window زیر shop}
wind'-swept *a.* در معرض باد ،
باد خورده
win'kle *n.* یکجور صدف خوراکی
wipe • the floor with {Sl.}
بزمین زدن
wis'dom-tooth *n.* دندان عقل
witch • – witching hours
ساعات سحر انگیز : ساعاتی که برای
عملیات سحره مساعد است
withy (*with'i* ویظی) = withe
wolf • – You have cried w.
too often. آنقدر دروغ‌گفته‌اید‌که
اگر راست هم بگوئید باور نمیکنند
wonky (*wɔn'ki*) {Sl.} = shaky
wood • - You can't see the
w. for the trees. آنقدر سمن
است که یاسمن پیدا نیست
word • – have the last w.
حرف خودرا بکرسی نشاندن
take a person at his w.
بقول‌کسی اعتماد کردن
word'-splitting *n.* سفسطه، مغالطه،
افاظی
world • – He is all the w.
to me. همه چیز من اوست ،
جان من است و او
to the w. بکلی، پاك
wrench •
Stillson w. آچار شلاقی

X

Xerxes (zə':ksi:z) *n.*   خشایارشا

Y

yachting (yɔt'ing) *n.*   مسابقه
کرجی رانی
yahou (ya:hu') *n.*   جانور آدم نما
Yank {Sl.} = Yankee
yard • - the (Scotland) Y.
(نام) اداره کار آگاهی در لندن
yd.   {مخفف yard}
yoga (you'gə) *n.*   ریاضت و

چله نشینی (هندو ها)
yogi (you'-) *n.*   مرتاض و
چله نشین هندی
yowl (yaul) *vi.* = howl ; yell

Z

Zion (zai'ən) *n.*   صهیون
Zi'onism *n.*   مرام صهیونیستی
Zi'onist *n.*   صهیونی
zo'ic *a.*   سنگواره دار ، دارای
آثار حیات
zounds (zaundz) *int.* {Arch}
{حرف ندائی است که در موارد خشم یا
تعجب بکار میرود}

میرساند که این فعل در گذشته و اسم مفعول tipped است یعنی ped بریشه اصلی فعل افزوده میشود .

مثال دیگر

potato *n.* {-es}

میرساندکه این کلمه در جمع potatoes میشود

(ث)

spoil *vt.* ضایع یا بد عادت یا لوس کردن

اگر برای رعایت اختصار نبود می نوشتیم (ضایع کردن ـ بد عادت کردن ـ لوس کردن)

(ج)

چون اسمی به y منتهی شود درجمع معمولاً این y به ies تبدیل میگردد مانند lady که در جمع ladies میشود . همچنین فعلی که به y منتهی میگردد درگذشته و اسم مفعول آن y تبدیل به ied میشود مانند carry که صرف آن اینطور است : carry ; carried ; carried . در تعیین درجات صفاتی که به y منتهی میشوند نیز نظیر همین قاعده بکار میرود . مثال :

dainty ; daintier ; daintiest

بنا بر این اگر حالات مختلف اینگونه اسماء و افعال و صفات درفرهنگ درج نشده باشد قواعد فوق باید بکار برده شود .

(چ)

فرض کنید یك کلمه هم اسم است و هم فعل و هر دو حالت درمتن فرهنگ یکجا بحث شده است . در این صورت برای معنی یامعانی اسمی شماره (۱) و برای معنی یا معانی فعلی شماره (۲) بکار برده شده است . مثال :

gossip *n.* & *vi.* (۱) شایعات بی اساس ـ دری وری ـ بدگوئی ـ صحبت دوستانه ـ کسیکه دوست دارد از دیگران بدگویی کند (۲) شایعات بی اساس در باره دیگران منتشر کردن

این ترتیب میفهماندکه اولاً gossip هم اسم است و هم فعل لازم ثانیا در حالت اسمی پنج معنی پیدا کرده که با خط (ـ)از هم جدا شده ولی همه آنها تحت شماره (۱) بحث شده است و شماره (۲) مربوط بحالت فعلی آنست که فقط یك معنی برای آن نوشته شده است .

راهنمای استفاده از معانی*

۱ - معانی یك عده از لغات درج نشده را از روی لغات درج شده ای که با آنها هم ریشه هستند یا جزئی از آن لغات را تشکیل میدهند باید درك کرد. مثلاً معنی **sterilization** را که درج نشده میتوان از روی معنی **sterilise** که فعل آنست حدس زد. همچنین اگر معنی **ludicrous** "مضحك" باشد معنی **ludicrously** قطعاً "بطور مضحك" خواهد بود و قس علی‌هذا.

۲ - اگر یك فعلی فقط تحت عنوان (لازم) وارد شده باشد معنی آنرا در حالت (متعدی) باید حدس زد مثلاً اگر معنی **stroll** "گردیدن" باشد متعدی آن بظن قوی "گردش دادن" خواهد بود و عدم درج آن نباید تولید زحمت یا نگرانی کند.

۳ - برای رعایت اختصار قواعد زیر نیز بکار برده شده است:

(الف)

rest'ful *a.* آرام (بخش)

اینجا در حقیقت دو معنی داریم یکی "آرام" و دیگری "آرام بخش"

مثال دیگر: **strum** *v.* بد (ساز) زدن

در اینجا اولاً *v.* میرساند که **strum** هم *vi.* فعل لازم وهم *vt.* فعل متعدی است. ثانیاً گذاشتن کلمه (ساز) در پرانتز می‌فهماند که در حالت لازم بودن معنی کلمه "بد ساز زدن" و در حالت متعدی بودن معنی آن "بد زدن" است.

(ب)

bid *vi.* **{bode ; bidden}**

مقصود اینست که گذشته این فعل **bode** و اسم مفعول آن **bidden** میباشد

(پ)

thrust *vt.* & *vi.* **{thrust}**

میرساند که هم گذشته و هم اسم مفعول این فعل **thrust** است

(ت)

tip *vt.* **{-ped}**

---

* با در نظر گرفتن طریقه کوچك کردن حجم فرهنگ

ɛə برای نمایش دادن صدا در fair و there بکار رفته است . این صدا برابر است با (اِ) بطور کشیده ولی پس از کشیدن آن که مستلزم عقب کشیدن چانه است چانه را دوباره قدری جمع می کنیم [رجوع شود به توضیحی که برای ə نوشته شد]

تبصره ۱ - انجمن بین‌المللی صداشناسی برای ɛə علامتی شبیه به 3 وارونه یعنی تقریباً e بکار برده‌اند ولی ما باصه چاپی آنرا موجود نداشتیم .

تبصره ۲ - برای نشان دادن صدا های ویژه در بعضی کلمات فرانسه که در زبان انگلیسی آورده‌اند (منجمله آنهایی که تلفظ آنها تودماغی است) انجمن علائم مخصوصی بکار برده‌اند ولی ما بواسطهٔ اشکالات چاپی و همچنین بفرض اینکه بسیاری از ایرانیان با تلفظ لغات فرانسه کمابیش آشنا هستند اکثراً تلفظ اینگونه کلمات را درج نکرده‌ایم .

۴ - حروف گنگ یا مصمت

g = گ . مثال : *gi:* که برای نمایش تلفظ **ghee** بکار رفته است

j = ج . مثال : *jin* « « « « **gin** « « «

k = ک . مثال : *kau* « « « « **cow** « « «

s = س . مثال : *sel* « « « « **cell** « « «

x = خ . مثال : *lɔx* « « « « **loch** « « «

y = ی+ . مثال : *youk* « « « « **yolk** « « «

z = ز . مثال : *iz* « « « « **is** « « «

ch = چ . مثال : *chə* « « « « **picture** « « «

sh = ش . مثال : *lou'shən* که برای نمایش تلفظ **lotion** بکار رفته است

th = ث یا ظ [در عربی] که انجمن برای هریك علامت ویژه‌ای بکار برده اند ولی ما در هر مورد که **th** صدای (ظ) داشته است همین حرف را در جلو آن گذاشته‌ایم و در هرمورد که صدای (ث) داشته چیزی ننوشته ایم .

zh = ژ . مثال : *mezh'ə* که برای نمایش تلفظ **measure** بکار رفته است

+ انجمن صدای (ی) را چنانکه در (یوسف) تلفظ میشود باحرف **j** نشان داده‌اند ولی ما چون **j** را برای نشاندادن صدای (ج) بکار بردیم همان حرف **y** را با (ی) برابر گرفتیم . (برای صدای «ج» هم انجمن حروف ویژه‌ای دارند) .

برای صدا های (چ) و (ش) و (ژ) انجمن بین‌المللی صداشناسی باصه های ویژه‌ای بکار برده‌اند ولی چون علاوه بر اشکالات چاپی دانش آموزان ایرانی عموماً با **ch** و **sh** و **zh** آشنا هستند ما نیز همین ها را برای نشان دادن صدا های (چ) و (ش) و (ژ) به‌ترتیب بکار برده‌ایم

راهنمای تلفظ

۱ - حروف صدائی

e – زیر یا کسره (ِ) . مثال : **bet** (بِت)

o – پیش یا ضمه (ُ) . مثال : **obey** (اُبی)

i – صدایی بین ی و کسره (یا تقریباً کسره عربی) . مثال : **bit**

u – واو کوتاه . مثال : *fut* که برای نمایش تلفظ **foot** بکار رفته است .

ɔ – آ . باجمع کردن لبها چنانکه بخواهیم الف را باصدای پیش(یعنی اُ) تلفظ کنیم

ʌ – صدای بین الف و پیش یا الف و زبر . مثال : *ʌs* که برای نمایش تلفظ **us** بکار رفته است

æ – زبر یا فتحه - ولی بطوریکه گوشه‌ای از دهن بازتر میشود و چانه قدری شکستگی پیدا میکند وگویا ترکها چنین فتحه‌ای را در تلفظ خود دارند

ə – (۱) صدایی شبیه به صدای کسره با جمع کردن لبها چنانکه در کلمه **tenir** فرانسه شنیده میشود . مثال : *penitənt* که برای نمایش تلفظ **penitent** بکار رفته است و (۲) صدای غیر مشخص و ِله شده‌ای بین الف و کسره که در آخر کلمهٔ **manilla** شنیده میشود . این کلمه در فرهنگ بشکل *mənil'ə* نشان داده شده است

u: – واو بلند . مثال : *tu* که برای نمایش تلفظ **two** بکار رفته است

ɔ: – آ . با همان وصف که برای *ɔ* نوشته شده ولی کشیده . مثال : *nɔ:t* که برای نمایش تلفظ **nought** بکار رفته است .

a: – صدای الف چنانکه عرب و یهود تلفظ می‌کنند . مثال : *fa:ðə* که برای نمایش تلفظ **father** بکار رفته است

ə: – همان صدایی که برای *ə* تشریح شد ولی کشیده . مثال : *tə:n* که برای نمایش تلفظ **turn** بکار رفته است

i: – همان صدایی که برای i تشریح شد ولی کشیده . مثال *si:* که برای نمایش تلفظ **see** بکار رفته است . (درفرهنگهای سابق این صدا را با *ee* نشان داده بودیم)

۲ - حروف صدایی مرکب

ei – اِی . مثال : *dei* که در نمایش تلفظ **day** بکار رفته است

ai – آی . مثال : *lai* » » » **lie** » » »

au – آو . مثال : *nau* » » » **now** » » »

ou – اُو [بروزن نو] . مثال : *lou* که درنمایش تلفظ **low** بکار رفته‌است

اقتباس از دیباچه چاپ اول

این فرهنگ کوچک که خدای بزرگ توفیق تألیف آنرا به اینجانب... بخشید خلاصهٔ مفیدی است از فرهنگهای انگلیسی بفارسی که پیش از این به دست اینجانب تألیف شده بود.

....

....

از آموزگاران ارجمند انتظار داریم دانش‌آموزان را بمرور به نکات دستوری و بطوری کلی با طرز لغتجویی و استفاده از فرهنگ که حقاً باید آنرا فنی نامید آشنا فرمایند باشد که فرهنگ کلمات یکی از وسائل حصول فرهنگ کمالات گردد.

آبان ماه ۱۳۳۲

فرهنگ انگلیسی بفارسی همواره نکات تازه‌ای را در تلفظ کشف می‌کند و بیشتر دچار وسواس می‌گردد. مبحث تلفظ در انگلیسی بقدری پیچیده و حساس و نیازمند به دقت است که در میان فرهنگ نویسان انگلیسی نیز نسبت به آنها شفاق و اختلاف موجود است. یکی تلفظ فلان کلمه را مثلاً X و دیگری Y می‌داند ولی سومی (شاید برای رعایت سلامت و احتیاط) X و Y هر دو را تجویز می‌کند و تازه موضوع accentبا تکیه صدا پیش آمده موجب انشعاب هر یك از این دو حرف می‌گردد. در جنوب انگلستان حرف r را اگر در آخر سیلاب واقع شود اصلا تلفظ نمی‌کنند وحال آنکه در شمال و سایر جاها چنین نیست. اختلاف تلفظ انگلیسی با امریکائی هم بنوبه خود شکاف بزرگ دیگری ایجاد کرده مزید بر علت می‌شود.

در سنوات اخیر انجمن بین‌المللی صداشناسی[1] قواعدی بوجود آورده و علائمی پیشنهاد کرده‌اند که بوسیله آنها کلیه صداها و حالات مختلف تلفظ نمایش داده می‌شود و هم اکنون آن قواعد و علائم را از عده‌ای از فرهنگ‌های انگلیسی به انگلیسی بکار بسته‌اند و در چاپ اول «فرهنگ کوچك انگلیسی ـ فارسی حییم» هم نمونه مختصری از قواعد انجمن برای جلب توجه دانش‌آموزان بطور آزمایش بکار برده شد. دراین چاپ یك مقدار دیگر از آن قواعد بکار رفته که شرح آن در فصل«راهنمای تلفظ» بعد از دیباچه خواهد آمد.

اکنون باید گفته شود که علت عمدهٔ تجدید چاپ فرهنگ همین بود که در سطور فوق در زمینهٔ تلفظ گفته شد و منظور این بود که دانش آموزان متوجه اهمیت موضوع شوند و به راهنمایی قواعد نوین انجمن بین‌المللی صداشناسی و سرپرستی آموزگاران ارجمند تلفظ صحیح انگلیسی را فرا گیرند. علت دیگری که تجدید چاپ را ایجاب می‌نمود تصحیح بعضی اغلاط و نادرستی‌هائی بود که در معانی پاره‌ای لغات و اصطلاحات انگلیسی پیدا شده بود و در این قسمت خود را مدیون دوستانی می‌دانم که از تذکر آنها دریغ نفرمودند. اما ستایش همت بلند و کوشش شبانه‌روزی ناشران را که سرمایه زیادی برای نشر این فرهنگ اختصاص داده‌اند به دانش‌آموزان گرامی محول می‌نمائیم.

آبان ماه ۱۳۳۵

س. حییم

1. International Phonetic Association

دیگر لغاتی قرض یا اقتباس کرده که بعضی از آنها را بصورت عینی خودشان بکار می‌برد. از بومی‌های ممالك متصرفی انگلستان نیز لغات زیادی گرفته شده که امروز به شکل لغات انگلیسی در فرهنگ‌ها دیده می‌شود.

نیروی دریائی انگلیس و صنعت کشتی سازی این کشور تنها چند صد لغت به این زبان اضافه می‌کند و انسان را به فکر اصطلاحات ویژه‌ای که عرب برای «کشتی بیابانی» خود یعنی شتر دارد می‌اندازد.

سوم آنکه زبان انگلیسی لغاتی دارد که ما اصلاً لزومی برای آنها درزبان خودمان قائل نیستیم و هر کدام از آنها را با چند کلمه به فارسی تعبیر می‌کنیم مانند swelter (از گرما بیحال شدن یا خیس عرق شدن) و swat (با چیز پهن زدن و کشتن) و squelch (صدای بیرون کشیدن چیزی از گل) و drawl (کشیده حرف زدن) و weal (جای ضربه شلاق و چوب) و whack (محکم باصدا کتك زدن) و صدها لغات دیگر.

چهارم آنکه انگلیس‌ها برای آنچه که ما در زبان خودمان عامیانه و غیرادبی می‌دانیم و حتی شاید فرهنگ نویس‌های ما از درج آنها عار داشته باشند لغات و اصطلاحاتی دارند که در شمار زبان صحیح و کتابی آنها است. از آن جمله است «جغ جغ ـ تلغ تلغ ـ پچ پچ ـ شلپ شلپ ـ هاف کردن (سگ) و فیف کردن (گربه)» و صدها از این گونه الفاظ ـ البته لغات slang یعنی عامیانه و غیرادبی و لغات colloquial یعنی محاوره‌ای نیز در فرهنگ‌های ایشان هست که ما هم در فارسی از این گونه لغات داریم.

از طرف دیگر دقتی که مردم انگلیسی زبان اروپا و امریکا در بکار بردن لغات و حفظ آبروی زبان خود داشته‌اند و کوششی که نویسندگان آنها بخرج داده‌اند تا سخن را با اصول منطقی انشاء منطبق سازند موجب گردیده است که زبان ایشان دقیق و پرورده و عاری از بی‌بند و باری شود.

اما هر قدر که زبان انگلیسی بعلت وسعت و رسایی و دقت که شرح آن گذشت مورد تحسین غیرانگلیسی زبان‌ها است متأسفانه بهمان اندازه تلفظ دشوار و عجیب آن مایه ملالت و حتی نفرت ایشان است و فقط یك چیز مایهٔ امیدواری و دلخوشی است و آن این است که ایرانی‌ها با استعداد خدادادهای که برای تلفظ هر زبان و ادای هر صدا دارند بشرط داشتن آموزگار و اسلوب و فرهنگ خوب کمتر زحمت در فرا گرفتن زبان انگلیسی دارند.

تلفظ زبان انگلیسی دچار یك رشته بیقاعدگی‌ها و اشکالاتی است که مؤلف باید اذعان کند که بعد از صرف نیمه‌ای از عمر خود برای تألیف چهار

به نام ایزد توانا

دیباچه

منظور از تألیف «فرهنگ کوچك انگلیسی ـ فارسی حییم» که ناشرین همت به نشر آن گماشتند اصولاً این بود که دانش آموزان ایرانی در طی چند سال اول تحصیل انگلیسی یك راهنمای فرهنگی با اسلوب صحیح داشته باشند و ضمناً کتاب راهنما از حیث حجم سهل‌الاستعمال و از حیث بها با استطاعت مالی ایشان متناسب باشد.

اینك که چاپ جدید فرهنگ مزبور با تغییرات و اصلاحاتی به هموطنان عزیز تقدیم می‌شود لازم است کلمه‌ای چند در باب کیفیات زبان انگلیسی و بویژه تلفظ عجیب آن گفته شود تا نه تنها تجدید چاپ توجیه گردد بلکه دانش‌آموزان آنچه را که لازمه احتیاط و دقت است رعایت کنند و با قواعدی که در چاپ جدید بکار رفته است آشنا شوند.

زبان انگلیسی را با صفاتی از قبیل «وسیع» و «رسا» توصیف نموده‌اند و شاید خالی از فایده نباشد که شمه‌ای از عوامل و جهات آن را در اینجا تشریح کنیم:

اول آنکه زبان باستانی انگلستان که آنگلوساکسون بود پس از تصرف این کشور به دست ویلیام فاتح در سال ۱۰۶۶ میلادی با زبان نرماندی‌ها که از فرانسه آمده بودند آمیخته شده توسعه یافت چنانکه زبان عربی پس از فتح ایران به دست عرب موجب افزایش لغات زبان این کشور گردید.

دوم آنکه به‌تناسب ترقیات علمی و فنی و صنعتی انگلستان لغات و اصطلاحات زیادی که مأخذ آنها فرانسه و مآلاً ریشه‌های لاتین و یونانی و غیره بود در زبان انگلیسی وارد شد که ما در فارسی معادل‌هایی برای آنها نداشته‌ایم و فقط در سال‌های اخیر کوشش برای وضع لغات معادل بعمل آمده است. (البته بدین اعتبار زبان فرانسه و بعضی دیگر از زبان‌های اروپائی هم دارای همان وسعت زبان انگلیسی می‌باشند). قطع نظر از موضوع احتیاجات علمی و فنی، زبان انگلیسی مرتباً از فرانسه وزبانهای

فرهنگ کوچك حییم

انگلیسی ــ فارسی

سلیمان حییم

دارای مهمتریــن و متداولتریــن لغـات و
اصطلاحاتی که دانش‌آموزان ایرانی در طی
تحصیل زبان انگلیسی با آنها مواجه می‌شوند
(در حدود ۴۰٬۰۰۰ هزار ماده)